EMERGÊNCIAS MÉDICAS
DA CRIANÇA AO IDOSO

EMERGÊNCIAS MÉDICAS
DA CRIANÇA AO IDOSO

Eduardo Alvarenga Junqueira Filho

Guilherme Almeida Rosa da Silva

Rodrigo Simões Eleutério

EDITORA CIENTÍFICA LTDA.

SOS PLANTÃO
Direitos exclusivos para a língua portuguesa
Copyright © 2014 by
MEDBOOK – Editora Científica Ltda.
1ª Reimpressão: janeiro de 2015

NOTA DA EDITORA: Os autores desta obra verificaram cuidadosamente os nomes genéricos e comerciais dos medicamentos mencionados; também conferiram dados referentes à posologia, objetivando informações acuradas e de acordo com os padrões atualmente aceitos. Entretanto, em função do dinamismo da área de saúde, os leitores devem prestar atenção às informações fornecidas pelos fabricantes, a fim de se certificarem de que as doses preconizadas ou as contraindicações não sofreram modificações, principalmente em relação a substâncias novas ou prescritas com pouca frequência.

Os autores e a editora não podem ser responsabilizados pelo uso impróprio nem pela aplicação incorreta de produto apresentado nesta obra.

Apesar de terem envidado o máximo de esforços para localizar os detentores dos direitos autorais de qualquer material utilizado, os autores e a editora desta obra estão dispostos a acertos posteriores caso, inadvertidamente, a identificação de algum deles tenha sido omitida.

Editoração Eletrônica: REDB – Produções Gráficas e Editorial Ltda.
Capa: Adielson Anselme

CIP-BRASIL. CATALOGAÇÃO-NA-FONTE
SINDICATO NACIONAL DOS EDITORES DE LIVROS, RJ

E45

SOS Plantão: Emergências médicas: da criança ao idoso / Eduardo Alvarenga Junqueira Filho; Guilherme Almeida Rosa da Silva; Rodrigo Simões Eleutério. - 1. ed. - Rio de Janeiro: MedBook, 2014.
    1008 p. : il. ; 24 cm.

ISBN 978-85-99977-96-5

1. Medicina - Estudo e ensino - Brasil. 2. Pessoal da área de saúde pública - Educação - Brasil. 3. Medicina - Prática - Brasil. I. Junqueira Filho, Eduardo Alvarenga. II. Silva, Guilherme Almeida Rosa da. III. Eleutério, Rodrigo Simões.

13-05211   CDD: 610.70981
                                                                                CDU: 378:61(81)

16/09/2013   18/09/2013

Reservados todos os direitos. É proibida a duplicação ou reprodução deste volume, no todo ou em parte, sob quaisquer formas ou por quaisquer meios (eletrônico, mecânico, gravação, fotocópia, distribuição na Web, ou outros), sem permissão expressa da Editora.

Rua Professora Ester de Melo 178 – Benfica
CEP: 20930-010 – Rio de Janeiro – RJ
Telefones: (21) 2502-4438 e 2569-2524
contato@medbookeditora.com.br e medbook@superig.com.br
www.medbookeditora.com.br

Colaboradores

Adolpho Baamonde Borges Sabino
Médico graduado pela Universidade Gama Filho (UGF). Residente de Cirurgia Geral do Hospital Getúlio Vargas.

Alessandra Mendonça de Almeida Maciel
Professora Assistente da Cadeira de Gastroenterologia da Universidade Federal do Estado do Rio de Janeiro (UNIRIO).

Alex Bersot Barbarioli
Médico graduado pela UNIRIO.

Amanda Rodrigues Fernandes
Médica graduada pela Universidade Estácio de Sá. Residente de Clínica Médica pela UNIRIO.

Ana Bárbara Esteves da Silva
Médica graduada pela UNIRIO. Pós-graduação em Medicina do Trabalho pela UNIG.

Ana Carolina Andorinho de Freitas Ferreira
Médica graduada pela UNIRIO. Residente em Neurologia pelo Hospital Universitário Antônio Pedro (HUAP – UFF).

Ana Karla
Médica graduada pela UNIRIO.

Ana Luíza Velten Mendes
Médica graduada pela UNIRIO. Residente em Pediatria pelo Hospital Federal dos Servidores do Estado.

André Tigre
Médico graduado pela Universidade Federal do Rio Janeiro (UFRJ). Residência médica no HUCFF da UFRJ. Professor Adjunto de Urologia da UNIRIO.

Andréa Povedano
Membro Titular da Sociedade Brasileira de Coloproctologia. Membro Associado do Colégio Brasileiro de Cirurgiões. Professora Assistente do Departamento de Cirurgia Geral e Especializada da UNIRIO. Professora Assistente da Disciplina de Técnica Operatória e Emergência Pré-hospitalar na UGF.

Angélica Guimarães Andrade
Médica graduada pela UNIRIO. Residente em Medicina de Família e Comunidade pela Secretaria Municipal do Rio de Janeiro (FJG).

Anna Cláudia Sabino dos Santos
Acadêmica de Medicina pela Faculdade de Medicina do Vale do Aço.

Antonio Macedo D'Acri
Professor Adjunto de Dermatologia da UNIRIO. Doutor em Dermatologia pela UFRJ. Especialista em Dermatologia pela Sociedade Brasileira de Dermatologia. Membro Efetivo da Sociedade Brasileira de Dermatologia.

Aparecida Andrade Ribeiro Franciscani
Médica graduada pela Universidade Federal de Minas Gerais (UFMG). Residente de Cirurgia Geral do Hospital Júlia Kubitschek. Residente em Cirurgia do Trauma pelo Hospital João XXIII.

Aratti Candido Simões
Médico graduado pela UNIRIO.

Augusto César Miranda Vilela
Médico graduado pela UGF. Residente em Cardiologia pelo Hospital Mater Dei.

Aureo do Carmo Filho
Médico graduado pela UNIRIO. Mestre em Neurologia pela UNIRIO. Pós-graduado em Geriatria pela Universidade do Estado do Rio de Janeiro (UERJ). Especialista em Cardiologia – Sociedade Brasileira de Cardiologia (Residência no Instituto Nacional de Cardiologia – Laranjeiras). Especialista em Terapia Intensiva – Associação de Medicina Intensiva Brasileira. Especialista em Clínica Médica – Hospital da Lagoa (Residência Médica). Coordenador Médico do CTI do Hospital Universitário Gaffrée e Guinle (UNIRIO).

Bruna Suzarte Campelo
Médica graduada pela UNIRIO. Residente de Pediatria do Instituto Fernandes Figueira. Bolsista em Pediatria no Hospital Universitário Gaffrée e Guinle (UNIRIO).

Bruno F. F. Tonelotto
Médico Anestesiologista do Hospital Sírio-Libanês.

Carla Gama
Médica Pneumologista do Hospital Universitário Gaffrée e Guinle (UNIRIO).

Carla Valadão de Freitas Martins
Médica Internista. Médica do Hospital de Clínicas da Penha.

Carlos Eduardo Brandão Mello
Professor Associado de Medicina pela Escola de Medicina e Cirurgia (EMC) da UNIRIO. Professor responsável pela Disciplina de Clínica Médica A e Gastroenterologia.

Carlos Eduardo Sampaio Moretti
Fisioterapeuta graduado pela Universidade Castelo Branco. Cursando Pós-graduação em Fisioterapia Respiratória Pneumofuncional pela Faculdade Frasce.

Carlos Fernandes Baptista
Professor Adjunto da Disciplina de Ginecologia da UNIRIO. Pós-graduação em Ginecologia. Mestrado em Ginecologia. Título de Especialista em Ginecologia e Obstetrícia pela FEBRASGO.

Carlos José Martins
Professor Adjunto de Dermatologia da UNIRIO. Especialista em Dermatologia pela Sociedade Brasileira de Dermatologia. Mestre em Dermatologia pela UNIRIO. Membro Efetivo da Sociedade Brasileira de Dermatologia. Chefe do Serviço de Dermatologia do Hospital Universitário Gaffrée e Guinle (UNIRIO).

Carolina Maria Motta Stoffel
Médica graduada pela UNIRIO.

Dalbian Simões Gasparini
Médico graduado pela UGF.

Daniela Beggiato Corrêa
Médica graduada pela Faculdade de Ciências Médicas e da Saúde de Juiz de Fora (SUPREMA). Residente em Cirurgia Geral pelo Hospital Felício Rocho.

Diogo Moraes Nolasco
Médico graduado pela UGF. Especialista em Clínica Médica pela UFRJ.

Eduardo Alvarenga Junqueira Filho
Médico graduado pela UNIRIO. Especialista em Medicina da Família pela Universidade Federal de Alfenas.

Elisa Araújo Beteille
Médica graduada pela UNIRIO. Residente em Clínica Médica pelo Hospital Federal de Ipanema.

Fabiano Maia de Azevedo
Médico graduado pela UFMG. Especialista em Infectologia Hospitalar e Patologia Clínica pelo Hospital das Clínicas da UFMG. Coordenador da CCIH dos Hospitais: Polícia Militar de Minas Gerais, Luxemburgo e Mário Penna.

Felipe O. Figueiredo
Médico residente em Otorrinolaringologia e Mestrando em Neurologia pela UNIRIO.

Felipe Robalinho
Médico graduado pela UNIRIO. Residente em Clínica Médica pelo Hospital Universitário Pedro Ernesto (HUPE – UERJ).

Felipe Rodrigues Gonçalves
Médico graduado pela UNIRIO.

Fernando Alves Rocha
Médico graduado pela UGF.

Fernando Araújo Martins
Médico graduado pela Faculdade de Medicina de Petrópolis. Residente de Urologia pela UNIRIO.

Flávia Esper Dahy
Médica graduada pela UNIRIO.

Flávia Regina Peixoto Pereira
Médica graduada pela UNIRIO. Residente em Ginecologia/Obstetrícia pelo Hospital Universitário Pedro Ernesto (HUPE – UERJ).

Flávia Rodrigues de Almeida
Médica graduada pela Universidade Severino Sombra.

Fuad Baida Marina Neto
Médico graduado pela UNIRIO. Residente em Psiquiatria pela Fundação Municipal de Saúde de Niterói. Residente em Psiquiatria da Infância e Adolescência pela Faculdade de Medicina de São José do Rio Preto (FAMERP).

Gabriela Persio Gonçalves
Médica graduada pela UNIRIO.

Gradzielle Polito Villardo
Nutricionista. Pós-graduada em Nutrição Clínica.

Guilherme Almeida Rosa da Silva
Médico graduado pela UFRJ. Graduado em Nutrição pela Universidade Veiga de Almeida (UVA). Residência em Clínica Médica no Hospital Gaffrée e Guinle (UNIRIO). Residência em Endocrinologia no Hospital Gaffrée e Guinle (UNIRIO). Pós-graduado em Medicina Ortomolecular pela UVA. Mestre em Medicina Tropical pela Fundação Oswaldo Cruz (FIOCRUZ). Doutorando em Medicina Tropical pela FIOCRUZ. Membro da Sociedade Brasileira de Clínica Médica. Membro do American College of Physicians. Professor de Clínica Médica/Semiologia da UNIRIO.

Guilherme Lopes Sales Ramos
Médico graduado pela UGF.

Guilherme Morgado
Médico graduado pela UNIRIO.

Gustavo Daher Vieira de Moraes Barros
Professor de Semiologia Neurológica na Faculdade de Ciências Médicas de Minas Gerais. Coordenador do Serviço de Neurologia e do Centro de Neuroemergencismo do Hospital Vera Cruz, Belo Horizonte. Membro Titular da Academia Brasileira de Neurologia da Sociedade Brasileira de Doenças Cerebrovasculares e da World Stroke Organization.

Helton José Bastos Setta
Membro do Conselho Consultivo da Academia Brasileira de Medicina Militar. Professor Adjunto da Cadeira de Anestesiologia da Escola de Medicina de Cirurgia da UNIRIO. Título de Especialista em Anestesiologia pela Sociedade Brasileira de Anestesiologia (SBA). MBA em Gestão de Saúde pela COPPEAD-UFRJ.

Hugo Câmara Tinoco Siqueira
Médico graduado pela Universidade Federal Fluminense (UFF). Residente de Anestesiologia pela UFF.

Hugo Fraga Barbosa Leite
Médico Otorrinolaringologista e do Trabalho. Professor da Disciplina de Otorrinolaringologia do Curso de Medicina da UNIRIO.

Isadora Rodrigues de Almeida
Médica graduada pela UNIRIO.

João Bouhid
Médico graduado pela UGF.

Jorge da Cunha Barbosa Leite
Médico Otorrinolaringologista e do Trabalho. Professor Adjunto Regente da Disciplina de Otorrinolaringologia do Curso de Medicina da UNIRIO.

Josiane Fonseca Almeida
Enfermeira formada pela Pontifícia Universidade Católica de Minas Gerais (PUC-MG).

Joyce Marques da Silva Alves
Médica graduada pela UNIRIO.

Julia Reich Camasmie
Médica graduada pela UNIRIO. Residente em Anestesiologia pelo Hospital Federal da Lagoa.

Juliana Rosa Souza Nunes
Médica graduada pela UNIRIO.

Leonardo Gerhardt Lopes
Acadêmico de Medicina pela UNIRIO.

Leonardo Ribeiro dos Santos
Médico graduado pela UGF. Residente em Cardiologia pelo Hospital Mater Dei.

Luciana Correia Melo
Fisioterapeuta graduada pela UFRJ. Cursando Residência Multiprofissional pela UNIRIO.

Luiz Paulo José Marques
Médico graduado pela UNIRIO. Mestrado em Nefrologia pela UNIRIO. Doutorado em Clínica Médica pela UNIRIO. Especialização em Nefrologia pela Université René Descartes (Paris V) Faculté de Medicine Necker Enfants Malades.

Luíza Máximo
Médica graduada pela UNIRIO. Residente em Cirurgia Geral pelo Hospital Federal Cardoso Fontes.

Luiza Ochi Delmonaco
Médica graduada pela UNIRIO.

Marcela Machado Parma
Médica graduada pela UNIRIO. Residente em Otorrinolaringologia pela UNIRIO.

Maria de Nazareth Gamboa Ritto
Professora Assistente da Disciplina de Ginecologia da UNIRIO. Pós-graduação em Obstetrícia. Mestrado em Neurociências. Título de Especialista em Ginecologia e Obstetrícia pela FEBRASGO.

Maria Marta Regal de Lima Tortori
Médica graduada pela UNIRIO. Mestrado em Ciências da Saúde da Criança e Adolescente pela FIOCRUZ. Doutorado em Ciências da Saúde da Criança e Adolescente pela UFMG. Título de Especialista em Pediatria e em Neonatologia pela Sociedade Brasileira de Pediatria. Médica Neonatologista da Secretaria Municipal de Saúde do Rio de Janeiro. Professora Adjunta de Pediatria da EMC da UNIRIO. Responsável pela UTI Neonatal do Hospital Universitário Gaffrée e Guinle (UNIRIO). Instrutora do Programa de Reanimação Neonatal da Sociedade Brasileira de Pediatria.

Mariana de Oliveira Saraça
Médica graduada pela UNIRIO.

Mariana Macedo Rossi
Médica graduada pela UNIRIO. Residente em Clínica Médica pelo Hospital Universitário Antônio Pedro (HUAP – UFF).

Marilian Isabel de Abreu Coelho
Médica graduada pela UNIRIO.

Marina F. F. Tonelotto
Acadêmica de Medicina pela UGF. Residente em Pediatria pelo Hospital Municipal Campo Limpo.

Marina Rodrigues de Almeida
Médica graduada pela UNIRIO.

Mauricio Ribeiro Borges
Professor Responsável pela Disciplina de Patologia Clínica da EMC da UNIRIO.

Nara Carvalho Freitas
Médica graduada pela UNIRIO.

Natália Regina Martins
Médica com especialização em Clínica Médica pela Santa Casa da Misericórdia do Rio de Janeiro (SCM-RJ).

Nathália Araújo Costa
Médica graduada pela UNIRIO. Residente em Ginecologia/Obstetrícia pelo Hospital Universitário de Brasília (HUB – UNB).

Pâmela Passos dos Santos
Médica graduada pela UFRJ. Residente em Neurologia pelo Hospital Universitário Antônio Pedro (HUAP – UFF).

Pedro Octavio de Britto Pereira
Professor Adjunto 4 da Disciplina de Obstetrícia da UNIRIO. Mestre em Clínica Obstétrica pela UFRJ.

Raphael Grossi Rocha
Médico graduado pela UFMG. Residente em Anestesiologia do Hospital das Clínicas da UFMG.

Raphael Nobrega Soliani
Médico graduado pela UNIRIO.

Renata Pereira Teodoro
Médica graduada pela UNIRIO. Residente em Ginecologia/Obstetríciapelo Instituto Fernandes Figueira (IFF – FIOCRUZ).

Renata Polivanov Ottoni
Médica graduada pela UNIRIO. Residente em Clínica Médica pelo Hospital da Força Aérea do Galeão – Força Aérea Brasileira (HFAG – FAB).

Ricardo Barbosa Lima
Professor Adjunto de Dermatologia da UNIRIO. Especialista em Dermatologia pela Sociedade Brasileira de Dermatologia.

Ricardo Dardengo Glória
Médico graduado pela UNIRIO. Residente de Clínica Médica pela UNIRIO.

Ricardo de Oliveira Souza
Doutor em Medicina (Neurologia) pela UFF. Pesquisador Sênior do Instituto D'Or de Pesquisa & Ensino. Professor Titular de Neurologia da EMC da UNIRIO.

Ricardo de Souza Carvalho
Médico e Professor de Clínica Médica do Hospital Universitário Gaffrée e Guinle (UNIRIO). Mestre em Neurologia pela UNIRIO.

Rodrigo Simões Eleutério
Médico graduado pela UNIRIO.

Rogerio Neves Motta
Médico graduado pela Faculdade de Ciências Médicas da UERJ. Professor da EMC da UNIRIO. Preceptor da Residência Médica em Clínica Médica do Hospital Universitário Gaffrée e Guinle (UNIRIO).

Sandro Vieira de Oliveira
Membro Titular da Associação de Medicina Intensiva Brasileira (BR). Coordenador médico das UTIs Adultas do Hospital de Bangu. Diretor de Monitorização e Sepse – Sociedade de Terapia Intensiva do Rio de Janeiro. Professor Walk Around – Society of Critical Care Medicine Congress (US). Member of Society of Critical Care Medicine (USA). Member of European Society of Intensive Care Medicine (EUR). Member of Metabolism, Endocrinology and Nutrition of European Society of Intensive Care Medicine (EUR). FCCS provider by Society of Critical Care Medicine (USA). Abstract reviewer of Society of Critical Care Medicine (USA).

Sônia Regina da Silva Carvalho
Professora Adjunta de Pneumologia da UNIRIO. Mestrado em Pneumologia pela UFF. Doutorado em Medicina Neurociências pela UNIRIO.

Stefany Vienna Domingos
Médica graduada pela Universidade Estácio de Sá.

Talita Machado de Carvalho
Médica graduada pela UNIRIO. Residente em Anestesiologia pelo Hospital Universitário Antônio Pedro (HUAP – UFF).

Taly Ajddelsztajn
Título de Especialista em Oftalmologia pelo CBO. Especialista em Glaucoma e Córnea pela Universidade Federal de São Paulo (UNIFESP). Oftalmologista da Emergência do Hospital Municipal Miguel Couto, RJ.

Tatiane Cristina Marques
Médica graduada pela UNIRIO.

Thaís Magalhães
Médica graduada pela UNIRIO. Residente em Neurologia pelo Hospital Universitário Antônio Pedro (HUAP – UFF).

Thiago Dermínio Cavalcanti de Albuquerque
Médico graduado pela UNIRIO. Residente em Clínica Médica pela UFRJ.

Thiago Pereira Guimarães
Médico graduado pela UNIRIO. Pós-graduação em Medicina do Trabalho pela UNIG.

Vincenzo Giordano
Mestre em Medicina. Coordenador do Programa de Residência Médica do Serviço de Ortopedia e Traumatologia Prof. Nova Monteiro, Hospital Municipal Miguel Couto, RJ. Fellow da Divisão de Trauma do Departamento de Ortopedia e Traumatologia da Universidade do Alabama em Birmingham (UAB), EUA.

Wilands Patrício Procópio
Médico graduado pela UNIRIO.

Yuri Ferreira Balthazar
Médico graduado pela UNIRIO.

Agradecimentos

O sucesso deste projeto só foi possível graças à confiança, à colaboração e ao apoio de muitas pessoas que ajudaram a torná-lo realidade. Considero essencial agradecer, em primeiro lugar, a toda a equipe da Medbook Editora, que acreditou no projeto quando este era apenas uma ideia.

Ao Dr. Guilherme, também autor deste livro, pela amizade e pelos ensinamentos passados durante minha vida acadêmica. Ao meu tio Maurício, meu grande e eterno mestre. A todos os colaboradores que nos ajudaram desde o início.

Aos meus pais, Eduardo e Patrícia, por todo o carinho, amor e luta. À minha avó Cecília, pelo apoio de sempre.

Esperamos que o livro **SOS Plantão** seja do agrado de todos e que possamos contar com atualizações em novas edições de nossa obra.

Eduardo Junqueira

Hoje me sinto realizado. Após algum tempo trabalhando neste projeto, posso dizer, com toda a certeza, que o livro **SOS Plantão** está pronto para ser o seu novo texto de consultas no âmbito das urgências e emergências médicas.

Isso só foi possível, em primeiro lugar, graças ao grupo Medbook Editora, pela aposta e confiança. Aos colaboradores, a minha gratidão. Sem vocês este livro não seria possível. Ao também autor da obra, Eduardo Junqueira, meu amigo, o meu eterno agradecimento por fazer parte deste projeto. E, por fim, e não menos importante, aos meus pais Jorge e Aurea, por todo o apoio, amor e carinho.

Esperamos que esta seja a primeira de muitas edições.

Guilherme Almeida

Prefácio

Um amigo não se esquece!!!

Ao entrar para a faculdade de Medicina, a vida muda. O uniforme da escola já não é mais necessário, os colegas agora são outros, os professores são outros, as aulas de matemática, português e geografia agora estão focadas na *Ars Curandi*. Aprendemos anatomia, bioquímica, fisiologia, embriologia, biofísica e histologia. Quando menos esperamos, estamos diante da razão de nossos estudos. Se é a patologia? Não! É o paciente. Por ele fizemos o vestibular mais difícil, enfrentamos o medo dos mortos, estudamos as estruturas das proteínas, aprendemos os transportadores do néfron, decoramos os arcos branquiais, entendemos a membrana celular e desenhamos os tecidos nos cadernos ao lado do microscópio. Você se lembra? Talvez se lembre das anamneses rabiscadas, do desespero do monitor e suas manobras, das provas intermináveis de patologia, das matérias que ninguém mais lembra e que você achava que estavam lá só para preencher o currículo. Não lembra? Cardiologia, pneumologia, endocrinologia, reumatologia, hematologia, oncologia, imunologia e alergia, dermatologia, oftalmologia, ortopedia, psiquiatria, nefrologia, gastrologia, infectologia, ginecologia e obstetrícia, cirurgia, pediatria, neurologia... epidemiologia... otorrinolaringologia... e todas estas *logias* tinham que fazer algum sentido no internato. Pois bem, quando menos se espera, o internato já se foi. Parece uma vida inteira, as aulas, os amigos, o futebol e as festas, o primeiro paciente e o primeiro diagnóstico. Hoje você é médico, vive ocupado e apressado. Talvez não se lembre de alguns detalhes. Caso se esqueça, você terá sempre a quem recorrer: seu bom e velho amigo de todas as horas, aquele que não se esquece de nada jamais. Você se lembra? Ele se lembra de você... o seu bom e velho livro.

Guilherme Almeida

Apresentação

O livro **SOS Plantão** é constituído de **mais de 200 capítulos** sobre temas especialmente considerados os principais na sala de emergência. Este é um projeto desenvolvido pelos alunos da Escola de Medicina e Cirurgia da Universidade Federal do Estado do Rio de Janeiro (UNIRIO), orientados pelos seus tutores e recrutados e orquestrados pelos autores principais.

A obra é voltada para acadêmicos de medicina, residentes e médicos, independente da região do país, que anseiam por um bom material de acesso rápido e prático. Os capítulos enfocam o tratamento e a propedêutica, embora sejam abordadas questões referentes à fisiopatologia e à epidemiologia. A melhor forma de aprendizado é a consulta rápida nos plantões e a busca pelo **"aprendizado baseado em problemas"**. O leitor deve procurar sanar as dúvidas adquiridas no convívio da prática médica, pesquisando sobre o tema ao término de sua jornada.

Preparamos com enorme carinho uma seção extra para o leitor, chamada **Medicina Especial**, que discorre sobre assuntos de extrema importância, como todos os passos de uma prescrição médica, hipotermia e geladura, nutrição, afogamento, intoxicações em geral, mordedura humana e de animais, violência sexual, raios e lesões elétricas, entre outros. Montamos ainda textos especializados, como medicamentos na gravidez, guia de diluições e *drippings*, além do tão esperado capítulo de **Guia de Medicamentos** para crianças e adultos e o manual de antibioticoterapia.

O livro **SOS Plantão** oferece as ferramentas de consulta necessárias para a obtenção de uma visão holística das cadeiras-bases da Medicina (Clínica Médica, Cirurgia, Pediatria e Ginecologia e Obstetrícia), imprescindível a todos os emergencistas. Como o tempo e a evolução da Medicina são muito dinâmicos, esperamos poder contar com atualizações em novas edições de nossa obra e que o texto seja do agrado de todos.

SOS Plantão, o seu novo guia de consulta nos plantões médicos!

Os autores

Sumário

| Capítulo 1 | A Medicina como Estado da Arte no Século XXI, 1 |

SEÇÃO I – CARDIOLOGIA, 5

Capítulo 2	Reanimação Cardiopulmonar, 5
Capítulo 3	Investigação da Dor Torácica, 12
Capítulo 4	Síndromes Coronarianas Agudas, 16
Capítulo 5	Urgências e Emergências Hipertensivas, 23
Capítulo 6	Pericardite Aguda, 27
Capítulo 7	Tamponamento Cardíaco, 30
Capítulo 8	Insuficiência Cardíaca Descompensada, 33
Capítulo 9	Hipotensão e Choque, 39
Capítulo 10	Arritmias Cardíacas I: Introdução ao Eletrocardiograma e Taquiarritmias, 42
Capítulo 11	Arritmias Cardíacas II: Bradiarritmias, 55
Capítulo 12	Endocardite Infecciosa, 59
Capítulo 13	Dissecção Aórtica Aguda, 63

SEÇÃO II – PNEUMOLOGIA, 69

Capítulo 14	Insuficiência Respiratória Aguda (IRpA), 69
Capítulo 15	Síndrome do Desconforto Respiratório Agudo (SDRA), 74
Capítulo 16	Edema Agudo de Pulmão, 77
Capítulo 17	Pneumonia Adquirida na Comunidade (PAC), 82
Capítulo 18	Pneumonia Nosocomial (PN), 87
Capítulo 19	Abscesso Pulmonar, 93
Capítulo 20	Asma Brônquica, 97
Capítulo 21	Doença Pulmonar Obstrutiva Crônica (DPOC), 101
Capítulo 22	Tromboembolia Pulmonar (TEP), 105

SEÇÃO III – TRAUMATOLOGIA, 111

Capítulo 23	Abordagem Inicial ao Trauma, 111
Capítulo 24	Traumatismo Torácico, 117
Capítulo 25	Traumatismos Abdominais, 123
Capítulo 26	Traumatismo Cranioencefálico, 128

SEÇÃO IV – ORTOPEDIA, 135

Capítulo 27	Entorses, 135
Capítulo 28	Luxações, 137
Capítulo 29	Fraturas dos Membros Superiores, 141
Capítulo 30	Fraturas dos Membros Inferiores, 146
Capítulo 31	Fraturas em Punho, Mão e Pé, 152
Capítulo 32	Fratura-luxação do Anel Pélvico, 159
Capítulo 33	Fraturas Expostas, 164
Capítulo 34	Osteomielite, 168
Capítulo 35	Artrite Séptica, 172
Capítulo 36	Gota, 177

SEÇÃO V – INFECTOLOGIA, 181

Capítulo 37	Febre de Origem Obscura e Neutropenia Febril, 181
Capítulo 38	Doenças Infecciosas Emergentes, 184
Capítulo 39	Influenza, 189
Capítulo 40	Dengue, 192
Capítulo 41	Leptospirose, 195
Capítulo 42	Malária, 198
Capítulo 43	Febre Tifoide, 203
Capítulo 44	Infecções do Sistema Nervoso Central, 205
Capítulo 45	Tétano, 210
Capítulo 46	Raiva, 213
Capítulo 47	Sepse, 217

Capítulo 48   Infestações por Helmintos, 222
Capítulo 49   Infecções por Protozoários, 233
Capítulo 50   Herpes-zóster, 236
Capítulo 51   Tuberculose, 240
Capítulo 52   Emergências Relacionadas com o HIV e Conduta no Acidente Perfurocortante com Material Biológico, 245
Capítulo 53   Infecções Fúngicas, 257

SEÇÃO VI – NEUROLOGIA, 265

Capítulo 54   Acidente Vascular Encefálico Isquêmico, 265
Capítulo 55   Acidente Vascular Encefálico Hemorrágico, 270
Capítulo 56   Tontura e Vertigem, 276
Capítulo 57   Síncope, 279
Capítulo 58   Coma, 285
Capítulo 59   Morte Encefálica, 290
Capítulo 60   Crise Convulsiva, 292
Capítulo 61   Cefaleias, 301
Capítulo 62   Hipertensão Intracraniana, 306
Capítulo 63   Hidrocefalia Aguda, 310

SEÇÃO VII – ENDOCRINOLOGIA, 315

Capítulo 64   Hipoglicemia, 315
Capítulo 65   Cetoacidose Diabética, 320
Capítulo 66   Síndrome Hiperglicêmica Hiperosmolar, 325
Capítulo 67   Insuficiência Adrenal, 328
Capítulo 68   Coma Mixedematoso, 331
Capítulo 69   Crise Tireotóxica, 333

SEÇÃO VIII – ALERGOLOGIA/IMUNOLOGIA, 337

Capítulo 70   Anafilaxia, 337
Capítulo 71   Urticária e Angioedema, 341
Capítulo 72   Rinite Alérgica, 343

SEÇÃO IX – GASTROENTEROLOGIA, 347

Capítulo 73   Investigação da Dor Abdominal, 347
Capítulo 74   Hemorragia Digestiva Alta, 350
Capítulo 75   Hemorragia Digestiva Baixa, 356
Capítulo 76   Gastrites, 361
Capítulo 77   Diarreia Aguda e Crônica, 365
Capítulo 78   Encefalopatia Hepática, 368
Capítulo 79   Hepatites Virais e Alcoólica, 370
Capítulo 80   Ascite, 374

SEÇÃO X – CIRURGIA GERAL, 379

Capítulo 81   Colelitíase, 379
Capítulo 82   Colecistite Aguda, 382
Capítulo 83   Colangite, 385
Capítulo 84   Pancreatite Aguda, 388
Capítulo 85   Diverticulite Aguda, 393
Capítulo 86   Apendicite, 395
Capítulo 87   Peritonite, 398
Capítulo 88   Queimaduras, 401
Capítulo 89   Obstrução Intestinal, 406
Capítulo 90   Hérnias da Parede Abdominal e Hérnias Encarceradas, 409
Capítulo 91   Úlcera Péptica Perfurada, 412

SEÇÃO XI – OTORRINOLARINGOLOGIA, 417

Capítulo 92   Epistaxe nas Emergências, 417
Capítulo 93   Corpos Estranhos em Otorrinolaringologia, 420
Capítulo 94   Perda Auditiva Súbita, 424
Capítulo 95   Otite Média Aguda, 428
Capítulo 96   Rinossinusite Aguda, 430
Capítulo 97   Labirintopatias, 433
Capítulo 98   Laringite Aguda/Crupe, 438
Capítulo 99   Paralisia Facial Periférica, 440

SEÇÃO XII – UROLOGIA/NEFROLOGIA, 447

Capítulo 100 Infecções Bacterianas do Trato Urinário, 447
Capítulo 101 Dor Escrotal Aguda, 452
Capítulo 102 Priapismo, 456
Capítulo 103 Nefrolitíase, 459
Capítulo 104 Doenças Glomerulares, 462
Capítulo 105 Insuficiência Renal Aguda e Prevenção de Lesão Mediada por Contrastes Radiológicos Iodados, 467

SEÇÃO XIII – PSIQUIATRIA, 475

Capítulo 106 Conduta na Agitação Psicomotora, 475
Capítulo 107 Manejo do Paciente Psicótico, 477
Capítulo 108 Transtorno Conversivo, 479
Capítulo 109 Depressão, 481
Capítulo 110 Transtornos de Ansiedade, 483

SEÇÃO XIV – VASCULAR, 485

Capítulo 111 Trombose Venosa Profunda, 485
Capítulo 112 Contenção da Hemorragia no Pronto-Socorro, 489

SEÇÃO XV – HEMATOLOGIA, 493

Capítulo 113 Anemias, 493
Capítulo 114 Transfusão de Hemoderivados, 500
Capítulo 115 Reversão da Anticoagulação no Pronto-Socorro – Heparina e Anticoagulantes Orais, 507
Capítulo 116 Distúrbios da Coagulação e Coagulação Intravascular Disseminada, 510

SEÇÃO XVI – MEDICINA INTENSIVA, 517

Capítulo 117 Ventilação Mecânica, 517
Capítulo 118 Análise de Gasometria Arterial, 530
Capítulo 119 Distúrbios do Equilíbrio Ácido-Básico, 536

Capítulo 120 Distúrbios do Sódio, 544
Capítulo 121 Distúrbios do Potássio, 551
Capítulo 122 Distúrbios do Magnésio, 558
Capítulo 123 Distúrbios do Cálcio, 561

SEÇÃO XVII – DERMATOLOGIA, 565

Capítulo 124 Infecções de Pele e Partes Moles, 565
Capítulo 125 Parasitoses Cutâneas, 570
Capítulo 126 Síndrome da Pele Escaldada Estafilocócica, 573
Capítulo 127 Síndrome de Stevens-Johnson e Necrólise Epidérmica Tóxica, 575
Capítulo 128 Pênfigos, 578
Capítulo 129 Eritema Nodoso, 582
Capítulo 130 Eritema Polimorfo (Multiforme), 584
Capítulo 131 Dermatite Esfoliativa, 587
Capítulo 132 Dermatite de Contato, 589

SEÇÃO XVIII – GINECOLOGIA E OBSTETRÍCIA, 593

Capítulo 133 Doenças Sexualmente Transmissíveis, 593
Capítulo 134 Doença Inflamatória Pélvica, 609
Capítulo 135 Vulvovaginites, 613
Capítulo 136 Sangramento Uterino Disfuncional, 618
Capítulo 137 Gestação Ectópica, 622
Capítulo 138 Abortamento Natural e Induzido, 625
Capítulo 139 Descolamento Prematuro da Placenta, 629
Capítulo 140 Placenta Prévia, 632
Capítulo 141 Rotura Uterina, 635
Capítulo 142 Hipertensão Arterial Crônica na Gravidez, 637
Capítulo 143 Pré-Eclâmpsia e Eclâmpsia, 639
Capítulo 144 Hiperglicemia na Gestação, 644

SEÇÃO XIX – OFTALMOLOGIA, 649

Capítulo 145 Corpo Estranho, 649
Capítulo 146 Queimadura Química e Térmica dos Olhos, 650
Capítulo 147 Lesão Superficial da Córnea, 652
Capítulo 148 Glaucoma de Ângulo Fechado Agudo por Bloqueio Pupilar, 653
Capítulo 149 Queratites Infecciosas, 655
Capítulo 150 Conjuntivite Aguda, 659
Capítulo 151 Principais Fármacos Usados em Oftalmologia, 662

SEÇÃO XX – ONCOLOGIA, 665

Capítulo 152 Emergências Oncológicas, 665

SEÇÃO XXI – PEDIATRIA, 671

Capítulo 153 Anemias, 671
Capítulo 154 Crise Asmática, 676
Capítulo 155 Bronquiolite, 682
Capítulo 156 Cetoacidose Diabética, 686
Capítulo 157 Constipação Intestinal e Fecaloma, 689
Capítulo 158 Convulsão e Epilepsia, 692
Capítulo 159 Corpo Estranho em Vias Aéreas, 695
Capítulo 160 Dermatites, 697
Capítulo 161 Dengue: Conduta Terapêutica na Criança, 701
Capítulo 162 Diarreia Aguda e Desidratação, 705
Capítulo 163 Exantemas Febris e não Febris, 711
Capítulo 164 Faringoamigdalites, 718
Capítulo 165 Febre Reumática, 720
Capítulo 166 Infecção do Trato Urinário em Pediatria, 724
Capítulo 167 Meningites, 727
Capítulo 168 Otites, 730
Capítulo 169 Parasitoses – Helmintos, 735
Capítulo 170 Pediculose, 738
Capítulo 171 Pneumonia Adquirida na Comunidade, 740
Capítulo 172 Queimadura, 746
Capítulo 173 Reanimação Cardiopulmonar na Sala de Parto, 752
Capítulo 174 Reanimação Cardiopulmonar Pediátrica, 760
Capítulo 175 Traumatismo Cranioencefálico na Infância, 768
Capítulo 176 Violência contra a Criança, 777

SEÇÃO XXII – PROCEDIMENTOS NO PRONTO-SOCORRO, 785

Capítulo 177 Analgesia, Sedação e Anestesia, 785
Capítulo 178 Sutura, 789
Capítulo 179 Intubação Orotraqueal, 793
Capítulo 180 Punção Arterial, 796
Capítulo 181 Drenagem de Abscesso Subcutâneo, 800
Capítulo 182 Sonda Nasogástrica e Orogástrica, 802
Capítulo 183 Sonda Vesical, 806
Capítulo 184 Paracentese e Toracocentese, 810
Capítulo 185 Lavado Peritoneal Diagnóstico, 814
Capítulo 186 Punção Venosa Profunda, 817
Capítulo 187 Traqueostomia, 822
Capítulo 188 Cricotireoidostomia, 825
Capítulo 189 Punção Lombar, 827

SEÇÃO XXIII – MEDICINA ESPECIAL, 833

Capítulo 190 Terapia Nutricional Enteral, 833
Capítulo 191 Hipotermia e Geladura, 840
Capítulo 192 Afogamento, SARA e Infecção Pulmonar do Paciente Afogado, 843
Capítulo 193 Intoxicações Agudas por Medicamentos e Pesticidas, 845
Capítulo 194 Intoxicação por Metais e Correlatos, 851

Capítulo 195 **Abstinência do Álcool e Embriaguez**, 856

Capítulo 196 **Mordedura Humana e de Animais**, 859

Capítulo 197 **Acidentes com Animais Peçonhentos**, 861

Capítulo 198 **Violência Sexual e Violência Doméstica**, 865

Capítulo 199 **Tentativa de Suicídio**, 868

Capítulo 200 **Raios e Lesões Elétricas**, 870

Capítulo 201 **Prescrição Médica**, 872

Capítulo 202 **Guia de Exames Laboratoriais**, 876

Capítulo 203 **Medicamentos em Emergência (Diluições e *Drippings*)**, 888

Capítulo 204 **Medicamentos na Gravidez**, 894

Capítulo 205 **Guia de Antibioticoterapia**, 900

Capítulo 206 **Guia de Medicamentos**, 922

Índice Remissivo, 979

Capítulo 1
A Medicina como Estado da Arte no Século XXI

Guilherme Almeida Rosa da Silva

O início do século XXI testemunhou grandes mudanças e perspectivas quanto à maneira de se exercer a prática médica. A propedêutica clássica, baseada na anamnese, no exame físico e em exames complementares, encontra-se reforçada pelos sistemas de apoio às decisões com base em memória inorgânica, presentes nos telefones celulares, *palm tops* e *tablets*. A grande mudança se deu por causa da necessidade de os aprendizes da medicina se concentrarem nos processos diagnósticos e de tomada de decisão na prática clínica em vez de decorarem os protocolos de exames e de tratamento acessíveis pela tecnologia. A grande exceção estaria relacionada com os protocolos em situações que exigem reação rápida, como a parada cardiorrespiratória, aptidão facilmente adquirida pelo treinamento médico adequado.

Todo bem tem seu custo, e muitas das informações presentes em sistemas de memória inorgânica são diferentes e, por vezes, conflitantes. É necessário ensinar os alunos a utilizarem com parcimônia e olhar crítico essas informações. Em certo ponto predomina a incerteza quanto à conduta a ser tomada, sendo ainda indispensável o papel do tutor de medicina ou *expert*. Não é muito viável procurar em bases de dados a maneira adequada de se comportar diante de um paciente em cuidados paliativos ou buscar a forma apropriada de dar a notícia de falecimento de um doente a um familiar. Para o ensino de relações humanas, um bom professor é essencial, sobretudo no que se refere à ética. Por outro lado, a cada dia é publicado um grande número de artigos científicos na área médica e torna-se cada vez mais difícil acompanhar a evolução dos protocolos clínicos. Por sorte, ainda temos a internet para esclarecer nossas dúvidas. Contamos com um conjunto de banco de dados incríveis sem sair de casa em busca dos periódicos da distante biblioteca. Aparentemente, é menor a necessidade de viajar a outros centros universitários, frequentar constantemente congressos e realizar cursos presenciais de atualização.

No século XXI, a informação passou da conquista de um tesouro perdido à caça ao "ouro de tolo", tendo em vista que a vasta riqueza de informações na internet e em alguns bancos de dados não é tão confiável assim. A confiança só é adquirida por meio de experiência e prática, com validação não somente estatística, mas também experimental. A melhor maneira de aprendizado passou a ser o **"Aprendizado Baseado em Problemas"**, em que diante de uma dúvida, e assessorado por um tutor em medicina, o aprendiz busca nos bancos de dados a informação e a evidência necessárias para sua decisão. Nada mais produtivo do que anexar a evidência à prática. Todavia, os bancos de dados e fontes menos confiáveis estão também à disposição do paciente e de sua família, o que pode causar conflitos na relação médico-paciente. Em seu melhor cenário, os pacientes mais conscientes poderão fazer parte do processo de tomada de decisão, ditando suas preferências. Por outro lado, condutas adversas às obtidas na internet podem promover desconfiança quanto à solução apresentada pelo médico. São os novos costumes dos novos tempos.

Outra questão importante da modernidade refere-se à semiologia. Observa-se um afastamento físico do médico em relação ao paciente por motivos muitas vezes citados pela classe. As consultas necessitam ser rápidas, ocorrem processos eventuais por assédio em exames físicos, as manobras semiológicas não têm a acurácia necessária e os exames complementares são provas físicas da conduta ante os questionamentos. Essas são as desculpas mais frequentes de um médico que não conversa nem examina seus doentes. É preciso entender o ritual presente na anamnese e no exame físico, algo que liga o paciente ao médico afetivamente, estimulando a sensação de segurança no paciente e expressando o zelo do profissional cuidador. A anamnese e o exame físico constituem, ainda hoje, processos de coleta de informações imprescindíveis ao diagnóstico. No entanto, a semiologia clássica vem sendo substituída pela semiologia armada e pela anamnese dirigida ou objetiva.

A anamnese dirigida, executada a partir de perguntas direcionadas ao diagnóstico-âncora, é o método preferido por muitos médicos experientes. Na anamnese global, todos os segmentos e sintomas de todos os sistemas são abordados sistematicamente, o que caracteriza a prática do aprendiz que ainda não conquistou maturidade para discernir o que é verdadeiramente relevante. Atualmente, muito se fala em prática defensiva, em que os médicos apoiam suas decisões em um amontoado de exames em vez de executarem uma anamnese global ou dirigida com qualidade.

Um belo exemplo da semiologia armada é a ultrassonografia, que vem evoluindo para aparelhos portáteis que tendem a baratear seu custo. Um ultrassom portátil – e talvez em um futuro não tão distante um transdutor ligado à tela de um celular – poderá auxiliar os médicos, em seus consultórios, a proceder aos exames de tireoide e cardíaco, por exemplo. Após estudo aplicado do método da semiologia armada, será possível o uso de um exame de imagem de maneira tão corriqueira quanto com um estetoscópio. O ritual não será eliminado, mas apenas transformado.

Apesar de todo o desenvolvimento tecnológico, o processo diagnóstico e a tomada de decisão são fenômenos obscuros. Pouco se sabe sobre as racionalizações afetadas pela emotividade de um médico que o levem a concluir que a hipótese diagnóstica mais provável é a A, enquanto o tratamento preferido para essa condição seria o B. Os raciocínios heurísticos parecem ser mais complicados do que parecem. Quando um médico obtém uma história, guia suas perguntas para um diagnóstico-âncora, compara padrões médicos com a história natural de centenas de doenças que podem ser filtradas pela frequência ou raridade do modo como aparecem, anexa suas experiências prévias para que se chegue a um diagnóstico – não é um processo simples. Programas de computador foram criados em vão para a obtenção de um diagnóstico e tratamento a partir da digitação de uma lista de problemas, somados estes a dados de identificação e história pregressa, que foram aplicados a cálculos probabilísticos programados. O resultado foi desanimador para uma ciência em que os erros são imperdoáveis e os acertos são obrigatórios.

Algo que não poderia deixar de ser mencionado diz respeito à falência da prática generalista em detrimento da prática especializada. Um argumento corriqueiro sentencia que a medicina é muito ampla e impossível de ser praticada de maneira global. Esse argumento preguiçoso não se sustenta diante dos métodos de apoio às decisões e ante as memórias inorgânicas já citadas neste texto. Ao mesmo tempo, pacientes vão ao cardiologista para tratar a hipertensão, ao gastroenterologista para tratamento do refluxo gastroesofágico, ao angiologista para avaliar a insuficiência venosa e ao endocrinologista para cuidar da dislipidemia, o que constitui um processo de "cretinização" de condutas comuns. O especialista tem papel fundamental na avaliação de manifestações comuns de doenças incomuns e nas manifestações incomuns de doenças comuns. Para um bom médico, a curiosidade e o desejo de aprender são características inevitáveis, não havendo barreiras quanto ao volume de conhecimento.

Outro aspecto interessante neste início de século consiste no desenvolvimento acelerado de novas técnicas de detecção molecular, principalmente voltadas para doenças infecciosas e neoplasias. A detecção automatizada de material genético de micro-organismos em fluidos corporais diversos pode ser uma solução rápida para detecção de agentes etiológicos, mutações relacionadas com resistência antimicrobiana e, consequentemente, para a escolha do tratamento mais indicado. Esses métodos estão disponíveis em laboratórios de referência e são muito usados em pesquisas de epidemiologia molecular. Do mesmo modo, na área de oncologia, não param de surgir medicações com desenho molecular racional para atacar alvos específicos gerados pela célula neoplásica mutada.

O século XXI realmente parece ser o século do genoma. Não será surpreendente se em algumas décadas for mapeado o genoma de cada indivíduo e tornar-se possível predizer ao nascimento os riscos para doenças multifatoriais, como as doenças cardiovasculares e neurodegenerativas. Cada um de nós já nascerá com orientações específicas para os hábitos de vida e, quem sabe, com recomendações sobre aptidões especiais. Será cada vez mais necessário se aperfeiçoar diante do desenvolvimento técnico-científico.

Este livro reúne mais de 200 temas importantíssimos para a prática médica, unindo a mente sedenta de conhecimentos dos acadêmicos de medicina à experiência de tutores nas áreas do saber. Além disso, aborda a consulta nos plantões, assim como os diversos recursos tecnológicos de acesso à memória inorgânica disponíveis. Esperamos que, a partir de dúvidas práticas, o leitor busque a voz da experiência e use nossas informações para apoiar uma decisão bem-sucedida e que se habitue ao "Aprendizado Baseado em Problemas". Esperamos que a curiosidade do leitor seja ilimitada e que sejam buscadas outras fontes complementares, principalmente quanto ao raciocínio fisiopatológico e epidemiológico. As reflexões sobre o futuro da prática médica dessa geração podem soar como ficção científica, mas, apesar de todo o desenvolvimento tecnológico, a medicina permanece humana em sua essência – mais do que uma ciência, um estado da arte.

Seção I – CARDIOLOGIA

Capítulo 2
Reanimação Cardiopulmonar

Eduardo Alvarenga Junqueira Filho • Aureo do Carmo Filho

INTRODUÇÃO

Nenhuma situação clínica supera a prioridade de atendimento à parada cardiorrespiratória (PCR). A reanimação cardiopulmonar (RCP) consiste em um conjunto de medidas que visa a restituir a atividade cardíaca espontânea e proteger o sistema nervoso central de hipoxia. Quando o início da RCP é retardado, a chance de sobrevida é prejudicada e o tecido cerebral sofre danos irreversíveis, resultando em morte ou sequela neurológica severa e permanente. O sucesso na RCP depende da rapidez com que se ativa a nova cadeia de sobrevida (Figura 2.1), que consiste em **acesso rápido ao sistema de emergência, ressuscitação cardiopulmonar, desfibrilação precoce, suporte avançado de vida eficaz e cuidados pós-PCR.**

Figura 2.1 Cadeia de sobrevida.

Em 2010 foi publicado o novo consenso da American Heart Association, que determinou algumas mudanças significativas, descritas a seguir:

- Mudança na sequência de atendimento (C-A-B em vez do antigo A-B-C) no suporte básico de vida (BLS).
- Ver, ouvir e sentir foi retirado das recomendações.
- Compressão torácica de, no mínimo, 100 por minuto. Oferece melhores sobrevida e prognóstico neurológico.
- A compressão torácica deve ser feita com pelo menos 5cm de profundidade do tórax.
- Leigos estão autorizados a fazer apenas compressão. Quando treinados, devem associar ventilação na relação 30:2.
- Recomenda-se treinamento de leigos apenas com compressão, exceto em caso de parada por asfixia (afogamento).

SUPORTE BÁSICO DE VIDA (BLS – *BASIC LIFE SUPPORT*) (Figura 2.2)

O BLS consiste no conjunto de medidas e procedimentos técnicos que objetivam o suporte de vida à vítima. A abordagem inicial por meio dessas manobras tem por objetivo instituir as condições mínimas necessárias para manutenção ou recuperação da oxigenação e perfusão cerebral, já que é a viabilidade neurológica que define, em grande parte, o prognóstico da vítima de PCR.

A seguir, serão enumerados e discutidos os passos que constituem o BLS:

1 – Avaliar o nível de consciência (responsividade)

A vítima de um evento agudo precisa ser abordada rapidamente. A checagem do nível de consciência fornece, em pouco tempo, informações valiosas. Se o paciente responde ao chamado, mesmo que a resposta seja incompreensível, isso demonstra que há fluxo sanguíneo cerebral suficiente para manter alguma atividade do sistema nervoso central (SNC), ou seja, a situação se afasta da condição de PCR.

A checagem do nível de consciência deve ser feita por meio do chamado verbal e do contato físico com a vítima. Se não há resposta, assume-se que a função do SNC está prejudicada – por exemplo, por hipoxia (como na parada respiratória) ou baixo fluxo sanguíneo cerebral (como em caso de choque hipovolêmico). A ausência de resposta da vítima demonstra maior probabilidade de condição crítica como a PCR.

Em ambas as condições (consciente ou inconsciente), o passo seguinte deve consistir no desencadeamento do sistema de emergência, chamando por ajuda, e pelo Desfibrilador Externo Automático (DEA). Essa orientação não é válida para atendimento de afogados e vítimas de obstrução testemunhada da via aérea, em que o resgatista deve aplicar 2 minutos de RCP antes de acionar o serviço de emergência.

2 – Chamar por ajuda, pedindo o desfibrilador automático

O chamado de emergência constitui passo crucial no atendimento, pois não se pode definir de imediato o que aconteceu com a vítima. A necessidade do chamado precoce de ajuda e do desfibrilador justifica-se pelo fato de cerca de 80% dos eventos de PCR extra-hospitalares serem desencadeados por duas formas de arritmias letais: a fibrilação ventricular (FV) e a taquicardia ventricular (TV). Esses ritmos estão presentes no início da maioria dos casos de PCR e apresentam bom índice de resposta à desfibrilação, quando tratados em tempo hábil. No entanto, evoluem rapidamente para assistolia ou tornam-se progressivamente refratários ao choque, se tratados tardiamente.

3 – Posicionar a vítima para o resgate

A posição correta da vítima durante o atendimento é o decúbito dorsal horizontal sobre superfície rígida, em virtude da necessidade de massagem cardíaca. Durante o posicionamento da vítima, deve-se manter sua coluna cervical sempre alinhada com o restante do tronco durante a mobilização. A suspeita de lesão cervical deve ser sempre lembrada quando a perda de consciência da vítima não foi presenciada ou quando a vítima sofreu trauma de crânio ou cervical durante a queda.

4 – Posicionar-se em relação à vítima

Para o posicionamento correto em relação à vítima, o resgatista deve colocar-se na linha dos ombros do paciente, não importando o lado (direito ou esquerdo). Essa posição torna possível o acesso rápido à via aérea e à massagem cardíaca. Em caso de dois socorristas, cada um deve posicionar-se em um dos lados da vítima, na linha dos ombros.

5 – Abrir vias aéreas e avaliar se o paciente respira

Quanto às vias aéreas, o protocolo anterior recomendava ver, ouvir e sentir. Essa sequência foi suprimida em 2010, uma vez que retardava o início da RCP. A recomendação atual orienta que, após a abertura das vias aéreas, deve ser feita uma avaliação rápida e objetiva, para constatação da ausência de movimentos respiratórios. A presença de *gasping* não caracteriza ventilação espontânea e deve ser interpretada como ritmo respiratório indicativo de PCR.

A avaliação do pulso por leigos não é mais recomendada, bastando a definição de perda da consciência e ausência de respiração para definição da situação de PCR no ambiente extra-hospitalar. Para profissionais da saúde, a pesquisa do pulso ainda é mandatória, devendo ser feita em até 10 segundos. Definido pulso ausente, deve-se iniciar a RCP imediatamente.

6 – Iniciar a reanimação cardiopulmonar

Definida a PCR, são iniciadas imediatamente as manobras da RCP, mediante compressões torácicas alternadas com as ventilações assistidas: **aplica-se a sequência de 30 compressões torácicas**

para duas ventilações. As compressões devem ser interrompidas na chegada do DEA, da equipe de suporte avançado, ou quando são detectados movimentos espontâneos da vítima.

7 – Fazer a desfibrilação elétrica, se indicada

Sabe-se que a FV é o ritmo mais frequente presente no início da PCR no ambiente extra-hospitalar. Quanto mais precoce a desfibrilação, melhor é o prognóstico de sobrevida para o paciente.

O DEA contém um programa que torna possível a identificação e o reconhecimento dos ritmos de FV e TV, indicando, com isso, o choque. Se o ritmo presente não for um dos citados, o aparelho não indicará o choque, devendo o resgatista continuar com a massagem cardíaca e as ventilações até a chegada do suporte avançado de vida.

Quando indicado, o choque inicial é de 360J (no aparelho monofásico) ou de 150 a 200J (nos aparelhos bifásicos). Deve-se dar preferência ao choque bifásico. No momento do choque, o socorrista deve certificar-se de que ninguém está em contato com a vítima. Os autores deste capítulo indicam a realização de apenas um choque.

Em vítimas atendidas 5 minutos após o evento e que não receberam suporte básico de vida e apresentam FV ou TV, está indicada a aplicação de 2 minutos de RCP antes da desfibrilação, de modo a aumentar a chance de sucesso do choque nessa fase.

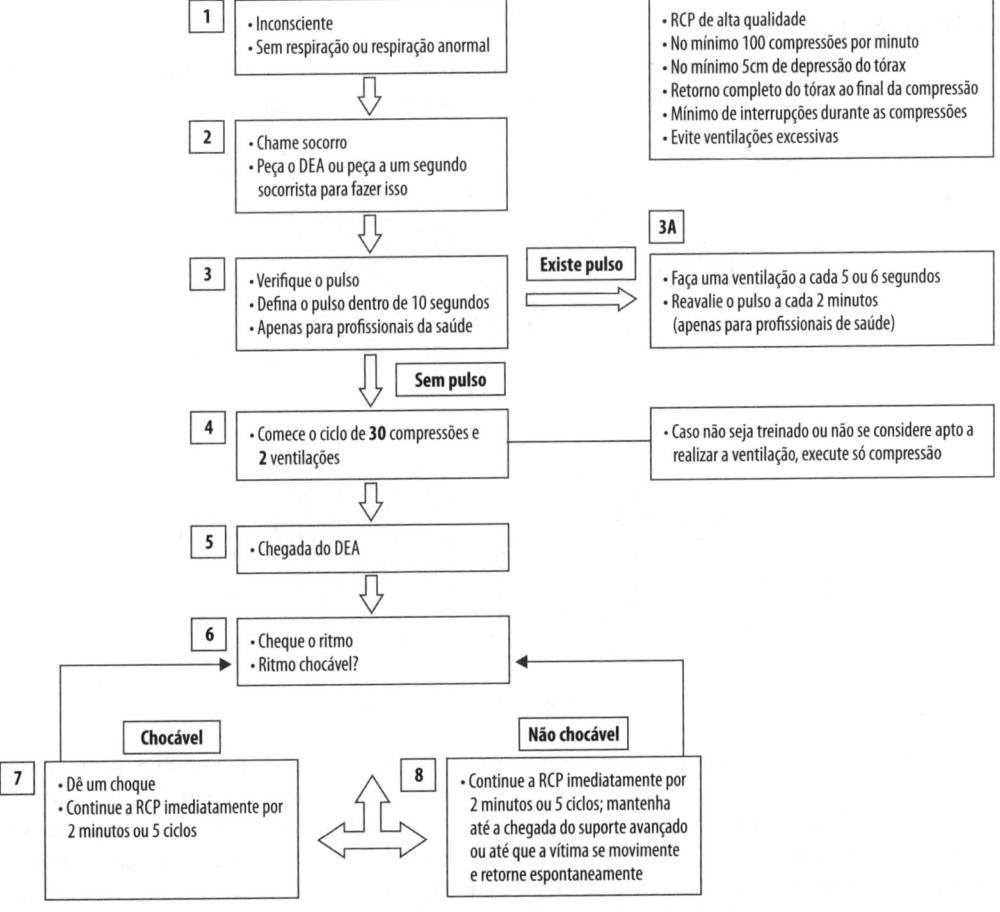

Figura 2.2 Algoritmo BLS.

Imediatamente após o choque, retoma-se a RCP por 2 minutos, quando o aparelho novamente reavalia a necessidade de novo choque. Se indicado, este é aplicado com a mesma energia empregada anteriormente, seguido de mais 2 minutos de RCP, e assim por diante, até que o sistema de emergência se encarregue do atendimento ou ocorra mudança do ritmo. Quando esta ocorre, o aparelho não indica o choque, e o pulso deve ser checado. Em caso de pulso presente, houve reversão da PCR, e deve-se manter suporte ventilatório até a chegada do sistema de emergência, checando o pulso a cada 2 minutos; se ausente, as manobras de RCP devem ser mantidas, por mais 2 minutos, até uma nova checagem de ritmo pelo desfibrilador.

SUPORTE AVANÇADO DE VIDA (ACLS)

O suporte avançado de vida consiste na ressuscitação com uso de equipamento adicional ao usado no suporte básico, seja mediante a realização de procedimentos de risco, a aplicação de desfibrilação ou o uso de medicações. Por meio da identificação do ritmo cardíaco pelas pás do monitor cardíaco, podemos ter duas modalidades de PCR:

1. Ritmo chocável (FV/TV sem pulso) (Figura 2.5).
2. Ritmo não chocável (assistolia/atividade elétrica sem pulso) (Figura 2.7).

A seguir, é explicado o que deve ser feito em cada uma dessas situações.

1 – FV/TV sem pulso

Consiste nas formas mais frequentemente encontradas nas PCR, principalmente em seu início. Têm melhor prognóstico, desde que tratadas de modo e em tempo adequados.

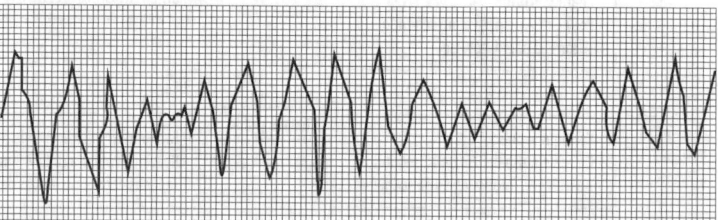

Figura 2.3 Fibrilação ventricular.

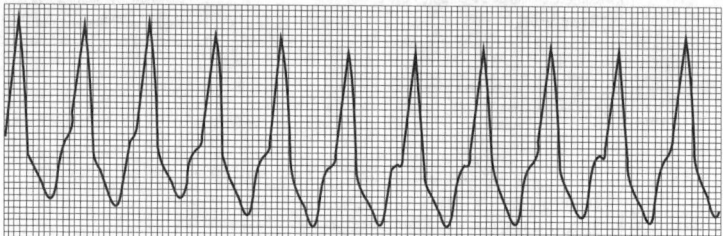

Figura 2.4 Taquicardia ventricular sem pulso.

Identificada a FV/TV sem pulso, deve-se proceder do mesmo modo que no BLS. A maneira de agir depende do tempo decorrido desde o início do evento. Se o paciente é atendido até o quarto ou quinto minuto da PCR, a primeira medida a ser adotada consiste na desfibrilação elétrica com choque único de 360J monofásico ou entre 150 e 200J no bifásico. Caso a PCR seja identificada após esse tempo, recomenda-se a realização de RCP por 2 minutos. Imediatamente após o choque, devem ser aplicados mais 2 minutos de RCP.

Cumprida essa etapa, ou seja, com o paciente em FV/TV sem pulso após o primeiro choque, devemos proceder às medidas de suporte avançado de vida, para as quais são necessários um acesso venoso periférico, a colocação de uma via aérea definitiva e monitorização cardíaca. Caso o acesso venoso esteja indisponível, o medicamento de escolha pode ser administrado por meio da cânula traqueal ou por acesso intraósseo.

Medicamentos a serem utilizados na FV/TV sem pulso

1. **Adrenalina:** costuma ser o primeiro medicamento a ser utilizado, na dose de 1mg, a cada 3 a 5 minutos EV. A **vasopressina** pode ser utilizada em substituição à primeira ou à segunda dose da adrenalina, em dose única de 40UI.
2. **Amiodarona:** é o próximo medicamento, em sequência, a ser utilizado, principalmente em casos refratários, na dose de 300mg EV em *bolus*, podendo ser repetida mais uma dose de 150mg. A manutenção após retorno de ritmo com pulso é de 1mg/min por 6 horas e 0,5mg/min por mais 18 horas.
3. **Lidocaína:** é usada como antiarrítmico na dose de 1 a 1,5mg/kg. Dose de manutenção: 2 a 4mg/min. Também é utilizada em casos refratários aos medicamentos supracitados.
4. **Sulfato de magnésio:** usado quando há hipomagnesemia documentada ou na arritmia tipo *torsades de pointes*, na dose de 1 a 2g EV em *bolus*. A dose de manutenção é 1 a 2g/h.
5. **Gluconato de cálcio:** indicado na presença de hipocalcemia, hipercalcemia e na intoxicação pelos bloqueadores de cálcio. Dose de 1g (10mL da solução a 10%).
6. **Bicarbonato de sódio:** está indicado em caso de acidose metabólica grave, reanimação com mais de 15 minutos e intoxicação por antidepressivos tricíclicos. Dose de 1mEq/kg como ataque e 0,5mEq/kg a cada 10 minutos de RCP.

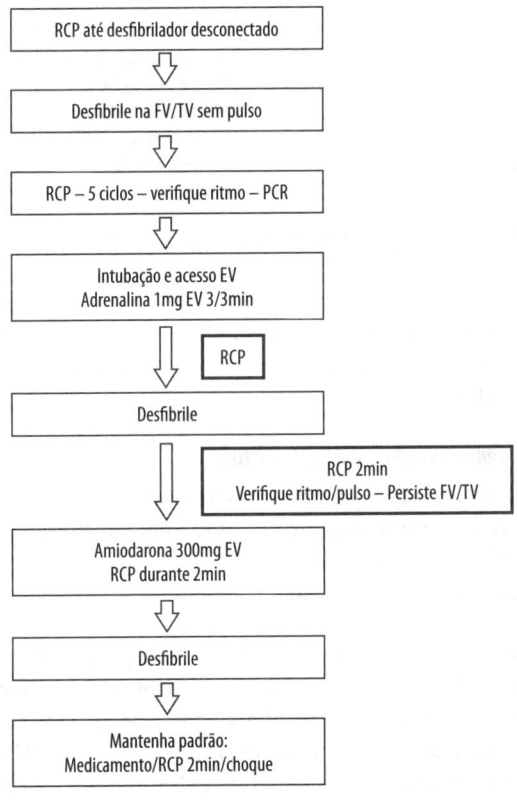

Figura 2.5 Algoritmo ACLS.

2 – Assistolia/atividade elétrica sem pulso (AESP)

A identificação de qualquer atividade elétrica diferente de FV/TV sem pulso caracteriza uma PCR em ritmo não passível de choque, que consiste em AESP ou assistolia (Figura 2.6). A principal atitude clínica para reverter esse tipo de PCR consiste na determinação de sua causa base e na aplicação do tratamento adequado.

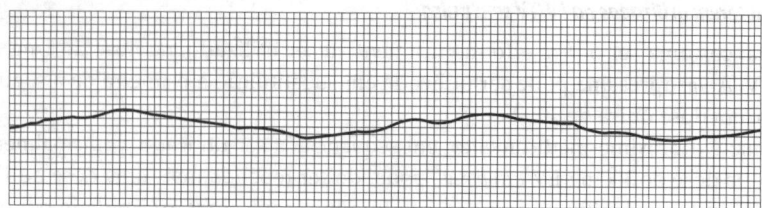

Figura 2.6 Assistolia.

A AESP é o mecanismo mais comum de PCR intra-hospitalar. Nessa situação, o coração não consegue efetuar uma contração mecânica eficaz, embora receba o estímulo elétrico. A assistolia, por sua vez, é a forma de pior prognóstico e consiste na ausência de atividade elétrica no coração. São 11 as causas reversíveis dessas situações, as quais podem ser agrupadas de maneira simples, de modo a facilitar o estudo, como 6H e 5T (Quadro 2.1).

Quadro 2.1 Os 6H e os 5T

6H	5T
Hipovolemia	Tamponamento cardíaco
Hipoxia	Toxicidade medicamentosa
Hipo/hipercalemia	Tensão no tórax (pneumotórax hipertensivo)
H⁺ (acidose metabólica)	Trombose (IAM ou TEP)
Hipoglicemia	Trauma
Hipotermia	

IAM: infarto agudo do miocárdio; TEP: tromboembolia pulmonar.

Como salientado anteriormente, a AESP/assistolia constituem ritmos não chocáveis; portanto, além de procurar realizar o tratamento específico para cada situação, deve-se proceder à administração de medicamentos.

Medicamentos a serem utilizados na AESP/assistolia

1. **Adrenalina:** costuma ser o primeiro medicamento a ser utilizado, na dose de 1mg, a cada 3 a 5 minutos EV. A **vasopressina** pode ser usada em substituição à primeira ou à segunda dose da adrenalina – 40UI, em dose única.
2. **Atropina:** não é mais recomendada.

Após a reversão da PCR, seja na FV/TV sem pulso, seja na AESP/assistolia, devem ser tomados diversos cuidados. São importantes: controle sobre a ventilação do paciente, oximetria de pulso, checagem constante dos sinais vitais e controle glicêmico. Outra medida importante e aceita é a hipotermia induzida (temperatura central em torno de 32°C a 34°C) por 12 a 24 horas, nos casos de encefalopatia anóxica grave, o que determina melhor prognóstico neurológico e reduz a mortalidade.

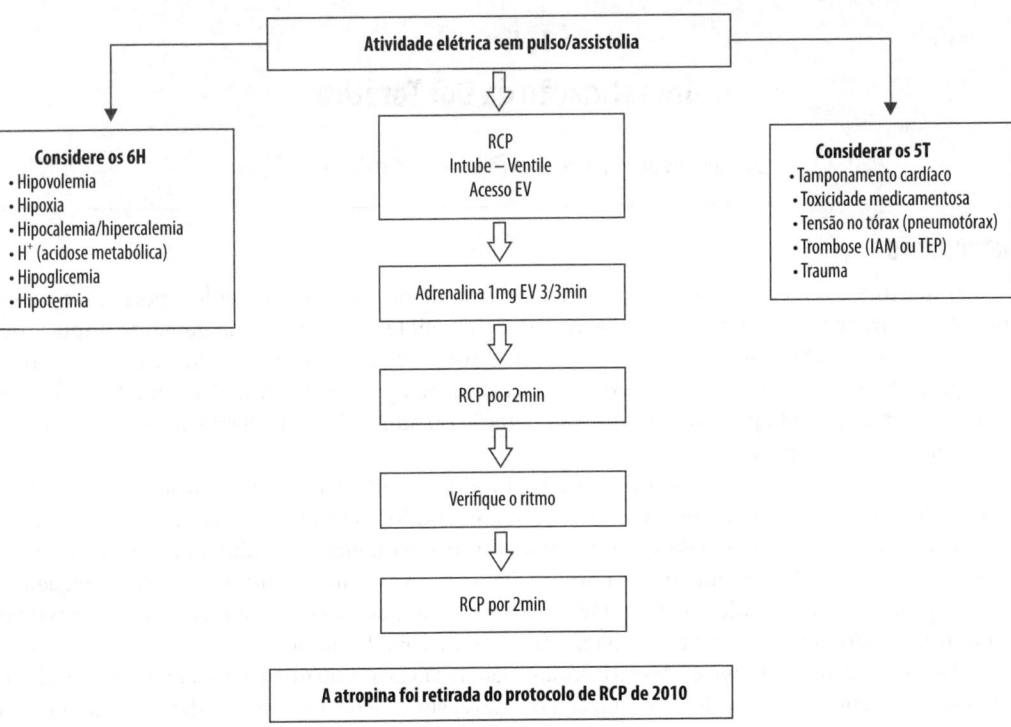

Figura 2.7 Algoritmo AESP/assistolia.

Capítulo 3
Investigação da Dor Torácica

Eduardo Alvarenga Junqueira Filho • Aureo do Carmo Filho

INTRODUÇÃO

A dor torácica na emergência representa um grande desafio para o médico, pois, além de ser uma queixa frequente, compreende uma variedade de etiologias, com ampla gama de implicações clínicas, algumas potencialmente fatais, se não diagnosticadas rapidamente. A diferenciação entre as doenças que oferecem e as que não oferecem risco de vida é um ponto crítico na tomada de decisão do médico emergencista para definir sobre a liberação ou admissão do paciente ao hospital e iniciar o tratamento imediatamente.

A abordagem inicial ao paciente é sempre dirigida à confirmação ou ao afastamento do diagnóstico de síndrome coronariana aguda (SCA). Nesse sentido, é importante identificar outras causas potencialmente fatais, como dissecção de aorta, pericardite ou embolia pulmonar, bem como reconhecer indivíduos sob risco maior de complicações cardiovasculares relacionadas com a isquemia. Por isso, estratégias para identificação rápida e correta de pacientes sob alto risco de desenvolver complicações são fundamentais na avaliação do paciente com dor torácica.

Para a redução de admissões desnecessárias, elaboração de estratégias para manter o cuidado adequado aos pacientes de maior risco e otimizar a relação custo-benefício, devem ser desenvolvidos protocolos de investigação da dor torácica de maneira sistematizada da conduta médica, seja ela diagnóstica ou terapêutica.

A Figura 3.1 esquematiza os principais diagnósticos diferenciais referentes à dor torácica.

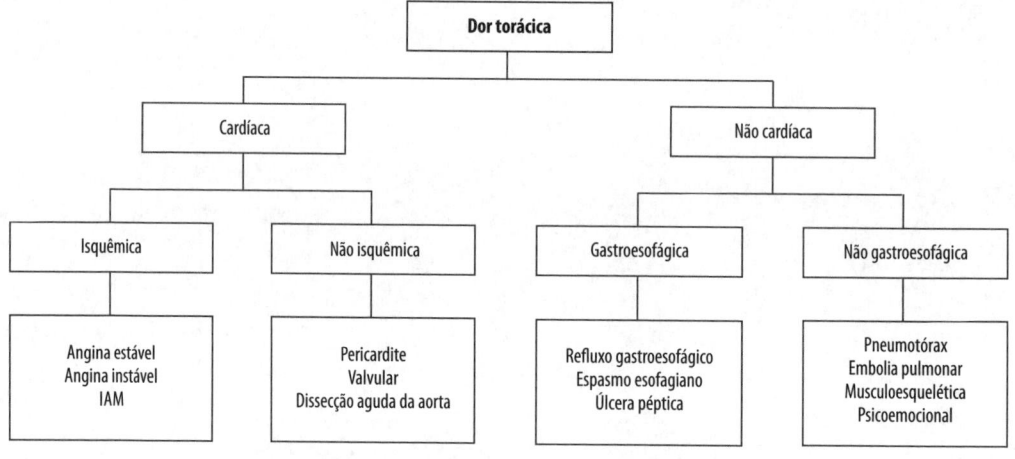

Figura 3.1 Diagnósticos diferenciais da dor torácica.

PARTICULARIDADES DA DOR TORÁCICA

- **Dor da isquemia cardíaca:** dor em pressão, aperto, constritiva ou em peso, com duração usual de alguns minutos e geralmente de localização precordial ou retroesternal, podendo ainda irradiar-se eventualmente para membros superiores (MMSS), mandíbula e pescoço. Episódios de diaforese, náuseas, vômitos e dispneia são comuns. Essa dor muitas vezes se inicia por esforço ou estresse emocional e é aliviada com repouso e/ou com o uso de nitratos.

- **Dor da dissecção aguda da aorta:** ocorre geralmente em indivíduos hipertensos, portadores de síndrome de Marfan ou com história de traumatismo torácico recente. Em geral, é caracterizada como uma dor lancinante que se inicia no tórax e se irradia para o dorso. Muitas vezes, também é encontrada diferença na amplitude de pulso e de pressão arterial (PA) entre os MMSS.
- **Dor do pneumotórax:** dor encontrada muitas vezes em dorso e ombro, associada a dispneia, taquipneia e ausência de ruídos respiratórios à ausculta pulmonar.
- **Dor da embolia pulmonar:** dois terços dos pacientes apresentam dor do tipo pleurítica, a qual costuma ser súbita. Dispneia e taquipneia são sintomas comuns que podem acompanhar o quadro.
- **Dor da pericardite:** dor do tipo pleurítica que melhora ao sentar-se ou inclinar-se para a frente. Atrito pericárdico, alterações ao eletrocardiograma (ECG) e derrame pericárdico são manifestações clássicas. Os pacientes podem ainda ter febre e frequentemente relatam que o quadro é precedido por uma síndrome gripal.
- **Dor do prolapso da valva mitral:** dor que geralmente ocorre em repouso, descrita tipicamente como sendo em pontadas, não apresentando irradiações. O diagnóstico é feito por ausculta cardíaca.
- **Dor da estenose aórtica:** dor semelhante à da doença coronariana. Diagnóstico feito principalmente pela ausculta do sopro, associada à hipertrofia ventricular esquerda no ECG.
- **Dor da miocardiopatia hipertrófica:** pode ter característica anginosa. No exame físico podem ser encontrados uma quarta bulha e um sopro sistólico ejetivo aórtico. O diagnóstico é feito pelo ecocardiograma transtorácico. O ECG geralmente mostra hipertrofia ventricular esquerda, com ou sem alterações de ST-T.
- **Dor do refluxo e espasmo esofagiano:** pacientes com refluxo podem apresentar desconforto torácico, geralmente em queimação, em alguns casos associado a regurgitação alimentar, e que pode melhorar com a posição ereta ou com o uso de antiácidos. O espasmo esofagiano pode apresentar melhora com o uso de nitratos, causando dificuldade na diferenciação com síndromes coronarianas.
- **Dor da úlcera péptica:** dor localizada, principalmente, em região epigástrica ou no andar superior do abdome. Habitualmente, ocorre após uma refeição e melhora com o uso de antiácidos.
- **Dor da ruptura esofagiana:** dor excruciante de localização retroesternal ou no andar superior do abdome. Em geral, a ruptura ocorre após episódios de vômitos incoercíveis. Encontra-se pneumomediastino na radiografia de tórax.
- **Dor osteomuscular:** geralmente tem característica pleurítica, por ser desencadeada ou exacerbada pelos movimentos dos músculos e/ou articulações que participam da respiração. Tem duração prolongada, de horas a semanas, e piora com a palpação.
- **Dor psicogênica:** achado extremamente comum nos serviços de emergência, pode apresentar qualquer padrão, mas costuma ser difusa e imprecisa. Em geral, os sinais de ansiedade são detectáveis e, com frequência, observa-se utilização abusiva e inadequada de medicações analgésicas.

COMO INVESTIGAR?

Nosso objetivo é fornecer ferramentas simples e de fácil aplicação prática para orientar o médico emergencista nas tomadas de decisões. O primeiro contato com o paciente é de extrema importância, devendo ser realizado rapidamente em três etapas:

Primeiro passo – História clínica → Qual o tipo de dor referida?

O primeiro passo na abordagem a um paciente com dor torácica consiste em saber caracterizá-la por meio da realização de uma breve história clínica, que continua sendo um dos mais importantes pontos na avaliação. Características da dor sugestivas de angina e a presença de sintomas associados, como sudorese, vômitos ou dispneia, são muito úteis para o diagnóstico correto. Ao mesmo tempo, a história possibilita a elaboração de possíveis diagnósticos diferenciais de etiologias não cardíacas.

Quadro 3.1 Avaliação do tipo de dor torácica

Tipo da dor	Característica da dor
Definitivamente anginosa	Dor ou desconforto retroesternal ou precordial, geralmente precipitada pelo esforço físico, podendo irradiar-se para ombro, mandíbula ou face interna do braço (ambos), com duração de alguns minutos, e aliviada pelo repouso ou nitrato em menos de 10 minutos
Provavelmente anginosa	Tem a maioria, mas não todas as características da dor definitivamente anginosa
Provavelmente não anginosa	Tem poucas características da dor definitivamente anginosa ("dor atípica", sintomas de "equivalente anginoso")
Definitivamente não anginosa	Nenhuma característica da dor anginosa, fortemente indicativa de diagnóstico não cardiológico

- **Eletrocardiograma:** o ECG deve ser feito imediatamente, em no máximo 10 minutos após a chegada do paciente ao serviço. Na maioria dos doentes que se apresentam com dor torácica, o ECG será normal, o que não descarta uma possível condição maligna. Por isso, devemos sempre ficar atentos a algumas situações e tratar cada caso de modo bem específico, para que, aí sim, saber se podemos ou não dar alta ao paciente.
- **Exame físico:** frequentemente é inexpressivo no contexto de uma síndrome coronariana aguda (SCA). Entretanto, deve incluir:
  - PA nos dois braços: avaliar simetria e diagnosticar hipotensão.
  - Palpar pulsos em MMSS e membros inferiores (MMII).
  - Ausculta cardíaca: avaliar presença de sopros, B3.
  - Ausculta pulmonar: avaliar presença de crepitações.
  - Geral: avaliar se há palidez, sudorese, ansiedade, cianose, turgência jugular.
  - Extremidades: procurar sinais de insuficiência vascular, edema.

Segundo passo – Qual a probabilidade de estar ocorrendo uma SCA?

O principal desafio reside em estabelecer a probabilidade de o quadro apresentado pelo paciente ser uma SCA. Unindo as informações da avaliação clínica da dor descritas no primeiro passo, antecedentes pessoais, exame físico e ECG, é possível estimar a probabilidade de isquemia miocárdica e, assim, tomar decisões terapêuticas.

Quadro 3.2 Níveis de probabilidade de angina instável ou IAM

Alta probabilidade	Média probabilidade	Baixa probabilidade
Qualquer um dos itens abaixo: • Dor definitivamente anginosa • Dor provavelmente anginosa (especialmente em pacientes com idade avançada) • Alterações hemodinâmicas e de ECG durante dor precordial	Ausência dos itens de alta probabilidade e pelo menos um dos itens abaixo: • Dor provavelmente não anginosa em diabéticos • 2 fatores de risco, exceto DM • Doença vascular extracardíaca • Depressão ST de 0,5 a 1mm ou inversão de onda T > 1mm não dinâmicas	Ausência dos itens de alta e média probabilidade e: • Dor definitivamente não anginosa • Dor provavelmente não anginosa e um fator de risco (exceto DM) • ECG normal ou com alterações inespecíficas

DM: *diabetes mellitus.*

A etapa mais importante nessa estratificação de probabilidade para SCA consiste na definição dos dois extremos de pacientes, ou seja, os de baixa e os de alta probabilidade. Pacientes de baixa probabilidade não necessitam de avaliação complementar para isquemia miocárdica, devendo ser pesquisados diagnósticos diferenciais para o quadro apresentado. Pacientes de alta probabilidade devem ser considerados portadores de SCA e, desse modo, iniciar rapidamente o tratamento. Resta-nos um grupo intermediário, o de média probabilidade. É nesse grupo que encontramos um grande número de pacientes e onde devemos ter bastante cuidado, principalmente pelas características clínicas, muitas vezes duvidosas, que esses doentes apresentam. Devem submeter-se a um protocolo específico de avaliação de dor torácica, descrito no terceiro passo, já que necessitam de monitorização dos sintomas e exames subsidiários adicionais para auxílio diagnóstico e decisão terapêutica.

Terceiro passo – Há necessidade de inclusão no protocolo diagnóstico da Unidade de Dor Torácica (UDT)?

Uma possibilidade para o protocolo de UDT consiste em manter o paciente com probabilidade moderada de SCA em observação, por até 12 horas do início da dor. Nesse período, o paciente será observado clinicamente e submetido a avaliações clínicas seriadas.

Os ECG devem ser realizados de modo seriado (por exemplo, em 0, 3, 6, 9 e 12 horas após o início da dor e a cada novo episódio de dor torácica).

Os marcadores de necrose miocárdica constituem o ponto fundamental para a avaliação diagnóstica e prognóstica dos pacientes com provável SCA. Marcadores cardíacos seriados são de extrema importância. O tempo de coleta varia conforme o protocolo utilizado em cada UDT, embora o mais utilizado seja 0, 3, 6, 9 e 12 horas após admissão ou apenas em 6 e 12 horas após o início da dor.

Aplicado o protocolo de dor torácica, apenas duas possibilidades são aventadas:

- **O protocolo é negativo** – o paciente evoluiu sem dor, sem alteração significativa do exame físico, ECG seriados sem novas alterações e marcadores de necrose miocárdica negativos.
- **O protocolo é positivo** – o paciente apresentou pelo menos uma das seguintes alterações: nova dor anginosa, exame físico sugestivo de insuficiência cardíaca aguda, qualquer ECG com novas alterações (bloqueio de ramo novo, alteração do segmento ST/T) ou elevação dos marcadores de necrose miocárdica. Nesse caso, o quadro, que inicialmente era duvidoso, agora se confirma como SCA, devendo ser iniciado imediatamente o tratamento do paciente.

Caso o protocolo seja negativo, não é possível afastar a possibilidade de SCA, porém é afastada a de IAM. Portanto, após termos considerado outras hipóteses diagnósticas para dor torácica, podemos tomar duas decisões:

1. O paciente recebe alta e é orientado a marcar uma nova consulta ambulatorial para melhor avaliação de testes não invasivos de isquemia.
2. Realizar essa prova de isquemia no próprio hospital ao término deste protocolo. Os testes mais usados são o teste ergométrico, o ecocardiograma de estresse e a cintilografia de perfusão miocárdica com estresse físico ou farmacológico.

Pacientes com testes não invasivos sugestivos de isquemia devem ser tratados como portadores de SCA. Pacientes com testes não invasivos normais podem ser dispensados com segurança.

Capítulo 4
Síndromes Coronarianas Agudas

Eduardo Alvarenga Junqueira Filho • Aureo do Carmo Filho

INTRODUÇÃO

A síndrome coronariana aguda (SCA) é definida como um conjunto de sinais e sintomas compatíveis com isquemia miocárdica aguda. Essa entidade pode se apresentar sob quatro formas clínicas diferentes:

- Angina instável (AI)
- Angina de Prinzmetal
- IAM sem supra de ST (IAM S/SST)
- IAM com supra de ST (IAM C/SST)

FISIOPATOLOGIA

A expressão clínica da instabilização de uma placa aterosclerótica coronariana é a SCA. Após esse evento da placa, principal mecanismo de descompensação da SCA, forma-se sobre ela o trombo, proveniente da agregação plaquetária. A partir disso, sabemos que esse trombo pode ocluir, de maneira parcial ou completa, a luz da coronária, limitando a oferta de oxigênio para o miocárdio e assim determinando a síndrome.

Quando a obstrução é completa, a forma de apresentação clínica é o IAM C/SST; quando parcial, ocorre a AI ou o IAM S/SST. O que basicamente diferencia esses dois últimos é o fato de não haver lesão do músculo cardíaco na AI.

CONSIDERAÇÕES

Fatores de risco

- Tabagismo
- Sedentarismo
- *Diabetes mellitus*
- Dislipidemia: LDL > 160mg/dL; HDL < 40mg/dL
- Obesidade
- Hipertensão arterial sistêmica (HAS)
- Síndrome plurimetabólica
- Idade: homens > 45 anos; mulheres > 55 anos
- História familiar positiva para SCA:
  - Parentes homens de 1º grau < 55 anos
  - Parentes mulheres de 1º grau < 65 anos

QUADRO CLÍNICO

A característica da dor torácica é o dado com maior valor preditivo para SCA, embora até um terço dos pacientes não apresente dor torácica típica, em especial idosos, mulheres, diabéticos e pacientes psiquiátricos. No Quadro 4.1 encontram-se descritas peculiaridades da dor isquêmica miocárdica.

Quadro 4.1 Características da dor precordial típica de isquemia miocárdica

Dor em aperto, precordial ou retroesternal, com irradiação para mandíbula, pescoço ou o membro superior esquerdo
Dor acompanhada de sudorese, palpitações e vômitos
Dor desencadeada por esforço físico ou emoção
Duração prolongada (> 20 minutos no IAM)
Alívio com repouso ou nitrato

A classificação de Killip-Kimball (Quadro 4.2) tem sido usada há bastante tempo para avaliação clínica da função ventricular baseada no exame físico e se mantém como instrumento importante não só para estabelecer o prognóstico, mas também para decisões terapêuticas.

Quadro 4.2 Classificação de Killip-Kimball referente à função ventricular

Classe	Dados clínicos
I	Sem sinais de congestão pulmonar à ausculta
II	Terceira bulha e/ou estertores pulmonares bibasais
III	Edema agudo de pulmão
IV	Choque cardiogênico

DIAGNÓSTICO

Para chegarmos ao diagnóstico de SCA, alguns fatores são preponderantes: a associação de uma rápida anamnese com exames complementares, como a curva enzimática e o eletrocardiograma (ECG).

1. Na anamnese, é importante **classificarmos o tipo de dor torácica aguda**, o que é importante para sabermos se estamos lidando com uma dor anginosa típica ou não. Didaticamente, dividimos essa dor em quatro grupos (Quadro 4.3).

Quadro 4.3 Classificação da dor anginosa

Definitivamente anginosa	Dor em caráter constritivo ou em queimação, de localização subesternal ou precordial, podendo irradiar-se para MMSS ou mandíbula, que melhora com repouso e nitrato
Provavelmente anginosa	Algumas características a favor e outras contra a dor anginosa. Dor precordial, porém mal definida, de forte intensidade, que melhora com uso de nitrato
Provavelmente não anginosa	Dor completamente atípica para angina, porém sem definição diagnóstica
Definitivamente não anginosa	Dor típica de outras causas de dor torácica, sem apresentar características da dor anginosa

2. Após a classificação da dor do paciente, o próximo passo consiste em **realizar um ECG** de 12 derivações, tudo isso em **até 10 minutos:**
    - Para IAM C/SST temos o supradesnivelamento de ST ≥ 1mm em pelo menos duas derivações contíguas ou bloqueio de ramo esquerdo novo.
    - Para IAM S/SST consideramos o ECG bastante específico para isquemia miocárdica aguda, o desnivelamento do segmento ST e a presença de ondas T negativas. É importante lembrar que ECG normal não exclui SCA.
3. **Análise dos marcadores de necrose miocárdica:** as enzimas cardíacas utilizadas para definição de lesão muscular miocárdica são:
    - **CPK:** é sensível, porém pouco específica. Sua elevação ocorre entre 4 e 8 horas após o infarto e se normaliza em 2 a 3 dias, com pico ao redor de 24 horas após o início do quadro (referência: 26-174U/L).
    - **CKMB:** é uma das isoenzimas da CPK predominantes do coração. Eleva-se entre 4 e 8 horas, com pico em 24 horas, e se normaliza em 3 dias. Positivo se > 5ng/mL (massa) ou > 15 a 20UI/L (atividade).

- **Mioglobina:** é muito pouco específica, porém extremamente sensível. Assim, seu valor negativo 4 horas após o início da dor torna improvável o diagnóstico de SCA. Aumenta precocemente, entre 1 e 4 horas (referência: 10-92ng/mL).
- **Troponinas:** são enzimas extremamente específicas para lesão cardíaca. Elevam-se no sangue de 6 a 8 horas após o infarto, com pico em 24 horas, e permanecem elevadas por 10 a 14 dias. Positivo se valores > 0,1ng/mL.

Na angina instável, por definição, não há elevação dos marcadores enzimáticos de necrose miocárdica.

O diagnóstico de AI/IAM S/SST implica obrigatoriamente uma diferenciação inicial e evolutiva de três grupos distintos de pacientes: baixo, médio e alto risco. O termo "risco" refere-se à chance de esse paciente morrer ou ter novos eventos cardíacos. Foram desenvolvidos vários instrumentos para a estratificação de risco desses pacientes, como os escores TIMI (Quadro 4.4) e a classificação da American Heart Association/American College of Cardiology (Quadro 4.5).

Quadro 4.4 Escore TIMI *risk*

Fatores de risco
Idade ≥ 65 anos
Presença de pelo menos três fatores de risco para coronariopatia
Estenose coronariana ≥ previamente documentada
Infradesnivelamento de ST ≥ 0,5mm no ECG admissional
Pelo menos dois episódios anginosos nas 24 horas prévias
Uso de AAS nos 7 dias prévios
Elevação dos marcadores de necrose miocárdica

Risco estimado
Risco de angina recorrente, IAM ou morte exigindo revascularização nos próximos 14 dias, de acordo com a pontuação:
Escore 0 ou 1: 4,7%   Escore 2: 8,3%
Escore 3: 13,2%   Escore 4: 19,9%
Escore 5: 26,2%   Escore 6 ou 7: 40,9%

O paciente é catalogado como de **baixo risco** (escore de 0 a 2), **risco intermediário** (escore de 3 a 4) ou **alto risco** (escore de 5 a 7).

AAS: ácido acetilsalicílico.

Quadro 4.5 Estratificação precoce do risco em AI/IAM S/SST (basta um dos fatores descritos para determinar a classificação mais grave – adaptado da AHA/ACC)

Características	Alto risco	Médio risco	Baixo risco
História	Tempo acelerado dos sintomas de isquemia nas 48 horas precedentes	IAM anterior, doença vascular periférica, ponte de safena ou uso anterior de AAS	
Dor e achados clínicos	Idade > 75 anos Dor em repouso prolongada, continuada (> 20min) Edema pulmonar; B3 ou crepitação Hipotensão, bradicardia ou taquicardia Novo sopro ou piora de regurgitação mitral	Idade = 70 a 75 anos Dor em repouso > 20min, revertida Dor em repouso < 20min	Novo episódio ou dor progressiva nas últimas 2 semanas com alta ou moderada probabilidade de SCA
Alterações no ECG	Angina em repouso com desnivelamento temporário do segmento ST de 0,5mm Novo ou suposto bloqueio de ramo Taquicardia ventricular sustentada	Inversão da onda T > 0,2mV Ondas Q patológicas	ECG normal
Marcadores bioquímicos de dano miocárdico	Acentuadamente elevada	Levemente aumentada	Normal

DIAGNÓSTICO DIFERENCIAL

Este tópico é devidamente detalhado no capítulo referente à abordagem da dor torácica, entretanto, para fins de consulta rápida, podemos citar como principais diagnósticos diferenciais da SCA:

- Úlcera péptica
- Costocondrite
- Colecistite
- Dissecção aguda da aorta
- Espasmo esofágico
- Pericardite
- Herpes-zóster
- Embolia pulmonar

TRATAMENTO

Na sala de emergência, o paciente com dor torácica deve ser avaliado visando à rápida identificação da SCA. Definida sua presença, o paciente deve ser mantido em repouso. **As bases do tratamento das SCA são as mesmas, o que difere é a abordagem da obstrução coronariana.**

Na abordagem inicial, **o objetivo é reduzir o trabalho miocárdico e o consumo de energia e aumentar o aporte de O_2.** Na prática, em todo paciente com SCA, a abordagem na emergência deve seguir esta ordem:

1. Deitar o paciente no leito.
2. Monitorização e avaliação do estado hemodinâmico, respiratório e neurológico.
3. Acesso venoso.
4. **ECG em menos de 10 minutos.**
5. Reavaliação por anamnese e exame físico do diagnóstico e classificação prognóstica. Solicitar exames laboratoriais e radiografia de tórax.

Terapia após caso confirmado de SCA

1. **Oxigênio:** fornecer oxigênio suplementar somente para pacientes com evidência de desconforto respiratório ou em caso de $SO_2 \leq 90\%$. Se for necessário, fornecer de 2 a 4L/min.
2. **Antiagregantes plaquetários: AAS** deve ser administrado o mais rápido possível, na **dose de 165 a 325mg VO**. Pedir ao paciente para mastigar o comprimido. O estudo CURE avaliou a eficiência e a segurança da combinação de clopidogrel e AAS com AI ou IAM S/SST. Essa associação reduziu em 20% o risco de resultados adversos. Deve ser usada uma **dose inicial de 300mg de clopidogrel VO**, seguida por 75mg/dia VO por 1 a 12 meses. Mais recentemente, o estudo CLARITY também demonstrou a importância do clopidogrel em pacientes com IAM C/SST submetidos à terapêutica fibrinolítica. Pacientes com mais de 75 anos de idade não devem receber a dose de ataque, apenas a de manutenção.

    O **ticagrelor** e o **prasugrel**, dois medicamentos recentes, têm demonstrado efeitos positivos em desfechos de morte cardiovascular, IAM ou acidente vascular encefálico (AVE), quando comparados com clopidogrel. O **ticagrelor** é usado na **dose de ataque de 180mg VO, seguida de 90mg 2×/dia VO** por 12 meses. O **prasugrel** é usado **na dose de ataque de 60mg VO, seguida de 10mg 1×/dia VO**.
3. **Nitratos:** dinitrato de isossorbida na dose de **5mg sublingual**, a qual pode ser repetida a cada 5 minutos até o alívio da dor, ou até o máximo de três comprimidos. Em seguida, deve ser iniciada **nitroglicerina** em solução para infusão EV, nos pacientes com sintomas persistentes ou congestão pulmonar. A **dose inicial é de 10 a 20mcg/min, com incrementos de 5 a 10mcg/min a cada 5 minutos** até alívio da dor, pressão sistólica < 90mmHg ou diminuição de 30% na pressão sistólica inicial. **Contraindicações:** pressão sistólica < 90mmHg, infarto de ventrículo direito ou uso de inibidores da fosfodiesterase (sildenafila) nas últimas 24 horas.

4. **Morfina:** podem ser usadas **doses entre 1 e 5mg** EV, com *bolus* adicionais a cada 5-10min de 2mg, se necessário. Pode ser usada em pacientes ainda sintomáticos que já estão em uso adequado de nitrato e outra terapia anti-isquêmica.
5. **Anticoagulantes: enoxaparina na dose de 30mg EV em *bolus*, seguidos de 1mg/kg SC de 12/12h.**
   - Obs. 1: 0,75mg/kg se > 75 anos e 0,5mg/kg se paciente renal crônico.
   - Obs. 2: não usar a dose de ataque em IAM C/SST que receber estreptoquinase.
6. **Betabloqueadores:** devem ser administrados a todos os pacientes com risco intermediário e alto, salvo em caso de contraindicação. Atualmente, a recomendação é para uso de medicamentos VO com início nas primeiras 24 horas. Essa mudança ocorreu com base em dados do estudo COMMIT, em que o uso rotineiro de betabloqueador EV aumentou a incidência de choque cardiogênico. O objetivo é atingir frequência cardíaca de 55 a 60bpm. Porém, em pacientes com dor persistente, hipertensos e taquicárdicos, a formulação EV pode ser usada, desde que não apresentem evidências de baixo débito cardíaco, bloqueios ou risco aumentado de choque cardiogênico.
   - **Via oral: atenolol 25mg** de 12/12h; **metoprolol 25mg** de 12/12h.
   - **Via endovenosa: metoprolol 5mg** de 5/5min (até 15mg, em caso de taquicardia e PA elevada).
   - **Contraindicações:** congestão pulmonar, bradicardia, hipotensão, BAV de 2º e 3º graus e broncoespasmo.
7. **Inibidor da enzima conversora de angiotensina (IECA):** não deve ser utilizado tão precocemente quanto o AAS. A administração deve ser feita nas primeiras 24 horas (normalmente após 6 horas), começando com baixas doses e realizando aumentos progressivos.
   - **Captopril 6,25mg 3×/dia ou enalapril 2,5mg 2×/dia.**
8. **Estatinas:** apesar de as diretrizes atuais ainda não recomendarem claramente a utilização das estatinas nos primeiros dias após uma SCA, já existe consenso indicando seu uso nas primeiras semanas após o evento coronariano.
   - **Sinvastatina 40mg/dia ou atorvastatina 80mg/dia.**
9. **Inibidores da glicoproteína IIbIIIa:** para os pacientes com IAM S/SST, particularmente aqueles programados para angioplastia, o indicado é o **tirofibana**, que deve ser mantido até 12 a 24 horas após a angioplastia. Entretanto, caso haja indicação cirúrgica e a revascularização do miocárdio for programada ainda dentro das 48 horas de infusão, esse medicamento deve ser suspenso 8 horas antes do procedimento.
   - **Tirofibana: 0,4mcg/kg/min por 30 minutos, seguido da dose de manutenção de 0,1mcg/kg/min por 48 a 96 horas.** Para pacientes com IAM C/SST que vão utilizar fibrinolíticos, sua utilização concomitante com antiplaquetários é controversa. Para aqueles que serão submetidos à angioplastia, o uso de abciximabe tem sido recomendado antes do início da intervenção percutânea.
   - **Abciximabe: 0,25mg/kg EV em *bolus*, seguido de 0,125mcg/kg/min (máximo de 10mcg/min) por 12 a 24 horas.**

Decidimos criar, de forma prática e simples, uma regra mnemônica ("MONABECCH" – Quadro 4.6) para facilitar o primeiro atendimento de pacientes com SCA. Tal regra não deve ser seguida em sua ordem de escrita, e sim de acordo com tudo o que já foi apresentado no texto.

Quadro 4.6 Resumo do protocolo de tratamento utilizado em casos confirmados de SCA

M	O	N	A	B	E	C	C	H
Morfina	Oxigênio	Nitrato	AAS	Betabloqueador	Estatina	Clopidogrel	Captopril	Heparina

- **M**orfina: doses entre 1 e 5mg EV, com *bolus* adicionais de 2mg a cada 15 minutos, se necessário. Avaliar necessidade de uso de acordo com a dor e após uso de nitrato
- **O**xigênio: 2 a 4L/min se $SO^2 < 90\%$
- **N**itrato: dinitrato de isossorbida, 5mg sublingual, podendo ser repetido a cada 5 minutos até o alívio da dor, ou até o máximo de 3 doses. Avaliar necessidade de nitrato EV
- **A**AS: dose entre 165-325 mg. Devido às apresentações disponíveis no Brasil, geralmente utilizamos 300mg (3 comprimidos)
- **B**etabloqueador: atenolol: 25mg VO de 12/12h ou metoprolol: 50mg VO de 12/12h. Avaliar contraindicações
- **E**statinas: sinvastatina: 40mg/dia ou atorvastatina: 80mg/dia (iniciar nos primeiros dias)
- **C**lopidogrel: 300mg (4 comprimidos)
- **C**aptopril: 6,25mg 3x/dia ou enalapril: 2,5mg 2x/dia (geralmente após 6 horas do início)
- **H**eparina: enoxaparina: 1mg/kg SC de 12/12h

Até o momento, as medidas adotadas para as SCA foram basicamente as mesmas, entretanto alguns pontos importantes e decisivos para a terapia definitiva de recanalização da artéria obstruída devem ser debatidos.

A terapia imediata de desobstrução coronariana tem demonstrado efetividade, em termos de redução de mortalidade, apenas nos pacientes com IAM C/SST, principalmente nos pacientes com um *delta* T < 12h. Embora alguns autores a recomendem com *delta* T > 12h na presença de dor.

Existem duas formas terapêuticas para recanalizar a artéria obstruída: **terapia de reperfusão farmacológica, usando fibrinolíticos endovenosos; e terapia mecânica, mediante angioplastia percutânea intracorpórea.**

- **Angioplastia primária:** é considerada a terapia de escolha nos pacientes com IAM C/SST, principalmente quando há contraindicação ao uso de fibrinolíticos, tempo porta-balão < 90min e perante um centro com disponibilidade e experiência no procedimento.
- **Fibrinolíticos:** em virtude de sua disponibilidade universal, a fibrinólise continua a ser o esteio da terapia de reperfusão. A terapia fibrinolítica, administrada de modo precoce, preferencialmente nas primeiras 3 horas após o aparecimento dos sintomas, pode resultar em até 50% de redução da mortalidade. Pode ser feita em até 12 horas pós-sintomas.

Quadro 4.7 Trombolíticos

Trombolítico	Dose habitual
Estreptoquinase	1,5 milhão de unidades em 100mL de SF 0,9% ou solução glicosada 5%, sendo 200.000UI (14mL) em *bolus* e o restante, 1.300.000UI (86mL), em 30 a 60 minutos
Alteplase	15mg EV em *bolus*, seguidos por 0,75mg/kg em 30 minutos e, então, 0,50mg/kg em 60 minutos. A dose total não deve exceder a 100mg
Reteplase	10 unidades + 10 unidades EV em duplo-*bolus*, separadas por 30 minutos entre as doses
Tenecteplase	*Bolus* único: 30mg (6.000UI ou 6mL) se < 60kg 35mg (7.000UI ou 7mL) se entre 60 e < 70kg 40mg (8.000UI ou 8mL) se entre 70 e < 80kg 45mg (9.000UI ou 9mL) se entre 80 e < 90kg 50mg (10.000UI ou 10mL) se > 90kg

Quadro 4.8 Contraindicações aos trombolíticos

Contraindicações absolutas	Contraindicações relativas
Sangramento ativo (exceto menstruação) História de AVE isquêmico há menos de 1 ano História de AVE hemorrágico Suspeita de dissecção aórtica aguda Neoplasia, malformação vascular ou aneurisma intracraniano Anticoagulação oral com INR > 1,5 Hepatopatia, com TAP < 50% Uso de heparina nas últimas 48 horas e PTT alargado Plaquetas < 100.000 Sangramento interno ativo Punção venosa em locais não compressíveis nos últimos 7 dias Hipertensão arterial grave não controlada (> 180/105mmHg)	Uso de anticoagulantes (INR > 2) AVE isquêmico há mais de 1 ano Diátese hemorrágica Hemorragia interna no último mês Gravidez Úlcera péptica ativa Traumatismo recente (último mês), incluindo traumatismo de cabeça, massagem cardíaca externa prolongada ou cirurgia

TAP: tempo de protrombina ativada; PTT: tempo de tromboplastina parcial.

Critérios de reperfusão

- Redução de > 50% do supradesnivelamento de ST na derivação com maior supradesnível de ST.
- Curva enzimática com pico precoce de CKMB (< 12h).

- Surgimento de arritmias de reperfusão (extrassístoles ventriculares, ritmo idioventricular acelerado).
- Desaparecimento súbito da dor.

Conduta nos pacientes com AI/IAM S/SST

Pacientes de baixo risco

- **Teste ergométrico:** deve ser feito desde que o paciente tenha condição para andar na esteira e não haja contraindicações à sua realização.
- **Ecocardiograma de estresse:** pode ser feito em caso de impossibilidade de realização do teste ergométrico.
- **Cintilografia miocárdica de perfusão:** trata-se de ótima opção ao ecocardiograma de estresse.

Caso a pesquisa resulte positiva, o paciente deve ser internado na Unidade Coronariana. Em caso negativo, deve-se fazer o acompanhamento ambulatorial com especialista.

Pacientes de médio e alto risco

- A estratégia invasiva precoce é recomendável para todos os pacientes com SCA S/SST classificados como de risco alto. Os pacientes intermediários devem preferencialmente submeter-se à estratégia invasiva, embora não seja incorreto preferir a não invasiva em centros que, por exemplo, não disponham de hemodinâmica.

Quadro 4.9 Recomendações para estratégia invasiva em IAM S/SST

Hipotensão arterial	Aumento de troponinas
Taquicardia ventricular sustentada	Alterações dinâmicas do segmento ST
Fração de ejeção < 40%	Angioplastia < 6 meses ou revascularização cirúrgica prévia
Angina acompanhada de sinais ou sintomas de ICC ou regurgitação mitral	Angina recorrente, refratária ou aos mínimos esforços com terapia anti-isquêmica otimizada

ICC: insuficiência cardíaca congestiva.

Capítulo 5
Urgências e Emergências Hipertensivas

Eduardo Alvarenga Junqueira Filho • Aureo do Carmo Filho

INTRODUÇÃO

As urgências e emergências hipertensivas são ocorrências clínicas que podem representar mais de 25% dos atendimentos a urgências médicas. O médico deverá estar habilitado a diferenciá-las, pois o prognóstico e o tratamento são distintos. Estima-se que 3% de todas as visitas às salas de emergência decorrem de elevações significativas da pressão arterial (PA).

A crise hipertensiva caracteriza-se por elevação rápida, inapropriada, intensa e muitas vezes sintomática da pressão arterial, com ou sem risco de deterioração rápida dos órgãos-alvo (coração, cérebro, rins, grandes artérias e útero gravídico), que pode conduzir a um risco imediato ou potencial de morte. Não existe um limiar pressórico claramente associado ao desenvolvimento de uma emergência hipertensiva; contudo, disfunção orgânica é incomum com PA diastólica < 130mmHg (exceto em crianças e grávidas). A velocidade de elevação pressórica pode ser mais importante do que o valor absoluto da PA.

Pacientes que se apresentem com elevação acentuada da pressão arterial (PA ≥ 180 × 110mmHg ou PA diastólica ≥ 120mmHg, dependendo da referência) podem ser classificados em quatro grupos principais:

- **Hipertensão grave assintomática:** ocorre quando há aumento da PA na ausência de sinais ou sintomas importantes e sem evidência de lesão aguda em órgão-alvo.
- **Pseudocrise hipertensiva:** definida como aumento da PA em pacientes assintomáticos e com causas secundárias para hipertensão, como dor, desconforto ou ansiedade. Antes da introdução de qualquer medida anti-hipertensiva, devem ser adotadas medidas para o controle desses distúrbios.
- **Urgência hipertensiva:** situação clínica em que os pacientes se apresentam com elevação acentuada da PA, sem evidência de lesão em órgão-alvo. Apesar de não evidenciada, existe um risco potencial para essa lesão, como em pacientes que já apresentaram algum acometimento em locais frequentemente afetados por aumentos acentuados da PA (por exemplo: pacientes com antecedente de IAM, insuficiência cardíaca ou AVE). A urgência hipertensiva não demanda redução abrupta da PA, a qual pode ser feita de maneira gradual, em até 24 a 48 horas.
- **Emergência hipertensiva:** situação clínica em que a elevação acentuada da PA provoca disfunção em órgãos-alvo, levando a uma condição ameaçadora à vida. Diante disso, o retardo na identificação e na redução da PA aumenta de maneira significativa a morbimortalidade dos pacientes em questão.

CONSIDERAÇÕES

Não há consenso sobre as condições que definem as emergências e urgências hipertensivas. Elas aparecem como emergência em algumas classificações e como urgência em outras. O Quadro 5.1 lista algumas das principais emergências e urgências hipertensivas.

QUADRO CLÍNICO

As manifestações clínicas das emergências e urgências hipertensivas decorrem das nosologias apontadas no Quadro 5.1. Cefaleia intensa e precoce na região occipital é praticamente o único sintoma das emergências hipertensivas, mas deve ser excluída outra causa, como um íctus hemorrágico em fase inicial.

Quadro 5.1 Principais urgências e emergências hipertensivas

Emergência	Urgência
Encefalopatia hipertensiva	Angina instável
Edema agudo de pulmão	Anticoagulação
Infarto agudo do miocárdio	Intoxicação por cocaína ou anfetamina
Dissecção aguda da aorta	Transplante renal
Hipertensão acelerada maligna com edema de papila	Pré-eclâmpsia
Hemorragia intracraniana	Retinopatia diabética (microaneurismas)
Eclâmpsia	Rebote hipertensivo por suspensão súbita de anti-hipertensivos (clonidina)
Crises de feocromocitoma	Pré e pós-operatório
Queimadura extensa	
Sangramento pós-operatório	

Na opinião de alguns autores, cefaleia não especificada, zumbido, náuseas e vômitos, palpitações, tontura, astenia, alterações no fundo de olho e outros, juntamente com pressão arterial diastólica $\geq 120mmHg$, estabelecem o diagnóstico de urgência hipertensiva. De fato, esses sinais e sintomas são inespecíficos, pois a maior parte dos pacientes em que se detecta aqueles níveis de pressão está assintomática.

AVALIAÇÃO E DIAGNÓSTICO

A avaliação de pacientes hipertensos no departamento de emergência deve priorizar uma história e exame físico dirigidos, com atenção para a identificação de quadros que configurem potencial risco de vida e necessitem pronta intervenção terapêutica (Quadro 5.2).

Quadro 5.2 Avaliação do paciente hipertenso no pronto-socorro

Emergências hipertensivas	Anamnese	Exame físico	Comentários
Edema agudo de pulmão	Paciente angustiado e com dificuldade para falar. Em geral, já apresenta algum grau de disfunção ventricular	Estertores pulmonares até o ápice Baixa saturação de oxigênio B3 e/ou B4 Pode ter estase de jugulares (não é obrigatório)	Às vezes, pode apresentar sibilos importantes, deixando dúvidas com o diagnóstico diferencial de asma
Síndrome coronariana aguda	Dor ou sensação de opressão precordial. Pode ser acompanhada de náuseas, dispneia e sudorese fria	B4 presente Pobres achados propedêuticos (geralmente)	A caracterização minuciosa da dor é a etapa mais importante na investigação de SCA
Dissecção aguda de aorta	Dor lancinante, pode ser precordial ou se irradiar para as costas	Pode ter pulsos assimétricos Pode ter sopro diastólico em foco aórtico	É fundamental diferenciar de SCA
Encefalopatia hipertensiva	Letargia, cefaleia, confusão, distúrbios visuais e convulsões, todos com início agudo ou subagudo	Pode não ter qualquer achado ao exame físico	Geralmente é necessário excluir AVE com tomografia
Hipertensão maligna	Astenia, mal-estar, emagrecimento, oligúria, sintomas cardiovasculares e/ou neurológicos vagos	Fundo de olho: papiledema	Potencialmente fatal, seu diagnóstico rápido só é possível com exame de fundo de olho
AVE isquêmico candidato à trombólise, ou AVE hemorrágico	Súbita alteração neurológica (geralmente motora ou sensitiva)	Alteração no exame neurológico	Diagnóstico diferencial principal é hipo ou hiperglicemia Atenção à cefaleia súbita (hemorragia subaracnóidea)
Eclâmpsia	Gestante após a 20ª semana de gestação ou até a 6ª semana após o parto	Diagnóstico prévio de pré-eclâmpsia e desenvolvimento de convulsões	

Fonte: Rev Bras Ter Intensiva 2008; 20(3):305-12.

DIAGNÓSTICO DIFERENCIAL

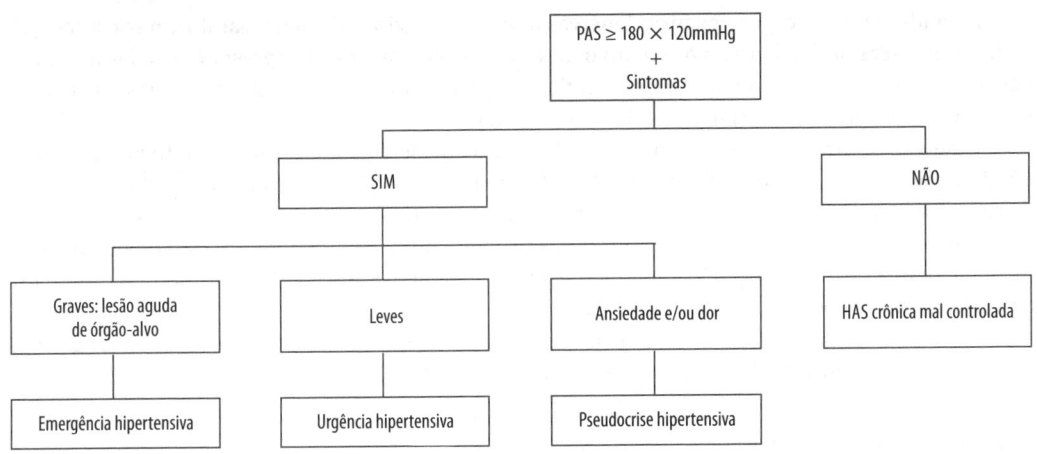

Figura 5.1 Algoritmo dos diagnósticos diferenciais de elevação da PA. (Rev Bras Ter Intensiva 2008; 20[3]:305-12.)

TRATAMENTO

Urgências hipertensivas

Em geral, os pacientes com urgências hipertensivas podem ser tratados com agentes orais, com curto período de observação no pronto-socorro ou breve internação. O tratamento deve ser iniciado com baixas doses de anti-hipertensivos, com reavaliações periódicas e incremento de doses conforme a resposta clínica. A meta inicial consiste em reduzir a pressão arterial para níveis ≤ 160 × 110mmHg em horas/dias, com a redução na pressão arterial média (PAM) não ultrapassando 25% dentro das primeiras 3 horas, com normalização em 24 horas. Deve-se ter atenção especial para evitar complicações com hipotensão (absoluta ou relativa) em idosos, pacientes com doença arterial vascular periférica grave e naqueles com doença cardiovascular ou intracraniana aterosclerótica importante.

Comentários práticos

1. Pode-se começar com **captopril** 25mg VO e avaliar após 1 hora.
2. Se PA continuar > 160 × 100mmHg, repetir **captopril**. Se PA ≤ 160 × 100mmHg, observar por 3 a 6 horas; se mantiver medição, encaminhar o paciente para acompanhamento ambulatorial.
3. Se PA continuar > 160 × 100mmHg, usar, por exemplo, **clonidina** 0,1 a 0,2mg VO.
4. Se não mantiver controle adequado, internar.
   Observação: captopril por via oral e não sublingual.

Quadro 5.3 Medicamentos frequentemente utilizados nas urgências hipertensivas

Agente*	Mecanismo de ação	Dose inicial	Início de ação	Duração
Captopril	Inibidor da ECA	6,5 a 25mg	15min	4 a 6h
Clonidina	α-agonista central	0,1 a 0,15mg	30min	6 a 8h
Nifedipina	Bloqueador de Ca^{++}	5 a 10mg	5 a 15min	3 a 5h
Hidralazina	Vasodilatador arterial	12,5 a 50mg	30min	3 a 8h
Furosemida	Diurético	20 a 40mg	30min	6 a 8h
Propranolol	β-bloqueador	20 a 40mg	15 a 30min	3 a 6h
Anlodipina	Bloqueador de Ca^{++}	2,5mg	30 a 50min	35h

*Não utilizar por via sublingual.

Emergências hipertensivas

A conduta nas emergências hipertensivas deve ser individualizada, levando em consideração as características do paciente, o órgão-alvo afetado e as comorbidades apresentadas. Os pacientes devem ser hospitalizados, inicialmente admitidos no departamento de emergência, mas idealmente encaminhados para a UTI assim que estiverem estáveis.

Uma vez confirmada a emergência hipertensiva, considera-se que a PA seja reduzida em questão de minutos a 1 hora por meio do uso de anti-hipertensivos EV, retirando o paciente da situação de risco iminente de morte e/ou de lesão permanente no órgão-alvo acometido. Sugere-se redução de aproximadamente 10% a 20% na PAM durante a primeira hora. Após 6 horas de tratamento, deve-se iniciar a terapia de manutenção VO, com redução gradual da medicação EV. A PA pode ser reduzida a valores normais nas próximas 24 a 48 horas.

Na abordagem inicial das emergências hipertensivas, em geral, estão indicadas as seguintes medidas concomitantemente à terapêutica farmacológica imediata:

1. Internação em UTI ou unidade semi-intensiva (de acordo com a gravidade da apresentação inicial).
2. Oxigenoterapia.
3. Monitorização cardíaca.
4. Oximetria de pulso.
5. Eletrocardiograma de 12 derivações.
6. PAM não invasiva ou invasiva.

Quadro 5.4 Medicamentos usados no tratamento das emergências hipertensivas

Agente	Mecanismo de ação	Dose	Início de ação	Duração	Efeitos adversos/precauções
Nitroprussiato de sódio	Vasodilatador arterial e venoso direto	0,25 a 10mcg/kg/min	Imediato(s)	2 a 3min	Intoxicação por cianeto/tiocianato; infusão protegida da luz
Nitroglicerina	Vasodilatador venoso (principal) e arterial/coronário	5 a 200mcg/min	2 a 5min	5 a 10min	Cefaleia, vômitos, taquicardia; tolerância com infusão prolongada
Hidralazina	Vasodilatador arteriolar direto	Bolus: 5 a 20mg EV ou 10 a 40mg IM Repetir 4 a 6h	EV: 10 min IM: 20 a 30min	1 a 4h	Taquicardia, cefaleia, *flushing*
Metoprolol	β-bloqueador	Bolus: 5 a 15mg (com intervalo de 5min)	5 a 10min	3 a 4h	Bradicardia BAV Broncoespasmo Piora da classe funcional da IC

BAV: bloqueio atrioventricular; IC: insuficiência cardíaca.

- **Sugestões de diluições e *dripping*:** consulte o capítulo específico sobre o tema (Capítulo 203).

Capítulo 6
Pericardite Aguda

Eduardo Alvarenga Junqueira Filho • Aureo do Carmo Filho

INTRODUÇÃO

O processo patológico clínico que mais comumente envolve o pericárdio é a pericardite aguda. Esta enfermidade pode ser de etiologia infecciosa ou não infecciosa, sendo a infecção viral a causa mais comum. A síndrome clínica é relativamente breve e na maioria das vezes não complicada, variando de dias a poucas semanas. No entanto, **devemos sempre estar atentos à progressão para o tamponamento cardíaco.**

CONSIDERAÇÕES

Aproximadamente 90% dos casos de pericardite aguda são secundários a infecção viral ou têm etiologia idiopática. Quando não se encontra uma etiologia responsável, suspeita-se da etiologia viral como causa sempre que na história clínica do paciente estejam presentes pródromos de uma síndrome gripal ou história anterior de infecção de vias aéreas superiores.

Diversas podem ser as causas de pericardite aguda, as quais estão entre seus principais diagnósticos diferenciais. Listamos a seguir os principais fatores etiológicos:

- Idiopática
- Uremia
- Bacteriana (*Pneumococcus, Streptococcus, Staphylococcus*)
- Neoplasia
- Trauma
- Irradiação
- Autoimune
- Viral (vírus coxsáckie A e B, vírus da caxumba, adenovírus, HIV, vírus da influenza)
- *Mycobacterium tuberculosis*
- Fungos (histoplasmose, coccidioidomicose, candidíase)
- IAM

QUADRO CLÍNICO

O quadro clínico é caracterizado por dor torácica contínua, de caráter constritivo, que piora com a inspiração profunda e melhora quando o paciente se coloca em posição genupeitoral. **O atrito pericárdico é o achado patognomônico da pericardite**, mas nem sempre está presente. Podemos ainda encontrar derrame pericárdico como achado bastante frequente. Pelo menos duas dessas manifestações devem estar presentes para que se estabeleça o diagnóstico.

A sintomatologia da pericardite aguda de causa bacteriana costuma ser mais grave que a viral, situação em que, além dos achados citados, estão febre, queda do estado geral e leucocitose com desvio para a esquerda no hemograma. Emagrecimento e caquexia devem levar à suspeita de neoplasias ou tuberculose. Edemas, alteração do nível de consciência e diminuição do volume urinário são sugestivos de uremia.

DIAGNÓSTICO

O diagnóstico de pericardite é sugerido a partir da correlação de dados clínicos com alguns métodos complementares. É importante salientar que não existe nenhum método complementar padrão-ouro para o diagnóstico de pericardite:

- O ECG mostra-se alterado em mais de 85% dos casos, sendo a alteração mais comum o supradesnivelamento do segmento ST na maioria das derivações, com concavidade voltada para cima (importante para diferenciar do IAM, no qual a concavidade está voltada para baixo), poupando habitualmente as derivações V1 e aVR. A depressão do segmento PR também é comum.

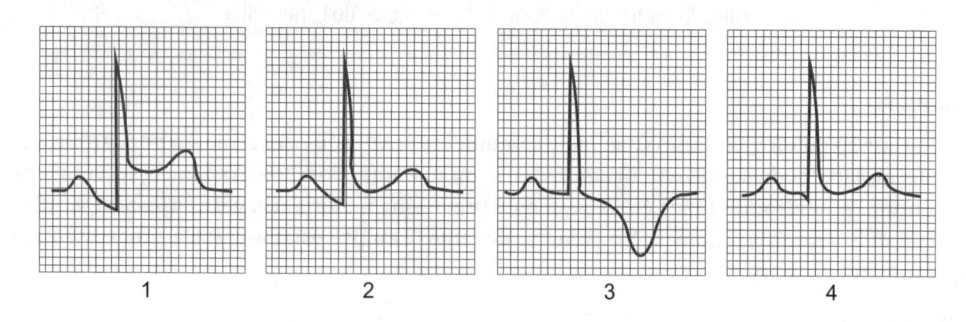

Estágios	Alterações no ECG
Estágio 1 (primeiras horas a dias)	Elevação do segmento ST com concavidade voltada para cima em todas as derivações, exceto em aVR e V1; não respeita anatomia coronariana, diferentemente do IAM
Estágio 2 (dias a várias semanas)	Ocorre retorno do segmento ST à linha de base; achatamento da onda T; em alguns casos, encontra-se ainda depressão do segmento PR
Estágio 3 (final da segunda/terceira semana)	Inversão difusa de onda T, geralmente após o segmento ST ter normalizado
Estágio 4 (pode durar até 3 meses)	Normalização do ECG ou persistência de onda T negativa

Figura 6.1 Estágio eletrocardiográfico da pericardite.

- Pacientes com pericardite aguda geralmente apresentam evidência de inflamação sistêmica, incluindo leucocitose, velocidade de hemossedimentação (VHS) aumentada e elevação de proteína C reativa (PCR). Entretanto, esses testes trazem poucas informações para o diagnóstico etiológico específico.
- Ocorre aumento nas concentrações da troponina sérica em 35% a 50% dos pacientes com pericardite. Pode ocorrer também aumento da CPK total e da CK-MB; estas enzimas, no entanto, têm menor sensibilidade.
- A radiografia simples de tórax tem maior valor diagnóstico quando há derrame associado à pericardite. Observaremos, então, uma área cardíaca aumentada, o chamado "coração em moringa".
- O ecocardiograma é de grande utilidade para identificação de derrames pericárdicos.
- A análise do líquido pericárdico é o exame que vai confirmar o diagnóstico etiológico.

COMPLICAÇÕES

Em geral, a doença é autolimitada e sem complicações, que, no entanto, podem ser observadas em uma pequena parcela dos casos, como:

- **Tamponamento cardíaco:** está presente em 15% dos casos (geralmente vai necessitar apenas de uma pericardiocentese de alívio). É mais comum na pericardite de origem bacteriana, urêmica, pós-IAM e neoplásica.
- **Pericardite recorrente:** é a complicação mais comum (20% a 30% dos casos). Semanas ou meses após o primeiro quadro, o paciente volta a apresentar sintomas, às vezes de forte intensidade.
- **Pericardite constritiva:** ocorre em 30% a 50% dos pacientes, sendo a tuberculose a principal causa. A constrição produz manifestações de congestão venosa da grande circulação e deterioração da função miocárdica. O tratamento cirúrgico com pericardiectomia deve ser proposto precocemente.

TRATAMENTO

O tratamento da pericardite aguda deve ser direcionado para a doença de base. Quando todas as causas possíveis de pericardite são excluídas, inicia-se uma terapia inespecífica, que consiste em:

1. Internação hospitalar para observação e exclusão de IAM.
2. Repouso no leito.
3. Anti-inflamatórios não esteroides (AINE): pode-se usar **indometacina, 25 a 50mg VO de 8/8h**, ou **ibuprofeno, de 600 a 800mg VO de 8/8h**, ou **AAS, 1g VO de 8/8h**. Todos por um período de 2 a 4 semanas.
   - As diretrizes europeias de 2004 recomendam o ibuprofeno como primeira opção em razão da menor incidência de efeitos colaterais e do impacto favorável no fluxo arterial coronariano.
   - O AAS deve ser o agente de escolha nos pacientes com IAM recente, pois estudos sugerem que os outros AINE interferem com a cicatrização do miocárdio.
4. Nos pacientes que apresentam falência ao tratamento ou recorrência dos sintomas, a **colchicina** pode ser uma boa opção terapêutica, na dose de **1mg de 12/12h no 1º dia, seguido por 0,5mg de 12/12h por 3 meses**.
5. O uso de glicocorticoides deve ser reservado para pacientes refratários à terapia com AINE e colchicina, e caso uma causa específica de pericardite tenha sido descartada. Nesse caso, está indicado o uso de **prednisona, 40 a 60mg VO 1×/dia por 3 semanas**.
6. Pericardite aguda bacteriana: em caso de suspeita de etiologia bacteriana, devemos proceder a drenagem pericárdica cirúrgica, análise laboratorial e cultura do líquido.
7. O uso de anticoagulantes orais está proscrito em todos os casos de pericardite aguda, em função do risco de hemopericárdio.
8. Pericardite urêmica: está indicada terapia dialítica de urgência.

Capítulo 7
Tamponamento Cardíaco

Eduardo Alvarenga Junqueira Filho • Aureo do Carmo Filho

INTRODUÇÃO

O tamponamento cardíaco acontece quando o acúmulo de líquido na cavidade pericárdica é suficiente para elevar a pressão ao redor do coração, ocasionando diminuição do enchimento ventricular e compressão das câmaras cardíacas. A compressão do coração pelo pericárdio pressurizado causa importante aumento da pressão venosa central e redução do débito cardíaco, levando ao choque, que pode ser rapidamente fatal se não for tratado de maneira adequada.

FISIOPATOLOGIA

O aumento da pressão intrapericárdica depende de diversos fatores, como a velocidade de instalação do derrame, o volume e as características do saco pericárdico. Derrames pericárdicos que se instalam de maneira insidiosa podem acomodar volumes superiores a um litro sem grande aumento na pressão intrapericárdica. Esse fenômeno se deve ao fato de o pericárdio responder de modo diferente ao estiramento agudo e ao crônico.

CONSIDERAÇÕES

Algumas situações clínicas estão mais frequentemente relacionadas com o tamponamento cardíaco, como:

- Medicamentos (trombolíticos, anticoagulantes)
- Cirurgia cardíaca recente
- IAM com ruptura de parede livre
- Dissecção aguda da aorta
- Traumatismo torácico
- Uremia
- Doenças autoimunes
- Metástase ou invasão tumoral

QUADRO CLÍNICO

As manifestações clínicas do tamponamento cardíaco são representadas por paciente bastante ansioso com dispneia e dor torácica, turgência jugular patológica, taquicardia associada a hipotensão arterial e abafamento de bulhas cardíacas. O principal achado no exame físico é a presença do pulso paradoxal, que consiste na queda da pressão sistólica > 10mmHg durante a inspiração.

> **Obs.:** didaticamente, classificamos o tamponamento cardíaco pela **tríade de Beck**: hipotensão, turgência jugular e hipofonese de bulhas.

DIAGNÓSTICO

Embora o diagnóstico de tamponamento cardíaco seja eminentemente clínico, alguns exames podem servir de auxílio, como:

- **Ecocardiograma:** é o exame de eleição nos pacientes com suspeita de tamponamento, identificando o derrame pericárdico e avaliando as repercussões hemodinâmicas.

- **Radiografia de tórax:** nos tamponamentos agudos, a área cardíaca usualmente é normal, pois a presença de cardiomegalia denota acúmulo de pelo menos 200mL na cavidade pericárdica. Por outro lado, nos tamponamentos crônicos ocorrem aumento da área cardíaca e campos pulmonares sem congestão.
- **Eletrocardiograma:** o ECG em pacientes com tamponamento normalmente apresenta-se com taquicardia sinusal e QRS de baixa voltagem. A presença de alternância elétrica do eixo QRS também pode ser encontrada e apresenta boa especificidade, porém baixa sensibilidade, para o diagnóstico de tamponamento.

DIAGNÓSTICO DIFERENCIAL

Um quadro de hipotensão e turgência jugular pode ser observado em algumas situações, como:

- IAM de ventrículo direito
- TEP
- Pneumotórax hipertensivo
- Doença pulmonar obstrutiva crônica (DPOC) com *cor pulmonale* descompensado

TRATAMENTO

O tratamento do tamponamento cardíaco consiste na drenagem do derrame pericárdico. O tratamento medicamentoso é geralmente ineficaz. A expansão volêmica pode ter efeito transitório, se o paciente está desidratado. O uso de agentes inotrópicos é de pouca valia, pois existe aumento importante da estimulação adrenérgica endógena. A ventilação mecânica com pressão positiva nos pacientes com tamponamento geralmente piora a hemodinâmica deles, pois a pressão positiva diminui o enchimento ventricular. Nos pacientes com tamponamento e parada cardiorrespiratória, o benefício com pressões externas é mínimo, devendo proceder-se a pericardiocentese com a máxima rapidez.

Pericardiocentese

1. A drenagem do derrame pericárdico pode ser feita por meio de pericardiocentese pela via subxifóidea guiada por ecocardiograma.
2. O paciente deve estar com o tronco elevado para que o líquido se acumule na porção inferior da cavidade, onde será puncionado.
3. Faz-se anestesia de pele e subcutânea antes do procedimento.
4. Com um jelco nº 18 acoplado a uma seringa introduz-se a agulha no ângulo formado entre o apêndice xifoide e o rebordo costal esquerdo, com inclinação de 30 a 45 graus, com a agulha direcionada para o ombro esquerdo ou, então, conforme as informações do ecocardiograma.
5. Deve ser mantida uma leve aspiração da seringa; quando a agulha chega à cavidade, facilmente a seringa se enche de líquido/sangue. A drenagem de 50 a 150mL costuma causar alívio, porém deve-se retirar o máximo possível.
6. Deixa-se o jelco, sem a agulha, fixado ao corpo e acoplado a um sistema de drenagem a vácuo esterilizado, o qual é mantido para evitar recorrência do tamponamento.
7. De preferência, a punção é realizada com monitorização do ritmo cardíaco, e o aparecimento de extrassístole ventricular denota contato com o coração.
8. O principal risco do procedimento é a perfuração cardíaca, tipicamente de ventrículo direito.

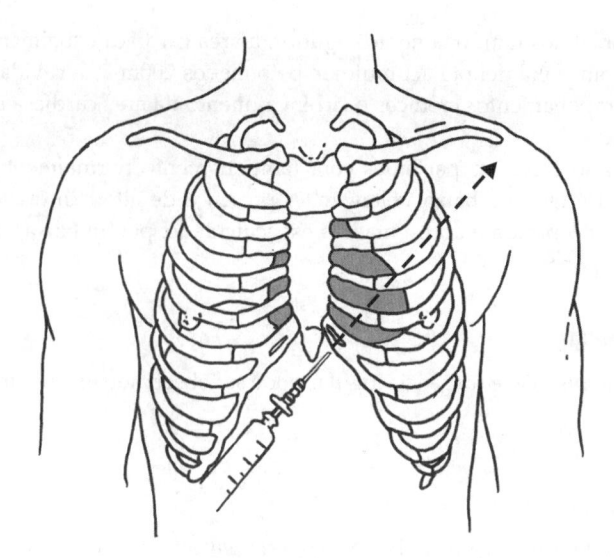

Figura 7.1 Pericardiocentese.

Capítulo 8
Insuficiência Cardíaca Descompensada

Eduardo Alvarenga Junqueira Filho • Aureo do Carmo Filho

INTRODUÇÃO

A insuficiência cardíaca (IC) é definida como uma síndrome complexa, caracterizada pela incapacidade do coração de suprir as necessidades metabólicas do organismo. O coração torna-se incapaz de ejetar e/ou acomodar o sangue dentro de valores pressóricos fisiológicos, causando, assim, limitação funcional e exigindo intervenção terapêutica imediata. **Essa definição ampla abrange três pontos principais: uma explicação fisiopatológica, um quadro clínico de apresentação e a necessidade de intervenção terapêutica em caráter de urgência.**

A IC é considerada, hoje em dia, um grande problema de saúde pública em muitos países, tanto desenvolvidos como em desenvolvimento. Vários fatores são apontados como responsáveis por esse cenário no Brasil, dos quais o envelhecimento populacional é considerado o principal. **A cardiopatia isquêmica ultrapassou a doença de Chagas como etiologia mais frequente de IC no país.**

Seu grande marcador é a presença de baixo débito cardíaco por disfunção ventricular, sendo esta a forma mais comum de apresentação. Entre as principais manifestações sistêmicas, podem ser citadas dispneia e fadiga, intolerância aos esforços, retenção de fluidos com congestão pulmonar e edema de MMII.

O objetivo deste texto é direcionar nosso estudo com enfoque no tratamento da IC descompensada, porém não menos importante é o debate de alguns temas gerais da IC.

FISIOPATOLOGIA

A IC representa um somatório de múltiplas alterações anatômicas, funcionais e biológicas que interagem entre si. A partir de uma lesão no coração, levando ao estado de baixo débito cardíaco, diversos mecanismos são ativados para compensar essa queda por aumento do inotropismo e do cronotropismo, mantendo a pressão arterial à custa de vasoconstrição arterial periférica e de retenção de água e sódio. Esses fatores visam a preservar a perfusão cerebral, renal e cardíaca. Alguns desses mecanismos promovem vasoconstrição e retenção de sódio/água e outros, vasodilatação. Em pacientes assintomáticos foi demonstrado o predomínio de hormônios vasodilatadores. Já nos sintomáticos, demonstrou-se a elevação dos hormônios vasoconstritores.

Mesmo após a instalação da disfunção cardíaca, a maioria dos pacientes deve permanecer assintomática por períodos de tempo variáveis em decorrência da ativação de mecanismos adaptativos, dentre os quais se destacam o sistema renina-angiotensina-aldosterona e o sistema nervoso simpático. Quando ocorre a falência dos mecanismos adaptativos, principalmente o remodelamento ventricular, a IC torna-se francamente sintomática.

A renina é liberada pelas células justaglomerulares do rim quando a PA está baixa. Ela é responsável por ativar o angiotensinogênio em seu produto ativo, a angiotensina I. Esta última é convertida em angiotensina II por uma enzima plasmática conhecida como ECA. Por fim, a angiotensina II promove dois efeitos principais: **aumenta o *drive* simpático e promove liberação de aldosterona pelo córtex da adrenal. Ambos os mecanismos atuam aumentando a PA:** o simpático pela vasoconstrição e a aldosterona pela reabsorção de sódio e água. A Figura 8.1 mostra, de maneira esquemática, o que foi retratado até aqui.

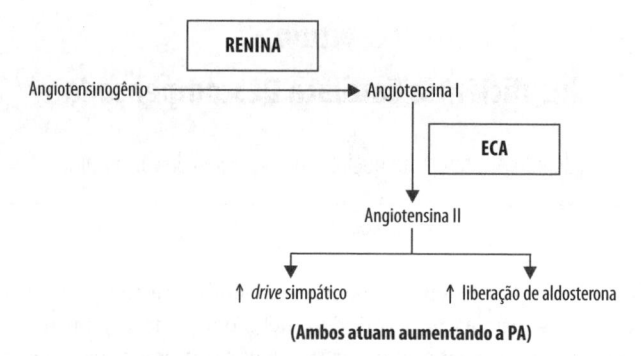

```
            RENINA
Angiotensinogênio ──────▶ Angiotensina I
                                    │
                                   ECA
                                    │
                                    ▼
                            Angiotensina II
                    ┌───────────────┴───────────────┐
                    ▼                               ▼
            ↑ drive simpático           ↑ liberação de aldosterona
                        (Ambos atuam aumentando a PA)
```
Figura 8.1 Sistema renina-angiotensina-aldosterona.

O **remodelamento cardíaco**, fenômeno descoberto nas últimas décadas, mudou totalmente a maneira de se pensar o tratamento da IC. Faz parte de sua fisiopatologia, principalmente, a ação deletéria do sistema neuro-humoral. Este sistema, agindo de modo crônico no músculo cardíaco, será o responsável pela mudança macro/microscópica do coração. A alteração na forma e na função do miócito, a degeneração celular e a fibrose agem em conjunto para produzir o remodelamento cardíaco. A parede ventricular torna-se alongada e sua espessura vai se reduzindo. O formato elipsoide da cavidade é substituído pelo formato esférico.

CONSIDERAÇÕES

A disfunção pode ser:
- **IC diastólica:** em razão da dificuldade de relaxamento miocárdico.
- **IC sistólica:** predomínio de déficit contrátil.

> **Obs. 1:** a última Diretriz Brasileira de IC recomenda o uso das expressões "IC com fração de ejeção preservada" e "IC com fração de ejeção reduzida".
> **Obs. 2:** de acordo com o local de acometimento da IC, também podemos classificá-la em direita e esquerda.

A *New York Heart Association* (NYHA) classifica a IC de acordo com a severidade dos sintomas relatados pelo indivíduo, com escores que variam de I a IV (Quadro 8.1).

Quadro 8.1 Classificação funcional da *New York Heart Association* (NYHA)

Classe I: sem limitação para atividade física. Atividade física usual não causa fadiga, dispneia, palpitações desproporcionais ou angina
Classe II: limitação leve da atividade física. Atividade física usual resulta em fadiga, palpitações, dispneia ou angina
Classe III: acentuada limitação das atividades físicas, sendo ainda confortáveis ao repouso. Atividade física menor que o usual causa fadiga, palpitações, dispneia ou angina
Classe IV: inabilidade para executar qualquer atividade física sem desconforto. Sintomas de insuficiência cardíaca em repouso

ABORDAGEM DA DESCOMPENSAÇÃO AGUDA DA IC

Até o momento nada foi dito sobre o episódio agudo de descompensação da IC. Iremos começar agora a abordagem clínica/diagnóstica/terapêutica desse tipo de paciente:

1. **História clínica:** deve incluir duração dos sintomas, tipo de dispneia, grau de limitação funcional, presença de ortopneia e dispneia paroxística noturna, sintomas associados (febre, tosse, expectoração, dor torácica pleurítica ou precordial, hemoptise, dor abdominal, sintomas urinários), número de internações prévias, tempo de duração da doença, se já existe diagnóstico de IC, co-

morbidades, medicações em uso, medidas não farmacológicas, adesão ao tratamento, tabagismo, etilismo e fatores de risco para TEP.
2. **Exame físico:** deve incluir a avaliação do grau de dispneia, cianose, palidez, perfusão periférica, PA e pulso, estase jugular, ausculta pulmonar cuidadosa, avaliação do íctus, ausculta cardíaca (sopros, abafamento de bulhas, B3 e B4), congestão hepática, edema de membros e sinais de trombose venosa profunda (TVP).

Na maioria dos casos, diagnosticamos IC descompensada apenas com base nesses itens. Entretanto, alguns exames podem nos auxiliar, seja no diagnóstico, seja na avaliação da gravidade e prognóstico desse paciente.

3. **Exames complementares:**
   - **Radiografia de tórax:** área cardíaca aumentada, sinais de congestão pulmonar, derrame pleural, pneumotórax, condensações pulmonares e hiperinsuflação pulmonar.
   - **ECG:** sinais de isquemia miocárdica, sobrecargas ventriculares, arritmias e sinais de pericardite.
   - **Avaliação ecocardiográfica.**
   - **Oximetria de pulso e gasometria arterial.**
   - **Avaliação da função renal, tireoidiana, marcadores de lesão cardíaca, eletrólitos, hemograma completo:** podem, muitas vezes, demonstrar o sítio da descompensação.
   - **D-dímero:** útil para descartar TEP.
   - **Dosagem de peptídeos (ANP e BNP):** esses marcadores hormonais são secretados em resposta ao estresse hemodinâmico, particularmente ao aumento da pressão intracardíaca e ao estiramento das fibras musculares. **O BNP, em especial, é de grande utilidade no diagnóstico de IC descompensada. Seu uso para o diagnóstico já foi incorporado pelo Consenso Europeu de IC.**

A IC descompensada pode ser dividida em três categorias:

- **Insuficiência cardíaca aguda (sem diagnóstico prévio):** corresponde ao quadro em que a síndrome clínica de IC ocorre em portadores de IC sem sinais e sintomas prévios da doença.
- **Insuficiência cardíaca crônica agudizada (exacerbação aguda de um quadro crônico):** corresponde ao quadro clínico em que ocorre exacerbação aguda ou gradual dos sinais e sintomas de IC, em repouso, em pacientes com diagnóstico prévio de IC, exigindo terapia adicional imediata.
- **Insuficiência cardíaca crônica refratária (baixo débito cardíaco crônico e/ou vários graus de congestão):** corresponde ao quadro clínico em que pacientes com diagnóstico prévio de IC apresentam baixo débito cardíaco e/ou congestão sistêmica e/ou limitação funcional persistente refratária ao melhor tratamento medicamentoso possível.

No processo de abordagem do paciente com IC descompensada, algumas perguntas devem ser feitas, como:

1. **Primeiro passo** – O paciente precisa ser internado?
2. **Segundo passo** – Qual a causa da descompensação?
3. **Terceiro passo** – Qual o perfil clínico/hemodinâmico do paciente?

Nos parágrafos subsequentes tentaremos responder a todas essas perguntas de maneira fácil e didática:

1. **Primeiro passo:** a primeira etapa na abordagem de um episódio de descompensação consiste em decidir se o paciente precisa ser internado ou se pode ser tratado no pronto-socorro. Os critérios de internação estão elucidados no Quadro 8.2.

Quadro 8.2 Critérios para hospitalização de paciente com IC descompensada

Critérios para internação imediata

IC descompensada aguda
Descompensação na presença de SCA
Pressão arterial sistólica < 80mmHg
FC > 120bpm na ausência de fibrilação atrial crônica
Edema pulmonar ou desconforto respiratório na posição sentada
Saturação de O_2 < 90%
Alteração mental atribuída à hipotensão

Critérios para internação de emergência

Grave distensão hepática, ascite de grande volume ou anasarca
Presença de descompensação aguda de outras doenças (renal ou pulmonar)
Aparecimento rápido e progressivo de sintomas de IC

Considerar a possibilidade de internação mediante

Rápida redução do sódio sérico para níveis < 130mEq/L
Rápido aumento de creatinina: > 2,5mg/dL
Sintomas persistentes em repouso, a despeito de tratamento oral otimizado
Comorbidades com comprometimento esperado de IC

FC: frequência cardíaca.

2. **Segundo passo:** diante de um paciente com descompensação aguda de IC, devemos, sempre, buscar uma causa precipitante. No Quadro 8.3 são listados os principais fatores.

Quadro 8.3 Principais fatores responsáveis pela descompensação da IC

Fatores relacionados com o paciente:	**Fatores cardiovasculares:**
Não adesão ao tratamento farmacológico	Isquemia ou infarto
Não adesão à dieta e a líquidos	Hipertensão não controlada
Consumo de álcool	Doença valvar primária não suspeitada
Consumo abusivo de drogas ilícitas	Piora da insuficiência mitral secundária
Tabagismo	Fibrilação atrial aguda ou não controlada
	Arritmias
	TEP
Fatores sistêmicos:	**Fatores relacionados com o sistema de saúde:**
Medicações impróprias	Falta de acesso às medicações efetivas para ICC
Infecções	Tratamento farmacológico inadequado
Anemia	Falta de acesso à atenção primária
Diabetes descompensado	
Disfunção tireoidiana	
Distúrbios hidroeletrolíticos	
Gravidez	

3. **Terceiro passo:** o próximo passo na investigação consiste na definição do perfil clínico/hemodinâmico desse paciente. Na busca de novas ideias para o tratamento da IC descompensada, grandes centros difundiram o que se convencionou chamar de "terapêutica guiada por parâmetros hemodinâmicos invasivos", na qual os dados obtidos através do cateter de Swan-Ganz guiam, com mais precisão, o uso dos agentes vasoativos (agentes inotrópicos e vasodilatadores endovenosos). **Recentemente, vem se consolidando a tendência de substituição dos parâmetros invasivos por sinais clínicos identificáveis à beira do leito, para definição do perfil clínico/hemodinâmico do paciente.**

Indicações para utilização do cateter de Swan-Ganz em paciente com IC: refratariedade à terapêutica inicial; dificuldade em estimar a volemia; hipotensão refratária; piora da função renal; avaliação pré-transplante.

Para definição do perfil clínico/hemodinâmico do paciente, devemos levar em conta: **(1) a presença ou ausência de elevação das pressões de enchimento** (sinais e sintomas congestivos); e **(2) evidências clínicas de perfusão periférica comprometida** (sinais e sintomas de baixo débito). A seguir, são descritos os principais achados em cada um desses pacientes:

- **Sinais e sintomas congestivos:** dispneia, ortopneia, desconforto abdominal, estase jugular, estertores pulmonares, hepatomegalia, refluxo hepatojugular, ascite e edema de MMII.
- **Sinais e sintomas de baixo débito:** intolerância ao esforço, fadiga, sonolência, PA convergente, hipotensão postural, pulso alternante, palidez, má perfusão, extremidades frias, hiponatremia e insuficiência renal.

A partir dessa análise, classificamos nosso paciente em um dos quatro subgrupos mostrados no Quadro 8.4.

Quadro 8.4 Perfil clínico/hemodinâmico do paciente com IC descompensada

		Evidências de congestão? (pressão de enchimento elevada)	
		NÃO	SIM
Perfusão periférica adequada?	SIM	A Quente/seco (não descompensado)	B Quente/úmido (67%)
	NÃO	D Frio/seco (28%)	C Frio/úmido (5%)

TRATAMENTO

Inicialmente, algumas medidas gerais podem ser tomadas quanto aos pacientes com IC descompensada:

1. **Decúbito elevado**
2. **Oximetria de pulso**
3. **VNI com CPAP**
4. **Acesso venoso para introdução de medicamentos e coleta de exames laboratoriais**

Após encaixarmos o paciente em um dos quatro grupos descritos no Quadro 8.4, estabelecemos sua meta terapêutica com base em seu perfil clínico/hemodinâmico:

A (QUENTE E SECO):
- O paciente está sem sinais de congestão e com boa perfusão/débito cardíaco.
- Esse paciente está, na maioria das vezes, compensado.
- Ajuste de medicamentos VO.
- Manter euvolemia.

B (QUENTE E ÚMIDO):
- Paciente com boa perfusão periférica, mas com sinais de congestão.
- Este é, geralmente, o paciente típico da descompensação da IC.
- Introdução ou aumento de diuréticos: **furosemida 0,5 a 1,0mg/kg EV**.

- **Morfina**: ainda é muito utilizada na prática clínica no tratamento da IC descompensada no paciente com esse perfil, tendo efeito de venodilatação, ansiolítico e redução da atividade simpática. Dose: **2 a 4mg EV**.
- **Vasodilatadores venosos**: recomenda-se iniciar com nitroglicerina e deixar o nitroprussiato para casos refratários ao uso de diuréticos e de nitroglicerina. Nesiritida e levosimendana também têm uso restrito para casos refratários.
    - **Nitroglicerina**: dose inicial de 0,5mcg/kg/min EV, podendo ser aumentada a cada 5 minutos.
    - **Nitroprussiato de sódio**: dose inicial de 0,2mcg/kg/min EV, podendo ser aumentada a cada 5 minutos.
    - **Levosimendana**: dose de ataque de 24mcg/kg em 10 minutos. Manter 0,1mcg/kg/min.
- Agentes inotrópicos geralmente não são necessários.
- O que fazer com o **betabloqueador** que o paciente tomava? **Deve-se manter a medicação.** Em casos refratários ao tratamento, deve-se tentar reduzir a dose pela metade. O único caso em que se suspende o betabloqueador é diante de um paciente com hipotensão grave.

C (FRIO E ÚMIDO):
- Paciente com sinais de congestão e perfusão/débito alterado.
- Inicialmente, pode ser necessária a suspensão dos IECA e betabloqueadores, até a estabilização do quadro.
- **Vasodilatadores parenterais**: doses citadas anteriormente.
- **Inotrópicos**: podem ser utilizados, por curto período de tempo, até a estabilização hemodinâmica. Estão indicados para casos de refratariedade a vasodilatadores ou hipotensão sintomática.
    - **Dopamina:** iniciar com 2 a 5mcg/kg/min. Atua estimulando os receptores dopaminérgicos e a liberação de noradrenalina endógena. Mesmo em doses baixas, promove aumento do volume sistólico e do débito cardíaco. Em doses maiores, provoca vasoconstrição, que pode levar à redução de perfusão tecidual e renal, embora eleve a PA. Tem sido cada vez menos usada na IC. Indicada em caso de PA sistólica < 100mmHg com sinais e sintomas de choque.
    - **Dobutamina:** iniciar com 2 a 5mcg/kg/min. Ação predominantemente beta-adrenérgica. Dependendo da dose adotada, promove aumento no volume sistólico e no débito cardíaco e moderada redução na pressão capilar pulmonar. Nas doses de 15 a 20mcg/kg/min, taquicardia é incomum e não causa vasoconstrição. É amplamente usada no tratamento da IC. Indicada em pacientes com PA sistólica entre 70 e 100mmHg sem sinais de choque.
    - **Noradrenalina:** iniciar com 1 a 4mcg/kg/min. Potente vasoconstritor arteriolar e venoso, age pelo estímulo de receptores alfa-adrenérgicos. Pode ser usada nos pacientes com grave hipotensão e resistência vascular normal ou reduzida. Indicada em caso de PA sistólica < 100mmHg com sinais e sintomas de choque.

D (FRIO E SECO):
- Sem sinais de congestão, mas com perfusão/débito comprometido.
- É o perfil que representa um subgrupo muito pequeno nos grandes estudos. Na maioria das vezes, trata-se de pacientes estáveis e pouco sintomáticos. Deve-se, sempre, observar se esses pacientes não estão utilizando doses excessivas de diuréticos e IECA. A introdução gradual de betabloqueadores geralmente é tolerada e pode associar-se à melhora clínica.

Suporte ventilatório
A utilização de ventilação por pressão positiva não invasiva tem se tornado uma medida de suporte não farmacológica de grande aceitação, evitando muitas vezes a intubação orotraqueal (IOT). Consiste no aumento da pressão intratorácica mediante aplicação de CPAP por máscara facial. Este método promove não só o aumento da oferta de O_2 para os tecidos, mas também redução de seu consumo, diminuindo o esforço inspiratório e descansando a musculatura respiratória.

Capítulo 9
Hipotensão e Choque

Eduardo Alvarenga Junqueira Filho • Aureo do Carmo Filho

INTRODUÇÃO

Choque é uma entidade clínica definida pela presença de perfusão tecidual inadequada ou insuficiente. Essa síndrome se caracteriza pelo desequilíbrio entre demanda e oferta de oxigênio, fazendo com que as células não recebam o aporte de oxigênio necessário para manter sua homeostase. Os diversos órgãos e tecidos hipoperfundidos serão incapazes de manter seu metabolismo normal e poderão ocorrer distúrbios celulares graves, hipoxia tecidual e disfunção múltipla de órgãos.

Essa definição, por si só, diferencia o choque circulatório da síncope pelo fato de, nesta última, mecanismos de autorregulação cardiocirculatória serem capazes de, em questão de minutos, reverter o desarranjo hemodinâmico causador da perda da consciência por déficit transitório da perfusão cerebral.

CONSIDERAÇÕES

A classificação do choque circulatório obedece a uma finalidade estritamente didática, tendo em vista que a maioria dos quadros de choque mostra mais de um componente em sua evolução. O modo mais utilizado de classificação do choque leva em consideração sua etiologia. Diversas doenças podem levar ao choque. No entanto, dependendo da variável afetada, o mecanismo fisiopatológico envolvido é diferente. A partir deste fato, o choque é dividido em quatro grupos distintos (Quadro 9.1).

Quadro 9.1 Tipos de choque e alguns exemplos de suas respectivas causas

Hipovolêmico	**Choque distributivo**
Hemorragia aguda	Anafilaxia
Perda de líquido para o terceiro espaço (peritonite aguda, pancreatite aguda, hipoproteinemia grave, obstrução intestinal)	Choque séptico
	Choque neurogênico (traumatismo raquimedular, traumatismo craniano, hipertensão intracraniana, encefalites)
Perdas pela pele (queimaduras, lesões cutâneas extensas)	Crise adrenal
Perdas renais (*diabetes mellitus* e *insipidus*, diuréticos, insuficiência renal poliúrica)	Tempestade tireotóxica
Perdas gastrointestinais (diarreia aguda, vômitos)	Síndrome do choque tóxico
	Medicamentos
Choque obstrutivo	**Cardiogênico**
Pneumotórax	Infarto agudo do miocárdio
Pericardite constritiva	Miocardite
Tamponamento cardíaco	Miocardiopatia
TEP	Disfunção valvar aguda
Hipertensão pulmonar aguda	Arritmia
Asma	Trauma cardíaco
	Ruptura aguda do septo interventricular

QUADRO CLÍNICO

As manifestações clínicas do choque se devem, muitas vezes, aos mecanismos compensatórios, mas algumas delas também são decorrentes do efeito direto da redução da perfusão e consequente hipoxia tecidual. Obviamente, os principais sinais e sintomas encontrados dependem do tipo de choque e de sua intensidade.

O choque circulatório, independentemente da etiologia, acompanha-se de oligúria e hipotensão arterial. A hipotensão arterial é caracterizada por pressão arterial sistólica < 90mmHg ou mais de 40mmHg abaixo da PA sistólica habitual do paciente.

Listamos abaixo os sinais e sintomas mais relevantes:

- Hipotensão
- Taquicardia
- Taquipneia
- Rebaixamento do nível de consciência
- Diminuição do débito urinário
- Palidez cutaneomucosa
- Pele fria, úmida e pegajosa
- Pulsos finos e rápidos

DIAGNÓSTICO

O diagnóstico de choque circulatório é eminentemente clínico, baseando-se, portanto, em uma boa anamnese e um bom exame físico. Para seu diagnóstico, é necessária a identificação da presença de hipotensão arterial associada a sinais e sintomas de inadequação da perfusão tecidual.

A história clínica deve ser direcionada para a etiologia, fornecendo, assim, subsídios para a terapêutica mais adequada e eficaz para essa síndrome clínica. A análise laboratorial é essencial para se avaliar a oferta de oxigênio e sua adequação ao metabolismo tecidual. A saturação venosa central de oxigênio (SvO_2) retrata a medida do balanço entre a oferta sistêmica e a demanda tecidual de oxigênio, tornando-se muito importante na avaliação e no acompanhamento da resposta terapêutica. Os quadros hipodinâmicos aumentam o tempo de trânsito das hemácias na microcirculação, fazendo com que a SvO_2 se torne baixa por aumento da extração de O_2. Por outro lado, a SvO_2 eleva-se em estados com captação tecidual deficiente de O_2 ou por um quadro hiperdinâmico.

Exames complementares

Diversos exames podem ser solicitados, e as alterações encontradas muitas vezes estarão relacionadas com a etiologia do choque. Exames que podem ser pedidos: EAS, hemograma completo, sódio, potássio, ureia, creatinina, TGO, TGP, enzimas cardíacas, ECG e radiografia de tórax, entre outros.

- **Lactato:** a determinação do lactato sanguíneo constitui-se em marcador de agressão tecidual secundária à hipoxia ou a diferentes agentes tóxicos. Assim, níveis de lactato normais representam uma oferta de O_2 adequada às necessidades metabólicas, não havendo necessidade, portanto, de metabolismo anaeróbico para a produção de energia. Essa medida ainda não é rotina na maioria dos serviços, mas pode ser de grande valor em formas iniciais, sem grande repercussão clínica e/ou hemodinâmica.
- **Gasometria:** medição da SvO_2, ou então gasometria arterial, para acompanhar parâmetros como hipoxia, hipercapnia, equilíbrio ácido-base etc.

Obs. 1: os valores do *base excess* (BE) relacionam-se com a presença e a gravidade do choque, sendo um bom parâmetro para avaliação da resposta da reposição volêmica. Os valores se normalizam com a restauração do metabolismo aeróbico.

Obs. 2: o aumento dos níveis de lactato (> 2,5mM) e o aparecimento de um déficit de bases (*base excess* negativo, diminuição do BE) são os primeiros indícios de que um paciente está em choque.

O diagnóstico do tipo de choque circulatório pode ser baseado na determinação de variáveis hemodinâmicas por meio da monitorização hemodinâmica invasiva com o uso do cateter de Swan-Ganz. **Em virtude do risco de complicações, o cateter tem sido menos utilizado atualmente.**

Quadro 9.2 Variáveis hemodinâmicas e respiratórias nos diversos tipos de choque circulatório

Tipo de choque	DC	RVP	PCP	PVC	SvO$_2$
Hipovolêmico	Baixo	Alta	Baixa	Baixa	Baixa
Cardiogênico	Baixo	Alta	Alta	Alta	Baixa
Obstrutivo	Baixo	Alta	Baixa	Alta	Baixa
Distributivo	Alto	Baixa	Alta, normal ou baixa	Alta, normal ou baixa	Alta

DC: débito cardíaco; RVP: resistência vascular periférica; PCP: pressão capilar pulmonar; PVC: pressão venosa central; SvO$_2$: saturação venosa central de O$_2$.

TRATAMENTO

O tratamento do choque visa, simultaneamente, à eliminação dos fatores desencadeantes e à normalização da perfusão tissular e da oferta tecidual de oxigênio. Não é objetivo deste capítulo descrever o tratamento direcionado a todos os tipos de choque, o que torna necessária a consulta ao capítulo específico da causa base. Sucintamente falando, devemos atingir alguns objetivos, como:

1. ABCD da vida.
2. Tratar a causa base.
3. Reposição volêmica *(Fluid Challenge Revisited – Crit Care Med 2006)*: independentemente da etiologia do choque circulatório, a manutenção de pressões de enchimento ventricular em níveis adequados para produzir um débito cardíaco efetivo é o objetivo fundamental a ser perseguido. A hipovolemia não é apenas uma das causas mais comuns de choque, mas pode também existir em determinadas fases de todos os tipos de choque, incluindo o cardiogênico e o distributivo. Portanto, invariavelmente, todo choque deve ser tratado inicialmente com reposição volêmica.
   - Objetivos: melhorar taquicardia, reverter hipotensão, melhorar diurese, reduzir lactato.
   - Não se mostrou benefício maior entre coloides e cristaloides. A albumina está proscrita.
   - Administra-se de 0,5 a 1L de cristaloides a cada 30 minutos e avalia-se PVC/PoAP.
     - variações < 3mmHg = continuar;
     - variações de 3 a 7mmHg = parar e reavaliar após 10 minutos;
     - variações > 7mmHg = parar.
4. Reposição sanguínea (choque hemorrágico III ou IV: perda sanguínea > 1.500mL, FC > 120bpm, PA diminuída, débito urinário < 5 a 15mL/h, paciente confuso/letárgico).
5. Oxigenoterapia: 2 a 5L/min. Avaliar necessidade de ventilação mecânica.
6. Inotrópicos e vasopressores: necessários somente nos casos mais graves, ou seja, quando falhar a terapia de reposição de volume.

Quadro 9.3 Inotrópicos e vasopressores

Agente	β-1	β-2	α-1
Noradrenalina (0,05 a 2mcg/kg/min)	++	0	+++
Adrenalina (0,05 a 2mcg/kg/min)	+++	++	+++
Dopamina (1 a 20mcg/kg/min)	+(++)	+	+(++)
Dobutamina (2,5 a 20mcg/kg/min)	+++	+	+

Segundo ACLS:

- PAS < 100mmHg com sinais e sintomas de choque: noradrenalina, 0,05 a 2mcg/kg/min, ou dopamina, 5 a 20mcg/kg/min.
- PAS entre 70 e 100mmHg sem sinais e sintomas de choque: dobutamina 2 a 20mcg/kg/min.

Capítulo 10
Arritmias Cardíacas I: Introdução ao Eletrocardiograma e Taquiarritmias

Eduardo Alvarenga Junqueira Filho • Aureo do Carmo Filho

INTRODUÇÃO

As arritmias cardíacas serão abordadas, neste e no próximo capítulo, de acordo com a frequência cardíaca: **taquiarritmias e bradiarritmias**. Além disso, serão destacados todos os outros aspectos da classificação das arritmias. Entretanto, antes de iniciarmos este estudo, discutiremos alguns aspectos que englobam o estudo da arritmologia, demonstrando como se identifica de maneira rápida e simples uma arritmia cardíaca.

DEFINIÇÃO

A arritmia pode ser definida como uma alteração da frequência, formação e/ou condução do impulso elétrico através do miocárdio.

ALGUMAS NOÇÕES IMPORTANTES QUANTO AO ECG

1. O ECG é inscrito em papel quadriculado, com quadrados pequenos, com 1mm de lado, e quadrados maiores, delimitados por linhas mais escuras, com 5mm de lado.
2. Cada quadrado pequeno de 1mm² tem 0,04s de duração. Um quadrado equivale a cinco quadrados pequenos.
3. **Ondas e intervalos:**
   - **Onda P:** compreende o período da despolarização atrial, sendo positiva em D1, DII, aVF, V4 a V6 e negativa em aVR. No ECG normal, a relação P:QRS é de 1:1.
   - **Complexo QRS:** representa a despolarização elétrica dos ventrículos, sendo medido de seu início (onda Q) ao ponto onde o complexo QRS retorna ao final da linha de base (final da onda S). Seu valor normal é < 0,12s (três quadrados pequenos).
   - **Onda T:** repolarização elétrica ventricular.
   - **Onda U:** de significado ainda incerto, possivelmente está relacionada com a repolarização mais tardia das fibras de Purkinje.
   - **Intervalo PR:** medido do início da onda P ao início do QRS. No caso, entre 0,12 e 0,20s (entre três e cinco quadrados pequenos).

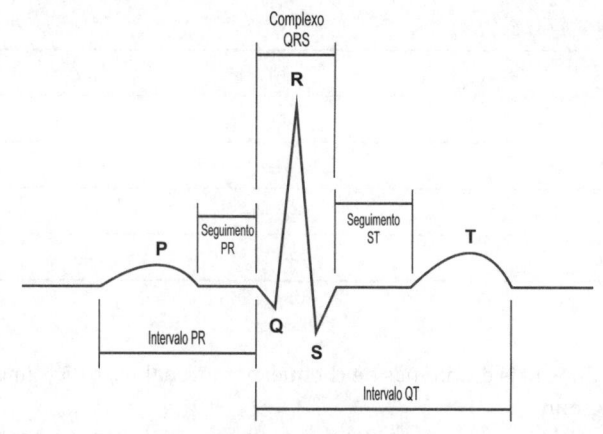

Figura 10.1 Ondas e intervalos do ECG

4. **Paredes:**
   - II, III, aVF: parede inferior
   - I, aVL: parede lateral (basal)
   - V1, V2: septo e ventrículo direito
   - V3, V4: parede anterior
   - V5, V6: parede lateral (apical)

CÁLCULO DA FREQUÊNCIA CARDÍACA

- A frequência cardíaca pode ser calculada por meio de alguns métodos. Um método simples e rápido consiste em contar o número de quadrados pequenos que estão entre o intervalo **RR** (intervalo que corresponde a um ciclo cardíaco, ou seja, sístole + diástole). O próximo passo consiste em dividir 1.500 pelo número de quadrados pequenos encontrados.

> Frequência cardíaca (bpm) = 1.500/número de quadrados pequenos no intervalo RR

- Outra forma consiste em usar uma "regra prática", considerando a distância entre os complexos QRS em centímetros:

0,5cm (FC = 300bpm)	2cm (FC = 75bpm)
1cm (FC = 150bpm)	2,5cm (FC = 60bpm)
1,5cm (FC = 100bpm)	3cm (FC = 50bpm)

CLASSIFICAÇÃO DOS MEDICAMENTOS ANTIARRÍTMICOS

- **I – Bloqueadores dos canais de sódio:**
  IA – Quinidina, procainamida, disopiramida, moricizina.
  IB – Lidocaína, mexiletina, fenitoína.
  IC – Propafenona, flecainida, encainida.
- **II – β-bloqueadores:** propanolol, metoprolol, esmolol.
- **III – Bloqueadores dos canais de potássio:** amiodarona, sotalol, ibutilida, dofetilida, bretílio.
- **IV – Bloqueadores dos canais de cálcio:** verapamil e diltiazem.
- **Sem classe:** digital e adenosina.

De maneira didática e prática, as arritmias cardíacas são classificadas:

1. Quanto à frequência, em **taquiarritmias** (> 100bpm) e **bradiarritmias** (< 60bpm).
2. Conforme a origem do impulso elétrico arrítmico, em **supraventriculares e ventriculares**.
3. Quanto à morfologia do QRS, em **estreitas e alargadas**.
4. Quanto à ritmicidade, em **regulares e irregulares**.
5. Quanto às repercussões hemodinâmicas, em **instáveis e estáveis**.

COMO PROCEDER NA INVESTIGAÇÃO DAS ARRITMIAS?

Para isso, devemos nos basear sempre na análise das respostas às quatro perguntas a seguir:

- 1ª – O QRS tem aparência e tamanho normais?

NÃO: quando não se identifica o QRS no traçado, restam dois diagnósticos: **fibrilação ventricular ou assistolia.**
SIM: ao identificarmos o QRS, temos de estar atentos a mais alguns detalhes. Em primeiro lugar, devemos saber se é estreito (< 0,12s), que é o normal, ou alargado, o que pode ou não indicar alguma alteração. **Quando alargado, geralmente revela uma arritmia ventricular.**
- **2ª – Existe onda P?**
Se não existe onda P, o principal diagnóstico será **fibrilação atrial ou** *flutter* **atrial.**
- **3ª – Existe relação entre a onda P e o QRS?**
Diante de um ECG normal, todo complexo QRS é precedido por uma onda P, e o intervalo PR normal é de, no máximo, 0,20s.
Os bloqueios cardíacos são ritmos causados pela condução alterada através do nodo atrioventricular (NAV). À medida que a velocidade de condução pelo NAV diminui, o intervalo PR aumenta. Quando o bloqueio é intenso, algumas ondas P não passam para o ventrículo e, na pior das hipóteses, nenhuma onda P chega ao ventrículo. Esses são os famosos bloqueios atrioventriculares (BAV).
- **4ª – Qual a frequência cardíaca?**
Por meio desse passo é possível saber se estamos diante de uma **bradiarritmia ou de uma taquiarritmia.**

■ TAQUIARRITMIAS (> 100BPM)

São convencionalmente classificadas em **supraventriculares** e **ventriculares.**

TAQUIARRITMIAS SUPRAVENTRICULARES

Originam-se acima dos ventrículos e são de origem sinusal, atriais, no NAV ou na junção atrioventricular. Essas arritmias são frequentes, constituindo o grupo mais comum de arritmias cardíacas atendidas em serviços médicos de emergência. Habitualmente, apresentam complexo **QRS estreito.** Do ponto de vista clínico, a grande maioria é paroxística, isto é, manifestam-se como episódios de palpitações taquicárdicas (quando a pessoa sente o ritmo cardíaco muito mais rápido que o normal, em situações em que não se esperava o coração batendo rapidamente, como em repouso, por exemplo). Esses episódios têm duração variável, de menos de 1 minuto, com reversão espontânea, a horas, com reversão para o ritmo normal conseguida apenas no hospital, por meio de medicamentos aplicados endovenosamente ou fazendo cardioversão elétrica (um choque de corrente contínua aplicado na superfície do tórax após sedação do paciente). No intervalo entre as crises, pode haver total ausência de sintomas ou apenas alterações fugazes do ritmo, percebidas como "falhas" no ritmo cardíaco normal (geralmente não sentimos o coração bater na maioria do tempo).
As principais são: taquicardia sinusal, taquicardia por reentrada nodal, taquicardia por reentrada atrioventricular, síndrome de Wolff-Parkinson-White e as taquiarritmias atriais (taquicardia atrial, fibrilação atrial e *flutter* **atrial).**

TAQUICARDIA SINUSAL

Certamente é a causa mais comum de ritmo acelerado na população em geral. Está muitas vezes associada a um estímulo fisiológico específico, ou após uma condição clínica associada a aumento do metabolismo, como sepse, febre, insuficiência cardíaca, anemia, estresse físico ou emocional, hipertireoidismo, entre outras. É a taquicardia mais comum em pacientes críticos, em virtude do próprio processo patológico de base:

CRITÉRIOS

(1) FC geralmente entre 100 e 160bpm; **(2)** onda P positiva em D1 e D2 e de morfologia normal; **(3)** QRS estreito, a não ser em caso de bloqueio de ramo.

TRATAMENTO

Seu principal tratamento está relacionado com a terapia específica da causa base.

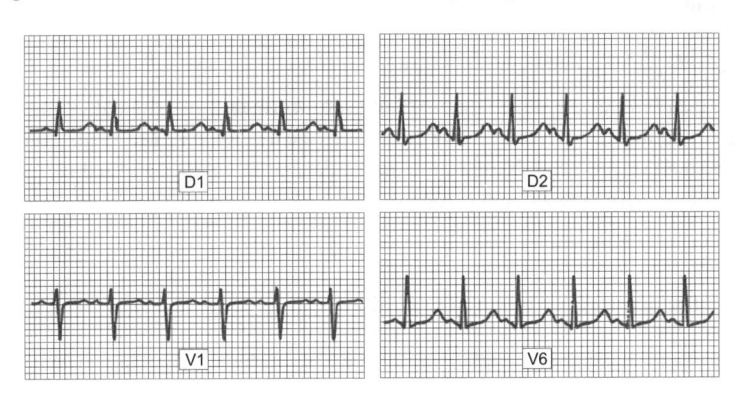

Figura 10.2 Taquicardia sinusal.

TAQUICARDIA POR REENTRADA NODAL

Consiste na forma mais comum de taquicardia paroxística supraventricular regular. Uma via elétrica extra, próxima ao NAV, faz com que o impulso elétrico se mova em círculo e passe por áreas que já passou anteriormente, fazendo o coração bater em uma frequência acima do normal. Em geral, não tem relação com doença cardíaca estrutural, e o paciente se apresenta com palpitações regulares paroxísticas, associadas ou não a síncopes. Durante as crises, a pessoa nota, além do ritmo cardíaco rápido, sensação de batimentos no pescoço ou um desconforto que se assemelha a um aperto no pescoço, conhecido como sinal do enforcamento, que é característico dessa arritmia:

CRITÉRIOS

(1) FC variando entre 140 e 250bpm; (2) QRS estreito, a não ser que haja distúrbio de condução; (3) intervalo RR regular; (4) ondas P geralmente "escondidas" dentro do complexo QRS, sendo invertidas em DII, DIII e aVF; (5) início e término súbitos.

TRATAMENTO

O tratamento consiste no emprego de medicamentos que lentificam a passagem do estímulo elétrico pela via normal e/ou pela via lenta ou ablação por cateter. O uso de substâncias EV para a reversão da arritmia é muito eficaz. Nos pacientes com estabilidade hemodinâmica, a **adenosina** deve ser utilizada como primeira escolha, sendo o **verapamil** uma segunda opção. Se não houver contraindicações, uma manobra vagal pode ser tentada antes do uso de medicações EV (valsalva ou compressão do seio carotídeo), o que pode ser eficaz em alguns pacientes. A cardioversão elétrica sincronizada, com energia inicial de 150J, está indicada nos pacientes atendidos com instabilidade hemodinâmica. A ablação com radiofrequência da via lenta é o tratamento de escolha.

Adenosina: 6mg EV em 1 a 2s (injeção rápida), seguidos imediatamente da infusão de 20mL de solução salina ou água destilada e da elevação do membro; se não reverter, repetir com 12mg. Dose máxima de 30mg.
Verapamil: 2,5 a 5mg EV em 2min; a dose de 5mg pode ser repetida após 15 a 30min.

TAQUICARDIA POR REENTRADA ATRIOVENTRICULAR

A taquicardia por reentrada atrioventricular é ocasionada pela presença de uma via acessória que tem a capacidade de conduzir o estímulo elétrico dos átrios para os ventrículos ou, no sentido inverso, dos ventrículos para os átrios. Algumas dessas vias só conduzem o estímulo neste último sentido, não se manifestando no ECG realizado em um momento em que o indivíduo não esteja em crise de taquicardia.

SÍNDROME DE WOLF-PARKINSON-WHITE (WPW)

A síndrome de WPW é a segunda forma mais comum de taquicardia com complexo QRS estreito e regular. A principal característica eletrocardiográfica é a pré-excitação ventricular, com intervalo PR curto e presença de ondas *delta*. Nessa síndrome existe uma via de condução acessória que conecta o átrio ao ventrículo sem passar pelo NAV.

TRATAMENTO

semelhante ao da taquicardia por reentrada nodal.

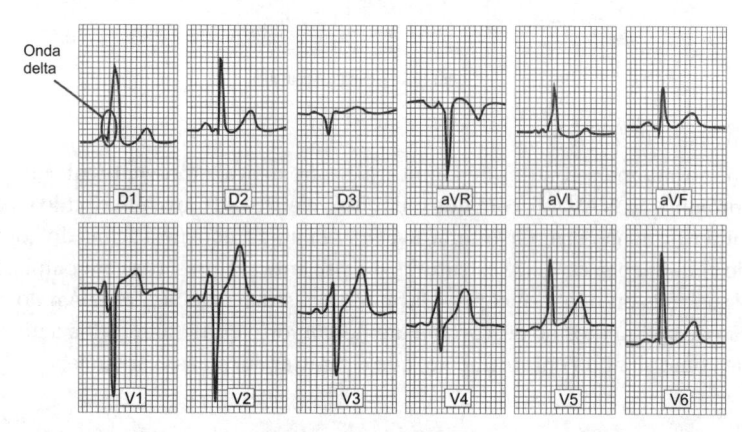

Figura 10.3 Wolf-Parkinson-White.

TAQUICARDIA ATRIAL

Teoricamente, qualquer taquiarritmia originada no miocárdio atrial poderia ser chamada de "taquicardia atrial", como é o caso da fibrilação e do *flutter* atrial. No entanto, o uso da expressão "taquicardia atrial" é reservado para todas as outras taquiarritmias atriais, entidades que, em comum, manifestam-se com ondas P diferentes da morfologia sinusal, com uma frequência entre 100 e 250bpm. Por definição, toda "taquicardia atrial" cujos átrios despolarizam em uma frequência superior a 250bpm é denominada *flutter* atrial. Sua ocorrência é mais comum nos pacientes portadores de DPOC e naqueles que estejam com intoxicação medicamentosa, como exemplo, por digitais.

Quanto à morfologia da onda P, se for negativa em aVL e positiva em V1, o foco estará no átrio direito; se for positiva em aVL e negativa em V1, o foco estará no átrio esquerdo. Neste capítulo, daremos maior atenção à taquicardia atrial multifocal:

CRITÉRIOS

(1) frequência atrial (e cardíaca) > 100bpm, geralmente mantendo-se entre 100 e 150bpm; (2) presença de pelo menos três morfologias diferentes da onda P na mesma derivação; (3) variabilidade dos intervalos PR, PP e RR. Pela palpação do pulso é impossível distinguir essa arritmia de uma fibrilação atrial (pulso irregularmente irregular).

TRATAMENTO

Deve começar pela correção dos fatores que podem contribuir ou causar essa arritmia.

A reposição venosa de **sulfato de magnésio** pode reverter a taquicardia, mesmo em pacientes com taxas de magnésio normais. Se não houver reversão com essa medicação, usa-se **verapamil ou metoprolol**, ambos por via EV. Devem-se respeitar as contraindicações desses medicamentos: insuficiência cardíaca, hipotensão e bloqueio AV. Naqueles com história de broncoespasmo, o verapamil é a escolha correta.

Sulfato de magnésio: 2g EV em 5 minutos + 10g em 5 horas.
Verapamil: 1mg EV; 2 minutos depois, administrar mais 4mg EV em 5 minutos; pode-se administrar mais 5mg EV 10 minutos depois.
Metoprolol: 5mg EV em 5 minutos; pode-se repetir a dose 10 minutos depois. Máximo de três a quatro doses, com intervalo de 10 minutos.

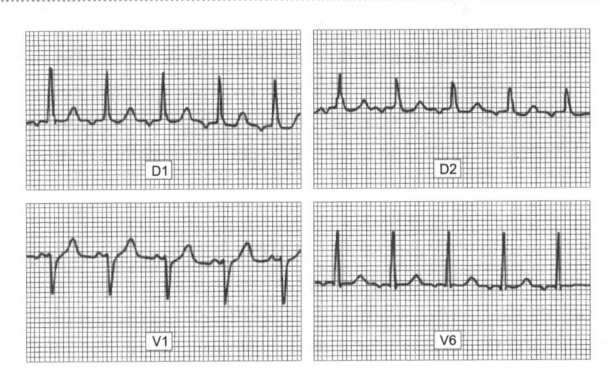

Figura 10.4 Taquicardia atrial.

FIBRILAÇÃO ATRIAL (FA)

A FA é uma arritmia supraventricular em que ocorre completa desorganização na atividade elétrica atrial, fazendo com que os átrios percam sua capacidade de contração, não gerando sístole atrial. Visualmente, o átrio apresenta movimentos fibrilatórios anárquicos, cerca de 400 a 600 por minuto (frequência das ondas F). Se todos os estímulos elétricos atriais passassem para os ventrículos, a FC seria de 400 a 600bpm, degenerando-se para uma fibrilação ventricular. Felizmente, o NAV "filtra" boa parte dos estímulos atriais, "deixando passar", geralmente, entre 90 e 170 por minuto. Vale ressaltar que em WPW e outras vias anômalas ocorre *bypass* do NAV, gerando FV.

A FA é uma arritmia de indivíduos cardiopatas, idosos ou hipertireóideos. Em nosso meio, dois grupos de cardiopatia predominam como causa de FA: (1) hipertensiva e (2) reumática.

CRITÉRIOS

(1) frequência cardíaca geralmente entre 90 e 170bpm; (2) irregularidade do intervalo R-R; (3) QRS estreito, a não ser em caso de bloqueio de ramo associado.

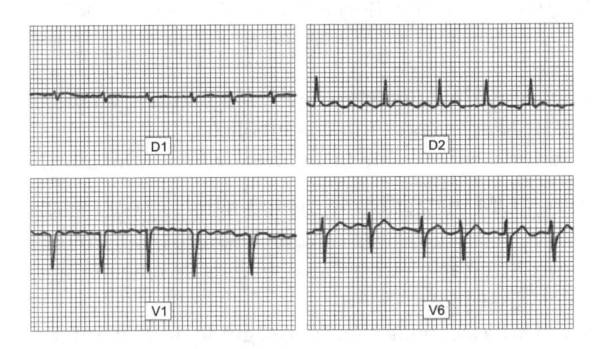

Figura 10.5 Fibrilação atrial.

CLASSIFICAÇÃO

Três aspectos nunca podem deixar de ser lembrados diante de um paciente com FA: prevenção de tromboembolia, controle da frequência cardíaca e prevenção de recorrências. Desse modo, ao se estabelecer uma classificação para FA, ela deve apresentar relevância clínica importante e ser de fácil entendimento e utilização na prática clínica.

A atual classificação proposta para a FA é: inicial, paroxística, persistente e permanente. A inicial ou novo diagnóstico refere-se à primeira vez em que é feito o diagnóstico ou ao diagnóstico de novos episódios. A paroxística é aquela que termina espontaneamente, sem ação de fármacos ou necessidade de cardioversão elétrica. Em geral, são episódios que duram menos de 7 dias, frequentemente menos de 24 horas, podendo ou não apresentar recorrências. A persistente é aquela que se instala e não se interrompe, a menos que seja realizada cardioversão elétrica ou com fármacos. Normalmente, consistem em episódios que duram mais de 7 dias e também podem ou não recorrer. Está incluída nessa categoria a FA com duração superior a 1 ano, chamada de FA persistente de longa duração. Já a permanente é aquela FA cujas tentativas de reversão falharam ou na qual se fez a opção por não tentar a reversão da arritmia.

QUADRO CLÍNICO

A FA pode causar sensação de palpitações, apresentar-se com consequências hemodinâmicas diversas, provocar fenômenos tromboembólicos variados ou cursar com períodos assintomáticos de duração desconhecida. Clinicamente, a FA pode ser reconhecida pela dissociação entre pulso e precórdio (uma FC contada ao pulso radial inferior à contada à ausculta cardíaca) e pelo ritmo irregularmente irregular.

DIAGNÓSTICO

O diagnóstico da FA exige confirmação pelo registro do ECG. Uma radiografia simples de tórax é importante para detecção de doença pulmonar, além de avaliar a vascularização dos pulmões. É importante avaliar ao menos uma vez as funções tireoidiana, renal e hepática, além do hemograma. Todos os pacientes com FA devem submeter-se a um ecocardiograma bidimensional com Doppler para avaliação das dimensões das câmaras esquerdas e da espessura ventricular esquerda, além da exclusão de doença pericárdica, valvular ou cardiomiopatia hipertrófica subclínica. Os trombos atriais esquerdos são detectados pelo ecocardiograma transesofágico.

TROMBOEMBOLIA

Esta é uma das principais complicações e preocupações nos pacientes com FA. Como os átrios perdem sua contração rítmica, o sangue sofre estase, predispondo a formação de trombos. O apêndice atrial esquerdo (aurícula) é o local mais comum para a formação desses trombos. O sistema nervoso central (SNC) é o local mais acometido, determinando AVE isquêmico embólico. A FA é a causa mais comum de AVE isquêmico cardioembólico que, por sua vez, representa um terço de todos os AVE.

TRATAMENTO

Os principais componentes do tratamento da FA são: controle da frequência cardíaca, reversão para ritmo sinusal e prevenção de eventos tromboembólicos.

A primeira pergunta a se fazer é: **existe instabilidade hemodinâmica?**

- **Diante de um paciente COM instabilidade hemodinâmica:** consideram-se instabilidade hemodinâmica no tocante às arritmias cardíacas: angina instável, IAM, hipotensão sintomática e EAP.
  - **1º passo: realizar cardioversão elétrica.** Deve ser feita de maneira sincronizada com o complexo QRS, e após a devida sedação.
    - **Se instalação < 48 horas:** choque com 100J, seguido de 200J e, depois, 300J, caso necessário. Se o aparelho for bifásico, pode-se começar com 70J.

- **Se instalação > 48 horas ou duração desconhecida:** começar com 200J, seguidos de 360J, caso necessário. Se o aparelho for bifásico, pode-se começar com 100J.
- **Diante de um paciente SEM instabilidade hemodinâmica:**
  - **1º passo: controle da frequência cardíaca por agentes inibidores do NAV (principalmente com bloqueadores dos canais de cálcio e betabloqueadores – opções: amiodarona e digitais).** O objetivo do controle da frequência é manter uma FC em repouso de 60 a 80bpm e uma FC de 90 a 120bpm no exercício.
    - **Qual a medicação ideal para o controle da FC?**
      Quando é necessário um rápido controle da FC, deve ser utilizado um medicamento EV. Os bloqueadores dos canais de cálcio que podem ser administrados desse modo (diltiazem, verapamil) e os betabloqueadores (esmolol e metoprolol) podem controlar rapidamente a FC. Entre esses medicamentos, o diltiazem tornou-se a escolha inicial mais popular, em virtude de seu rápido início de ação e do pequeno efeito inotrópico negativo e vasodilatação periférica.

      Os betabloqueadores podem ser a escolha inicial, caso o aumento do tônus simpático seja o principal causador da FA (como no período pós-operatório e na sepse, por exemplo). Entre eles, o esmolol pode ser a melhor escolha inicial, devido a seu rápido início de ação e à capacidade de controle preciso da dose de manutenção através de infusão venosa contínua. Tanto os bloqueadores dos canais de cálcio como os betabloqueadores podem reduzir a função cardíaca e a pressão arterial. Portanto, os pacientes com FA e que apresentam sinais de insuficiência cardíaca aguda ou hipotensão não devem receber esses medicamentos; nesses casos, a digoxina – que apresenta efeito inotrópico positivo – é o agente de escolha para o controle da frequência. Contudo, como esse medicamento tem início de ação muito lento (até várias horas), o controle da FC não pode ser atingido rapidamente nessa situação.

      Agentes antiarrítmicos, como a amiodarona, são recomendados para o tratamento farmacológico rápido de pacientes com FA acompanhada de sinais de insuficiência cardíaca aguda ou hipotensão.
  - **2º passo: há quanto tempo começou a FA?**
    - **Se < 48h:** pacientes com história de FA com duração < 48h devem ser monitorizados (observar a possibilidade de reversão espontânea) até a decisão sobre reversão química ou elétrica.

      Após o controle da FC, fazer cardioversão química ou elétrica. O índice de trombos intracardíacos formados nesse intervalo de tempo é muito pequeno, sendo desprezível a chance de embolização.

Obs. 1: os pacientes que têm FA há menos de 48 horas, mas que estão no grupo de risco para tromboembolia (prótese valvar mecânica, estenose mitral e tromboembolia prévia), merecem receber, segundo alguns autores, o mesmo esquema de anticoagulação com FA há mais de 48 horas.

Obs. 2: a maioria dos autores ainda recomenda para os pacientes com FA há menos de 48 horas, mas que não fazem parte dos grupos de risco para tromboembolia, heparinização plena por 6 a 12 horas e somente depois a cardioversão. Depois desta, a anticoagulação deve ser mantida com anticoagulantes orais por mais 4 semanas, apenas em casos de FA recorrente.

No Brasil, o antiarrítmico mais usado para reversão da FA para ritmo sinusal é a **amiodarona**, tendo como opções a propafenona e a procainamida.
  - **Se > 48h ou duração desconhecida:** após o controle da FC, proceder à anticoagulação efetiva (heparina + anticoagulante oral) já na sala de emergência, com manutenção de INR entre 2 e 3, por 3 semanas, seguida de cardioversão convencional e de anticoagulação por mais 4 semanas.

    Uma alternativa à anticoagulação prévia à cardioversão consiste na realização de um ecocardiograma transesofágico à procura de trombos no átrio esquerdo ou em suas proximidades. Se for negativo para trombos, a cardioversão pode ser realizada após 12 horas de heparinização plena, sem a necessidade das 3 semanas prévias, devendo-se apenas continuar o anticoagulante oral por mais 4 semanas após a cardioversão.

Os fenômenos embólicos após a cardioversão são decorrentes da formação de trombos pela estase no átrio esquerdo, a despeito da presença do ritmo sinusal. Após a cardioversão (espontânea, elétrica ou farmacológica), pode ocorrer o atordoamento dos átrios, com consequente aumento do risco de formação de trombos e embolia.

Obs.: Heparinização plena = heparina de baixo peso molecular (enoxaparina) 1mg/kg de 12/12h.

Diltiazem: ataque: 20mg EV em 2 minutos, podendo repetir com a dose de 25mg, após 15 minutos. Manutenção: 10 a 15mg/h EV em infusão contínua ou 240 a 480mg/dia VO de 8/8h.
Verapamil: ataque: 2,5 a 5mg EV em 2 minutos, podendo repetir a dose após 15 a 30 minutos. Manutenção: 240 a 480mg/dia VO de 8/8h.
Esmolol: ataque: 80mg EV. Manutenção: 1.500 a 3.000mcg/kg/min (uma ampola diluída em 250mL de SG 5%; 8mL de ataque em 30 segundos e, então, 63 a 95mL/h).
Metoprolol: ataque: 2,5 a 5mg (cada seringa contém 5mg/5mL) EV, podendo repetir a dose após 2 minutos, até três vezes. Manutenção: 50 a 200mg/dia VO de 12/12h.
Propranolol: manutenção: 80 a 240mg/dia VO de 8/8h.
Amiodarona: ataque: 150mg (uma ampola com 3mL) EV em 10 minutos; *dripping* de 1mg/min por 6 horas e 0,5mg/min por mais 18 horas (seis ampolas + 282mL de SG 5%, correr a 20mL/h por 6 horas e, então, 10mL/h por mais 18 horas). Manutenção: 200 a 400mg/dia VO.
Deslanosídeo: ataque: 0,4mg (uma ampola com 2mL) EV lento (mais de 5 minutos) 1 a 2×/dia. Manutenção: **digoxina** 0,125 a 0,375mg VO 1×/dia.
Propafenona: ataque: 1 a 2mg/kg (uma a duas ampolas; 70mg/20mL) EV em 10 minutos. Manutenção: meio a um comprimido de 300mg VO.
Procainamida: ataque: 20 a 30mg/min EV até dose máxima de 17mg/kg/min (duas ampolas; 1g/10mL + SG 5% 190mL; solução de 50mg/mL; *dripping* de 24 a 36mL/h).

- **Anticoagulação (heparina ou varfarina?)**

Em medicina, muitos são os escores usados para estratificação do risco e para guiar a implementação de terapêutica adequada. Um desses importantes escores é o **CHADS$_2$**, usado para avaliar o risco de **eventos tromboembólicos** em pacientes com FA. Com base nessa avaliação, direciona-se a terapia adequada (aspirina ou varfarina), visto que se deve pesar o benefício contra o risco de sangramento secundário ao uso de anticoagulação.

O **CHADS$_2$** divide os pacientes em três grupos (**baixo**, **intermediário** e **alto**), de acordo com os fatores de risco presentes.

Primeiramente vamos ver o escore **CHADS$_2$** e os fatores de risco avaliados:

C	*Congestive heart failure*	+1
H	*Hypertension*	+1
A	*Age* ≥ *75 years*	+1
D	*Diabetes mellitus*	+1
S	*Stroke or transient ischemic attack*	+2

ESCORE	Categoria de risco	Terapia recomendada
0	Baixo	AAS 81 a 325mg
1	Intermediário	AAS 81 a 325mg ou varfarina (INR entre 2 e 3) Evento tromboembólico prévio? NÃO: AAS ou varfarina SIM: varfarina
2 ou mais	Alto	Varfarina (INR entre 2 e 3)

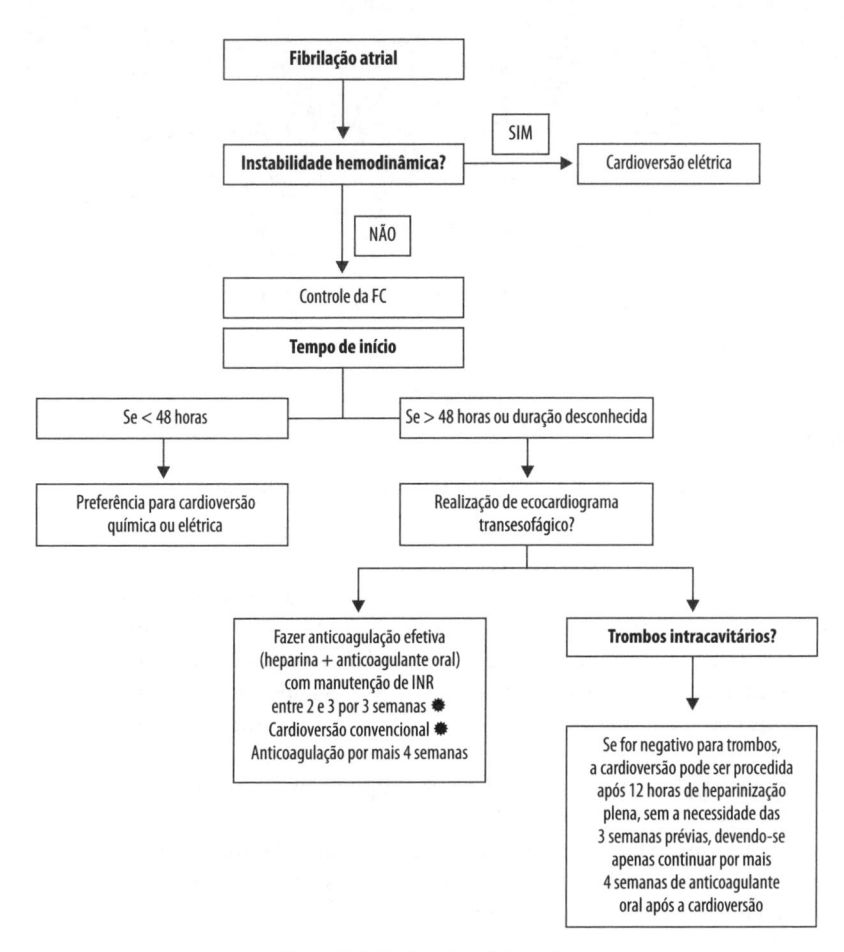

Figura 10.6 Abordagem terapêutica da FA.

FLUTTER ATRIAL

Trata-se de uma taquicardia supraventricular desencadeada por um circuito de reentrada intra-atrial. A despolarização atrial acontece de baixo para cima e é mais bem observada nas derivações inferiores (DII, DIII e aVF). O registro de ondas em "dente de serra" caracteriza o *flutter* atrial. De modo geral, a etiologia do *flutter* é a mesma da fibrilação atrial, destacando-se as doenças que sobrecarregam os átrios (principalmente o direito), como a ICC e a DPOC. Outras causas: doenças valvar mitral, pós-operatório de cirurgia cardíaca, hipertireoidismo, comunicação interatrial, miocardite e pericardite, entre outras. O *flutter* isolado é raro. A associação de *flutter* com FA é muito comum.

O quadro clínico geralmente é sintomático, apresentando-se como palpitações, tonteira, cansaço, dispneia e desconforto torácico. Nos coronariopatas, pode desencadear angina instável.

CRITÉRIOS

(1) frequência atrial > 250bpm (geralmente em torno de 300bpm), observada pela frequência das ondas F; **(2)** ausência de uma linha isoelétrica entre essas ondas atriais (ondas F), o que pode provocar um aspecto em "dente de serra"; **(3)** a frequência cardíaca costuma ser de 150bpm, ou seja, metade da frequência atrial, pois a condução AV quase sempre é de 2:1; **(4)** QRS estreito, a não ser em caso de bloqueio de ramo.

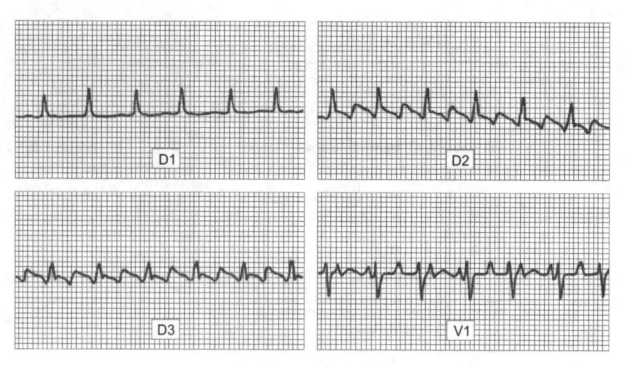

Figura 10.7 *Flutter* atrial.

TRATAMENTO

A primeira pergunta a se fazer é: existe instabilidade hemodinâmica?

- **SIM:** a conduta deve ser a cardioversão elétrica emergencial (choque sincronizado de 50J; se não houver reversão, um novo choque de 100J deve ser aplicado).
- **NÃO:** iniciar tratamento com inibidores do NAV (digital, β-bloqueadores, verapamil, diltiazem), de preferência por via EV. Todos os agentes antiarrítmicos utilizados na cardioversão da FA também podem agir no *flutter*, porém com menor eficácia. As únicas exceções a essa regra são os antiarrítmicos do grupo III: ibutilida (EV) e dofetilida (VO ou EV). As doses são as mesmas usadas na FA. Na ausência desses dois medicamentos, deve-se dar preferência à cardioversão elétrica (50J). O preparo do paciente, ou seja, a anticoagulação, é o mesmo descrito para cardioversão da FA nos seguintes casos: história de FA, *flutter* por mais de 6 meses, grupo de risco para tromboembolia.

A chance de recidiva é bastante alta, necessitando de algum tipo de abordagem para prevenir o retorno da arritmia. Uma alternativa é usar antiarrítmicos do grupo I ou III. No entanto, o método utilizado com maior sucesso é a ablação por radiofrequência.

TAQUIARRITMIAS VENTRICULARES

Salvo algumas exceções, as taquiarritmias ventriculares representam, risco maior de eventos adversos, inclusive a morte, para os pacientes do que as de origem supraventricular. É bem mais comum em indivíduos portadores de cardiopatias estruturais. Habitualmente, apresentam complexos **QRS alargados. Neste capítulo, abordaremos as extrassístoles ventriculares, a taquicardia ventricular e a fibrilação ventricular.**

EXTRASSÍSTOLES VENTRICULARES

Constituem as arritmias ventriculares mais comuns. Consistem em um batimento cardíaco precoce extra, seguido por pausa compensatória e produzido pela ativação das células dos ventrículos. A importância dessa arritmia está no fato de poder ser a precursora de arritmias cardíacas ventriculares mais graves, como a taquicardia e a fibrilação ventriculares, que são causas de parada cardíaca e morte. Diversos fatores comuns podem provocá-las, como tabagismo, estresse, ansiedade, desequilíbrios eletrolíticos, hipertireoidismo, pneumopatias e uma série de cardiopatias.

TAQUICARDIA VENTRICULAR (TV)

A TV pode ser definida como um ritmo cardíaco acelerado, de completos QRS alargados e de origem ventricular, normalmente demonstrando um aspecto regular dos intervalos RR. Utilizaremos a classificação de TV não sustentada e TV sustentada.

- **TV não sustentada:** três ou mais complexos consecutivos ventriculares, com frequência > 100bpm e duração espontânea < 30 segundos, que podem se apresentar com uma única morfologia de QRS (monomórfica) ou com mudanças morfológicas de QRS (polimórfica).
- **TV sustentada:** taquicardia ventricular com mais de 30 segundos de duração, ou que resulta em comprometimento hemodinâmico, mesmo que se reverta em menos de 30 segundos. Também pode ser mono ou polimórfica.

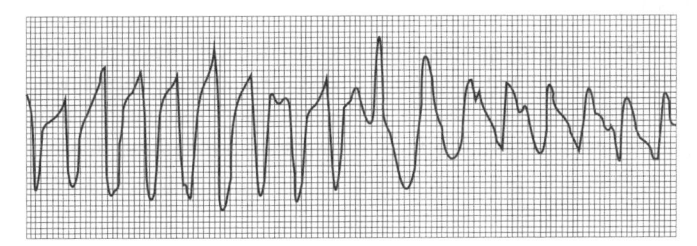

Figura 10.8 TV polimórfica.

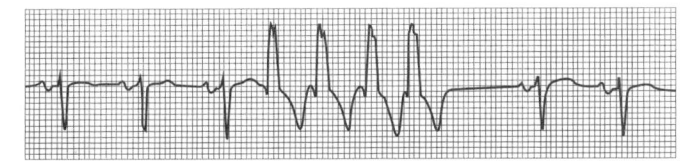

Figura 10.9 TV monomórfica.

Obs. 1: no início das taquicardias ventriculares podem ser observados, muitas vezes, complexos polimórficos e com irregularidade de ritmo. Assim, o termo monomórfico ou polimórfico deve ser considerado após "estabilização" da arritmia.
Obs. 2: um tipo peculiar de TV, a ***torsades de pointes*** (Figura 10.10) é uma TV polimórfica em que é nítida a aparência de que a polaridade dos complexos QRS se inverte em torno de seu eixo ao longo do tempo. Associa-se particularmente ao contexto de um intervalo QT longo. Em geral, é desencadeada por distúrbios metabólicos (hipomagnesemia ou hipocalemia) ou por medicamentos que podem alargar o intervalo QT (agentes das classes Ia, como quinidina, disopiramida e procainamida, e III, como amiodarona e sotalol). Por estar geralmente associada à instabilidade hemodinâmica, essa arritmia deve ser prontamente tratada com **desfibrilação elétrica** (dessincronizada), começando com 200J. Em seguida, deve-se usar **sulfato de magnésio** 2g EV em 2 minutos. Repetir a dose após 15 minutos.

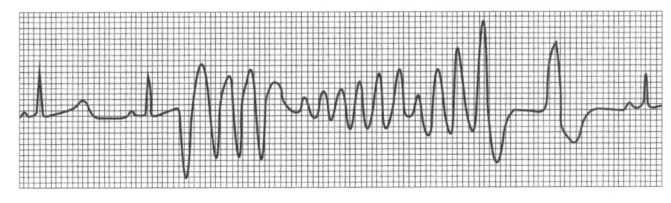

Figura 10.10 *Torsades de pointes*.

TRATAMENTO

- **Pacientes instáveis:** cardioversão elétrica sincronizada com 100-200-300-360J (aumentar apenas se necessário).
- **Pacientes estáveis:** antiarrítmicos (amiodarona, procainamida).

Obs.: em caso de TV sem pulso: consultar capítulo de reanimação cardiopulmonar.

> **Amiodarona:** ataque: 150mg (uma ampola com 3mL) EV em 10 minutos; *dripping* de 1mg/min por 6 horas e 0,5mg/min por mais 18 horas (seis ampolas + 282mL de SG 5%, correr a 20mL/h por 6 horas e então 10mL/h por mais 18 horas). Manutenção: 200 a 400mg/dia VO.
> **Procainamida:** ataque: 20 a 30mg/min EV até dose máxima de 17mg/kg/min (duas ampolas; 1g/10mL + SG 5% 190mL; solução de 50mg/mL; *dripping* de 24 a 36mL/h).

FIBRILAÇÃO VENTRICULAR (FV)

Constitui a forma eletrocardiográfica mais comum de PCR. Nesse ritmo não existe uma atividade elétrica cardíaca organizada que conduza a uma contração cardíaca sinérgica e eficiente. Não há ejeção de sangue ventricular e o músculo cardíaco fibrila difusamente. Na prática clínica é reconhecida em função dos sinais clínicos da PCR: inconsciência, irresponsividade, ausência de pulsos arteriais centrais e apneia.

TRATAMENTO

Consulte o Capítulo 2, *Reanimação cardiopulmonar*.

Capítulo 11
Arritmias Cardíacas II: Bradiarritmias

Eduardo Alvarenga Junqueira Filho • Aureo do Carmo Filho

INTRODUÇÃO

As **bradiarritmias** são definidas como ritmos **que apresentam frequência ventricular < 60bpm**. Podem ser causadas por doença intrínseca do sistema de condução ou por fatores extrínsecos, sendo as causas extrínsecas de maior importância nos pacientes graves, principalmente naqueles internados no Centro de Tratamento Intensivo (CTI). Neste capítulo serão elucidadas as principais:

- **Fatores extrínsecos:** medicações (β-bloqueadores, bloqueadores dos canais de cálcio, digoxina, parassimpaticomiméticos), hipercalemia, hipotireoidismo e hipotermia.
- **Aumento do tônus vagal:** intubação orotraqueal, vômitos, aspiração das vias aéreas e aumento da pressão intracraniana.
- **Doença intrínseca do sistema de condução do coração:** idiopática, amiloidose, sarcoidose, insuficiência coronariana aguda e miocardites, entre outras.

Um amplo espectro de sintomas pode ser atribuído às bradicardias. Pacientes capazes de aumentar o volume sistólico podem ser assintomáticos. A presença de hipertensão arterial sistólica isolada não deve ser considerada emergência hipertensiva, e sim um mecanismo de adaptação à bradicardia; portanto, não deve ser tratada, em especial nos casos de bloqueio atrioventricular total (BAVT). A bradicardia pode manifestar-se com fadiga, fraqueza, intolerância ao exercício ou síncope.

CONSIDERAÇÕES IMPORTANTES NA INVESTIGAÇÃO

- Obter história de episódios anteriores de arritmia ou alternância de taquiarritmias ou bradicardia.
- Pesquisar doença cardíaca estrutural, hipotireoidismo e cirurgia cardíaca prévia.
- Informar-se sobre medicações que afetam o nódulo sinusal ou o NAV, com ênfase em β-bloqueadores, bloqueadores de canais de cálcio e digitálicos.
- Obter ECG de 12 derivações, verificar as derivações que mostram melhor a atividade atrial (II, III, aVF e V1) e procurar evidências de doença coronariana.
- Obter dosagem de eletrólitos e função renal em todos os casos.

A seguir, serão abordadas as principais bradiarritmias encontradas: a bradicardia sinusal e os bloqueios atrioventriculares (BAV).

BRADICARDIA SINUSAL

Ritmo normal do coração, resultando apenas em uma FC mais baixa, a bradicardia sinusal é considerada patológica quando sintomática ou presente em situações clínicas em que o esperado seria que houvesse o aumento da FC. As principais causas são o aumento do estímulo vagal e o uso de medicações cronotrópicas negativas (Figura 11.1).

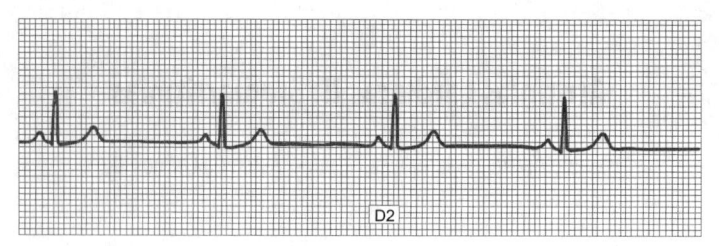

Figura 11.1 Bradicardia sinusal.

TRATAMENTO

Pacientes assintomáticos não precisam receber qualquer tipo de terapia. Pacientes sintomáticos devem receber **atropina na dose de 0,5 a 1mg** EV (cada ampola contém 1mL com 0,25mg), podendo repetir a dose a cada 5 minutos. Dose máxima de 3mg. Aporte de oxigênio também pode ser necessário.

BLOQUEIO ATRIOVENTRICULAR (BAV)

O BAV consiste na dificuldade ou na impossibilidade de condução dos estímulos dos átrios para os ventrículos. Pode ser de primeiro, de segundo ou de terceiro grau. Os dois primeiros são denominados incompletos e o último, completo ou total.

BAV de primeiro grau

Nesse grau de bloqueio, todos os estímulos atriais conseguem despolarizar os ventrículos com algum retardo, havendo apenas um aumento do intervalo PR (> 0,2s). O BAV tem prognóstico benigno. Pode ser um achado normal em certos indivíduos, não necessitando tratamento específico, apenas acompanhamento clínico, a critério médico (Figura 11.2).

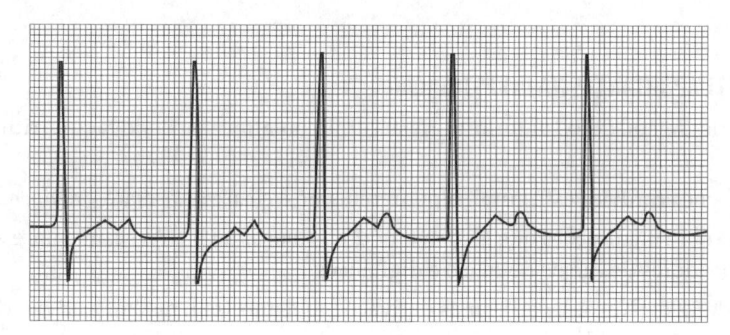

Figura 11.2 BAV de primeiro grau.

BAV de segundo grau

Acontece quando pelo menos um estímulo é bloqueado. Divide-se em dois tipos.

BAV de segundo grau tipo I, ou Mobitz I

Caracteriza-se pelo aumento gradual do intervalo PR de sístole para sístole até que exista um momento em que não haja condução da onda P (fenômeno de Wenckebach). Após a não condução dessa onda, o ritmo retorna ao início com ondas P conduzidas, mas volta a alargar o intervalo PR até falhar novamente a condução (Figura 11.3).

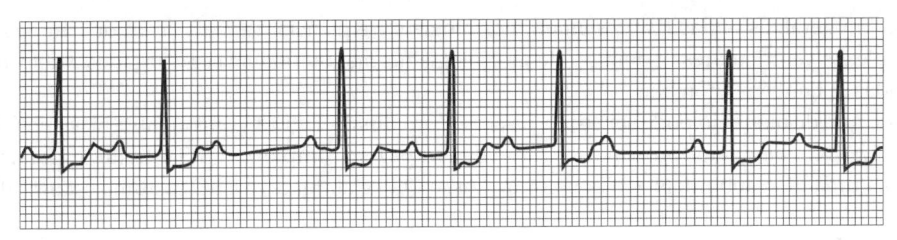

Figura 11.3 BAV de segundo grau tipo I.

TRATAMENTO

Quando sintomático, deve ser tratado com atropina. O uso de marca-passo só está indicado se a bradiarritmia for refratária ou se for comprovado, por meio de estudo eletrofisiológico, que o bloqueio é intra ou infra-hissiano.

> **Atropina, 0,5 a 1mg** EV (cada ampola contém 1mL com 0,25mg), podendo repetir a dose a cada 5 minutos. Dose máxima de 3mg.

BAV de segundo grau tipo II, ou Mobitz II

Nesse caso, encontra-se um intervalo PR constante com falha súbita da condução, ou seja, há uma onda P não seguida por um complexo QRS (Figura 11.4).

TRATAMENTO

Como se trata de um ritmo que pode progredir rapidamente para bloqueio completo, exige um tratamento eficaz. Deve-se ficar atento à manutenção da via aérea e monitorizar ritmo, PA, acesso venoso e oximetria de pulso em casos de instabilidade. A prioridade é a colocação de marca-passo transcutâneo, porém a atropina pode ser utilizada, em razão de sua fácil disponibilidade, enquanto se espera a colocação do marca-passo.

> **Atropina, 0,5 a 1mg** EV (cada ampola contém 1mL com 0,25mg), podendo repetir a dose a cada 5 minutos. Dose máxima de 3mg.

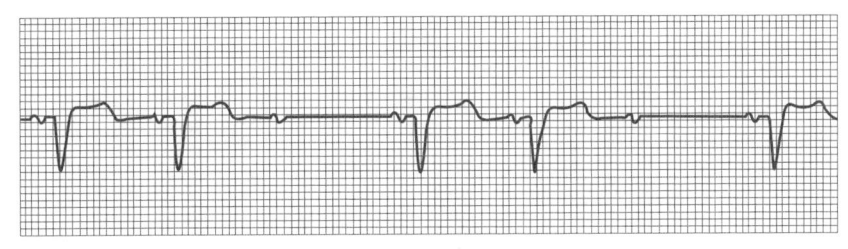

Figura 11.4 BAV de segundo grau tipo II.

BAV de terceiro grau, ou total

Nessa eventualidade, não existe condução de estímulo entre átrios e ventrículos. Assim, nenhum estímulo originário dos átrios consegue despolarizar os ventrículos. Torna-se necessário, então, que os ventrículos sejam despolarizados por um marca-passo situado abaixo da zona bloqueada. Os dois marca-passos, o supraventricular e o ventricular, funcionam de maneira independente, inexistindo o enlace AV. As ondas P são em número bem maior que o de complexos QRS, sem qualquer relação entre si. Em geral, as ondas P apresentam morfologia e frequência normais, além de ritmo regular. Os complexos ventriculares podem ser de morfologia normal ou podem ser alargados e deformados com ondas T, também anômalas.

Esse tipo de bloqueio pode ser supra-hissiano (proximal – Figura 11.5) ou infra-hissiano (distal – Figura 11.6). Nos bloqueios proximais, o ritmo de escape tem complexos QRS estreitos e, geralmente, apresenta uma FC > 40bpm. Nos bloqueios distais, o QRS é alargado e a FC costuma estar < 40bpm.

TRATAMENTO

Idêntico ao do BAV de segundo grau tipo II.

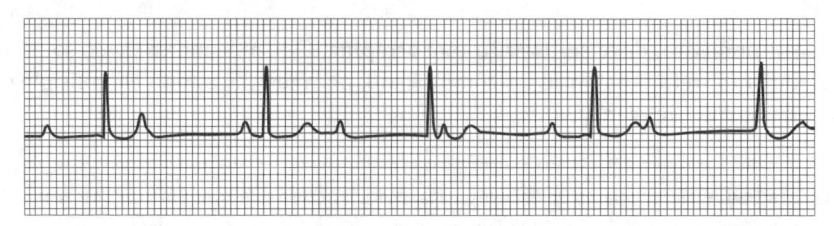

Figura 11.5 BAV de terceiro grau supra-hissiano.

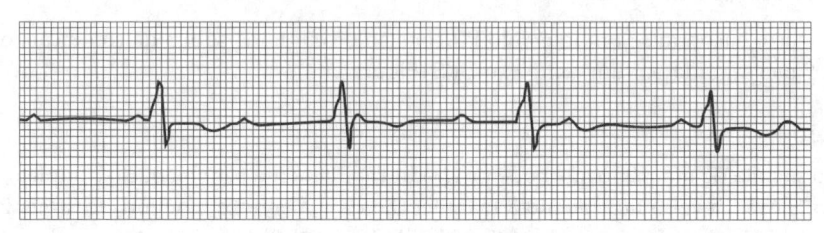

Figura 11.6 BAV de terceiro grau infra-hissiano.

Capítulo 12
Endocardite Infecciosa

Eduardo Alvarenga Junqueira Filho • Aureo do Carmo Filho

INTRODUÇÃO

Endocardite infecciosa (EI) é caracterizada por infecção da superfície endotelial do coração, independentemente do micro-organismo que a causou. Quanto às manifestações clínicas, divide-se em aguda e subaguda. Assim, a endocardite aguda, considerada uma urgência médica, está associada a febre alta, sinais de toxemia de início agudo, em um intervalo de, no máximo, 6 semanas. Já a endocardite subaguda apresenta manifestações clínicas mais arrastadas, que incluem febre baixa intermitente, sudorese noturna, perda ponderal e fenômenos imunológicos diversos. Esta classificação era de maior valor na era pré-antibiótica, em que o tempo de 6 semanas era o tempo até a morte em casos agudos.

FISIOPATOLOGIA

O termo vegetação é empregado para referir-se à lesão característica do comprometimento do endocárdio. Para sua formação, geralmente acontece uma sequência previsível: lesão endocárdica, agregação de plaquetas e fibrina, bacteriemia transitória, resultando na semeadura da vegetação, e proliferação e invasão microbiana da superfície endocárdica.

Condições predisponentes associadas a risco aumentado de endocardite

Mais comuns

- Prolapso de valva mitral (com regurgitação mitral)
- Doença valvar degenerativa
- Uso de drogas EV
- Anormalidades congênitas (defeito valvar ou septal)

Menos comuns

- Cardite reumática
- Estenose subaórtica hipertrófica idiopática
- *Shunts* pulmonares sistêmicos
- Endocardite prévia
- Cardiopatias congênitas cianóticas

CONSIDERAÇÕES

A endocardite comunitária em valva nativa é causada, em 90% dos casos, por estafilococos, estreptococos ou enterococos. Esses micro-organismos dominam o espectro microbiológico da doença porque expressam receptores específicos para ligação e aderência a superfícies valvares lesionadas e porque são colonizadores naturais da pele, da orofaringe e do trato urogenital, com acesso frequente à corrente sanguínea.

Os *Streptococcus viridans* (também chamados estreptococos α-hemolíticos) consistem nos agentes mais comuns envolvidos na EI subaguda em pacientes com valva nativa e não usuários de drogas EV. Os enterococos constituem o segundo grupo mais frequente. O grupo HACEK (*Haemophilus parainfluenzae, Haemophilus aphrophilus, Actinobacillus, Cardiobacterium hominis, Eikenella corrodens* e *Kingella kingii*) representa agentes gram-negativos fastidiosos que raramente ocasionam EI.

O *Staphylococcus aureus* é o principal agente da endocardite aguda em indivíduos com valva nativa e em usuários de drogas EV.

QUADRO CLÍNICO

A EI é uma doença sistêmica que apresenta sinais e sintomas variados e pouco específicos, o que dificulta seu diagnóstico. **A tríade clássica da EI é formada por febre, sopro cardíaco e hemoculturas positivas.** Manifestações subagudas incluem fadiga, mal-estar, anorexia e perda de peso. As manifestações periféricas incluem petéquias, os nódulos de Osler (pápulas dolorosas nos coxins dos quirodáctilos e pododáctilos atribuídas à deposição de imunocomplexos), as manchas de Janeway (lesões hemorrágicas indolores nas palmas das mãos e plantas dos pés causadas por êmbolos sépticos) e as manchas de Roth (lesões exsudativas ovais com centro pálido na retina). O aumento do baço tem sido relatado em até 60% dos casos, sendo mais encontrado na EI subaguda. Êmbolos sistêmicos ocorrem em até 40% dos pacientes com EI e podem gerar infartos a distância em várias partes do corpo, como baço, rim, cérebro, pulmão, coração e intestino, entre outros.

DIAGNÓSTICO

O exame padrão-ouro para o diagnóstico de EI é a cultura do micro-organismo obtido diretamente do endocárdio ou de fragmentos que dele se desprendam. No entanto, na prática clínica, utilizamos principalmente os **critérios de Duke** (Quadro 12.1). Na presença de dois critérios maiores ou um critério maior e três menores, estabelecemos o diagnóstico de EI. O diagnóstico é visto como possível na presença de um critério maior e um menor ou na presença de apenas três menores.

Quadro 12.1 Critérios de Duke modificados

Maiores
Hemoculturas positivas (organismos típicos em duas hemoculturas separadas ou bacteriemia persistente com qualquer micro-organismo)
Ecocardiograma positivo (massa móvel aderida à valva ou ao aparelho valvar, ou abscesso, ou nova deiscência parcial de prótese valvar)
Regurgitação valvar que não existia previamente manifestada por sopro
Sorologia positiva para *Coxiella burnetii* ou uma única amostra de hemocultura positiva para este agente (IgG > 1:800)

Menores
Predisposição: lesão cardíaca predisponente ou uso de drogas EV
Febre ≥ 38°C
Fenômenos vasculares
Fenômenos imunológicos
Hemocultura positiva que não preencha critérios maiores
Achados ecocardiográficos que não preencham critérios maiores

DIAGNÓSTICO DIFERENCIAL

- Lúpus eritematoso sistêmico agudo
- Febre reumática aguda
- Síndrome do anticorpo antifosfolipídio
- Púrpura trombocitopênica trombótica

COMPLICAÇÕES

- Abscesso
- Aneurisma micótico
- Rompimento de válvula (insuficiência cardíaca/choque cardiogênico)
- Infarto agudo do miocárdio
- Glomerulonefrite
- Sepse e choque séptico
- Embolias sépticas (cérebro, pulmão, rim, baço)

TRATAMENTO

O tratamento da EI deve ser guiado pelo isolamento do micro-organismo responsável por meio de culturas e determinações de sensibilidade. O início da antibioticoterapia depende do quadro clínico: na endocardite aguda, deve ser iniciado logo após a coleta das três primeiras amostras (coletadas com intervalo mínimo de 15 minutos entre si), pois a gravidade do processo infeccioso não possibilita a espera para a obtenção do resultado das culturas.

Na endocardite subaguda, com o paciente clinicamente estável, é interessante iniciar o tratamento apenas após a obtenção do resultado das hemoculturas (três sets com espaçamento de 1h entre as coletas). Uma vez confirmado o diagnóstico de EI, para o tratamento adequado é necessário manter o paciente internado por um longo período (pelo menos 1 mês), em uso de altas doses de antibióticos EV (Quadros 12.2 e 12.3).

Quadro 12.2 Antibioticoterapia empírica

Endocardite aguda (não usuários de drogas EV)	Endocardite aguda (usuários de drogas EV)
Oxacilina 2g EV de 4/4h + gentamicina 1mg/kg EV de 8/8h (esquema para *S. aureus* com associação de aminoglicosídeo para eventual agente gram-negativo entérico)	Vancomicina 1g EV de 12/12h + gentamicina 1mg/kg EV de 8/8h (utiliza-se vancomicina em razão da maior chance de *S. aureus* meticilina-resistente + gentamicina para gram-negativos ou enterococos)
Endocardite subaguda	**Endocardite de valva protética**
Penicilina G cristalina 4 milhões EV de 4/4h + gentamicina 1mg/kg EV de 8/8h Pode-se utilizar ampicilina 2g EV de 4/4h no lugar da penicilina G (esquema para *Streptococcus* do grupo *viridans*, *S. bovis* e enterococos)	Vancomicina 1g EV de 12/12h + gentamicina 1mg/kg EV de 8/8h (esquema voltado para o *S. epidermidis* resistente à oxacilina e às cefalosporinas)

Quadro 12.3 Antibioticoterapia específica

Streptococcus do grupo viridans ou S. bovis (com MIC < 0,1)*
A. Penicilina G cristalina EV 2 a 3 milhões unidades (U) de 4/4h por 4 semanas
B. Penicilina G cristalina EV 2 a 3 milhões U de 4/4h + gentamicina EV 1mg/kg de 8/8h por 2 semanas
C. Ceftriaxona EV 2g de 24/24h por 4 semanas
D. Vancomicina EV 1g de 12/12h por 4 semanas
*No caso de MIC entre 0,1 e 0,5 ou > 0,5, o esquema (em termos de doses) passa a ser próximo ou igual ao do *Enterococcus* spp. O esquema C está indicado em caso de alergia à penicilina na forma tardia branda. O esquema D está indicado em caso de alergia à penicilina na forma imediata

Enterococcus spp (E. faecalis ou E. faecium)*
A. Penicilina G cristalina EV 4 milhões U de 4/4h + gentamicina EV 1mg/kg (até 80 mg) de 8/8h por 4 a 6 semanas
B. Ampicilina EV 2g de 4/4h + gentamicina EV 1mg/kg (até 80mg) de 8/8h por 4 a 6 semanas
C. Vancomicina 1g de 12/12h + gentamicina EV 1mg/kg (até 80mg) de 8/8h por 4 a 6 semanas
*Nos casos de *Enterococcus spp* resistente, analise cuidadosamente o MIC da ampicilina, penicilina G, vancomicina, gentamicina e estreptomicina. Escolha os fármacos com menor MIC

Staphylococcus sp. em valva nativa (geralmente S. aureus)*
A. Oxacilina EV 2g de 4/4h por 4 a 6 semanas (opcional: gentamicina EV 1mg/kg de 8/8h nos primeiros 3 a 5 dias)
B. Cefalotina EV 2g de 8/8h por 4 a 6 semanas (opcional: gentamicina EV 1mg/kg de 8/8h nos primeiros 3 a 5 dias)
C. Vancomicina EV 1g de 12/12h por 4 a 6 semanas
*A maioria dos *S. aureus* da comunidade é sensível à oxacilina e às cefalosporinas de primeira geração. Contudo, nos usuários de drogas EV, o percentual de *S. aureus* meticilina-resistente tem aumentado

Staphylococcus sp. em valva protética (geralmente S. epidermidis)*
A. Vancomicina EV 1g de 12/12h + rifampicina VO 300mg de 8/8h por no mínimo 6 semanas (opcional: gentamicina EV 1mg/kg de 8/8h nas primeiras 2 semanas)
*A maioria dos *S. epidermidis* e boa parte dos *S. aureus* que infectam valva protética precocemente (primeiro ano após a troca valvar) são resistentes à oxacilina e às cefalosporinas

Bactérias do grupo HACEK
A. Ceftriaxona EV 2g de 24/24h por 4 semanas
B. Ampicilina EV 2g de 4/4h + gentamicina EV 1mg/kg de 8/8h por 4 semanas

Terapia anticoagulante

Os anticoagulantes não previnem embolização na EI e ainda podem aumentar o risco de hemorragia intracerebral, não sendo, portanto, usados rotineiramente no tratamento de endocardite. Nos pacientes com prótese valvar que usam anticoagulante, a anticoagulação pode ser mantida, porém é necessário acompanhamento cuidadoso. Deve-se suspender a anticoagulação, pelo menos temporariamente, se houver sinais de comprometimento do SNC.

PROFILAXIA

De acordo com as novas diretrizes da American Heart Association (AHA), a profilaxia para EI é **indicada para pacientes portadores de condições cardíacas consideradas de alto risco**, como endocardite bacteriana prévia, valvas cardíacas protéticas, aquisição de disfunção valvar pós-transplante cardíaco, portadores de cardiopatia congênita cianótica complexa, derivações cirúrgicas sistêmico-pulmonares ou correção cirúrgica de cardiopatia congênita.

De rotina, nenhuma profilaxia será necessária, mesmo nos doentes com as alterações cardíacas listadas no parágrafo anterior, em procedimentos dos tratos gastrointestinal e geniturinário. Situações especiais deverão ser analisadas individualmente quando os procedimentos envolverem locais com infecção ativa. O mesmo vale para procedimentos cutâneos. Para procedimentos do trato respiratório, os doentes com as alterações listadas deverão apenas fazer profilaxia quando o procedimento envolver incisão e biópsia da mucosa respiratória. Assim, a profilaxia está indicada em procedimentos dentários, mas apenas em pacientes com risco de EI grave e que se submeterão a procedimentos que envolvam a manipulação de tecido gengival, região periodontal ou perfuração da mucosa oral.

Quadro 12.4 Esquemas antimicrobianos profiláticos

A. Primeira escolha: **amoxicilina 2g VO** 1h antes do procedimento
B. Necessidade de medicação parenteral: **ampicilina 2g EV/IM** 1h antes do procedimento
C. Alergia à penicilina:
   Claritromicina ou azitromicina 500mg VO 1h antes do procedimento
   Cefalexina 2g VO 1h antes do procedimento
   Clindamicina 600mg VO 1h antes do procedimento
D. Alergia à penicilina com necessidade de medicação parenteral:
   Cefazolina ou ceftriaxona 1g EV/IM 30min antes do procedimento
   Clindamicina 600mg EV/IM 1h antes do procedimento

Capítulo 13
Dissecção Aórtica Aguda

Eduardo Alvarenga Junqueira Filho • Aureo do Carmo Filho

INTRODUÇÃO

Dissecção aórtica aguda é um evento no qual ocorre ruptura súbita da túnica íntima da aorta, possibilitando que o sangue penetre entre a túnica íntima e a média da artéria, formando, com isso, uma falsa luz com fluxo paralelo de sangue. Deve ser suspeitada em todo paciente portador de hipertensão arterial que desenvolva dor torácica de forte intensidade. Tem incidência maior na faixa etária entre os 50 e os 70 anos, podendo ocorrer na de menos de 40 anos com síndrome de Marfan, coarctação da aorta, válvula aórtica bicúspide e na gravidez. A dissecção da aorta é uma emergência médica e pode levar à morte rapidamente, mesmo com tratamento adequado.

FISIOPATOLOGIA

A dinâmica da dissecção está relacionada com o local de maior curvatura do vaso, o impacto da onda de pulso e o efeito de cisalhamento do fluxo sanguíneo sobre a parede. O evento primordial na dissecção aórtica é a lesão seguida de rotura íntimo-medial por onde o jato sanguíneo penetra, separando as camadas.

CONSIDERAÇÕES

Existem dois modelos que classificam anatomicamente a dissecção aórtica:

Classificação de De Bakey
- **Tipo I:** a dissecção tem início na aorta ascendente e se estende para a descendente (70% dos casos).
- **Tipo II:** atinge apenas a aorta ascendente (5% dos casos).
- **Tipo III:** acomete apenas a aorta descendente (25% dos casos). O tipo III é subdividido em:
  Tipo IIIa: quando fica restrito à porção descendente torácica até o nível do diafragma.
  Tipo IIIb: quando avança até a aorta abdominal.

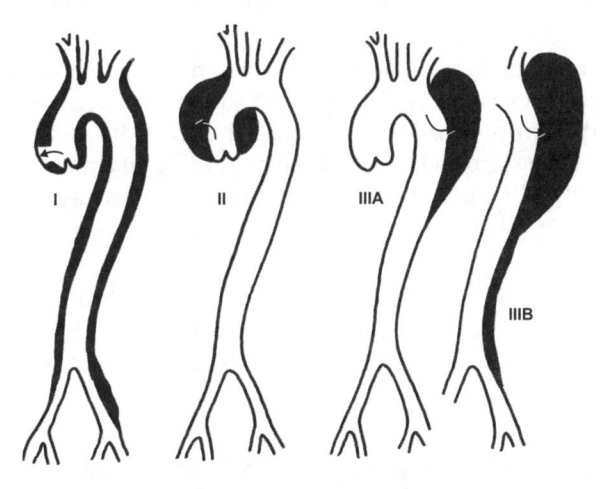

Figura 13.1 Classificação de De Bakey.

Classificação de Stanford

- **Tipo A:** comprometimento da aorta ascendente – tipos I e II de De Bakey (75% dos casos).
- **Tipo B:** não comprometimento da aorta ascendente – tipo III de De Bakey (25% dos casos).

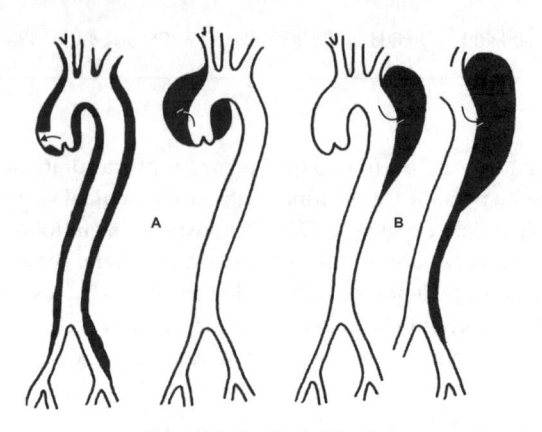

Figura 13.2 Classificação de Stanford.

QUADRO CLÍNICO

Os sinais e sintomas característicos da dissecção da aorta podem ter relação com a localização da artéria acometida. **Os principais achados clínicos são dor torácica de grande intensidade, de início súbito, quase sempre retroesternal, irradiando-se frequentemente para o dorso ou até mesmo o abdome, associada a náuseas e sudorese.** Algum sinal sugestivo do diagnóstico ocorre em pelo menos 50% dos casos: diferença significativa de pulso ou PA (> 20mmHg) entre os membros superiores, déficit neurológico focal ou sopro carotídeo intenso e sopro de insuficiência aórtica aguda.

DIAGNÓSTICO

Primeiramente, deve-se afastar o diagnóstico de IAM e angina instável. Em seguida, um quadro de dor torácica retroesternal aguda, de forte intensidade, sugere dissecção aórtica. Como a dissecção pode acometer uma coronária, levando ao quadro de IAM associado, a presença de algum sinal do exame físico sugestivo de dissecção aórtica deve contraindicar a administração de trombolíticos, mesmo com supradesnivelamento no ECG.

Para suposição ou confirmação diagnóstica, dispomos dos seguintes exames: radiografia de tórax (por meio do alargamento do mediastino), ecocardiograma transtorácico e transesofágico, tomografia computadorizada (TC), ressonância nuclear magnética (RNM) e aortografia.

Para os tipos I ou II/tipo A, o melhor exame é o ecocardiograma transesofágico. Em relação ao tipo III/tipo B, a TC e a RNM, torácica ou abdominal, são os melhores métodos diagnósticos.

DIAGNÓSTICO DIFERENCIAL

Os principais diagnósticos de exclusão, em caso de suspeita de dissecção aórtica, são IAM e angina instável, devendo-se fazer o acompanhamento do ECG e dosagem enzimática específica. Outras enfermidades importantes a serem excluídas são embolia pulmonar e abdome agudo cirúrgico.

COMPLICAÇÕES

As complicações dependem da localização e extensão da dissecção, que pode promover oclusões arteriais agudas em vários locais:

- Tamponamento cardíaco
- IAM
- Oclusão arterial de membros
- Choque hemorrágico associado à síndrome do derrame pleural (hemotórax) e ascite (hemoperitônio)
- Insuficiência aórtica aguda
- AVE
- Infarto mesentérico
- Compressão do mediastino (choque com turgência jugular)

TRATAMENTO
Medicamentoso

- O paciente deve ser internado imediatamente, se possível em UTI, e a terapêutica medicamentosa deve ser iniciada. **O objetivo é reduzir a PA e a força contrátil do miocárdio**, principais propagadores da dissecção. **Isso pode ser obtido com um anti-hipertensivo de ação rápida, como nitroprussiato de sódio, e de um β-bloqueador parenteral, como metoprolol ou esmolol, para atingir uma FC de 60bpm.** A PA deve ser imediatamente reduzida, devendo a PA sistólica ficar entre 100 e 120mmHg.
- É importante lembrar que é imprescindível o uso de betabloqueador associado a vasodilatador, uma vez que o uso de um vasodilatador isoladamente pode levar à taquicardia reflexa. Entretanto, nos casos em que a PA está normal, deve-se prescrever apenas o betabloqueador.
- São absolutamente contraindicados os vasodilatadores diretos (hidralazina, minoxidil, diazóxido) e a forma de ação curta da nifedipina. Na presença de contraindicação aos β-bloqueadores, podemos utilizar o verapamil ou o diltiazem venosos. Antes considerado o medicamento de escolha para a crise hipertensiva da dissecção aórtica, o trimetafano é hoje considerado obsoleto, em razão de seus efeitos colaterais. No caso de choque hemorrágico, estão indicados ressuscitação volêmica e uso de aminas vasopressoras. O tamponamento cardíaco deve ser tratado cirurgicamente, pois a pericardiocentese pode induzir a dissociação eletromecânica em parada cardiorrespiratória (Quadro 13.1).

Quadro 13.1 Terapia medicamentosa

1. O **esmolol** pode ser feito na **dose de 80mg EV em bolus, seguida por infusão contínua de 150 a 300mcg/kg/min**, até reduzir a FC para < 70bpm. Como alternativa, pode-se usar o **metoprolol**, iniciando com **5mg a cada 3 a 5 minutos** para atingir a FC necessária (em geral, 15mg)
2. O **nitroprussiato de sódio** é utilizado em infusão contínua, na dose de **0,25mcg/kg/min**, titulando até atingir uma PA sistólica entre 100 e 120mmHg, com o soro e o equipo protegidos da luz (o medicamento é fotossensível)
3. O alívio da dor pode ser alcançado com **morfina, em doses de 3 a 6mg EV**, até atingir analgesia adequada
4. Caso o paciente se apresente hemodinamicamente instável, deve-se proceder à intubação orotraqueal, viabilizar um ecocardiograma transesofágico na beira do leito e solicitar avaliação cirúrgica de urgência

Cirúrgico

O risco de complicação grave na dissecção da aorta torácica proximal (tipo A) é muito alto, mesmo com a terapia medicamentosa. Nesses casos, portanto, está sempre indicada cirurgia de emergência. Se possível, o paciente deve ser primeiramente estabilizado com o tratamento farmacológico antes de ir para o centro cirúrgico.

Na dissecção aórtica tipo B, a indicação cirúrgica é controversa. A maioria dos centros trata esses pacientes de maneira conservadora, pois os estudos mostram que a terapia medicamentosa isolada apresenta resultados semelhantes aos da cirurgia. Contudo, a cirurgia está amplamente indicada nos casos de dissecção tipo B complicada: obstrução vascular, hipertensão renovascular, ruptura e expansão aneurismática.

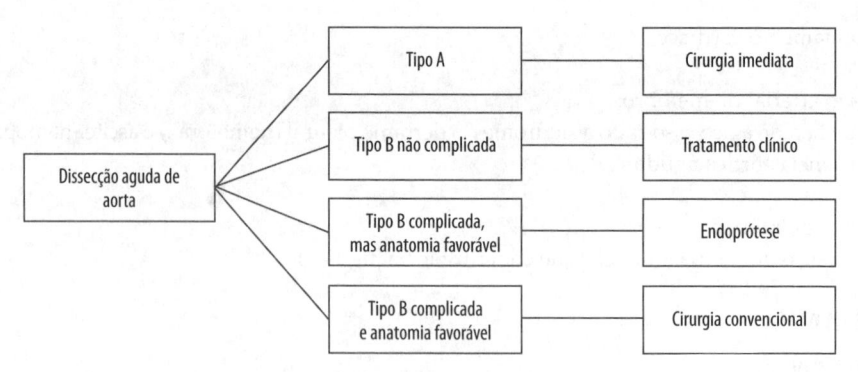

```
Dissecção aguda de aorta
├── Tipo A ─ Cirurgia imediata
├── Tipo B não complicada ─ Tratamento clínico
├── Tipo B complicada, mas anatomia favorável ─ Endoprótese
└── Tipo B complicada e anatomia favorável ─ Cirurgia convencional
```

Figura 13.3 Manejo da dissecção aguda de aorta.

BIBLIOGRAFIA

III Diretriz sobre tratamento do infarto agudo do miocárdio da Sociedade Brasileira de Cardiologia. Arq Bras Cardiol 2004; 83(Supl. IV):1-86.

Abraham E, Matthay MA, Dinarello CA et al. Consensus conference definitions for sepsis, septic shock, acute lung injury and acute respiratory distress syndrome: time for a reevaluation. Crit Care Med 2000; 28:232-5.

Antman EM, Cohen M, Bernink PJ et al. The TIMI risk score for unstable angina/non-ST elevation MI: A method for prognostication and therapeutic decision making. JAMA 2000; 284:835-42.

Atualização das diretrizes de ressuscitação cardiopulmonar de interesse ao anestesiologista. Rev Bras Anestesiol Campinas, sept./oct. 2011; 61(5).

Avena LA, Martins HS. Dor torácica. In: Martins HS, Neto RAB, Neto AS, Velasco IT. Emergências clínicas: Abordagem Prática. São Paulo: Manole, 2007:147-62.

Bassan R, Pimenta L, Leães PE, Timerman A. I Diretriz de dor torácica na sala de emergência. Arquivos Brasileiros de Cardiologia, São Paulo, ago. 2002; Bellet S. Clinical disorders of the heart beat. 3. ed. Philadelphia: Lea & Febiger, 1971.

Berdowski J, Beekhuis F, Zwinderman AH et al. Importance of the first link: description and recognition of an out-of hospitalcardiac arrest in an emergency call. Circulation 2009; 119:2096-102.

Berg RA, Hemphill R, Abella BS et al. Adult Basic life support. 2010 American Heart Association guidelines for cardiopulmonary ressuscitation and emergency cardiovascular care. Circulation 2010; 122(suppl 3):S685-S705.

Boas FA, Follath F. Tratamento atual da insuficiência cardíaca descompensada. Arq Bras Cardiol São Paulo, set. 2006; 86(3).

Borges JC, Dippo JC, Martins HS. Pericardites e tamponamento cardíaco. In: Martins HS, Neto RAB, Neto AS, Velasco IT. Emergências clínicas: abordagem prática. São Paulo: Manole, 2007:664-73.

Braunwald E, Antman EM, Beasley JW et al. ACC/AHA 2002 guideline update for the management of patients with unstable angina and non-ST--segment elevation myocardial infarction – summary article: a report of the American College of Cardiology/American Heart Association task force on practice guidelines (Committee on the Management of Patients With Unstable Angina). J Am Coll Cardiol 2002; 40:1366-74.

Brooks TW, Finch CK, Lobo BL, Deaton PR, Varner CF. Blood pressure management in acute hypertensive emergency. Am J Health Syst Pharm 2007; 64(24):2579-82.

Cavezzi Jr. O. Endocardite infecciosa e profilaxia antibiótica: um assunto que permanece controverso para a Odontologia. Rev Sul-Bras Odontol. 2010 jul-sep;7(3):372-6.

Chen ZM, Jiang LX, Chen AJ, Chen YP et al. Addition of clopidogrel to aspirin in 45,852 patients with acute myocardial infarction: randomized placebo-controlled Trial. Lancet 2005; 366:1607-21.

Chobanian AV, Bakris GL, Black HR et al. The Seventh Report of the Joint National Committee on Prevention, Detection, Evaluation, and Treatment of High Blood Pressure. Hypertension 2003; 42:1206-52.

Choi PT, Yip G, Quinonez LG, Cook DJ. Crystalloids vs. colloids in fluid resuscitation: a systematic review. Crit Care Med 1999; 7:200-10.

Christenson J, Andrusiek D, Everson-Stewart S et al. Chest compression fraction determines survival in patients with out-of-hospital ventricular fibrillation. Circulation, 2009; 120:1241-7.

Couto AA, Fernandes VS, Messias LR. Endocardite infecciosa. In: Galvão-Alves J. Emergências clínicas. Rio de Janeiro: Rubio, 2007:175-82.

Dantas SA, Ianni BM, Fernandes F. Pericardite aguda e tamponamento cardíaco. In: Martins HS, Damasceno MCT, Awada SB. Pronto socorro: diagnóstico e tratamento em emergências. São Paulo: Manole, 2008:768-72.

Elliott WJ. Clinical features in the management of selected hypertensive emergencies. Prog Cardiovasc Dis 2006; 48(5):316-25. Review.

European Heart Rhythm Association (EHRA); European Cardiac Arrhythmia Society (ECAS); American College of Cardiology (ACC); American Heart Association (AHA); Society of Thoracic Surgeons (STS), Calkins H, Brugada J, Packer DL et al. HRS/EHRA/ECAS expert Consensus Statement on catheter and surgical ablation of atrial fibrillation: recommendations for personnel, policy, procedures and follow-up. A report of the Heart Rhythm Society (HRS) Task Force on catheter and surgical ablation of atrial fibrillation. Heart Rhythm 2007; 4:816-61.

Ferreira C, Póvoa R. Cardiologia para o clínico geral. 1. ed. São Paulo/Rio de Janeiro: Atheneu, 1999.

Furtado RG, Coelho EB, Nobre F. Urgências e emergências hipertensivas. Medicina (Ribeirão Preto) 2003; 36(2/4):338-44.

Fuster V, Ryden LE, Cannom DS et al. ACC/AHA/ESC 2006 guidelines for the management of patients with atrial fibrillation. A report of the American College of Cardiology/American Heart Association Task Force on Practice Guidelines and the European Society of Cardiology Committee for Practice Guidelines (Writing Committee to revise the 2001 Guidelines for the Management of Patients with Atrial Fibrillation) developed in collaboration with the European Heart Rhythm Association and the Heart Rhythm Society. JACC 2006; 48:149-246.

Grundy SM et al. Implications of recent clinical trials for the Nacional Cholesterol Education Program Adult Treatment Panel III guidelines. Circulation 2004; 110:227-39.

Haushik V, Leon AR, Forrester JS et al. Bradyarrhythmias, temporary and permanent pacing. Crit Care Med 2000; 28:N158-N165.

Kats M, Spina GS, Tarasoutchi F. Endocardite infecciosa. In: Martins HS, Damasceno MCT, Awada SB. Pronto socorro: diagnóstico e tratamento em emergências. São Paulo: Manole, 2008:779-84.

Kavouri E, Katristis DG, Ioninidis JP. Intravenous glycoprotein IIb/IIIa receptors antagonists reduce mortality after percutaneous coronary intervention. J Am Coll Cardiol 2003; 41:26-32.

Kitiyakara C, Guzman NJ. Malignant hypertension and hypertensive emergencies. J Am Soc Nephrol 1998; 133:42-8.

Lopes RD, Feitosa Filho GS. Crise hipertensiva. Rev Soc Bras Clin Med 2005; 3:113-6.

Mehta SR, Yusuf S, Peters RJ et al. Effects of pretreatment with clopidogrel and aspirin followed by long-term therapy in patients undergoing percutaneous coronary intervention: the PCI-CURE study. Lancet 2001; 358(9281):527-33.

Meldrum DR, Cleveland JCJR, Moore EE, Patrick DA, Banerjee A, Harken AH. Adaptive and maladaptive mechanisms of cellular priming. Ann Surg 1997; 226:587-98.

Mesquita ET, Montera MW, Villacorta H. Insuficiência cardíaca descompensada. In: J Galvão-Alves. Emergências clínicas. Rio de Janeiro: Rubio, 2007:133-9.

Nohria A, Lewis E, Stevenson LW. Medical management of advanced heart failure. JAMA 2002; 287(5):628-40.

Olmos RD, Martins HS. Hipertensão arterial sistêmica: abordagem inicial. In: Martins HS et al. Emergências clínicas: abordagem prática. São Paulo: Manole, 2007:267-80.

Panju AA, Hemmelgarn BR, Guyatt GH et al. Is this patient having a myocardial infarction? JAMA 1998; 280:1256-63.

Pimenta J, Moreira JM. A história da fibrilação atrial. In: Moreira DAR. Fibrilação atrial. São Paulo: Lemos Editorial, 2003:11-29.

Porter JM, Ivatury RR. In search of the optimal end points of resuscitation in trauma patients. J Trauma 1998; 44:908-14.

Sabatini MS et al. Addition of clopidogrel to aspirin and fibrinolytic for myocardial infarction with ST-segment elevation. N Engl J Med 2005; 352:1179-89.

Shoemaker WC. Diagnosis and treatment of shock syndromes. In: Ayres SM, Shoemacker WC, Grenvik A, Holbrook PR. Textbook of critical care. 3. ed., Philadelphia: Saunders 1995:85-102.

Shoemaker WC. Transporte e metabolismo do oxigênio no choque e na doença crítica. Monitorização invasiva e não invasiva da disfunção circulatória e do choque. In: Levy MM. Clínicas de terapia intensiva. Vol. 4. Rio de Janeiro: Interlivros 1996:927-58.

Sobrinho S, Correia LCL, Cruz C et al. Ocorrência e preditores clínicos de pseudocrise hipertensiva no atendimento de emergência. Arq Bras Cardiol 2007; 88(5):579-84.

Sociedade Brasileira de Hipertensão; Sociedade Brasileira de Cardiologia; Sociedade Brasileira de Nefrologia. IV Diretrizes Brasileiras de Hipertensão Arterial. Arq Bras Cardiol 2004; 82(Supl 4):7-22.

Tepel M, Zidek W. Hypertensive crisis: pathophysiology, treatment and handling of complication. Kidney Inter 1998; 53(suppl 64):S2-S5.

The Capture Investigators. Randomized placebo-controlled trial of abciximab before and during coronary intervention in refractory unstable angina: the CAPTURE study. Lancet 1997; 349:1429-35.

Timerman S, Gonzalez MMC, Ramires JAF et al. Rumo ao consenso internacional de ressuscitação cardiopulmonar e cuidados cardiovasculares de emergência 2010 da Aliança Internacional dos Comitês de Ressuscitação. Rev Bras Clin Med 2010; 8(3):228-37.

Van de Werf F et al. Management of acute myocardial infarction in patients presenting with ST-segment elevation. The Force on the Management of Acute logy. Eur Heart 2003; 24:28-66.

Villacorta H et al. Valor do peptídeo natriurético cerebral no diagnóstico de insuficiência cardíaca congestiva em pacientes atendidos com dispnéia na unidade de emergência. Arq Bras Cardiol 2002; 79:569-72.

Zigaib R, Martins HS. Emergências hipertensivas. In: Azevedo LCP et al. Medicina intensiva baseada em evidências. São Paulo: Atheneu, 2009:67-77.

Seção II – PNEUMOLOGIA

Capítulo 14
Insuficiência Respiratória Aguda (IRpA)

Carla Gama • Sônia Regina da Silva Carvalho • Rodrigo Simões Eleutério

INTRODUÇÃO

Por definição, um paciente apresenta **insuficiência respiratória** quando seu sistema respiratório é incapaz de efetuar as trocas gasosas adequadamente. Desse modo, ocorrerá **redução do O_2** do sangue e/ou **retenção de CO_2**. Para tornar essa definição mais clara, alguns parâmetros gasométricos foram definidos (em ar ambiente; $FiO_2 = 21\%$; e ao nível do mar): **$PaO_2 < 60mmHg$ (saturação de O_2 < 90%) e/ou $PaCO_2 > 50mmHg$** (parâmetros observados na gasometria arterial).

Pode-se classificar a insuficiência respiratória em **aguda** ou **crônica**:

- **Aguda:** a insuficiência respiratória tem instalação súbita; o quadro clínico é exuberante e as alterações do equilíbrio ácido-básico sempre estarão presentes.
- **Crônica:** a insuficiência respiratória tem instalação lenta e o quadro clínico associado tende a ser inicialmente pobre ou discreto. Os distúrbios do equilíbrio ácido-básico são mais sutis e com mecanismos compensatórios já presentes. No entanto, esses pacientes podem apresentar piora súbita do quadro crônico, criando a **insuficiência respiratória crônica agudizada**.

FISIOPATOLOGIA

Diversos autores classificam a insuficiência respiratória em **hipoxêmica (tipo I)** ou **hipercápnica (tipo II)**. Os tipos I e II podem surgir isoladamente ou coexistir no mesmo paciente.

Insuficiência respiratória tipo I (hipoxêmica)

A captação de O_2 pelos pulmões está intensamente prejudicada, resultando em queda da pressão de O_2 no sangue arterial (**$PaO_2 < 60mmHg$**), ou seja, hipoxemia.

*Causas de hipoxemia**

1. **Devido à hipoventilação pulmonar:** o paciente apresenta hipoxemia em razão de hipoventilação pulmonar (é uma IRpA tipo II).
2. **Respiração em ambiente com baixa disponibilidade de O_2:** paciente respirando em grandes altitudes, em ambientes com muita fumaça ou gás etc.; ou seja, a respiração ocorre com baixa fração inspirada de O_2.
3. **Shunt pulmonar arteriovenoso:** existem áreas pulmonares que não recebem nenhuma ventilação, e todo sangue venoso que passa por essa área não irá receber O_2; desse modo, o sangue dessas áreas retorna ao coração com baixa concentração de O_2 e se mistura com sangue que foi bem oxigenado. O *shunt* pode ocorrer nas seguintes situações:
   3.1. Existem vasos que comunicam diretamente o território pulmonar arterial ao venoso, impedindo o sangue de passar pelos alvéolos (p. ex., síndrome hepatopulmonar da cirrose hepática e síndrome de Osler-Weber-Rendu [malformação congênita]).
   3.2. Os alvéolos pulmonares estão totalmente colapsados ou preenchidos por algum líquido e, assim, a ventilação nesses alvéolos é **zero**. O sangue que banha esses alvéolos não vai realizar

---

*Os itens 1 e 2 são causas de hipoxemia, porém não entram na definição de IRpA hipoxêmica; entram apenas os itens 3 e 4.

trocas gasosas e volta ao coração pobre em oxigênio (p. ex., edema agudo de pulmão e síndrome do desconforto respiratório agudo).
4. **Distúrbio entre ventilação alveolar e perfusão capilar (ou distúrbio V/Q):** determinadas patologias pulmonares são capazes de criar alvéolos que são apenas parcialmente ventilados, apesar da perfusão adequada, e alvéolos parcialmente perfundidos, embora adequadamente ventilados. Trata-se de um distúrbio V/Q, cujo resultado é sangue mal oxigenado se misturando a sangue de oxigenação adequada. É a causa mais comum de hipoxemia (por exemplo, DPOC descompensada, asma grave, embolia pulmonar, pneumonia, atelectasias etc.).

Insuficiência respiratória tipo II (hipercápnica)

A insuficiência tipo II é marcada pela **hipoventilação pulmonar**, levando à **retenção de CO_2** (hipercapnia) e, consequentemente, produzindo uma **acidose respiratória**. De maneira geral, observa-se pressão arterial (PA) de CO_2 ($PaCO_2$) > 50mmHg.

A hipoventilação pulmonar também pode prejudicar a renovação de O_2 nos alvéolos e, como resultado, observa-se uma **hipoxemia** associada à hipercapnia/hipoventilação.

PRINCIPAIS CAUSAS DE HIPOVENTILAÇÃO PULMONAR AGUDA

- **Comprometimento do SNC** (centro respiratório): por drogas depressoras, traumatismo cranioencefálico ou raquimedular, neoplasias, AVE (isquêmico ou hemorrágico), poliomielite, síndrome de hipertensão intracraniana e esclerose lateral amiotrófica.
- **Comprometimento neuromuscular:** poliomiosite, síndrome de Guillain-Barré, miastenia *gravis*, por distúrbio hidroeletrolítico, distrofia muscular, neurotoxinas (tetânica e botulínica), neuropatias, lesão do nervo frênico, miosites e hipotireoidismo.
- **Doenças pulmonares com fadiga da musculatura respiratória:** pneumonia grave, TEP, asma muito grave, exacerbação da DPOC, edema agudo de pulmão e síndrome do desconforto respiratório agudo.
- **Obstrução das vias aéreas superiores:** por corpo estranho ou macroaspiração de sangue ou conteúdo gástrico, trauma, edema de laringe, anafilaxia, neoplasias obstruindo a luz, apneia obstrutiva do sono, traqueomalacia, paralisia de ambas as cordas vocais e infecção.
- **Comprometimento pleural ou da parede torácica:** derrame pleural, pneumotórax hipertensivo ou aberto, tórax instável, queimaduras com escara torácica circunferencial, cifoescoliose intensa e obesidade mórbida.
- **Parada cardiorrespiratória.**

QUADRO CLÍNICO

A IRpA e a insuficiência respiratória crônica agudizada costumam exibir um quadro clínico exuberante.

O paciente pode apresentar achados compatíveis com desconforto e aumento do trabalho respiratório: dispneia, taquipneia, uso de musculatura acessória, batimento de asas do nariz, tiragem intercostal, subcostal ou de fúrcula, fala interrompida ou incapacidade de falar e cianose (geralmente do tipo central, falando a favor de uma PaO_2 < 60mmHg). A cianose, no entanto, é um evento tardio. A presença de respiração paradoxal é um forte indicativo de evolução para fadiga diafragmática.

À medida que a insuficiência progride, o paciente pode apresentar importantes alterações do nível de consciência. Inicialmente, a hipoxemia tende a deixar o paciente mais agitado, ansioso e inquieto, enquanto a hipercapnia o deixa mais sonolento e torporoso. Entretanto, tanto a hipercapnia como a hipoxemia grave podem cursar com rebaixamento da consciência, torpor, coma e morte.

O paciente pode ainda apresentar sinais de estímulo adrenérgico, como hipertensão arterial, taquicardia e sudorese. Outros achados graves incluem depressão miocárdica, bradicardia, arritmias, choque e parada cardiorrespiratória.

Não se deve esquecer que o paciente também vai exibir sinais e sintomas próprios da doença que desencadeou a insuficiência respiratória.

DIAGNÓSTICO

O diagnóstico vai envolver **três etapas principais**:

1ª – Diagnosticar a presença de insuficiência respiratória

Para essa etapa contribuem o **exame clínico** (anamnese + exame físico) e os **exames complementares** (gasometria arterial e radiografia de tórax).

O examinador sempre deve **suspeitar** de IRpA nos pacientes que apresentam: dispneia, taquidispneia, hipoventilação, uso de musculatura acessória, cianose, alterações do nível de consciência (agitação, sonolência, torpor e coma) e outros sinais e sintomas já citados.

A **oximetria de pulso** é um exame bastante útil, pois é de rápida realização e não invasivo. Uma saturação < **90%** na oximetria de pulso "equivale" a uma PaO_2 < 60mmHg, ou seja, hipoxemia. No entanto, é a **gasometria arterial** o exame mais completo para o diagnóstico de IRpA. Os parâmetros gasométricos estabelecidos para o diagnóstico são: PaO_2 < 60mmHg (hipoxemia) e/ou $PaCO_2$ > 50mmHg (hipercapnia). A gasometria também torna possível identificar distúrbios do equilíbrio ácido-básico e auxilia a investigação da etiologia.

A **radiografia de tórax** tem pouco valor para o diagnóstico específico de IRpA, mas é exame extremamente útil para diagnóstico diferencial das diversas condições deflagradoras de insuficiência respiratória. Por esse motivo, deve ser sempre solicitada na admissão.

2ª – Classificar o tipo de insuficiência respiratória

Após o diagnóstico de IRpA, será necessário definir a qual classificação ela pertence, o que auxilia o tratamento e a investigação etiológica.

O primeiro passo é calcular o **"gradiente alvéolo-arterial de oxigênio"** (GA-aO_2), por meio da fórmula $G(A-a)O_2 = PAO_2 - PaO_2$. Esse gradiente representa a diferença entre a pressão alveolar de O_2 e a pressão arterial de O_2. Na IRpA hipoxêmica, o gradiente encontra-se **aumentado (> 15mmHg)**, enquanto na IRpA hipercápnica pura o gradiente estará **normal (< 15mmHg)**.

A **pressão arterial de O_2** (PaO_2) é informada pela gasometria arterial, enquanto a **pressão alveolar de O_2** (PAO_2) vai variar conforme a FiO_2 do ambiente (fração inspirada de O_2). Em uma FiO_2 de 21% (ar ambiente), no nível do mar, a PAO_2 pode ser calculada pela seguinte fórmula: $PAO_2 = 150 - (PaCO_2 \div 0,8)$; nas demais localidades, a fórmula é $PAO_2 = FiO_2 \times$ **(pressão atmosférica – 47)** – ($PaCO_2 \div 0,8$).

Para uma FiO_2 de 21% vamos considerar como **referência o valor de 15mmHg** (ou **20mmHg** para alguns autores); sendo assim, na IRpA hipoxêmica o gradiente é **> 15mmHg**, ao passo que na IRpA hipercápnica o valor é **< 15mmHg**. Após calcular o $G(A-a)O_2$, aplique o que indica o fluxograma apresentado na Figura 14.1.

A partir da Figura 14.1 é possível distinguir entre a IRpA tipo I e a tipo II, e suas ramificações:

- O distúrbio V/Q e o *shunt* podem ser diferenciados usando-se um teste simples: o distúrbio V/Q **responde bem** à administração de O_2 suplementar (FiO_2 elevada), com significativa melhora da saturação de O_2. Por outro lado, o *shunt* **responde pouco ou não responde** ao oxigênio suplementar.
- Caso se identifique uma IRpA hipoxêmica, está indicada classificação da gravidade da insuficiência hipoxêmica por meio da **relação PaO_2/FiO_2** (PaO_2 em mmHg e FiO_2 de 0 a 1,0).

A relação PaO_2/FiO_2 > 400 é sempre normal. Uma PaO_2/FiO_2 entre 200 e 400 demonstra a presença de insuficiência hipoxêmica aguda, leve a moderada. Quando a PaO_2/FiO_2 está < 200, indica

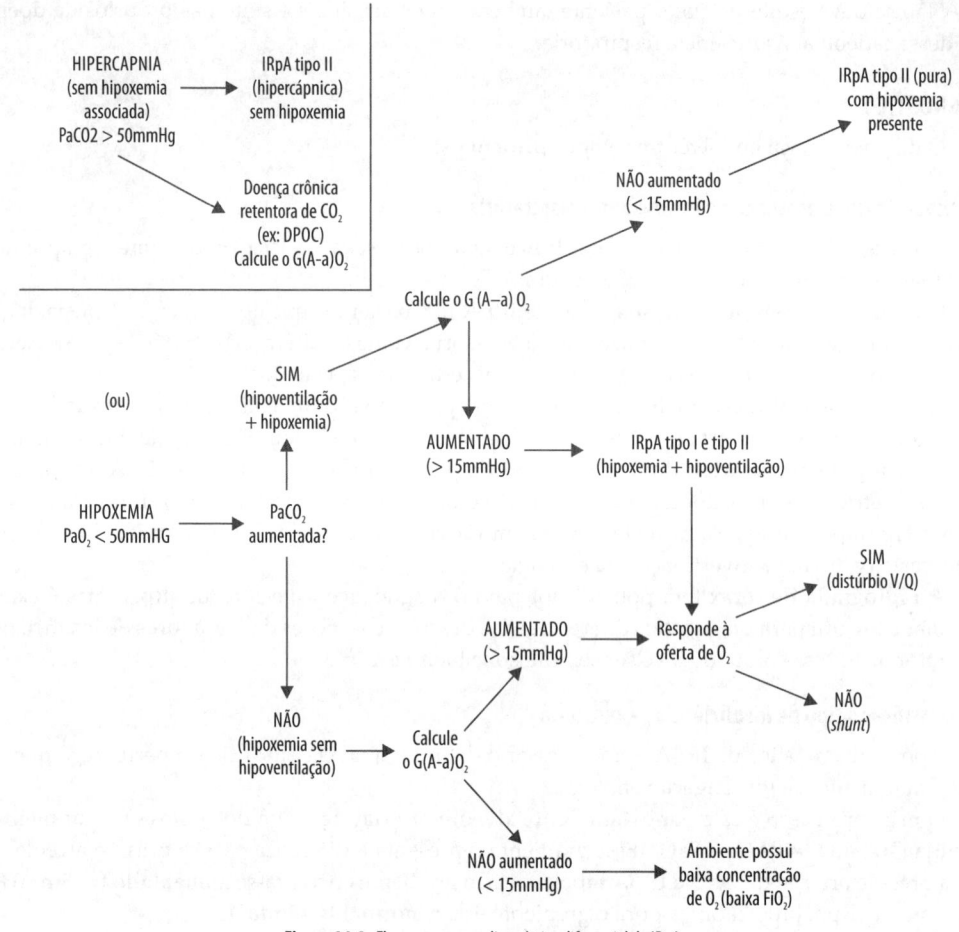

Figura 14.1 Fluxograma para diagnóstico diferencial da IRpA.

insuficiência hipoxêmica grave, sendo inclusive um dos critérios para síndrome do desconforto respiratório agudo (SDRA).

3ª Identificar a causa da IRpA

Para identificar a doença ou condição causadora da IRpA, o médico atendente deverá unir os achados da anamnese e do exame físico com os resultados dos exames complementares.

A **gasometria** e a **radiografia de tórax** são sempre solicitadas, porém o médico pode necessitar ainda de outros exames laboratoriais (hemograma, bioquímica, sorologias) ou de imagem (TC, RNM, ultrassonografia [USG]), conforme a história clínica obtida do próprio paciente ou de acompanhantes.

Por diversas vezes a condição aguda do paciente vai exigir um suporte ventilatório (O_2 suplementar, ventilação mecânica não invasiva ou invasiva) antes mesmo da realização dos exames complementares.

TRATAMENTO

Tratamento específico

A principal etapa do tratamento consiste em sempre identificar e corrigir a doença que está causando a insuficiência respiratória. Por exemplo, na IRpA desencadeada por uma crise asmática grave, devemos utilizar broncodilatadores, anticolinérgicos e corticoides para reverter a crise. Diante de uma obstrução respiratória alta, será necessário providenciar a desobstrução ou obtenção de uma via aérea definitiva.

Tratamento da IRpA tipo II

O paciente está hipoventilando e será necessário dar-lhe suporte à sua ventilação, mediante ventilação mecânica invasiva (por via aérea definitiva) ou não invasiva (CPAP ou BiPAP), sempre com pressão positiva. A hipoxemia pode ou não estar presente na insuficiência hipercápnica e geralmente melhora quando se estabelece uma ventilação pulmonar satisfatória:

- Quando o paciente não apresenta rebaixamento do nível de consciência, é cooperativo, tem pH sanguíneo > 7,25 e exibe dispneia leve ou moderada, pode-se tentar a ventilação não invasiva com pressão positiva (CPAP ou BiPAP), especialmente nos casos de edema agudo de pulmão e DPOC descompensada.
- Quando o paciente apresenta pH sanguíneo < 7,25 (acidose respiratória importante), rebaixamento do nível de consciência (principal), fadiga respiratória ou dispneia e desconforto respiratório grave, a ventilação mecânica invasiva é a escolha (geralmente por tubo orotraqueal).

Tratamento da IRpA tipo I

Na IRpA tipo I isolada (sem hipoventilação), a principal atitude é fornecer O_2 suplementar para o paciente, corrigindo a hipoxemia. O distúrbio V/Q corresponde à grande maioria dos casos e sempre responde bem ao O_2 suplementar (melhora muito a saturação de O_2), enquanto o *shunt* vai responder pouco ao oxigênio administrado.

- O O_2 pode ser inicialmente administrado por máscara facial (máscara de Hudson) ou por cateter nasal, especialmente em casos leves ou moderados de hipoxemia. **Volume sugerido entre 1 e 7L/min**. Nos pacientes retentores crônicos de CO_2, o fluxo não deve ser superior a 3L/min, visando a uma $SatO_2$ entre 90% e 93%. Nos demais pacientes, a $SatO_2$-alvo é de 95% a 99%.
- Alguns dispositivos, como a máscara de Venturi e a máscara com reservatório de O_2, são capazes de produzir uma FiO_2 mais elevada. Estima-se uma FiO_2 entre 21% e 50% para a máscara de Venturi e de 65% a 90% para a máscara com reservatório de O_2. Essas máscaras são utilizadas, portanto, nos pacientes com hipoxemia mais acentuada.
- Algumas vezes apenas a oferta de O_2 por máscaras será insuficiente, e o paciente vai precisar de via aérea definitiva e ventilação mecânica. Destacam-se como principais indicações: hipoxemia refratária (PaO_2 < 60mmHg ou $SatO_2$ < 90% apesar do O_2 suplementar), evolução com rebaixamento do nível de consciência, aspiração de sangue ou conteúdo gástrico pelas vias aéreas, obstrução de vias aéreas, algumas das diversas causas de hipoventilação associadas, $PaCO_2$ > 50mmHg + acidose respiratória grave (pH < 7,25), instabilidade hemodinâmica e parada cardiorrespiratória.

Capítulo 15
Síndrome do Desconforto Respiratório Agudo (SDRA)

Helton José Bastos Setta • Sandro Vieira de Oliveira • Rodrigo Simões Eleutério

INTRODUÇÃO

Por definição, a síndrome do desconforto respiratório agudo (SDRA) consiste em uma **lesão inflamatória pulmonar aguda grave**, a qual é capaz de levar à formação de membranas hialinas revestindo os alvéolos, colapso alveolar extenso e edema agudo de pulmão não cardiogênico. Apresenta prognóstico ruim e mortalidade elevada (variando de 30% a 75% em alguns estudos).

O paciente sempre evolui com insuficiência respiratória aguda (IRpA) hipoxêmica grave, cujo valor da relação PaO_2/FiO_2 se encontra < 200. Essa IRpA hipoxêmica é decorrente de um **distúrbio ventilação/perfusão** (distúrbio V/Q) e da formação de *shunts* **parenquimatosos pulmonares**. Nos exames de imagem, especialmente na radiografia de tórax, será possível visualizar um extenso infiltrado alveolar e intersticial acometendo uma grande área dos pulmões. Quando o paciente não recebe tratamento adequado, pode evoluir com fadiga respiratória e apresentar insuficiência ventilatória (IRpA tipo II ou hipercápnica).

Essa síndrome já recebeu nomes como pulmão de choque ou síndrome da angústia respiratória do adulto (SARA).

FISIOPATOLOGIA

Diversas são as etiologias que podem levar à SDRA. Muitos autores dividem as causas em **diretas** (primárias) e **indiretas** (secundárias):

- **Mecanismo indireto** (secundário): a etiologia da SDRA é extrapulmonar. Merecem destaque: **sepse** (principal etiologia da SDRA), **sepse grave, choque séptico**, todos os outros tipos de choque, infecções intra-abdominais, **uso abusivo de drogas** (p. ex., cocaína), pancreatite aguda grave, causas neurogênicas, Coagulação Intravascular Disseminada (CIVD), pacientes com queimaduras extensas, **politrauma** (com destaque para TCE), transplante pulmonar, circulação extracorpórea, **grandes/múltiplas transfusões de sangue** (TRALI).
- **Mecanismo direto** (primário): a etiologia da SDRA é pulmonar. Merecem destaque: **pneumonia grave**, embolia pulmonar (tromboembolia, embolia por gotículas de gordura, ar), afogamento, **inalação de fumaça ou gases tóxicos, contusão pulmonar** e outras formas de traumatismo torácico, aspiração de material proveniente do estômago (síndrome de Mendelson) e lesão de reperfusão pulmonar.

Foram citadas apenas as causas mais frequentes, porém existem outras dezenas de condições que podem facilitar o surgimento da síndrome.

O risco de SDRA é maior para pacientes idosos, com comorbidades prévias a lesão pulmonar (p. ex., diabetes, hipertensão arterial sistêmica [HAS], AVE, ICC, AIDS), anêmicos e, com piores índices prognósticos.

A fisiopatologia da SDRA não é completamente compreendida. No entanto, sabe-se que, logo após iniciada a lesão pulmonar aguda, há aumento da permeabilidade alvéolo-capilar, redução na produção de surfactante, formação de edemas alveolares e um grande número de células inflamatórias (especialmente neutrófilos) migrando para os capilares pulmonares e alvéolos. Essas células irão produzir e liberar diversos mediadores inflamatórios e conduzir a uma lesão extensa de alvéolos, colapsos alveolares e alterações na arquitetura do parênquima pulmonar.

Nos primeiros dias da SDRA observa-se uma "**etapa exsudativa**", com formação de membranas hialinas, infiltrado inflamatório, edema exsudativo e lesão alveolar/intersticial extensa. Após a primeira semana, a fase exsudativa dá lugar a uma "**etapa proliferativa**", na qual ainda existe infiltrado inflamatório, mas a regeneração celular já é significativa. Essa fase pode durar até 2 semanas. Uma parcela dos pacientes pode apresentar sequelas como fibrose pulmonar e hipertensão pulmonar (alguns autores chamam de fase fibrótica).

QUADRO CLÍNICO

Normalmente existe uma **história positiva para algum mecanismo direto ou indireto de SDRA** (p. ex., contusão pulmonar, pneumonia grave, sepse/choque séptico, afogamento, grandes queimados etc.).

Como o paciente está em **insuficiência respiratória grave**, espera-se encontrar sinais e sintomas **agudos** compatíveis com **desconforto e aumento do trabalho respiratório**: dispneia intensa, taquipneia, uso de musculatura acessória, batimento de asas do nariz, tiragem intercostal ou subcostal, fala interrompida e difícil, cianose refratária e diminuição da complacência pulmonar. A ausculta pulmonar costuma revelar estertores crepitantes difusos.

Alterações do nível de consciência frequentemente estão presentes: agitação (hipoxemia pode produzir agitação e ansiedade) ou mesmo rebaixamento da consciência, torpor e coma. O paciente também vai exibir **sinais e sintomas compatíveis com a etiologia que desencadeou a SDRA**. E pode, ainda, apresentar sinais de estímulo adrenérgico, como hipertensão arterial, taquicardia e sudorese. Outros achados graves incluem depressão miocárdica, bradicardia, arritmias, choque e PCR.

A gasometria arterial costuma revelar uma $PaO_2 < 60mmHg$ e um $GA-aO_2$ aumentado (> 20mmHg). A hipoxemia é refratária à suplementação de O_2. A radiografia de tórax vai exibir um **infiltrado pulmonar bilateral e extenso**, podendo ocupar toda a área pulmonar (pulmão branco). Esse infiltrado geralmente surge de 12 a 24 horas após o início do quadro clínico.

DIAGNÓSTICO

A história clínica do paciente, o surgimento agudo dos sintomas e os sinais e sintomas de insuficiência respiratória contribuem muito para a suspeita de SDRA. No entanto, alguns exames complementares serão importantes para definição do diagnóstico, que é baseado em alguns critérios (Quadro 15.1).

Quadro 15.1 Critérios definidores de SDRA

Infiltrado pulmonar bilateral e extenso (> 70% das áreas pulmonares com infiltrado intersticial e alveolar)
Relação $PaO_2/FiO_2 < 200$ (IRpA hipoxêmica grave)
Quadro clínico agudo
Pressão capilar pulmonar < 18mmHg e/ou ausência de sinais clínicos de falência das câmaras cardíacas esquerdas

Portanto, exames complementares, como **gasometria arterial e radiografia de tórax**, sempre serão solicitados e são de extrema importância para completar os critérios diagnósticos supracitados. Outros exames complementares, como ecocardiograma e TC de tórax, podem ser necessários conforme indicação clínica. A análise laboratorial também é importante (hemograma, coagulograma, bioquímica do sangue, culturas etc.). A TC de tórax pode revelar alvéolos preenchidos, atelectasias e aspecto de vidro fosco.

DIAGNÓSTICO DIFERENCIAL

Diante da suspeita de SDRA, todas as causas citadas na seção "Fisiopatologia" devem ser investigadas e descartadas. O principal diagnóstico diferencial se faz com edema agudo de pulmão (EAP) cardiogênico. A medida da pressão de oclusão da artéria pulmonar (POAP) ajuda nesse diagnóstico diferencial, pois no EAP cardiogênico a POAP está > 18mmHg, indicando origem cardíaca para o edema.

TRATAMENTO

Todo paciente com SDRA deve ser tratado em regime de **internação hospitalar e em UTI**.
O tratamento baseia-se em três aspectos principais:

1. **Identificar e tratar/reverter a etiologia que desencadeou a SDRA** (p. ex., terapias específicas para sepse, choque, quadros infecciosos, grandes queimados etc.).
2. **Medidas de suporte** (medicamentos, suporte nutricional, controle hidroeletrolítico e ácido-básico). Em pacientes com SDRA, a posição em **decúbito ventral** (pronação ou "abdome voltado para o leito") pode produzir melhora das trocas gasosas e pode ser mantida nos pacientes graves. Nos casos graves de SDRA, a posição em pronação pode ser a mais adequada.

   Não se deve oferecer excesso de volume ao paciente, basta conservá-lo com volemia normal e oferta controlada de volumes.

   A **monitorização deve ser contínua** (ECG, sinais vitais, saturação de O_2). Alguns pacientes podem necessitar de monitorização da pressão venosa central (PVC) quando apresentarem instabilidade hemodinâmica. A monitorização por cateter na artéria pulmonar (CAP) não deve ser usada de rotina.

   A corticoterapia iniciada em fase precoce (ainda nos primeiros 3 dias) pode produzir alguma melhora na evolução clínica. Opta-se pela **metilprednisolona**, 1mg/kg/dia EV. Não se recomenda o uso de corticoides nas fases tardias da SDRA (após o terceiro dia).
3. **Ventilação mecânica invasiva:** opta-se pelo modo ventilatório assistido-controlado, ciclagem a tempo (ventilação controlada por pressão), PEEP terapêutica (entre 10 e 25cmH_2O), volume corrente ≤ 6mL/kg e pressão de platô inferior a 30cmH_2O (para evitar volutrauma e barotrauma). O volume corrente reduzido pode produzir uma elevação pequena da $PaCO_2$; no entanto, esta é aceita desde que não produza acidose respiratória acentuada. A FiO_2 geralmente deve se situar entre 21% e 60%.

A gasometria arterial consiste em um importante exame complementar, primordial para a regulação adequada de alguns parâmetros da ventilação mecânica (p. ex., frequência respiratória e FiO_2).

Capítulo 16
Edema Agudo de Pulmão

Helton José Bastos Setta • Josiane Fonseca Almeida • Rodrigo Simões Eleutério

INTRODUÇÃO E DEFINIÇÕES

O edema agudo de pulmão (EAP) é uma emergência médica e apresenta risco elevado para insuficiência respiratória aguda (IRpA). O EAP não é uma doença isolada, mas uma condição que pode surgir no curso de outras doenças, ou seja, existe uma condição que está provocando o EAP, como, por exemplo, descompensação aguda da insuficiência cardíaca, IAM com prejuízo da bomba, emergências hipertensivas, inalação de gases tóxicos, arritmias etc.

O tratamento adequado do EAP envolve suporte ventilatório e terapia medicamentosa, bem como identifica e corrige a condição que desencadeou o edema.

Independente da causa do EAP, o que se observa é o acúmulo de líquido no interstício pulmonar e nos espaços alveolares, sendo esse líquido proveniente dos capilares pulmonares. Por definição, o EAP consiste no acúmulo súbito de líquido nos espaços alveolares. Esse líquido compromete as trocas gasosas em nível alveolar (distúrbio alvéolo-capilar) e pode conduzir o paciente à IRpA.

FISIOPATOLOGIA

O EAP pode surgir em diversos contextos: (a) **aumento da permeabilidade da circulação pulmonar** (p. ex., substâncias tóxicas inaladas, SDRA, infecções pulmonares, sepse, radiação, toxinas na circulação sanguínea etc.); (b) **pressão hidrostática elevada nos capilares pulmonares** (p. ex., insuficiência cardíaca aguda ou "crônica agudizada" [insuficiência ventricular esquerda é a principal causa de EAP], estenose da valva mitral, infarto agudo do miocárdio, emergência hipertensiva, fibroses pulmonares, hiperidratação, estenoses vasculares etc.); (c) **diminuição da pressão oncótica do sangue** (p. ex., hipoproteinemia [hipoalbuminemia], nefropatias, doenças hepáticas, distúrbios nutricionais etc.); (d) **insuficiência do sistema linfático pulmonar** (p. ex., silicose, linfangite carcinomatosa etc.). Outros mecanismos podem estar implicados na origem de um EAP.

CONSIDERAÇÕES

O EAP é uma importante causa de IRpA. O mecanismo inicial da **hipoxemia** é um distúrbio alvéolo-capilar tipo *shunt*. O sangue venoso chega aos alvéolos, encontra muita dificuldade para realizar trocas gasosas e sai dos pulmões com oxigenação precária. Com o desenvolvimento do quadro, o paciente também pode evoluir com falência dos músculos respiratórios (fadiga do diafragma), e isso resultará em **hipoventilação**. Haverá piora da hipoxemia, retenção aumentada de CO_2 (**hipercapnia**) e desenvolvimento de **acidose respiratória**, em função da hipoventilação.

QUADRO CLÍNICO

Enquanto há apenas um acúmulo progressivo de líquido no interstício pulmonar, o paciente pode apresentar uma dispneia leve, geralmente aos esforços, taquipneia, presença de tosse seca e pequena queda na saturação de O_2. A ausculta pulmonar pode demonstrar poucos estertores crepitantes nas bases pulmonares em até metade dos casos.

Na evolução do EAP, o líquido começa a se acumular nos espaços alveolares em grande quantidade e vai comprometer seriamente as trocas gasosas. O quadro clínico torna-se cada vez mais rico e se caracteriza por:

- **Taquidispneia intensa** (**dispneia aguda** e de evolução rápida, associada à **taquipneia**) – geralmente é a queixa principal.
- **Ortopneia** (o paciente não suporta o decúbito e tenta ficar sentado para respirar melhor), **dispneia paroxística noturna**.
- **Tosse seca**, porém, em casos graves, o paciente pode apresentar **expectoração espumosa e de aspecto rosado ou claro**.
- **Sinais de esforço respiratório** (p. ex., uso de musculatura acessória, tiragem intercostal, batimento de asas do nariz).
- Sensação de opressão torácica, intensa sudorese, cianose (do tipo central), pele pálida e extremidades frias.
- **Exame físico**: na ausculta pulmonar, o principal achado são os **estertores crepitantes** (principalmente ao fim da inspiração e mais intensamente percebidos em bases pulmonares, mas podendo estar presentes por todo o pulmão). Os estertores se tornam mais intensos no paciente deitado. Roncos e sibilos podem ou não estar presentes.
- O paciente pode apresentar taquicardia (muito comum) ou bradicardia, **hipertensão** (é um achado prevalente no paciente com EAP) ou **hipotensão** (algumas vezes, o choque cardiogênico pode estar presente; deve-se investigar essa possibilidade caso o paciente se mostre hipotenso e com sinais de baixo débito), ansiedade, agitação, sensação de morte iminente e rebaixamento do nível de consciência, em casos graves. Muitas vezes, o paciente senta-se na cadeira ou no leito e tenta apoiar os braços em uma superfície alta ou uma mesa, pois a atitude de elevação dos braços expande o tórax e facilita a respiração.
- A oximetria de pulso ou a gasometria arterial podem revelar hipoxemia acentuada.

Atenção: o exame clínico pode ainda revelar sinais e sintomas relacionados com a doença ou condição que provocou o EAP (p. ex., o paciente com EAP devido a um IAM pode revelar dor precordial, irradiação etc. – deve-se ficar atento a esses sinais e sintomas).

DIAGNÓSTICO

Atenção: o diagnóstico do EAP no pronto-socorro (PS) deve ser clínico! O plantonista deve basear seu diagnóstico nos achados da história clínica e exame físico (citados anteriormente). O tratamento específico para o EAP deve ser iniciado assim que existir a suspeita clínica, e nenhum exame complementar deve atrasar o início do tratamento. Os exames complementares, na maioria das vezes, só poderão ser realizados após a estabilização clínica do paciente e têm por objetivo reforçar o diagnóstico diferencial, bem como ajudar na investigação da causa do EAP. A história patológica pregressa é de grande importância na identificação da condição causadora do EAP. Sempre pergunte aos acompanhantes ou ao paciente se aquele quadro já ocorreu antes.

Os **exames complementares** que podem ser usados para investigar a causa do EAP, ou estabelecer o diagnóstico diferencial, são:

1. **ECG:** pode identificar síndromes coronarianas agudas (p. ex., IAM) e arritmias (taquiarritmias ou bradiarritmias). Solicite sempre.
2. **Radiografias de tórax:** pode fornecer achados sugestivos de EAP, como congestão vascular intersticial e próxima ao hilo (imagem em "asa de borboleta"), linhas de Kerley, derrames pleurais, área cardíaca aumentada etc. A radiografia de tórax também ajuda no diagnóstico diferencial.
3. **Ecocardiograma transtorácico ou transesofágico:** disponibiliza informações sobre o funcionamento das câmaras, insuficiência cardíaca, disfunções sistólicas e diastólicas, áreas infartadas, lesões valvares, rupturas de cordoalhas etc. O exame pode ser feito após a estabilização do paciente, ainda no PS ou em momento posterior. Exame muito útil na identificação da causa do EAP.

4. **Exames laboratoriais diversos**: hemograma completo, gasometria arterial (avalie os parâmetros respiratórios, equilíbrio hidroeletrolítico e ácido-básico), troponinas I/T e CPK-MB (auxiliam a identificação de IAM como causa do EAP), ureia e creatinina, eletrólitos, hepatograma (TGO/TGP, γ-GT e fosfatase alcalina), proteína plasmática total e frações e dosagem de BNP (peptídeo cerebral natriurético). O BNP apresenta sensibilidade e especificidade elevadas para identificação de insuficiência cardíaca (IC). Valores elevados de BNP aumentam a suspeita de um EAP proveniente de descompensação da IC (BNP entre 100 e 500pg/mL levantam a suspeita e valores > 500pg/mL indicam alta probabilidade para IC).

DIAGNÓSTICO DIFERENCIAL

Entre os diversos diagnósticos diferenciais, é importante considerar: crise asmática, exacerbação da DPOC, embolia pulmonar, pneumonia e outras infecções de vias aéreas, traumatismo torácico, atelectasias, SDRA, pneumotórax, doenças neuromusculares, doenças intersticiais pulmonares, broncoaspiração, inalação de gases e substâncias tóxicas ou qualquer outra condição que curse com dispneia aguda.

TRATAMENTO DA CRISE

O tratamento correto do EAP envolve dois momentos: **tratamento da crise** propriamente dita, por meio de **suporte ventilatório e medicações**, e **identificação e tratamento da causa do EAP**.

Medidas gerais

- Paciente sentado ou em leito inclinado a 45 graus, pernas pendentes (diminui o retorno venoso).
- Monitorização: ECG contínua e oximetria de pulso.
- O_2 suplementar, 3 a 10L/min, utilizando máscara facial (preferencialmente) ou cateter nasal. Objetivo: saturação de O_2 > 92%. Quando não há hipoxemia, não é necessário oferecer O_2 adicional.
- Acesso venoso (periférico), cateter vesical de demora para avaliar a diurese, coletar material para exames.

Suporte ventilatório

Alguns pacientes necessitam apenas de O_2 suplementar através de cateter nasal ou máscara para corrigir a hipoxemia. A grande maioria vai se beneficiar muito com a ventilação não invasiva com pressão positiva (CPAP ou BiPAP; veja indicações adiante), porém existe um grupo de pacientes que precisará de ventilação mecânica através do tubo orotraqueal. Segue a descrição de cada método:

- **Ventilação não invasiva com pressão positiva (VNIPP):** a VNIPP impõe uma "pressão positiva" nas vias aéreas e melhora a função respiratória do paciente. Ocorrem redução da pré-carga e da pós-carga cardíaca, recrutamento de novos alvéolos, melhora da ventilação pulmonar, aumento das trocas gasosas e redução do trabalho respiratório e cardíaco.

  As modalidades de VNIPP disponíveis são: a **BiPAP** (*Bi Level Positive Airway Pressure*) e a **CPAP** (*Continuous Positive Airway Pressure*). A CPAP impõe o mesmo valor de pressão positiva durante a inspiração e a expiração. A BiPAP apresenta dois níveis pressóricos: pressão positiva mais elevada durante a inspiração e reduzida durante a expiração. Tanto a CPAP como a BiPAP promovem melhora clínica e gasométrica do paciente, reduzem a necessidade de intubação orotraqueal e diminuem a morbimortalidade. É maior a tendência ao uso de CPAP, porém estudos atuais parecem indicar que a BiPAP apresenta eficácia clínica semelhante.

- **CPAP:** recomenda-se uma pressão continua em torno de 10cmH_2O.
- **BiPAP:** recomenda-se que a pressão durante a expiração seja próxima de 5 cmH_2O e a pressão durante inspiração próxima a 15cmH_2O.

- **Indicação**: esse modo de ventilação é benéfico para a maioria dos pacientes com EAP, principalmente os que apresentarem: taquipneia > 25 incursões/min, saturação de O_2 < 95%, uso de musculatura acessória, retenção de CO_2 e hipoxemia que não melhora apenas com O_2 suplementar.
- **Intubação orotraqueal e ventilação mecânica:** em algumas situações, somente a VNIPP não será suficiente ou segura para o tratamento adequado do paciente. A ventilação mecânica utilizando tubo orotraqueal é a escolha quando o paciente apresenta: rebaixamento do nível de consciência, Glasgow ≤ 8, sinais de fadiga/falência respiratória, hipoxemia grave e/ou refratária à VNIPP, acidose respiratória importante, instabilidade hemodinâmica (hipotensão/choque cardiogênico), paciente não colaborativo, risco de broncoaspiração (sangue, secreção, conteúdo gástrico), taquiarritmias e bradiarritmias, necessidade de cardioversão elétrica, pacientes com IAM que realizarão angioplastia etc.

Tratamento medicamentoso

Os medicamentos de primeira linha para o tratamento do EAP são diurético, morfina e nitratos:

- **Diurético (furosemida):** dose de 20 a 80mg (ou 0,5 a 1,0mg/kg) EV, aplicada em 1 a 2 minutos. Nos pacientes que já fazem uso de furosemida, pode-se usar o dobro da dose. Nos pacientes com insuficiência renal oligoanúrica, pode-se usar 100 a 200mg EV em aplicação lenta. A furosemida tem efeito venodilatador que se inicia em 5 a 10 minutos e um potente efeito diurético com ação em 20 a 30 minutos. Após esse tempo, avalia-se a necessidade de nova dose, caso não ocorra nenhuma melhora clínica, podendo inclusive utilizar-se o dobro da dose (1 a 2mg/kg).
- **Morfina:** 2 a 4mg/dose EV, podendo repetir a cada 5 minutos. Tem efeito venodilatador importante (diminui a pré-carga) e reduz a descarga adrenérgica e a ansiedade. Sua utilização deve ser cuidadosa, principalmente se o paciente apresentar PAS < 100mmHg. Acompanhe a PA (PAS > 100mmHg), os sinais vitais e os efeitos adversos da morfina. O antídoto da morfina é a naloxona.
- **Nitratos: dinitrato de isossorbida**, 5mg (1 comprimido) SL, podendo repetir a dose a cada 5 minutos; utilizar no máximo três doses. Outro nitrato que pode ser utilizado é a **nitroglicerina** EV, com dose inicial de 10 a 20mcg/min, sendo possível aumentar a dose em 5 a 10mcg a cada 5 minutos, até que se obtenha a resposta esperada. Os nitratos reduzem a pré-carga do ventrículo esquerdo (VE) e a resistência vascular sistêmica (pós-carga). Monitorize sempre a PAS para que se mantenha > 90 a 100mmHg.

Não utilize os nitratos se PAS < 90 a 100mmHg ou se o paciente estiver em choque.

Conduta no paciente normotenso ou com hipertensão

- Utilize **diurético**, **morfina** e **nitrato** nas doses supracitadas (normotenso ou hipertenso).
- **Conduta diante da hipertensão:** retire o nitrato e associe **nitroprussiato de sódio**, na dose inicial de 0,25 a 2,5mcg/kg/min (máximo de 10mcg/kg/min) EV, em bomba infusora, e titule a dose até obter o efeito desejado (**diluição sugerida:** dilua 1 ampola de 50mg em 248mL de SG 5%, criando solução de 200mcg/mL). O fármaco tem efeito vasodilatador arterial e venoso benéfico, reduzindo a pré e a pós-carga cardíaca. Trata-se de um medicamento de grande importância no tratamento do EAP com hipertensão arterial. Como o nitroprussiato é sensível à luz, o frasco deve ser coberto. Deve ser usado com cuidado em pacientes com insuficiência renal ou hepática.

> **Atenção:** quando o paciente apresentar síndrome coronariana aguda (ao exame clínico, ECG ou laboratório), o agente de escolha para controle da hipertensão passa a ser a **nitroglicerina EV**, na dose inicial de 10mcg/min, podendo aumentá-la em 5 a 10mcg/minuto a cada 5 minutos (titule conforme efeito desejado), até um máximo de 100mcg/min. A PAS nunca deve ficar < 90mmHg. **Diluição sugerida**: dilua uma ampola (ampolas de 25mg/5mL ou 50mg/mL) em 250mL de SF 0,9%, criando soluções de 100mcg/mL e 200mcg/mL, respectivamente.

- **Inibidores da ECA (IECA):** captopril VO, na dose de 6,25 a 25mg. Estudos recentes mostraram benefício no uso de IECA em casos de EAP hipertensivo.
- No EAP com hipertensão estão contraindicados os agentes inotrópicos.

Conduta no paciente com hipotensão grave ou choque

Nesse grupo de pacientes será necessário suporte inotrópico e/ou o uso de agentes vasoativos, preferencialmente com a utilização de **noradrenalina** e/ou **dobutamina**. Não deve ser utilizado nitrato ou morfina nos pacientes hipotensos ou em choque:

- **Noradrenalina:** dose inicial de 0,05 a 0,1mcg/kg/min EV, em bomba infusora, e dose máxima de 1,5 a 2,0mcg/kg/min. **Diluição sugerida:** dilua 4 ampolas (1 ampola de 4mg/4mL) em 234mL de SG 5%, criando uma solução de 64mcg/mL. Indicada se: PAS < 100mmHg (com sinais e sintomas de choque).
- **Dobutamina:** dose inicial de 1 a 2mcg/kg/min, com dose média de 3 a 15mcg/kg/min, máximo de 20mcg/kg/min. Titule a dose conforme o efeito desejado. **Diluição sugerida:** dilua 250mg de dobutamina (1 ampola de 250mg/20mL) em 230mL de SF 0,9% (ou SG 5%), criando uma solução de 1.000mcg/mL. Indicada se: PAS entre 70 e 100mmHg (sem sinais e sintomas de choque).

Identificação e tratamento da causa do EAP

No EAP relacionado com IAM, além do tratamento específico para EAP, está indicado o tratamento específico para IAM, concomitantemente. No paciente com arritmias, as terapias específicas devem ser iniciadas precocemente (colocação de marca-passo provisório ou definitivo nas bradiarritmias, cardioversão elétrica na fibrilação atrial etc.). Edemas associados a emergências hipertensivas exigem controle adequado dos níveis pressóricos. Qualquer outra causa de EAP deve ser identificada e tratada adequadamente.

Capítulo 17
Pneumonia Adquirida na Comunidade (PAC)

Sônia Regina da Silva Carvalho • Helton José Bastos Setta • Rodrigo Simões Eleutério

INTRODUÇÃO

A pneumonia é um processo infeccioso/inflamatório agudo do parênquima pulmonar. Tem como principal agente etiológico as bactérias, porém vírus e fungos podem ser incluídos como patógenos. A palavra "**comunitária**" indica que o paciente adquiriu a infecção **fora do ambiente hospitalar** ou que a pneumonia se manifestou **antes de 48 horas de internação hospitalar**.

ETIOLOGIA E CONSIDERAÇÕES

Os patógenos mais comuns são as bactérias. Os **"germes típicos"** mais encontrados são: *Streptococcus pneumoniae* (principal), *Haemophilus influenzae, Moraxella catarrhalis, Klebsiella pneumoniae, Staphylococcus aureus, Streptococcus pyogenes, Pseudomonas aeruginosa*, bacilos gram-negativos e alguns anaeróbios (p. ex., *Peptostreptococcus, Fusobacterium* e *Prevotella*, mais relacionados com pneumonia aspirativa). Entre os **"germes atípicos"** se destacam: *Mycoplasma pneumoniae, Chlamydia pneumoniae* e *Legionella pneumophila*.

Os principais vírus são: influenza, parainfluenza, vírus sincicial respiratório, adenovírus, citomegalovírus e coronavírus.

Atenção: não confunda germe típico/atípico com apresentação clínica típica/atípica. Os germes atípicos recebem esse nome porque dificilmente são identificados em exames bacteriológicos (não costumam crescer em culturas). **Nunca** conceitue uma PAC como típica ou atípica, pois apenas a apresentação clínica (típica ou atípica) não torna possível identificar se o agente etiológico é um germe típico ou atípico.

QUADRO CLÍNICO

- **Pneumonia com apresentação clínica típica:** doença aguda e de sintomas exuberantes, calafrios, febre alta (38,5 a 41°C), tosse frequente e produtiva, expectoração purulenta (amarelada ou esverdeada), dispneia e dor torácica (se a infecção é mais periférica, pode irritar a pleura e produzir dor). O paciente pode apresentar também taquipneia (> 20irpm), taquicardia (> 100bpm), cefaleia, prostração, queda do estado geral, hipotensão ou hipertensão. **Exame físico:** frêmito toracovocal aumentado e submacicez/macicez à percussão da região com consolidação. A ausculta pode revelar estertores crepitantes, ao final da inspiração, no local acometido (em até 80% das vezes). Derrame pleural é visto em até 20% dos casos.

  Pacientes idosos, imunocomprometidos ou com comorbidades (AVE, câncer, IC, diabetes, outras) podem desenvolver um quadro clínico diferente do esperado. Sinais e sintomas como febre alta, tosse produtiva, expectoração purulenta e leucocitose podem não ser observados. Podem existir apenas episódios de síncope, queda do estado geral, dispneia, prostração e confusão mental. No entanto, a radiografia de tórax costuma exibir grande infiltrado.
- **Pneumonia com apresentação clínica atípica:** quadro subagudo e arrastado, facilmente confundido com viroses. A febre costuma ser baixa e a tosse seca ou de pouca expectoração (clara ou levemente amarelada). Outros achados pouco específicos incluem odinofagia, cefaleia, mialgia e mal-estar. O exame físico é pobre, mas pode revelar estertores crepitantes à ausculta local. Leucocitose é pouco frequente. Na radiografia de tórax, o infiltrado pulmonar está presente (padrão intersticial ou broncopneumônico) e é bastante significativo, contrastando com o quadro clínico arrastado e pouco exuberante.

As apresentações clínicas atípicas estão muito relacionadas com infecções por micro-organismos atípicos, como *Mycoplasma pneumoniae* e clamídia (os dois principais exemplos), mas isso não é regra. Os chamados "germes típicos" podem produzir quadro clínico atípico, especialmente em idosos, imunocomprometidos, pacientes com comorbidades etc. A *Legionella* é considerada micro-organismo atípico, porém sua pneumonia tem "apresentação típica" e grave, com febre alta e evolução aguda.

DIAGNÓSTICO

O diagnóstico é principalmente **clínico** (baseado nos sinais e sintomas encontrados), porém alguns exames complementares podem auxiliar o diagnóstico, o acompanhamento clínico e a identificação de complicações:

- **Radiografias de tórax em incidências posteroanterior (PA) e perfil:** são o exame de imagem de escolha para pneumonia adquirida na comunidade (PAC), sendo recomendados a todos os pacientes. Quase sempre revelam infiltrado pulmonar compatível com pneumonia (pneumonia lobar, broncopneumonia ou padrão intersticial). De grande utilidade para o diagnóstico, inclusive o diferencial, também se destacam na identificação de complicações associadas à pneumonia (derrame pleural, abscesso, pneumotórax) e "ajudam" a monitorizar a resposta do paciente ao tratamento, mas nunca devem ser aplicadas como critério de cura. O infiltrado encontrado pode sugerir determinado patógeno, porém a radiografia nunca deve ser usada para afirmar determinado agente etiológico.

  Derrames pleurais > 5cm na incidência em perfil na radiografia, > 10mm na incidência em decúbito lateral (Laurell) ou derrames loculados devem ser puncionados e o líquido pleural analisado no laboratório.
- **Outros exames de imagem:** em pacientes com quadro clínico fortemente sugestivo de pneumonia e radiografia normal, a TC de tórax pode ser empregada para confirmar a presença do infiltrado pneumônico, também sendo útil no diagnóstico diferencial com neoplasias pulmonares, na identificação de derrames pleurais loculados e abscessos pulmonares. A USG do tórax pode ser empregada para identificar derrames pleurais pequenos ou loculados e auxiliar a toracocentese destes.
- **Exames laboratoriais:** o **hemograma completo** pode ser realizado, porém apresenta pouca sensibilidade e especificidade para o diagnóstico. Pode revelar leucocitose (> 10 mil leucócitos, porém frequentemente supera 25 mil), com predomínio de neutrófilos, e aumento do número de bastões (desvio à esquerda). Leucopenia (< 4.000 leucócitos) indica pior prognóstico.

  Recomenda-se a dosagem de **proteína C reativa** (PCR), que constitui um importante marcador de inflamação aguda e tem aplicação no prognóstico. Valores elevados mesmo após 3 a 4 dias de tratamento indicam prognóstico desfavorável ou aparecimento de complicações. Outros marcadores inflamatórios são a **procalcitonina** e a **velocidade de hemossedimentação** (VHS).

  Gasometria arterial deve ser realizada em pacientes hipoxêmicos (SatO$_2$ < 90%), pneumonias graves, na insuficiência respiratória ou ventilação mecânica. O exame pode revelar hipoxemia e/ou acidose respiratória em graus variados. A presença de hipoxemia revela a necessidade de internação hospitalar.

  Outros exames laboratoriais que podem ser solicitados no primeiro atendimento e/ou periodicamente durante a internação são: **glicemia, ureia e creatinina** (função renal), **eletrólitos, coagulograma (TAP, PTT e INR), lactato, LDH, β-HCG** (mulheres em idade fértil), **enzimas hepáticas** (em pacientes selecionados) e **BNP**. Esses exames **não** se aplicam ao diagnóstico, porém são importantes para identificação de doenças/comorbidades associadas, decisão de internação e avaliação clínica individualizada.
- **Exames para investigação etiológica:** o principal é o **exame de escarro** com **bacterioscopia direta** (coloração pelo Gram e de Ziehl-Neelsen) e **cultura** do material, para germes típicos, fungos

e bacilos álcool-ácido-resistentes (BAAR). Porém, esses exames frequentemente exibem resultados falso-positivos ou falso-negativos, ou então a amostra é inadequada. Uma amostra adequada deve ter > 25 polimorfonucleares e < 10 células epiteliais por campo de pequeno aumento.

Outros exames para investigação etiológica incluem: **hemoculturas** (duas amostras, de sítios e momentos diferentes), bacterioscopia e cultura do líquido pleural (se indicado) e pesquisa de **antígeno urinário** para casos suspeitos de *Legionella*.

O exame de escarro não precisa ser realizado nos pacientes com indicação de tratamento ambulatorial, mas deve ser efetuado em todos os pacientes candidatos à internação hospitalar, incluindo aqueles ambulatoriais com falha do tratamento empírico. As hemoculturas geralmente são positivas em menos de 30% dos casos e são indicadas a pacientes internados graves e/ou com falha terapêutica. Esses exames **jamais** devem atrasar o início da antibioticoterapia empírica.

Pacientes com pneumonia grave que não respondem a antibióticos e pacientes imunocomprometidos podem necessitar de **broncoscopia** com coleta de secreção das vias aéreas inferiores e bacterioscopia/cultura do material. Em último caso, pode-se recorrer à biópsia pulmonar guiada por toracoscopia.

COMPLICAÇÕES

Dentre as diversas complicações, podem ser citadas: pneumonia necrosante (forma cavidades no pulmão com menos de 2cm na radiografia), abscesso pulmonar (a cavidade formada tem mais de 2cm e apresenta nível hidroaéreo), derrame pleural parapneumônico, derrame pleural septado (derrame pleural é a mais frequente complicação da pneumonia), empiema (é um derrame pleural infectado/purulento), bronquiectasias, atelectasias, pneumotórax (decorrente do rompimento de alguma cavitação mais periférica), sepse, sepse grave e choque séptico (importante fator de pior prognóstico), insuficiência respiratória aguda, distúrbios ácido-básicos, alterações hidroeletrolíticas e agravamento de doenças sistêmicas associadas.

TRATAMENTO

O tratamento adequado da PAC envolve algumas etapas: (a) escolha do local de tratamento; (b) escolha do esquema antibiótico adequado; (c) determinação do tempo de antibioticoterapia; e (d) outras medicações.

Decisão entre tratamento ambulatorial e internação hospitalar

A diretriz brasileira de pneumonia adquirida na comunidade (2009), sugerida pela Sociedade Brasileira de Pneumologia, recomenda a utilização do **Escore CURB-65** para "ajudar" na decisão (Quadro 17.1).

Quadro 17.1 Escore CURB-65

Escore CURB-65		Interpretação do escore CURB-65
Critérios	Pontuação	
(C) **C**onfusão mental	1 ponto	
(U) **U**reia > 43mg/dL	1 ponto	Pontuação de 2 a 5 – está indicada internação hospitalar
(R) Frequência **R**espiratória > 30/min	1 ponto	Pontuação 0 ou 1 – o paciente provavelmente é candidato a tratamento ambulatorial, porém o **julgamento clínico individualizado** deve prevalecer
(B) Pressão arterial **B**aixa: PAS < 90 ou PAD < 60mmHg	1 ponto	
(65) idade > **65** anos	1 ponto	

Atenção: o escore CURB-65 tem a intenção de **auxiliar** a tomada de decisão, mas é o julgamento clínico do médico que deve prevalecer e decidir entre o tratamento hospitalar e o ambulatorial.

Diante de um **escore 0 ou 1**, é importante considerar alguns aspectos: (a) o paciente apresenta saturação O_2 < 90%; (b) o paciente apresenta doenças associadas ou descompensação de suas comorbidades preexistentes (insuficiência cardíaca, hepática ou renal, DPOC etc.); (c) o paciente não tem condições socioeconômicas de se tratar em domicílio; (d) o paciente não é capaz de utilizar a via oral para tomar as medicações; (e) o paciente tem doença psiquiátrica e não conta com um acompanhante disponível; (f) radiografia de tórax apresenta lesão extensa, multilobar ou presença de complicações (derrame pleural, abscesso etc.). **A identificação de pelo menos um dos elementos citados pode ser suficiente para tornar a internação hospitalar necessária, mesmo diante de um escore CURB-65 de 0 ou 1.**

Após a internação, ainda é necessário decidir entre a internação em enfermaria/quarto e unidade de terapia intensiva (UTI). A diretriz brasileira de 2009 sugere critérios "maiores" e "menores" para a decisão (Quadro 17.2).

Quadro 17.2 Indicação de internação em UTI para pacientes com PAC

Critérios maiores	Critérios menores	Interpretação dos critérios
Insuficiência respiratória necessitando de ventilação mecânica Choque séptico necessitando de agentes vasoativos	Relação PaO_2/FiO_2 < 250mmHg PAS < 90 ou PAD < 60mmHg Radiografia de lesão extensa (multilobar)	A presença de **1 critério maior** ou a presença de **2 critérios menores** indica o acompanhamento do paciente em uma UTI Obs: esses critérios, definidos por Ewig e colaboradores, apresentam sensibilidade de 78%, especificidade de 94%, valor preditivo negativo de 95% e valor preditivo positivo de 75%

Escolha do esquema antibiótico a ser utilizado em adulto imunocompetente

Aconselha-se que a **primeira dose** do antibiótico seja administrada ainda no PS (o mais precoce possível). Para tratamento ambulatorial, opta-se pela **via oral** de administração. Os pacientes em regime de internação devem receber o antibiótico por via **EV**, inicialmente.

A diretriz de 2009 preconiza a **antibioticoterapia empírica** para tratamento inicial. Posteriormente podem ser utilizados **antibióticos específicos**, caso se identifique o patógeno na cultura.

Identifique, nos Quadros 17.3 e 17.4, a que grupo o paciente pertence.

Quadro 17.3 Tratamento ambulatorial (administração via oral)

Pacientes sem comorbidades (previamente hígidos)	1ª opção – **macrolídeo**: Ex.: azitromicina, 500mg, VO, 1×/dia Ex.: claritromicina, 500mg, VO, de 12/12h 2ª opção – **doxiciclina**: 100mg, VO, de 12/12h Obs: No Brasil, a **amoxicilina+clavulanato** muitas vezes é empregada como tratamento inicial, 500+125mg, VO, de 8/8h, ou 875+125mg, VO, de 12/12h
Pacientes com comorbidades e/ou em uso de antibióticos nos últimos 3 meses	Está indicada uma **quinolona respiratória** ou a associação de um **macrolídeo** com um **β-lactâmico** Quinolona respiratória Ex.: levofloxacino, 500mg, VO, 1×/dia Ex.: moxifloxacino, 400mg, VO, 1×/dia Macrolídeo + β-lactâmico Ex.: cefuroxima, 500mg, VO, de 12/12h + macrolídeo Ex.: amoxicilina, 500mg, VO, de 8/8h + macrolídeo (macrolídeos citados anteriormente)
Suspeita de pneumonia aspirativa	**Clindamicina**, 300mg, VO, de 6/6h, ou 600mg, VO, de 12/12h **Amoxicilina+clavulanato**, 875+125mg, VO, de 12/12h

Quadro 17.4 Tratamento hospitalar (administração EV)

Tratamento hospitalar (enfermaria/quarto)	Está indicado tratamento com uma **quinolona respiratória** ou a associação de **macrolídeo com β-lactâmico**: **Quinolona respiratória:** Ex.: levofloxacino, 500mg, EV, 1×/dia Ex.: moxifloxacino, 400mg, EV, 1×/dia **Macrolídeo + β-lactâmico:** Ex.: **macrolídeo:** azitromicina: 500mg, EV, 1×/dia; claritromicina: 500mg, EV, de 12/12h Ex.: **β-lactâmico:** ceftriaxona (1 a 2g, EV, 1×/dia), cefotaxima (1g, EV, de 8/8h), amoxicilina + clavulanato (1g, EV, de 8/8h)
Tratamento hospitalar em UTI	**SEM risco de pseudomonas:** tratamento envolve a associação de dois fármacos; sempre um β-lactâmico associado a um macrolídeo ou a uma quinolona respiratória **β-lactâmico + macrolídeo ou quinolona respiratória:** Ex.: ceftriaxona, 2 a 4g, EV, 1×/dia + levofloxacino, 500 ou 750mg, EV, 1×/dia Ex.: cefotaxima, 1 a 2g, EV, de 12/12h + claritromicina, 500mg, EV, de 12/12h Ex.: ceftriaxona, 2 a 4g, EV, 1×/dia + moxifloxacino, 400mg, EV, 1×/dia
	COM risco de pseudomonas: quando existe o risco de pseudomonas, o tratamento obrigatoriamente deve utilizar um **"agente antipseudomonas"** (p. ex., cefepime, imipenem, meropenem ou piperacilina/tazobactam) associado a outros antibióticos (seguem os principais esquemas): **Agente antipseudomonas + ciprofloxacino:** Ex.: cefepime, 1 a 2g, EV, de 12/12h + ciprofloxacino, 400mg, EV, de 8/8h **Agente antipseudomonas + levofloxacino:** Ex.: imipenem, 500mg, EV, de 6/6h + levofloxacino, 750mg, EV, 1×/dia Doses dos outros agentes antipseudomonas: Meropenem, 0,5 a 1g, EV, de 8/8h Piperacilina+ tazobactam, 4,5g, EV, de 8/8h
Pneumonia aspirativa (tratamento hospitalar)	Diante da suspeita de pneumonia por aspiração: **cefalosporina 3ª geração** (p. ex., ceftriaxona 2 a 4g, EV, 1×/dia) + **clindamicina** (600mg, EV, de 8/8h)
Risco de MRSA	Quando existir a suspeita de *Staphylococcus aureus* resistente à meticilina (MRSA), deve-se adicionar aos esquemas a vancomicina ou a linezolida: Doses: **vancomicina** (500mg, EV, de 6/6h, ou 1g, EV, de 12/12h); **linezolida** (600mg, EV, de 12/12h)

Tempo de tratamento com antibióticos

- **Tratamento ambulatorial:** duração de **7 a 10 dias** normalmente (nunca menos de 5 dias).
- **Tratamento hospitalar:** duração de **10 a 14 dias**, geralmente; no caso de clamídia e micoplasma, sempre 14 dias. Em determinados pacientes, pode chegar a 21 dias (sugere-se análise cuidadosa por especialista).
- **Recomendações:** somente interrompa o antibiótico no paciente sem febre há mais de 3 dias, lúcido e orientado, com saturação adequada de O_2, eupneico, normocárdico e com PA > 90×60mmHg. Alguns autores recomendam interrupção do tratamento no sétimo dia.

Outras medicações

Além dos antibióticos, podem ser necessários outros medicamentos para **tratamento sintomático e de suporte clínico** (p. ex., oxigênio por cateter ou máscara [em pacientes hipoxêmicos], antitérmicos, analgésicos, anti-inflamatórios, ansiolíticos, antieméticos e reposição hidroeletrolítica [que pode ser agressiva no paciente evoluindo com hipotensão e choque séptico], incluindo as medicações que o paciente **usa rotineiramente**, como anti-hipertensivos, insulina, antidiabéticos, digitálicos etc.). Intubação orotraqueal e ventilação mecânica podem ser necessárias na presença de insuficiência respiratória. O mais importante é analisar cada paciente individualmente.

Em pacientes graves, recomenda-se a **monitorização contínua**: ECG, FC, FR, PA, temperatura e saturação de O_2.

Capítulo 18
Pneumonia Nosocomial (PN)

Helton José Bastos Setta • Sandro Vieira de Oliveira • Rodrigo Simões Eleutério • Yuri Ferreira Balthazar

INTRODUÇÃO

Pneumonia adquirida no hospital (PAH) é definida pelo surgimento da doença no paciente com mais de 48 horas de admissão hospitalar e não está relacionada com intubação traqueal ou ventilação mecânica. Outro conceito importante refere-se à **pneumonia associada à ventilação mecânica (PAVM)**, que ocorre 48 a 72 horas após intubação endotraqueal e ventilação mecânica. Estima-se que até um quinto dos pacientes em ventilação mecânica possa desenvolver uma pneumonia hospitalar.

Quando a pneumonia surge até o quarto dia de internação, é definida como **precoce**; já a pneumonia a partir do quinto dia de internação é conceituada como **tardia** (o mesmo conceito se aplica ao número de dias de ventilação mecânica). Essa diferenciação é importante, pois a pneumonia tardia tem maior chance de apresentar germes resistentes, como *Pseudomonas aeruginosa*, bactérias da família Enterobacteriaceae e *Staphylococcus aureus* oxacilina-resistente.

FISIOPATOLOGIA

A PN acontece em razão da **invasão e infecção do trato respiratório inferior por bactérias ou outros agentes etiológicos**, superando os mecanismos de defesa do paciente.

Os principais meios pelos quais as bactérias podem chegar às vias aéreas inferiores são: **microaspiração** (ou macroaspiração) de material da orofaringe (principal via), **disseminação hematogênica** oriunda de outro foco infeccioso (incluindo sítios de punção) ou ainda por **translocação bacteriana** do trato gastrointestinal, que se tornou colonizado.

O mecanismo de **"contaminação cruzada"** não deve ser esquecido. Esse ocorre por intermédio das mãos ou objetos/instrumentos dos profissionais de saúde, que carregam bactérias de um paciente para o outro (atuam como vetores).

As bactérias são os principais agentes etiológicos da PN, e a prevalência de cada espécie pode variar muito de um hospital para o outro. Desse modo, é dever do atendente se informar com a **Comissão de Controle de Infecção Hospitalar** (CCIH) do hospital e descobrir quais germes são mais comuns em cada setor do hospital (principalmente na hora de decidir-se sobre o antibiótico empírico).

ETIOLOGIA

- Gram-negativos estão envolvidos em mais de 60% dos casos. Podemos citar: *Acinetobacter* spp e bactérias da família *Enterobacteriaceae* (p. ex., *Escherichia coli, Klebsiella pneumoniae, Proteus* spp, *Serratia* spp). Merece especial atenção a *Pseudomonas aeruginosa*, em virtude da crescente e importante resistência a antimicrobianos e da frequência com a qual se relaciona com a PAVM (principal agente etiológico).
- O *S. aureus* pode estar presente em 20% ou mais das PN.
- O pneumococo e o *Haemophilus influenzae* são os agentes etiológicos em menos de 10% dos casos. Tendem a ser mais observados nas PN precoces (< 4 dias) e são raros nas pneumonias tardias.

QUADRO CLÍNICO

Em alguns pacientes, o quadro clínico pode ser semelhante ao da pneumonia comunitária típica. Nesse grupo, os sinais e sintomas serão: febre alta, tosse produtiva, expectoração amarelo-esverdeada, dispneia, mal-estar, ausculta pulmonar compatível (estertores finos) etc.

No entanto, a maioria dos pacientes com PAH ou PAVM não vai apresentar o quadro clínico característico de uma pneumonia comunitária. Isso ocorre em razão de múltiplos fatores, como comorbidades associadas, idade avançada, imunodepressão, nível de consciência alterado ou rebaixado, intubação traqueal, ventilação mecânica, uso de fármacos (incluindo sedativos e agentes sintomáticos), ambiente de terapia intensiva, coma etc. Portanto, nunca se deve esperar um quadro clínico característico para pensar em PAH ou PAVM.

Recomenda-se que o médico desconfie de pneumonia nosocomial nos pacientes apresentando item "a" e pelo menos um item "b": (a) radiografia de tórax com **infiltrado pulmonar novo ou progressivo** em exames seriados; (b.1) **febre** (temperatura > 38ºC); (b.2) aumento do número de leucócitos (**leucocitose** – [>10 mil células/mm^3] – ou **leucopenia** – [<4.000 células/mm^3]); (b.3) **aumento da secreção traqueal e/ou quando esta adquire um aspecto purulento**, principalmente para o paciente em ventilação mecânica.

> **Cuidado:** nenhum desses critérios e/ou sinais é específico de PN, podendo surgir na evolução de diversas outras doenças. Os critérios clínicos são importantes para **levantar a suspeita de PN** e não devem ser usados para confirmar o diagnóstico.

CONSIDERAÇÕES

A presença de **fatores de risco** ajuda na suspeita de PN. Os principais fatores de risco são: intubação + ventilação mecânica (mais importante), internações longas, idosos, comorbidades graves, gravidade da doença principal, UTI, cirurgia torácica ou abdominal alta, neurocirurgia, macroaspiração de material da orofaringe, posição supina, SDRA, Antibioticoterapia prévia recente, coma, infecções em outros locais, uso de inibidores da bomba de prótons ou antiácidos, dieta enteral, cateter orogástrico ou nasogástrico, condições inadequadas de higiene e contato entre pacientes e profissionais da saúde, além de procedimentos invasivos do trato respiratório.

DIAGNÓSTICO

O diagnóstico ideal de PN vai associar critérios clínicos, exames de imagem e investigação bacteriológica. Lembre-se que sempre é um diagnóstico difícil e por diversas vezes duvidoso, apesar dos múltiplos exames complementares disponíveis. Alguns escores clínicos podem ajudar na investigação da PAVM:

- Os **critérios clínicos** já foram citados no "quadro clínico". Empregar apenas critérios clínicos implica baixa especificidade para o diagnóstico, e por isso é tão importante incluir exames de imagem e bacteriológicos na investigação. No entanto, os critérios clínicos são muito úteis para a suspeita do diagnóstico.
- **Exames de imagem:** todo paciente com suspeita de PN deve fazer a **radiografia de tórax**, que identifica um infiltrado pulmonar, sua extensão e eventuais complicações (p. ex., derrame pleural, abscessos etc.).

> **Atenção:** no paciente hospitalizado, diversas doenças podem produzir infiltrados pulmonares semelhantes a uma pneumonia; sendo assim, a radiografia de tórax tem menores especificidade e sensibilidade para pneumonia nosocomial, se comparada à pneumonia comunitária.

A **TC de tórax** apresenta um pouco mais de sensibilidade e especificidade para identificar o infiltrado da pneumonia e suas complicações, porém é um exame mais difícil de se realizar no paciente grave ou em terapia intensiva. A **TC** e a **USG de tórax** podem ser usadas para identificar alterações no parênquima pulmonar e derrames pleurais com sensibilidade superior e melhor tempo de clareamento de imagem do que a radiografia, além de auxiliar sua punção, quando indicada.

- **Exames laboratoriais inespecíficos:** sempre devem ser solicitados, alguns inclusive de rotina. Poucos se aplicam ao diagnóstico, devido à baixa especificidade, porém são úteis para prognóstico e acompanhamento clínico. Merecem destaque: **hemograma completo**, **coagulograma** (TAP, PTT e INR), **eletrólitos** (sódio, potássio, cálcio, magnésio), **glicemia**, **marcadores de função renal** (ureia e creatinina) e **hepática** (em casos selecionados). A **proteína C reativa** (PCR) e a **procalcitonina** (PCT) são importantes marcadores de resposta ao tratamento e prognóstico. Recomenda-se que a PCR seja dosada sequencialmente para acompanhar a resposta ao tratamento.

    A **gasometria arterial** é importante para o acompanhamento clínico, especialmente nos pacientes em ventilação mecânica, com insuficiência respiratória aguda ou doenças pulmonares prévias.
- **Exames bacteriológicos:** os exames bacteriológicos vão tentar identificar o agente etiológico da infecção e estão indicados a todos os pacientes com suspeita de pneumonia nosocomial, respeitando as limitações de cada hospital. O ideal é coletar o material antes de iniciar a antibioticoterapia empírica.

> **Obs.:** não se deve atrasar o início da antibioticoterapia empírica à espera dos resultados dos exames bacteriológicos.

- **Hemoculturas:** as amostras devem ser coletadas em dois sítios diferentes, com intervalo de 30 minutos entre cada punção. Cada frasco deve ser preenchido com pelo menos 10mL de sangue. Recomenda-se a coleta da amostra quando o paciente estiver próximo do pico febril. A sensibilidade da hemocultura beira os 20%, sendo um exame a ser solicitado a critério médico.
- **Bacterioscopia e cultura do material obtido das vias aéreas inferiores:** deve-se obter material das vias aéreas inferiores, preferencialmente por meio de broncofibroscopia, utilizando técnicas como **lavado broncoalveolar** (LBA), **LBA protegido** e **escovado protegido** (EP). A primeira técnica é a mais comum. A cultura do material sempre deve ser **quantitativa**.

    As técnicas citadas anteriormente apresentam sensibilidade e especificidade próximas a 90% em alguns estudos.

    Existem **"técnicas não invasivas"** para coleta de secreção das vias aéreas, nas quais não é necessária a broncofibroscopia. As mais utilizadas incluem **aspirado endotraqueal** (AET), **mini-LBA**, **lavado brônquico não broncoscópico** (LBNB) e **escovado protegido não broncoscópico** (EPNB). As duas primeiras técnicas são as mais utilizadas. Opte sempre pela cultura **quantitativa** do material. Uma amostra adequada das vias aéreas inferiores deve apresentar > 25 neutrófilos e < 10 células epiteliais por campo de pequeno aumento.

    Os exames bacteriológicos (bacterioscopia e cultura) também podem ser aplicados ao líquido pleural, quando existe indicação de punção do derrame pleural.
- **Escore clínico de infecção pulmonar** (CPIS – *Clinical Pulmonary Infection Score*): trata-se de um escore criado por alguns autores com o objetivo de ajudar no diagnóstico de infecção pulmonar. O CPIS vai de 0 a 12 pontos, e valores acima de 6 pontos aumentam a probabilidade de PAVM (Quadro 18.1).

DIAGNÓSTICO DIFERENCIAL

Embolia pulmonar, insuficiência cardíaca congestiva, atelectasia, carcinoma bronquíolo-alveolar, linfoma, hemorragia intrapulmonar, doenças inflamatórias pulmonares, colagenoses, sarcoidose, pneumonites intersticiais, doença pulmonar secundária a medicações e edema pulmonar.

COMPLICAÇÕES

As principais complicações são: sepse, choque séptico, abscesso pulmonar, empiema, derrame pleural e insuficiência respiratória aguda.

Quadro 18.1 Escore clínico de infecção pulmonar (CPIS)	
Temperatura (°C)	≥ 36,5 e ≤ 38,4 – 0 ponto ≥ 38,5 e ≤ 38,9 – 1 ponto ≥ 39,0 ou ≤ 36,0 – 2 pontos
Leucometria sangue (/mm³)	≥ 4.000 e ≤ 11.000 – 0 ponto < 4.000 ou > 11.000 – 1 ponto (+ bastões ≥ 500 – + 1 ponto)
Secreção traqueal (0 – 4+, cada aspiração, total/dia)	< 14 + – 1 ponto ≥ 14+ – 1 ponto (+ secreção purulenta – + 1 ponto)
Índice de oxigenação: PaO_2/FiO_2 (mmHg)	> 240 ou SDRA – 0 ponto ≤ 240 e sem SDRA – 2 pontos
Radiografia de tórax	ausência de infiltrado – 0 ponto Infiltrado difuso – 1 ponto Infiltrado localizado – 2 pontos
Aspirado traqueal, cultura semiquantitativa (0, 1, 2 ou 3+)	Cultura de bactéria patogênica ≤ 1+ ou sem crescimento – 0 ponto Cultura de bactéria patogênica > 1 + – 1 ponto (+ mesma bactéria identificada ao Gram > 1 + – + 1 ponto)

Fonte: adaptado das diretrizes brasileiras para tratamento das pneumonias adquiridas no hospital e das associadas à ventilação mecânica, 2007.

TRATAMENTO

O tratamento da pneumonia nosocomial tem como elemento principal a **antibioticoterapia**, seguida pelas diversas **medidas de suporte,** que variam de paciente para paciente.

Antibioticoterapia

A medicação deve ser iniciada o mais precocemente possível, tão logo exista forte suspeita de pneumonia nosocomial. A escolha dos fármacos é inicialmente empírica, sendo possível a troca dos medicamentos por outros mais específicos, caso os resultados de culturas estejam disponíveis, mas isso não é uma regra. A espera pelos resultados dos exames bacteriológicos não deve atrasar o início dos antibióticos empíricos.

A escolha do medicamento empírico e/ou específico também é influenciada pela CCIH do hospital, que conhece os patógenos mais prevalentes do ambiente e os fármacos a que são sensíveis. Sempre consulte a CCIH.

Os materiais para exames bacteriológicos devem ser coletados antes do início do antibiótico empírico.

Tratamento empírico sugerido

Pacientes considerados de baixo risco para bactérias multirresistentes

São os pacientes com pneumonia nosocomial precoce (≤ quarto dia de internação) e que não fizeram uso de antibióticos nos últimos 15 dias por um período maior do que 24 horas. Também não apresentam critérios de gravidade da pneumonia nosocomial e não são ventilados mecanicamente.

Nesses pacientes, os patógenos mais observados são: pneumococo, *S. aureus* sensível à oxacilina, *H. influenzae, Proteus, Serratia, E. coli* e *Klebsiella* sp.

Recomenda-se que a administração inicial seja pela via EV, posteriormente substituída pela VO, se possível.

No grupo de baixo risco, as alternativas empíricas mais comuns são aquelas listadas no Quadro 18.2.

Quadro 18.2 Doses

β-lactâmico + inibidor de β-lactamase:
Amoxicilina + clavulanato: 1g/dose (1,0g + 0,2 g), EV, de 8/8h (ou de 6/6h em infecções graves). Crianças de 3 meses a 12 anos: 30mg/kg/dose, EV, de 8/8h ou 6/6h. Precisa de correção na insuficiência renal
Ampicilina-sulbactam: 1,5g a 3,0g/dose, EV, de 6/6h ou 8/8h. Crianças: 150mg/kg/dia, EV, em intervalos de 6/6h ou 8/8h
Quinolona respiratória:
Levofloxacino: 500 a 750mg, EV, de 24/24h. Crianças: não recomendado. Exige correção na insuficiência renal
Moxifloxacino: 400mg, EV, de 24/24h. Crianças: não recomendado. Não precisa de correção na insuficiência renal
Cefalosporina de 3ª geração (não antipseudomonas):
Ceftriaxona: 1 a 2g, EV ou IM, de 24/24h. Crianças (15 dias a 12 anos): 20 a 80mg/kg/dia, EV, de 24/24h. Não precisa de correção na insuficiência renal

A duração do uso de antibiótico depende da evolução do paciente, mas em geral é de **8 a 15 dias**. Recomenda-se que o paciente fique afebril por pelo menos 2 dias seguidos e apresente melhora clínica importante antes de retirar o antibiótico.

Pacientes considerados de alto risco para bactérias multirresistentes

São pacientes que apresentam pneumonia nosocomial tardia (> 5 dias de internação) ou que fizeram uso de antibiótico por mais de 24 horas nos últimos 15 dias, estão com via aérea definitiva e ventilação mecânica, apresentam importantes comorbidades prévias, como politraumatismo, TCE, neurocirurgia, imunodeficientes, visitadores hospitalares frequentes, como os pós-transplantados e com IRC etc.

Nesses pacientes, é importante considerar: *Pseudomonas aeruginosa* (principal germe, especialmente pela sua relação com a ventilação mecânica) e *Staphylococcus aureus* resistente à meticilina (MRSA). Outros agentes incluem: *Acinetobacter* spp, *E. coli*, *Klebsiella* spp, *Stenotrophomonas maltophilia* etc. A CCIH do hospital será capaz de informar quais são os germes resistentes mais comuns do estabelecimento.

De maneira geral, o esquema empírico pode conter a associação de dois ou mais antibióticos, sendo **pelo menos um deles de ação antipseudomonas** (p. ex., meropenem, imipenem, cefepime e piperacilina-tazobactam). Em caso de suspeita ou comprovação de *S. aureus* resistente, é importante adicionar ao esquema fármacos como **vancomicina, linezolida** ou **teicoplanina** (Quadro 18.3).

Quadro 18.3 Doses

Cefepime: 500mg a 2,0g, EV, de 12/12h, ou de 8/8h, em infecções graves. Crianças: 50mg/kg/dose, EV, de 12/12h (ou de 8/8h).
Exige correção na insuficiência renal
Meropenem: 0,5g a 2,0g, EV, de 8/8h. Crianças: 10 a 40mg/kg/dose, EV, de 8/8h. Exige correção na insuficiência renal
Imipenem (+ cilastatina): 500mg a 1g, EV, de 6/6h ou 8/8h. Crianças: 15mg/kg/dose, EV, de 6/6h. Exige correção na insuficiência renal
Piperacilina + tazobactam: 4,5g, EV, de 8/8h ou 6/6h
Vancomicina: 500mg, EV, de 6/6h ou 1g, EV, de 12/12h.
Crianças (de 1 mês a 12 anos): 10mg/kg, EV, de 6/6h ou 20mg/kg, EV, de 12/12h
Linezolida: 600mg, EV, de 12/12h. Não precisa ajustar dose na insuficiência renal. Crianças: 10mg/kg/dose, EV, de 8/8h
Teicoplanina: três primeiras doses de 400mg, EV, de 12/12h, seguidas de manutenção com 400mg, EV, de 24/24h

O tempo de tratamento também **varia de 8 a 15 dias** na maioria dos estudos. Recomendam-se 15 dias para infecções por *S. aureus, Pseudomonas aeruginosa* e outras bactérias multirresistentes.

Reavaliação

Em **72 horas,** a partir do início da antibioticoterapia, deve-se **avaliar a resposta ao tratamento**, por meio do quadro clínico e de exames complementares (exames de imagem e laboratoriais, incluindo cultura):

- **Parâmetros que podem indicar falha terapêutica:** piora do padrão radiológico do pulmão, piora do padrão respiratório, persistência de febre > 38°C ou hipotermia < 35°C, aumento de secreção respiratória purulenta, contagem de leucócitos e marcadores inflamatórios (PCR) permanentemente elevada, ausência de melhora na razão PaO_2/FiO_2 ou necessidade de ventilação mecânica, evolução para choque séptico ou falência orgânica.
- **Diante de falha terapêutica:** o médico deve reavaliar se o diagnóstico está correto e se os antibióticos empíricos usados são adequados (agente de escolha, patógenos característicos do hospital, dose, via de administração, início tardio, patógeno resistente ao antibiótico); investigar complicações associadas à PAH/PAVM, como derrames pleurais, sepse, empiema etc., julgar se a infecção pode estar sendo causada por germes como fungos, vírus e bactérias incomuns; investigar possíveis infecções em locais extrapulmonares (p. ex., regiões de punção, sistema urinário, pele); e diversas condições não infecciosas interferindo com o sucesso da terapia (insuficiência renal ou hepática, interações medicamentosas, distúrbios hidroeletrolíticos e ácido-básicos, SDRA, anemia grave, edema pulmonar, comorbidades e doenças pulmonares prévias etc.).

> **Atenção:** apesar de 72 horas ser o momento ideal para avaliar a resposta ao tratamento, todos os pacientes devem ser acompanhados e evoluídos diariamente!

Cuidados gerais, tratamento sintomático e suporte ventilatório

O paciente quase sempre apresenta doenças prévias, comorbidades e/ou está em ambiente de terapia intensiva; por isso, podem ser necessários diversos medicamentos complementares e cuidados especiais. Como não existe uma conduta única, cada paciente deve ser julgado individualmente para a tomada de decisões:

- Recomenda-se que o paciente seja mantido em **posição semissentada**, com inclinação da cabeceira do leito variando de **30 a 45 graus**. A dieta **enteral**, se possível, é preferida em relação à parenteral. Os pacientes com doença moderada/grave devem receber **monitorização constante**. Pacientes com doença grave devem receber tratamento em serviço de terapia intensiva.
- **Suporte ventilatório:** pode variar desde uma oferta suplementar de O_2 até uma ventilação mecânica invasiva, para aqueles que evoluem com insuficiência respiratória. Nos indivíduos já em ventilação mecânica, pode ser necessária a correção dos parâmetros respiratórios.
- **Agentes sintomáticos:** devem ser indicados a partir do exame clínico individual (antieméticos, analgésicos, anti-inflamatórios, antitérmicos, sedativos etc.). Outros medicamentos podem ser necessários, conforme a história patológica pregressa do paciente (fármacos para HAS, epilepsia, insuficiência cardíaca etc.).
- Nos pacientes com instabilidade cardiovascular podem ser necessários fármacos de suporte, como noradrenalina e/ou dobutamina. Os distúrbios hidroeletrolíticos e ácido-básicos devem receber a abordagem apropriada (veja capítulos específicos).

Capítulo 19
Abscesso Pulmonar

Helton José Bastos Setta • Sônia Regina da Silva Carvalho • Rodrigo Simões Eleutério

INTRODUÇÃO

Os elementos que definem abscesso pulmonar são:

- **lesão cavitária > 2cm** de diâmetro;
- situada no **parênquima pulmonar**;
- contém **material purulento e necrótico em seu interior**, podendo inclusive existir níveis hidroaéreos (visíveis na TC ou na radiografia de tórax).

Quando a lesão no parênquima pulmonar tem diâmetro < 2cm, não deve ser chamada de abscesso pulmonar, mas de **pneumonia necrosante** (também contém material purulento em seu interior). Outra diferenciação importante se faz com o **empiema pleural**, definido pela presença de material purulento dentro do espaço pleural.

FISIOPATOLOGIA

O abscesso pulmonar resulta da **necrose do parênquima pulmonar** em razão de infecção por micro-organismos. Na maior parte das vezes, os agentes etiológicos são as **bactérias**, principalmente as **anaeróbias**, e as infecções **polimicrobianas** (bactérias anaeróbias + aeróbias) (Quadro 19.1):

- **Abscessos agudos ou crônicos:** abscessos com menos de 4 semanas de evolução são classificados como agudos; acima desse tempo, são classificados como crônicos.
- **Abscesso primário e abscesso secundário:** no abscesso secundário existe alguma condição associada à ação bacteriana no parênquima pulmonar, como lesão estrutural pulmonar, imunossupressão, obstruções brônquicas, patologias pulmonares prévias etc. Já no abscesso primário não se identifica nenhuma condição associada à formação do abscesso, apenas a ação destrutiva da bactéria sobre o parênquima pulmonar.

Quadro 19.1 Etiologia

Infecção por bactérias anaeróbias: esses germes estão presentes na grande maioria dos abscessos pulmonares (cerca de 90%), isoladamente ou em associação com bactérias aeróbias (etiologia polimicrobiana). Merecem destaque: *Peptostreptococcus* spp, *Prevotella* pigmentada e não pigmentada, *Fusobacterium nucleatum*, *Bacteroides fragilis* e *Clostridium perfringens*

O abscesso formado por **anaeróbios + aeróbios** (abscesso polimicrobiano) é observado em pouco mais de **40%** dos casos

Os abscessos **apenas por bactérias aeróbias** podem ocorrer, porém esse é um evento pouco comum. Correspondem a aproximadamente 10% dos casos e tendem a ser mais comuns no ambiente hospitalar. Merecem destaque: *Staphylococcus aureus*, *Klebsiella pneumoniae*, *Pseudomonas aeruginosa*, *Streptococcus pneumoniae* sorotipo 3, *Haemophilus influenzae*, *Legionella* spp e Enterobacteriaceae

Atenção: em pacientes imunocomprometidos, outros agentes podem se tornar significativos, incluindo micobactérias, parasitas e fungos

A maioria das bactérias anaeróbias presentes nos abscessos pulmonares pode ser encontrada colonizando a cavidade orofaríngea. Quando o paciente faz uma **macroaspiração**, existe o risco de grande número de bactérias anaeróbias alcançarem o parênquima pulmonar e iniciar um quadro infeccioso com formação de abscessos.

Os pacientes de maior risco são aqueles que apresentam **dentes em mau estado de conservação**. Nestes indivíduos, a proliferação de anaeróbios na orofaringe é intensa.

Algumas condições são notáveis por aumentarem o risco de **macroaspirações**: diminuição do nível de consciência, pacientes restritos ao leito, crises epilépticas, etilismo acentuado e agentes sedativos, anestesia geral, pacientes com sequelas de AVE ou outras doenças que comprometam o mecanismo correto de deglutição (neoplasias, megaesôfago, doenças neurológicas etc.), cânulas endotraqueais e sonda nasogástrica ou orogástrica.

A embolia pulmonar séptica é causa importante de abscesso pulmonar por aeróbios, como o *S. aureus*. Essa condição é mais frequente nos pacientes com endocardite infecciosa e usuários de substâncias injetáveis, e normalmente são observados múltiplos abscessos em diferentes fases evolutivas.

QUADRO CLÍNICO

As bactérias anaeróbias frequentemente formam abscessos pulmonares com duração > 4 semanas (abscessos crônicos). O paciente apresenta-se inicialmente oligossintomático e progressivamente tende a exibir mais sinais e sintomas. As principais queixas são: tosse (geralmente produtiva) por várias semanas, febre baixa ou moderada em períodos isolados do dia (mais à tarde/noite), mal-estar, perda de peso, sudorese noturna e hemoptise, eventualmente. A presença de secreção purulenta e fétida nas expectorações (vômica) é muito característica, sendo relatada por aproximadamente 50% dos pacientes. Normalmente são observados fatores de risco para macroaspiração, como **dentes mal conservados**, história de etilismo, crises convulsivas, rebaixamento da consciência, AVE etc.

Em alguns casos, os abscessos por anaeróbios podem cursar com quadros agudos e sintomáticos.

As bactérias aeróbias normalmente irão produzir uma doença de rápida evolução (abscessos agudos, < 4 semanas). O paciente desenvolve uma pneumonia aguda, de apresentação típica, a qual se complica com necrose de parênquima pulmonar e abscessos (únicos ou múltiplos).

Pacientes sem dentes e sem comprometimento da deglutição apresentam menor risco para abscesso por macroaspiração. Nesses indivíduos, caso se identifique uma imagem sugestiva de abscesso, é importante investigar com mais cuidado a possibilidade de neoplasias ou embolia séptica no diagnóstico diferencial.

DIAGNÓSTICO

O quadro clínico pode inicialmente levantar a suspeita; no entanto, os exames de imagem serão necessários para comprovar a presença do abscesso pulmonar.

O exame mais barato e acessível é a **radiografia de tórax**, que exibe uma ou mais lesões cavitárias no parênquima pulmonar, com 2 ou mais centímetros de diâmetro, frequentemente com níveis hidroaéreos no interior e infiltrado pulmonar nas proximidades da lesão. O pulmão direito é o mais acometido pelos anaeróbios, devido à angulação mais vertical do brônquio-fonte direito, especialmente no segmento superior do lobo inferior (segmento 6) e no segmento posterior do lobo superior. Quando o abscesso se situa no pulmão esquerdo, é importante considerar a possibilidade de aeróbios na etiologia. Em alguns casos, podem ser identificados linfonodos aumentados no mediastino.

A **TC de tórax** é um dos exames de maior sensibilidade e especificidade para o diagnóstico e pode ser empregada nos casos de dúvida diagnóstica e/ou diagnóstico diferencial (p. ex., neoplasias, empiema pleural septado, bronquiectasias, cistos, bolhas, tuberculoma, infarto pulmonar etc.).

Abscessos crônicos podem conduzir o paciente a uma anemia crônica, detectada pelo hemograma completo. Outros achados incluem leucocitose, desvio à esquerda (aumento do número de bastões) e elevação de marcadores inflamatórios (VHS e PCR), principalmente nos abscessos agudos.

A **broncofibroscopia** com lavado broncoalveolar não está indicada de rotina, porém pode ser útil quando se deseja identificar o patógeno ou para diagnóstico diferencial com neoplasias e corpos estranhos.

DIAGNÓSTICO DIFERENCIAL

Diversas condições podem criar imagens radiográficas semelhantes ao abscesso pulmonar: neoplasias (p. ex., carcinoma broncogênico), tuberculose, empiema pleural septado, micoses pulmonares, bronquiectasias, pneumonia bacteriana cavitária, cistos e bolhas com líquido no interior, vasculite pulmonar (p. ex., granulomatose de Wegener, síndrome de Goodpasture, poliarterite nodosa), infarto pulmonar, nódulos reumatoides, sequestro pulmonar, embolia pulmonar e contusão pulmonar.

TRATAMENTO

O tratamento de escolha inicial é a **antibioticoterapia prolongada** (de 4 a 6 semanas, em média). A **terapia cirúrgica** será necessária em menor proporção dos casos. Devemos avaliar a necessidade de internação hospitalar em relação ao quadro clínico, extensão da lesão pelo exame de imagem, complicações associadas e adesão ao tratamento em regime ambulatorial.

Antibioticoterapia

O agente empírico de primeira escolha para o tratamento do abscesso pulmonar é a **clindamicina**. Como alternativa, pode-se empregar a **amoxicilina-clavulanato**. Fármacos mais específicos podem ser escolhidos conforme os resultados das culturas estejam disponíveis. Antibióticos como meropenem e imipenem podem cobrir anaeróbios e aeróbios envolvidos nos abscessos pulmonares (Quadro 19.2).

Quadro 19.2 Antibióticos* (doses)

Clindamicina: adultos: 600mg, EV, de 8/8h, por 7 a 10 dias, e então, se possível, substituir por terapia oral (VO), 300mg, de 6/6h, por mais 3 a 5 semanas. Crianças: 20 a 40mg/kg/dia, em tomadas de 8/8h ou 6/6h, IM ou EV
Amoxicilina-clavulanato: > 12 anos: 1g + 200mg, EV, de 8/8h, nos primeiros 7 a 10 dias, e posterior substituição pela VO, 875+125mg, de 12/12h; 3 meses a 12 anos: 30mg/kg, EV, de 8/8h. Terapia VO (suspensão oral): < 1 ano: 125mg + 31,25mg/5mL, tomar 2,5mL 3 ×/dia; de 1 a 6 anos: 125+31,25mg/5mL, tomar 5mL 3 ×/dia; > 6 anos (250mg + 62,5mg/5mL, tomar 5mL, 3 ×/dia)

* As doses e a duração do tratamento não devem ser rígidas. A terapia prolongada é importante e a duração do tratamento deve ser individualizada conforme resposta clínica e radiológica. A maioria dos autores sugere manter o antibiótico até melhora do padrão radiológico. A duração pode variar de 1 a 3 meses ou mais.

Após iniciada a antibioticoterapia, espera-se alguma melhora da febre, tosse e expectoração em até 72 horas. A manutenção de febre alta e bacteriemia após 72 horas é considerada uma falha terapêutica. Em 7 a 10 dias deve haver melhora significativa do quadro clínico. Provavelmente, o paciente estará afebril e com sintomas discretos (ou assintomático) após esse tempo.

A ausência da resposta em 72 horas ou em 7 a 10 dias pode significar falha do antibiótico, obstrução brônquica, neoplasia associada, diagnóstico incorreto ou, então, complicação do quadro infeccioso (empiema associado). Portanto, deve-se considerar a terapia cirúrgica, troca do esquema antibiótico ou outras intervenções necessárias.

Atenção: a antibioticoterapia pode envolver a associação de medicamentos (empíricos ou específicos) para o tratamento da pneumonia simultânea ao abscesso pulmonar, especialmente nos abscessos agudos e por aeróbios (pneumonia por *S. aureus*, pseudomonas etc.).

Drenagem das secreções

Em casos selecionados, a broncoscopia seriada poderá ser realizada para estimular a eliminação das secreções. Todos os casos deverão ser encaminhados à fisioterapia respiratória para facilitar a drenagem mecânica das secreções.

Terapia cirúrgica

A **terapia cirúrgica** é realizada na menor parte dos casos (< 10%), mas pode tornar-se necessária nas seguintes situações: falha ou ausência de resposta adequada aos antibióticos, hemoptise maciça associada, abscessos com diâmetro > 6cm (abscesso grande), incerteza diagnóstica (p. ex., o câncer de pulmão não pode ser descartado), pacientes imunocomprometidos, empiema pleural associado e abscessos de evolução aguda e grave.

Normalmente, realiza-se uma lobectomia ou ressecções maiores.

Capítulo 20
Asma Brônquica

Sônia Regina da Silva Carvalho • Rodrigo Simões Eleutério

INTRODUÇÃO E FISIOPATOLOGIA

O paciente asmático apresenta um **processo inflamatório crônico das vias aéreas**, o que torna essas vias hiper-responsivas. Quanto maior a inflamação, maior será a hiper-responsividade brônquica. Desse modo, quando o paciente se expõe a alguns **estímulos** (ou "gatilhos"), as vias aéreas vão responder produzindo uma intensa broncoconstrição, diminuindo de calibre e dificultando a passagem de ar. Trata-se de uma obstrução episódica e reversível das vias aéreas.

O broncoespasmo é o principal responsável pelo estreitamento das vias aéreas, em conjunto com um processo inflamatório persistente, expresso por presença de edema da parede brônquica e hipersecreção de muco, podendo inclusive surgir rolhas de muco.

Dentre os gatilhos da asma, podem ser citados: poeira doméstica (rica em ácaros), mofo/fungos, pólen, descamações/secreções de animais como cães e gatos, infecções das vias aéreas, alguns alimentos e fármacos, mudanças climáticas, determinados poluentes etc.

CONSIDERAÇÕES

A asma pode aparecer em qualquer idade, mas a maioria dos casos predomina nas crianças até os 10 anos de idade (75% das vezes) ou nos adultos entre 50 e 70 anos, ou seja, existe um comportamento bimodal da doença.

A grande maioria das crises asmáticas é leve ou moderada. As crises classificadas como graves ou "muito graves" correspondem à minoria dos casos, porém são essas exacerbações que merecem mais atenção do plantonista, diante do risco de evoluírem com insuficiência respiratória e morte.

O paciente asmático, durante uma crise moderada ou grave, evolui com taquipneia e hiperventilação, eliminando muito CO_2 (hipocapnia) e desenvolvendo uma alcalose respiratória.

O paciente que apresenta crise muito grave pode ser incapaz de ventilar os pulmões, exibindo retenção de CO_2 (hipercapnia) e desenvolvendo acidose respiratória. Além disso, o paciente asmático tende a apresentar hipoxemia, que irá se acentuar conforme a intensidade da crise. Todas essas alterações podem ser identificadas por meio de gasometria arterial.

QUADRO CLÍNICO

O paciente asmático costuma desenvolver uma tríade episódica clássica, composta por **dispneia**, **tosse** e **sibilância** (chiado). A queixa de "aperto no peito" (**sensação de opressão torácica**) também é muito comum. Os sintomas são mais comuns, principalmente, pela manhã e à noite. Aconselha-se interrogar o paciente sobre uma possível exposição aos "gatilhos" (ácaros, poeira, pólen, mofo, poluição, cigarro, animais, estresse, atividade física, fármacos, infecções respiratórias, mudanças climáticas etc.).

No exame físico podem ser encontrados: taquidispneia, tórax hiperinsuflado, expansibilidade pulmonar diminuída, frêmito toracovocal reduzido e percussão pulmonar com hipersonoridade. A ausculta torácica vai revelar **sibilos** expiratórios por toda a área pulmonar (sinal mais importante da asma) e tempo de expiração prolongado, se comparado à inspiração. A ausculta de roncos normalmente indica secreção/muco nas vias aéreas.

A avaliação clínica deve ser ainda mais cuidadosa nos pacientes muito graves: os sibilos podem se tornar expiratórios e inspiratórios, ou mesmo ausentes, se diante de obstrução gravíssima. Nesta situação, o murmúrio vesicular pode ser inaudível (trata-se do tórax silencioso). Observam-se ainda uso intenso de musculatura acessória, tiragem, fadiga respiratória, pulso paradoxal, cianose do tipo central e respiração predominantemente abdominal. Quando o exame físico revelar alguns desses sinais de gravidade, a atenção deverá ser redobrada, pois é grande a chance de o paciente evoluir com parada respiratória.

DIAGNÓSTICO

O melhor exame complementar para identificação da variação do fluxo aéreo característico da asma é a **espirometria com prova broncodilatadora**, e os parâmetros mais importantes para análise são: o **volume expiratório forçado no primeiro segundo** (VEF1) e a **capacidade vital forçada** (CVF). Na asma, encontra-se o distúrbio obstrutivo caracterizado pela redução da relação VEF1/CVF. A gravidade da doença é determinada pelo percentual previsto do VEF1.

O diagnóstico de asma pode ser firmado diante da seguinte situação: a espirometria revela relação VEF1/CVF < 75% (adultos) ou 86% (crianças), e após a administração de um broncodilatador β2-agonista de curta duração, o VEF1 aumenta em 12% (ou 200mL). Trata-se de uma espirometria com **prova broncodilatadora positiva**, confirmando a presença de componente broncoespástico reversível.

Existem aparelhos portáteis que quantificam o PFE (*peak flow*), o qual se encontra reduzido, devendo ser adotadas medidas medicamentosas para controlar a intensidade da crise. Aconselha-se que todo paciente com asma persistente possua um desses dispositivos.

Nos PS, o aparelho portátil de *peak flow* é de grande utilidade para identificar ou classificar um episódio de crise asmática e, nesse caso, a decisão terapêutica vai partir da história clínica, do exame físico e da história patológica pregressa do paciente.

DIAGNÓSTICO DIFERENCIAL

A asma faz diagnóstico diferencial com outras doenças que cursam com dispneia, tosse ou mesmo sibilos, como anel vascular, apneia obstrutiva do sono, aspergilose broncopulmonar alérgica, infecções virais e bacterianas, bronquiectasias, insuficiência cardíaca, bronquiolites, massas hipofaríngeas, carcinoma brônquico, massas mediastinais, discinesia da laringe, obstrução alta das vias aéreas, disfunção de cordas vocais, obstrução mecânica das vias aéreas, doença respiratória crônica da prematuridade, refluxo gastroesofágico, DPOC, síndrome de Löeffler, embolia pulmonar, síndrome de hiperventilação, fibrose cística, alveolite alérgica extrínseca ou pneumonite por hipersensibilidade.

CLASSIFICAÇÃO DA CRISE ASMÁTICA (QUADRO 20.1)

Quadro 20.1 Classificação da crise asmática

Leve	Moderada	Grave	Muito grave
Dispneia leve e geralmente aos esforços	Dispneia significativa mesmo em repouso	Dispneia intensa	Dispneia grave, sinais de fadiga respiratória ou estado mental alterado
Poucos sibilos	Muitos sibilos, mas o murmúrio vesicular (MV) está presente	Muitos sibilos; MV presente	Não se percebem sibilos; murmúrio vesicular diminuído ou não existe
PaO_2 e $PaCO_2$ normais Não faz uso de musculatura acessória	PaO_2 > 60mmHg, porém $PaCO_2$ baixa (alcalose respiratória)	PaO_2 próxima ou < 60mmHg $PaCO_2$ baixa (alcalose respiratória) Pulso paradoxal presente	PaO_2 < 60mmHg (hipoxemia) e $PaCO_2$ elevada (retenção de CO_2, hipercapnia) Sonolência (carbonarcose)
É capaz de falar quase normalmente	Alguma dificuldade para falar frases completas	Interrupções frequentes ao falar, frases incompletas	Extrema dificuldade para falar
PFE > 80% do esperado	PFE entre 50% e 80% do esperado	PFE entre 30% e 50% do esperado	PFE < 30% do esperado
Frequência respiratória (FR): normal ou pouco aumentada	FR: pouco aumentada; taquicardia leve	FR: taquidispneia intensa, taquicardia > 110bpm	FR: taquidispneia muito intensa, taquicardia > 140bpm ou bradicardia

> **Atenção:** o paciente com crise asmática muito grave é sério candidato a intubação orotraqueal e, preferencialmente, seu tratamento deve ser feito em CTI, devido à insuficiência respiratória grave e ao elevado risco de morte. Lembre-se: a causa de morte por asma é asfixia.

TRATAMENTO DA ASMA NO PS

Considerações iniciais

Se o paciente está em crise asmática classificada como "muito grave", ele deve ser transferido o quanto antes para o CTI, ante o risco importante de evoluir com insuficiência respiratória grave e parada cardiorrespiratória.

Os demais pacientes devem ser tratados conforme o esquema a seguir (as doses e condutas pediátricas podem ser encontradas no capítulo de asma brônquica, na seção de pediatria):

- **Oxigenoterapia:** quando o paciente apresentar saturação de O_2 < 92%, ou a oximetria de pulso não estiver disponível, deve-se ofertar O_2 extra para o paciente (fluxo: 1 a 3L/min). Objetivo: adultos > 92%; crianças, gestantes e cardiopatas > 95%. Acompanhe o paciente com **oximetria de pulso**; em casos graves, a gasometria arterial pode ser aplicada.
- **Nebulização com β2-agonista de curta duração:** o tratamento inicial da crise sempre deve ser feito com um β2-agonista de curta duração (p. ex., nebulização com fenoterol, dose de 2,5 a 5,0mg (10 a 20 gotas) em 3 a 5mL de soro fisiológico a 0,9%; inicialmente, realizam-se três nebulizações, com intervalo de 20 minutos entre cada nebulização; a dose para crianças é 1 gota para cada 3kg. Após a primeira hora, realiza-se reavaliação do paciente).

> **Obs:** se for utilizado aerossol dosimetrado (fenoterol ou salbutamol), a dose será de 5 a 8 *puffs*; realizando-se três repetições da dose com intervalo de 20 minutos entre cada repetição. A utilização de câmara espaçadora é essencial. Os principais efeitos adversos dos β2 de curta duração são: tremores de extremidade, taquicardia, arritmias e hipocalemia.

- **Reavaliação do paciente após 1 hora:** após o tratamento inicial (oxigenoterapia + 3 nebulizações), realiza-se a reavaliação do paciente, baseada no quadro clínico, no estado geral, na saturação de O_2 e no valor do PFE ou VEF1. O paciente pode apresentar:
    - Boa resposta ao tratamento inicial.
    - Resposta parcial ou pequena ao tratamento inicial.
    - Piora da crise mesmo com o tratamento inicial.

A conduta diante de cada situação está descrita a seguir:

1. **Boa resposta ao tratamento:** o paciente apresenta melhora clínica, boa saturação de O_2 e PFE > 70% do esperado. Este paciente pode receber **alta hospitalar**, porém ainda deve fazer uso de medicações em domicílio:
    - **β2 de curta duração**, na forma de aerossol (salbutamol ou fenoterol), dose de 2 a 5 *puffs*, de 4/4h, por 48 horas.
    - **Prednisona** (corticoide), 1 a 2mg/kg/dia, por 5 a 10 dias; dose máxima de 60mg/dia.
    - Encaminhamento para tratamento ambulatorial com especialista.
2. **Resposta parcial, pequena ou ausente ao tratamento inicial:** os sintomas diminuíram parcialmente ou quase nada, PFE entre 35% e 70 % do esperado e persistência de sinais de gravidade. Esses pacientes devem ser mantidos no PS por no mínimo mais 4 horas e devem receber os seguintes medicamentos:
    - **Nebulização** com fenoterol (10 a 20 gotas em 3 a 5mL de SF 0,9%) e brometo de ipratrópio (dose de 250mcg = 20 gotas, em 3 a 5mL de SF 0,9%) a cada 30 a 60 minutos, por até 4 horas (administrado conjuntamente).

- **Glicocorticoide:** recomenda-se prednisona VO (1 a 2mg/kg/dia; dose máxima de 60 mg) ou metilprednisolona, 60 a 80mg/dia. Quando o paciente não consegue engolir: metilprednisolona, EV, 60 a 125mg/dose, de 6/6h, ou hidrocortisona, EV, 2 a 3mg/kg/dose, de 4/4h.

  Após 4 horas é realizada **nova avaliação** do paciente: se apresentar melhora clínica, boa saturação de O_2 e PFE > 70% do normal, pode receber **alta hospitalar**, mas deve utilizar, em regime domiciliar, as mesmas medicações citadas no item 1 e ser encaminhado para tratamento ambulatorial. Caso o paciente mantenha resposta inadequada ou pequena após 4 horas, deve ser **internado** para continuar com tratamento hospitalar.
3. **Piora da crise asmática:** o paciente apresenta piora do quadro clínico apesar do tratamento inicial. Indicadores de gravidade se intensificam e o PFE mantém-se < 35%. Este paciente deve ser indiscutivelmente transferido para o **CTI**, no qual receberá **tratamento intensivo**. Atualmente, recomenda-se a utilização de **sulfato de magnésio** EV para as crises mais graves e refratárias (adultos: 1 a 2g, EV, em infusão lenta por 20 minutos; crianças: 25 a 75mg/kg, máximo de 2g).
- Sempre que apresentar redução do nível de consciência, sonolência, confusão mental, sinais de fadiga respiratória, cianose, exaustão, incapacidade de falar e outros achados de insuficiência respiratória, o paciente deve ser intubado (intubação orotraqueal, preferencialmente) e removido para CTI.
- Em pacientes classificados como graves ou gravíssimos recomenda-se a realização de gasometria arterial, radiografias de tórax, hemograma, pesquisa de eletrólitos, glicemia ou outros exames que o plantonista julgar necessário para diagnósticos diferenciais ou classificação da crise.

Capítulo 21
Doença Pulmonar Obstrutiva Crônica (DPOC)

Sônia Regina da Silva Carvalho • Rodrigo Simões Eleutério

INTRODUÇÃO

A DPOC consiste em uma síndrome definida pela obstrução crônica, difusa e irreversível das vias aéreas inferiores, acompanhada de sintomas respiratórios (p. ex., dispneia, tosse crônica, expectoração) e progressiva destruição de parênquima pulmonar. Apesar de só comprometer os pulmões, a doença é capaz de produzir repercussões sistêmicas importantes.

Na composição da DPOC vamos encontrar duas doenças principais: a **bronquite obstrutiva crônica** e o **enfisema pulmonar**. Em geral, as duas doenças estão presentes simultaneamente, quase sempre com predomínio de uma delas.

A DPOC é a quarta causa principal de morte no mundo, segundo a Organização Mundial da Saúde (OMS).

FISIOPATOLOGIA

A DPOC costuma ser encontrada em adultos com mais de 40 a 50 anos de idade e com história positiva de inalação prolongada de materiais particulados e gases irritantes/tóxicos, sendo o **tabagismo** o principal fator de risco para a doença. Até 90% dos pacientes são tabagistas há muitos anos.

Os dois principais elementos formadores da DPOC são:

- **Bronquite obstrutiva crônica:** caracterizada por um processo inflamatório crônico (devido aos gases tóxicos e irritantes), levando ao espessamento da parede dos brônquios e reduzindo a luz destes. Também se observam hiperplasia e hipertrofia das glândulas secretoras na submucosa, produzindo hipersecreção de muco nas vias aéreas. O paciente costuma exibir tosse crônica, acompanhada de expectoração mucosa, por muitas semanas, principalmente em meses de inverno. Para definir clinicamente a doença, o paciente deve apresentar: tosse crônica e expectoração por pelo menos 3 meses sequenciais e por 2 ou mais anos consecutivos. Também deve exibir sinais de obstrução crônica das vias aéreas.
- **Enfisema pulmonar:** observa-se uma dilatação/alargamento das vias aéreas distais ao bronquíolo terminal, com destruição progressiva da parede dos alvéolos. Surgem grandes "espaços" onde deveriam existir alvéolos e sacos alveolares. As trocas gasosas ficam comprometidas devido à perda de superfície respiratória, as vias aéreas colabam com facilidade durante a expiração (aprisionando o ar), e o pulmão tende a ficar hiperinsuflado. Essa doença também produz maior resistência ao fluxo sanguíneo pelo pulmão e aumenta o risco de desenvolvimento de *cor pulmonale*.

QUADRO CLÍNICO

- Normalmente, o paciente tem idade > 40 a 45 anos e é **tabagista** há muitos anos, sendo este o principal fator de risco.
- **Dispneia** é um dos mais importantes sintomas relatados pelo paciente, sendo de caráter **progressivo**. Inicialmente, trata-se de uma dispneia aos grandes esforços, que progride até se tornar uma dispneia aos pequenos esforços ou mesmo em repouso. Nas exacerbações da DPOC, a dispneia torna-se mais intensa que o habitual. Relatos de **dispneia paroxística noturna e ortopneia** são frequentes.
- **Tosse produtiva** é outro importante achado da doença. O paciente costuma relatar que apresenta a tosse há muito tempo, e por dias ou meses essa tosse é acompanhada de expectoração. A tosse

está muitas vezes relacionada com a bronquite crônica. A tosse, bem como a expectoração, tende a se intensificar durante a exacerbação da doença. Os tabagistas costumam relatar que pela manhã apresentam muita tosse com "pigarro na garganta". A tosse pode se manifestar antes ou durante a dispneia.
- Ao exame físico, é possível encontrar diminuição do murmúrio vesicular; nos pacientes com predomínio de bronquite obstrutiva crônica, a ausculta pode também revelar estertores, sibilos e roncos. Nos pacientes com predomínio de enfisema pulmonar, os ruídos adventícios não costumam ser percebidos, apenas a diminuição do murmúrio vesicular. Outro achado comum é o tempo expiratório anormalmente aumentado: o paciente parece fazer força para "soprar" o ar durante a expiração. O tórax dos pacientes pode apresentar-se com sinais de hiperinsuflação ("tórax em tonel/barril"), expansibilidade e elasticidade reduzidas e hipersonoridade à percussão. Alguns pacientes podem desenvolver policitemia (aumento do número de hemácias) e por isso desenvolvem pletora facial (a pele fica avermelhada, principalmente no rosto). Alguns pacientes podem apresentar cianose.

DIAGNÓSTICO

- O diagnóstico definitivo de DPOC pode ser obtido juntando os achados da **história clínica** (sinais e sintomas característicos e fatores de risco presentes) aos resultados da **espirometria**. Os principais parâmetros da espirometria a serem analisados são VEF1 e CVF. No paciente com DPOC, a relação VEF1/CVF está < 70% (< 0,7), mesmo após prova broncodilatadora, sendo este um critério diagnóstico da DPOC. A espirometria também auxilia o estadiamento dos pacientes, sendo o valor do percentual do VEF1 após a prova broncodilatadora o parâmetro escolhido para essa avaliação. Classificamos o DPOC em leve (%VEF1 pós-BD > 80%), moderado (entre ≥ 50 e < 80%), grave (entre ≥ 30 e < 50%) e muito grave (< 30%). No entanto, sabe-se que a espirometria muitas vezes não estará disponível no ambiente de PS e, consequentemente, tanto o diagnóstico de DPOC como a identificação da exacerbação (DPOC descompensada) devem ser baseados na história clínica e auxiliados por exames inespecíficos. Em geral, a espirometria é solicitada para o paciente durante a fase compensada da doença.
- Deve-se suspeitar de DPOC nos pacientes com história de tabagismo e sinais, sintomas e exame físico sugestivos. Durante a **agudização** ("exacerbação da DPOC") observam-se, em geral, **piora/intensificação da dispneia, tosse mais frequente e com expectoração aumentada, ou de aspecto purulento** (amarelado-esverdeado); piora dos padrões gasométricos e clínicos e achados compatíveis com infecção pulmonar.
- Alguns exames complementares que auxiliam a avaliação do paciente: radiografia de tórax PA e perfil, gasometria arterial, oximetria de pulso constante, hemograma completo, eletrocardiograma (ECG), ecocardiograma e bioquímica do sangue (coagulograma, função renal, glicemia).

DIAGNÓSTICO DIFERENCIAL

Os principais diagnósticos diferenciais a serem considerados são com: pneumonia, TEP, derrame pleural, pneumotórax, arritmias cardíacas, insuficiência cardíaca, insuficiência cardíaca descompensada, asma, tuberculose, bronquiolites e bronquiectasias.

TRATAMENTO

As exacerbações no paciente com DPOC são comuns e devem ser rapidamente reconhecidas e controladas. Na maioria dos casos, a exacerbação é desencadeada por **infecção das vias aéreas**, mas existem outras causas não menos importantes, como TEP, asma brônquica, insuficiência cardíaca descompensada, isquemia miocárdica, arritmias cardíacas, pneumotórax (rompimento de bolhas) e uso de sedativos e outras substâncias.

O tratamento do paciente com DPOC descompensada baseia-se principalmente em nebulização (A) + antibioticoterapia conforme a necessidade (B) + corticoides sistêmicos (C) + oferta adicional controlada de O_2 (D). Alguns pacientes podem necessitar de ventilação mecânica invasiva (E). Outros pacientes podem se beneficiar da ventilação não invasiva com pressão positiva (F):

A. Nebulização com β2-agonista de curta duração associado a brometo de ipratrópio:
- A nebulização associando os dois medicamentos promove importante melhora da dispneia.
- O β2-agonista de curta duração mais usado é o **fenoterol**. Nebulização com 1,25 a 2,5mg (de 5 a 10 gotas), até três nebulizações na primeira hora, e depois, até 4/4h (até estabilização); o **brometo de ipratrópio** deve ser usado na dose de 250 a 500mcg (de 20 a 40 gotas), de 4/4h (até estabilização).

B. Antibioticoterapia: infecção das vias aéreas é a principal causa de agudização da DPOC (até 70% das vezes de etiologia bacteriana). Utilize o antibiótico sempre que houver evidências claras de infecção (consolidação na radiografia de tórax, febre alta, leucocitose etc.) ou sempre que o paciente apresentar dois ou três dos itens a seguir: **(1) piora da dispneia**, **(2) escarro se torna mais abundante** (volume aumentado), **(3) escarro adquire aspecto purulento** (amarelado, amarelo-esverdeado):
- *Streptococcus pneumoniae, Haemophilus influenzae* e *Moraxella catarrhalis* são as bactérias mais comuns. Outras: micoplasma, clamídia, *Pseudomonas aeruginosa, Proteus, Klebsiella pneumoniae, Escherichia coli* e outros gram-negativos entéricos.

Quadro 21.1 Esquema de antibiótico sugerido

B.1). **Pacientes com crises leves (VEF1 > 80%) e sem fatores de risco***: β-lactâmico + inibidor da β-lactamase (p. ex., amoxicilina-clavulanato ou ampicilina-sulbactam); outras alternativas são azitromicina ou claritromicina ou cefuroxima

B.2). **Pacientes com crises leves/moderadas (VEF1 > 50%) com fatores de risco***: fluoroquinolona respiratória (p. ex., levofloxacino ou moxifloxacino) ou então β-lactâmico + inibidor da β-lactamase (p. ex., amoxicilina-clavulanato ou ampicilina-sulbactam)

B.3). **Pacientes com crises graves (VEF1 < 50%) e com fatores de risco***: fluoroquinolona respiratória em doses altas, EV. Alternativa: β-lactâmico + inibidor da β-lactamase (p. ex., ampicilina-sulbactam). Em caso de risco aumentado para pseudomonas, deve-se associar cefepima ou piperacilina-tazobactam ou meropenem ou imipenem

Doses sugeridas

Amoxicilina-clavulanato: 875mg de amoxicilina + 125mg de clavulanato, VO, de 12/12h, ou então 1.000mg de amoxicilina + 200mg de clavulanato, EV, de 8/8h ou de 6/6h (infecções mais graves)
Ampicilina-sulbactam: dose baixa/moderada (0,5g de sulbactam + 1,0g ampicilina, EV, de 8/8h), dose alta (1,0g de sulbactam + 2,0g de ampicilina, EV, de 8/8h ou de 6/6h). A dose máxima diária de sulbactam recomendada é 4,0g
Levofloxacino: 500mg, VO, de 24/24h, ou então 500 a 750mg, EV, de 24/24h (infusão lenta > 90min)
Moxifloxacino: 400mg, VO, de 24/24h, ou então 400mg, EV, de 24/24h (infusão lenta > 60 min)
Cefepime: 1 a 2g, EV, de 8/8h ou de 12/12h (infusão > 30min)
Piperacilina-tazobactam: 4g + 0,5g, EV, de 8/8h

*****Fatores de risco:** > 65 anos, dispneia grave, comorbidades graves associadas, quatro ou mais exacerbações nos últimos 12 meses, hospitalização, uso de antibióticos nos últimos 15 dias, desnutrição, insuficiência renal ou hepática, cardiopatas, diabetes dependente de insulina.

C. Glicocorticoides sistêmicos: os corticoides ajudam na melhora clínica da exacerbação atual e também contribuem para diminuir a frequência e a intensidade de novas exacerbações. Podem ser administrados a todos os pacientes (exceto em caso de contraindicação a corticoides).

Utilizar **prednisona**, 40 a 60mg, VO, 1×/dia, por 10 a 14 dias, nos pacientes em regime ambulatorial ou internados que aceitem VO. Pacientes em crise grave, internados e que não podem ingerir o comprimido podem usar a **metilprednisolona**, 0,5 a 1,0mg/kg (de 62,5 a 125mg), EV, de 6/6h por 3 dias, e depois substituir por prednisona, VO (se possível). Outra opção é a hidrocortisona, 3 a 5mg/kg (dose de 200 a 300mg), EV, de 6/6h também por 3 dias, posteriormente substituída por medicação oral.

D. **Oxigênio suplementar:** ofereça O_2 em um fluxo de 1 a 2L/min, em caso de saturação de pulso < 90%. O ideal é manter a saturação de O_2 entre 90% e 92%.

> **Atenção:** não oxigenar além dos limites indicados, pois pode favorecer a retenção de CO_2.

E. **Suporte ventilatório:**
- **Como conduzir o suporte ventilatório:** avalie se o paciente tem, necessariamente, indicação de ventilação mecânica invasiva; depois, avalie as indicações e contraindicações na ventilação não invasiva; e, por último, avalie se precisa de O_2 apenas por máscara facial ou cateter nasal.
- **Ventilação não invasiva com pressão positiva (VNIPP):** pode-se utilizar **CPAP**, pressão de 8 a 12cmH_2O, ou então **BiPAP**, pressão de 8 a 12cmH_2O na inspiração e de 3 a 5cmH_2O na expiração (sugestão de pressão). Mantenha a cabeceira elevada. A ventilação com pressão positiva pode ser usada se alguns dos critérios a seguir estiverem presentes: FR > 25irpm, acidose respiratória (pH < 7,35) com PaCO_2 > 45mmHg e dispneia intensa com utilização de musculatura acessória ou respiração paradoxal. **Contraindicações:** pacientes não cooperativos, rebaixamento/alteração do nível de consciência, queimados, instabilidade cardiovascular, alterações do rosto que impossibilitam o posicionamento da máscara, traumatismo craniofacial, obesidade mórbida.
- **Ventilação invasiva (através de tubo orotraqueal):** normalmente mantido por 24 a 48 horas, dando preferência ao modo assistido-controlado, com ciclagem por volume e tempo expiratório prolongado. **Indicações:** alteração do nível de consciência (principal indicação), FR > 35irpm, acidose respiratória grave (pH < 7,25) e PaCO_2 > 60mmHg, hipoxemia grave (PaO_2 < 40mmHg, mesmo recebendo O_2 adicional), hipoxemia refratária à ventilação não invasiva, dispneia grave com uso de musculatura respiratória acessória e/ou respiração paradoxal, fadiga respiratória, instabilidade hemodinâmica, apneia e condições em que se torna necessário proteger as vias aéreas (muita secreção, broncoaspiração de sangue ou conteúdo gástrico etc.).

F. **Outros:** Após a estabilização do paciente com DPOC, este necessitará de acompanhamento ambulatorial. Todos os pacientes com DPOC devem **abandonar o tabagismo** para evitar a progressão da doença.
- **Internação hospitalar:** está indicada sempre que o paciente apresentar quadro grave, insuficiência respiratória, hipercapnia e acidose grave, comorbidades associadas, embolia, pneumonia ou pneumotórax, insuficiência cardíaca descompensada no paciente incapaz de realizar acompanhamento ambulatorial adequado ou se há necessidade de intervenções/procedimentos invasivos ou cirúrgicos. **O julgamento individual do atendente é o principal elemento na decisão da internação.**

Capítulo 22
Tromboembolia Pulmonar (TEP)

Carla Gama • Sônia Regina da Silva Carvalho • Rodrigo Simões Eleutério

INTRODUÇÃO E FISIOPATOLOGIA

Quando algum material (gasoso, sólido ou líquido) obstrui a circulação arterial pulmonar, estamos diante de uma embolia pulmonar. No entanto, na grande maioria das vezes, a embolia pulmonar se deve a um **êmbolo** proveniente de um **trombo** e que percorreu a circulação arterial até se impactar nos vasos pulmonares, o que justifica a denominação **tromboembolia pulmonar (TEP)**.

A etiologia da TEP, em mais de 90% das vezes, está relacionada com um êmbolo proveniente de um trombo formado nos membros inferiores, ou seja, o paciente apresenta uma **trombose venosa profunda (TVP)**, que pode ou não se manifestar clinicamente (menos de 50% dos casos). A TVP da região **ileofemoral** é a que apresenta maior risco de complicar-se com TEP.

QUADRO CLÍNICO

Apenas os sinais e sintomas são insuficientes para confirmar a TEP, pois são pouco específicos. Esses devem servir apenas para levantar a suspeita de TEP. Os exames complementares serão essenciais para a determinação diagnóstica.

Os principais sinais e sintomas são: **dispneia súbita** e sem explicação aparente, **taquipneia** (> 20 ciclos/min) e **dor torácica pleurítica**. Até 40% a 50% dos pacientes podem apresentar **sintomas e sinais de TVP** (dor, edema do membro etc.). Além disso, o paciente pode apresentar: **taquicardia**, **tosse**, **febre** (geralmente baixa), episódios de **hemoptise**, **síncopes** (< 15% das vezes), **estertores e/ou sibilos** (à ausculta pulmonar), **turgência jugular, cianose, hipotensão** e **choque**.

Sempre que o paciente apresentar **síncopes** (o que indica baixo débito cardíaco) ou **hipotensão/choque**, será importante investigar a instabilidade hemodinâmica.

Interrogue sobre **episódios anteriores de TVP e TEP**, bem como **fatores de risco** presentes.

CONSIDERAÇÕES

- **Fatores de risco para TVP e TEP:** > 65 anos, grandes cirurgias, cirurgias recentes, cirurgias ortopédicas, restrição ao leito, imobilizações, pacientes em coma prolongado, trombofilias, traumas, câncer, anticoncepcionais orais, ICC, AVE, infecções, sepse, punção venosa central, anestesia geral, comorbidades graves, quimioterapia, obesidade, *diabetes mellitus*, IAM, doenças inflamatórias intestinais, varizes, doenças reumatológicas, gestação e puerpério.
- **Principais complicações da TEP:** atelectasias, desequilíbrio ácido-básico, hipertensão pulmonar aguda, infarto agudo de ventrículo direito, instabilidade hemodinâmica e *cor pulmonale* agudo.

DIAGNÓSTICO

A conduta diagnóstica apresentada a seguir é baseada nas recomendações da Sociedade Brasileira de Pneumologia e Tisiologia:

1. Inicialmente, deve-se **suspeitar** de TEP com base nos sinais e sintomas compatíveis, fatores de risco e história de TVP ou TEP.
2. Exames inespecíficos podem ser solicitados: **radiografia de tórax em PA e perfil**, ECG, **ecocardiograma** e **gasometria arterial**. São exames importantes para diagnóstico diferencial, porém não confirmam ou excluem TEP.

3. A próxima etapa consiste em **estimar a probabilidade clínica de TEP**. Recomenda-se a aplicação do **escore de Wells** (Quadro 22.1) (o julgamento clínico é mais importante do que o escore; este serve apenas de orientação).

Quadro 22.1 Escore de Wells

Critérios do escore de Wells	Pontuação
Sinais e sintomas de TVP estão presentes	3,0
Outro diagnóstico é menos provável (TEP é o diagnóstico mais provável)	3,0
Cirurgia no último mês ou imobilização > 3 dias seguidos	1,5
História pessoal de TVP ou TEP	1,5
Taquicardia (> 100bpm)	1,5
Câncer (no momento ou até 6 meses antes)	1,0
Hemoptise presente	1,0

Interpretação: pontuação final ≤ 4: indica **baixa probabilidade de TEP**. Pontuação final > 4: **alta probabilidade de TEP**. Outra forma de interpretação é: baixa probabilidade: ≤ 2 pontos; probabilidade intermediária: de 3 a 5 pontos; alta probabilidade: ≥ 6 pontos.

4. As próximas condutas variam conforme o resultado da pontuação (ou julgamento clínico individualizado):
   - **Paciente apresenta escore de baixa probabilidade de TEP (≤ 4 pontos):** solicite um **D-dímero**. Um resultado de D-dímero negativo vai **excluir** o diagnóstico de TEP (não é necessário solicitar qualquer outro exame). No entanto, se o D-dímero vier positivo, será necessário realizar um exame de maior especificidade, sendo o mais indicado a **TC helicoidal com contraste** (TC helicoidal ou angio-TC associada à veno-TC). Outra opção é a cintilografia pulmonar ventilação/perfusão.
   - **Paciente apresenta escore de intermediária a alta probabilidade de TEP (> 4 pontos):** o D-dímero não é capaz de excluir o diagnóstico. A conduta correta consiste em solicitar diretamente um exame de maior especificidade. O mais indicado é a **angio-TC (com ou sem veno-TC)**, exame de altas sensibilidade e especificidade, pouco invasivo e que ajuda no diagnóstico diferencial. A angio-TC será suficiente na maioria dos casos. No paciente com alta probabilidade clínica e TC positiva para TEP, o diagnóstico está confirmado, mas se a TC for negativa para TEP, o médico pode continuar a investigação solicitando uma **cintilografia pulmonar ventilação/perfusão** ou então uma **USG com Doppler dos membros inferiores** (ou membros superiores, se existir a suspeita). Nas gestantes e nos pacientes com alergia ao contraste ou com insuficiência renal, a angio-TC não deve ser a primeira opção, podendo ser substituída por cintilografia pulmonar (mais indicada) ou USG com Doppler.

   A **cintilografia pulmonar** com resultado "normal" afasta o diagnóstico de TEP. O resultado "alta probabilidade" praticamente confirma o diagnóstico. Resultados intermediários tornam necessários outros exames (USG ou arteriografia pulmonar). A **USG com Doppler** dos membros inferiores tem o objetivo de investigar a TVP e não o TEP, porém, se o exame for positivo para TVP, pode-se iniciar o tratamento para TEP. A **arteriografia pulmonar** é o exame capaz de excluir ou confirmar definitivamente o diagnóstico de TEP. Contudo, é um exame caro, pouco acessível, muito invasivo e utiliza contraste; sendo assim, deve ser encarado como a última opção na investigação diagnóstica.

CONSIDERAÇÕES

- No paciente com sinais e sintomas de TEP e também de TVP, a conduta acima pode ser substituída diretamente por USG com Doppler dos membros inferiores (ou superiores); se o exame confirmar TVP, o tratamento para TVP/TEP já pode ser iniciado.

- No paciente com instabilidade hemodinâmica, o diagnóstico é urgente, sendo possível recorrer diretamente à arteriografia pulmonar (se disponível no hospital), principalmente nos pacientes não candidatos a trombolíticos (opção de embolectomia por cateter durante arteriografia). Métodos à beira do leito, como ecocardiograma transesofágico ou US com Doppler dos membros inferiores, podem ser utilizados para confirmação rápida de TEP ou instabilidade hemodinâmica. Se o paciente ficar hemodinamicamente estável e tiver condições de transporte, opta-se pela angio-TC.

DIAGNÓSTICO DIFERENCIAL

Pneumonia, asma, síndromes coronarianas, bronquiectasias, tuberculose, edema agudo de pulmão, DPOC exacerbada, dissecção de aneurisma aórtico, pericardite e tamponamento, pneumomediastino, tumores do tórax, neuralgia intercostal, insuficiência cardíaca descompensada, crise de ansiedade, fraturas de costela, pneumotórax, costocondrite, dores musculares e síndrome de hiperventilação (qualquer outra condição que curse com dispneia súbita e/ou dor torácica).

TRATAMENTO

Considerações iniciais

- Tratamento sempre em regime de **internação hospitalar** (terapia intensiva em casos graves). O paciente não deve caminhar até estar adequadamente anticoagulado.
- Pacientes com hipoxemia podem necessitar de O_2 suplementar ou mesmo ventilação mecânica invasiva, em caso de presença de insuficiência respiratória. Se houver **instabilidade hemodinâmica** (hipotensão ou choque), administre volume, porém não mais do que 1 litro de solução (Ringer lactato). O uso de agentes vasoativos (noradrenalina) e inotrópicos (dobutamina) pode ser necessário.

Anticoagulação

Consiste no principal componente do tratamento agudo da TEP. Reduz significativamente a morbimortalidade. **Conduta:** a anticoagulação começa com a aplicação EV ou SC de **heparina,** mantida por no mínimo 5 dias. Além disso, o paciente também deve receber um **anticoagulante oral** (varfarina), o mais precocemente possível, ainda em uso da heparina. Segue a descrição da anticoagulação:

1. **Anticoagulação com heparina:** pode-se utilizar a **heparina não fracionada (HNF)** ou a **heparina de baixo peso molecular (HBPM).** Esta última é considerada a primeira escolha na TEP sem instabilidade hemodinâmica (a grande maioria dos casos). O tratamento com heparina pode ser iniciado sem a confirmação diagnóstica, desde que exista forte suspeita clínica. No entanto, o anticoagulante oral (varfarina) só deve ser iniciado após confirmação diagnóstica:
    - **HBPM: enoxaparina**, SC, **1mg/kg, de 12/12h** (ou 1,5mg/kg, 1 x/dia). A HBPM apresenta menos efeitos colaterais (sangramentos e plaquetopenia) e dispensa o controle da anticoagulação pelo tempo de tromboplastina parcial ativada (PTTa).

> **Atenção:** em pacientes com insuficiência renal, obesos mórbidos, desnutridos graves e gestantes, a HBPM deve ser usada com cuidado e monitorizada pela dosagem do antifator Xa.

  - **HNF: dose de ataque: 80UI/kg, EV, em** *bolus*. **Dose de manutenção: 18UI/kg/h** (infusão contínua, diluição de 99mL de SF 0,9% + 1mL de HNF 5.000UI, formando uma solução de 50UI/mL). A HNF exige monitorização frequente do PTTa (**mantenha o PTTa entre 1,5 e 2,5 vezes o**

controle do paciente). Inicialmente, solicite o PTTa de 6/6h e reajuste a dose conforme a necessidade (Quadro 22.2). Após estabilizado o valor do PTTa, solicite-o diariamente até o fim do tratamento com HNF. Essa heparina apresenta maior risco de hemorragias e plaquetopenia, se comparada à HBPM. Recomenda-se a HNF como primeira opção nas seguintes situações: TEP com instabilidade hemodinâmica (maciça), pacientes candidatos a trombolíticos ou embolectomia (cirurgia) e pacientes com insuficiência renal grave.

Atenção: o antídoto para a HNF é a protamina (cada 1mL de **protamina**, EV, inativa 1.000UI de heparina; o cálculo da dose de protamina a ser utilizada deve ser baseado na dose de HNF administrada na última hora).

Quadro 22.2 Ajuste da dose de HNF

Valor do PTTa	Atitude a ser tomada
< 1,2 vez o controle	80UI/kg, EV (*bolus*); aumentar infusão em 4UI/kg/h
Entre 1,2 e 1,5 vez o controle	40UI/kg, EV (*bolus*); aumentar infusão em 2UI/kg/h
Entre 1,5 e 2,3 vezes o controle	Não é necessário modificar a HNF
Entre 2,4 e 3,0 vezes o controle	Reduzir infusão em 2UI/kg/h
> 3,0 vezes o controle	Interromper infusão por 1 hora, depois reduzir em 3UI/kg/h

2. **Anticoagulação oral (varfarina, VO):** tem a função de prevenir um novo episódio de TEP. **Varfarina** é o agente de escolha, na dose inicial de 5 a 10mg/dia, VO. Corrija a dose conforme o valor do INR (*International Normalized Ratio*), que **deve ficar entre 2 e 3**. Normalmente, inicia-se a varfarina no segundo ou terceiro dia de tratamento com a heparina. A confirmação diagnóstica de TEP é necessária antes de iniciar a medicação. Não deve ser usada na gestação (só utilize as heparinas).

    A varfarina e a heparina (HNF ou HBPM) devem permanecer juntas por pelo menos 5 dias e o INR deve estar entre 2 e 3 por pelo menos 24 a 48h (dosar periodicamente o INR). Atendidas essas condições, a heparina pode ser suspensa e o paciente vai utilizar apenas a varfarina VO.

Obs.: HNF pode aumentar o INR em até 0,5 (nesse caso, considere como referência INR entre 2,5 e 3,5).

A varfarina pode ser mantida por 3 a 6 meses, quando se identifica o fator de risco transitório, ou mesmo por tempo indefinido, caso exista recorrência do quadro ou fatores de risco permanentes (consulte opinião de especialista).

O antídoto da varfarina é a **vitamina K**, 1 a 5mg, VO, se não existirem sangramentos, ou vitamina K, 10mg, EV, em infusão lenta, se estiverem ocorrendo hemorragias (suspenda varfarina). Pacientes com sangramentos importantes devem receber, além da vitamina K, plasma fresco ou concentrado de complexo protrombínico ou fator VIIa recombinante.

3. **Contraindicações relativas para os anticoagulantes:** sangramento ativo, doença ulcerosa péptica ativa, defeitos conhecidos na coagulação (INR basal > 1,2 ou PTTa > 1,3 vez o controle), trombocitopenia (< 50.000/mm^3), disfunção plaquetária, AVE hemorrágico recente, paciente com dificuldade de adesão ao tratamento, história de quedas (três dentro do último ano ou recorrente lesão por queda), hipertensão arterial sistêmica não controlada (> 180/110mmHg), cirurgia maior ou politraumatismo nos últimos 3 meses, cirurgia maior ou procedimento invasivo planejado, endocardite bacteriana, doença intracerebral ativa (p. ex., metástase cerebral), anemia grave ou de causa

não explicada, tumores ulcerados, gestação (contraindicada apenas a varfarina), trombocitopenia autoimune (contraindicadas apenas as heparinas).

Trombolíticos (estreptoquinase ou alteplase)

Estão indicados **apenas** nos casos graves com **instabilidade hemodinâmica**. Há controvérsia sobre o uso de trombolíticos em pacientes hemodinamicamente estáveis, mas com disfunção isolada de ventrículo direito. Pacientes hemodinamicamente estáveis e sem disfunção de ventrículo direito não devem usar trombolíticos. Pode-se usar a **estreptoquinase** 1.500.000UI, EV, em 2 horas de infusão, ou 250.000UI em 30 minutos e depois 100.000UI/h por 12 a 24 horas, ou **alteplase** (rtPA), 100mg, EV, infundidos em 2 horas. Os trombolíticos podem ser usados por até 14 dias após o início dos sintomas. Lembre-se de respeitar as contraindicações ao uso de trombolíticos.

Embolectomia e filtro de veia cava

A **embolectomia**, realizada por cirurgia aberta ou radiologia intervencionista, visa a retirar o trombo pulmonar, sendo indicada apenas quando há instabilidade hemodinâmica não responsiva aos trombolíticos (ou quando estes estão contraindicados).

O filtro de veia cava está indicado nas seguintes situações: pacientes que não podem fazer anticoagulação; interrupção de anticoagulação, TEP recorrente, apesar do uso adequado de anticoagulantes; e pacientes que vão fazer embolectomia.

BIBLIOGRAFIA

Amato MBP, Marini JJ. Pressure-controlled and inverse ratio ventilation. In: Tobin M (ed.) Principles and practice of mechanical ventilation. 2. ed. New York, EUA: Mc Graw-Hill, 2006:251-72.
Birolini D, Nagib AA (eds.) Atualização terapêutica de Prado, Ramos e Valle: urgências e emergências – 2012/2013. São Paulo: Artes Médicas, 2012.
Borges DR (ed.) Atualização terapêutica de Prado, Ramos e Valle: diagnóstico e tratamento – 2012/2013 24 ed. São Paulo: Artes Médicas, 2012.
Esperatti M, Ferrer M, Theessen A et al. Nosocomial pneumonia in the intensive care unit acquired by mechanically ventilated versus nonventilated patiens. Am J Respir Crit Care Med 2010; 182:1533-9.
Gattinoni L, Caironi P, Carlesso E. How to ventilate patients with acute lung injury and acute respiratory distress syndrome. Curr Opin Crit Care 2005; 11(1):69-76.
Global Initiative for Asthma – GINA [homepage on the Internet]. Bethesda: Global Initiative for Asthma. Global Strategy for Asthma Management and Prevention, 2010. [Adobe Acrobat document, 119p.] Disponível em: http://www.ginasthma.org/pdf/GINA_Report_2010.pdf.
Global Strategy for the Diagnosis, Management and Prevention of Chronic Obstructive Pulmonary Disease. 2005. Disponível em: www.goldcopd.org.
Goldman L, Schafer AI. Cecil medicine. 24. ed. Saunders, 2011.
Haringer D. Pneumonia associada a ventilação mecânica. Pulmão RJ 2009; Supl 2:S37-S45.
Kallet RH. Evidence-based management of acute lung injury and acute respiratory distress syndrome. Respir Care 2004; 49(7):793-809.
Kollef MH, Micek ST. Patient hospitalized with pneumonia: determining the need for broad-spectrum antibiotic therapy. Clin Infect Dis 2012; 54(4):479-82.
Longo DL, Fauci AS, Kasper DL, Houser SL, Jameson JL, Loscalzo J. Harrison's principles of internal medicine. Volumes 1 and 2. 18. ed. McGraw-Hill, 2011.
Lopes AC. Tratado de clínica médica. 2. ed. São Paulo: Roca, 2009.
Martins HS, Damasceno MCT, Awada SB (eds.). Pronto-Socorro: condutas do Hospital das Clínicas da Faculdade de Medicina da Universidade de São Paulo. 2. ed. Ver e ampl. Barueri, SP: Manole, 2008.
Petrucci N, Iacovelli W. Ventilation with lower tidal volumes versus traditional tidal volumes in adults for acute lung injury and acute respiratory distress syndrome. Cochrane Database Syst Rev 2004; (2):CD003544.
Porto CC. Semiologia médica. 6. ed. Rio de Janeiro: Guanabara Koogan, 2009.
Rubenfeld GD, Caldwell E, Peabody E et al. Incidence and outcomes of acute lung injury. N Engl J Med 2005; 353(16):1685-93.
Schwartzmann PV, Volpe GJ, Vilar FC, Moriguti JC. Pneumonia comunitária e pneumonia hospitalar em adultos. Medicina (Ribeirão Preto) 2010; 43(3):238-48.
Sociedade Brasileira de Pneumologia e Tisiologia. Consenso Brasileiro de Pneumonias em Indivíduos Adultos Imunocompetentes. J Pneumol 2001; 27(Supl 1):S22-S41.

Sociedade Brasileira de Pneumologia e Tisiologia. Diretrizes brasileiras para tratamento das pneumonias adquiridas no hospital – 2007. J Bras. Pneumol 2007; 33(1S).

Sociedade Brasileira de Pneumologia e Tisiologia. Diretrizes brasileiras para pneumonia adquirida na comunidade em adultos imunocompetentes – 2009. J Bras Pneumol 2009; 35(6).

Sociedade Brasileira de Pneumologia e Tisiologia. Diretrizes Brasileiras para Tratamento das Pneumonias Adquiridas no Hospital e das Associadas à Ventilação Mecânica. J Pneumol 2007; 33(Supl 1S):S1-S30.

Sociedade Brasileira de Pneumologia e Tisiologia. Diretrizes da Sociedade Brasileira de Pneumologia e Tisiologia para o Manejo da Asma – 2012. J Bras Pneumol abril 2012; 38(Supl 1):S1-S46.

Sociedade Brasileira de Pneumologia e Tisiologia. Diretrizes na Abordagem Diagnóstica e Terapêutica das Doenças Pleurais. J Bras. Pneumol 2006; 32 (Supl 4).

Sociedade Brasileira de Pneumologia e Tisiologia. II Consenso Brasileiro sobre Doença Pulmonar Obstrutiva Crônica. J Pneumol Nov 2004; 30(Supl 5).

Sociedade Brasileira de Pneumologia e Tisiologia. III Consenso Brasileiro de Ventilação Mecânica. J Bras Pneumol 2007; 33(Supl 2):S119-S127.

Sociedade Brasileira de Pneumologia e Tisiologia. Recomendações para o manejo da tromboembolia pulmonar, 2010. J Bras Pneumol março 2010; 36(Supl. 1):S1-S68.

Sociedade Paulista de Infectologia. Diretrizes sobre Pneumonia Associada à Ventilação Mecânica. São Paulo (SP): 2006.

Torres A, Rello J. Update in community-acquired and nosocomial pneumonia – 2009. Am J Respir Crit Care Med 2010; 181:782-7.

Villar J, Kacmarek RM, Perez-Mendez L, Aguirre-Jaime A. A high positive end-expiratory pressure, low tidal volume ventilatory strategy improves outcome in persistent acute respiratory distress syndrome: a randomized, controlled trial. Crit Care Med 2006; 34(5):1311-8.

Wunderink RG, Niederman MS, Kollef MH et al. Linezolid in methicillin-resistant staphylococcus aureus nosocomial pneumonia: a randomized, controlled study. Clin Infect Dis 2012; 54(5):621-9.

Seção III – TRAUMATOLOGIA

Capítulo 23
Abordagem Inicial ao Trauma

Andréa Povedano • Rodrigo Simões Eleutério

INTRODUÇÃO

A vítima de trauma necessita de atenção e cuidados imediatos. A abordagem deve ser feita de maneira organizada, padronizada, por pessoal devidamente treinado e preparado. **O atendimento correto do trauma tem início ainda no ambiente pré-hospitalar**, e rapidamente a vítima deve ser transportada para o hospital. Considera-se paciente **politraumatizado** aquele que apresenta dois ou mais sistemas afetados pelo trauma, com pelo menos um sistema oferecendo risco de morte.

O atendimento inicial, por equipes treinadas, deve ocorrer no ambiente pré-hospitalar. Este capítulo irá apresentar o atendimento inicial do trauma que deve ocorrer logo após a chegada ao hospital (atendimento hospitalar).

NO AMBIENTE HOSPITALAR

No hospital, o paciente vai receber o famoso **exame primário** ("ABCDE" do trauma). Diversas técnicas de **reanimação** podem ser necessárias durante o atendimento (p. ex., intubação, reposição de volume etc.) (Quadro 23.1).

Quadro 23.1 Exame primário (é sistematizado: "ABCDE")

A – vias aéreas e imobilização cervical
B – respiração/ventilação
C – circulação
D – exame neurológico direcionado
E – exposição do paciente e controle da hipotermia

"A" – Vias aéreas e imobilização cervical

1. Vias aéreas livres

A primeira etapa do exame primário do trauma consiste em avaliar se as vias aéreas estão **pérvias** para a passagem de ar ou garantir uma desobstrução, caso exista algum comprometimento:

- **Avaliação da via aérea:** quando o paciente é capaz de falar e sua voz está normal, provavelmente não existe comprometimento da via aérea. No entanto, se o paciente não consegue falar, fala com dificuldade ou apresenta alterações na voz, fique atento, pois pode haver lesão da via aérea. Durante a etapa "A", pergunte o nome do paciente, como se sente e se sabe o que aconteceu; faça-o falar com você. Com isso será possível verificar não só a pervialidade da via aérea, mas também a orientação sensorial.

  Alguns achados podem significar comprometimento da via aérea: rebaixamento de consciência (letargia em virtude de hipercapnia), agitação (em razão de hipoxemia), taquidispneia, cianose, cornagem/estridor, uso de musculatura acessória, outros sinais de esforço respiratório e dessaturação na oximetria de pulso. Além disso, investigue a presença de lesões no pescoço. Em alguns casos, pode ser necessária uma laringoscopia direta para avaliação da via aérea (devem ser aspirados o sangue e a secreção presente para melhor visualização da via).

Quadro 23.2 Situações em que é necessária uma via aérea definitiva

Paciente em apneia (não ventila) ou insuficiência respiratória aguda
TCE grave (Glasgow ≤ 8, indicação de intubação)
Paciente mantém-se hipoxêmico apesar de máscara ou cateter nasal ligado a fonte rica de O_2
Paciente necessita de proteção das vias aéreas (impedir broncoaspiração de volume gástrico, sangue, secreção abundante etc.)
As vias aéreas provavelmente vão se tornar comprometidas (trauma intenso de face e pescoço, lesão por inalação, crises convulsivas frequentes etc.)

- **Opções de via aérea definitiva:** trata-se de uma opção segura que permita tanto uma ventilação adequada como a proteção da via aérea contra broncoaspiração de secreções. Na maioria das vezes, a escolha é a intubação endotraqueal (geralmente intubação orotraqueal); se esta não for possível, torna-se necessário o acesso cirúrgico de via aérea, como a cricotireoidostomia cirúrgica. Em determinadas situações, a opção mais rápida será a cricotireoidostomia por punção, mas esta é apenas uma medida imediata, de emergência, que deverá ser substituída por outro método assim que possível:
- **Intubação endotraqueal ("orotraqueal ou nasotraqueal"):** esta é a melhor forma de acessar a via aérea. Opte por intubação endotraqueal sempre que a situação permitir. A intubação orotraqueal é mais praticada do que a nasotraqueal. Não hiperestenda o pescoço, pois isso pode agravar uma lesão da coluna cervical (um assistente deve manter a cabeça reta enquanto o atendente faz a intubação).
- **Intubação orotraqueal:** o tubo é passado pela boca do paciente. Indução para intubação com **etomidato**, **0,3mg/kg** (anestésico), e **succinilcolina**, **1 a 2mg/kg** (relaxante muscular de curto efeito); utilize *spray* anestésico na orofaringe, quando possível. Ofereça O_2 antes da intubação, através de máscara, por 2 minutos, se possível. Confirme intubação (p. ex., ausculta pulmonar, dispositivos de medição do CO_2, expirado). Nas vias aéreas difíceis, podem ser adotadas medidas auxiliares, como o guia introdutor de Eschmann.
- **Intubação nasotraqueal:** o tubo é passado pelas cavidades nasais do paciente até a traqueia. A vítima deve ter movimentos respiratórios espontâneos. Nunca use a via nasotraqueal se houver suspeita de fratura de base do crânio (rinorragia, otorragia, sinal de Battle, sinal do guaxinim) ou se o paciente estiver em apneia.
- **Acesso cirúrgico de via aérea:** podem ser citadas a **cricotireoidostomia** e a **traqueostomia**. O procedimento cirúrgico de acesso é realizado sempre que houver necessidade de via aérea definitiva e a intubação endotraqueal não for possível (p. ex., não se visualiza a laringe adequadamente para intubação [sangue, vômitos, edema], anatomia anormal do pescoço ou via aérea [própria do paciente ou devido ao trauma], trauma extenso com fratura/edema de face/mandíbula/maxila etc.).
- **Cricotireoidostomia** (melhor opção de acesso cirúrgico no trauma): de execução simples e rápida. **Técnica:** antissepsia e anestesia local (lidocaína) rápida. Com lâmina de bisturi, faça uma incisão (2cm) transversal na membrana cricotireóidea (membrana entre a cartilagem tireóidea e a cricoide); afaste as bordas da incisão com uma pinça de Kelly ou o cabo do bisturi e passe a cânula de cricotireoidostomia. Infla-se o *cuff*. Imobilize a cânula e confirme a intubação (p. ex., dispositivo de CO_2 expirado), ventilar o paciente com O_2 a 100%. **Contraindicações:** não fazer em crianças menores de 12 anos (contraindicação relativa) e pacientes com lesão/fratura de cartilagens da laringe (contraindicação absoluta); nessas situações, opte por traqueostomia.
- **Traqueostomia:** opção quando a cricotireoidostomia não pode ser realizada (lesão de laringe e crianças < 12 anos).
- **Cricotireoidostomia por punção:** usada nos casos em que a via aérea cirúrgica está indicada, porém a intervenção deve ser imediata (paciente em apneia, não havendo tempo para uma cricotireoidostomia cirúrgica). **Técnica:** com um jelco calibroso (12-14, de 8,5cm), conectado a uma seringa (5 a 10mL), puncione a membrana cricotireóidea na linha média. A agulha, inclinada em

45 graus, penetra em direção distal. Enquanto a agulha estiver perfurando, faça pressão negativa na seringa. Quando a agulha entrar na via aérea, o ar entrará na seringa rapidamente. Retire a seringa e a agulha do jelco e introduza um pouco mais o cateter. Conecte o paciente a um dispositivo de ventilação intermitente a jato (fonte de O_2 de alta pressão). O O_2 a 15L/min. Trata-se de uma **via aérea provisória**, que deve ser utilizada por 30 a 45 minutos, no máximo, pois essa técnica favorece a hipercapnia.

2. Imobilização cervical

Realizada por meio de **colar cervical rígido**. Sempre que existe a possibilidade de lesão da coluna cervical, o colar cervical rígido deve ser colocado ainda na fase "A" do exame primário (o ideal é já ter sido colocado no ambiente pré-hospitalar). Lesão vertebral sem imobilização adequada permite que fragmentos ósseos desloquem-se e comprimam a medula espinhal:

- **Indicações:** todo paciente politraumatizado; trauma fechado acima da cintura escapular; paciente inconsciente ou evoluindo com rebaixamento da consciência; sempre que se suspeite de lesão cervical.

> **Obs.:** quando o paciente apresenta risco de lesão da coluna vertebral/medula espinhal, está indicado o uso de **prancha longa** para imobilização.

- **Quando retirar o colar:** deve ser retirado apenas no hospital. Não é necessário exame de imagem da coluna cervical se o paciente estiver lúcido e orientado, não usou drogas ou álcool, não tem queixas cervicais (dor no pescoço, instabilidade) e não há alterações no exame neurológico. Nos demais pacientes, ou em caso de dúvida, será necessária **radiografia de coluna cervical** em perfil (é essencial visualizar até a vértebra T1 no RX), ou mesmo uma **TC da coluna cervical**.

"B" – Respiração/ventilação

Na fase "B" do atendimento, a atenção é voltada para a respiração do paciente, que deve ser capaz de ventilar os pulmões adequadamente e manter trocas gasosas satisfatórias.

1. **Forneça oxigênio (O_2) suplementar:** por cateter nasal, máscara facial ou pela via aérea definitiva (tubo, cânula). Acompanhe a saturação de O_2 (oximetria de pulso). O objetivo é uma $SatO_2 > 95\%$.
2. **Realize um exame rápido e objetivo do tórax e das regiões adjacentes:** o tórax deve estar totalmente exposto.
    - **Inspeção:** algumas perguntadas devem ser respondidas durante a inspeção.
    - O tórax está expandindo de maneira inadequada e assimétrica? (Atenção para pneumotórax, tórax instável, hemotórax.)
    - Existe alguma lesão penetrante da parede torácica? (Cuidado com pneumotórax aberto.)
    - Existe respiração paradoxal em alguma região da parede? (Cuidado com tórax instável.)
    - Há desvio da traqueia ou turgência jugular? (Atenção para pneumotórax hipertensivo.)
    - **Palpação:** enfisema subcutâneo pode surgir no paciente com pneumotórax hipertensivo.
    - **Percussão:** o som claro-pulmonar é o normal. A presença de timpanismo sugere pneumotórax e a presença de submacicez/macicez sugere hemotórax.
    - **Ausculta:** murmúrio vesicular (MV) está diminuído ou abolido em algum hemitórax (desconfie de um pneumotórax ou hemotórax).
3. Na fase "B", as condições que merecem mais atenção e intervenção imediata são: **pneumotórax hipertensivo, pneumotórax aberto, tórax instável (associado a contusão pulmonar) e hemotórax maciço** (condições que rapidamente podem produzir insuficiência respiratória aguda). Lembre-se de que muitas vezes pode ser um hemopneumotórax.

> **Obs.:** o diagnóstico e o tratamento mais específico das condições descritas acima estão no Capítulo 24.

"C" – Circulação

Merece atenção a condição hemodinâmica do paciente. Deve-se analisar se o paciente está apresentando **hipotensão ou choque (instabilidade hemodinâmica)**. Nessa etapa, os **sangramentos externos** também devem ser contidos por meio de pressão no foco do sangramento (compressão direta).

A principal causa de hipotensão e choque no trauma é a **hemorragia**, que pode ser interna (mais grave) ou externa (visível à inspeção). Todo paciente politraumatizado que apresente choque deve ser considerado com choque hipovolêmico, merecendo, portanto, reposição volêmica rápida e controlada.

O principal local de hemorragia que leva ao choque hipovolêmico é a **cavidade abdominal** (hemorragia de origem abdominal é a causa mais comum de choque no trauma). No paciente que evolui com instabilidade hemodinâmica, é mandatório investigar se há sangramento na cavidade abdominal. Essa investigação pode ser feita por meio de dois exames rápidos e que podem ser realizados ainda na sala de emergência: a **USG-FAST ou o lavado peritoneal diagnóstico (LPD)** (mais detalhes no Capítulo 25).

> **Obs.:** basta um dos exames (a USG-FAST é o mais usado).

Uma vez afastada a origem abdominal da hemorragia, devem ser investigadas outras causas para **hipovolemia** e **choque hipovolêmico** (p. ex., fraturas pélvicas, hemotórax maciço, fraturas do fêmur [situações que sequestram muito sangue e podem produzir hipovolemia]).

Na fase "C" do exame primário, o paciente deve receber reposição volêmica controlada conforme a necessidade:

1. **Acesso venoso** (dois acessos calibrosos): a primeira opção é a veia periférica do membro superior; a segunda é uma veia profunda (acesso venoso profundo – p. ex., veia subclávia ou femoral) ou a infusão intraóssea (p. ex., tíbia), como terceira opção.
2. **Reposição de cristaloide:** a primeira opção é o Ringer lactato (RL) à temperatura de 39°C (SF é uma alternativa, se RL não estiver disponível). Administre 2.000mL de RL no adulto e 20mL/kg na criança. Monitorize a condição hemodinâmica e o débito urinário; a dose pode ser repetida até alcançar parâmetros adequados.
3. **Objetivos da reposição:** elevar demais a PA pode agravar o sangramento e piorar a condição hemodinâmica; por isso, o objetivo da reposição volêmica é **manter uma PA sistólica de 90 a 100mmHg** e um **débito urinário** adequado (adulto: ≥ 0,5mL/kg/h e criança ≥ 1mL/kg/h) indicam boa resposta ao volume). A restauração do nível de consciência, a perfusão capilar periférica e o pulso são importantes critérios de avaliação. Alguns pacientes podem precisar de hemotransfusão (concentrado de hemácias) para melhorar a saturação.

> **Atenção:** se a hemorragia não é a causa do choque, outras situações devem ser pesquisadas, como tamponamento cardíaco, contusão miocárdica, pneumotórax hipertensivo, choque neurogênico (por traumatismo medular alto), insuficiência adrenal (aplique hidrocortisona EV). Todas essas condições podem levar ao choque, porém com frequência bem menor. As três primeiras estão descritas no Capítulo 24.

Na suspeita de tamponamento cardíaco, avalia-se a presença da **tríade de Beck** (hipotensão, turgência jugular e bulhas hipofonéticas), do pulso paradoxal e da instabilidade hemodinâmica.

Confirme o derrame pela USG (pode ser empregada a USG-FAST do traumatismo abdominal) ou o ecocardiograma transtorácico.

"D" – Avaliação neurológica direcionada

1. **Escala de Coma de Glasgow:** a pontuação na escala de Glasgow ajuda a avaliar o nível de consciência do paciente, uma etapa essencial diante da suspeita de TCE.

> **Obs.:** Glasgow ≤ 8 é indicação absoluta de via aérea definitiva.

> **Atenção:** drogas, álcool, sedação e choque influenciam o resultado do Glasgow. Se esses elementos não estiverem presentes, o rebaixamento da consciência sugere TCE de moderado a grave.

2. **Reação pupilar:** pesquise o diâmetro das pupilas e a reação à luz (reflexo fotomotor). A presença de pupilas anisocóricas, midríase unilateral ou comprometimento do reflexo fotomotor sugere um "efeito de massa" no interior do crânio, com elevação da pressão intracraniana (PIC) – TCE grave.
3. **Movimentação dos membros:** a hemiparesia/plegia dos membros pode sugerir "efeito de massa" no interior do crânio (aumento da PIC) e herniação cerebral (TCE grave).

"E" – Exposição e controle da temperatura

Para a **exposição** são retiradas as roupas do paciente, permitindo encontrar lesões que não foram investigadas nas primeiras etapas do exame primário e também avaliar melhor as já encontradas.

A **hipotermia** deve ser sempre evitada; por isso, apesar de despir o doente, **cobertores térmicos** devem ser colocados e **a temperatura monitorizada** constantemente. O ambiente deve estar aquecido (lembre-se de que os volumes administrados devem ser aquecidos).

MONITORIZAÇÃO E EXAMES COMPLEMENTARES QUE PODEM SER SOLICITADOS AINDA NO EXAME PRIMÁRIO

- **Monitorização:** monitorização ECG contínua, PA, FC, FR, O_2 (oximetria de pulso) e temperatura corporal.
- **Exames complementares que podem ser solicitados:** radiografia de coluna cervical em perfil, radiografia de tórax AP, radiografia panorâmica de bacia. O lavado peritoneal diagnóstico e a USG-FAST podem ser solicitados na pesquisa de traumatismo abdominal (investigue sinais de irritação peritoneal e instabilidade hemodinâmica).
- **Sonda nasogástrica** ou **orogástrica** (para evitar aspiração de conteúdo gástrico e descompressão gástrica) e **sonda vesical** (para acompanhar débito urinário e julgar a reposição volêmica).

> **Obs.:** se há sinais de fratura de base de crânio, não se deve passar a sonda nasogástrica (somente a orogástrica); e se há suspeita de trauma de uretra, não se deve passar a sonda vesical. Nesse caso, acompanhe o débito urinário mediante punção suprapúbica.

EXAME SECUNDÁRIO NO TRAUMA

- Inicia-se após completado o exame primário do trauma.
- O paciente já recebeu suporte respiratório e está estável hemodinamicamente. Há tempo para a coleta de uma história mais detalhada do trauma e para uma avaliação clínica (anamnese e exame

físico) mais completa. As informações podem ser obtidas com o paciente, a família, testemunhas ou a equipe pré-hospitalar.
- **Anamnese:** devem ser pesquisadas informações referentes ao trauma ocorrido, ambiente do trauma, doenças atuais do paciente, possibilidade de gravidez, alergias, medicações em uso, última alimentação e ingestão de sólidos, além de outros sinais e sintomas informados pelo paciente ou seu acompanhante.
- **Exame físico detalhado:** permite encontrar lesões que não foram pesquisadas no exame primário (p. ex., fraturas menores, escoriações, deformidades etc.).
- **Exames complementares:** diversos exames complementares podem ser solicitados. Outras radiografias, TC de bacia ou abdome, broncoscopia, RNM, ecocardiograma, exames laboratoriais (hemograma, tipagem sanguínea, β-HCG) etc.
- **Monitorização constante e reavaliações frequentes:** terapia intensiva para pacientes graves ou transporte para outros hospitais mais bem preparados.

Capítulo 24
Traumatismo Torácico

Andréa Povedano • Rodrigo Simões Eleutério

INTRODUÇÃO

Todos os pacientes vítimas de trauma, incluindo o torácico, devem receber a abordagem inicial ao trauma (exame primário, ou "ABCDE").

Lesões como tórax instável, pneumotórax (aberto e hipertensivo) e hemotórax maciço podem rapidamente conduzir o paciente à insuficiência respiratória e ao óbito. Essas condições, portanto, devem ser sempre identificadas e tratadas ainda no exame primário. As demais lesões (p. ex., fratura simples de costela, pneumotórax simples e contusão miocárdica), de modo geral, serão investigadas e tratadas no exame secundário do trauma e oferecem menor risco imediato para o paciente.

Os diversos tópicos a seguir irão abordar as principais formas de lesão torácica decorrentes do trauma.

CONCEITOS, QUADRO CLÍNICO, DIAGNÓSTICO E TRATAMENTO DAS DIVERSAS FORMAS DE LESÃO TORÁCICA

Trauma envolvendo a parede torácica (fraturas e tórax instável)

Investigue se existe solução de continuidade da pele/tecido subcutâneo e/ou fratura dos arcos costais, clavícula, esterno e escápula. Importante pesquisar a presença de "tórax instável" nos traumas de maior energia:

- **Fratura de arcos costais 4º a 9º:** tipo mais comum de fratura no trauma torácico. A dor intensa pode prejudicar a expansão normal do tórax. É importante investigar lesões pulmonares ou mediastinais adjacentes.

  Tratamento: ambulatorial; normalmente existem uma ou duas fraturas de arcos costais; analgesia (anti-inflamatórios não esteróides [AINE] e/ou opioides – p. ex., paracetamol + codeína; se necessário, bloqueio anestésico intercostal ou analgesia epidural), mantenha enquanto durar a dor ou até a consolidação. A analgesia facilita a expansão pulmonar e a consolidação óssea, além de reduzir o trabalho respiratório.

- **Fraturas de clavícula, escápula ou arcos costais 1º a 3º:** são fraturas relacionadas com traumas de maior energia; sempre investigue lesões pulmonares e mediastinais adjacentes.

  Tratamento: analgesia (AINE e/ou opioides VO ou EV; bloqueio intercostal ou mesmo analgesia epidural podem ser necessários). Veja fratura de clavícula no Capítulo 29.

- **Fratura de esterno:** vista apenas em traumas graves; investigue presença de contusão miocárdica e outras lesões de mediastino (lesão de grandes vasos, contusão pulmonar etc.)

- **Fraturas de arcos costais 10º, 11º e 12º:** podem estar relacionadas com lesão de vísceras do abdome, como baço e fígado.

- **Tórax instável:** o paciente apresenta fratura em três ou mais arcos costais sequenciais e cada arco está fraturado em dois ou mais pontos, criando assim um segmento da parede descontínuo em relação ao restante da parede torácica. Clinicamente, o paciente apresenta respiração paradoxal, isto é, o segmento descontínuo vai retrair durante a inspiração e abaular na expiração. A dispneia é evidente, o trabalho respiratório aumenta, a dor é intensa e alguns pacientes podem hipoventilar. É comum a associação com contusão pulmonar adjacente, podendo conduzir o paciente à insuficiência respiratória algumas horas após o trauma.

Tratamento: sedação leve (benzodiazepínicos) e analgesia (opioides EV + bloqueio intercostal ou analgesia epidural com opioides) e suporte de O_2 sob máscara. Caso o paciente evolua com insuficiência respiratória ou rebaixamento do nível de consciência, está indicada intubação orotraqueal (ventilação mecânica com pressão positiva).

Traumatismo envolvendo os pulmões (contusão pulmonar)

Contusão pulmonar pode decorrer de traumatismos torácicos fechados (mais comum) ou penetrantes. Atenção especial aos idosos e doentes crônicos, pois apresentam risco maior para insuficiência respiratória. Muitas vezes, a contusão pulmonar estará presente nos pacientes com fraturas de costelas e tórax instável.

- **Conceito:** na contusão pulmonar existe um segmento do pulmão no qual a lesão tecidual e vascular traumática permitiu que o sangue escapasse dos vasos e invadisse o interstício pulmonar, os alvéolos e outras vias aéreas. A região afetada não consegue efetuar trocas gasosas eficazmente. Quase sempre é um quadro autolimitado e o sangue é progressivamente absorvido ao longo dos dias.
- **Quadro clínico e diagnóstico:** história de traumatismo torácico; pode haver associação com fratura de arco costal ou tórax instável, relato de dor e dispneia, agitação ou rebaixamento do nível de consciência no paciente com insuficiência respiratória. Na radiografia, haverá um infiltrado pulmonar (sangue) produzindo consolidação pulmonar em determinadas regiões. O infiltrado pulmonar torna-se mais evidente de 16 a 48 horas após o trauma. Diagnóstico diferencial com síndrome do desconforto respiratório agudo (SDRA). Acompanhar paciente com gasometria periódica e oximetria de pulso.
- **Tratamento:** principalmente o de suporte (analgesia), com oferta de O_2 por máscara ou cateter nasal; se paciente evoluir com hipoxemia refratária (PaO_2 < 60mmHg ou $SatO_2$ < 90%), estará indicada intubação orotraqueal com ventilação mecânica e pressão positiva. Corrija o quadro anêmico, se existente, por meio de hemotransfusão, cujo alvo é uma hemoglobina > 10mg/dL. Cuidado ao administrar volume, pois pode agravar o quadro pulmonar. Atenção para infecção pulmonar em virtude da ventilação mecânica.

Trauma envolvendo a cavidade pleural

Nesse grupo merecem destaque o pneumotórax (simples, aberto e hipertensivo) e o hemotórax.

Hemotórax

- **Conceito:** o traumatismo torácico pode provocar sangramento para a cavidade pleural e, consequentemente, um derrame pleural de sangue, dito hemotórax. O volume encontrado varia de paciente para paciente. O sangramento responsável pelo hemotórax, na maioria das vezes, é autolimitado. Em uma minoria das vezes, o sangramento será intenso e refratário ao tratamento, podendo ser necessária toracotomia de urgência em centro cirúrgico.
- **Quadro clínico e diagnóstico:** história de traumatismo torácico, contuso ou penetrante. O paciente pode relatar desconforto respiratório, dispneia e tosse. Pode estar presente o sinal de Lemos Torres (abaulamento intercostal expiratório em região lateral das bases pulmonares) à inspeção, expansibilidade reduzida do lado afetado, macicez ou submacicez à percussão no hemitórax acometido, frêmito e murmúrio vesicular diminuídos ou abolidos. Podem ser encontrados hipotensão e sinais de choque em sangramentos maiores, inclusive a presença de jugulares colabadas (hipovolemia é a causa). **Radiografias de tórax em posição ortostática**: o perfil de tórax pode demonstrar volumes pequenos (< 300mL). Volumes > 300mL são vistos na radiografia em

PA e vão ocupar os seios costofrênicos ou mesmo grandes porções do hemitórax. No paciente em decúbito, a radiografia visualiza mal os volumes < 1L. Associado ao derrame de sangue, pode existir derrame de gás – é o **hemopneumotórax**.

Hemotórax maciço

Nessa situação, o volume que se acumula no hemitórax é ≥ 1.500mL (nas crianças, representa um terço do volume de sangue) ou o dreno torácico registra volume > 200mL/h por 3 horas ou mais, o que conduz o paciente a uma hipovolemia importante, podendo evoluir para instabilidade hemodinâmica/choque. A causa, na maioria das vezes, é um traumatismo penetrante, mas pode ocorrer em traumatismos fechados. O paciente apresenta murmúrio vesicular ausente, submacicez à percussão, e as jugulares podem estar colabadas. As principais complicações são choque e PCR.

Tratamento: todo o hemotórax, de modo geral, deve ser drenado. Deve-se realizar **drenagem torácica intercostal em selo d'água**, posicionada no quinto espaço intercostal, entre a linha axilar média e a anterior. O paciente pode necessitar de reposição volêmica controlada e analgesia.

O paciente é candidato à toracotomia de urgência em centro cirúrgico em caso de drenagem inicial > 1.500mL ou quando, nas primeiras 3 horas seguintes, a drenagem é > 200mL/h. Outras indicações compreendem a presença de instabilidade hemodinâmica ou a necessidade de múltiplas hemotransfusões para manter a estabilidade.

Pneumotórax simples

- **Conceito:** o traumatismo torácico pode produzir derrame de ar para a cavidade pleural – o pneumotórax. É considerado simples quando não há desvio de mediastino nem produz instabilidade hemodinâmica.
- **Classificação:** pneumotórax pequeno (quando o derrame ocupa menos de um terço do hemitórax) e pneumotórax grande (volume maior que um terço do hemitórax).
- **Quadro clínico e diagnóstico:** o paciente pode apresentar dispneia, tosse e desconforto respiratório. Timpanismo à percussão, MV diminuído ou abolido no lado afetado. A radiografia de tórax simples (AP e perfil) pode visualizar o pneumotórax. O paciente deve estar preferencialmente em posição ortostática. Solicite uma incidência com o paciente em inspiração e outra em expiração (melhora a visualização).
- **Tratamento:** em caso de pneumotórax "pequeno" em paciente assintomático, deve-se observar por 24 a 48 horas; na presença de aumento de volume, opta-se pela drenagem torácica (todo paciente com pneumotórax pequeno que vai receber ventilação mecânica ou ser transportado por unidade aérea deve ter o pneumotórax drenado). Todo paciente com pneumotórax grande deve receber drenagem torácica intercostal em selo d'água no quinto espaço intercostal, entre a linha axilar média e a anterior. O dreno deverá ser retirado quando o frasco parar de borbulhar por mais de 48 horas e o pulmão apresentar-se nas dimensões anatômicas ao exame radiológico.

Pneumotórax aberto

- **Conceito:** existe uma lesão na parede torácica que permite a comunicação entre cavidade pleural e o ambiente. O paciente vai evoluir com pneumotórax e colabamento do pulmão. Quando a lesão da parede torácica tem diâmetro maior ou igual a dois terços do diâmetro da traqueia (± 10mm), o ar passa a entrar e sair principalmente pela lesão e não pelas vias aéreas normais; assim o paciente não ventila os pulmões, evoluindo para insuficiência respiratória (hipoxemia, hipercapnia, acidose respiratória).

- **Quadro clínico:** história de traumatismo torácico **penetrante**. O paciente apresenta ferida torácica com entrada e saída de ar (lesão aspirativa-soprante). Insuficiência respiratória pode já existir.
- **Tratamento:** o tratamento emergencial é feito com "**curativo de três lados**", isto é, recorte uma luva estéril ou um plástico e o deixe com formato quadrangular (não devem ser usados materiais que possam desfiar ou soltar partículas), suficiente para cobrir totalmente a lesão (vai atuar como tampão). Com três tiras de esparadrapo, feche três lados do plástico e deixe um lado livre; desse modo, quando o paciente inspira, o plástico obstrui a entrada de ar pela lesão, e quando o paciente expira, o ar sai pelo lado livre do curativo (criou-se uma espécie de válvula, que permite a saída do ar pelo ferimento, mas não sua entrada). O tratamento definitivo é feito com drenagem torácica intercostal em selo d'agua no quinto espaço intercostal, entre a linha axilar média e a anterior, e a lesão torácica deve receber reparo em centro cirúrgico.

> **Atenção:** primeiro coloque o dreno torácico e depois repare o ferimento; a ordem contrária pode levar ao pneumotórax hipertensivo.

Pneumotórax hipertensivo

- **Conceito:** pode originar-se diretamente de um traumatismo torácico ou surgir no paciente vítima de traumatismo torácico que está recebendo ventilação mecânica com pressão positiva. No pneumotórax hipertensivo, o ar escapa para a cavidade pleural e vai ficar aprisionado sob pressão. A elevada pressão na cavidade pleural produz importante colabamento pulmonar, desvio do mediastino para o lado oposto e angulação dos grandes vasos (comprometendo o retorno venoso), comprime as câmaras cardíacas (diminui o retorno venoso e o débito cardíaco) e pode conduzir o paciente à instabilidade hemodinâmica (hipotensão, choque) ou mesmo PCR (em ritmo de AESP).
- **Quadro clínico:** o diagnóstico é clínico. História de trauma, dispneia intensa, taquipneia (taquidispneia), timpanismo à percussão, MV abolido no lado afetado, turgência jugular (indica PVC aumentada), hipotensão (↓ DC), assimetria da caixa torácica (o lado acometido fica expandido), expansibilidade reduzida no lado afetado e desvio da traqueia para o lado oposto; alguns pacientes têm enfisema subcutâneo. Nos pacientes intubados ocorrem piora dos parâmetros respiratórios e alterações da gasometria.
- **Tratamento:** introduza imediatamente uma agulha de grosso calibre (p. ex., jelco 14-18) no segundo espaço intercostal, na linha hemiclavicular do lado acometido, o **que transformará o pneumotórax hipertensivo em pneumotórax simples**. O tratamento definitivo é feito com drenagem torácica intercostal em selo d'agua no quinto espaço intercostal, entre a linha axilar média e a anterior. Se o paciente não evolui bem mesmo com o tratamento definitivo (o pneumotórax hipertensivo se mantém mesmo com a drenagem adequada), a lesão pode ter ocorrido em vias de maior calibre; nessa situação, há indicação para toracotomia de urgência em centro cirúrgico.

Traumatismo envolvendo o coração e a cavidade pericárdica

Tamponamento cardíaco

- **Conceito:** um traumatismo penetrante (principalmente) ou fechado pode produzir lesão com sangramento para a cavidade pericárdica. O sangue acumula-se agudamente na cavidade pericárdica e pressiona as câmaras cardíacas, prejudicando o retorno venoso e o débito cardíaco. O paciente pode evoluir com hipotensão e choque.
- **Quadro clínico/diagnóstico:** em mais de 40% dos casos está presente a **tríade de Beck** (hipotensão, bulhas hipofonéticas e turgência jugular bilateral); o paciente também pode apresentar pulso

paradoxal (queda de 10mmHg ou mais da PAS ao final da inspiração) e cianose de extremidades; sinais e sintomas de choque podem estar presentes. O ecocardiograma transtorácico ou a USG-FAST pode identificar a presença de líquido na cavidade pericárdica.
- **Tratamento:** o tratamento definitivo é obtido por toracotomia de urgência em centro cirúrgico (melhor forma de tratar). Caso a toracotomia não possa ser realizada rapidamente, uma medida de caráter provisório é a "pericardiocentese de alívio", na qual se introduz uma agulha de ponta romba na cavidade pericárdica e aspiram-se até 20mL de sangue, produzindo alguma melhora hemodinâmica.
- **Técnica:** introduza a agulha no espaço entre o processo xifoide e a 12ª costela à esquerda, incline a seringa 45 graus para baixo e 45 graus para a direita do paciente, de modo que a agulha aponte para o ombro esquerdo do paciente. Introduza a agulha já em atitude de aspiração, quando atingir a cavidade tamponada, o sangue vai entrar na seringa. O sangue aspirado não deve exceder 20mL e é um sangue não coagulado. Indica-se a realização desse procedimento com monitorização ECG.

Contusão miocárdica

- **Definições:** ocorre, costumeiramente, no traumatismo torácico fechado. Sempre suspeite de contusão miocárdica no paciente com história de traumatismo torácico grave, principalmente se há fratura de esterno ou costelas. Em caso de contusão, serão encontrados lesão do músculo cardíaco, edema, hemorragias nas três camadas do coração e morte celular. O ventrículo direito é o mais afetado e pode tornar-se insuficiente.
- **Quadro clínico e diagnóstico:** a maioria dos pacientes não demonstra sintomas. Apenas a anatomia patológica pode confirmar esse diagnóstico, porém o médico deve suspeitar do diagnóstico quando o paciente apresenta arritmias (extrassístoles, BRD, FA, taquicardia sinusal etc. – sempre monitorize com ECG por no mínimo 24 horas), quando se apresenta hipotenso (devido à redução do DC, mas a PVC está alta), ou quando tem alterações no ecocardiograma transtorácico (disfunção sistólica de ventrículo direito, débito cardíaco reduzido).

Obs.: a dosagem de troponinas não serve para o diagnóstico.

- **Tratamento:** de suporte; pode ser necessária a administração de volume (reposição volêmica) e/ou aminas (p. ex., noradrenalina, dobutamina) nos pacientes evoluindo com hipotensão ou choque.

Trauma de aorta torácica

- **Conceitos:** importante causa de óbito imediato no trauma grave (grandes quedas e colisões). Alguns pacientes podem sobreviver à lesão de aorta, mas costumam chegar ao PS com outras lesões múltiplas importantes; consequentemente, muitas vezes o trauma de aorta não é percebido no atendimento inicial.
- **Quadro clínico/diagnóstico:** o trauma de aorta apresenta um quadro clínico pobre ou ausente. A radiografia de tórax em incidência frontal ajuda na investigação, sendo o alargamento de mediastino o achado mais significativo. O passo seguinte consiste em solicitar uma TC helicoidal do tórax em cortes finos (confirma o diagnóstico).
- **Tratamento:** inicialmente, são administrados anti-hipertensivos para evitar o rompimento, enquanto são tratadas as lesões mais graves em outros sistemas. Em um segundo momento, o paciente recebe tratamento cirúrgico (toracotomia) ou tratamento endovascular da lesão aórtica.

TORACOTOMIA DE REANIMAÇÃO

- **Conceito:** trata-se de uma toracotomia feita na própria sala de emergência (não há tempo de ir para o centro cirúrgico – Quadro 24.1). Essa toracotomia é feita APENAS em casos de traumatismo torácico penetrante no qual o paciente evoluiu com PCR, em ritmo de atividade elétrica sem pulso no ECG.
- **Procedimento:** o acesso é feito pelo quarto ou quinto espaço intercostal esquerdo, anterolateral. Realiza-se massagem cardíaca diretamente sobre o coração (manual). Pode-se clampear a aorta torácica descendente, privilegiando a irrigação para o cérebro e o tórax. Reposição de cristaloides e/ou hemotransfusão durante o procedimento são essenciais para a correção da hipotensão e do choque.

Quadro 24.1 Toracotomia no centro cirúrgico (principais indicações)

Pacientes com lesão perfurante na região do mediastino e apresentando instabilidade hemodinâmica
Tamponamento cardíaco
Hemotórax maciço
Extenso traumatismo penetrante do tórax
Lesão perfurando o esôfago ou as grandes vias aéreas

Capítulo 25
Traumatismos Abdominais

Andréa Povedano • Rodrigo Simões Eleutério

INTRODUÇÃO

Os traumatismos abdominais são divididos em: **traumatismo penetrante** e **traumatismo fechado** (contuso). No penetrante, existe uma comunicação entre a cavidade abdominal e o meio externo. Por outro lado, no traumatismo contuso, não existe violação da cavidade abdominal, mas a força/energia do trauma pode produzir hemorragias ou lesões de órgãos intra-abdominais (p. ex., esmagamentos, compressão, desaceleração súbita).

> **Atenção:** o objetivo da investigação inicial do traumatismo abdominal na sala de emergência não é saber qual órgão foi lesionado especificamente, mas pesquisar se existe lesão intra-abdominal, quais exames complementares serão necessários para confirmação e se o paciente é candidato ou não a um procedimento cirúrgico (geralmente laparotomia exploradora).

Todo médico deve saber conduzir a investigação inicial, porém é essencial que o paciente também seja avaliado ou acompanhado por um cirurgião geral.

Lembre-se que a hemorragia intra-abdominal é a principal causa de hipotensão/choque no trauma e esses pacientes precisarão de reposição de volume (Ringer lactato, SF 0,9% ou mesmo hemotransfusão) para permanecerem hemodinamicamente estáveis.

QUANDO SUSPEITAR DE TRAUMATISMO ABDOMINAL

Seguem as principais situações em que vale a pena suspeitar do envolvimento abdominal no trauma:

- O próprio paciente relata história compatível com traumatismo abdominal (agressões, facadas, colisões, lesão por arma de fogo etc.).
- Lesões na pele ou parede do abdome (sinal do cinto de segurança, hematomas e equimoses, sangramentos, lacerações e perfurações etc.).
- Paciente evoluindo com **hipotensão ou choque** (principalmente se não há outras causas possíveis, como fratura de pelve e sangramentos externos ou torácicos). A suspeita também é importante nos pacientes instáveis que permanecem respondendo mal à infusão de volume.
- Achados de **irritação peritoneal** ao exame físico.
- Dor abdominal; distensão abdominal.
- Paciente politraumatizado.
- Quando há suspeita de fratura de pelve (bacia instável, equimoses, dor etc.).
- Fraturas dos arcos costais inferiores (aumentam o risco de lesão esplênica ou hepática).
- Toque retal ou vaginal com alterações, presença de sangue ao toque e hematúria.

INVESTIGAÇÃO, CONDUTA DIAGNÓSTICA E TERAPÊUTICA

A primeira etapa do atendimento sempre é o **exame primário do trauma ("ABCDE")**, assegurando a estabilidade respiratória e hemodinâmica do paciente, bem como um exame neurológico direcionado.

Diante da suspeita de traumatismo abdominal, será necessário um exame físico rápido e direcionado, ainda durante o exame primário do trauma. Realizam-se inspeção, ausculta, percussão e palpação do abdome, buscando evidências de lesão intra-abdominal, com destaque para: sinais de irritação peritoneal, perfurações da parede, pneumoperitônio, equimoses, lesões de pele, distensões, retrações, hipotensão, choque, ou mesmo lesões em outros sistemas. Também é importante inspecionar pelve, períneo e nádegas e avaliar a estabilidade da bacia (suspeita de fratura pélvica).

O **toque retal e vaginal** faz parte do exame físico do traumatismo abdominal e é indispensável nos pacientes graves, inconscientes ou com forte suspeita de lesão abdominal e/ou fratura pélvica exposta (radiografia panorâmica de bacia pode ser solicitada durante o exame primário).

Durante o exame físico, o atendente sempre deve classificar como traumatismo penetrante, fechado ou misto (explosões).

A seguir demonstramos a conduta diante de traumatismo abdominal:

Traumatismo abdominal penetrante

Existem diversas causas para um traumatismo abdominal penetrante, principalmente armas de fogo (projétil) e armas brancas (facas, punhal etc.).

Perfuração por arma de fogo

Na ferida abdominal penetrante por arma de fogo, está sempre indicada a laparotomia exploradora (independentemente da situação da clínica do paciente), pois o projétil pode adquirir trajetos variados e, na imensa maioria dos casos, existe lesão de víscera (principalmente intestinos, fígado e grandes vasos).

Perfuração por arma branca

Estima-se que 30% a 40% das lesões abdominais penetrantes por arma branca podem não lesionar os órgãos intra-abdominais apesar da perfuração, por isso é importante investigar se há lesão intra-abdominal. Os órgãos mais lesionados são fígado, intestino delgado, diafragma e colo.

- **Paciente sintomático:** laparotomia exploradora está indicado sempre que o paciente apresente história de traumatismo abdominal penetrante (p. ex., arma branca) e esteja **sintomático**, isto é, apresentando: (1) vísceras visíveis ou se exteriorizando, (2) sinais de irritação peritoneal ou (3) instabilidade hemodinâmica (hipotensão/choque). Nesse grupo de pacientes, basta o exame físico para indicação do procedimento cirúrgico imediato (laparotomia).
- **Paciente assintomático:** na ausência de sintomas, a conduta diagnóstica vai variar conforme o local da perfuração (parede abdominal anterior ou flancos e dorso):
  – **Penetração na parede anterior do abdome** (paciente assintomático): com anestesia local e uma luva estéril, o médico deve fazer uma exploração digital da ferida e investigar se a penetração de fato alcança a cavidade abdominal. Se o dedo do examinador alcançar a cavidade abdominal, estará indicada a laparotomia exploradora (se disponível, TC ou a videolaparoscopia podem ser empregadas para confirmar a lesão dos órgãos intra-abdominais, antes de se recorrer à laparotomia). Se o dedo não alcançar a cavidade abdominal, esse paciente pode ser acompanhado com exames físicos seriados (6/6h) pelas próximas 48 horas e sutura da lesão (principalmente em caso de dúvida). Nos casos duvidosos, podem ser empregados exames de imagem como TC, US, radiografias contrastadas ou videolaparoscopia (de acordo com o protocolo de cada hospital).
  – **Penetração em flancos ou dorso** (paciente assintomático): risco aumentado para lesão de estruturas retroperitoneais (duodeno, rins, cólon ascendente e descendente etc.). Nessa situação, apenas a exploração digital da ferida não é confiável. A melhor conduta diagnóstica consiste na TC de triplo contraste (contrastes venoso, oral e retal). Quando existe lesão, o contraste vai extravasar para o retroperitônio. Quando a TC não está disponível, pode-se optar por exames físicos seriados (6/6h, por 48 horas), também com boa sensibilidade. A videolaparoscopia não

está indicada, pois não é boa para análise do retroperitônio. Em algumas situações podem ser usadas radiografias contrastadas de duodeno ou cólon.
– **Penetração na região de transição toracoabdominal:** trata-se de uma região situada do quarto espaço intercostal até a região epigástrica. Lesões penetrantes nesse local podem produzir lesão diafragmática importante (irradiação de dor para o ombro pode sugerir lesão diafragmática). Caso o paciente se apresente **sintomático** (peritonite/evisceração/hipotensão ou choque), a conduta é sempre a laparotomia exploradora. Nos pacientes **assintomáticos**, a videolaparoscopia é uma boa medida diagnóstica e terapêutica para as lesões diafragmáticas e vísceras.

> **Atenção:** pode haver história de traumatismo abdominal penetrante por arma branca e demonstrar **sangramento pela sonda nasogástrica, sangramento ao toque retal/vaginal** ou **hematúria**. Em todas essas situações, provavelmente haverá a indicação de laparotomia exploradora, porém cada situação deverá ser analisada individualmente e métodos diagnósticos como TC e videolaparoscopia poderão ser empregados.

Traumatismo abdominal fechado (contuso)

Nessa condição, não existe penetração na cavidade abdominal. Trata-se de traumatismo contuso, que pode levar ao rompimento de vísceras ou produzir hemorragias internas importantes. O sangramento intra-abdominal é a principal causa de hipotensão/choque no paciente vítima de trauma. Baço e fígado são os órgãos mais comumente lesionados nesse tipo de trauma.

A conduta a ser adotada depende de diversos fatores, como número de sistemas envolvidos, uso de drogas e álcool ou TCE com rebaixamento do nível de consciência.

Traumatismo abdominal contuso envolvendo apenas a região abdominal

Situação na qual a região abdominal é a única envolvida no traumatismo contuso. O paciente deve estar lúcido e orientado, com Glasgow = 15, e não ter ingerido álcool ou drogas. Nessas condições, apenas o exame físico é confiável para a indicação de laparotomia exploradora:

- **O paciente não apresenta sinais de irritação peritoneal e não apresenta hipotensão ou choque:** não está indicada a laparotomia exploradora. A conduta consiste na observação pelas próximas horas com exames físicos seriados. Caso o paciente evolua com peritonite ou instabilidade hemodinâmica, está indicada a laparotomia exploradora.
- **O paciente apresenta peritonite:** existe a indicação para laparotomia exploradora baseada apenas no exame físico, mas antes da cirurgia é possível realizar uma TC de abdome para conhecer antecipadamente quais estruturas foram lesionadas e assim tornar o procedimento cirúrgico mais eficiente.
- **O paciente apresenta instabilidade hemodinâmica (hipotensão e/ou choque), com ou sem sinais de peritonite:** também está indicada a laparotomia exploradora apenas com base no exame físico, porém não existe tempo hábil para uma TC de abdome, sendo o procedimento cirúrgico realizado de imediato.

Traumatismo abdominal contuso no paciente politraumatizado ou de exame físico não confiável

Existem situações em que apenas o exame físico (achados de irritação peritoneal, instabilidade hemodinâmica etc.) não é confiável para indicação de laparotomia exploradora (p. ex., o paciente ingeriu álcool ou drogas, TCE com alteração do nível de consciência, comatosos, pacientes com dois ou mais sistemas envolvidos no trauma [politraumatizados], fraturas de pelve etc.) Em todas essas situações, o médico deve recorrer a **exames complementares** para confirmar ou descartar a presença de lesão intra-abdominal, uma vez que o exame físico não é confiável.

Os principais **exames complementares** a serem empregados são: **LPD** (Quadro 25.1), **USG-FAST** (*Focused Assessment Sonography for Trauma*) e TC de abdome.

Conduta

1. **LPD ou US-FAST:** no paciente com suspeita de traumatismo abdominal fechado e de exame físico não confiável, a primeira etapa da investigação diagnóstica consiste em solicitar um LPD **ou** uma USG-FAST (a tendência atual é dar preferência à USG-FAST).

> **Atenção:** basta apenas um dos exames.

Quadro 25.1 Lavado peritoneal diagnóstico (LPD) e ultrassonografia FAST (USG-FAST)

LPD
Em caso de lesão intra-abdominal no trauma, haverá sangue ou conteúdo visceral escapando para a cavidade abdominal; o LPD tem a função de demonstrar exatamente isso.
Técnica: o examinador passa um cateter de diálise peritoneal através da região infraumbilical (pequena incisão no local). Em seguida, realiza-se aspiração pelo cateter e, se vier sangue vivo (> 20mL no adulto ou > 10mL na criança), o lavado é considerado positivo e a laparotomia exploradora está indicada. Em caso de aspiração de sangue negativa, continua-se com o exame. Com o cateter já posicionado, infundem-se 1.000mL de Ringer lactato (em crianças, a dose é 10mL/kg). O soro tem a função de "lavar" a cavidade peritoneal e coletar o sangue e outros fragmentos. Após alguns minutos, 200mL de líquido (dito "líquido efluente") são aspirados para exame laboratorial.
Obs.: nos casos de fraturas pélvicas ou gestantes, é aconselhada a incisão acima do umbigo, para evitar lesão do útero.
Resultado: o lavado peritoneal é dito positivo se o líquido efluente tiver > 100 mil hemácias/mm^3, > 500 leucócitos/mm^3, amilase > 175UI/dL, bile positiva, fibras vegetais ou bactérias presentes. A laparotomia exploradora está então indicada.
Desvantagens: não pode ser repetido, não é capaz de dizer qual órgão foi lesionado, não é capaz de demonstrar lesão do diafragma e podem ocorrer falso-positivos. Atualmente, o LPD só é feito quando a USG-FAST não está disponível, mas ainda sim é de grande utilidade para o diagnóstico, com sensibilidade bastante elevada para demonstrar hemorragia intra-abdominal.

USG-FAST
Trata-se de uma USG cujo objetivo é apenas demonstrar líquido livre na cavidade peritoneal. É um exame rápido, de ótima sensibilidade, podendo ser feito ainda na sala de trauma e repetido várias vezes. Quando o exame indicar presença de líquido na cavidade abdominal, deve-se interpretar esse volume como sendo sangue ou conteúdo de vísceras ocas:
- O procedimento costuma ser feito pelo próprio cirurgião (treinado) e existem algumas localizações principais a se investigar: recesso hepatorrenal, espaço esplenorrenal e fundo de saco de Douglas. O exame permite ainda pesquisar derrames pleurais e pericárdicos (importante para pesquisa de tamponamento cardíaco e hemotórax).
- **Limitações:** é operador-dependente, a sensibilidade reduz quando o volume de líquido é < 400mL, há dificuldade para visualizar retroperitônio e a presença de gases ou panículo adiposo espesso dificulta a visualização.

2. **LPD positivo ou USG-FAST positiva:** confirmam a existência de lesão intra-abdominal e o paciente é candidato à laparotomia exploradora para tratamento das lesões. No entanto, antes do procedimento cirúrgico, o médico deve avaliar o estado hemodinâmico do paciente:
    - **Paciente com instabilidade hemodinâmica e responde mal à infusão de volume:** este paciente deve seguir imediatamente para o procedimento cirúrgico (laparotomia). Não é candidato a uma TC de abdome.
    - **Paciente com estabilidade hemodinâmica:** antes de se submeter ao procedimento cirúrgico, este paciente pode realizar uma **TC de abdome** (com contraste oral e venoso).
3. **TC de abdome:** é o melhor exame para identificar as estruturas lesionadas na cavidade abdominal e ajuda a definir aqueles pacientes que, apesar da lesão, podem receber tratamento clínico sem necessidade de intervenção cirúrgica. Entretanto, como salientado previamente, a TC só pode ser realizada no paciente com **estabilidade hemodinâmica** (não apresenta hipotensão ou choque). Tem como vantagem fornecer análise detalhada das estruturas lesionadas, facilitando a intervenção cirúrgica, além de ser um ótimo exame para identificar lesões no retroperitônio.

> **Obs.:** entram nesse grupo pacientes que estavam instáveis mas que responderam bem à reposição de volume.

CONSIDERAÇÕES

- O paciente deve ser **monitorizado adequadamente** (PA, FC, FR, temperatura, $SatO_2$); especialmente os pacientes graves e/ou em observação. Alguns casos podem necessitar de traçado ECG contínuo.
- **Exames laboratoriais** podem ser solicitados conforme avaliação do médico (p. ex., hemograma completo, funções renal e hepática, coagulograma, eletrólitos, glicemia, tipagem sanguínea, β-HCG, lactato, amilase e lipase, urina tipo I), porém a espera pelo resultado desses exames não deve atrasar as condutas citadas anteriormente.
- **Sonda nasogástrica/orogástrica:** está quase sempre indicada, especialmente nos casos graves e/ou inconscientes. A sonda auxilia a descompressão gástrica e a redução da dor, diminui a probabilidade de refluxo e broncoaspiração e pode demonstrar presença de sangue no estômago.

> **Obs.:** a sonda orogástrica é a primeira opção nos casos de traumas faciais extensos ou de suspeita de fratura da base do crânio (a sonda nasogástrica não deve ser utilizada nessa condição).

- **Sonda vesical:** importante para acompanhar a diurese e avaliar a reposição de volume nos pacientes com sangramento, hipotensão e choque. Promove a descompressão da bexiga e facilita a identificação de hematúria macroscópica. Não se deve passar a sonda na suspeita de lesão da uretra. Nesses casos, será necessária uma uretrografia retrógrada para confirmar a lesão. Anormalidades no toque retal (próstata flutuante), hematúria e hematomas no períneo aumentam a chance de lesão uretral. Na presença de trauma uretral, a cistostomia é uma opção à sonda vesical.

  Não existindo contraindicações, as sondas nasogástrica e/ou vesical podem ser empregadas em todos os pacientes graves, desacordados ou candidatos à cirurgia.
- **Reavaliação constante do paciente:** a condição do paciente pode mudar rapidamente e exigir uma nova conduta.

Capítulo 26
Traumatismo Cranioencefálico

Gustavo Daher Vieira de Moraes Barros • Rodrigo Simões Eleutério

INTRODUÇÃO

Define-se como portador de um traumatismo cranioencefálico (TCE) o paciente que apresenta trauma envolvendo o encéfalo e/ou seus envoltórios (meninges, crânio ósseo e couro cabeludo). Trata-se de uma condição com elevada mortalidade associada, respondendo por mais de 50% das mortes ligadas ao trauma. A faixa etária mais atingida é a dos jovens (14 a 44 anos), sobretudo do sexo masculino. Acidentes com automóveis, quedas e agressões (incluindo armas de fogo) são as principais causas de TCE. Com frequência, existe uma história positiva de consumo de álcool e drogas.

FISIOPATOLOGIA

Neste capítulo, vamos destacar os tipos de lesões e seu mecanismo de formação mais comum. As lesões costumam ser divididas em **"lesões focais"** e **"lesões difusas"**.

Lesões focais

1. **Hematoma subdural:** geralmente por lesão dos vasos pontes, localizados entre a aracnoide e a dura-máter. O acúmulo de sangue ocorre entre essas duas meninges e costuma apresentar um formato de "meia-lua" na TC. Pode provocar efeito de massa no interior do crânio, herniação cerebral e aumento da PIC. Hematomas subdurais são bem mais frequentes que os hematomas extradurais. Especialmente em pacientes idosos, podem ter crescimento lento, tornando-se hematomas crônicos, progressivamente hipodensos na TC de crânio. Por este motivo, um paciente idoso pode desenvolver sintomas de hipertensão intracraniana semanas ou meses após o TCE (grande intervalo lúcido).
2. **Hematoma extradural (epidural):** hematoma que se localiza entre a dura-máter e o crânio, geralmente por lesão da artéria meníngea média. É na região temporal que se forma a maior parte desses hematomas (associação com fratura do osso temporal em até 80% casos). Pode produzir efeito de massa, aumentar a PIC e levar a herniação cerebral. Costuma apresentar o formato de uma "lente biconvexa" na TC de crânio. Por se tratar de uma lesão arterial, esse tipo de hematoma intracraniano é de rápido crescimento, constituindo, sempre, uma emergência neurocirúrgica.

    Os hematomas extradurais podem apresentar um pequeno intervalo lúcido, que consiste em um período de minutos ou horas após o trauma, no qual o paciente permanece lúcido, orientado e oligossintomático. Durante esse tempo, o hematoma extradural cresce progressivamente. Após algumas horas, ocorrerá piora súbita do quadro clínico. Há um rápido efeito de massa e aumento da PIC. O intervalo lúcido pode ser observado em 10% a 27% dos pacientes com esse hematoma.
3. **Hematoma intraparenquimatoso:** a hemorragia ocorre na porção parenquimatosa do encéfalo. Pode produzir efeito de massa, aumento da PIC e herniação cerebral. Quanto maior o volume de sangue, maior a gravidade. Algumas vezes, esses hematomas somente serão identificados horas ou dias após o trauma.
4. **Contusão cerebral:** lesão formada por um conjunto de áreas apresentando graus variados de necrose, isquemia, hemorragias e edema. Na TC, surgirão áreas de hiperdensidade (sangue) e áreas de hipodensidade (isquemia-necrose), podendo haver apagamento de sulcos e ventrículos. É mui-

to comum a associação com hematomas intracranianos. Tem origem na rápida desaceleração do cérebro contra o crânio. Pode produzir aumento da PIC e herniação cerebral.

Lesões difusas

1. **Concussão cerebral:** geralmente por mecanismo de desaceleração rápida da cabeça. O paciente apresenta comprometimento temporário da função cerebral. O comprometimento é mais funcional do que anatômico e tem curta duração.

    Pode ser classificada em: (1) **leve:** não há perda de consciência após o trauma, mas o paciente costuma apresentar confusão e amnésia retrógrada por alguns minutos; (2) **clássica:** há perda da consciência após o trauma por minutos ou horas (sempre < 6 horas). Confusão e amnésia retrógrada estão presentes. Não serão encontradas alterações na TC, e geralmente não há aumento significativo da PIC.

2. **Lesão axonal difusa (LAD):** lesão difusa dos axônios presentes na substância branca do cérebro, normalmente por um mecanismo de desaceleração angular/rotacional da cabeça, produzindo forças de cisalhamento nos axônios. Normalmente, não serão observadas alterações na TC de crânio, mas em uma pequena parcela dos casos podem existir pequenos focos hemorrágicos (principalmente no corpo caloso e no mesencéfalo). A PIC costuma estar normal. O paciente sempre fica inconsciente (coma) por um período > 6 horas.

    Pode-se classificar a LAD em: (1) **leve:** coma entre 6 e 24 horas; (2) **moderada:** coma > 24 horas, sem sinais de descerebração; (3) **grave:** coma > 24 horas e presença de descerebração ao estímulo doloroso (elevada mortalidade).

3. **Edema cerebral:** resulta da perda da autorregulação cerebrovascular (o encéfalo torna-se incapaz de controlar adequadamente o fluxo sanguíneo, possibilitando a formação de edema no cérebro). Na TC, observam-se apagamento dos sulcos e compressão dos ventrículos. Pode produzir importante aumento da PIC e herniação cerebral.

Fraturas ósseas

Condição frequente no TCE, as fraturas ósseas podem se localizar na calota craniana ou na base do crânio. São classificadas em fechadas ou abertas (fraturas expostas). Fraturas na região temporal aumentam as chances de formação de hematoma extradural.

Apenas a presença da fratura não indica gravidade, mas sempre devem ser consideradas graves as **fraturas com afundamento do crânio** (afundamento superior a uma espessura do crânio) e as **fraturas abertas com exposição de tecido nervoso ou perda de líquor**, condições estas que podem necessitar de intervenção cirúrgica.

QUADRO CLÍNICO

Todo paciente com TCE é vítima de trauma, devendo, portanto, receber a **avaliação inicial do trauma** (o famoso "ABCDE"). Depois de assegurados a via aérea e a imobilização da coluna cervical (A), a ventilação adequada (B) e o estado hemodinâmico (C), o próximo passo consiste na **avaliação neurológica rápida (D)**, que deve ser focada em três aspectos:

1. **Escala de coma de Glasgow** (avaliação do nível e estado de consciência – Quadro 26.1): empregada na classificação de gravidade do TCE, tem grande valor no acompanhamento clínico do paciente. Um valor ≤ **8 pontos é critério de intubação orotraqueal** e ventilação mecânica.

    O Glasgow deve ser realizado à admissão e repetido em cada reavaliação do paciente. Durante uma reavaliação, se for observada queda de 3 ou mais pontos no Glasgow, independente do valor inicial, trata-se de piora clínica importante.

Quadro 26.1 Escala de coma de Glasgow (3 a 15)

Abertura ocular (1 a 4)	Melhor resposta verbal (1 a 5)	Melhor resposta motora (1 a 6)
Abertura ocular espontânea (4 pontos)	Responde e fala normalmente (5 pontos)	Movimenta-se normalmente ao ser solicitado (6 pontos)
Abre os olhos ao ser chamado (3 pontos)	Fala confusa (4 pontos)	Localiza estímulo doloroso (5 pontos)
Abre apenas ao estímulo doloroso (2 pontos)	Fala palavras inapropriadas/sem sentido (3 pontos)	Atitude de retirada do membro ao estímulo doloroso (4 pontos)
Não abre os olhos (1 ponto)	Sons incompreensíveis (2 pontos)	Postura de decorticação (MMSS fletidos, MMII estendidos) (3 pontos)
	Sem resposta verbal (1 ponto)	Postura de descerebração (estende e prona os MMSS) (2 pontos)
		Sem resposta motora (1 ponto)

MMSS: membros superiores; MMII: membros inferiores.

2. **Avaliação das pupilas:** deve-se avaliar o **diâmetro** das pupilas, a **simetria** e a **resposta pupilar à luz** (*reflexo fotomotor*).
   O aumento da pressão intracraniana (p. ex.,: hematoma intracraniano em expansão) produz herniação cerebral sobre a tenda do cerebelo, comprimindo o mesencéfalo e, consequentemente, o núcleo do III par craniano. Clinicamente, o paciente vai apresentar **anisocoria, midríase** (ipsilateral à lesão expansiva) e **prejuízo do reflexo fotomotor**. Esses achados indicam lesão intracraniana, efeito de massa, herniação cerebral e aumento da pressão intracraniana.
3. **Pesquisa de déficit motor:** deve-se pesquisar a presença de **parestesia, paresia** ou mesmo **plegia** de um lado do corpo. Solicite ao paciente que movimente os membros e compare os dois lados do corpo. Estímulos dolorosos podem ser empregados em pacientes desacordados.
   O déficit motor lateralizado resulta da herniação do cérebro sobre a tenda do cerebelo, comprimindo o mesencéfalo e, consequentemente, o trato corticoespinhal (piramidal) que passa por ele. A presença do déficit sugere lesão intracraniana com efeito de massa, herniação cerebral e aumento da pressão intracraniana (o déficit é contralateral à lesão).

Encerrado o **exame primário do trauma**, inicia-se o **exame secundário**, momento no qual o examinador vai obter uma história mais detalhada do TCE, solicitar outros exames (p. ex., TC de crânio) e realizar um **exame neurológico mais detalhado**.

Principais aspectos clínicos a serem considerados

- Questione o paciente sobre como foi o trauma, se ocorreu perda de consciência no local do acidente, e a presença de sintomas: náuseas, vômitos (inclusive vômitos em jato), sangramentos/líquidos saindo pelo nariz/orelha externa, cefaleia, amnésia retrógrada, crises convulsivas, alterações da fala, diplopia e alterações de comportamento e/ou personalidade.
- Inspeção-palpação do crânio/face e análise das lesões aparentes: aspecto e extensão das lesões, presença de corpos estranhos, fratura craniana com exposição de tecido cerebral e/ou afundamento ósseo.
- Sinais indicativos de fratura da base do crânio: **sinal do guaxinim** (equimose localizada em região periorbitária) e **sinal de Battle** (equimose localizada em região mastóidea), presença de hemotímpano, rinorragia, otorragia e líquido claro saindo por nariz ou orelha externa (risco aumentado para fístula liquórica devido à fratura da base do crânio).
- Lesões de pares cranianos, principalmente os listados a seguir: I (anosmia), II (prejuízo da acuidade visual, cegueira), IV (diplopia), VII (paralisia facial) e VIII (prejuízo na audição, nistagmo). As alterações podem surgir imediatamente ou dias após o trauma.

CONSIDERAÇÕES

Classificação da gravidade do TCE

A. **TCE leve** (80% casos): o paciente apresenta Glasgow ≥ 14 pontos e não existem evidências de efeito de massa ou hipertensão intracraniana. Sintomas leves e bom prognóstico.
B. **TCE moderado** (10% dos casos): o paciente apresenta Glasgow entre 9 e 13 pontos. Os sinais e sintomas são mais intensos (confusão e rebaixamento de consciência). Deve ser internado em terapia intensiva e monitorizado constantemente. Elevado risco de evoluir para um "TCE grave".
C. **TCE grave** (até 10% dos casos): Glasgow ≤ 8 pontos (sempre tem indicação de intubação orotraqueal). Existem **outras condições que classificam o TCE como grave**: queda de 3 pontos no Glasgow em uma nova avaliação, fratura com afundamento do crânio, exposição de tecido encefálico, saída de líquor/fístulas, objetos penetrando o crânio (armas brancas ou projétil de arma de fogo), anisocoria/midríase, déficit motor lateralizado (assimetria motora) e outros achados de hipertensão intracraniana e herniação cerebral.

DIAGNÓSTICO

O diagnóstico de TCE baseia-se na **história clínica** (relatada pelo próprio paciente ou por acompanhantes), no **exame físico** e nos **exames complementares**.

A história clínica e o exame físico ajudam a definir a presença e a gravidade de um TCE. Os exames complementares, especialmente a **TC** de crânio, ajudam a definir a presença de lesões e orientam sobre a necessidade de intervenção cirúrgica. A TC também apresenta uma "janela para osso", importante na identificação de fraturas do crânio:

- **TC de crânio:** é o principal exame a ser solicitado em pacientes com história de TCE. É obrigatória em todos os pacientes com idade < 2 anos ou > 65 anos, ou que apresentem TCE moderado ou grave. Pacientes fora da faixa etária de risco, com TCE leve e exame neurológico normal, podem ser orientados quanto aos sinais ou sintomas de risco e liberados sem a TC de crânio. Quando for indicado, o exame deve ser realizado após a estabilização hemodinâmica do paciente.

A TC deve ser realizada na admissão do paciente (após avaliação inicial do trauma) e sempre que o paciente tornar-se sintomático ou piorar dos sintomas neurológicos já existentes (p. ex., queda na pontuação da escala de Glasgow de 3 ou mais pontos, presença de anisocoria, midríase, prejuízo do reflexo fotomotor, déficit motor lateralizado e outras alterações do exame neurológico).

Fique atento à presença de hematomas intracranianos (extradural, subdural e intraparenquimatoso), "efeito de massa", desvio de linha média, apagamento dos sulcos e compressão dos ventrículos. A ausência de lesões na TC, em um paciente com sinais e sintomas neurológicos, ajuda a pensar em concussão cerebral ou LAD.

Outros exames (laboratoriais e de imagem) podem ser solicitados conforme o protocolo de cada hospital e a condição do paciente. Os mais indicados são: hemograma completo, coagulograma, eletrólitos, provas de função renal e glicemia. Alguns pacientes podem necessitar de exames toxicológicos, marcadores cardíacos (CPK-MB e troponinas) e β-HCG nas mulheres em idade fértil.

A radiografia de crânio tem pouca sensibilidade na avaliação de lesões intracranianas relacionadas com o TCE e nunca pode ser usada como substituta da TC de crânio. A RNM, realizada alguns dias após o trauma, é importante para a confirmação da LAD. A ressonância não é indicada na fase aguda do trauma, a não ser na suspeita de outra etiologia associada (p. ex., um AVE isquêmico causando queda com TCE).

COMPLICAÇÕES

Infecções do SNC, especialmente nas fraturas expostas ou na presença de fístula liquórica (principalmente pneumococo), hipertensão intracraniana grave, herniação cerebral, sequelas neuropsicomotoras, epilepsia, hidrocefalia e alterações no formato do crânio.

TRATAMENTO

Tratamento do TCE leve ou moderado

O tratamento sempre começa pelo **atendimento inicial ao trauma** ("ABCDE do trauma"), com **estabilização respiratória e hemodinâmica do paciente**, evitando assim hipoxia e baixo fluxo sanguíneo para o encéfalo:

- **TCE leve:** pacientes em Glasgow = 15, com exame neurológico normal, sem sinais de alerta na história do trauma e fora da faixa etária de risco (entre 2 e 65 anos de idade) podem receber alta, sem necessidade de observação hospitalar, com as orientações sobre os sinais e sintomas de alerta que exijam o retorno ao hospital. Se o paciente estiver em Glasgow = 14, idade de risco, alguma alteração no exame neurológico ou história de rebaixamento do sensório no local do trauma, recomenda-se a realização da TC de crânio. Mesmo após a alta, os pacientes e acompanhantes devem ser orientados (verbalmente e por escrito) a retornar ao hospital na presença de novos sintomas ou piora dos já existentes.
- **TCE moderado:** tratamento em regime de internação hospitalar por no mínimo 48 horas, preferencialmente em salas de terapia intensiva. A avaliação da neurocirurgia é essencial. A TC sempre deve ser realizada após o exame primário e repetida no caso de novos sintomas ou piora do quadro neurológico. Alguns autores sugerem a nova TC após 12 horas de evolução. O foco do tratamento é direcionado para o suporte respiratório/hemodinâmico (se necessário), a estabilização clínica do paciente e a investigação das complicações associadas ao TCE.

Tratamento do TCE grave

O atendimento **sempre começa pelo exame primário do trauma** ("ABCDE" do trauma), com estabilização respiratória e hemodinâmica do paciente. Após o exame primário, realiza-se TC em todos os casos (desde que exista estabilidade hemodinâmica). Devem ser sempre solicitados parecer e acompanhamento pela neurocirurgia.

Os principais aspectos do tratamento são: (1) estabilização clínica e acompanhamento do doente; (2) monitorização e controle da PIC; (3) investigação do surgimento de novas lesões e de descompensação do quadro clínico; (4) definição dos pacientes/lesões com indicação cirúrgica; e (5) reavaliações constantes:

- Releia os critérios de gravidade citados nas considerações.
- Monitorização completa e contínua do paciente (PA, FC, FR, T, $SatO_2$ de pulso, traçado ECG contínuo, curva de PIC).
- Pacientes com **Glasgow ≤ 8 pontos** devem ser sempre intubados e receber ventilação mecânica.
- Manter o **leito (cabeceira) inclinado em 30 graus**.
- Controle de **eletrólitos** e **glicemia** (80 a 140mg/dL). Recomenda-se manter a hemoglobina > 10mg/dL (melhora a perfusão tecidual).
- Controle da temperatura (hipertermia ou febre aumenta a demanda de O_2 para o encéfalo). Utilize dipirona ou paracetamol.
- **Sedação:** pode ser necessária para pacientes agitados, agressivos, intubados (ventilação mecânica) e que retiram sondas e cateteres. A combinação de (1) midazolam e (2) fentanil é a mais usada na prática:

- **Midazolam:** dose de ataque (0,03 a 0,3mg/kg, EV, em 2 a 3 minutos) e manutenção (0,03 a 0,2mg/kg/h, diluído em SF 0,9%, infusão por bomba).
- **Fentanil:** dose de ataque (0,5 a 2,0mcg/kg, EV, em *bolus*) e manutenção (50 a 500mcg/h).
- **Controle da pressão arterial (PA):** o paciente nunca deve ficar hipotenso. O objetivo é sempre uma pressão sistólica > 100 a 110mmHg, pois a hipotensão diminui a irrigação para o encéfalo e aumenta a área de lesão/isquemia cerebral. Administre cristaloides de maneira controlada, preferencialmente **Ringer lactato**. Em caso de hipotensão não responsiva a volume, podem ser administrados agentes vasoativos (p. ex., noradrenalina). De modo geral, são aceitos valores de pressão arterial "um pouco elevados"; no entanto, o paciente não deve fazer crises hipertensivas (tratadas com anti-hipertensivos).
- **Profilaxia de crises convulsivas: fenitoína (5 a 10mg/kg/dia, EV, dose dividida de 8/8h; em adultos, podem ser administrados 100mg, EV, de 8/8h)** pode ser oferecida de maneira profilática nos primeiros 7 dias após o trauma, pois as crises convulsivas agravam a condição clínica e podem elevar a PIC.
- **Inibidores da bomba de prótons** (p. ex., omeprazol, 20 a 40mg, 1×/dia, pode ser administrado EV): o omeprazol não pode ser administrado por sonda nasogástrica ou nasoentérica, pois não pode ser diluído. Nesses casos, deve-se administrar ranitidina, 150mg de 12/12h, para profilaxia das úlceras gástricas.
- **Monitorização da PIC:** preferencialmente por **cateter de ventriculostomia** instalado no ventrículo cerebral. Além da monitorização, o cateter permite drenar líquor quando a pressão intracraniana estiver muito elevada. A monitorização com cateter é praticada nos pacientes graves com TC apresentando anormalidades. **A PIC não deve ficar > 20mmHg** (intervir rapidamente).
- **Medidas de controle e/ou redução da PIC.**
- **Manitol:** dose de 0,25 a 1,0g/kg, EV, em *bolus*, até 3/3 ou 6/6h. Recomenda-se que a osmolaridade do plasma se situe próximo a 300 a 320mOsm/L. Atenção para não produzir hipovolemia e/ou hipotensão (não é indicado para pacientes com instabilidade hemodinâmica).
- **Diuréticos:** furosemida, na dose de 0,3 a 0,7mg/kg, EV. No entanto, deve-se ter cuidado para não produzir hipovolemia e tornar o paciente hipotenso. Os diuréticos normalmente são utilizados juntamente com o manitol.
- **Redução da $PaCO_2$ por meio de hiperventilação controlada:** em pacientes apresentando elevação da PIC, pode-se tentar a hiperventilação controlada por curto período de tempo, de modo a reduzir os níveis de CO_2 ($PaCO_2$) do sangue e assim produzir uma vasoconstrição cerebral temporária, que ajuda a diminuir a PIC. Os valores de $PaCO_2$ durante a manobra devem ficar entre 30 e 35mmHg. Não se deve praticar a hiperventilação de maneira prolongada nem profilática, pois a vasoconstrição duradoura pode agravar a isquemia para o encéfalo.
- **Coma induzido por barbitúricos** pode ajudar a reduzir a PIC em casos de hipertensão intracraniana refratária aos métodos convencionais, pois reduz o metabolismo e a necessidade de sangue para o encéfalo, porém o paciente deve estar adequadamente monitorizado (ECG) e a técnica não é isenta de riscos, principalmente hipotensão. Deve-se proceder a rigorosa avaliação antes de se optar por coma barbitúrico. O fármaco de escolha é o tiopental.
- Outras medidas que ajudam no controle da PIC são a **cabeceira elevada** (30°) e a **drenagem de líquor através do cateter** de monitorização (ventriculostomia) quando a pressão intracraniana estiver alta. Em alguns hospitais é realizada a hipotermia controlada como forma de reduzir a lesão encefálica. Quando as medidas clínicas são insuficientes para o controle da PIC, pode-se recorrer à craniectomia descompressiva.
- **Indicação cirúrgica conforme avaliação da neurocirurgia:** a LAD e a síndrome de concussão cerebral são condições não cirúrgicas. Os hematomas intracranianos (epidural, extradural e intraparenquimatoso) são condições que podem necessitar de cirurgia, como, por exemplo, hematomas de grande volume, desvio da linha média ≥ 5mm, sintomas de hipertensão intracraniana (midría-

se, anisocoria, déficit motor lateralizado, rebaixamento de consciência) e hematomas ≥ 15mm de diâmetro. Outras condições que frequentemente podem necessitar de intervenção são: fratura exposta de crânio, fraturas com afundamento de crânio (espessura superior a uma tábua óssea), presença de fístula liquórica e traumatismos penetrantes no crânio (armas brancas ou projétil). O tratamento cirúrgico normalmente consiste em craniotomia associada a drenagem do hematoma e intervenção no foco hemorrágico e nos tecidos sem recuperação.

BIBLIOGRAFIA

American College of Surgeons. ATLS Student Course Manual – Advanced Trauma Life Support. 9. ed., 2012.
American College of Surgeons. ATLS Student Course Manual – Advanced Trauma Life Support for Doctors. 8. ed., 2008.
ATLS. Suporte Avançado de Vida no Trauma para Médicos. 7. ed. Rio de Janeiro: Elsevier, 2004.
Borges, DR (coord.). Atualização terapêutica de Prado, Ramos e Valle : diagnóstico e tratamento – 2012/2013. 24. ed. São Paulo: Artes Médicas, 2012, 1990 p.
Braunwauld F, Kasper H, Longo J et al. Harrison medicina interna. Volumes I e II. 17. ed. Mc Graw-Hill, 2008.
Coelho, JCU. Manual de clínica cirúrgica: cirurgia geral e especialidades. Rio de Janeiro: Atheneu, 2009.
Cohen M. Tratado de ortopedia. 1. ed. São Paulo: Roca, 2007.
Comissão de Educação Continuada da Sociedade Brasileira de Ortopedia e Traumatologia. Manual de trauma ortopédico. São Paulo: SBOT, 2011.
Goldman L, Schafer AI. Cecil medicine. 24. ed. Saunders, 2011.
Junior RS, Maia AM, Salles RARV. Tratado de cirurgia do CBC. Rio de Janeiro: Atheneu, 2009.
Longo DL, Fauci AS, Kasper DL, Houser SL, Jameson JL, Loscalzo J. Harrison's principles of internal medicine: volumes 1 and 2. 18. ed. McGraw-Hill, 2011.
Lopes AC. Tratado de clínica médica. 2. ed. Roca, 2009.
Mantovani M. Controvérsias e Iatrogenias na cirurgia do trauma. São Paulo: Atheneu, 2007.
Norman EM, Scott F, Salomone JP. PHTLS – Atendimento pré-hospitalar ao traumatizado. 6. ed. Rio de Janeiro: Elsevier, 2007.
Porto CC. Semiologia Médica. 6. ed. Rio de Janeiro: Guanabara Koogan, 2009.
Martins HS, Damasceno MCT, Awada SB. Pronto-socorro: condutas do Hospital das Clínicas da Faculdade de Medicina da Universidade de São Paulo. 2. ed. ver e ampl. Barueri: Manole, 2008.
Rodrigues A, Ferrada R. Trauma – Sociedade Panamericana de Trauma. Rio de Janeiro: Atheneu, 2010.
Schwattz SI et al. Principles of surgery. 6. ed., 2009.
Sizínio H. Ortopedia e traumatologia: princípios e prática. 4. ed. Porto Alegre: Artmed, 2009.
Souza PH, et al. Cirurgia do trauma: condutas diagnósticas e terapêuticas. Rio de Janeiro: Atheneu, 2003.
Speranzini MB, Deutsch CB, Yagi OK. Manual de diagnóstico e tratamento para residente de cirurgia. Rio de Janeiro: Atheneu, 2009.
Townsend CM, Beauchamp RD, Evers BM, Mattox KL. Sabiston textbook of surgery, 19. ed. Elsevier, 2012.

Seção IV – ORTOPEDIA

Capítulo 27
Entorses

Vincenzo Giordano • Rodrigo Simões Eleutério

INTRODUÇÃO E DEFINIÇÕES

Por definição, **entorse** é uma **lesão articular traumática**. Nesse tipo de lesão, ocorre a perda momentânea da congruência articular, isto é, as superfícies articulares perdem o contato adequado por curto intervalo de tempo; no entanto, o limite de movimento normal da articulação é ultrapassado. Em razão da deformação/distensão articular excessiva, serão encontrados graus variados de lesão dos ligamentos, cápsula articular, tendões e outros tecidos moles.

Entorses podem ocorrer em diversas articulações, porém os locais mais frequentes de acometimento são tornozelo, joelho e punho, nesta ordem. Com frequência, os pacientes referem que apresentaram uma "torção" durante uma caminhada ou atividade esportiva.

De maneira geral, as entorses podem ser classificadas em **leves** ou **graves**, conforme o grau de lesão capsuloligamentar:

- **Entorse leve:** existe estiramento ou rotura parcial (incompleta) de ligamentos e/ou cápsula articular.
- **Entorse grave:** existe rotura completa de ligamentos e/ou cápsula articular. Entorses graves podem apresentar intensa instabilidade articular, e em alguns casos será necessária intervenção cirúrgica para correção.

QUADRO CLÍNICO

Normalmente, o paciente refere uma **"torção"** ou um trauma direto da articulação envolvida. As principais queixas são: dor intensa e edema, dificuldade ou incapacidade para movimentar a articulação e instabilidade articular em graus variados. Durante o exame físico, devem ser pesquisados o grau de instabilidade articular e a presença de derrames articulares, como hemartrose (sangue) ou hidroartrose (líquido). A presença de hemartrose aumenta as chances de lesão ligamentar importante.

DIAGNÓSTICO

O relato do paciente é muito importante para a suspeita de entorses. Avalie o aumento de volume da articulação, por edema tecidual e pelo acúmulo de líquido ou sangue na articulação, e também o grau de instabilidade articular. Existem manobras específicas para testar a instabilidade das diversas articulações, porém recomenda-se que sejam realizadas por especialista. Solicite radiografias da articulação em pelo menos duas incidências diferentes (AP e perfil, geralmente) para identificar possíveis fraturas e luxações associadas. Exames de imagem mais específicos podem ser necessários em caso de suspeita de entorses graves, sendo a ressonância nuclear magnética (RNM) o exame de eleição. Esse exame torna possível identificar com mais precisão os ligamentos afetados e o grau de comprometimento, além de auxiliar o planejamento cirúrgico. A ultrassonografia (USG) da articulação, apesar de descrita na literatura como uma opção diagnóstica, mostra-se pouco útil na prática.

TRATAMENTO
Entorses leves

- Não massagear o local acometido (pode aumentar o grau de comprometimento tecidual).

- **Repouso articular e imobilização apropriada** para aquela articulação. A imobilização pode ser feita com ataduras de crepom, órteses, talas ou mesmo gessos circulares (o que é pouco usado atualmente). A imobilização pode variar de 1 a 3 semanas, conforme a localização e a gravidade da entorse. Nas entorses leves, recomenda-se imobilização por curto período de tempo. Terminada a fase aguda, com redução da dor e do edema, o paciente deve começar a praticar exercícios leves e sem resistência (para evitar rigidez articular). Nas entorses de joelho ou tornozelo, recomenda-se o uso de muletas para evitar esforço sobre a articulação.
- **Anti-inflamatórios não esteroides (AINE) ou outros analgésicos,** em casos selecionados. Existem múltiplas opções disponíveis para uso hospitalar e residencial. Essas medicações auxiliam o controle da dor e da inflamação. Servem como exemplos:
    - **Ibuprofeno:** mais de 12 anos: 200 a 800mg/dose, VO, 3 a 4×/dia (não ultrapasse 2.400mg/dia). Boa opção para adultos.
    - **Dipirona gotas:** crianças de 5 a 8kg: 3 a 6 gotas/dose de 6/6h; de 9 a 15kg: 7 a 12 gotas/dose de 6/6h; de 16 a 23kg: 13 a 16 gotas/dose de 6/6h; de 24 a 30kg: 18 a 21 gotas/dose de 6/6h; de 31 a 45kg: 22 a 30 gotas/dose de 6/6h; de 46 a 53kg: 30 a 37 gotas/dose de 6/6h. Boa opção para crianças.
- **Crioterapia:** pode ser utilizada em todos os pacientes. Trata-se de uma terapia realizada com gelo para ajudar a diminuir a dor e a inflamação. Realiza-se aplicação de bolsa térmica ou de gelo no local da entorse por 15 a 20 minutos, 3 a 4×/dia, durante 2 a 5 dias.

> **Obs.:** não coloque o gelo diretamente na pele; primeiro envolva a bolsa de gelo com papel-toalha.

- **Elevação do membro:** ajuda a diminuir o edema e a dor. O membro deve ser mantido elevado nos primeiros 2 a 3 dias.

Entorses graves

Serão necessárias todas as medidas citadas anteriormente: **repouso articular, imobilização adequada, AINE e/ou outros analgésicos, crioterapia e elevação do membro**. Observa-se que esse grupo de pacientes quase sempre precisará dos anti-inflamatórios para alívio dos sintomas. Além disso, o tempo necessário de imobilização tende a ser maior que nas entorses leves (durante 2 a 6 semanas).

Recomenda-se sempre a avaliação por especialista, inclusive com exames complementares capazes de avaliar o grau de comprometimento da articulação, com destaque para a RNM. Em uma parcela dos pacientes, especialmente nos esportistas, será necessária **abordagem cirúrgica** para correção das lesões ligamentares e de outros tecidos moles, conforme o resultado dos exames complementares e indicação do especialista.

Capítulo 28
Luxações

Vincenzo Giordano • Rodrigo Simões Eleutério

INTRODUÇÃO E DEFINIÇÕES

Por definição, uma luxação é uma lesão articular traumática com perda definitiva da congruência articular, isto é, o limite normal de movimento da articulação foi ultrapassado e as superfícies articulares perderam o contato de maneira permanente. Na luxação, a articulação se "desencaixou" e assim permaneceu.

Luxações são classificadas como **urgências ortopédicas**. Depois de confirmado o diagnóstico, o tratamento da luxação deve ser feito o mais rápido possível. A principal etapa desse tratamento consiste na redução cirúrgica da luxação (normalmente redução fechada), o que vai possibilitar que as superfícies articulares restabeleçam o contato adequado.

As luxações podem originar-se de um trauma (esportivo, agressões, acidentes automobilísticos, quedas), sendo esse o mecanismo mais comum; no entanto, também podem ser congênitas (luxação congênita do quadril), patológicas (patologia prévia favorecendo a ocorrência da luxação, como a artrite séptica), voluntárias (o paciente realiza a luxação voluntariamente) ou recidivantes.

COMPLICAÇÕES

As principais complicações agudas das luxações são as lesões vasculares e nervosas, as fraturas associadas e a lesão parcial ou completa de ligamentos e tendões. Em longo prazo, o paciente pode apresentar recidiva da luxação, osteoartrose precoce, calcificações em partes moles e osteonecrose.

Subluxação

À semelhança da luxação, ocorre a perda da congruência articular, porém ainda há um contato parcial entre as superfícies articulares. Subluxações podem tornar-se luxações, se não forem adequadamente identificadas e tratadas.

QUADRO CLÍNICO

De maneira geral, as luxações sempre são acompanhadas de dor intensa, rubor, edema e extrema incapacidade funcional da articulação. Assimetrias e deformidades características por diversas vezes podem ser identificadas apenas pela inspeção e palpação da articulação. É comum o paciente apresentar uma posição antálgica.

CONSIDERAÇÕES E TRATAMENTO

As luxações, assim como as entorses, vão necessitar de repouso articular e imobilização adequada. Normalmente, utiliza-se uma tala, órtese ou mesmo gessos circulares, por 3 semanas ou mais. Analgésicos e anti-inflamatórios (AINE) serão necessários, tanto para o controle da dor durante a redução como para o tratamento sintomático em domicílio. Nunca se deve massagear o local comprometido. Por vezes será necessária a fisioterapia para a recuperação funcional adequada da articulação. No entanto, a etapa mais importante dessa urgência ortopédica consiste na **redução da luxação**, que deve ser realizada em menos de 6 horas após o evento agudo.

Adiante estão descritos os principais tipos de luxação e seu tratamento.

■ LUXAÇÃO ACROMIOCLAVICULAR (LAC)

Luxação que ocorre na articulação entre a clavícula e o acrômio. O mecanismo de trauma normalmente é uma queda sobre a face posterolateral do ombro. O paciente refere inchaço, dor intensa e deformidade na região. Um achado característico é o **"sinal da tecla"** (durante a palpação é possível "abaixar" a extremidade luxada da clavícula, como se fosse uma tecla de piano).

O diagnóstico é confirmado com radiografias em anteroposterior (AP), incidência de Zanca (AP com 15 a 20 graus de inclinação cefálica), AP com peso leve amarrado ao punho, perfil de escápula e transaxilar.

TRATAMENTO

Subluxações e luxações pouco desviadas podem ser tratadas com imobilização por meio de tipoia simples por 10 a 14 dias, associada ao uso de AINE e crioterapia (bolsa de gelo por 15 a 20 minutos, 3 a 4×/dia, por 2 a 5 dias). Recomenda-se mobilização precoce supervisionada. Quando a clavícula se eleva em exagero, quando o deslocamento da luxação é anterior ou posterior, ou ainda quando se trata de uma luxação em atletas, o tratamento indicado pode ser a fixação cirúrgica, com redução aberta da luxação. Nesses casos, é essencial a avaliação por especialista.

■ LUXAÇÃO GLENOUMERAL (OU LUXAÇÃO DO OMBRO)

Luxação muito comum, ocorre entre a cavidade glenoide da escápula e a cabeça do úmero. Pode ser classificada em luxação inferior (< 5%), posterior (5%) e anterior (> 90% dos casos), conforme a cabeça do úmero se desloque para uma posição inferior, posterior ou anterior, respectivamente, em relação à cavidade glenoide.

As queixas principais são de dor, edema, limitação funcional e deformidades. É possível observar que o paciente tende a segurar o braço afetado com a mão oposta (posição antálgica). Durante a inspeção, observa-se depressão na região lateral do ombro. Esta recebe o nome de **"sinal da dragona de soldado"** ou **"sinal do cabide"**.

As principais complicações dessa luxação são: lesão do nervo axilar, lesões do plexo braquial, lesões vasculares, fraturas associadas e recidivas da luxação.

O diagnóstico é confirmado por meio de radiografias do ombro em AP, perfil de escápula e transaxilar.

TRATAMENTO

Preferencialmente, realiza-se a redução fechada, a qual exige analgesia e sedação apropriadas, inclusive anestesia regional, se necessário. Após a redução, o paciente deve usar uma tipoia simples por 21 dias, bem como analgésicos e crioterapia. Recomenda-se a mobilização precoce supervisionada da articulação.

Manobras disponíveis para redução

1. **Manobra de Hipócrates:** com o paciente em decúbito dorsal, o médico coloca o pé na região axilar do doente e vai tracionar o braço deste em posição de abdução, enquanto o pé realiza a força em sentido oposto. No entanto, isso é pouco praticado atualmente. Uma adaptação da manobra é feita com a presença de um auxiliar: o médico apenas traciona o braço em adução (sem usar o pé), coloca-se um lençol/pano comprido contornando a região axilar do doente e será função do auxiliar fazer a tração em sentido oposto, puxando o lençol.
2. **Manobra de Kocher:** posiciona-se o cotovelo a 90 graus e realizam-se rotação externa e abdução do braço, seguidas de rotação interna e adução. Esta manobra encontra-se atualmente proscrita.
3. **Manobra de Stimson:** paciente em decúbito ventral, levemente sedado, com o braço afetado do lado de fora do leito, pendente. Ao punho ipsilateral amarra-se um peso de 3 a 4kg e deixa-se o

membro ser progressivamente tracionado apenas pelo peso. A redução deve ocorrer espontaneamente dentro de alguns minutos.

Após a redução, repetem-se as radiografias para confirmar o sucesso da manobra. A redução cirúrgica da luxação é necessária nos seguintes casos: impossibilidade de redução por manipulação; fratura associada de úmero ou escápula com indicação cirúrgica; lesão nervosa ou vascular necessitando de intervenção; e luxação existente há vários dias sem intervenção.

■ LUXAÇÃO DO COTOVELO

Trata-se de luxações frequentes. O mecanismo mais comum consiste na queda com apoio sobre a mão, antebraço supinado e cotovelo em extensão. Luxação posterior da articulação será encontrada em mais de 85% das vezes, com a extremidade distal do úmero se deslocando para anterior e a extremidade proximal da ulna para posterior.

As principais complicações são: lesão do nervo ulnar (neuropraxia, geralmente), fraturas associadas (investigadas pelas radiografias), lesões de ligamentos e de cápsula articular, lesão do nervo mediano, lesão da artéria braquial e roturas musculares.

O diagnóstico é estabelecido por meio de radiografia em anteroposterior (AP) e perfil do cotovelo.

TRATAMENTO

Pratica-se inicialmente a redução fechada, com analgesia e sedação apropriadas, ou mesmo anestesia regional. Em seguida, faz-se a "**manobra de Parvin**": paciente em decúbito ventral com o braço apoiado no leito; a prega do cotovelo deve coincidir com a borda do leito, deixando o antebraço livre e pendente. O atendente, com uma das mãos, vai tracionar delicadamente o antebraço para baixo e, com o polegar da outra mão, vai pressionar o olécrano para sua posição anatômica. Após as manobras, confirma-se a redução adequada por meio das radiografias.

Nos primeiros 7 dias, a imobilização é feita com tala axilopalmar, enquanto se aguarda a redução do edema; em seguida, mais 14 dias de gesso axilopalmar, completando 21 dias de imobilização. Recomenda-se mobilização precoce da articulação a fim de evitar rigidez articular.

A terapia cirúrgica está indicada nas seguintes situações: redução fechada não foi possível, fraturas associadas com indicação cirúrgica, lesão vascular que necessita de intervenção, luxação há vários dias (crônica) sem intervenção e luxações recidivantes.

■ LUXAÇÃO DO QUADRIL (ARTICULAÇÃO COXOFEMORAL)

Luxação que ocorre entre a cabeça do fêmur e o acetábulo. Nos adultos, essa luxação ocorre somente em traumas de alta energia, pois se trata de uma articulação muito estável. No entanto, crianças podem apresentar displasia congênita do quadril.

As luxações do quadril podem ser classificadas em: (1) **anterior:** a cabeça do fêmur vai desviar para anterior em relação ao acetábulo; (2) **posterior:** a cabeça do fêmur vai desviar para posterior em relação ao acetábulo. Responde por mais de 85% dos casos.

As principais complicações em curto e longo prazos são: comprometimento do nervo isquiático, em até 12% dos casos (normalmente uma neuropraxia), luxação associada a fraturas graves (fratura-luxação), necrose avascular da cabeça do fêmur (a luxação compromete os vasos que nutrem a cabeça e isso pode determinar a necrose avascular em longo prazo) e osteoartrose precoce.

O paciente apresenta dor intensa e edema, bem como importante incapacidade de movimento da articulação. Nas luxações anteriores, o paciente apresenta o membro afetado em atitude de rotação externa e abdução da coxa. Nas luxações posteriores (mais comum), a coxa encontra-se parcialmente fletida, em rotação interna e adução.

Para o diagnóstico, solicita-se radiografia panorâmica de bacia em AP e nas "incidências de Judet". Também é possível realizar uma tomografia computadorizada (TC) de pelve, o que exige estabilidade hemodinâmica do paciente.

TRATAMENTO

Pratica-se a redução fechada por manobras, na maioria das vezes, com anestesia geral ou regional:

1. **Manobra de Stimson** (redução da luxação posterior): o paciente posiciona-se em decúbito ventral no leito, exceto o membro afetado, que deve ficar fora do leito, pendente. Tanto a coxa como o joelho devem estar flexionados. O médico, então, traciona a coxa do paciente para baixo.
2. **Manobra de Allis:** o paciente é posicionado em decúbito dorsal, com coxas e joelhos fletidos. O atendente traciona a coxa do paciente, sem modificar a atitude de flexão. É importante a presença de uma segunda pessoa para manter o corpo/bacia do paciente firme junto ao leito. Durante a tração, o médico executa movimentos de rotação interna e externa da coxa, de pequena amplitude.

A redução deve ser verificada por meio de novas radiografias. Pelos próximos 45 dias, o paciente deve caminhar apenas com auxílio de muletas e sem fazer força com a perna. O tratamento cirúrgico está indicado quando a redução fechada por manipulação não é obtida ou, então, nos casos de fratura associada à luxação.

■ LUXAÇÃO DO JOELHO

Luxação que ocorre entre as regiões distal do fêmur e proximal da tíbia. O mecanismo de luxação envolve um trauma de alta energia, como grandes quedas e atropelamentos. Trata-se de uma condição com significativo número de complicações associadas. Na maioria dos casos, a região proximal da tíbia será encontrada deslocada para anterior e a região distal do fêmur deslocada para posterior (é uma luxação anterior do joelho), porém o joelho pode luxar em todas as direções.

As principais complicações desse tipo de luxação são: extensa lesão e ruptura de ligamentos do joelho; lesão do nervo fibular comum, comprometendo o movimento de dorsiflexão do tornozelo; lesão da artéria poplítea (pode existir em quase metade dos casos e determinar isquemia para a extremidade); e fraturas associadas. O diagnóstico é possível por meio do quadro clínico e das radiografias do joelho em AP e perfil.

TRATAMENTO

O paciente deve receber adequada anestesia do membro antes da redução fechada.

Manobra

Com o paciente em decúbito dorsal, o médico atendente traciona sua perna. Em caso de luxação anterior do joelho, o médico, durante a tração, deve forçar a região distal do fêmur para anterior. Em caso de luxação posterior do joelho, durante a tração da perna, o médico deve forçar a região proximal da tíbia para anterior. Recomenda-se a presença de um auxiliar para dar firmeza ao corpo e à coxa do paciente durante a tração.

Confirma-se a redução com radiografias em AP e perfil. Após a redução, é essencial uma nova pesquisa de lesões neurovasculares, as quais são frequentes e de elevada morbidade. Alguns autores recomendam a realização de arteriografia após a redução, de modo a afastar as lesões vasculares e considerar a necessidade de cirurgia reparadora. Algumas vezes pode ser necessária a amputação de parte do membro. O joelho deve ser imobilizado por 45 dias, em semiflexão, com gesso ou órtese funcional apropriada. O paciente irá deambular com auxílio de muletas.

Capítulo 29
Fraturas dos Membros Superiores

Vincenzo Giordano • Rodrigo Simões Eleutério

■ FRATURA DA CLAVÍCULA

Fratura comum, que pode ter origem em um traumatismo direto sobre a clavícula ou mecanismos indiretos. Em mais de 80% dos casos, a fratura encontra-se no terço médio do osso (melhor prognóstico), e em até 15%, no terço lateral. Fraturas no terço medial são incomuns. A fratura de clavícula pode ocorrer durante o parto complicado e o bebê pode exibir pouca movimentação do membro por alguns dias (pseudoparalisia), porém manifesta-se com pouco ou nenhum desvio e é de rápida consolidação (o calo ósseo forma-se em poucos dias).

> **Obs.:** nesses bebês, é importante investigar se existe lesão de plexo braquial.

QUADRO CLÍNICO

Dor e edema na região da clavícula, com deformidade facilmente percebida, pois a clavícula está logo abaixo da pele; crepitações à palpação e incapacidade de movimentar o braço ou ombro.

DIAGNÓSTICO

Quadro clínico e radiografias do ombro em AP, perfil da escápula e perfil axilar. Pode ser útil radiografia de tórax em AP.

TRATAMENTO

Fraturas do terço médio podem receber tratamento conservador na grande maioria dos casos. A imobilização de adultos e crianças maiores pode ser feita com "**bandagem em forma de 8**". Após a primeira semana, recomenda-se a mobilização supervisionada do membro ipsilateral, a fim de evitar a "**síndrome dos ombros congelados**". A imobilização permanece por 4 a 6 semanas, juntamente com a mobilização supervisionada. As atividades normais são recomendadas somente após 9 a 12 semanas. Nos bebês e crianças jovens, recomenda-se a "**bandagem de Velpeau**" (nesta imobilização, o braço fica preso junto ao corpo). Em geral, nessa faixa etária, as fraturas consolidam muito rápido, em torno de 3 a 4 semanas. A ausência de dor é um bom sinal clínico de que a consolidação ocorreu.

O tratamento cirúrgico é pouco comum, mas, se necessário, pode ser feito com redução fechada ou aberta e estabilização com placas e parafusos ou fios intramedulares. As principais indicações cirúrgicas são: grande desvio ou encurtamento, fratura exposta, lesão de vasos que necessitem de reparo cirúrgico, fraturas bilaterais e algumas fraturas do terço distal da clavícula.

■ FRATURA DA PORÇÃO PROXIMAL DO ÚMERO (REGIÃO DO OMBRO)

Trauma de maior energia em jovens e menor energia em idosos. A osteoporose aumenta o risco. Fratura comum que, em mais de 75% das vezes, não apresenta desvio ou apresenta desvio mínimo, possibilitando o tratamento conservador. A presença de três ou mais fragmentos com desvio aumenta o risco de necrose avascular. A luxação concomitante do ombro sempre deve ser investigada (fratura-luxação). Entre as complicações, podem ser citadas: lesão dos nervos axilar (mais comum), musculocutâneo e supraescapular. Lesões do plexo braquial (por estiramento) e complicações vasculares também podem ocorrer.

QUADRO CLÍNICO

Dor (principal sintoma) e edema na região do ombro, acompanhado de dificuldade ou incapacidade para movimentar o membro, equimoses (após algumas horas) e crepitações à palpação. O deltoide e outros tecidos dificultam a visualização de deformidades e podem atrapalhar a inspeção local.

DIAGNÓSTICO

Quadro clínico e radiografia do ombro nas incidências AP verdadeira (com correção da anteversão da escápula), perfil da escápula e perfil axilar.

TRATAMENTO

Até 80% dos pacientes apresentam desvio mínimo ou ausente e, desse modo, são candidatos ao tratamento conservador. Consideram-se de mínimo desvio as fraturas com translação < 1cm e angulação < 45 graus entre os fragmentos, independentemente do número de fragmentos; especificamente na fratura da grande tuberosidade, desvios > 5mm não são aceitos. Pode-se praticar o tratamento conservador mediante a imobilização do tipo Velpeau ou com uma tipoia simples, mantida por 3 a 4 semanas. Após 10 a 15 dias de imobilização, recomenda-se a mobilização precoce da articulação (para evitar síndrome dos ombros congelados). Solicite radiografias periódicas semanais para garantir que não está ocorrendo desvio.

Quando o tratamento cirúrgico está indicado, diversas técnicas de estabilização podem ser usadas, como osteossíntese com placas e parafusos e hastes intramedulares ou amarração dos fragmentos com fios. Em alguns pacientes, principalmente idosos, pode ser necessária a substituição da cabeça do úmero por endoprótese.

■ FRATURA DA DIÁFISE DO ÚMERO

Espaço compreendido entre a borda superior da inserção do músculo peitoral maior e o limite inferior da crista supracondiliana. Ocorre por traumatismo direto sobre o braço ou por mecanismos indiretos. Idosos, especialmente mulheres com osteoporose, apresentam maior risco. Nas fraturas do terço médio e distal, é aumentada a chance de **lesão do nervo radial**, uma importante complicação. Clinicamente, o paciente apresenta "mão caída" ou "mão em gota", quando há lesão desse nervo.

QUADRO CLÍNICO

Dor e edema no local, dificuldade ou incapacidade para movimentar o membro. Deformidade é um importante achado, incluindo encurtamento do braço nas fraturas com grandes desvios. Crepitações podem ser percebidas à palpação.

DIAGNÓSTICO

Quadro clínico e radiografias do braço em AP e perfil. Radiografias do ombro e cotovelo podem auxiliar em casos difíceis. É importante que a radiografia do úmero alcance as duas extremidades articulares, para evitar erros no diagnóstico.

TRATAMENTO

Na maioria dos casos, o tratamento é conservador, com imobilização por tala gessada do tipo **"pinça de confeiteiro"**. Essa tala pode ser empregada no início do tratamento, enquanto o paciente aguarda a cirurgia ou por todo o tempo de imobilização. O gesso tem o formato de "U": inicia-se próximo à região axilar, contorna o cotovelo e sobe pela face externa do braço até próximo à região cervical. O antebraço ficará suspenso por uma tipoia ou tira.

O tratamento cirúrgico está reservado para fraturas expostas, fraturas bilaterais de úmero, múltiplas fraturas no mesmo membro, fraturas patológicas e fraturas com lesões nervosas ou vasculares que exigem intervenção (p. ex., lesão de artéria braquial ou paralisia do nervo radial após redução). O encarceramento do nervo radial entre os fragmentos ósseos provoca muita dor no membro, principalmente no antebraço. Em pacientes muito obesos ou com doença de Parkinson, o tratamento conservador pode produzir maus resultados. A intervenção cirúrgica pode ser realizada mediante redução e osteossíntese com placas e parafusos ou hastes intramedulares; o uso de fixadores externos está reservado como fixação provisória em casos de fratura exposta ou politraumatizados. Recomenda-se mobilização precoce do membro.

■ FRATURA DA PORÇÃO DISTAL DO ÚMERO

As fraturas da região distal do úmero podem ser classificadas em três grupos: (1) **fratura supracondiliana** (é extra-articular e o traço está acima dos côndilos do úmero); (2) **fratura condiliana** (é intra-articular e o traço da fratura isola um dos côndilos do úmero); e (3) **fratura intercondiliana** (é intra-articular e o traço da fratura tem o formato de um T ou Y, separando os côndilos entre si e do restante do úmero). A fratura supracondiliana é mais comum em crianças, enquanto a fratura intercondiliana normalmente é observada em adultos. Fique atento a lesões vasculares e nervosas (p. ex., lesão da artéria braquial e dos nervos ulnar e radial) e à síndrome compartimental.

QUADRO CLÍNICO

Dor e edema na região do cotovelo e braço, dificuldade ou incapacidade de mobilização do membro e articulação, crepitações à palpação, assimetrias e deformidades no local. História de traumatismo direto sobre o cotovelo ou queda com apoio sobre a mão espalmada ou queda direta sobre cotovelo.

DIAGNÓSTICO

Quadro clínico e radiografias do cotovelo em AP, perfil e oblíquas.

TRATAMENTO

A fratura intercondiliana (típica do adulto) exige tratamento cirúrgico, com redução aberta e estabilização com placas e parafusos (mais usado). Recomenda-se mobilização precoce da articulação, a fim de evitar rigidez articular. A fratura condilar lateral (mais observada em crianças) necessita de redução aberta e fixação interna (p. ex., fios de Kirschner). A fratura supracondiliana (mais comum na criança), quando sem desvio ou desvio mínimo, pode ser tratada com tala gessada axilopalmar. Após diminuição do edema, a tala é substituída por imobilização gessada axilopalmar (por, aproximadamente, 21 dias). Se existe desvio inaceitável, realizam-se redução fechada e estabilização com fios de Kirschner cruzados ou paralelos com entrada lateral. Mesmo com a fixação cirúrgica, deve-se manter um gesso por 3 semanas, em posição de flexão de 90 graus do cotovelo.

■ FRATURA DO OLÉCRANO (REGIÃO DO COTOVELO)

O olécrano representa a porção mais proximal da ulna, e o músculo tríceps braquial insere no olécrano. Em geral, a fratura do olécrano se deve a uma queda sobre o cotovelo ou, então, a uma forte contração do tríceps, criando uma fratura por avulsão (o tríceps arranca uma parte do olécrano). Trata-se de fraturas intra-articulares, e por isso devem ser adequadamente reduzidas, a fim de evitar osteoartrose precoce. O músculo tríceps tende a produzir desvio da fratura.

QUADRO CLÍNICO

Dor e edema na região do cotovelo, dificuldade ou incapacidade de movimentar a articulação do cotovelo e crepitações à palpação.

DIAGNÓSTICO

Quadro clínico e radiografias do cotovelo em AP e perfil.

TRATAMENTO

A maioria dos casos é de tratamento cirúrgico, pois se trata de uma fratura intra-articular com tendência a desvio. Realizam-se redução aberta e estabilização da fratura com dois fios de Kirschner (penetram pelo olécrano em direção à diáfise ou à cortical anterior da ulna) e fios de aço maleáveis amarrados de modo a criar uma "banda de tensão em 8". Nas fraturas muito cominutivas, pode ser necessário o uso de placas e parafusos.

Alguns autores sugerem o tratamento conservador para as fraturas sem desvio ou desvio mínimo, porém o risco de osteoartrose e rigidez articular é elevado. Por outro lado, o procedimento cirúrgico torna possível a mobilização precoce da articulação e diminui o risco de complicações a curto e longo prazo.

■ FRATURA DA CABEÇA DO RÁDIO (REGIÃO DO COTOVELO)

Essa fratura pode ocorrer em uma queda com apoio sobre a mão espalmada, forçando o rádio contra a região distal do úmero. A fratura pode não ter desvio, apresentar desvio mínimo (até 2mm) ou revelar grandes desvios ou múltiplos fragmentos. Como se trata de fratura intra-articular, necessita de correção adequada para evitar osteoartrose precoce. Lesões ligamentares e da membrana interóssea podem ocorrer nessa fratura.

QUADRO CLÍNICO

História de queda com apoio sobre a mão espalmada. Edema e dor na região acometida, com aumento da dor ao se realizarem movimentos de pronação e supinação ou, então, quando o examinador, efetuando um movimento de pinça, pressiona a região correspondente à cabeça do rádio. Pode ocorrer derrame articular de sangue (hemartrose). Crepitações podem ser percebidas durante a palpação.

DIAGNÓSTICO

Quadro clínico e radiografias do cotovelo em AP, perfil e oblíquas.

TRATAMENTO

Fraturas sem desvio ou com desvio mínimo (até 2mm) podem receber tratamento conservador, mediante imobilização gessada axilopalmar por 2 semanas. Fraturas com desvio > 2mm, não cominutivas, devem ser tratadas com redução aberta e estabilização com parafusos de minifragmentos, e mobilidade precoce do cotovelo. Nas fraturas cominutivas, caso não se consiga reconstruir a cabeça do rádio, a opção é a retirada cirúrgica da cabeça do rádio, no nível do colo, e a colocação de uma prótese. Mobilidade precoce é requerida desde o pós-operatório imediato.

■ FRATURA DA DIÁFISE DE RÁDIO E ULNA (FRATURA DO ANTEBRAÇO)

A fratura pode ocorrer por traumatismo direto sobre o antebraço ou por mecanismos indiretos (p. ex., queda com apoio sobre a mão). Nos adultos, as fraturas diafisárias quase sempre são completas e podem exibir desvios e luxações associados.

Nas crianças, é muito comum encontrar fraturas incompletas da diáfise, como as "fraturas por compressão cortical (tórus)", ou "fraturas em galho verde". No primeiro caso, não existe uma linha da fratura que indente a cortical do osso; no segundo caso, a fratura limita-se apenas à parte da cortical óssea, ficando a outra parte íntegra.

■ FRATURAS-LUXAÇÕES NO ANTEBRAÇO

1. **Fratura-luxação de Galeazzi:** fratura da porção distal da diáfise do rádio, provocando luxação na articulação radioulnar distal. A luxação costuma corrigir-se espontaneamente após a redução da fratura. Caso persista instabilidade, coloca-se um fio de Kirschner na articulação radioulnar distal.
2. **Fratura-luxação de Monteggia:** fratura da diáfise proximal da ulna, produzindo luxação da cabeça do rádio. A redução da fratura ulnar tende a reduzir a luxação da cabeça do rádio.

QUADRO CLÍNICO

Dor e edema na região da fratura, limitação ou incapacidade de movimentação, crepitação à palpação. Assimetrias e deformidades podem ser percebidas no exame clínico, principalmente quando os dois ossos fraturam simultaneamente (mais comum).

DIAGNÓSTICO

Quadro clínico associado a radiografias do antebraço em AP e perfil. Também são necessárias radiografias do punho e do cotovelo em AP e perfil, para a pesquisa de fratura-luxação associada (Monteggia e Galeazzi).

TRATAMENTO

Nos adultos, o tratamento conservador costuma apresentar maus resultados; por isso, tanto nas fraturas do rádio como nas da ulna, o tratamento de escolha é cirúrgico. Realizam-se redução aberta e estabilização com placas e parafusos. Nas crianças, o tratamento conservador exibe resultados muito bons, e por isso é indicado na maioria dos casos. O tratamento baseia-se na redução fechada da fratura e imobilização com gesso axilopalmar por 6 semanas, com acompanhamento radiológico semanal da redução. O cotovelo deve ficar em 90 graus de flexão e o antebraço supinado nas fraturas proximais e em posição neutra, nas fraturas do terço médio do rádio.

Tanto nas "fraturas em galho verde" como nas "fraturas por compressão cortical (tórus)" não há necessidade de corrigir nada, como se pensava no passado; basta a colocação de imobilização gessada antebraquiopalmar por 4 semanas, em geral.

Capítulo 30
Fraturas dos Membros Inferiores

Vincenzo Giordano • Rodrigo Simões Eleutério

■ FRATURAS DA EXTREMIDADE PROXIMAL DO FÊMUR
FRATURA DO COLO DO FÊMUR (FRATURA INTRACAPSULAR)

O traço de fratura está no colo do fêmur, a qual é comum em pacientes idosos, por volta da sexta década de vida, principalmente em mulheres com osteoporose. Pode ocorrer por trauma de grande energia em pacientes jovens, ou por trauma de pequena energia, como queda ao solo, em idosos. Trata-se de uma fratura com tendência à instabilidade e a desvio, com risco elevado de necrose avascular e falha de consolidação.

QUADRO CLÍNICO
O paciente costuma relatar dor no quadril e/ou nas coxas e dificuldade ou incapacidade para movimentar e deambular. Claudicação é uma queixa comum. No lado afetado, o membro pode estar em atitude de rotação externa e alguns centímetros encurtado em relação ao membro inferior oposto. Esses sintomas serão mais acentuados nas fraturas de maior desvio. Crepitações podem ser percebidas à palpação.

DIAGNÓSTICO
Quadro clínico somado a radiografias do quadril em AP e perfil. Em casos de dúvida, especialmente nas fraturas sem desvio, pode-se solicitar uma RNM do quadril. Eventualmente, cintilografia óssea ou TC podem ser usadas, principalmente quando não a RNM não se encontra disponível com facilidade.

Classificação de Garden
- **Garden grau I:** fratura incompleta ou impactada em valgo.
- **Garden grau II:** fratura completa, porém sem desvio entre os fragmentos.
- **Garden grau III:** completa e com desvio parcial; o ângulo entre o colo do fêmur e a diáfise torna-se inferior a 130 graus.
- **Garden grau IV:** fratura completa e com desvio total.

TRATAMENTO
O **tratamento cirúrgico** é a opção para a maioria dos pacientes.

Nos pacientes com idade < 65 anos, a opção cirúrgica consiste na colocação de dois ou três parafusos canulados atravessando o colo do fêmur e utilizando a via percutânea. A endoprótese não é recomendada. A redução deve ser anatômica, uma vez que, isoladamente, esse é o fator mais importante na prevenção de complicações.

Nos pacientes > 65 anos, o tratamento é estabelecido conforme o desvio inicial da fratura. Pacientes Garden I e II (não há desvio) devem ser tratados com dois ou três parafusos canulados, pela via percutânea. Nos pacientes Garden III e IV (há desvio), a melhor opção consiste na colocação de uma endoprótese, que vai substituir o colo do fêmur. A endoprótese do tipo hemiartroplastia (unipolar ou bipolar) substitui apenas o colo e a cabeça do fêmur; a endoprótese do tipo artroplastia total vai substituir o colo e a cabeça do fêmur, bem como o acetábulo.

FRATURA INTERTROCANTÉRICA OU TRANSTROCANTÉRICA (FRATURA EXTRACAPSULAR)

Frequência elevada em idosos, principalmente nas mulheres com osteoporose e na sétima década de vida. O relato de queda ao solo é comum. Nos jovens, o trauma geralmente é de grande energia. Trata-se de uma fratura extracapsular e de grande potencial de consolidação. O risco de necrose avascular e pseudoartrose é baixo.

QUADRO CLÍNICO

O paciente costuma revelar dor no quadril e/ou nas coxas, que piora com a movimentação. Também tem dificuldade ou não consegue movimentar o membro acometido, e deambular. O encurtamento da coxa e a atitude de rotação externa são mais pronunciados, se comparados à fratura de colo. É possível observar edema e equimoses no local.

DIAGNÓSTICO

Quadro clínico e radiografias do quadril em AP e perfil.

TRATAMENTO

O tratamento cirúrgico possibilita a deambulação precoce e reduz o tempo de restrição ao leito, sendo, portanto, o tratamento de escolha. Praticam-se redução aberta ou fechada e osteossíntese por meio de placa lateral com parafuso deslizante ou haste intramedular cefalodiafisária.

FRATURA SUBTROCANTERIANA

Corresponde de 4% a 5% das fraturas proximais. É extracapsular e seu traço encontra-se até 5cm abaixo da linha intertrocanteriana. Essa fratura tem forte associação com doenças prévias do osso (fratura patológica).

QUADRO CLÍNICO E DIAGNÓSTICO

Quadro clínico e radiografias do quadril em AP e perfil.

TRATAMENTO

A redução pode ser fechada ou aberta. O tratamento de escolha é a haste intramedular bloqueada por dois parafusos distais e um parafuso deslizante para dentro do colo do fêmur.

■ FRATURAS DA DIÁFISE DO FÊMUR (FRATURAS DA COXA)

O traço de fratura encontra-se na diáfise do fêmur e o trauma envolvido quase sempre é de alta energia. Essa fratura apresenta risco aumentado para lesões neurovasculares, principalmente do nervo isquiático, do nervo femoral e da artéria femoral. Fique atento a essas complicações durante o exame físico. A fratura diafisária de fêmur cursa com intensa perda de sangue para o hematoma fraturário; sendo assim, pode produzir hipovolemia importante e instabilidade hemodinâmica (hipotensão/choque). Nesses casos, considere a reposição rápida de cristaloides, conforme estabelece o atendimento primário do trauma. Outras complicações que merecem destaque são a síndrome compartimental, observada em alguns casos, e o risco de falha na consolidação da fratura, por tratar-se de uma fratura com alto potencial para desvio.

QUADRO CLÍNICO

Dor e edema na coxa, dificuldade ou incapacidade de movimentar o membro, intensificação da dor à movimentação, deformidades visíveis, alterações no ângulo ou rotação do membro, encurtamento da coxa (compare com o lado oposto), crepitações e instabilidade ao exame físico.

DIAGNÓSTICO

Quadro clínico e radiografias da coxa em AP e perfil. É importante que a radiografia visualize desde a articulação coxofemoral até o joelho.

TRATAMENTO

O tratamento é cirúrgico, e deve ser realizado o quanto antes. Realizam-se a redução fechada em centro cirúrgico e a estabilização da fratura por meio de haste intramedular bloqueada (primeira opção). Outra opção, cada vez menos empregada, consiste na estabilização com placas e parafusos, após a redução aberta. O tratamento cirúrgico evita restrição longa ao leito e todas as complicações associadas, bem como diminui as chances de falha na consolidação.

O tratamento conservador deve ser considerado apenas em pacientes que não podem submeter-se à cirurgia. Pouco praticada hoje em dia.

■ FRATURAS DA REGIÃO DISTAL DO FÊMUR

As fraturas podem ser classificadas em **supracondiliana, condiliana e intercondiliana**, conforme o traço da fratura ocupe uma posição acima dos côndilos, separando um ou ambos os côndilos. As fraturas condiliana e intercondiliana são intra-articulares e merecem, portanto, redução anatômica. Observa-se risco para lesão da artéria poplítea, sendo esta uma importante complicação imediata. Em longo prazo, a redução inadequada (não anatômica) da fratura pode favorecer a osteoartrose precoce do joelho.

QUADRO CLÍNICO

Dor e edema na região do joelho e da coxa são as queixas principais, acompanhadas de limitação ou incapacidade de movimentar a articulação (ou deambular), assimetrias e deformidades no joelho, desvios angulares (joelho varo ou valgo) e derrames articulares, inclusive de sangue (hemartrose).

DIAGNÓSTICO

Quadro clínico radiografias em AP e perfil do joelho e da coxa.

TRATAMENTO

O tratamento de escolha é cirúrgico: redução aberta (anatômica) e estabilização por meio de placa condiliana lateral com parafusos. A placa medial pode ser necessária em alguns casos. Recomenda-se movimentação precoce da articulação (sem peso).

■ FRATURAS DA PATELA

A fratura da patela ocorre de duas formas principais: (1) traumatismo direto sobre a patela, produzindo fratura multifragmentar em muitos casos, e (2) fratura da patela por avulsão, decorrente de súbita e intensa contração do músculo quadríceps femoral, tracionando o osso e produzindo a avulsão. O traço dessa fratura costuma ser transversal.

QUADRO CLÍNICO

Dor e edema do joelho, especialmente na região da patela. Dificuldade ou limitação para movimentar o joelho, crepitações à palpação. O paciente, em geral, apresenta perda da extensão ativa total do joelho lesionado. Em traumatismos diretos, podem existir lesões cutâneas na área da patela.

DIAGNÓSTICO

Quadro clínico e radiografias do joelho em AP, perfil e oblíquas; a incidência axial da patela é tremendamente dolorosa, devendo ser evitada nesse momento.

TRATAMENTO

Fraturas sem desvio ou com desvio mínimo podem receber tratamento conservador: imobilização gessada cilíndrica do joelho, por 6 a 7 semanas. Após 1 semana, deve-se repetir a radiografia para confirmar que não há desvio. Nos pacientes com fratura desviada (desvio > 2mm) ou com incapacidade de estender o joelho, está indicada terapia cirúrgica. Na maioria dos casos, opta-se por osteossíntese utilizando fios de aço maleáveis e fios de Kirschner posicionados para criar uma **banda de tensão com o formato de um "8"**. Em virtude do risco de rigidez articular, está indicada movimentação precoce do joelho (movimentos de extensão). Fraturas com muitos fragmentos podem necessitar de patelectomia parcial ou mesmo total, com prejuízo significativo da força de extensão do joelho, mas o paciente pode viver sem a patela.

■ FRATURAS DO PLATÔ (OU PLANALTO) TIBIAL

As fraturas do platô tibial são intra-articulares e, geralmente, estão relacionadas com a troca de forças entre o côndilo do fêmur e o côndilo da tíbia (p. ex., o paciente sofre um trauma medial no joelho, forçando a articulação em varo; consequentemente, o côndilo medial do fêmur vai aplicar muita força ao côndilo medial da tíbia, podendo produzir a fratura do côndilo tibial). O mecanismo mais comum de fratura são os traumas laterais e mediais do joelho. A fratura pode ser de um côndilo, bicondilar ou mesmo multifragmentar. As lesões ligamentares são observadas em até 25% dos casos. Lesões do nervo fibular e/ou da artéria poplítea são possíveis complicações que merecem investigação.

QUADRO CLÍNICO

Dor e edema intensos no joelho, dificuldade ou incapacidade de deambular e movimentar a articulação, deformidades e assimetrias, derrames articulares, inclusive de sangue (hemartrose) e crepitações à palpação. História de trauma de alta energia (jovens) ou baixa energia (idosos) no joelho.

DIAGNÓSTICO

Quadro clínico e radiografias do joelho em AP, perfil e incidências oblíquas. Radiografias da perna em AP e perfil podem ser necessárias.

TRATAMENTO

Fraturas não desviadas, ou com desvio < 2mm, podem receber tratamento conservador: imobilização da fratura com gesso cilíndrico longo, desde as porções superiores da coxa até próximo à articulação do tornozelo, mantida por 6 semanas. Nas próximas 6 semanas, o paciente deve utilizar uma órtese para caminhar. Quando a fratura apresenta desvio > 2mm e/ou angulação > 5 graus entre os fragmentos, o tratamento deve ser cirúrgico: redução aberta e colocação de placas e parafusos, para fraturas unicondilares, ou mesmo fixadores externos híbridos, para fraturas bicondilares ou com múltiplos fragmentos. A fixação interna escolhida varia conforme as características da fratura. Alguns pacientes podem precisar de enxerto ósseo. A mobilização precoce está indicada, mas o paciente só deve sustentar seu peso após 8 semanas.

■ FRATURAS DA PERNA (DIÁFISE DA TÍBIA E DA FÍBULA)

As diáfises da tíbia e da fíbula podem fraturar em traumatismos diretos de alta energia (jovens) e de baixa energia (idosos) ou por mecanismos indiretos (movimento de rotação da perna, produzindo "fratura rotacional" ou "fratura do esquiador"). Em geral, esses dois ossos fraturam simultaneamente. A fratura diafisária isolada, da tíbia ou da fíbula, pode ocorrer, porém é menos comum.

As principais lesões nervosas e vasculares envolvem o nervo fibular comum e o nervo tibial, bem como as artérias fibular e tibial, ramos da artéria poplítea. A proximidade da tíbia com a pele aumenta o risco de fraturas expostas. Outras complicações são a síndrome compartimental e a falha de consolidação.

QUADRO CLÍNICO

Dor e edema na perna, dificuldade ou incapacidade para sustentar peso, assimetrias e deformidade (compare com a outra perna) e crepitações à palpação.

DIAGNÓSTICO

Quadro clínico e radiografias da perna em AP e perfil. É importante que a radiografia visualize desde a articulação do joelho até a articulação do tornozelo. Incidências oblíquas podem ser necessárias.

TRATAMENTO

A cirurgia é a escolha nas fraturas instáveis, com desvio ou encurtamento não adequado (> 12mm), nas fraturas expostas, na presença de síndrome compartimental e em lesão vascular ou nervosa que necessita intervenção. Realizam-se redução fechada ou aberta e colocação, na tíbia, de haste intramedular bloqueada (mais usado) ou placas e parafusos. Fraturas não cirúrgicas (estáveis, encurtamento < 12mm) podem ser tratadas com gesso cruropodálico, por muitas semanas.

■ FRATURAS DISTAIS DA TÍBIA (FRATURA DO PILÃO TIBIAL)

Importante fratura intra-articular, cujo mecanismo mais comum é a queda de grande altura sobre o pé (o paciente tentou cair de pé). Nessa situação, o tálus vai exercer grande força sobre a porção distal da tíbia, gerando a fratura da epífise da tíbia (em alguns casos, maléolos e a fíbula podem fraturar). O tratamento inadequado aumenta as chances de osteoartrose precoce do tornozelo.

QUADRO CLÍNICO

História de queda com apoio sobre o pé, dor e edema local. Atenção especial para o edema, que pode ser muito grande. Dificuldade ou incapacidade para andar e movimentar a articulação, assimetrias e deformidades, crepitações à palpação da articulação e tornozelo em varo ou valgo.

DIAGNÓSTICO

Quadro clínico e radiografias do tornozelo em AP e perfil. Incidências oblíquas podem ser necessárias.

TRATAMENTO

Quando a fratura não apresenta desvio e não é multifragmentar, o tratamento conservador é uma opção: inicialmente, utilize uma tala gessada (por alguns dias, até reduzir o edema local) e, na sequência, coloque uma bota gessada. No entanto, essas fraturas correspondem à minoria das fraturas do pilão tibial, pois geralmente apresentam muito desvio ou múltiplos fragmentos. O mais comum é o tratamento cirúrgico, com redução aberta (anatômica) e estabilização por parafusos, placas e parafusos, fios de Kirschner, ou mesmo fixadores externos. Algumas fraturas vão precisar de enxerto ósseo, outras serão tão complexas que o único tratamento possível consiste na artrodese da articulação (fusão permanente).

■ FRATURAS DOS MALÉOLOS (TORNOZELO)

Correspondem à fratura do maléolo medial (da tíbia) e/ou do maléolo lateral (da fíbula), sendo a fratura simultânea muito comum. Trata-se de uma fratura intra-articular. O mecanismo principal é a "torção" do tornozelo. O maléolo lateral é fraturado, principalmente, em uma torção do pé "para fora", ou seja, uma eversão do pé. Nessa situação, o maléolo medial também pode fraturar-se por avulsão e a sindesmose entre a tíbia e a fíbula pode romper-se. O maléolo medial normalmente sofre fratura por torção do pé "para dentro", ou seja, inversão do pé. Nessa situação, também pode existir fratura do maléolo lateral por avulsão, mas a sindesmose não costuma romper-se. As lesões ligamentares sempre estarão presentes. Em longo prazo, há risco elevado de osteoartrose precoce da articulação.

QUADRO CLÍNICO

Dor e edema extenso do tornozelo, dificuldade ou incapacidade para deambular e movimentar a articulação, crepitações durante a palpação e deformidades. O paciente refere que o local de maior dor se dá na região dos maléolos, especialmente durante a palpação.

DIAGNÓSTICO

Quadro clínico associado a exames de imagem (radiografias em AP e perfil do tornozelo, além da incidência em AP com o pé realizando rotação medial de 20 graus).

TRATAMENTO

Tratamento conservador para as fraturas sem desvio: inicialmente, tala-bota (que fica por 7 a 14 dias, até diminuir o edema), depois substituída por bota gessada, mantida por mais 6 a 7 semanas. Nas fraturas com desvio, subluxação, luxação ou lesão da sindesmose tibiofibular distal, o tratamento deve ser cirúrgico: redução aberta e fixação do maléolo medial com parafusos. No maléolo lateral, utilizam-se placa e parafusos. Na presença de lesão da sindesmose tibiofibular distal, deve-se colocar um parafuso atravessando a tíbia e a fíbula, logo acima da articulação tibiofibular distal, evitando a instabilidade articular.

Capítulo 31
Fraturas em Punho, Mão e Pé

Vincenzo Giordano • Rodrigo Simões Eleutério

■ FRATURAS NO PUNHO

No grupo das fraturas que ocorrem na região do punho, serão discutidas especificamente aquelas que envolvem as extremidades distais do rádio e da ulna. Duas articulações são importantes na anatomia local: a radioulnar distal (entre o rádio e a ulna) e a radiocarpal (entre o rádio e a primeira fileira dos ossos do carpo). As principais fraturas na região do punho são:

FRATURA DE POUTEAU-COLLES

Trata-se de uma fratura extra-articular na metáfise distal do rádio, em que o fragmento ósseo destacado (ou fragmento distal) desvia-se dorsalmente. Isso produz um desvio angular de vértice volar entre o fragmento distal e o restante do rádio. Essa fratura ocorre por traumatismo direto sobre a palma da mão, com o antebraço em supinação. Dentre todas as fraturas do adulto, essa é a mais comum. Em 50% a 70% dos casos, pode existir fratura associada do processo estiloide da ulna.

QUADRO CLÍNICO

Dor e deformidade no punho são os principais achados clínicos. Devido ao desvio existente, com angulação volar do vértice da fratura e desvio dorsal do fragmento distal, a deformidade observada é conhecida como "em dorso de garfo", pois a região posterior do punho fica com um abaulamento acentuado, que se assemelha ao corpo de um garfo.

DIAGNÓSTICO

Quadro clínico e radiografias do punho em PA e perfil. A incidência em perfil permite constatar o desvio angular posterior do fragmento distal. Fratura do processo estiloide da ulna deve ser pesquisada e documentada, caso esteja presente. A existência de critérios radiográficos de instabilidade leva à necessidade de fixação, após a manobra de redução.

TRATAMENTO

Pratica-se a redução fechada na maioria dos casos. Exige analgesia e sedação adequadas e, preferencialmente, bloqueio anestésico em ambiente cirúrgico. São necessários dois cirurgiões para a realização da manobra de maneira adequada e minimamente traumática. Enquanto um dos ortopedistas exerce tração longitudinal do segmento, segurando pelos dedos polegar, indicador e médio do paciente, o segundo ortopedista faz contratração, segurando o paciente pelo cotovelo e mantendo essa articulação em flexão de 90 graus. Utilizando seus polegares, o atendente que está fazendo tração manipula a fratura, empurrando o fragmento distal para volar. Caso a redução seja obtida de modo adequado, é realizada imobilização com gesso braquiopalmar, mantendo o cotovelo fletido a 90 graus, o antebraço em rotação neutra e o punho levemente estendido a 15 graus. As radiografias devem ser repetidas semanalmente, nas primeiras 3 a 4 semanas. Após esse período, o gesso braquiopalmar pode ser substituído por uma luva gessada, que será mantida por mais 21 dias.

A cirurgia está indicada para os casos em que a redução fechada não foi possível (irredutibilidade) ou não se mantém (instabilidade), e nas fraturas expostas. São considerados critérios de instabilidade, dentre outros, a fragmentação dorsal da metáfise distal do rádio, a existência de inclinação dorsal acima de 20 graus e o encurtamento do rádio > 5mm. As opções cirúrgicas de fixação incluem a fixação percutânea com fios de Kirschner, a osteossíntese com placas e parafusos e a utilização de fixadores externos.

FRATURA DE GOYRAND-SMITH

Pode-se dizer que consiste na fratura de Colles "ao contrário". Nesse caso, o paciente cai com apoio sobre o dorso da mão/punho em flexão e o antebraço em pronação, provocando uma fratura na metáfise distal do rádio, com desvio volar do fragmento distal. O diagnóstico é feito por meio das radiografias em PA e perfil. Pode-se empregar redução fechada e imobilização gessada como tratamento. No entanto, grande parte das fraturas tende a ser instável ou irredutível e irá necessitar de redução aberta e fixação.

FRATURA DE CHAUFFEUR

Essa fratura pode ocorrer tanto por traumatismo direto sobre a face lateral do punho como por mecanismo indireto, por avulsão do processo estiloide do rádio pelo ligamento radiocarpal. O diagnóstico é possível com radiografias em PA e perfil do punho. O tratamento preferencial consiste em estabilização da fratura com parafusos ou fios de Kirschner. O tratamento não cirúrgico está indicado quando não há qualquer desvio do fragmento da estiloide radial, sendo realizado com gesso axilopalmar, incluindo a articulação metacarpofalangiana do polegar.

FRATURA DE BARTON

Trata-se de uma fratura coronal intra-articular parcial, mais bem visualizada no plano sagital. A região articular distal do rádio sofre uma fratura oblíqua e o traço da fratura estende-se da superfície articular até a metáfise adjacente, criando apenas um fragmento detentor de parte da superfície articular, que pode ocupar uma posição mais anterior ("Barton volar", "Barton reverso" ou "Letenneur") ou posterior da extremidade do rádio (a posição dorsal é mais comum). O diagnóstico é feito por radiografias em PA e perfil do punho. O tratamento é preferencialmente cirúrgico, objetivando a redução anatômica da superfície articular, e a fixação pode ser feita com fios de Kirschner ou com placa e parafusos.

■ FRATURAS NA MÃO

Todos os ossos da mão e do carpo podem ser acometidos; no entanto, as fraturas mais prevalentes são as do escafoide, dos ossos metacarpais e das falanges. A seguir, são descritas as principais fraturas envolvendo esses ossos.

FRATURA DO ESCAFOIDE

Consiste na fratura mais comum dos ossos do carpo, ocorrendo em mais de 65% dos casos de fraturas nessa região anatômica. As fraturas dos outros ossos carpais são raras ou incomuns e não serão descritas neste capítulo.

A fratura do escafoide apresenta risco aumentado de necrose avascular de seu polo proximal e de osteoartrose precoce radiocarpal e/ou intercarpal. O trauma geralmente decorre de uma queda sobre a mão espalmada com o punho em extensão. É comum que, inicialmente, a fratura não apresente nenhum desvio, o que dificulta o diagnóstico pelas radiografias.

QUADRO CLÍNICO

As principais queixas são dor e edema na região da "tabaqueira anatômica" do polegar. Anatomicamente, essa região é delimitada lateralmente pelos tendões abdutor longo e extensor curto do polegar, medialmente pelo extensor longo do polegar, e seu assoalho é formado pelo próprio escafoide. O paciente refere aumento da dor quando o médico, realizando um movimento de pinça, comprime essa região. A dor também se intensifica quando é solicitado um desvio radial do punho.

DIAGNÓSTICO

Em geral, durante a investigação inicial são solicitadas radiografias em PA e perfil do punho. Sempre que houver suspeita de uma fratura do escafoide, as incidências em PA com desvio ulnar, PA com dedos fletidos e as oblíquas com 30 graus de supinação e 30 graus de pronação deverão ser solicitadas. É fundamental o conhecimento de que, em grande número de casos, a fratura não será visualizada no atendimento inicial, devido à ausência de desvio entre os fragmentos. Nesses casos, se houver clínica de fratura do escafoide, o paciente deverá ser imobilizado e orientado a retornar em 1 a 2 semanas para repetir os exames radiográficos, quando, em geral, a fratura pode ser mais bem visualizada.

TRATAMENTO

O tratamento dura, aproximadamente, 12 semanas. Nas primeiras 6 semanas, pratica-se a imobilização com gesso braquiopalmar (antebraço neutro, punho pouco estendido e cotovelo em 90 graus), incluindo a articulação metacarpofalangiana do polegar. A segunda metade do tratamento é feita com luva gessada, mantendo a imobilização do polegar.

Fraturas com desvio inaceitável (> 1mm) são tratadas com redução percutânea ou aberta e colocação de um parafuso de tração.

FRATURA DOS OSSOS METACARPAIS

São fraturas bastante comuns, que podem ocorrer por traumatismo direto sobre a mão ou, menos comumente, por mecanismos indiretos. O tratamento inadequado dessas fraturas, possibilitando que haja rotação e/ou encurtamento inaceitáveis, irá comprometer a função da mão e dos dedos.

QUADRO CLÍNICO

Dor e edema locais, além de dificuldade de movimentação da mão e dos dedos. Deformidades podem ser visíveis, assim como a assimetria na direção dos dedos, especialmente com a mão fechada (o dedo com desvio rotacional vai apontar para uma direção anormal).

DIAGNÓSTICO

Exame clínico e radiografias em PA, perfil e oblíquas são suficientes.

TRATAMENTO

O tratamento é influenciado pela região fraturada: cabeça, colo, diáfise e base dos metacarpos.

As fraturas da cabeça e do colo metacarpal (extremidade distal do osso) com desvio mínimo devem receber apenas imobilização gessada por 21 semanas. Se a fratura é exposta ou com desvio acentuado, há indicação cirúrgica, com fixação por parafusos ou fios de Kirschner. Notadamente, as fraturas do colo são mais encontradas no quinto (conhecida como "fratura do *boxer*") e quarto ossos metacarpais e tendem ao desvio em flexão. Em geral, é aceitável um desvio em flexão de até 30 graus para esses dedos; já no segundo e no terceiro ossos metacarpais, o desvio máximo aceitável em flexão é de 15 graus. A imobilização gessada é feita com o punho em neutro e a articulação metacarpofalangiana em 60 graus de flexão. Uma consideração importante consiste em modelar o gesso de maneira a forçar a diáfise para ventral e a cabeça do metacarpo para dorsal. Na presença de desvios inaceitáveis, deve-se tentar a redução fechada sob anestesia e, caso a fratura seja irredutível, deve-se partir para redução aberta e fixação interna. Os implantes mais utilizados são feitos com fios de Kirschner, parafusos isoladamente ou placa e parafusos.

A fratura diafisária sem desvio é tratada com imobilização gessada antebraquiopalmar, incluindo as articulações metacarpofalangianas dos dedos, por 3 a 4 semanas. Na presença de desvio, geralmente dorsal, tenta-se a redução fechada por manipulação sob anestesia, mas existem algumas regras: nunca pode existir desvio rotacional do metacarpo; os desvios angulares permitidos não devem ultrapassar 10 graus para os dedos indicador e médio e 20 graus para os dedos anular e mínimo. As indicações cirúrgicas primárias são: a presença de fratura exposta, a existência de qualquer desvio rotacional, o envolvimento de múltiplos ossos metacarpais e a existência de desvio angular fora do limite aceitável. A fixação cirúrgica pode ser realizada com fios de Kirschner, parafusos isoladamente ou com placa e parafusos.

A fratura da região da base dos ossos metacarpais do indicador, médio e anular quase sempre é estável e com pouco ou nenhum desvio, podendo ser manejada com imobilização gessada por 21 a 30 dias. A fratura da base dos ossos metacarpais dos dedos polegar e mínimo são mais "exigentes" em termos de tratamento, uma vez que esses dois dedos estão envolvidos criticamente no movimento de oponência. Nesses casos, a presença de traços articulares desviados ou impactados torna necessárias a redução e fixação cirúrgicas.

FRATURA DA BASE DO PRIMEIRO OSSO METACARPAL

A fratura oblíqua articular parcial da base desse metacarpo é chamada de fratura-luxação de Bennett e resulta de um trauma axial, forçando a base do osso contra o trapézio. Parte da base do osso se mantém junto ao trapézio e o restante do metacarpo sofre desvio, ou seja, há uma luxação importante. Trata-se de uma condição cirúrgica, pois a fratura é instável e intra-articular. A redução pode ser fechada ou aberta e a fixação é realizada com fios de Kirschner ou parafusos. Caso a fratura da base seja articular completa, em forma de T ou Y, chama-se fratura de Rolando. O tratamento é semelhante. Existem ainda os padrões de fratura da base do primeiro osso metacarpal extra-articular e por descolamento epifisário, este último observado no esqueleto imaturo.

FRATURA DAS FALANGES

Existem inúmeros padrões de fratura nas falanges, desde articulares, incluindo as pequenas lesões por arrancamento dos lábios dorsal e volar (por tração tendínea), como o "dedo em martelo", até as diafisárias, com ou sem desvio.

DIAGNÓSTICO

O quadro clínico de dor e limitação funcional associado às radiografias da mão em PA e oblíqua em pronação e do dedo acometido em perfil é mais do que suficiente na maioria dos casos.

TRATAMENTO

O tratamento inicial deve ser sempre focado na avaliação do *status* neurovascular do dedo acometido e do restante das estruturas da mão. Deve-se reduzir, em caráter de urgência e em ambiente cirúrgico, qualquer luxação interfalangiana existente. O dedo lesionado deve ser protegido por tala gessada ou de alumínio, incluindo as articulações vizinhas; na fratura da falange proximal, deve-se imobilizar a mão também, o que facilita a aplicação da imobilização sem dano maior ao paciente.

Por tratar-se de lesão altamente incapacitante, deve-se encaminhar prontamente o paciente a um cirurgião ortopedista com treinamento em cirurgia da mão ou de trauma ortopédico.

■ FRATURAS NO PÉ

Consistem em fraturas altamente incapacitantes por ocorrerem em região de apoio de todo o peso do corpo. Podem envolver os ossos do tarso e do mediopé e os metatarsos e as falanges. As fraturas do calcâneo e do tálus, a fratura-luxação de Lisfranc e as fraturas dos ossos metatarsais e das falanges são as mais comuns do pé e serão descritas mais detalhadamente a seguir.

FRATURA DO CALCÂNEO

Trata-se da fratura mais comum dos ossos do tarso. Em geral, o paciente sofre queda de grande altura sobre o pé, sendo projetado um vetor de força cranialmente pelo calcâneo. A fratura pode ocorrer também por mecanismos indiretos, como a avulsão da tuberosidade posterior desse osso por tração do tendão calcâneo. É fundamental o exame físico e, eventualmente, por imagem das regiões do tornozelo, joelho e quadril ipsilaterais e do anel pélvico e da coluna vertebral toracolombar.

QUADRO CLÍNICO

Dor e edema na região do calcanhar, além de incapacidade para apoiar o pé no solo, estão presentes no primeiro momento. Mais tarde, cerca de 24 horas após ter acontecido a lesão, podem ser notadas equimoses locais e flictenas. É importante afastar síndrome compartimental no retropé, mais especificamente no compartimento do quadrado plantar.

DIAGNÓSTICO

O diagnóstico é estabelecido a partir do quadro clínico e das radiografias do pé em AP, perfil e oblíqua e do calcanhar em axial do tipo Harris. Nas fraturas com traço articular, a TC é importante para melhor compreensão do padrão de lesão.

TRATAMENTO

Fraturas extra-articulares e não desviadas podem receber tratamento conservador com bota gessada por 4 a 6 semanas. Fraturas extra-articulares e com desvio podem receber redução fechada, fixação percutânea e imobilização gessada do tipo suropodálica ("bota") sem salto. Fraturas extra-articulares irredutíveis ou com grandes desvios e a maioria das fraturas intra-articulares devem receber tratamento cirúrgico, com redução aberta e fixação com placa e parafusos. Fraturas intra-articulares multifragmentares em geral são manejadas de maneira não cirúrgica, com bandagem elástica ao redor do tornozelo e mobilidade precoce e sem carga, ou é realizada a artrodese primária subtalar.

FRATURA DO TÁLUS

Em cerca de 70% de sua superfície, o tálus é recoberto por cartilagem hialina e representa a "engrenagem" mais importante no movimento do retropé e do mediopé. Divide-se em cabeça, colo e corpo. Especificamente as fraturas do colo (mais frequentemente) e do corpo têm risco aumentado de necrose avascular (a mais importante complicação dessa fratura). A região do colo do tálus é a mais comumente envolvida, e o principal mecanismo de trauma é a dorsiflexão forçada do tornozelo, em um trauma de alta energia. Nessa fratura, é importante pesquisar a presença de luxação/subluxação do corpo do tálus.

QUADRO CLÍNICO

Dor e edema na região do calcanhar, além de incapacidade para apoiar o pé no solo, estão presentes no primeiro momento. Mais tarde, cerca de 24 horas após ter acontecido a lesão, podem ser notadas equimoses locais e flictenas. É importante avaliar se existe luxação ou subluxação do corpo do tálus, com compressão interna da pele ("pele em tenda").

DIAGNÓSTICO

São suficientes o quadro clínico e as radiografias do pé em AP, perfil e oblíqua. A radiografia do pé saudável pode ajudar na comparação. A TC é útil para avaliar as superfícies articulares e a existência de fragmentação óssea.

TRATAMENTO

Fraturas com desvio < 2mm e angulação < 5 graus recebem tratamento conservador, com bota gessada sem salto por 12 semanas. Fraturas com angulação ou desvio inaceitável devem receber tratamento cirúrgico, com redução fechada ou aberta e fixação com parafusos ou placa e parafusos. Independentemente do tratamento executado, o pé não deve ser submetido à carga axial até que haja consolidação da fratura. A presença de subluxação ou luxação do tálus, com ou sem "pele em tenda", exige o tratamento cirúrgico de urgência.

FRATURA-LUXAÇÃO DE LISFRANC

A fratura-luxação da articulação tarsometatarsal (Lisfranc) é incomum, representando 0,2% de todas as fraturas. São produzidas, em geral, por traumatismo indireto, ocasionado por queda sobre o pé em equino máximo. São classicamente divididas de acordo com o desvio existente, havendo o tipo homolateral, o tipo divergente e os tipos isolados, em que o segundo osso metatarsal geralmente se encontra solto.

QUADRO CLÍNICO

Dor, edema e dificuldade ou incapacidade de apoio do pé acometido podem estar presentes. Algumas horas após a lesão, pode surgir equimose plantar bastante característica, embora não seja patognomônica.

DIAGNÓSTICO

Quadro clínico e radiografias do pé nas incidências dorsoplantar, perfil e oblíquas. A radiografia do pé saudável pode ajudar na comparação.

TRATAMENTO

No tratamento da fratura-luxação da articulação tarsometatársica, o diagnóstico precoce, combinado à redução anatômica rápida e à fixação interna estável, proporciona ótimos resultados. Redução fechada e fixação percutânea com fios de Kirschner têm sido defendidas por alguns autores, mas a tendência é de redução aberta e fixação com parafusos. Tem sido observado que a luxação pura sem fratura pode estar associada a pior resultado, apesar da redução aberta e fixação interna, em razão do maior dano à cartilagem articular.

FRATURAS DOS METATARSOS

A fratura do primeiro metatarso é pouco comum, sendo os metatarsos 2, 3, 4 e 5 os mais envolvidos. As fraturas podem surgir tanto por traumatismo direto sobre o dorso ou planta do pé como por mecanismos indiretos, como a entorse do pé. A fratura envolvendo dois ou mais metatarsos apresenta maior risco de síndrome compartimental.

QUADRO CLÍNICO

Dor, edema, dificuldade ou incapacidade de mobilização, claudicação, equimoses e crepitações podem estar presentes. Relato de traumatismo direto ou indireto sobre o pé.

DIAGNÓSTICO

Quadro clínico e radiografias do pé nas incidências dorsoplantar, perfil e oblíquas. A radiografia do pé saudável pode ajudar na comparação.

TRATAMENTO

Fraturas sem desvio ou com desvios pequenos (< 30 graus) podem ser tratadas com bota gessada por 4 a 6 semanas. Fraturas com desvio inaceitável (encurtamento > 10mm), expostas, intra-articulares ou com desvio da cabeça dos metatarsos > 30 graus podem receber tratamento cirúrgico, com redução indireta ou direta da fratura e fixação com fios de Kirschner ou flexíveis intramedulares; em geral, o uso de placas e parafusos é exceção. A presença de síndrome compartimental torna necessária uma fasciotomia.

Uma condição especial refere-se à fratura proximal da diáfise do quinto osso metatarsal, conhecida como "fratura de Jones". Essa fratura pode ocorrer em razão de uma entorse do tornozelo (paciente inverteu o pé), com o tendão do músculo fibular curto inserido na base do quinto metatarso, produzindo uma fratura por avulsão. Fraturas com pouco desvio podem receber tala gessada por 1 semana e, depois, bota gessada por 3 a 5 semanas. Quando o desvio é inaceitável e a redução inapropriada, o tratamento deve ser cirúrgico, com fixação interna utilizando parafuso intramedular.

FRATURAS DAS FALANGES

O mecanismo mais comum é por traumatismo direto, geralmente causado por um "chute" em um objeto duro ou pesado.

QUADRO CLÍNICO

Dor e edema, deformidades e assimetrias, limitação funcional, equimoses e crepitações.

DIAGNÓSTICO

Quadro clínico e radiografias do pé nas incidências dorsoplantar, perfil e oblíquas.

TRATAMENTO

A maioria das fraturas pode receber imobilização com tiras de esparadrapo por 3 semanas. Coloca-se uma gaze entre o dedo fraturado e o dedo "saudável" ao lado e depois o esparadrapo imobilizará esses dois dedos ao mesmo tempo. Nunca coloque o esparadrapo de maneira circular, pois isso pode favorecer a isquemia distal para o dedo. Tente colocar o esparadrapo de uma maneira oblíqua, possibilitando a expansão do edema.

Capítulo 32
Fratura-Luxação do Anel Pélvico

Vincenzo Giordano • Rodrigo Simões Eleutério

INTRODUÇÃO

Fraturas-luxações do anel pélvico estão relacionadas com traumas de grande energia, como acidentes automobilísticos e quedas de grandes alturas. Trata-se de uma situação de elevada morbimortalidade, sendo por isso tão importantes o diagnóstico e a intervenção precoces.

Além da lesão do anel pélvico, é importante pesquisar a presença de outros órgãos e sistemas comprometidos, como traumatismo cranioencefálico (TCE) e traumatismos torácico e abdominal. Na maioria dos casos de fratura instável, o paciente é um politraumatizado, e os óbitos geralmente ocorrem por sangramento direto de dentro da pelve. Em geral, mais de 90% dos casos sofrem sangramento de grande monta por lesão direta dos plexos venosos lombossacro e pré-vesical.

A fratura pélvica instável pode gerar uma **hemorragia interna** muito intensa, que pode exsanguinar a vítima por completo, produzindo um quadro de **instabilidade hemodinâmica grave**. O paciente evolui com hipotensão grave, choque e parada cardiorrespiratória.

No paciente com instabilidade hemodinâmica, será essencial a **reposição rápida de cristaloides** (recomenda-se o Ringer com lactato) e também de plasma e hemácias, em determinados casos. O uso de agentes vasoativos pode ser necessário na hipotensão refratária à reposição de volume.

Entretanto, a etapa mais importante do tratamento será a **estabilização da pelve por procedimento cirúrgico ortopédico**. A redução e a fixação do anel pélvico reduzem a mobilidade local, possibilitando o tamponamento dos vasos lesionados e a diminuição da hemorragia que está produzindo a instabilidade hemodinâmica.

Como citado anteriormente, a hemorragia geralmente tem origem nos plexos venosos lombossacro e pré-vesical, mas também ocorre pelas bordas da fratura e, em menos de 10% dos casos, por lesão arterial.

Nos casos mais complicados, refratários às medidas iniciais de estabilização hemodinâmica, pode ser necessário praticar uma embolização arterial, o tamponamento pré-peritoneal ou, até mesmo, uma hemipelvectomia para salvar a vida do paciente.

Os pacientes que sobrevivem ao trauma agudo podem vir a relatar queixas como anormalidades de marcha, dor pélvica crônica e comprometimento da função sexual.

FISIOPATOLOGIA

A pelve é composta por um conjunto de ossos (anel pélvico), ligamentos, músculos, vasos, nervos e órgãos dos sistemas geniturinário e gastrointestinal.

A pelve óssea é formada por três ossos – o ílio, o ísquio e o púbis – que se fundem em dois blocos ósseos (as hemipelves), os quais se articulam posteriormente ao osso sacro (resultante da fusão de cinco vértebras). Anteriormente, encontra-se a sínfise púbica. Todas as articulações do anel pélvico são mantidas por diversos complexos capsuloligamentares, que impedem a instabilidade mecânica.

No paciente com trauma da pelve óssea, além de fraturas, pode ser encontrada **lesão/rotura de ligamentos**, e com isso surge a instabilidade mecânica da pelve, promovendo desvios ósseos e articulares.

O **"anel pélvico"** abriga e protege a maioria dos tecidos e órgãos da pelve. Todas essas estruturas podem ser lesionadas no traumatismo pélvico, inclusive com lacerações e perfurações, especialmente na fratura pélvica exposta.

A **instabilidade mecânica** das fraturas pélvicas origina-se a partir de **três** mecanismos traumáticos principais:

- **Rotação externa da pelve:** relacionada com o mecanismo de compressão anteroposterior do anel pélvico, com abertura da sínfise púbica e lesão de estruturas ligamentares posteriores, levando à rotação da asa do ílio para fora. Trata-se de uma **instabilidade rotacional** da pelve (p. ex., fratura em "livro aberto" ou *"open-book"*). Um afastamento da sínfise púbica > 2,5cm torna essa fratura bastante instável e de elevado risco de hemorragia grave.
- **Rotação interna da pelve:** relacionada com o mecanismo de compressão lateral do anel pélvico, podendo ser observadas fraturas de ramos do púbis e fraturas do sacro, por compressão. As hemipelves envolvidas tendem a rodar de fora para dentro, gerando também **instabilidade rotacional da pelve**. A maioria dos casos não cursa com hemorragias pélvicas graves, porém existe elevada chance de lesão de órgãos dentro do anel pélvico (p. ex., bexiga e uretra).
- **Cisalhamento vertical:** trata-se de uma condição de elevada instabilidade pélvica, acompanhada de lesão grave do anel anterior e posterior. Ocorrem diversas roturas ligamentares, inclusive a perda total da estabilidade articular sacroilíaca. O mecanismo envolve forças axiais sobre a pelve e os membros inferiores, produzindo deslocamentos cranial e posterior da hemipelve. Observa-se **instabilidade vertical da pelve**. Esse tipo de fratura produz aumento do volume pélvico, favorece hemorragias graves e eleva o risco de instabilidade hemodinâmica.

QUADRO CLÍNICO

Nos adultos e jovens, a fratura pélvica normalmente é acompanhada de trauma de grande energia, como queda de grande altura ou acidente automobilístico. No idoso, o mecanismo de trauma pode envolver menor energia, como a queda ao solo.

O paciente relata **dor intensa na região do quadril** e coxas, além de limitação ou incapacidade de movimentar o quadril e os membros inferiores. Assimetrias e deformidades do quadril podem ser observadas à inspeção, e é possível encontrar encurtamento de um ou ambos os membros inferiores.

O exame físico pode revelar áreas de escoriações, hematomas, equimoses e hemorragias externas. Fique atento aos sangramentos encontrados pelos toques retal e vaginal, pois podem significar uma fratura exposta oculta da pelve. Por isso, os toques retal e vaginal são partes importantes do exame clínico.

A palpação do quadril (descrita no diagnóstico) pode revelar instabilidade mecânica da pelve.

DIAGNÓSTICO

Na prática clínica, o principal exame por imagem inicial para identificar a fratura-luxação pélvica é a **radiografia panorâmica da pelve (incidência AP)**. Esse exame deve ser solicitado ainda durante o exame primário do trauma ("ABCDE"), existindo ou não a suspeita de lesão do anel pélvico. Deve-se analisar a radiografia sempre de maneira padronizada: sínfise púbica, ramos do púbis, região do acetábulo, asa do ílio, articulação sacroilíaca e osso sacro; sempre bilateralmente.

Nos pacientes **hemodinamicamente estáveis**, após o atendimento primário do trauma, radiografias em outras incidências podem ser solicitadas para melhor análise das linhas de fratura e desvios rotacionais e verticais. Destaque para as **radiografias oblíquas de Pennal do estreito superior** (*inlet*) **e do estreito inferior** (*outlet*).

Na maioria dos casos, a TC da pelve deve ser solicitada (**TC do anel pélvico com cortes de 3 a 5mm**). Esse exame é excelente para análise das fraturas de difícil visualização, principalmente na região posterior do anel pélvico (articulação sacroilíaca e sacro). No entanto, só deve ser realizado no paciente hemodinamicamente estável.

A **instabilidade pélvica deve ser clinicamente investigada:** a presença de equimoses, sangramentos, hematomas, escoriações, deformidades e assimetrias na pelve aumenta as chances de existir uma fratura. A queixa de dor intensa no quadril também é um sintoma de alerta. Pacientes apresentando hipotensão e choque após trauma sempre devem ser investigados para fraturas pélvicas.

A **palpação do quadril torna possível sentir a instabilidade pélvica:** o médico atendente, com as palmas das mãos, pressiona as espinhas ilíacas anteriores em sentido anteroposterior; em seguida, realizará uma compressão lateral do quadril. Essas duas manobras tornam possível avaliar as instabilidades rotacionais da pelve.

> **Cuidado:** o ideal é que os testes de compressão sejam feitos uma única vez e pelo profissional mais experiente do serviço no plantão.

Fratura exposta oculta: como parte do exame físico, devem ser realizados os **toques retal e vaginal nos pacientes** com fratura pélvica. Esses exames vão ajudar na investigação de fratura exposta da pelve com lesão para órgãos intra-abdominais, como vagina, reto, bexiga etc. O examinador deve ficar atento à presença de sangue durante o toque. A fratura exposta mascarada da pelve nunca deve ser ignorada.

Classificação (Quadro 32.1)

Quadro 32.1 Classificação da fratura-luxação do anel pélvico

Classificação de Letournel (1978) (baseada na posição anatômica da fratura)	Classificação de Tile (1996) (leva em consideração o mecanismo traumático e a instabilidade da fratura)

Anel pélvico anterior:
Sínfise púbica aberta
Fratura púbica do corpo
Fratura púbica dos ramos
Fratura acetabular.
Anel pélvico posterior:
Fratura da asa ilíaca
Luxação e fratura sacroilíaca
Luxação isolada da sacroilíaca
Fratura do sacro (S1 e /ou S2)
	A. Lesão estável:
	  A.1 Fratura pélvica por avulsão
	  A.2 Fratura marginal da asa do ílio
	  A.3 Fratura sacral transversa
	     (inferior a S2)
	B. Lesão com instabilidade rotacional:
	  B.1 Compressão AP
	  B.2 Compressão lateral
	  B.3 Bilateral
	C. Lesão com instabilidade vertical:
	  C.1 Unilateral
	  C.2 Bilateral, um lado B e o outro C
	  C.3 Bilateral, ambas C

TRATAMENTO

Considerações

O paciente com fratura pélvica é vítima de trauma e, portanto, a conduta inicial consiste em salvar sua vida (**exame primário do trauma** – "ABCDE do trauma"). Deve-se assegurar a via aérea e a ventilação adequadas nas fases "A" e "B". A condição hemodinâmica deve ser investigada e tratada na fase "C". Na fase "D", realiza-se um exame neurológico direcionado e rápido, e na fase "E" são efetuados a exposição do doente e o controle da hipotermia (maiores detalhes no Capítulo 23, *Abordagem Inicial ao Trauma*).

A mais importante complicação imediata da fratura pélvica é a **hemorragia interna**, que, de tão intensa, pode produzir hipotensão e choque hipovolêmico. Essa instabilidade deve ser identificada ainda na fase "C" do exame primário e corrigida mediante **reposição volêmica controlada e estabilização da lesão do anel pélvico**.

Atendimento na sala de trauma/emergência

- **Atendimento inicial ao trauma** ("ABCDE"): solicite radiografia panorâmica de pelve em AP e também de tórax e coluna cervical.
- **Para os pacientes com hipotensão ou choque hipovolêmico**, a medida inicial consiste em oferecer cristaloides rapidamente. Obtenha, preferencialmente, dois acessos venosos periféricos calibrosos ou um acesso venoso central, como segunda opção. Em seguida, pratica-se a infusão rápida de cristaloide, preferencialmente o Ringer com lactato (RL) aquecido a 39ºC. O volume inicial administrado pode ser de 2.000mL em adultos ou 20mL/kg em crianças. O objetivo é manter uma pressão arterial sistólica próxima a 100mmHg.

    O débito urinário deve ser acompanhado (0,5mL/kg/hora em adultos e 1mL/kg/h em crianças). Conforme a condição hemodinâmica, mais RL pode ser oferecido; além disso, alguns pacientes graves vão precisar da reposição de plasma e de hemácias (hemotransfusão) para melhora da saturação arterial de O_2.

    Pacientes refratários ao volume podem necessitar de aminas vasoativas para manter a pressão arterial, como noradrenalina.
- Algumas atitudes podem ser praticadas ainda na sala do trauma e vão ajudar a conter a hemorragia e produzir um pouco de estabilidade pélvica:
    - **Colocação de vestimenta pneumática antichoque** (ou "calça militar"): bastante útil no transporte até o hospital.
    - **Colocação de** *clamppe pélvico*, que auxilia a redução e estabilização da fratura pélvica e, portanto, diminui o sangramento e o risco de choque.
- **Compressão da pelve por faixa ou lençol:** uma alternativa consiste em amarrar a pelve do paciente, na altura dos trocanteres, com um lençol ou faixa bem apertada, diminuindo o tamanho da pelve e proporcionando alguma estabilidade ao anel. Os joelhos e tornozelos devem também ser amarrados juntos. Nas fraturas pélvicas tipo rotação externa e cisalhamento, essa técnica é bem empregada e favorece a redução do volume pélvico. No entanto, nas fraturas com rotação interna (compressão lateral), a compressão mecânica pode ser desfavorável, pois a fratura já tem as características de reduzir o volume pélvico, podendo inclusive favorecer a compressão inadequada de vísceras.
- **Investigação da origem do sangramento:** os exames radiológicos ajudam a identificar a fratura pélvica, que sabidamente apresenta grande potencial para produzir hipotensão e choque.

Observa-se que, em mais de 60% das fraturas pélvicas, existe relato de traumatismo abdominal associado, inclusive com necessidade de laparotomia exploradora em parte significativa dos casos. Para a investigação da presença de sangramento intra-abdominal, o médico atendente pode realizar um FAST (*Focused Abdominal Sonography for Trauma*) ou um lavado peritoneal diagnóstico (LPD).

Nos pacientes hemodinamicamente estáveis, pode ser solicitada TC de abdome e pelve para um estudo mais aprofundado das lesões existentes.

Apesar de todas as medidas citadas anteriormente, a principal conduta a ser adotada para garantir estabilidade hemodinâmica definitiva consiste na **redução e estabilização cirúrgica da fratura** (procedimento cirúrgico-ortopédico).

Tratamento ortopédico-cirúrgico

Diante de uma fratura pélvica causadora de instabilidade hemodinâmica, a conduta de eleição consiste, o quanto antes, na **redução e estabilização cirúrgica da fratura**. Essa atitude, na maioria dos casos, leva ao tamponamento dos vasos lesionados e à contenção do sangramento, por promover a formação de coágulos, especialmente nas fraturas instáveis por rotação externa e por cisalhamento. Opta-se, preferencialmente, pelo controle de danos local, em geral recorrendo-se à redução fechada e à colocação de fixadores externos (grande parte dos casos) e, em menor proporção, à colocação de placas e parafusos, o que varia conforme a localização e a gravidade da fratura.

Quando a estabilização cirúrgica, apesar de adequada, falha na contenção do sangramento e da instabilidade hemodinâmica, o próximo caminho consiste na realização de uma **angiografia com embolização arterial ou do tamponamento pré-peritoneal**. O primeiro procedimento obstrui os vasos arteriais que estão sangrando. Entretanto, em uma pequena parcela dos casos, mesmo a embolização não terá sucesso em conter o sangramento. Já o tamponamento pré-peritoneal visa a comprimir os vasos dos plexos venosos lombossacro e pré-vesical.

- **Fraturas expostas da pelve** são reconhecidas como urgência cirúrgica e sempre precisam de intervenção rápida, com a participação do ortopedista.
- Algumas vezes será muito difícil diferenciar hemorragia por origem abdominal daquela causada pela fratura pélvica instável; nesses casos, a laparotomia exploradora pode ser necessária. Entretanto, é muito importante realizar a fixação adequada do anel pélvico instável **antes da laparotomia**. A laparotomia, quando realizada às pressas e sem a devida fixação pélvica, pode provocar descompressão do foco hemorrágico e agravar o sangramento.
- A fratura do anel pélvico pode não ser a única lesão regional. Bexiga, reto, uretra, vagina e tantos outros tecidos e órgãos intrapélvicos podem ter sido lesionados e vão precisar de avaliação e intervenção do cirurgião geral, urologista, ginecologista etc.

Capítulo 33
Fraturas Expostas

Vincenzo Giordano • Rodrigo Simões Eleutério

INTRODUÇÃO E FISIOPATOLOGIA

Define-se como fratura exposta a presença de importante lesão de partes moles, incluindo a pele, de modo que exista a comunicação entre o foco da fratura ou seu hematoma e o meio externo. Essa comunicação possibilita que diversos micro-organismos do ambiente (principalmente bactérias) entrem em contato com o hematoma da fratura. Desse modo, pode-se dizer que **toda fratura exposta é uma fratura contaminada** e, comparativamente a lesões fechadas, apresenta maior risco de se tornar infectada. Um dos principais objetivos do tratamento é evitar que a ferida contaminada se torne infectada.

Em grande parte das fraturas expostas, é possível visualizar tecido ósseo através da lesão cutânea, porém isso não é uma regra. Muitas fraturas expostas podem ter lesões cutâneas pequenas e que não possibilitam que o atendente visualize os fragmentos ósseos. A presença de gotículas de gordura no hematoma da fratura é um dos sinais mais clássicos de que houve contato com meio exterior, caracterizando-se também como uma fratura exposta.

Outra situação que merece destaque é a das fraturas expostas mascaradas ou ocultas. Nestas, a lesão está voltada para o interior de cavidades corporais, como alças intestinais, reto, bexiga, vagina etc. Por isso, os toques retal e vaginal devem fazer parte do exame físico (principalmente nas fraturas pélvicas e nos pacientes politraumatizados).

Fraturas expostas geralmente são encontradas em vítimas de trauma de grande energia, como acidentes automobilísticos, atropelamentos, grandes quedas, violência interpessoal e armas de fogo. No entanto, não são exclusivas desses grupos, podendo ser observadas também em lesões de menor energia, como quedas ao solo ou traumas banais diretos. Nenhuma lesão de pele deve ser considerada pequena demais quando existe uma fratura no mesmo segmento.

QUADRO CLÍNICO

O paciente apresenta quadro clínico semelhante ao de qualquer fratura: dor intensa e edema local, limitação funcional ou incapacidade de movimentar o membro, assimetrias e deformidades visíveis, crepitações à palpação e lesões dos tecidos moles adjacentes (músculos, fáscias e tecido gorduroso). Encurtamento do membro e rotação podem estar presentes nas fraturas com grandes desvios.

A existência de lesão total do tegumento é específica da fratura exposta. A ferida na pele pode variar desde uma lesão pequena, de aspecto puntiforme, até grandes lesões, > 10cm. Mensurar o diâmetro da ferida cutânea é importante para a classificação da fratura. Fragmentos ósseos podem ou não estar visíveis através da lesão da pele. Nas feridas de aspecto puntiforme, como salientado anteriormente, a presença de sangue com gotículas de gordura fala a favor de fratura exposta.

CONSIDERAÇÕES

Gustilo & Anderson, em 1976, desenvolveram uma classificação para as fraturas expostas levando em consideração, principalmente, o tamanho da lesão cutânea presente. Posteriormente, Gustilo *et al.* revisaram sua classificação original, subdividindo o grau mais grave em três subtipos e incluindo a energia do trauma na caracterização da lesão. Existem três graus (Quadro 33.1).

Quadro 33.1 Classificação das fraturas expostas
Grau I
São fratura expostas com solução de continuidade da pele < 1cm (lesão na pele < 1cm). A contaminação do local da fratura é baixa e a lesão de partes moles tende a ser pequena. Em geral, são os próprios fragmentos ósseos desviados que produzem a ferida na pele, isto é, o trauma produziu desvio da fratura e um fragmento lesionou as partes moles até alcançar a pele, mas isso não é regra. Na inspeção, podemos encontrar sangramento com presença de gotículas de gordura através da ferida cutânea. Essas gotículas têm origem na medula óssea amarela do osso (o que sugere fratura exposta). O padrão da lesão óssea é de baixa energia, em geral caracterizada por fratura de traço simples.
Grau II
São fraturas expostas com lesão de pele entre 1 e 10cm. A contaminação do local da fratura e a lesão de partes moles tendem a ser com maior frequência, de moderadas a intensas. Nos graus II e III, a lesão de pele normalmente se origina do próprio trauma exterior (de maior energia). A fratura apresenta, geralmente, padrão mais fragmentado, com a presença de um terceiro fragmento.
Grau III
A ferida cutânea é > 10cm, a contaminação é intensa e a lesão de partes moles é grande. A fratura costuma apresentar múltiplos fragmentos (multifragmentar). Dentro do grau III, existem **subdivisões**: • **III A:** a lesão de pele é > 10cm, porém existe suficiente viabilidade dos tecidos moles locais para cobrir a lesão óssea. • **III B:** a lesão de pele é > 10cm e no local não existe suficiente tecido mole para cobrir a lesão óssea, sendo necessário utilizar outras medidas, como enxertos e/ou retalhos. Atenção, o osso nunca pode ficar exposto, sempre deve ser coberto ou protegido. • **III C:** associado à fratura grau III temos uma lesão vascular que precisa ser reparada (arterial ou venosa). As lesões arteriais são as mais importantes. Atenção, preferencialmente, antes do reparo do vaso, precisam ocorrer a lavagem e a estabilização da fratura, e só depois procede-se ao reparo da artéria (se o reparo for feito antes, poderá se romper durante o procedimento de estabilização). Nas situações em que o membro está isquêmico há muito tempo (> 6 horas), a revascularização deve ser feita antes da estabilização óssea. **Atenção:** algumas situações são especiais e merecem ser classificadas como grau III, **independentemente do tamanho da lesão de pele**. Essas são: fratura exposta que ocorreu em ambiente rural, fratura segmentar, amputação traumática, grande fragmentação óssea.

DIAGNÓSTICO

Muitas vezes, o diagnóstico é evidente, pois a lesão é extensa e contém fragmentos ósseos visíveis através da lesão cutânea. No entanto, muitas situações podem causar dúvida; por isso, o médico deve suspeitar dessa condição sempre que existir uma fratura com lesões de pele e partes moles nas proximidades (pense em fratura exposta até que se prove o contrário).

Após uma **avaliação clínica** adequada do foco de lesão, será necessária a investigação radiológica da fratura (no mínimo duas incidências distintas).

Nas fraturas pélvicas, está indicada a realização dos toques retal e vaginal para investigação das fraturas expostas "mascaradas". Fique atento à presença de sangue na luva após o toque.

COMPLICAÇÕES

As complicações mais importantes são: lesão vascular, levando à isquemia do membro ou a sangramento intenso; lesões nervosas, com prejuízo para a inervação muscular e a sensibilidade; infecção do local da fratura (complicação muito temida); síndrome compartimental; embolia pulmonar gordurosa; trombose venosa profunda e tromboembolia pulmonar; não consolidação da fratura ou retardo de consolidação; consolidação viciosa; necrose das partes moles próximas à fratura.

TRATAMENTO

O tratamento das fraturas expostas deve ser rápido, pois se trata de uma **urgência cirúrgica ortopédica**. Após receber o exame primário do trauma ("ABCDE") e a avaliação clínica da fratura, o paciente deve ser conduzido ao centro cirúrgico, para receber o tratamento definitivo.

Pode-se dividir o atendimento em duas etapas: (a) atendimento na sala de emergência/trauma; (b) tratamento cirúrgico definitivo.

Atendimento na sala de emergência/trauma

Os principais objetivos na sala de trauma são: exame primário e secundário do trauma, avaliação clínica da fratura, fechar o ferimento com curativo apropriado, imobilizar a região acometida, analgesia, iniciar antibiótico profilático e prevenção do tétano (se necessário). Após essas medidas, o paciente é encaminhado para exames radiológicos e deve ser rapidamente conduzido ao centro cirúrgico, que é o local adequado para a limpeza da fratura e sua estabilização inicial. Nunca se deve tentar limpar ou estabilizar a fratura na sala de trauma:

- **Atendimento inicial ao trauma:** o paciente deve ser submetido ao exame primário do trauma ("ABCDE"). O tratamento da fratura exposta só é iniciado após o paciente apresentar-se clinicamente estável.
- **Análise do local da fratura:** extensão das lesões cutânea e de tecidos moles, presença de corpos estranhos, presença e intensidade do sangramento, evidência de gotículas de gordura acompanhando o sangramento e avaliações vascular e neurológica do membro acometido (verificação dos pulsos distais à fratura, presença de cianose nas extremidades, sangramentos evidentes, força muscular comprometida e diminuição da sensibilidade). **A intervenção no local da fratura deve ocorrer apenas no centro cirúrgico**, que é o local adequado para lavagem, desbridamento, estabilização da fratura e reparos vasculares e nervosos, se necessários.
- **Colocação de curativo** (estéril) sobre a lesão de pele (impede maior contaminação da fratura): caso a ferida já venha coberta, tendo sido esse procedimento realizado pela equipe médica de resgate, não há a necessidade de nova inspeção na sala de trauma. Deve-se confiar na informação da equipe de resgate, uma vez que pouco ou nenhum acréscimo será trazido pela simples inspeção da ferida nesse momento.
- **Imobilização do membro/região acometida:** pode-se utilizar uma tala para imobilização provisória. Esta impede movimentação no local da fratura e auxilia a redução da dor. Caso o membro lesionado esteja muito encurtado, rodado ou angulado, deve-se realinhá-lo antes da colocação da imobilização provisória feita na sala de trauma.
- **Analgesia:** geralmente realizada com analgésicos de primeira linha, como dipirona ou paracetamol, e eventualmente com opioides leves, como o tramadol. Alguns pacientes ainda podem necessitar de sedação com benzodiazepínicos, como diazepam e midazolam.
- **Profilaxia para tétano:** doses de reforço conforme história vacinal do paciente e seguindo as recomendações do Ministério da Saúde.
- **Antibiótico em caráter profilático:** o antibiótico atua diminuindo o número de bactérias circulantes em sua forma planctônica. O paciente começa a profilaxia logo após chegar ao pronto-socorro e a medicação deve ser mantida por um prazo máximo de 72 horas (não é necessário mais do que isso, pois se trata apenas de profilaxia). No entanto, nos dias subsequentes, se ficar comprovada a infecção, o antibiótico deixará de ser apenas profilático e deverá ser mantido por vários dias (Quadro 33.2).

Quadro 33.2 Antibióticos sugeridos para profilaxia

Fraturas graus I e II: cefalosporina de primeira geração
(p. ex., **cefalotina** [adolescentes e adultos: 500mg, EV, de 6/6h; crianças: 20 a 40mg/kg, EV, de 6/6h] ou **cefazolina** [adultos: 0,5 a 1,0g, EV, de 6/6 ou 8/8h; crianças: 6,25 a 25,0mg/kg, EV, de 6/6h])

Fraturas grau III: cefalosporina de primeira geração (cefalotina ou cefazolina) associada a um aminoglicosídeo, como, por exemplo, **gentamicina** (crianças: 6,0 a 7,5mg/kg/dia, EV, de 8/8h; adultos: 5mg/kg, EV, 1×/dia). Atenção, se a fratura ocorreu em ambiente rural, deve-se associar ao esquema a **penicilina G cristalina** (8 a 12 milhões de UI/dia, EV, de 4/4h) ou o **metronidazol** (500mg, EV, de 6/6h)

- **Estudo radiológico da fratura:** depois de realizadas as medidas citadas, o paciente deve ser encaminhado para fazer exames radiológicos. São necessárias, pelo menos, duas incidências distintas do foco de fratura. Após o exame, o paciente é direcionado ao centro cirúrgico para receber a terapia definitiva. Pacientes com risco de morte podem fazer os exames no próprio centro cirúrgico.

Tratamento cirúrgico

No centro cirúrgico, o paciente vai receber assepsia e antissepsia da região acometida. Em seguida, realiza-se a lavagem do foco de fratura com diversos litros de solução fisiológica (10 ou mais litros). O desbridamento da lesão vai retirar as sujeiras e corpos estranhos, assim como os fragmentos ósseos e as partes moles desvitalizadas. A lavagem e o desbridamento são essenciais para diminuir a contaminação e impedir a infecção.

A etapa seguinte consiste na estabilização definitiva da fratura. Podem ser usados fixadores externos, placas e parafusos, ou mesmo hastes intramedulares, em alguns casos. Não há um método ideal, porém os fixadores externos têm sido utilizados em grande parte dos casos. Enxertos e retalhos podem ser necessários, quando a pele do local é insuficiente para cobrir a lesão. Os reparos vasculares devem ser realizados após a estabilização da fratura. Uma opção bastante útil nessas situações consiste no uso do curativo de pressão negativa (vácuo).

Capítulo 34
Osteomielite

Vincenzo Giordano • Rodrigo Simões Eleutério

INTRODUÇÃO

Define-se osteomielite como o processo inflamatório-infeccioso do osso (cortical e/ou esponjoso). Esse processo pode envolver todas as camadas do osso e estender-se aos tecidos moles adjacentes.

Na maioria das vezes, o agente etiológico envolvido é uma bactéria, que pode chegar até o osso por via hematogênica (**osteomielite hematogênica aguda**), através de um trauma ósseo aberto (**osteomielite pós-traumática**) ou após um procedimento cirúrgico (**osteomielite pós-operatória**). O processo infeccioso agudo, se não adequadamente tratado, pode evoluir para osteomielite crônica, uma complicação ainda mais difícil de ser tratada.

As crianças e os jovens são os mais envolvidos, com picos de incidência do nascimento aos 2 anos de idade e dos 6 aos 10 anos de idade. Acomete três vezes mais os homens. Estima-se que 75% das infecções ocorram nos membros inferiores, principalmente nas regiões distal do fêmur e proximal da tíbia (joelho).

FISIOPATOLOGIA

A via hematogênica é a via mais comum de contaminação do osso, produzindo uma **osteomielite hematogênica aguda**. O paciente apresenta um foco infeccioso em local distante do osso, como uma infecção de pele, locais de punção, angina infecciosa, infecções dentárias, de vias aéreas ou mesmo regiões não identificadas. A partir desse foco primário, a bactéria ganha para a circulação sanguínea e vai chegar ao osso.

A bactéria tende a permanecer na região metafisária dos ossos longos, a qual apresenta boa vascularização e fluxo sanguíneo lento. Em sequência à contaminação, iniciam-se a multiplicação bacteriana e o processo inflamatório organizado pelo próprio organismo. O acúmulo de exsudato no interior do osso favorece o aumento da pressão intraóssea e, consequentemente, ocorrem isquemia tecidual e tendência à necrose óssea. A infecção progride para a formação de um abscesso no interior da região metafisária.

Após se formar o abscesso, o infiltrado purulento infiltra-se pelos canais de Volkmann e Havers do osso, atingindo o canal medular, a cortical óssea e o periósteo, o que amplia a área de infecção. O infiltrado purulento começa a acumular-se logo abaixo do periósteo, deslocando-o e estimulando a formação de novo tecido ósseo. Essa reação periosteal (periostite) pode ser visível nas radiografias após alguns dias de evolução, em geral 2 semanas.

O aumento da pressão no interior do osso e a lesão do periósteo contribuem diretamente para a isquemia de mais tecido ósseo, ampliando as áreas de necrose. Observa-se a presença de fragmentos ósseos dentro da zona de necrose, conhecidos como sequestros ósseos.

O periósteo elevado pode romper-se com facilidade, permitindo que o infiltrado inflamatório e as bactérias cheguem aos tecidos moles adjacentes. A infecção/inflamação pode estender-se para a musculatura, a fáscia, o tecido subcutâneo e até a pele. Em geral, forma-se uma fístula entre o osso e a superfície cutânea, com drenagem de pus e de fragmentos ósseos necrosados.

A ocorrência de sequestro ósseo, fístula e infecção nas partes moles adjacentes caracteriza a evolução para **osteomielite crônica**.

Alem da via hematogênica, a bactéria também pode chegar ao osso após procedimentos cirúrgicos e fraturas expostas.

QUADRO CLÍNICO

Na maioria dos casos, a osteomielite ocorre por via hematogênica, predominando entre as faixas etárias do nascimento aos 2 anos e dos 6 aos 10 anos de idade. A infecção óssea por outras causas, como fraturas expostas e procedimentos cirúrgicos, pode ocorrer em qualquer faixa etária.

O principal sintoma é a **dor**, aguda, intensa, contínua, progressiva e bem localizada. O paciente é capaz de identificar relativamente bem o local da dor e quase sempre aponta para a região metafisária do osso envolvido (*one finger pain*). Outros sinais inflamatórios, como hiperemia (vermelhidão da pele), calor local, edema e dificuldade de movimentação da articulação adjacente, podem estar presentes. Claudicação pode ser vista no paciente com osteomielite do membro inferior.

Sintomas gerais característicos de quadros infecciosos, como queda do estado geral, anorexia, prostração, inapetência, febre alta (por vezes superior a 39ºC, em medição axilar), são frequentemente observados.

CONSIDERAÇÕES

A bactéria mais envolvida nesse tipo de infecção é o *Staphylococcus aureus*. Outras bactérias podem estar presentes em certas situações específicas, como o estreptococo do grupo B em recém-nascidos, pseudomonas em pacientes vítimas de trauma, salmonela em pacientes com anemia falciforme e *Neisseria gonorrhoeae* (gonococo) em pacientes sexualmente ativos.

DIAGNÓSTICO

O diagnóstico de osteomielite aguda é **clínico** e exige elevado grau de suspeição, uma vez que as alterações radiográficas típicas só estão presentes quando ocorre a cronificação do quadro.

Os exames complementares (laboratório e imagens) devem ser solicitados após avaliação clínica adequada, sem, no entanto, atrasar o início do tratamento. É fundamental ter em mente que a terapia antibiótica só deve ser iniciada depois **de ter sido feita a coleta de material ósseo para cultura e antibiograma**.

Os exames laboratoriais geralmente solicitados são: proteína C reativa (PCR), velocidade de hemossedimentação (VHS), hemograma completo, hemocultura, bacterioscopia e cultura de material obtido do local infectado:

1. O hemograma costuma revelar leucocitose, neutrofilia e aumento do número de bastões.
2. A VHS e a PCR elevam-se na fase aguda e indicam processo inflamatório em curso. A PCR pode ser repetida periodicamente para avaliar a eficácia do tratamento.
3. **Hemoculturas** sempre devem ser realizadas. O ideal é coletar no mínimo duas amostras, de regiões vasculares diferentes e em momentos diferentes, sempre antes da antibioticoterapia. Podem identificar o patógeno em até 50% dos pacientes.
4. Após assepsia e antissepsia adequadas, deve-se **puncionar o local** provável de infecção para coletar amostras, que serão submetidas à bacterioscopia (coloração pelo Gram) e culturas (com antibiograma). Presença de material purulento na seringa confirma o diagnóstico; no entanto, não há validade em enviar amostras de pus, mas sim de fragmentos do osso hospedeiro. Caso venha material purulento na aspiração, ou quando esta é negativa, mas existe forte suspeita de osteomielite, deve-se abrir cirurgicamente o local, realizar uma janela óssea na região metafisária e coletar material intraósseo para cultura.
5. Os exames de imagem que podem ser solicitados são: radiografias (no mínimo em duas incidências ortogonais), ultrassonografia (USG), cintilografia óssea, ressonância nuclear magnética (RNM) ou tomografia computadorizada (TC).
6. As **radiografias** são o primeiro exame de imagem solicitado e têm como principal função o diagnóstico diferencial (fraturas com pouco desvio, fraturas patológicas, subluxações, luxações, neo-

plasias). Apresentam baixas sensibilidade e especificidade para o diagnóstico de osteomielite. Mesmo após dias de evolução da doença, a radiografia pode não apresentar alterações. Reação periosteal e sequestro ósseo geralmente podem ser identificados pelo exame, mas marcam a cronicidade da lesão.
7. **USG:** é um exame útil, barato, embora seja examinador-dependente. Mostra bem o edema das partes moles adjacentes à lesão óssea e pode nortear uma biópsia guiada. É um exame de baixa especificidade e alta sensibilidade.
8. **Cintilografia óssea:** exame de baixa especificidade, porém alta sensibilidade. Isso ocorre porque o local de infecção tende a captar muito contraste, devido à intensa remodelação óssea local. Aplica-se em casos de dúvida diagnóstica e para o diagnóstico diferencial.
9. **RNM:** como a maioria dos pacientes tem idade < 10 anos, é um exame difícil de ser feito, necessitando sedação em muitos casos. Deve ser reservada para poucos casos, apesar de ser um exame capaz de fornecer informações preciosas em casos de dúvida diagnóstica, auxiliando o diagnóstico diferencial.
10. **TC:** um exame de boa qualidade na identificação de sequestros ósseos (doença crônica), pode ser empregada para diagnóstico diferencial na fase aguda, apesar da necessidade de sedação do paciente (< 10 anos de idade) e da elevada carga de radiação ionizante envolvida no exame.

DIAGNÓSTICO DIFERENCIAL

Infecções de pele (erisipela, celulite), neoplasias ósseas ou de partes moles adjacentes ao osso, artrite séptica (principal diagnóstico diferencial), artrite reumatoide, gota e trauma osteoarticular.

COMPLICAÇÕES

Pacientes não tratados ou inadequadamente tratados podem ter seu quadro complicado por osteomielite crônica, que é de tratamento mais difícil e demorado. Outras complicações que merecem destaque são: artrite séptica (em pacientes < 18 meses ou em ossos cuja metáfise tem posição intra-articular: regiões proximal do fêmur, distal da fíbula, proximal do úmero e proximal do rádio), deformidades ósseas e sepse. Embora incomum, pode haver a necessidade de amputação cirúrgica do membro para controle de um quadro infeccioso mais grave e que coloca a vida do paciente em risco. O tratamento inadequado pode conduzir o paciente ao óbito.

TRATAMENTO

Cuidados gerais e tratamento sintomático

1. **Internação hospitalar** sempre.
2. Controle hidroeletrolítico e suporte nutricional são essenciais, principalmente por se tratar de faixa etária infantil.
3. Antitérmicos e analgésicos (AINE e/ou opioides) e sedativos podem ser empregados para tratamento sintomático. A escolha dos medicamentos depende da rotina de cada serviço ou da experiência pessoal do médico. Nunca se esqueça de empregar as doses pediátricas corretamente.
4. Recomenda-se a imobilização do membro com talas ou órteses, para alívio da dor, antes e depois de procedimentos cirúrgicos.

ANTIBIOTICOTERAPIA

Após o diagnóstico clínico e a coleta de material ósseo e dos exames laboratoriais, a antibioticoterapia empírica deve ser empregada o mais precocemente possível, preconizando-se o uso de agente de largo espectro e com cobertura para o *S. aureus*. Não se deve aguardar o resultado de exames complementares para iniciar o tratamento.

A via de administração inicial é sempre EV. Conforme o resultado do antibiograma (hemoculturas e cultura do material ósseo), deve-se checar a necessidade de adequação antibiótica.

Antibioticoterapia empírica conforme faixa etária

1. Recém-nascidos: **oxacilina**.
2. Outras faixas etárias: **oxacilina**.
3. Na suspeita de *Staphylococcus aureus* resistente à meticilina (MRSA), a oxacilina deve ser substituída por **vancomicina** ou **linezolida**.
4. Pacientes com anemia falciforme apresentam risco aumentado para infecções por salmonela. O esquema preferencial será **oxacilina + cefalosporina de terceira geração**.
5. Nos pacientes com história de trauma, é importante cobrir a *Pseudomonas aeruginosa*, empregando um esquema de oxacilina associada à ceftazidima (boa cobertura para pseudomonas).
6. Os antibióticos são mantidos por 6 a 8 semanas, com substituição da via EV por tratamento oral após 3 a 4 semanas.

Quadro 34.1 Doses dos antibióticos

- **Oxacilina:** crianças < 40kg: 100 a 200mg/kg/dia, EV, de 6/6h; crianças > 40kg e adultos: 0,5 a 1g/dose, EV, de 6/6h

- **Cefalosporinas de 3ª geração:**
  a) **Ceftriaxona:** recém-nascido até 15 dias: 25 a 50mg/kg/dia, EV, 1×/dia; de 15 dias a 12 anos: 20 a 80mg/kg/dia, EV, 1×/dia; adultos: 1 a 2g, EV, 1×/dia
  b) **Ceftazidima:** 0 a 2 meses de idade: 25 a 60mg/kg/dia, EV, de 12/12h; > 2 meses: 30 a 150mg/kg/dia, EV, de 6/6h ou 8/8h; adultos: 1g, EV, de 8/8h, ou 2g, EV, de 12/12h
  c) **Cefotaxima** (bebes e crianças com < 50kg: 50 a 200mg/kg/dia, EV, de 6/6h até 12/12h; > 12 anos: 1 a 2g por dose, EV, de 12/12h

- **Vancomicina:** crianças até 1 mês de vida: dose de ataque de 15mg/kg e manutenção com 10mg/kg/dose, EV, de 8/8h; crianças até 12 anos de idade: 10mg/kg/dose, EV, de 6/6h, ou então 20mg/kg/dose, EV, de 12/12h; adultos: 1g, EV, de 6/6h

- **Linezolida:** até 12 anos de idade: 10mg/kg, EV, de 8/8h; > 12 anos: 600mg/dose, EV, de 12/12h

---

DRENAGEM EM CENTRO CIRÚRGICO

A partir do momento em que ocorrer a necrose e se formarem os abscessos no interior do osso, a drenagem cirúrgica será essencial para a cura. Apenas os antibióticos não serão capazes de conter a infecção.

Após a suspeita clínica, deverá ser feita uma punção óssea, em centro cirúrgico. O material aspirado será submetido a exames bacteriológicos. No entanto, se durante a aspiração for identificado material purulento, a drenagem cirúrgica do osso deverá ser realizada imediatamente, com retirada de tecido desvitalizado e necrosado, bem como lavagem adequada do local infeccioso com soro fisiológico a 0,9%.

Capítulo 35
Artrite Séptica

Vincenzo Giordano • Rodrigo Simões Eleutério

INTRODUÇÃO

Artrite séptica consiste no processo inflamatório-infeccioso de uma ou mais articulações. Os principais patógenos das articulações são as bactérias, porém os vírus e os fungos não devem ser esquecidos. Segundo esse conceito, a bactéria sempre estará presente na articulação.

FISIOPATOLOGIA

A invasão bacteriana da articulação ocorre por três mecanismos principais: (a) **contiguidade:** infecção bacteriana em tecidos próximos à articulação e, por disseminação, a bactéria alcança o espaço articular (p. ex., úlceras infectadas, erisipela, celulite e osteomielite [ossos cuja metáfise tem posição intra-articular]); (b) **inoculação direta:** a bactéria é inoculada diretamente na articulação, devido a um trauma articular penetrante, mordedura de animais, punção articular, artroscopia ou procedimentos cirúrgicos contaminados; (c) **via hematogênica:** o paciente apresenta bacteriemia e, através da circulação, a bactéria alcança a articulação. A principal via de contaminação das articulações é a hematogênica.

Após invadir o espaço articular, a bactéria rapidamente se multiplica e produz enzimas agressivas para a articulação. O organismo reage por meio de um processo inflamatório agudo e intenso. Na ausência de tratamento adequado, a infecção irá progredir com erosão e destruição dos tecidos articulares. A cartilagem articular, a cápsula, os ligamentos e o tecido ósseo subcondral podem ser parcial ou totalmente destruídos. O paciente pode apresentar subluxações ou luxações de difícil tratamento ou mesmo deformidades articulares permanentes.

Para melhor compreensão do quadro clínico, é necessário conhecer as bactérias mais prevalentes conforme cada faixa etária e a atividade sexual:

- **De 0 a 30 dias:** a bactéria mais comum é o *Staphylococcus aureus*. Outras: *Streptococcus agalactiae* e bactérias entéricas gram-negativas.
- **De 30 dias a 5 anos:** o principal agente etiológico é o *Staphylococcus aureus*, porém o *Haemophilus influenzae* pode ocupar o primeiro lugar no grupo de crianças não vacinadas. Outras bactérias: *Streptococcus pneumoniae* (pneumococo) e *Streptococcus pyogenes*.
- **De 5 a 12 anos:** *Staphylococcus aureus* mantém a primeira posição, seguido pelo pneumococo e o *Streptococcus pyogenes*. *Haemophilus influenzae* torna-se incomum.
- **De 12 a 35 anos:** pacientes sexualmente ativos podem apresentar a *Neisseria gonorrhoeae* (gonococo) como principal agente etiológico. *Staphylococcus aureus* ocupa o segundo lugar. Outras bactérias: pneumococo e *Streptococcus pyogenes*.
- **Acima de 35 anos e idosos:** a incidência da infecção gonocócica cai e o *Staphylococcus aureus* volta a ocupar a primeira posição. Outros agentes são: pneumococo, *Streptococcus pyogenes*, *Staphylococcus epidermidis* (importante nos pacientes com próteses articulares), gram-negativos entéricos e anaeróbios.

QUADRO CLÍNICO

O quadro clínico varia conforme a presença de *Neisseria gonorrhoeae* na articulação. Muitos autores dividem a artrite séptica em **"gonocócica"** e **"não gonocócica"**:

- A **artrite séptica "não gonocócica"** é causada pelo *Staphylococcus aureus* e outras bactérias, e geralmente é monoarticular. Pode afetar qualquer articulação, mas destacam-se as do joelho, tornozelo, quadril, ombro e punho. A articulação infectada apresenta um quadro inflamatório agudo, com dor (contínua, progressiva e de forte intensidade), aumento de volume, calor, vermelhidão (hiperemia) e comprometimento importante do movimento articular (o paciente não consegue movimentar ou o faz com extrema dificuldade). Quando há envolvimento de uma ou mais articulações dos membros inferiores, o paciente geralmente não é capaz de apoiar o pé no solo, principalmente nos casos de infecções do quadril. O aumento de volume da articulação se deve ao edema tecidual e também ao acúmulo de líquido sinovial e/ou material purulento dentro da articulação.

  O paciente pode apresentar também sinais e sintomas sistêmicos, como febre alta (> 39°C), calafrios, queda do estado geral, prostração e anorexia.

> **Atenção:** as articulações mais profundas, como as de quadril, ombros e sacroilíacas, podem exibir poucos achados inflamatórios.

- A **artrite séptica "gonocócica"** (por *Neisseria gonorrhoeae*) é típica do paciente jovem e sexualmente ativo.

  Em até 30% dos casos, o gonococo produz um quadro de monoartrite ou oligoartrite muito semelhante ao da infecção não gonocócica.

  Nos demais pacientes, a infecção gonocócica produz um quadro de poliartrite migratória (múltiplas articulações com artrite e artralgia). Esses pacientes podem apresentar lesões cutâneas, que variam de vesículas a pústulas e se formam, principalmente, nas extremidades (mãos). As lesões cutâneas são indolores e apresentam um componente hemorrágico e/ou necrótico no centro. Os achados incluem calafrios, febre alta e múltiplas tenossinovites (inflamação da bainha em torno dos tendões). Em geral, essa fase poliarticular evolui para uma artrite monoarticular ou oligoarticular, semelhante à artrite séptica não gonocócica.

CONSIDERAÇÕES

- **Fatores de risco para artrite séptica:** próteses articulares, trauma e lesões osteoarticulares preexistentes; pacientes com lúpus eritematoso sistêmico (LES), febre reumática, osteoartrose e artrite reumatoide; usuários de substâncias injetáveis, idosos, imunocomprometidos (AIDS) ou imunossuprimidos (p. ex., corticoides, infliximabe, metotrexato); pacientes que necessitam de hemodiálise regular; atividade sexual sem preservativos, *diabetes mellitus*, infecções próximas à articulação, punções articulares e outros procedimentos invasivos.

DIAGNÓSTICO

O diagnóstico é, principalmente, clínico, apoiado por exames complementares laboratoriais e de imagem.

Na suspeita de artrite séptica, deve-se sempre realizar **punção articular** (artrocentese) precocemente. O líquido sinovial recolhido será submetido à análise laboratorial. A artrocentese com análise do líquido sinovial é o exame mais importante na conduta diagnóstica.

Os principais parâmetros são: contagem de leucócitos totais e diferencial, aspecto do líquido (claro, turvo, supurativo, hemorrágico), glicose, proteína total, LDH, **bacterioscopia com coloração pelo Gram e cultura do líquido sinovial**. Estes dois últimos parâmetros compõem o estudo bacteriológico do líquido sinovial e são de grande importância para confirmação diagnóstica. Lembre-se: líquido sinovial é sempre estéril, por isso exames bacteriológicos positivos identificam a infecção. A presença de pus na punção já confirma a infecção.

A punção do joelho é de fácil realização, porém articulações mais "profundas", como as de ombro, quadril e sacroilíacas, são de difícil ou arriscada punção; desse modo, deve ser feita por artroscopia ou mesmo por procedimento cirúrgico.

- Outros exames laboratoriais que devem ser solicitados: hemograma completo, velocidade de hemossedimentação (VHS), proteína C reativa (PCR) e hemoculturas.
- Exames de imagem disponíveis: radiografias da articulação em AP e perfil, ultrassonografia (USG), TC, cintilografia e RNM. Esses exames, quando indicados, vão ajudar na suspeita diagnóstica ou, então, no diagnóstico diferencial. Além disso, auxiliam o ortopedista na avaliação do grau de lesão articular e no planejamento da intervenção cirúrgica. A USG pode ser útil para detectar líquido na cavidade articular e guiar a punção. As radiografias podem revelar aumento do espaço articular, sugerindo aumento do líquido na articulação, ou diagnosticar uma subluxação/luxação. Recomenda-se que os primeiros exames de imagem solicitados sejam as radiografias e a USG. A TC, a RNM e a cintilografia ficam reservadas para casos de dúvida diagnóstica, investigação de complicações e planejamento cirúrgico. Quando o paciente é uma criança, a RNM exige sedação/ anestesia para sua realização, o que a torna mais restrita.

Interpretação dos exames laboratoriais

- Na **artrite "não gonocócica"**, a contagem de leucócitos no líquido sinovial fica entre 20 mil e 240 mil células/mm^3. Com frequência, o número supera 100 mil células/mm^3, com predomínio de neutrófilos. O LDH e as proteínas totais encontram-se elevados e a glicose está baixa. Essas alterações bioquímicas, apesar de frequentes, não são específicas. As hemoculturas podem positivar em mais de 50% dos pacientes, a bacterioscopia é positiva em até três quartos dos casos e a cultura do líquido sinovial pode identificar a bactéria em até 80% das vezes. Esses exames bacteriológicos são de extrema importância para confirmação diagnóstica. O hemograma pode revelar leucocitose, com neutrofilia e desvio à esquerda. A PCR e o VHS estão aumentados desde o início da infecção. A PCR é um bom parâmetro para avaliar o tratamento e a remissão da doença, devendo, portanto, ser solicitada periodicamente.
- Na **artrite "gonocócica"**, a bacterioscopia e as culturas são negativas na maioria dos casos. Desse modo, exames bacteriológicos negativos não excluem a possibilidade de artrite séptica por *Neisseria gonorrhoeae*. Hemoculturas coletadas ainda na fase de poliartrite podem ser positivas em até 45% a 50% dos casos. Na fase de monoartrite, as hemoculturas são negativas em quase 90% dos casos. A cultura do líquido sinovial na fase de monoartrite é positiva em 30% a 35% das vezes. A contagem de leucócitos do líquido sinovial está aumentada, porém dificilmente supera 100 mil células/mm^3. A glicose encontra-se baixa e o LDH e as proteínas totais, elevados. VHS e PCR estão aumentados. Quando persiste a dúvida diagnóstica, alguns autores sugerem que se realize uma cultura de material recolhido em região genital, reto e orofaringe, a fim de isolar a *Neisseria gonorrhoeae*, com elevadas chances de positividade das culturas.

DIAGNÓSTICO DIFERENCIAL

Artrites reativas e outras espondiloartropatias soronegativas, artrites fúngicas, virais ou por micobactérias, artrite do LES, febre reumática, artrite reumatoide e osteoartrose, traumas articulares, fraturas, osteomielites, bursites infecciosas, infecções de tecidos adjacentes à articulação (p. ex., erisipela, celulite, abscessos), gota, pseudogota e artrites associadas à infecção pelo vírus da imunodeficiência humana.

COMPLICAÇÕES

Destruição de tecidos articulares, subluxações e luxações de difícil tratamento, infecção de tecidos adjacentes ou locais a distância, sepse e complicações da sepse, osteomielite em articulações com metáfise intra-articular, como as de quadril, ombro, cotovelo (cabeça do rádio) e tornozelo (maléolo lateral).

TRATAMENTO

O tratamento da artrite séptica baseia-se na **antibioticoterapia adequada** ("B"), no **controle dos sinais e sintomas do paciente** ("A") e na **drenagem da articulação** ("C"). O tratamento sempre é feito em regime de **internação hospitalar**.

Medidas de suporte

Avalie a necessidade de **antitérmicos e analgésicos** (p. ex., dipirona e paracetamol), **anti-inflamatórios** (p. ex., ibuprofeno) e **antieméticos** (p. ex., metoclopramida). Realize o controle hidroeletrolítico e ofereça suporte nutricional adequado. A escolha dos medicamentos para tratamento sintomático depende da experiência pessoal do atendente e da disponibilidade do serviço. **Imobilização da articulação** está sempre recomendada, sendo bastante útil, principalmente quando existe instabilidade, devendo ser preferencialmente realizada com talas gessadas, mantidas por 10 a 30 dias.

Antibioticoterapia empírica

No início do tratamento, opta-se pela antibioticoterapia empírica, com administração EV dos medicamentos, lembrando sempre que o *Staphylococcus aureus* é o patógeno mais prevalente em qualquer faixa etária. Após alguns dias, conforme a melhora clínica, opta-se pela via oral. Os fármacos empíricos podem ser substituídos por antibióticos específicos conforme cheguem os resultados dos exames bacteriológicos.

A escolha dos medicamentos empíricos é influenciada pela idade do paciente e o quadro clínico apresentado:

- **De 0 a 30 dias:** associação de **oxacilina + gentamicina**.
- **De 30 dias a 5 anos:** associação de **oxacilina + ceftriaxona** (é necessário cobrir *S. aureus* e *H. influenzae*), especialmente em crianças não vacinadas.
- **Crianças > 5 anos, adolescentes e adultos:** **oxacilina** sempre, podendo associar-se **ceftriaxona** para pacientes com risco de *Neisseria gonorrhoeae*. Diante da incerteza, inicie as duas simultaneamente.
- **Presença ou suspeita de MRSA** (*Staphylococcus aureus* resistente à meticilina): a oxacilina deve ser substituída por vancomicina.

Quadro 35.1 Doses dos antibióticos

Oxacilina – de 0 a 30 dias: 25 a 50mg/kg/dia, EV, de 6/6h; crianças até 40kg: 50 a 100mg/kg/dia, EV, em intervalos de 6/6h; crianças > 40kg e adultos: 250 a 1.000mg/dose, EV, de 6/6h
Gentamicina – de 0 a 30 dias: 6,0 a 7,5mg/kg/dia, EV, de 8/8h
Ceftriaxona – crianças até 50kg: 20 a 80mg/kg, EV, 1×/dia; crianças > 50kg e adultos: 1 a 2g, EV, 1×/dia
Vancomicina – adultos: 500mg, EV, de 6/6h, ou 1g, EV, de 12/12h; crianças de 1 mês a 12 anos: 10mg/kg/dose, EV, de 6/6h, ou 20mg/kg/dose, EV, de 12/12h

O tempo de antibioticoterapia varia de 2 a 6 semanas para as infecções "não gonocócicas" e de 7 a 10 dias para as infecções pelo gonococo. Nos casos em que não há melhora clínica do paciente, torna-se necessária a revisão da terapia antibiótica, o que aumenta o período de uso dos medicamentos e o tempo de internação hospitalar.

Drenagem da articulação

Deve ser sempre realizada sob condições de assepsia, antissepsia e anestesia/sedação adequadas. Realiza-se a incisão da cápsula articular (artrotomia), que permitirá drenar e lavar a articulação adequadamente, reduzindo o conteúdo inflamatório, o número de bactérias e a presença de material necrótico. Recomenda-se que o especialista (ortopedista) realize essa drenagem, especialmente em articulações como as de quadril, ombros e vértebras. Após o procedimento cirúrgico, deixa-se um cateter para irrigação e outro para drenagem (por 24 a 48 horas). A irrigação pode ser feita com SF a 0,9%. Como essa irrigação contínua pode aumentar a chance de reinfecção, muitos profissionais optam por não utilizá-la. Atualmente fecha-se a ferida operatória, deixando um dreno de sucção.

> **Obs.:** realizar apenas repetidas punções de esvaziamento não permite lavar adequadamente a cavidade articular e retirar todo o material inflamatório e necrótico; desse modo, não se recomendam apenas as punções repetidas de esvaziamento.

Capítulo 36
Gota

Guilherme Almeida Rosa da Silva • Thiago Pereira Guimarães

INTRODUÇÃO

A gota é uma doença caracterizada por episódios de artrite aguda ou crônica secundária ao depósito de cristais de monourato de sódio no líquido sinovial, tecido conjuntivo e rins sob a forma de nefrolitíase ou doença intersticial. Acomete, frequentemente, homens e mulheres de meia-idade e está ligada ao aumento da concentração de urato ou à hiperuricemia no organismo.

CONSIDERAÇÕES

A concentração de ácido úrico considerada dentro dos padrões de normalidade é de 7mg/dL em homens e 6mg/dL em mulheres. Cerca de 20% dos indivíduos com hiperuricemia podem apresentar gota.

A presença de hiperuricemia mantém correlação com a presença da síndrome metabólica, manifestada por hipertensão arterial sistêmica, resistência insulínica com ou sem *diabetes mellitus*, dislipidemia à custa de baixo HDL e aumento dos triglicerídeos.

QUADRO CLÍNICO

A apresentação aguda de gota é bastante típica, com o surgimento de **dor lancinante em articulação metatarsofalangiana do hálux, hiperemia e edema que podem simular a celulite, de caráter principalmente noturno**, em cerca de 50% dos casos (podagra). As manifestações poliarticulares com distribuição ascendente progressiva podem ocorrer em longo prazo. Alguns indivíduos idosos podem apresentar quadro clínico inicial em articulações interfalangianas das mãos. Outros sintomas observados são febre baixa e calafrios. Os sintomas regridem naturalmente em cerca de 3 a 10 dias após iniciados. Novas crises podem ocorrer sem tempo estimado para o intervalo entre as crises, que pode ser de alguns meses a anos. Sem o tratamento adequado, as crises têm suas frequência e intensidade aumentadas, podendo haver deformidades articulares com erosões ósseas e esclerose marginal visível à radiografia e manifestações renais (doença intersticial e nefrolitíase) e dermatológicas (tofos gotosos).

DIAGNÓSTICO

O diagnóstico de gota depende de um quadro clínico compatível que leve em consideração os fatores de risco, como sexo masculino, meia-idade, alimentação hiperproteica, hiperuricemia, consumo abusivo de álcool, presença de síndrome metabólica, uso de diuréticos tiazídicos e história familiar. O diagnóstico definitivo é obtido mediante a presença de cristais de urato com birrefringência negativa à luz polarizada em microscopia com aumento de 400×, em formato de agulha ou bastão, intra ou extracelular, em amostras do líquido sinovial coletadas por punção.

TRATAMENTO

O tratamento é dividido em tratamento das crises e prevenção de novos episódios de gota mediante o controle da hiperuricemia.

Tratamento das crises

- **Anti-inflamatório:** os AINE demonstram excelente resposta para o controle das crises agudas de gota:

- **Indometacina:** 25 a 50mg, VO 3×/dia, até a resolução do quadro.
- **Naproxeno:** 500mg, VO, 2×/dia, até a resolução do quadro.
- **Ibuprofeno:** 300mg, VO, de 6/6h ou 8/8h, até a resolução do quadro.
- **Cetoprofeno:** a dose indicada é de 100mg como dose de ataque e 50mg, VO, 3×/dia, até a resolução do quadro.
- **Diclofenaco:** 50mg, VO, 3×/dia, até a resolução do quadro.
- **Colchicina:** é o medicamento mais utilizado para o tratamento da gota, entretanto vem caindo em desuso devido aos efeitos colaterais gastrointestinais. Cada comprimido apresenta **0,5mg** de colchicina e sua dose de ataque consiste em um comprimido de hora em hora ou de 2/2h até a eliminação de fezes diarreicas ou o aparecimento de náuseas e vômitos. O seguimento do tratamento se dá com um ou dois comprimidos de 12/12h até o desaparecimento total da crise.
- **Corticoide:** sua aplicação é contraindicada em pacientes com insuficiência renal e/ou cardíaca grave. **Prednisona:** devem ser administrados de 30 a 60mg/dia por 3 dias, com redução da dose em 10 a 15mg/dia por 3 a 7 dias.

Obs.: outra opção terapêutica consiste na infiltração de corticoide com **metilprednisolona**, de 25 a 50mg, intra-articular, para alívio mais rápido dos sintomas, sobretudo em crises monoarticulares.

Tratamento da hiperuricemia

O tratamento da hiperuricemia deve ser conduzido após a supressão da crise de gota, sendo prudente a manutenção do uso profilático de colchicina, 0,5mg, VO, 2×/dia, durante o tratamento:

- **Dieta:** aumento da hidratação, redução do peso, dieta pobre em purinas (restrição de anchovas, sardinha, caviar, carnes de pato, ganso ou perdiz, molhos, peixes como arenque, caldos de carne, vísceras, ostras e mexilhões), limitação no uso do álcool e redução do consumo de frutose.

O paciente deve ser avaliado se a hiperuricemia tem origem na hiperprodução de ácido úrico ou se há deficiência em sua eliminação renal, por meio de urina de 24 horas. Pacientes com ácido úrico > 800mg na urina de 24 horas são hiperprodutores e aqueles com eliminação < 800mg nas 24 horas apresentam distúrbio na eliminação renal de ácido úrico.

- **Inibidor de síntese (hiperprodutores de ácido úrico):** deve ser utilizado o alopurinol, 100 a 300mg, VO, 1×/dia.
- **Alcalinização da urina (distúrbio de eliminação renal):** pode ser utilizado o citrato de potássio, 1,08g, VO, 3×/dia, nas refeições. A probenecida, 500mg/dia, VO, até 1 a 2g, e a sulfimpirazona, 50 a 100mg/dia, VO, até 200 a 400mg, podem ser utilizadas. Deve-se buscar um pH urinário de 6,0 e uma diurese de 2L/dia. Contraindicados para portadores de creatinina > 2mg/dL.

BIBLIOGRAFIA

Ausiello D, Goldman L. Tratado de medicina interna: clínica médica. 23. ed. Rio de Janeiro: Elsevier, 2009.
Birolini D, Atallah NA (org.). Atualização terapêutica de Prado, Ramos e Valle: urgências e emergências – 2012/2013. São Paulo: Artes Médicas, 2012.
Bonita R, Beaglehole R, Kjellström T. Epidemiologia básica. 2. ed. Washington: Organização Mundial da Saúde, 2008.
Borges DR. Atualização terapêutica de Prado, Ramos e Valle: diagnóstico e tratamento – 2012/2013. 24. ed. São Paulo: Artes Médicas, 2012.
Braunwald F, Kasper H, Longo J. Harrison medicina interna: volumes I e II. 17. ed. Mc Graw Hill, 2008.
Carazzato JG, Amanho GL, Faga A. Tratamento da osteomielite hematogênica aguda. Rev Bras Ortop 1978; 13:121.
Cohen M. Tratado de ortopedia. 1. ed. São Paulo: Roca, 2007.
Comissão de Educação Continuada da Sociedade Brasileira de Ortopedia e Traumatologia. Manual de Trauma Ortopédico. São Paulo: SBOT, 2011.

Gelfand MS, Cleveland KO. Vancomycin therapy and the progression of methicillin-resistant Staphylococcus aureus vertebral osteomyelites. South Med J, Birmingham, June 2004; 97:593-7.

Lopes AC. Tratado de clínica médica. 2. ed. São Paulo: Roca, 2009.

Martins HS, Damasceno MCT, Awada SB (eds.) Pronto-socorro: condutas do Hospital das Clínicas da Faculdade de Medicina da Universidade de São Paulo. 2. ed. Ver e ampl. Barueri, SP: Manole, 2008.

Pardini Jr A, Freitas A. Traumatismos da mão. 4. ed. Rio de Janeiro: Medbook, 2008.

Pimenta LSM. Fraturas do tornozelo e pilão tibial. In: Pardini Jr AG, Souza JMG, Salomão O. Clínica ortopédica: atualização em cirurgia do pé e tornozelo. Rio de Janeiro: Medsi, 2001; 2(2):451-9.

Porto CC. Semiologia médica. 6. ed. Rio de Janeiro: Guanabara Koogan, 2009.

Rodrigues A, Ferrada R. Trauma – Sociedade Panamericana de Trauma. Rio de Janeiro: Atheneu, 2010.

Sizinio H. Ortopedia e traumatologia: princípios e prática. 4. ed. Porto Alegre: Artmed, 2009.

Skinovsky J. Cirurgia ambulatorial. Rio de Janeiro: Revinter, 2009.

Souza PH et al. Cirurgia do trauma: condutas diagnósticas e terapêuticas. Rio de Janeiro: Atheneu, 2003.

Seção V – INFECTOLOGIA

Capítulo 37
Febre de Origem Obscura e Neutropenia Febril

Guilherme Almeida Rosa da Silva

■ FEBRE DE ORIGEM OBSCURA

A febre é uma síndrome clínica associada ao aumento da produção de reagentes de fase aguda e da temperatura corporal devido ao aumento do *set point* hipotalâmico, consequente à liberação de citocinas pró-inflamatórias. A febre de origem obscura (FOO), segundo Petersdorf & Beeson (1961), é formada por temperaturas axilares > 37,9°C em várias ocasiões, febre com duração de mais de 3 semanas e impossibilidade de estabelecer um diagnóstico a despeito de 1 semana de investigação hospitalar. Entretanto, o conceito sofreu modificações, em virtude do avanço tecnológico das ferramentas diagnósticas e do aumento da praticidade da medicina ambulatorial. O novo conceito abrange três consultas ambulatoriais sem elucidação de uma causa, 3 dias de internação hospitalar sem elucidação de uma causa ou 1 semana de investigação ambulatorial criteriosa e invasiva sem elucidação de uma causa.

CLASSIFICAÇÃO

A FOO pode ser classificada:

- **FOO clássica:** três consultas ambulatoriais sem elucidação de uma causa, 3 dias de internação hospitalar sem elucidação de uma causa ou 1 semana de investigação ambulatorial criteriosa e invasiva sem elucidação de uma causa.
- **FOO hospitalar:** temperaturas > 37,9°C em várias ocasiões em paciente que esteja sendo submetido a tratamento agudo e que não esteja munido de infecção evidente ou incubada por ocasião da internação. O requisito mínimo é de 3 dias de internação com 2 dias de incubação de culturas sem crescimento microbiológico.
- **FOO neutropênica:** temperatura > 37,9°C por mais de 1 hora ou um pico > 38,3°C, em pacientes com < 500 neutrófilos/mcL ou com expectativa de queda para tais valores em 1 a 2 dias. O requisito mínimo é de 3 dias de internação com 2 dias de incubação de culturas sem crescimento microbiológico.
- **FOO associada a infecção pelo HIV:** temperatura > 37,9°C, constatada em mais de uma ocasião ou contínua, em pacientes portadores de HIV, com 4 semanas de investigação ambulatorial ou 3 dias de internação com pelo menos 2 dias de incubação de culturas sem crescimento microbiológico.

Essa classificação pode ser criticada pelo fato de 3 dias de investigação em internação hospitalar apresentar diferentes graus de complexidade, qualidade e intensidade de acordo com o país, qualidade do serviço de saúde e sistema público ou privado.

DIAGNÓSTICO DIFERENCIAL

Os principais diagnósticos diferenciais abrangem as causas infecciosas (bacterianas, fúngicas, helmínticas, protozoárias e virais), doenças reumatológicas/imunológicas/inflamatórias, doenças genéticas, alterações tromboembólicas e febre factícia.

Nos últimos anos, a apresentação de FOO tem resultado em maior proporção de casos que permanecem sem diagnóstico devido ao avanço tecnológico e à rapidez de recursos disponíveis para

Quadro 37.1 FOO por proporção de causas em diferentes épocas

	Casos	Infecções	Neoplasias	Doenças inflamatórias	Outras	Não diagnosticadas
Petersdorf & Beeson (1961)	100	36%	19%	19%	19%	7%
Larson & Featherstone (1982)	105	30%	31%	16%	11%	12%
Knockaert & Vanneste (1992)	199	22,5%	7%	23%	21,5%	25,5%
De Klejin et al. (1997)	167	26%	12,5%	24%	8%	30%

investigação, que elucidam os casos antes do preenchimento dos critérios de FOO, principalmente nos países desenvolvidos (Quadro 37.1).

Os quadros de FOO duradouros (> 6 meses) reduzem a probabilidade de uma causa infecciosa, tendo em vista que as infecções consistem em doenças progressivas e que, com o agravamento, tendem a se tornar mais facilmente identificáveis ou levar ao óbito.

EXAMES COMPLEMENTARES

- **Etapa inicial:**
  - História e exame físico
  - Exames hematológicos (hemograma completo e contagem de plaquetas + distensão de sangue periférico + TAP/PTT + cinética do ferro)
  - Bioquímica (provas de função e lesão hepática + função renal + avaliação bioquímica nutricional + eletrólitos)
  - Provas reumatológicas (PCR, VHS, FAN, FR)
  - Exames de urina (EAS + urinocultura)
  - Avaliação infectocontagiosa (hemocultura + sorologias para HIV, CMV, EBV, hepatites + PPD + culturas do escarro + culturas coletadas de locais prováveis)
  - Conservar amostras do soro obtido na fase aguda/convalescença
  - Exames de imagem (radiografia de tórax, ecocardiograma e ultrassonografia [USG] abdominal total)
- **Etapa posterior:** tomografia computadorizada (TC) de tórax, abdome e pelve contrastada, avaliação endoscópica gastrointestinal, cintilografia com Ga^{67}, cintilografia com leucócitos marcados com In^{111}, PET com FDG.

TRATAMENTO

A espera vigilante é uma possibilidade após não se obter nenhum diagnóstico, na esperança do surgimento de um elemento novo. O tratamento empírico deve ser cogitado após avaliações inicial e posterior inconclusivas em casos graves ou quando o desconforto para o paciente é muito grande. O grande dilema é a imunossupressão (colchicina, anti-inflamatórios não esteroides [AINE] e esteroides) *versus* o tratamento antibiótico (tratamento contra tuberculose, antibioticoterapia de largo espectro), em que uma aposta errada pode determinar o agravamento do quadro clínico e o óbito. As informações obtidas até então devem criar uma tendenciosidade na escolha.

■ NEUTROPENIA FEBRIL

Neutropenia febril ocorre quando há presença de um quadro febril (temperatura > 37,9°C por mais de 1 hora ou um pico > 38,3°C) apresentado em pacientes com contagem absoluta de granulócitos < 500/mcL. Deve ser cogitada inicialmente a infecção por bactérias gram-positivas ou gram-negativas, e as medicações devem cobrir tanto a epidemiologia como o perfil de resistência do hospital.

Devemos também considerar se o paciente realiza algum tipo de profilaxia que deva ser levada em conta no raciocínio clínico.

EXAMES COMPLEMENTARES

Devem ser obtidos exames complementares análogos ao de FOO.

TRATAMENTO

Antibioticoterapia de largo espectro: cefepime, 2g EV, de 8/8h, imipenem, 500mg EV, de 6/6h, ou **meropenem, 1g EV, de 8/8h.** Associar **vancomicina, 1g EV, de 12/12h**, em caso de paciente de alto risco para infecção por *S. aureus* ou após não regressão do quadro clínico 3 dias após o início da antibioticoterapia inicial. A terapia antifúngica com **anfotericina B (0,25mg/kg/dia, aumentando de 5 a 10mg/dia até uma dose final de 0,5 a 1,0mg/kg/dia)** deve ser incluída de 4 a 7 dias após início da antibioticoterapia inicial sem melhora clínica. O uso do fluconazol é limitado por sua ausência de cobertura para infecções por *Aspergillus* e *Candida* não *albicans*. **A caspofungina, 70mg EV (ataque), seguidos de 50mg EV/dia,** é uma opção que vem sendo cada vez mais utilizada na cobertura antifúngica.

> **Obs.:** o antibiótico deve ser mantido por, no mínimo, 7 a 14 dias e até a contagem de neutrófilos atingir um valor > 500/mcL.

FATORES ESTIMULADORES DE COLÔNIA

Fatores estimuladores de colônia (GM-CSF) reduzem a duração da neutropenia em 5 dias, mas não demonstraram benefício na redução da mortalidade nos estudos randomizados, não sendo recomendados pelo Guideline do IDSA (Infectious Disease Society of America) de 2002. A observação clínica sugere o uso de GM-CSF para pacientes graves com previsão de neutropenia prolongada, mas são necessários estudos para comprovação. **Granulokine, 5mcg/kg/dia**, até neutrófilos > 1.000 células/mcL, em média 3 a 5 dias.

Capítulo 38
Doenças Infecciosas Emergentes

Guilherme Almeida Rosa da Silva

INTRODUÇÃO

As doenças infecciosas emergentes são as doenças infecciosas cuja incidência aumentou nas últimas duas décadas ou que tendem a aumentar em futuro próximo. O aumento dessas doenças pode estar relacionado com características do aspecto humano, como pobreza, confinamento, insalubridade e superpopulação, evolução dos meios de transportes, reduzindo as fronteiras e aumentando a velocidade de disseminação, falta de investimento em cuidados primários e medidas de saúde pública, imunossupressão relacionada com o câncer, transplantes, doenças autoimunes e a epidemia de HIV, evolução dos agentes microbianos em decorrência das pressões seletivas ambientais e por medicamentos e as mudanças ambientais e climáticas, como enchentes, desmatamento e aquecimento global. **Neste capítulo serão englobadas: chikungunya, doença de Lyme, febre maculosa brasileira, bartonelose, hantavirose, vírus do Nilo Ocidental e arenaviroses.** Certamente, outras doenças, como a influenza e a AIDS, merecem destaque entre as doenças emergentes, mas serão abordadas em capítulos próprios.

CHIKUNGUNYA

A chikungunya, causada pelo CHIKV, consiste em uma doença transmitida pelo vetor *Aedes aegypti* e pelo *Aedes albopictus*, mesmos transmissores da dengue, sendo endêmica em países do Sudeste Asiático e da África. O vetor se infecta ao realizar o repasto sanguíneo em um humano doente, sendo capaz de transmitir o vírus para outras pessoas. É possível a transmissão através de hemotransfusão em um período epidêmico. O Brasil registrou dois casos em homens que haviam ido à Indonésia surfar e voltaram doentes. Há uma preocupação em monitorar a doença, pois o Brasil possui o vetor que transmite a doença de modo eficaz, assim como a dengue.

O quadro clínico é constituído de 2% a 18% de indivíduos assintomáticos, com o restante desenvolvendo uma síndrome infecciosa viral (febre alta, dor retro-orbitária, dores pelo corpo, mialgia e astenia) em 3 a 7 dias. A chikungunya destaca-se com um quadro de dor articular, fadiga e exantema de modo mais proeminente que a dengue e que pode durar semanas.

O diagnóstico é estabelecido por cultura viral ou exame de PCR para detecção do vírus na primeira semana. Após 5 dias é possível utilizar a detecção de IgM. Os *kits* ainda não se encontram disponíveis no Brasil, exceto em laboratórios de referência.

O **tratamento é sintomático**, baseado em analgésicos, antipiréticos, hidratação e repouso.

DOENÇA DE LYME

A doença de Lyme é causada pela bactéria *Borrelia burgdorferi* e transmitida ao ser humano pelo repasto sanguíneo do carrapato do gênero *Ixodes*. Entretanto, o carrapato-estrela do gênero *Amblyomma* e outros carrapatos da América, como o do gênero *Dermatocentor* e o *Rhipicephalus*, talvez possam transmitir a doença. É necessária a presença do parasita realizando seu repasto durante várias horas, e, caso seja identificado, o carrapato deve ser retirado por rotação. Alguns roedores mantêm o ciclo silvestre. A doença de Lyme é endêmica na costa leste dos EUA. No Brasil, já foram detectados casos em São Paulo, Santa Catarina, Rio Grande do Norte e Amazonas.

Em 3 a 30 dias pós o repasto sanguíneo do carrapato, o paciente com doença de Lyme (80%) poderá apresentar exantema eritematoso e expansivo no local da picada (eritema migratório), fadiga, febre, calafrios, mialgia, dores articulares e linfonodomegalia. Outros achados possíveis são: paralisia facial de Bell, meningite asséptica e artrite crônica com fadiga, que podem permanecer mesmo após o tratamento com antibiótico.

O diagnóstico deve ser alcançado pela história epidemiológica e o quadro clínico e laboratorial. A biópsia do eritema migratório é positiva em 50% dos casos. Testes como imunofluorescência, ELISA e Western Blot podem apresentar falso-negativos durante o tratamento e falso-positivos por reação cruzada em portadores de lúpus eritematoso sistêmico (LES), sífilis, HIV, mononucleose e febre maculosa. O isolamento do agente e as técnicas de detecção molecular são utilizados pelos laboratórios de referência.

O tratamento recomendado consiste em **doxiciclina, 100mg VO, de 12/12h, ou amoxicilina, 500mg VO, de 6/6h VO**. Para os quadros neurológicos pode-se utilizar a **ceftriaxona, 1g EV, de 12/12h**. A duração do tratamento deve ser estendida de 2 a 4 semanas.

FEBRE MACULOSA BRASILEIRA

A febre maculosa brasileira (FMB) é uma doença cuja apresentação clínica pode variar desde as formas brandas e atípicas até formas graves com elevada letalidade. É causada por uma bactéria do gênero *Rickettsia* (*Rickettsia rickettsii*) e transmitida pelos carrapatos-estrelas *Amblyomma cajennense*, *A. cooperi* e *A. aureolatum*. Entretanto, cabe ressaltar que outras espécies de carrapato podem transmitir a doença. Equídeos, marsupiais e roedores funcionam como reservatórios silvestres e mantenedores da doença. Para transmitir a doença, o carrapato deve permanecer no repasto durante 4 a 6 horas e, caso seja identificado, deve ser retirado por rotação.

No Brasil, a ocorrência da FMB tem sido registrada nos estados de São Paulo, Minas Gerais, Rio de Janeiro, Espírito Santo, Bahia, Santa Catarina e mais recentemente, a partir de 2005, nos estados do Paraná, Rio Grande do Sul e Distrito Federal.

Após um período de incubação em torno de 2 a 14 dias, o paciente apresenta febre alta, cefaleia, mialgia, náuseas e vômitos. Por volta do segundo ao quinto dia, um exantema maculopapular de evolução centrípeta surge em 80% dos casos. O exantema pode estar ausente ou ser de difícil identificação em negros, tornando o diagnóstico difícil. Em casos graves, o exantema evolui para petéquias e hemorragia com necrose. Os casos graves sem tratamento evoluem para sepse, falência orgânica múltipla e óbito.

O diagnóstico é estabelecido pela história epidemiológica, quadro clínico e exame laboratorial. A imunofluorescência indireta é o método mais utilizado, evidenciando o aparecimento de IgM do sétimo ao décimo dia e o aumento no título pareado semanal de IgG em quatro vezes. A pesquisa direta do agente em biópsia tecidual, principalmente a pele, pode auxiliar o diagnóstico. As técnicas de biologia molecular e o isolamento do agente são praticados pelos laboratórios de referência.

O tratamento, muitas vezes, não pode esperar e deve ser iniciado de maneira empírica, de acordo com o Quadro 38.1.

Quadro 38.1 Tratamento da febre maculosa brasileira

Adultos	
Doxiciclina	100mg VO de 12/12h, devendo ser mantido por 3 dias após o término da febre
Cloranfenicol	500mg VO de 6/6h, devendo ser mantido por 3 dias após o término da febre
	Em casos graves: 1,0g EV de 6/6h até a recuperação da consciência e melhora do quadro clínico geral, mantendo-se o medicamento por mais 7 dias na dose de 500mg VO de 6/6h
Crianças	
Cloranfenicol	50 a 100mg/kg/dia de 6/6 h até a recuperação da consciência e melhora do quadro clínico geral, nunca ultrapassando 2,0g/dia VO ou EV, dependendo das condições do paciente
Doxiciclina	Peso < 45kg: 4mg/kg/dia VO de 12/12h

BARTONELOSE

As doenças provocadas por bactérias do gênero *Bartonella* são: angiomatose bacilar (*B. henselae* ou *B. quintana*; picada de pulga de gatos jovens), doença da arranhadura do gato (*B. henselae*; mordedura ou arranhadura do gato), febre das trincheiras (*B. quintana*; piolhos humanos) e doença de Carrión (*B. bacilliformis*; vetor *Lutzomyia verrucarum*) com sua fase febril (febre de Oroya) e tecidual (verruga peruana), entre outras doenças menos importantes.

A **angiomatose bacilar** resulta no aparecimento de lesões papulosas, de tamanho variável, eritematovinhosas ou da cor da pele, de superfície lisa ou rugosa. Podem ser múltiplas ou isoladas. Ocasionalmente, esses nódulos podem ulcerar e sangrar, causando dor. Pode haver febre intermitente, anorexia, perda de peso, dor abdominal, náuseas e diarreia. Comprometimento ósseo e hepatoesplenomegalia com peliose hepática também podem estar presentes.

A **doença da arranhadura do gato** é caracterizada por febre e sintomas constitutivos inespecíficos, acompanhados de linfonodomegalia próximo à lesão. Com frequência, identifica-se uma lesão de inoculação pustulosa ou nodular. Pode ocorrer um quadro de retinite associada.

A **febre das trincheiras** foi endêmica durante a Primeira Guerra Mundial causando febre com calafrios, astenia, cefaleia e mialgia, principalmente nos membros inferiores. A doença durava aproximadamente 5 dias.

A **doença de Carrión** é caracterizada por uma fase aguda (febre de Oroya) com febre, calafrios, hemólise, mialgias e complicações neurológicas, cardíacas e respiratórias, podendo causar a morte. A fase tecidual (verruga peruana) é caracterizada pela formação de nódulos avermelhados em membros superiores, face e cavidade oral.

O diagnóstico das bartoneloses é acessado a partir de **análise do sangue periférico pelo Giemsa, cultura em meio especial para amostras de sangue ou tecidos, exame histopatológico de tecidos acometidos ou das lesões cutâneas, sorologia com detecção de IgM ou aumento de IgG em quatro vezes na sorologia pareada e técnicas de detecção molecular.**

O tratamento das bartoneloses deve seguir conforme o Quadro 38.2.

Quadro 38.2 Tratamento das bartoneloses

Doença da arranhadura do gato	**Azitromicina** 500mg VO 1×/dia por 5 dias
Febre das trincheiras	**Doxiciclina** 200mg VO 1x/dia por 6 semanas com **gentamicina** 3mg/kg EV 1×/dia por 14 dias
Retinite	**Doxiciclina** 100mg VO 2×/dia com **rifampicina** 300mg 2×/dia por 4 a 6 semanas
Endocardite	**Doxiciclina** 100mg EV 2×/dia por 6 semanas com **gentamicina** 1mg/kg EV de 8/8h por 14 dias
Angiomatose bacilar	**Eritromicina** 500mg VO 1×/dia por 3 meses ou **doxiciclina** 100mg VO 2×/dia por 3 meses
Doença de Carrión	
Febre de Oroya	**Cloranfenicol** 500mg VO ou EV 1×/dia por 14 dias ou **ciprofloxacino** 500mg VO 2×/dia por 10 dias
Verruga peruana	**Rifampicina** 10mg/kg VO 1×/dia (máx: 600mg) por 14 dias ou **estreptomicina** 15 a 20mg/kg IM 1×/dia por 10 dias

HANTAVIROSE

A hantavirose é uma doença causada pelo hantavírus, decorrente do contato do ser humano com roedores de espécies diversas, principalmente através de urina e fezes, escoriações ou mordeduras e pessoa-pessoa, no caso do vírus Andes (Argentina e Chile). A subdivisão causada por diferentes variações do vírus em síndrome cardiopulmonar por hantavírus (SCPH), ocorrida no Novo Mundo, e febre hemorrágica com síndrome renal (FHSR), no Velho Mundo, tem cada vez mais seus limites geográficos rompidos e considerados espectros clínicos de uma mesma condição.

O período de incubação é de 3 a 60 dias, com pródromos com febre, mialgia, cefaleia, náuseas e vômitos, diarreia, hiperemia conjuntival e congestão facial, sobrevindo insuficiência renal aguda, hipotensão e choque, alterações hemorrágicas sem CIVD. O acometimento cardiopulmonar exuberante é manifestado por congestão pulmonar, edema agudo de pulmão, síndrome do desconforto respiratório agudo (SDRA) e insuficiência respiratória.

Cabe ressaltar a subnotificação da doença no Brasil, principalmente em razão da ausência de raciocínio diferencial com a dengue e a leptospirose.

O diagnóstico laboratorial específico ocorre pela **detecção do IgM (ELISA)**, cabendo ressaltar que as variações virais regionais em relação aos *kits* podem reduzir a sensibilidade, **imuno-histoquímica** em biópsias de tecidos acometidos e a identificação do agente por métodos moleculares, como o **RT-PCR**.

O tratamento é baseado em sintomáticos, como **analgesia** e **antipirexia, reposição volêmica**, com especial atenção para a congestão pulmonar, e atentando para a necessidade do **uso de inotrópicos**, como **noradrenalina** (0,01 a 1,0mcg/kg/min) ou **dopamina** (5 a 10mcg/kg/min), associada, em casos refratários, à **dobutamina** (8 a 15mcg/kg/min). A boa oxigenação deve ser assegurada com oxigênio suplementar, 3 a 5L/min, VNI ou intubação orotraqueal.

VÍRUS DO NILO OCIDENTAL

O vírus da febre do Nilo Ocidental, do gênero *Flavivirus*, da família Flaviviridae, faz parte do grupo de vírus da encefalite japonesa, como St. Louis, Rocio, Murray Valley e Ilhéus. Originado no Velho Mundo, o vírus recentemente disseminou-se pelas Américas. Pode infectar várias espécies, incluindo os seres humanos, equinos e outros mamíferos. Entretanto, os maiores reservatórios e propagadores da doença são as aves. As aves migratórias têm desempenhado um papel fundamental na disseminação da doença. O vírus é transmitido pelo mosquito do gênero *Culex*, e o período de incubação varia de 3 a 14 dias. O Brasil encontra-se em vigilância epidemiológica para a doença em animais (aves, equinos e vigilância entomológica), mas sem casos registrados em humanos.

A infecção pelo vírus da febre do Nilo Ocidental geralmente é assintomática, com alguns casos apresentando uma forma branda da doença, com febre, mialgia, cefaleia, náuseas e vômitos, exantema e linfonodomegalia. A cada 150 infectados, um desenvolve doença neurológica severa com neurite óptica, meningite, mielite, encefalite com sinais neurológicos focais, rebaixamento do nível de consciência, convulsões e morte.

O diagnóstico é obtido pela **detecção de IgM (ELISA)** até o oitavo dia da doença no soro ou líquor. Pode detectar falso-positivos em pacientes recentemente vacinados ou com aquisição recente de outros *Flavivirus* (dengue, febre amarela).

O tratamento é baseado no **suporte clínico**.

ARENAVIROSES

As arenaviroses de maior importância no continente latino-americano são: febre hemorrágica argentina (Junin), associada ao roedor *Calomys musculinis*, com letalidade de 30%; febre hemorrágica boliviana (Machupo), associada ao roedor *Calomys callosus* e com transmissão interpessoal; febre hemorrágica venezuelana (Guanarito), associada ao roedor *Zygdontomys brevicauda*, com letalidade de 20%; e a febre hemorrágica brasileira (Sabiá), com espécie de roedor ainda não identificada.

As arenaviroses são doenças raras, com poucos casos registrados em humanos e outros poucos casos ocasionados por acidente laboratorial. Suspeita-se de uma subnotificação no Brasil devido à falta de conhecimento da doença pelos profissionais da saúde e à epidemia de dengue, casos de leptospirose e alguns casos de hantavírus que podem ser erroneamente diagnosticados.

O quadro clínico é de uma síndrome infecciosa viral típica, com febre, cefaleia, mialgia, astenia, náuseas e vômitos que evoluem para exantemas e enantemas petequiais, conjuntivite, fenômenos hemorrágicos, sepse, falência orgânica múltipla e, em situações graves, sobrevém a morte.

O diagnóstico é realizado por meio da **sorologia** com detecção de IgM ou aumento de quatro títulos em sorologia pareada por IgG para *Arenavirus*. A **neutralização por redução em placas** serve para detectar a arenavirose específica. O **isolamento viral** em célula VERO ou o **RT-PCR** são realizados em laboratórios de referência.

O tratamento é baseado em medidas de **suporte clínico**. Na Argentina, encontra-se disponível uma vacina de vírus vivo atenuado que é aplicada nas regiões endêmicas para o Junin. A terapia de infusão de plasma com anticorpos neutralizantes demonstrou ser eficaz, reduzindo a mortalidade de 30% para 1%.

Capítulo 39
Influenza

Guilherme Almeida Rosa da Silva • Ana Carolina Andorinho de Freitas Ferreira

INTRODUÇÃO

Infecção viral aguda de **notificação compulsória**, causada pelo vírus influenza, responsável por surtos epidêmicos e pandêmicos, especialmente nos meses de inverno nos países temperados e durante todo o ano nos trópicos. Trata-se de um vírus de RNA, subdividido em três gêneros de acordo com os antígenos da nucleoproteína (NP) e da proteína matriz (M): A, B e C. O influenza A se divide em subtipos conforme a combinação de seus antígenos de superfície – hemaglutininas (H) e neuroaminidases (N). Os subtipos B e C também apresentam esses antígenos, mas sua variação carece de efeito prático. Os tipos A e B são os principais responsáveis pela doença em humanos. O vírus pode sofrer mutações genéticas que resultam em um novo agente capaz de causar doença na população suscetível. As variações antigênicas periódicas são divididas em *shifts* (recombinação do material genético de dois ou mais subtipos de vírus) e *drifts* (mutação natural de um vírus). Os *shifts* são fatores determinantes de grandes pandemias e os *drifts* são determinantes de novos casos da doença ocorridos em períodos interpandêmicos. A gravidade das infecções está relacionada com a suscetibilidade imunológica do hospedeiro e fatores de virulência do agente envolvido.

FISIOPATOLOGIA

A transmissibilidade em adultos ocorre 1 dia antes dos sintomas até o sétimo dia. Em crianças, pode durar até o 14º dia. **São transmitidos através de secreções respiratórias, contato interpessoal, fômites e contato direto pelas mãos.** As partículas virais aderem ao trato respiratório do hospedeiro, onde permanecem incubadas por 18 até 72 horas. A replicação viral tende a disseminar a infecção pela árvore respiratória, estando a gravidade da repercussão clínica diretamente correlacionada com essa multiplicação.

Os anticorpos são direcionados contra os antígenos N e H, de modo a bloquear a disseminação da infecção e gerar memória imunológica como defesa contra reinfecções. O acúmulo de mutações pontuais produz um mecanismo de escape às defesas imunológicas do hospedeiro.

CONSIDERAÇÕES

O vírus influenza foi responsável pela alta morbimortalidade das gripes russa (1889-1890), espanhola (1918-1919) e asiática (1957-1958).

Em 2005, eclodiu a gripe aviária, resultado da formação de um subtipo de influenza A (H5N1). Esse vírus, cuja letalidade aproximou-se de 60%, mostrou-se capaz de infectar o ser humano e aparentemente está presente também em porcos e gatos, podendo ser adquirido pelo contato com fezes e secreções de aves domésticas. A transmissão inter-humana não foi comprovada.

Recentemente, um vírus influenza A (H1N1) colocou em alerta todo o planeta. Mediante combinação tríplice (suína, aviária e humana), o vírus era capaz de ser transmitido de maneira interpessoal. Apesar da mortalidade detectada em grupos especiais (idosos, gestantes, crianças e imunossuprimidos), a expectativa de uma pandemia de proporções calamitosas não se confirmou.

Apesar do grande apelo das infecções com alta mortalidade ou aquelas causadoras de pandemia, as infecções interpandêmicas chamam menos atenção, mas causam grande mortalidade cumulativa todos os anos em subgrupos de risco.

QUADRO CLÍNICO

O quadro clínico pode ser **subclínico ou oligossintomático**. A principal manifestação é a **síndrome gripal, de instalação súbita,** caracterizada por **congestão nasal, corrimento nasal seroso, tosse seca e dor de garganta,** acompanhados de sintomas sistêmicos: **febre ≥ 38°C com calafrios, mialgia, cefaleia, astenia, inapetência e náuseas.** Quadros graves, sobretudo em grupos especiais (idosos, crianças, gestantes, portadores de doenças crônicas debilitantes e imunossuprimidos), podem se apresentar **como pneumonite, com ou sem infecção bacteriana secundária, lesão alveolar difusa, SDRA, insuficiência respiratória e morte.**

Outras complicações incluem: sinusite, otite média, miosite, miocardite, pericardite, síndrome de Guillain-Barré, meningite asséptica, encefalite e mielite transversa. A síndrome de Reye pode ocorrer em crianças que usam ácido acetilsalicílico (AAS).

DIAGNÓSTICO

Coleta de *swab* de nasofaringe, *swab* de orofaringe ou escarro, colocados em **cultura tecidual ou ovos embrionados** de 48 a 72 horas após a inoculação. **Testes rápidos de detecção antigênica,** capazes de discernir o subtipo A e B, em alguns casos específicos, até o subtipo de hemaglutinina. O teste rápido foi particularmente útil na pandemia por H1N1 em 2009/2010. A **sorologia pareada** é uma ferramenta útil como diagnóstico retrospectivo.

TRATAMENTO

Os principais fatores de risco para casos graves de influenza são:

- Crianças até 4 anos
- Gestantes
- Idosos (> 65 anos)
- Crianças e adolescentes em uso de AAS
- Adultos e crianças portadores de doenças crônicas respiratórias e cardiovasculares
- Adultos e crianças com doenças crônicas metabólicas (*diabetes mellitus*), disfunção renal, hemoglobinopatias e imunossupressão
- Institucionalizados (militares, presidiários, moradores de asilos)

Quadro 39.1 Conduta terapêutica em pacientes com síndrome gripal sem fatores de risco

1. **Tratamento medicamentoso sintomático enquanto persistirem os sintomas, não devendo ultrapassar de 7 a 10 dias:**
   1.1. **Analgésicos e antipiréticos, como paracetamol,** 500 a 1.000mg VO, até 4×/dia (de 6/6h) – em crianças, a dose indicada é de 10 a 15mg/kg – **ou dipirona,** 500 a 1.000mg VO, até 4×/dia – em crianças, as doses também podem ser de 10 a 15mg ou conforme os seguintes esquemas:
   < 1 ano: 125mg
   De 1 a 4 anos: 250mg
   > 5 anos: 500mg
   O uso de AAS não é indicado em crianças < 12 anos (risco de síndrome de Reye). Em adultos, a posologia é semelhante à do paracetamol
   1.2. **Anti-inflamatórios, analgésicos e antitérmicos, como nimesulida,** 100mg VO, 2×/dia – em crianças, a dose indicada é de 5mg/kg – **ou ibuprofeno,** 200 a 400mg, VO, até 6×/dia – em crianças, a dose recomendada é de 5 a 10mg/kg
   1.3. **Descongestionantes tópicos, como fenilefrina,** usados 2 a 3×/dia por até 10 dias. Não devem ser usados em presença de doença cardiovascular. Outra opção são os **anti-histamínicos,** como **cetirizina ou loratadina,** 10mg VO, 1×/dia, especialmente à noite
2. Orientação para:
   Hidratação oral, especialmente com bebidas quentes
   Repouso, pelo menos, nos 3 próximos dias
   Lavagem das fossas nasais com soro fisiológico
3. O uso de **oseltamivir pode ser indicado, desde que seja viável a administração em até 48h a partir do início dos sintomas**

Quadro 39.2 Conduta terapêutica em pacientes com síndrome gripal que apresentem fatores de risco

Internação hospitalar
Uso de **osetalmivir, mesmo que 48h após o início dos sintomas**
Adultos: 75mg VO, 2×/dia, por 5 dias
Crianças ≥ 1 ano e < 12 anos: considerar o peso mas, independente da dose, faz-se sempre VO, 2×/ dia, por 5 dias

< 15kg: 30mg	15 a 23kg: 45mg	23 a 40kg: 60mg	> 40kg: 75mg

Vômitos são efeitos colaterais comuns; se ocorrerem **em até 1h após a administração do medicamento, uma nova dose deverá ser ofertada**

Em caso de insuficiência respiratória, deve-se proceder imediatamente à intubação orotraqueal. Deve-se privilegiar o modo controlado limitado à pressão e estabelecer onda de fluxo decrescente, para garantir melhor distribuição do ar, menor pressão nas vias aéreas e requisitar menor trabalho respiratório. A abordagem da sepse e o tratamento imediato das pneumonias com infecção bacteriana secundária são medidas importantes.

PROFILAXIA

A vacina anual de influenza, composta por um *pool* de vírus circulantes ao final da última estação de surtos do último ano, está indicada para: pessoas > 60 anos e/ou com doenças crônicas subjacentes, gestantes, familiares em contato com os referidos pacientes, profissionais de saúde, indígenas a partir de 6 meses de idade e população carcerária.

A quimioprofilaxia com oseltamivir (por 10 dias) é indicada pelo Ministério da Saúde para profissionais de laboratório que tenham manipulado amostras com a influenza pandêmica ou para trabalhadores de saúde que tiveram contato com secreções de um paciente suspeito ou confirmado de H1N1, ambos os casos sem o uso de equipamento de proteção individual (EPI).

Capítulo 40
Dengue

Guilherme Almeida Rosa da Silva • Wilands Patrício Procópio

INTRODUÇÃO

A dengue é uma doença viral de **notificação compulsória** causada por um flavivírus e transmitida pelo vetor *Aedes aegypti*. A fêmea do mosquito, ao realizar repasto sanguíneo em um humano doente, após 8 a 12 dias poderá transmitir a doença ao ser humano através da picada e para sua prole através de transmissão transovariana. A fêmea deposita seus ovos em locais com água limpa e parada (pneus, vasilhames, vasos de planta, poças, caixas-d'água abertas, quando inundadas pela água da chuva ou regadas). Até o momento foram descritos quatro sorotipos: DENV1, DENV2, DENV3, DENV4. O espectro clínico da dengue é variável, podendo causar infecções oligossintomáticas até quadros hemorrágicos graves, que podem resultar em óbito. A teoria de Halsted preconiza que pacientes portadores de uma próxima infecção ou crianças que herdaram anticorpos contra um sorotipo de dengue da mãe e são acometidas por sorotipo diferente são capazes de manifestar formas mais graves, sendo a imunidade sorotipo-específica duradoura. O vírus penetra em células monocitárias, através de receptores de anticorpos, e nos miócitos, estimulando a inflamação sistêmica responsável pelas manifestações clínicas.

QUADRO CLÍNICO

- **Dengue clássica:** febre alta (39°C a 40°C), de início abrupto, associada a cefaleia, adinamia, mialgias, artralgias e dor retro-orbitária. Pode estar associada a exantema do tipo maculopapular, atingindo face, tronco, membros, pés e mãos, geralmente surgindo no período de remissão da febre, por volta do terceiro ou quarto dia de doença. Anorexia, náuseas, vômitos e diarreia leve podem aparecer. Linfonodomegalia e esplenomegalia são raras. Manifestações hemorrágicas leves (gengivorragia, epistaxe e petéquias) podem estar presentes.
- **Febre hemorrágica da dengue (FHD):** manifestação inicial indistinguível da dengue clássica, que evolui com hemoconcentração, plaquetopenia, manifestações hemorrágicas leves ou intensas (petéquias, equimoses, púrpura, epistaxe, gengivorragia, hemorragia digestiva e hematúria) com sinais de alerta.
- **Choque da dengue:** manifestação inicial indistinguível da dengue clássica, que evolui com hemoconcentração, plaquetopenia, manifestações hemorrágicas intensas com sinais de choque:
- **Sinais de alerta:** dor abdominal intensa e contínua, vômitos persistentes, hipotensão postural ou lipotimia, hepatomegalia dolorosa, hemorragia grave, sonolência e irritabilidade, redução da diurese, hipotermia, hemoconcentração, trombocitopenia e desconforto respiratório.
- **Sinais de choque:** hipotensão arterial, pressão arterial convergente, extremidades frias, cianose, taquisfigmia, pulso filiforme e enchimento capilar lentificado. Derrames cavitários e acometimento de múltiplos sistemas são sinais de alta gravidade.

DIAGNÓSTICO

- **Diagnóstico inespecífico:** hemograma completo, TGO, TGP, FA, γ-GT, bilirrubinas totais e frações, VHS, ureia e creatinina, Na^+, K^+, Cl^-. A avaliação da trombocitopenia e da hemoconcentração por meio do hemograma completo influencia diretamente a conduta terapêutica. A avaliação da função hepática ajuda nos diagnósticos diferenciais de hepatites virais e febre amarela. A função renal e os eletrólitos auxiliam a avaliação de insuficiência pré-renal ou mesmo a hipótese de lep-

tospirose icteremorrágica. O VHS auxilia a diferenciação da febre amarela, na qual está reduzido ou próximo de zero.
- **Diagnóstico específico:** avaliação do antígeno NS-1, isolamento viral ou PCR até o quinto dia de apresentação dos sintomas. O método de escolha na prática, até o quinto dia, consiste na detecção do antígeno NS-1. O isolamento viral e o PCR são usados para estudos de epidemiologia molecular. Após o quinto dia de sintomas, deve-se utilizar a sorologia para detecção de IgM.

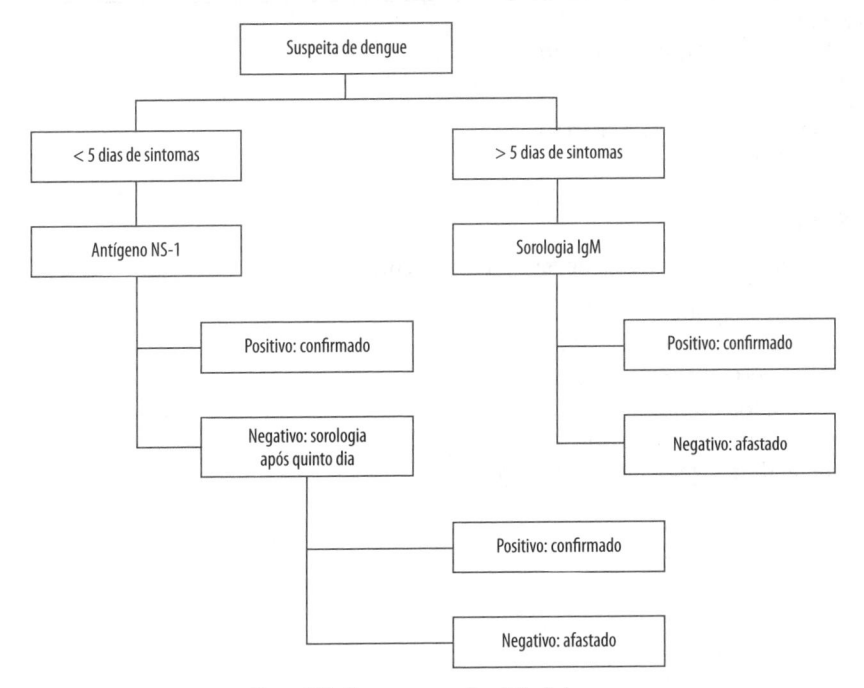

Figura 40.1 Fluxograma para o diagnóstico da dengue.

TRATAMENTO

Dengue clássica (sem hemoconcentração, sem plaquetopenia e sem sinais de alerta ou choque)
- **Tratamento sintomático,** com orientação de retorno ao pronto-socorro em caso de aparecimento de sinais de alerta. Acompanhamento ambulatorial (retorno em 72 horas).

Febre hemorrágica da dengue (hemorragia leve e sinais de alerta)
- **Trombocitopenia (50.000 a 100.000):** avaliação diária da contagem de plaquetas ambulatorialmente. **Trombocitopenia < 50.000:** internação hospitalar.
- **Hemoconcentração (Ht > 45% em crianças, 48% em mulheres e 54% em homens):** hidratação venosa imediata com 60 a 80mL/kg/dia com SF 0,9% por 3 a 4 horas. Se houver melhora dos parâmetros clínicos de desidratação, alta; se refratário, internação hospitalar. A hidratação após as primeiras 3 a 4 horas deve ser orientada pela avaliação clínica.
- **Tratamento sintomático.**

Choque da dengue (presença de sinais de choque)
- **Monitorização hemodinâmica** (monitor cardíaco, oximetria, cateter vesical).
- **Hidratação venosa imediata** com 60 a 80mL/kg/dia com SF 0,9% por 3 a 4 horas. Avaliar utilização de agentes vasopressores se débito urinário < 0,5mL/kg/h nas primeiras 2 horas, PAM após 2

horas de reposição < 65mmHg ou PAS < 90mmHg após 2 horas de reposição. A hidratação após as primeiras 3 a 4 horas deve ser orientada pela avaliação clínica.
- **Tratamento sintomático** (Quadro 40.1).
- **Internação hospitalar em CTI.**

Quadro 40.1 Tratamento sintomático em casos de dor intensa ou febre elevada em adultos

Analgésico e antitérmico:
 Dipirona sódica: 20 gotas ou 1 comprimido (500mg) de 6/6h
 Paracetamol: 40 a 55 gotas ou 1 comprimido (500 a 750mg) de 6/6h
Antiemético:
 Metoclopramida (adultos): 1 comprimido de 10mg de 8/8h
 Obs.: AAS está contraindicado.

CRITÉRIOS DE ALTA

Todos os seguintes critérios devem estar presentes:

- Ausência de febre por 24 horas
- Melhora clínica evidente
- Hematócrito normal e estável por 24 horas
- Trombocitometria > 50.000
- Ausência de derrames cavitários
- Estável hemodinamicamente por 48 horas

Capítulo 41
Leptospirose

Guilherme Almeida Rosa da Silva • Eduardo Alvarenga Junqueira Filho

INTRODUÇÃO

A leptospirose é uma doença infecciosa febril de início abrupto, causada pela *Leptospira interrogans*, cujo espectro clínico pode variar desde quadros oligossintomáticos a formas graves. A infecção acomete uma grande variedade de roedores, principalmente os ratos de esgoto (*Rattus norvegicus*) e telhado (*Rattus rattus*) e o camundongo (*Mus musculus*), além de outros mamíferos, répteis e anfíbios. O rato é capaz de permanecer eliminando o micro-organismo através da urina por toda a vida, tornando-se assim o principal responsável pela infecção em humanos.

O ser humano é um hospedeiro acidental, infectado casualmente, e não tem importância epidemiológica como transmissor da doença. A transmissão ao ser humano acontece por contato direto com sangue, tecidos ou urina de roedores infectados, penetrando através da pele e de mucosas, ou indiretamente, pela ingestão de água ou alimentos contaminados. No Brasil, a doença geralmente ocorre em surtos após enchentes, mediante exposição ocupacional (construção civil) e em locais sem saneamento básico.

FISIOPATOLOGIA

As bactérias penetram a pele e as mucosas, íntegras ou lesionadas, e, logo após alcançarem a corrente sanguínea, se multiplicam e se disseminam para diversos órgãos e sistemas. O aspecto principal na patogênese da leptospirose consiste na lesão direta do endotélio vascular (pancapilarite) e na adesão das leptospiras à membrana das células, causando disfunção. Desses mecanismos resultam as manifestações clínicas da doença, como disfunção tubular renal e hepática, miocardite e hemorragia pulmonar.

QUADRO CLÍNICO

Após um período de incubação de 5 a 14 dias, a doença apresenta-se sob duas formas clínicas clássicas: **uma fase precoce (leptospiremia) e uma tardia (imune).**

Fase precoce (leptospiremia)

Cerca de 90% dos pacientes que contraem leptospirose provavelmente desenvolvem apenas uma síndrome febril semelhante à gripe ou à dengue clássica. Nessa fase, ocorrem o início abrupto de febre, cefaleia, mialgia (principalmente em região lombar e panturrilhas), anorexia, náuseas e vômitos. Podem ser encontradas, ainda, diarreia, artralgia, hiperemia ou hemorragia conjuntival (encontrada em até 30% dos casos), fotofobia, dor ocular e tosse. Hepatoesplenomegalia e linfonodomegalias podem ocorrer, porém são achados menos comuns. Essa fase é decorrente da leptospiremia, sendo autolimitada e regredindo entre 3 e 7 dias sem deixar sequelas.

Fase tardia (imune)

A fase tardia ou imune começa com o recrudescimento da febre e com manifestações inflamatórias por fenômeno de hipersensibilidade (uveíte, mielite transversa, encefalite, síndrome de Guillain-Barré e meningite asséptica), podendo evoluir para febre icteremorrágica.

Febre icteremorrágica

Em média, 10% a 15% dos pacientes, depois de 4 a 9 dias, evoluem para essa fase clínica da doença. A febre **icteremorrágica**, ou **síndrome de Weil**, é caracterizada pela **tríade de icterícia (tipicamente de coloração alaranjada), insuficiência renal e hemorragias, principalmente a pulmonar.**

É comum a presença de hepatoesplenomegalia e insuficiência renal aguda (IRA), sendo típico da leptospirose o encontro de IRA oligúrica com potássio sérico normal. Outras manifestações comuns são: hepatite grave, vasculites cutâneas, plaquetopenia e miocardite.

Essa apresentação é determinada pelo sorogrupo bacteriano envolvido (geralmente *L. icterohaemorrhagiae*) e por características do hospedeiro. Enquanto a letalidade geral de leptospirose é de 10%, a letalidade para os pacientes que desenvolvem a febre icteremorrágica pode ultrapassar os 50%.

DIAGNÓSTICO

O diagnóstico de leptospirose é suspeitado a partir da associação de história epidemiológica e clínica compatível. A confirmação diagnóstica é obtida mediante a realização de exames laboratoriais que identificam a presença da *Leptospira interrogans*:

- **Achados inespecíficos:** elevação das bilirrubinas totais (predomínio da fração direta), plaquetopenia, leucocitose com desvio à esquerda, gasometria arterial mostrando acidose metabólica e hipoxemia, aumento de ureia e creatinina, potássio sérico normal ou diminuído, CPK elevada, transaminases normais ou com aumento de três a cinco vezes o valor de referência, tempo de protrombina aumentado, fosfatase alcalina normal ou elevada, proteinúria, hematúria microscópica, leucocitúria, líquor com pleocitose linfomonocitária ou neutrofílica moderada, VHS muito aumentado (> 90mm/h).
- **Achados específicos:** a confirmação diagnóstica da leptospirose é realizada por meio de sorologia ou isolamento do agente em cultura. A *L. interrogans* pode ser isolada de líquor, sangue ou urina. O quadro clinicoepidemiológico e a viragem sorológica, com aumento de quatro vezes em 2 semanas pela microaglutinação (confirmado) ou título > 1:100 em uma amostra (provável), podem ser utilizados. Outro método possível consiste na detecção de IgM específica pelo ELISA após 5 dias de doença.

DIAGNÓSTICO DIFERENCIAL

Febre amarela, hantavirose, dengue, arenaviroses, hepatite viral aguda, febre tifoide, calazar, endocardite infecciosa, pneumonias, pielonefrite aguda, apendicite aguda, sepse, colangite, colecistite aguda, coledocolitíase, síndrome hepatorrenal, síndrome hemolítico-urêmica, entre outras.

TRATAMENTO

As medidas de suporte constituem o aspecto mais importante no tratamento da leptospirose, devendo ser iniciadas precocemente na tentativa de evitar as complicações da doença. A antibioticoterapia está indicada em qualquer fase da doença, mas sua eficácia é maior na primeira semana de início dos sintomas (leptospiremia). A antibioticoterapia tem como objetivo reduzir a intensidade e a duração dos sintomas e reduzir a morbimortalidade nas formas graves.

Suporte clínico

Deve ser dada atenção especial ao *status* respiratório e hemodinâmico do paciente, se necessário utilizando aminas vasoativas e a intubação orotraqueal. A quantificação da diurese é um parâmetro importante tanto para as medidas de ressuscitação volêmica como para a avaliação renal. Em casos de insuficiência renal oligúrica, estimula-se a diurese com reposição de cristaloides mais 100mg EV de furosemida. Os distúrbios eletrolíticos devem ser corrigidos, com especial atenção à hipocalemia.

O paciente deve receber tratamento antitérmico e analgésico adequado. Em caso de plaquetopenia grave (≤ 20.000/mm³) e de fenômenos hemorrágicos (≤ 50.000/mm³), deve-se administrar concentrado de plaquetas. Em caso de hepatite grave com alargamento de TAP e sangramento está indicado o uso de bolsas de plasma fresco congelado.

Profilaxia pré-exposição

Indicada apenas para militares em missões e trabalhadores com exposição de risco em áreas de alta endemicidade: **doxiciclina, 200mg VO, 1×/semana, durante o período exposto.**

Profilaxia pós-exposição

Indicada para casos de acidente em laboratório ou exposição de alto risco, como contato com animal potencialmente infectado ou doente. Utilize o esquema de tratamento para pacientes oligossintomáticos.

Quadro 41.1 Tratamento antimicrobiano

Oligossintomático	Febre icteremorrágica
Adultos: amoxicilina, 500mg VO, de 6/6h por 7 dias ou **doxiciclina**, 100mg VO, de 12/12h por 7 dias	**Adultos: penicilina G cristalina**, 1,5 milhão UI EV de 6/6h ou **ampicilina**, 1g EV, de 6/6h ou **ceftriaxona**, 1 a 2g EV, de 24/24h ou **cefotaxima**, 1g EV, de 6/6h.
Crianças: amoxicilina, 50mg/kg/dia VO, de 6/6h por 7 dias ou **doxiciclina**, 100mg VO, de 12/12h por 7 dias	**Crianças: penicilina cristalina**, 50.000 a 100.000 UI/kg/dia EV, em 4 ou 6 doses ou **ampicilina**, 50 a 100mg/kg/dia, divididos em 4 doses ou **ceftriaxona**, 80 a 100mg/kg/dia, em 1 ou 2 doses ou **cefotaxima**, 50 a 100mg/kg/dia, em 2 a 4 doses
Obs.: 1: doxiciclina não pode ser utilizada em crianças < 8 anos, grávidas e portadores de doença renal ou hepática grave. **Obs.: 2: azitromicina** e **claritromicina** são alternativas para pacientes com contraindicação para o uso de **amoxicilina** e **doxiciclina**.	**Obs.:** tratamento com antibiótico EV: duração de 7 a 14 dias.

Capítulo 42
Malária

Guilherme Almeida Rosa da Silva • Flávia Regina Peixoto Pereira

INTRODUÇÃO

A malária é uma doença de **notificação compulsória**, causada pelo protozoário do gênero *Plasmodium* e transmitida pela picada do *Anopheles*. Ocorre em mais de 100 países em todo o mundo, colocando em risco cerca de três bilhões de pessoas e causando mais de um milhão de mortes anualmente, principalmente no continente africano. Cinco protozoários do gênero *Plasmodium* são responsáveis pela síndrome clínica da malária: *P. falciparum, P. vivax, P. ovale, P. malariae* e *P. knowlesi* (restrito ao Sudeste Asiático). Além da transmissão pelo vetor *Anopheles*, existe a possibilidade de transmissão mediante o contato com sangue ou órgãos contaminados (hemotransfusões, compartilhamento de seringas, transmissão vertical e transplantes).

QUADRO CLÍNICO

As manifestações clínicas da malária não são específicas e, em países endêmicos para outras doenças tropicais, a lista de diagnósticos diferenciais pode ser imensa. Recomendam-se anamnese e exame físico completos, com a devida atenção à história de viagens e epidemiológica. Entretanto, a ausência de contato com área endêmica não significa a exclusão do diagnóstico, tendo em vista que existem pequenos focos de malária persistentes em regiões consideradas não endêmicas. Febre alta, náuseas, vômitos, calafrios, mialgia, cefaleia, astenia, hipotensão ortostática e desconforto abdominal estão presentes em combinações e intensidades variadas. Os paroxismos clássicos da malária, de febre com hora e dia marcados, são incomuns e, quando presentes, devem sugerir acometimento por *P. ovale* ou *P. vivax*. Em indivíduos sem contato prévio com o parasita, a hepatoesplenomegalia pode demorar a se estabelecer. Indivíduos de zonas endêmicas com quadro típico de malária e hepatoesplenomegalia e glomerulonefrite sugerem reinfecções constantes ou um quadro crônico. Convulsões febris podem ocorrer em crianças, tipicamente na malária por *P. falciparum*. Convulsões, sinais neurológicos focais e rebaixamento do nível de consciência podem sugerir a malária cerebral. Tipicamente, a cefaleia da malária não apresenta rigidez de nuca ou fotofobia, ao contrário da meningite. Indícios de anemia hemolítica, como icterícia e hemoglobinúria, podem estar presentes. É incomum a presença de exantemas, típicos de outras doenças infecciosas febris, embora possam estar presentes em casos de malária por *P. falciparum*. Quadros graves podem resultar em sepse por malária: diarreia profusa, choque, edema pulmonar, SDRA, insuficiência renal, acidose e hipoglicemia, em virtude da alta parasitemia (> 100.000 parasitas/µL). Apesar de a boa prática clínica e epidemiológica tornar o diagnóstico de malária uma questão de refinamento, é imprescindível a confirmação parasitológica por exames complementares.

DIAGNÓSTICO

Devem ser solicitados exames inespecíficos, como hemograma completo, coagulograma, glicemia, avaliação hepática e renal, eletrólitos, LDH, haptoglobina e VHS. Exames complementares específicos para os diagnósticos diferenciais devem ser solicitados. A avaliação específica para malária é concebida mediante a demonstração do parasita no sangue:

- **Gota espessa (método oficial)**: visualização do parasita por microscopia óptica, após coloração com corante vital (azul de metileno e Giemsa), promovendo a diferenciação específica dos parasitas a partir da análise de sua morfologia e da presença dos diferentes estágios encontrados no sangue periférico, além da determinação da carga parasitária.

- **Esfregaço delgado:** método de baixa sensibilidade, porém possibilita melhor diferenciação específica dos parasitas e análise morfológica a partir dos eritrócitos infectados.
- **Testes rápidos para detecção de componentes antigênicos do plasmódio:** sensibilidade de 95%, em comparação à gota espessa, em caso de parasitemia > 100 parasitas/µL. Por sua praticidade, são adequados para regiões longínquas ou de baixa incidência, sendo limitados para detecção de agentes de malária mista. Detectam especificamente o *P. falciparum* ou acusam a presença das demais espécies.

DIAGNÓSTICO DIFERENCIAL

Os diagnósticos diferenciais dos quadros agudo e crônico da malária são inúmeros: febre tifoide, calazar, dengue, hepatites virais, infecções de via aérea superior, meningite, endocardite, tuberculose, micoses profundas, febre amarela, leptospirose, arenaviroses e doenças transmitidas por carrapatos, entre outras.

TRATAMENTO

- **Medidas gerais de suporte:** manter a segurança respiratória e cardiovascular. Combate às hipoglicemias, manejo da anemia sintomática e da febre.
- **Raciocínio diagnóstico:** o raciocínio diagnóstico nas doenças infecciosas febris consiste em medida heroica que pode modificar as taxas de mortalidade nesses pacientes. Levantar hipóteses diagnósticas diferenciais, avaliar exames complementares e, o mais importante, **instituir tratamento empírico com rapidez para todas as hipóteses diante de casos graves, quando não há tempo hábil para esperar os resultados de provas específicas**.
- **Profilaxia para o viajante:** a profilaxia para o viajante de área endêmica de malária é um tópico complexo que deve levar em conta: **avaliação do risco:** o roteiro da viagem, o tempo de exposição, as comorbidades do viajante, o *Plasmodium* de maior endemicidade na área, perfil de resistência do *Plasmodium* local aos medicamentos; **proteção contra picada de mosquitos:** uso de repelentes, mosquiteiros e roupas grossas que cubram grande parte da superfície corporal; **diagnóstico e tratamento precoce:** saber identificar os sintomas suspeitos, dirigindo-se ao centro de saúde mais próximo da região; **quimioprofilaxia ou tratamento autoadministrado:** indicado quando o risco de malária grave e morte supera o risco dos efeitos adversos dos medicamentos, devendo ser aconselhado por um especialista. Por isso, recomendamos que um centro de medicina do viajante seja consultado em caso de viagem para área endêmica.
- **Tratamento específico:** antimaláricos. A escolha do antimalárico, segundo o guia do Ministério da Saúde, deve ser feita de acordo com o agente etiológico causador da doença (Quadros 42.1 a 42.9).

Quadro 42.1 Tratamento de infecções por *P. vivax* ou *P. ovale* (esquema curto)

Idade/peso	Comprimidos por dia							
	1º dia		2º dia		3º dia		4º ao 7º dia	
	Clo	Pri	Clo	Pri	Clo	Pri	Clo	Pri
6 a 11 meses (5 a 9kg)	1/2	1	1/4	1	1/4	1		1/2
1 a 3 anos (10 a 14kg)	1	2	1/2	1	1/2	1		1
4 a 8 anos (15 a 24kg)	1	2	1	2	1	2		2
9 a 11 anos (25 a 34kg)	2	1	2	1	2	1		1
12 a 14 anos (35 a 49kg)	3	2	2	2	2	2		1
> 15 anos (> 50kg)	4	2	3	2	3	2		2

Cloroquina, cp 150mg, primaquina infantil, cp 5mg, e primaquina adulto, cp 15mg. Administrados em dose única na refeição. Não use primaquina em gestantes ou < 6 meses. Suspenda primaquina em caso de icterícia. Em pacientes > 70kg, use tabela específica para primaquina (Quadro 42.3).

Quadro 42.2 Tratamento de infecções por *P. vivax* ou *P. ovale* (esquema longo)

Idade/peso	Comprimidos por dia						
	1º dia		2º dia		3º dia		4º ao 14º dia
	Clo	Pri	Clo	Pri	Clo	Pri	Pri
6 a 11 meses (5 a 9kg)	1/2	1/2	1/4	1/2	1/4	1	1/4
1 a 3 anos (10 a 14kg)	1	1	1/2	1/2	1/2	1	1/2
4 a 8 anos (15 a 24kg)	1	1	1	1	1	2	1
9 a 11 anos (25 a 34kg)	2	1/2	2	1/2	2	1	1/2
12 a 14 anos (35 a 49kg)	3	1	2	1	2	2	1/2
> 15 anos (> 50kg)	4	1	3	1	3	2	1

Cloroquina, cp 150mg, primaquina infantil, cp 5mg (6 meses a 8 anos), e primaquina adulto, cp 15mg (> 8 anos). Administrados em dose única na refeição. Não use primaquina em gestantes ou < 6 meses. Suspenda primaquina em caso de icterícia. Em pacientes > 70kg, use tabela específica para primaquina (Quadro 42.3).

Quadro 42.3 Ajuste do tempo de administração de primaquina para pacientes > 70kg

Peso (kg)	Dose total de primaquina (mg)	Dias de tratamento	
		Esquema longo (15mg [1cp]/dia)	Esquema curto (30mg [2cp]/dia)
70 a 79	240	16	8
80 a 89	272	18	9
90 a 99	304	20	10
100 a 109	336	22	11
110 a 120	368	24	12

Quadro 42.4 Tratamento para *P. malariae* e tratamento para *P. ovale* e *P. vivax* para gestantes e < 6 meses

Idade/peso	Comprimidos por dia		
	Cloroquina		
	1º dia	2º dia	3º dia
< 6 meses (1 a 4kg)	1/4	1/4	1/4
6 a 11 meses (5 a 9kg)	1/2	1/4	1/4
1 a 3 anos (10 a 14kg)	1	1/2	1/2
4 a 8 anos (15 a 24kg)	1	1	1
9 a 11 anos (25 a 34kg)	2	2	2
12 a 14 anos (35 a 49kg)	3	2	2
> 15 anos (> 50kg)	4	3	3

Cloroquina, cp 150mg. Administre em dose única na refeição.

Quadro 42.5 Tratamento de *P. falciparum* com artemeter + lumefantrina em 3 dias

Idade/peso	Comprimidos por dia					
	Artemeter + lumefantrina					
	1º dia		2º dia		3º dia	
	dia	noite	dia	noite	dia	noite
6 meses a 2 anos (5 a 14kg)	1	1	1	1	1	1
3 a 8 anos (15 a 24kg)	2	2	2	2	2	2
9 a 14 anos (25 a 49kg)	3	3	3	3	3	3
> 15 anos (> 50kg)	4	4	4	4	4	4

Comprimido: 20mg de artemeter e 120mg de lumefantrina. Administre na refeição. Não utilize em gestantes no primeiro trimestre e em < 6 meses.

Quadro 42.6 Tratamento de *P. falciparum* com artemeter + mefloquina em 3 dias

Idade/peso	Comprimidos por dia					
	Artemeter + mefloquina					
	1º dia		2º dia		3º dia	
	dia	noite	dia	noite	dia	noite
6 a 11 meses (5 a 9kg)	1	1	1	1	1	1
1 a 5 anos (9 a 17kg)	2	2	2	2	2	2
6 a 11 anos (18 a 29kg)	1	1	1	1	1	1
> 12 anos (> 30kg)	2	2	2	2	2	2

Comprimido infantil (6 meses a 5 anos), 25mg de artesunato e 50mg de mefloquina. Comprimido adulto (> 6 anos), 100mg de artesunato e 200mg de mefloquina. Administre junto com alimentos. Não utilize em gestantes no primeiro trimestre e em < 6 meses.

Quadro 42.7 Tratamento de *P. falciparum* – segunda escolha com quinina em 3 dias, doxiciclina em 5 dias e primaquina no sexto dia

Idade/peso	Comprimidos por dia				
	1º, 2º e 3º dias		4º e 5º dias		6º dia
	quini	doxi	doxiciclina		primaquina
8 a 10 anos (22 a 29kg)	1 e 1/2	1	1		1
11 a 14 anos (30 a 49kg)	2 e 1/2	1 e 1/2	1 e 1/2		2
> 15 anos (> 50kg)	4	2	2		3

Sulfato de quinina, cp 500mg, doxiciclina, cp 100mg, e primaquina, cp 15mg. Doxiciclina deve ser dividida em duas tomadas (de 12/12h). A doxiciclina não deve ser administrada em gestantes e em < 8 anos. A primaquina não deve ser utilizada em gestantes e em < 6 meses.

Quadro 42.8 Tratamento das infecções mistas por *P. falciparum* e *P. vivax* ou *P. ovale*

Idade/peso	Esquema para *P. falciparum*	Comprimidos por dia			
		Primaquina			
	1º ao 3º dia	4º dia	5º dia	6º dia	7º ao 10º dia
6 a 11 meses (5 a 9kg)	Artemeter + lumefantrina ou artesunato + mefloquina	1	1	1	1/2
1 a 3 anos (10 a 14kg)		2	1	1	1
4 a 8 anos (15 a 24kg)		2	2	2	2
9 a 11 anos (25 a 34kg)		1	1	1	1
12 a 14 anos (35 a 49kg)		2	2	2	1
> 15 anos (> 50kg)		2	2	2	2

Em caso de infecção mista com *P. malariae*, administre apenas o esquema para *P. falciparum*. Primaquina infantil (6 meses a 8 anos), cp 5mg, primaquina adulto (> 8 anos), cp 15mg. Gestantes e < 6 meses, utilize Quadro 42.9 para tratar *P. falciparum*. Em caso de icterícia, suspenda primaquina. Ajuste a dose de primaquina para > 70kg. Administre os medicamentos nas refeições.

Quadro 42.9 Esquema para tratamento por *P. falciparum* em gestantes no primeiro trimestre e crianças < 6 meses, com quinina em 3 dias e clindamicina em 5 dias

Idade/peso	Comprimidos por dia		
	1º, 2º e 3º dias		4º e 5º dias
	quini	clinda	clinda
< 6 meses (1 a 4kg)	1/4 (manhã) e 1/4 (noite)	1/4 (manhã) e 1/4 (noite)	1/4 (manhã) e 1/4 (noite)
Gestantes de 12 a 14 anos (30 a 49kg)	1 e ½ (manhã) e 1 (noite)	1/2 (de 6/6h)	1/2 (de 6/6h)
Gestantes > 15 anos (> 50kg)	2 (manhã) e 2 (noite)	1 (de 6/6h)	1 (de 6/6h)

Clindamicina não deve ser utilizada em < 1 mês. Neste caso, administre quinina na dose de 10mg/kg a cada 8 horas até completar 7 dias. Quinina, cp 500mg, clindamicina, cp 300mg.

Capítulo 43
Febre Tifoide

Guilherme Almeida Rosa da Silva • Ana Carolina Andorinho de Freitas Ferreira

INTRODUÇÃO

Os agentes etiológicos da febre tifoide são *Salmonella typhi* e a *Salmonella paratyphi*. A transmissão acontece por ingestão de água ou alimentos contaminados, contato interpessoal por veiculação mão-boca e práticas sexuais oroanais. O risco de transmissão é maior entre pessoas portadoras de distúrbios da acidez gástrica ou com patologias da mucosa intestinal. De 12 a 72 horas após sua ingestão, os bacilos chegam à região ileocecal e sofrem endocitose para atravessar os enterócitos e atingir a placa de Peyer no intestino delgado, onde serão fagocitados por macrófagos. Os macrófagos ganham a circulação linfática, alcançam o ducto torácico e são distribuídos para os órgãos reticuloendoteliais e a circulação sanguínea (fase da bacteriemia). Ao atingirem o fígado, as bactérias são eliminadas pelo sistema biliar, alcançando novamente o intestino delgado (recirculação êntero-hepática). Nesse momento, há maior quantidade de bactérias no intestino para o reinício do processo. As bactérias multiplicam-se e produzem uma endotoxina, provocando a enterocolite difusa, com fenômenos necro-hemorrágicos e ulcerações. As lesões acometem inclusive partes distais do trato digestivo, como apêndice e cólon.

Essa doença de **notificação compulsória** tem alta infectividade e baixa patogenicidade, determinando grande número de portadores assintomáticos. Os bacilos são eliminados em fezes e urina desde a primeira semana até a convalescença. O portador crônico assintomático é aquele que apresenta uma coprocultura positiva 4 meses após o tratamento inicial da doença. Recaídas podem ocorrer em 3% a 20% dos casos, geralmente 2 semanas depois de terminada a febre.

QUADRO CLÍNICO

- **Fase 1** (1ª semana): febre alta de início insidioso, cefaleia, dor abdominal, anorexia e astenia. Em cerca de 20% dos pacientes observa-se a dissociação pulso-temperatura **(sinal de Faget)**.
- **Fase 2** (2ª e a 3ª semanas): febre e cefaleia sustentadas. Pode haver diarreia esverdeada abundante "em sopa de ervilha", com presença de sangue, sobretudo em crianças. Em 15% dos casos há rebaixamento do nível de consciência e comprometimento grave do estado geral (olhar tífico). O exame físico pode demonstrar hepatoesplenomegalia, roséolas tíficas (exantema), língua saburrosa e úlceras orais de Duguet-Bouveret.

   A **perfuração intestinal** é uma complicação temida, em virtude do risco de **peritonite fecal**. Além de sinais como o de Blumberg, é comum a queixa de dor súbita e intensa em fossa ilíaca direita, em razão de perfuração em íleo terminal. A **hemorragia digestiva baixa é a principal complicação**, devido à ulceração da placa de Peyer. Ocorre depois da queda da febre, hipotensão arterial, taquicardia com hipotermia (sinal da cruz), palidez cutânea e queda de hematócrito. Coagulação intravascular disseminada também pode ocorrer.
- **Fase 3** (4ª semana): defervescência em lise, com melhora da cefaleia e do estado de consciência, iniciando a convalescença. Na fase de convalescença, há registros de bronquite grave, pneumonia lobar (por *S. typhi* ou secundária) e miosites. As infecções crônicas podem cursar com **artrite reativa** 3 a 4 semanas após o quadro agudo.
- **Recaída:** retorno do quadro clínico por mais de 2 dias, cerca de 15 dias após o fim da febre. Está relacionada com o uso de antibióticos por tempo inadequado, resistência aos medicamentos e condições subjacentes, como litíase biliar e AIDS.

- **Situações especiais:** nos lactentes, embora rara, a infecção se manifesta com gastroenterite grave e sinais de insuficiência respiratória. Em áreas endêmicas, é causa importante de sepse neonatal. Pacientes com anemia falciforme são mais vulneráveis à osteomielite. Em associação à esquistossomose ocorre a enterobacteriose septicêmica prolongada, caracterizada por quadro clínico indistinguível do calazar (febre moderada ou alta, hepatoesplenomegalia e surtos repetidos de diarreia). A bacteriemia recorrente por *Salmonella* é uma das condições definidoras da AIDS.

DIAGNÓSTICO

- **Sugestivo:** hemograma completo apresentando leucopenia com leve desvio à esquerda e linfomonocitose relativa. Anemia e plaquetopenia são frequentes. O VHS, em geral, está baixo ou normal. A bioquímica pode revelar padrão de lesão hepatocelular e insuficiência renal. Achados possíveis no exame de fezes incluem aumento de leucócitos e presença de sangue. Os exames sorológicos não têm boa acurácia e devem ser considerados secundários. Uma titulação > 1:100 na reação de Widal deve ser considerada apenas sugestiva de febre tifoide.
- **Definitivo:** a hemocultura é o principal exame, com sensibilidade de até 90% na primeira semana. Ao fim da terceira semana, a sensibilidade é < 50%. A mielocultura é a técnica mais sensível, não sendo alterada pela antibioticoterapia prévia. A coprocultura tem boa sensibilidade na terceira e quarta semanas, sendo útil para controle de cura e avaliação do estado de portador assintomático. Outras fontes para cultura são: roséola tífica, secreção brônquica, líquor, líquido articular e bile.

TRATAMENTO

1. **Suporte clínico:** atenção à hidratação venosa, indicações de hemotransfusão, tratamento de distúrbios eletrolíticos, analgesia, uso de antitérmicos e monitorização do débito urinário.
2. **Antibioticoterapia: cloranfenicol**, 50mg/kg/dia, de 6/6h, com dose máxima de 4g (adultos) e 3g (crianças), preferencialmente VO. Quando o paciente tornar-se afebril, a dose deverá ser reduzida para 2g/dia (adultos) e 30mg/kg/dia (crianças). Deve ser mantido por 15 dias após a febre e, no máximo, por 21 dias. **Segunda linha: ampicilina**, 1 a 1,5g/dose, de 6/6h (adultos), e 100mg/kg/dia, VO ou EV, divididos em 6/6h por 14 dias. **Sulfametoxazol-trimetoprima:** 400/80mg ou 800/160mg VO, de 12/12h (adultos), e 30 a 50mg/kg/dia de SMZ divididos em 12/12h (crianças) por 14 dias. **Amoxicilina:** 1g VO de 8/8h (adultos) e 100mg/kg/dia VO, divididos em 8/8h (crianças), por 14 dias. **Ciprofloxacino:** 500mg VO ou 400mg EV, de 12/12h por 10 dias. **Ceftriaxona:** 1g EV de 12/12h (adultos), e 50 a 80mg/kg/dia, divididos em 12/12h (crianças), EV por 14 dias.
3. **Tratamento de portadores crônicos:** 7 dias após o término do tratamento, deve-se iniciar a coleta de coproculturas com intervalo de 30 dias. Caso alguma seja positiva, o indivíduo deve ser novamente tratado, preferencialmente com **ciprofloxacino**, 500mg VO ou 400mg EV, de 12/12h, por 30 dias.
4. **Tratamento de complicações:** o tratamento de perfuração e hemorragia digestiva baixa é abordado em capítulos específicos.
5. **Vacinação:** confere proteção de curta duração, sendo indicada especialmente para trabalhadores em contato com esgotos, viajantes para áreas de alta endemicidade e militares operativos.

Capítulo 44
Infecções do Sistema Nervoso Central

Guilherme Almeida Rosa da Silva • Eduardo Alvarenga Junqueira Filho • Wilands Patrício Procópio

INTRODUÇÃO

As infecções agudas do sistema nervoso central (SNC) são subdivididas em: meningites bacterianas, meningites assépticas e virais, cerebrites ou abscessos cerebrais, encefalites, empiemas subdurais e tromboflebite infecciosa. Neste capítulo será abordado o processo de tomada de decisão perante uma infecção aguda do SNC para que haja um melhor desfecho do caso clínico.

■ MENINGITE BACTERIANA AGUDA (MBA)

Trata-se de um processo infeccioso bacteriano e purulento ocorrido no espaço subaracnóideo, resultando em uma síndrome clínica clássica (febre, cefaleia e rigidez de nuca). O sucesso no tratamento depende do reconhecimento precoce dessa síndrome infecciosa e da rápida instituição de terapia antimicrobiana. A MBA pode ocorrer a partir de traumatismo direto ao SNC, por contiguidade, através de infecções dos seios paranasais, otite média, osteomielite de crânio, ou via hematogênica, por um local infeccioso distante. A MBA é doença de notificação compulsória.

Os agentes infecciosos envolvidos devem ser estudados segundo a faixa etária.

A principal bactéria envolvida, de maneira global, é o *Streptococcus pneumoniae*, principal agente em infecções em pessoas com mais de 20 anos de idade, frequentemente relacionado com episódios de pneumonia, otite média, sinusite, alcoolismo, *diabetes mellitus*, esplenectomia, imunodeficiências primárias e traumatismo cranioencefálico.

A frequência de *Neisseria meningitidis* foi reduzida após a utilização da vacina polivalente (não cobre sorotipo B). O sorotipo B é responsável por 30% das doenças meningocócicas, com ou sem meningococcemia. Os indivíduos portadores de imunodeficiência primária e esplenectomizados constituem um grupo de risco.

A *Listeria monocytogenes* é causa importante em crianças com até 1 mês de vida, gestantes, idosos e imunocomprometidos. A principal forma de transmissão é por meio de alimentos contaminados, mal lavados e malcozidos.

O *Staphylococcus aureus* é importante agente relacionado com procedimentos neurocirúrgicos e traumatismos cranioencefálicos (TCE) com fratura craniana exposta.

A incidência do *Haemophilus influenzae* do tipo b como agente de meningite foi reduzida após a introdução da vacina Hib. Pode ainda ser encontrado de maneira rara em crianças vacinadas ou em adultos e crianças não vacinados. Deve-se ter atenção especial para *H. influenzae* emergentes não B.

O *Streptococcus agalactiae* está presente em crianças de até 1 mês de idade e de maneira crescente em idosos portadores de doenças crônicas debilitantes.

Os gram-negativos entéricos estão presentes, principalmente, em portadores de doenças crônicas debilitantes e em indivíduos com TCE com fratura craniana aberta.

QUADRO CLÍNICO

Trata-se de uma síndrome infecciosa abrupta e algumas vezes fulminante, cujos principais sinais e sintomas são: **cefaleia, febre e rigidez de nuca**. Também pode haver hipertensão intracraniana, fotofobia, rebaixamento do nível de consciência, dor em trajeto de nervos cranianos, convulsões e déficits neurológicos focais. Durante a anamnese, deve-se dar atenção especial ao tempo de início e evolução do quadro, a períodos prévios de infecções, comorbidades, história pessoal (hábitos de lazer, história ocupacional, animais em domicílio e peridomicílio) e *status* vacinal.

Os sinais de irritação meníngea podem estar ausentes, sobretudo em neonatos. Deve-se ter bastante atenção quanto ao desenvolvimento de lesões elementares de pele (exantemas) sugestivas de meningococcemia e infecções associadas (sinusite, otite, pneumonia, endocardite).

DIAGNÓSTICO

A confirmação da meningite bacteriana aguda se faz por meio do exame do líquor cefalorraquidiano (LCR) obtido por punção lombar. A avaliação clínica minuciosa pode tornar dispensável o exame de imagem do crânio (TC ou RM). Um paciente imunocompetente, sem história de TCE, sem papiledema e nível de consciência normal não necessita de exame de imagem. Recomenda-se a coleta de dois *sets* de hemocultura em locais diferentes antes do início da antibioticoterapia. O uso de reação em cadeia da polimerase (PCR) no líquor vem ganhando importância como método diagnóstico.

TRATAMENTO

1. **Suporte clínico:** suporte cardiocirculatório e ventilatório, se necessário. Correção da hipertensão intracraniana, analgesia eficaz e tratamento antiemético.
2. **Antibioticoterapia empírica precoce**, após coleta de culturas, de acordo com faixa etária, avaliação de comorbidades e fatores desencadeantes. A antibioticoterapia deve ter seu espectro restringido após resultado das culturas (Quadro 44.1).
3. **Uso de corticosteroides (dexametasona):** apresenta efeito benéfico, reduzindo a liberação de citocinas pró-inflamatórias resultante da liberação de componentes da parede celular bacteriana pela atividade bactericida do antibiótico. O benefício consiste em redução da perda auditiva em crianças com meningite por *H. influenzae* do tipo B e *S. pneumoniae* e na redução da mortalidade em adultos. Deve ser utilizada a **dose de 0,4mg/kg ou 20mg**, em torno de 30 minutos antes da administração da primeira dose do antibiótico, e ser **mantida na dose de 0,15mg/kg de 6/6h por 4 dias**. A dexametasona pode reduzir a passagem da vancomicina pela barreira hematoencefálica.
4. **Isolamento respiratório** por 24 horas após o uso da antibioticoterapia ou após descartar infecções por *H. influenzae* ou *N. meningitidis*.
5. **Quimioprofilaxia para contactantes:** indicada nas meningites por *N. meningitidis* ou *H. influenzae*.
    - *N. meningitidis:* comunicantes domiciliares, comunicantes institucionalizados, expostos a secreções orofaríngeas até 7 a 10 dias antes do início dos sintomas. Administrar, preferencialmente, nas primeiras 24 horas. Medicamento de escolha: **rifampicina por 2 dias: 600mg, de 12/12h, para adultos, 10mg/kg/dose, de 12/12h, para crianças, e 5mg/kg/dose, de 12/12h, para neonatos**. Outras opções: **ceftriaxona IM, 250mg em dose única; ciprofloxacino, VO 500mg em dose única.**
    - *H. influenzae:* crianças e comunicantes de crianças < 5 anos, além do caso-índice, com vacinação incompleta ou não vacinadas. Para todos em creches ou pré-escolas, quando houver dois casos confirmados. Comunicantes íntimos de crianças < 2 anos. **Medicamento de escolha: rifampicina por 4 dias (adultos: 600mg/dia; crianças de 1 mês a 12 anos: 20mg/kg/dia < 1 ano: 10mg/kg/dia).**

■ MENINGITE VIRAL AGUDA E ENCEFALITES

Consistem em infecções meníngeas provocadas por vírus, com quadro clínico semelhante ao da MBA **(febre, cefaleia e rigidez de nuca)**. Entretanto, não são típicas da meningite viral a apresentação de rebaixamento do nível de consciência, convulsões, sinais neurológicos focais, alucinações, agitação psicomotora, mudanças de comportamento e alterações parenquimatosas nos exames de imagem, dados que devem levantar suspeita de encefalite. Os agentes etiológicos, tanto das menin-

Quadro 44.1 Antibioticoterapia empírica segundo idade e comorbidade		
	Agentes etiológicos mais frequentes	Antibiótico
0 a 1 mês	S. agalactiae, E. coli, Listeria monocytogenes, Klebsiella sp.	Ampicilina (2g EV de 4/4h) + cefotaxima (2g EV de 4/4h) por 21 dias
1 a 3 meses	S. pneumoniae, N. meningitidis, S. agalactiae, Haemophilus influenzae, E. coli	Ampicilina (2g EV de 4/4h) + cefotaxima (2g EV de 4/4h) ou ceftriaxona (2g EV de 12/12 horas) por 10 a 14 dias
Imunocompetentes de 3 meses a 55 anos	N. meningitidis, S. pneumoniae	Cefotaxima (2g EV de 4/4h), ceftriaxona (2g EV de 12/12h) ou cefepima (2g EV de 8/8h) + vancomicina (1g EV de 12/12h) por 10 a 14 dias
> 55 anos ou adultos com alcoolismo ou doenças crônicas debilitantes	S. pneumoniae, N. meningitidis, L. monocytogenes	Ampicilina (2g EV de 4/4h) + cefotaxima (2g EV de 4/4h), cefepime (2g EV de 8/8h) ou ceftriaxona (2g EV de 12/12h) + vancomicina (1g EV de 12/12h) por 10 a 14 dias
Hospitalar, pós-TCE aberto, neurocirurgia, neutropênicos ou imunossuprimidos	S. aureus, P. aeruginoso, S. pneumoniae, gram-negativos entéricos	Ampicilina (2g EV de 4/4h) + ceftazidima (2g EV de 8/8h) ou meropenem (1g EV de 8/8h) + vancomicina (1g EV de 12/12h) por 10 a 14 dias

Quadro 44.2	
Agente etiológico	Antibiótico
Streptococcus pneumoniae	Penicilina G cristalina (4 milhões de unidades EV de 4/4h), ceftriaxona (2g EV de 12/12h), cefotaxima (2g EV de 4/4h), cefepima (2g EV de 8/8h) ou vancomicina (1g EV de 12/12h) por 14 a 21 dias
Neisseria meningitidis	Penicilina G cristalina (4 milhões de unidades EV de 4/4h), ceftriaxona (2g EV de 12/12h) ou cefotaxima (2g EV de 4/4h) por 7 dias
Haemophilus influenzae	Ceftriaxona (2g EV de 12/12h), cefotaxima (2g EV de 4/4h) ou cefepime (2g EV de 8/8h) por 14 dias
Listeria monocytogenes	Ampicilina (2g EV de 4/4h) + gentamicina (7,5mg/kg/dia divididos em 8/8h) por 21 dias
Staphylococcus aureus	Oxacilina (2g EV de 4/4h) ou vancomicina (1g EV de 12/12h) por 21 dias
Streptococcus agalactiae	Penicilina G cristalina (4 milhões de unidades EV de 4/4h) ou ampicilina (2g EV de 4/4h) por 14 a 21 dias
Enterococcus sp.	Ampicilina (2g EV de 4/4h) + gentamicina (7,5mg/kg/dia divididos em 8/8h) por 21 dias

gites virais como das encefalites, variam desde os adenovírus (echovírus, enterovírus e coxsackievírus), responsáveis por 85% dos casos de meningite viral, passando pelo HSV-2, principal causa em adultos, até HIV, varicela-zóster, vírus Epstein-Barr (EBV), arbovírus, alphavírus, bunyavírus e flavivírus, entre outros. Em centros com todas as técnicas disponíveis, em torno de 25% dos casos de meningite asséptica permanecem sem diagnóstico etiológico.

DIAGNÓSTICO

Os principais exames envolvidos são: exame do líquor, PCR, cultura viral, exames sorológicos e avaliação por imagem (TC e RNM). A encefalite com deterioração clínica e sem diagnóstico por exames convencionais deve levar a uma biópsia cerebral.

TRATAMENTO

1. **Sintomático:** hidratação, antieméticos, anticonvulsivantes, analgésicos e repouso.
2. **Aciclovir:** infecções graves por HSV, EBV e varicela-zóster, pode-se utilizar o **aciclovir, 10 a 15mg/kg/dia em três tomadas, seguidos de 800mg VO 5×/dia, perfazendo um total de 7 a 14 dias.**

O prognóstico das meningites virais geralmente aponta para recuperação total. As encefalites apresentam prognóstico pior, com uma gama de sequelas possíveis (convulsões, hemiparesia, afasia e outros déficits focais).

Quadro 44.3 Semiologia do líquor nas infecções do SNC

Critérios	Normal	Meningite bacteriana	Meningite viral e meningoencefalites
Aspecto	Límpido	Purulento	Claro/opalescente
Cor	Incolor	Turvo	Claro
Citologia	Até 4 células/mm^3	Pleocitose evidente/> 500 células/mm^3	Pleocitose moderada/> 100 células/mm^3
Citomorfologia	Linfócitos: 50% a 70% Monócitos: 30% a 50%	Polimorfonucleares/neutrofilia	Mononucleares/linfocitose
Proteinorraquia	Até 40mg/dL	Aumentado	Normal ou levemente aumentado
Glicorraquia	50 a 80mg/dL	Diminuída	Normal
Bacterioscopia	Negativa	Positiva	Negativa

■ ABSCESSO CEREBRAL

O abscesso cerebral é uma infecção supurativa focal e capsulada no parênquima cerebral, adquirida por via hematogênica, por contiguidade ou por inoculação direta (trauma). Os principais fatores de risco são: imunossupressão, otite média, sinusite, infecções dentárias, neurocirurgia, traumatismo craniano e infecções piogênicas. Os principais agentes são: *Streptococcus* aeróbicos, anaeróbicos e *viridans*, *S. aureus*, *H. influenzae*, *P. aeruginosa*, *Proteus* spp, *E. coli* sp. e *Klebsiella* spp, e anaeróbios (*Bacterioides* spp e *Fusobacterium* spp). Os agentes bacterianos prováveis devem ser vistos caso a caso e correlacionados com as condições clínicas do paciente e fatores predisponentes. A neurocisticercose causada por *T. solium* é considerada um caso especial. Em imunocomprometidos, há a possibilidade de tuberculomas, criptococomas, neurotoxoplasmose, nocardiomas e aspergilomas.

QUADRO CLÍNICO

O quadro clínico geralmente se apresenta de maneira progressiva, com cefaleia constante refratária, febre e, em alguns casos, déficit neurológico focal.

DIAGNÓSTICO

O diagnóstico é firmado por meio da determinação dos fatores de risco, somados ao quadro clínico, leucocitose com desvio à esquerda, aumento da proteína C reativa, VHS e a presença de exame de imagem (TC ou RNM) compatível. O exame definitivo consiste na avaliação microbiológica do aspirado do abscesso.

TRATAMENTO

1. **Sintomáticos:** antitérmicos, analgésicos, antieméticos e anticonvulsivantes profiláticos e dexametasona, 10mg EV, de 6/6h, para aqueles com abscesso e edema perilesional intenso.
2. **Drenagem do abscesso:** deve ser realizada em todos os casos, exceto em abscessos < 3cm, não capsulados, em área inacessível ou em caso de alto risco cirúrgico.
3. **Antibioticoterapia:** veja o Quadro 44.4.

Quadro 44.4 Esquema antibiótico para abscesso cerebral em imunocompetentes	
Adquirido na comunidade	Ceftriaxona (2g EV, de 12/12h), cefotaxima (2g EV, de 4/4h) ou cefepime (2g EV, de 8/8h) + metronidazol 500mg EV, de 6/6h, por 6 a 8 semanas
Adquirido em traumatismo penetrante ou neurocirurgia	Vancomicina (1g EV, de 12/12h) + ceftazidima (2g EV, de 8/8h), cefepime (2g EV, de 8/8h) ou meropenem (1g EV de 8/8h) por 6 a 8 semanas

■ EMPIEMA SUBDURAL

O empiema subdural consiste em uma coleção de pus entre a dura-máter e a aracnoide, geralmente como complicação de uma sinusite. Raramente, o evento desencadeador pode ser um procedimento neurocirúrgico.

QUADRO CLÍNICO

Em um paciente com sinusite, há persistência de febre e cefaleia, progredindo com crises convulsivas, sinais neurológicos focais, rigidez de nuca, rebaixamento do nível de consciência e hipertensão intracraniana.

DIAGNÓSTICO

O diagnóstico é estabelecido por meio dos exames de imagem RNM ou TC.

TRATAMENTO

1. **Drenagem emergencial:** processo emergencial imprescindível no tratamento do empiema subdural.
2. **Antibioticoterapia:** veja o Quadro 44.5.
3. **Avaliação de osteomielite associada:** pode prolongar a necessidade de antibioticoterapia.

Quadro 44.5 Esquema antibiótico para empiema subdural em imunocompetentes	
Adquirido na comunidade	Ceftriaxona (2g EV, de 12/12h), cefotaxima (2g EV, de 4/4h) ou cefepime (2g EV, de 8/8h) + metronidazol 500mg EV de 6/6h + vancomicina (1g EV, de 12/12h) por 3 a 4 semanas
Adquirido em traumatismo penetrante ou neurocirurgia	Vancomicina (1g EV, de 12/12h) + meropenem (1g EV, de 8/8h) por 3 a 4 semanas

Capítulo 45
Tétano

Guilherme Almeida Rosa da Silva • Wilands Patrício Procópio

INTRODUÇÃO

Doença causada pela neurotoxina produzida pelo *Clostridium tetani*. O *Clostridium tetani* apresenta distribuição mundial, estando presente no solo, nas fezes de animais e em metais enferrujados. A infecção ocorre em indivíduos com vacinação ausente ou incompleta, após acidentes cortocontusos ou procedimentos com material perfurocortante contaminado. Foram relatados como lesões frequentes: abrasões cutâneas em membros, fraturas expostas, abortamentos, utilização de substâncias venosas e coto do cordão umbilical. O tétano é doença de **notificação compulsória** e apresenta altas gravidade e mortalidade.

FISIOPATOLOGIA

O *Clostridium tetani* produz a tetanoespasmina e a tetanolisina. A primeira é transportada por via intra-axonal dos nervos periféricos até o corno anterior da medula espinhal ou pelos pares cranianos próximos à lesão até o núcleo motor. A neurotoxina age bloqueando a ação dos interneurônios inibitórios, gerando um estado de hiperexcitação representado pelos espasmos musculares e os distúrbios autonômicos.

QUADRO CLÍNICO

O tétano pode ser dividido classicamente em quatro fases:

- **Infecção e multiplicação** (do primeiro ao décimo dia): nenhum sintoma.
- **Aumento da toxina** (do décimo ao 13º dia): câimbras, trismo e mialgia.
- **Disseminação da toxina** (do 13º ao 60º dia): espasmos musculares na região da lesão ou de maneira generalizada. Instabilidade autonômica, febre, sialorreia, diarreia e alterações cardiovasculares (labilidade pressórica, bradicardia, taquicardia).
- **Degradação da toxina** (a partir do 60º dia): redução progressiva dos sintomas.

O **tétano neonatal** é definido por uma criança que tinha a capacidade de chorar e sugar o leite nos primeiros 2 dias de vida, com a perda dessas habilidades entre o terceiro e o 28º dia, sobrevindo a rigidez e os espasmos musculares.

O **tétano materno** é definido como tétano ocorrido durante a gestação ou até 6 semanas após o término desta.

DIAGNÓSTICO

O diagnóstico de tétano é clínico, embora a cultura da secreção da lesão possa confirmar o crescimento do *Clostridium tetani*. A rigidez contínua da musculatura abdominal e o opistótono são características do tétano. Espasmos musculares e trismo, entre outras manifestações típicas, devem ser diferenciados da intoxicação por estricnina, distonias, hipocalcemia, abscesso retrofaríngeo, meningoencefalites e raiva.

TRATAMENTO

O tratamento deve ser instituído em ambiente silencioso, sem estímulos luminosos intensos e de vigilância contínua, para evitar paroxismos espasmódicos e broncoaspiração induzidos por estresse.

Os escores de gravidade, como o de Veronesi, podem servir como análise prognóstica, mas o principal determinante para a progressão dos elementos que definem o tratamento é a busca pela **ausência de espasmos, tonicidade muscular normal** e **ausência de disautonomia**.

Na admissão:

1. **Sedação e miorrelaxamento: diazepam (1ª opção):** adultos (4mL de SF 0,9% ou SG 5% para cada 1mg de diazepam; infundir 1 a 10mg/kg/dia EV em infusão contínua, no máximo, a cada 8 horas; devem ser realizados *bolus* extras de 10mg EV, caso necessário); **midazolam (1ª opção):** após *bolus* de 2 a 20mg, dilua 30mL de midazolam (150mg) em 120mL de SF 0,9% (1mg/mL) e administre 1 a 40mg/h EV em infusão contínua; **fenobarbital** e **clorpromazina (2ª opção)**.

    O **baclofeno** pode ser associado em infusão contínua intratecal em 20mcg/h e aumentado em 8 a 10mcg/h a cada 4 horas, até a dose máxima de 2mg/dia. O Brasil não dispõe de formulação intratecal de baclofeno. Podem ser usados 60mg/dia VO na fase de convalescença.

    Outras associações possíveis, em casos refratários: **propofol** (10mg/mL), 1 a 3mg/kg em dose de ataque, seguidos de 0,3 a 3,0mg/kg/h, como dose de manutenção, e **clonidina**, 3mcg/kg/h.

2. **Analgesia e controle da disautonomia: fentanil** (dilua 20mL de fentanil [1mg] em 80mL de SF 0,9% [10mcg/mL]; administre 2mcg/kg/h). Opção: **morfina** (1mg/mL) – administre 5mg em *bolus*. Dilua 1mg para 10mL (0,1mg/mL) e infunda continuamente 3 a 6mcg/kg/h. **Clonidina:** 3mcg/kg/h. Pacientes com instabilidade autonômica grave podem necessitar de agentes vasoativos de ação rápida (**noradrenalina** e **nitroprussiato**), com **vigilância constante**.

3. **Bloqueadores neuromusculares:** utilizados de modo adjuvante aos sedativos, miorrelaxantes e analgésicos em pacientes refratários ao controle dos espasmos e da rigidez muscular. **Pancurônio** (1mg/mL ou 2mg/mL): administre 0,04 a 0,1mg/kg EV em *bolus*, seguido de 0,1mg/kg/h em infusão contínua após recuperação da dose. **Vecurônio** (4mg/mL): 0,08 a 0,10mg/kg em *bolus* EV. Infusão contínua a uma velocidade de 1mg/kg/min.

4. **Controlador de espasmos musculares – sulfato de magnésio ($MgSO_4$ 10%) 1g/10mL:** em caso de tétano grave, dose de ataque de 40mg/kg por 30 minutos, seguido de infusão de 2g/h por 7 dias.

Quadro 45.1 Classificação do tétano segundo gravidade e tratamento (proposto por Silva GAR)

	Leve	Moderado	Grave
Sedação e miorrelaxamento	Diazepam ou midazolam	Diazepam ou midazolam + propofol ou clonidina	Diazepam ou midazolam + propofol ou clonidina + bloqueador neuromuscular + $MgSO_4$
Analgesia e controle da disautonomia	Fentanil ou morfina	Fentanil ou morfina + clonidina + $MgSO_4$	Fentanil ou morfina + nitroprussiato/noradrenalina + $MgSO_4$

Os espasmos musculares e a rigidez muscular devem ser avaliados a cada 4 horas e, em caso de refratariedade ao tratamento, deve-se subir uma casa na gravidade.

Frequência cardíaca, pressão arterial e ritmo cardíaco devem ser monitorizados continuamente e avaliados a cada 4 horas; e em caso de instabilidade deve-se subir uma casa na gravidade.

5. **Traqueostomia:** via frequentemente necessária para assegurar a via aérea, tendo em vista que a intubação orotraqueal consiste em um procedimento difícil em pacientes com aumento da secreção em via aérea superior, espasmos cefálicos e trismo. Nos pacientes intubados, recomenda-se a realização precoce da traqueostomia (primeiras 24 horas), pois a presença do tubo pode precipitar espasmos laríngeos e generalizados.

6. **Monitorização da CPK:** a dosagem diária da CPK serve como parâmetro para avaliar a resposta à terapia miorrelaxante. Não está indicada com intuito de prevenção de IRA por rabdomiólise no paciente tetânico.

7. **Aplicação da antitoxina tetânica:** antes da aplicação do soro antitetânico de origem equina (SAT), deve-se fazer teste de sensibilidade para evitar reação anafilática. Em caso de disponibilidade, use de preferência a gamaglobulina antitetânica humana (TIG), e em pacientes com alergia ao SAT use obrigatoriamente a TIG. A profilaxia em feridas agudas deve ser feita de acordo com o Quadro 45.2.
   - **Soro antitetânico de origem equina (SAT):** 10.000 a 20.000UI IM – administre em duas áreas musculares diferentes. Opção: 10.000 a 20.000UI EV diluídas em SG 5% com gotejamento lento.
   - **Globulina antitetânica humana (TIG):** 1.000 a 3.000UI IM – administre em duas áreas musculares diferentes. Não recomendamos a aplicação de TIG perilesional ou intratecal.
   - Recomendada a imunização ativa (vacinação) em conjunto com a imunização passiva.
8. **Desbridamento do foco cirúrgico:** de 1 a 6 horas após a administração da antitoxina, deve ser feito o desbridamento extenso da lesão, com retirada de corpos estranhos e de áreas necrosadas, drenagem de abscesso e lavagem abundante. A ferida não deve ser suturada.
9. **Antibioticoterapia: metronidazol (1ª escolha):** 500mg em adultos e 7,5mg em crianças EV de 8/8h por 7 a 10 dias; **penicilina cristalina (opção):** 200.000UI/kg/dia (adultos) ou 100.000UI/kg/dia (crianças) EV, fracionadas de 4/4h por 7 a 10 dias. Esse medicamento pode exacerbar os espasmos musculares.
10. **Vitamina C:** o uso da vitamina C, 1g/dia EV, em pacientes com tétano grave merece estudos complementares para avaliação de sua eficácia.
11. **Fisioterapia motora:** sugere-se o aumento da sedação, analgesia e bloqueio neuromuscular previamente à fisioterapia motora, com intuito de reduzir os estímulos aos espasmos musculares durante a terapia.
12. **Profilaxia:** as medidas de profilaxia pós-exposição e pré-exposição estão relacionadas nos Quadros 45.2 e 45.3.

Quadro 45.2 Profilaxia do tétano em ferimentos agudos

História vacinal	Ferimentos leves de baixo risco (superficiais, de fácil limpeza, causados por materiais cortantes limpos)	Ferimentos de alto risco (sujidades, tecidos necrosados, profundos e causados por materiais enferrujados)
Não vacinado ou vacinação incerta ou < 3 doses da vacina	Iniciar vacinação (3 doses). Intervalo de 2 meses entre as doses	Iniciar vacinação (3 doses) e utilizar soro antitetânico (SAT) ou TIG*. Intervalo de 2 meses entre as doses
3 doses ou mais e última dose < 5 anos	Somente cuidados locais, não vacinar	Somente cuidados locais, não vacinar
3 doses, última dose > 5 anos e < 10 anos	Somente cuidados locais, não vacinar	Cuidados locais, vacinação de reforço (dt) – 1 dose. SAT ou TIG**
3 doses, última dose > de 10 anos	Cuidados locais, vacinação de reforço (dt)	Cuidados locais, vacinação de reforço (dt). SAT ou TIG***

Os ferimentos agudos devem ser sempre limpos com soro fisiológico estéril abundante e sabão neutro.
* TIG (250UI IM em duas massas musculares) e SAT (5.000UI IM em duas massas musculares).
** Indicado em casos de imunodepressão, desnutrição grave ou idade avançada.
*** Indicado em caso de suspeita de não adesão do paciente aos cuidados com o ferimento ou em casos de imunodepressão, desnutrição grave ou idade avançada.
A profilaxia geral da população é feita por meio do toxoide tetânico. A vacinação segue as regras gerais do Ministério da Saúde.

Quadro 45.3 Prevenção/vacinação em crianças e lactentes

Vacina tetravalente – DTP-Hib	
1ª dose	2 meses
2ª dose	4 meses
3ª dose	6 meses
1º reforço	18 meses
2º reforço	4 a 6 anos de idade
Reforços adicionais (dt)	A cada 10 anos

DTP-Hib: difteria, tétano, coqueluche e *Haemophilus influenzae* B; dt: difteria e tétano. Antecipe o reforço se a última dose foi administrada há mais de 5 anos em caso de gravidez e ferimento grave.

Capítulo 46
Raiva

Guilherme Almeida Rosa da Silva

INTRODUÇÃO

A raiva é doença rapidamente progressiva que ataca o SNC, causando encefalite, paralisia e morte. Causada pelo vírus da raiva, um *Lyssavirus* capaz de infectar uma gama de animais domésticos e silvestres (cãos, gatos, macacos, morcegos, bovinos, equinos, raposas e coiotes). O vírus tem alta infectividade, e a letalidade alcança praticamente 100%. O vírus está contido, principalmente, na saliva dos animais, sendo transmitido por mordedura, arranhadura e lambedura de mucosas, multiplicando-se no local de inoculação e ganhando o SNC através de ascensão pelos nervos periféricos. Uma via incomum registrada consistiu na aquisição a partir do transplante de córnea de paciente com morte encefálica de causa desconhecida, que na verdade se tratava de um caso de raiva. O período de incubação é variável, com média de 45 dias no ser humano e está diretamente ligado ao tipo de lesão transmissora, à carga viral inoculada e à distância entre a lesão e o SNC.

QUADRO CLÍNICO

Após a incubação, inicia-se um quadro de sintomas inespecíficos com duração de 2 a 4 dias (febre, dor de garganta, astenia, dor no trajeto de nervos acometidos, cefaleia, irritabilidade e ansiedade). Com a progressão da infecção, sintomas de ansiedade e irritabilidade tornam-se mais intensos, com piora da cefaleia e da febre, hiperexcitabilidade neuromuscular, espasmos laríngeos e faríngeos, quando o paciente vê ou tenta ingerir líquido (hidrofobia), associados à sialorreia. O quadro progride para aerofobia, disfagia, hiperacusia e fotofobia. O nível de consciência começa a rebaixar, com o paciente apresentando alucinações, torpor e coma, invariavelmente evoluindo para o óbito em 5 a 7 dias do início dos sintomas. O quadro clínico é típico, e a ausência do diagnóstico só pode ser justificada pelo desconhecimento total da doença.

DIAGNÓSTICO

Diante de um quadro suspeito, a Secretaria Estadual de Saúde deve ser imediatamente notificada para fornecer condições para os exames diagnósticos da doença com encaminhamento das amostras ao Laboratório Central de Saúde Pública (LACEN) e aos laboratórios de referência. O diagnóstico pode ser estabelecido por métodos que carecem de sensibilidade, como imunofluorescência direta em impressão de córnea, raspado de mucosa lingual ou tecido bulbar de folículos pilosos, obtidos por biópsia de pele da região cervical por profissional treinado e com EPI, saliva e soro coletados, conforme o Quadro 46.1. Um diagnóstico definitivo pode ser estabelecido através da necropsia com fragmentos do SNC, por meio das técnicas de imunofluorescência direta e inoculação em camundongos recém-nascidos.

Quadro 46.1 Protocolo de coletas para diagnóstico de raiva

Tecido/fluido	Volume/quantidade	Coletas
Saliva	2mL	Coletas diárias durante 1 semana
Líquor	2mL	Duas coletas semanais
Soro	2mL	Duas coletas semanais
Folículo piloso	0,5 a 1,0cm^2	Duas coletas semanais
Impressão de córnea	cinco lâminas	Uma coleta

TRATAMENTO

O tratamento é baseado no protocolo de Milwalkee, que em 2004 alcançou, nos EUA, o primeiro caso de cura de um paciente com raiva previamente não vacinado. Em 2008, o mesmo protocolo foi utilizado em um paciente de 15 anos de idade do Recife-PE mordido por um morcego hematófago e não vacinado, que obteve melhora clínica. Para o início do tratamento, é importante que o paciente apresente história epidemiológica e quadro clínico compatível com a raiva, além de ter *status* vacinal ou profilático inadequado para a doença:

1. O paciente com suspeita clínica e epidemiológica de raiva deve ser encaminhado ao serviço de referência do estado para tratamento de raiva e em ambiente de UTI.
2. Deve ser colocado em isolamento de contato, com os profissionais utilizando EPI adequado.
3. O paciente deve ser monitorizado (eletrocardiograma, pressão arterial, oximetria, frequência cardíaca, temperatura central e eletroencefalograma, se disponível).
4. Deve ser garantido acesso venoso central, cateterismo vesical, com balanço hídrico e nutrição nasoenteral.
5. Deve ser mantido hidratado e, em caso de dificuldade na proteção da via aérea devido à sialorreia, o paciente deve ser intubado e mantido sob ventilação mecânica com a sedação padrão da instituição.
6. Devem ser prescritos **nimodipina 60mg**, via enteral, de 4/4h, para profilaxia do vasoespasmo cerebral, que deve ser acompanhado diariamente por Doppler transcraniano, e **vitamina C 1g/dia EV**.
7. Deve-se ter atenção e relativizar a proteção gástrica com **inibidores de bomba de prótons ou bloqueadores H2, profilaxia de trombose venosa profunda** e movimentação do paciente, para evitar úlceras de pressão.

Após a confirmação laboratorial de raiva, as condutas supracitadas devem ser mantidas e adicionadas a:

8. **Amantadina, 100mg** via enteral de 12/12h, **biopterina, 2mg/kg** via enteral de 8/8h (disponível no Ministério da Saúde), sedação profunda com **midazolam (1 a 2mg/kg/h)** associado a **ketamina (2mg/kg/h)**, com suspensão do fentanil. Se for necessário o aumento das doses, associe outros sedativos.
9. Os exames bioquímicos devem ter análise seriada e diária. A biopterina deve ser dosada no líquor, mediante a coleta de cinco frascos de 1mL, encaminhados ao LACEN e conservados em gelo seco. O resultado retorna em 15 dias, apontando um ajuste da dose caso haja deficiência da substância no líquor. Na presença de deficiência de biopterina, faça reposição com 5mg/kg/dia divididos em duas tomadas por 2 dias, seguidos de 10mg/kg/dia divididos em duas tomadas por 2 dias, seguidos de 20mg/kg/dia divididos em duas tomadas, mantendo essa dosagem por 4 a 6 meses.
10. A suspensão gradual da sedação deverá ser realizada quando houver altos títulos de anticorpos no LCR (> 10UI/mL). A suspensão do isolamento de contato deve ser realizada após três amostras de saliva negativas pela RT-PCR e *clearance* viral confirmado após três amostras negativas pela RT-PCR no espécime clínico que confirmou o caso. O controle sorológico e virológico deve ser obtido pela rotina de exames sequenciais, como mostra o Quadro 46.2.

Quadro 46.2 Exames sequenciais para avaliação sorológica e virológica da raiva

Material	Exames	Volume/quantidade	Coleta
Líquor	Dosagem de biopterina	Cinco frascos de 1mL	Quinze dias após confirmação + 15 dias após reposição em dose máxima
Líquor	Dosagem de anticorpos	2mL	Uma vez por semana
Soro	Dosagem de anticorpos	2mL	Duas vezes por semana
Líquor	RT-PCR	2mL	Duas vezes por semana (2ª e 5ª-feira) até três amostras negativas
Folículo piloso	RT-PCR	0,5 a 1,0cm²	Duas vezes por semana (2ª e 5ª-feira) até três amostras negativas
Saliva	RT-PCR	2mL	Duas vezes por semana (2ª e 5ª-feira) até três amostras negativas

PROFILAXIA

A profilaxia pré-exposição é recomendada para pessoas que irão realizar atividades de trabalho, lazer, voluntariado e viagem para países com alta incidência de raiva. É realizada com vacina de cultivo celular em três doses (0, 7 e 21 ou 28 dias) em região deltoide IM.

> **Obs.:** lembre-se de fazer teste de sensibilidade antes da aplicação.

Deve ser realizado controle sorológico de 1 a 3 semanas após a última dose da vacina. O título alcançado deve ser > 0,5UI/mL; caso seja insatisfatório, realize reforço. A atividade desejada deve ser realizada apenas após a obtenção do título protetor.

Os esquemas de profilaxia pós-exposição estão inseridos no Quadro 46.3.

Quadro 46.3 Esquemas de profilaxia pós-exposição com vacina de cultivo celular para raiva humana

Exposição	Condições do animal		
	Cão ou gato sem suspeita de raiva no momento da agressão	Cão ou gato clinicamente suspeito de raiva no momento da agressão	Cão ou gato raivoso, desaparecido ou morto. Animais silvestres Animais domésticos de interesse econômico ou de produção
Contato indireto	Lavar com água e sabão Não tratar	Lavar com água e sabão Não tratar	Lavar com água e sabão Não tratar
Acidentes leves Ferimentos superficiais em tronco e membros (exceto mãos e polpas digitais e planta dos pés) Lambedura de pele com lesões superficiais	Lavar com água e sabão Observar o animal durante 10 dias após a exposição Se o animal permanecer sadio no período de observação, encerrar o caso Se o animal morrer, desaparecer ou se tornar raivoso, administrar cinco doses de vacina (dias 0, 3, 7, 14 e 28)	Lavar com água e sabão Iniciar esquema profilático com 2 doses, uma no dia 0 e outra no dia 3 Observar o animal durante 10 dias após a exposição Se a suspeita de raiva for descartada após o 10º dia de observação, suspender o esquema profilático e encerrar o caso Se o animal morrer, desaparecer ou se tornar raivoso, completar o esquema até cinco doses	Lavar com água e sabão Iniciar imediatamente o esquema profilático com cinco doses de vacina, administradas nos dias 0, 3, 7, 14 e 28
Acidentes graves Ferimentos na cabeça, face, pescoço, mãos, polpas digitais e/ou planta do pé Ferimentos profundos, em qualquer região do corpo Lambedura de pele onde já existe lesão grave Ferimento profundo causado por unha de animal	Lavar com água e sabão Observar o animal durante 10 dias após exposição Iniciar esquema profilático com duas doses, uma no dia 0 e outra no dia 3 Se o animal permanecer sadio no período de observação, encerrar o caso Se o animal morrer, desaparecer ou se tornar raivoso, dar continuidade ao esquema profilático, administrando o soro e completando o esquema até cinco doses	Lavar com água e sabão Iniciar o esquema profilático com soro e cinco doses de vacina, nos dias 0, 3, 7, 14 e 28 Observar o animal durante 10 dias após a exposição Se a suspeita de raiva for descartada após o 10º dia de observação, suspender o esquema profilático e encerrar o caso	Lavar com água e sabão Iniciar imediatamente o esquema profilático com soro e cinco doses de vacina, administradas nos dias 0, 3, 7, 14 e 28

O soro deve ser infiltrado nas portas de entrada e, se não for possível infiltrar toda a dose, a quantidade restante deverá ser aplicada IM no glúteo, em local diferente do da vacina. Quando as lesões forem extensas ou múltiplas, a dose do soro a ser infiltrada pode ser diluída em SF 0,9%. Nos casos em que só tardiamente se reconhece a necessidade do uso de soro antirrábico ou quando este não se encontra disponível no momento, aplique a dose de soro recomendada antes da aplicação da terceira dose da vacina de cultivo celular; após este prazo, o soro não será mais necessário. Nos casos de agressões por morcego, deve-se indicar a sorovacinação independentemente da gravidade da lesão ou indicar conduta de reexposição.

> Soro antirrábico heterólogo (SAR) ou imunoglobulina antiantirrábica equina (ERIG), 40UI/kg (ampola com 5mL – 1mL = 200UI). Aplique em serviço que possa tratar de reações anafiláticas imediatas. Observação por 2 horas.

Capítulo 47
Sepse

Guilherme Almeida Rosa da Silva • Flávia Regina Peixoto Pereira

INTRODUÇÃO

A sepse é a principal causa de morte em unidades de terapia intensiva no Brasil. A mortalidade por sepse no país varia entre os centros e regiões, chegando a um valor próximo aos 30% ou 50%. Isso sugere que há uma discrepância entre os recursos tecnológicos, materiais e humanos para a prestação de uma boa assistência ao paciente.

O processo fisiopatológico da sepse, levando em conta os fatores imunológicos, bioquímicos e genéticos, é extremamente complexo e foge do objetivo deste livro. Entretanto, merecem destaque as características individuais relacionadas com a resposta imunológica, exacerbada pelo estímulo agressor e a capacidade desse sistema reduzir e resolver a inflamação causada. Essa inflamação sistêmica descontrolada, em vez de proteger o organismo do agressor, acaba por gerar um distúrbio orgânico múltiplo, que tende a comprometer o sistema de trocas gasosas (respiratório), o sistema de propulsão (cardiocirculatório) e a entrega de nutrientes (hematológico), causando lesões em praticamente todos os órgãos e tecidos. No futuro, certamente os polimorfismos genéticos relacionados com a dinâmica bioquímica serão levados em conta no tratamento dos indivíduos.

Para o melhor entendimento da gravidade desse processo, o primeiro passo consiste na definição de alguns termos:

- **Bacteriemia:** presença de bactérias no sangue evidenciada pelo crescimento em hemocultura.
- **Síndrome da resposta inflamatória sistêmica (SIRS):** resposta inflamatória sistêmica a uma variedade de condições clínicas graves, inclusive de causas não infecciosas. É definida pela presença de pelo menos dois dos seguintes critérios: temperatura < 36°C ou > 38°C, frequência cardíaca > 90bpm, frequência respiratória > 24irpm, leucócitos > 12.000/mm^3 ou < 4.000/mm^3 ou bastões > 10%.
- **Sepse:** são as manifestações da SIRS na presença de um foco infeccioso presumido ou confirmado.
- **Sepse grave:** sepse com disfunção orgânica, hipoperfusão ou hipotensão. Apresenta um dos seguintes fatores: PA sistólica ≤ 90mmHg ou PAM < 70mmHg que responde à administração de fluidos; débito urinário < 0,5mL/kg/h em intervalo de pelo menos 1 hora e não responsivo à hidratação venosa; PaO$_2$/FiO$_2$ < 250 ou, se o pulmão é o único órgão afetado, PaO$_2$/FiO$_2$ < 200; plaquetopenia < 80.000 células/μL ou redução de 50% em 3 dias; pH < 7,3, déficit de bases > 5mEq/L ou aumento do lactato 1,5 vez o valor de referência, anormalidades na coagulação: INR >1,5 ou aTTP > 60 segundos, íleo adinâmico, confusão mental ou Glasgow < 13.
- **Choque séptico:** sepse grave com hipotensão que não responde a ressuscitação volêmica adequada (pressão venosa central [PVC] > 8mmHg ou pressão encunhada da artéria pulmonar > 12mmHg).

QUADRO CLÍNICO

- **Alterações sistêmicas:** febre ou hipotermia, inapetência, astenia intensa, taquicardia e taquipneia.
- **Alterações cardiovasculares:** vasodilatação sistêmica, hipotensão, choque, disfunção miocárdica, arritmias, redução da perfusão capilar periférica, acidose metabólica com aumento do lactato sérico (≥ 4mmol/L) e cianose periférica.
- **Alterações respiratórias:** taquipneia, dispneia, redução na relação PaO$_2$/FiO$_2$.

- **Alterações hematológicas:** anemia, CIVD, trombocitopenia, leucopenia ou leucocitose com desvio à esquerda.
- **Alterações renais:** oligúria, azotemia, uremia, acidose metabólica, hipervolemia, edema e hipercalemia.
- **Alterações endocrinometabólicas:** hiperglicemia, síndrome do eutireóideo doente, hipogonadismo e insuficiência de corticosteroides relacionada com doença grave (CIRCI).
- **Alterações gastrointestinais:** íleo metabólico, úlceras de Cushing, disfunção hepática com colestase e elevação de bilirrubina total sem obstrução biliar e sem grande aumento de transaminases.
- **Alterações neurológicas:** alteração do nível de consciência, confusão, agitação, estupor e coma.

TRATAMENTO

O estado inflamatório sistêmico em seus diferentes níveis (SIRS, sepse, choque séptico e sepse grave) deve ser reconhecido e tratado precocemente, aumentando a probabilidade de um desfecho melhor, lembrando que a causa de base deve ser sempre o principal alvo terapêutico, cabendo as individualizações necessárias (p. ex., uso de antibiótico se houver sepse e não SIRS). O tratamento pode ser basicamente dividido em **pacotes de cuidados de 6 e 24 horas**. Muitos profissionais já citam o primeiro pacote nas **primeiras 3 hora**s, dando ênfase à necessidade de maior precocidade e agilidade em todos os procedimentos, independente do número de horas preconcebido.

Primeiras 6 horas

	"VACA LOCA"
Volume	**L**actato
Antibiótico	**O**xigênio, veia, monitor
Culturas	**C**ateter vesical
Agentes inotrópicos (aminas)	**A**valiação complementar

1. **Volume:** 1.000mL de cristaloides em um período de 30 a 60 minutos, podendo ser repetidos novamente em novos 30 a 60 minutos. Os coloides, em dose três vezes menor que a dos cristaloides, podem ser utilizados nos casos de instabilidade hemodinâmica, edema pulmonar, edema periférico, com atenção aos fatores de custo (albumina), coagulopatia, imunossupressão e disfunção hepática (hidroxietilamido). As gelatinas e dextranas estão praticamente em desuso. A PVC deve ser mantida entre 8 e 12mmHg. Não há evidências que embasem a superioridade de coloides ou cristaloides.
2. **Antibiótico:** devem ser usados antibióticos de largo espectro, racionalizando de acordo com a cobertura desejada, de maneira precoce, preferencialmente em até 1 hora após o diagnóstico. Os antibióticos sugeridos encontram-se no Quadro 47.1.
3. **Culturas:** coletar antes do início do antibiótico. Deve-se coletar urina para urinocultura (não deve ser do coletor), líquor (em caso de suspeita de meningoencefalite), escarro (em caso de tosse produtiva), secreção purulenta (abscessos e tecidos necróticos), ponta de cateter (em caso de acesso profundo), hemoculturas de dois acessos periféricos diferentes ou um acesso periférico e um central (todos).
4. **Agentes inotrópicos (aminas):** indicados se, apesar da reposição volêmica, **PA sistólica < 90mmHg, PAM < 65mmHg ou débito urinário < 0,5mL/kg/h em pelo menos 1 hora** (noradrenalina ou dopamina). Dobutamina em caso de choque cardiogênico, associada a noradrenalina ou dopamina em caso de hipotensão.
    - **Noradrenalina:** iniciar com 0,05 a 0,1mcg/kg/min diluído em SG 5% ou SF 0,9%. Ampola de 4mg/4mL. Diluir 4 ampolas em 250mL de solução com concentração final de 64mcg/mL.

CAPÍTULO 47 | Sepse

Quadro 47.1 Tratamento antibiótico empírico da sepse

Comorbidade	Esquema antibiótico
Imunocompetente	Imipenem, 500mg EV de 6/6h, ou meropenem, 1g EV de 8/8h, ou cefepime, 2g EV de 8/8h, ou piperacilina-tazobactam, 3,375g EV de 4/4h. Alérgicos aos β-lactâmicos: ciprofloxacino, 400mg EV de 12/12h, ou levofloxacino, 750mg EV de 12/12h, com clindamicina, 600mg EV de 8/8h. O uso da vancomicina, 1g EV de 12/12h, está indicado em associação em caso de risco de MRSA
Usuário de substâncias EV	Vancomicina 1g EV de 12/12h
Neutropênico grave (< 500 neutrófilos/mcL)	Imipenem, 500mg EV de 6/6h, ou meropenem, 1g EV de 8/8h, ou cefepima, 2g EV de 8/8h. Em caso de alto risco para MRSA: vancomicina, 1g EV de 12/12h. Terapia antifúngica: caspofungina, 70mg EV, seguidos de 50mg EV/dia, ou anfotericina B em doses escalonadas, deve ser cogitada após 48 horas de uso da combinação antibiótica acima sem melhora do quadro
Esplenectomizado	Ceftriaxona, 2g EV de 12/12h, e vancomicina, 1g EV de 12/12h, se resistência de *S. pneumoniae* for alta. Em caso de alergia aos β-lactâmicos: vancomicina, 1g EV de 12/12h, e levofloxacino, 750mg EV a cada 24h
Imunossuprimido/AIDS	Imipenem, 500mg EV de 6/6h, ou meropenem, 1g EV de 8/8h, ou cefepime, 2g EV de 8/8h, ou piperacilina-tazobactam, 3,37g EV de 4/4h, + ciprofloxacino, 400mg EV de 12/12h, ou levofloxacino, 750mg EV de 12/12h, + vancomicina, 1g EV de 12/12h. Questionar sepse devido à pneumocistose, infecções fúngicas, virais ou micobacterioses

Risco para MRSA: uso de cateter intravascular, instituição com alto índice de infecção por MRSA, pós-quimioterapia, recebendo profilaxia com quinolona ou alto índice de MRSA na comunidade. Em esquemas nos quais as quinolonas são utilizadas como sinérgicas, uma opção é o uso de aminoglicosídeos: gentamicina ou tobramicina.

- **Dopamina:** iniciar com 5 a 10mcg/kg/min. Pode ser diluído em Ringer lactato, SG 5% ou SF 0,9%. Diluição de 5 ampolas de 10mL em 200mL da solução escolhida com 250mL de solução final. A concentração final é de 1mg/mL.
- **Dobutamina:** 2,5 a 20mcg/kg/min. Diluir ampola de 20mL para 250mL em SF 0,9% para alcançar a concentração de 1mg/mL.

5. **Lactato:** (≥ 4mmol/L) parâmetro de inadequação da oferta tecidual de oxigênio. *Clearance* **de lactato < 10% nas primeiras 6 horas é fator preditor de mau prognóstico.** Saturação venosa central de O_2 ou mista < 70% também serve como parâmetro de maior extração de oxigênio pelos tecidos, ou seja, pior perfusão. É necessária a reposição volêmica adequada e, se for o caso, uso de inotrópicos e hemotransfusão para melhora desses parâmetros.
6. **Oxigênio, veia, monitor:** manter o paciente em suporte de oxigênio em fluxo contínuo de 3 a 5L/min, puncionar acesso profundo e manter monitorização cardíaca (FC, PA, saturação de O_2, eletrocardiograma).
7. **Cateter vesical: débito urinário deve ser mantido > 0,5mL/kg/h**, em reposição de fluidos com/sem agentes inotrópicos, **PVC entre 8 e 12mmHg** e, se necessário, administrar **100mg de furosemida EV**.
8. **Avaliação complementar:** o paciente deve ser incessantemente examinado e monitorizado pelo médico responsável. Devem ser solicitados exames complementares, incluindo: **hemograma completo** (leucocitose ou leucopenia com desvio à esquerda – > 10% de bastonetes); transfusão de plaquetas se < 50.000 plaquetas/mm³ com sangramento ou < 20.000 plaquetas/mm³ com febre ou < 10.000 plaquetas/mm³ sem febre; transfusão de concentrado de hemácias quando hemoglobina < 7g/dL, com alvo de 9g/dL; **TAP e TTP** (alargados devido à disfunção hepática ou coagulopatia de consumo), **TGO, TGP, FA, γ-GT, bilirrubinas totais e frações** (alterados por lesão hepatocelular), **proteínas totais e frações** (hipergamaglobulinemia policlonal e hipoalbuminemia), **Na⁺, K⁺, Cl⁻, Mg⁺⁺, Ca⁺⁺, P** (distúrbios eletrolíticos), **ureia, creatinina** (insuficiência renal), **gasometria arterial e venosa central** (pH, FiO_2, PaO_2, excesso de bases, saturação venosa central), **HGT a cada 4 horas** (faixa desejável: 70 a 140mg/dL), **proteína C reativa**, **procalcitonina** (mais específica, mais sensível e com maior acurácia que a PCR para avaliação do estado inflamatório) e **exames de imagem** (busca do local de infecção).

Pacote de 24 horas

	"8 Is"
dIeta	glIcemia
cortIcoide	antIbiótico
dIálise	Inibidor de bomba
ventIlação mecânica	movImentar o paciente

1. **Dieta:** a presença de instabilidade hemodinâmica com uso crescente de agentes inotrópicos deve retardar em 24 a 48 horas o início da dieta por via parenteral (risco de agravamento de descompensações) e contraindica a via enteral (risco de colite isquêmica). Para os outros casos, o início precoce da dieta, preferencialmente pela via nasoenteral, parece ser benéfico. **A dieta deve compreender 20 a 30kcal/kg/dia, sendo 60% em glicídios, 1,5 a 2g/kg/dia em proteínas e o restante em lipídios**. Elementos funcionais, como os antioxidantes, alguns micronutrientes, arginina, glutamina e aminoácidos de cadeia ramificada, podem ser utilizados, mas necessitam ser mais bem estudados em busca de evidências mais robustas de seu benefício.
2. **Corticoide:** para os pacientes com hipotensão refratária à reposição de fluidos e necessidade de altas doses de agentes inotrópicos, iniciar **hidrocortisona 50mg EV a cada 6 horas no primeiro dia, com redução gradual após a estabilização hemodinâmica, mantendo por 5 a 7 dias**.
3. **Diálise:** a diálise está indicada para pacientes com **acidose, hipervolemia ou hipercalemia refratárias, síndrome urêmica ou azotemia grave** (*clearance* de creatinina < 15mL/min) e ureia > 200mg/dL (relativa). O uso do **bicarbonato** na acidose grave (pH < 7,2) carece de evidências favoráveis. Recomenda-se a reposição apenas se a acidose provocar um dano diretamente (arritmia cardíaca, disfunção miocárdica ou parada cardiorrespiratória). A acidose favorece a liberação do oxigênio nos tecidos pela hemoglobina (efeito Bohr). Na presença de acidose (pH < 7,2 e > 6,9), infundir **50mEq/L de NaHCO$_3$ 8,4% em 200mL de água destilada em conjunto com 10mEq/L de KCl 10% por 2 horas**. Na presença de acidose (pH < 6,9), infundir **100mEq/L de NaHCO$_3$ 8,4% em 400mL de água destilada em conjunto com 10mEq/L de KCl 10% por 2 horas**. A infusão pode ser repetida até que o pH se encontre > 7,0.
4. **Ventilação mecânica:** indicada em caso de **PaO$_2$ < 60mmHg, PCO$_2$ > 55mmHg, FR > 35irpm, rebaixamento do nível de consciência com incapacidade de defesa da via aérea**. As principais patologias são a lesão pulmonar aguda (PaO$_2$/FiO$_2$ < 300) e a SDRA (PaO$_2$/FiO$_2$ < 200). Recomenda-se utilizar a ventilação com pressão controlada (PCV). **Deve-se manter o paciente em baixo volume corrente (6mL/kg), "redução do *volutrauma*" e limitação do platô respiratório em 30cmH$_2$O, "redução do *barotrauma*")**. O uso da PEEP é responsável por recrutamento alveolar e redução do *atelectotrauma* e incrementa a PaO$_2$. A hipercapnia permissiva de leve a moderada, em razão do baixo volume corrente, é uma estratégia segura, não devendo causar preocupações quanto à acidose. A posição com **cabeceira a 45 graus** é recomendada para redução do risco de pneumonia relacionada com a ventilação mecânica. **A PaO$_2$ deve ser mantida > 60mmHg, com SatO$_2$ > 90%, e a FiO$_2$, preferencialmente, não deve ultrapassar os 60%**.
5. **Glicemia:** caso o paciente apresente glicemia > **180mg/dL, deve ser mantido em bomba de insulina regular ou insulinas ultrarrápidas, inicialmente em 0,05UI/kg/h, com metas entre 70 e 140mg/dL**. Inicialmente o hemoglucoteste deve ser realizado de hora em hora, com interrupção da infusão e tratamento de hipoglicemia caso HGT < 70mg/dL. A infusão pode ser aumentada caso a meta não tenha sido alcançada. Após o controle glicêmico, aferir apenas de 4/4h. Caso o paciente **volte a se alimentar normalmente, deve-se passar a prescrição da insulina para o esquema basal-*bolus* (insulina basal intermediária [NPH] ou lenta [glargina ou detemir], 0,3 a**

0,5UI/kg/dia, se NPH, dois terços pela manhã e um terço à noite, se glargina, 1×/dia + insulina ultrarrápida [lispro, aspart ou glulisina] ou regular, conforme esquema pré-alimentação) com 2UI a cada 40mg/dL acima da meta estipulada.
6. **Antibiótico:** o espectro da antibioticoterapia deve ser reduzido conforme o **resultado das culturas**.
7. **Inibidor de bomba: ranitidina, 50mg EV, de 8/8h, ou omeprazol, 40mg EV 1×/dia,** para prevenção de úlceras de Cushing.
8. **Movimentar o paciente:** o paciente deve ser **movimentado no leito de 4/4h pela equipe de enfermagem** com o intuito de prevenir úlceras de pressão relacionadas com a imobilidade no leito. **Colchões especiais** também podem ser utilizados. A profilaxia da trombose venosa profunda (TVP) é recomendada apenas quando o risco de trombose é superior ao risco de sangramento: **enoxaparina, 0,5mg/kg SC 1×/dia, heparina, 5.000UI SC de 12/12h, ou fondaparinux, 2,5mg SC 1×/dia.** O uso de compressão pneumática intermitente demonstrou benefícios apenas em pacientes cirúrgicos com contraindicação ao uso de anticoagulantes, não sendo recomendado para profilaxia de TVP na sepse.

Capítulo 48
Infestações por Helmintos

Guilherme Almeida Rosa da Silva • Flávia Regina Peixoto Pereira

"Um homem sem vermes é um homem morto."
(M.L. Cavaracol)

INTRODUÇÃO

Este capítulo abordará as principais infestações por helmintos registradas em território nacional, incluindo os seguintes tópicos: **ancilostomíase, larva *migrans* cutânea, tricuríase, toxocaríase, ascaridíase, enterobíase, estrongiloidíase, esquistossomose mansônica, fascioliase, teníase/cisticercose e equinococose (hidatidose).**

■ NEMATELMINTOS

ANCILOSTOMÍASE

A ancilostomíase (amarelão, opilação ou doença do jeca-tatu) é uma infecção intestinal causada pelos nematódeos *Ancylostoma duodenale* e *Necator americanus*, que vivem no intestino delgado, mais especificamente no duodeno e jejuno proximal. A transmissão ocorre quando a larva penetra pela pele do hospedeiro (principalmente nos pés descalços), causando uma dermatite característica. Após ganharem a circulação e romperem os capilares alveolares, as larvas seguem um fluxo ascendente até a glote. Nesse momento, são deglutidas e chegam ao trato gastrointestinal, fixando-se no intestino delgado para se alimentarem do sangue do hospedeiro e se reproduzirem.

QUADRO CLÍNICO

Muitos portadores são assintomáticos ou oligossintomáticos. A gravidade da doença está diretamente relacionada com a carga parasitária, o agente etiológico, a idade, o estado nutricional do hospedeiro e a intensidade da anemia:

- **Casos agudos:** algumas horas após a infestação maciça, os pacientes referem intenso prurido com sensação de queimação, edema e eritema local, associados às erupções papulares que evoluem para vesículas e pústulas no local da penetração das larvas. Quatro a 6 semanas depois, ocorrem náuseas, cefaleia, cansaço e tosse seca persistente. O comprometimento pulmonar depende da intensidade da infestação, podendo determinar pneumonia manifestada por febre, tosse seca e mal-estar geral (síndrome de Löeffler – edemaciação dos alvéolos, com infiltrado intersticial múltiplo e migratório, manifestações alérgicas, febre, bronquite e pneumonia). Em casos mais graves, pode haver broncoespasmo, dispneia e hemoptise, com ou sem reações de hipersensibilidade. Em geral, o quadro clínico é brando e efêmero. Quando os sintomas regridem, deixam apenas as desordens gastrointestinais (crônicas).
- **Casos crônicos:** queixas digestivas variadas, como dor epigástrica, geofagia (picamalacia), constipação intestinal ou diarreia, hematoquezia e síndrome anêmica em diferentes graus.

DIAGNÓSTICO

- **Sugestivo:** a presença de dermatite de entrada, geralmente em pés, anemia microcítica e hipocrômica, hipoalbuminemia, além de eosinofilia, deve suscitar o questionamento diagnóstico de ancilostomíase. Quando há síndrome de Löeffler, a radiografia de tórax revela infiltrado pulmonar múltiplo e migratório.

- **Definitivo:** estabelecido mediante a demonstração dos ovos nas fezes por meio das técnicas de sedimentação espontânea de Lutz, Willis ou Faust. Pode-se proceder à contagem dos ovos pelo método Kato-Katz para avaliar a intensidade da infestação.

TRATAMENTO

1. **Mebendazol** (1ª escolha): 100mg VO 2×/dia, por 3 dias consecutivos.
2. **Albendazol** (2ª escolha): 400mg VO em dose única. Para crianças, a dose é de 10mg/kg (crianças de 2 a 5 anos: 200mg/dia).
3. **Pamoato de pirantel** (3ª escolha): 20 a 30mg/kg/dia por 3 dias (comprimido de 750mg), com dose máxima de 1g.
4. **Nitazoxanida** (opção): adultos: 500mg VO 2×/dia por 3 dias; crianças de 1 a 12 anos: solução 0,375mL (7,5mg)/kg 2×/dia por 3 dias.
5. **Correção da anemia:** adultos: **sulfato ferroso**, 300mg (60mg de ferro elementar), um comprimido VO, 2 a 3×/dia, 40 minutos longe das refeições, com suco de laranja; crianças: sulfato ferroso gotas (25mg de ferro elementar/mL) até 1 ano: 6 gotas VO 3×/dia; 1 a 5 anos: 12 gotas VO 3×/dia, 40 minutos longe das refeições, com suco de laranja. Administrado em conjunto com ácido fólico, 5mg VO, um comprimido/dia – tratamento por no mínimo 3 meses.

COMPLICAÇÕES

Dermatite de entrada: **anti-histamínico** (loratadina, 10mg, um comprimido VO pela manhã) e, em casos acentuados, **creme de corticoide** (acetato de hidrocortisona creme: aplicar uma fina camada sobre a área afetada 2×/dia).

Os anti-helmínticos são contraindicados em gestantes.

Todos os pacientes devem ser orientados quanto aos mecanismos de transmissão e aos cuidados, como andar devidamente calçados. O tratamento em massa pode ser aplicado em algumas regiões de difícil controle.

LARVA MIGRANS *CUTÂNEA*

INTRODUÇÃO

A larva *migrans* cutânea (dermatite serpiginosa ou bicho geográfico) consiste na manifestação patológica da penetração na pele do ser humano das larvas do *Ancylostoma caninum* e *Ancylostoma braziliense* (entre outras espécies), ancilostomídeos do cão e do gato. Quando em contato com o solo contaminado por fezes de cães e gatos, a pele é penetrada por larvas que provocam erupções maculopapulares eritematosas, pruriginosas e serpiginosas, de aspecto geográfico (larva *migrans*). A infestação é frustra e não há evolução para um ciclo visceral.

TRATAMENTO

1. **Pomada tiabendazol a 5%** (1ª escolha): aplicar sobre as lesões 3×/dia por 10 dias.
2. **Tiabendazol** (2ª escolha): 25mg/kg (comprimido de 500mg ou suspensão 250mg/5mL) VO 2×/dia por 5 a 7 dias.
3. **Albendazol** (opção): 400mg VO 1×/dia por 3 dias. Para crianças, a dose é de 10mg/kg (crianças de 2 a 5 anos: 200mg/dia).
4. **Ivermectina** (opção): 200µg/kg VO em dose única.
5. **Nitazoxanida** (opção): adultos: 500mg VO 2×/dia por 3 dias; crianças de 1 a 12 anos: solução 0,375mL (7,5mg)/kg 2×/dia por 3 dias.

Os anti-helmínticos são contraindicados em gestantes.

Todos os pacientes devem ser orientados quanto aos mecanismos de transmissão e aos cuidados, como andar devidamente calçados.

TRICURÍASE

Doença causada pelo *Trichuris trichiura*, adquirido pela ingestão dos ovos em água e alimentos contaminados. O *Trichuris trichiura* vive habitualmente no intestino grosso do ser humano, preferencialmente no ceco e no apêndice.

QUADRO CLÍNICO

Em geral, as infestações são assintomáticas, exceto em casos de carga parasitária elevada e em crianças:

- **Carga parasitária moderada:** a apresentação mais comum é de diarreia crônica acompanhada de dor abdominal em cólica, náuseas e vômitos, e de distensão abdominal, geralmente interferindo no desenvolvimento infantil.
- **Carga parasitária alta:** diarreia com muco, sangue e tenesmo, podendo ser confundida com a disenteria amebiana. Anorexia, insônia e irritabilidade também são sintomas frequentes. Pode haver enterorragia de intensidade variável, resultando em anemia microcítica e hipocrômica. Nas infestações maciças em crianças desnutridas, é comum a associação com prolapso retal. Em 10% a 15% dos casos, pode haver uma dermatite tóxico-alérgica com eosinofilia periférica, manifestando-se como placas urticariformes.

DIAGNÓSTICO

Exame parasitológico de fezes. Recomendam-se os métodos de concentração de Lutz ou Faust e o método de Kato-Katz para determinação da carga parasitária.

TRATAMENTO

1. **Pamoato de pirantel** (1ª escolha): 10mg/kg VO em dose única (comprimido: 750mg).
2. **Mebendazol** (2ª escolha): 100mg 2×/dia por VO, durante 3 dias consecutivos.
3. **Albendazol** (3ª escolha): 400mg VO por 3 dias. Para crianças, a dose é de 10mg/kg (crianças de 2 a 5 anos: 200mg/dia).
4. **Nitazoxanida** (opção): adultos: 500mg VO 2×/dia por 3 dias; crianças de 1 a 12 anos: solução 0,375mL (7,5mg)/kg 2×/dia por 3 dias.

Os anti-helmínticos são contraindicados em gestantes.

Todos os pacientes devem ser orientados quanto aos mecanismos de transmissão e aos cuidados de higiene com a água e os alimentos, para evitar a reinfestação. O tratamento em massa pode ser aplicado em algumas regiões de difícil controle.

TOXOCARÍASE

A toxocaríase (larva *migrans* visceral) é causada pelo nematelminto *Toxocara canis* da família *Ascaridae* (entre outras espécies). É transmitido ao ser humano (sobretudo crianças) por meio da ingestão de ovos presentes nas fezes de cadelas prenhas ou filhotes, geralmente em parquinhos e em areia da praia. Outras formas de transmissão podem ocorrer mediante a ingestão de larvas em carnes malcozidas ou vísceras. Os ovos eclodem no intestino delgado e ganham a circulação, disseminando-se pelo organismo e podendo encistar-se nos órgãos. Nos alvéolos, as larvas amadurecem e, por meio de migração traqueal, atingem a idade adulta no intestino delgado.

QUADRO CLÍNICO

Pode ser dividido em toxocaríase visceral (febre, hepatomegalia e manifestações pulmonares), toxocaríase ocular isolada (endoftalmia crônica e granuloma posterior) e quadros atípicos (tosse, dor abdominal, *rash* e insônia). As infestações são assintomáticas na maioria dos casos, mas podem se apresentar como febre intermitente, prurido, síndrome consumptiva e sinais e sintomas relacionados com o órgão-alvo infestado.

DIAGNÓSTICO

- **Sugestivo:** presença de eosinofilia e hipergamaglobulinemia na avaliação por hemograma e bioquímica.
- **Definitivo:** detecção de anticorpos antitoxocara (IgM e IgG) por meio de ELISA. Histopatológico obtido por biópsia de tecidos infestados (forma visceral). Fundoscopia com visualização do granuloma formado pelo encistamento (forma ocular).

TRATAMENTO

1. **Ivermectina** (1ª escolha): 200µg/kg VO em dose única.
2. **Tiabendazol** (2ª escolha): 25mg/kg (comprimido de 500mg ou suspensão 250mg/5mL) VO 2×/dia por 5 a 7 dias.
3. **Albendazol** (3ª escolha): 400mg VO 1×/dia por 3 dias. Para crianças, a dose é de 10mg/kg (crianças de 2 a 5 anos: 200mg/dia).
4. **Nitazoxanida** (opção): adultos: 500mg VO 2×/dia por 3 dias; crianças de 1 a 12 anos: solução 0,375mL (7,5mg)/kg 2×/dia por 3 dias.

Formas oculares devem ser avaliadas por oftalmologista.
Os anti-helmínticos são contraindicados em gestantes.
Todos os pacientes devem ser informados quanto ao mecanismo de transmissão e aos hábitos de higiene, como não levar a mão à boca. Caso possuam cães, estes devem ser avaliados por veterinário e, se portadores da helmintíase, devem ser tratados.

ASCARIDÍASE

Infestação parasitária humana causada pelo *Ascaris lumbricoides*, que habita a luz do intestino delgado (90% habitam o jejuno) em número variável, a ascaridíase é a helmintíase mais prevalente no mundo (em torno de 1,5 bilhão de pessoas). Os casos raramente são fatais, mas levam a desnutrição, diminuição da capacidade de trabalho dos indivíduos e, em alguns casos, emergências médicas, como obstrução intestinal por bolo de áscaris, síndrome colestática, com ou sem colangite, abscesso hepático e pancreatite, devido à penetração do helminto no ducto colédoco. Essa infestação ocorre após a ingestão de ovos de *A. lumbricoides* em água ou alimentos, principalmente verduras, e ocasionalmente pelo contato da mão contaminada com ovos levada à boca. Os ovos são disseminados no ambiente pelo toque humano, vento, chuva e animais coprófagos.

QUADRO CLÍNICO

O quadro clínico é variável, e a maioria das infestações é assintomática. A síndrome de Löeffler pode estar presente. As manifestações da infestação intestinal dependem da carga parasitária e podem levar a anorexia, náuseas, vômitos, dor abdominal e diarreia.

DIAGNÓSTICO

- **Sugestivo:** anemia microcítica hipocrômica e eosinofilia no hemograma completo. Radiografia simples de abdome com contraste oral pode demonstrar falhas de enchimento sugestivas da presença do parasita. O achado radiológico em "miolo de pão" ("bolo de áscaris") é muito sugestivo em obstruções por ascaridíase. Quando há síndrome de Löeffler, a radiografia de tórax revela infiltrado pulmonar múltiplo e migratório.

- **Definitivo:** eliminação espontânea do helminto pela boca ou pelo ânus. Pesquisa de ovos no exame parasitológico de fezes pelo método de sedimentação de Lutz ou Hoffman e métodos de suspensão, como o de Faust.

TRATAMENTO

1. **Albendazol** (1ª escolha): 400mg VO em dose única para adultos; para crianças, a dose é de 10mg/kg (crianças de 2 a 5 anos: 200mg/dia).
2. **Mebendazol** (2ª escolha): 100mg 2×/dia VO por 3 dias consecutivos.
3. **Levamizol** (3ª escolha): 150mg VO em dose única. Crianças < 8 anos: 40mg; > 8 anos: 80mg VO em dose única.
4. **Pamoato de pirantel** (4ª escolha): 10mg/kg VO (máximo 1g) em dose única.
5. **Nitazoxanida** (opção): adultos: 500mg VO 2×/dia por 3 dias; crianças de 1 a 12 anos: solução 0,375mL (7,5mg)/kg 2×/dia por 3 dias.

COMPLICAÇÕES

1. **Bolo de áscaris:** jejum + piperazina, 50 a 100mg/kg/dia (máx: 3,5g) VO ou por cateter nasogástrico por 2 dias, 30 minutos após a primeira dose de óleo mineral, 40 a 60mL/dia. Manter o paciente bem-hidratado e, se necessário, em uso de antiespasmódicos (Buscopan® – adultos: 20 a 40 gotas, crianças de 1 a 6 anos: 5 a 10 gotas, 3 ou 4×/dia). Caso não haja melhora em 48 horas, pode-se manter o tratamento com piperazina por mais 3 dias ou realizar cirurgia.
2. **Ascaridíase biliar:** endoscopia digestiva está indicada nos casos de obstrução biliar ou pancreática com retirada mecânica do helminto.
3. O tratamento das complicações deve ser seguido do tratamento da helmintíase.

Os anti-helmínticos são contraindicados em gestantes.

Todos os pacientes devem ser orientados quanto aos mecanismos de transmissão e aos cuidados higiênicos com a água e os alimentos, para evitar reinfestação. O tratamento em massa pode ser aplicado em algumas regiões de difícil controle.

ENTEROBÍASE

Infecção causada pelo *Enterobius vermiculares*, de localização preferencial no ceco, apêndice, cólon e reto.

CONSIDERAÇÕES

A transmissão acontece mediante a autoinfestação externa ou direta (coçadura de região perianal contendo ovos, com a mão levada até a boca), autoinfestação indireta (ovos presentes na poeira e alimentos atingindo o mesmo hospedeiro eliminador dos ovos), heteroinfestação (ovos na poeira ou alimentos atingindo novo hospedeiro), retroinfestação (migração das larvas da região perianal até pontos superiores do intestino grosso, onde se tornam adultas) e autoinfestação interna (ovos eclodem no reto e alcançam regiões superiores do intestino grosso, tornando-se adultos).

QUADRO CLÍNICO

Inflamação com irritação perianal e sintomas gastrointestinais, como náuseas, vômitos e dor abdominal em cólica, eventualmente com evacuações sanguinolentas. O sintoma mais comum é o prurido anal, noturno, às vezes tão intenso que desencadeia lesão anal, insônia e até mesmo proctite.

Nas mulheres, o verme pode migrar da região anal para a genital, ocasionando prurido vulvar, compulsão masturbatória, corrimento vaginal e infecção do trato urinário.

Podem ocorrer migrações ectópicas, levando a quadros de apendicites, salpingites, granulomas peritoneais, granulomas perianais e doença inflamatória pélvica.

DIAGNÓSTICO

Pesquisa de ovos pela técnica de Graham (fita gomada) ou método de Hall (*swab* anal), seguida pela busca de ovos em microscópio. Podem ser identificados os helmintos, semelhantes a linhas em roupas de cama e região perianal.

TRATAMENTO

1. **Pamoato de pirvínio** (1ª escolha): drágea de 100mg ou suspensão 10mg/mL – 10mg/kg VO em dose única.
2. **Pamoato de pirantel** (2ª escolha): comprimido de 750mg – 10mg/kg VO em dose única.
3. **Mebendazol** (3ª escolha): 100mg VO 2×/dia por 3 dias.
4. **Albendazol** (4ª escolha): 10mg/kg de peso VO em dose única (dose máxima: 400mg). Para crianças a dose é de 10mg/kg (crianças de 2 a 5 anos: 200 mg/dia).
5. **Nitazoxanida** (opção): adultos: 500mg VO 2×/dia por 3 dias; crianças de 1 a 12 anos: solução 0,375mL (7,5mg)/kg 2×/dia por 3 dias.

Os anti-helmínticos são contraindicados em gestantes.

Todos os pacientes devem ser orientados quanto aos mecanismos de transmissão e aos cuidados higiênicos, como lavagem das mãos, cuidados com os alimentos e troca e lavagem das vestimentas e roupas de cama. Não coçar a região perianal e não levar a mão à boca.

ESTRONGILOIDÍASE

Doença parasitária intestinal causada pelo *Strongyloides stercoralis*. A transmissão ocorre a partir da entrada das larvas filarioides na pele humana que, através da corrente sanguínea, alcançam os alvéolos pulmonares para realizar a migração traqueal. Ao atingirem o trato gastrointestinal, as larvas chegam até o duodeno-jejuno para alcançar a forma de fêmeas adultas. Após a deposição dos ovos no intestino, estes eclodem em larvas rabditoides, que são eliminadas pelas fezes. As larvas rabditoides podem se desenvolver em macho e fêmea de vida livre que, mediante reprodução sexuada ou por amadurecimento, geram as larvas filarioides, reiniciando o ciclo. Na autoinfestação, as larvas rabditoides amadurecem em larvas filarioides que penetram na mucosa e ganham a circulação sanguínea.

QUADRO CLÍNICO

Os casos são frequentemente assintomáticos, porém as formas sintomáticas inicialmente apresentam diversas alterações cutâneas pela penetração das larvas na pele com lesões urticariformes, maculopapulares, lesão serpiginosa ou linear pruriginosa migratória (larva *currens*).

Pode haver manifestação aguda com ou sem síndrome de Löeffler (dispneia, broncoespasmo, tosse seca e edema pulmonar) em razão da penetração das larvas nos pulmões.

A infestação intestinal pode levar a queixas de dor abdominal, diarreia, flatulência, náuseas e vômitos e dor epigástrica. A síndrome de hiperinfecção ou estrongiloidíase grave com sepse por gram-negativos (mais comum em imunossuprimidos e pacientes em uso crônico de corticoesteroides) é acompanhada de febre, anorexia, náuseas e vômitos, diarreias profusas, *rash* e manifestações pulmonares, como dispneia, broncoespasmo, tosse seca, hemoptise e insuficiência respiratória (raro).

DIAGNÓSTICO

- **Suspeito:** hemograma completo, demonstrando eosinofilia.
- **Definitivo:** exame parasitológico de fezes pelo método de Baermann-Moraes. As larvas podem ser encontradas em secreção duodenal, escarro, lavado ou escovado brônquico, biópsia trans-

brônquica e, nos casos de disseminação, podem ser encontradas em qualquer tecido orgânico, inclusive líquido cefalorraquidiano. Diagnóstico sorológico: dos métodos já desenvolvidos, o que demonstrou maior sensibilidade e especificidade (> 90%) foi o de ELISA, que detecta IgG específica. No entanto, também podem ser realizadas hemaglutinação indireta e imunofluorescência indireta.

TRATAMENTO

1. **Cambendazol** (comprimido de 180mg e suspensão 6mg/mL): 5mg/kg VO à noite, em dose única ao deitar.
2. **Tiabendazol** (comprimido de 500mg): 50mg/kg VO à noite, ao deitar, ou 25mg/kg/dia por 5 a 7 dias (máx: 3g/dia).
3. **Ivermectina** (comprimido de 6g): dose única VO, seguindo a escala de peso corporal (15 a 24kg: meio comprimido; 25 a 35kg: um comprimido; 36 a 50kg: um comprimido e meio; 51 a 65kg: dois comprimidos; 65 a 79kg: dois comprimidos e meio; 80kg: três comprimidos ou 200mg/kg). Para o tratamento da hiperinfecção, deve-se estender o tratamento por no mínimo 5 a 7 dias.
4. **Albendazol:** 400mg por 3 dias. Para crianças, a dose é de 10mg/kg (crianças de 2 a 5 anos: 200 mg/dia).
5. **Nitazoxanida** (opção): adultos: 500mg VO 2×/dia por 3 dias; crianças de 1 a 12 anos: solução 0,375mL (7,5mg)/kg 2×/dia por 3 dias.

Os anti-helmínticos são contraindicados em gestantes.

Todos os pacientes devem ser orientados quanto aos mecanismos de transmissão e aos cuidados, como andar devidamente calçados. Recomenda-se o tratamento para estrongiloidíase antes de iniciar corticoterapia em dose imunossupressora ou quimioterapia.

■ TREMATÓDEOS

ESQUISTOSSOMOSE MANSÔNICA

Causada pelo *Schistosoma mansoni*, trematódeo que vive no sistema porta e utiliza o intestino do hospedeiro para fazer suas posturas, produzindo uma doença de evolução arrastada, causadora de uma fase aguda que evolui para cronicidade, na maioria das vezes de maneira assintomática. Infesta hospedeiros que entram em contato com coleções de água doce que contêm cercárias eliminadas por moluscos do gênero *Biomphalaria*. Durante a anamnese, é importante avaliar a procedência e as viagens do paciente para áreas endêmicas, que incluem a Zona da Mata e parte do agreste, desde o Rio Grande do Norte até o sul da Bahia, além do nordeste do estado de Minas Gerais. São Paulo, Rio de Janeiro, Pará, Maranhão, Espírito Santo, Goiás, Distrito Federal e Paraná apresentam eventuais focos endêmicos da infestação.

QUADRO CLÍNICO

- **Fase aguda:** pode ser assintomática ou se manifestar como uma dermatite urticariforme (pela penetração cutânea das cercárias), acompanhada de erupção papular com eritema, edema e prurido até 5 dias após penetração da larva.
  De quatro a 8 semanas após a exposição inicial, pode ocorrer a forma aguda, ou "febre de Katayama", caracterizada por febre alta e prolongada, calafrios, sudorese, tosse seca, anorexia, cefaleia, mialgia, náuseas e vômitos, diarreia, hepatomegalia e dor abdominal.
- **Fase crônica:** ocorre após 6 meses de infestação, apresentando diversas formas clínicas.
- **Hepática:** fígado palpável e endurecido ao exame físico. Nos exames de imagem, identifica-se fibrose hepática de moderada a intensa.
- **Hepatointestinal:** presença de epigastralgia e diarreia; fígado palpável e nodular (áreas de fibrose granulomatosa periporta).

- **Hepatoesplênica compensada:** presença de hipertensão porta com hepatoesplenomegalia e varizes esofagianas. Dores abdominais atípicas e alteração do hábito intestinal podem estar presentes. O paciente pode apresentar hemorragia digestiva alta (hematêmese e melena).
- **Hepatoesplenomegalia descompensada:** caracterizada por hepatomegalia com fibrose perivascular, esplenomegalia de grande monta, hiperesplenismo, ascite, circulação colateral, varizes de esôfago, hematêmese, anemia e desnutrição. A presença de disfunção orgânica, determinada por focos granulomatosos dados pela presença dos ovos em pulmões, coração e SNC, indica estágio avançado.

DIAGNÓSTICO

- **Sugestivo:** leucocitose intensa com eosinofilia de 20% a 30%, podendo ultrapassar 70%. Presença de exames de imagem revelando fibrose hepática e esplenomegalia.
- **Definitivo:** diagnóstico parasitológico/exame de fezes: as técnicas mais utilizadas são o método de sedimentação espontânea – Lutz – e o método quantitativo de Kato-Katz. Às vezes, são necessários pelo menos seis exames parasitológicos de fezes, caso haja persistência de negatividade dos exames. Biópsia retal: exame de fácil execução e indolor. Biópsia hepática pode ser diagnóstica em situações extremas. Métodos sorológicos, como fixação do complemento, ELISA e imunofluorescência, podem ser úteis nas formas crônicas.

TRATAMENTO

1. **Praziquantel:** 60mg/kg de peso, em dose única ou fracionada em duas doses separadas por 6 horas, para crianças até 15 anos de idade, e 50mg/kg de peso, em dose única ou fracionada em duas doses separadas por 6 horas, para adultos. É encontrada na forma de comprimidos de 500mg.
2. **Oxamniquina:** adultos: 15mg/kg VO; crianças, 20mg/kg VO em dose única, 1 hora após as refeições.

São contraindicados durante a gestação, na amamentação (só se deve amamentar 72 horas após a administração do medicamento, e o risco/benefício deve ser avaliado pelo médico), < 2 anos de idade, insuficiência hepática grave (fase descompensada), insuficiência renal e outras situações graves de descompensação clínica.

A esquistossomose é uma doença de notificação compulsória nas áreas não endêmicas e, quando o caso for grave, em áreas endêmicas.

CONTROLE DE CURA

O controle de cura na esquistossomose é obrigatório. Recomendam-se um exame parasitológico de fezes a cada 30 dias (total de seis exames) e a realização de biópsia retal ao final de 180 dias.

FASCIOLÍASE

Infestação causada pela *Fasciola hepatica* e *Fasciola gigantica*, parasitas dos canais biliares de bovinos, ovinos, caprinos, suínos, equinos e, raramente, do ser humano. Os ovos são eliminados nas fezes e dão origem aos miracídios, que irão penetrar em caramujos do gênero *Lymnaea*. O caramujo libera as metacercárias, que são ingeridas pelo ser humano, principalmente através do consumo do agrião e água contaminada.

QUADRO CLÍNICO

Grande parte dos infestados é assintomática, mas a alta carga parasitária pode determinar síndrome colestática, hepatomegalia, febre, dor em hipocôndrio direito e cirrose biliar secundária.

DIAGNÓSTICO

- **Suspeito:** hemograma com eosinofilia.
- **Definitivo:** encontro de ovos de *Fasciola* em exame parasitológico de fezes. A sorologia pelo método de ELISA, a fixação de complemento e a imunofluorescência são métodos úteis.

TRATAMENTO

1. **Praziquantel** (comprimido de 500mg): 25mg/kg de peso VO, em três tomadas em 1 dia.
2. **Triclabendazol:** 10mg/kg VO em dose única (medicação de difícil aquisição, geralmente disponível para uso veterinário).

Nenhum desses medicamentos é indicado para gestantes.

Todos os pacientes devem ser alertados sobre o mecanismo de transmissão e devem receber orientações de cuidados com a água e a higiene dos alimentos.

■ CESTÓDEOS

TENÍASE E CISTICERCOSE

A teníase é causada pela presença da forma adulta da *Taenia solium* (porco) ou *Taenia saginata* (boi). A cisticercose é causada pela presença dos cisticercos de *Taenia solium* nos tecidos humanos. A teníase é adquirida mediante a ingestão dos cisticercos presentes nas carnes malcozidas de suínos e bovinos. A cisticercose é adquirida por meio da ingestão dos ovos ou proglotes grávidas da *Taenia solium* eliminadas pelas fezes, presentes em água ou alimentos contaminados, assim como acontece com os suínos.

QUADRO CLÍNICO

A teníase pode causar dores abdominais (que geralmente melhoram com a ingestão de alimentos), náuseas, anorexia, emagrecimento, diarreia ou constipação, tonturas, astenia, insônia, cefaleia, irritabilidade e distensão abdominal. Em poucos casos, ocorrem oclusão intestinal, biliar ou pancreática, apendicite e peritonite. A infestação pode ser percebida pela eliminação das proglotes dos parasitas nas fezes do hospedeiro.

As manifestações clínicas da cisticercose dependem da quantidade de cisticercos, do tecido acometido e da imunidade do hospedeiro. As formas mais graves estão localizadas no SNC (neurocisticercose) e determinam sintomas como cefaleia, convulsões, distúrbios psiquiátricos e hipertensão intracraniana, entre outros.

DIAGNÓSTICO

- **Sugestivo:** teníase e cisticercose: eosinofilia e níveis elevados de IgE no soro podem ser detectados; cisticercose: radiografia simples, TC e RNM ajudam na detecção dos cisticercos.
- **Definitivo:** teníase: visualização de proglotes nas fezes. Demonstração de ovos nas fezes – a técnica recomendada é a de sedimentação de Lutz (rendimento baixo devido à eliminação de proglotes e não de ovos). Outra técnica utilizada consiste no método da fita de Graham, objetivando recuperar os ovos aderidos à borda anal. Cisticercose: sorologia no soro e no LCR – fixação do complemento, hemaglutinação e imunofluorescência – confirma o diagnóstico de neurocisticercose.

TRATAMENTO

Teníase

1. **Praziquantel** (comprimido de 500mg): 5 a 10mg/kg de peso corporal VO em dose única.
2. **Niclosamida** (comprimido de 500mg): 2g VO em dose única (1g para crianças de 2 a 8 anos e 0,5g para < 2 anos).

3. **Mebendazol:** 200mg VO 2×/dia por 3 dias.
4. **Albendazol:** 400mg/dia por 3 dias. Para crianças, a dose é de 10mg/kg (crianças de 2 a 5 anos: 200mg/dia).
5. **Nitazoxanida** (opção): adultos: 500mg VO 2×/dia por 3 dias; crianças de 1 a 12 anos: solução 0,375mL (7,5mg)/kg 2×/dia por 3 dias.

NEUROCISTICERCOSE

1. **Praziquantel** (comprimido de 500mg): 50mg/kg/dia por 21 dias, associados a dexametasona, 4mg EV de 6/6h (redução da resposta inflamatória à morte dos cisticercos).
2. **Albendazol** (comprimido de 400mg): 15mg/dia por 30 dias em três tomadas diárias, associados a 100mg de metilprednisona no primeiro dia de tratamento. Nos outros dias, a metilprednisona deve ser reduzida para 20mg/dia por 30 dias.
3. Atenção para profilaxia anticonvulsivante em caso de crises (carbamazepina – comprimido de 200mg – dose de 600 a 1.200mg/dia em 3 tomadas; 20 a 30mg/kg/dia em crianças).

Nenhum desses medicamentos está indicado para gestantes no primeiro trimestre de gestação e em crianças < 1 ano de idade.

Todos os pacientes devem ser orientados quanto aos mecanismos de transmissão e aos cuidados com a higiene da água e dos alimentos, além do consumo de carnes bem cozidas.

EQUINOCOCOSE (HIDATIDOSE)

Infestação causada pelo complexo *Echinococcus granulosus*. O ciclo é mantido entre ruminantes, cães e raposas. Os canídeos comem as vísceras infestadas dos ruminantes e passam a eliminar os ovos do *Echinococcus granulosus*. O ser humano ao ingerir os ovos através de água e alimentos contaminados desenvolve as hidátides reprodutoras do *Echinococcus* nos tecidos (fígado e pulmões). Endêmico na Região Sul do Brasil.

QUADRO CLÍNICO

A forma biliar apresenta-se com dispepsia pós-prandial, dor abdominal e icterícia colestática. A forma tumoral desenvolve-se com massa hepática de bordo regular e pouco sensível à palpação. A forma pulmonar, geralmente assintomática, pode apresentar tosse, dor torácica, dispneia e, ocasionalmente, hemoptise. Um cisto ao se romper, drenando para o brônquio, pode gerar vômica. A localização óssea, menos frequente, costuma manifestar-se por fraturas patológicas ou por compressão medular. A ruptura de cisto de qualquer localização pode causar reações anafiláticas graves.

DIAGNÓSTICO

- **Sugestivo:** revelação de cistos hepáticos e pulmonares por meio de métodos de imagem. Os cistos têm aspecto circular, homogêneo e bem-delimitado, fazendo diagnóstico diferencial com outras tumorações císticas.
- **Definitivo:** sorologia por ELISA, *immunoblot*, hemaglutinação ou imunodifusão. Em caso de rompimento e na aspiração do cisto durante o tratamento, pode-se proceder à identificação da parede do cisto (membrana anista) ou dos protoescóceles do helminto.

TRATAMENTO

1. **Pequenos cistos e em casos de abordagem cirúrgica: albendazol**, 400mg/dia por 12 semanas até 6 meses a 2 anos. Para crianças, a dose é de 10mg/kg (crianças de 2 a 5 anos: 200mg/dia). Opção: **praziquantel**, 50mg/kg/dia por 2 semanas.

2. **Aspiração percutânea/escolicida e reaspiração:** o tratamento deve ser precedido por **albendazol, 15mg/kg 2×/dia por 4 dias**, como profilaxia da ruptura do cisto.
3. **Cirurgia:** cistos multiloculados, comunicantes com a árvore biliar e cistos muito superficiais. Deve ser precedida por **albendazol, 15mg/kg 2×/dia por 4 dias**, como profilaxia da ruptura do cisto.
4. **Anafilaxia por ruptura dos cistos:** veja o capítulo sobre anafilaxia.

Nenhum desses medicamentos está indicado para gestantes.

Todos os pacientes devem ser alertados quanto aos meios de transmissão e aos cuidados com a higiene da água e dos alimentos.

Capítulo 49
Infecções por Protozoários

Guilherme Almeida Rosa da Silva • Flávia Regina Peixoto Pereira

■ AMEBÍASE

A amebíase consiste em uma infecção causada pelo protozoário *Entamoeba histolytica*, com manifestações clínicas agudas e crônicas, sendo adquirida após a ingestão de água ou alimentos contaminados contendo cistos maduros ou na transmissão fecal-oral direta (mãos sujas) e prática sexual oroanal. O período de incubação é de cerca de 2 a 4 semanas, podendo variar em dias, meses ou anos. Apesar de ser fundamentalmente uma doença do intestino grosso, a amebíase pode invadir outros órgãos, como fígado, pulmões, SNC (meningite, abscesso cerebral) e, com menor frequência, causar peritonite, pericardite e lesões cutâneas e genitais.

QUADRO CLÍNICO

Em 90% dos casos há a colonização do hospedeiro por espécies não patogênicas de *Entamoeba* no intestino. Nos 10% restantes, há um espectro de síndromes clínicas que variam desde disenteria até abscessos hepáticos ou em outros órgãos. Entre as formas sintomáticas, destacam-se:

- **Colite amebiana não disentérica:** trata-se da forma mais frequente da amebíase aguda. Tem início insidioso com crises de diarreia, número menor de evacuações, fezes amolecidas ou pastosas, com muco ou sangue, acompanhadas de dor abdominal em cólica, dor periumbilical, flatulência e desconforto abdominal.
- **Colite amebiana disentérica:** início súbito com diarreia líquida, de pequeno volume, com até 10 ou mais evacuações por dia, de aspecto mucossanguinolento, com ou sem secreção purulenta, já revelando lesão inflamatória e ulcerativa no intestino. Ocorrem febre e calafrios, dor no andar inferior do abdome ou em quadrante inferior direito, tenesmo, epigastralgia, flatulência e pirose. A sintomatologia pode regredir espontaneamente ou evoluir para o estado de colite crônica, com períodos de constipação intestinal, flatulência e desconforto abdominal.
- **Complicações:** megacólon tóxico, granulomas amebianos (amebomas, lesões pseudotumorais que podem mimetizar carcinoma de cólon), geralmente localizados no ceco e ou região ascendente do cólon, colite necrosante fulminante (pode ocorrer em imunodeprimidos, desnutridos, gestantes e pacientes em uso de corticoesteroides), úlceras perianais que podem fistulizar, abscessos hepático, pulmonar ou cerebral, empiema pleural, pericardite, peritonite e lesões cutâneas e genitais.

DIAGNÓSTICO

- **Suspeito: colonoscopia** – as lesões amebianas podem apresentar-se como úlceras rasas, com aspecto em "botão de camisa", de aproximadamente 1 a 2mm de diâmetro e com distribuição segmentar. Observação de abscessos em órgãos-alvo por meio de imagem.
- **Definitivo: pesquisa direta do parasita nas fezes** – a eliminação de cistos ocorre com portador assintomático ou doença invasiva. A presença de trofozoítas contendo hemácias em seu interior é característica de amebíase invasiva. **Pesquisa do parasita em tecidos** – coleta de material por biópsia por meio de endoscopia, retossigmoidoscopia ou do aspirado do abscesso. **Anticorpos séricos** – apresentam elevada sensibilidade nos casos de abscesso hepático amebiano, em que a pesquisa direta nas fezes pode estar negativa.

TRATAMENTO

Formas intestinais oligossintomáticas

1. **Secnidazol** (1ª opção): adultos: 2g VO em dose única (comprimido de 500mg); crianças: 30mg/kg/dia VO, não ultrapassando o máximo de 2g/dia. Deve ser evitado no primeiro trimestre da gravidez e na amamentação.
2. **Metronidazol** (2ª opção): adultos: 500mg VO 3×/dia por 5 dias; crianças: 35mg/kg/dia, divididos em três tomadas por 5 dias.
3. **Tinizadol** (comprimido de 500mg) (3ª opção): adultos: 2g VO por 2 dias após uma das refeições; crianças: 50mg/kg/dia.

Formas graves intestinais ou extraintestinais

1. **Metronidazol** (1ª opção): 750mg VO 3×/dia por 10 dias; crianças: 50mg/kg/dia em três tomadas por 10 dias.
2. **Tinidazol** (2ª opção): 2g VO após uma refeição por 3 dias. Crianças: 50mg/kg/dia.
3. **Drenagem do abscesso:** em casos refratários ao tratamento clínico, abscessos muito grandes e com sintomatologia acentuada.

Erradicação de trofozoítas e cistos (sempre após tratamento)

1. **Teclozan:** 100mg VO 3×/dia por 5 dias.
2. **Etofamida:** 200mg VO 3×/dia por 5 dias.

Todos os pacientes devem receber orientações quanto ao mecanismo de transmissão e aos cuidados que devem ser praticados com a higiene da água e dos alimentos.

■ GIARDÍASE

Infecção causada pelo protozoário *Giardia lamblia*, encontrado em toda a extensão do intestino delgado e, excepcionalmente, no intestino grosso. A transmissão desse protozoário é fecal-oral, através de água e alimentos contaminados pelos cistos. O período de incubação da doença é de 1 a 4 semanas, com média de 7 a 14 dias; em alguns casos, a sintomatologia pode iniciar-se horas após a ingestão do alimento contaminado.

QUADRO CLÍNICO

A maioria das infecções é assintomática. A infecção sintomática pode aparecer na **forma aguda** com diarreia acompanhada de dor em hipocôndrio direito, sendo confundida com a dor biliar. A **forma subaguda** é caracterizada por esteatorreia, fadiga, anorexia, flatulência e distensão abdominal. A **enterite crônica** manifesta-se com diarreia fétida e, às vezes, de coloração esverdeada. Quando os parasitas se localizam no duodeno, as queixas predominantes são: epigastralgia, pirose, náuseas e plenitude pós-prandial. Quando presentes em grande quantidade, prejudicam a absorção de lipídios, de vitaminas lipossolúveis (A, D, E, K), de vitamina B_{12} e de ácido fólico. Não há invasão da mucosa intestinal.

DIAGNÓSTICO

- **Sugestivo:** anemia macrocítica e deficiência de vitamina B_{12} e ácido fólico. Coloração *Sudan Red* positiva nas fezes ou teste quantitativo de gordura > 7g (esteatorreia).
- **Definitivo: parasitológico de fezes** – pesquisa de trofozoítas e cistos. Se o exame direto a fresco for negativo, recomenda-se exame pelo método de concentração – Faust ou Lutz. É frequente a ocorrência de falso-negativos devido à eliminação intermitente dos cistos. **Aspirado duodenal** –

pesquisa de trofozoítas pelo método direto a fresco ou corado pelo Lugol (utilizado somente quando os testes não invasivos são inconclusivos). **Biópsia da segunda porção do duodeno** – de grande valor diagnóstico em adultos, apresenta sensibilidade muito maior do que o aspirado duodenal. Utilizada somente quando os testes não invasivos são inconclusivos. **Diagnóstico sorológico** – a pesquisa de anticorpos antigiárdia das classes IgM e IgG pela técnica de ELISA apresenta altas sensibilidade e especificidade (96%).

TRATAMENTO

1. **Secnidazol** (1ª escolha): adultos: 2g VO em dose única após a refeição (comprimido de 500mg); crianças: 30mg/kg/dia após a refeição.
2. **Tinidazol** (2ª escolha): adultos: 2g em dose única após refeição (comprimido de 500mg); crianças: 30mg/kg em dose única após refeição.
3. **Metronidazol** (3ª escolha): adultos: 250mg 2×/dia durante 5 dias; crianças: 15mg/kg/dia VO, divididos em duas tomadas.

Todos os pacientes devem receber orientações quanto ao mecanismo de transmissão e aos cuidados que devem ser praticados com a higiene da água e dos alimentos.

Capítulo 50
Herpes-zóster

Ricardo de Souza Carvalho • Carla Valadão de Freitas Martins • Ana Carolina Andorinho de Freitas Ferreira

INTRODUÇÃO

O herpes-zóster é a doença infecciosa causada pela reativação seguida da replicação do até então latente vírus varicela-zóster (VVZ). **A infecção é caracterizada pela inflamação aguda da raiz nervosa** ou do segmento proximal do nervo craniano (radiculite) ou do gânglio sensitivo dorsal (ganglionite), **produzindo síndrome álgica súbita, associada ou não a erupções vesiculares ou bolhosas restritas a um ou mais dermátomos.**

ETIOLOGIA

A varicela-zóster é um vírus pertencente à família Herpesveridae, da qual fazem parte ainda o herpes simples 1 a 6, o Epstein-Barr e o citomegalovírus, todos com capacidade biológica de se manterem latentes por período indeterminado, com recrudescências por ocasião de imunossupressão que podem ocorrer por inúmeros fatores. O VVZ é exclusivamente humano e apresenta um único sorotipo.

EPIDEMIOLOGIA

O vírus herpes-zóster é o agente etiológico mais comum das radiculites e ganglionites virais, com prevalência anual de cerca de 500 mil casos somente nos EUA. A infecção acomete principalmente indivíduos adultos, sendo sua frequência de oito a dez vezes maior em pessoas > 60 anos. Os pacientes com infecção ativa são contagiosos e transmitem o vírus a indivíduos suscetíveis através do contato com a secreção contida nas vesículas. O período de transmissão estende-se de 1 a 2 dias antes do aparecimento das vesículas até 5 a 7 dias de infecção, ou até a presença unicamente de crostas. Não é comum que indivíduos adquiram herpes-zóster a partir de pessoas com varicela. Quando ocorre em crianças, o quadro tende a ser mais brando e geralmente está associado à infecção por varicela. A infecção pelo VVZ depende de condições inerentes ao paciente; portanto, pode ocorrer em qualquer época do ano.

FISIOPATOGENIA

Na infecção primária (varicela), o VVZ penetra o organismo humano através das vias respiratórias e se dissemina presumidamente por via hematogênica para outros órgãos, incluindo os gânglios nervosos, cuja invasão também se processa através dos nervos periféricos a partir das lesões vesiculares cutâneas, onde ocorre seu armazenamento vitalício. A manifestação do quadro de herpes-zóster, em função dos fatores imunossupressores, seria decorrente da reativação e replicação dos vírus latentes nos gânglios nervosos espinais ou cranianos e seu transporte retrógrado à pele, manifestando um *rash* autolimitado e doloroso no dermátomo correspondente.

É bastante conhecida a associação do herpes-zóster com estado de imunossupressão por leucemia, linfomas, corticoterapia e em pacientes portadores do vírus da AIDS.

QUADRO CLÍNICO

Após o período de incubação, que leva de 12 a 15 dias, **a primeira manifestação clínica consiste no quadro de dor aguda, em queimação e lancinante, localizada na área correspondente ao trajeto do nervo afetado e associada ou não a erupções vesiculares ou bolhosas.** A dor pode ser súbita ou insidiosa, contínua ou intermitente, de intensidade que pode variar de muito discreta até intolerável, e que geralmente precede as erupções cutâneas em 3 a 5 dias, as quais podem ser acompanhadas ou não de febre baixa, cefaleias e mal-estar.

A fase prodrômica da infecção abrange a parestesia (como sensação de congelamento, formigamento ou ardência), seguida pela hiperestesia do dermátomo afetado. Em até 7 dias a partir do início do quadro, surge o *rash* cutâneo: lesões eritematopapulosas agrupadas que evoluem para papulovesiculosas dentro de 12 a 24 horas e para papulopostulares no terceiro dia. A partir do sétimo dia, aparecem as crostas, mantidas por 2 ou 3 semanas. Em geral, as lesões ocupam um ou dois dermátomos e são unilaterais. Os dermátomos torácicos são os mais acometidos, correspondendo a mais de 50% dos casos; um dos ramos do nervo trigêmeo, em geral o oftálmico, e os dermátomos cervicais, lombares e sacrais respondem por aproximadamente 10% dos casos, cada um; raramente o nervo facial é acometido. Em pacientes com AIDS, é comum o envolvimento de múltiplos dermátomos.

Já foram reconhecidas três variantes relativamente incomuns do herpes-zóster: uma delas corresponde ao zóster associado à fraqueza concomitante de um membro ou do diafragma (paresia do zóster), o que indica acometimento também da raiz ventral correspondente; uma segunda variante é representada pelo zóster não eruptivo, ou zóster *sine herpete*; finalmente, a terceira forma é descrita como síndrome de Hamsay-Hunt, que corresponde ao acometimento do gânglio da raiz dorsal do nervo facial (geniculado) e que se manifesta por paresia facial periférica, em geral associada a erupções vesiculares ipsilaterais de orelha externa, palato duro e na língua.

Quando a inflamação se torna persistente, a lesão de fibras nervosas causa dor neuropática, típica, denominada neuralgia ou nevralgia pós-herpética.

DIAGNÓSTICO

O diagnóstico é eminentemente clínico e epidemiológico. Entretanto, nos casos em que houver dúvidas diagnósticas, em estudos experimentais ou em enfermidades malignas ou graves, pode ser requisitada confirmação laboratorial. Na pesquisa direta, faz-se o raspado de vesículas em busca das células de Tzanck (embora não sejam específicas). Já o teste direto de anticorpo fluorescente é mais sensível e diferencia o varicela-zóster do herpes simples. O exame molecular de PCR é o método mais sensível, útil para análise do líquor, que pode ainda apresentar pleocitose linfocitária discreta na presença de encefalite. A RNM com gadolínio pode mostrar captação pela raiz nervosa afetada.

A sorologia é mais utilizada que a pesquisa direta. O aumento seriado da titulação em quatro vezes auxilia o diagnóstico. Entre os métodos empregados estão: imunofluorescência, fixação do complemento, ELISA e ensaio imunoenzimático.

A cultura em tecido avalia o efeito citopático específico, porém trata-se de um método de alto custo e sua disponibilidade é limitada.

Até pouco tempo atrás, a sorologia anti-HIV estava indicada em todos os pacientes com idade < 50 anos, idade atípica para o desenvolvimento da doença; recentemente, entretanto, com o aumento da incidência e prevalência da AIDS em pacientes com idade > 50 anos, recomenda-se a solicitação da sorologia anti-HIV para todos os pacientes que apresentarem herpes-zóster.

DIAGNÓSTICO DIFERENCIAL

O diagnóstico diferencial remete a doenças exantemáticas de aspecto semelhante, como a varíola. Entretanto, esta é uma infecção já erradicada há mais de 30 anos, segundo dados da Organização Mundial da Saúde (OMS). Outros diagnósticos diferenciais mais frequentes incluem: eczema *vaccinatum*, eczema herpético do herpes simples, rickettsiose variceliforme, infecções por coxsáckie e impetigo.

COMPLICAÇÕES

A nevralgia pós-herpética, principal complicação do herpes-zóster, é definida como dor persistente, por 30 dias ou mais, após a erupção cutânea. A dor é precipitada ou exacerbada por estímulos como mudança de temperatura, sendo mais intensa durante a noite. A frequência é maior entre mulheres, > 50 anos de idade, sendo o nervo trigêmeo o mais acometido. Outros fatores preditivos são dor aguda severa e um *rash* intenso e de menor duração. Essa dor tem importante componente psicoafetivo, que pode causar depressão e ansiedade.

O zóster oftálmico, mais frequente em idosos, inclui lesões de córnea, neurite óptica e entrópio. Na síndrome de Hamsay-Hunt, observa-se paralisia facial periférica associada a *rash* doloroso no pavilhão auditivo; pode haver prurido, vertigens e disacusia. A recuperação é pouco favorável. O zóster lombossacro é causa de paresia de membros inferiores, disfunção de bexiga, retenção urinária e hemorragia renal maciça.

Em casos de disseminação cutânea, a doença adquire novamente o aspecto da varicela. A disseminação visceral é uma causa de pneumonia transitória, autolimitada, que, na maioria dos casos, se resolve em 24 a 72 horas.

Em portadores de doença relacionada com o HIV, o SNC também pode ser atingido após o início da erupção. Pode manifestar-se com encefalite, meningoencefalite e mielopatia. Embora essas manifestações sejam transitórias (de 24 a 72 horas), podem ser fatais. Sequelas neurológicas são raras.

Outras complicações descritas são: miocardite e rompimento de válvula, que pode acarretar choque cardiogênico, glomerulonefrite, sepse e choque séptico.

TRATAMENTO (QUADRO 50.1)

Quadro 50.1 Conduta terapêutica

Inespecífico
1. **Nos quadros agudos:**
   a. Para alívio do quadro sistêmico: repouso e **anti-inflamatórios não esteroides**, como **cetoprofeno:** 100mg, VO, 2×/dia
   b. Para alívio da dor: analgésicos mais potentes e/ou opioides, em dores mais intensas. Uma opção é a combinação **paracetamol+codeína**: 30mg, VO de 6/6h ou de 8/8h. Também é usado **creme de capsaicina**, de 0,025% a 0,075%, ou **lidocaína em gel**, a 5%; há relatos de melhora com a aplicação de curativos úmidos com água ou soro fisiológico
   c. Em caso de dificuldade para dormir: antidepressivos, como **doxepina**, de 10 a 100mg VO, à noite.
2. **Na dor crônica**, combinam-se antidepressivos com anticonvulsivantes, como, por exemplo: **amitriptilina ou nortriptilina ou imipramina**, 25 a 75mg VO (começar com até 25mg à noite, aumentando a cada 2 a 4 semanas), + **carbamazepina**, 100 a 200mg VO (começar com 100mg à noite, de 8/8h) **ou fenitoína**, 100 a 300mg VO, **ou gabapentina**, 100 a 300mg VO (começar com até 300mg de 8/8h, podendo chegar a 3,6g/dia). Os medicamentos devem ser mantidos até 3 a 6 meses após a redução da dor. A retirada deve ser gradual, a fim de evitar efeito-rebote. Também estão indicados o creme de capsaicina e a lidocaína em gel, como citados em *b*, bem como os antidepressivos, para auxiliar o paciente a dormir

Específico
Tratar, preferencialmente, em até 72 horas após a erupção vesicular para reduzir a nevralgia pós-herpética: **aciclovir**, 400 a 800mg VO, 5 a 10×/dia por 7 a 10 dias, **ou valaciclovir**, 1g VO, de 8/8h por 7 a 10 dias, **ou famciclovir**, 250 a 500mg VO, de 8/8h por 7 a 10 dias

Específico em casos graves, como zóster disseminado ou oftálmico:
1. O paciente deve ser internado para administração de **aciclovir**, 5 a 10mg/kg EV, de 8/8h por 7 a 10 dias, + **prednisona**, 40 a 60mg/dia VO, por 10 dias, com redução gradual. Os corticoesteroides reduzem a neurite aguda
2. Na doença cutânea disseminada, também está indicado o uso de **compressas de permanganato de potássio (1:40.000) ou água boricada a 2%** várias vezes ao dia, para evitar infecções secundárias

No tratamento inespecífico da dor crônica, os antidepressivos, além de agirem no sistema inibitório descendente da dor, parecem ter efeito anti-inflamatório periférico. Os anticonvulsivantes, por sua vez, atuam, principalmente, inibindo a ativação de receptores NMDA e promovendo analgesia. No entanto, podem também reduzir a liberação de glutamato e aumentar os efeitos GABA, levando a certa sedação, como o faz a carbamazepina.

No tratamento específico, o aciclovir mostra-se eficaz em caso de infecções recorrentes pelo varicela-zóster, mas uma meta-análise recente mostrou que o famciclovir e o valaciclovir foram mais eficientes em reduzir o risco de dor. O valaciclovir ainda apresenta maior biodisponibilidade que o aciclovir.

Em um segundo momento, pacientes com dor crônica podem ser aconselhados a submeter-se à acupuntura ou a técnicas cirúrgicas, como rizotomia e simpatectomia.

PROFILAXIA

Pacientes imunocompetentes com herpes-zóster disseminado ou imunossuprimidos devem ser isolados de contato direto e respiratório. Para os imunocompetentes com herpes-zóster localizado ou crianças, o isolamento se limita até o momento em que as lesões se convertam em crostas.

A vacina contra varicela é o método mais eficaz para prevenir a infecção, sendo recomendada para crianças de 12 a 18 meses de idade. Entretanto, como a vacina é composta de vírus vivo atenuado, está contraindicada em gestantes e em pessoas que usaram dose imunossupressora de corticoesteroide há menos de 1 mês ou após intervalo < 3 meses desde o tratamento imunossupressor. Todavia, a vacina é aconselhada para pacientes soropositivos para o HIV, para imunocomprometidos que apresentem contagem de linfócitos totais > 1.200 células/mm^3 e para pacientes não submetidos à quimioterapia 7 dias antes ou após a vacinação. Além disso, é recomendada para profissionais de saúde, familiares suscetíveis à doença, imunocompetentes em convívio comunitário ou hospitalar com imunocomprometidos e também para pessoas suscetíveis e candidatas a transplante, pelo menos 3 semanas antes do ato cirúrgico.

A administração da imunoglobulina por via intramuscular é recomendada para imunossuprimidos em até 72 horas após o contato com o VVZ, assim como para recém-nascidos cujas mães desenvolveram varicela nos últimos 5 dias de gestação ou nos 2 primeiros dias após o parto e para prematuros com menos de 1kg ou com idade gestacional < 28 semanas.

Capítulo 51
Tuberculose

Aparecida Andrade Ribeiro Franciscani • Eduardo Alvarenga Junqueira Filho • Guilherme Almeida Rosa da Silva

INTRODUÇÃO

A tuberculose (TB) é uma doença infecciosa de **etiologia bacteriana causada pelo *Mycobacterium tuberculosis*.** Trata-se de um bacilo aeróbio álcool-acidorresistente (BAAR) ao método de coloração de Ziehl-Neelsen e cuja reação inflamatória se apresenta como granulomas caseosos à histopatologia. Outros micro-organismos BAAR positivos podem ser outras micobactérias, *Nocardia*, *Rhodococcus*, *Legionella micdadei* e os protozoários *Cryptosporidium* e *Isospora*. De acordo com o Ministério da Saúde, o gênero masculino e o grupo etário entre 45 e 59 anos apresentam as maiores taxas de incidência, alcançando níveis calamitosos em algumas regiões do país. Com o advento da AIDS, a TB voltou a ser um importante problema de saúde pública, mesmo para os países desenvolvidos. A TB é uma doença tratável e curável quando um tratamento adequado é completado. A ausência do tratamento com o desenvolver da doença leva ao óbito mais de 50% dos casos em 5 anos.

FISIOPATOLOGIA

A transmissão do *M. tuberculosis* ocorre de pessoa a pessoa, principalmente pela via respiratória, mediante a aerossolização das secreções respiratórias contaminadas liberadas pela tosse e por espirros de pacientes bacilíferos. Para que ocorra a infecção, os bacilos precisam chegar aos alvéolos, transpondo a inativação pela exposição solar, redução da carga bacilar pela disseminação em ambientes arejados, varredura pelo aparelho mucociliar respiratório, barreiras de tamanho da árvore respiratória até o alvéolo e a defesa do hospedeiro através do sistema imune. Ambientes aquartelados, de confinamento, e a presença de pacientes imunossuprimidos são especialmente predisponentes à transmissão.

Crianças pequenas e imunossuprimidos são especialmente vulneráveis à progressão da doença após contato primário (primoinfecção). As formas primárias são mais graves e classicamente se apresentam como tuberculose miliar e meningite tuberculosa.

Pacientes expostos e contaminados pelo bacilo, mas que obtiveram controle hábil da infecção pelo sistema imunológico, podem reativar seus focos primários após imunossupressão (infecção secundária). A forma secundária clássica consiste na cavitação localizada em ápice pulmonar, altamente contagiosa. A associação de tuberculose com AIDS é peculiar e pode ser apresentada por formas atípicas, o que será abordado no capítulo sobre AIDS.

É importante ressaltar que, após contato primário com o agente da TB, ocorre disseminação linfo-hematogênica para o organismo, podendo a reativação ocorrer sob a forma de TB extrapulmonar (linfonodal, pleural, óssea, geniturinária, entre outras).

QUADRO CLÍNICO

Os principais sintomas são: **comprometimento do estado geral, febre baixa vespertina com sudorese noturna, inapetência e emagrecimento.** A tuberculose pulmonar pode apresentar **dor torácica e tosse produtiva, acompanhada ou não de escarros hemoptoicos. A tosse produtiva por um período superior a 3 semanas é o sintoma mais frequente da forma pulmonar.** Apresentações extrapulmonares são variadas, incluindo derrame pleural exsudativo, linfonodomegalia fistulizante, osteomielite, abscesso paravertebral, piúria estéril, tuberculose intestinal, meningite crônica, tuberculoma em SNC, tuberculose cutânea, tuberculose ocular e monocordite, entre uma infinidade de apresentações.

DIAGNÓSTICO

O diagnóstico parte de suspeita clínica obtida por **anamnese e exame físico compatíveis** com a história natural da doença. Uma **história epidemiológica clássica** é bastante útil para reduzir a incerteza diagnóstica. Muitos pacientes queixam-se de síndrome consumptiva associada a febre e tosse produtiva com ou sem hemoptise de maneira crônica, tendo sido tratada diversas vezes com antibióticos para pneumonia comunitária por outros profissionais sem alívio. **A radiografia de tórax pode apresentar quadro cavitário em ápice pulmonar (clássico), forma miliar, derrame pleural, e em alguns casos pode haver radiografia normal, principalmente em se tratando de imunossuprimidos graves:**

1. Os primeiros exames complementares a serem solicitados são a **radiografia de tórax e a pesquisa de BAAR pelo método de Ziehl-Neelsen no escarro**, que tem elevado valor preditivo positivo (> 95%), mas baixa sensibilidade (40% a 60%), lembrando que os pacientes com tuberculose extrapulmonar não são bacilíferos ao exame de escarro.
2. Pacientes com suspeita de TB pulmonar devem ser orientados sobre o risco de transmissão e ter no mínimo duas **amostras de escarro** coletadas para exame micobacteriológico em dias diferentes, quando possível, ao menos uma amostra coletada pela manhã. **Pacientes com alta probabilidade de infecção devem ter uma cultura solicitada**. A cultura possibilita a identificação do bacilo e a realização do teste de sensibilidade, além de aumentar o rendimento diagnóstico em 20% a 40%. O crescimento pode demorar entre 15 dias e 2 meses, dependendo do método utilizado.
   Indicações para realização de cultura:
   - Suspeita clínica de TB e pesquisa negativa de BAAR
   - Suspeita de TB pulmonar na radiografia de tórax
   - Casos de retratamento
   - Pacientes HIV-positivos
   - Populações vulneráveis (detentos, profissionais da área da saúde, moradores de rua e populações institucionalizadas em albergues, hospitais psiquiátricos e asilos)
   - Suspeitos de resistência
   - Suspeita de TB extrapulmonar
3. Pacientes com suspeita de TB na radiografia de tórax e sem expectoração espontânea devem ser submetidos à indução de escarro com salina hipertônica. Esse método apresenta rendimento diagnóstico semelhante ao da broncoscopia com lavado broncoalveolar.
4. Caso haja persistência da indefinição diagnóstica, pode ser solicitado um exame de imagem mais acurado, como TC de tórax, broncoscopia com lavado, escovado e biópsia transbrônquica, ou até mesmo uma biópsia a céu aberto.
5. **A presença de critérios clínicos e radiológicos é suficiente para o início do tratamento, com posterior continuidade na investigação microbiológica.**

DIAGNÓSTICO DIFERENCIAL

Em relação à tuberculose pulmonar, merecem destaque:

- Pneumonias
- Micoses profundas (paracoccidioidomicose, histoplasmose, criptococose)
- Sarcoidose
- Carcinoma brônquico
- *Rhodococcus equi* e *Nocardia asteroides* em imunossuprimidos graves

TRATAMENTO

O tratamento da tuberculose é altamente eficaz, quando realizado de maneira adequada. Deve ser instituído imediatamente após diagnóstico, diminuindo o número de pacientes bacilíferos, principais responsáveis pela transmissão da doença. Em geral, após 15 dias de tratamento o paciente não é mais infectante, pois, apesar de ainda apresentar BAAR positivo no escarro, grande parte dos bacilos pulmonares está morta.

No Brasil, em 2008, foram implementadas algumas mudanças no tratamento da tuberculose, como:

- Inclusão do etambutol (E) no esquema RIP (rifampicina + isoniazida + pirazinamida), formando o esquema RIPE (veja mais adiante)
- Doses combinadas em um só comprimido, tanto R+I+P+E como R+I
- Substituição das cápsulas por comprimidos
- Adequação das doses para adultos da isoniazida (300mg/dia) e pirazinamida (1.600mg/dia)

O tratamento é realizado ambulatorialmente, sendo a internação hospitalar reservada apenas para casos selecionados, como de meningite tuberculosa, intolerância aos medicamentos incontrolável ambulatorialmente, intercorrências que necessitem de tratamento hospitalar e indicação social.

Esquema básico

O esquema básico está indicado para todos os casos novos de tuberculose pulmonar e extrapulmonar (exceto meningoencefálica), recidivas e retorno após abandono do tratamento. O esquema é constituído por:

R: Rifampicina
I: Isoniazida
P: Pirazinamida
E: Etambutol

O tratamento tem duração de 6 meses, conforme demonstrado no Quadro 51.1:

- 1ª fase (ataque) – 2 meses: RIPE
- 2ª fase (manutenção) – 4 meses: RI

Para os casos de recidiva e retorno após abandono, deve-se realizar, sempre que possível, cultura do escarro com teste de sensibilidade, antes de iniciar o tratamento.

Quadro 51.1 Esquema RIPE

Regime	Fármacos (dose em mg)	Faixa de peso	Unidades/dose	Meses
2 RIPE Fase ataque	RIPE 150/75/400/275	20 a 35kg	2 comprimidos	2
		36 a 50kg	3 comprimidos	
		> 50kg	4 comprimidos	
4 RI Fase manutenção	RI 300/200 ou 150/100	20 a 35kg	1 cápsula 300/200mg	4
		36 a 50kg	1 cápsula 300/200mg + 1 cápsula 150/100mg	
		> 50kg	2 cápsulas 300/200mg	

Fonte: Secretaria de Vigilância em Saúde/MS.

Crianças menores de 10 anos

Não se utiliza o etambutol, permanecendo apenas o esquema RIP:

- 1ª fase (2 meses): RIP – 10mg/kg + 10mg/kg + 35mg/kg
- 2ª fase (4 meses): RI

Meningoencefalite tuberculosa

O tratamento é realizado com o esquema básico, sendo a fase de manutenção prolongada por 3 meses, com o tratamento total tendo duração de 9 meses. Acrescenta-se corticoide ao esquema:

- Prednisona, 1mg/kg/dia VO por 4 semanas.
- Dexametasona, 0,3 a 0,4mg/kg/dia EV por 4 a 8 semanas nas formas graves.

Quando utilizados por período > 21 dias, os corticoides devem ser retirados gradualmente, sobretudo a dexametasona.

Tuberculose resistente

A principal causa de resistência em todo o mundo é o tratamento inadequado, seja por uso irregular, abandono ou falta da medicação. Deve ser comprovada por testes de resistência e apresenta as seguintes definições:

- **Monorresistência:** resistência a um medicamento.
- **Polirresistência:** resistência a mais de um medicamento que não rifampicina e isoniazida.
- **Multirresistência:** resistência simultânea a pelo menos rifampicina e isoniazida.
- **Resistência extensiva aos medicamentos:** resistência à rifampicina e à isoniazida, acrescida de resistência a uma fluoroquinolona e a um medicamento injetável de segunda linha.

Pacientes com tuberculose resistente devem ser referenciados para centros especializados, onde será avaliado o melhor esquema de tratamento de acordo com o tipo de resistência.

Reações adversas

As reações adversas mais frequentes e os respectivos medicamentos causadores estão presentes no Quadro 51.2.

Quadro 51.2 Reações adversas relacionadas com os medicamentos antituberculose

Medicamento	Efeito adverso
Rifampicina	Irritação gástrica, secreções alaranjadas, prurido, febre, exantema, hepatotoxicidade, mielotoxicidade e nefrite intersticial
Isoniazida	Irritação gástrica, artralgia, neuropatia periférica, cefaleia, prurido, febre, encefalopatia, neurite óptica, hepatotoxicidade, mielotoxicidade
Pirazinamida	Irritação gástrica, artralgia, hiperuricemia, hepatotoxicidade, miosite
Etambutol	Neuropatia periférica, hiperuricemia, neurite óptica, hepatotoxicidade
Estreptomicina	Exantema, ototoxicidade, hepatotoxicidade

As reações adversas são muito comuns e, na maioria dos casos, não há necessidade de suspensão da medicação. Em caso de reação importante a um dos medicamentos, a substituição deverá ser feita conforme o Quadro 51.3.

Quadro 51.3 Substituição de medicamentos antituberculose por reações adversas

Reação adversa	Esquema
Rifampicina	IPES (2m) + IE (10m)
Isoniazida	RPES (2m) + RE (4m)
Pirazinamida	RIE (2m) + RI (7m)
Etambutol	RIP (2m) + RI (4m)

R = Rifampicina, I = Isoniazida, P = Pirazinamida, E = Etambutol, S = Estreptomicina

Em caso de hepatotoxicidade pelo RIPE, com aumento de enzimas hepáticas > três vezes a referência ou icterícia, o esquema deverá ser suspenso. Deverá seguir com reintrodução escalonada, com diferença de 3 a 5 dias entre as medicações após o restabelecimento da normalidade laboratorial. O medicamento que causar deterioração hepática deverá ser substituído. O medicamento mais incriminado é a pirazinamida.

A neuropatia periférica pode ser prevenida mediante o uso concomitante de vitamina B_6, 10 a 50mg/dia VO.

Considerações

Pacientes hepatopatas, nefropatas e portadores de HIV/AIDS devem ser referenciados para serviço especializado, para que seja iniciado esquema especial de tratamento.

Gestante com diagnóstico de tuberculose deve ser tratada o mais precocemente possível, com o esquema básico, para prevenção da tuberculose congênita. Os medicamentos do esquema RIPE (primeira linha) são seguros na gravidez e na amamentação.

Controle do tratamento

Adultos

- Acompanhamento clínico mensal, com radiografia de tórax, se necessário.
- Baciloscopia no segundo, quarto e sexto meses; se possível, mensal.
- Se baciloscopia positiva no segundo mês: fazer cultura de escarro com teste de sensibilidade.
- Cura: pelo menos duas baciloscopias negativas, uma no acompanhamento e outra ao final do tratamento.
- Recidiva: paciente já tratado e curado anteriormente, apresentando tuberculose em atividade.
- Falência: baciloscopia positiva ao final do quarto ou quinto mês de tratamento, tendo havido ou não negativação anterior do exame. Uma baciloscopia paucibacilar no quinto ou sexto mês, isoladamente, não significa necessariamente falência do esquema, em especial se acompanhada de melhora clinicorradiológica. Nesse caso, o paciente será seguido com exames bacteriológicos.

Crianças menores de 10 anos

- Acompanhamento clínico mensal.
- Radiografia de tórax: primeiro mês, ao final do tratamento e sempre que necessário.
- Baciloscopia geralmente é negativa; portanto, a melhora clinicorradiológica é o principal parâmetro de cura em crianças.

Capítulo 52
Emergências Relacionadas com o HIV e Conduta no Acidente Perfurocortante com Material Biológico

Guilherme Almeida Rosa da Silva

INTRODUÇÃO

A AIDS, ou síndrome da imunodeficiência adquirida, é causada pelo vírus do HIV sob a forma de epidemia global, atingindo cerca de 40 milhões de pessoas em todo o mundo. Trata-se de doença sexualmente transmissível, principalmente em relação ao coito anal receptivo, podendo ser transmitida por acidente perfurocortante, compartilhamento de seringas, transmissão vertical, transplante de órgãos e hemotransfusões.

Sobre a epidemiologia, pode-se dizer que a epidemia, em seus 30 anos, passou por diversos processos, que têm culminado na feminilização, pauperização, interiorização e acometimento dos idosos. No Brasil, a epidemia entre homens que fazem sexo com homens (HSH) é um fator extremamente relevante. Existem em torno de 150 mil pessoas em todo o país convivendo com o vírus sem diagnóstico, e muitas dessas pessoas são atendidas com regularidade no ambiente da emergência. **Os principais motivos dessa subdiagnosticação estão na anamnese insuficiente, na incredulidade ante as infecções oportunistas em crianças, mulheres e homens casados e idosos e no desconhecimento da história natural da doença.**

Salvo as variações entre diferentes formas de progressão, após a infecção inicial, se estabelece uma imunodepressão cerca de 5 anos após, com o aparecimento de infecções oportunistas. Nesse momento é que a maioria dos diagnósticos é realizada, tendo o indivíduo previamente os 5 anos para ter transmitido a doença.

Este capítulo tem por objetivo alertar o clínico para infecções oportunistas no ambiente da emergência em pacientes com AIDS. Incentivamos ainda a solicitação dos testes em casos suspeitos para que seja feito o diagnóstico, juntamente com o tratamento preciso das comorbidades. **Serão abordadas as principais síndromes identificáveis na emergência capazes de levar o clínico ao diagnóstico da AIDS.** Entretanto, temos de ressaltar a complexidade do tema e que pacientes imunossuprimidos, de maneira frequente, apresentam vários diagnósticos concomitantes.

Muitas vezes, o diagnóstico é difícil em razão da limitação da sorologia devido à imunossupressão e da ausência de imagens formadas nos exames radiológicos. Além disso, as emergências frequentes em indivíduos não imunossuprimidos, como IVAS, crises hipertensivas, hiperglicemia, IAM, AVE e asma, também estão presentes.

Outro aspecto importante é que o uso de antirretrovirais em pacientes com AIDS não consiste em emergência médica. As condições em que o uso de antirretrovirais deve ser iniciado emergencialmente incluem: gestação de paciente com AIDS, abuso sexual e acidente perfurocortante. As profilaxias constituem medida obrigatória, de acordo com a contagem de $CD4^+$, e podem ser instituídas pelo clínico até que o paciente seja avaliado em serviço de atendimento aos portadores do HIV quanto ao início dos antirretrovirais (Quadro 52.1).

PROFILAXIA

Quadro 52.1 Profilaxia

Contagem de CD4⁺	Agentes	Profilaxia
< 200 células/mm³	Pneumocystis jirovecii, (< 100mm³), Toxoplasma gondii	SMZ-TMP 800/160mg VO 1×/dia ou Dapsona 100mg/dia + pirimetamina 50mg VO/dia + ácido folínico 15mg VO/dia
< 50 células/mm³	Mycobacterium avium intracellulare	Claritromicina 500mg VO 2×/dia ou Azitromicina 1,5g VO/semana

PROTOCOLO DIAGNÓSTICO DA INFECÇÃO PELO HIV

A Portaria 151, de 14 de outubro de 2009, determina que o teste de triagem (etapa I) deve ser realizado por teste capaz de detectar anticorpos contra o HIV 1 e 2, incluindo o teste rápido. Os não reagentes são definidos como negativos. Os reagentes devem seguir para a etapa II com a repetição do exame por testes de imunofluorescência indireta (IFI), *immunoblot* (IB), *immunoblot rápido* (IBR), *Western blot* (WB) ou outras metodologias registradas na Anvisa e validadas pelo Departamento de Vigilância, Prevenção e Controle das Doenças Sexualmente Transmissíveis e Síndrome da Imunodeficiência Adquirida. Se as etapas I e II detectarem reagentes, o resultado deverá ser liberado como positivo. Se os resultados dos testes forem indeterminados ou discordantes, o resultado deverá ser liberado como indeterminado e reavaliado com exames *a posteriori* (30 dias). Em situações especiais, podem ser realizados dois testes rápidos para confirmação. Caso o primeiro teste rápido seja não reagente, deve ser liberado como negativo. Dois testes rápidos positivos devem ser liberados como positivos. Resultados discordantes devem ser submetidos ao fluxograma por testes laboratoriais.

■ SÍNDROME INFLAMATÓRIA DE RECONSTITUIÇÃO IMUNE (IRIS)

A IRIS consiste na manifestação de uma doença infecciosa, inflamatória, neoplásica ou autoimune dias a meses após a instituição de uma terapia antirretroviral eficaz. Em geral ocorre quando a contagem de linfócitos T CD4⁺ aumenta rapidamente de 50 para valores > 200 células/mm³. Ocorre através de uma reação imunológica paradoxal que torna o indivíduo doente pelo ataque do sistema imune a agentes agressores em estado latente no período de imunossupressão. Esse ataque promove a liberação de citocinas inflamatórias de maneira exacerbada, culminando nas manifestações infecciosas, inflamatórias, neoplásicas e autoimunes. Os principais quadros descritos são: tuberculose, herpes-zóster, hanseníase, leucoencefalopatia multifocal progressiva, pneumocistose, molusco contagioso e lesões por HPV.

TRATAMENTO

O tratamento deve ser específico para a manifestação da IRIS e, em alguns casos, é possível optar pela corticoterapia com **prednisona**, 1mg/kg/dia VO.

■ SÍNDROMES INFECCIOSAS DISSEMINADAS

TUBERCULOSE E MICOBACTERIOSES NÃO TUBERCULOSAS

A tuberculose, uma doença causada pelo *Mycobacterium tuberculosis*, está entre as infecções mais comuns no indivíduo portador do HIV, sobretudo em áreas endêmicas críticas no Brasil, como o Rio de Janeiro.

A principal forma de apresentação clínica é a tuberculose pulmonar. Entretanto, a tuberculose pleural, a tuberculose ganglionar e a medular, entre outras formas extrapulmonares, são achados bastante comuns. Um aspecto interessante é que, conforme a contagem de linfócitos T CD4$^+$ alcança valores < 200 células/mm^3, a apresentação torna-se mais atípica. Um bom exemplo são os casos em que a tuberculose apresenta-se de maneira clássica nos exames radiológicos, como condensação pulmonar em ápice, às vezes com cavernas em indivíduos e BAAR positivo no escarro, em indivíduos com imunidade mais preservada, e de maneiras incomuns, como radiografia normal com BAAR negativo no escarro, ou como formas miliares, em pacientes imunossuprimidos graves.

A tuberculose ganglionar, frequente nos pacientes com AIDS, apresenta-se como linfonodomegalia inflamatória, muitas vezes com fistulização e drenagem de material caseoso (escrófula). A tuberculose pleural apresenta-se como derrame pleural exsudativo, geralmente unilateral, que se refaz de maneira rápida após a drenagem. A tuberculose meníngea segue o protótipo das meningites insidiosas, muitas vezes de maneira oligossintomática.

As micobacterioses não tuberculosas são indistinguíveis clinicamente da tuberculose e devem ser investigadas devido às diferenças em termos terapêuticos. Apresentam-se, geralmente, em pacientes com contagem de CD4$^+$ < 50 células/mm^3.

DIAGNÓSTICO

História clínica e epidemiológica, exames radiológicos (radiografia de tórax e TC), coloração de Ziehl-Neelsen no escarro (forma pulmonar) e exames histopatológicos de linfonodos, medula óssea, pleura, entre outros órgãos. O uso do ADA em fluidos, como líquido pleural, ascítico e líquor, tem importante valor.

TRATAMENTO

O tratamento empírico precoce, por critérios clínicos e radiológicos, muitas vezes é uma medida salvadora em pacientes debilitados. O diagnóstico microbiológico deve ser perseguido; entretanto, deve ser garantida a segurança da vida do paciente imunossuprimido no processo, tendo em vista que a progressão para o óbito ocorre de maneira rápida. Para a tuberculose, o esquema RIPE (rifampicina, isoniazida, pirazinamida e etambutol) é o tratamento inicial de escolha, com o tempo de tratamento durando conforme o local da doença (veja o Capítulo 51). As micobacterioses não tuberculosas, principalmente a MAC (*Mycobacterium avium intracellulare*), devem receber um **macrolídeo** (azitromicina, 500mg/dia VO, ou claritromicina, 500mg VO 2×/dia) com **etambutol** (três comprimidos de 400mg/dia VO) e **rifamicina** (rifampicina, 600mg/dia, ou rifabutina, dois comprimidos de 150mg/dia) por 12 a 18 meses. O tratamento sofre pequenas modificações, devendo ser adotada a terapêutica indicada para cada espécie envolvida.

A preferência deve ser dada sempre aos esquemas com rifampicina; entretanto, o uso de antirretrovirais sofre interação medicamentosa, o que reduz sua biodisponibilidade, sendo permitidos esquemas com a associação de dois análogos de nucleosídeos com o efavirenz ou saquinavir com ritonavir. Também é possível o uso de três análogos de nucleosídeos com a suspensão completa do uso de antirretrovirais. O uso de dois análogos de nucleosídeos com o lopinavir e o ritonavir aumentado em um comprimido em cada dose tem sido efetuado em algumas situações em que faltam alternativas.

MICOSES PROFUNDAS

As principais doenças fúngicas sistêmicas relacionadas com a AIDS são a **criptococose** e a **histoplasmose**. As micoses profundas geralmente se manifestam em pacientes com contagem de CD4$^+$ < 100 células/mm^3.

CRIPTOCOCOSE

A **criptococose** é uma doença sistêmica provocada pelo *Cryptococcus neoformans*, nas variedades *neoformans*, *gattii* e *grubii*. Esses fungos estão disseminados no ambiente e se encontram presentes, principalmente, no solo, nas plantas e nas excretas dos pombos. A principal manifestação é a meningite insidiosa, com cefaleia intensa e, eventualmente, alterações de pares cranianos. Outras manifestações possíveis são as doenças pulmonar, ocular, óssea e prostática. Uma manifestação interessante consiste no acometimento dermatológico, com ulcerações e nódulos disseminados.

DIAGNÓSTICO

O diagnóstico é estabelecido por meio do exame direto pela coloração nanquim, como, por exemplo, no líquor; detecção do antígeno capsular pela prova do látex no líquor, urina, lavado broncoalveolar ou no plasma; cultura, avaliação radiológica e exame histopatológico.

TRATAMENTO

Para quadros brandos, o tratamento pode ser realizado com **fluconazol**, 400mg/dia VO ou EV por 8 semanas, seguidos de dose manutenção com 200mg/dia VO, por tempo indeterminado. Em casos graves está indicada **anfotericina B** com dose inicial de 0,3mg/kg/dia e aumento gradual a cada 3 dias de 5mg/dia até, no máximo, 50mg/dia (as doses devem perfazer uma dose cumulativa entre 1 e 1,5g no total), seguida de **fluconazol**, 200mg/dia VO por tempo indeterminado. A dose de manutenção pode ser retirada de 3 a 6 meses após contagem de CD4$^+$ > 100 células/mm^3. As recidivas são frequentes.

HISTOPLASMOSE

A **histoplasmose**, doença sistêmica provocada pelo fungo *Histoplasma capsulatum*, acomete, sobretudo, o sistema reticuloendotelial, pulmões e pele. Nos pulmões, pode ser apresentada como radiografia normal ou infiltrado intersticial reticular bilateral, com ou sem adenomegalia hilar. Em 30% dos casos ocorre pancitopenia em razão do acometimento medular. As lesões cutâneas seguem um padrão exantemático maculopapular disseminado.

DIAGNÓSTICO

O diagnóstico é baseado na hemocultura ou mielocultura, detecção do antígeno em fluidos e histopatológico com coloração para fungos.

TRATAMENTO

Em casos brandos pode ser usado **itraconazol**, 200mg VO 3×/dia por 3 dias, seguido de itraconazol, 200mg VO 2×/dia por 12 semanas. Em casos graves, como na meningite, usa-se **anfotericina B**, com dose inicial de 0,3mg/kg/dia e aumento gradual a cada 3 dias de 5mg/dia até, no máximo, 50mg/dia (as doses devem perfazer uma dose cumulativa de 1 a 1,5g no total), seguida de itraconazol, 200mg/dia VO por tempo indeterminado. A dose de manutenção pode ser retirada de 3 a 6 meses após contagem de CD4$^+$ > 100 células/mm^3.

HERPES SIMPLES

Os vírus HSV-1 e HSV-2 são responsáveis por uma variedade de infecções cutâneas e podem causar, raramente, encefalites e infecções viscerais. O HSV-1 está geralmente relacionado com infecções na cavidade oral (herpes labial), enquanto o HSV-2 costuma estar associado a infecções genitais (herpes genital). As ulcerações iniciam sob a forma de exantema, seguido do aparecimento de vesículas que evoluem para crosta e somem, às vezes deixando cicatrizes. Os sintomas que podem acompanhar as lesões são febre, astenia, náuseas, irritabilidade, cefaleia e adenopatia regional. A encefalite herpética é um quadro grave manifestado por convulsões, sinais neurológicos focais e rebaixamento do nível de consciência. A hepatite por HSV é um quadro raro de hepatite no imunossuprimido.

DIAGNÓSTICO

Apresentação de lesões características, que podem ser confirmadas pelo raspado da base da lesão corada por Wright, Giemsa (Tzanck) ou Papanicolau, isolamento viral em cultura ou detecção por métodos moleculares.

TRATAMENTO

Aciclovir, 200mg VO 5×/dia por 5 dias, 400mg VO 3×/dia ou 800mg VO 2×/dia. O aciclovir venoso pode ser utilizado na dose de 10mg/kg 3×/dia por 5 dias. O **ganciclovir** é capaz de tratar o HSV em dose de 5mg/kg EV 2×/dia por 7 a 10 dias. Infecções graves como retinite e encefalite podem exigir um tratamento mais prolongado.

CITOMEGALOVÍRUS

O citomegalovírus (CMV) é um herpesvírus causador, principalmente, de infecção fetal em transplantados de órgãos e medula e em pacientes portadores do HIV, especialmente naqueles com AIDS e $CD4^+ < 100$ células/mm^3.

Nos pacientes com AIDS, o CMV costuma provocar infecções na retina, pulmão (pneumonite), trato gastrointestinal (hepatite, pancreatite, colecistite alitiásica, úlceras no trato gastrointestinal), adrenalite e no SNC (meningite e encefalite). É comum a observação de sintomas inespecíficos acompanhados de anormalidades nas provas bioquímicas hepáticas, leucopenia e trombocitopenia.

DIAGNÓSTICO

Observação de efeito citopático ou imunocitoquímica do CMV em cultura de fibroblastos, detecção por PCR em líquor ou sangue, sorologia com detecção de IgM sugere infecção recente, com falso-positivos em fator reumatóide positivo. A amostra pareada é mais útil que as amostras isoladas. O exame histopatológico é bastante útil.

TRATAMENTO

- **Ganciclovir,** 5mg/kg EV 2×/dia por 14 a 21 dias, seguido de manutenção de 5mg/kg/dia EV ou 6mg/kg/dia EV 5 dias na semana.

- **Valganciclovir,** 900mg (dois comprimidos de 450mg) VO 2×/dia por 14 a 21 dias, seguidos de manutenção com 900mg 1×/dia VO (alto custo).

A neutropenia – uma complicação grave em 30% dos pacientes – é revertida com uso do fator de estimulação dos granulócitos.

A manutenção deve ser interrompida de 3 a 6 meses após $CD4^+$ mantido > 100 células/mm^3.

■ SÍNDROMES RESPIRATÓRIAS

PNEUMOCISTOSE

A pneumocistose é uma infecção tipicamente pulmonar, embora possa acometer outros órgãos (pâncreas, tireoide, olhos). Causada pelo fungo *Pneumocystis jirovecii* em pacientes com imunodeficiência, geralmente com contagem de $CD4^+ < 100$ células/mm^3, caracteriza-se por febre, taquidispneia intensa, taquicardia, cianose, insuficiência respiratória e óbito, se não houver tratamento. A hipoxemia (PaO_2 < 60mmHg) e o aumento de LDH no plasma constituem as principais características laboratoriais. Alguns pacientes podem apresentar pneumotórax espontâneo como complicação da infecção. A radiografia de tórax pode se apresentar como infiltrado bilateral difuso, sem linfonodomegalia ou derrame pleural. Pode se apresentar ainda com radiografia normal em pacientes imunossuprimidos graves. É importante lembrar que as doenças pulmonares podem aparecer em conjunto no paciente com AIDS (pneumocistose + pneumonia bacteriana comunitária + tuberculose). A avaliação é clínica, radiológica e microbiológica, ponderando-se o tratamento empírico rápido para um melhor desfecho.

DIAGNÓSTICO

Escarro induzido, lavado broncoalveolar, biópsia transbrônquica e biópsia a céu aberto para análise direta do agente *P. jirovecii*.

TRATAMENTO

Sulfametoxazol-trimetoprima (15mg/kg/dia de TMP) VO ou EV, de 6/6h (em geral, três ampolas ou comprimidos de 400/80mg de 6/6h). O uso de **prednisona**, 60mg (7 dias), 40mg (7 dias) e 20mg (7 dias), é recomendado na presença de hipoxemia devido à piora paradoxal causada pela reação inflamatória gerada pela morte do agente. Alternativas: **clindamicina**, 600mg VO ou EV de 8/8h com **primaquina**, 15 a 30mg/dia VO. O uso da **atovaquona** (não disponível no Brasil) e da **pentamidina** (muitos efeitos colaterais) é mais restrito.

■ SÍNDROMES GASTROINTESTINAIS

CANDIDÍASE ORAL E ESOFAGIANA

A candidíase oral pode ser o primeiro sinal de imunodeficiência. O uso de corticoides inalatórios (p. ex., na asma e na DPOC) é causa frequente de candidíase oral. Pode se apresentar de maneira assintomática, mas, ao tomar conta da cavidade oral, torna-se provável um acometimento esofágico com odinofagia e disfagia. Não é infrequente em paciente com AIDS uma candidíase esofagiana esconder úlceras herpéticas e por CMV em sua base.

DIAGNÓSTICO

Visualização de placas brancas, algumas vezes sangrantes, removíveis com espátula em língua e região palatina. As formas esofagianas são visualizadas por meio da endoscopia digestiva alta e de forma frequente acabam por esconder úlceras herpéticas ou por CMV por baixo, tornando interessante a realização da EDA após o tratamento da candidíase. O raspado das lesões pode ser observado à microscopia, revelando leveduras e pseudomicélios. Exames radiológicos contrastados do esôfago podem revelar um padrão de ulcerações semelhantes às pedras de calçamento.

TRATAMENTO

A **nistatina** tem pouca eficácia em pacientes com imunodeficiência grave, sendo indicado o uso do **fluconazol**, 100mg/dia VO de 7 a 14 dias, ou fluconazol, 200mg/dia EV por 7 a 14 dias. A duração do tratamento deve ser avaliada conforme a evolução. Pacientes com recidivas frequentes podem receber uma dose profilática de fluconazol, 100mg/dia VO. A **anfotericina B**, a **caspofungina** e o **itraconazol** são agentes eficazes, mas são reservados para casos refratários ao fluconazol.

LEUCOPLASIA PILOSA ORAL

A leucoplasia pilosa oral consiste em um espessamento de cor branca, aderente e não removível com espátula, enrugado em bordo lateral ou inferior da língua. Deve ser diferenciada da candidíase, que é removível à fricção e geralmente acomete a cavidade oral de maneira mais disseminada. Em geral é assintomática e está associada à infecção pelo EBV.

DIAGNÓSTICO

Avaliação clínica confirmada por biópsia e exame histopatológico.

TRATAMENTO

Não há tratamento específico.

DIARREIA

A diarreia aguda (<14 dias) ou crônica (>14 dias) é uma queixa frequente no paciente imunossuprimido. As formas crônicas ou agudas recorrentes devem chamar atenção para a necessidade de solicitação de testes para o HIV. Pode ser apresentada como diarreia alta (alto volume com baixa frequência) e baixa (alta frequência e baixo volume), com ou sem presença de sangue, muco ou pus (disenteria). Febre, astenia, síndrome consumptiva e diferentes graus de desidratação podem estar presentes. O importante é ter em mente que as causas de diarreia nesses pacientes constituem uma lista enorme. Uso de antirretrovirais (principalmente o ritonavir), infecções bacterianas e toxinas (*Salmonela, Shigella, Campylobacter, E. coli, S. aureus*), micobacterianas (tuberculose e não tuberculoses), coccídios, protozoários (giárdia e ameba), virais (*Norovirus, Astrovirus, Rotavirus, Sapovirus, Adenovirus*, CMV, HSV), infestações por helmintos, doença hepatobiliopancreática e consequências da desnutrição são algumas das hipóteses possíveis. A descrição exata de cada agente infeccioso envolvido foge ao objetivo deste capítulo.

DIAGNÓSTICO

O tratamento empírico para cobertura das causas citadas deve ser iniciado juntamente com a coleta de exames para o diagnóstico (PCR para agentes virais, avaliação de leucócitos fecais, bioquímica fecal, coprocultura, detecção da toxina do *Clostridium difficile*, análise de coccídios e colonoscopia).

TRATAMENTO

Os esquemas empíricos podem ser formados por combinações contra diarreia bacteriana (**sulfametoxazol-trimetoprima**, 800/160 VO ou EV 2×/dia por 5 dias, ou **ciprofloxacino**, 500mg VO ou 400mg EV 1×/dia por 5 dias), *C. difficile* (**metronidazol**, 500mg EV ou VO de 8/8h por 5 dias), helmintos (**albendazol**, 400mg VO 1×/dia por 5 dias, ou **nitazoxanida**, 500mg VO 2×/dia por 3 dias) e protozoários (**secnidazol**, 2g VO em dose única, ou **metronidazol**, 500mg EV ou VO de 8/8h por 5 dias). Os coccídios tratáveis são cobertos pela combinação sulfametoxazol-trimetoprima e albendazol, que devem estar preferencialmente no esquema em conjunto com o metronidazol. A hidratação também é de suma importância.

■ SÍNDROMES NEUROLÓGICAS

NEUROTOXOPLASMOSE

A neurotoxoplasmose consiste no principal acometimento neurológico no HIV. Trata-se de uma doença provocada pelo *Toxoplasma gondii*, um protozoário cujo hospedeiro definitivo é o gato. Em geral, a doença se desenvolve por reativação, tendo em vista que grande parte da população é portadora. Entretanto, uma parcela dos pacientes não apresenta IgG para o toxoplasma, devendo receber atenção quanto à segurança alimentar e ao contato com gatos para evitar uma primoinfecção. Em torno de um terço dos pacientes com CD4$^+$ > 100 células/mm^3 sem profilaxia desenvolverá neurotoxoplasmose, o que demonstra a grande importância da doença. Apresenta-se tipicamente como hemiparesia, rebaixamento do nível de consciência, cefaleia, convulsões, febre e síndromes de tronco cerebral.

DIAGNÓSTICO

O principal achado radiológico é de múltiplas lesões hipodensas hipercaptantes de contrastes com imagem em anel, principalmente próximas aos gânglios da base, identificáveis por TC ou RNM.

TRATAMENTO

O tratamento deve ser instituído imediatamente diante de quadro clínico e radiológico e deve consistir em **sulfadiazina**, 4 a 6g/dia (dois a três comprimidos de 500mg VO de 6/6h) + **pirimetami-**

na, 75mg VO nos primeiros 3 dias, seguidos de 25mg/dia VO, e **ácido folínico**, 15 mg/dia VO por 6 semanas. O uso de corticoesteroides está indicado na presença de edema perilesional (dexametasona, 4mg EV de 6/6h), com doses ajustadas por conveniência. Outros esquemas: **SMZ-TMP** (três ampolas ou comprimidos [ampola ou comprimido de 400/80mg] de 6/6h), **clindamicina** (600mg EV ou VO de 6/6h) + **pirimetamina** (50mg/dia VO), **dapsona** (100mg/dia VO) + **pirimetamina** (50mg/dia VO), todos por 6 semanas. Após o tratamento, deve ser instituída profilaxia secundária com sulfadiazina, 1g VO de 6/6h, + pirimetamina, 25mg/dia VO, ou clindamicina, 300mg VO de 6/6h, com pirimetamina, 25mg/dia VO, até CD4$^+$ > 200 células/mm^3 por 3 a 6 meses.

Uma prova terapêutica ineficaz deve suscitar outra hipótese diagnóstica e a realização de biópsia cerebral. A principal hipótese seria um linfoma primário do SNC.

LEUCOENCEFALOPATIA MULTIFOCAL PROGRESSIVA (LMP)

A LMP é uma doença oportunista causada pelo vírus JC, principalmente em pacientes com CD4$^+$ < 100 células/mm^3. As principais manifestações são ataxia, alterações em pares cranianos, redução da acuidade visual, distúrbios da fala e alterações cognitivas progressivas. O diagnóstico pode elevar sua suspeita quando se identificam lesões múltiplas hipodensas não captantes de contraste na substância branca subcortical à RNM. A biópsia cerebral é dispensável. A evolução é variável, desde morte em 6 meses até a resolução da doença, sendo o prognóstico extremamente dependente do estado geral do paciente e de uma boa adesão à terapia antirretroviral.

■ SÍNDROMES NEOPLÁSICAS

SARCOMA DE KAPOSI (SK)

O SK é uma neoplasia angioproliferativa indolente que compromete, principalmente, a pele e a cavidade oral. A lesão clássica consiste em lesões nodulares, irregulares, de cor violácea, pontuais ou de maneira disseminada, às vezes acompanhadas de edema. O acometimento visceral (pulmões, fígado, trato digestivo, linfonodos) ocorre em torno de 75% dos pacientes com SK cutâneo, às vezes de modo silencioso. A etiologia do SK não está precisamente estabelecida. Há evidências de estudos epidemiológicos, sorológicos e moleculares da associação do SK com o herpesvírus humano tipo 8 (HHV-8). Clinicamente, o SK apresenta manifestações variadas, podendo ser observado em qualquer estágio da infecção pelo HIV, mesmo na presença de contagem normal das células T CD4$^+$. Entretanto, os pacientes com SK apresentam tipicamente baixa contagem de células CD4$^+$ (< 150 células/mm^3).

DIAGNÓSTICO

Avaliação dermatológica e histopatológica comprobatória.

TRATAMENTO

Para lesões isoladas e brandas, o uso de antirretrovirais e o restabelecimento da imunidade são suficientes para o desaparecimento das lesões. A quimioterapia intralesional e a radioterapia podem ser úteis em lesões locais estética ou funcionalmente inaceitáveis. Para o SK visceral e lesões cutâneas disseminadas, preconiza-se o uso de antirretrovirais associado à quimioterapia com vincristina e bleomicina, entre outros esquemas, como o uso do paclitaxel. Um oncologista sempre deve ser consultado.

LINFOMAS

Os linfomas mais relacionados com o HIV são o linfoma primário de SNC, linfoma de Hodgkin do tipo celularidade mista, o linfoma difuso de grandes células B, o linfoma de Burkitt associado ao HIV e o linfoma efusivo de serosas:

- **Linfoma primário do SNC:** linfoma associado ao EBV. Principal diagnóstico diferencial com neurotoxoplasmose. Apresenta-se tipicamente em lesão única, não responsiva ao tratamento terapêutico

com sulfadiazina, pirimetamina e ácido folínico, mas pode haver resposta parcial ao uso de corticoides. Em 20% a 40% dos casos, as lesões são múltiplas. O acometimento ocular também é uma forma frequente de apresentação. Em geral, o diagnóstico é estabelecido após a ausência de resposta à terapia empírica que determina uma biópsia cerebral que confirma o diagnóstico. O tratamento principal consiste no aumento da imunidade com o uso de antirretrovirais. A radioterapia é uma opção a ser considerada. O uso de metotrexato é aconselhado por alguns oncologistas.
- **Linfoma de Hodgkin do tipo celularidade mista ou depleção linfocitária:** a apresentação clássica consiste na presença de linfonodomegalia mediastinal, dependendo do estágio, com acometimento nos dois polos do diafragma, com ou sem metástases. Os pacientes podem apresentar sintomas B (febre, perda de peso e sudorese noturna). O tratamento consiste em quimioterapia, principalmente com o ABVD (doxorrubicina, bleomicina, vimblastina e dacarbazina), com ou sem uso de radioterapia. O tipo depleção linfocitária apresenta o pior prognóstico.
- **Linfoma difuso de grandes células B:** linfoma não Hodgkin mais frequente no HIV, apresentando-se como linfonodomegalia localizada ou generalizada, com lesões viscerais primárias ou metastáticas e presença de febre e síndrome consumptiva. O principal diagnóstico diferencial é a tuberculose. O tratamento consiste no uso de quimioterapia com R-CHOP (rituximabe, ciclofosfamida, doxorrubicina, vincristina e prednisona) (CD20 positivos).
- **Linfoma de Burkitt associado ao HIV:** apresenta-se tipicamente como linfonodomegalia generalizada ou massa intra-abdominal. Alguns patologistas têm dificuldade em diferir esse tipo de linfoma do linfoma difuso de grandes células B. O tratamento quimioterápico é complexo e apresenta muitas variações em relação à resposta ao tratamento. Um oncologista experiente deve ser sempre consultado. O prognóstico em paciente imunossuprimido é mau.
- **Linfoma efusivo de serosas:** linfoma associado ao HHV-8, causador de derrame pleural intenso e que se refaz rapidamente após a toracocentese. Diagnóstico diferencial com tuberculose pleural, sarcoma de Kaposi pleural e empiema. O tratamento principal consiste no uso de antirretrovirais. O uso da quimioterapia com CHOP apresenta resultados limitados.

■ SÍNDROMES DERMATOLÓGICAS

DOENÇAS SEXUALMENTE TRANSMISSÍVEIS (DST)

A presença de outras doenças sexualmente transmissíveis, como gonorreia, infecções por *Chlamydia*, sífilis, cancro mole, donovanose, herpes genital, hepatite B e hepatite C, deve suscitar a pesquisa do HIV. O tratamento de cada condição deve ser consultado no capítulo de DST.

VARICELA-ZÓSTER

O vírus varicela-zóster é um herpesvírus causador da catapora, cuja reativação é apresentada como surgimento de vesículas no trajeto de nervos periféricos, principalmente intercostais e do V par craniano. A evolução com queimação, hiperemia na área acometida, erupções vesiculares, crostas e formação de cicatriz ocorre em torno de 7 dias (herpes-zóster).

CONDILOMA ACUMINADO (HPV)

O condiloma acuminado caracteriza-se por pápulas, placas e lesões vegetantes verrucosas nas regiões genital e perigenital. As lesões podem ser internas na genitália, determinando quadros urológicos e ginecológicos obstrutivos. Verrugas na cavidade oral também são frequentes. As lesões tendem a apresentar graus variados de displasia, podendo malignizar.

DIAGNÓSTICO

É eminentemente clínico, podendo ser realizada biópsia para confirmação ou avaliação, no caso de suspeita de malignidade.

TRATAMENTO

Crioterapia, aplicação de **podofilina de 10% a 25%**. O uso do **creme de imiquimod a 5%** 3×/semana por 16 semanas tem demonstrado bons resultados. Outras técnicas incluem aplicação de **interferon intralesional**, **eletrocauterização** e uso de *laser*.

MOLUSCO CONTAGIOSO

O molusco contagioso, uma doença que acomete principalmente crianças e imunodeficientes, é causado pelo *Molluscipoxvirus* e se manifesta por lesões na pele ou mucosas, únicas ou múltiplas (mais comuns), podendo ser agrupadas, poupando apenas a palma das mãos e a sola dos pés. Consistem em pápulas peroladas de 2 a 5mm de diâmetro, rosadas ou pouco avermelhadas, umbilicadas, com depressão central e indolores. A transmissão ocorre mediante o contato próximo, inclusive pelo intercurso sexual em adultos, roupas íntimas, toalhas, fômites, coçaduras e piscinas, sendo estes considerados locais ideais para transmissão. O acometimento de pacientes com AIDS é frequente e tende a ser mais grave.

DIAGNÓSTICO

O diagnóstico é clínico, podendo ser confirmado por meio de biópsia.

TRATAMENTO

Melhora da imunossupressão com uso de **antirretrovirais**. Técnicas de ablação com **crioterapia** ou **curetagem**. O **cidofovir** tópico tem sido utilizado com boa resposta em alguns centros. A recidiva é comum.

DERMATITE SEBORREICA

A dermatite seborreica consiste em um quadro cutâneo inflamatório ocasionado pelo fungo do gênero *Malassezia*, extremamente frequente na população. Os portadores do HIV tendem a apresentar a doença de maneira mais frequente e agressiva. Acomete classicamente face, orelhas, bordas nasais, região mentoniana, couro cabeludo, pescoço, axilas e região inguinal. Pode se apresentar como leve eritema descamativo até lesões exsudativas e papulosas. Pode ser exacerbada por estresse físico, emocional e ambiental, assim como o agravamento da imunossupressão.

DIAGNÓSTICO

O diagnóstico é clínico.

TRATAMENTO

Creme de cetoconazol aplicado sobre a lesão 2×/dia por 30 dias. Uso de **xampu anticaspa**, esfregado sobre as lesões acometidas durante o banho. **Corticoesteroides tópicos** sobre as lesões de aspecto inflamatório severo.

ANGIOMATOSE BACILAR

A angiomatose bacilar, doença causada por *Bartonella henselae* e *Bartonella quintana*, resulta no aparecimento de lesões papulosas, de tamanho variável, eritematovinhosas ou da cor da pele, de superfície lisa ou rugosa. As lesões podem ser múltiplas ou isoladas. Ocasionalmente, esses nódulos podem ulcerar e sangrar, causando dor. Pode haver febre intermitente, anorexia, perda de peso, dor abdominal, náuseas e diarreia. Comprometimento ósseo e hepatoesplenomegalia com peliose hepática também podem estar presentes.

DIAGNÓSTICO

Análise do sangue periférico pelo Giemsa, cultura em meio especial para amostras de sangue ou tecidos, exame histopatológico de tecidos acometidos ou das lesões cutâneas, sorologia com detecção de IgM ou aumento de IgG em quatro vezes na sorologia pareada e técnicas de detecção molecular.

TRATAMENTO

Eritromicina, 500mg VO 1×/dia por 3 meses, ou **doxiciclina**, 100mg VO 2×/dia por 3 meses.

■ CONDUTA NO ACIDENTE PERFUROCORTANTE COM MATERIAL BIOLÓGICO

O risco de transmissão em pacientes-fonte portadores de HIV, hepatite C e hepatite B é em torno de 0,3%, 3% e 30%, respectivamente.

Após exposição acidental a material biológico com instrumento perfurocortante, devem ser adotadas as seguintes medidas:

1. **Cuidados locais:** limpeza com água corrente ou SF 0,9% e sabão neutro ou clorexidina. O uso de substâncias cáusticas e água oxigenada está contraindicado.
2. **Notificação compulsória e emissão do comunicado de acidente de trabalho pelo departamento pessoal.**
3. **Contatar setor de infectologia ou Comissão de Controle de Infecção Hospitalar (CCIH).**
4. **Avaliar o tipo de material biológico envolvido:** sangue, sêmen, líquor, urina, fezes, entre outros.
5. **Avaliar tipo de lesão:** perfurocortante, contato com mucosa ou contato com pele íntegra.
6. **Avaliar estado sorológico do paciente-fonte:** HIV, hepatite B e hepatite C. Possivelmente, o paciente-fonte é desconhecido.
7. **Avaliar estado sorológico do acidentado:** iniciar protocolo diagnóstico para HIV, hepatite B (incluindo anti-Hbs) e hepatite C. Solicitar TGO e TGP de base. Avaliar estado vacinal para hepatite B.

PROFILAXIA

HIV

Em caso de paciente-fonte HIV-negativo, confirmado por exames de até 3 meses antes a data do acidente, acidente sem exposição ao sangue do paciente-fonte em mucosa ou com lesão sem presença de sangramento do acidentado, não realizar profilaxia.

Em caso de paciente sem exames confirmando estado de HIV-negativo ou sabidamente HIV-positivo com contato com sangue em mucosa ou lesão com sangramento pelo acidentado, realizar profilaxia.

- **Profilaxia:** esquema antirretroviral utilizado pelo paciente-fonte por 28 dias. Em caso de desconhecimento do esquema antirretroviral, **ATC (zidovudina e lamivudina)**, 300/150mg VO 2×/dia, e LPV/R (**lopinavir/ritonavir**), 200/50mg, dois comprimidos VO 2×/dia por 28 dias.

HEPATITE B

Em caso de paciente-fonte com exame comprobatório de HbsAg negativo ou carteira de vacinação confirmando estado vacinal para hepatite B completo ou títulos protetores de anti-Hbs, não realizar profilaxia.

Em caso de paciente-fonte com HbsAg positivo ou desconhecido em acidentado vacinado de modo completo, obrigatoriamente com anticorpos protetores anti-Hbs (> 10mUI/mL), não realizar profilaxia.

Em caso de paciente-fonte com HbsAg positivo ou desconhecido em acidentado não vacinado ou com títulos de anti-Hbs não protetores (< 10mUI/mL), realizar profilaxia.

- **Profilaxia: vacinação para hepatite B de reforço** (títulos não protetores em pré-vacinados ou vacinação completa [0,1 e 6 meses] e HBIG [solicitada no CRIES], duas doses com intervalo de 2 meses, no máximo até 7 dias do acidente o mais precoce possível). A dose recomendada é de 0,06mL/kg de peso corporal. Se a dose a ser utlizada ultrapassar 5mL, dividir a aplicação em duas áreas diferentes.

HEPATITE C

Não há medida protetora específica.

SEGUIMENTO

Acompanhar sorologias para hepatites B e C (primeiro atendimento, 3 meses e 6 meses após), PCR qualitativa para hepatite C (3 meses após), transaminases (primeiro atendimento, 6 semanas, 3 meses e 6 meses após) e anti-HIV (primeiro atendimento e 4 semanas após).

Capítulo 53
Infecções Fúngicas

Guilherme Almeida Rosa da Silva • Thiago Pereira Guimarães • Ana Bárbara Esteves da Silva

INTRODUÇÃO

As infecções fúngicas constituem acometimentos incomuns que podem se camuflar na forma de doenças muito comuns na emergência, como as lesões dermatológicas, pneumonias e síndromes febris. Neste capítulo serão abordadas aspergilose, criptococose, esporotricose, histoplasmose e paracoccidioidomicose.

■ ASPERGILOSE

A aspergilose é uma doença causada pelo fungo do gênero *Aspergillus*. O gênero *Aspergillus* contém mais de 30 espécies que se encontram disseminadas no ambiente, principalmente no solo e na água. As formas de aspergilose podem ser divididas em **pulmonares e extrapulmonares (SNC, pele, coração, olhos e seios paranasais)**. Os principais acometidos são portadores de imunodeficiências, como AIDS, aqueles em uso de medicações imunossupressoras, pacientes oncológicos e neutropênicos.

Na **forma pulmonar** são observados:

- **Acometimento invasivo pulmonar:** manifesta-se como uma pneumonia de característica arrastada, semelhante à tuberculose pulmonar, com formações cavitárias ou fibrosantes.
- **Aspergiloma:** manifesta-se como bola fúngica ou micetoma, geralmente apresentada como uma vegetação dentro de uma cavitação preexistente. Pode ser assintomática ou cursar com hemoptise ou infecção bacteriana secundária. Em geral, ocorrem tosse, dispneia, emagrecimento e dor torácica. A principal complicação é a hemorragia, com consequente insuficiência respiratória aguda, que pode levar o paciente ao óbito.
- **Forma broncopulmonar alérgica:** principalmente em portadores de asma e fibrose cística, representando hipersensibilidade ao *Aspergillus fumigatus*, com presença de tosse produtiva crônica, bronquiectasias, eosinofilia, infecções bacterianas secundárias e aumento de IgE.

O acometimento **extrapulmonar** pode aparecer como endocardite infecciosa, endoftalmite, sinusite crônica, otite, onicomicose e celulite localizada.

DIAGNÓSTICO

O diagnóstico da aspergilose pulmonar é difícil devido à inespecificidade dos sinais e sintomas. Nas formas invasivas é possível a identificação do fungo por meio de coloração, culturas, testes moleculares, detecção antigênica e histopatologia. Na forma broncopulmonar alérgica, títulos elevados (> 1.000UI/mL) e específicos de IgE contra o *Aspergillus* auxiliam a confirmação diagnóstica.

TRATAMENTO

Em relação ao tratamento, o uso de antifúngicos e sua posologia são específicos para cada forma de apresentação (Quadro 53.1). O tratamento deve durar, no mínimo, 3 meses.

Quadro 53.1 Tratamento da aspergilose conforme forma de apresentação

Apresentação	Prescrição
Pulmonar invasiva	Voriconazol 200mg VO 2×/dia. (Graves) voriconazol EV 6mg/kg 2×/dia no primeiro dia, seguidos por 4mg/kg 2×/dia
Broncopulmonar alérgica	Itraconazol, 200mg VO 2×/dia
Aspergiloma	Cirurgia de ressecção da caverna com a bola fúngica. Nas formas multicavitárias, utilizar os antifúngicos
Pulmonar crônica	Voriconazol ou itraconazol, 200mg VO 2×/dia

■ CRIPTOCOCOSE

Infecção fúngica causada, principalmente, pelo agente *Criptococcus neoformans*. Após a era da AIDS, estima-se que exista mais de um milhão de casos de infecções por *Criptococcus*, com mais de 600 mil mortes anualmente, sobretudo em locais onde o tratamento da AIDS é negligenciado.

O fungo é encontrado, sobretudo, em troncos de árvores, como o eucalipto, e no solo contaminado com fezes de aves, principalmente pombos. A infecção é transmitida pela aerolização e inalação de partículas contendo o fungo. Ainda não está claro o papel do estabelecimento de uma infecção aguda ou infecção crônica latente que pode ser reativada pela imunossupressão, mas possivelmente ambas acontecem. A disseminação para todo o organismo, sobretudo as meninges, ainda permanece obscura.

A criptococose apresenta, principalmente, as formas cutânea, pulmonar e meningoencefálica.

A forma cutânea é caracterizada por manifestações de lesões acneiformes, *rash* cutâneo, ulcerações ou massas subcutâneas que podem simular tumores. Em pacientes com AIDS, algumas lesões podem ser difíceis de diferenciar do molusco contagioso.

A forma pulmonar apresenta-se como um quadro pneumônico crônico pouco distinguível da tuberculose pulmonar. Massas ou criptococomas podem ser formados.

A forma menigoencefálica é caracterizada como uma meningite subaguda ou crônica, com cefaleia, quadro subdemencial, perda de visão e audição, acometimento de pares cranianos e meningismo. As formas de apresentação são variáveis e muitas dessas características, inclusive o meningismo, podem estar ausentes. A presença de imunossupressão é um dado de bastante valor.

DIAGNÓSTICO

O diagnóstico da criptococose é avaliado por meio do quadro clínico, associado à demonstração do agente em líquidos estéreis, como o líquor. Para isso são utilizadas a técnica da tinta nanquim, cultura e detecção do antígeno criptocócico.

TRATAMENTO

O tratamento baseia-se na forma clínica apresentada. Na criptococose disseminada, a escolha preferencial é a **anfotericina B**, com dose inicial de 0,3mg/kg/dia EV, a qual é aumentada em 2,5 a 5mg/dia a cada 3 dias, caso não apareça nenhuma complicação, como hipocalemia, arritmias e insuficiência renal, não ultrapassando a dose de 50mg/dia. O tratamento deve perfazer uma dose acumulada de pelo menos 1g. A infusão deve ser lenta (4 a 6h), diluída em SG 5%, adicionando 1.000UI de heparina, como ou sem dose prévia de hidrocortisona, 100mg EV, e dipirona, 1g, para evitar reações alérgicas e febris.

O **fluconazol** também é utilizado, na dose de 200 a 400mg/dia, VO ou EV, por 6 semanas. Pacientes com AIDS devem usar a mesma dose como manutenção diária até o CD4 subir > 200 células/mm^3 por 6 meses após o tratamento inicial. A recorrência é frequente. Na forma pulmonar somente ou com sintomatologia leve, o fluconazol deve ser utilizado na dose de 200mg/dia por 3 a 6 meses. Em alguns casos, o tratamento é desnecessário.

O **itraconazol** é outra possibilidade terapêutica, na dose de 200mg/dia, também sendo utilizado por 6 a 12 meses.

■ ESPOROTRICOSE

A esporotricose consiste em uma micose provocada pelo fungo *Sporothrix schenckii*, o qual pode ser encontrado no solo, na palha, em vegetais e na madeira. A doença é transmitida através de ferimentos com material contaminado, como farpas ou espinhos. Raramente, pode ocorrer a transmissão por inalação. Animais contaminados, principalmente gatos, também podem transmitir a esporotricose por meio de mordeduras ou arranhaduras.

A esporotricose pode apresentar-se, principalmente, nas formas cutânea, articular e pulmonar.

A forma cutânea se manifesta por nódulos eritematosos que ulceram e se tornam crostosos, surgidos no local de inoculação, seguindo o trajeto dos vasos linfáticos e conferindo o aspecto de "rosário".

A forma articular se manifesta, principalmente, por sinovite crônica, artrite séptica e osteomielite, sendo ocasionada por inoculação intra-articular do fungo.

A forma pulmonar ocorre, principalmente, em indivíduos portadores de DPOC e imunossuprimidos, a partir da inalação de partículas contaminadas, e se manifesta como pneumonia crônica, semelhante à tuberculose pulmonar.

DIAGNÓSTICO

O diagnóstico da esporotricose é clínico, sendo a confirmação feita por meio de cultura ou histopatológico das lesões.

TRATAMENTO

O tratamento da esporotricose cutânea é realizado com **itraconazol**, 200mg/dia VO por 3 a 6 meses, sendo pelo menos de 2 a 4 semanas após a resolução total das lesões. A forma extracutânea, como a forma articular, deve ser tratada com itraconazol, 200mg VO de 12/12h por pelo menos 1 ano. Formas pulmonares ou disseminadas graves devem ser tratadas primariamente com anfotericina B, seguida do itraconazol após melhora clínica inicial.

O tratamento da esporotricose cutânea também pode ser feito com **iodeto de potássio** (1g/mL) VO, sendo a dose aumentada progressivamente. Inicialmente, utiliza-se a dose de 5 gotas 3×/dia em água, suco ou leite, aumentando a dosagem em 1 gota/dose/dia até alcançar 30 a 40 gotas 3×/dia. A dose é mantida até a cicatrização das lesões. Em seguida, faz-se a redução da dose, de maneira gradual, até 1 mês após a cura clínica. Em crianças, a dose inicial é de 1 gota/dose/dia, com aumento de 1 a 3 gotas/dose/dia até a dose máxima de 10 gotas/dose/dia.

■ HISTOPLASMOSE

Infecção fúngica causada pelo *Histoplasma capsulatum*, encontrado principalmente no solo, em áreas úmidas, com temperaturas em torno de 25º a 30ºC e expostas a fezes de morcegos e aves, como cavernas e galinheiros. Profissões de risco incluem trabalhadores rurais, trabalhadores da construção civil e demolições e avicultores.

A histoplasmose cursa com formas assintomáticas, manifestação pulmonar aguda e crônica e/ou infecção disseminada.

A manifestação pulmonar aguda, geralmente, apresenta um quadro clínico brando, que pode se assemelhar à gripe. Em grande parte dos casos, a resolução é espontânea, sem apresentar sequelas.

Nas formas crônicas, ocorre um quadro arrastado com febre, calafrios, dor torácica, mialgia, cefaleia e tosse produtiva, com quadro semelhante ao da tuberculose, inclusive com formação de cavernas. Em pacientes com AIDS, a histoplasmose torna-se possivelmente fatal, acometendo principalmente os pacientes com contagem de linfócitos T CD4 < 200 células/mm^3.

Formas disseminadas apresentam um quadro pulmonar crônico, com mediastinite fibrosante, acompanhado de invasão do sistema linforreticular, com hepatoesplenomegalia, linfonodomegalia, ocupação medular com pancitopenia e lesões cutâneas disseminadas. Os casos não tratados evoluem para sepse e morte.

DIAGNÓSTICO

A histoplasmose pode ser diagnosticada por meio da anamnese, do quadro clínico e de exames complementares. A sorologia específica é um método muito útil para confirmação da doença, uma vez que o isolamento do fungo pode ser bastante difícil, exceto nas formas pulmonares crônicas. O exame histopatológico é uma ferramenta diagnóstica muito útil.

TRATAMENTO

A histoplasmose pulmonar aguda, como ressaltado, geralmente apresenta resolução espontânea. Deve ser tratada se os sintomas persistirem por mais de 2 a 3 semanas ou se o início do quadro apresentar sinais de grave envolvimento pulmonar ou sistêmico.

O tratamento da forma aguda grave e da forma disseminada progressiva consiste na administração de **anfotericina B**, seguida, após resposta clínica satisfatória inicial, de **itraconazol**, 200mg VO 2×/dia por 12 semanas. A forma crônica/cavitária pode ser tratada diretamente com **itraconazol**, 200mg VO 2×/dia por 12 semanas.

■ PARACOCCIDIODOMICOSE

Causada pelo fungo *Paracoccidioides brasiliensis*, a infecção ocorre pela inalação de conídios do fungo. Como fatores de risco para a infecção podem ser citados os trabalhadores rurais ou que desempenhem atividades em que ocorra contato com o solo contaminado, sendo importante ressaltar que não há transmissão pessoa-pessoa.

O quadro clínico pode ser assintomático ou evoluir para doença franca.

As fases clínicas da doença podem ser classificadas em forma aguda/subaguda, forma crônica (unifocal ou multifocal) e forma residual ou sequelar.

A forma aguda/subaguda, também chamada juvenil, apresenta evolução rápida com linfadenomegalia, alterações gastrointestinais, hepatoesplenomegalia, envolvimento osteoarticular e lesões cutâneas.

A forma crônica (tipo adulto) é caracterizada por progressão lenta e insidiosa, podendo levar anos até seu diagnóstico. Se restrita a um único órgão, designa-se como de apresentação unifocal; entretanto, a apresentação mais observada é a multifocal, em que é possível destacar o pulmão, as mucosas e a pele como os locais mais comumente acometidos. Os sinais e sintomas apresentados incluem tosse produtiva, dispneia, expectoração mucopurulenta, infiltrado intersticial difuso em asa de morcego, lesões ulceradas em pele, mucosa de nasofaringe, odinofagia, disfagia e disfonia. A estomatite moriforme de Aguiar Pupo consiste em lesões mucosas ulcerativas com pontilhados hemorrágicos, clássicos da paracoccidioidomicose.

A forma sequelar é caracterizada por manifestações cicatriciais ou lesões residuais que se seguem ao tratamento da doença.

DIAGNÓSTICO

O diagnóstico diferencial com a paracoccidioidomicose pulmonar inclui doenças como tuberculose, histoplasmose e sarcoidose. Em caso de manifestações cutâneas, os diagnósticos diferenciais incluem o grupo PLECTH (**p**aracoccidioidomicose, **l**eishmaniose, **e**sporotricose, **c**romoblastomicose, **t**uberculose e **h**anseníase).

O padrão-ouro para o diagnóstico consiste na identificação do fungo por meio da cultura ou análise histopatológica das lesões.

TRATAMENTO

O tratamento da paracoccidioidomicose consiste no uso de **itraconazol**, na dose de 200mg/dia VO. Em crianças < 30kg e > 5 anos, utiliza-se itraconazol na dose de 5 a 10mg/kg/dia. O tratamento das formas leves deve ser mantido de 6 a 9 meses e o das formas moderadas, de 12 a 18 meses.

O **sulfametoxazol/trimetoprima** pode ser utilizado, porém com resposta clínica mais lenta. A dose para adultos é de 800 a 1.200mg de sulfametoxazol e 160 a 240mg de trimetoprima VO de 12/12h. Em crianças, o tratamento usual consiste no uso de sulfametoxazol, 40 a 50mg/kg, e trimetoprima, 8 a 10mg/kg VO de 12/12h. O tratamento deve durar 12 meses nas formas leves e de 18 a 24 meses nas formas moderadas.

BIBLIOGRAFIA

Abraham E, Laterre P et al. Drotrecogin alfa (activated) for adults with severe sepsis and a low risk of death. N Engl J Med 2005; 353:1.332-41.

Adedayo O, Nasiiro R. Intestinal parasitoses. J Natl Med Assoc Jan 2004; 96(1):93-6.

Alecrim WD, Loureiro ACSP, Moraes RS, Monte RL, Lacerda MVG. Febre tifóide: recaída por resistência antimicrobiana. Relato de caso. Revista da Sociedade Brasileira Medicina Tropical 2002; 35:661-3.

American Academy of Pediatrics. Pinworm Infection (Enterobius vermicularis). Report of the Committee on Infectious Disease 2009; 519-20.

Anuradha S. Tetanus in adults – a continuing problem: an analysis of 217 patients over 3 years from Delhi, India, with special emphasis on predictors of mortality. Med J Malaysia 2006; 61(1):7-14.

Atkins D, Best D, Briss PA et al. GRADE Working Group. Grading quality of evidence and strength of recommendations. BMJ. 2004; 328(7454):1490.

Auburtin M, Porcher R, Bruneel F et al. Pneumococcal meningitis in the intensive care unit prognostic factors of clinical outcome in a series of 80 cases. Am J Respir Crit Care Med 2002; 165:713-7.

Auwaerter PG, Aucott J, Dumler JS. Lyme borreliosis (Lyme disease): molecular and cellular pathobiology and prospects for prevention, diagnosis and treatment. Expert Rev Mol Med 2004 Jan 19; 6(2):1-22.

Bastos LG, Fonseca LS, Mello FC, Ruffino-Netto A, Golub JE, Conde MB. Prevalence of pulmonary tuberculosis among respiratory symptomatic subjects in an out-patient primary health unit. Int J Tuberc Lung Dis 2007; 11(2):156-60. Erratum in: Int J Tuberc Lung Dis 2007; 11(8):936. Golub JL [corrected to Golub JE].

Berezin EN, Feldman C. Varicela-zoster. In: Focaccia R (eds.) Tratado de infectologia. Vol. I, 4. ed, São Paulo: Atheneu 2009: 767-78.

Bleck TP, Brauner JS. Tetanus. In: Scheld WM, Witley RJ, Marra CM (eds.) Infections of the central nervous system. 3. ed. New York: Lippincott Williams & Wilkins 2004:625-48.

Bleeker-Rovers CP et al. A prospective multicenter study on fever of unknown origin: the yield of a structured diagnostic protocol. Medicine 2007; 86:26.

Brasil. Doenças infecciosas e parasitárias: guia de bolso/Ministério da Saúde, Secretaria de Vigilância em Saúde, Departamento de Vigilância Epidemiológica. 8. ed. rev. Brasília: Ministério da Saúde, 2010.

Brasil. Guia prático de tratamento da malária no Brasil. Ministério da Saúde, 2010.

Brasil. Ministério da Saúde. Secretaria de Vigilância em Saúde. Guia Leptospirose: Diagnóstico e Manejo Clínico/Ministério da Saúde, Secretaria de Vigilância em Saúde, 2009.

Brasil. Protocolo para Tratamento de Raiva Humana no Brasil. Ministério da Saúde, Secretaria de Vigilância em Saúde, Departamento de Vigilância Epidemiológica, Esplanada dos Ministérios, Departamento de Vigilância Epidemiológica, Secretaria de Vigilância em Saúde, Ministério da Saúde, Brasília-DF, Brasil. Epidemiol. Serv. Saúde, Brasília, out-dez 2009; 18(4):385-94.

Brighton SW, Prozesky OW, de la Harpe AL. Chikungunya virus infection. A retrospective study of 107 cases. S Afr Med J 1983 Feb 26; 63(9):313-5.

Brown JM, MacNeil MM. Nocardia, Rhodococcus, Gordonia, Actinomadura, Streptomyces, and other Aerobic Actinomycetes. In: Murray P, Baron EJ, Jorgensen JH, Pfaller MA, Yolken RH (eds.) Manual of clinical microbiology. 8. ed. Washington DC: American Society of Microbiology, 2003:502-31.

Capone D, Faria EC, Tarantino AB, Gonçalves AJR. Manifestações pulmonares na AIDS. In: Tarantino AB. Doenças pulmonares. 5. ed. Rio de Janeiro: Guanabara Koogan 2002:381-400.

Cardoso TG, Carvalho VM. 2006. Toxinfecção por Salmonella spp. Rev Inst Ciênc Saúde 24(2):95-101.

Carranza PG, Lujan HD. New insights regarding the biology of Giardia lamblia. Microbes Infect Sep 20 2009.

CDC. Chikungunya distribution and global map. Atlanta: CDC; 2010 [updated Oct 22 2010; cited 2010 Apr 26]. Available from: http://www.cdc.gov/ncidod/dvbid/Chikungunya/CH_GlobalMap.html

CDC. Chikungunya fever diagnosed among international travelers—United States, 2005-2006. MMWR Morb Mortal Wkly Rep 2006 Sep 29; 55(38):1040-2.

Centers for Disease Control and Prevention. Malaria. Disponível em: http://www.cdc.gov/malaria. Acessado em: May 12, 2012.

Chretien JP, Anyamba A, Bedno SA et al. Drought-associated chikungunya emergence along coastal East Africa. Am J Trop Med Hyg 2007 Mar; 76(3):405-7.

Coelho JCU, Baretta GAP, Okawa L. Seleção e uso de antibióticos em infecções intra-abdominais. Arq Gastroenterol, São Paulo, mar. 2007; 44(1).

Conde MB, Soares SL, Mello FC et al. Comparison of sputum induction with fiberoptic bronchoscopy in the diagnosis of tuberculosis: experience at an acquired immune deficiency syndrome reference center in Rio de Janeiro, Brazil. Am J Respir Crit Care Med 2000; 162(6):2238-40.

Controle da Tuberculose. Uma proposta de integração ensino serviço. 5. ed. Rio de Janeiro: FUNASA/CRPHF/SBPT 2000.

Correspondence. The presenting manifestations of Lyme disease and the outcomes of treatment. N Engl J Med 2003; June 12 2003; 348:2.472-74.

Cota GF, Campos JPR, Gouveia Junior GJ. Epidemiologia da meningite aguda entre adultos em um centro de referência em doenças inefcciosas em Minas Gerais. RBM Rev Bras Med jun. 2006. tab; 63(6):274-7.

Cox RJ, Brokstad KA, Ogra P. Influenza virus: immunity and vaccination strategies. Comparison of the immune response to inactivated and live, attenuated influenza vaccines. Scandinavian Journal of Immunology 2004; 59:1-15.

da Silva GAR, Azevedo MCVM, RN N, Pinto JFC, SA CAM, Ferry FRA. Herpes zoster oftálmico como manifestação de síndrome de reconstituição imune em um paciente com AIDS – Relato de caso. CBM Cadernos Brasileiros de Medicina (Impresso) 2012; XXV:15-8.

da Silva GAR, Carvalho RS, Motta RN et al. Relato de caso: escabiose disseminada em paciente com AIDS. CBM Cadernos Brasileiros de Medicina (Impresso) 2012; XXV:36-41.

da Silva GAR, Carvalho RS, RN N et al. Forma agressiva do sarcoma de Kaposi em mulher portadora do HIV. CBM Cadernos Brasileiros de Medicina (Impresso) 2012; XXV:8-14.

da Silva GAR, Motta RN, Carvalho RS, Lupi O, Azevedo MCVM, Ferry FRA. Cutaneous tuberculous gummas in a patient with polymyositis. Anais Brasileiros de Dermatologia (Impresso) 2012.

da Silva GAR. Febre, dor e adenomegalia inguinal. Conduta Médica (Rio de Janeiro), 2008; 38:18-23.

Damiani D, Furlan MC, Damiani D. Meningite asséptica. Rev Bras Clin Med, São Paulo, 2012 jan-fev; 10(1):46-50.

De Backer D, Creteur J, Preiser JC, Dubois MJ, Vincent JL. Microvascular blood flow is altered in patients with sepsis. Am J Respir Crit Care Med 2002; 166(1):98-104.

De Kleijn EM et al. Fever of unknown origin (FUO): I. A prospective multicenter study of 167 patients with FUO, using fixed epidemiologic entry criteria. Medicine 1997; 76:392.

de Silva N, Guyatt H, Bundy D. Anthelmintics. A comparative review of their clinical pharmacology. Drugs May 1997; 53(5):769-88.

Dellinger RP, Levy MM, Carlet JM et al. Surviving sepsis campaign: international guidelines of severe sepsis and septic shock: 2008. Crit Care Med 2008; 36:296-327.

Dong BQ, Yang J, Wang XY et al. Trends and disease burden of enteric fever in Guangxi province, China, 1994-2004. Bull World Health Organ 2010 Sep 1; 88(9):689-96.

Farrar JJ, Yen JM, Cook T, Fairweather N, Binh N, Parry J, Parry CM. Tetanus. J Neurol Neurosurg Psychiatry 2000; 69(3):292-301.

Fauci AS et al. (eds.) Harrison's principles of internal medicine. 17. ed. New York: Mc Graw Hill, 2008:1280.

Fauci AS et al. (eds.) Harrison's principles of internal medicine. 17. ed. New York: Mc Graw Hill, 2008, pág.

Fauci AS et al. (eds.) Harrison's principles of internal medicine. 17. ed. New York: Mc Graw Hill, 2008:1270.

Feldmeier H, Schuster A. Mini review: hookworm-related cutaneous larva migrans. Eur J Clin Microbiol Infect Dis Sep 16 2011.

Fernandes FO, Frade JAMS, Marinho LAC, Pereira ACM. Herpes-zóster. In: Tavares W, Marinho LAC (eds.). Rotina de diagnóstico e tratamento das doenças infecciosas e parasitárias. 2. ed, São Paulo: Atheneu, 2010:511-4.

Fever of unknown origin (FUO): II. Diagnostic procedures in a prospective multicenter study of 167 patients with FUO. Medicine 1997; 76:401.

Focaccia R, Mattei SMM, de Lima VP, Saraiva-Gomez J. Febre tifóide e paratifóide. In: Focaccia R (eds.). Tratamento de infectologia. Vol. I. 4. ed. São Paulo: Atheneu, 2009:1029-41.

Fukushima FB, Barros GAM de, Lemonica L. Herpes-zóster e neuralgia pós-herpética: diagnóstico tratamento e prevenção. Prática Hospitalar & Urgências 2005; 42:87-93.

Fukutake T, Miyamoto R. Clinical features of tetanus: a review with case reports. Brain Nerve 2011; 63(10):1101-10. Japanese.

Goldman Lee, Ausiello D. Cecil – Tratado de Medicina Interna. 23. ed. Rio de Janeiro: Elsevier, 2005:2745.

Goldman-Ausiello – Cecil Medicina, 23. ed.

Goto M et al. A retrospective review of 226 hospitalized patients with fever. Intern Med 2007; 46:17.

Gouveia EL, Metcalfe J, de Carvalho AL et al. Leptospirosis-associated severe pulmonary hemorragic syndrome, Salvador, Brazil. Emerg Infect Dis 2008:505-8.

Grazioso CF, Mitchell DK. Parasitic causes of diarrhea in children. Semin Pediatr Infect Dis 1994; 5:191-201.

Hirschmann JV. Fever of unknown origin in adults. Clin Infect Dis 1997; 24:291.

Hotchkiss RS, Karl I. The pathophysiology and treatment of sepsis. N Eng J Med 2003; 348:138-50.

Hotez PJ, Brooker S, Bethony JM et al. Hookworm infection. N Engl J Med Aug 19 2004; 351(8):799-807.

Hugues WT et al. 2002 guidelines for the use of antimicrobial agents in neutropenic patients with cancer. Clin Infect Dis 2002; 34:730.

III Diretrizes para Tuberculose da Sociedade Brasileira de Pneumologia e Tisiologia. J Bras Pneumol, São Paulo, Oct 2009; 35(10).

Jaeschke R, Reinhart K, Angus DC et al. International Surviving Sepsis Campaign Guidelines Committee; American Association of Critical-Care Nurses; American College of Chest Physicians; American College of Emergency Physicians; Canadian Critical Care Society; European Society of Clinical Microbiology and Infectious Diseases; European Society of Intensive Care Medicine; European Respiratory Society; International Sepsis Forum; Japanese Association for Acute Medicine; Japanese Society of Intensive Care Medicine; Society of Critical Care Medicine; Society of Hospital Medicine; Surgical Infection Society; World Federation of Societies of Intensive and Critical Care Medicine. Surviving Sepsis Campaign: international guidelines for management of severe sepsis and septic shock. 2008; 36(4):1394-6.

Jolliet P, Magnenat JL, Kobel T, Chevrolet JC. Aggressive intensive care treatment of very elderly patients with tetanus is justified. Chest 1990; 97(3):702-5.
Keller EC, Tomecki KJ. Cutaneous infections and infestations: new therapies. J Clin Aesthet Dermatol 2011 Dec; 4(12):18-24.
King CH. Toward the elimination of schistosomiasis. N Engl J Med Jan 8 2009; 360(2):106-9.
Knockaert DC et al. Fever of unknown origin in adults: 40 years on. J Intern Med 2003; 253:263.
Lapa M, Dias B, Jardim C, Fernandes CJ, Dourado PM, Figueiredo M. Cardiopulmonary manifestations of hepatosplenic schistosomiasis. Circulation Mar 24 2009; 119(11):1518-23.
Leonardo RSMR. Aconselhamento farmacêutico em otorrinolaringologia [monografia]. Porto: Faculdade de Ciências da Saúde, Universidade Fernando Pessoa, 2009.
Levy B, Gawalkiewicz P, Vallet B, Briancon S, Nace L, Bollaert PE. Gastric capnometry with air-automated tonometry predicts outcome in critically ill patients. Crit Care Med 2003; 31(2):474-80.
Lomar AV, Diament D, Brito T, Veronesi R. Leptospiroses. In: Veronesi – Tratado de infectologia. 3. ed. São Paulo: Atheneu, 2005:1239-56.
Lopes RA, Martins HS. Diarreia Aguda. In: Martins HS, Brandão Neto RA, Scalabrini Neto A, Velasco IT (eds.). Emergências clínicas: abordagem prática. 4. ed. ampl. e ver. Baurueri, São Paulo: 2009:343-56.
Magni AM, Schieffer DK, Bruniera P. Comportamento dos antitérmicos ibuprofeno e dipirona em crianças febris. J Pediatr (Rio de Janeiro) [online] 2011; 87(1):36-42 [cited 2012-06-10].
Manual de diagnóstico laboratorial da malária. Ministério da Saúde, 2005.
Marques A. Chronic Lyme disease: a review. Infect Dis Clin North Am 2008; 22:341-60.
Martínez MO, Pérez RRG. La fiebre um problema permanente para el nino, La familia y el profesional de La salud. Revista de Ciencias Médicas La Habana 2005; 11(1).
Martins FO. Avaliação da qualidade higiênico sanitárias (sushi e sashimi) a base de pescado cru servido em bufês na cidade de São Paulo [dissertação]. São Paulo: Faculdade de Saúde Pública, Universidade de São Paulo, 2006.
Martins S, Souto MID. Manual de Emergências Médicas.
Mattos AP, Almeida OS, Ribeiro Jr H. Hidratação oral. Disponível em: <http://www.medicina.ufba.br/educacao_medica/graduacao/dep_pediatria/disc_pediatria/disc_prev_social/roteiros/diarreia/hidratacao_oral.pdf>.
Maynard N, Bihari D, Beale R et al. Assessment of splanchnic oxygenation by gastric tonometry in patients with acute circulatory failure. JAMA 1993; 270(10):1203-10.
McDonald EM, de Kock J, Ram FS. Antivirals for management of herpes zoster including ophthalmicus: a systematic review of high-quality randomized controlled trials. Antivir Ther 2012; 17(2):255-64.
Ministério da Saúde, Secretaria de Vigilância em Saúde, Departamento de Vigilância das Doenças Transmissíveis. Dengue diagnóstico e manejo clínico adulto e crianças, Série A: normas e manuais técnicos. 4. ed.
Ministério da Saúde. Secretaria de Vigilância em Saúde. Departamento de Vigilância Epidemiológica. Coordenação Geral do Programa Nacional de Imunizações. Nota Técnica Nº 66/CGPNI/DEVEP/SVS/MS. Brasília: Ministério da Saúde, 2006.
Ministério da Saúde; Secretaria de Ciência, Tecnologia e Insumos Estratégicos; Departamento de Assistência Farmacêutica e Insumos Estratégicos. Formulário Terapêutico Nacional 2008: Rename 2006. Série B. Textos Básicos de Saúde. Brasília/DF, 2008.
Miranda-Filho DB, Ximenes RA, Barone AA, Vaz VL, Vieira AG, Albuquerque VM. Clinical classification of tetanus patients. Braz J Med Biol Res 2006; 39(10):1329-37.
Montes M, Sawhney C, Barros N. Strongyloides stercoralis: there but not seen. Curr Opin Infect Dis Oct 2010; 23(5):500-4.
Mourad O et al. A comprehensive evidence-based approach to fever of unknown origin. Ach Intern Med 2003; 163:545.
Munir MA, Enany N, Zhang JM. Nonopioid analgesics. [Review] [29 refs] Medical Clinics of North America 2007; 91(1):97-111.
Neves DP et al. Parasitologia humana. 11. ed. Editora Atheneu.
Nguyen HB, Rivers EP, Abrahamian FM et al. Severe sepsis and septic shock: review of the literature and emergency department management guidelines. Ann Emerg Med 2006; 48:28-54.
Nomoto SH, Oliveira EMG, Lourinho SRS. Peritonite bacteriana espontânea: achados clínicos e laboratoriais. Revista Médica Ana Costa Jan/Mar 2007; 12(1):4-10.
Nunes CLX, Leal ZL, Marques O, Marquesd DL, Carvalho M. Prevalência de sorogrupos de Neisseria meningitidis causadores de doença meningocócica no estado da Bahia de 1998 a 2007. Revista Baiana de Saúde Pública jul./set. 2011; 35(3):676-86.
O'Grady NP et al. Practice guidelines for evaluating new fever in critically ill adult patients. Clin Infect Dis 1998; 26:1042.
Opstelten W, Eekhof J, Neven AK, Verheij T. Treatment of herpes zoster. Can Fam Physician 2008; 54:373-7.
Orellana-San Martín C, Su H, Bustamante-Durán D, Velásquez-Pagoaga L. Tetanus in intensive care units. Rev Neurol 2003; 36(4):327-30. Spanish.
Paul M et al. Empirical antibiotic monotherapy for febrile neutropenia: systematic review and meta-analysis of randomized controlled trials. J Antimicrob Chemother 2006; 57:176.
Ramírez Miñana R, Sicilia Lafont T et al. Tetanus in adults: mortality. Study in 130 cases. Enferm Infect Microbiol Clin 1990; 8(6):338-43. Spanish.

Rebello AS, Carvalho MGC, Rebello MCS, Fischer J, Carvalho PC, Carvalho JFO. Detecção molecular da reativação simultânea de VZV e HSV em paciente com história clínica de roseola infantum. J Bras Patol Med Lab 2003; 39:207-9.

Rivers E, Nguyen B, Havstad S et al. Early goal-directed therapy in the treatment of severe sepsis and septic shock. N Engl J Med 2001; 345(19):1368-77.

Ross AG, Vickers D, Olds GR, Shah SM, McManus DP. Katayama syndrome. Lancet Infect Dis mar 2007; 7(3):218-24.

Roxby AC, Gottlieb GS, Limaye AP. Strongyloidiasis in transplant patients. Clin Infect Dis nov 1 2009; 49(9):1411-23.

Russell JA. Management of sepsis. N Engl J Med 2006; 355:16.

Sá R. Febre tifoide e para-tifoide. In: Meliço-Silvestre, Cunha S da. Doenças infecciosas – O desafio da clínica. Clínica Universitária de Doenças Infecciosas Faculdade de Medicina da Universidade de Coimbra, Portugal, 2008:6.

Sakr Y, Dubois MJ, De Backer D, Creteur J, Vincent JL. Persistent microcirculatory alterations are associated with organ failure and death in patients with septic shock. Crit Care Med 2004; 32(9):1825-31.

Salamano R, Lewin S. Herpetic encephalitis: encephalitis produced by the Herpes family. Arch Med Int [online] 2011; 33(3):49-58.

Salles MJC. Gripe e resfriado comum. In: Golin V, Sprovieri SRS (eds.) Condutas em urgências e emergências para o clínico – edição revisada e atualizada. São Paulo: Atheneu, 2009:833-6.

Sanai FM, Al-Karawi MA. Biliary ascariasis: report of a complicated case and literature review. Saudi J Gastroenterol Jan-Mar 2007; 13(1):25-32.

Schechter M, Marangoni DV. Doenças infecciosas – conduta diagnóstica e terapêutica. Capítulo 5 parte VI.

Schechter M, Marangoni DV. Doenças infecciosas: conduta diagnóstica e terapêutica. 2. ed. Capítulo 8.

Secretaria de Estado de Saúde Pública do Governo do Pará. Sistema Único de Saúde Protocolo de Tratamento de Síndrome Gripal (SG) e Síndrome Respiratória Aguda Grave (SRAG) – 2011.

Secretaria de Vigilância em Saúde, Departamento de Vigilância. Epidemiológica. Guia de vigilância epidemiológica/Ministério da Saúde. 7. ed. Brasília, 2010.

Shapiro NI, Howell MD, Talmor D et al. Serum lactate as a predictor of mortality in the emergency department patients with infection. Ann Emerg Med 2005; 45:524-8.

Sias S. Viroses respiratórias. In: Tavares W, Marinho LAC (eds.) Rotina de diagnóstico e tratamento das doenças infecciosas e parasitárias. 2. ed. São Paulo: Atheneu 2010:1020-30.

Silva da AM, Santana de LB. Febre tifóide e paratifóide. In: Tavares W, Marinho LAC (eds.) Rotina de diagnóstico e tratamento das doenças infecciosas e parasitárias. 2. ed. São Paulo: Atheneu 2010:428-32.

Simonsen L, Fukuda K, Schonberger LB, Cox NJ. The impact of influenza epidemics on hospitalizations. Journal of Infectious Diseases 2000; 181(3):831-7.

Sinha S, Sharma BS. Neurocysticercosis: a review of current status and management. J Clin Neurosci Jul 2009; 16(7):867-76.

Soares SCS, Janahu LTA. O suporte ventilatório no tratamento da influenza A H1N1 em Unidade de Terapia Intensiva. Rev Pan-Amaz Saude, Ananindeua, mar. 2011; 2(1).

Sociedade Brasileira de Medicina de Família e de Comunidade. Abordagem das parasitoses intestinais mais frequentes na infância. Projeto Diretrizes, 2009.

Steere AC, Coburn J, Glickstein L. The emergence of Lyme disease. J Clin Invest 2004; 113(8):1093.

Steere AC, Schoen RT, Taylor E. The clinical evolution of Lyme arthritis. Ann Intern Med 1987; 107:725-31.

Taniguchi LU, Martins HS. Peritonite bacteriana espontânea. In: Martins HS, Brandão Neto RA, Scalabrini Neto A, Velasco IT (eds.). Emergências clínicas: abordagem prática. 4. ed. ampl. e ver. Baurueri, São Paulo, 2009:836-7.

Trujillo MH, Castillo A, España J, Manzo A, Zerpa R. Impact of intensive care management on the prognosis of tetanus. Analysis of 641 cases. Chest 1987; 92(1):63-5.

Tunkel AR, Hartman BJ, Kaplan SL et al. Practice guidelines for the management of bacterial meningitis. Clinical Infectious Diseases 2004; 39:1.267-84.

Ukwenya AY, Ahmed A, Garba ES. Progress in management of typhoid perforation. Ann Afr Med 2011 Oct-Dec; 10(4):259-65.

Ullmann AJ et al. Posaconazole or fluconazole for prophylaxis in severe graft-versus-host disease. N Engl J Med 2007; 356:335.

Varella RB, Pires IL, Saraiva CA, Guimarães ACC, Guimarães MAA. Diagnóstico laboratorial da infecção pelo vírus herpes simples (HSV) em pacientes transplantados e não-transplantados. Jornal Brasileiro de Patologia e Medicina Laboratorial 2005; 41(4):257-62.

Vasconcellos MRA, Castro LGM, Santos MF dos. Soropositividade para HIV em doentes de herpes zoster. Rev Inst Med Trop São Paulo [online]. 1990; 32(5):364-9 [cited 2012-03-28].

WHO. Guidelines for the treatment of malaria. Geneva: World Health Organization. 2006.

Wolff K, Johnson RA. Infecções virais da pele e das mucosas. In: Wolff K, Johnson RA (eds.). Dermatologia de Fitzpatrick: atlas e texto. 6. ed. Artmed, 2011:800-10.

Wongsrichanalai C, Barcus MJ, Muth S, Sutamihardja A, Wernsdorfer WH. A review of malaria diagnostic tools: microscopy and rapid diagnostic test (RDT). Am J Trop Med Hyg Dec 2007; 77(6 Suppl):119-27.

World Health Organization: Model prescribing information: drugs used in parasitic diseases. 2. ed. Geneva, WHO, 1995.

Zenone T. Fever of unknown origin in adults: evaluation of 144 cases in a non-university hospital. Scand J Infect Dis 2006; 38:632.

Seção VI – NEUROLOGIA

Capítulo 54
Acidente Vascular Encefálico Isquêmico

Gustavo Daher Vieira de Moraes Barros • Josiane Fonseca Almeida • Rodrigo Simões Eleutério

INTRODUÇÃO

O acidente vascular encefálico isquêmico (AVEI) representa a principal causa de óbito no Brasil e exibe elevada morbidade associada. Quase sempre resulta de um evento trombótico ou embólico que envolve as artérias do encéfalo, determinando a obstrução súbita da luz do vaso e, consequentemente, isquemia e infarto para determinada área do sistema nervoso central (SNC). Os sinais e sintomas que se manifestam são compatíveis com a região cerebral infartada.

FISIOPATOLOGIA

Os mecanismos mais comuns de AVEI são:

- **AVEI cardioembólico:** importante mecanismo, responsável por até 30% dos casos de AVEI. Forma-se um trombo no interior do coração que libera êmbolos para as artérias do SNC. As situações de risco são: fibrilação atrial (principal responsável), infarto agudo do miocárdio (IAM) recente de parede anterior, próteses valvares, trombos presentes em cavidades, acinesia do ventrículo esquerdo, endocardite infecciosa e cardiomiopatias dilatadas.
- **AVEI ateroembólico:** o acidente vascular está relacionado com a existência de placas de ateroma presentes nas artérias cervicais (carótidas ou vertebrais) do paciente. Quanto maior a estenose, maior o risco de AVEI. A placa sofre um evento agudo, formando trombos, êmbolos ou cristais de colesterol, que se alojam em uma artéria do SNC, em um mecanismo denominado embolia arterioarterial. É o segundo mecanismo mais comum de AVE.
- **AVEI aterotrombótico:** placas de ateroma presentes diretamente nas artérias de médio e grande calibre do encéfalo, as quais sofrem um evento agudo e formam um trombo totalmente oclusivo no próprio local da placa, determinando isquemia distal e infarto tecidual.
- **AVEI lacunar:** ocorre por obstrução das pequenas artérias perfurantes do encéfalo, devido a uma lipo-hialinose da parede (espessando as camadas do vaso) e por trombose local. O infarto gerado tem área < 2cm. Essas artérias podem irrigar a cápsula interna, o tálamo, os núcleos da base etc. O AVEI lacunar responde por parcela importante dos casos de AVEI, especialmente os casos assintomáticos. Sua recorrência pode levar à demência vascular.
- **AVEI criptogênico:** muitos casos de AVEI não têm uma etiologia definida, sendo classificados como criptogênicos.
- Existem **outras causas** de AVEI, que são especialmente importantes nos casos de pacientes jovens, < 50 anos: dissecção arterial (principal causa no jovem), vasculites, trombofilias, uso de algumas substâncias lícitas e ilícitas, síndrome paraneoplásica, entre outras (cocaína, anfetamina).

A isquemia tecidual rapidamente cede lugar a uma área de infarto encefálico (necrose), cujas células são inviáveis. No entanto, ao redor dessa área de infarto existe uma região chamada **"área de penumbra"**, cujas células estão sofrendo com a isquemia tecidual, porém ainda são células viáveis, desde que se restabeleça um fluxo sanguíneo adequado. **Um dos principais aspectos do tratamento do AVEI consiste em garantir uma boa irrigação para a área de penumbra, impedindo a evolução para necrose e reduzindo a morbidade associada à doença.**

QUADRO CLÍNICO

O paciente apresenta déficit neurológico focal, de instalação abrupta, cujos sinais e sintomas estão relacionados com um território vascular cerebral comprometido (infartado/isquemiado).

Os principais sinais e sintomas que podem estar presentes no AVEI são: déficit motor (paresias e plegias), déficit sensitivo (parestesias, diminuição de sensibilidade, anestesia), desvio da rima labial, comprometimento da fala e/ou compreensão das palavras (afasia), estrabismo, desvio conjugado do olhar, nistagmo, diplopia, amaurose, confusão mental, rebaixamento da consciência, prejuízo no reconhecimento de gestos, objetos e pessoas e comprometimento de nervos cranianos.

A separação das síndromes conforme a artéria comprometida pode ajudar no diagnóstico clínico:

1. **AVE da artéria cerebral média** (tipo mais comum de AVEI):
    - **AVE do ramo superior:** hemiparesia ou hemiplegia e diminuição da sensibilidade no lado oposto da lesão (em geral, afeta a motricidade e a sensibilidade da cintura para cima), desvio do olhar conjugado para o lado da lesão e afasia motora (distúrbio da linguagem falada), quando afeta o hemisfério dominante.
    - **AVE do ramo inferior:** o paciente não reconhece objetos pelo tato da mão contralateral à lesão, afasia de Wernick (não compreende as palavras que escuta, quando o AVE afeta o hemisfério dominante), não diferencia as regiões esquerda e direita, não compreende os gestos feitos para ele, não consegue fazer gestos, não é capaz de calcular, ler e escrever, há negligência de um lado do corpo e do espaço.
2. **AVE da artéria cerebral anterior:** o paciente pode apresentar hemiparesia ou hemiplegia, diminuição da sensibilidade do membro inferior contralateral à lesão e reflexo de Babinski. No caso de um AVE bilateral, o paciente pode apresentar importante mudança de comportamento, exibindo comportamento inadequado ou mesmo a perda da iniciativa e vontade. Também vai exibir déficit sensitivo e motor bilateralmente. Perda de controle esfincteriano.
3. **AVE da artéria cerebral posterior:** o paciente pode exibir a síndrome de Weber (hemiplegia dos membros contralateral à lesão e paralisia do III par craniano ipsilateral à lesão, com queixas de diplopia e estrabismo), síndrome de Dejerine-Roussy (anestesia dos membros/corpo contralateral à lesão e presença de dor mal definida e contínua nessa mesma região). O paciente também pode apresentar alterações do campo visual (hemianopsia contralateral), agnosia visual (não define objetos pela visão – hemisfério dominante) e síndrome de Balint, se afetar o hemisfério não dominante (não reconhece paisagens e não segue objetos com os olhos). O AVE bilateral pode determinar cegueira, cuja existência o paciente nega (síndrome de Anton).
4. **AVE afetando o tronco encefálico:**
    - **AVE da ponte** (trombose da artéria basilar): compromete as duas vias piramidais simultaneamente e pode determinar a "síndrome do cativeiro", na qual o paciente se mostra tetraplégico, apenas com movimentos oculares determinados pelo III par craniano.
    - **AVE da porção dorsolateral do bulbo** (AVE da artéria cerebelar inferior posterior): síndrome de Wallemberg (anestesia do corpo contralateral à lesão, anestesia da face ipsilateral à lesão, disfagia e disfonia por lesão dos pares cranianos IX e X, presença de síndrome de Horner e ataxia cerebelar ipsilateral, vertigem, nistagmo e queda para o lado da lesão).

DIAGNÓSTICO

A suspeita de AVE é sempre clínica. O médico atendente deve considerar a possibilidade de AVE em todo paciente apresentando déficit neurológico focal de instalação súbita, ou seja, os sintomas começaram abruptamente e podem ser atribuídos a um território vascular cerebral (consulte as síndromes clínicas anteriormente descritas).

Após a suspeita clínica, a próxima etapa consiste na realização, o quanto antes, de **tomografia computadorizada (TC) de crânio** (sem contraste) com o objetivo de afastar a possibilidade de um AVE hemorrágico e auxiliar o diagnóstico diferencial (p. ex., tumores, abscessos etc). É importante compreender que **nas primeiras 24 horas de evolução a área de infarto cerebral talvez não seja visualizada pelo exame** (a TC da admissão poderá estar "normal"). Somente após esse intervalo de tempo será possível observar uma área hipodensa/hipoatenunate (mais escura) correspondente ao infarto. Em 7 a 10 dias, a área do infarto cerebral estará muito hipoatenuante (coloração muito escura ou preta), sendo facilmente identificada.

Em grandes infartos cerebrais, com risco para edema cerebral importante, sinais precoces podem surgir na TC de crânio após poucas horas de evolução, destacando-se apagamento de sulcos cerebrais, pouca diferenciação entre substância branca e cinzenta e alteração na forma dos ventrículos e cisternas.

Outros exames recomendados na admissão são:

1. **Laboratório:** hemograma completo, glicemia (capilar e venosa), colesterol total e frações, ureia, creatinina, eletrólitos (sódio e potássio, principalmente), coagulograma (TAP, PTT e INR), gasometria arterial nos pacientes com prejuízo da ventilação/hipoxemia, CPK-MB e troponinas I e T (em casos selecionados em que haja suspeita de IAM associado). Em mulheres, pode ser necessário o β-HCG. Pacientes selecionados podem precisar de marcadores de função hepática e pesquisa de toxinas.
2. Eletrocardiograma de 12 derivações (importante na pesquisa de IAM associado ou de alguma arritmia) e radiografias de tórax.

Durante o período de internação, é necessária a **investigação etiológica do AVEI**. O estudo arterial cervical, e na maioria dos casos cerebral, deve ser realizado com angiorressonância ou angiotomografia. Na impossibilidade desses exames, ou caso sejam contraindicados, os vasos cervicais podem ser estudados com *duplex-scan* e os cerebrais com Doppler transcraniano. O ecocardiograma deve ser feito em todos os pacientes para estudo da função cardíaca. Caso seja necessário avaliar trombo intracardíaco, o ecocardiograma deve ser transesofágico. Colesterol total e frações, assim como triglicérides, são exames também mandatórios.

DIAGNÓSTICO DIFERENCIAL

O diagnóstico diferencial é feito com condições que podem simular um quadro de AVEI: AVE hemorrágico, traumatismo cranioencefálico (TCE) grave (hematomas agudos), hematoma subdural crônico, encefalopatia hepática ou hipertensiva, distúrbios da glicemia (hipoglicemia ou hiperglicemia), abscesso cerebral, tumores cerebrais, encefalites (p. ex., encefalite herpética), cefaleias crônicas (enxaqueca), neuropatias periféricas, paralisia facial, síndromes demenciais e doenças desmielinizantes.

Infecções com repercussões sistêmicas, principalmente nos idosos, podem criar um quadro clínico que se confunde com AVEI. Pacientes com crises convulsivas podem apresentar, após as crises, déficits neurológicos.

TRATAMENTO

Consideram-se como fase aguda as **primeiras 72 horas** a partir do início dos sintomas. Após a suspeita diagnóstica, o paciente deve ser tratado em regime de **internação hospitalar**, preferencialmente em centros especializados (se o local de atendimento inicial não está preparado para o atendimento do AVEI, o paciente deve ser transferido para um centro mais adequado).

O tratamento do AVEI pode ser dividido em: (a) **medidas gerais de suporte**; (b) **uso de trombolítico**; (c) **uso de ácido acetilsalicílico (AAS) e heparinas**. Após a alta hospitalar, é essencial o acompanhamento ambulatorial do paciente, especialmente para o controle dos fatores de risco associados ao AVEI.

Medidas gerais de suporte

- **Internação hospitalar** (unidades vasculares ou salas de terapia intensiva, preferencialmente).
- **Sinais vitais em monitorização** constante e glicemia capilar de 4/4h ou 6/6h. Punção de **dois acessos venosos periféricos** calibrosos, preferencialmente em membro não parético.
- Cabeceira sempre a 0 grau nas primeiras 6 horas, exceto em caso de náuseas ou vômitos (nesse caso, posicionada a 30 graus).
- **Oxigênio suplementar** (cateter nasal ou máscara) apenas em caso de saturação de $O_2 \leq 92\%$.
- **Hidratação venosa** com soro fisiológico 0,9%. Acompanhar diurese e o balanço hídrico diariamente (não repor volume com soro glicosado).
- Avaliação de **dieta** apenas após 24 horas (manter o paciente em jejum nas primeiras 24 horas). Todos os pacientes devem, preferencialmente, ser **avaliados por fonoaudiólogo antes de se alimentar**. Isso é mandatório em caso de Glasgow < 15 ou em caso de suspeita de AVEI de tronco. Em caso de disfagia, passar sonda nasoentérica e iniciar reabilitação fonoaudiológica precoce.
- **Controle rigoroso da glicemia:** evitar hipoglicemia e hiperglicemia; manter na faixa de 70 a 140mg/dL. A insulina é o medicamento utilizado para controle glicêmico > 140mg/dL. Em caso de hipoglicemia ≤ 70mg/dL, deve-se infundir 20mL de glicose a 50% (hipertônica). Caso a glicemia se apresente alterada, deve ser monitorizada de 1/1h.
- **Controle da pressão arterial (PA):** o paciente jamais deve ficar hipotenso (o que piora a irrigação para a área de penumbra). O objetivo é manter uma PA ligeiramente aumentada nas primeiras 24 a 48 horas (> 150 × 100mmHg). Só intervir se a PA ficar > 220 × 120mmHg ou na presença de uma emergência hipertensiva associada (p. ex., IAM, edema agudo de pulmão etc.). Quando o paciente é candidato a terapia com trombolíticos, a PA deve ficar < 185 × 105mmHg, obrigatoriamente.

O controle da PA pode ser realizado com **nitroprussiato de sódio** EV (1 ampola de 50mg diluída em SG 5%, dose de 0,5 a 8,0mcg/kg/min, reajustando a dose a cada 10 minutos até a resposta desejada) ou então β-bloqueadores como o **metoprolol** (5,0mg, EV, *bolus*, uma dose a cada 2 a 3 minutos, até três doses) e **esmolol** (β-bloqueador de uso contínuo, EV – diluir uma ampola de 10mL = 2.500mg em 240mL de SF 0,9% – dose de ataque de 0,5mg/kg em 1 minuto, seguida de infusão contínua de 0,05 a 3,0mg/kg/min, iniciando com baixas doses e aumentando a cada 4 minutos, até atingir a PA desejada). Nunca reduzir abruptamente, sempre progressivamente (reduzir 15% a 20% nas primeiras horas). De 24 a 48 horas após o início do quadro, a PA pode ser mantida em níveis mais próximos da normalidade.
- **Controle dos níveis de sódio:** manter entre 135 e 145mEq/L. Em caso de valores inadequados, a correção máxima em 24 horas é de 12mEq/L.
- **Controle da temperatura:** a hipertermia/febre prejudica a lesão cerebral e deve ser evitada. Administrar antitérmicos (dipirona ou paracetamol) em caso de valores > 37,5ºC.
- **Sinvastatina**, 40mg/dia (ou atorvastatina, 20mg/dia, ou rosuvastatina, 10mg/dia).
- **Fisioterapia motora e respiratória** precoces e intensivas, evitando pneumonia por aspiração e trombose venosa profunda, além de melhorar significativamente o prognóstico neurológico do paciente.

Uso de trombolítico

O uso de trombolítico no AVEI tem o objetivo de desfazer o trombo e promover rápida recuperação funcional. Essa terapia reduz significativamente a morbidade associada ao AVEI quando realizada em um tempo de 3-4,5h.

O agente a ser administrado é a **alteplase** (rt-PA), na dose de 0,9mg/kg (máx.: 90mg) EV, sendo 10% da dose aplicada em *bolus* e o restante em infusão contínua por 1 hora (bomba de infusão). Monitorização frequente da PA (15/15min nas primeiras 2 horas, 30/30min por 6 horas e 1/1h por 16 horas). Após o uso do trombolítico, por 24 horas, não deve administrar AAS nem heparinas, passar cateter arterial, sonda nasogástrica ou punção venosa profunda. Não passar a sonda vesical por 30 minutos. Os critérios de inclusão e exclusão (Quadro 54.1) devem ser revisados antes da administração do trombolítico. É aconselhável que o médico discuta os benefícios e riscos da administração com os acompanhantes/familiares.

Quadro 54.1 Critérios de inclusão e exclusão para administração de trombolíticos

Quando administrar: diagnóstico clínico de AVEI, exame de imagem (TC de crânio) excluindo AVE hemorrágico e outros diagnósticos alternativos, intervalo < 4 horas e 30 minutos do início dos sintomas (Δt de 270 minutos), paciente com idade > 18 anos ou presença de responsável que assine termo de consentimento, PA controlada e < 185 × 110mmHg.
Obs.: se o paciente estava dormindo quando o AVEI começou, considera-se o Δt a partir da hora em que foi dormir

Quando não administrar: início dos sintomas > 270 minutos, sangramento ativo, história de hemorragia intracraniana em qualquer época da vida, TCE ou AVE isquêmico nos últimos 90 dias, aneurisma ou câncer cerebral, suspeita de dissecção aórtica, neurocirurgia nos últimos 90 dias, cirurgia de grande porte ou trauma nos últimos 15 dias, sangramento pelo trato digestivo ou geniturinário nos últimos 21 dias, paciente em coma, glicemia > 400mg/dL ou < 50mg/dL, PA > 185 × 110mmHg (fazer três aferições com intervalo de 10 minutos), edema cerebral observado na TC ocupando mais de um terço do território de uma artéria cerebral, uso de anticoagulantes orais (caso o INR esteja > 1,5), uso de heparinas nas últimas 48 horas, TC mostra alguma forma de hemorragia intracraniana, quadro clínico duvidoso de AVEI ou paciente exibe rápida melhora dos sintomas (ou melhora total), distúrbios da hemostasia, TAP e TTP com valores aumentados, plaquetopenia (< 100.00 células/mm^3), gravidez ou aborto recente (3 semanas), puerpério, doenças inflamatórias intestinais, endocardite infecciosa com êmbolos sépticos, evidências de miocardite ou pericardite, punção arterial recente em local que não pode ser comprimido e IAM recente.
Obs.: é sempre indicada a avaliação de um neurologista (quadro clínico e TC) antes da administração do trombolítico.

Uso de AAS e heparinas

Atenção: pacientes que receberam trombolíticos (alteplase) não podem receber AAS ou heparina por, no mínimo, 24 horas.

- **AAS:** muitos estudos demonstraram que o AAS é um medicamento seguro e eficaz que pode ser iniciado nas primeiras 48 horas do AVEI e que contribui para redução da morbimortalidade: dose de ataque de 300mg/dia, seguidos de 100mg/dia. O clopidogrel mostra-se superior ao AAS, sendo a segunda escolha devida à custo-efetividade. Sua dose de ataque é de 300mg no primeiro dia, seguidos de 75mg/dia.
- **Heparinas:** sempre realizar profilaxia de trombose venosa profunda (TVP), usando heparina em doses profiláticas (enoxaparina, 40mg SC, 1 ×/dia, ou heparina não fracionada, 5000UI SC de 8/8h) nos casos de déficit motor ou restrição ao leito. A anticoagulação terapêutica nos casos de AVE cardioembólico ou nas outras etiologias em que ela se aplica deve ter seu início avaliado pelo neurologista, levando em consideração a extensão da área de isquemia e o risco de transformação hemorrágica. A heparinização plena é recomendada na trombose de artéria basilar **em evolução** – "síndrome do cativeiro".

Meias elásticas e compressão pneumática intermitente são opções para a profilaxia da tromboembolia venosa.

COMPLICAÇÕES

- **Crises convulsivas,** cujo tratamento profilático com anticonvulsivantes só deve ser iniciado após a primeira crise para evitar a recorrência.
- **Edema cerebral, aumento da pressão intracraniana (PIC) e herniação cerebral:** o edema normalmente é mais grave entre 3 e 5 dias de evolução e cursa com mortalidade elevada. Medidas de controle da PIC incluem: hiperventilação controlada, uso de manitol e outros diuréticos, drenagem de líquor e, em determinados casos, a craniectomia descompressiva será a melhor forma de tratamento. Essa descompressão cirúrgica mostrou importante redução da morbimortalidade quando realizada precocemente, assim que se suspeita de edema extenso com elevação da PIC, antes da herniação cerebral.
- **Transformação em AVE hemorrágico** (em até 5% a 6% dos casos).
- Outras complicações incluem: **infecções em determinados sítios corporais** (vias urinárias e pulmões, principalmente), **trombose venosa profunda** e **tromboembolia pulmonar** (atenção aos pacientes restritos ao leito).

Capítulo 55
Acidente Vascular Encefálico Hemorrágico

Ricardo de Oliveira Souza • Pâmela Passos dos Santos

INTRODUÇÃO

A expressão AVE hemorrágico (AVEH) aplica-se à hemorragia intracerebral espontânea (HICE) e à hemorragia subaracnóidea (HSA), compreendendo de 10% a 15% de todos os casos de AVE. O diagnóstico precoce e o manejo intensivo são essenciais na determinação do prognóstico de curto e médio prazo, uma vez que a expansão da hemorragia pode levar à deterioração do quadro clínico em poucas horas, com as complicações neurológicas somando-se às clínicas.

Como a maior parte dos casos de HSA resulta de ruptura aneurismática, o quadro clínico, o diagnóstico e o tratamento serão direcionados ao grupo de HSA aneurismática (HSAa).

FISIOPATOLOGIA

Em geral, a HICE se deve à ruptura de pequenas artérias modificadas pela hipertensão arterial sistêmica (HAS) que produzem os microaneurismas de Charcot-Bouchard. Causas menos frequentes são tumor cerebral, encefalite, vasculite e coagulopatias. Os locais mais acometidos são o putâmen, o tálamo, a ponte e o cerebelo, no caso das HICE associadas à HAS, e a substância branca subcortical (hemorragias lobares), tipicamente relacionadas com a angiopatia amiloide dos idosos.

A HSA está associada, principalmente, a aneurismas (congênitos, traumáticos ou micóticos), além de malformação arteriovenosa (MAV), dissecção secundária de hematoma intraparenquimatoso e neoplasias. Fatores de risco associados à ruptura aneurismática são: diâmetro ≥ 7mm, HAS, uso abusivo de álcool, tabagismo e sexo feminino.

QUADRO CLÍNICO

As manifestações clínicas típicas de cada forma de acometimento do AVEH variam em virtude da área acometida pela hemorragia. Em todos os casos, o paciente está sujeito a rebaixamento do nível de consciência, que pode ser indiretamente avaliado pela escala de Glasgow (GCS) (Quadro 55.1).

A HSAa está associada às seguintes manifestações clínicas: cefaleia intensa e abrupta, rigidez de nuca, ausência de febre, alteração do nível de consciência, manifestações neurológicas focais e convulsões. Pode ocorrer também "cefaleia em sentinela", com intensidade e duração variáveis, decorrente de pequenos sangramentos do aneurisma cerebral. Aneurismas grandes, mais propensos a ruptura, podem produzir sintomas por efeito de massa, como paralisia do III par craniano, comprometimento do campo visual, neuralgia do trigêmeo e síndrome do seio cavernoso.

A escala de Hunt-Hess (Quadro 55.2) é utilizada na avaliação da gravidade clínica nos casos de HSAa.

O quadro clínico da HICE consiste em cefaleia, deficiências motoras focais (p. ex.: hemiplegia), afasia, rebaixamento do nível de consciência súbito ou progressivo, alterações pupilares e convulsões. A hemorragia tende a se expandir nas primeiras horas após a ruptura, levando a piora progressiva do quadro clínico, o que pode se refletir em reduções ≥ 2 pontos na GCS do atendimento pré-hospitalar à emergência hospitalar; quando essa queda chega a 6 pontos, a mortalidade excede os 75%.

Quadro 55.1 Escala de coma de Glasgow (GCS na sigla em inglês)

Indicador semiológico	Pontos
Abertura ocular:	
espontânea	4
ao chamado	3
a dor	2
ausente	1
Melhor resposta verbal:	
orientado	5
fala desconexa/confusa	4
palavras inapropriadas	3
sons incompreensíveis	2
ausente	1
Melhor resposta motora:	
obedece a comandos	6
localiza dor	5
retirada do estímulo doloroso	4
decorticação	3
descerebração	2
ausente	1

Quadro 55.2 Escala de Hunt-Hess

Grau	Sinais e sintomas
1	Assintomático; cefaleia leve, rigidez de nuca leve
2	Cefaleia de média a intensa; rigidez de nuca evidente, sem sinais focais, além de paralisia de nervos cranianos
3	Sinais focais discretos; sonolência; confusão mental
4	Hemiparesia; estupor
5	Coma; atitude em descerebração

DIAGNÓSTICO

O diagnóstico do AVEH começa pela suspeita clínica em pacientes que apresentam sintomas característicos, cefaleia intensa e súbita, fraqueza, dormência e formigamento nos membros, além de dificuldade para andar e falar.

O primeiro atendimento geralmente ocorre antes da chegada ao hospital, onde é realizado o "ABC" (via aérea, respiração, circulação), aferidos os sinais vitais e fornecido suporte ventilatório e cardiovascular. História focada no momento de início dos sintomas, medicamentos em uso e possíveis comorbidades informam à equipe da emergência hospitalar a suspeita do diagnóstico, permitindo o preparo enquanto o paciente é transportado ao local. Para a confirmação do diagnóstico, na emergência do hospital, frequentemente é necessário exame de imagem.

O exame de imagem indicado pode ser a TC sem contraste ou a ressonância nuclear magnética (RNM), a qual apresenta a mesma sensibilidade da TC na fase aguda e é superior a esta identificação de MAV, tumores e micro-hemorragias, estando sujeita à disponibilidade e ao estado clínico do paciente. A imagem tem como função inicial descartar ou confirmar a hemorragia.

A TC sem contraste tem sensibilidade próxima a 100% na detecção de HSA, mesmo depois de 3 dias de evolução. A gravidade das alterações pode ser graduada pela escala de Fisher (Quadro 55.3).

Quadro 55.3 Escala de Fisher	
Classificação	Aspecto da hemorragia à TC
1	Sem sangramento
2	Sangramento subaracnóideo difuso com espessura < 1mm
3	Coágulo localizado e/ou sangramento no espaço subaracnóideo com espessura > 1mm
4	Coágulo intraventricular ou intraparenquimatoso, com ou sem HSA difusa

No caso de a TC ser negativa, mas haver forte suspeita clínica, estará indicada a punção lombar, promovendo o diagnóstico de HSA. Outro exame de imagem utilizado em caso de HSAa é a angiografia por TC, como forma de proporcionar a localização do aneurisma e ajudar na construção da estratégia de reparo do aneurisma.

Na HICE, o diagnóstico é estabelecido, geralmente, apenas pela TC sem contraste, mas em pacientes sob risco de expansão do hematoma a angiografia por TC ou a TC com contraste podem colaborar com o manejo do paciente.

DIAGNÓSTICO DIFERENCIAL

O diagnóstico diferencial do AVEH inclui diversos distúrbios, entre os quais AVEI, ataque isquêmico transitório, epilepsia, tumores cerebrais, infecção sistêmica ou localizada no SNC, enxaqueca e diversos distúrbios metabólicos (hiper ou hiponatremia, hiper ou hipoglicemia e encefalopatia urêmica ou hepática).

COMPLICAÇÕES

A principal complicação relacionada com a HICE é o aumento da PIC.

Já a HSAa pode cursar com diversas complicações antes e até mesmo após a intervenção cirúrgica. São elas: ressangramento (com risco máximo entre 2 e 12 horas após a HSAa), vasoespasmo, hidrocefalia e convulsões.

A prevenção e o tratamento para cada um desses eventos serão descritos a seguir, na parte referente ao tratamento.

TRATAMENTO

O atendimento hospitalar conta com equipe multidisciplinar, cuja experiência e agilidade são críticas em virtude da estreita janela de oportunidade para realização bem-sucedida do trombolítico no AVEI. Inicialmente, deve-se realizar o "ABC", verificar sinais vitais e glicemia, iniciar oxigenoterapia, realizar acesso venoso periférico e manter o paciente monitorizado (pressão arterial média [PAM] não invasiva, oximetria e monitorização cardíaca), além do exame físico e neurológico, com a GCS. Os exames complementares iniciais a serem solicitados incluem eletrocardiograma, hemograma, plaquetas, eletrólitos, tempo de tromboplastina parcial ativada, tempo de protrombina, INR e TC sem contraste.

Descartado o AVEI e confirmado o AVEH pela TC, aplica-se a escala de Fisher no caso de HSA ou a pontuação para HICE (Quadro 55.4) para avaliação da gravidade do caso. Se a TC for negativa e a suspeita clínica de HSA for grande, estará indicada a punção lombar.

Quadro 55.4 Pontuação para HICE	
Indicador	**Pontuação**
GCS	
3-4	2
5-12	1
13-15	0
Volume do hematoma/HICE (cm^3)	
≥ 30	1
< 30	0
Hemorragia intraventricular	
Sim	1
Não	0
Origem infratentorial da HICE	
Sim	1
Não	0
Idade (em anos)	
≥ 80	1
< 80	0

Estabelecidos diagnóstico e gravidade, iniciam-se as medidas de suporte neurológico, que incluem medidas específicas para manutenção de parâmetros nas metas desejadas.

Tratamento da HICE

Na maior parte das vezes, o manejo da HICE é clínico, reservando o tratamento cirúrgico para casos selecionados e evitando, assim, intervenções precoces (< 72 horas) em razão da maior mortalidade (Quadro 55.5).

Quadro 55.5 Indicação cirúrgica
Hemorragia cerebelar ≥ 3cm com deterioração neurológica, com compressão do tronco cerebral ou com hidrocefalia por obstrução ventricular
Hematoma/coágulo ≥ 30mL a 1cm da superfície cerebral

O manejo da HICE tem por objetivo a estabilização clínica de modo a assegurar pressão de perfusão cerebral (PPC) > 60 a 80mmHg. Como PPC = PAM − PIC, os dois principais parâmetros a serem monitorizados são a PIC, mantendo-a em valores < 20mmHg, e a PAM levemente elevada, em torno de 160 × 90mmHg (Quadro 55.6).

Quadro 55.6 Manejo da pressão arterial na HICE		
Parâmetros e metas	**Intervenções**	
Pressão arterial (mmHg)	PAS > 200 ou PAM > 150	Iniciar redução agressiva da PA por infusão contínua de anti-hipertensivo EV Monitorizar PA a cada 5 minutos
160 × 90 PAM < 100	PAS > 180 ou PAM > 130 Suspeita ↑ PIC	Iniciar redução agressiva da PA por infusão contínua ou intermitente de anti-hipertensivo EV Monitorizar PA a cada 5 minutos Considerar monitorização da PIC, mantendo PPC > 60 a 80mmHg
	PAS > 180 ou PAM > 130 Sem ↑ PIC	Iniciar redução agressiva da PA por infusão contínua ou intermitente de anti-hipertensivo EV Monitorizar PA a cada 15 minutos
(reduções da PAS até 140 são provavelmente seguras)	PAS < 90	Expansão com cristaloides por via venosa e considerar infusão de aminas vasoativas: dopamina 2 a 20mcg/kg/min noradrenalina 0,05 a 0,2mcg/kg/min

PAS: pressão arterial sistólica; PAM: pressão arterial média; PPC: pressão de perfusão cerebral; PIC: pressão intracraniana; EV: endovenoso.

O manejo da PA na fase aguda deve ser cauteloso para evitar hipoperfusão cerebral, o que pode ser feito por meio de anti-hipertensivos EV, que devem ser monitorizados preferencialmente por meios invasivos. Os fármacos preferencialmente utilizados são: **metoprolol** (5mg a 1mL/min a cada 10 minutos, até 20mg), **esmolol** (250 a 500mcg/kg/min em *bolus* a cada 10 minutos ou infusão de 25 a 300mcg/kg/min), **enalapril** (0,625 a 1,25mg em 5 minutos a cada 6 horas) ou **diltiazem** (0,25 a 0,35mg/kg em 10 minutos com infusão de 5 a 15mg/h). Em caso de refratariedade, o **nitroprussiato** (0,25 a 10mcg/kg/min: 2mL de nitroprussiato + 248mL de SG 5% = solução a 200mcg/mL) pode ser usado, ainda que possa elevar a PIC. Quando possível, a medicação EV deve ser substituída por VO.

Na presença de hipertensão intracraniana e GCS ≤ 8, estão indicadas intubação orotraqueal e monitorização da PIC, visando mantê-la em valores <20mmHg, por meio de dispositivo intraparenquimatoso ou ventriculostomia, sendo esta última também terapêutica por possibilitar a drenagem do líquor. As medidas terapêuticas incluem: manutenção da cabeceira a 30 graus; sedação (midazolam ou propofol) e bloqueio neuromuscular; dexametasona, em caso de abscesso ou tumor (4mg de 6/6h); drenagem de líquor na presença de derivação ventricular externa; hiperventilação em pacientes com ventilação mecânica mantendo a pCO_2 entre 30 e 35 mmHg e redução do metabolismo cerebral com barbitúricos (pentobarbital).

Além da PA e da PIC, que constituem os principais parâmetros a serem otimizados, medidas adicionais devem ser consideradas (Quadro 55.7).

Quadro 55.7 Tratamento da HICE

Verificar indicação cirúrgica
Indicar cirurgia nos seguintes casos:
- Hemorragia cerebelar ≥ 3cm com deterioração neurológica, compressão do tronco cerebral ou hidrocefalia por obstrução ventricular
- Hematoma/coágulo ≥ 30mL a 1cm da superfície cerebral

Sem indicação cirúrgica → tratamento clínico
- Medidas clínicas gerais de suporte neurológico
- Manutenção da PA em 160 × 90mmHg ou PAM < 100
- Monitorizar a PIC, quando houver sinais de aumento da PIC (vômito, papiledema e cefaleia) ou rebaixamento do nível de consciência importante (GCS ≤ 8). Se a PIC estiver elevada, intervir, mantendo-a < 20mmHg
- Manter normoglicemia (90 a 120mg/dL)
- Evitar hipertermia
- Verificar se há coagulopatias hereditárias ou anticoagulação oral; em caso afirmativo, tratar e/ou reverter, respectivamente
- Iniciar monitorização com EEG contínuo, quando o rebaixamento do nível de consciência for maior do que o esperado para o grau de lesão
- Iniciar agentes antiepilépticos (fenitoína ou fenobarbital), quando houver registro clínico ou por EEG de crises epilépticas clínicas
- Profilaxia de trombose venosa profunda: compressão pneumática intermitente e/ou com doses profiláticas de heparina não fracionada subcutânea (5.000UI 3×/dia) após 1 a 4 dias do evento
- Outras medidas: manter leito elevado em 30 graus, medidas para evitar escaras, adequação nutricional e tratamento das comorbidades (reconciliação medicamentosa, assim que possível)

PA: pressão arterial; PAM: pressão arterial média; PIC: pressão intracraniana; GCS: escala de coma de Glasgow; EEG: eletroencefalograma.

Tratamento da HSAa

O tratamento da HSAa é essencialmente cirúrgico, por microcirurgia para colocação de clipe metálico (*clip*) no colo aneurismático ou por via endovascular, minimamente invasiva, que consiste na embolização do aneurisma. A obliteração completa do aneurisma é recomendada sempre que possível. Equipe multidisciplinar deve escolher a melhor intervenção cirúrgica para o aneurisma.

Já está estabelecida a preferência pela microcirurgia em caso de grandes hematomas intraparenquimatosos (≥ 50mL) ou em aneurismas da artéria cerebral média, enquanto a técnica endovascular é preferível nos casos de pacientes idosos (≥ 70 anos), em aneurismas do topo da artéria basilar e em aneurismas rotos, em que ambas as técnicas são passíveis de serem aplicadas.

Desse modo, o tratamento da HSAa é cirúrgico, sempre que possível, estando as medidas gerais de cuidado destinadas ao suporte neurológico e à profilaxia de complicações. Além disso, também há intervenções específicas na vigência das possíveis complicações (Quadro 55.8).

Quadro 55.8 Medidas de suporte na HSAa

Medidas de suporte neurológico
Manutenção da PAS < 150mmHg antes da cirurgia
Iniciar profilaxia precoce (< 72 horas) para ressangramento com ácido aminocaproico ou ácido tranexâmico, quando houver adiamento da intervenção cirúrgica
Instituir profilaxia de vasoespasmo com nimodipina na dose 30 a 60mg EV ou VO de 4/4h
Prevenir hipertermia
Manter normoglicemia (90 a 120mg/dL)
Verificar se há coagulopatias hereditárias ou anticoagulação oral; em caso afirmativo, tratar e/ou reverter
Iniciar monitorização com EEG contínuo, quando o rebaixamento do nível de consciência for maior do que o esperado para o grau de lesão
Iniciar agentes antiepilépticos (fenitoína ou fenobarbital) no período pós-hemorrágico, manter por período prolongado em casos de alto risco (hematoma parenquimatoso e infarto)
Profilaxia de trombose venosa profunda: compressão pneumática intermitente e/ou com doses profiláticas de heparina não fracionada subcutânea (5.000UI 3×/dia) 1 a 4 dias depois do evento
Outras medidas: manter o leito elevado a 30 graus, prevenir escaras, adequação nutricional e tratamento das comorbidades (reconciliação medicamentosa, assim que possível)

Tratamento específico para complicações da HSAa:
Na presença de vasoespasmo, iniciar terapia com **3 "H"**:
    Hemodiluição: manter hematócrito em 33% a 37%
    Hipervolemia: hidratação venosa com cristaloide ou coloide
    Hipertensão arterial: usar aminas vasopressoras (cuidado com o aumento da PA antes da intervenção cirúrgica do aneurisma)
Na presença de hidrocefalia aguda, realizar drenagem lombar ou drenagem ventricular externa
Na hidrocefalia crônica, realizar derivação ventriculoperitoneal
Ressangramento volumoso pode necessitar de nova intervenção cirúrgica

PA: pressão arterial; PAS: pressão arterial sistólica; EV: endovenoso; VO: via oral; EEG: eletroencefalograma.

Capítulo 56
Tontura e Vertigem

Ricardo de Oliveira Souza • Tatiane Cristina Marques

INTRODUÇÃO

Tontura e vertigem são sintomas comuns e constituem um dos principais motivos de consultas médicas, seja ambulatorial, seja em unidades de emergência. Como podem estar envolvidos na disfunção de múltiplos sistemas, é essencial tentar diferenciar se a causa desses sintomas é neurológica ou vestibular, ou se é não neurológica e não vestibular. Para raciocínio diagnóstico, classifica-se a queixa do paciente em três grandes grupos:

- **Lipotimia ou pré-síncope:** ocorre por diminuição do fluxo sanguíneo cerebral. O paciente costuma referir mal-estar de difícil caracterização, que evolui com escurecimento visual, fraqueza, sudorese e palidez.
- **Vertigem:** consiste na sensação de movimento quando este não está ocorrendo. Pode ser dividida em rotatória, quando a sensação de movimento giratório é do meio em relação ao indivíduo ou deste em relação ao meio, geralmente associada a náuseas e vômitos, e oscilatória, quando há sensação de desequilíbrio com movimentos multidirecionais. A vertigem rotatória deve-se quase sempre a comprometimento vestibular unilateral, periférico ou central, enquanto a vertigem oscilatória pode estar relacionada com distúrbio vestibular ou não vestibular.
- **Outras sensações cefálicas:** frequentemente, esse tipo de tontura está associado a quadros psiquiátricos como depressão ou ansiedade e o paciente refere "sensação de cabeça vazia" ou "mal-estar dentro da cabeça".

FISIOPATOLOGIA

Em geral, a tontura é desencadeada por redução do débito cardíaco ou alteração do metabolismo neuronal, e a vertigem, por um distúrbio do sistema vestibular. Em circunstâncias normais, quando a cabeça está reta e imóvel, os órgãos-alvo vestibulares geram uma frequência de disparos tônicos em repouso igual em ambos os lados. Com mínima aceleração rotacional, as posições anatômicas dos canais semicirculares de cada lado geram frequências mais altas de disparos de um lado e diminuição proporcional de frequência no lado oposto. Essa alteração da atividade neural é transmitida ao córtex cerebral, onde se soma aos estímulos provenientes dos sistemas visual e somatossensorial, produzindo a sensação consciente apropriada do movimento de rotação. Após a cessação da rotação prolongada, as frequências de disparo dos dois órgãos-alvo voltam ao nível anterior; no lado em que inicialmente aumentou, a frequência diminui e vice-versa, e o paciente terá a sensação de rotação na direção oposta.

ETIOLOGIA, QUADRO CLÍNICO E DIAGNÓSTICO DIFERENCIAL

As principais causas de tontura são: hipotensão postural, doença cardíaca isquêmica, arritmia cardíaca, obstrução ao fluxo sanguíneo, hipoglicemia e exposição a toxinas.

As principais causas de vertigem estão listadas na Quadro 56.1.

Quadro 56.1 Principais causas de vertigem

Causas	História clínica	Exame neurológico
Periféricas		
VPPB	Vertigem desencadeada por movimentação com latência e curta duração, sem queixas no repouso, com piora pela manhã	Manobra de Dix-Hallpike* positiva
Neurite vestibular	Vertigem rotatória com náuseas e vômitos, piora com o movimento, ocorrendo também em repouso, com duração de horas a dias	Provas vestibulares alteradas, nistagmo horizontal em direção oposta ao lado acometido, reflexo vestíbulo-ocular (RVO) alterado
Labirintite	Características semelhantes às do item anterior, com perda auditiva e instalação mais lenta	Sinais vestibulares e perda auditiva
Doença de Ménière	Episódios de vertigem recorrentes, associados a perda auditiva flutuante, sensação de plenitude auricular e zumbido	Nistagmo horizonto-rotatório na fase aguda
Vertigem pós-trauma	Início imediatamente após o trauma, com características variáveis	Exame normal ou características de VPPB
Centrais		
AVE	Início súbito, queixas focais na maioria dos casos	Outros déficits neurológicos, como paresia ocular, nistagmo central, déficits motores ou sensitivos, alterações em pares cranianos, dismetria e RVO normal na maioria dos casos
Tumores do ângulo pontocerebelar	Raramente levam a sintomas isolados, mais comumente levando à sensação de desequilíbrio com evolução lenta	Hipoacusia, zumbido, parestesias em face
Lesões da fossa posterior	Quadro clínico variável, geralmente com tontura sustentada ou progressiva, dependente da localização da lesão, raramente com vertigem isolada	Sinais de comprometimento de outros nervos cranianos, cerebelar, de vias motoras ou sensitiva
Vertigem migranosa	Episódios recorrentes de vertigem associados a enxaqueca ou um dos seguintes: fotofobia, fonofobia, aura ou cefaleia em pacientes com enxaqueca. No primeiro episódio, descartar outras etiologias	Pode ocorrer nistagmo com características centrais em até metade dos pacientes
Epilepsia	Episódios de vertigem rotatória com zumbido de duração de alguns segundos a minutos, recorrente	Exame neurológico normal entre as crises; pode ser observado nistagmo nos episódios. Ao EEG podem ser observadas descargas originadas do sulco intraparietal e da parte posterior do temporal superior
Sistêmicas		
Vertigem fóbica	Vertigem oscilatória em situações de estresse físico ou emocional, geralmente ocorrendo na presença de outros e raramente quando o paciente está sozinho. Associada a sintomas ansiosos	Sem alterações do exame neurológico
Distúrbios metabólicos	Queixas de desequilíbrio, muitas vezes associado a déficit aferente	Déficit sensitivo periférico, visual

VPPB: vertigem postural paroxística benigna; AVE: acidente vascular encefálico.
*Com o paciente sentado, roda-se a cabeça 45 graus para o lado que se quer examinar e o paciente é rapidamente colocado em decúbito dorsal, deixando sua cabeça suspensa a uma altura abaixo da maca.

DIAGNÓSTICO

O recurso diagnóstico mais importante é a anamnese, seguida da solicitação de exames complementares guiados pelos achados da história, do exame físico e do exame neurológico.

Em caso de suspeita de hipotensão ortostática, pré-síncope ou síncope, uma investigação para eventos cardiovasculares é obrigatória, na qual podem ser incluídos eletrocardiograma, Holter, *tilt test* e ecocardiograma, dependendo de cada caso. Na suspeita de alterações metabólicas, devem ser realizados rastreamento com hemograma, dosagem de vitamina B_{12}, avaliação da função tireoidiana, glicemia, sódio, potássio, magnésio, cálcio e funções renais e hepáticas. Em casos selecionados, devem ser realizadas a medida da velocidade de hemossedimentação e a pesquisa de colagenoses.

Nos casos de vestibulopatia periférica, o acompanhamento com otorrinolaringologista é proveitoso, devendo ser avaliada em cada caso a necessidade de realização de audiometria (para confirmar ou excluir déficits auditivos) ou eletronistagmografia. Em caso de suspeita de fístulas ou deiscência de canal semicircular, a realização de TC de osso temporal é mandatória.

A realização de imagens do encéfalo é obrigatória nos casos de suspeita de vestibulopatia central. A RNM mostra-se superior à TC por ter melhor resolução para doenças da fossa posterior, assim como por mostrar alterações isquêmicas mais precocemente.

Em casos de suspeita de insuficiência vertebrobasilar, pode-se solicitar Doppler, angiorressonância ou arteriografia digital.

Caso haja sinais de infecção (febre, cefaleia, rigidez de nuca) associados à vertigem, devem ser realizados TC e exame do líquor.

TRATAMENTO

O tratamento da vertigem aguda consiste em repouso no leito por 1 a 2 dias e no uso de fármacos supressores vestibulares, como os apresentados no Quadro 56.2.

Quadro 56.2 Tratamento medicamentoso da vertigem aguda

Anti-histamínicos:	**Benzodiazepínicos:**
Meclizina, 25 a 50mg, VO, 3×/dia	Diazepam, 2,5mg, VO, 1 a 3×/dia
Dimenidrinato, 50mg, IM, 1 a 2×/dia	Clonazepam, 0,25mg, VO, 1 a 3×/dia
Prometazina, 25 a 50mg, IM ou supositório, 3×/dia	Lorazepam, 1 a 2mg, VO, 1 a 2×/dia
Fenotiazínicos:	**Simpaticomiméticos:**
Proclorperazina, 5mg, IM ou 25mg, supositório	Efedrina, 25 mg, VO, 1×/dia
Controle da náusea:	**Preparações combinadas:**
Metoclopramida, 5 a 10mg, VO, ou 10mg, EV, de 6/6h a 8/8h	Efedrina e prometazina, 25mg de cada, VO, 1×/dia
Anticolinérgicos:	**Glicocorticoides:**
Escopolamina transdérmica, adesivo transdérmico*	Prednisolona, 100mg, VO, 1×/dia durante 3 dias. Diminuir 20mg a cada 3 dias

*Na forma transdérmica, a escopolamina tem ação por vários dias e produz menos sonolência.

Esses medicamentos devem ser utilizados apenas na fase aguda, enquanto houver náusea e vômito e os sintomas estiverem muito intensos, já que sua manutenção por períodos prolongados acaba interferindo na compensação central. A vertigem labiríntica crônica e os pacientes que não apresentam mais náusea ou vômito e conseguem deambular podem ser tratados mediante **programa de reabilitação vestibular**, como:

1. Paciente deitado ou sentado fixa um alvo à frente e então movimenta sua cabeça para a direita e para a esquerda sem tirar o olhar do alvo.
2. O paciente fixa dois alvos à sua frente e então muda o olhar de um alvo para o outro e depois faz a mesma mudança, porém dessa vez girando a cabeça.
3. O paciente estende seu dedo e fixa nele o olhar; em seguida, passa a fazer movimentos nos planos horizontais e verticais, mantendo o olhar fixo no alvo.

A VPPB do canal semicircular posterior, o tipo mais comum, geralmente é autolimitada, mas, quando persistente, pode melhorar bastante com os esquemas de reposicionamento específicos, destinados a remover as partículas sólidas do canal. Um desses exercícios é a **manobra de Epley**, em que a cabeça do paciente é rodada 45 graus para o lado comprometido e em seguida ele é rapidamente deitado. Mantém-se a rotação da cabeça, que fica estendida, mais baixa que o tronco. Posteriormente, a cabeça e o tronco são rodados em duas etapas de 90 graus e, lentamente, o paciente é colocado sentado.

Capítulo 57
Síncope

Bruno F. F. Tonelotto • Natália Regina Martins • Ricardo de Oliveira Souza

INTRODUÇÃO

Síncope (do grego *synkoptein*, interrupção ou pausa repentina) é o termo médico utilizado para descrever o que se conhece popularmente por "desmaio" ou "desfalecimento". Caracteriza-se pela perda breve, repentina e temporária da consciência, associada à abolição concomitante do tônus postural, seguindo-se, na maioria das vezes, de recuperação espontânea. Sintoma assustador e relativamente comum, incide em todas as faixas etárias e igualmente em ambos os sexos, com frequência motivando a ida ao médico.

A síncope responde por 6% das internações hospitalares em geral e 3% dos atendimentos nas emergências. Entre 12% e 48% dos adultos saudáveis já vivenciaram um episódio de desmaio e procuraram ou não atendimento. O estudo de Framingham mostrou que 3% dos homens e 3,5% das mulheres sofreram pelo menos um episódio sincopal na vida; entre os idosos, a frequência ultrapassa os 23%. O índice de recorrência oscila em torno de 30%. A taxa de mortalidade é variável e está diretamente relacionada com a causa e a idade, sendo maior nos idosos com síncope cardiogênica.

A síncope é um *sintoma*, não uma *doença*. Por isso, deve-se partir do sintoma em direção ao diagnóstico causal. Ainda no domínio do diagnóstico diferencial sindrômico, deve-se distinguir a síncope em sentido estrito da tontura, lipotimia, pré-síncope, epilepsia e sobreviventes de morte súbita. Em geral, a perda de consciência precipitada por dor, exercício físico, micção ou defecação com esforço e adoção da postura ereta se deve à síncope. O estabelecimento do diagnóstico causal é imprescindível, uma vez que as causas podem ser de difícil determinação, ocasionando consultas, internações e realização de exames complementares desnecessários ou redundantes. Ainda hoje, não obstante o emprego de recursos diagnósticos sofisticados, o diagnóstico causal escapa à detecção em cerca de metade dos casos de síncope.

FISIOPATOLOGIA

Na maioria das vezes, a perda súbita da consciência e do tônus postural resulta da redução brusca do fluxo de sangue para o cérebro.

A adequação do fluxo sanguíneo cerebral (FSC) normalmente é protegida pelos mecanismos de autorregulação intrínseca do leito vascular (cerebral e periférico) e por mecanismos compensatórios cardíacos. Quando esses mecanismos falham (p. ex., redução do débito cardíaco, dilatação arterial intensa, hipovolemia severa), a pressão média das artérias carótidas cai abaixo do limiar da manutenção do fluxo nutricional, levando à abolição do tônus postural e da consciência.

Na maioria dos casos em que há redução do FSC, essa redução se deve a um dos seguintes mecanismos: instabilidade vasomotora e súbita, redução na resistência vascular sistêmica (síncope neurocardiogênica), obstrução mecânica ao débito cardíaco (estenose aórtica), arritmias com redução de débito cardíaco (taquicardia ventricular [TV]), doença cerebrovascular com redução de perfusão (isquemia transitória vertebrobasilar) ou aumento na resistência cerebrovascular (hiperventilação).

Nas síncopes decorrentes de desequilíbrio metabólico, por hipoglicemia ou hipoxia, por exemplo, a alteração do nível de consciência costuma ser mais prolongada. Contudo, talvez a causa mais comum de síncope seja o reflexo vasovagal exacerbado.

CONSIDERAÇÕES

A procura da doença de base diante de um quadro de síncope frequentemente leva a becos sem saída, pois a causa final pode permanecer indeterminada apesar de investigação extensa e dispendiosa. Recentemente, atenção considerável tem sido concedida ao aperfeiçoamento dos conhecimentos sobre a fisiopatologia da síncope e à identificação dos fatores contribuintes com o propósito de melhorar as estratégias diagnósticas.

Uma das maneiras mais simples e que aumentam muito a sensibilidade dos exames diagnósticos consiste em conhecer as causas de síncope, sabendo assim indicar de maneira correta os exames diagnósticos. As causas podem ser grupadas da seguinte maneira:

1. **Síncope cardíaca:** geralmente súbita, sem associação a sintomas premonitórios, convulsões, liberação urinária ou intestinal, sonolência ou confusão mental. Dentre as causas cardíacas destacam-se, pela gravidade: IAM, arritmias, doenças cardíacas congênitas, estenose aórtica, dissecção e ruptura de aorta, embolia pulmonar, entre outras. Quando é resultado de IAM ou ressecção de aorta, os sintomas estão associados a dor no peito, dor no pescoço, dor nos ombros, falta de ar, dor no estômago, queda da PA, alteração da consciência e por vezes podem levar à morte.
2. **Síncope não cardíaca:** os sintomas geralmente consistem em visão borrada e acinzentada, suor em excesso, palidez e perda da consciência.
3. **Síncope neurocardiogênica** (vasovagal ou neuromediada): caracteriza-se por queda do batimento cardíaco e da pressão arterial. Falam a favor de síncope neurocardiogênica: posição prolongada em pé, ambientes estressantes (p. ex., ambiente de hospital, lugares cheios ou muito quentes), recuperação rápida da consciência e sintomas associados de palidez, sudorese, fadiga e desejo de evacuar (após a síncope).
4. **Síncope de origem em distúrbios emocionais:** raramente ocorre queda.
5. **Síncope após levantar-se subitamente:** ocorre principalmente em pacientes idosos e que usam medicamentos anti-hipertensivos, sugerindo a presença de hipotensão ortostática (queda da pressão ao adotar-se a posição de pé). Eventos cotidianos, como micção, evacuação, deglutição e tosse, também podem desencadear síncope e estão associados a alterações da PA que podem ocorrer nessas circunstâncias.
6. **Síncope neurológica:** dentre as causas neurológicas, destacam-se: AVE (trombose cerebral ou derrame), ruptura de aneurisma cerebral, doença de Parkinson e alguns tipos de epilepsia. Cursa com convulsões, liberação urinária ou intestinal ou estado de sonolência e confusão mental.
7. **De origem metabólica:** hipoglicemias, intoxicações.
8. **Pulmonar.**
9. **Infecciosas.**
10. **Dor intensa.**
11. **Desidratação.**
12. **Desconhecidas.**

QUADRO CLÍNICO

A história e o exame físico são os principais instrumentos diagnósticos, identificando uma causa potencial em 50% a 85% dos casos. Alguns pacientes sentem tontura, visão turva, suor frio, palpitações (batimentos cardíacos acelerados), dor no peito, dor abdominal e náuseas precedendo a síncope. Outros não apresentam sintomas ou, quando percebem, já estão caídos no solo.

Muito mais importante do que solicitar exames de maneira aleatória é estabelecer uma boa história clínica. A anamnese livre e dirigida facilitará o conhecimento dos sintomas, se possível questionando também um "espectador", já que pode ocorrer amnésia retrógrada dos episódios, e registrando os sintomas, sinais, tempos e fatos ocorridos antes, durante e após cada evento.

Devem-se abordar as seguintes questões no contato inicial com o paciente ou acompanhante: forma de início e de recuperação do evento; existência ou não de pródromos; presença ou não de sintomas associados (autonômicos, neurológicos); existência de alguma relação situacional; existência de relação com esforço (síncope durante esforço ou após término?); uso de quaisquer medicamentos (anti-hipertensivos, antiarrítmicos etc.); episódios anteriores; história de hipertensão arterial sistêmica (HAS) e/ou doença cardíaca; outras doenças que possam associar-se (diabetes, alcoolismo, insuficiência renal, neoplasia etc.); história familiar.

Check list com itens da história clínica que podem auxiliar uma abordagem sistemática na sala de emergência:

- Relação com posição, retorno lento da consciência, cefaleia pós-evento, convulsão.
- Palpitação, sem pródromos.
- História de angina e/ou dispneia, arritmia.
- Início súbito após levantar.
- Breves sintomas de alarme.
- Pródromos: calor/náusea/tonteira cefaleia.
- Início de duração variável após elevação do corpo ou presença de fator predisponente.
- Início com esforço.
- Síncope com movimento de um braço.
- Esforço + precordialgia ou dispneia ou causa obstrutiva.
- Roubo de subclávia ou arritmia/isquemia.
- Início variável com sintomas vertebrobasilares, doença cerebrovascular.
- Relação com pressão em seio carotídeo (colarinho, tumoração, movimentação brusca da cabeça).
- Hipersensibilidade do seio carotídeo.
- Lesão traumática durante o evento.
- Início súbito, sem aviso.
- Arritmia (TV).
- Desencadeada por posição supina.
- Histeria.

Não menos importante, o exame físico completo é fundamental na diferenciação das causas de síncope. **Dentre todos os sistemas que serão examinados, atenção especial deverá ser destinada aos sistemas cardiovascular e nervoso.** Não se deve esquecer nunca de que o atendimento de emergência deve ser sempre sistematizado e, desse modo, algumas etapas não podem ser esquecidas, como avaliar o nível de consciência do paciente, realizar o suporte básico de vida e avaliar sempre os sinais vitais, como:

- **Temperatura:** verificar febre e investigar focos de infecção.
- **Pressão arterial:** aferir a PA em duas posições para constatar hipotensão postural (marcada pela diminuição da pressão sistólica em 20mmHg, diminuição da pressão diastólica em 10mmHg ou diminuição de 20bpm com a mudança de posição).
- **Pulso:** taquicardia pode ser um indicador de embolia pulmonar, taquiarritmia, hipovolemia ou síndrome coronariana aguda. Bradicardia pode indicar um defeito de condução cardíaca ou síndrome coronariana aguda.
- **Frequência respiratória e saturação de oxigênio.**

No exame físico geral devem ser pesquisados: estenose aórtica, cardiomiopatia hipertrófica, diferença PA > 20mmHg em membros superiores, traduzindo a síndrome de roubo de subclávia, hipotensão ortostática, síncope quando estimulado o seio carotídeo, bradicardia, extrassístoles, taquiarritmia, hipertrofia ventricular esquerda ou direita, embolia pulmonar, estenose mitral, mixoma de átrio esquerdo e sinais e sintomas de doença neurológica. Além disso, não se deve esquecer das outras causas não cardíacas e/ou neurológicas, sendo por isso necessário proceder ao exame clínico completo.

Não se pode esquecer de pesquisar hipotensão ortostática. O diagnóstico clínico de hipotensão ortostática deve incorporar a presença de sintomas em associação à queda de PA sistólica e/ou PA diastólica. A PA e a FC devem ser medidas após estar o paciente em posição supina por no mínimo 5 minutos. Essas medidas devem ser repetidas imediatamente após assumir posição ortostática e após 2 minutos (continuar medidas até 10 minutos se houver forte suspeita de hipotensão ortostática).

Em pacientes com doença cerebrovascular e/ou com sopro carotídeo, a massagem de seio carotídeo deverá ser realizada apenas se outras modalidades diagnósticas não satisfizerem a investigação e se a probabilidade de síncope do seio carotídeo for alta. Reconhecem-se três tipos de hipersensibilidade do seio carotídeo: cardioinibitória, vasodepressora e mista. A manobra consiste em compressão unilateral da artéria carótida por 5 a 10 segundos, na margem anterior do músculo do pescoço. Massageia-se à direita e à esquerda com 1 a 2 minutos de diferença, com o paciente em posição supina para verificar hipersensibilidade do seio carotídeo. O procedimento deve ser realizado por profissional habilitado e ser evitado quando houver sopro carotídeo ou doença aterosclerótica severa das artérias.

DIAGNÓSTICO

Como ressaltado previamente, a primeira etapa na avaliação de um paciente com síncope consiste em distinguir a presença de sintomas consequentes a outras condições, como vertigem rotatória, isquemia cerebral transitória, epilepsia e distúrbios metabólicos (hipoglicemia). A segunda etapa fica por conta do exame físico cuidadoso, com avaliação da PA com o paciente deitado e de pé, nos quatro membros, exame dos pulsos e ausculta cardíaca, entre outros, lembrando sempre de avaliar a possibilidade de doença cardíaca. Em 50% a 85% dos casos, o diagnóstico é feito apenas pela história e pelo exame físico.

Os responsáveis pela segunda etapa da investigação são os exames complementares, que compreendem: exames laboratoriais, eletrocardiograma, Holter, ecocardiograma, eletroencefalograma, TC do crânio, entre outros, que poderão ser necessários para a elucidação do caso. A pesquisa tem sido mais efetiva com o uso de novas tecnologias e exames específicos, como o teste de inclinação (*tilt test*), estudo eletrofisiológico (EEF), eletrocardiograma de alta resolução (ECG-AR), variabilidade de R-R (VRR) e o monitor implantável de ECG de longa duração (*Subcutaneous Implantable Loop Recorder*).

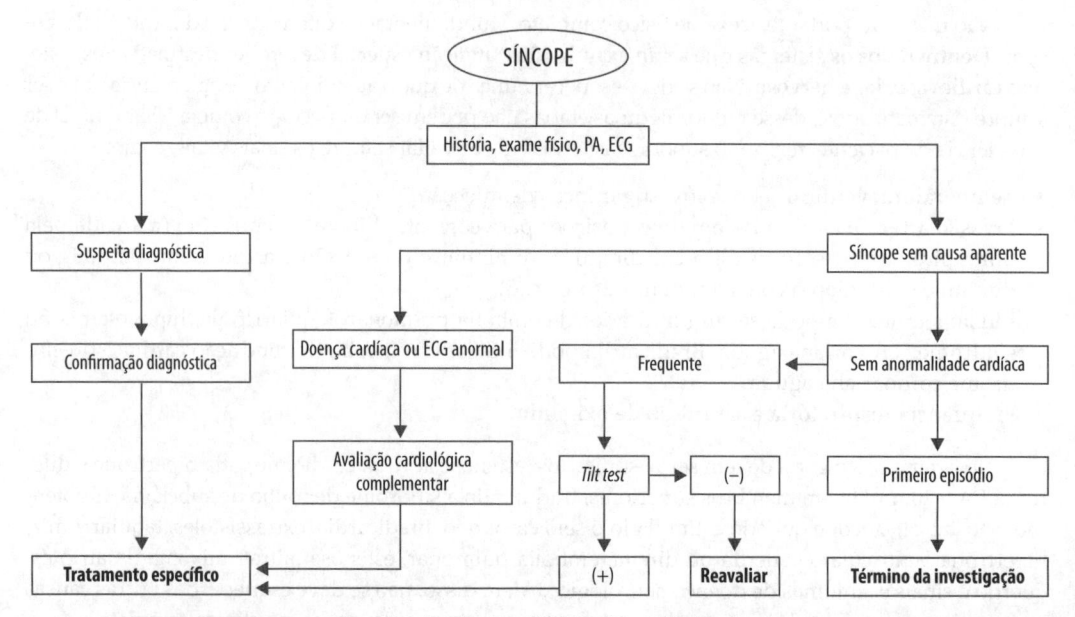

Figura 57.1 Algoritmo para diagnóstico diferencial de síncope.

Os exames mais solicitados são:

- **Exames laboratoriais:** verificar o nível de glicose sanguínea e quaisquer outros distúrbios hidroeletrolíticos. Vale lembrar ainda que a anemia pode ser causa de síncope.
- **Eletrocardiograma:** buscar alterações como bradicardia sinusal assintomática, anormalidades da condução intraventricular, bloqueio atrioventricular de grau avançado ou total, sinais de isquemia ou infarto e arritmias.
- **Holter de 24 horas:** avalia as variações do ritmo e da frequência cardíaca, sintomas muito frequentes que aparecem e desaparecem de forma inesperada, arritmias etc.
- **Ecocardiograma:** detecta alterações estruturais e/ou funcionais do coração.
- **Doppler de carótidas e vertebrais:** estreitamentos vasculares, malformações arteriovenosas e placas de ateroma.
- **Tilt test:** o teste de inclinação ortostática (*Tilt Table Test*) é um método desenvolvido para testar a autorregulação corporal da PA em resposta a mudanças de posição. Esse procedimento pode detectar disfunções no sistema cardiovascular ("disautonomias") que acarretam quedas indesejáveis da PA e da frequência de batimentos cardíacos, levando à síncope.

DIAGNÓSTICO DIFERENCIAL

Veja o Quadro 57.1.

TRATAMENTO

O tratamento da síncope está relacionado com sua causa. No caso da síncope vasovagal, muitas vezes as medidas não farmacológicas são suficientes, como: hidratação vigorosa, evitar locais quentes e abafados, uso de meia elástica, treinamento postural passivo, dentre outras. Entre as possibilidades farmacológicas destacam-se: β-bloqueadores, agentes antiarrítmicos, mineralocorticoides, trombolíticos, inibidores da recaptação de serotonina e α-agonistas. Os casos de doença valvular exigem intervenção cirúrgica.

Muitas vezes, diante de um quadro sincopal, fica a dúvida de em que caso deve haver internação. Indicações de internação hospitalar:

1. **Doença cardíaca estrutural:** DAC, ICC, doença congênita ou valvar, história de arritmia ventricular, achados característicos de doença cardíaca (sopro de estenose aórtica [EAo]).
2. **Sintomas que sugerem arritmia ou isquemia:** síncope associada a palpitações, dor torácica sugestiva de ICo, síncope de esforço.
3. **Anormalidade ECG:** isquemia, doença de condução (BRE, BAV), TVNS, QT longo, via acessória, BRD com elevação ST V1-V3, disfunção marca-passo.
4. **Doença neurológica:** novo AVE, achados neurológicos alterados.
5. **Hipotensão ortostática de moderada a grave,** quando associada a depleção de volume aguda e severa.

De maneira resumida, o tratamento é caracterizado por:

1. **Medidas gerais:** modificar o tipo de roupa e evitar mudanças súbitas de decúbito, ambiente quente e outros fatores precipitantes.
2. **Corrigir a causa:** uso de marca-passo (nos bloqueios AV), tratar a anemia, a glicemia, o distúrbio hidroeletrolítico, uso de digitálico ou amiodarona (nas fibrilações atriais) e uso de verapamil ou amiodarona (nas taquicardias paroxísticas).
3. **Medicamentos específicos:** fludrocortisona ou corticoide, β-bloqueadores, inibidores da recaptação de serotonina, disopiramida, escopolamina, teofilina e efedrina.

O tratamento mais eficaz é aquele que remedeia a causa. Entre os medicamentos, os melhores resultados são obtidos com os β-bloqueadores. Por se tratar de uma síndrome que resulta, na maioria dos casos, de condições benignas, o prognóstico das síncopes é geralmente bom.

Quadro 57.1 Diagnósticos diferenciais da síncope

Diagnóstico	Podem ser confundidos com (síncope, convulsão ou ambas)	Características clínicas sugestivas do diagnóstico
Ataque de pânico, hiperventilação	Convulsão	Frequentemente com desencadeante ambiental; medo intenso; hiperventilação com cianose perioral, parestesias bilaterais nas mãos, espasmo carpopedal; sem PDC (perda de conhecimento) completa; dispneia; palpitações; duração > 5 min (convulsões são mais curtas); depressão e fobias associadas (95%), sobretudo agorafobia; início na idade adulta jovem
Cataplexia	Ambas	Ausência de PDC; presentes outras características da narcolepsia (sonolência diurna, alucinações hipnagógicas, paralisia do sono) desencadeada pela emoção, sobretudo o riso
AIT, vertebrobasilar	Síncope	No caso de perda transitória de consciência, quase sempre acompanhada de características neurológicas focais (p. ex., disartria, disfagia, vertigens, diplopia, ataxia, fraqueza ou dormência unilateral)
AIT com tremor de membros	Convulsão	Não rítmico, grosseiro, sacudidas com 3 a 12Hz do braço e/ou da perna contralaterais a uma grave estenose da carótida. Pode imitar convulsões focais; pode ocorrer ao colocar-se de pé
AIT com afasia e outros sintomas negativos	Convulsão	Afasia episódica recorrente pode dever-se a convulsões; quando recorrente sem nenhum infarto em estudos de imagens focais, considerar crises convulsivas focais. De modo semelhante no caso de outros sintomas negativos estereotipados e recorrentes, diagnosticados inicialmente como AIT, incluindo fraqueza ou dormência unilateral
Roubo subclávio	Síncope	Isquemia vertebrobasilar desencadeada por exercício do braço; sintomas neurológicos focais, especialmente vertigens e outros sintomas do tronco cerebral, com ou sem PDC
Psicogênica (transtorno de conversão)	Ambas	História psiquiátrica, sobretudo somatização; história de violência física ou sexual; olhos fechados e sinais vitais normais durante a crise; crises recorrentes que não respondem ao tratamento; precipitação por hiperventilação ou outras técnicas de sugestão
Ataques de fuga	Convulsão	Pode ser difícil distingui-los do estado de mal epiléptico não convulsivo sem EEG
Enxaqueca (sobretudo basilar)	Ambas	Marcha lenta dos sintomas neurológicos por >5 min e duração prolongada (geralmente 20 a 60 min); sintomas de circulação posterior, escotomas cintilantes; cefaleia subsequente (pode estar ausente)
Hipoglicemia	Ambas	Pródromos longos; sem recuperação rápida se não for tratada
Amnésia global transitória	Convulsão	Crise prolongada (horas), com comportamento normal, exceto por amnésia; identidade pessoal sempre intacta (caso contrário, suspeitar de etiologia psicogênica)
Transtornos do sono	Convulsão	Por vezes difíceis de ser distinguidos de convulsões sem monitoramento EEG/vídeo, polissonografia ou ambos, sobretudo na ausência de testemunhas confiáveis. A distonia paroxística noturna é provavelmente epiléptica na maioria dos casos. As parassonias de ondas lentas ocorrem habitualmente no primeiro terço da noite
Crises de olhar fixo/comportamentais em pacientes com encefalopatia estática ou demência	Convulsão	Por vezes difíceis de ser distinguidas de convulsões sem monitoramento por vídeo/EEG
Drop attacks	Ambas	Podem dever-se a cataplexia, doenças da coluna cervical, isquemia basilar, ataques de vertigem (Ménière), crises convulsivas (mioclônicas, tônicas, atônicas, em raros casos parciais complexas) ou síncope (especialmente cardíaca)

Capítulo 58
Coma

Ricardo de Oliveira Souza • Marina Rodrigues de Almeida

INTRODUÇÃO

Definido pela abolição da vigília e do tônus postural, de olhos fechados, o coma é a forma mais grave de redução do nível de consciência. Pode instalar-se de modo súbito ou constituir o estado final de progressão linear que passa pela confusão mental aguda e o estupor, como definidos a seguir:

- **Estupor ou torpor** (termo menos utilizado atualmente): a vigília ainda existe, mas apenas e diretamente relacionada com a estimulação externa (chamados, estimulação nociceptiva).
- **Estado confusional agudo:** confusão mental com flutuações amplas do nível de consciência (ao contrário da confusão da demência, em que o paciente permanece acordado).

Há também distúrbios que podem simular e ser confundidos com o coma:

- **Estado vegetativo** (antigo "coma vigil"): o paciente parece desperto e mantém os olhos espontaneamente abertos, mas não manifesta nenhuma evidência de conteúdo mental inteligível.
- **Mutismo acinético:** difere do estado vegetativo pela preservação do acompanhamento ocular de alvos móveis.
- **Estupor catatônico:** ocasionalmente, é difícil de ser diferenciado do coma e do estado vegetativo, e o diagnóstico de certeza dependerá do achado de sintomas adicionais, como flexibilidade cérea, catalepsia e negativismo.

FISIOPATOLOGIA

Neurônios localizados no istmo do tronco cerebral e no prosencéfalo basal/hipotálamo posterior compõem o sistema reticular ativador ascendente (SRAA), que se projeta para todo o córtex cerebral, onde os neurônios exercem função "ativadora" motora, perceptual e eletroencefalográfica, semiologicamente resumidos ao fenômeno da vigília, mas não ao *conteúdo* da consciência, atribuição do córtex cerebral. Por esta razão, o coma invariavelmente resulta de lesões ou disfunções diretas (p. ex., hemorragia tegmental) ou indiretas (p. ex., efeito de massa, com desvio da linha média, por lesões hemisféricas) do SRAA:

- **Lesão estrutural:** neoplasias, TCE, AVE hemorrágico ou isquêmico de grande extensão.
- **Distúrbios metabólicos:** hipoglicemia, hiper ou hiponatremia, hipercalcemia, hipoxemia, encefalopatia hepática, uremia.
- **Infecção ou inflamação do SNC:** meningoencefalite, encefalite.
- **Convulsão ou estado pós-ictal.**
- **Intoxicação exógena:** álcool, sedativos, opiáceos.

ABORDAGEM AO PACIENTE

O diagnóstico e o tratamento de um paciente em coma dependem da causa, sendo de muita importância a interpretação da história clínica e dos sinais encontrados no exame físico. Antes de iniciar a avaliação clínica é necessário aferir os sinais vitais e observar a respiração. Qualquer distúrbio respiratório ou cardiovascular deve ser corrigido.

Na **anamnese**, algumas informações devem ser pesquisadas junto aos familiares ou testemunhas do fato: em quais condições e a velocidade com que o quadro neurológico se instalou, sinais clínicos que precederam o quadro (confusão, sonolência, convulsões, cefaleia, febre, diplopia, fraqueza ou vômitos), a existência de enfermidades de base (renais, pulmonares, hepáticas ou cardíacas) e ingestão de medicamentos, álcool ou tóxicos.

No **exame físico**, são de maior importância a temperatura (febre sugere infecção sistêmica, meningite bacteriana, encefalite), o pulso, a respiração (taquipneia sugere acidose ou pneumonia, padrões respiratórios anormais sugerem acometimento de tronco encefálico) e a PA (hipertensão grave é uma manifestação de encefalopatia hipertensiva, hipotensão sugere intoxicação, infarto do miocárdio, sepse, hipotireoidismo). A **fundoscopia** deve ser feita com o intuito de encontrar eventuais: hemorragias sub-hialoides (sugere hemorragia subaracnóidea), exsudatos, hemorragias e papiledema (sugerem hipertensão intracraniana). A avaliação neurológica é composta pela determinação do nível de consciência e pela análise dos reflexos do tronco encefálico.

A determinação do nível da consciência deve ser feita de maneira seriada e com critérios semelhantes entre os examinadores. A **escala de Glasgow** é muito utilizada para avaliar os níveis de consciência e de resposta aos estímulos. A pontuação na escala de Glasgow varia de 3 a 15, sendo a pontuação distribuída da maneira apresentada no Quadro 58.1.

Quadro 58.1 Escala de coma de Glasgow

		Escore
Abertura ocular	Espontânea	4
	Ao ser chamado	3
	Ao estímulo doloroso	2
	Nenhuma	1
Resposta verbal	Orientada	5
	Fala confusa	4
	Palavras inapropriadas	3
	Palavras incompreensíveis	2
	Nenhuma	1
Resposta motora	Obedece a comandos	6
	Localiza dor	5
	Movimento de retirada	4
	Flexão anormal	3
	Extensão anormal	2
	Nenhuma	1

A análise dos **reflexos do tronco encefálico** é de fundamental importância para localizar a causa do coma e consiste em: exame das pupilas, movimentos oculares, reflexos oculares e padrão respiratório.

No exame das pupilas, observam-se o diâmetro, a forma e o reflexo de acomodação pupilar (examinado com um foco de luz penetrando obliquamente a pupila) (Quadro 58.2).

Quadro 58.2 Pupilas × lesão sugerida

Pupilas	Lesão sugerida
Isocóricas fotorreagentes	Lesão supratentorial sem herniação Doença tóxica Doença metabólica
Anisocóricas	Lesão do tronco encefálico Herniação encefálica
Midríase unilateral não fotorreagente	Lesão do III nervo craniano por "efeito de massa"
Midríase bilateral não fotorreagente	Lesão do mesencéfalo
Puntiformes fotorreagentes	Extensa hemorragia da ponte Intoxicação por opiáceos

Os movimentos oculares são avaliados, pois anormalidades demonstram disfunção pontina ou mesencefálica. As pálpebras são elevadas e observam-se a posição ocular em repouso e os movimentos oculares espontâneos (Quadro 58.3).

Quadro 58.3 Movimento ocular × lesão sugerida

Movimento ocular	Lesão sugerida
Abdução de um dos olhos	Paresia do reto medial por lesão do III nervo craniano
Adução de um dos olhos	Paresia do reto lateral por lesão do VI nervo craniano
Convergência horizontal	Paresia do reto lateral bilateralmente por lesão do VI par craniano
Divergência horizontal	Na sonolência, é normal
Desvio conjugado	Lesão do tronco encefálico contralateral ao desvio Lesão hemisférica ipsilateral ao desvio
Olhar desconjugado (um olho acima e outro abaixo do plano horizontal)	Lesão pontina Lesão cerebelar Paralisia parcial do III nervo craniano
Movimento ocular para baixo rápido e retorno para cima lento	Lesão de fossa posterior
Movimento ocular para baixo lento e retorno para cima rápido	Lesão cortical difusa (por anóxia)
Movimento ocular para cima rápido com retorno para baixo lento	Lesão pontina

Além desses movimentos oculares, são pesquisados também os seguintes reflexos oculares:

- **Oculocefálico** ("olhos de boneca"): faz-se a rotação da cabeça do paciente de um lado para o outro, e os movimentos oculares são evocados para a direção oposta à do movimento. Caso haja alguma lesão troncular ou intoxicação, os olhos permanecem fixos, em posição média.
- **Oculovestibular:** irriga-se lentamente o meato auditivo externo com 50mL de NaCl 0,9% a 0°C e ocorre um desvio tônico dos olhos para o lado irrigado. Se houver um desvio desconjugado ou ausência de resposta, deve haver lesão troncular. Um método mnemônico utilizado para guiar a resposta de nistagmo é o COWS (cold opposite, warm same).
- **Corneopalpebral:** ao tocar a córnea com algodão ou ponta de uma gaze, ocorre um rápido fechamento palpebral bilateral. Se isso não ocorrer, evidencia-se uma lesão pontina ou intoxicação por depressores do SNC.

O padrão respiratório deve ser avaliado, sendo de maior importância para o coma os listados no Quadro 58.4.

Quadro 58.4 Padrão respiratório × lesão sugerida

Padrão respiratório	Lesão sugerida
Cheyne-Stokes	Lesão hemisférica bilateral
Kussmaul	Acidose metabólica Lesão pontina grave Lesão mesencefálica grave
Respiração de Biot	Lesão do bulbo

Os exames que devem ser solicitados, de acordo com as suspeitas para as causas que levaram ao coma, são: análises bioquímicas e toxicológicas do sangue e urina, TC de crânio, EEG e exame do LCR.

TRATAMENTO

O tratamento deve ser iniciado antes mesmo da abordagem diagnóstica e visa evitar aumento dos danos ao SNC. Consiste inicialmente em suprir as necessidades do metabolismo cerebral e posteriormente tratar a causa que levou o paciente ao quadro de coma. As etapas a serem seguidas no tratamento são as seguintes:

Oxigenação e ventilação adequadas

Avaliar a oxigenação e a ventilação das vias aéreas. Caso não estejam adequadas, deve-se:

- Desobstruir a via aérea, se não for suficiente.
- Ventilar com máscara de oxigênio.
- Em pacientes com apneia, hipoventilação, risco de broncoaspiração e pontuação na escala de Glasgow ≤ 8, realizar intubação orotraqueal.
- Em pacientes cuja intubação orotraqueal não seja possível, considerar a realização de traqueostomia ou cricotireoidostomia.

O ideal é manter o paciente com uma saturação de oxigênio > 95% e uma pCO_2 entre 30 e 35mmHg.

Manutenção da circulação

É de fundamental importância manter uma boa perfusão cerebral. Para tanto, é necessário manter a PAM pelo menos em 100mmHg. Para essa manutenção, pode-se lançar mão de agentes vasoativos ou administrar soluções isotônicas.

Glicose e tiamina

- **Glicose a 50%**, 50mL EV, deve ser administrada imediatamente a todos os pacientes em coma.
- Em pacientes com suspeita de déficit nutricional ou alcoolismo, a fim de evitar encefalopatia de Wernicke deve ser administrada **tiamina**, 100mg EV.

Controle de convulsões

- Para tratamento das crises convulsivas, administrar **fenitoína**, 15 a 20mg/kg EV, em velocidade < 50mg/min.
- Para profilaxia, administrar fenitoína, 200 a 300mg/dia EV.

Controle da temperatura

- Hipotermia (< 34°C) deve ser corrigida com:
  - Almofadas, cobertores e banho quente.
  - Oxigênio umidificado quente, enemas com soluções aquecidas etc.
- Hipertermia (> 40°C) deve ser corrigida com:
  - Banho gelado, colchão d'água, ar-condicionado.
  - Antipiréticos.

Intoxicação exógena

Nos casos de suspeita de intoxicação exógena, após realizadas as medidas mencionadas até aqui, o paciente deve ser tratado de maneira específica para cada medicamento (veja os Capítulos 193 e 194).

- **Opiáceos:** administrar **naloxona**, 0,01mg/kg EV; se necessário, repetir.

- **Benzodiazepínicos:** administrar **flumazenil**, 0,5 a 2mg/kg EV; se necessário, repetir.
- **Carbamatos, organofosforados e organoclorados:** administrar **atropina**, 2 a 4mg EV e manutenção com 1 a 2mg EV de 15/15min.

Controle da hipertensão intracraniana

Quando há evidências de hipertensão intracraniana, pode-se optar por:

- Causar hiperventilação moderada e controlada, mantendo por alguns minutos a pCO_2 entre 25 e 30mmHg, diminuindo portanto o fluxo sanguíneo cerebral.
- Administrar **manitol** a 20%, 0,25 a 1,0g/kg, em infusão venosa de 7mL/min, podendo ser repetido 0,5g/kg EV de 4/4h.
- Nos casos de edema peritumoral administrar **dexametasona**, 10mg EV, e, a seguir, 4mg EV de 4/4h.

Infecção

Na suspeita de infecção, coletar cultura e iniciar antibioticoterapia empírica (para os agentes etiológicos mais prováveis). Em caso de suspeita de meningite, coletar LCR.

Proteção da córnea e posição do paciente

É importante manter os olhos do paciente fechados com gazes úmidas para evitar lesão da córnea. Além disso, o paciente deve ser mantido em posição de decúbito com a cabeceira elevada a 30 graus, para evitar broncoaspiração e aumento da PIC.

Capítulo 59
Morte Encefálica

Ricardo de Oliveira Souza • Marina Rodrigues de Almeida

INTRODUÇÃO

Morte encefálica (ME) consiste no comprometimento irreversível das funções cerebrais e do tronco encefálico. **Seu diagnóstico baseia-se em três componentes essenciais: comprovação de coma profundo sem resposta a estímulos, ausência de reflexos do tronco encefálico e apneia completa.**

PROTOCOLO

O protocolo atual para o diagnóstico de ME foi estabelecido, em 1997, pelo Conselho Federal de Medicina (CFM) a partir da Resolução 1.480.

PRÉ-REQUISITOS

Antes de iniciar o protocolo é necessário que alguns pré-requisitos sejam cumpridos:
- **Coma irreversível e com causa conhecida:** deve ser constatada e descrita no prontuário médico a irreversibilidade do coma, além de sua causa, que deve ser conhecida e comprovada por exames de imagem (TC ou RNM) ou por exame de LCR.
- **Ausência de hipotermia, hipotensão ou distúrbio metabólico grave:** a temperatura axilar deve estar > 36°C, PAM > 60mmHg, Sat.O_2 > 90% e sódio sérico entre 120 e 160mEq/L.
- **Ausência de intoxicação exógena ou efeito de medicamentos psicotrópicos:** o uso de substâncias psicotrópicas, medicamentos anestésicos, barbitúricos e bloqueadores neuromusculares deve ser pesquisado. Caso tenham sido usados no paciente, aguardar 48 horas para barbitúrico ou 24 horas para as demais substâncias antes de iniciar o protocolo.

EXAME NEUROLÓGICO

Após ser verificado que o paciente apresenta os pré-requisitos para iniciar o protocolo, procede-se ao exame neurológico.

Coma sem resposta a estímulos externos – Glasgow 3

Avaliar o paciente utilizando a escala de Glasgow (veja o Capítulo 58), porém o estímulo doloroso deve ser realizado na face (região supraorbitária ou articulação temporomandibular), testando-se assim a via trigeminal aferente, e sobre as unhas, observando se ocorre alteração da mímica facial. Sendo assim, qualquer reação motora à dor afasta o diagnóstico de ME.

É importante deixar claro que **a presença de reflexos medulares** (osteotendinosos, cutaneoabdominal, cutaneoplantar em extensão ou flexão, sudorese, rubor, reflexo flexor de retirada dos membros inferiores ou superiores etc.) **não afasta** o diagnóstico de ME.

Ausência de reflexos do tronco encefálico

- **Pupilas:** ao serem observadas, as pupilas estarão com dilatação média ou completa, sem desvio e não fotorreagentes (manter estímulo luminoso por 10 segundos).
- **Reflexo corneopalpebral:** toca-se a córnea do paciente com algodão ou a ponta de uma gaze e não há fechamento palpebral bilateral ou resposta defensiva.
- **Reflexo oculovestibular:** irriga-se lentamente o meato auditivo externo com 50mL de NaCl 0,9% a 0°C e observa-se por 2 minutos, avaliando se ocorre qualquer movimento ou desvio dos olhos, o que afastaria o diagnóstico de ME.

- **Reflexo oculocefálico ("olhos de boneca"):** faz-se a rotação da cabeça do paciente de um lado para o outro e os olhos permanecem fixos, em posição média.
- **Reflexo de tosse:** ao ser introduzida uma sonda de aspiração que estimula a traqueia, não há qualquer reação de tosse, sucção, movimentos faciais, náusea ou deglutição.
- **Teste da apneia:** é realizado da seguinte maneira:
  - Manter acesso arterial (radial ou femoral) para a coleta de gasometrias.
  - Ajustar o ventilador para obter $PaCO_2$ de 45mmHg.
  - Manter oxigenação a 100% no ventilador por 10 minutos.
  - Desconectar o ventilador, instalar uma cânula endotraqueal com fluxo de O_2 de 6L/min (adultos) ou 1L/5kg/min (crianças) e iniciar a contagem do tempo.
  - Observar, durante 10 minutos ou até que a $PaCO_2$ esteja > 55mmHg, a ausência de qualquer incursão respiratória (apneia).

O teste da apneia pode causar efeitos nocivos ao paciente, sendo, portanto, o último a ser realizado. **Deve ser interrompido** caso haja bradicardia, hipotensão ou hipoxia (Sat.O_2 < 75%). Nesse caso, o teste será considerado válido para o diagnóstico de ME se o paciente não apresentar qualquer incursão respiratória em vigência da $PaCO_2$ > 55mmHg.

Exames complementares

Para confirmação do diagnóstico de ME, além da avaliação clínica, é **obrigatória** a realização de pelo menos um exame complementar que demonstre ausência de atividade ou perfusão encefálica. Os principais são:

- **Eletroencefalograma:** exame complementar mais utilizado atualmente demonstra, em vigência da ME, silêncio isoelétrico.
- **Arteriografia:** considerada o "padrão-ouro" dos exames complementares, evidencia a ausência de perfusão cerebral.
- **Doppler transcraniano:** exame com alta sensibilidade e 100% de especificidade, sendo o achado mais específico para ME a reverberação de fluxo no nível das carótidas intracranianas.

CONSIDERAÇÕES FINAIS

- O diagnóstico de ME é estabelecido após a realização de dois exames clínicos por médicos diferentes e de exame complementar que comprove a inatividade encefálica ou ausência de perfusão cerebral. Recomenda-se que pelo menos um profissional responsável pela prática do exame clínico seja neurologista ou neurocirurgião.
- O protocolo somente é aplicado em pacientes com mais de 7 dias de vida.
- O intervalo para realização dos exames clínicos varia entre faixas etárias diferentes (Quadro 59.1).

Quadro 59.1 Intervalo para realização de exames clínicos entre faixas etárias diferentes

Idade	Intervalo
7 dias a 2 meses	24 horas Realizar dois EEG
2 meses a 2 anos	12 horas Realizar um EEG
> 2 anos	6 horas Realizar um EEG

A morte do paciente é confirmada e declarada no momento em que o segundo teste de apneia é finalizado, sendo esta legalmente a hora do óbito. Em seguida, deve ser preenchido o termo de declaração de ME e notificado ao Órgão Controlador Estadual, de acordo com a Lei 9.434/97.

Capítulo 60
Crise Convulsiva

Bruno F. F. Tonelotto • Natália Regina Martins • Ricardo de Oliveira Souza • Marina F. F. Tonelotto

INTRODUÇÃO

A **convulsão é uma resposta a uma descarga elétrica anormal no cérebro**. A expressão crise convulsiva descreve várias experiências e comportamentos e não significa o mesmo que convulsão, embora ambos os termos sejam utilizados como sinônimos. Pode-se descrever popularmente a convulsão como uma contração violenta, ou uma série de contrações dos músculos voluntários, com ou sem perda da consciência por parte da vítima. Em geral, utiliza-se a expressão crise convulsiva para designar um episódio isolado. **Suas causas mais comuns são a epilepsia e a febre alta.**

A epilepsia compreende um grupo de doenças, e não apenas uma só (Quadro 60.1). As convulsões podem ser classificadas, por tipo, como **parciais** (subclassificadas como parciais simples, parciais complexas e tônico-clônicas generalizadas secundárias) **ou generalizadas** (subclassificadas como tônico-clônicas generalizadas, de ausência, mioclônicas, tônicas e atônicas). A epilepsia sempre foi considerada doença de ocorrência muito frequente e com nítida prevalência em crianças, o que é fácil de entender, pois estas têm um sistema nervoso imaturo e, portanto, estão mais sujeitas a infecções acompanhadas de hipertermia e distúrbios hidroeletrolíticos, constituindo, então, um grupo mais suscetível às crises epilépticas.

A maioria das pessoas com ataque do grande mal tem predisposição hereditária à epilepsia, predisposição esta que ocorre em uma de cada 100 pessoas. A epilepsia é comum, com prevalência estimada no mundo desenvolvido de 5 a 10/1.000 e uma incidência anual de 50/100.000 pessoas. Cerca de 3% das pessoas receberão um diagnóstico de epilepsia em algum momento de suas vidas. Crises convulsivas representam a manifestação neurológica mais frequente nos departamentos de emergência, correspondendo a cerca de 1% a 5% dos atendimentos, excluindo-se o trauma.

Segundo dados da Organização Mundial da Saúde (OMS), depois da depressão, a epilepsia é a causa mais frequente de procura por atendimento nos centros neuropsiquiátricos. A incidência e a prevalência elevadas fazem com que seja considerada pela OMS uma doença de saúde pública, com índice de mortalidade semelhante ao da AIDS no Reino Unido.

FISIOPATOLOGIA

A fisiopatologia da crise convulsiva é complexa e ainda não elucidada totalmente; no entanto, muito tem sido descoberto nas últimas décadas. Qualquer coisa que irrite o cérebro pode produzir uma crise convulsiva. Dois terços dos indivíduos que apresentam uma crise jamais voltam a apresentá-la, enquanto o outro terço continuará a apresentá-las repetidamente, passando o quadro a ser denominado epilepsia.

A resposta fisiológica à descarga cerebral dependerá muito do local afetado. Pode envolver uma área mínima, promovendo percepção de odor ou sabor estranho ou, se envolver grandes áreas, pode acarretar uma convulsão. Além disso, pode apresentar episódios breves de alteração da consciência, confusão mental, perda da consciência e perda do controle muscular ou vesical. Convulsões frequentemente são precedidas por auras (sensações incomuns de odores, sabores ou visões, ou uma sensação intensa de que uma crise está prestes a ser desencadeada).

Uma pessoa predisposta à epilepsia tem ataques quando o nível basal de excitabilidade do sistema nervoso (ou da parte que é suscetível ao estado epiléptico) aumenta acima de um limiar crítico. Desde que o grau de excitabilidade mantenha-se abaixo desse limiar, nenhum ataque ocorre. Alguns neurônios no cérebro podem se despolarizar com facilidade ou podem ser hiperexcitáveis; esse foco epileptogênico dispara, quando estimulado, mais prontamente do que o normal. Nesses neurônios, o potencial de membrana em repouso é menos negativo ou ocorre perda de conexões inibitórias, possivelmente resultante de diminuição da atividade do ácido γ-aminoburítico ou de alterações localizadas de eletrólitos.

Durante a estimulação, o foco epiléptico dispara e dissemina a corrente elétrica para as células adjacentes. Essas células, por sua vez, disparam e ocorre uma cascata de impulsos para um lado do cérebro (convulsão parcial), para ambos os lados (convulsão generalizada) ou para as áreas cortical, subcortical e do tronco cerebral. As necessidades metabólicas cerebrais por oxigênio aumentam de maneira dramática durante a convulsão. Se essas necessidades não forem supridas, ocorrerão hipoxia e lesão cerebral.

Disparos de neurônios inibitórios causam redução dos disparos dos neurônios excitatórios e, eventualmente, estes cessam. Se essa ação inibitória não ocorrer, o resultado será o mal epiléptico: ocorrência de uma convulsão atrás da outra. Se o tratamento não ocorrer, a anóxia é fatal.

As manifestações dependem do tipo de convulsão, que podem ser classificadas em parcial e generalizada. Nas **convulsões parciais**, o excesso da descarga neuronal é contido dentro de uma região do córtex cerebral. Nas **convulsões generalizadas**, a descarga bilateral ocorre difusamente, envolvendo todo o córtex cerebral. Algumas vezes, uma lesão focal de uma parte do hemisfério ativa, bilateralmente, todo o cérebro, de modo que se produz uma convulsão tônico-clônica antes que apareça um sinal focal.

Outro tipo de epilepsia focal é a chamada **crise psicomotora**, que pode causar: curto período de amnésia, ataque anormal de raiva, ansiedade súbita, desconforto ou medo, momento de fala incoerente, ação motora de ataque a alguém e de esfregar o rosto com as mãos, dentre outras. Algumas vezes a pessoa recobra a consciência e outras vezes não consegue se lembrar da crise. Vale ressaltar que a pessoa não consegue se controlar.

As auras são manifestações sensoriais ou psíquicas que precedem, imediatamente, as convulsões tônico-clônicas complexas parciais ou totais e representam o início de uma convulsão. **As crises parciais simples** consistem em fenômenos motores, sensoriais ou psicomotores sem perda de consciência. Nas **convulsões jacksonianas**, os sintomas motores focais começam em uma das mãos e assim caminham para as extremidades, podendo afetar primeiramente a região da face e posteriormente difundir-se pelo corpo, envolvendo um braço e, algumas vezes, uma perna. Nas convulsões parciais complexas, o paciente perde o contato com os arredores durante 1 a 2 minutos. Pode fixar o olhar em uma direção, falar coisas sem nexo e mostrar agressividade. A confusão mental ainda se prolonga por mais 1 a 2 minutos.

Nas **convulsões generalizadas** existe perda de consciência e de função motora desde o início. Esses ataques frequentemente têm uma causa genética ou metabólica. Podem ser primariamente generalizados (ocorre inicialmente envolvimento bilateral do córtex cerebral) ou secundariamente generalizados (início cortical local com subsequente disseminação bilateral).

Os espasmos infantis são convulsões primariamente generalizadas caracterizadas pela súbita flexão dos braços, flexão do tronco para diante e extensão das pernas. Essas convulsões duram pouco e ocorrem várias vezes ao dia. Ocorrem até os 3 primeiros anos de vida, sendo substituídas por outros tipos de convulsão. As anormalidades no desenvolvimento são visíveis.

As **crises de ausência** consistem em ataques rápidos, primariamente generalizados, manifestados por perda da consciência de 10 e 30 segundos e tremores palpebrais, com ou sem perda do tônus muscular. Os pacientes afetados não caem ou sofrem convulsões e retornam às suas atividades rapidamente sem perceber a crise.

As **crises convulsivas tônico-clônicas generalizadas (TCG)** iniciam tipicamente com um grito e continuam com perda da consciência e queda, seguidas de contrações tônicas e posteriormente clônicas dos músculos das extremidades, tronco e cabeça. Incontinência fecal e urinária pode ocorrer. Essas crises demoram entre 1 e 2 minutos. As crises atônicas são convulsões rápidas primariamente generalizadas em crianças. São caracterizadas pela perda completa do tônus muscular e da consciência. A criança cai ou se atira no chão, de modo que essas crises podem trazer risco de grandes traumas.

Os autores relatam que as crises mioclônicas são contrações musculares rápidas de um membro, ou de vários membros, ou ainda do tronco. Podem ser repetitivas, levando a uma crise tônico-clônica. Não há perda de consciência. As crises convulsivas febris são associadas a febre, sem evidência de infecção intracraniana. Acometem cerca de 4% das crianças na faixa etária compreendida entre 3 meses e 5 anos. As crises convulsivas febris são rápidas, solitárias e de maneira generalizada tônico--clônicas.

Guyton & Hall (2002) afirmam que a **epilepsia do tipo grande mal** se caracteriza por descarga extrema em todas as áreas do cérebro – no córtex, nas partes mais profundas dos hemisférios cerebrais e, até mesmo, no tronco cerebral e no tálamo. A crise típica do tipo grande mal dura de alguns segundos até 3 a 4 minutos. Caracteriza-se pela depressão de todo o sistema nervoso após a convulsão; a pessoa permanece em estupor e adormecida por muitas horas. É comum a pessoa morder a língua ou "engolir" e apresentar dificuldade para respirar, chegando às vezes a desenvolver cianose.

A maioria das pessoas com ataque do grande mal tem predisposição hereditária à epilepsia, predisposição esta que ocorre em uma de cada 100 pessoas. Nessas pessoas, alguns dos fatores que podem aumentar suficientemente a excitabilidade dos circuitos epileptogênicos anormais de modo a precipitar os ataques são: estímulos emocionais fortes, alcalose causada por hiperpneia, fármacos, febre, ruídos altos e luz lampejante.

O **estado de mal epiléptico** (EME) é definido como uma emergência neurológica na qual as crises epilépticas ocorrem em intervalos curtos e repetidos, sem recuperação do nível de consciência, ou quando uma crise epiléptica prolongada apresenta duração > 30 minutos. Um estudo de 1998 propõe um novo conceito, no qual o diagnóstico de EME deve ser estabelecido após 5 minutos de atividade epiléptica contínua ou após duas ou mais crises sem completa recuperação do nível de consciência entre elas. Esse novo conceito apoia-se no fato de que quanto mais precoce o início do tratamento, melhor o prognóstico.

CONSIDERAÇÕES

Todas as pessoas podem apresentar crises que se assemelham às descritas anteriormente, mas que nada têm a ver com convulsões. O socorrista e o emergencista devem estar atentos a essas pseudocrises que têm origem em alterações emocionais e são desencadeadas por um desejo consciente ou inconsciente de mais atenção e cuidados. Quando se analisa com cuidado o passado recente e remoto dessas pessoas (incluindo crianças), frequentemente existe história de abuso, negligência ou conflitos muito intensos nas relações interpessoais. Muitas vezes, essas falsas crises são muito parecidas com crises verdadeiramente epilépticas e é necessário o atendimento por um especialista para se estabelecer um diagnóstico certeiro.

Para não esquecer – definindo as crises:
- **Epilepsia:** condição crônica, caracterizada pela presença de crises epilépticas recorrentes, na ausência de eventos externos desencadeantes.
- **Crises epilépticas:** esta designação se aplica ao evento neurofisiológico, representando uma descarga elétrica anormal, excessiva e síncrona, de um grupamento neuronal, ocorrendo de modo espontâneo ou secundário a eventos exógenos, como febre, distúrbios hidroeletrolíticos ou mesmo um quadro encefalítico.
- **Convulsões:** assim são definidas as crises epilépticas com manifestações motoras. As crises epilépticas associadas a alterações localizadas em áreas posteriores do cérebro, com sintomas visuais, auditivos ou exclusivamente sensitivos, assim como as ausências, em que não se visualizam atividades motoras, são denominadas crises não convulsivas.
- **Estado de mal epiléptico (EME):** definido como mais de 30 minutos de atividade convulsiva contínua ou duas ou mais crises epilépticas sequenciais sem total recuperação do nível de consciência entre as crises. Atualmente, alguns autores têm proposto períodos de tempo menores como critério de diagnóstico para EME, baseados no fato de que a maioria das crises que cedem espontaneamente o faz nos primeiros 5 a 10 minutos de seu início.

QUADRO CLÍNICO

Quando se pensa em crise convulsiva, a primeira imagem que vem à cabeça é a de um indivíduo se debatendo no chão e mordendo a língua. No entanto, o quadro clínico da crise convulsiva nem sempre cabe nesse estereótipo; não é autolimitado nem bem definido. Em geral, as vítimas que sofrem convulsões ou ataques epilépticos **podem apresentar perda de equilíbrio, queda abrupta, inconsciência, contração de toda a musculatura corporal, aumento da atividade glandular com abundante salivação, vômitos e, em alguns casos, micção e evacuação involuntárias.** Desse modo, a sintomatologia apresentada durante a crise vai variar conforme a área cerebral em que ocorreu a descarga anormal dos neurônios.

As crises também podem ser precedidas por uma sintomatologia vaga, como sensação de mal-estar gástrico, dormência no corpo, sonolência, alucinações auditivas e olfativas, até mesmo de distorções de imagem que estão sendo vistas. A maioria dos pacientes só tem a percepção de que foram acometidos por uma crise após recobrar a consciência; além disso, podem apresentar, durante esse período, cefaleia, sensibilidade à luz, confusão mental, sonolência e ferimentos orais (língua e mucosa oral). Os sinais e os sintomas da convulsão são, em geral, perda do equilíbrio, inconsciência, palidez, cianose dos lábios e presença de espasmos incontroláveis que sacodem o corpo da vítima.

DIAGNÓSTICO

Os leitores deste livro já perceberam, a partir de outros capítulos, que nossos diagnósticos iniciam-se sempre pela história clínica, e espera-se que assim seja sempre. Inicialmente, deve-se detalhar o evento, caracterizando os sintomas iniciais e a sequência em que estes ocorrem, o contexto em que a crise ocorreu (sono, vigília, relação com o despertar, desencadeantes), o comprometimento do nível de consciência, a fenomenologia clínica, a duração e as alterações pós-ictais. É importante a presença de acompanhante que tenha presenciado a(s) crise(s) para descrevê-la(s), pois a maioria dos pacientes tem comprometimento parcial ou completo da consciência, impossibilitando descrição pormenorizada dos eventos. A ocorrência de crises exclusivamente durante o sono sugere crises de início focal, mesmo em crises TCG. O desencadeamento de crises pela hiperpneia e pelo estímulo luminoso é característico de crises de ausência e mioclonias, respectivamente.

A anamnese cuidadosa geralmente torna possível a diferenciação entre crises focais e primariamente generalizadas. Nas primeiras, geralmente é possível caracterizar o início da crise pela disfunção cortical em determinada região, localizando a área de início da crise. Outros dados, como idade de início, história familiar, tipo de crises, história natural e resposta a medicamentos, antecedentes, aliados a exames complementares, são fundamentais para o diagnóstico sindrômico e etiológico da epilepsia.

Terminada a anamnese, o próximo passo consiste na avaliação clínica completa, com atenção ao aparelho cardiovascular (ausculta cardíaca, PA e FC, palpação de pulsos e ausculta das carótidas), pois pode ser útil no diagnóstico etiológico (arritmia cardíaca predispondo embolia cerebral e AVE) e diferencial (síncope decorrente de hipotensão). Alterações cutâneas também são importantes em alguns casos, como a presença de adenomas sebáceos na face (esclerose tuberosa) e hemangioma facial em território trigeminal (síndrome de Sturge-Weber).

O exame neurológico completo deve ser realizado em todos os casos. A presença de déficits neurológicos focais pode sugerir a lesão responsável pelas crises. O retardo mental é um dos achados mais frequentes e deve ser valorizado, pois se associa a maior risco de recorrência de crises. Queixas de perda de memória são comuns em pacientes epilépticos e podem estar relacionadas com descontrole das crises, efeito das medicações, alterações psiquiátricas associadas e alteração estrutural. O exame cognitivo adequado pode evidenciar esses achados.

> **Atenção:** em pacientes com perda de consciência, deve-se questionar sobre queda ao solo e trauma associado, cor e temperatura da pele, sialorreia, cianose e liberação de esfíncteres vesical e anal. Normalmente, as crises têm curta duração (de segundos a minutos), seguidas de período de confusão pós-ictal de duração variável, que pode chegar a vários minutos. A duração das crises é comumente superestimada pelos acompanhantes, que incluem o período total de duração dos eventos.

Quadro 60.1 Síndromes epilépticas e etiologias

Focais	Idiopáticas	Epilepsia focal benigna da infância com descargas centrotemporais (rolândica)
		Epilepsia da infância com paroxismos occipitais (inícios precoce [Panayatopoulos] e tardio [Gastaut])
	Sintomáticas	Esclerose mesial temporal
		Lesões sequelares: origem vascular (AVEI ou AVEH), infecciosa (encefalite pelo herpes vírus, cisticercose, abscessos, entre outras)
		Neoplasias primárias: associadas a tumores de baixo grau de malignidade (ganglioglioma, gangliocitoma, tumores disembrioplásticos primitivos [DNET], astrocitomas de baixo grau, oligodendrogliomas), astrocitomas malignos, neoplasias metastáticas para o SNC
		Distúrbios do desenvolvimento cortical (displasia cortical focal, hemimegalencefalia, heterotopias nodulares periventriculares, polimicrogíria, esquizencefalia, esclerose tuberosa)
		Pós-traumatismo cranioencefálico
		Processos degenerativos (p. ex., demência de Alzheimer)
		Malformações vasculares (angiomas cavernosos, malformações arteriovenosas)
		Encefalite de Rasmussen
		Síndrome de Sturge-Weber (angiomatose encefalotrigeminal)
	Possivelmente sintomáticas (criptogênicas)	Por localização (temporal, frontal, occipital, parietal)
	Idiopáticas	Epilepsia mioclônica benigna da infância
		Epilepsia ausência da infância
		Epilepsia com crises generalizadas de início na adolescência (epilepsia mioclônica juvenil, epilepsia ausência da juventude, epilepsia com crises tônico-clônicas generalizadas do despertar)
		Epilepsia generalizada com crises febris *plus* (GEFS+)
	Sintomáticas ou criptogênicas	Síndrome de West (espasmos epilépticos ou infantis)
		Síndrome de Lennox-Gastaut
		Epilepsia com crises mioclônico-astáticas (síndrome de Doose)
		Epilepsia com ausências mioclônicas
		Distúrbios do desenvolvimento cortical (complexo paquigíria-lissencefalia-heterotopia subcortical em banda)
	Epilepsia com crises neonatais	
	Síndrome de Dravet (epilepsia mioclônica severa da infância)	
	Epilepsia com estado de mal eletrográfico durante o sono de ondas lentas	
	Afasia epiléptica adquirida (síndrome de Landau-Kleffner)	
	Trauma (recente ou remoto)	
	Hemorragia intracraniana (subdural, epidural, subaracnóidea, intraparenquimatosa)	
	Anormalidades estruturais do SNC (aneurisma, malformação arteriovenosa, tumores primários ou metastáticos, doenças degenerativas ou doenças congênitas)	
	Infecções (meningite, encefalite, abscesso cerebral, cisticercose)	
	Hiperglicemia ou hipoglicemia	
	Hiponatremia ou hipernatremia	
	Uremia	
	Insuficiência hepática	
	Hipocalcemia	
	Hipomagnesemia	
	Abstinência alcoólica, a sedativos, a barbitúricos	
	Intoxicação exógena (anfetaminas, cocaína, teofilina, antidepressivos tricíclicos, lidocaína, lítio, isoniazida, anticonvulsivantes etc.)	
	Encefalopatia hipertensiva	
	Isquemia grave do SNC (hipoxemia grave, parada cardiorrespiratória)	
Generalizadas		
Síndromes epilépticas indeterminadas se focais ou generalizadas		
Crises sintomáticas agudas		

Uma vez feito o diagnóstico de crise convulsiva, de que maneira prosseguiremos com a investigação? Quando se trata de uma primeira crise, a investigação difere daquela para pacientes com epilepsia. Na primeira crise, normalmente abordada na emergência, devem-se excluir causas de crises sintomáticas agudas, conforme a suspeita clínica, e podem ser incluídos exames laboratoriais, ECG, avaliação toxicológica, exames de neuroimagem e coleta de líquor.

Talvez o exame inicial considerado imprescindível para o diagnóstico seja o EEG. Deve ser realizado em vigília e sono, com métodos de sensibilização, como fotoestimulação intermitente e hiperpneia. As alterações encontradas podem ser de natureza epileptiforme (focais ou generalizadas) ou inespecíficas (alentecimento focal, indicando disfunção cortical focal, não necessariamente de natureza epileptiforme, ou difuso da atividade elétrica cerebral, um achado inespecífico que indica disfunção cortical difusa). A ausência de anormalidades epileptiformes ao EEG não exclui epilepsia, pois as descargas intercríticas podem ou não ocorrer no período em que o exame foi realizado. Semelhante ao EEG, o vídeo-EEG consiste na monitorização contínua do paciente por meio de registro por vídeo associado a registro eletroencefalográfico contínuo, com intuito de registrar o evento.

Os exames de neuroimagem são necessários na maioria dos pacientes, exceto naqueles com história sugestiva de epilepsia idiopática ou exame neurológico normal e achados de EEG compatíveis com o diagnóstico. A TC de crânio é limitada na avaliação, prestando-se apenas a casos de urgência para afastar tumores, hemorragia etc., em locais onde outros métodos não estejam disponíveis ou exista contraindicação para realização de RNM, como próteses metálicas, marca-passo e clipes metálicos. Já a RNM de crânio é o exame de escolha na investigação de epilepsia. Pode-se ainda utilizar a tomografia por emissão de fóton único (SPECT cerebral) interictal e ictal, que avalia o padrão de perfusão tecidual, sendo empregada para auxiliar a localização dos focos epilépticos em casos de epilepsia de difícil controle medicamentoso. De maneira semelhante, a tomografia por emissão de pósitrons (PET cerebral) permite o estudo de metabolismo cerebral, com o emprego de glicose marcada com material radioativo. Pode demonstrar áreas de hipometabolismo regional em casos de epilepsia focal. É empregada em casos de epilepsia de difícil controle, no contexto da avaliação pré-cirúrgica.

Outros exames secundários, mas não menos importantes, são: nível sérico de agentes antiepilépticos, enzimas hepáticas, hemograma completo e bioquímica completa, incluindo perfil lipídico.

Quadro 60.2 Crise epiléptica, situação clínica e exames complementares

Situação clínica	Exames complementares
Assim que chega à emergência ou pronto-atendimento	Glicemia capilar imediata (dextro)
Epiléptico em uso de anticonvulsivante e que parou de tomar por conta própria a medicação há poucos dias e não há nada novo	Em geral, não há necessidade; prescrever a medicação de que o paciente faz uso
Epiléptico em uso regular da medicação, mas com novas crises	Incluir dosagem sérica do anticonvulsivante em uso
Uma ou mais crises ou primeira crise	Avaliação de causas clínicas: hemograma, plaquetas, exames de coagulação, função renal, hepática, glicemia, sódio, potássio, cálcio, magnésio e gasometria arterial
TC ou RNM	Crise epiléptica sem causa aparente pelos exames iniciais
	Suspeita de doenças do SNC
	RM é muito melhor que TC
	TC é mais disponível na urgência para descartar doenças neurológicas (p. ex., tumor, hemorragia etc.)
Análise liquórica	Na ausência de contraindicação, após TC, em casos de febre, confusão persistente, suspeita de meningite, meningoencefalite, carcinomatose meníngea etc.
EEG	Na emergência: em casos de estado de mal epiléptico ou na suspeita de estado de mal (confusão persistente, após intubação e bloqueio neuromuscular etc.)
	Na epilepsia: em geral, deve-se realizar em todos os casos

DIAGNÓSTICO DIFERENCIAL

Quadro 60.3 Diagnósticos diferenciais das crises epilépticas

Consciência preservada	Distúrbios do movimento (mioclonias não epilépticas, coreia, coreoatetose, distonia ou discinesias paroxísticas, distonia)
	Tiques
	Distúrbios de atenção
	Enxaqueca, enxaqueca basilar
	Vertigem paroxística posicional benigna
	Crises de pânico e de hiperventilação
	Episódios isquêmicos transitórios (especialmente aqueles com fenômenos negativos – *limb shaking episodes*)
	Amnésia global transitória
	Ataxia episódica
	Alterações paroxísticas na esclerose múltipla
Com perda (ou comprometimento) da consciência	Crises não epilépticas psicogênicas
	Síncope e pré-síncope (vasovagal, reflexa, cardíaca etc.)
	Quadros confusionais agudos (encefalopatias tóxico-metabólicas)
	Enxaqueca basilar
Eventos durante o sono	Mioclonias fisiológicas do sono
	Pesadelos
	Terror noturno
	Sonambulismo
	Narcolepsia-cataplexia
	Movimentos periódicos dos membros durante o sono
	Distúrbio comportamental do sono REM

COMPLICAÇÕES

As principais complicações de uma crise convulsiva praticamente limitam-se a **lesão física durante uma convulsão e lesão cerebral depois de repetidas crises convulsivas**. Apesar de sua aparência horrível, uma convulsão causada exclusivamente pela febre em uma criança, por exemplo, não causa maiores complicações. No entanto, tanto na criança como no adulto, deve-se levar em conta e ser investigada a possibilidade de outras razões de outras causas, já que, em geral, a crise convulsiva é secundária a patologia de base.

TRATAMENTO

Ao atender uma vítima em crise convulsiva fora do ambiente hospitalar, o socorrista deverá:

1. Afastar os objetos próximos para que ela não se machuque (batendo contra eles).
2. Não impedir os movimentos convulsivos, apenas posicionar-se de joelhos atrás da cabeça da vítima e segurá-la, a fim de evitar traumatismos.

3. Posicionar a vítima lateralmente para que ela não aspire vômitos e outras secreções para os pulmões.
4. Em hipótese alguma se deve colocar o dedo na boca da vítima.

Quando os espasmos desaparecerem, o socorrista deverá acomodar a vítima confortavelmente e certificar-se de que ela está respirando (ver, ouvir e sentir). Depois, a vítima deve ser encaminhada para receber assistência médica qualificada. Basicamente, pode-se afirmar que o tratamento desse tipo de vítimas resume-se a protegê-la durante o ataque e encaminhá-la para atendimento especializado, quando a consciência for recuperada. Durante a crise, não se deve usar de força para conter a vítima.

No ambiente hospitalar, o tratamento se divide em **tratamento da convulsão ativa e tratamento do estado epiléptico**. Inicialmente, no atendimento à vítima em crise convulsiva, não se deve esquecer de **assegurar via aérea pérvia, puncionar acesso venoso, monitorizar (oximetria, glicemia capilar, cardioscopia e pressão arterial)**. Deve-se atentar para a possibilidade de trauma, buscar o diagnóstico por meio de exames complementares e tratar de maneira específica assim que for possível. O **tratamento de escolha para a crise convulsiva ativa consiste no uso de benzodiazepínicos, sendo os mais difundidos o diazepam e o midazolam**. Vale lembrar que o midazolam em altas doses pode promover diminuição do *drive* respiratório, acompanhada de queda na saturação de oxigênio; desse modo, pode ser necessária intubação orotraqueal.

Se fosse possível traçar uma linha do tempo desde o minuto zero no atendimento a crise convulsiva, seria assim:

1. **0 minuto** – monitorização, oxigênio, punção venosa. Administrar **diazepam (ou midazolam), 0,2mg/kg EV**, no máximo 5mg/min. Se não dispuser de acesso venoso, pode-se administrar **midazolam IM** ou **diazepam por via retal**. Caso a vítima não saia da crise, repete-se a medicação inicial (diazepam/midazolam) na mesma dose.
2. **5º minuto** – "hidantalizar". Infundir **hidantal, 20mg/kg** (ampola 250mg/5mL), diluído em SF 0,9% em uma velocidade de infusão de 50mg/min. Atentar para o fato de que o hidantal pode provocar hipotensão e arritmias. Se o paciente sofrer nova convulsão após o hidantal, pode-se repetir o hidantal, no máximo 10mg/kg, ou repetir o diazepam.
3. **10º minuto** – se o paciente ainda continuar em crise, considerar estado de mal epiléptico e avaliar necessidade de sedação + intubação orotraqueal.
4. **45º minuto** – se mantiver crise, iniciar **gardenal, 20mg/kg EV** (ampola 200mg/1mL), à velocidade de infusão de 50 a 75mg/min. O gardenal pode provocar depressão respiratória e hipotensão. Opção ao gardenal seria o **midazolam (0,1 a 0,3mg/kg, com dose de manutenção de 0,75 a 10mcg/kg/min)**.
5. **60º minuto** – se ainda em crise, iniciar agente anestésico, ajustando a dose até cessarem as crises e EEG com surto-supressão. A primeira opção seria o **tiopental, dose de ataque de 100 a 250mg em 30 segundos**, seguidos de **50mg a cada 3 minutos** até o controle da crise; em seguida, iniciar dose de manutenção de **3 a 5mg/kg/h**. Se preferível, é possível utilizar ainda o **midazolam**, nas doses acima expostas, e o **propofol**, com **dose de ataque de 1,5mg/kg e manutenção de 2 a 10mg/kg/h**.

No entanto, não basta tratar a crise atual, é preciso lembrar-se de alguns detalhes, como a procura dos fatores precipitantes. Naqueles pacientes que estão tendo o primeiro episódio e apresentam exame neurológico normal, o risco de recorrência em 2 anos é de 24% nos EEG normais e de 48% nos anormais. Aqueles que sofrem convulsões em virtude de uma causa secundária identificada devem ser tratados com **fenitoína oral, na dose de 300 a 600mg**, divididos em 3×/dia, ou com **carbamazepina, 400 a 1.200mg**, divididos em 3 a 4×/dia.

Diante do exposto, alguns pacientes têm indicação de avaliação por um neurologista. São eles: aqueles que tiveram um novo início de crises, alteração neurológica focal, persistência de alteração no nível de consciência, lesão intracraniana nova, mudança no padrão das crises, crises mal controladas e gravidez. Outros pacientes, no entanto, não poderão sequer receber alta da emergência e deverão ser internados, ou seja, aqueles em persistência de alteração de nível de consciência, infecção no SNC, nova alteração neurológica focal, nova lesão intracraniana, traumatismo de crânio agudo, estado epiléptico, eclâmpsia e causas secundárias (hipoglicemia, hipoxia, hiponatremia e abstinência alcoólica).

Capítulo 61
Cefaleias

Guilherme Almeida Rosa da Silva • Mariana de Oliveira Saraça

INTRODUÇÃO

A cefaleia é um dos sintomas mais frequentes na prática clínica e uma causa muito comum de atendimento em unidades de emergência. A Sociedade Internacional das Cefaleias (2004) definiu um sistema de classificação das cefaleias (Quadro 61.1) que as caracteriza como primárias ou secundárias. As cefaleias primárias são aquelas em que não há etiologia outra que não a cefaleia, enquanto as secundárias são aquelas em que a cefaleia é uma manifestação consequente a outras afecções.

Quadro 61.1 Classificação das cefaleias segundo a Sociedade Internacional das Cefaleias (2004)

Cefaleias primárias
1. Migrânea
2. Cefaleia do tipo tensional
3. Cefaleia em salvas e outras cefaleias trigêmino-autonômicas
4. Outras cefaleias primárias: em facada, da tosse, do esforço físico, associada à atividade sexual, hípnica, hemicrania contínua, persistente e diária desde o início (CDPI)

Cefaleias secundárias
5. Cefaleia atribuída a traumatismo cefálico ou cervical
6. Cefaleia atribuída a doença vascular craniana ou cervical (AVEI/H, AIT, MAV, ACG etc.)
7. Cefaleia atribuída a transtorno intracraniano não vascular (neoplasia intracraniana, hipertensão liquórica na hidrocefalia ou hipotensão liquórica pós-punção etc.)
8. Cefaleia atribuída a uma substância ou a sua retirada
9. Cefaleia atribuída a infecção (intracraniana, sistêmica, no HIV/AIDS etc.)
10. Cefaleia atribuída a transtorno da homeostase (hipoxia, hipercapnia, hipertensão arterial, hipotireoidismo)
11. Cefaleia ou dor facial atribuída a distúrbio do crânio, pescoço, olhos, orelha interna, nariz, seios da face, dentes, boca ou outras estruturas faciais ou cranianas
12. Cefaleia atribuída a transtorno psiquiátrico

Neuralgias cranianas, dor facial primária e central
13. Neuralgias cranianas e causas centrais de dor facial
14. Outras cefaleias, neuralgias cranianas, dor facial central ou primária

AVEI/H: acidente vascular encefálico isquêmico ou hemorrágico; AIT: acidente isquêmico transitório; MAV: malformação arteriovenosa; ACG: arterite de células gigantes.

FISIOPATOLOGIA

As cefaleias podem decorrer da ativação de nociceptores periféricos por lesão tecidual, distensão visceral ou outros fatores, na presença de um sistema nervoso periférico em funcionamento normal ou de lesão/ativação excessiva das vias de produção da dor do sistema nervoso periférico ou central (SNC). Ambos os mecanismos podem estar agindo conjuntamente para a produção da dor. As estruturas cranianas que geram dor incluem o couro cabeludo e a aponeurose, artéria meníngea média, seios durais, foice e os segmentos proximais das grandes artérias piais. Vale lembrar que o parênquima cerebral não contém fibras dolorosas, não gerando dor.

ASPECTOS CLÍNICOS

- **Anamnese:** a cefaleia intensa e de início recente tem maior probabilidade de ser decorrente de uma causa potencialmente grave do que aquela recorrente, o que determina que haja uma avaliação mais rápida.

- **Exame físico:** o exame neurológico é fundamental para o diagnóstico diferencial das cefaleias.
    Alguns achados devem alertar o clínico, pois sugerem um distúrbio grave, como a caracterização de "a pior cefaleia da vida" (queixa comum na hemorragia subaracnóidea), febre, rigidez de nuca, convulsões ou outros sinais sistêmicos (descartar meningite), exame neurológico anormal (como alterações de nervos cranianos) e piora subaguda ao longo de dias ou semanas. Nesses casos, uma avaliação complementar será necessária, e os exames solicitados dependem das hipóteses postuladas.
- **Exames de imagem:** a neuroimagem (TC de crânio ou RNM) deve ser realizada, principalmente, naqueles pacientes com exame neurológico anormal, com cefaleia intensa de início recente e com sintomas neurológicos que não se encontram nos critérios de enxaqueca, como, por exemplo, na aura típica (Quadro 61.2).
- **Punção lombar:** deve ser realizada em casos particulares, sobretudo na presença de cefaleia súbita e intensa, quando a neuroimagem é negativa ou quando a cefaleia está associada a rigidez nucal e febre.

Quadro 61.2 Indicações de TC de crânio nas cefaleias

Quando solicitar TC de crânio?
1. Início recente
2. Modificação nas características habituais
3. Intensidade progressiva
4. Grande intensidade
5. Início após os 50 anos de idade
6. Acompanhada de febre, rigidez de nuca ou vômitos
7. Ocorre durante esforço físico
8. Presença de imunossupressão
9. Presença de sinais focais
10. Presença de crises convulsivas
11. Após traumatismos

■ CAUSAS PRIMÁRIAS
MIGRÂNEA
DEFINIÇÃO E CARACTERÍSTICAS (QUADRO 61.3)

Também denominada enxaqueca, é o tipo de cefaleia primária mais frequente e tem predileção pelo sexo feminino. Trata-se de uma síndrome benigna e recorrente de cefaleia associada a outros

Quadro 61.3 Critérios diagnósticos de migrânea segundo a Sociedade Internacional das Cefaleias (2004)

A – Pelo menos cinco crises preenchendo os critérios de B a D
B – Cefaleia durando de 4 a 72 horas (tratamento ausente ou ineficaz)

C – A cefaleia preenche pelo menos duas das seguintes características:
  Localização unilateral
  Caráter pulsátil
  Intensidade moderada ou forte
  Exacerbada por ou levando o indivíduo a evitar atividades físicas rotineiras

D – Durante a cefaleia há no mínimo um dos seguintes sintomas:
  Náuseas e/ou vômitos
  Fotofobia e fonofobia

E – Não atribuída a outro transtorno

sintomas de manifestação neurológica, como náuseas, fotofobia, vertigem e vômitos. A aura da enxaqueca consiste no conjunto de sintomas neurológicos que acontecem imediatamente antes ou no início da cefaleia. A enxaqueca é um distúrbio autolimitado, e deve-se descartar essa hipótese quando a cefaleia é prolongada (> 72 horas) e pensar em hipóteses como mal migranoso ou afecções que cursam com cefaleias secundárias (p. ex., meningite). Pode ser iniciada ou amplificada por vários gatilhos (como claridade, barulho, fome, estresse, esforço físico, distúrbios do sono e álcool) em função de o encéfalo do paciente com enxaqueca ser particularmente sensível a estímulos ambientais e sensoriais.

TRATAMENTO DA CRISE AGUDA

Não há um tratamento padrão para as crises de migrânea, devendo ser individualizado. Recomenda-se que pacientes que chegam ao PS com histórico de crises de enxaqueca em frequência crescente ou com crises que não respondem ou respondem mal ao tratamento da crise aguda, sobretudo aqueles que apresentam cinco ou mais crises/mês, recebam tratamento profilático, devendo ser recomendados acompanhamento clínico para escolha do medicamento e aconselhamento para redução de situações que podem funcionar como gatilhos e adoção de um estilo de vida saudável.

O tratamento farmacológico a ser adotado deve levar em consideração a eficácia do medicamento, os efeitos adversos, as contraindicações, a intensidade e frequência das crises e a presença de sinais e sintomas associados:

- **Analgésicos simples (não anti-inflamatórios):** são usados o **paracetamol** e a **dipirona**. Ácido acetilsalicílico e o aditivo de cafeína também podem ser utilizados.
  - **Paracetamol:** 750mg VO 8/8h.
  - **Dipirona:** 600 a 1.200mg VO 6/6h a 8/8h.
- **Anti-inflamatórios não esteroides (AINE):** podem reduzir significativamente as crises de enxaqueca, sobretudo no início da crise:
  - **Naproxeno:** 250 a 500mg VO de 8/8h a 12/12h.
  - **Ibuprofeno:** 600 a 1.200mg VO de 6/6h a 8/8h.
  - **Diclofenaco:** 50mg VO de 8/8h ou 75mg IM de 12/12h.
  - **Cetoprofeno:** 100mg IM ou EV de 12/12h.
  - **Tenoxicam:** 20 a 40mg EV ou IM 1×/dia.

  As principais contraindicações são úlcera péptica em atividade, alergia e insuficiências hepática e renal graves. O uso de AINE ou analgésicos simples, associado ou não à metoclopramida, é particularmente útil na abordagem inicial das crises de enxaqueca fracas a moderadas.
- **Metoclopramida:** age como antagonista da dopamina e pode ser útil tanto para aliviar a queixa de náuseas/vômitos como para restaurar a motilidade gástrica, melhorando a absorção dos AINE orais e/ou triptanos na gastroparesia. Portanto, sua adição à terapia pode ser considerada mesmo na ausência de vômitos, quando há falha dos AINE e/ou triptanos. A dose preconizada é de 10mg IM/EV/VO. Podem ocorrer manifestações extrapiramidais com seu uso, o que exige a administração EV de modo lento.
- **Ergotamínicos:** são agonistas não seletivos dos receptores de serotonina do sistema trigeminovascular, envolvido na fisiopatogenia da migrânea. As preparações com ergotamina podem causar náuseas, piorando o quadro de migrânea, e a dose deverá ser ajustada. As formulações podem conter analgésicos para aumentar a absorção da ergotamina e potencializar o efeito analgésico, devendo-se ter o cuidado com o uso abusivo de analgésicos. Contraindicações: desnutrição, hipertireoidismo, hepatopatia, nefropatia, doença coronariana, arteriopatias e porfiria.
  - **Tartarato de ergotamina:** 1 a 2mg SL ou supositório.
  - **Mesilato de di-hidroergotamina:** 0,5mg *spray* nasal.

- **Triptanos:** são agonistas seletivos dos receptores serotoninérgicos (5-HT1B/1D), o que representa menor produção de efeitos colaterais em comparação com os fármacos ergotamínicos. As principais contraindicações de seu uso são: hipertensão arterial não controlada, doença coronariana, insuficiência vascular periférica e gravidez (não é recomendado).
    - **Sumatriptano:** 6 a 12mg/dia SC ou 50 a 200mg/dia VO ou 10 a 40mg/dia nasal.
    - **Rizatriptano:** 5 a 10mg/dia VO.
    - **Zolmitriptano:** 2,5 a 5mg/dia VO.
    - **Naratriptano:** 2,5 a 5mg/dia VO.
    - **Eletriptano:** 40 a 80mg/dia VO.
- **Corticoesteroides:** há poucos estudos sobre o uso da **dexametasona** (4 a 10mg EV) na crise aguda de migrânea, apesar de ser imprescindível nos casos de mal migranoso. Deve ser usada em conjunto com fármacos analgésicos e/ou antieméticos (metoclopramida).
- **Opioides:** são usados com cautela em virtude do risco de desenvolvimento de dependência, sendo reservados para os casos de falha terapêutica, contraindicação ou alergia aos outros fármacos supracitados.
    - **Tramadol:** 50 a 100mg EV, IM, SC ou VO até 6/6h.
    - **Codeína:** 30 a 60mg VO até 4/4h.
    - **Nalbufilina:** 2 a 10mg IM ou EV até 4/4h.
    - **Oxicodona:** 10 a 20mg VO até 12/12h.
    - **Meperidina:** 10mg/kg EV.

CEFALEIA TENSIONAL

Trata-se do tipo mais comum de cefaleia primária (prevalência ao longo da vida estimada em 30% a 78%). Os mecanismos envolvidos na fisiopatogenia desse tipo de cefaleia ainda não estão completamente elucidados. Acredita-se que haja uma desregulação na modulação da dor em nível central de maneira isolada. Caracteriza-se por episódios de dor bilateral, em pressão ou aperto, de intensidade fraca a moderada, que não piora com atividades habituais, com duração de 30 minutos a 7 dias. Além da apresentação infrequente (< 1 dia/mês), a cefaleia pode ser ainda frequente (> 1 e < 15 dias/mês) ou crônica (> 15 dias/mês). Vômitos geralmente não estão presentes, mas fotofobia ou fonofobia podem ocorrer.

TRATAMENTO

Pode ser feito com analgésicos ou AINE, além de abordagens comportamentais relaxantes.

CEFALEIA EM SALVAS

De ocorrência mais rara, acomete mais homens e é muitas vezes confundida com outras patologias. Sugere-se que haja ativação de um reflexo normal trigêmino-parassimpático como mecanismo fisiopatogênico. A dor é caracterizada por crises unilaterais, geralmente retro-orbitárias e de curta duração (15 a 180 minutos), de forte intensidade e com certo grau de periodicidade, pois pelo menos uma das crises diárias acontece no mesmo horário (geralmente no período noturno), com frequência de uma a cada 2 dias até 8 por dia. Está associada a sintomas de ativação parassimpática, como lacrimejamento, congestão nasal, rinorreia, miose e/ou ptose palpebral (síndrome de Horner) ipsilaterais à dor. Os pacientes tendem a ficar agitados, movimentando a cabeça no intuito de obter alívio, e podem chegar a ficar agressivos, diferentemente daqueles com crises de enxaqueca, que tendem à imobilidade e à quietude.

TRATAMENTO DAS CRISES AGUDAS

- **Oxigenoterapia:** considerada medida eficaz em 75% dos pacientes, seu efeito analgésico se deve ao poder vasoconstritor do oxigênio. Utiliza-se O_2 a 100% com fluxo de 8L/min em máscara facial.

- **Sumatriptano:** utilizado na dose de 6mg SC, tem início rápido e efeito em 10 a 15 minutos. Não se deve ultrapassar a dose de 12mg/dia.
- **Ergotamínicos:** pode ser usado o tartarato de ergotamina, 1 a 2mg SL, porém a di-hidroergotamina, 0,5 a 1mg EV, tem efeito mais rápido, sendo útil nas crises de cefaleia em salvas que, por definição, são curtas.

CAUSAS SECUNDÁRIAS

O tratamento das cefaleias secundárias concentra-se no diagnóstico e tratamento do distúrbio subjacente, como a meningite e a hemorragia intracraniana. Para o alívio da dor, podem ser usados analgésicos simples ou AINE e, em casos refratários ou de forte intensidade, os opioides podem ser uma boa alternativa. O uso de corticoide pode ser necessário em muitas patologias que cursam com cefaleia secundária. Para mais informações, consulte os capítulos referentes aos temas tratados.

Capítulo 62
Hipertensão Intracraniana

Guilherme Almeida Rosa da Silva • Marina Rodrigues de Almeida

INTRODUÇÃO

A pressão intracraniana (PIC) varia fisiologicamente entre 5 e 15mmHg em crianças maiores e adultos e entre 8 e 10mmHg em lactentes, sendo determinada pela relação entre o volume do conteúdo da caixa craniana (sangue, líquor e parênquima cerebral) e o volume do crânio que, segundo a doutrina de Monro-Kellie, pode ser considerado constante. Sendo assim, a hipertensão intracraniana (HIC) ocorre por aumento do volume de qualquer um desses componentes da caixa craniana que não seja compensado pela diminuição do volume dos outros.

É importante ter em mente que a pressão de perfusão cerebral (PPC) será resultado da diferença entre a pressão arterial média (PAM) e a PIC, sendo fundamental controlá-las para garantir perfusão e fluxo sanguíneo cerebral adequados.

ETIOLOGIA

O aumento da pressão intracraniana pode ocorrer por diversas etiologias. Dentre elas, as principais são:

- **Lesões cerebrais expansivas:** tumores, abscesso, hemorragia, toxoplasmose.
- **Meningoencefalites e encefalites.**
- **Distúrbios metabólicos:** insuficiência hepática aguda, hiponatremia aguda.
- **Hidrocefalia hiperbárica.**
- **Trombose do seio sagital superior.**
- **HIC benigna** (pseudotumor cerebral).

QUADRO CLÍNICO

Em adultos e crianças maiores, as manifestações clínicas giram em torno da tríade clássica: (1) **cefaleia**, (2) **náuseas e vômitos** e (3) **papiledema**. A cefaleia, em geral, pode ser caracterizada como dor de caráter pulsátil ou em opressão, com intensidade de moderada a grave, que pode melhorar durante o dia e se agravar com o decúbito. É ocasionada pela distensão da dura-máter e dos vasos devido ao aumento da pressão. Náuseas e vômitos ocorrem por compressão do assoalho do quarto ventrículo. O exame do fundo de olho é importante para detectar o edema de papila, que é causado por aumento da pressão ao redor do nervo óptico e por propagação pelo espaço subaracnóideo, o que dificulta o retorno venoso pela veia oftálmica, já que esta passa por dentro do nervo em seu trajeto.

Além dessas manifestações clínicas, podem ocorrer também: distúrbios psíquicos, rebaixamento do nível de consciência, paresia do VI nervo craniano (desvio medial do olho), tonturas e sinais focais (fraqueza muscular, alterações do campo visual, alterações da marcha, distúrbios da fala etc.).

Nos recém-nascidos e lactentes, as manifestações clínicas que podem ser observadas são **irritabilidade, recusa alimentar, abaulamento da fontanela** e **macrocrania**, entre outras.

DIAGNÓSTICO

O diagnóstico da HIC é essencialmente clínico e pode ser sustentado por exames de imagem ou monitorização da PIC.

EXAMES DE IMAGEM

Tomografia computadorizada (TC)

Embora não demonstre o valor da PIC, a TC fornece dados indiretos para sua avaliação. Entre os achados que sugerem elevação da PIC estão:

- Presença de lesão expansiva ("efeito de massa")
- Desaparecimento dos ventrículos laterais e do terceiro ventrículo
- Dilatação do sistema ventricular
- Desvio da linha média
- Presença de herniação cerebral

Ressonância nuclear magnética (RNM)

Este exame promove uma avaliação mais detalhada que a TC, porém é de alto custo e mais demorado, não sendo adequado para pacientes graves.

MONITORIZAÇÃO DA PIC

A monitorização da PIC é realizada sempre por meios invasivos; portanto, sua indicação deve ser dependente da avaliação do risco/benefício ao paciente. De modo geral, existem as seguintes indicações:

- Traumatismo cranioencefálico (TCE) grave
- Escala de Glasgow com valor ≤ 8
- TC de crânio normal com dois dos seguintes fatores: idade > 40 anos, PAS < 90mmHg e atitude motora anormal (descerebração/decorticação)

As demais situações devem ser avaliadas individualmente quanto ao benefício da monitorização da PIC.

A monitorização da PIC pode ser utilizada para diagnóstico da HIC, prognóstico no TCE grave e como parâmetro para avaliação das terapias empregadas para resolução da HIC. Quando é feita mediante a inserção de catater intraventricular, se necessário, pode ser usada também para drenagem liquórica.

O valor normal da PIC, nos adultos, é de, no máximo, 15mmHg. A terapia é instituída para pacientes com PIC > 15 a 20mmHg. Valores entre 20 e 40mmHg são considerados HIC moderada e > 40mmHg, HIC grave.

COMPLICAÇÕES

Na HIC grave, podem ocorrer rebaixamento do nível de consciência, a tríade de Cushing (bradicardia, hipertensão arterial e depressão respiratória) e herniação cerebral.

O rebaixamento do nível de consciência pode ser explicado por dois fenômenos: (a) compressão do tálamo e mesencéfalo, que compõem o sistema reticular ascendente (SRA), responsável pela manutenção do estado de vigília, e (b) diminuição do fluxo sanguíneo cerebral (FSC), ocasionada pela redução da pressão de perfusão cerebral (PPC).

A tríade de Cushing ocorre na vigência de HIC muito grave e exige intervenção urgente, pois pode evoluir para óbito, uma vez que é ocasionada por compressão ou isquemia grave do tronco encefálico.

A herniação cerebral, geralmente causada por lesões expansivas, consiste na protrusão do tecido encefálico através de um forame, levando à compressão de outras estruturas cerebrais. É necessário o controle imediato da HIC para evitar a herniação progressiva e deterioração rostrocaudal, com consequências neurológicas graves, podendo evoluir para óbito. O Quadro 62.1 demonstra as principais hérnias cerebrais e suas manifestações clínicas.

Quadro 62.1 Principais hérnias cerebrais e suas manifestações clínicas

Herniação	Manifestações clínicas
Herniação transtentorial central	Alteração de concentração e memória recente Rebaixamento do nível de consciência, podendo chegar ao estado de coma profundo Pupilas médio-fixas Atitude de decorticação seguida de descerebração Alterações respiratórias: Cheyne-Stokes, hiperventilação central, respiração apnêustica, respiração de Biot, apneia
Herniação de úncus	Midríase paralítica ipsilateral Atitude de descerebração e sinal de Babinski contralateral Rebaixamento do nível de consciência Alterações do campo visual (por compressão da artéria cerebral posterior)
Herniação subfálcica	Paresia de um ou de ambos os membros inferiores
Herniação tonsilar	Apneia súbita (por compressão do bulbo)

TRATAMENTO

O tratamento ideal consiste na remoção da causa da HIC, porém muitas vezes isso não é possível, sendo tomadas então medidas emergenciais enquanto a causa não é revertida. Dentre essas medidas estão as de abordagem geral e as específicas (podem ser divididas em tratamento de primeira linha e tratamento de segunda linha). As medidas gerais devem ser implementadas em todos os pacientes com lesão cerebral e risco de HIC e não necessitam da monitorização da PIC. As medidas do tratamento de primeira linha devem ser iniciadas rapidamente, e geralmente necessitam apenas da monitorização da PIC. Já o tratamento de segunda linha deverá ser instituído quando as medidas tomadas anteriormente não forem suficientes para normalizar a PIC, ou seja, em uma HIC refratária. Nesse caso, a escolha do melhor método deve ser individualizada e pode ser necessária alguma forma de monitorização adicional.

MEDIDAS GERAIS

1. **Posição do paciente:** o paciente deve ser mantido em decúbito dorsal com cabeceira elevada em 30 graus para otimizar a drenagem venosa, reabsorção do LCR e a ventilação.
2. **Sedação/analgesia:** a resposta causada pela dor pode piorar o quadro de HIC; portanto, pode-se usar **propofol**, 0,3 a 4mg/kg/h, em infusão venosa, para manter sedação e analgesia apropriadas.
3. **Manejo respiratório:** se necessário, deve-se desobstruir as vias aéreas. A $SatO_2$ deve ser mantida > 90%, a PaO_2 > 60 a 70mmHg e a $PaCO_2$ entre 30 e 40mmHg; se a respiração espontânea não garantir a manutenção desses níveis, a ventilação mecânica deverá ser instalada.
4. **Correção de distúrbios hidroeletrolíticos:** é preciso corrigir todos os distúrbios hidroeletrolíticos, principalmente a hiponatremia, pois podem agravar a HIC.
5. **Evitar hipotensão arterial:** é preciso manter a PAM > 80mmHg para garantir uma PPC > 60mmHg e permitir, portanto, que o cérebro tenha uma irrigação sanguínea satisfatória.

MEDIDAS ESPECÍFICAS

Tratamento de 1ª linha

1. **Drenagem de LCR:** a drenagem liquórica através de cateter intraventricular é uma excelente alternativa. O LCR deve ser removido lentamente em alíquotas de 1 a 2mL de cada vez, com reavaliação da PIC.
2. **Hiperventilação:** quando é necessária diminuição rápida da PIC, a hiperventilação controlada está indicada. Deve-se manter, durante alguns minutos, a $PaCO_2$ entre 30 e 35mmHg; inicialmente

em casos refratários, reduzir para 25 a 30mmHg, e quando alcançar o controle da PIC retornar lentamente a normoventilação.
3. **Diuréticos:** administrar **manitol a 20%, 0,25 a 1,0g/kg** em infusão venosa (7mL/min), podendo ser repetido **0,5g/kg EV de 4/4h**. A osmolaridade plasmática não deve ultrapassar 320mOsm.

Tratamento de 2ª linha

4. **Glicocorticoides:** nos casos de HIC por tumor ou abscesso cerebral, administrar **dexametasona, 10mg EV** e, a seguir, **4mg EV de 4/4h**.
5. **Barbitúricos:** a utilização de barbitúricos está indicada para pacientes que não apresentam lesão cerebral expansiva, com alteração importante do nível de consciência e quadro refratário às medidas terapêuticas anteriores. É necessário que o paciente esteja em ventilação mecânica e haja monitorização da PAM e da PIC.

   Como dose de ataque, administrar **pentobarbital, 3 a 5mg/kg EV** em *bolus*; se não houver resposta, repetir após 15 minutos. A dose de manutenção é de 100 a 200mg/h, devendo ser usada por pelo menos 72 horas.
6. **Hipotermia:** a hipotermia leve (32 a 34°C) pode ajudar na prevenção do aumento da PIC, após as medidas convencionais terem sido tomadas. Pode-se diminuir a temperatura corporal utilizando colchão d'água, compressas frias ou ar-condicionado.
7. **Solução salina hiperosmolar:** a utilização de solução salina hiperosmolar (NaCl 3%) é recomendada quando a HIC é refratária a todos os tratamentos citados anteriormente.

   Administrar NaCl 3%, EV, com controle do sódio sérico de 6/6h, respeitando o aumento máximo de 15mEq/L/dia. Após a normalização, a retirada deve ser lenta; recomenda-se diminuir no máximo 10mEq/L/dia da concentração do sódio sérico.
8. **Craniectomia descompressiva:** está indicada em casos de HIC refratária aos outros recursos terapêuticos, porém é uma medida terapêutica controversa.

Capítulo 63
Hidrocefalia Aguda

Ricardo de Oliveira Souza • Tatiane Cristina Marques

INTRODUÇÃO

A hidrocefalia é um distúrbio da dinâmica do LCR em que há expansão do compartimento liquórico encefálico, notadamente do sistema ventricular. Uma extensa classificação, com base em parâmetros diversos, a diferencia em hidrocefalia congênita e adquirida; obstrutiva e por superprodução de líquor; interna e externa; de alta pressão e de pressão normal; aguda, subaguda e crônica; sintomática e assintomática; comunicante e não comunicante; mono, bi, tri e tetraventricular; *ex vacuo* e *arrested hydrocephalus*. Nesse contexto complexo e diversificado, a hidrocefalia aguda tem seu diagnóstico frequentemente estabelecido com base no tempo de evolução de até 3 dias da síndrome de hipertensão intracraniana que normalmente a acompanha.

FISIOPATOLOGIA

Conforme o mecanismo fisiopatológico, **a hidrocefalia aguda pode ser classificada como obstrutiva (ou não comunicante) ou comunicante;** na primeira há obstrução do fluxo dentro do sistema ventricular, enquanto na comunicante o líquor alcança o espaço subaracnóideo livremente, porém circula mal através dele ou é mal absorvido.

O acúmulo de LCR causa aumento da PIC, e esse aumento pode ser súbito, quando há comprometimento da complacência cerebral. Já a herniação cerebral pode ocorrer devido à compressão de importantes estruturas neurovasculares intracranianas.

ETIOLOGIA

A hidrocefalia pode ser classificada em congênita ou adquirida de acordo com a etiologia. Em geral, a forma congênita se manifesta nos primeiros meses de vida e tem como causas malformação de Chiari tipo II, estenose de aqueduto, síndrome de Dandy-Walker e infecções congênitas, como toxoplasmose e citomegalovírus. A forma adquirida envolve possíveis etiologias, como pós-traumatismo de crânio, pós-hemorragia subaracnóidea, pós-meningite, tumor cerebral, neurocisticercose ou carcinomatose meníngea e deficiência das granulações aracnóideas.

MANIFESTAÇÕES CLÍNICAS

Os sinais e sintomas variam de acordo com a idade do paciente, dependendo da complacência do crânio e da maturidade do SNC. Sendo assim:

Lactentes

1. **Macrocrania** (perímetro cefálico > p 97,5) e alterações associadas à macrocefalia, como desproporção craniofacial, fontanela abaulada e tensa, disjunção de suturas e couro cabeludo delgado e com aumento da rede venosa.
2. **Alterações evolutivas:** aumento anormal do perímetro cefálico e atraso do desenvolvimento neuropsicomotor.
3. **Motricidade:** sinais de liberação piramidal e crises de hipertonia.
4. **Psiquismo:** irritabilidade, sonolência e inapetência.
5. **Alterações do tronco cerebral:** "olhar em sol poente" por compressão do dorso mesencefálico (síndrome de Parinaud), crises de apneia e vômitos.

Crianças maiores de 2 anos

Sinais e sintomas de HIC: sonolência, cefaleia, vômitos, papiledema, alterações visuais, alterações da motricidade ocular extrínseca, síndrome de Parinaud e alteração da marcha.

Adultos

Sinais e sintomas de HIC: sonolência, cefaleia, náuseas, vômitos, papiledema, alterações da motricidade ocular, alteração da marcha, diminuição da visão, coma, hipertensão arterial, bradicardia e apneia.

COMPLICAÇÕES

- Herniação encefálica
- Coma
- Óbito

EXAMES COMPLEMENTARES

1. **Tomografia computadorizada de crânio:** é o exame de escolha na emergência. Mostra aumento do tamanho ventricular, apagamento de sulcos e cisternas encefálicas, edema transependimário e possível causa de obstrução aguda do fluxo liquórico. Distingue as formas comunicante e obstrutiva e exige exames pré e pós-operatórios de escolha para planejamento da punção ventricular e seu controle.
2. **Radiografia de trajeto da derivação ventriculoperitoneal (DVP):** mostra a conexão dos constituintes da DVP, o cateter proximal ventricular, a válvula e o cateter distal. Possibilita a visualização do posicionamento do cateter intracraniano, do trajeto subcutâneo e do posicionamento intraperitoneal ou atrial.
3. **Ultrassonografia transfontanelar:** é realizada em pacientes com a fontanela aberta, através da fontanela bregmática, de maneira seriada; torna possível o diagnóstico de hidrocefalia e um acompanhamento mais preciso do que o perímetro cefálico.
4. **Ultrassonografia de abdome:** mostra a ponta distal do cateter peritoneal e a presença patológica de cisto intra-abdominal.
5. **Ressonância magnética:** pode determinar a etiologia e detectar malformações associadas ao encéfalo. O fluxo liquórico é o exame de escolha para controle pós-terceiroventriculostomia endoscópica.

TRATAMENTO

1. **Medidas gerais para controle da HIC:**
   a. Decúbito a 30 graus.
   b. Corticoterapia (**dexametasona**, dose de ataque de 10 a 40mg, EV).
   c. Osmoterapia (**manitol ou salina hipertônica**).
   - Manitol, *bolus* EV, 0,5 a 1g/kg, seguido de 0,25 a 0,75g/kg a cada 15 a 30min até osmolaridade sérica máxima de 320mOsm/L.
   - Solução salina hipertônica, 2 a 3 mL/kg, a 7,5% ou 0,5mL/kg a 20% EV, em 1 hora.
   d. Intubação orotraqueal (se o paciente estiver em coma) e hiperventilação.
2. **Medidas específicas para hidrocefalia aguda:**
   a. Punção liquórica de alívio (transfontanelar para crianças com fontanela presente, da câmara de punção para pacientes já portadores de DVP, transcraniectomias já realizadas por cirurgias prévias, supraorbitárias).
   b. Derivação ventricular externa (DVE) com ou sem monitor de pressão intracraniana.
   c. DVP.

d. Terceiroventriculostomia endoscópica.
e. Retirada cirúrgica de lesão que obstrua o fluxo liquórico.

O tratamento definitivo da hidrocefalia é cirúrgico e o tratamento temporário é realizado quando há possibilidade de a hidrocefalia regredir ou quando há contraindicação temporária à DVP.

A **terapia temporária** consiste na realização de:

1. **Acetazolamida:** pode ser usada na hemorragia do prematuro, na dose de 100mg/kg/dia VO.
2. Punções esvaziadoras.
3. DVE: nos casos de ventriculite, por exemplo.

O **tratamento definitivo** com prótese é composto de:

1. DVP.
2. Derivação ventriculoatrial (DVA): apresenta menos hiperdrenagem que a DVP, porém suas complicações são graves: septicemia, *cor pulmonale* (TEP crônico) e glomerulonefrite.
3. Derivação lomboperitoneal (DLP): utilizada na hidrocefalia comunicante no adulto. Deve ser evitada em crianças devido à maior incidência de escoliose e migração tonsilar.

Finalmente, o tratamento definitivo sem prótese é baseado em:

1. Terceiroventriculostomia endoscópica: deve ser utilizada na hidrocefalia obstrutiva, já que tem como vantagem o fato de não usar prótese.
2. Terceiroventriculostomia anterior: faz-se a abertura da *lamina terminalis* quando está indicada craniotomia por outro motivo.

BIBLIOGRAFIA

Agertt F et al. Tratamento do estado de mal epiléptico em pediatria: revisão e proposta de protocolo. J Epilepsy Clin Neurophysiol, Porto Alegre, dez 2005; 11(4). Disponível em: <http://www.scielo.br/scielo. Acesso em: 09 abril 2012.

Ammirati F, Colivicchi F, Minardi G et al. Hospital management of syncope: the OESIL study. G Ital Cardiol 1999; 29:533-9.

Andrade AF et al. Coma e outros estados de consciência. Revista Médica, São Paulo, jul.-set. 2007; 86(3):123-31. Disponível em: <http://medicina.fm.usp.br/gdc/docs/revistadc_101_123-131%20863.pdf>.

Andrade AF et al. Diretrizes do atendimento ao paciente com traumatismo cranioencefálico. Arquivos Brasileiros de Neurocirurgia, São Paulo, set. 1999; 18(3).

Azevedo Filho HRC, Furtado GJD, Almeida NS, Carneiro Filho GS, Pinho DMB, Azevedo RCAC. Terceiro ventriculostomia endoscópica. Aspectos técnico-cirúrgicos. Jornal Brasileiro de Neurocirurgia 1998; 9(2):45-55.

Beers MH, Berkow RMD. Manual Merk. 17. ed. São Paulo: Roca, 2001.

Bittencourt PRM. Síncope neurocardiogênica. In: Melo-Souza SE. Tratamento das doenças neurológicas. Rio de Janeiro: Guanabara Koogan, 2000:632-4.

Brasil. Conselho Federal de Medicina. Resolução CFM 1.480, 8 de agosto de 1997. Dispõe sobre a caracterização de morte encefálica. Brasília: CFM, 1997.

Brignole M et al. A new management of syncope: prospective systematic guideline-based evaluation of patients referred urgently to general hospitals. Eur Heart J 2006; 27:76-82.

Calderaro M, Galvão ACR. Cefaleia. In: Emergências clínicas – abordagem prática. 6. ed. Manole, 2011:256-71.

Calkins H. Síncope vasovagal: novos estudos prospectivos necessários. Circulation 1999; 20:1452.

Cardoso OB. Acidentes vasculares encefálicos. In: Pires MTB, Starling SV (eds.) Manual de urgências em pronto-socorro. Rio de Janeiro: Guanabara Koogan, 2010:850-62.

Carlotti JR CG, Colli BO, Dias LAA. Hipertensão intracraniana. Medicina, Ribeirão Preto, out./dez. 1998; 31:552-62. Disponível em: <http://www.estes.ufu.br/sites/estes.ufu.br/files/Anexos/Comunicados/Hipertensao%20Intracraniana.pdf>.

Casela EB et al. Management of acute seizure episodes and status epilepticus in children. J Pediatr (Rio de Janeiro) 1999; 75(Supl.2):S197-S206.

Casella EB, Simon H, Farhat SCL. Convulsões no pronto-socorro. In: Marcondes E (ed.) Pediatria básica. São Paulo: Ed. Atheneu [no prelo].
Connolly ES Jr, Rabinstein AA, Carhuapoma JR et al. Guidelines for the management of aneurysmal subarachnoid hemorrhage: a guideline for healthcare professionals from the American Heart Association/American Stroke Association. Stroke 2012; 43:1.711-37.
Daroff RB. Tontura e vertigem. In: Fauci AS, Kasper DL, Longo DL, Braunwald E, Hauser SL, Jameson JL. Harrison medicina interna. 17. ed. Rio de Janeiro: McGraw-Hill Interamericana do Brasil 2008:144-7.
DeLorenzo RJ, Towne AR, Pellock JM. Status epilepticus in children, adults, and the elderly. Epilepsia 1992; 33:S15-25.
Disertori M, Brignole M, Menozzi C et al. Management of syncope referred for emergency to general hospitals. Europace 2003; 5:283-91.
Farwell DJ, Sulke AN. Does the use of a syncope diagnostic protocol improve the investigation and management of syncope? Heart 2004; 90:52-8.
Freitas J, Puig J, Pizarro M, Costa O, Carvalho M, de Freitas AF. Síncope neurocardiogênica: patologia, diagnóstico e tratamento. Rev Port Cardiol 1996; 15:103-9.
Frota NA, Maia FM. Tontura e vertigem. São Paulo, Out. 2008. Disponível em: <http://www.medicinanet.com.br/conteudos/revisoes/1253/tontura_e_vertigem.htm>. Acesso em: 25 maio 2012.
Gattaz MD. Depressão da consciência. Revista de Psiquiatria Clínica, dez. 1997; 24(4). Disponível em: <http://www.hcnet.usp.br/ipq/revista/r244/dcons244.htm>.
Giugno KM et al. Tratamento da hipertensão intracraniana. Jornal de Pediatria 2003; 79(4). Disponível em: < http://www.scielo.br/pdf/jped/v79n4/v79n4a05.pdf>.
Gonçalves e Silva GE. Epilepsia. In: Gonçalves e Silva GE, Valença MOS. Neurologia clínica. Recife: Ed. Universitária, 2004:121-49.
Guerreiro CAM. Crises psicogênicas. In: Melo-Souza SE. Tratamento das doenças neurológicas. Rio de Janeiro: Guanabara Koogan, 2000:463-4.
Guerreiro CAM. Fenômeno paroxístico não epiléptico. In: Melo-Souza SE. Tratamento das doenças neurológicas. Rio de Janeiro: Guanabara Koogan, 2000:460-2.
Guyton AC, Hall JE. Tratado de fisiologia médica. 10. ed. Rio de Janeiro: Guanabara Koogan, 2002.
Headache Classification Committee of the International Headache Society. 2 ed. Classification and diagnostic criteria for headache disorders, cranial neuralgics and facial pain. Cephalgia 2004; 24(Suppl I):1-151.
Henriques Filho GT, Barbosa O. Tratamento da hipertensão intracraniana. In: Dias C, Barbosa S, Costa P, Fernandes A. Revista Portuguesa de Medicina Intensiva, 2011; 18(3):39-47.
Higa EMS, Atallah AN. Medicina de urgência: guias de medicina ambulatorial e hospitalar na UNIFESP-EPM. 2. ed. São Paulo: Manole, 2008.
Jelinek GA, Galvin GM. Midazolam and status epilepticus inchildren. Crit Care Med, 1994; 22:1340.
Kanashiro AMK et al. Diagnóstico e tratamento das principais síndromes vestibulares. Arq Neuro-Psiquiatr São Paulo, mar. 2005; 63(1). Disponível em: <http://www.scielo.br/scielo.php.
Kendall JL, Reynolds M, Goldberg R. Intranasal midazolam inpatients with status epilepticus. Ann Emerg Med 1997; 29:415-7.
Kenny RA, O'Shea D, Walker HF. Impact of a dedicated syncope and falls facility for older adults on emergency beds. Age Ageing 2002; 31:272-5.
Lãs Casas AA. Síncope cardiogênica. In: Melo-Souza SE. Tratamento das doenças neurológicas. Rio de Janeiro: Guanabara Koogan, 2000:628-31.
Lowenstein DH, Bleck T, Macdonald RL. It's time to revise the definiton of status epilepticus. Epilepsia 1999; 40:120-2.
Martins HS. Vertigem e tontura. In: Martins HS, Damasceno MCT, Awada SB. Pronto-socorro: diagnóstico e tratamento em emergências. São Paulo: Manole, 2008:425-31.
McKeon A, Vaughan C, Delanty N. Seizure versus syncope. Lancet Neurol 2006; 5:171-80.
Ministério da Saúde. Protocolos da Unidade de Emergência. Brasília, 2002. 203p.
Morato EG. Morte encefálica: conceitos essenciais, diagnóstico e atualização. Revista Médica de Minas Gerais, Minas Gerais, set. 2009; 19(3):227-36. Disponível em: <http://rmmg.medicina.ufmg.br/index.php/rmmg/article/view/164/147>.
Morgenstern LB, Hemphill III JC, Anderson C et al. Guidelines for the management of spontaneous intracerebral hemorrhage: a guideline for healthcare professionals from the American Heart Association/American Stroke Association. Stroke 2010; 41:2108-29.
Neves MQ (org.) Manual de fisiopatologia: causas, sinais e sintomas, tratamento. 2. ed. São Paulo: Roca, 2008.
Oliveira RDR, Menezes JB. Intoxicações exógenas em clínica médica. In: Urgências e emergências dermatológicas e toxicológicas, Ribeirão Preto. Medicina, Ribeirão Preto, abr./dez. 2003; 36:472-9. Disponível em: <http://www.uff.br/toxicologiaclinica/IECM.pdf>.
Paiva CE et al. O que o emergencista precisa saber sobre as síndromes da veia cava superior, compressão medular e hipertensão intracraniana. Revista Brasileira de Cancerologia, 2008; 54(3):289-96. Disponível em: <http://www.inca.gov.br/rbc/n_54/v03/pdf/revisao_3_pag_289a296.pdf>.
Perdigão C. O doente com síncope. RFML 2001; 6(5):275-84.
Pinto FCG. Hidrocefalia aguda e emergências relacionadas à DVP. In: Martins HS, Damasceno MCT, Awada SB. Pronto-socorro: diagnóstico e trata-

mento em emergências. São Paulo: Manole, 2008:1.765-70.

Pontes-Neto OM, Oliveira-Filho J, Valiente R et al. Brazilian guidelines for the management of intracerebral hemorrhage. Arq Neuropsiquiatr 2009; 67(3-B):940-50.

Prado FC, Ramos JA, Valle JR. Atualização terapêutica: manual prático de diagnóstico e tratamento. 18. ed. São Paulo: Artes Médicas, 1997.

Raskin NH, Goadsby PJ. Cefaleia. In: Harrison medicina interna. 17. ed. McGraw-Hill, 2008:95-106.

Reed MJ. Management of syncope in the emergency department. Minerva Med 2009; 100:259-73.

Rivera R, Segnini M, Baltodano A. Midazolam in the treatmentof status epilepticus in children. Crit Care Med 1993; 21:991-4.

Rosa MLR. Obstáculos percebidos por pais e professores no atendimento das necessidades de crianças com epilepsia. Rev. Latino-Am Enfermagem, Ribeirão Preto, maio 1997; 5(spe). Disponível em: <http://www.scielo.br/scielo>. Acesso em: 21 maio 2012.

Scott RC, Besag FM, Neville BG. Buccal midazolam or rectal diazepam for the acute treatment of seizures. Epilepsia 1998; 39(Suppl 6):S235.

Scott RC, Surtees RAH, Neville BGR. Status epilepticus: pathophysiology, epidemiology and outcomes. Arch Dis Child 1998; 79:73-7.

script=sci_arttext&pid=S0004-282X2005000100025&lng=en&nrm=iso>. Acesso em: 25 maio 2012.

Silberstein SD et al. Headache in clinical practice. Isis Medical Media, Oxford, 1998.

Smars PA, Decker WW, Shen WK. Syncope evaluation in the emergency department. Curr Opin Cardiol 2007; 22:44-8.

Smeltzer CS, Bare BG. Tratado de enfermagem médico-cirúrgica. 10. ed. Rio de Janeiro: Guanabara Koogan, 2005.

Souza H, Doutel F, Borges CA, Azevedo RG, Oliveira Junior W, Ribeiro CH. Hidrocefalia aguda essencial. In: Almeida GM, Shibata MK, Siqueira MG. Arquivos Brasileiros de Neurocirurgia, São Paulo, 2007; 26(2):53-9.

Stein AT, Costa M. Evidência clínica. 11. ed. Porto Alegre: Artmed, 2006.

Valente KDR et al. Depressão em crianças e adolescentes com epilepsia. Rev Psiquiatr Clín, São Paulo, 2004; 31(6). Disponível em: <http://www.scielo.br/scielo. Acesso em: 10/05/2012.

Vilas LA, Mompó GL, Sotolongo PC, Carrillo PC, Carrilo CC, Gutiérrez EG. Síncope vasovagal como fenômeno médico frecuente. Rev Cubana Méd Milit 2002; 31:1-9.

Xavier SM, Rocha MRS, Nakamura EK. Crise convulsiva e o serviço de atendimento móvel de emergência – SAMU.

Seção VII – ENDOCRINOLOGIA

Capítulo 64
Hipoglicemia

Guilherme Almeida Rosa da Silva • Renata Polivanov Ottoni

INTRODUÇÃO

Hipoglicemia é uma condição em que há a constatação de níveis de glicemia < 55mg/dL (3,0mmol/L), podendo apresentar sintomas adrenérgicos ou neuroglicopênicos que são revertidos após o aumento da glicemia para patamares normais (> 70mg/dL ou 3,9mmol/L), mediante o fornecimento de glicose oral ou venosa. A **baixa glicemia**, a **presença de sintomas adrenérgicos ou neuroglicopênicos** e a **reversão do quadro clínico com o fornecimento suplementar de glicose** constituem a **tríade de Whipple**. A hipoglicemia prolongada é uma condição de alta morbidade e que pode ser fatal. Apesar da existência de diversas etiologias, trata-se de uma complicação frequentemente associada ao tratamento do *diabetes mellitus* (DM).

FISIOPATOLOGIA

O sistema nervoso central (SNC) é um órgão nobre e utiliza a glicose como combustível obrigatório para seu metabolismo. O SNC contém uma reserva de glicogênio para apenas alguns segundos, tornando-se sensível a quedas bruscas nos valores da glicemia da circulação arterial. O organismo apresenta mecanismos de defesa contra quedas de glicemia que poderiam ameaçar a integridade do tecido nervoso. O SNC consome, em média, 100g de glicose em 1 dia, podendo este valor ser reduzido em condições de jejum prolongado, em que há uma adaptação do tecido nervoso para utilização dos corpos cetônicos produzidos pelo fígado como combustível alternativo.

Os sistemas contrarregulatórios à insulina são responsáveis por manter a glicemia dentro dos valores normais, 70 a 110mg/dL (3,9 a 6,1mmol/L), durante o período de jejum. Em resposta à queda da glicemia, há primeiramente a redução na produção da insulina, seguida de aumento na produção de glucagon pelo pâncreas, aumento na produção de hormônio do crescimento (GH) pela hipófise, aumento na produção de adrenalina e cortisol na medula suprarrenal, aumento na produção de noradrenalina nos neurônios simpáticos pós-ganglionares e acetilcolina nos neurônios parassimpáticos pós-ganglionares.

Os hormônios contrainsulínicos e a baixa de insulina aumentam a glicogenólise nos hepatócitos e a gliconeogênese no fígado e nos rins. O glicogênio hepático é suficiente para fornecer glicose por um período médio de 8 horas. Esse período pode sofrer elevações em casos de supersaturação de carboidratos dietéticos ou reduções em caso de exercício físico, doença, dietas pobres em carboidrato e subnutrição. A gliconeogênese consiste na síntese de glicose pelo organismo por meio de compostos não glicídicos, como lactato, piruvato, alanina e glutamina dos músculos e do glicerol, obtidos pela quebra dos triglicerídeos nos adipócitos para a geração de ácidos graxos. A gliconeogênese ocorre de maneira intensificada quando as reservas de glicogênio hepático estão esgotadas. Os mecanismos contrarregulatórios impedem um indivíduo em estado de saúde normal de desenvolver hipoglicemia.

ETIOLOGIAS

A insulina e as sulfonilureias (secretagogos de insulina) reduzem a gliconeogênese e aumentam a captação de glicose pelos tecidos. Na geração de hipoglicemia, deve-se estar atento à utilização desses medicamentos de maneira inadequada, acidental ou proposital com fim de suicídio. O álcool inibe a gliconeogênese, representando um problema em pacientes com inanição e estoque hepático de glicogênio esgotado. Outras medicações promovem a hipoglicemia por mecanismos diversos. Os pacientes gravemente enfermos apresentam hipoglicemia devido ao aumento da demanda energética, muitas vezes em situações em que o suporte nutricional não é adequado. Além disso, pacientes graves podem apresentar disfunção hepática e renal, redução da gliconeogênese e depleção dos estoques de glicogênio. As endocrinopatias causadoras de hipoglicemia estão relacionadas com a disfunção em alguma das vias contrarregulatórias da insulina. A síntese de IGF-II, que apresenta afinidade pelo receptor da insulina, por um carcinoma hepatocelular representa uma síndrome paraneoplásica, gerando hipoglicemia. Outro mecanismo existente consiste na produção endógena de insulina desregulada, como as causadas por insulinomas, hiperplasia das células β (nesidioblastose) e por meio do excesso na liberação de incretinas (sensibilizadores da insulina) em cirurgias de derivação gástrica com reconstrução do trato gastrointestinal (TGI). A hipoglicemia autoimune, prevalente no Japão, é causada pela interação do anticorpo estimulador diretamente sobre o receptor de insulina. Os erros inatos do metabolismo envolvem, principalmente, defeitos em enzimas envolvidas com a gliconeogênese e a glicogenólise.

A pseudo-hipoglicemia é um fenômeno laboratorial em que a glicose presente no tubo da amostra é consumida pela alta população de células da linhagem hematológica enquanto o ensaio para medição da glicose não é realizado. As principais causas de hipoglicemia estão listadas no Quadro 64.1.

Quadro 64.1 Classificação clínica das hipoglicemias

1. Medicamentos
Insulina ou hipoglicemiantes orais
Álcool
Pentamidina, quinino, sulfonamidas, quinolonas, ácido acetilsalicílico

2. Doença grave
Sepse
Insuficiência cardíaca, renal ou hepática
Desnutrição ou inanição

3. Alteração hormonal
Insuficiência suprarrenal
Insuficiência pancreática (glucagon)
Deficiência de hormônio de crescimento
Hipotireoidismo
Disfunção autonômica

4. Síndrome paraneoplásica
Secreção de IGF-II por carcinoma hepatocelular

5. Hiperinsulinismo endógeno
Insulinoma
Nesidioblastose
Síndrome *dumping* tardia pós-cirurgia gástrica
Hipoglicemia pós-alimentar

6. Hipoglicemia autoimune
Anticorpo anti-insulina
Anticorpo antirreceptor de insulina

7. Erros inatos do metabolismo (infantis)
Intolerância à frutose
Galactosemia
Deficiência de carnitina

8. Pseudo-hipoglicemia
Policitemia e leucocitose

QUADRO CLÍNICO

As manifestações clínicas da hipoglicemia são divididas em **sintomas adrenérgicos e neuroglicopênicos**. Os sintomas adrenérgicos têm início com valores de glicemia entre 50 e 55mg/dL (2,8 a 3,1mmol/L) e são causados pela liberação de adrenalina pela medula suprarrenal e noradrenalina pelos neurônios simpáticos pós-ganglionares. Entre as manifestações adrenérgicas, destacam-se **tremor, hipertensão, palidez, taquicardia, agitação, palpitações e ansiedade**. Incluem-se ainda os sintomas ocasionados pela liberação de acetilcolina pelos neurônios parassimpáticos pós-ganglionares, como **náuseas, sudorese profusa, parestesias e fome**. Os sintomas neuroglicopênicos aparecem quando a glicemia atinge valores < 50mg/dL (2,8mmol/L) e reduzem a proteção comportamental contra a hipoglicemia. Os principais sintomas são **confusão mental, mudança de comportamento, fadiga, convulsão, coma e, em casos de hipoglicemia grave e prolongada, morte**. O aumento na frequência de hipoglicemias severas em pacientes diabéticos ou em cuidados de terapia intensiva aumenta a probabilidade de morte e de desenvolvimento de complicações cardiovasculares, como infarto agudo do miocárdio (IAM) e o acidente vascular encefálico (AVE). As hipoglicemias merecem atenção no manejo do tratamento ambulatorial do diabetes de modo tão importante quanto a hiperglicemia.

Existem situações especiais em que o quadro clínico da hipoglicemia apresenta-se de maneira atenuada ou atípica. Um bom exemplo é o uso dos β-bloqueadores em pacientes diabéticos e hipertensos. O uso do β-bloqueador atenua as manifestações adrenérgicas sem alterar as manifestações neuroglicopênicas, tornando o diagnóstico mais tardio e a hipoglicemia com maior gravidade. Pacientes diabéticos tipo 2 avançados e pacientes com diabetes tipo 1 podem apresentar disautonomia, reduzindo a capacidade de resposta contrarregulatória à insulina, redução dos sintomas adrenérgicos e alta probabilidade de recorrência da hipoglicemia. Portadores de diabetes com baixo nível de instrução ou portadores de disfunção cognitiva concomitante têm maior predisposição para apresentar episódios de hipoglicemia graves. Pacientes com pancreatite crônica e insuficiência pancreática apresentam diabetes de difícil controle devido à falha na produção de insulina com a ausência da resposta contrarregulatória do glucagon. Esses pacientes tendem a apresentar grande variabilidade glicêmica, alternando hiperglicemias e hipoglicemias graves.

DIAGNÓSTICO

O diagnóstico de hipoglicemia é suspeitado mediante a presença de sintomas adrenérgicos e neuroglicopênicos, principalmente em pacientes nos quais a hipoglicemia é de provável ocorrência. Utiliza-se a dosagem dos níveis glicêmicos através da glicemia capilar medida por um glicosímetro durante a fase sintomática. A presença de um valor normal de glicemia afasta o diagnóstico de hipoglicemia. Cabe ressaltar que pacientes diabéticos com controle precário da glicemia podem apresentar sintomas de hipoglicemia relativa com valores > 70mg/dL (3,9mmol/L) em virtude da adaptação do SNC ao estado de hiperglicemia. Se possível, uma coleta de sangue deve ser realizada antes do tratamento com suplementação de glicose. Em situações em que a causa da hipoglicemia é obscura, essa amostra de sangue será útil ao ser testada para os níveis de peptídeo C, insulina, anticorpos contra insulina e seu receptor e para medição dos níveis séricos de hipoglicemiantes orais.

Na fisiologia, uma molécula precursora, chamada proinsulina, sofre reações por duas convertases, originando a insulina endógena, o peptídeo C e dois pares de aminoácidos básicos. O peptídeo C é uma molécula não metabolizada pelo fígado, com meia-vida de 30 minutos e excretada exclusivamente pelos rins. Trata-se de um marcador da produção endógena de insulina. A presença de altos níveis de insulina na ausência do aumento de peptídeo C representa a origem exógena da insulina. A presença do aumento da insulina, acompanhado de aumento do peptídeo C, pode representar uma produção desregulada de insulina (insulinoma), excesso de sulfonilureias ou hipoglicemia autoimune. O processo diagnóstico da hipoglicemia está representado na Figura 64.1.

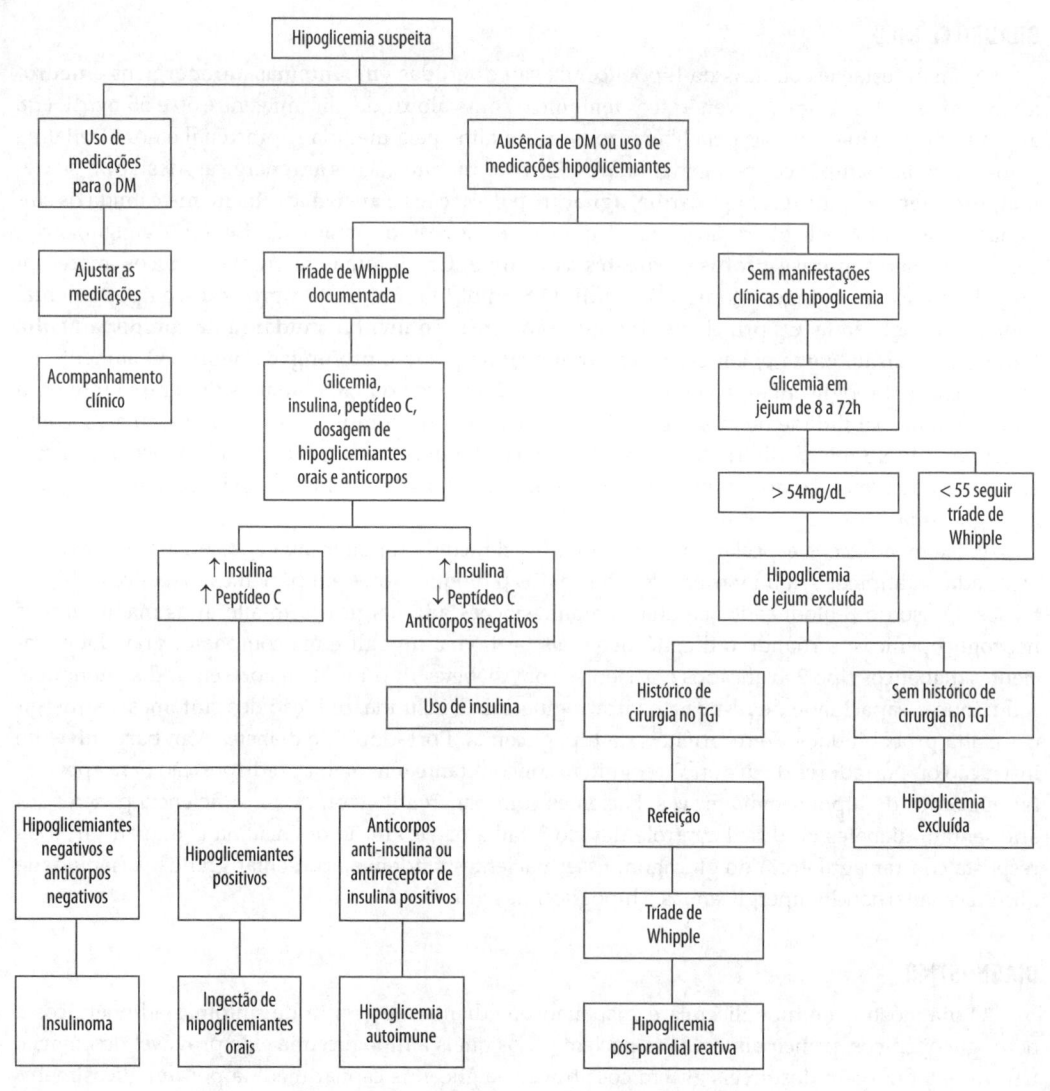

Figura 64.1 Fluxograma do diagnóstico diferencial das hipoglicemias.

TRATAMENTO

O tratamento da hipoglicemia apresenta resposta dramática e é dependente do mecanismo desencadeador. O tratamento é dividido em grupos:

1. **Hipoglicemia assintomática** (detectada por glicemia capilar) ou oligossintomática: **ingestão de 20g (0,3g/kg em crianças) de carboidrato** em forma de tabletes de glicose ou por meio de sucos, refrigerantes, leite, biscoitos, bala ou refeições. Cabe a ressalva de que alimentos sólidos e ricos em gordura retardam a absorção da glicose, levando à demora na reversão dos sintomas. Esses alimentos tornam-se úteis contra a recorrência da hipoglicemia pós-tratamento. Além disso, o açúcar de cozinha (sacarose) é constituído de uma molécula de glicose e uma de frutose, a qual não aumenta a glicemia e tampouco desencadeia a liberação de insulina.
2. **Hipoglicemia com rebaixamento de consciência** (sintomas neuroglicopênicos graves): **glicose 25g (glicose 50%: 50mL) EV** injetada por familiar treinado ou assistente. Especificamente, para

evitar a hiperglicemia pós-tratamento, recomenda-se utilizar a fórmula 100 − glicemia aferida × 0,4 = mL de glicose 50%. Para pacientes com hipoglicemia grave (< 40mg/dL) deve-se oferecer o dobro do volume calculado em glicose 50%. **Glucagon 1mg (15mcg/kg em crianças) por via SC ou IM:** o glucagon é menos efetivo no DM2 em relação ao DM1 devido à estimulação na produção de insulina. Como atua estimulando a glicogenólise, o uso do glucagon é inútil nos pacientes com depósito de glicogênio depletado (inanição e alcoolismo). O tratamento deve ser seguido de infusão constante de soro glicosado 5% para evitar a recidiva da hipoglicemia.

3. **Reposição de tiamina:** diante da possibilidade de etilismo crônico ou desnutrição, sobretudo na presença de crises convulsivas, devem ser aplicados **100mg de tiamina EV ou IM**, juntamente com a glicose hipertônica, para prevenção da **encefalopatia de Wernicke-Korsakoff** (oftalmoplegia, ataxia e confusão mental).

4. **Tratamento da causa de base:** o tratamento específico para a causa de base da hipoglicemia deve ser instituído após a investigação diagnóstica.

5. **Identificação:** todo paciente que apresenta alterações que o predisponha ao desenvolvimento de hipoglicemia deve ser orientado pelo médico quanto ao reconhecimento dos sinais e sintomas e como proceder para reversão da hipoglicemia. Deve ser orientado a carregar nas bolsas um cartão ou aviso alertando para a patologia e o potencial risco de hipoglicemia, juntamente com suprimentos para sua reversão.

Capítulo 65
Cetoacidose Diabética

Guilherme Almeida Rosa da Silva • Renata Polivanov Ottoni

INTRODUÇÃO

A cetoacidose diabética (CAD) é uma complicação aguda que ameaça a vida em decorrência da severa deficiência insulínica, levando a hiperglicemia, lipólise excessiva e produção de corpos cetônicos (acetoacetato e β-hidroxibutirato). O resultado inclui acidose metabólica, desidratação grave e distúrbios eletrolíticos graves. Trata-se de uma complicação mais comum no DM tipo 1 em relação ao tipo 2, em que ocorre apenas no estado avançado de depleção de células β-pancreáticas. Dependendo da região do mundo, pode representar de 18% a 84% das aberturas de quadro no DM 1 ou ocorrer como resultado de infecções, trauma, cirurgias ou complicações cardiovasculares graves. No Brasil, é indispensável cogitar a má adesão ou desajustamento da insulinoterapia por motivos sociais ou educativos.

FISIOPATOLOGIA

A CAD é causada pela depleção insulínica agravada pela presença de hormônios contrarreguladores (glucagon, cortisol, catecolaminas e hormônio do crescimento), que leva à hiperglicemia em decorrência do aumento da glicogenólise e da gliconeogênese. Esse estado do metabolismo leva à proteólise, mediante mobilização de aminoácidos musculares, principalmente glutamina e alanina, e à lipólise, em razão do catabolismo dos triglicerídeos pelos adipócitos em ácidos graxos e glicerol. Os aminoácidos e o glicerol serão convertidos em glicose no fígado e nos rins. Duas moléculas de acetil-CoA derivadas da oxidação dos ácidos graxos são convertidas no fígado em corpos cetônicos para consumo de órgãos nobres (SNC, medula renal e células sanguíneas), resultando em: **hiperglicemia (> 250mg/dL)**, ocasionada pela gliconeogênese; **hiperosmolaridade (> 295mOsm/L)**, pelo aumento da glicemia (Osm = $[(2 \times Na^+) + (Gli/18) + (ureia/6) + (etanol/4,6)]$); **cetonúria, cetonemia** e **acidose metabólica com *anion gap* elevado** (pH < 7,3, AG = $Na^+ - (Cl^- + HCO_3^-) > 14mEq/L$); **diurese osmótica** por glicosúria que leva à desidratação; e, ainda, **distúrbios eletrolíticos**.

QUADRO CLÍNICO

A forma progressiva pode ocorrer de meses a anos em pacientes com história de má adesão ou inadequação da insulinoterapia. Esses pacientes apresentam uma síndrome consumptiva, caquexia e prostração, que podem simular um câncer ou infecção crônica. Pacientes submetidos a estados de estresse agudo (infecções, cirurgias ou traumas), somados a insulinoterapia inadequada ou abertura de quadro de DM1, podem apresentar um **estado agudo com poliúria, polidipsia, emagrecimento, náuseas, vômitos, fraqueza e rebaixamento do nível de consciência, podendo evoluir para o coma. Apresentam sinais e sintomas de desidratação, cetose e acidose graves** (boca seca, hálito cetônico, extremidades frias, letargia, hipotonia muscular, taquicardia, hipotensão e, em casos mais graves, choque, sinais neurológicos focais e respiração de Kussmaul [respiração profunda e lentificada]). **Pode haver dor abdominal periumbilical** acompanhada de rigidez, distensão e íleo simulando um quadro abdominal agudo.

DIAGNÓSTICO

O diagnóstico de CAD é estabelecido pela presença de história e um quadro clínico sugestivo, acompanhado de hiperglicemia (> 250mg/dL), cetonúria, cetonemia e acidose metabólica com *anion gap* elevado (Quadro 65.1). A história e o quadro clínico sugestivo acompanhado de hiperglicemia, avaliada por meio de uma glicemia capilar, devem suscitar o processo de tratamento, não se justificando a espera do resultado de outros exames. Todavia, devem ser solicitados: hemograma completo, para avaliar a presença de leucocitose com desvio à esquerda, que pode sugerir um processo infeccioso; glicemia plasmática; colesterol total e frações, para detecção de hipertrigliceridemia associada à CAD, que pode predispor à pancreatite aguda; amilase e lipase; TGO, TGP, FA e γ-GT; eletrólitos (sódio, potássio, cloreto, magnésio, cálcio e fósforo); ureia e creatinina; gasometria arterial, para confirmação da acidose metabólica; hemoculturas, para investigação de causa infecciosa desencadeadora; EAS com urinocultura, para avaliação de cetonúria e investigação de infecção do trato urinário; radiografia de tórax, para avaliação de foco infeccioso pulmonar; eletrocardiograma e enzimas cardíacas, para avaliação de síndrome coronariana aguda. Uma tomografia computadorizada de crânio deve ser solicitada em caso de suspeita de AVE.

Quadro 65.1 Critérios diagnósticos para CAD

Glicemia ≥ 250mg/dL
pH arterial ≤ 7,3
Bicarbonato sérico ≤ 15mEq/L
Graus variáveis de cetonemia

DIAGNÓSTICO DIFERENCIAL

A **acidose lática** é a causa mais comum de acidose metabólica em pacientes hospitalizados. Ocorre em pacientes com perfusão tecidual inadequada (choque), resultando em metabolismo não oxidativo da glicose até ácido lático. A apresentação é idêntica à da CAD, mas com aumento de lactato sérico (> 5mM), glicemia em faixa normal ou ligeiramente elevada, sem cetose ou cetonúria. O tratamento é voltado para a melhora da perfusão tecidual. A **cetose pelo jejum** é causada pela restrição na ingestão de carboidratos ou exercício aeróbico prolongado, culminando em depleção do glicogênio hepático e aumento da gliconeogênese. Apesar de a urina poder conter cetonas, o pH plasmático é normal. A **cetoacidose alcoólica** é a forma acentuada da cetose pelo jejum, geralmente em alcoolistas de longa data. Trata-se de um quadro complexo que pode estar associado a choque, *delirium tremens*, pancreatite aguda e sangramento gastrointestinal. O álcool inibe a gliconeogênese e, após esvaziamento do estoque de glicogênio hepático, por inanição ou atividade física, pode ocorrer ainda hipoglicemia. O tratamento é constituído pela reposição de fluidos, tiamina, carboidratos e eletrólitos. A **acidose urêmica** é caracterizada pelo grande aumento das escórias nitrogenadas com normoglicemia. Uma história compatível com insuficiência renal aguda ou um estágio de rim terminal em uma insuficiência renal crônica auxilia o diagnóstico. As **síndromes de intoxicação** podem causar acidose metabólica com *anion gap* aumentado. As principais causas são as intoxicações pelos salicilatos, metanol, etilenoglicol, tolueno, ácido nalidíxico, isoniazida e estricnina.

TRATAMENTO

O tratamento deve ser iniciado pela avaliação básica de um paciente emergencial com aferição dos sinais vitais, avaliação da necessidade de suporte ventilatório, obtenção de acesso venoso, profilaxia para trombose venosa profunda (TVP) e monitorização cardíaca. O paciente deve ser deixado inicialmente em dieta zero. O tratamento específico fundamenta-se na correção dos distúrbios hidroeletrolíticos e ácido-básicos, medicação com insulina venosa e monitorização cuidadosa das complicações. A monitorização deve seguir as recomendações apresentadas no Quadro 65.2.

Quadro 65.2 Monitorização na CAD	
Exames	Periodicidade
Glicemia capilar	1/1h
Glicemia plasmática	4/4h
Cetonúria	4/4h
Calemia	1/1h nas primeiras 4 horas 2/2h nas horas seguintes
Na$^+$, Cl$^-$, HCO$_3^-$, pH	2/2h até HCO$_3^-$ >15mEq/L 4/4h nas horas seguintes
Ca^{++}, Mg^{++}, P	4/4h

1. **Hidratação:** pacientes com choque cardiogênico devem ser avaliados para monitorização invasiva da reposição de fluidos. Em caso de choque hipovolêmico, infundir **NaCl 0,9% (15 a 20mL/kg)**, aproximadamente 1L até resolução da hipotensão. Em casos de hipotensão leve, deve-se avaliar a natremia. Na presença de hiponatremia com o sódio corrigido (< 135mEq/L), infundir NaCl 0,9% (4 a 14mL/kg/h), 200 a 500mL/h. Caso haja um sódio corrigido ≥ 135mEq/L, infundir **NaCl 0,45% (4 a 14mL/kg/h)**, 200 a 500mL/h. O soro de NaCl 0,45% ajuda a reduzir a hipercloremia. A natremia pode ser reduzida devido ao aumento da osmolaridade pela hiperglicemia, e uma pseudo-hiponatremia pode ser verificada na presença de hipertrigliceridemia. Uma medição de 460mg/dL de triglicerídeos pode reduzir a natremia em 1,0mEq/L:

$$Na^+ \text{ corrigido} = Na^+ \text{ em mEq} + 1,6 \text{ (Gli–100)/100}$$

Quando a glicemia cair < 250mg/dL, deve-se trocar o soro para NaCl 0,45% com soro glicosado 5% em proporção de 1:1, mantendo a infusão em 150 a 250mL/h.

2. **Insulina:** a aplicação de **insulina regular** deve ser feita concomitantemente à reposição volêmica e iniciada apenas se o potássio sérico estiver > 3,3mEq/L, para evitar o risco de arritmias cardíacas. Realizar um *bolus* EV de insulina regular, 0,15UI/kg, seguido por infusão em bomba de 0,1UI/kg/h. O uso da via subcutânea (SC) é inapropriado para pacientes críticos devido à hipoperfusão tecidual e à redução na cinética de absorção. A via intramuscular (IM) é uma opção para condições em que o acesso venoso não seja possível e não haja cuidados devidos de enfermagem. Deve-se verificar a glicemia a cada 1 hora, a qual deve evidenciar velocidade de queda de 50 a 70mg/dL/h. Caso a velocidade de queda seja superior ao preconizado, a taxa de infusão da bomba deve ser reduzida em 50%. Nos raros casos em que a velocidade de queda estiver abaixo da velocidade preconizada, a taxa de infusão da bomba deverá ser aumentada entre 50% e 100%.

Quando a glicemia chegar a 250mg/dL, a taxa de infusão da bomba da insulina deverá ser reduzida para 0,05UI/kg/h, a fim de manter a glicemia entre 150 e 200mg/dL. Quando a glicemia for mantida entre 150 e 200mg/dL e o bicarbonato arterial for > 15mEq/L e o pH > 7,3, recomenda-se aplicar insulina regular SC, 0,1UI/kg, e interromper a infusão de insulina venosa 1 hora após. A insulina regular SC deve ser aplicada a cada 4 horas, perfazendo um total de 0,3 a 0,5UI/kg/dia. A cetonemia e a cetonúria podem demorar em torno de 12 a 24 horas para desaparecer após o controle da hiperglicemia. A dieta oral deverá ser iniciada quando o paciente tiver iniciado a insulinoterapia SC, estiver apto para se alimentar e a peristalse for audível. Nesse momento, deve-se passar a prescrição da insulina para o esquema basal-*bolus* (insulina basal intermediária [NPH] ou lenta [glargina ou detemir] + insulina ultrarrápida [lispro, aspart ou glulisina] ou regular conforme esquema pré-alimentação).

3. **Potássio:** na avaliação inicial, os pacientes apresentam um grave déficit corporal de potássio em razão do catabolismo proteico, do hiperaldosteronismo e da diurese osmótica. No entanto, seus níveis plasmáticos podem estar normais ou elevados. Iniciadas a reposição de fluidos e a insulinoterapia, a calemia cai rapidamente devido à diluição e ao efeito da insulina em deslocar o potássio para o meio intracelular. A medição da calemia deve ser feita a cada 1 hora nas primeiras 4 horas e a cada 2 horas após esse período. A insulinoterapia deve ser iniciada apenas após a aferição da calemia, e somente se o potássio sérico estiver > 3,3mEq/L. A reposição é feita adicionando **KCl 10% (13mEq a cada ampola/10mL) ao soro EV**. A concentração máxima em veia periférica é de 40mEq/L e de 60 mEq/L em veia central. A velocidade de infusão não deve ser > 40mEq/h. Soluções muito concentradas de KCl podem causar flebite. As instruções de infusão constam do Quadro 65.3.

Quadro 65.3 Reposição conforme calemia

K^+ (mEq/L)	Conduta
< 3,3	Não aplicar insulina Repor 40mEq/h
3,3 a 5,0	Aplicar insulina 30mEq/L de soro
> 5,0	Aplicar insulina Não aplicar KCl 10%

4. **Bicarbonato de sódio:** a reposição de bicarbonato não costuma ser necessária. A maioria dos ensaios clínicos não é favorável ao uso do bicarbonato e a reversão rápida da acidose pode levar à hipocalemia, redução da oxigenação tecidual e disfunção cardíaca. Na presença de acidose com pH < 7,0 e > 6,9, recomendamos infundir **50mEq/L de $NaHCO_3$ 8,4% em 200mL de água destilada em conjunto com meia ampola de KCl 10% por 2 horas**. Na presença de acidose com pH < 6,9, recomendamos infundir **100mEq/L de $NaHCO_3$ 8,4% em 400mL de água destilada em conjunto com meia ampola de KCl 10% por 2 horas**. A infusão pode ser repetida até que o pH encontre-se > 7,0.
5. **Fosfato e magnésio:** a hipofosfatemia pode ocorrer durante a terapia insulínica em virtude do aumento no consumo da glicose. A reposição deve ser considerada quando a fosfatemia estiver < 1,0mg/dL. É recomendado o uso de **20 a 30mEq/L de fosfato de potássio (20mEq por ampola de 10mL)**, distribuídos pelo soro de reposição volêmica. Possíveis complicações são a hipocalcemia e a hipomagnesemia. A hipomagnesemia pode ocorrer inicialmente devido à diurese osmótica e durante o tratamento da hipofosfatemia. A hipomagnesemia pode cursar com arritmias cardíacas, hipocalemia e hipocalcemia refratárias à reposição eletrolítica. Recomenda-se a reposição venosa com **5g de $MgSO_4$ 10% (1g de $MgSO_4$ em ampola de 10mL), divididos pelo soro em 3 horas** de infusão nos casos de hipomagnesemia grave (< 1,5mg/dL).

OUTRAS COMPLICAÇÕES

A principal complicação é o **edema cerebral** ocasionado pela redução rápida da glicose e infusão excessiva de soros hipotônicos. Trata-se de um evento particularmente comum em crianças e pode ser fatal. Outras complicações graves, porém mais raras, são a **síndrome da angústia respiratória aguda do adulto** e a **obstrução brônquica por um tampão de muco**. **Eventos tromboembólicos** são comuns na CAD, justificando o uso de profilaxia para trombose venosa profunda. Após a conversão da insulinoterapia para o esquema basal-*bolus*, os esquemas com insulinas lentas e ultrarrápidas demonstram a mesma eficácia de outros esquemas, porém com menor incidência de hipoglicemias.

Não existem orientações precisas quanto à indicação de internação em unidade de terapia intensiva (UTI), e a variação quanto ao uso da UTI para tratar a CAD é muito grande entre as instituições. Entretanto, o tratamento da CAD em unidades de emergência, em comparação ao uso da UTI, não apresenta alterações estatisticamente significativas quanto à mortalidade ou à permanência hospitalar. A mortalidade média dos casos de CAD encontra-se em 3,9%.

Capítulo 66
Síndrome Hiperglicêmica Hiperosmolar

Guilherme Almeida Rosa da Silva • Renata Polivanov Ottoni

INTRODUÇÃO

A síndrome hiperglicêmica hiperosmolar (SHH), juntamente com a cetoacidose diabética (CAD), representa uma complicação metabólica aguda grave que pode ocorrer no paciente portador de DM. A SHH é mais comum em pacientes idosos portadores de DM2, com maior propensão a alterações do estado mental e à ocorrência de complicações graves relacionadas com as comorbidades. Caracteriza-se por **glicemia muito elevada (> 600mg/dL)**, com **hiperosmolaridade (> 320mOsm/L), pH normal (7,35-7,45)** e **desidratação intensa**. A cetonemia e a cetonúria estão ausentes ou são fracamente positivas.

FISIOPATOLOGIA

A SHH está associada a fatores precipitantes (infecções, trauma, eventos coronarianos, AVE, má adesão ao tratamento do DM2 ou cirurgias) que agravam as limitações físicas e cognitivas do idoso quanto ao acesso à água. Ocorre de maneira progressiva (dias a semanas), com quadro oligossintomático, destacando-se a polidipsia e a poliúria. A presença de produção insatisfatória de insulina, mediante resistência insulínica, e de aumento nos hormônios contrarreguladores resulta em hiperglicemia muito alta. A hiperosmolaridade resultante é agravada pela hipernatremia, culminando em alterações neurológicas focais, desorientação e coma.

QUADRO CLÍNICO

Na SHH observam-se sinais clínicos de desidratação intensa (hipotensão, oligúria, boca seca, olhos encovados, extremidades frias, taquicardia e redução do turgor e da elasticidade da pele). Os sinais neurológicos estão relacionados com a hiperosmolaridade (> 320 a 350mOsm/L), como rebaixamento do nível de consciência, sinais neurológicos focais, crises convulsivas (25%) e, em casos graves, coma. A hemoconcentração e a hiperviscosidade podem culminar em alterações trombóticas, como a trombose venosa profunda (TVP) e a tromboembolia pulmonar (TEP).

DIAGNÓSTICO

A avaliação diagnóstica da SHH envolve a presença de história clínica sugestiva, somada à presença de **glicemia muito elevada (> 600mg/dL), hiperosmolaridade (> 320mOsm/L), pH normal (> 7,3), desidratação intensa**, com **cetonemia e cetonúria ausentes ou fracamente positivas**. A avaliação laboratorial consiste em: hemograma completo, para avaliar a presença de leucocitose com desvio à esquerda, que pode sugerir um processo infeccioso e hemoconcentração; glicemia plasmática; colesterol total e frações; amilase e lipase; TGO, TGP, FA e γ-GT; eletrólitos (sódio, potássio, cloreto, magnésio, cálcio e fósforo); ureia e creatinina; gasometria arterial; hemoculturas, para investigação de causa infecciosa desencadeadora; EAS com urinocultura, para investigação de infecção do trato urinário; radiografia de tórax, para avaliação de foco infeccioso pulmonar; eletrocardiograma e enzimas cardíacas, para avaliação de síndrome coronariana aguda.

DIAGNÓSTICO DIFERENCIAL

Os principais diagnósticos diferenciais da SHH envolvem quadros neurológicos causadores de crises convulsivas ou alteração do estado mental: acidente vascular encefálico (AVE) isquêmico ou hemorrágico, hipoglicemia, intoxicações, metástases cerebrais, meningite aguda, *delirium*, depressão, hipotireoidismo, hemorragia subdural do idoso, distúrbios hidroeletrolíticos isolados, entre outros.

TRATAMENTO

Assim como na CAD, o tratamento deve ser iniciado pela avaliação básica de um paciente emergencial com aferição dos sinais vitais, avaliação da necessidade de suporte ventilatório, obtenção de acesso venoso, profilaxia para TVP e monitorização cardíaca. O paciente deve ser deixado inicialmente em dieta zero. O tratamento específico fundamenta-se em correção dos distúrbios hidroeletrolíticos, medicação com insulina venosa e monitorização cuidadosa das complicações. A monitorização deve seguir as recomendações apresentadas no Quadro 66.1.

Quadro 66.1 Monitorização na SHH	
Exames	**Periodicidade**
Glicemia capilar	1/1h
Glicemia plasmática	4/4h
Calemia	1/1h nas primeiras 4 horas 2/2h nas horas seguintes
Na^+, Cl^-, Ca^{++}, Mg^{++}, P	4/4h

1. **Hidratação:** pacientes com choque cardiogênico devem ser avaliados para monitorização invasiva da reposição de fluidos. Em caso de choque hipovolêmico, infundir **NaCl 0,9% (15 a 20mL/kg)**, aproximadamente 1L, até a resolução da hipotensão. Em casos de hipotensão leve, deve-se avaliar a natremia. Na presença de hiponatremia com o sódio corrigido (< 135mEq/L), infundir NaCl 0,9% (4 a 14mL/kg/h), 200 a 500mL/h. Caso haja um sódio corrigido ≥ 135mEq/L, infundir **NaCl 0,45% (4 a 14mL/kg/h)**, 200 a 500mL/h. O soro de NaCl 0,45% ajuda a reduzir a hipercloremia.

$$Na^+ \text{ corrigido} = Na^+ \text{ em mEq} + 1,6 (Gli-100)/100$$

Quando a glicemia cair < 250mg/dL, deve-se trocar o soro para NaCl 0,45% com soro glicosado 5% na proporção de 1:1, mantendo a infusão em 150 a 250 mL/h.

2. **Insulina:** a aplicação de insulina regular deve ser feita concomitantemente à reposição volêmica e iniciada apenas se o potássio sérico estiver > 3,3mEq/L, para evitar o risco de arritmias cardíacas. Realizar um *bolus* EV de insulina regular, 0,15UI/kg, seguido por infusão em bomba de 0,1UI/kg/h. O uso da via SC é inapropriado para pacientes críticos devido à hipoperfusão tecidual e à redução na cinética de absorção. A via IM é uma opção para condições em que o acesso venoso não seja possível e não haja cuidados devidos de enfermagem. Deve-se verificar a glicemia a cada 1 hora, a qual deve evidenciar velocidade de queda de 50 a 70mg/dL/h. Caso a velocidade de queda seja superior ao preconizado, a taxa de infusão da bomba deverá ser reduzida em 50%.

Nos raros casos em que a velocidade de queda estiver abaixo da velocidade preconizada, a taxa de infusão da bomba deverá ser aumentada entre 50% e 100%. Quando a glicemia chegar a 300mg/dL, a taxa de infusão da bomba da insulina deverá ser reduzida para 0,05UI/kg/h, a fim de manter a glicemia entre 200 e 300mg/dL. Quando a glicemia for mantida entre 200 e 300mg/dL e a osmolaridade plasmática for < 315mOsm/L, recomenda-se aplicar insulina regular SC, 0,1UI/kg, e interromper a infusão de insulina venosa 1 hora após. A insulina regular SC deve ser aplicada a cada 4 horas, perfazendo um total de 0,3 a 0,5UI/kg/dia. A dieta oral deverá ser iniciada quando o paciente tiver iniciado a insulinoterapia SC, estiver apto para se alimentar e a peristalse for audível. Nesse momento, deve-se passar a prescrição da insulina para o esquema basal-*bolus* (insulina basal intermediária [NPH] ou lenta [glargina ou detemir] + insulina ultrarrápida [lispro, aspart ou glulisina] ou regular conforme esquema pré-alimentação).

3. **Potássio:** na avaliação inicial, os pacientes apresentam grave déficit corporal de potássio em razão do catabolismo proteico, do hiperaldosteronismo e da diurese osmótica. No entanto, seus níveis plasmáticos podem estar normais ou elevados. Iniciadas a reposição de fluidos e a insulinoterapia, a calemia cai rapidamente devido à diluição e ao efeito da insulina em deslocar o potássio para o meio intracelular. A medição da calemia deve ser feita a cada 1 hora nas primeiras 4 horas e a cada 2 horas após esse período. A insulinoterapia deve ser iniciada apenas após a aferição da calemia, e somente se o potássio sérico estiver > 3,3mEq/L. A reposição é feita adicionando **KCl 10% (13mEq a cada ampola/10mL) ao soro EV**. A concentração máxima em veia periférica é de 40mEq/L e de 60mEq/L em veia central. A velocidade de infusão não deve ser > 40mEq/h. Soluções muito concentradas de KCl podem causar flebite. As instruções de infusão constam do Quadro 66.2.

Quadro 66.2 Reposição conforme calemia

K⁺ (mEq/L)	Conduta
< 3,3	Não aplicar insulina Repor 40mEq/h
3,3 a 5,0	Aplicar insulina 30mEq/L de soro
> 5,0	Aplicar insulina Não aplicar KCl 10%

4. **Fosfato e magnésio:** a hipofosfatemia pode ocorrer durante a terapia insulínica em virtude do aumento no consumo da glicose. A reposição deve ser considerada quando a fosfatemia estiver < 1,0mg/dL. É recomendado o uso de **20 a 30mEq/L de fosfato de potássio (20mEq por ampola de 10mL)**, distribuídos pelo soro de reposição volêmica. Possíveis complicações são a hipocalcemia e a hipomagnesemia. A hipomagnesemia pode ocorrer inicialmente devido à diurese osmótica e durante o tratamento da hipofosfatemia. A hipomagnesemia pode cursar com arritmias cardíacas, hipocalemia e hipocalcemia refratárias à reposição eletrolítica. Recomenda-se a reposição venosa com **5g de MgSO$_4$ 10% (1g de MgSO$_4$ em ampola de 10mL), divididos pelo soro em 3 horas** de infusão nos casos de hipomagnesemia grave (< 1,5mg/dL).

OUTRAS COMPLICAÇÕES

A **hipoglicemia** é uma complicação do tratamento. A principal complicação é o **edema cerebral**, ocasionado pela redução rápida da osmolaridade e a infusão excessiva de soros hipotônicos. Em virtude da idade e da condição clínica dos pacientes, merece especial atenção a **congestão pulmonar** decorrente da sobrecarga hídrica. Outras complicações graves, porém mais raras, são a **síndrome da angústia respiratória aguda do adulto** e a **obstrução brônquica por um tampão de muco**. Eventos **tromboembólicos** são comuns na SHH, justificando o uso de profilaxia para TVP. A mortalidade da SHH é elevada, alcançando cerca de 15%.

Capítulo 67
Insuficiência Adrenal

Guilherme Almeida Rosa da Silva • Raphael Nobrega Soliani

INTRODUÇÃO

A insuficiência adrenal é a síndrome clínica decorrente da produção inadequada de corticoide pelo córtex adrenal. **Pode ser dividida em: primária, ou doença de Addison** (destruição de mais de 90% do córtex adrenal ou falência metabólica na produção de glicocorticoides) **ou secundária** (deficiência na produção de ACTH pela hipófise). A principal diferença entre essas duas condições é que a insuficiência adrenal secundária não apresenta deficiência de mineralocorticoides, estando o eixo renina-angiotensina-aldosterona preservado.

A doença de Addison é uma condição rara, com incidência de oito casos por milhão e prevalência de quatro a onze casos por 100 mil pessoas. Há predomínio no sexo feminino, na razão 2:1, sendo mais frequente entre os 20 e os 40 anos de idade. A adrenalite autoimune corresponde a 70% dos casos e pode ser acompanhada por outras disfunções autoimunes, como o hipotireoidismo e o *diabetes mellitus* tipo 1 (síndrome poliglandular autoimune). As doenças infecciosas (tuberculose, citomegalovirose, histoplasmose), a hemorragia adrenal (anticoagulantes, cirurgia, síndrome de Waterhouse-Friedericksen), os medicamentos (rifampicina, cetoconazol), doenças infiltrativas-metabólico-genéticas (adrenoleucodistrofia e amiloidose) e as metástases (pulmão, linfoma, sarcoma de Kaposi) correspondem a outras etiologias.

A insuficiência adrenal secundária é um evento comum causado, na maioria das vezes, pela cessação abrupta da terapia com glicocorticoides (dose > 7,5mg/dia de prednisona por > 21 dias). A retirada do glicocorticoide não é acompanhada imediatamente pela produção endógena de ACTH devido a um eixo hipofisário suprimido. Outro mecanismo é a reposição inadequada de glicocorticoides, mediante um estado de estresse (trauma, infecção, cirurgia), em que a dose reposta deve ser dobrada, ou o tratamento de um coma mixedematoso não acompanhado de reposição de glicocorticoides.

QUADRO CLÍNICO

Os sinais e sintomas mais frequentes são: fraqueza e perda de peso (97% a 100%), astenia (90% a 100%), náuseas e vômitos (92%), hipotensão (88% a 94%), constipação intestinal (33%), dor abdominal/pseudoabdome agudo (30% a 35%), diarreia (16%), avidez por sal (20%), hipotensão postural (12%) e mialgias e artralgias (6% a 13%). Alterações cutâneas, como vitiligo (10%), doença autoimune e hiperpigmentação (80%), causada pelo aumento na produção de MSH pela hipófise mediante a perda do *feedback* negativo dos glicocorticoides, estão relacionadas com a doença de Addison.

Os achados laboratoriais frequentes são: eosinofilia, basofilia, discrasias, hipoglicemia e hipoalbuminemia. Hiponatremia, hipercalemia e alcalose metabólica estão presentes apenas na doença de Addison (deficiência mineralocorticoide).

DIAGNÓSTICO

Em pacientes com crise addisoniana, o tratamento deve ser instituído imediatamente e os testes de estimulação devem ser conduzidos mais tarde. Diante de história e quadro clínico sugestivos, devem ser solicitados: hemograma completo, coagulograma (TAP, PTT), glicemia em jejum, proteínas totais e frações, TGO, TGP, FA, γ-GT, ureia, creatinina, Na^+, K^+, Cl^-, Mg^{++}, Ca^{++}, P e gasometria arterial. Ante a suspeita de quadro infeccioso e/ou neoplásico subjacente, recomenda-se a coleta de culturas direcionadas (hemocultura, urinocultura, escarro e líquor) e exames de imagem (radiografia de tórax e TC de tórax e abdome). As provas específicas para o diagnóstico de insuficiência adrenal são:

- **Secreção de cortisol:** um cortisol às 8 horas da manhã com valor < 3mcg/dL é fortemente sugestivo de insuficiência adrenal. Valores < 10mcg/dL e > 20mcg/dL tornam o diagnóstico provável e altamente improvável, respectivamente. Apesar de ser um bom método de triagem, sofre limitação pela influência do tratamento com glicocorticoides e pela restrição do horário a ser utilizado. É um teste opcional ao teste de estimulação rápida com ACTH.
- **Teste de estimulação rápida com ACTH (Synacthen®):** o teste pode ser realizado a qualquer hora do dia e instituído em pacientes que já estão em tratamento com cortisol, desde que seja por um breve período e não contenha hidrocortisona. O teste é baseado na aplicação de cortrosina, 250mcg EV e na dosagem sérica de cortisol (0-30-60 minutos). Pico ≤ 18mcg/dL confirma insuficiência adrenal primária ou secundária com atrofia adrenal (diferenciado pelo ACTH plasmático). Pico > 18mcg/dL descarta insuficiência adrenal primária e secundária com atrofia da glândula, mas não a insuficiência adrenal secundária com deficiência parcial de ACTH ou recente sem atrofia da glândula, tendo em vista a dose alta de **cortrosina** (250mcg EV) (analisado pelos testes provocativos de alta sensibilidade).
- **ACTH plasmático:** na insuficiência adrenal primária > 50pg/mL, usualmente > 200pg/mL, na insuficiência adrenal secundária, baixo (< 10pg/dL) ou normal (< 50pg/dL).
- **Teste de tolerância à insulina/hipoglicemia (teste provocativo):** aplicação de insulina regular, 0,1 a 0,15U/kg EV e dosagem de cortisol basal, 30, 45, 60, 90, 120 minutos (necessária glicemia < 40mg/dL). Resposta normal (ausência de insuficiência adrenal): incremento > 8mcg/dL e pico > 18mcg/dL. Contraindicações: idosos e pacientes com alto risco cardiovascular ou de convulsões. Há necessidade de glicose hipertônica disponível em caso de hipoglicemia grave.
- **Teste do glucagon (teste provocativo):** aplica-se 1mg de glucagon via SC, com dosagem de cortisol basal em 90, 120, 150, 180 e 240 minutos. As metas são as mesmas do teste de tolerância à insulina, mas trata-se de um teste menos potente, podendo causar falso-negativos.
- **Teste da metirapona/bloqueio de síntese (teste provocativo):** administram-se 30mg/kg de metirapona à meia-noite e dosam-se o 11-desoxicortisol e o ACTH na manhã seguinte. Resposta normal (sem insuficiência adrenal): 11-desoxicortisol > 7mcg/dL e ACTH > 100pg/mL. A metirapona é um medicamento pouco disponível nos centros médicos do Brasil.
- **Teste de estimulação com CRH:** aplicação de CRH (1mcg/kg EV) com dosagem de ACTH e cortisol em 0, 30, 60 e 90 minutos. Na insuficiência adrenal secundária (hipofisária), não há aumento na produção de ACTH pela hipófise. Na insuficiência adrenal terciária (hipotalâmica), há aumento na produção de ACTH de maneira prolongada, sem aumento na produção de cortisol. Na insuficiência adrenal primária, o ACTH eleva-se ainda mais e a produção de cortisol aumenta.
- **Outros testes:** autoanticorpos (21-hidroxilase), exames genéticos, TC ou RNM de adrenais (insuficiência adrenal primária) e TC ou RM de hipotálamo-hipófise (insuficiência adrenal secundária).

A sequência de testes diagnósticos está representada na Figura 67.1.

TRATAMENTO

Insuficiência adrenal aguda

1. **Correção volumétrica e eletrolítica:** consiste na correção da desidratação e hipovolemia com **2 a 3L de NaCl 0,9% com SG 5%**, sendo 1L na primeira hora, monitorizando evidências de sobrecarga hídrica. Avaliação e tratamento de distúrbios eletrolíticos subjacentes.
2. **Reposição de glicocorticoides:** hidrocortisona, **100mg EV de 6/6h, por 24 horas** ou, após primeira dose de 100mg, iniciar infusão contínua de 10mg/h. Dexametasona, **4mg EV de 6/6h,** pode ser administrada como alternativa e não influi no teste da cortrosina. Reduzir dose da **hidrocortisona**

```
                                    Cortisol basal < 3mcg/dL           Cortisol basal > 3mcg/dL
                                         (opcional)                          (opcional)
                                                                                 │
                                                                         Teste da cortrosina
                                          ┌──────────────────────────────────────┴──────────────────────────────────────┐
                                    Pico ≤ 18mcg/dL                                                              Pico > 18mcg/dL
                                          │                                                                             │
                                    ACTH plasmático                                                          Realizar um teste provocativo
                          ┌───────────────┴───────────────┐                                          ┌───────────────────┴───────────────────┐
                    ACTH ≤ 50pg/dL                 ACTH > 50pg/dL                                Normal                           Insuficiência adrenal
                                                                                                                                 secundária parcial
              ┌───────────┴───────────┐                    │
         TC ou RNM              Teste com            Insuficiência adrenal
      hipotálamo-hipófise   estimulação por CRH         primária
                          ┌────────┴────────┐
                    Elevação de        ACTH baixo        Autoanticorpos,
                    ACTH e             e cortisol        testes genéticos e
                    cortisol baixo     baixo             TC ou RNM
                    (terciária)        (secundária)      de adrenais
```

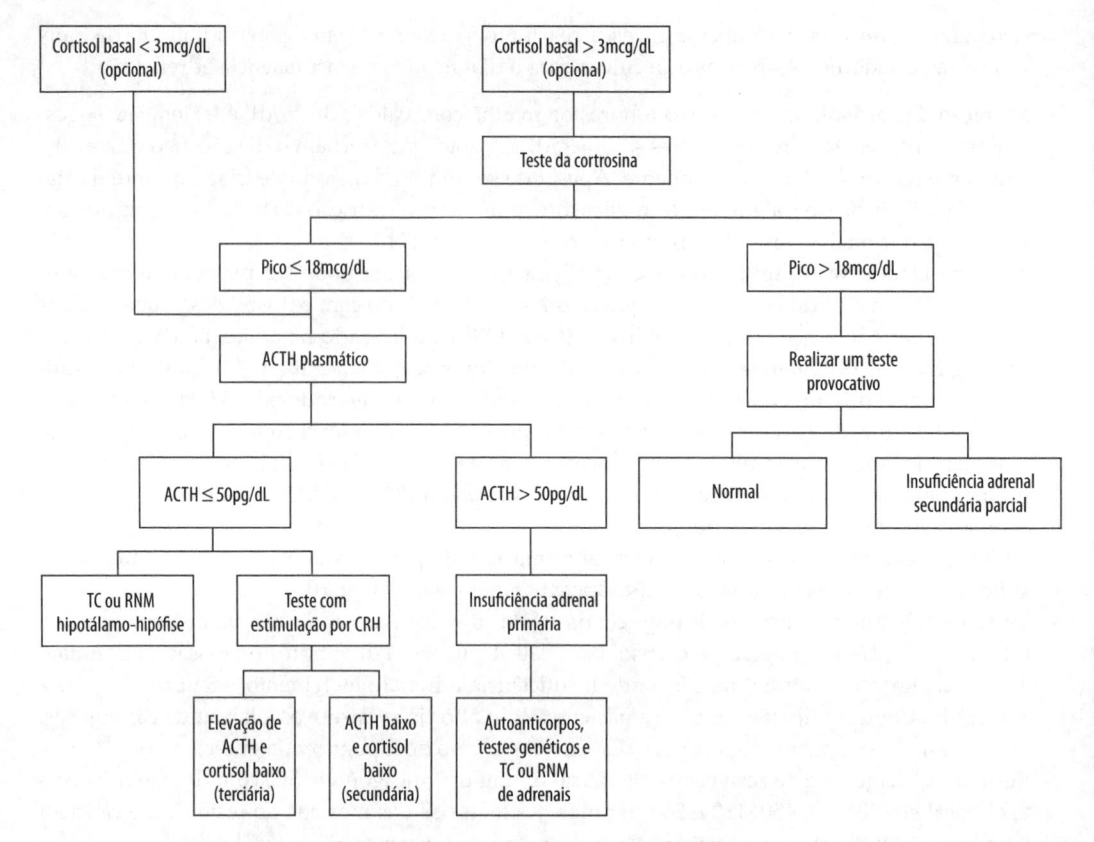

Figura 67.1 Fluxograma para o diagnóstico de insuficiência adrenal.

para 50mg EV de 6/6h quando o paciente estabilizar-se. No quarto ou quinto dia, iniciar terapia, com ou sem mineralocorticoide, para reposição de insuficiência adrenal crônica. Caso o quadro de insuficiência adrenal aguda persista, a dose de hidrocortisona pode ser dobrada.

3. **Tratamento de fatores precipitantes:** infecções, efeitos adversos aos medicamentos, neoplasias e hemorragias.

Insuficiência adrenal crônica

1. **Reposição de glicocorticoide:** reposição de **prednisona, 5mg pela manhã e 2,5mg à tarde, ou hidrocortisona, 15 a 20mg pela manhã e 5 a 10mg à tarde**. Duplicar a dose em caso de infecções, traumas ou febre. Em pequenos procedimentos cirúrgicos, injetar previamente **100mg de hidrocortisona**. Em cirurgias de grande porte ou doenças graves, utilizar **100mg de hidrocortisona EV de 8/8h** até estabilização.
2. **Reposição de mineralocorticoide** (insuficiência adrenal primária): **fludrocortisona 0,1mg/dia** pela manhã, em caso de hipotensão postural limitante (20% dos casos) ou aumento na ingestão de sal e água.
3. **Androgênios adrenais:** A reposição de **DHEA, 25 a 100mg/dia,** é controversa e pode ser avaliada para pacientes do sexo feminino com redução de libido.
4. **Identificação:** Recomenda-se que os portadores de insuficiência adrenal crônica portem uma pulseira de identificação ou cartão identificador da doença para casos emergenciais.

Capítulo 68
Coma Mixedematoso

Guilherme Almeida Rosa da Silva • Raphael Nobrega Soliani

INTRODUÇÃO

Condição grave e potencialmente fatal, ocasionada por carência crítica nos níveis plasmáticos de hormônios tireoidianos, levando à lentificação dos processos metabólicos, com repercussões principalmente nos sistemas cardiovascular e neurológico, em cerca de 95% dos casos o coma mixedematoso é consequente a um hipotireoidismo primário, ocorrendo com maior gravidade no hipotireoidismo hipotalâmico e hipofisário (5%) devido a uma possível insuficiência adrenal concomitante. Sua incidência é maior entre mulheres com idade > 60 anos, durante os meses de inverno, e sua letalidade é de aproximadamente 15% a 20%. Em geral, ocorre em virtude de precipitação por um estresse agudo (cirurgia; trauma; medicamentos, como amiodarona, lítio, sedativos e anestésicos; infecções; emergências cardiovasculares e trauma).

QUADRO CLÍNICO

As principais manifestações clínicas do coma mixedematoso são decorrentes da redução da expressão de receptores adrenérgicos, Na^+/K^+ ATPase, edema por deposição de glicosaminoglicanos e lentificação do metabolismo. Os principais sinais e sintomas relacionados com o coma mixedematoso são: hipotermia, convulsões, edema duro, fácies mixedematosa (edema periorbitário, madarose, macroglossia e palidez), pseudo-obstrução intestinal, náuseas, vômitos, hipercapnia, derrame pleural, hiponatremia, hipoglicemia, bradicardia, vasoconstrição periférica, derrame pericárdico, convulsões, reflexos tendinosos lentificados e rebaixamento do nível de consciência.

DIAGNÓSTICO

O diagnóstico é obtido a partir da história clínica e do exame físico, sendo facilitado pelo registro de antecedente de hipotireoidismo com má adesão ou abandono de tratamento. Como a demora na instituição do tratamento é fator de mau prognóstico, este não deve ser atrasado à espera dos resultados de exames complementares. Devem ser solicitados: hemograma completo (anemia normocítica ou macrocítica, leucocitose com desvio à esquerda por um quadro infeccioso ou leucopenia por um hipotireoidismo grave), TSH (geralmente > 100mUI/L ou suprimido em caso de doença secundária ou terciária), T_4l (muito baixo), glicemia, eletrólitos (Na^+, K^+, Cl^-, Mg^{++}, Ca^{++}, P), gasometria arterial (acidose respiratória), eletrocardiograma (baixa voltagem, bradicardia sinusal, QT longo e inversão de onda T), curva enzimática para síndrome coronariana aguda (miopatia decorrente de hipotireoidismo pode dificultar a análise dos resultados), radiografia de tórax (derrames cavitários) e culturas, em casos sugestivos de infecções.

TRATAMENTO

O tratamento do coma mixedematoso consiste em suporte clínico, reposição hormonal, correção de distúrbios metabólicos e eletrolíticos e tratamento do processo agudo desencadeador. Os medicamentos devem ser aplicados preferencialmente por via venosa, tendo em vista a redução na absorção pelo trato gastrointestinal e em virtude do risco de broncoaspiração em paciente com rebaixamento do nível de consciência:

1. **Reposição de hormônios tireoidianos:** aplicar **levotiroxina (T_4), 500 a 800mcg EV em *bolus*,** seguidos de doses diárias de 100mcg EV. O uso da **tri-iodotironina (T_3)** é uma opção por não

necessitar de conversão periférica, sendo utilizada na **dose de 25mcg EV de 12/12h, juntamente com levotiroxina em doses menores, 200 a 300mcg EV, nas primeiras 24 horas**. **Nas 24 horas seguintes, devem ser aplicados 25mcg EV de T_3 e 100mcg EV de T_4**. A seguir, **o paciente deve receber 50mcg dia EV de T_4 até recobrar a consciência**. Em ambos os casos, as doses devem ser convertidas para a via oral tão logo o uso desta via seja possível. A levotiroxina venosa não está disponível em muitos países, inclusive na grande maioria dos centros médicos no Brasil. Sendo assim, a mesma dose é utilizada por sonda nasogástrica.

2. **Reposição de glicocorticoides:** o coma mixedematoso pode estar acompanhado de insuficiência adrenal hipofisária ou autoimune. Além disso, a reposição de hormônio tireoidiano acelera a metabolização do glicocorticoide pelo fígado. Recomenda-se a aplicação de **hidrocortisona, 100mg EV de 6/6h, por 24 horas ou, após primeira dose de 100mg, iniciar infusão contínua de 10mg/h**. **Dexametasona, 4mg EV de 6/6h**, pode ser administrada como alternativa. **Reduzir dose da hidrocortisona para 50mg EV de 6/6h, quando o paciente se estabilizar**. A reposição de glicocorticoides deverá ser suspensa se o cortisol basal às 8 horas da manhã for compatível com o estresse (> 18μg/dL) ou após o protocolo de investigação de insuficiência adrenal.
3. **Aquecimento passivo:** está indicado o uso de cobertores ou aumento da temperatura ambiente.
4. **Ventilação mecânica:** indicada para portadores de hipoxia e/ou hipercapnia graves.
5. **Correção da hipoglicemia:** glicose 25g (glicose 50%: 50mL) EV, podendo ser utilizada a fórmula 100 – glicemia aferida × 0,4 = mL de glicose 50%. Para pacientes com hipoglicemia grave (< 40mg/dL) deve-se oferecer o dobro do volume calculado em glicose 50%.
6. **Hipotensão:** na maioria dos casos é corrigida por reposição hormonal e aquecimento. Em casos de maior gravidade, pode ser realizada reposição com cristaloides, mediante monitorização. Agentes vasopressores são usados em casos graves e refratários.
7. **Hiponatremia:** em casos brandos, deve ser tratada com restrição líquida (< 1L/dia). Para a hiponatremia grave (< 120mEq/L) deve ser realizada reposição venosa cautelosa de salina (hipovolêmica) ou solução concentrada com NaCl 3% (normovolêmica ou hipervolêmica).
8. **Investigação de evento agudo desencadeador:** tratamento de infecções com antibioticoterapia ou de doenças coexistentes, como IAM, AVE e DPOC.

Capítulo 69
Crise Tireotóxica

Guilherme Almeida Rosa da Silva • Raphael Nobrega Soliani

INTRODUÇÃO

O hipertireoidismo consiste no aumento na produção e liberação de hormônios tireoidianos em razão da hiperfunção da glândula tireoide. A tireotoxicose é definida como qualquer estado clínico promovido por excesso de hormônio tireoidiano na circulação. A crise tireotóxica ou tempestade tireoidiana consiste na exacerbação dos sinais e sintomas clínicos da tireotoxicose como resultado do aumento súbito dos hormônios tireoidianos e pela ação excessiva das catecolaminas.

É desencadeada por eventos estressores ou lesivos à glândula: cirurgias, tireoidectomias ou radioiodoterapias com preparo pré-operatório precário, trauma, infecções, suspensão de tionamidas, uso de amiodarona e estados emergenciais cardiovasculares. O uso abusivo de levotiroxina para fins de emagrecimento também está relacionado. A maioria dos casos está envolvida com a presença da doença de Graves. Trata-se de uma condição grave em que a mortalidade é de 20% a 30%.

QUADRO CLÍNICO

As principais manifestações clínicas da crise tireotóxica são decorrentes do excesso agudo de hormônios tireoidianos e da ação catecolaminérgica relacionada com os sistemas neurológico, gastrointestinal e cardiovascular. O histórico de patologias tireoidianas e a lista de medicações em uso são informações de grande relevância. São sinais e sintomas sugestivos de crise tireotóxica: hipertermia, psicose, sudorese profusa, tremor, emagrecimento, convulsões, náuseas, vômitos, diarreia, taquicardia, palpitações, fibrilação atrial, hipertensão divergente, icterícia, rabdomiólise, ICC de alto débito e estigmas da doença de Graves (oftalmopatia, mixedema pré-tibial, acropatia e bócio difuso).

DIAGNÓSTICO

O diagnóstico é obtido a partir da história e do exame clínico compatível. A avaliação laboratorial não deve atrasar o início do tratamento. Os níveis de hormônios tireoidianos não guardam relação precisa com a gravidade da doença. Como exames complementares devem ser solicitados: hemograma completo, glicemia, TGO, TGP, FA, γ-GT (avaliação de necrose centrolobular), bilirrubinas totais e frações, ureia, creatinina, Na^+, K^+, Cl^-, Mg^{++}, Ca^{++}, P, eletrocardiograma (fibrilação atrial, taquicardia sinusal, síndrome coronariana aguda) e curva enzimática (síndrome coronariana aguda); culturas devem ser solicitadas em caso de suspeita de infecções, e uma TC deve ser solicitada em caso de suspeita de AVE.

TRATAMENTO

O tratamento da crise tireotóxica é direcionado para o bloqueio da conversão periférica de T_4 em T_3 (propiltiouracil, glicocorticoides, propranolol, iodo) e o bloqueio da ação das catecolaminas nos receptores β-adrenérgicos:

1. **Propiltiouracil: dose de ataque com 600mg VO, por sonda nasogástrica ou retal, seguida de 200 a 300mg VO de 6/6h.** O propiltiouracil é preferível ao **metimazol (30mg VO de 6/6h)** por também impedir a conversão periférica de T_4 em T_3.
2. **Iodo:** 1 hora após o uso de propiltiouracil, para evitar a síntese hormonal de rebote (efeito Jod-Basedow), administrar **Lugol, 8 a 10 gotas VO, por sonda nasogástrica ou retal, de 8/8h** ou ácido

iopanoico, 500mg de 12/12h. Em caso de alergia ao iodo e/ou às tionamidas, utilizar **carbonato de lítio, 300mg VO ou por sonda nasogástrica de 6/6h.**
3. **Propranolol: 2mg EV ou 40 a 60mg VO ou pela sonda nasogástrica de 4/4h.**
4. **Glicocorticoides: hidrocortisona, 300 a 500mg (dose de ataque), seguidos de 100 a 300mg de 6/6h a 8/8h (dose de manutenção), ou dexametasona, 2 a 4mg EV de 6/6h.**
5. **Plasmaférese:** utilizada em casos refratários e graves.
6. **Resfriamento e antitérmicos:** resfriamento passivo com tecidos úmidos e **dipirona, 1 a 2g EV de 6/6h**.
7. **Tratamento das alterações relacionadas:** fibrilação atrial, distúrbios eletrolíticos, infecções e correção da glicemia.

BIBLIOGRAFIA

Adler GK, Bonyhay I, Failing H, Waring E, Dotson S, Freeman R. Antecedent hypoglycemia impairs autonomic cardiovascular function: implications for rigorous glycemic control. Diabetes. 2009; 58:360-6.

Aron DC, Findling JW, Tyrrell JB. Glucocorticoids and adrenal androgens. In: Gardner DG, Shoback D (eds.). Greenspan's basic and clinical endocrinology. Mc Graw Hill 2007:367-78.

Bagshaw SM, Bellomo R, Jacka MJ et al. The impact of early hypoglycemia and blood glucose variability on outcome in critical illness. Critical Care 2009; 13(3):R91.

Basu A, Close CF, Jenkins D, Krentz AJ, Nattrass M, Wright AD. Persisting mortality in diabetic ketoacidosis. Diabetic Medicine 1993; 10(3): 282-4.

Blackburn CM, McConahey WM, Keating RF, Albert A. Calorigenic effect of single intravenous doses of L-triiodothyronine and L-thyroxine in myxedematous persons. J Clin Invest 1954; 33:819.

Bonds DE, Miller ME, Bergenstal RM et al. The association between symptomatic, severe hypoglycaemia and mortality in type 2 diabetes: retrospective epidemiological analysis of the ACCORD study. BMJ 2010; 340:b4909-b4909.

Brooks MH, Waldstein SS. Free thyroxine concentrations in thyroid storm. An Int Med 1980; 93:694-7.

Carey RM. The changing clinical spectrum of adrenal insufficiency. Ann Intern Med 1997; 127:1103-5.

Ceriello A, Novials A, Ortega E et al. Evidence that hyperglycemia after recovery from hypoglycemia worsens endothelial function and increases oxidative stress and inflammation in healthy control subjects and subjects with type 1 diabetes. Diabetes 2012, August 13 (online).

Chung ST, Perue GG, Johnson A et al. Predictors of hyperglycaemic crises and their associated mortality in Jamaica. Diabetes Res Clin Pract 2006; 73(2):184-90.

Clark PM, Neylon I, Raggatt PR et al. Defining the normal cortisol response to the short synacthen test: Implications for the investigation of hypothalamic-pituitary disorders. Clin Endocrinol 1998; 49:287-92.

Cryer PE. Mechanisms of hypoglycemia-associated autonomic failure and its component syndromes in diabetes. Diabetes 2005; 54:3592-601.

Cryer PE. The barrier of hypoglycemia in diabetes. Diabetes 2008; 57(12): 3169-76.

Cryer PE. Hypoglycemia in diabetes: pathophysiology prevalence and prevention. Alexandria, Virginia. American Diabetes Association, 2009.

Davis SN, Mann S, Briscoe VJ, Ertl AC, Tate DB. Effects of intensive therapy and antecedent hypoglycemia on counterregulatory responses to hypoglycemia in type 2 diabetes. Diabetes 2009; 58:701-9.

Davis SN, Shavers C, Mosqueda-Garcia R, Costa F. Effects of differing antecedent hypoglycemia on subsequent counterregulation in normal humans. Diabetes 1997; 46:1.328-35.

Delaney MF, Zisman A, Kettyle WM. Diabetic ketoacidosis and hyperglycemic hyperosmolar nonketotic syndrome. Endocrinol Metab Clin North Am 2000; 29(4):683-705.

Donnelly LA, Morris AD, Frier BM et al. The DARTS/MEMO Collaboration. Frequency and predictors of hypoglycaemia in type 1 and insulin-treated type 2 diabetes: a population-based study. Diabet Med 2005; 22:749-55.

Dutta P, Bhansali A, Masoodi SR, Bhadada S, Sharma N, Rajput R. Predictors of outcome in myxedema coma: a study from a tertiary care centre. Crit Care 2008; 12:R1.

Falorni A, Nikoshkov A, Laureti S et al. High diagnostic accuracy for idiopathic Addison›s disease with a sensitive radiobinding assay for autoantibodies against recombinant human 21-hydroxylase. J Clin Endocrinol Metab 1995; 80(9):2752-5.

Fliers E, Wiersinga WM. Myxedema coma. Rev Endocr Metab Dis 2003; 4:137-41.

Gershengorn HB, Iwashyna TJ, Cooke CR, Scales DC, Kahn JM, Wunsch H. Variation in use of intensive care for adults with diabetic ketoacidosis. Critical Care Medicine 2012; 40(7):2009-15.

Gouni-Berthold I, Krone W. Diabetic ketoacidosis and hyperosmolar hyperglycemic state. Med Klin (Munich) 2006; 101(1):100-5.
Hägg E, Asplund K, Lithner F. Value of basal plasma cortisol assays in the assessment of pituitary-adrenal insufficiency. Clin Endocrinol 1987; 26:221.
Heller S, Cryer PE. Reduced neuroendocrine and symptomatic responses to subsequent hypoglycemia after 1 episode of hypoglycemia in nondiabetic humans. Diabetes 1991; 40:223-6.
Hoekstra JBL, Hermanides J, Bosman RJ et al. Hypoglycaemia is related to mortality in the ICU. Diabetologia 2009; 52(1):237-7.
Holvey DN, Goodner CJ, Nicoloff JT, Dowling JT. Treatment of myxedema coma with intravenous thyroxine. Arch Intern Med 1964; 113:139.
Jordan RM. Myxedema coma. Pathophysiology, therapy, and factors affecting prognosis. Med Clin North Am 1995; 79:185-94.
Kadmon PM, Noto RB, Boney CM, Goodwin G, Gruppuso PA. Thyroid storm in a child following radioactive iodine (RAI) therapy: a consequence of RAI versus withdrawal of antithyroid medication. J Clin Endocrinol Metab 2001; 86:1865-7.
Kitabchi AE, Umpierrez GE, Fisher JN, Murphy MB, Stentz FB. Thirty years of personal experience in hyperglycemic crises: diabetic ketoacidosis and hyperglycemic hyperosmolar state. The Journal of Clinical Endocrinology & Metabolism 2008; 93(5):1541-52.
Kobayashi C, Sasaki H, Kosuge K et al. Severe starvation hypoglycemia and congestive heart failure induced by thyroid crisis, with accidentally induced severe liver dysfunction and disseminated intravascular coagulation. Intern Med 2005; 44:234-9.
Korzon-Burakowska A, Hopkins D, Matyka K et al. Effects of glycemic control on protective responses against hypoglycemia in type 2 diabetes. Diabetes Care 1998; 21:282-90.
Kwaku MO, Burman KD. J Intensive Care Med 2007; 22:224-31.
Lewis R. Diabetic emergencies: Part 2. Hyperglycaemia. Accid Emerg Nurs. 2000; 8(1):24-30.
Linbdholm J, Kehlet H. Re-evaluation of the clinical value of the 30 min ACTH test in assessing the hypothalamic-pituitary-adrenocortical function. Clin Endocrinol 1987; 26:53-69.
MacIsaac RJ, Lee LY, McNeil KJ, Tsalamandris C, Jerums G. Influence of age on the presentation and outcome of acidotic and hyperosmolar diabetic emergencies. Intern Med J 2002; (8):379-85.
MacKerrow SD, Osborn LA, Levy H et al. Myxedema-associated cardiogenic shock treated with intravenous triiodothyronine. Ann Intern Med 1992; 117:1014.
Mackin JF, Canary JJ, Pittman CS. Thyroid storm and its management. N Eng J Med 1978; 291:1396-8.
McDermott MT, Kidd GS, Dodson LE, Hofeldt FD. Radioiodine-induced thyroid storm. Am J Med 1983; 75:353-9.
Menendez CE, Rivlin RS. Thyrotoxic crisis and myxoedema coma. Med Clin North Am. 1973; 57:1463-70.
Mukherjee E, Carroll R, Matfin G. Endocrine and metabolic emergencies: hypoglycaemia. Therapeutic Advances in Endocrinology and Metabolism 2011; 2(2):81-93.
Nelson NC, Becker WF. Thyroid crisis: diagnosis and treatment. Ann Surg 1969; 170:263-73.
Neu A, Hofer SE, Karges B et al. Ketoacidosis at diabetes onset is still frequent in children and adolescents – A multicenter analysis of 14,664 patients from 106 institutions. Diabetes Care 2009; 32 (9):1647-8.
Nicoloff JT, LoPresti JS. Myxedema coma. A form of decompensated hypothyroidism. Endocrinol Metab Clin North Am 1993; 22:279-90.
Nugent BW. Hyperosmolar hyperglycemic state. Emerg Med Clin North Am 2005; 23(3):629-48.
Nyenwe EA, Razavi LN, Kitabchi AE, Khan AN, Wan JY. Acidosis: the prime determinant of depressed sensorium in diabetic ketoacidosis. Diabetes Care 2010; 33(8):1.837-9.
Oelkers W. Adrenal insufficiency. N Engl J Med 1996; 335:1206-12.
Punthakee Z, Miller ME, Launer LJ et al.Poor cognitive function and risk of severe hypoglycemia in type 2 diabetes post hoc epidemiologic analysis of the ACCORD trial. Diabetes Care 2012, February 28 (online).
Quinn L. Diabetes emergencies in the patient with type 2 diabetes. Nurs Clin North Am 2001; 36(2):341-60.
Reinhardt W, Mann K. Incidence, clinical picture, and treatment of hypothyroid coma: results of a survey. Med Klin 1997; 92:521-4.
Rewers A. Current concepts and controversies in prevention and treatment of diabetic ketoacidosis in children. Current Diabetes Reports 2012; 12(5):524-32.
Rodriguez I, Fluiters E, Perez-emdez LF, Luna R, Paramo C, Garcia-Mayor RV. Factors associated with mortality of patients with myxedema coma: prospective study in 11 cases treated in a single institution. J Endocrinol 2004; 180:347-50.
Rolfe M, Ephraim GG, Lincoln DC, Huddle KR. Hyperosmolar non-ketotic diabetic coma as a cause of emergency hyperglycaemic admission to Baragwanath Hospital. S Afr Med J 1995; 85(3):173-6.
Savage MW, Dhatariya KK, Kilvert A et al. Joint British Diabetes Societies guideline for the management of diabetic ketoacidosis. Diabetic Medicine 2011; 28(5):508-15.
Spyer G, Hattersely AT, Macdonald IA, Amiel SA, MacLeod KM. Hypoglycaemic counterregulation at "normal" blood glucose concentrations in patients with well-controlled type 2 diabetes. Lancet 2000; 356:1970-4.

Stoner GD. Hyperosmolar hyperglycemic state. American Family Physician 2005; 71(9):1.723-30.
Thomas DJ, Hardy J, Sarwar R et al. Thyroid storm treated with intravenous methimazole in patients with gastrointestinal dysfunction. Br J Hosp Med 2006; 67:492-3.
Thompson CJ, Cummings F, Chalmers J, Newton RW. Abnormal insulin treatment behaviour: a major cause of ketoacidosis in the young adult. Diabetic Medicine 1995;12(5):429-32.
Towler DA, Havlin CE, Craft S, Cryer PE. Mechanism of awareness of hypoglycemia: perception of neurogenic (predominantly cholinergic) rather than neuroglycopenic symptoms. Diabetes 1993; 42:1791-8.
Umpierrez GE, Jones S, Smiley D et al. Insulin analogs versus human insulin in the treatment of patients with diabetic ketoacidosis – a randomized controlled Trial. Diabetes Care 2009; 32(7):1164-9.
Wartofsky L. Myxedema coma. Endocrinol Metab Clin N Am 2006; 35:687-98.
Weetman AP. Autoimmunity to steroid-producing cells and familial polyendocrine autoimmunity. Baillieres Clin Endocrinol Metab 1995; 9(1):157-74.
Wilson JF. In clinic. Diabetic ketoacidosis. Ann Intern Med 2010; 152(1):ITC1-ITC1-16.
Wolfsdorf J, Craig ME, Daneman D et al. Diabetic ketoacidosis in children and adolescents with diabetes. Pediatric Diabetes 2009; 10(12):118-33.
Wright RJ, Frier BM. Vascular disease and diabetes: is hypoglycaemia an aggravating factor? Diabetes Metab Res Rev 2008; 24:353-63.
Zammitt NN, Frier BM. Hypoglycemia in type 2 diabetes: pathophysiology, frequency, and effects of different treatment modalities. Diabetes Care 2005; 28:2948-61.
Zoungas S, Patel A, Chalmers J et al. N Engl J Med 2010; 363:1410-8.

Seção VIII – ALERGOLOGIA/IMUNOLOGIA

Capítulo 70
Anafilaxia

Rogério Neves Motta • Mariana Macedo Rossi

INTRODUÇÃO

A **anafilaxia é uma reação alérgica aguda, potencialmente fatal**, desencadeada após exposição a um antígeno específico. As manifestações clínicas são sistêmicas e de início súbito, e os principais sistemas acometidos são: pele e mucosas, aparelho respiratório, trato gastrointestinal, aparelho cardiovascular e sistema nervoso central (SNC). Sua real incidência é desconhecida, e seus valores de estimativas divergem na literatura, mas sua frequência tem aumentado em virtude do surgimento de novos alérgenos. Anafilaxia é considerada uma **emergência médica** e exige reconhecimento imediato e rápida intervenção.

FISIOPATOLOGIA

Uma reação imunológica de hipersensibilidade mediada pela imunoglobulina E (IgE), a anafilaxia é classicamente um processo alérgico que necessita da sensibilização prévia do indivíduo com o agente alergênico, produzindo IgE. Em outro contato com esse alérgeno, as IgE ligadas aos mastócitos e basófilos são ativadas, promovendo liberação de grânulos de mediadores inflamatórios: histamina, triptase, quimase, carboxipeptidase A3, proteoglicanos, interleucinas e fator de necrose tumoral alfa (TNF-α), além da produção de leucotrienos, prostaglandinas e fator ativador de plaquetas (PAF).

Entretanto, existem outros processos imunológicos e não imunológicos capazes de promover a ativação dessas células sem a mediação da IgE, produzindo manifestações clínicas indistinguíveis da anafilaxia clássica. São as chamadas reações anafilactoides, ou anafilaxia não alérgica. Esses mecanismos desencadeantes incluem: (a) ativação do sistema complemento; (b) ativação direta de mastócitos e basófilos; (c) formação de complexos imunes; (d) citotoxicidade; (e) alterações no metabolismo do ácido araquidônico; (f) outros: exercício físico, água fria, ar frio etc.

Principais ações dos mediadores inflamatórios

- Vasodilatação, redução da resistência vascular periférica (RVP), redistribuição do volume sanguíneo, hipotensão e choque.
- Aumento da permeabilidade vascular, extravasamento de líquido para o extravascular.
- Broncoespasmo e/ou obstrução de vias aéreas superiores (VAS), hipoxemia.

CONSIDERAÇÕES (QUADRO 70.1)

Quadro 70.1 Alérgenos mais comuns

Alimentos
Medicamentos: analgésicos, antitérmicos, anti-inflamatórios não hormonais e antibióticos
Veneno de insetos (p. ex., abelhas e vespas)
Látex
Estímulos físicos: exercício físico e frio
Hemoderivados
Contrastes
Antissoro heterólogo
Vacinas
Idiopática
Outros

Os agentes desencadeantes mais encontrados são os três primeiros itens do Quadro 70.1 e vão depender da faixa etária do paciente.

A natureza do antígeno e história de atopia são consideradas como fatores de risco para o desenvolvimento do quadro. Idade avançada, presença de doença cardíaca prévia, asma, uso simultâneo de β-bloqueadores e inibidores da enzima conversora da angiotensina (ECA) são fatores que se associam ao risco de desenvolvimento de reações mais graves.

QUADRO CLÍNICO

As manifestações se desenvolvem rapidamente, de segundos a minutos após o contato com o alérgeno, ou podem ser mais tardias (> 30 minutos). Assumem um curso unifásico, com os sintomas surgindo e não retornando, ou um curso bifásico, em que há uma fase imediata e os sintomas desaparecem e retornam em cerca de 8 a 12 horas. Os sinais e sintomas característicos da doença se dividem entre os seguintes sistemas acometidos:

- **Manifestações cutaneomucosas:** eritema localizado ou difuso, prurido, *rash*, urticária e angioedema (são as mais frequentes).
- **Manifestações respiratórias:** congestão nasal, espirros, prurido, disfonia, rouquidão, estridor, tosse, sibilância e dispneia.
- **Manifestações gastrointestinais:** náuseas, vômitos, cólicas e diarreia.
- **Manifestações cardiovasculares:** hipotensão com ou sem síncope, taquicardia, arritmias cardíacas e até choque.
- **Manifestações neurológicas:** cefaleia, crise convulsiva e alteração do estado mental.
- **Outras:** sensação de morte iminente, contrações uterinas, perda de controle de esfíncteres, perda da visão e zumbidos.

DIAGNÓSTICO

O diagnóstico é **essencialmente clínico** e de emergência, uma vez que o início das manifestações é súbito e evolui rapidamente. Desse modo, foram definidos critérios clínicos para o diagnóstico. A anafilaxia é altamente provável quando **qualquer um dos três critérios** do Quadro 70.2 é preenchido.

Quadro 70.2 Critérios clínicos para diagnóstico de anafilaxia

1. **Início agudo de doença (minutos ou horas) com envolvimento de pele, mucosas ou ambas (p. ex., urticária generalizada, prurido ou eritema facial, edema de lábios-língua-úvula) e pelo menos um dos dois itens seguintes deve estar presente:**
    a. Comprometimento respiratório (dispneia, sibilos/broncoespasmo, estridor, pico de fluxo expiratório [PFE] reduzido, hipoxemia)
    b. Pressão arterial (PA) reduzida ou sintomas associados de disfunção orgânica (p. ex., hipotonia [colapso], síncope, incontinência)

2. **Dois ou mais dos seguintes sintomas ocorrendo rapidamente após exposição a um alérgeno provável para o paciente, após minutos ou horas:**
    a. Envolvimento de pele-mucosas (p. ex. urticária generalizada, prurido-eritema facial, edema de lábios-língua-úvula)
    b. Comprometimento respiratório (dispneia, sibilos/broncoespasmo, estridor, PFE reduzido, hipoxemia)
    c. PA reduzida ou sintomas associados de disfunção orgânica (p. ex., hipotonia, síncope, incontinência)
    d. Sintomas gastrointestinais persistentes, principalmente cólica abdominal e vômitos

3. **Queda da PA após exposição a um alérgeno conhecido para o paciente, após minutos ou horas:**
    a. Lactentes e crianças: PA sistólica baixa (idade específica) ou uma queda na PA sistólica > 30%
    b. Adultos: PA sistólica < 90mmHg ou queda > 30% na PA sistólica basal

Adaptado do Projeto Diretrizes: Diagnóstico, Associação Brasileira de Alergia e Imunopatologia e Sociedade Brasileira de Anestesiologia. Associação Médica Brasileira e Conselho Federal de Medicina 2011:1-14.

Após o episódio agudo, é necessária uma investigação para confirmação da suspeita clínica, determinação do agente desencadeante e orientação do paciente sobre prevenção de novo evento. Para isso são utilizados os testes cutâneos ou a identificação direta no soro dos anticorpos IgE específicos para os alérgenos, e na fase aguda é possível dosar a triptase no soro, confirmando o diagnóstico.

DIAGNÓSTICO DIFERENCIAL

Há uma lista extensa de doenças que simulam as manifestações mais comuns ou mais graves da anafilaxia (hipotensão, choque, dispneia, urticária, angioedema e alterações do nível de consciência):

- Reações vasodepressoras
- Síndromes de *flushing*
- Síndromes com excesso de produção de histamina
- Outras causas de choque
- Crise de asma aguda grave
- Aspiração de corpo estranho
- Ataque de ansiedade/pânico
- Embolia pulmonar/infarto agudo do miocárdio

TRATAMENTO

O tratamento é emergencial na fase aguda, devendo ser iniciado o mais rápido possível, e posteriormente o paciente receberá orientações para prevenção e atuação em novas crises. O manejo na emergência, a partir do diagnóstico de anafilaxia, envolve:

1. **Remover exposição ao agente desencadeante**, se possível.
2. **Atuar simultaneamente:**
   - **Chamar ajuda.**
   - **Estado hemodinâmico:** avaliar pulsos, pressão arterial e monitorização eletrocardiográfica contínua. Iniciar reanimação cardiopulmonar, se necessária.
   - **Avaliar vias aéreas:** perviedade, indicação de oxigênio suplementar, via aérea definitiva ou mesmo ventilação mecânica.
   - **Acesso venoso periférico** calibroso.
   - **O aspecto mais importante do tratamento é a administração de adrenalina IM** (1:1.000), de 0,3 a 0,5mL para adultos e 0,01mg/kg/dose até 0,3mL em crianças, a intervalos de 5 a 15 minutos. O local de aplicação é na face anterolateral do terço médio da coxa.
   - Manter paciente deitado com as pernas elevadas.
3. **O_2 suplementar** a 6 a 8L/min (objetivo: saturação > 92% a 95%).
4. **Reposição de volume:** soro fisiológico 0,9%, infusão rápida: 1.000 a 2.000mL. Administrar 5 a 10mL/kg nos primeiros 5 a 10 minutos em adultos e 10mL/kg em crianças.
5. **Monitorização** não invasiva: sinais vitais, oxímetro de pulso e ECG.
6. **As medicações complementares no tratamento são** (administradas na maioria dos casos):
   - **Anti-histamínicos H_1:** difenidramina EV ou IM, na dose de 25 a 50mg em adultos e 0,5 a 1mg/kg (máximo de 50mg) em crianças, até de 4/4h ou 6/6h.
   - **Glicocorticoides:** hidrocortisona, 200mg EV, em adultos, máximo de 100mg em crianças, até 6/6h. Outras opções são: metilprednisolona, 50 a 100mg EV, em adultos, e 1mg/kg com máximo de 50mg, em crianças; prednisona VO, na dose de 1 a 2mg/kg/dose, máximo de 60 a 80mg até 6/6h, usada em casos mais leves.
   - **Agonistas β2-adrenérgicos:** salbutamol, solução 2,5mg/3mL ou 5mg/3mL em adultos e 2,5mg/3mL em crianças, por via inalatória.
   - **Anti-histamínicos H_2:** ranitidina 50mg EV em adultos e 1mg/kg, máximo de 50mg em crianças.
   - **Glucagon 1 a 5mg EV** (20 a 30mcg/kg) com máximo de 1mg em crianças, em 5 minutos, seguido de infusão contínua de 5 a 15mcg/min. Usado em casos pouco responsivos à adrenalina.

- **Agentes vasoativos** em doentes com hipotensão refratária: preferencialmente noradrenalina (EV) ou dopamina (EV) como alternativa.

Por não ser possível prever as reações bifásicas, é recomendado **manter o paciente sob vigilância clínica nas próximas 4 a 8 horas** (podendo este tempo ser estendido de acordo com a gravidade). O paciente deve ser informado do risco de **recorrência em 24 horas**. Deve ser orientado a continuar o tratamento em casa com **corticoides e anti-histamínicos VO por pelo menos 3 dias após a alta**, devendo procurar especialista para acompanhamento, orientações e pesquisa do alérgeno. Além disso, o paciente deve ser informado como identificar os sinais e sintomas que iniciam uma nova reação anafilática.

Capítulo 71
Urticária e Angioedema

Rogério Neves Motta • Mariana Macedo Rossi

INTRODUÇÃO

A urticária e o angioedema **são manifestações de uma série de doenças, ocorrendo de maneira simultânea ou separadamente.** A urticária acomete somente camadas superficiais da derme e se apresenta como lesões cutâneas caracterizadas por edema central de tamanho variável circundado por eritema, bem delimitado, com bordas serpiginosas que coalescem para formar placas gigantes, presença de prurido e natureza efêmera, com retorno à normalidade em um período de 1 a 24 horas. O angioedema é um edema súbito e localizado que envolve a derme mais profunda e tecido subcutâneo e cujo sintoma mais frequente é a dor. Acomete frequentemente mucosas, incluindo trato respiratório superior e trato gastrointestinal, e a resolução se dá por volta de 72 horas após o início do quadro.

FISIOPATOLOGIA

A fisiopatologia da urticária e do angioedema dependerá de sua etiologia. O Quadro 71.1 apresenta uma classificação da urticária e/ou angioedema, de acordo com Grattan e cols., baseada em diferentes mecanismos etiopatogênicos.

Quadro 71.1 Classificação da urticária e/ou angioedema

I – Imune
- **Dependente de IgE:** antígenos específicos (pólen, alimentos, fármacos, fungos) e agentes físicos (dermatografismo, urticária solar e do frio)
- **Autoimune:** autoanticorpos contra receptor da IgE ou contra a IgE
- **Dependente de complemento:** deficiência do inibidor de C1 esterase

II – Não imune
- **Inibidores da enzima conversora de angiotensina** (mediada por bradicinina)
- **Substâncias que provocam liberação de mastócitos:** opiáceos, antibióticos, contrastes radiológicos
- **Substâncias que modificam o metabolismo do ácido araquidônico:** ácido acetilsalicílico, AINE e pseudoalérgenos alimentares

III – Idiopáticos

CONSIDERAÇÕES

A urticária pode ser classificada em aguda, quando os episódios têm duração < 6 semanas, ou crônica, quando ultrapassam esse tempo. As formas agudas são mais comuns e atingem uma parcela importante da população em algum momento da vida.

Na maioria dos casos, a urticária apresenta-se de maneira isolada, sem o angioedema.

QUADRO CLÍNICO

O quadro se inicia de maneira rápida e tem natureza autolimitada. A urticária se manifesta por meio de erupções urticariformes pruriginosas, descritas anteriormente, sendo os membros e a face os locais mais comuns. O angioedema costuma ser mais periorbital e labial, bem-delimitado e localizado; no entanto, merece atenção especial quando acomete as vias aéreas superiores, devido à possibilidade de evolução para o óbito. O angioedema do trato gastrointestinal evolui com cólicas abdominais, náuseas e vômitos, simulando até quadro de abdome agudo.

DIAGNÓSTICO

O diagnóstico etiológico, inicialmente, baseia-se em história clínica detalhada e exame físico completo, que orientam a investigação por meio de exames laboratoriais e testes de provocação.

No ambiente do PS, é mais comum encontrar episódios agudos com duração < 24 horas que não demandam testes diagnósticos, apenas anamnese detalhada na tentativa de buscar o fator desencadeante. Quando o episódio é crônico (> 6 semanas de duração), investigação e acompanhamento mais minuciosos são necessários de acordo com as prováveis etiologias.

DIAGNÓSTICO DIFERENCIAL

Fazem diagnóstico diferencial com urticária e/ou angioedema:

- Hipersensibilidade de contato
- Anafilaxia
- Fotodermatite
- Mastocitose
- Prurigo estrófulo
- Vasculites
- Exantema infeccioso
- Erupções mobiliformes a medicamentos
- Eritema molimorfo

TRATAMENTO

O tratamento é dividido em fases aguda e crônica. Como o tratamento da fase crônica é de caráter ambulatorial, será abordado apenas o tratamento da fase aguda, que pode ser realizado no PS.

A terapêutica tem duas abordagens:

1. **Identificação e eliminação de agente** causal e/ou desencadeante.
2. **Tratamento sintomático**:
   - **Identificação de sinais de risco de vida:** hipotensão arterial sistêmica, permeabilidade das vias aéreas, sinais de sibilância e broncoconstrição, cianose, palidez, pulso filiforme, sinais de edema de glote. Caso algum dos sinais esteja presente, proceder como no tratamento de anafilaxia (veja o Capítulo 70).
   - **Anti-histamínicos H_1 de segunda geração:** desloratatina, 5mg VO 1×/dia; cetirizina, 10mg VO 1×/dia ou de 12/12h; fexofenadina, 120 a 180mg VO 1×/dia; loratadina, 10mg VO 1×/dia, são os fármacos de escolha para urticária.
   - **Anti-histamínicos H_1 de primeira geração:** prometazina, 25mg/dose IM ou 12,5mg VO até 8/8h (crianças: 0,1mg/kg/dose ou até 1mg/kg/dia); hidroxizina, 25 a 50mg VO de 6/6h, nos casos de urgência e em urticária aguda grave.
   - **Corticoides sistêmicos:** prednisolona, 50mg/dia VO (crianças: 1mg/kg/dia, por 3 dias). Associar em caso de doença aguda grave com angioedema ou quando não há resposta aos anti-H_1.
   - Deixar o paciente em **observação por 6 horas**.
   - **Regressão do quadro:** alta com prescrição de anti-H_1 VO por 7 dias e, se apresentou também angioedema, continuar corticoide sistêmico; orientar paciente a fazer acompanhamento ambulatorial.
   - Caso não haja melhora, **manter internação**.

Capítulo 72
Rinite Alérgica

Rogério Neves Motta • Mariana Macedo Rossi

INTRODUÇÃO

A rinite alérgica (RA) é definida como **inflamação da mucosa nasal mediada pela ação da imunoglobulina E** (IgE) em resposta ao contato com alérgeno em indivíduos sensibilizados, cujos sintomas são reversíveis espontaneamente ou com tratamento.

Em países europeus, sua prevalência é de 20%, sendo considerada uma doença comum em populações urbanas. Apesar de não apresentar gravidade, merece importante atenção da saúde pública, uma vez que interfere na qualidade de vida, podendo comprometer seriamente o rendimento dos pacientes na escola e no trabalho.

FISIOPATOLOGIA

Como em todo processo alérgico, ocorre sensibilização prévia do indivíduo ao agente alergênico com a produção de IgE. Em subsequente exposição ao alérgeno, as IgE são ativadas, provocando a degranulação de mastócitos e a liberação de uma série de mediadores químicos e citocinas inflamatórias. Dentre esses mediadores, encontram-se histamina, prostaglandinas e leucotrienos, responsáveis pelos principais sintomas da rinite.

Contudo, a reação alérgica não envolve apenas a reação imediata de degranulação mastocitária, existindo, também, uma fase tardia, que ocorre cerca de 4 a 12 horas após o contato com o alérgeno, na qual há migração de eosinófilos para o local da reação. A presença de eosinófilos na mucosa nasal é característica da rinite alérgica, e estes são os responsáveis pelo dano tecidual.

Ao longo do tempo, repetidas exposições ao alérgeno provocam modificações inflamatórias na mucosa que resultam em uma hiper-reatividade nasal, tornando os novos episódios mais exuberantes.

Podem ser encontrados diferentes tipos de alérgenos associados à RA (Quadro 72.1); entretanto, outros fatores podem desencadear e agravar o quadro, como mudança brusca de clima, inalação de irritantes, como fumaça e odores fortes, ar frio e seco e ingestão de anti-inflamatórios não hormonais.

Quadro 72.1 Alérgenos mais comuns

Ácaros da poeira
Fungos
Proteínas de baratas
Pelos, saliva e urina de animais
Ocupacionais: trigo, látex, poeira de madeira

CONSIDERAÇÕES

A doença pode ser classificada em: (1) sazonal (as manifestações surgem em determinadas épocas do ano, como é o caso do pólen); (2) perene (o alérgeno está presente ao longo de todo o ano); (3) ocupacional (os sintomas ocorrem no ambiente de trabalho e melhoram nos finais de semana e feriados).

As recomendações da iniciativa *Allergic Rhinitis and Its Impact on Asthma* (ARIA) e a Organização Mundial da Saúde (OMS) trazem uma classificação que aborda duração e gravidade dos sintomas, além da avaliação da qualidade de vida. Essa classificação é importante para a abordagem terapêutica da rinite alérgica:

- **Intermitente:** sintomas presentes < 4 dias/semana ou < 4 semanas.
- **Persistente:** sintomas presentes > 4 dias/semana ou > 4 semanas.
- **Leve:** sono normal; atividades diárias normais; não interfere no trabalho ou na escola; sintomas não incomodam.
- **Moderada/severa:** um ou mais dos seguintes itens presentes: sono comprometido, atividades diárias comprometidas (lazer, esportes), problemas no trabalho ou escola e/ou sintomas incomodam.

QUADRO CLÍNICO

Após contato com agente desencadeante ocorrem **obstrução nasal, rinorreia aquosa, espirros, prurido nasal e/ou no palato e sintomas oculares, como lacrimejamento, prurido e hiperemia conjuntival.** Pode acometer qualquer faixa etária, geralmente com início na infância.

O paciente, muitas vezes, desenvolve o hábito de friccionar frequentemente o nariz com a palma da mão, o que é conhecido como "saudação alérgica". Outros sintomas podem estar presentes: cefaleia, otalgia, alterações do olfato, tosse e sintomas sistêmicos.

No exame físico, é necessário examinar as cavidades nasais mediante a realização da rinoscopia anterior, na qual serão avaliados palidez e edema dos cornetos e presença de secreções e de desvios do septo nasal.

DIAGNÓSTICO

O diagnóstico é essencialmente clínico, baseado nos sinais e sintomas, na história pessoal e familiar de atopia, no exame físico e em exames complementares.

É necessária avaliação da frequência, intensidade, duração e periodicidade dos sintomas e do impacto na qualidade de vida. Devem ser pesquisadas outras doenças alérgicas, como asma e dermatites.

Na rinoscopia anterior, os sinais de rinite são hipertrofia e palidez dos cornetos inferiores e presença de secreção hialina.

Para o diagnóstico etiológico, os exames mais utilizados são os testes cutâneos de hipersensibilidade imediata e a avaliação dos níveis séricos de IgE alérgeno-específica. Outros exames podem ser solicitados quando há dificuldade no diagnóstico diferencial, como citologia nasal, nasofibroscopia e exames de imagem.

DIAGNÓSTICO DIFERENCIAL

- Rinite não alérgica perene
- Rinite vasomotora
- Anormalidades estruturais da nasofaringe e fossas nasais
- Exposição a substâncias irritantes
- Infecção das vias aéreas superiores
- Rinite medicamentosa
- Hipotireoidismo
- Gravidez com edema acentuado de mucosa nasal
- Tumores
- Granulomatoses

TRATAMENTO

O tratamento da rinite alérgica se baseia em:

1. **Medidas gerais**, que envolvem educação e controle ambiental.

2. **Tratamento farmacológico** (descrito adiante): por se tratar de uma doença crônica, o tratamento é realizado ambulatorialmente com o objetivo de evitar ou intervir precocemente em novas crises, minimizando os sintomas e oferecendo qualidade de vida:
    - **Anti-histamínicos H_1 de segunda geração:** fexofenadina, na dose de 120mg/dia VO, dividida em um comprimido de 120mg 1×/dia ou um comprimido de 60mg 2×/dia em adultos (crianças de 6 a 12 anos, 30 a 60mg/dia); desloratadina, 5mg VO 1×/dia em adultos (crianças de 2 a 5 anos: 1,25mg/dia, de 6 a 11 anos: 2,5mg/dia); loratadina, 10mg VO 1×/dia em adultos (crianças < 2 anos: 2,5mg/dia; de 2 a 5 anos: 5mg/dia). Estes são os fármacos de escolha na rinite leve intermitente ou em associação com corticoides tópicos, na moderada/grave.
    - **Corticoesteroides**
        - **Tópicos nasais:** budesonida, 32, 64, 50 e 100mcg/jato – aplicar de 1 a 2 jatos/narina 1 a 2×/dia, dose de 100 a 400mcg/dia, crianças a partir de 4 anos; fluticasona, 50mcg/jato – aplicar 1 a 2 jatos/narina 1 a 2×/dia, dose de 100 a 200mcg/dia, crianças a partir de 4 anos. Reavaliação após 2 semanas de tratamento. É a primeira opção de tratamento na rinite moderada/grave e persistente.
        - **Sistêmicos:** prednisona, 20mg VO 2×/dia, dose de 40mg/dia em adultos e 1 a 2mg/kg/dose (máximo 60mg) em crianças. Usados em casos graves persistentes, por período breve – 3 a 7 dias.
    - **Descongestionantes tópicos nasais:** oximetazolina, 0,5mg/mL em adultos – aplicar 2 ou 3 atomizações em cada narina de 12/12h e 0,25mg/mL em crianças de 2 a 5 anos – aplicar 2 ou 3 gotas em cada narina de 12/12h. Usar por no máximo 3 a 5dias.
    - **Cromoglicato dissódico**, solução *spray* nasal a 2% (20mg/mL) e a 4% (40mg/mL) – duas aplicações a 2% e uma a 4% em cada narina de 2 a 4×/dia. Usado **apenas para profilaxia**.
    - **Brometo de ipratrópio**, *spray* nasal a 0,025%: 21mcg/jato – aplicar 2 a 4 jatos/narina de 3 a 4×/dia; em crianças < 12 anos – aplicar 2 jatos/narina 2×/dia. Usado em caso de rinorreia persistente.
    - **Antileucotrienos:** montelucaste, 4, 5 e 10mg VO, 10mg em dose única diária ao deitar em adultos; em crianças de 1 a 5 anos, 4mg ao deitar, e de 6 a 14 anos, 5mg ao deitar. Tratamento adjuvante na rinite.
    - **Imunoterapia** é utilizada nos casos de sintomas moderados/graves persistentes (tratamento ambulatorial).

BIBLIOGRAFIA

Associação Brasileira de Alergia e Imunopatologia e Sociedade Brasileira de Anestesiologia. Projeto Diretrizes: Anafilaxia: Diagnóstico. Associação Médica Brasileira e Conselho Federal de Medicina, 2011:1-14.
Associação Brasileira de Alergia e Imunopatologia e Sociedade Brasileira de Anestesiologia. Projeto Diretrizes: Anafilaxia: Tratamento. Associação Médica Brasileira e Conselho Federal de Medicina, 2011:1-17.
Austen KF. Alergias, anafilaxia e mastocitose sistêmica. In: Fauci AS et al. Harrison medicina interna. 17. ed. Rio de Janeiro: McGraw-Hill Interamericana do Brasil, 2008:2061-70.
Bernd LA, Solé D, Pastorino AC et al. Anafilaxia: guia prático para o manejo. Ver Bras Alerg Imunopatol 2006; 29:283-91.
Broek JL, Bousquet J, Baena-Cagnani CE et al. Allergic Rhinitis and its Impacte on Asthma (ARIA) guidelines: 2010 Revision. Journal of Allergy and Clinical Immunology 2010; 126(3):466-76.
Criado PR et al. Urticária. An Bras Dermatol, Rio de Janeiro, Dec. 2005; 80(6).
Ibiapina CC et al. Rinite alérgica: aspectos epidemiológicos, diagnósticos e terapêuticos. J Bras Pneumol, São Paulo, Apr 2008; 34(4).
Leal OM, Martins HS. Anafilaxia. In: Martins HS, Neto RAB, Neto AS, Velasco IT. Emergências clínicas: abordagem prática. São Paulo: Manole, 2010:114-22.
Lieberman P, Nicklas RA, Oppenheimer J et al. The diagnosis and management of anaphylaxis practice parameter: 2010 Update. J Allergy Clin Immunol 2010; 126:477-80.
Scadding GK, Durham SR, Mirakian R et al. BSACI guidelines for the management of allergic and non-allergic rhinitis. Clin Exp Allergy 2008; 38:19-42.

Simons FER, Ardusso LRF, Bilò MB et al. World Allergy Organization Guidelines for the Assessment and Management of Anaphylaxis. World Allergy Organization Journal 2011; 4(2):13-37.

Sociedade Brasileira de Alergia e Imunopatologia. Projeto Diretrizes: Rinite Alérgica. Associação Médica Brasileira e Conselho Federal de Medicina, 2002:1-5.

Sociedade Brasileira de Alergia e Imunopatologia. Projeto Diretrizes: Diagnóstico e Tratamento da Urticária. Associação Médica Brasileira e Conselho Federal de Medicina, 2001:1-10.

Solé D, Weckx LLM, Filho NAR et al. II Consenso Brasileiro sobre Rinites 2006. Rev Bras Alerg Imunopatol 2006; 29(1):29-58.

Zuberbier T, Asero R, Bindslev-Jensen C et al. EAACI/GA^{2}LEN/EDF/WAO Guideline: Management of urticaria. Allergy, 2009; 64(10):1427-43.

Seção IX – GASTROENTEROLOGIA

Capítulo 73
Investigação da Dor Abdominal

Carlos Eduardo Brandão Mello • Leonardo Ribeiro dos Santos

INTRODUÇÃO

A dor abdominal consiste em uma das queixas mais frequentes na prática médica e nas emergências, representando um grande desafio diagnóstico para o médico. Essa cavidade contém um grande número de órgãos e estruturas que podem sediar a dor, como, por exemplo, estômago, intestino delgado, intestino grosso (cólon), fígado, pâncreas, vesícula biliar, baço, rins, músculos e ligamentos.

ETIOLOGIA E FISIOPATOLOGIA

Existem basicamente três tipos de dor abdominal:

- **Dor somática:** provém de irritação do folheto parietal do peritônio. Em geral, é de forte intensidade, com piora à palpação.
- **Dor referida:** pode ocorrer quando o local etiológico está fora da cavidade abdominal (p. ex., infarto agudo do miocárdio [IAM], pneumonia em bases pulmonares) e o paciente aponta o abdome como local da dor; ou quando a dor é sentida fora da cavidade abdominal, e sua origem é abdominal (p. ex., abscesso intra-abdominal).
- **Dor visceral:** quando há estiramento de fibras aferentes presentes na parede de órgãos intra-abdominais.

ANAMNESE E EXAME FÍSICO

Alguns dados da história clínica da dor e o exame físico ajudam a fechar o diagnóstico. A seguir, tentaremos descrever algumas características clínicas e as principais suspeitas diagnósticas:

- **Início da dor:** dor de início súbito, pode apontar para uma resolução cirúrgica (cisto de ovário, ruptura de aorta).
- **Evolução:** dor constante que não piora, falando contra uma resolução cirúrgica; por outro lado, aquela com piora do quadro aponta para processo inflamatório (p. ex., apendicite).
- **Localização:** verificar em qual quadrante abdominal está localizada a dor topograficamente.
- **Característica:** dor abdominal com irradiação para a região dorsal, pode orientar para dissecção aguda de aorta.

Dados importantes no exame físico

- **Sinais vitais:** verificar sempre se há presença de hipotensão ou taquicardia, o que pode apontar para: pancreatite, obstrução intestinal, sangramento digestivo, sepse ou choque cardiogênico; febre aponta para causa infecciosa, porém não é patognomônica.
- **Ectoscopia:** icterícia pode indicar uma causa hepática, obstrução das vias biliares ou pancreatite (p. ex., colangite, colecistite, hepatite, hemólise); a presença de telangiectasias pode sugerir cirrose hepática.
- **Palpação:** verificar se há sinais de irritação peritoneal; deve-se começar a palpação pelas regiões indolores para posteriormente palpar as regiões dolorosas. Dor no ponto de McBurney pode apontar para a ocorrência de apendicite, tuberculose ileal, linfoma ou diverticulite cecal. Caso seja

encontrada uma massa pulsátil, pensar rapidamente em aneurisma de aorta. O sinal de Murphy sugere colecistite aguda.
- **Inspeção, percussão e ausculta:** observar se há aumento do volume abdominal (ascite), circulação colateral (hepatopatias), hematomas periumbilicais ou em flancos (pancreatite necro-hemorrágica) e atentar para presença de cicatrizes cirúrgicas (obstrução intestinal) e peristaltismo diminuído (íleo paralítico).
- **Exame da região dorsal:** quando há a presença do sinal de Giordano, atentar para litíase renal, pielonefrite ou apendicite.

Quadro 73.1 Causas de dor abdominal localizada

Hipocôndrio D	Hipocôndrio E	Fossa ilíaca D	Fossa ilíaca E	Hipogástrio	Epigástrio	Flancos D e E
Gastrites	Gastrites	Apendicite	Diverticulite	Apendicite	Angina	Infecção urinária
Úlceras pépticas	Úlceras pépticas	Infecção urinária	Neoplasia de cólon	Infecção urinária	IAM inferior	Cálculo ureteral
Cólica biliar	Pancreatite	Patologias ginecológicas	Doença inflamatória intestinal	Patologias ginecológicas	Aneurisma de aorta abdominal	Patologias ginecológicas
Colecistite	Neoplasias	Cálculo ureteral	Patologias ginecológicas	Cálculo vesical	Esofagite	Pielonefrite
Colangite		Neoplasia de cólon	Cálculo ureteral	Neoplasia vesical	Gastrites	Neoplasia de cólon
Pancreatite			Infecção urinária		Úlceras pépticas	
Abscesso hepático					Cólica biliar	
Hepatites					Colecistite	
Neoplasia de estômago					Colangite	
					Pancreatite	
					Neoplasia de esôfago	

EXAMES LABORATORIAIS PARA INVESTIGAÇÃO DA DOR ABDOMINAL

- **Hemograma completo:** a presença de anemia pode orientar para perdas ocultas (hemorragias). Casos de apendicite podem cursar com leucograma normal. Já uma leucocitose com a presença de desvio para esquerda está associada a quadros infecciosos.
- **Exame de urina (EAS):** quando houver a presença de leucocitúria, aventar causas prostáticas ou infecção do trato urinário; hematúria geralmente está associada a quadros de prostatite, infecção do trato urinário, litíase e tumores urológicos.
- **Enzimas hepáticas e pancreáticas:** quando houver a suspeita de pancreatite, solicitar a dosagem de amilase e lipase, lembrando sempre da maior especificidade da lipase para acometimentos pancreáticos. Quando apenas a amilase se encontra elevada, atentar para úlcera péptica perfurada, gravidez ectópica rota, isquemia mesentérica, parotidite, insuficiência renal ou uso abusivo de álcool.

EXAMES DE IMAGEM

- **Radiografia simples de abdome:** deve ser solicitada em várias ocasiões. Quando se suspeita de perfuração de vísceras ocas, será observada a presença de pneumoperitônio. Alguns cálculos renais podem ser observados; entretanto, esse não é o exame ideal para fechar esse diagnóstico.
- **Ultrassonografia (USG):** utilizada para identificação da presença de cálculos biliares; exame inicial na suspeita de doenças renais; a USG transvaginal pode auxiliar o diagnóstico de gravidez ectópica e o diagnóstico de pancreatite, apendicite aguda ou litíase renal.
- **Tomografia computadorizada (TC):** a TC, em sua técnica helicoidal, apresenta excelente acurácia para diagnosticar: dissecção de aorta, litíase renal, apendicite, diverticulite, laceração hepática e abscessos intra-abdominais. Vale ressaltar a utilidade da angiotomografia em caso de suspeita de trombose dos vasos mesentéricos.

- **Ressonância nuclear magnética (RNM):** a RNM, exame de enorme acuidade, em razão de seu custo e difícil disponibilidade imediata, não é usada com tanta frequência na investigação da dor abdominal. No entanto, em casos particulares, como é o caso da litíase das vias biliares, a colangiorressonância é muito solicitada.

TRATAMENTO

A proposta terapêutica depende do diagnóstico primário da dor abdominal. Deve-se avaliar a estabilidade hemodinâmica do paciente a partir dos sinais vitais e da diurese. É primordial o monitoramento de pacientes instáveis; caso necessário, realizar hidratação vigorosa para lançar mão de agentes vasoativos para o restabelecimento dos padrões vitais. Em pacientes estáveis, coletar a história por meio de uma boa anamnese associada a exame físico completo; se necessário, solicitar o exame complementar mais indicado para cada suspeita diagnóstica. Sempre atentar para quadros clínicos atípicos em pacientes idosos, portadores da AIDS (síndrome da imunodeficiência adquirida) e usuários crônicos de medicamentos imunossupressores.

Capítulo 74
Hemorragia Digestiva Alta

Ricardo Dardengo Glória • Augusto César Miranda Vilela

INTRODUÇÃO

A hemorragia digestiva alta (HDA) é definida como sangramento do trato gastrointestinal (TGI) entre o esôfago proximal e o ângulo de Treitz e corresponde a 80% das hemorragias intestinais. Trata-se de uma condição comum (100 a cada 100 mil internações nos EUA), duas vezes mais frequente em homens, e de maior incidência com o avançar da idade. A mortalidade geral por HDA aproxima-se de 2%. Sabe-se que 85% dos sangramentos cessam espontaneamente, todavia esse fato não exclui a necessidade de abordagem diagnóstica, terapêutica e/ou profilática, ou seja, todos devem realizar exame endoscópico em algum momento, seja de urgência, seja eletivamente.

O atendimento do paciente com hemorragia digestiva deve sempre ser protocolado, dando prioridade à triagem rápida, à estabilização do paciente, ao diagnóstico e ao tratamento, nesta ordem. A estabilização hemodinâmica é uma emergência e sempre será o primeiro passo, deixando o diagnóstico etiológico e o tratamento em segundo plano. Para isso, é necessária uma equipe multiprofissional acessível e bem-treinada, visto que em poucos minutos sem atendimento adequado o paciente pode acabar em choque hipovolêmico de difícil resgate, culminando em óbito.

ETIOLOGIA

Várias são as causas de HDA. Entre as mais frequentes podem ser citadas a doença ulcerosa péptica e a hemorragia por ruptura de varizes esofagogástricas (que somam 90% dos casos), além da síndrome de Mallory-Weiss, erosões gastroduodenais, esofagite erosiva, angiodisplasias, neoplasias, lesão de Dieulafoy, hemofilia e fístula aortoentérica.

Deve-se ficar atento às outras causas de sangramentos que podem causar confusão diagnóstica, assemelhando-se às hemorragias digestivas, como é o caso das afecções de vias aéreas superiores e inferiores (epistaxe, hemoptise), lesões de cavidade oral, síndrome de Münchausen etc.

QUADRO CLÍNICO

O sangramento geralmente apresenta-se na forma de **melena** (evacuação escura, odor característico, contendo sangue "digerido", que corresponde a 70% a 80% das HDA), **hematêmese** (vômito com sangue vivo ou com aspecto em "borra de café" – 40% a 50% das HDA), **sangramento oculto e, raramente, hematoquezia** (sangramento anal com ou sem fezes – 10% das HDA).

Deve-se proceder ao exame físico completo (inclusive toque retal), com enfoque nos sinais vitais e no reconhecimento clínico de instabilidade hemodinâmica: choque, palidez cutaneomucosa, sangramento ativo, hipotensão postural, taquicardia ou bradicardia. Procurar por massas intra-abdominais e estigmas de insuficiência hepática, como telangiectasias, ginecomastia, icterícia, *flapping* e eritema palmar, entre outros.

A presença de dor abdominal, especialmente se intensa e associada a defesa involuntária ou sinal de Blumberg, apresenta riscos de perfuração visceral. Se há sinais de abdome agudo, é necessária uma avaliação mais aprofundada para excluir essa possibilidade antes da endoscopia.

Deve-se tentar encontrar a causa ou fator predisponente para HDA por meio da anamnese direcionada, incluindo história de sangramentos prévios, relato de alcoolismo, disfunção hepática, coagulopatia, emagrecimento, uso de algumas classes específicas de fármacos (como anti-inflamatórios não esteroides [AINE], antiagregantes plaquetários, anticoagulantes, bifosfonatos), disfagia, queimaduras, deglutição de corpo estranho, história de aneurisma de aorta ou de cirurgias prévias na aorta abdominal, dor abdominal e/ou história de hematêmese, melena ou hematoquezia no passado.

Alguns fatores foram descritos como indicadores prognósticos, morbimortalidade e risco de ressangramento, como gravidade clínica do sangramento (instabilidade hemodinâmica), idade avançada (> 60 anos), comorbidades prévias (coronariopatias, doença renal crônica etc.), coagulopatias e aspecto endoscópico da lesão. Baseados nisso, alguns sistemas de pontuação estão sendo estudados com o benefício de estratificar o paciente, como o *Baylor Bleeding Score*, o de *Rockall*, *Hay*, *Longstreth* e *Freitelberg*, porém esses sistemas ainda são pouco utilizados na prática. De modo geral, esses estudos demonstram que, quanto maior a instabilidade hemodinâmica, pior o prognóstico do paciente. Entretanto, subestimar o paciente de bom aspecto, aparentemente estável, pode ser um erro grave. Sangramentos maciços podem ocorrer em questão de minutos, principalmente nos casos de varizes esofagogástricas.

Quadro 74.1 Sinais e sintomas correspondentes à patologia de base da HDA

Úlcera péptica	Dor epigástrica ou em hipocôndrio direito
Úlcera esofágica	Odinofagia, refluxo gastroesofágico, disfagia
Mallory-Weiss	Náuseas, êmeses ou tosse antes da hematêmese
Varizes esofagogástricas ou gastropatia hipertensiva portal	Icterícia, fraqueza, fadiga, anorexia, distensão abdominal
Tumores	Disfagia, plenitude pós-prandial, perda de peso, caquexia

Quadro 74.2 Estimativa clínica da perda volumétrica sanguínea

< 20% do volume sanguíneo	Geralmente assintomático
20% a 40% do volume sanguíneo	Taquicardia em repouso e hipotensão ortostática
> 40% do volume sanguíneo	Hipotensão supina, alterações de consciência e/ou extremidades frias

EXAMES COMPLEMENTARES

- **Exames laboratoriais:** devem ser feitos hemograma completo, contagem de plaquetas, ureia, creatinina, TGO, TGP, TAP, PTT, protrombina, albumina e tipagem sanguínea. Cabe aqui lembrar que as taxas de hemoglobina e hematócrito não se alteram de imediato, devendo ser comparadas a cada 2 a 8 horas, dependendo da gravidade do sangramento.
- **Sonda nasogástrica (SNG):** pode ser útil para definir se o sangramento é alto ou baixo, sendo utilizada como ferramenta diagnóstica de lesões com alto risco de ressangramento ou sangramentos ativos. Sua principal indicação é para remoção de parte do sangue e coágulos, facilitando a visualização endoscópica, porém seu uso é contestável, sendo realizada criteriosamente em caso de suspeita de sangramento por varizes esofagogástricas, pois aumenta o risco de sangramento.
- **Endoscopia digestiva alta (EDA):** é método de eleição para o diagnóstico de HDA, apresenta altas sensibilidade e especificidade, possibilitando a terapêutica em cerca de 90% dos casos. A EDA deve ser realizada precocemente (nas primeiras 12 a 24 horas do evento hemorrágico), logo após a estabilização clínica.
- **Arteriografia:** pode ser utilizada, principalmente, nos casos em que se tem hemorragia maciça, com necessidade de 4 a 6 concentrados de hemácias, e a EDA não tenha sido eficaz no diagnóstico e na terapêutica. É possível localizar com boa acurácia sangramentos a partir de 0,5mL/min, promovendo rápida localização e potencial terapêutico na interrupção do sangramento

gastrointestinal. O simples fato de localizar o sangramento, mesmo sem sucesso terapêutico angiográfico, leva à redução significativa da mortalidade em razão da utilização de cirurgias menos extensas.
- **Cintilografia com hemácias marcadas com Tc99m.** É outra opção diagnóstica utilizada quando a EDA não determinou o sangramento, identificando perdas a partir de 0,1mL/min no TGI.

TRATAMENTO
Abordagem geral do paciente com HDA
- **Triagem:** deve ser rápida, identificando instabilidade hemodinâmica e atendimento prioritário. Todos os pacientes com ansiedade, torpor, lipotimia, dispneia, palidez cutânea, extremidades frias e instáveis hemodinamicamente (pressão arterial sistólica [PAS] < 100mmHg, frequência cardíaca [FC] > 100bpm, alterações hemodinâmicas ortostáticas – queda > 10mmHg na PAS e elevação de 20bpm na FC – ou com sangramento ativo) devem ser monitorizados prontamente com monitorização cardíaca contínua, oximetria de pulso e pressão não invasiva.
- *Advanced Cardiovascular Life Support (ACLS):* atendimento ao paciente crítico – veja o Capítulo 2, *Reanimação Cardiopulmonar*.
- **Suporte geral:** providenciar suporte de oxigênio se $SatO_2$ < 92%, dieta zero, puncionar dois acessos venosos periféricos calibrosos (18 a 14G), SNG em caso de dúvida quanto à origem do sangramento, intubação orotraqueal (se necessário), sonda vesical de demora para quantificar o débito urinário (ideal > 0,5mL/kg/h) e coletar exames laboratoriais sequenciais.
- **Ressuscitação volêmica:** utilizar cristaloides (soro fisiológico ou Ringer), 25 a 30mL/kg na primeira hora. Se houver refratariedade à ressuscitação com cristaloides, avaliar hemotransfusão independentemente do hematócrito e iniciar infusão de aminas vasoativas. Alvos: hemoglobina (Hb) > 10 em pacientes de comorbidade alta (doença cardiovascular, uso de anticoagulantes ou antiagregantes plaquetários, > 65 anos) e Hb > 7 em pacientes de baixa comorbidade. Atenção especial aos pacientes com função cardíaca prejudicada, que deverão receber volume com cautela.
- **Aminas vasoativas:** em caso de hipotensão refratária à ressuscitação volêmica. Iniciar **noradrenalina** na dose de 0,1mcg/kg/min. Não há limite superior determinado, porém altas doses de noradrenalina são deletérias para órgãos nobres devido à vasoconstrição e ao baixo fluxo sanguíneo proporcionado. Alguns pacientes podem se beneficiar do uso ou da associação da **dobutamina**, como os cardiopatas.
- **Coagulopatias:** pacientes com sangramento ativo e INR > 1,5 ou plaquetas < 50.000 devem ser tratados com plasma fresco (10 a 20mL/kg) e transfusão plaquetária (1U/10kg), respectivamente.

> **Obs.:** fazer uso de 1U plasma a cada 4U de concentrado de hemácias; se INR > 3, utilizar metade do plasma na admissão e o restante durante a EDA.

- **Outros:**
    - **Eritromicina:** estudos mostraram o benefício do uso do procinético eritromicina antes da EDA com os objetivos de ajudar na identificação do sangramento e diminuir o tempo do procedimento endoscópico e a taxa de repetição do procedimento (*second-look*). A dose recomendada é de 3mg/kg EV durante 20 a 30 minutos, 30 a 90 minutos antes da EDA.
    - **Ácido tranexâmico:** é um agente antifibrinolítico que, em uma meta-análise, demonstrou ligeira redução da mortalidade na HDA, porém não modificou risco de ressangramento, transfusões sanguíneas e cirurgias. Hawkey *et al.* (2001) mostraram que não há indicação de seu uso em úlceras não varicosas. Mais estudos são necessários para comprovar seu benefício e indicação.

Abordagem específica conforme etiologia
HDA não varicosa

A úlcera péptica é a principal causa de HDA. Existem quatro grandes fatores para o desenvolvimento de HDA nesses pacientes: infecção pelo *H. pylori*, AINE, estresse e excesso de acidez gástrica. O tratamento envolve a supressão ácida, terapia endoscópica e tratamento/diminuição dos fatores de risco para formação de novas úlceras:

- **Inibidores de bomba protônica (IBP) e bloqueadores H_2:** no paciente com HDA de natureza péptica, esses medicamentos visam suprimir a acidez gástrica, uma vez que um pH > 6 é necessário para agregação plaquetária adequada. Altas doses de IBP EV reduzem significativamente a taxa de sangramento, quando em comparação com bloqueadores H_2, que não são mais rotineiramente recomendados após a chegada dos IBP. Recomenda-se o uso de **omeprazol**, 80mg EV, em *bolus*, seguidos por 8mg/h EV durante 72 horas. Logo após, se não houver sangramento, realizar manutenção com omeprazol oral, 20mg 1×/dia, em jejum, pela manhã, durante 8 semanas.
- **Endoscopia digestiva alta:** é a base do tratamento atual das HDA, modificadora de morbimortalidade, devendo ser realizada nas primeiras 24 horas. A indicação do tratamento é baseada no aspecto da lesão, sendo a classificação de Forrest uma descrição macroscópica da úlcera e sua estimativa em porcentagem de ressangramento. São vários os recursos disponíveis para abordagem da úlcera péptica: injeções de soluções (salina, adrenalina, álcool, trombina, cianoacrilato), cauterização (*laser*, *heater probe*, eletrocoagulação mono ou bipolar, argônio) e mecânicos (hemoclipes e elásticos), cada um com sua utilidade e indicação. Resultados mostram que a terapia endoscópica reduz a taxa de recidiva, cirurgia e mortalidade. Em casos selecionados, como úlceras grandes e de localização em parede posterior do bulbo duodenal, alguns serviços recomendam o *second-look*, ou seja, uma segunda EDA para confirmar o sucesso do tratamento. Alguns serviços optam por manejo cirúrgico precoce, dependendo da gravidade do quadro, mas não há consenso quanto a isso entre as sociedades de endoscopia.
- **Tratamento cirúrgico:** apenas 5% a 10% dos casos chegam a necessitar de abordagem cirúrgica. A indicação é para os pacientes com suspeita de abdome agudo cirúrgico, aqueles que não obtiveram sucesso com o tratamento endoscópico, os com hemorragia recorrente após estabilização inicial ou com necessidade de mais de seis unidades de concentrados de hemácias (choque refratário à ressuscitação vigorosa). As técnicas incluem rafias e ressecções, associadas ou não a vagotomia, não existindo consenso sobre qual técnica pode ser realizada.
- **Somatostatina e octreotida:** são utilizadas para o tratamento da HDA varicosa, porém podem ter algum benefício na não varicosa. Alguns estudos aprovam o uso como terapia adjuvante à EDA em caso de insucesso, contraindicação ou indisponibilidade. Mais detalhes sobre doses na terapêutica varicosa.

HDA varicosa

Em relação às varizes esofagogástricas, 90% dos cirróticos as apresentam, 30% terão hemorragia em razão da rotura destas e 30% a 50% evoluirão para óbito no primeiro episódio hemorrágico. O fator principal para seu desenvolvimento é a hipertensão portal (a pressão portal normal é de 5 a 10mmHg, formam-se varizes > 10mmHg e rompem-se > 12mmHg). A correção de coagulopatias é importante nesses pacientes, considerando a associação com insuficiência hepática. No entanto, é importante destacar que, em pacientes com suspeita de HDA por rotura de varizes, devem ser evitadas transfusões de concentrados de hemácias sem indicação precisa, pois podem piorar o sangramento:

- **Análogos da somatostatina:** a somatostatina e seus análogos octreotida e vapreotida inibem a liberação de hormônios vasodilatadores, como o glucagon, causando vasoconstrição esplâncnica indiretamente e diminuindo a pressão portal. A **somatostatina** é administrada na dose inicial de 200 a 500mcg

EV em *bolus*, seguida por infusão contínua de 250 a 500mcg/h. Já a **octreotida** é usada na dose de 50mcg em *bolus*, seguida de 50mcg/h em bomba de infusão contínua, sendo preferida à somatostatina em virtude de sua ação lenta, com menos efeito de rebote. Seu uso deve ser continuado por 3 a 5 dias.

- **Análogos da vasopressina:** a vasopressina e a terlipressina causam vasoconstrição esplâncnica diretamente, diminuindo a pressão portal. A **vasopressina** é administrada na dose inicial de 0,4UI EV em *bolus*, seguida de infusão contínua de 0,4 a 1UI/min, com taxa de sucesso na hemostasia de 60% a 80%. Em contrapartida, há risco aumentado de isquemia em órgãos nobres com o uso desse medicamento, tornando necessária a combinação com nitroglicerina, 10 a 50mcg/min, para minimizar seus efeitos deletérios. Diante disso, os análogos da somatostatina são aparentemente superiores por não causarem essa complicação com grande frequência. A **terlipressina** é administrada na dose inicial de 2mg EV em *bolus*, seguida de 1 a 2mg em *bolus* de 4/4h, durante 3 a 5 dias. Aparentemente, esse medicamento mostra-se superior à vasopressina quanto ao menor índice de isquemia sistêmica, tendo sido comparado à octreotida em diversos estudos, com melhor opção terapêutica hemostática segundo Baik *et al.* (2005).
- **Endoscopia digestiva alta:** todos os pacientes com suspeita de sangramento varicoso devem ser submetidos à endoscopia de emergência. Vários tratamentos estão disponíveis para a hemostasia aguda, sendo a ligadura elástica o padrão-ouro. A escleroterapia é uma boa opção, associada ou não à ligadura elástica, quando esta não é viável. Consiste na injeção de um agente esclerosante com o objetivo de produzir trombose das varizes ou inflamação do tecido vizinho (em caso de sangramento gástrico, é recomendado o uso do cianoacrilato). Já a ligadura elástica consiste na colocação de anéis de elástico ao longo da coluna varicosa, a fim de interromper o fluxo sanguíneo ao desenvolver necrose da mucosa e submucosa com substituição por tecido cicatricial. Cabe ressaltar que esses métodos não promovem redução da pressão portal. O risco de ressangramento pode ser reduzido com a ligadura das varizes residuais por EDA seriadas. Todavia, a sobrevida do paciente a longo prazo está mais correlacionada com o grau de insuficiência hepática do que com a terapia profilática de sangramento.
- **Balão esofágico:** utilizado em sangramento maciço de difícil controle, está indicado quando a terapia endoscópica não está disponível prontamente ou em caso de falha endoscópica (> 2 recidivas de sangramento). Seu tempo hábil é de 24 horas insuflado, e a partir daí o tecido comprimido sofre isquemia mecânica. Atualmente, encontram-se disponíveis os balões de Sengstaken-Blakemore e Minnesota.
- **Cirurgia e TIPS:** o uso precoce do *shunt* portossistêmico intra-hepático transjugular (TIPS) durante uma HDA severa pode ser considerado quando se tem disponível um profissional experiente. Consiste em um procedimento radiológico que envolve a criação de um *shunt* entre a veia hepática e a porção intra-hepática da veia porta, criando um canal entre a circulação portal e a sistêmica, o que reduz drasticamente a pressão portal.

O *shunt* cirúrgico deve ser considerado nos casos de hemorragia persistente, ou no ressangramento precoce, e quando o TIPS não está disponível. As opções são os *shunts* portossistêmicos, a transecção esofágica e o *shunt* esplenorrenal. O tratamento definitivo inclui o transplante hepático.

- **Profilaxia de peritonite bacteriana espontânea (PBE):** a profilaxia da PBE é recomendada em todos os pacientes que tiveram evento hemorrágico do TGI, aumentando significativamente sua sobrevida. Antibióticos recomendados: **norfloxacino**, 400mg VO de 12/12h, **ciprofloxacino**, 400mg EV 12/12h, ou **ceftriaxona**, EV 1g/dia (preferível em caso de cirrose avançada ou suspeita de resistência a quinolonas). Duração de 7 dias.
- **β-bloqueadores (BB):** uma vez controlada a hemorragia, a administração de BB não seletivos, como o **propranolol**, pode diminuir o risco de ressangramento das varizes. Dose: 20mg VO de 12/12h, objetivando reduzir a frequência cardíaca em 20% da basal do paciente. Sangramentos maciços em pacientes portadores de varizes esofagogástricas geralmente ocorrem naqueles com doença hepática avançada. Além disso, pacientes que desenvolvem sangramentos ativos em uso de BB têm pior prognóstico. A única terapia realmente eficaz a longo prazo é o transplante hepático.

CAPÍTULO 74 | Hemorragia Digestiva Alta

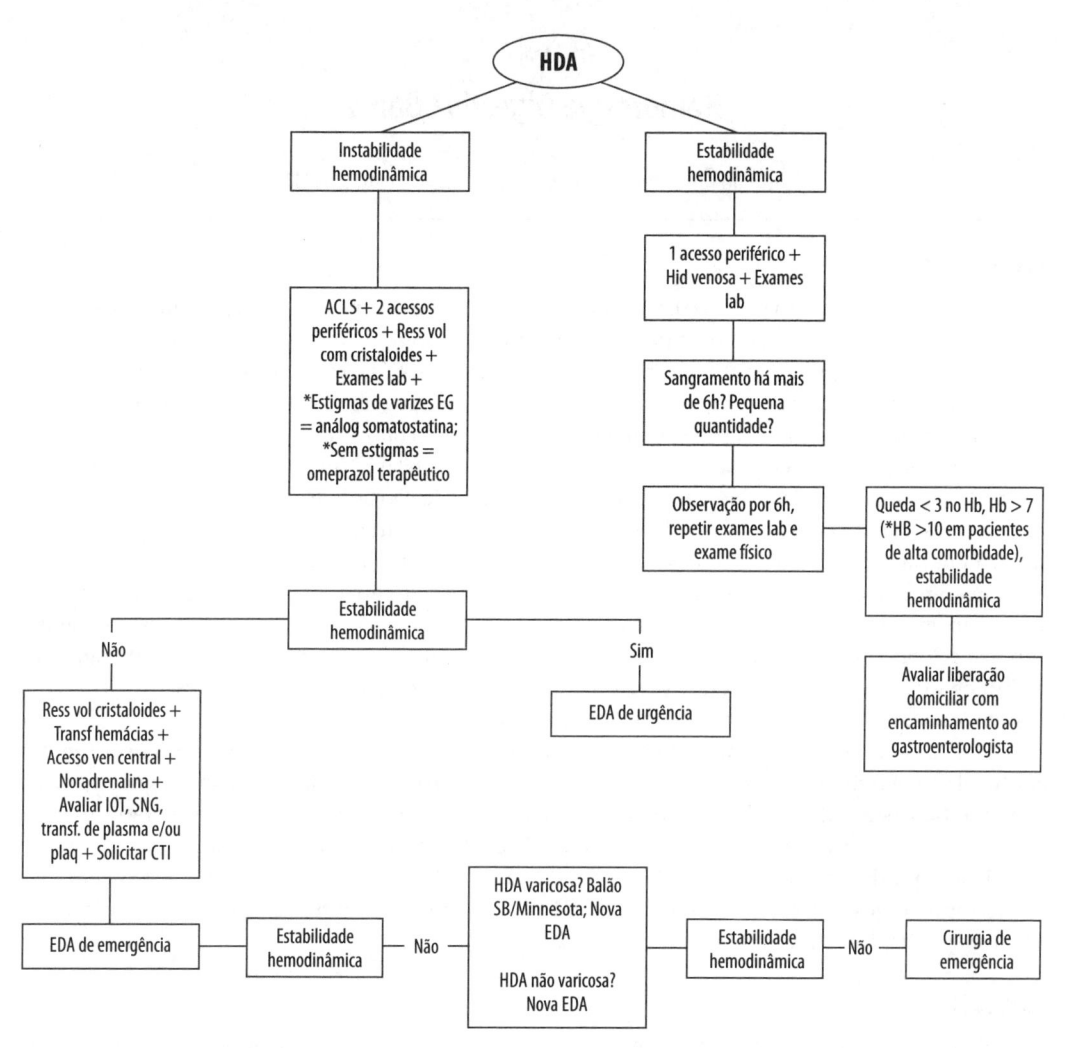

HDA

- **Instabilidade hemodinâmica**
  - ACLS + 2 acessos periféricos + Ress vol com cristaloides + Exames lab + *Estigmas de varizes EG = análog somatostatina; *Sem estigmas = omeprazol terapêutico
  - **Estabilidade hemodinâmica**
    - Não → Ress vol cristaloides + Transf hemácias + Acesso ven central + Noradrenalina + Avaliar IOT, SNG, transf. de plasma e/ou plaq + Solicitar CTI → EDA de emergência → Estabilidade hemodinâmica → Não → HDA varicosa? Balão SB/Minnesota; Nova EDA / HDA não varicosa? Nova EDA → Estabilidade hemodinâmica → Não → Cirurgia de emergência
    - Sim → EDA de urgência

- **Estabilidade hemodinâmica**
  - 1 acesso periférico + Hid venosa + Exames lab
  - Sangramento há mais de 6h? Pequena quantidade?
  - Observação por 6h, repetir exames lab e exame físico
  - Queda < 3 no Hb, Hb > 7 (*HB >10 em pacientes de alta comorbidade), estabilidade hemodinâmica
  - Avaliar liberação domiciliar com encaminhamento ao gastroenterologista

Figura 74.1 Conduta na HDA proposta por um dos autores (RDG).

Capítulo 75
Hemorragia Digestiva Baixa

Ricardo Dardengo Glória • Augusto César Miranda Vilela

INTRODUÇÃO

Hemorragia digestiva baixa (HDB) refere-se ao sangramento proveniente de qualquer segmento localizado distalmente ao ligamento de Treitz, podendo ter origem no intestino delgado, ceco, cólon, reto ou ânus. Corresponde a 20% das hemorragias digestivas, 95% das quais têm origem colorretal, 5% têm origem no intestino delgado e em 10% a 25% dos casos não se consegue identificar o local exato de sangramento. Além disso, geralmente o sangramento baixo cessa espontaneamente em 80% a 85% dos casos. A média de idade dos pacientes varia entre 63 e 77 anos, com mortalidade geral de 2% a 4%, mas a incidência aumenta com a idade em razão da elevada prevalência de doença diverticular e ectasia vascular nessa faixa etária. Os episódios podem variar desde quadros inexpressivos de hematoquezia até hemorragias maciças (enterorragias) e choque hemodinâmico; entretanto, a HDB costuma ser menos grave e necessita de menor quantidade de internação, comparada à HDA. O exame complementar escolhido dependerá da estabilidade hemodinâmica e do grau de sangramento, sendo a colonoscopia o de escolha para quadros leves a moderados. Em casos graves, a angiografia e a cintilografia são os preferidos devido à dificuldade técnica da colonoscopia. Em casos graves com instabilidade persistente, está indicada intervenção cirúrgica.

Assim como na HDA, o atendimento ao paciente com hemorragia digestiva deve ser sempre protocolado, dando prioridade à triagem rápida, à estabilização do paciente, ao diagnóstico e ao tratamento, nesta ordem, cabendo ao médico da emergência estabilizar o doente, oferecer o tratamento adequado e transferi-lo para enfermaria, CTI ou centro cirúrgico em tempo hábil.

Este capítulo irá abordar as particularidades da HDB, lembrando que o tratamento geral das hemorragias digestivas (triagem, estabilização hemodinâmica) encontra-se descrito no Capítulo 74, *Hemorragia Digestiva Alta*.

ETIOLOGIA

As causas podem ser agrupadas em categorias: anatômicas (doença diverticular, divertículo de Meckel), vasculares (angiodisplasias, isquemias, lesão por radiação), inflamatórias (infecções, doenças inflamatórias intestinais), neoplásicas (pólipos, carcinomas), orificiais (hemorroidas, úlceras) e iatrogênicas (após intervenção colonoscópica, biópsia, polipectomia).

APRESENTAÇÃO CLÍNICA E DIAGNÓSTICA

A apresentação é basicamente a mesma da HDA, com pequenas diferenças, como **história de enterorragia** (sangramento volumoso pelo orifício anal de origem intestinal), **hematoquezia** (sangramento discreto, em "rajas" de sangue, com ou sem fezes) e, às vezes, **melena** (sangramentos de intestino delgado e cólon proximal), com os casos mais graves podendo apresentar sinais e sintomas de instabilidade hemodinâmica, como tontura, sudorese, lipotimia, taquicardia, palidez, hipotensão e rigidez abdominal.

Muitos estudos identificaram alguns achados clínicos e laboratoriais que são preditores de má evolução do paciente com HDB de alto risco, necessitando atenção maior e, geralmente, internação hospitalar: instabilidade hemodinâmica, sangramento persistente, comorbidades graves prévias, idosos, sangramento iniciado em paciente já hospitalizado, histórico de diverticulose ou angiodisplasia, uso de ácido acetilsalicílico, anemia e aumento sérico da ureia ou de leucócitos.

Quadro 75.1 Causas frequentes de sangramento digestivo baixo

Sangramento		
Colônico	(> 95%)	Intestino delgado (5%)
Doença diverticular	30% a 40%	Angioplastia
Isquemia	5% a 10%	Úlceras
Doença anorretal	5% a 15%	Doença de Crohn
Neoplasia	5% a 10%	Radiação
Colite infecciosa	3% a 8%	Divertículo de Meckel
Pós-polipectomia	3% a 7%	Neoplasia
Doença inflamatória	3% a 4%	Fístula aortoentérica
Angiodisplasia	3%	
Outros	1% a 5%	
Desconhecido	10% a 25%	

Adaptado de Strate LL. Lower gastrointestinal bleeding: epidemiology and diagnosis. Gastroenterol Clin North Am 2005; 34:643-64.

Quadro 75.2 Prevalência do sangramento intestinal baixo conforme faixa etária

Criança	Adulto jovem	Idoso
Intussuscepção intestinal e divertículo de Meckel	Divertículo de Meckel	Doença diverticular
	Doença inflamatória intestinal	Angiodisplasia
	Pólipo juvenil	Neoplasia

Anamnese bem realizada e exame físico completo são importantes para orientar o diagnóstico, revelando pontos importantes, como ocorrência de hemorragias anteriores, dor abdominal, de exames e resultados já estabelecidos, etilismo, uso de medicamentos (principalmente anti-inflamatórios e anticoagulantes), alteração do hábito intestinal, perda de peso e cirurgias prévias. Além disso, é importante excluir as doenças anorretais para dar seguimento investigatório à HDB com toque retal e anuscopia; contudo, a presença de hemorroidas não exclui a possibilidade de outras fontes hemorrágicas, principalmente em pacientes com suspeita de neoplasias, devendo ser indicada colonoscopia em caso de alto risco para neoplasias, hemorroida inexpressiva, evento clínico incompatível e idade > 40 anos. Em pacientes com baixa suspeita de neoplasias e com quadros estáveis, pode ser realizada a retossigmoidoscopia, a qual é considerada diagnóstica se no local de origem hemorrágico puder ser identificado sangramento ativo, vaso visível ou coágulo aderido. Portanto, pode não eliminar a necessidade de complementação da investigação com exames mais apurados.

Em alguns casos, como enterorragias com certo comprometimento hemodinâmico, é necessário excluir a possibilidade de HDA após a estabilização clínica do paciente, por ser o evento mais comum que a HDB, seja com uso de SNG (retorno de bile sem sangue fala muito a favor de HDB) ou até por EDA, em casos duvidosos.

EXAMES COMPLEMENTARES

- **Colonoscopia:** melhor método na emergência para diagnóstico com possibilidade terapêutica inicial das HDB, principalmente nos casos de mínima a moderada intensidade – seria o análogo à EDA nas HDA. Em 50% dos casos consegue-se localizar o ponto de sangramento e em 70% dos casos identifica-se a região do sangramento. Podem ser realizadas ressecção de pólipos, eletrocauterização monopolar ou bipolar, fotocoagulação com *laser* e injeção de substâncias esclerosantes. Deve ser utilizada após estabilização hemodinâmica, sem ou com um curto preparo de 2 horas, sendo rotineiramente repetida após preparo adequado pela maioria dos endoscopistas.
- **Cintilografia:** mostra sangramentos ativos a partir de 0,1mL/min, sendo o exame mais sensível para HDB. Por isso, é o que tem maior chance de identificar sangramentos intermitentes. Em contrapartida, não tem capacidade terapêutica e determina a localização exata do sangramento em metade dos casos. Costuma ser necessário complementar seus achados com a arteriografia após o direcionamento inicial. É o exame de escolha para diagnóstico de divertículo de Meckel.
- **Arteriografia:** torna possível avaliar os principais vasos comumente associados a sangramento baixo, como artéria mesentérica superior e inferior e tronco celíaco. Em geral, é realizada após cintilografia positiva, determinando com maior precisão o sítio do sangramento em 40% a 80% dos casos e possibilitando a realização de embolização. Pode ser utilizada também em sangramentos de grande monta, quando a colonoscopia pode ter dificuldades de visualização. É possível localizar sangramentos a partir de 0,5mL/min com boa acurácia. O simples fato de localizar o sangramento, mesmo sem sucesso terapêutico angiográfico, já leva à redução significativa da mortalidade, em virtude da utilização de cirurgias menos extensas.
- **Enteroscopia:** enteroscopia com balão é um método que permite inserção endoscópica de todo o intestino delgado, ou de grande parte deste, tornando possível a realização de biópsia e apresentando possibilidades terapêuticas. Estudos com a enteroscopia com duplo balão confirmaram sua eficácia diagnóstica e baixas taxas de complicação (aproximadamente 1% para o procedimento diagnóstico e 3% a 4% para o procedimento terapêutico). Deve ser preferida em caso de suspeita de estenose intestinal.
- **Outros:** exames com potencial diagnóstico, porém sem oportunidade terapêutica conjunta, como colonoscopia ou arteriografia.
  - **Exame do trânsito intestinal:** útil para diagnosticar doenças inflamatórias do intestino delgado, principalmente a doença de Crohn e, mais raramente, tumores do delgado.
  - **Enema opaco:** útil no diagnóstico de tumores e doença diverticular. A introdução de contraste via retal para realização do exame atrapalha outros procedimentos, como colonoscopia e arteriografia, e por isso deve ser solicitado em casos selecionados.
  - **Tomografia computadorizada, ressonância magnética e ultrassonografia:** podem fazer diagnóstico de tumores ou outras causas mais raras de HDB, como pseudocisto de pâncreas fistulizado para o cólon ou fístulas arteriocólicas.
  - **Cápsula endoscópica:** útil em casos de sangramento de origem obscura, porém é cara e poucos serviços são capacitados para seu uso e análise dos resultados.

TRATAMENTO

Assim como na HDA, o atendimento ao paciente com HDB de moderada a grave deve obedecer a um protocolo que promova a recuperação do paciente e, em seguida, a investigação diagnóstica e o tratamento.

Deve-se instituir a terapêutica geral como foi abordado no Capítulo 74 (**triagem, ACLS, suporte geral, ressuscitação volêmica, coagulopatias e uso de aminas vasoativas, quando necessário**).

Colonoscopia

Método de escolha diagnóstica e terapêutica, apresenta como fator limitador a dificuldade de visualização da lesão, principalmente em situações de sangramentos volumosos e pela falta de preparo. Assim, sempre que as condições clínicas do paciente permitam, é melhor proceder ao preparo de cólon clássico com manitol a 10% ou fosfato de sódio antes do uso da colonoscopia. Em geral, é o método mais utilizado nos serviços de emergência.

Cintilografia e arteriografia

Como citado anteriormente, são úteis por não necessitarem preparo intestinal, pela possibilidade terapêutica (arteriografia) e por localizarem lesões que a colonoscopia não conseguiu evidenciar. Contudo, não são métodos amplamente disponíveis nas emergências brasileiras, necessitando material e profissionais qualificados.

Os pacientes com sangramento significativo e instabilidade hemodinâmica devem ser internados em CTI. Após estabilização hemodinâmica, o paciente será submetido à investigação diagnóstica e ao tratamento específico.

Para aqueles casos de HDB persistente sem instabilidade hemodinâmica, solicitar transferência para quarto/enfermaria. Para os casos de sangramento de pequena monta, autolimitado, sem repercussão hemodinâmica ou queda do hematócrito, liberar o paciente para o domicílio com encaminhamento ao gastroenterologista.

Cirurgia

Está indicada para os casos de instabilidade hemodinâmica refratária às medidas de ressuscitação e do volume sanguíneo perdido.

- Em casos de tipo sanguíneo raro, em que há dificuldade de transfusão, em ressangramentos após cessada a hemorragia, nos casos em que são necessárias transfusões maciças (> 4 a 6UI) ou em hemorragias cuja perda sanguínea é mais rápida que a reposição, nem sempre o cirurgião consegue determinar a fonte do sangramento, o que leva a ressecções amplas e às cegas com alto índice de mortalidade.

O procedimento cirúrgico adotado depende do diagnóstico topográfico e etiológico, podendo ser realizadas ressecções segmentares direita, esquerda, ou a colectomia total com ileorretoanastomose ou ileostomia, de acordo com o estado geral do paciente. A ressecção completa de todo o cólon, apesar de mais agressiva, é mais segura para evitar ressangramento. A laparotomia exploradora com enteroscopia intraoperatória é uma opção cirúrgica que pode ser utilizada nos casos de diagnóstico incerto com necessidade de cirurgia.

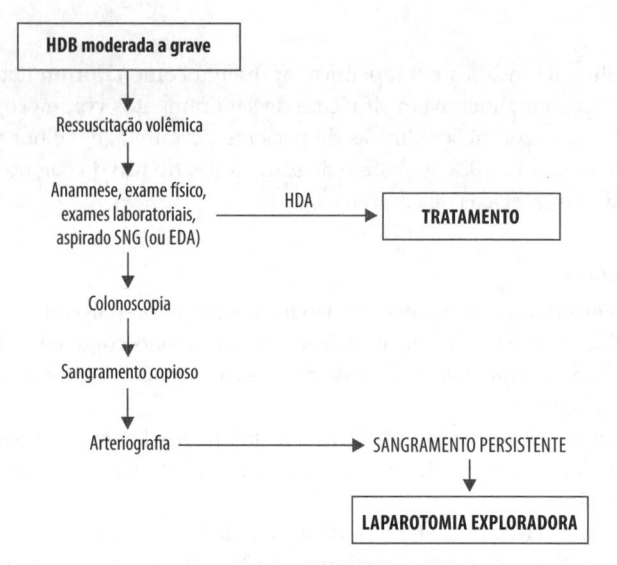

Figura 75.1 Conduta na HDB.

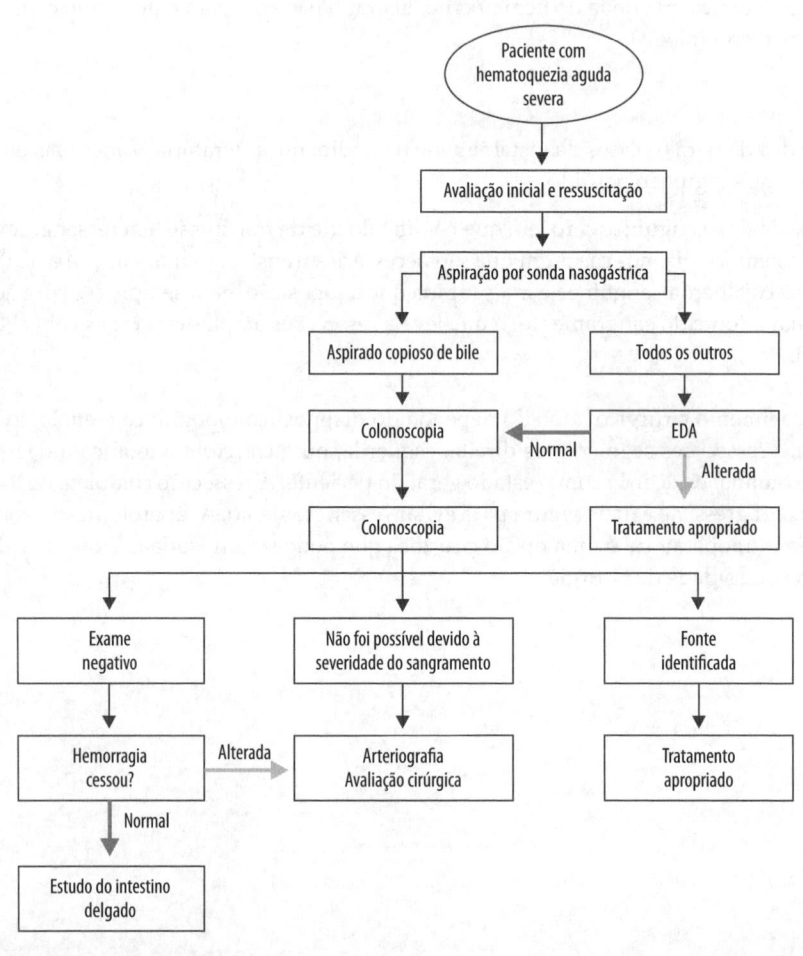

Figura 75.2 Conduta em paciente com hematoquezia aguda severa. Adaptada de Zuccaro G. AM J Gastroenterol 1998;93:1202.

Capítulo 76
Gastrites

Alessandra Mendonça de Almeida Maciel • Augusto César Miranda Vilela

INTRODUÇÃO

O termo gastrite significa inflamação gástrica. Seu diagnóstico, essencialmente histopatológico, caracteriza-se pela presença de lesão celular associada a infiltrado de células inflamatórias de caráter agudo (neutrófilos) ou crônico (linfócitos, plasmócitos e macrófagos). Em mais de 50% dos casos, gastrite não se associa a sintomas dispépticos (epigastralgia e plenitude pós-prandial), e em apenas 45% dos pacientes dispépticos são encontradas alterações endoscópicas compatíveis com gastrite. Apesar disso, é comum o uso errôneo do termo gastrite como um diagnóstico clínico.

ETIOLOGIA

- Gastrite infecciosa (bacteriana, viral ou por fungos)
- Uso de AINE e outros medicamentos
- Doenças autoimunes
- Reações de hipersensibilidade
- Álcool
- Eosinofílica
- Linfocítica
- Estresse

FISIOPATOLOGIA

Apesar das várias etiologias de gastrite citadas, serão enfocadas as duas principais causas de gastrite atendidas em unidades de emergência no Brasil: **gastrite associada à infecção pelo *Helicobacter pylori* e ao uso de AINE**.

Gastrite associada à infecção pelo *Helicobacter pylori*

Este bacilo gram-negativo, produtor da enzima urease, é considerado o principal fator etiológico de gastrite crônica em todo o mundo, e também está envolvido no desenvolvimento de úlcera péptica gástrica e duodenal, adenocarcinoma gástrico e linfoma MALT gástrico.

A infecção é comumente adquirida na infância e sua duração, em geral, é indeterminada, até perdurando a instituição de terapêutica antibacteriana eficaz. Isso se deve à incapacidade de erradicação da bactéria pelo próprio sistema imune do hospedeiro. Após período de incubação de 3 a 7 dias, o paciente desenvolve pangastrite aguda superficial, acompanhada ou não de sintomas dispépticos (dor epigástrica, náuseas e vômitos) e/ou sistêmicos (astenia, adinamia e febre). Com a evolução da doença, três principais padrões de gastrite crônica associada à infecção pelo *H. pylori* são observados:

1. **Pangastrite leve:** mínima alteração da secreção ácida gástrica.
2. **Gastrite predominante do antro gástrico:** leva à inibição das células D (secretoras de somatostatina) e perda do *feedback* negativo das células G (secretoras de gastrina). Como resultado, surgem hipergastrinemia e hipercloridria, associadas a úlceras pépticas duodenais e pré-pilóricas.
3. **Gastrite predominante do corpo gástrico:** associada a atrofia multifocal, hipocloridria, úlcera gástrica e adenocarcinoma gástrico.

Gastrite associada ao uso de AINE

Os AINE provocam lesão na mucosa gastroduodenal por mecanismo sistêmico (80% dos casos) ou tópico.

No mecanismo sistêmico, há enfraquecimento dos fatores defensivos da mucosa por inibição da cicloxigenase, enzima essencial para produção de prostaglandinas. No mecanismo tópico, há efeito tóxico direto sobre a mucosa por aumento da permeabilidade celular e inibição do transporte iônico e da fosforilação oxidativa. Ambos os mecanismos reduzem as propriedades defensivas da mucosa, expondo-a ao efeito deletério do ácido clorídrico gástrico.

QUADRO CLÍNICO

Principais sinais e sintomas:

- Sensação de queimação e/ou dor na região superior do abdome, que podem melhorar ou piorar com a alimentação
- Náuseas
- Vômitos
- Perda de apetite
- Sensação de plenitude gástrica pós-prandial
- Perda ponderal

DIAGNÓSTICO

Durante a anamnese, é importante inquirir sobre uso crônico de AINE, história de etilismo, estresse ou infecção bacteriana prévia pelo *H. pylori*.

A EDA é o exame complementar de escolha, tanto para o correto diagnóstico de gastrite como para a definição de sua etiologia (*H. pylori*, química, viral, eosinofílica etc.) e avaliação da presença de fatores de risco para o adenocarcinoma gástrico (metaplasia intestinal, atrofia e displasia).

Na biópsia, o achado de folículos linfáticos na mucosa gástrica é praticamente patognomônico de gastrite crônica pelo *H. pylori*.

O diagnóstico da infecção pelo *H. pylori* pode ser realizado por métodos não invasivos ou invasivos.

Métodos não invasivos

1. **Teste respiratório:** após a ingestão de solução de ureia contendo carbono marcado (C^{14} ou C^{13}), no estômago do indivíduo infectado pelo *H. pylori*, ocorrerá a quebra da ureia em amônia e bicarbonato pela enzima urease. Este último, constituído pelo carbono marcado, quando exalado na forma de CO_2, será detectado pelo método. Esse teste apresenta sensibilidade de 96% e especificidade de 98%.
2. **Sorologia:** método de escolha em estudos epidemiológicos, a detecção de anticorpos anti-*H. pylori* indica se o paciente, em algum momento, entrou em contato com a bactéria, mas não obrigatoriamente a presença de infecção ativa. Portanto, não é teste apropriado para avaliação de resposta ao tratamento para erradicação da bactéria, uma vez que pode permanecer positivo por longo período, mesmo em pacientes cuja infecção foi sanada. Esse teste apresenta sensibilidade e especificidade de 60% e 100%, respectivamente.
3. **Pesquisa de antígenos fecais:** identifica, nas fezes, antígenos da bactéria por meio de enzimaimunoensaio com o emprego de anticorpos anti-*H. pylori*. Pode ser utilizado tanto no rastreamento de infecção como para controle de cura pós-tratamento, com sensibilidade e especificidade de cerca de 90%.

Métodos invasivos (biópsia gástrica)

Exigem tecido gástrico para sua realização, sendo recomendada a obtenção de cinco fragmentos de biópsia gástrica durante a EDA (dois de antro, dois de corpo e um da *incisura angularis*):

1. **Teste rápido da urease:** o fragmento gástrico retirado do indivíduo infectado é colocado em meio contendo ureia e indicador de pH. Após ação da urease, presente no fragmento, a ureia é metabolizada em amônia e bicarbonato, levando ao aumento do pH, à mudança da cor do meio do teste e à confirmação da infecção. Apresenta sensibilidade e especificidade de cerca de 90% e 100%, respectivamente.
2. **Histologia:** considerado padrão-ouro no diagnóstico do *H. pylori,* com sensibilidade de 93% e especificidade de 99%. As colorações mais utilizadas são a hematoxilina-eosina e a de Warthin-Starry.
3. **Cultura:** apesar de sua elevada especificidade (100%) e de possibilitar a realização do antibiograma em situações de resistência aos antimicrobianos, é método de resultado demorado e de custo elevado, além de apresentar sensibilidade inferior à dos dois citados anteriormente.

DIAGNÓSTICO DIFERENCIAL

- Dispepsia funcional
- Colelitíase
- Doença do refluxo gastroesofágico (DRGE)
- Hérnia hiatal
- Neoplasias gástricas
- Pancreatite
- Angina/IAM

COMPLICAÇÕES

- Hemorragia
- Úlcera gástrica
- Úlcera duodenal
- Obstrução pilórica
- Câncer de estômago
- Linfoma MALT

TRATAMENTO CLÍNICO

Gastrite por *H. pylori*

Esquemas de erradicação do *H. pylori* (II Consenso Brasileiro sobre *Helicobacter pylori* – 2005):

1. **IBP em dose padrão*** + **amoxicilina** 1,0g + **claritromicina** 500mg 2×/dia, durante 7 dias.
2. **IBP em dose padrão*** 1×/dia (em jejum pela manhã) + **claritromicina** 500mg 2×/dia + **furazolidona** 200mg 2×/dia, durante 7 dias.
3. **IBP em dose padrão*** 1×/dia (em jejum pela manhã) + **furazolidona** 200mg 3×/dia + **cloridrato de tetraciclina** 500mg 4×/dia, durante 7 dias.
   - **Controle de erradicação:** no mínimo, 8 semanas após o final da medicação anti-*H. pylori*. Pode ser feito por meio do teste respiratório com ureia marcada, quando não houver indicação para controle endoscópico.

Gastrite por AINE

- Suspender imediatamente o uso do anti-inflamatório.

---

* IBP (inibidor de bomba de prótons) em dose padrão: omeprazol 20mg, lansoprazol 30mg, pantoprazol 40mg, rabeprazol 20mg ou esomeprazol 40mg.

- Iniciar terapia com IBP nas doses padrões descritas anteriormente em jejum, pela manhã, por 12 semanas. Aos pacientes que não apresentam resposta satisfatória, recomendam-se dobrar a dose do IBP por mais 12 semanas e reavaliação endoscópica.

TRATAMENTO CIRÚRGICO
- **Indicações:** complicações, recorrência e intratabilidade clínica.
    1. Vagotomia com piloroplastia
    2. Vagotomia seletiva
    3. Vagotomia superseletiva (preferível)
    4. Vagotomia com antrectomia
    5. Gastrectomia

Capítulo 77
Diarreia Aguda e Crônica

Carlos Eduardo Brandão Mello • Daniela Beggiato Corrêa

INTRODUÇÃO

A diarreia consiste na eliminação de fezes de consistência diminuída, acompanhada de aumento do número de evacuações diárias e aumento do teor de água nas fezes:

- **Diarreia aguda:** mais de três episódios de evacuações líquidas em 12 horas ou uma evacuação semilíquida contendo muco ou sangue no período de 12 horas com curso autolimitado e duração < 14 dias.
- **Diarreia crônica:** um episódio diarreico que se inicia como episódio agudo e se prolonga, por um período ≥ 14 dias, acarretando agravo do estado nutricional e condição de alto risco de vida.

FISIOPATOLOGIA

- **Diarreia osmolar:** aumento da osmolaridade na luz intestinal, atraindo água para a luz (p. ex., rotavírus e a maioria dos vírus).
- **Diarreia secretora:** patógenos não invasivos agridem o intestino delgado com toxinas que promovem secreção abundante de água e eletrólitos (p. ex., E. coli enterotoxigênica, *Vibrio cholerae*, *Staphylococcus aureus*).
- **Diarreia exsudativa:** processo inflamatório que sugere infecção por agentes invasivos, com agressão de íleo distal e cólon (p. ex., E. coli enteroinvasiva, *Shigella, Salmonella, Yersinia, Campylobacter*).

QUADRO CLÍNICO

O quadro clínico pode variar de acordo com o agente etiológico. Os episódios de diarreia aguda podem ser divididos em diarreia aquosa (perda de grande quantidade de água nas evacuações, podendo ocorrer desidratação) e diarreia sanguinolenta (presença de sangue, podendo haver muco e pus – sugere inflamação ou infecção do intestino):

- **Diarreia secretora:** fezes com grande volume de líquidos e eletrólitos, raramente com sangue ou muco. Pouca cólica.
- **Diarreia osmótica:** fezes de conteúdo ácido, explosivas, distensão e cólicas, hiperemia perianal. Também pode ser encontrada **má absorção de nutrientes**.
- **Diarreias inflamatórias:** fezes em menor volume, com maior frequência, menor conteúdo hídrico, características disentéricas (muco e sangue). Cólicas abdominais, tenesmo e prolapso retal.

Os casos crônicos ou com episódios repetidos acarretam desnutrição crônica com retardo do desenvolvimento ponderoestatural em crianças.

DIAGNÓSTICO

- **Anamnese:** idade do paciente, duração do episódio diarreico, características das fezes (aquosas ou sanguinolentas), frequência, volume das evacuações, associação da diarreia com outros sintomas, duração e história alimentar. A síndrome de má absorção (nutrientes nas fezes, acompanhada de ganho insuficiente ou perda de peso) e a desnutrição são fatores comuns da diarreia crônica.
- **Excluir causas não infecciosas:** medicações (laxativos, antiácidos, antibióticos), ingestão de bebidas alcoólicas e bebidas lácteas.

- **História social:** local em que o paciente reside, condições sanitárias, história de viagem recente a lugares endêmicos ou não endêmicos.
- **Exame físico:** estado geral, turgor da pele, mucosas, sinais vitais, peso, estado nutricional, sinais de toxemia, sinais de desidratação.
- **Exame laboratorial:** cultura de fezes, detecção do pH fecal, pesquisa de substâncias redutoras nas fezes, determinação dos eletrólitos fecais para distinguir a diarreia osmótica da secretora, hemograma, PCR, hemocultura (em caso de suspeita de sepse) e gasometria (em caso de suspeita clínica de acidose metabólica).

COMPLICAÇÕES

- Desidratação
- Desnutrição
- Distúrbios hidroeletrolíticos
- Distúrbios ácido-básicos
- Insuficiência renal aguda
- Síndrome hemolítico-urêmica
- Convulsões
- Perfuração da mucosa intestinal
- Peritonite
- Meningoencefalite
- Septicemia

Tratamento

1. **Plano A** – para paciente com diarreia e sem sinais de desidratação: o tratamento é domiciliar: manter dieta habitual e aumentar a ingestão de líquidos (soro caseiro, chás, sopas e sucos); ingerir pequenos volumes em curtos intervalos de tempo. Para prevenção da desidratação: sais de reidratação oral (SRO) após cada episódio diarreico; ensinar a família a reconhecer os sinais de desidratação. Não é necessário o uso de antibióticos ou de qualquer outro medicamento.
2. **Plano B** – para paciente com diarreia e com sinais de desidratação: os pacientes desidratados e com capacidade de ingerir líquido devem ser tratados com SRO. Para crianças, a orientação é de 50 a 100mL/kg, administrados em um período de 4 horas (20 a 30mL/kg/h, aproximadamente, em intervalos de 10 a 15 minutos). Os lactentes amamentados devem continuar recebendo o leite materno. O paciente com desidratação deverá permanecer na unidade de saúde até a reidratação completa. O uso de sonda nasogástrica (SNG) é indicado em caso de perda de peso após 2 horas de terapia de reidratação oral (TRO), vômitos persistentes (quatro ou mais vezes em 1 hora), distensão abdominal acentuada com RHA presentes e dificuldade de ingestão de SRO. SRO nos primeiros 10 minutos na velocidade de 30mL/kg/h; se bem tolerada, pode-se aumentar até 60mL/kg/h. Na presença de náuseas ou vômitos, reduzir a velocidade inicial para 15mL/kg/h e depois aumentar gradativamente.
3. **Plano C** – para paciente com diarreia e desidratação grave: hidratação parenteral quando houver alteração da consciência, vômitos persistentes, se a criança não ganha ou perde peso com a hidratação por SNG e na presença de íleo paralítico e sinais de desidratação grave. Dar 100mL/kg de solução em partes iguais de SG a 5% e SF para infusão EV em 2 horas. Em seguida, reavaliar os sinais clínicos de 30 em 30 minutos. Caso o paciente não melhore, administrar mais 25 a 50mL/kg nas próximas 2 horas. Reavaliar os sinais clínicos de 30 em 30 minutos. Suspender a hidratação EV quando o paciente estiver hidratado, com boa tolerância ao SRO e sem vômitos.

Quadro 71.1 Fase de hidratação rápida (expansão)

Solução 1:1	Volume total	Tempo de administração
Metade de SG 5% e metade de SF	100mL/kg	2 horas

Obs. 1: antidiarreicos não devem ser utilizados em crianças. Para adultos, pode-se utilizar **loperamida, 2mg VO,** após cada evacuação diarreica, por 2 dias (não ultrapassar 16mg) ou **difenoxilato, 4mg de 6/6h VO,** em casos de diarreia aguda não invasiva (sem febre, muco ou sangue).

Obs. 2: antibióticos são desnecessários, pois a diarreia é um quadro autolimitado. O uso deve ser avaliado em casos de diarreia invasiva com febre alta e maior repercussão sobre o estado geral, em desnutridos graves, em recém-nascidos, em lactentes pequenos e nos imunodeprimidos. Para crianças recomenda-se **ácido nalidíxico**, 50mg/kg/dia de 6/6h VO por 5 dias, ou **sulfametoxazol/trimetoprima**, 40mg/kg/dia de 12/12h VO por 5 dias, ou **ceftriaxona**, 80 a 100mg/kg/dia VO por 5 dias (lactentes < 4 meses). Para adultos, **norfloxacino**, 400mg de 12/12h VO por 5 dias, ou **ciprofloxacino**, 500mg de 12/12h VO por 5 dias.

Capítulo 78
Encefalopatia Hepática

Carlos Eduardo Brandão Mello • Leonardo Ribeiro dos Santos

INTRODUÇÃO

Trata-se de síndrome com repercussão neuropsiquiátrica em decorrência de falência hepática aguda, subaguda ou crônica. Causada pela passagem de substâncias tóxicas provenientes do intestino para o cérebro, causa repercussões clínicas em pacientes hepatopatas.

FISIOPATOLOGIA

Em um organismo hígido, a amônia é metabolizada pelo fígado em ureia ou glutamina. Essa síndrome tem início a partir da não metabolização pelo hepatócito de substâncias nitrogenadas, produzidas principalmente em nível intestinal. Apesar da polêmica que envolve essa fisiopatologia, a amônia é considerada a principal substância desencadeadora da intoxicação cerebral, levando ao aumento do volume astrocitário.

CONSIDERAÇÕES

Existem fatores que precipitam ou exacerbam esse quadro. Os mais frequentes na prática médica são:

- Hemorragia digestiva alta
- Hipocalemia
- Alcalose metabólica ou respiratória
- Desidratação/hipovolemia
- Diuréticos tiazídicos ou de alça (furosemida)
- Infecções (peritonite bacteriana espontânea)
- Uso de sedativos (barbitúricos, benzodiazepínicos)
- Dieta hiperproteica
- Procedimentos cirúrgicos
- Constipação intestinal
- *Shunts* portossistêmicos

QUADRO CLÍNICO

Em paciente portador de hepatopatia diagnosticada, apresentando **desorientação, agitação psicomotora, torpor ou coma**, torna-se mandatório aventar a hipótese de um quadro de encefalopatia hepática. A apresentação clínica pode variar de acordo com o grau de acometimento neurológico de cada paciente. O Quadro 78.1 mostra de maneira resumida essa relação.

Quadro 78.1 Quadro clínico de acordo com acometimento neurológico

Grau	Sinais neurológicos
I	Tremor leve; incoordenação motora
II	Asterixe; ataxia; disartria
III	Hiper-reflexia; rigidez muscular; sinal de Babinski; *flapping*; fasciculações
IV	Descerebração; perda de resposta a estímulos dolorosos

DIAGNÓSTICO

O diagnóstico de encefalopatia hepática é eminentemente clínico, associado a uma boa anamnese. O uso do eletroencefalograma é pouco conclusivo para o diagnóstico, uma vez que as alterações observadas (alentecimento global, ondas teta na fase pré-comatosa e ondas delta nas fases avançadas) não são patognomônicas desse quadro.

TRATAMENTO

O tratamento baseia-se no controle do fator precipitante e na redução da produção e absorção de amônia pelo intestino, uma vez que a amônia é produzida pelo metabolismo bacteriano intestinal, degradando a proteína alimentar e a ureia secretada no lúmen intestinal:

1. A restrição proteica vem sendo contraindicada pela literatura atual. Contudo, em pacientes refratários ao tratamento com lactulose e/ou antibióticos, recomenda-se a substituição de fonte proteica animal (p. ex., carnes, leite) por proteicas vegetais (p. ex., soja); os pacientes nos estágios III e IV devem ficar em dieta zero por 24 a 48 horas.
2. A constipação deve ser corrigida com o uso do **laxante lactulose**, em forma de clister, mediante a mistura de 300mL de lactulose com 700mL de água.
3. A **lactulose** é considerada o padrão-ouro no tratamento da encefalopatia. Sua dose é regulada para que o paciente tenha de duas a três evacuações pastosas por dia. A dose deve ser de 40 a 90g VO, o equivalente a 30 a 120mL/dia da solução disponível no mercado, dividida em duas a quatro tomadas.
4. O uso de antibióticos é utilizado quando há falha no uso da lactulose; seu uso busca reduzir a flora bacteriana intestinal. O mais utilizado é a **neomicina, na dose de 2 a 8g/dia VO, de 6/6h**. O antibiótico de segunda escolha é o **metronidazol, na dose de 500mg VO de 8/8h**. A **rifaximina, 400mg VO de 8/8h**, é um novo antibiótico que vem sendo utilizado com sucesso no tratamento da doença.
5. A utilização da L-ornitina-L-aspartato (LOLA) surgiu como uma nova opção terapêutica, porém ainda faltam estudos para seu uso, principalmente, em pacientes graves.

Capítulo 79
Hepatites Virais e Alcoólica

Carlos Eduardo Brandão Mello • Daniela Beggiato Corrêa

INTRODUÇÃO

A hepatite é uma doença inflamatória do fígado, caracterizada pela lesão necroinflamatória dos hepatócitos. Pode ser causada por vírus, medicamentos, álcool, drogas e doenças autoimunes, metabólicas e genéticas. Em geral, a hepatite viral aguda é autolimitada e sem complicações, porém, em algumas situações, pode determinar sintomas extra-hepáticos e evoluir para cronicidade.

ETIOPATOLOGIA

- **Virais:** ocorre lesão necroinflamatória dos hepatócitos, levando a comprometimento da função hepática, liberação de substâncias pró-inflamatórias e marcadores biológicos, ativação do sistema imune e estímulo à regeneração e fibrogênese.
- **Alcoólica:** depende do metabolismo do etanol e de fatores genéticos (enzimas que participam do metabolismo do etanol e que, somadas às alterações induzidas pelo etanol, podem produzir ou agravar lesões) e ambientais (a ingestão crônica do etanol torna o hepatócito mais suscetível à lesão induzida por outros agentes).

CONSIDERAÇÕES: HEPATITES VIRAIS

- **Hepatite A:** transmissão fecal-oral, por contato inter-humano ou através de água e alimentos contaminados.
- **Hepatite B:** transmissão via parenteral, sexual, vertical. De 5% a 10% dos indivíduos adultos infectados cronificam. Em recém-natos e < 5 anos, a cronificação pode ocorrer em cerca de 70% a 90% dos casos, principalmente naqueles contaminados pela via vertical (perinatal) e em regiões de alta endemicidade, como o Sudeste Asiático.
- **Hepatite C:** principal transmissão por via parenteral e mais raramente por via sexual e vertical.
- **Hepatite D:** pode ocorrer de duas formas: coinfecção com o vírus da hepatite B (HBV) ou superinfecção, naqueles indivíduos já previamente infectados pelo HBV.
- **Hepatite E:** a transmissão é semelhante à do vírus da hepatite A, por via predominantemente fecal-oral.
- **Hepatite alcoólica:** ingestão de 80 a 160mg de álcool/dia por aproximadamente 10 anos.

QUADRO CLÍNICO

O curso clínico das hepatites virais é caracterizado por três fases:

- **Fase prodrômica:** sintomas inespecíficos, como mal-estar, astenia, anorexia, náuseas, vômitos, diarreia, perda do paladar e do olfato, artralgia, mialgias, tosse, coriza, cefaleia e fotofobia. Podem ocorrer febre leve (38 a 38,5°C) e hepatoesplenomegalia com desconforto abdominal.
- **Fase ictérica:** ocorre após a fase prodrômica, sendo caracterizada por icterícia, associada ou não a colúria, hipocolia fecal e prurido. Os achados sistêmicos regridem ou abrandam nessa fase. A fase ictérica é rara e pode não acontecer.
- **Fase de convalescença:** ocorrem a melhora dos sintomas e o retorno da sensação de bem-estar. O término dessa fase marca o fim do quadro agudo; sendo assim, ou o paciente estará curado, ou evoluirá para cronicidade.

A hepatite alcoólica pode cursar com hepatomegalia dolorosa, esplenomegalia, icterícia, ascite, dor abdominal e febre, hemorragia digestiva e sintomas inespecíficos, como náuseas, anorexia, adinamia.

DIAGNÓSTICO

O diagnóstico é estabelecido por meio de anamnese e análise epidemiológica (como contato com substâncias ilícitas injetáveis, promiscuidade sexual, transfusão de sangue e derivados, ingestão abusiva de etanol), quadro clínico e exames laboratoriais, como ALT/TGP e AST/TGO (não são específicos para nenhum tipo de hepatite, mas na fase mais aguda da doença podem elevar-se dez vezes acima do limite superior da normalidade); elevação de bilirrubinas, fosfatase alcalina e discreta linfocitose.

Os exames específicos para o diagnóstico do tipo de infecção são os sorológicos:

- **Hepatite A:**
  - Anti-HAV total (+) e anti-HAV IgM (+) = infecção recente.
  - Anti-HAV total (+) e anti-HAV IgM (–) = infecção passada.
  - Anti-HAV total (–) e anti-HAV IgM (–) = ausência de contato com o vírus. Não imune.
- **Hepatite B:**
  - HBsAg = infecção pelo vírus B. Se presente por mais de 6 meses, define evolução para cronicidade.
  - Anti-HBs = recuperação clínica ou imunidade.
  - HBeAg = infecção ativa. Marcador de replicação viral, infectividade e patogenicidade. O surgimento do anti-HBe denota baixa replicação viral, mas pode estar presente, também, nas formas de hepatite crônica HBeAg-negativas (forma mutante pré-*core*), ainda com intensa replicação viral e atividade inflamatória. O anti-HBc é o melhor marcador de contato com o vírus B, estando presente na fase aguda (sob a forma da imunoglobulina IgM), na fase de cura da infecção e na fase de cronificação.
- **Hepatite C:** anti-HCV = contato com o vírus. A positividade do anti-HCV não define se a infecção é aguda, crônica ou se está curada. É necessária a pesquisa do HCV-RNA por técnica de reação em cadeia da polimerase (HCV-RNA) para caracterizar a fase da infecção viral, se aguda, crônica ou curada.
- **Hepatite D:**
  - Antidelta IgM = doença aguda.
  - Antidelta IgG = infecção passada e imunidade.
- **Hepatite E:** anti-HEV total e anti HEV IgM = igual à hepatite A.

DIAGNÓSTICO DIFERENCIAL

- Esteato-hepatite não alcoólica (NASH)
- Herpes simples
- Colangite
- Brucelose
- Leptospirose
- Colelitíase/colecistite
- Mononucleose
- Neoplasia do fígado
- Dengue
- Rickettsiose
- Sífilis secundária
- Hepatite por substâncias tóxicas (álcool, solventes químicos etc.)

COMPLICAÇÕES

- Cirrose
- Câncer de fígado
- Alterações da consciência
- Hemorragia digestiva
- Pancreatite

TRATAMENTO

Hepatites virais

Hepatite aguda

Não existe tratamento específico:

1. Repouso relativo até a normalização das aminotransferases.
2. A ingestão de álcool deve ser suspensa por, no mínimo, 6 meses.
3. O uso de medicações para vômitos e febre deve ser realizado quando pertinente, evitando o emprego de fármacos que tenham potencial hepatotóxico.
4. A administração de corticoesteroide está totalmente contraindicada.

Hepatite crônica

1. Orientações para o não consumo de bebidas alcoólicas.
2. Controle de distúrbios metabólicos.
3. Orientações para evitar a transmissão domiciliar.

O tratamento da hepatite B crônica está indicado nas seguintes situações:

- Idade > 2 anos
- HBsAg (+) por mais de 6 meses
- HBeAg (+)
- ALT/TGO > 2 × o limite superior da normalidade.

Deve ser feito com:

1. **Interferon convencional:** 5 milhões de UI/dia ou 10 milhões de UI 3×/semana SC, por 16 semanas, **ou peginterferon-α 2 (a ou b):** 1,5mcg/kg de peso ou 180mcg, ambos SC 1×/semana por 48 semanas.
2. **Lamivudina:** 100mg VO 1×/dia, por período de tempo indeterminado.
3. **Adefovir:** 10mg VO 1×/dia.
4. **Entecavir:** 0,5mg VO 1×/dia.
5. **Tenofovir:** 300mg VO 1×/dia.

> **Obs.:** até pouco tempo atrás a lamivudina era a única opção terapêutica, além do interferon convencional. A administração isolada da lamivudina é acompanhada de elevada taxa de resistência, chegando a 70% ao final de 5 anos.
>
> O adefovir (análogo nucleotídico) é utilizado predominantemente como terapia de resgate para os casos de resistência à lamivudina, mas apresenta baixa potência antiviral e barreira genética, podendo também induzir cepas resistentes em até 29% ao final de 3 anos.
>
> Desse modo, a melhor opção atual consiste na administração de entecavir ou de tenofovir nos casos de hepatite crônica B HBeAg (+) e (−). Naqueles pacientes resistentes à lamivudina e/ou ao entecavir – recomenda-se a administração do tenofovir. O tempo de utilização desses medicamentos orais é indeterminado, ou até que ocorra a soroconversão do HBsAg para anti-Hbs e do HBeAg para o anti-HBe.

O tratamento da hepatite C crônica está indicado nas seguintes situações:

- Possuir o RNA do vírus da hepatite C (HCV-RNA)
- \> 12 anos
- Contagem de plaquetas > 50.000/mm³ e de neutrófilos > 1.500/mm³

Deve ser feito com:

1. **Interferon peguilado alfa** 2a 180mcg/semana ou alfa 2b 1,5mcg/kg/semana SC + **ribavirina** 11 a 15mg/kg/dia (800 a 1.200mg em duas tomadas) VO por 48 semanas, para aqueles infectados com os genótipos 1 e 4, e por 24 semanas, para os infectados pelos genótipos 2 e 3.
2. **Interferon convencional** 3 milhões de UI 3×/semana SC + **ribavirina** 11 a 15mg/kg/dia (800 a 1.200mg em duas tomadas) VO por 24 semanas.

Obs.: atualmente, quase não se utiliza mais o interferon convencional. Consequentemente, está indicada a administração do peginterferon alfa 2a ou 2b juntamente com a ribavirina, esta última nas doses de 1.000 a 1.250mg/dia. O interferon convencional é recomendado pela portaria do Ministério da Saúde para os pacientes infectados pelo HCV do tipo 2 ou 3, sem cirrose e com baixa carga viral.

Hepatite alcoólica

O tratamento da hepatite alcoólica visa à abstinência de álcool e à adoção de dieta adequada com 30kcal e 1g de proteína/kg de peso.

Também é importante a reposição de tiamina, ácido fólico, piridoxina, magnésio e potássio. Em casos mais graves: **prednisona**, 40mg por 4 semanas, com redução gradual em mais 4 semanas.

Obs.: a prednisona é usada em dose única (40mg) ao dia, podendo ser associada a outro imunossupressor (azatioprina) para evitar os efeitos adversos estéticos e de sua administração a longo prazo. A dose deve ser reduzida gradativamente, a intervalos de 2 semanas, até a obtenção da remissão clínica e laboratorial da doença. Eventualmente, doses mínimas de prednisona são necessárias por longo período de tempo.

Capítulo 80
Ascite

Carlos Eduardo Brandão Mello • Daniela Beggiato Corrêa

INTRODUÇÃO

A ascite consiste no acúmulo anormal de líquido na cavidade peritoneal. Representa uma manifestação comum a várias doenças hepáticas, cardiovasculares e renais. **A cirrose associada à hipertensão portal é a principal causa de ascite.**

FISIOPATOLOGIA

Dentre as várias teorias sobre a formação da ascite, existe a de *underfilling*: o aumento na resistência ao fluxo hepático leva ao aumento da pressão portal e ao extravasamento de líquido para a cavidade peritoneal. Com isso, os vasos esplâncnicos produziriam óxido nítrico, que causaria sua vasodilatação. Desse modo, ocorreria a diminuição do volume plasmático circulante efetivo, levando à diminuição do filtrado glomerular, aumento da reabsorção e acúmulo de sódio e água, que se concentra na cavidade peritoneal devido ao aumento da permeabilidade capilar.

CONSIDERAÇÕES
Etiologia
- **Gastroenterológica:** hipertensão portal, cirrose hepática, hepatite fulminante, doença veno-oclusiva (trombose de veia portal, supra-hepáticas).
- **Pancreática:** pancreatite, pseudocisto.
- **Cardíaca:** insuficiência cardíaca, pericardite constritiva, *cor pulmonale*.
- **Renal:** síndrome nefrótica, insuficiência renal crônica dialítica.
- **Infecciosa:** tuberculose, esquistossomose, fúngica, bacteriana.
- **Quilosa:** obstrução linfática mesentéricas.
- **Tumoral:** carcinomatose peritoneal.

QUADRO CLÍNICO

A ascite leve não causa sintomas, sendo diagnosticada por exames de imagem. À medida que o volume de ascite aumenta, **observa-se aumento do volume abdominal,** com sensação de "peso", e **tendência a edema dos membros inferiores e da bolsa escrotal**. Na ascite grave, com grande aumento do volume abdominal, há aumento no desconforto abdominal e respiratório e dispneia, relacionada com a quantidade de líquido e que piora quando o paciente está em decúbito, pois o líquido pressiona o diafragma, dificultando a expansão pulmonar. Quando a ascite está relacionada com a hipertensão portal, podem ocorrer edema de membros inferiores, *spiders*, circulação venosa na parede abdominal, equimoses e sinais de encefalopatia hepática.

DIAGNÓSTICO

A ascite leve somente será diagnosticada por método de imagem (USG); já a ascite moderada poderá ser suspeitada pelo exame físico, por abaulamento dos flancos e submacicez móvel; na ascite grave, o abdome estará globoso com sinal de piparote positivo ao exame clínico.

Além da história e do exame físico, a paracentese é a melhor ferramenta para análise do líquido ascítico. O melhor local para sua realização é o quadrante inferior esquerdo, no ponto médio entre a cicatriz umbilical e a crista ilíaca superior. O líquido ascítico coletado é então analisado em laboratório.

Quadro 80.1 Características do líquido ascítico de acordo com suas prováveis etiologias

Análise do líquido ascítico	Etiologias
Amarelo citrino (claro)	Cirrose hepática sem complicações
Turvo	Infecções (peritonite bacteriana espontânea ([PBE] ou secundária)
Leitoso (quilosa)	Neoplasia ou trauma do ducto pancreático
Sanguinolento	Punção traumática, neoplasia maligna, ascite cirrótica sanguinolenta, tuberculose (raro), punção inadvertida do baço
Amarronzado	Síndrome ictérica, perfuração de vesícula biliar, úlcera duodenal

- **Citologia e citometria:** contagem de polimorfonucleares > 250 = PBE.
- **Gradiente albumina sérica-albumina do líquido ascítico (GASA):**
  - Gradiente ≥ 1,1g/dL indica hipertensão portal com 97% de acurácia.
  - GASA < 1,1g/dL (sem hipertensão portal) raramente leva ao desenvolvimento de PBE. A bioquímica do líquido ascítico pode ser útil na diferenciação das ascites de origem pancreática, quilosa, com a dosagem de amilase, lipase e de quilomícrons, respectivamente.
- **Cultura:** recomendada para todo paciente com ascite de começo recente e piora, mesmo sem sintomas sistêmicos.

DIAGNÓSTICO DIFERENCIAL

- Hepatopatias
- Pancreatite crônica
- Insuficiência cardíaca
- Cisto gigante do ovário
- Tumores do peritônio
- Carcinomatose peritoneal
- Pericardite
- Síndrome de Budd-Chiari
- Hipoalbuminemia
- Peritonite crônica

COMPLICAÇÕES

PBE, hérnias, derrame pleural, hidrotórax hepático e hiponatremia.

TRATAMENTO

O tratamento da ascite exsudativa ocasionada por doença peritoneal, como tuberculose ou neoplasia, depende do tratamento da doença de base. Tratada a doença de base, ocorre a reversão da ascite.

Diante da ascite originada por hipertensão portal, em especial da cirrose hepática ou da hepatopatia crônica, deve-se proceder da seguinte maneira:

1. Repouso no leito, restrição de sal na dieta para 88mEq/dia (cerca de 2g de sal). Nas primeiras 24 horas, deve-se manter o paciente sem diuréticos e solicitar dosagem de sódio no sangue e na urina de 24 horas. Restrição hídrica (1 a 1,5L/dia) naqueles pacientes com Na entre 120 e 125mEq/L. Abstinência total de álcool naqueles pacientes que estão em consumo ativo.
2. Diuréticos: doses únicas matinais de **espironolactona** (100mg/dia VO) e **furosemida** (40mg/dia VO), com aumento a cada 3 a 5 dias (200mg/80mg, 300mg/120mg...). As doses máximas recomendadas são 400mg/dia de **espironolactona** e 160mg/dia de **furosemida**. A administração EV de **furosemida** causa redução aguda da função renal do cirrótico e deveria ser evitada.

3. Durante todo o período de internação, recebendo tratamento com diuréticos, o paciente deve ter sua função renal monitorizada a cada 2 dias. Se surgir encefalopatia hepática, hiponatremia < 120mEq/L ou creatinina > 2mg/dL, os diuréticos deverão ser suspensos e a situação deverá ser reavaliada.
4. **Paracentese:** está indicada quando o paciente necessita perder um volume de líquido > 1.000mL em 24 horas. Para paracenteses de volume maior, deve-se infundir albumina pós-procedimento, na proporção de 8 a 10g de albumina para cada litro de ascite. A paracentese seriada é uma opção para os casos de ascite refratários ao uso de diuréticos. Em pacientes com ascite que não excretam sódio na urina, uma paracentese de seis litros pode manter o paciente com ascite controlada por um período de 7 a 10 dias.
5. **Opções cirúrgicas:** TIPS (derivação portossistêmica intra-hepática transjugular) deve ser reservada para pacientes com ascite refratária.
6. **Peritonite bacteriana espontânea:** em caso de contagem de polimorfonucleares (PMN) > $250/mm^3$ no líquido ascítico, recomenda-se o uso de **cefotaxima EV, na dose de 2g de 12/12h por 5 dias.** Em caso de contagem de PMN < $250/mm^3$ no líquido ascítico, porém com sinais clínicos de infecção, recomenda-se antibioticoterapia empírica com **cefotaxima, 2g EV de 12/12h,** enquanto se aguardam as culturas. Para pacientes que já apresentaram um episódio de PBE, deve-se instituir profilaxia com uso de **norfloxacino (400mg/dia VO)** até o desaparecimento da ascite, em virtude da alta taxa de recidiva da PBE nesses casos. Recomenda-se profilaxia primária após episódios de hemorragia por varizes esofagogástricas em paciente cirrótico com ascite: **norfloxacino, 400mg VO de 12/12h por 7 dias.**

BIBLIOGRAFIA

Als-nielsen B, Gluud C. Non-absorbable disaccharides for hepatic encephalopathy: systematic review of randomized trials. BMJ 2004; 328:1046.

American Society for Gastrointestinal Endoscopy. The role of endoscopy in the patient with lower gastrointestinal bleeding. Gastrointest Endosc 1998; 48:685-8.

Andrade J, Fagundes Neto U. Diarreia persistente: ainda um importante desafio para o pediatra. Jornal de Pediatria 2011; 87(3).

Andrade Júnior D, Galvão F, Santos S, Andrade D. Ascite – state of the art based on evidences. Rev Assoc Med Bras 2009; 55(4).

Baik SK, Jeong PH, Ji SW et al. Acute hemodynamic effects of octreotide and terlipressin in patients with cirrhosis: a randomized comparison. Am J Gastroenterol 2005; 100:631.

Barroso JC. Causas de abdome agudo. EstudMed 2007. Disponível em: http://estudmed.com.sapo.pt/trabalhos/sindromes_abdominais_agudas_10.

Birolini D. O diagnóstico por imagem no abdome agudo. Rev Assoc Med Bras 2001; 47(4):271-2.

Brasil. Ministério da Saúde. Manual de exposição ocupacional: recomendações para atendimento e acompanhamento de exposição ocupacional a material biológico: HIV e hepatites B e C. Brasília (DF), 2004.

Brasil. Ministério da Saúde. Secretaria de Vigilância em Saúde. Departamento da Vigilância Epidemiológica. Hepatites virais: o Brasil está atento. 1. ed. Brasília (DF), 2008.

Cartwright SL, Knudson MP. Evaluation of acute abdominal pain in adults. Am Fam Physician 2008; 77(7):971-8.

Cecil medicine. 24. edition. Saunders, 2012.

Coral G et al. Prevalência e prognóstico da peritonite bacteriana espontânea. Experiência em pacientes internados em um Hospital Geral de Porto Alegre (1991-2000). Arq Gastroenterol 2002; 39(3).

Current diagnosis and treatment. In: Doherty G (ed.), Surgery McGraw-Hill Companies, 2010:493.

Di Mario F, Cavallaro LG, Scarpignato C. "Rescue" therapies for the management of Helicobacter pylori infection. Dig Dis 2006; 24(1-2):113-30.

Edições Monotemáticas FBG Helicobacter pylori. 1. ed. 2011:33-51, 93-122, 149-86.

Endoscopia digestiva. Rio de Janeiro: Medsi, 2000:228-58.

Ferreira RPB, Eisig JN. Hemorragias digestivas. Federação Brasileira de Gastroenterologia. Projeto diretrizes 2008; 9-11.

Filgueira NA, Costa Junior JI et al. Condutas em clínica médica. 3. ed. Rio de Janeiro: Medsi, 2004:286-96.

Garcia-Tsao G, Sanyal AJ, Grace ND et al. Prevention and management of gastroesophageal varices and variceal hemorrhage in cirrhosis. Hepatology 2007; 46:922.

Gluud LL, Klingenberg SL, Langholz E. Tranexamic acid for upper gastrointestinal bleeding. Cochrane Database Syst Rev 2012; 1:CD006640.
Gonçalves C, Gomes M, Gonçalves P, Gonçalves L, Pereira F. Hepatite alcoólica. J Bras Gastroenterol 2006; 6(2):59-68.
Gupta K, Bhandari RK, Chander R. Comparative study of plain abdomen and ultrasound in nontraumatic acute abdomen. IJRI 2005; 15(1):109-15.
Harrison internal medicine. 18. edition. The Mcgraw-Hill Companies, 2012.
Haussinger D, Kircheis G, Fischer R et al. hepatic encephalopathy in chronic liver disease: a clinical manifestation of astrocyte swlling and low-grade cerebral edema J. Hepatol 2000; 32:1035.
Hoedema RE, Luchtefeld MA. The management of lower gastrointestinal hemorrhage. Dis Colon Rectum 2005; 48(11):2010-24.
Kamin RA, Nowicki TA, Courtney DS, Powers RD. Pearls and pitfalls in the emergency department evaluation of abdominal pain. Emerg Med Clin N Am 2003; 21:61-72.
Kang HM, Kim N, Park YS et al. Effects of Helicobacter pylori infection on gastric mucin expression. J Clin Gastroenterol 2008; 42 (1):29-35.
Laine L, Jensen DM et al. Management of patients with ulcer bleeding. Am J Gastroenterol 2012; 107:345-60.
Lázaro SA. Hemorragia digestiva. In: Cirurgia de urgência. Rio de Janeiro: Medsi, 1994:310-26.
Leung JW, Chung SSC. Tratamento prático do sangramento gastrintestinal alto não-varicoso. In: Tytgat GNJ, Classen M. Prática de endoscopia terapêutica. Rio de Janeiro: Revinter 2000:1-16.
Lopes AC. 2. ed., Roca, 2009.
Lopes RA, Martins HS, Madarás Jr E. Hemorragia digestiva baixa no departamento de emergência. In: Martins HS, Neto AS, Velasco IT. Emergencias clínicas baseadas em evidências. 1. ed. São Paulo: Atheneu 2005:383-92.
Luna LL, Vargas C, Luna RA, Junqueira DPR. Endoscopia digestiva na hemorragia alta não varicosa. In: Sociedade Brasileira de Endoscopia Digestiva. Endoscopia digestiva. Rio de Janeiro: Medsi, 2000:228-58.
Luna LL, Vargas C, Luna RA, Junqueira DPR. Endoscopia digestiva na hemorragia alta não varicosa. In: Sociedade Brasileira de Endoscopia Digestiva.
Maranhão HS. Abordagem terapêutica atualizada em diarréia aguda. 65º Curso Nestlé de Atualização em Pediatria, 2008:135-40.
Mattos AA. Paracentese diagnóstica. Revista da AMRIGS 2006; 50(1):54-8.
Olmo RD et al. Ascite no pronto-socorro. In: Emergências clínicas: abordagem prática. 2. ed. Editora Manole, 2006:278-95.
Porto CC. Exame clínico. 5. ed. 2004; 4:37-50.
São Paulo. Secretaria de Estado da Saúde. Guia de orientações técnicas hepatites B e C. São Paulo, 2002.
Sharara AJ, Rockey DC. Gastroesophagel varicela. Consensus recomendations for managing of patientes with nonvariceal upper gastrointestinal upper gastrointestinal bleeding. Ann Intern Med 2003; 139;843-57.
Silen W. Abdominal pain. In: Harrison's principles of internal medicine. 17. ed. McGraw-Hill, 2008:91-5.
Vadeboncoeur TF, Heister RR, Behling CA, Guss DA. Impact of helical computed tomography on the rate of negative appendicitis. Am J Emerg Med 2006; 24:43-7.
Viana R et al. Atenção à saúde da criança. Secretaria de Estado da Saúde de Minas Gerais, 2004:224.
World Health Organization. World Health Statistics 2006. Geneva: WHO, 2006.
Zuccaro G Jr. Management of the adult patient with acute lower gastrointestinal bleeding. American College of Gastroenterology. Practice Parameters Committee. Am J Gastroenterol 1998; 93:1202.

Seção X – CIRURGIA GERAL

Capítulo 81
Colelitíase

Andréa Povedano • Aparecida Andrade Ribeiro Franciscani • Raphael Grossi Rocha

INTRODUÇÃO

A colelitíase consiste em uma afecção comum na população, caracterizada pela presença de cálculos na vesícula biliar. Tem prevalência de 11% a 36% e é responsável por boa parte das queixas abdominais em pronto-socorro (PS).

FISIOPATOLOGIA

Em geral, os ataques ocorrem 1 a 2 horas após alimentação gordurosa, quando o bolo alimentar atinge o duodeno, levando à atividade da vesícula biliar. Ocorrem, então, contração, obstrução e espasmo da vesícula, produzindo sintomas.

CONSIDERAÇÕES

À ultrassonografia (USG) abdominal, pode ser observada a ocorrência de fluido biliar, ou **lama biliar**, que se deposita nas porções de maior declive da vesícula. Isso costuma ocorrer em pacientes em jejum prolongado ou em alimentação parenteral. Eventualmente, a lama biliar pode ser a causa da cólica biliar ou mesmo de colecistite (colecistite alitiásica), uma vez que funciona com uma verdadeira "rolha" no ducto cístico.

Fatores de risco

Os cálculos na via biliar representam a cristalização dos solutos biliares. Portanto, qualquer condição que favoreça a precipitação dos solutos aumenta o risco de colelitíase (Quadro 81.1).

Quadro 81.1 Fatores de risco para colelitíase	
Dismotilidade vesicular	Vagotomia troncular, nutrição parenteral, diabéticos, gestantes, lesão na medula espinhal
Diminuição do solubilizante	Obesidade, perda rápida de peso, anemia hemolílica Estrogênio e progesterona: sexo feminino, gravidez, multiparidade e terapia de reposição hormonal
Medicamentos	Ressecção ileal, doença inflamatória intestinal, cirrose hepática
Idade	Ceftriaxona, clofibrato
Predisposição genética	Quanto maior a idade, maior a prevalência

Adaptado de Townsend CM, Beauchamp RD, Evers BM, Mattox KL. Sabiston textbook of surgery. 18. ed. Philadelphia (EUA): Saunders; 2007; Afdhal NH. UpToDate®: Epidemiology of and risk factors for gallstones.

QUADRO CLÍNICO

A colelitíase apresenta-se nas seguintes formas clínicas: **assintomática, sintomática e complicada**. Cerca de 70% a 80% das pessoas com litíase na vesícula biliar podem ser assintomáticas.

"Cólica" biliar, o evento típico, geralmente ocorre 1 a 2 horas após alimentação gordurosa e consiste em desconforto abdominal ou ataque de dor contínua (erroneamente referida como cólica), localizada no hipocôndrio direito e/ou no epigástrio, podendo irradiar-se para o tórax e a escápula.

A dor é crescente por 15 minutos a 1 hora, atinge um platô, permanece por 1 hora ou mais e diminui lentamente com desobstrução do ducto cístico. Comumente, há também queixa de sudorese, náuseas, vômitos, distensão abdominal e eructações.

Durante a crise de dor, o paciente costuma se apresentar agitado, ansioso, inquieto e sem febre. O exame físico é pobre, podendo ocorrer hipersensibilidade no ponto vesicular (interseção da linha hemiclavicular direita com o rebordo costal), com defesa voluntária, mas sem sinal de irritação peritoneal. A súbita exacerbação da dor com interrupção da inspiração durante a compressão do ponto cístico (**sinal de Murphy**) é indicativa de colecisticite. Após o ataque de dor, o exame físico está geralmente normal, podendo haver leve dor à palpação abdominal.

Há, com frequência, relato de episódios prévios semelhantes com intervalo de semanas ou anos.

DIAGNÓSTICO

O diagnóstico baseia-se na suspeita clínica e no achado de litíase biliar em exames de imagem: radiografia de abdome, USG abdominal, colangiorressonância, cintilografia biliar, colangiografia trans-hepática percutânea e colangiopancreatografia endoscópica. No entanto, em virtude de sua maior disponibilidade e acurácia, a USG abdominal é o exame de eleição.

Na maior parte das vezes os exames laboratoriais estão normais, tanto em pacientes com litíase sintomática como naqueles assintomáticos. No entanto, enzimas hepáticas, amilase, lipase, hemograma e urina rotina devem ser solicitados para avaliação de possíveis complicações e diagnóstico diferencial.

DIAGNÓSTICO DIFERENCIAL

A dor biliar estabelece o diagnóstico diferencial de afecções abdominais que têm como topografia o quadrante superior direito do abdome e do epigástrio (Quadro 81.2).

Quadro 81.2 Dor abdominal em hipocôndrio direito e epigástrio

Dor em hipocôndrio direito	Dor epigástrica
Dispepsia	Dispepsia
Doenças hepáticas (hepatomegalia, neoplasia, hepatite, abscesso)	Doenças pépticas (úlcera péptica)
Doenças pépticas (úlcera péptica)	Doenças esofágicas (refluxo gastroesofágico, esofagite)
Doenças intestinais (apendicite, colite)	Doenças pancreáticas (pancreatite, neoplasia)
Doenças pancreáticas (pancreatite, neoplasia)	Doenças cardíacas (angina, pericardite, IAM)
Doenças cardíacas (angina, pericardite, IAM)	
Doenças renais (litíase, infecção)	

Adaptado de Martins HS, Neto RAB, Neto AS, Velasco AT. Emergências clínicas: abordagem prática. Barueri (SP): Manole, 2010:210-20; Flasar MH, Goldberg E. Acute abdominal pain. Med Clin North Am 2006; 90:481-503.
IAM: infarto agudo do miocárdio.

COMPLICAÇÃO

Com a obstrução prolongada do ducto cístico (> 6 horas), ocorre inflamação da vesícula biliar (colecistite). Outras complicações da migração do cálculo pela via biliar são: coledocolitíase, colangite e pancreatite biliar aguda. Vale ressaltar que a colelitíase favorece a ocorrência de câncer de vesícula.

Deve-se considerar a colecistectomia em paciente com comorbidades que elevam o risco de complicações, entre as quais:

- Cisto no colédoco
- Doença de Caroli
- Anormalidades da drenagem do ducto pancreático

- Adenoma de vesícula biliar
- Vesícula em porcelana
- Esferocitose hereditária
- Cálculo ≤ 0,5cm ou ≥ 2cm de diâmetro

A indicação de colecistectomia deve ser mais liberal em pacientes assintomáticos com doenças cronicodegenerativas severas (especialmente diabetes).

TRATAMENTO
O tratamento consiste em controle da dor e colecistectomia.

Controle da dor
1. O controle da dor pode ser feito inicialmente com o uso de qualquer anti-inflamatório não esteroide (AINE). Uma boa opção é o **tenoxicam,** 1 frasco-ampola de 20 ou 40mg/dia, diluídos em 2mL de AD, EV ou IM, em *bolus*.
2. Caso não se obtenha sucesso, a administração EV de opiáceo deve ser efetiva: **meperidina,** 25 a 50mg (ampola de 100mg/2mL) IM ou EV (diluídos em 10mL de AD), infusão em 2 a 3 minutos. Atenção para depressão respiratória e hipotensão. **Não usar morfina** para não causar espasmo do esfíncter de Oddi.

Embora muito utilizados na prática, os antiespasmódicos parecem não surtir efeito no tratamento de dor biliar.

Colecistectomia
A **colecistectomia, preferencialmente laparoscópica**, deve ser considerada em pacientes sintomáticos, uma vez que o risco de complicações em 10 anos pode alcançar até 10%.

Capítulo 82
Colecistite Aguda

Andréa Povedano • Aparecida Andrade Ribeiro Franciscani • Raphael Grossi Rocha

INTRODUÇÃO

O termo colecistite refere-se à inflamação da vesícula biliar. Clinicamente, consiste em dor no quadrante superior direito (QSD), febre e leucocitose.

Em 60% dos casos, a colecistite acomete mulheres. Em homens, bem como diabéticos, essa afecção tende a ser mais severa.

FISIOPATOLOGIA

A colecistite está relacionada com colelitíase em 90% a 95% dos casos. Ocorre inflamação da vesícula biliar por obstrução recorrente e prolongada do ducto cístico (DC).

Com a inflamação, a vesícula biliar torna-se volumosa, tensa, com parede edemaciada e espessada, levando a isquemia e necrose da parede. A inflamação inicialmente é estéril, mas a infecção secundária por bactérias do trato gastrointestinal (TGI) ocorre em breve.

CONSIDERAÇÕES

Por vezes, pode ocorrer colecistite sem colelitíase, quadro chamado de colecistite alitiásica. Em geral, ocorre em pacientes críticos, pacientes com nutrição parenteral prolongada e em caso de doenças graves sistêmicas (sarcoidose, lúpus eritematoso sistêmico etc.).

QUADRO CLÍNICO

A maioria dos pacientes com colecistite aguda apresentou episódios prévios de cólica bilar. No entanto, alguns podem não manifestar essa condição.

Tipicamente, a colecistite aguda inicia com dor constante no QSD ou no epigástrio. A dor pode irradiar-se para o ombro direito ou a região escapular direita. Outros sintomas são: náuseas, vômitos, anorexia, febre e calafrios. Em geral. há um relato de ingestão de alimentos gordurosos 1 hora ou mais antes do início dos sintomas.

A cólica biliar prolongada (> 6 horas), principalmente se associada a febre, deve chamar a atenção do médico para colelitíase complicada.

O paciente com colecistite apresenta-se visivelmente doente, febril, taquicárdico e ansioso. Há defesa e dor à palpação do QSD, o que não ocorre na colelitíase sintomática. Massa palpável, correspondendo à vesícula, está presente em um quarto dos pacientes 24 horas após o surgimento dos sintomas – dado valioso para o diagnóstico. A súbita exacerbação da dor com interrupção da inspiração durante a compressão na região subcostal (**sinal de Murphy**) é indicativo de colecistite.

DIAGNÓSTICO

Exames laboratoriais corroboram a suspeita clínica. Os achados característicos são:

- Leucocitose de 12.000 a 14.000 células/mm^3, com desvio.
- Aumento de proteína C reativa (PCR).
- Elevação discreta de bilirrubina.
- Fosfatase alcalina, transaminases e amilase podem estar elevadas, o que pode indicar outro processo subjacente.

USG abdominal **deve ser o primeiro exame de imagem a ser solicitado**. Achados típicos: Murphy ultrassonográfico, espessamento de parede de vesícula > 4 a 5mm e edema (sinal da dupla parede). O achado de colelitíase corrobora o diagnóstico.

Cintilografia das vias biliares é o exame mais acurado para confirmar a suspeita clínica de colecistite aguda. No entanto, raramente precisará ser realizada, já que a USG abdominal detecta colecistite em cerca de 98% dos pacientes.

A tomografia computadorizada (TC) abdominal, embora utilizada para avaliação de pacientes com dor abdominal, é menos sensível do que a USG abdominal em casos de colecistite.

DIAGNÓSTICO DIFERENCIAL

A colecistite constitui diagnóstico diferencial de afecções abdominais com topografia no QSD e no epigástrio (Quadro 82.1).

Quadro 82.1 Dor abdominal em hipocôndrio direito e epigástrio

Dor em hipocôndrio direito	Dor epigástrica
Dispepsia	Dispepsia
Doença hepática (hepatomegalia, neoplasia, hepatite, abscesso)	Doenças pépticas (úlcera péptica)
Doenças pépticas (úlcera péptica)	Doenças esofágicas (refluxo gastroesofágico, esofagite)
Doenças intestinais (apendicite, colite)	Doenças pancreáticas (pancreatite, neoplasia)
Doenças pancreáticas (pancreatite, neoplasia)	Doenças cardíacas (angina, pericardite, IAM)
Doenças cardíacas (angina, pericardite, IAM)	
Doenças renais (litíase, infecção)	

Adaptado de Martins HS, Neto RAB, Neto AS, Velasco AT. Emergências clínicas: abordagem prática. Barueri (SP): Manole, 2010:210-20; Flasar MH, Goldberg E. Acute abdominal pain. Med Clin North Am 2006; 90:481-503.

COMPLICAÇÕES

Com a evolução do processo infeccioso, podem ocorrer empiema de vesícula biliar, colecistite enfisematosa, perfuração de vesícula, fístulas, ileobiliar e síndrome de Mirizzi.

TRATAMENTO

O tratamento da colecistite aguda consiste na adoção de medidas gerais (dieta zero e hidratação venosa), controle da dor, antibioticoterapia e colecistectomia:

Medidas gerais

1. Dieta zero.
2. Hidratação venosa para garantir a oferta hidroeletrolítica e repor eventuais perdas.
3. Reposição calórica com glicose (30 a 35kcal/kg/dia, 1g de glicose mono-hidratada = 3,4kcal).

Controle da dor

1. O controle da dor pode ser feito inicialmente com uso de qualquer AINE. Uma boa opção é o **tenoxicam**, 1 frasco-ampola, 20 ou 40mg/dia, diluído em 2mL de AD, EV ou IM, em *bolus*.
2. Caso não ocorra sucesso, a administração EV de opiáceo deve ser efetiva. Sugestão: **meperidina**, 25 a 50mg (ampola de 100mg/2mL) IM ou EV (diluída em 10mL de AD), infusão em 2 a 3 minutos. Atenção para depressão respiratória e hipotensão. **Não usar morfina** para não causar espasmo do esfíncter de Oddi.

Antibioticoterapia

Deve cobrir bactérias do TGI (gram-negativas e anaeróbias). Opção: **ceftriaxona 1g (ampolas de 500mg e 1.000mg) EV de 24/24h, + metronidazol 500mg (ampola de 500mg) EV de 8/8h.** A duração do tratamento deve ser baseada na melhora clínica do paciente, geralmente 24 a 48 horas após colecistectomia.

Colecistectomia

Consiste no tratamento definitivo para colecistite. No entanto, o momento cirúrgico deve ser estabelecido de acordo com o quadro clínico. Os casos graves, com gangrena, vesícula perfurada e instabilidade hemodinâmica, devem ser prontamente operados. Em pacientes com risco anestésico proibitivo, pode ser realizada a colecistostomia percutânea. Nesse caso, após o resfriamento do processo, segue-se a colecistectomia. Em caso de pacientes com baixo risco cirúrgico, opta-se pela colecistectomia precoce, preferencialmente laparoscópica. Pacientes com quadro estável, mas com alto risco cirúrgico, podem ser tratados com terapia de dissolução do cálculo ou extração percutânea, com uso ainda de litotripsia.

Capítulo 83
Colangite

Andréa Povedano • Aparecida Andrade Ribeiro Franciscani • Raphael Grossi Rocha

INTRODUÇÃO

Colangite é uma infecção bacteriana do trato biliar cujos principais sintomas são **febre com calafrios, icterícia e dor abdominal, conhecidos como tríade de Charcot**, nome do primeiro médico a descrever a síndrome.

FISIOPATOLOGIA

A obstrução do trato biliar, parcial ou total, é o principal fator desencadeante da colangite, uma vez que leva a estase, aumento da pressão intrabiliar e consequente proliferação bacteriana. As bactérias são, em geral, provenientes do duodeno, mas a via hematogênica, mais raramente, também pode ser fonte da infecção bacteriana.

Os cálculos biliares são a principal causa de obstrução, respondendo por cerca de 60% dos casos, mas qualquer condição que cause estreitamento das vias biliares pode levar ao quadro de colangite.

Quadro 83.1 Principais fatores associados à colangite

Coledocolitíase: principal causa
Tumores: cabeça do pâncreas, colangiocarcinoma, carcinoma da ampola de Vater
Trauma operatório – principalmente estenose pós-colecistectomia
Estenose de anastomose bilioentérica
Pancreatite crônica
Procedimentos invasivos: CPRE, colangiografia trans-hepática
Helmintíase biliar: obstrução por áscaris

CPRE: colangiopancreatografia endoscópica retrógrada.

CONSIDERAÇÕES

Os principais micro-organismos isolados em culturas de pacientes com colangite são *Escherichia coli*, *Klebsiella pneumoniae*, *Streptococcus faecalis* e *Bacteroides fragilis*.

QUADRO CLÍNICO

A colangite acomete a faixa etária de 50 a 70 anos, embora a **clássica tríade de Charcot, com febre, icterícia e dor abdominal**, ocorra em apenas 50% a 75% dos pacientes. O sintoma mais comum é a febre, presente em 90% dos casos. A dor abdominal, em geral, é de moderada intensidade e acomete o quadrante superior direito. Sinal de irritação peritoneal é incomum.

Aproximadamente 15% dos pacientes evoluem para colangite supurativa ou colangite tóxica, uma forma grave e de alta mortalidade. Nesses pacientes, além dos sintomas descritos, estão presentes sinais de sepse, como choque, confusão mental, alteração do comportamento, desorientação e coma. **A pêntade de Reynold consiste na associação da tríade de Charcot com hipotensão e depressão do sistema nervoso central.**

DIAGNÓSTICO

O diagnóstico de colangite é clínico, mas os exames complementares podem corroborá-lo e auxiliar o diagnóstico etiológico. A USG é o exame mais frequentemente realizado para investigação de um quadro de icterícia obstrutiva, uma vez que é de fácil acesso e tem alta sensibilidade para detectar colelitíase e dilatação dos ductos biliares, apesar de sua baixa sensibilidade para coledocolitíase. Outros exames de imagem úteis diante de um quadro de colangite são a TC e a colangiorressonância, ambas com maior sensibilidade para detectar coledocolitíase e massas periampulares que a USG, porém com custo mais alto e nem sempre disponíveis em nosso meio.

A colangiografia, seja por CPRE, por via trans-hepática percutânea (CTP) ou intraoperatória, deve ser realizada em todos os casos para avaliação do colédoco.

Exames laboratoriais são inespecíficos e sugerem um quadro de infecção com obstrução biliar. Achados comuns são: leucocitose e desvio para a esquerda e provas hepáticas com padrão colestático (aumento de fosfatase alcalina, gamaglutamiltransferase, aminotransferases e bilirrubinas, principalmente da fração direta).

DIAGNÓSTICO DIFERENCIAL

- Colecistite
- Abscesso hepático piogênico
- Hepatites
- Pancreatite
- Pneumonia de lobo inferior de pulmão direito/empiema
- Úlcera duodenal perfurada

COMPLICAÇÕES

- Insuficiência renal aguda
- Abscesso intra-hepático
- Sepse e choque séptico

TRATAMENTO

Os pilares do tratamento da colangite consistem na antibioticoterapia e na desobstrução com drenagem do trato biliar.

Em pacientes estáveis, com colangite não complicada, inicia-se o tratamento conservador com antibióticos e, após controlada a infecção inicial, realizam-se colangiografia e desobstrução biliar.

Cerca de 80% dos casos apresentam melhora após 48 horas de antibioticoterapia. Naqueles com colangite supurativa e nos que não respondem à antibioticoterapia inicial está indicada a drenagem biliar de urgência:

1. **Controle da dor:** deve-se fazer o escalonamento da analgesia.
    - **Analgésico comum: dipirona,** uma ampola de 2mL (500mg/mL), diluída em 20mL de AD, EV, de 6/6h.
    - **AINE: cetoprofeno,** 100mg diluídos em 100mL de SF 0,9%, EV lento, de 12/12h, ou **tenoxicam,** 20mg diluídos em 2mL de AD, EV ou IM.
    - **Opioides: meperidina,** 25 a 50mg (ampola de 100mg/2mL) IM ou EV (diluídos em 10mL de AD), infusão em 2 a 3 minutos. Atenção para depressão respiratória e hipotensão. **Não usar morfina** para não causar espasmo do esfíncter de Oddi.
2. **Antibioticoterapia empírica** (Quadro 83.2).
3. **Colangiografia e drenagem biliar:** a drenagem biliar pode ser feita por meio de CPRE, acesso percutâneo ou descompressão cirúrgica aberta. **A papilotomia endoscópica com retirada dos cálculos, com ou sem colocação de stent, é o tratamento de escolha para os pacientes com colangite.**

Quadro 83.2 Antibioticoterapia empírica utilizada no tratamento de colangite

1. Primeira escolha:
Ceftriaxona, 1g EV de 12/12h, + metronidazol, 500mg EV de 8/8h, ou
Ampicilina, 1g EV de 4/4h ou 6/6h, + gentamicina, 240mg EV de 24/24h. Nos casos graves, associar metronidazol, 500mg EV de 8/8h, ou clindamicina, 600mg EV, de 8/8h ou 6/6h, ou
Piperacilina/tazobactam, 4,5g EV de 8/8h, nos casos graves

2. Alternativas:
Ciprofloxacino, 400mg EV de 12/12h, + metronidazol, 500mg EV de 8/8h, ou
Levofloxacino, 500 a 750mg EV de 24/24h, + metronidazol, 500mg EV de 8/8h, ou
Meropenem, 1g EV de 8/8h, ou
Ampicilina/sulbactam, 3g, de 6/6h

Capítulo 84
Pancreatite Aguda

Andréa Povedano • João Bouhid • Eduardo Alvarenga Junqueira Filho • Anna Cláudia Sabino dos Santos

INTRODUÇÃO

A pancreatite aguda (PA) consiste em um processo inflamatório agudo do pâncreas que pode envolver tecidos peripancreáticos e/ou órgãos e sistemas a distância. Essa patologia está entre as principais causas de abdome agudo, ao lado de apendicite aguda, colecistite aguda e úlcera perfurada.

A classificação de Atlanta, proposta em 1992, divide em duas categorias as PA:

- **PA leve (intersticial ou edematosa):** 80% a 90% dos casos, com evolução favorável, de curso autolimitado em 3 a 7 dias, restrita ao pâncreas.
- **PA grave (necrosante):** doença sistêmica grave que evolui, geralmente, com falência de órgão e complicações locais.

O diagnóstico precoce é de fundamental importância para que o tratamento seja instituído o mais breve possível, diminuindo, assim, as complicações subsequentes.

FISIOPATOLOGIA

A grande maioria dos casos de PA associa-se a **alcoolismo e litíase biliar**, o que acarreta ativação de enzimas pancreáticas dentro do pâncreas, associada à perda dos compartimentos intra e extracelulares e à obstrução do transporte secretório pancreático, correspondendo, assim, a um processo inflamatório agudo no interior do pâncreas, o qual pode disseminar-se sistemicamente. Entre outras causas, podem ser citadas: hipertrigliceridemia, hipercalcemia, induzida por fármacos (principalmente imunossupressores), pós-operatório, pós-CPRE, traumatismo abdominal e idiopática.

Os fatores que indicam gravidade incluem: choque, insuficiência pulmonar, insuficiência renal e necrose da glândula pancreática. A ativação do tripsinogênio ocorre com maior intensidade nos casos mais graves, e tanto pode ser considerado uma enzima deflagradora como perpetuadora do processo. As principais citocinas envolvidas no processo são: TNF-α, IL-1, IL-6, IL-8, IL-12. As endotoxinas são representadas por: PAF e a fosfolipase A2, podendo a IL-6 ser considerada um marcador de gravidade do comprometimento sistêmico.

QUADRO CLÍNICO

O quadro clínico costuma ser clássico e é um dos elementos fundamentais para o diagnóstico. A dor tem início agudo, de forte intensidade, e se localiza no epigastro, com irradiação para o dorso ou em barra, geralmente acompanhada de náuseas e vômitos. Icterícia pode ocorrer em até 25% dos casos. Portanto, a **tríade clássica** é caracterizada por **dor abdominal + náuseas + vômitos**.

Com a evolução do processo são esperadas febre, taquicardia e desidratação. Nos casos graves, os sinais e sintomas costumam se exacerbar nas primeiras 12 horas, e o paciente pode apresentar distensão abdominal, dor de difícil controle e difusa, diminuição da diurese, hipotensão e agitação psicomotora (convulsões).

Manchas equimóticas periumbilicais (**sinal de Cullen**), em flancos (**sinal de Grey-Turner**) ou na base do pênis (**sinal de Fox**) sugerem a presença de hemorragia retroperitoneal, demonstrando a gravidade do processo patológico. Necrose infectada, pseudocisto e abscesso pancreático estão relacionados à gravidade do processo e ao surgimento de complicações locais. A tão temida síndrome do choque pode levar a quadros de diminuição do débito cardíaco, hipocontratilidade, falência pulmonar e renal e lesões cutâneas esteatonecróticas.

DIAGNÓSTICO

Nos exames laboratoriais, geralmente encontra-se o seguinte padrão:

- **Amilase:** esta enzima se eleva no início do quadro clínico (2 a 12 horas após o início dos sintomas) e se mantém elevada por 3 a 5 dias. Seu valor normal é < 160UI/L. A especificidade para PA aumenta bastante quando seus níveis estão > 500UI/L e, principalmente, > 1.000UI/L. O aumento de 10 vezes em relação aos valores de referência associado a um quadro clínico positivo é suficiente para o diagnóstico (embora muito específicas, todas as enzimas pancreáticas têm baixa sensibilidade diagnóstica, porém não se correlacionam com o nível de gravidade da doença).
- **Lipase:** eleva-se com a amilase, porém assim permanece por mais tempo (entre 7 e 10 dias). É tão sensível quanto a amilase, porém mais específica. Seu valor normal pode atingir até 140UI/L. Valores aumentados, > 2 a 3 vezes, são bastante sugestivos de PA.
- **Amilase + lipase:** se aumentadas > 3 vezes o valor da normalidade, são altamente específicas.
- Amilasemia elevada por mais de 7 dias, associada a dor ou a massa abdominal palpável, é altamente sugestiva de pseudocisto de pâncreas.
- TGO e TGP elevadas sugerem etiologia biliar para o quadro. Uma TGP > 150UI/L tem alta especificidade para PA biliar. No entanto, valores mais baixos não afastam esse diagnóstico, já que sua sensibilidade é reduzida.
- Devem ser solicitados hemograma completo, bioquímica, provas de função hepática, principalmente γ-GT, fosfatase alcalina, bilirrubinas totais e frações e gasometria arterial.

Nos exames de imagem, geralmente é observado o seguinte padrão:

- **Radiografia de abdome:** pode ser normal em casos simples, porém, nos casos graves, podem ser evidenciados velamento da região pancreática e bolhas gasosas, também servindo para o diagnóstico diferencial de outras patologias.
- **Ultrassonografia:** de fácil realização, pode evidenciar aumento da glândula pancreática com diminuição da ecogenicidade e presença de coleções líquidas. Método de baixa sensibilidade.
- **Ultrassonografia endoscópica:** pode ser útil em casos de litíase biliar, especialmente microlitíase.
- **Tomografia computadorizada:** este exame com contraste oral e venoso é o melhor método de imagem para avaliação de pacientes com PA de moderada e grave. Pode evidenciar aumento do parênquima difuso ou focal do pâncreas, coleções líquidas, borramento das gorduras peripancreáticas e perirrenal e áreas não captantes de contraste sugestivas de necrose. Pode estar normal em 15% a 30% dos casos leves.
- **CPRE** não deve ser usada em casos agudos de PA em razão das complicações da infusão de contraste, ruptura de ductos pancreáticos e por poder favorecer infecções.

Na avaliação do paciente com PA, é de fundamental importância o prognóstico do paciente, o que pode guiar melhor a conduta e prever o tempo de internação. Em 1974, **Ranson** determinou 11 critérios até hoje utilizados para estabelecer o prognóstico dos pacientes (Quadro 84.1). **Uma regra mneumônica pode servir de ajuda para decorar esses critérios:**

- **Critérios à admissão:** **I**mportante **L**embrar **T**otalmente da **G**rande **L**ista.
- **Durante as 48 horas iniciais:** **P**ara **E**vitar **S**equestro de **H**omens na **U**rca.

Quadro 84.1 Critérios de Ranson	
Critérios à admissão	**Durante as 48 horas iniciais**
Idade > 55 anos Leucócitos > 16.000 TGO > 250UI/100mL Glicemia > 200mg% LDH > 350UI/L	PO_2 < 60mmHg Excesso de bases mais negativo que − 4,0mEq/L Sequestro de líquidos > 6 litros Hematócrito reduzindo-se em mais de 10% Ureia elevando-se > 10mg/dL Cálcio < 8mg/dL

Segundo Ranson:

- < 2 critérios = nenhuma mortalidade
- 3 ou 4 critérios = 15% mortalidade
- 5 ou 6 critérios = 50% mortalidade
- > 7 critérios = praticamente 100% de mortalidade

DIAGNÓSTICO DIFERENCIAL

- IAM de parede inferior
- Isquemia mesentérica aguda
- Colelitíase/coledocolitíase/colecistite aguda
- Obstrução intestinal aguda
- Gravidez ectópica

COMPLICAÇÕES

Entre as principais complicações da PA, podem ser citadas:

- Choque
- Desidratação e insuficiência renal aguda
- Síndrome da resposta inflamatória sistêmica (SIRS)
- Necrose pancreática
- Pseudocisto: considerado a **principal complicação** tardia da PA ocorre após um período de 4 semanas. Coleções líquidas que aparecem antes desse período são chamadas de coleções líquidas agudas. Se o pseudocisto infeccionar-se, estaremos diante de um abscesso. As principais complicações do pseudocisto são: abscesso, obstrução intestinal/biliar, fístula pancreática e hemorragia.

Como suspeitar/diagnosticar/tratar o pseudocisto?

- **Suspeitar:**
    - Recorrência da dor epigástrica
    - Massa palpável em epigástrio
    - Novo aumento de amilase/lipase
- **Diagnosticar:**
    - A TC com contraste é o melhor exame para o diagnóstico. Em sua ausência, deve-se lançar mão da USG.
- **Tratar:**
    - Se não houver complicação, aguardar até completar um período de 6 semanas. Boa parte dos pseudocistos regride completamente até esse período. As indicações para intervenção em caso de pseudocisto são: expansão, presença de sintomas como náuseas e vômitos e presença de complicações.

- A intervenção consiste em drenagem do pseudocisto, seja por cirurgia, punção guiada por TC ou USG ou descompressão endoscópica ou por CPRE.

TRATAMENTO

Não há tratamento específico para evitar a progressão do processo inflamatório que impeça a progressão da doença. **Assim, na fase inicial, o tratamento é clínico e sintomático. A abordagem inicial, na PA, é centrada na obtenção da estabilidade clínica, independente da etiologia e da gravidade da doença.** Concomitantemente, deve-se estratificar a gravidade da PA, diagnosticar e tratar, se for o caso, a etiologia, assim como as complicações da doença.

Pancreatite aguda leve

1. Essa forma de PA não exige internação em CTI.
2. **Dieta zero:** O paciente deve ficar em dieta zero até a melhora do quadro clínico e até que haja peristalse audível. Em geral, a realimentação por VO ocorre dentro de 3 a 5 dias. Os melhores critérios para retorno da alimentação são: melhora do quadro álgico, ausência de vômitos, retorno da peristalse e vontade do paciente em voltar a se alimentar.
3. **Hidratação:** importante etapa do tratamento da PA; deve ser feita hidratação venosa com soluções cristaloides.
4. **Analgesia:** a analgesia deve ser feita de acordo com o escalonamento da dor do paciente. Pode-se lançar mão de **dipirona**, 1g (ampola de 2mL com 1mg/mL), diluído em 20mL de AD, e/ou **tramadol**, 50 a 100mg (ampola com 50 ou 100mg) EV ou SC – em caso de EV, diluídos em 100mL de SF para evitar efeitos colaterais, como náuseas e vômitos –, ou **meperidina** (ampola com 50 ou 100mg), dose inicial de 10 a 30mg, diluindo uma ampola em 10mL de AD e aplicando de 1 a 3mL. Todos esses fármacos podem ser repetidos a intervalos de 4 horas.

> **Obs.:** morfina não deve ser utilizada.

Em resumo, a **base do tratamento da PA leve consiste em dieta zero + hidratação + analgesia**.

5. **Sonda nasogástrica:** só está indicada em caso de vômitos incoercíveis e/ou distensão abdominal importante.
6. **Procinéticos e antieméticos:** podem ser usados a critério médico. Opções: **metoclopramida** ou **bromoprida**, 10mg de 8/8h ou SOS.
7. **Cuidados gerais:** profilaxia de úlcera de estresse, de TVP, correção dos distúrbios hidroeletrolíticos e ácido-básicos, manter oximetria de pulso > 95% e controle glicêmico.
8. A alta hospitalar pode ser programada para 4 a 7 dias após boa aceitação da dieta.

Pancreatite aguda grave

1. Essa forma de PA geralmente exige internação em CTI. Envolve cuidados intensivos, como suporte hemodinâmico, ventilatório, renal e nutricional, e antibioticoterapia (profilática). É fundamental um acesso venoso profundo.
2. **Suporte nutricional:** os pacientes devem permanecer em dieta oral zero por períodos prolongados, muitas vezes por mais de 1 mês. Diversos estudos tentam mostrar o tipo de nutrição que apresenta menos comorbidades – a enteral ou a nutrição parenteral total (NPT). A nutrição enteral mostra-se superior, proporcionando menores atrofia da mucosa intestinal e translocação bacteriana, além de melhor controle glicêmico e um custo menor. A **nutrição enteral jejunal** (por cateter nasojejunal instalado por via endoscópica) está a mais indicada atualmente. A **NPT** está

indicada para os poucos pacientes que não toleram a dieta enteral ou aqueles cujas necessidades calóricas não são atingidas após o segundo ao quarto dia de dieta.

Em síntese, deve ser indicada alimentação enteral na ausência de ílio substancial.

3. **Hidratação:** Consiste no ponto mais importante para o tratamento da PA grave. Devem ser administrados pelo menos 6 litros de solução cristaloide nas primeiras 24 horas, dando preferência ao uso de Ringer lactato, em razão do menor risco de acidose hiperclorêmica.
4. **Analgesia:** podem ser usados os mesmos medicamentos administrados na PA leve, porém, como a dor costuma ser de forte intensidade, é preferível o uso de opioides.
5. **Cateter nasogástrico em sifonagem:** deve ser deixado em caso de vômitos incoercíveis e de íleo paralítico.
6. **Antibioticoterapia:** a primeira escolha é o **imipenem** (500mg – 1g EV de 6/6h), por pelo menos 10 dias, visando cobrir gram-negativos entéricos e anaeróbios. Como segunda opção, podem ser usados o **metronidazol** (500mg EV de 8/8h) e o **ciprofloxacino** (400mg EV de 12/12h).
7. **Cuidados gerais:** os mesmos da PA leve.
8. **CPRE e papilotomia endoscópica:** em pacientes graves com quadro séptico de origem biliar, devem ser empregadas nas primeiras 72 horas da PA biliar, na presença de colangite por cálculo impactado e em caso de coledocolitíase com icterícia progressiva de moderada a grave.
9. **Necrose pancreática infectada:** deve-se desconfiar quando diante de um paciente com piora clínica após melhora inicial ou quando surge um novo quadro de febre, leucocitose ou outros sinais de SIRS. Toda PA com necrose infectada deve receber indicação de **necrossectomia**. A TC pode mostrar gás no pâncreas ou tecido peripancreático, sendo este sinal muito indicativo de infecção. A PAAF é o método padrão-ouro para o diagnóstico.
10. **Drenagem de cistos pancreáticos:** qualquer coleção de líquido deve ser puncionada.

> **Obs.:** pacientes com PA de origem biliar não podem ter alta hospitalar sem que a colecistectomia seja realizada.

Capítulo 85
Diverticulite Aguda

Marcela Machado Parma • Andréa Povedano

INTRODUÇÃO

A diverticulite é uma inflamação aguda de um ou mais divertículos, os quais consistem em herniações saculares da parede intestinal. Quando há envolvimento de toda a parede intestinal, trata-se de divertículo verdadeiro, e quando ocorre protrusão da mucosa através da muscular própria do cólon, é denominado pseudodivertículo. Em 95% dos casos, o sigmoide é a região envolvida.

A prevalência de doença diverticular tem aumentado progressivamente devido à industrialização dos alimentos e à redução da quantidade de fibras ingeridas na dieta. Estima-se que 60% dos indivíduos > 60 anos de idade desenvolverão divertículos colônicos e que 15% a 35% destes evoluirão com diverticulite.

FISIOPATOLOGIA

A dieta pobre em fibras leva à formação de um bolo fecal insuficiente, com aumento do esforço propulsor do cólon e da pressão em sua luz. O componente muscular da parede intestinal sofre espessamento e tende a formar as saculações. A pequena ingestão de fibra pode alterar a flora intestinal, assim como a resposta imune do paciente, levando a um estado de inflamação crônica que contribui para a diverticulite. A protrusão ocorre no ponto em que as artérias nutrientes penetram através da muscular própria. Com frequência, restos do conteúdo luminal alojam-se no interior dos divertículos, endurecem e formam fecalitos que acabam comprometendo o suprimento sanguíneo da frágil parede do divertículo. Surgem com isso ulcerações que podem complicar-se com abscessos mesentéricos e pericólicos, perfurações e fístulas para órgãos vizinhos, peritonite e sepse.

QUADRO CLÍNICO

Em geral, a diverticulite acomete indivíduos > 60 anos de idade. Em sua forma complicada, caracteriza-se por **dor no quadrante inferior esquerdo (QIE), febre, calafrios, taquicardia e leucocitose. Pode apresentar sinais de irritação peritoneal como descompressão dolorosa.** Os sintomas são semelhantes aos da apendicite, e por isso o quadro é frequentemente denominado "apendicite do lado esquerdo". Alterações do trânsito intestinal e formação de massa palpável no local da dor ocorrem com menos frequência.

DIAGNÓSTICO

- O diagnóstico clínico é fundamental para orientar a conduta de investigação. A dor em QIE e hipersensibilidade peritoneal podem ser fortes indicativos de inflamação de um divertículo em pacientes idosos com fatores de risco para doença diverticular.
- Exames laboratoriais são inespecíficos e demonstram leucocitose com desvio à esquerda ou proteína C reativa aumentada.
- A TC tem sido considerada o padrão-ouro para avaliação de diverticulite e suas complicações, sendo muitas vezes o primeiro exame a ser solicitado em um quadro agudo. Possibilita a localização da inflamação, evidencia o espessamento circunferencial da parede colônica e a infiltração na gordura pericólica e avalia a extensão do processo extraluminal.
- A colonoscopia deve ser reservada aos casos crônicos da doença em virtude da possibilidade de perfuração e complicações, assim como o clister opaco.

DIAGNÓSTICO DIFERENCIAL

- Carcinoma de cólon
- Colite infecciosa ou isquêmica
- Doença de Crohn

COMPLICAÇÕES

- Abscesso peridiverticular
- Fístula (colovesical)
- Perfuração com peritonite fecal
- Obstrução intestinal

TRATAMENTO

O tratamento depende da severidade da inflamação. Entretanto, algumas medidas devem ser tomadas em todos os casos: dieta zero, hidratação venosa, antibioticoterapia de amplo espectro e analgesia:

1. **Dieta:** inicialmente dieta zero (24 horas). Em se tratando de evolução favorável, inicia-se a realimentação líquida sem resíduos, antes da introdução da alimentação livre. Quando o episódio agudo apresenta potencial de agravamento, a restrição dietética por 3 a 5 dias deve ser obedecida, o que não compromete o estado geral do paciente.
2. **Hidratação:** hidratação venosa com Ringer lactato ou soro fisiológico, avaliando a situação clínica no momento e as comorbidades do paciente. Inicialmente, podem ser administrados 500mL EV.
3. **Analgesia:** à base de **dipirona** (2mL EV). Em caso de dor intensa, pode ser usada **meperidina** EV (25 a 50mg – ampola de 100mg/2mL – diluídos em 10mL de AD, infusão de 2 a 3 minutos). **Morfina está contraindicada** por aumentar a pressão intracolônica.
4. **Antibioticoterapia:** deve ser eficiente contra bactérias gram-negativas e anaeróbias, geralmente com a associação de dois fármacos.
   - **Anaeróbios (metronidazol, 500mg EV, de 8/8h) + gram-negativos (ceftriaxona, 1g EV, de 12/12h ou amicacina, 500mg EV, de 12/12h, ou gentamicina, 80mg EV, de 8/8h).**

Pacientes com sintomas mínimos podem ser tratados em domicílio desde o início, usando o mesmo esquema antibiótico por 7 a 10 dias. Caso ocorra complicação com abscesso, deve-se estender a cobertura contra *Enterococcus*, associando **ampicilina, na dose 1g de 6/6h**. Se o abscesso for > 4cm, está indicada drenagem percutânea guiada pela TC de abdome, e após 6 semanas é realizado o tratamento cirúrgico definitivo. Em geral, os pacientes sem complicações evoluem bem em 48 a 72 horas, podendo receber alta e completar o esquema terapêutico em casa. De 3 a 4 semanas após o término do tratamento, deve-se fazer uma avaliação do intestino grosso com colonoscopia, para excluir definitivamente neoplasia colorretal. Uma dieta rica em fibras deve ser prescrita para tratamento da constipação intestinal associada.

Após o segundo episódio de diverticulite, 50% a 60% dos casos irão recorrer. Assim, considera-se o tratamento cirúrgico eletivo; entretanto, caso ocorram três episódios de diverticulite não complicada, está indicada a ressecção do segmento intestinal mais acometido. Pacientes < 40 anos tendem a apresentar maiores complicações, e por isso devem fazer o tratamento cirúrgico no primeiro episódio. Nos casos de peritonite purulenta ou fecal, impõe-se intervenção cirúrgica de emergência. Em caso de desenvolvimento de fístulas e obstrução intestinal, procede-se à cirurgia à Hartmann (colostomia terminal e fechamento do coto retal) após 6 semanas.

Capítulo 86
Apendicite

Andréa Povedano • Aparecida Andrade Ribeiro Franciscani • Raphael Grossi Rocha

INTRODUÇÃO

A apendicite ocorre quando há inflamação do apêndice, estrutura de 2 a 20cm de comprimento, localizada perto da válvula ileocecal, para onde convergem as tênias cólicas. É a causa mais comum de abdome agudo não traumático, com uma incidência de aproximadamente 7% durante a vida. Acomete indivíduos de qualquer idade, com pico de incidência entre 10 e 30 anos de idade. Há discreta predominância no sexo masculino: 1,4 homem para cada mulher.

FISIOPATOLOGIA

Na grande maioria dos casos, a obstrução intraluminal do apêndice é a causa primária da apendicite. Pode ocorrer devido à infecção com hiperplasia linfonodal, fecalito, cálculo, corpo estranho, tumor ou parasitas.

O resultado inclui acúmulo da secreção luminal, estase e supercrescimento bacteriano, principalmente por *Escherichia coli* e *Bacteroides fragilis*.

A distensão da parede do apêndice compromete a irrigação e o retorno venoso do órgão, levando a isquemia, necrose e, até mesmo, perfuração. Com isso, o omento ou o intestino delgado podem bloquear a parede do apêndice, formando um plastrão. Além disso, pode ocorrer perfuração livre para a cavidade, com peritonite difusa e consequências desastrosas, como choque séptico e morte.

QUADRO CLÍNICO

A clínica clássica do quadro de apendicite aguda consiste em **dor inicial periumbilical ou epigástrica mal definida e de moderada intensidade. Com o passar das horas, torna-se mais intensa e de localização mais específica, migrando para a fossa ilíaca direita, no ponto de McBurney** – situado entre os terços médio e lateral de uma linha imaginária entre a espinha ilíaca anterossuperior direita e a cicatriz umbilical. Nessa fase, o peritônio parietal já está envolvido pela reação inflamatória e, à palpação abdominal, há descompressão súbita dolorosa – Blumberg positivo.

Em geral, outros sinais e sintomas estão associados ao quadro, como náuseas, vômitos, hiporexia, febre baixa (< 38,3°C) e alteração do hábito intestinal.

Quando há perfuração bloqueada do apêndice, pode-se palpar uma massa na região da fossa ilíaca direita, que corresponde ao plastrão ou, em caso de perfuração livre para a cavidade, há peritonite generalizada e febre alta.

Nas mulheres, o toque vaginal é parte importante do exame físico para a exclusão de doenças ginecológicas.

Em alguns casos, principalmente em crianças, gestantes e idosos, o quadro pode ser atípico, com manifestações inespecíficas, como sintomas urinários, dor pélvica, indigestão, mal-estar e diarreia. Além disso, a extremidade do apêndice é móvel, podendo adquirir posições as mais variadas – retrocecal, infracecal, pré-ileal, pós-ileal e pélvica – o que também contribui para uma sintomatologia diversa, dificultando o diagnóstico.

Quadro 86.1 Sinais que podem ser encontrados ao exame físico da apendicite

Rovsing: dor em fossa ilíaca direita à palpação da fossa ilíaca esquerda
Sinal do obturador: dor à flexão e rotação interna da coxa direita. Sugere apêndice pélvico
Sinal do psoas: dor à extensão da coxa direita, com o paciente em decúbito lateral esquerdo. Sugere apêndice retrocecal
Blumberg: descompressão dolorosa da fossa ilíaca direita. Indica irritação peritoneal
Sinal de Lenander: temperatura retal > 1°C em relação à axilar

DIAGNÓSTICO

O **diagnóstico de apendicite é essencialmente clínico.** Desse modo, apesar da utilidade dos exames laboratoriais e de imagem úteis, estes não são indispensáveis, e o diagnóstico e o tratamento não devem ser postergados em razão da dificuldade de acesso a esses exames.

Uma das alterações mais comuns é a leucocitose moderada – em geral, até 15.000/mm³ – com neutrofilia e desvio para a esquerda, presente em 70% a 90% dos casos. Hematúria e/ou piúria discretos ao exame de urina também podem estar presentes.

Outros exames laboratoriais importantes, diante de um quadro de abdome agudo, são: ureia, creatinina, amilase, lipase, aminotransferases, fosfatase alcalina, γ-GT, bilirrubinas e, em caso de mulheres jovens, acrescentar gonadotrofina coriônica (β-HCG).

A radiografia de abdome tem baixas sensibilidade e especificidade para apendicite, mas auxilia a exclusão de outras patologias e pode mostrar pneumoperitônio.

A USG abdominal é um exame acessível, relativamente barato, não invasivo e muito útil, principalmente em casos de dúvida no diagnóstico. Sua sensibilidade é de 75% a 90% com especificidade > 90%, sendo os seguintes achados sugestivos de apendicite: apêndice não compressível, com diâmetro ≥ 7mm e presença de fecalitos.

A TC tem maiores sensibilidade e acurácia que a USG; entretanto, apresenta maior custo e nem sempre é acessível.

DIAGNÓSTICO DIFERENCIAL

- Doença inflamatória pélvica
- Ruptura de folículo ovariano
- Torção de cisto ovariano
- Litíse urinária
- Pielonefrite
- Gravidez tubária rota
- Gastroenterite aguda
- Diverticulite de Meckel
- Adenite mesentérica
- Doença de Crohn

COMPLICAÇÕES

- Perfuração do apêndice
- Sepse e choque séptico

Pós-operatórias

- Infecção do sítio cirúrgico
- Abscesso intracavitário
- Fístulas
- Hérnias incisionais
- Piletromboflebite

TRATAMENTO

1. **Medidas gerais:**
   - Dieta zero
   - Hidratação venosa e correção de distúrbios hidroeletrolíticos
2. **Controle da dor:** deve-se fazer o escalonamento da analgesia.
   - **Analgésico comum: dipirona,** 1 ampola de 2mL (500mg/mL), diluída em 20mL de AD, EV, de 6/6h.
   - **AINE: cetoprofeno,** 100mg, diluídos em 100mL de SF 0,9%, EV lento, de 12/12h, ou **tenoxicam,** 20mg diluídos em 2mL de AD, EV ou IM.
   - **Opioides: morfina,** 1 ampola (10mg/mL) diluída em 9mL de AD: fazer 3 a 4mL da solução, EV, de 6/6h.
3. **Apendicectomia: o tratamento definitivo da apendicite aguda consiste na retirada cirúrgica do apêndice – apendicectomia – precocemente.** A cirurgia pode ser realizada por via aberta ou por videolaparoscopia, sendo ambos os métodos aceitáveis.
4. **Antibióticos:** a antibioticoprofilaxia é feita nos pacientes sem perfuração do apêndice, no peroperatório; em caso de gangrena ou perfuração, é realizada antibioticoterapia por 7 a 10 dias, cobrindo gram-negativos e anaeróbios.

> **Importante:** em caso de dúvida diagnóstica, observar e NÃO iniciar antibioticoterapia.

Quadro 86.2 Antibioticoprofilaxia e antibioticoterapia na apendicite aguda

Antibioticoprofilaxia – dose única intraoperatória
Ampicilina/sulbactam, 3g, EV **ou**
Cefazolina, 1 a 2g, EV, + metronidazol, 0,5 a 1g EV **ou**
Cefoxitina, 1 a 2g, EV **ou**
Gentamicina, 240mg EV + metronidazol, 0,5 a 1g, EV

Antibioticoterapia – 7 a 10 dias
Ceftriaxona, 1g EV de 12/12h, + metronidazol, 500mg EV de 8/8h, **ou**
Gentamicina, 240mg EV de 24/24h, + metronidazol, 500mg EV de 8/8h

Capítulo 87
Peritonite

Andréa Povedano • Guilherme Lopes Sales Ramos

INTRODUÇÃO

Reconhecida e descrita desde a Antiguidade, a peritonite é definida como a inflamação da membrana serosa que reveste a cavidade abdominal (peritônio) e os órgãos nela contidos, sendo, de acordo com sua etiologia, classificada em peritonite química ou infecciosa. Esta, por sua vez, é dividida em primária, secundária e terciária. A peritonite, como condição clínica grave, está intimamente relacionada com a SIRS e sepse, sendo portanto fundamental o conhecimento adequado para seu rápido diagnóstico e manejo clínico/cirúrgico.

FISIOPATOLOGIA

O peritônio tem uma área de aproximadamente 1,72m^2, com superfície funcional de 1m^2. Apresenta poros comunicantes com vasos linfáticos, por onde ocorre o transporte de líquidos. Este, por sua vez, mantém comunicação com os vasos linfáticos do diafragma que, juntamente com a pressão negativa gerada pela contração diafragmática, criam o fluxo ascendente na cavidade peritoneal. Além desta, outra função atribuída ao peritônio consiste em favorecer a diminuição do atrito entre os órgãos intra-abdominais. Por isso, o estímulo inflamatório irá gerar: (1) resposta vigorosa, com aumento da permeabilidade vascular e consequente acúmulo de líquidos; e (2) a expressão de fatores teciduais nos macrófagos peritoneais, levando à cascata de coagulação e gerando fibrina, que propiciará a adesão bacteriana e a formação de abscessos. O processo infeccioso da cavidade costuma ter início tão logo ocorra a ruptura do trato gastrointestinal, com extravasamento da flora intraluminal para o interior da cavidade. A variabilidade da flora depende, primordialmente, da altura da ruptura, com aumento da diversidade das espécies em casos de rupturas mais distais.

CONSIDERAÇÕES

Como citado anteriormente, a peritonite infecciosa é dividida em três grupos, os quais serão abordados com maior ênfase neste capítulo:

- **Peritonite primária:** compõe o grupo das peritonites espontâneas e a peritonite relacionada com a diálise peritoneal. Ocorre na ausência de ruptura física da barreira do trato gastrointestinal, acometendo mais comumente hepatopatas. Seu diagnóstico é sugerido pela presença de um micro-organismo (monobacteriana) pelo método de Gram e confirmado pela cultura do líquido ascítico. Os principais agentes infecciosos são gram-negativos (*E. coli* e *Klebsiela*), podendo ser encontrados também gram-positivos (*Staphylococcus aureus* e *Enterococcus*).
- **Peritonite secundária:** ocorre quando da presença de ruptura da barreira do trato gastrointestinal, como ruptura de anastomoses, úlcera perfurada etc. Em geral, é polimicrobiana, podendo ser encontrados: gram-negativos (*E. coli*, *Klebsiela*, *Enterobacter* e *Proteus*), gram-positivos (*Staphylococcus*, *Enterococcus* e *Streptococcus*), anaeróbios (*Bacteroides*, *Clostridium*) e fungos (*Candida*).
- **Peritonite terciária:** consiste nas peritonites que ocorrem após 48 horas de aparente resolução das peritonites primárias ou secundárias. Difere das demais pela flora bacteriana e pela pequena resposta aos antibióticos e a cirurgias de retirada dos focos. Os principais agentes são: gram-negativos (*Pseudomonas*, *Enterobacter* e *Acinetobacter*), Gram-positivos (*Enterococcus* e estafilococo coagulase-negativo) e fungos (*Candida*).

QUADRO CLÍNICO

O quadro clínico da peritonite pode ser muito variado, indo de casos assintomáticos, em que o diagnóstico será feito apenas laboratorialmente, a situações de choque hipovolêmico. As principais manifestações clínicas de infecção intra-abdominal incluem **dor abdominal com sinais de irritação peritoneal, presença de tensão localizada na parede abdominal ou plastrão à palpação, dor à descompressão brusca do abdome (*sinal de Blumberg*), febre (embora pacientes sépticos apresentem hipotermia), mal-estar indefinido, inapetência, parada de eliminação de gases, desidratação, taquicardia, distensão abdominal, má adaptação postural, tonteira, surgimento ou agravamento de insuficiência renal, diarreia e aparecimento súbito de encefalopatia.**

DIAGNÓSTICO

Os métodos mais importantes para o diagnóstico de uma peritonite são uma história bem coletada e um exame clínico cuidadoso. Na história, deve-se atentar para cirurgias abdominais recentes, uso de imunossupressor e presença de doenças (doença inflamatória intestinal, doença diverticular, úlcera péptica etc.). O exame físico deve ser executado pelo mesmo médico, em curtos períodos, enquanto não for estabelecido o diagnóstico. Em pacientes muito enfermos, com estado geral muito comprometido, o diagnóstico de infecções intra-abdominais pode ser desafiador, por não se conseguir coletar a história adequadamente e em razão de os exames físicos estarem mascarados pelo estado de consciência do paciente. Os toques retal e vaginal são necessários para exclusão de outros possíveis diagnósticos, embora em peritonites com grande processo inflamatório a interpretação do exame fique prejudicada. É necessária maior atenção com obesos, deficientes físicos, pacientes portadores de enfermidades neurológicas, crianças e idosos, os quais exigem abordagens mais rápidas.

Exames laboratoriais e microbiologia

Maior atenção deve ser dirigida para os exames laboratoriais, em caso de suspeita de peritonite. No leucograma, peritonite grave é sugerida quando os valores encontram-se > 11.000 ou < 2.000 leucócitos. Os exames de urina são essenciais para afastar patologias das vias urinárias, como pielonefrite e cálculos renais. Nas fezes, é importante a pesquisa de *Clostridium difficile* nos casos de peritonite e diarreia. A análise microbiológica é fundamental para definir se um aspirado é estéril ou infectado. Na peritonite primária (também conhecida como espontânea), culturas do líquido ascítico costumam mostrar infecção aeróbica monomicrobiana; anaeróbios são raros. Nas peritonites secundárias, a infecção em geral é polimicrobiana, com presença de gram-positivos em perfuração de esôfago e estômago, enquanto nas perfurações mais distais ocorre o predomínio de gram-negativos.

Análise do líquido ascítico

No líquido ascítico, devem ser analisados: proteína, glicose, LDH (lactato desidrogenase), contagem celular, pH, bilirrubinas e amilase, que se apresentarão com padrão exsudativo.

Exames de imagem

Exames radiológicos são de valor inestimável nos casos suspeitos de peritonite. Radiografias simples podem revelar ar livre na cavidade peritoneal, assim como sinais de isquemia, e o uso de contrastes pode evidenciar fístulas. A USG à beira do leito é uma ótima opção para identificação de abscessos intra-abdominais e detecção de líquido livre na cavidade, porém mantém suas limitações por ser um exame operador-dependente. Já a TC com uso de contraste (oral e/ou retal) é o exame padrão-ouro para definição de casos duvidosos, possibilitando ainda a drenagem de abscessos por via percutânea. A RNM não é o melhor exame, tendo em vista seu alto custo e a dificuldade de acesso para os pacientes mais enfermos.

COMPLICAÇÕES

As complicações mais frequentes são: deiscência de suturas, fístulas enterocutâneas, síndrome compartimental abdominal e SIRS.

DIAGNÓSTICO DIFERENCIAL

Irritantes químicos, peritonite eosinofílica, febre familiar do Mediterrâneo, infecções fúngicas, peritonite granulomatosa, irritação diafragmática (empiema), diabetes, anemia falciforme, dengue, retenção urinária, pielonefrite, cistite, neoplasias, esplenose, vasculites e condições vasculares (isquemia mesentérica e colite isquêmica).

TRATAMENTO

Terminados os exames, o médico deve estabelecer, por meio de escores (Apache II e Mannheimm), a gravidade do paciente, de preferência o encaminhando para UTI ou centro cirúrgico. Hidratação vigorosa, passagem de cateter vesical, avaliação da pressão intra-abdominal (PIA), punção venosa central e analgesia fazem parte da terapêutica inicial.

Princípios gerais na orientação do tratamento

- Controlar a origem infecciosa
- Eliminar as bactérias e toxinas
- Manter a função sistêmica e de órgãos
- Controlar o processo inflamatório

Na abordagem cirúrgica, o cirurgião deverá estar atento à quantidade de bactérias no peritônio, devendo reduzi-la mediante a remoção de tecido desvitalizado e material contaminante.

Antibioticoterapia

O tratamento da peritonite inclui, além das medidas de suporte e cirurgia, o uso de esquemas de antibióticos de amplo espectro empiricamente, pelo período mínimo de 7 dias. Os esquemas mais utilizados são:

1. **Ticarcilina-clavulanato, 3,1g EV, de 6/6h,** ou **piperacilina-tazobactam, 3,375g EV, de 6/6h.**
2. **Metronidazol/clindamicina,** combinados com **cefalosporina** de terceira ou quarta geração, ou **fluoroquinolona** ou **aztreonam.**
3. **Ertapenem, 1g/dia EV.**
4. **Imipenem, 500mg EV, de 6/6h,** ou **meropenem, 1g EV, de 8/8h.**

Capítulo 88
Queimaduras

Andréa Povedano • Nathália Araújo Costa

INTRODUÇÃO

A queimadura é um evento emergencial de grande relevância, tendo em vista sua alta incidência, gravidade e sequelas. Em geral, é provocada por agentes térmicos, químicos e elétricos ou por radiações que ocasionam desde lesões simples até sequelas mais graves, com repercussão sistêmica. Pode ser de primeiro, segundo, terceiro ou quarto grau, dependendo das camadas da pele acometidas, e a porcentagem da superfície corporal queimada (SCQ%) é o parâmetro para classificação de sua gravidade. No atendimento inicial a esses pacientes, assim como em outros traumas, aplica-se primeiro o CABDE da reanimação cardiopulmonar para avaliação inicial da vítima, e caso o pulso esteja presente (fato mais frequente nessa situação) deve-se proceder ao ABCDE, com o objetivo de manter a vida do paciente. Além disso, preconiza-se a hidratação.

FISIOPATOLOGIA

Na queimadura, a destruição do tecido cutâneo e de outros adjacentes ocorre por necrose de coagulação com desnaturação proteica e lesão celular. Abaixo da área destruída há uma região que sofre vasoconstrição com redução do fluxo sanguíneo e da perfusão capilar pela liberação de tromboxano A2. Na zona mais profunda há hiperemia com vasodilatação em razão de fatores inflamatórios. Nos grandes queimados, a indução da resposta metabólica ao trauma promove liberação de mediadores químicos que aumentam a permeabilidade vascular, ocasionando fuga maciça de líquido para o meio extravascular com edema, hipovolemia e hipoperfusão, que pode evoluir com choque. Nas queimaduras elétricas há lesão muscular com grande liberação de mioglobina (rabdomiólise), causando mioglobinúria. O acúmulo de mioglobina nos rins provoca necrose tubular aguda, oligúria ou, até mesmo, insuficiência renal.

Quadro 88.1 Classificação das queimaduras

Grau		Área	Sinais	Sintomas
1º		Epiderme	Eritema e unidade	Dor
2º	Superficial	Epiderme e derme superficial	Flictenas, eritema e umidade	Dor acentuada
	Profunda	Epiderme e derme profunda	Superfície esbranquiçada e pálida	Pouca dor
3º		Pele e subcutâneo	Branca, nacarada	Indolor, rigidez
4º		Outros tecidos: músculo e óssos	Carbonização	Perda total da função

CONSIDERAÇÕES

A SCQ% deve ser calculada logo após o atendimento inicial e a estabilização do paciente para determinação da gravidade do quadro e para guiar os procedimentos seguintes. O cálculo pode ser feito mediante o uso de uma regra simples e prática, mas sujeita a erros, na qual as superfícies corporais são divididas com equivalências de 9% – a "**Regra dos 9**" (para adultos e adaptada para crianças) (Figura 88.1) –, ou pelo método mais apurado que se utiliza da tabela de Lund-Browder com valores preestabelecidos, levando em consideração a idade e a superfície corporal acometida (Quadro 88.2).

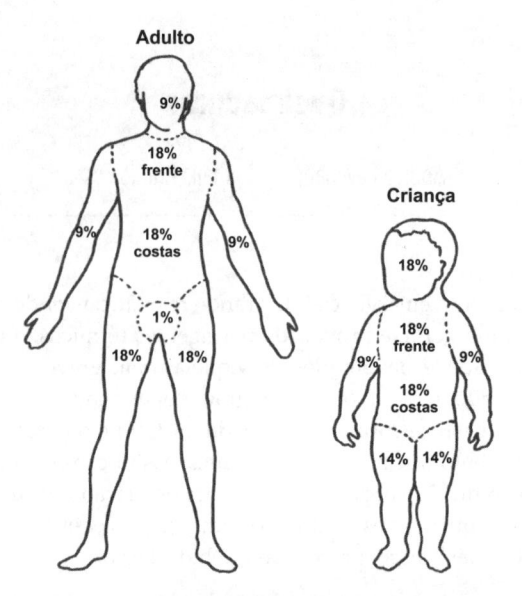

Figura 88.1 "Regra dos 9".

Quadro 88.2 Tabela de Lund-Browder

Área	1 ano (%)	1 a 4 anos	5 a 9 anos	10 a 16 anos	Adulto	T2°g	T3°g	Total
Cabeça	19%	17%	13%	11%	7%			
Pescoço	2%	2%	2%	2%	2%			
Tronco anterior	13%	13%	13%	13%	13%			
Tronco posterior	13%	13%	13%	13%	13%			
Nádega direita	2,5%	2,5%	2,5%	2,5%	2,5%			
Nádega esquerda	2,5%	2,5%	2,5%	2,5%	2,5%			
Genitália	1%	1%	1%	1%	1%			
Braço direito	4%	4%	4%	4%	4%			
Braço esquerdo	4%	4%	4%	4%	4%			
Antebraço direito	3%	3%	3%	3%	3%			
Antebraço esquerdo	3%	3%	3%	3%	3%			
Mão direita	2,5%	2,5%	2,5%	2,5%	2,5%			
Mão esquerda	2,5%	2,5%	2,5%	2,5%	2,5%			
Coxa direita	5,5%	6,5%	8%	8,5%	9,5%			
Coxa esquerda	5,5%	6,5%	8%	8,5%	9,5%			
Perna direita	5%	5%	5,5%	6%	7%			
Perna esquerda	5%	5%	5,5%	6%	7%			
Pé direito	3,5%	3,5%	3,5%	3,5%	3,5%			
Pé esquerdo	3,5%	3,5%	3,5%	3,5%	3,5%			
Total								

T2°g: superfície corporal de queimadura do 2º grau.
T3°g: superfície corporal de queimadura do 3º grau.

QUADRO CLÍNICO

O quadro clínico varia de acordo com o grau e a extensão da queimadura. As de primeiro grau apresentam-se apenas como uma superfície hiperemiada. Já as de segundo grau apresentam bolhas íntegras ou rompidas, umidade local e dor intensa. As de terceiro grau, por sua vez, são indolores devido à destruição das terminações nervosas e apresentam-se esbranquiçadas, pálidas e com rigidez do tecido. As de quarto grau têm um aspecto de carbonização.

As queimaduras extensas desencadeiam uma resposta metabólica ao trauma e uma elevada perda hídrica, levando a um quadro de hipovolemia com redução da perfusão tecidual e, até mesmo, choque. Os pacientes apresentam edema, hipotensão, taquicardia, sudorese, dispneia, hipoperfusão e necrose de algumas áreas, além de intensa dor.

COMPLICAÇÕES

- Infecções
- Choque hipovolêmico
- Obstrução de vias aéreas por edema
- Síndrome compartimental
- Úlcera de Curling
- Rabdomiólise
- Insuficiência renal

TRATAMENTO

O tratamento inicial para todo paciente queimado deve consistir na aplicação do ABCDE para:

- Perviedade das vias aéreas (A)
- Frequência respiratória adequada (B)
- Volemia, perfusão e diurese suficientes (C)
- Analgesia (D)
- Exposição com escarotomia dos tecidos desvitalizados (E)

As queimaduras de primeiro, segundo e terceiro graus, que atingem pequena SCQ% e sem demais comprometimentos associados, devem ser tratadas com balnearioterapia sob analgesia ou sedação:

- Assepsia e antissepsia, utilizando degermantes como **clorexidina** ou **iodo-polvidina (PVPI)**.
- Desbridamento das lesões e rotura dos flictemas.
- Uso tópico de **sulfadiazina de prata 1%** no local das lesões (evitar deixar exposto à luz por poder causar queimadura da pele).
- Cobertura da ferida com compressas.
- Curativo oclusivo com ataduras de crepom.
- Profilaxia do tétano (veja o Capítulo 45).
- Antibioticoterapia não está indicada no tratamento inicial, sendo usada apenas em casos de sinais clínicos de infecção.
- Analgésicos orais, como **dipirona sódica**, em caso de dor leve, e analgésicos mais potentes, como **tramadol**, em casos de dores mais intensas.

Nas queimaduras que acometem extensa SCQ% (> 20%), o tratamento preconizado consiste em:

- ABCDE visando preservar a vida do paciente:
  A – Manter a permeabilidade das vias aéreas e ofertar **oxigênio 100%** em caso de inalação de monóxido de carbono; atentar para a necessidade de intubação.
  B – Qualidade e profundidade da respiração; atenção especial a queimaduras circunferenciais no tórax, que podem comprometer respiração.
  C – Acesso periférico e início da hidratação com **Ringer lactato**.

Fórmula de Parkland

$$4 \times \text{Peso (kg)} \times \text{SCQ\%}$$

O valor encontrado deve ser administrado nas primeiras 24 horas: **metade nas primeiras 8 horas e a outra metade nas 16 horas seguintes**. Monitorizar diurese horária do paciente que deve ser mantida em:
  – 0,5 a 1mL/kg/h em adultos (aproximadamente 30 a 50mL/h)
  – 1mL/kg/h em crianças.
  D – Avaliar nível de consciência (escala de Glasgow), traumatismo craniano e realizar analgesia com opioides: **morfina**, 2,5 a 5mg/dose EV lento, diluir em 10mL de AD de 4/4h, podendo aumentar para 10mg e depois para 15mg/dose, dependendo da resposta do paciente.
  E – Remover roupas e objetos (anéis, relógio etc.), evitar hipotermia e realizar escarotomia das lesões com remoção de tecidos desvitalizados:
    – Pode-se fazer **antibioticoterapia** nos casos em que há necessidade de desbridamento cirúrgico e enxertia prolongados (**penicilina cristalina**, 100.000 a 250.000UI/kg/dia em crianças, e 2,5 milhões, EV, de 4/4h ou 6/6h no adulto, **ampicilina**, 25 a 50mg/kg/dia em crianças, e 500mg EV de 6/6h, no adulto, ou **cefalosporina** de primeira geração – **cefalotina**, 80 a 150mg/kg/dia em crianças e 500 a 2.000mg EV de 6/6h no adulto).
    – Colocação de **cateter vesical** e **sonda nasogástrica**, sempre evitando contaminações.
    – **Transfusão sanguínea:** concentrado de **hemácias** (10mL/kg) se Hb < 8g/dL ou Ht < 25 em crianças > 10% e adultos > 20% de SCQ%. Realizar transfusão em pacientes que serão submetidos à cirurgia, visando Ht > 35. Se albumina < 3g/dL, está indicada albumina humana em crianças e adultos nas condições supracitadas. Realizar acompanhamento laboratorial e, se for preciso, prescrever albumina na quantidade necessária para manter o nível sérico ≥ 3g/d.
    – **Queimaduras de vias aéreas** – acidente em local fechado, inalação de fumaça, pelos do nariz e bordas chamuscadas, escarro carbonáceo, tosse e dispneia: intubação precoce do paciente.
    – **Queimadura de face com edema:** intubação precoce do paciente.
    – **Queimaduras elétricas:** evitar necrose tubular aguda; hidratação vigorosa; diurese de 100mL/h nos adultos e de 2mL/kg/h em crianças, até o desaparecimento da mioglobinúria. Pode-se fazer terapia para mioglobinúria com uso de manitol.
    – **Queimaduras químicas:** lavar abundantemente; retirar o contato do agente com a pele; nunca neutralizar um ácido com um álcali, ou vice-versa; reação exotérmica; agravamento da lesão.
- **Critérios de internação:**
  – Paciente < 10 anos e > 50 anos com SCQ > 10%
  – Pacientes entre 10 e 50 anos com SCQ > 20%
  – Queimaduras em face, mãos, pés, genitais e articulações

- Queimaduras profundas em SCQ > 5%
- Queimaduras elétricas ou químicas
- Queimaduras de vias aéreas por inalação
- Queimaduras em pacientes com doença de base

PROFILAXIA

A melhor profilaxia para queimaduras consiste na prevenção dos acidentes intra e extradomiciliares. Desse modo, o profissional da saúde tem o dever de orientar a população para evitar ações que coloquem a própria vida e/ou a de outros em risco potencial para esse tipo de trauma.

Capítulo 89
Obstrução Intestinal

Andréa Povedano • Marcela Machado Parma

INTRODUÇÃO

Condição em que há falha na progressão normal do conteúdo intestinal por causa obstrutiva, seja por barreira física (obstrução mecânica), seja por distúrbio funcional da força propulsora da musculatura intestinal (íleo paralítico). Representa 20% das internações por doença abdominal aguda e apresenta alta morbidade e mortalidade, especialmente nas formas complicadas, em que ocorre estrangulamento de alça.

FISIOPATOLOGIA

A obstrução intestinal bloqueia a passagem de secreções, levando a acúmulo de líquidos e gases a montante, distensão abdominal, aumento da pressão intraluminal e desidratação por sequestro hídrico, que pode evoluir com hipovolemia severa. A parede intestinal reage aumentando o peristaltismo e a produção de secreções, elevando ainda mais a pressão dentro da luz intestinal. Esse mecanismo pode evoluir com colonização e proliferação bacteriana, compressão vascular e isquemia de alça.

CONSIDERAÇÕES

As causas mais comuns de obstrução intestinal variam com a idade do paciente e o local de acometimento. Em recém-nascidos, as causas mais comuns são malformações congênitas; em lactentes e crianças, as invaginações, hérnias externas e bolo de áscaris são as causas mais comuns. **Em adultos, as obstruções de delgado mais frequentes** são decorrentes de aderências, hérnias internas e neoplasias metastáticas. As obstruções de cólon são causadas, **mais frequentemente, por neoplasias, diverticulites ou volvos. Em pacientes recém-operados, as aderências são muito comuns.**

QUADRO CLÍNICO

Os sintomas habituais consistem em **dor abdominal em cólica de início surdo, seguida de náuseas, vômitos, parada da eliminação de gases e fezes e distensão abdominal**. Entretanto, dependem de fatores como localização, tempo de obstrução, sofrimento de alça ou não, se há perfuração e contaminação. A obstrução alta apresenta-se subitamente e tem curso rápido. A dor é do tipo em cólica e cursa com desidratação, vômitos amarelo-esverdeados e precoces, pouca ou nenhuma distensão. Obstruções mais baixas apresentam-se de maneira insidiosa com grandes distensões, sendo menos frequente a ocorrência de vômitos, os quais, quando ocorrem, podem assumir aspecto fecaloide. **Caso a dor comece a se manifestar de maneira contínua, sendo acompanhada de sinais de defesa abdominal, febre e diminuição do peristaltismo, certamente está sendo iniciado um estrangulamento de alça.**

DIAGNÓSTICO

- A história clínica e o exame físico muitas vezes fornecem o diagnóstico, mas existem situações em que alguns exames podem ajudar.
- O hemograma demonstra leucocitose com desvio à esquerda em vigência de processo infeccioso e pode indicar estrangulamento. Hematócrito elevado sugere perda de água extracelular. A hipocalemia pode estar associada ao íleo metabólico e a correção pode levar à melhora clínica.

- **O estudo radiológico é de grande importância e deve ser realizado em ortostatismo e em decúbito dorsal.** Dentre as possíveis imagens encontradas estão: dilatação de alças intestinais com nível líquido no interior das alças e ausência de gás no reto. A característica das alças dilatadas depende do local da obstrução: distensão de alças de delgado pode revelar imagem em "empilhamento de moeda" ou "sinal da conta de rosário"; distensões de cólon podem ser identificadas pela presença de haustrações. Quando há perfuração, é possível identificar pneumoperitônio e líquido livre na cavidade. Outros exames menos solicitados são: enema opaco, que pode confirmar diagnósticos de tumores, volvo de sigmoide e invaginação; retossigmoidoscopia, útil na propedêutica de obstruções distais do intestino grosso; USG e TC, que devem ser solicitadas em situações restritas, como em casos de diverticulites perfuradas ou estudo de neoplasias.

COMPLICAÇÕES

- Estrangulamento de alça intestinal
- Choque hipovolêmico
- Infarto intestinal
- Insuficiência renal aguda
- Distúrbios hidroeletrolíticos

TRATAMENTO

O tratamento deve ocorrer em duas fases: **ressuscitação e tratamento da causa obstrutiva:**

1. **Monitorização:** inicialmente, os pacientes devem ser monitorizados por meio de SNG, sonda vesical e cateterização venosa.
2. **Hidratação:** os pacientes desidratados devem receber fluidoterapia venosa, após a instituição de jejum absoluto, baseada nos resultados de exames complementares, como hemograma, pelas perdas avaliadas por meio da SNG e medida da diurese. **Inicia-se a reposição com soluções glicofisiológicas enquanto são realizados exames laboratoriais necessários para estimar a perda e calcular o volume infundido.**
3. **Correção de distúrbios eletrolíticos:** a infusão de potássio deve ser iniciada somente após obtido um débito urinário adequado. A monitorização da pressão venosa central é importante nos casos de desidratação intensa, em cardiopatas, pneumopatas, em pacientes em choque e com hemorragia concomitante. Estudos laboratoriais e exames físicos seriados indicam a melhora do paciente e o momento de operá-lo. **Não se deve, porém, aguardar a normalidade completa dos eletrólitos nos casos de estrangulamento, pois esta situação exige emergência na resolução.**
4. **Desobstrução:** o momento indicado para a cirurgia é aquele em que o paciente apresenta pressão normal e estável, diminuição da frequência de pulso e elimina, pela primeira vez, 30mL de urina em 1 hora. Em caso de sinais clínicos de toxicidade, recomenda-se o uso de antibióticos que atuem sobre anaeróbios e gram-negativos. Podem ser usados **metronidazol (500mg EV de 8/8h) + aminoglicosídeo (gentamicina, 240mg EV a cada 24h); ampicilina + sulbactam (50 a 200mg/kg/dia EV de 6/6h).** Em caso de obstrução por áscaris, utiliza-se óleo mineral e, tão logo este seja eliminado pelo ânus, administra-se piperazina, que atua sobre a placa motora do verme, paralisando-o e evitando que haja perfuração intestinal. Nos casos por áscaris, em que não exista resposta ao tratamento clínico, a cirurgia é necessária e apresenta alta mortalidade.

Uma série de situações pode ser resolvida, sem abertura das alças, como: bolo de áscaris, aderências, invaginação intestinal, volvo ou torção de sigmoide e fecalomas. Os fecalomas podem ser retirados sob anestesia ou lavagens intestinais realizadas com cautela e a sigmoidoscopia pode ser usada em paciente com volvo de sigmoide.

Em todas as situações em que o tratamento clínico é proposto, o paciente deve permanecer sob vigilância rigorosa, mediante avaliação clínica e radiológica periódica.

Os procedimentos cirúrgicos dependem de fatores como causa da obstrução, condição clínica do paciente, presença ou não de sofrimento vascular e perfuração intestinal. Estrangulamentos e obstrução de intestino grosso com a válvula ileocecal competente, cuja resolução não foi conseguida com procedimentos não invasivos, são considerados procedimentos de urgência.

Capítulo 90
Hérnias da Parede Abdominal e Hérnias Encarceradas

Andréa Povedano • Marcela Machado Parma

INTRODUÇÃO

Uma hérnia corresponde a uma protrusão de uma víscera, órgão ou parte dele para fora de sua cavidade através de uma abertura natural ou de um defeito nas paredes que o contêm. Esse defeito pode ser consequência de anomalias congênitas ou de fatores secundários.

■ HÉRNIAS INGUINAIS

Hérnias mais frequentes da parede abdominal (75%) são mais comuns em pacientes do sexo masculino.

O canal inguinal é uma passagem entre a musculatura da parede abdominal, de direção oblíqua, que segue de lateral para medial, da profundidade para planos superficiais, e mede cerca de 4cm. Acima do canal está a aponeurose do músculo oblíquo externo. Já a parede posterior desse canal é formada pelo músculo oblíquo interno, o músculo transverso do abdome e, posteriormente a esses dois músculos, a *fascia transversalis*. Através desse canal passam o funículo espermático e o nervo ileoinguinal no homem e o ligamento redondo do útero nas mulheres. A passagem dessas estruturas do canal inguinal pela musculatura ocorre por dois orifícios: o anel inguinal interno na parede posterior e o anel inguinal externo na aponeurose do músculo oblíquo externo.

As hérnias inguinais congênitas dão origem às hérnias indiretas e estão relacionadas com a persistência do conduto peritonovaginal no homem e o canal de Nuck na mulher. Podem ser encontradas em recém-nascidos e em crianças ou podem se manifestar apenas na vida adulta. Ocorrem em função do aumento da pressão intra-abdominal e da dilatação do anel inguinal interno.

As hérnias inguinais diretas são de origem adquirida e têm em sua gênese um enfraquecimento da musculatura da parede posterior do canal inguinal, geralmente no triângulo de Hasselbach. Esta é uma região de maior vulnerabilidade da *fascia transversalis*, tendo como limites os vasos epigástricos inferiores, a borda lateral do reto do abdome e a projeção do ligamento inguinal. Os fatores predisponentes estão relacionados com tabagismo, desnutrição e outras comorbidades e, em geral, ocorrem mais em idosos.

Localizam-se na região do canal inguinal em direção à bolsa escrotal e apresentam-se sob a forma de uma tumoração elíptica que aumenta com esforço. Podem acompanhar apenas um desconforto ou dor associada a sinais inflamatórios, irradiando para a região escrotal.

É possível diferenciá-las pela palpação, **usando a manobra de Landivar:** com o paciente em posição supina e depois em decúbito dorsal, solicita-se a ele que faça algum esforço (manobra de Valsalva). Coloca-se o dedo indicador na posição mais inferior da bolsa escrotal e invagina-se o saco herniário para o interior do canal inguinal. Hérnias diretas irão encostar na polpa digital e as indiretas, na ponta do dedo do examinador.

O diagnóstico diferencial das hérnias inguinais deve ser feito com hérnia femoral, hidrocele, linfadenopatia, abscessos e hematomas.

TRATAMENTO

O tratamento das hérnias é sempre cirúrgico, salvo em pacientes com risco proibitivo. A decisão quanto ao momento cirúrgico e ao tipo de cirurgia depende de a hérnia ser redutível, encarcerada ou estrangulada. **Caso a hérnia não esteja estrangulada ou não haja obstrução intestinal, está autorizada a redução manual (manobra de Taxe).** Em caso de dificuldade, pode ser feita analgesia venosa e adotada a posição de Trendelenburg para facilitar a redução. Se permanecer irredutível, está indicado tratamento cirúrgico em caráter de urgência.

As complicações no pós-operatório incluem dor crônica na virilha, orquite isquêmica, recidiva e infecção de ferida.

■ HÉRNIA FEMORAL

Corresponde a apenas 3% das hérnias inguinais. Caracteriza-se pela protrusão do saco herniário por baixo do ligamento inguinal. Com mais frequência, ocorre em mulheres > 45 anos e obesas. As hérnias femorais são assintomáticas até que ocorram estrangulamento e encarceramento, e então os sintomas se localizam mais na região abdominal do que na região femoral.

O tratamento desse tipo de hérnia é semelhante ao das outras hérnias inguinais.

■ HÉRNIA UMBILICAL

Definida como a persistência do anel umbilical sem o fechamento de sua camada aponeurótica após o nascimento, desenvolve-se com a protrusão de gordura pré-peritoneal e raramente encontram-se alças intestinais no saco herniário. Pode ter origem congênita e ocorrer em crianças, ou pode ser adquirida e ocorrer em adultos; neste último caso, estará associada ao aumento da pressão intra-abdominal (gravidez, ascite, obesidade).

Em crianças, é comum o fechamento espontâneo, o que, com frequência, leva à adoção de conduta expectante. Caso o fechamento não ocorra, o defeito seja > 2cm ou concomitantemente esteja presente uma hérnia inguinal, é recomendada a cirurgia. Em adultos, as indicações para cirurgia são: presença de sintomas, grande anel herniário e evolução para complicações.

■ HÉRNIAS EPIGÁSTRICAS

São causadas por defeito na linha alba, entre o apêndice xifoide e a cicatriz umbilical. Pode ocorrer protrusão apenas de gordura pré-peritoneal ou, mais raramente, da alça intestinal e do estômago. A maioria é assintomática e diagnosticada pela autopalpação abdominal. A dor é discreta e exacerba-se durante esforço físico. Os pacientes podem apresentar eructação, náuseas e desconforto epigástrico. O tratamento consiste em fechamento simples do defeito da linha alba.

■ HÉRNIA INCISIONAL

Trata-se de um abaulamento que ocorre abaixo da cicatriz cirúrgica por deiscência aponeurótica. Os principais fatores de risco são: infecção de ferida e obesidade, *diabetes mellitus*, ascite e quimioterapia para câncer. O tratamento é cirúrgico. As taxas de recidiva são altas.

■ HÉRNIAS ENCARCERADAS/ESTRANGULADAS

Ocorrem quando há **comprometimento vascular**. Devem ser suspeitadas quando as hérnias são **irredutíveis** e estão acompanhadas de um quadro álgico mais intenso, **com sinais inflamatórios no local e febre**. Entretanto, um diagnóstico diferencial importante a ser investigado consiste na presença de lipoma. Todos os tipos de hérnias podem estrangular-se, embora mais frequentemente as hérnias inguinais indiretas, sendo as diretas associadas a um quadro clínico menos intenso. É comum se apresentarem com pequeno quadro de obstrução intestinal aguda. Peritonite generalizada geralmente não ocorre se o material necrosado em razão da isquemia está contido dentro do saco herniário.

Hérnias com sinais de estrangulamento e sofrimento de alça não devem ser reduzidas. Antes da tentativa de manobras de redução devem ser administrados analgésicos e/ou relaxantes musculares; entretanto, **as hérnias estranguladas constituem emergências cirúrgicas e devem ser operadas dentro de 4 a 6 horas,** tempo este em que é possível manter viável o tecido estrangulado.

Capítulo 91
Úlcera Péptica Perfurada

Andréa Povedano • Guilherme Lopes Sales Ramos

INTRODUÇÃO

A perfuração é a complicação mais comum das úlceras gástricas e a segunda mais comum relacionada com a doença ulcerosa péptica. Trata-se de uma condição clínica/cirúrgica que exige rapidez em seu diagnóstico e tratamento, uma vez que as maiores complicações decorrem da demora do início precoce do tratamento.

FISIOPATOLOGIA

O processo inicial após a perfuração da úlcera péptica consiste no extravasamento de conteúdo gástrico (bile, suco pancreático, enteroquinases e restos alimentares) para a cavidade peritoneal, acarretando um processo inflamatório seguido de processo infeccioso por contaminação bacteriana. Após o extravasamento, o primeiro componente a entrar em contato com a cavidade abdominal é o ácido do aparelho digestivo, acrescido de restos alimentares e microflora resistentes à acidez do meio. Em situações de perfuração em ambiente intra-hospitalar, a cultura do material extravasado é resistente à antibioticoterapia convencional, acarretando maior mortalidade, principalmente em pacientes imunossuprimidos. Na evolução natural do processo, verifica-se íleo funcional com estase entérica e regurgitação do conteúdo duodenojejunal. Em algumas situações, o grande omento pode bloquear a perfuração, tornando possível o tratamento conservador (perfuração tamponada).

CONSIDERAÇÕES

Das perfurações do trato gastrointestinal, as da porção duodenal são as mais frequentes, das quais 75% são causadas por úlcera duodenal crônica, frequentemente associadas ao *Helicobacter pylori*. Com o reconhecimento nas últimas décadas da importância do *H. pylori* na patogenia dessa doença e os avanços farmacológicos para sua erradicação, houve significativa diminuição dos casos de doença ulcerosa péptica e, por consequência, do número de complicações, dentre elas a principal, que é a perfuração. Em números atuais, a prevalência de perfuração em pacientes com doença ulcerosa crônica corresponde a cerca de 5%, sendo a faixa etária de maior incidência aquela dos 35 aos 60 anos.

Quanto aos tipos, as perfurações também podem ser classificadas em:

- **Perfuração livre:** extravasamento do conteúdo gastrointestinal, ocasionando peritonite difusa e pneumoperitônio.
- **Perfuração tamponada:** quando não existe extravasamento do conteúdo gastrointestinal para a cavidade, por bloqueio de orgãos adjacentes, podendo, portanto, ocorrer formação de fístulas.
- **Perfuração penetrante ou terebrante:** perfuração tamponada por tecido pancreático.

QUADRO CLÍNICO

Manifestações dispépticas que antecedem a perfuração são frequentemente comuns.

Nas perfurações de parede gastroduodenal posterior, pode haver comprometimento pancreático e sangramento, o que, em alguns casos, pode levar à confusão com o diagnóstico de pancreatite aguda, por conta da sintomatologia e da elevação da amilase.

Nos jovens, é maior o registro de perfuração de parede gastroduodenal anterior, determinando dor súbita, intensa e contínua que piora com o movimento, obrigando o doente a manter posição antálgica. Dores nos ombros podem ser relatadas, uma vez que o conteúdo extravasado pode escorrer para o espaço subdiafragmático, causando irritação do nervo frênico e desencadeando a dor referida. Atenção especial deve ser conferida aos pacientes idosos, uma vez que a grande maioria desse grupo apresenta algum tipo de comorbidade, além de sintomatologia clínica arrastada e não tão característica.

Ao exame físico, o paciente encontra-se geralmente em posição de alívio da dor, com incursões respiratórias superficiais e rápidas, fácies de dor, suor frio, com o abdome contraído (abdome em tábua) e timpanismo à percussão em região de macicez hepática (sinal de Joubert) em virtude do pneumoperitônio.

A fase inicial não se apresenta com instabilidade hemodinâmica, a qual se instalará com a progressão do transudato para o peritônio, quando haverá, então, hemoconcentração e hipovolemia com repercussões hemodinâmicas sistêmicas.

DIAGNÓSTICO

Baseia-se, principalmente, em uma história clínica bem coletada, um exame físico apurado e em exames complementares, em especial os de imagem:

- **Exames laboratoriais:** os exames laboratoriais são inespecíficos, revelando apenas leucocitose moderada, sinais de hemoconcentração e elevação da amilase sérica, que, em alguns casos, pode ser de três vezes o limite superior.
- **Lavado peritoneal:** método mais valioso nas histórias de traumatismo abdominal fechado, em que se analisa o material do lavado à procura de restos alimentares, sangue etc.
- **Exames de imagem:** radiografia de tórax pode evidenciar, em posição ortostática, ar dentro da cavidade abdominal (pneumoperitônio) bilateralmente em até 60% dos casos. Em aproximadamente 20% dos pacientes, o pneumoperitônio não será visualizado, sendo necessária injeção de ar por cateter nasogástrico. Em pacientes que não conseguem manter a posição ortostática, pode-se solicitar a radiografia de abdome em decúbito lateral esquerdo com raios horizontais, à procura do penumoperitônio.

A tomografia helicoidal *multislice* é o exame de imagem padrão-ouro, apresentando elevada acurácia na determinação do pneumoperitônio, do local e da etiologia da perfuração, devendo ser solicitada quando outros exames de imagem não apresentam resultados conclusivos.

COMPLICAÇÕES

As principais complicações da úlcera péptica perfurada são: sangramento do trato gastrointestinal, peritonite, sepse, abscesso abdominal, insuficiência renal, distúrbios hidroeletrolíticos e *delirium*.

TRATAMENTO

Diante de um paciente com perfuração de úlcera péptica, duas abordagens terapêuticas podem ser adotadas, a cirúrgica e a clínica, sendo o tratamento cirúrgico o de eleição, enquanto apenas poucos pacientes cumprirão os critérios de tratamento clínico.

Tratamento cirúrgico de emergência

O cirurgião precisa estar atento a duas abordagens distintas: provisória e definitiva:

- **Provisória:** fechamento da úlcera com sutura, associada a proteção com omento (tampão de Graham) e lavagem abundante da cavidade abdominal.
- **Definitiva:** vagotomia troncular com antrectomia ou piloroplastia, ou vagotomia superseletiva.

Deve ser lembrado que o tratamento definitivo, com a vagotomia, só pode ser realizado mediante a estabilidade hemodinâmica do paciente e nos casos de perfuração com menos de 24 horas.

Nas úlceras gástricas, o tratamento definitivo da úlcera perfurada difere do da úlcera duodenal, uma vez que uma porcentagem significativa das úlceras gástricas está associada a neoplasia gástrica. Nestas, uma margem de segurança tecidual deve ser retirada e enviada à histopatologia.

Tratamento clínico

Em geral, o tratamento conservador é preferível para um pequeno grupo de pacientes (evolução > 24 horas e perfuração tamponada sem sinais de peritonite), consistindo na associação de antibióticos de amplo espectro (contra aeróbios e anaeróbios), inibidor de bomba de prótons, sonda nasogástrica e hidratação vigorosa:

1. **Hidratação:** acesso periférico calibroso para infusão de cristaloides.
2. **Sonda nasogástrica:** esvaziamento do conteúdo gástrico para evitar broncoaspiração.
3. **Antibióticos: metronidazol, 7,5mg/kg/dia ou 500mg de 8/8h EV**, associado a um aminoglicosídeo, como, por exemplo, a **gentamicina, 3 a 5mg/kg/dia ou 240mg a cada 24h EV, por 7 dias**.

BIBLIOGRAFIA

Adler SN, Gasbarra DB. Gastrointestinal and hepatic systems. In: *A pocket manual of differential diagnosis*. Philadelphia, Pa: Lippincott Williams & Wilkins; 2005:148-50.

Afdhal NH. Diseases of the gallbladder and bile ducts. In: Goldman L, Ausiello D. Cecil medicine 23. ed. Philadelphia (EUA): Saunders; 2008.

Afdhal NH. UpToDate®. Acute cholangitis. Disponível em: http://www.uptodate.com/contents/acute-cholangitis?source=search_result&search=colangitis&selectedTitle=1~150. Acesso em 14/05/2012.

Afdhal NH. UpToDate®: Epidemiology of and risk factors for gallstones. Disponível em: http://www.uptodate.com/contents/epidemiology-of-and-risk-factors-for-gallstones. Acesso em: 05/04/2012.

Alves JG. Emergências clínicas. 1. ed. Rio de Janeiro: Editora Rubio, 2007:391-451.

American Heart Association. Suporte avançado de vida em Cardiologia. 2005-2010.

Andrade MA, Martins P. Cirurgia no paciente ictérico. In: Rodrigues MA, Correia MI, Rocha PR. Fundamentos em clínica cirúrgica. Belo Horizonte: Coopmed, 2006:375-83.

Attili AF, De Santis A, Capri R et al. The natural history of gallstones: the GREPCO experience. The GREPCO Group. Hepatology 1995; 21:655.

Beger HG, Rau BM. Severe acute pancreatitis: clinical course and management. World J Gastroenterol 2007; 13:5043-51.

Black C, Martin R. UpToDate®: Acute appendicitis in adults: Clinical manifestations and diagnosis. Disponível em: http://www.uptodate.com/contents/acute-appendicitis-in-adults-clinical-manifestations-and-diagnosis?source=search_result&search=appendicitis&selectedTitle=1~150. Acesso em: 13/05/2012.

Brunetti A, Scarpelini S. Abdômen agudo. Medicina 2007; 40(3)358-67.

Castro JC, Reyna GAR. El mito de los cálculos inocentes. Cir Ciruj 2001; 69 (2):92-6.

Chari R, Shah S. Vias biliares. In: Sabiston DC, Townsend CM. Sabiston tratado de cirurgia: a base biológica da prática cirúrgica moderna. Rio de Janeiro: Elsevier, 2010:1477-8.

Chari RS, Shah SA. Biliary system. In: Townsend CM, Beauchamp RD, Evers BM, Mattox KL. Sabiston textbook of surgery. 18. ed. Philadelphia (EUA): Saunders, 2007.

Chatziioannou SN, Moore WH, Ford PV, Dhekne RD. Hepatobiliary scintigraphy is superior to abdominal ultrasonography in suspected acute cholecystitis. Surgery 2000;127:609-13.

Clancy TE, Benoit EP, Ashley SW. Current management of acute pancreatitis. J Gastrointest Surg 2005; 9:440-52.

Damião AOMC, Vasconcelos GBS. Síndorme dolorosa abdominal. In: Lopes AC. Tratado de clínica médica. 2. ed. São Paulo: Roca, 2009:748-51.

Fernandes MA, Otoni A, Cavalcante R, Souza MCC, Corte DN. Orientações sobre assistência de enfermagem a pacientes vítimas de queimaduras. Divinópolis, novembro de 2011.

Ferraz ED, Lacambe DLP. In: Vieira OM, Chaves CP, Manso JEF, Eulálio JMR. Clínica cirúrgica. Rio de Janeiro: Editora Atheneu, 2006:403.

Flasar MH, Goldberg E. Acute abdominal pain. Med Clin North Am 2006; 90:481-503.

Freitas R, Pitombo M, Maia MC, Leal PR. Apendicite aguda. Rev Hosp Univ Pedro Ernesto 2009; 8(1):38-51.

Friedman GD, Raviola CA, Fireman B. Prognosis of gallstones with mild or no symptoms: 25 years of follow-up in a health maintenance organization. J Clin Epidemiol 1989; 42:127-36.
Frossard JL, Steer ML, Pastor CM. Acute pancreatitis. Lancet 2008; 371:143-52.
Galvão MC. Colecistite aguda. J Bras Gastroenterol 2005; 5(4):166-74.
Gearhart SL. In: Fauci AS, Braunwald E, Kasper DL et al. (eds.). Harrison medicina interna. Rio de Janeiro: McGraw-Hill Interamericana do Brasil, 2008:1903.
Gianotti L, Meier R, Lobo DN et al. ESPEN guidelines on parenteral nutrition: pancreas. Clin Nutr 2009; 28:428-35.
Gomes DR, Serra MC, Macieira L Jr. Condutas atuais em queimaduras. Rio de Janeiro: Revinter, 2001.
Gracie WA, Ransohoff DF. The natural history of silent gallstones: the innocent gallstone is not a myth. N Engl J Med 1982; 307:798-800.
Gruber PJ, Silverman RA, Gottesfeld S, Flaster E. Presence of fever and leukocytosis in acute cholecystitis. Ann Emerg Med 1996; 28:273-7.
Gupta SK, Shukla VK. Silent gallstones: a therapeutic dilemma. Trop Gastroenterol 2004; 25(2):65-8.
Kingsnorth A, Leblanc K. The Lancet. Hernias: inguinal and incisional. Disponível em: <http://www.thelancet.com/journals/lancet/article/PIIS0140-6736(03)14746-0/fulltext>. Acesso em: 28/05/2012.
Lee J. Diagnosis and management of acute cholangitis. Nature Rev Gastroent and Hepat 2009 (6):533-41.
Maa J, Kirkwood K. O apêndice. In: Sabiston DC, Townsend CM. Sabiston tratado de cirurgia: a base biológica da prática cirúrgica moderna. Rio de Janeiro: Elsevier, 2010:1252-63.
Marques V et al. Clínica cirúrgica: fundamentos teóricos e práticos. Rio de Janeiro: Atheneu, 2000.
Martins HS, Neto RAB, Neto AS, Velasco AT. Emergências clínicas: abordagem prática. Barueri (SP): Manole, 2010:210-20.
McConnell DB, Baba GC, Deveney CW. Changes in surgical treatment of peptic ulcer disease within a veterans hospital in the 1970s and the 1980s. Arch Surg Oct 1989; 124(10):1164-7.
McSherry CK, Ferstenberg H, Callhoum F, Lahman E, Virshup M. The natural history of diagnose gallstone disease in symptomatic and asymptomatic patients. Ann Surg 1985; 202:59-63.
Meier R, Ockenga J, Pertkiewicz M et al. ESPEN guidelines on enteral nutrition: pancreas. Clin Nutr 2006; 25:275-84.
Moller MH, Adamsen S, Thomsen RW, Moller AM. Multicentre trial of a perioperative protocol to reduce mortality in patients with peptic ulcer perforation. Br J Surg Jun 2011; 98(6):802-10.
Nakeeb A, Comuzzie AG, Martin L et al. Gallstones: genetics versus environment. Ann Surg 2002; 235:842-9.
Neves LJ. Ligadura simples *versus* ligadura com confecção de bolsa e sepultamento para tratamento do coto apendicular na apendicectomia laparotômica: estudo prospectivo comparativo randomizado [dissertação]. Belo Horizonte, Faculdade de Medicina da Universidade Federal de Minas Gerais, 2011.
Paulson E, Kalady M, Pappas T. Suspected appendicitis. N Engl J Med 2003; 348:236-42.
Perrotta U, Velloso JG. In: Vieira OM, Chaves CP, Manso JEF, Eulálio JMR. Clínica cirúrgica. Rio de Janeiro: Atheneu 2006:141.
Petroianu A. Abdome agudo não traumático. Petroiamu A (ed.). Clínica cirúrgica do Colégio Brasileiro de Cirurgiões. São Paulo: Atheneu, 2010:263-5.
Powell JJ, Murchison JT, Fearon KC, Ross JA, Siriwardena AK. Randomized controlled trial of the effect of early enteral nutrition on markers of the inflammatory response in predicted severe acute pancreatitis. Br J Surg 2000; 87:1375-81.
Prather C. Doenças inflamatórias e anatômicas do intestino, peritônio, mesentério e omento. In: Goldman L, Ausiello D. Cecil medicina. Rio de Janeiro: Elsevier, 2009:1209-10.
Raijman I. UpToDate®. Endoscopic management of bile duct stones: Standard techniques and mechanical lithotripsy. Disponível em: http://www.uptodate.com/contents/endoscopic-management-of-bile-duct-stones-standard-techniques-and-mechanical-lithotripsy?source=see_link. Acesso em: 14/05/2012.
Ralls PW, Colletti PM, Lapin SA, et al. Real-time sonography in suspected acute cholecystitis: prospective evaluation of primary and secondary signs. Radiology 1985; 155:767-71.
Ramos e Silva M, Castro MCR. Fundamentos de dermatologia. Edição revisada e atualizada. Rio de Janeiro: Atheneu, 2010.
Ranson HJC, Rifkind KM, Roses DF, Fink SD, Eng K, Spencer. Prognostic sings and the role of operative management in acute pancreatitis. Surg Gynaecol Obstet 1974; 139:69-81.
Refinetti RA, Ribeiro FAS. In: Vieira OM, Chaves CP, Manso JEF, Eulálio JMR. Clínica cirúrgica. Rio de Janeiro: Atheneu, 2006:487.
Reséndiz JZ. Inguinal hernia: brief review of its history and evolution. Disponível em: <http://bases.bireme.br/cgi-bin/wxislind.exe/iah/online/?IsisScript=iah/iah.xis&src=google&base=LILACS&lang=p&nextAction=lnk&exprSearch=200426&indexSearch=ID>. Acesso em: 28/5/2012.
Rodrigues JJG, Machado MCC, Rasslan S. Clínica cirúrgica. 1. ed. Barueri, São Paulo: Manole, 2008:1071.

Rodrigues JJG, Machado MCC, Rasslan S. Clínica cirúrgica. 1. ed. Barueri, São Paulo: Manole, 2008:1063.
Rodrigues MAG. Antibioticoprofilaxia em cirurgia. In: Rodrigues MA, Correia MI, Rocha PR. Fundamentos em clínica cirúrgica. Belo Horizonte: Coopmed, 2006:221-30.
Rodrigues MAG, Correia MITD, Rocha PRS. Hidração venosa pós-operatória. In: Rodrigues MAG, Correia MITD, Rocha PR. Fundamentos em clínica cirúrgica. 1. ed. Belo Horizonte: Coopmed, 2006.
Santos JS, Sankarankutty AK, Salgado Jr W et al. Colecistectomia: aspectos técnicos e indicações para o tratamento da litíase biliar e das neoplasias. Medicina 2008; 41(4):429-44.
Silen W, Gearhart SL. In: Fauci AS, Braunwald E, Kasper DL et al. (eds.). Harrison Medicina Interna. Rio de Janeiro: McGraw-Hill Interamericana do Brasil, 2008:1912.
Smink D, Soybel D. UpToDate®: Acute appendicitis in adults: management. Disponível em: http://www.uptodate.com/contents/acute-appendicitis-in-adults-management?source=search_result&search=appendicitis&selectedTitle=3~150. Acesso em: 13/05/2012.
Souza Jr AL, Campos BBNS, Poggetti RS. Sepse abdominal. In: Lopes AC. Tratado de clínica médica. 2. ed. São Paulo: Roca, 2009:4677-81.
Starling SV, Pires MTB. Manual de urgências em pronto-socorro. 9. ed. Rio de Janeiro: Guanabara Koogan, 2009:400.
Strasberg SM. Acute calculous cholecystitis. N Engl J Med 2008; 358:2804-11.
Townsend CM, Beauchamp RD, Evers BM, Mattox KL. Sabiston textbook off surgery: The biological basis of modern surgical practice. 17. ed. Elsevier Saunders, 2004.
Vianna AL, Otero PM, Cruz CA, Carvalho SM, Oliveira PG, Puttini SM. Tratamento conservador do plastrão apendicular. Rev Col Bras Cir 2003; 30(6):442-6.
Villatoro E, Bassi C, Larvin M. Antibiotic therapy for prophylaxis against infection pancreatic necrosis in acute pancreatitis. Cochrane Database Syst Ver. 2006; CD002941.
Yusoff IF, Barkun JS, Barkun AN. Diagnosis and management of cholecystitis and cholangitis. Gastroenter Clin N Am 2003 (32):1145-68.
Zakko S. UpToDate®: Uncomplicated gallstone disease. Disponível em: http://www.uptodate.com/contents/uncomplicated-gallstone-disease. Acesso em: 05/04/2012.
Zakko SF, Afdhal NH, Vollmer CM. UpToDate®: Treatment of acute cholecystitis. Disponível em: http://www.uptodate.com/contents/treatment-of--acute-cholecystitis?source=search_result&search=cholecystitis&selectedTitle=2~150. Acesso em: 05/04/2012.
Zakko SF, Afdhal NH. UpToDate®: Pathogenesis, clinical features, and diagnosis of acute cholecystitis. Disponível em: http://www.uptodate.com/contents/pathogenesis-clinical-features-and-diagnosis-of-acute-cholecystitis. Acesso em 05/04/2012.

Seção XI – OTORRINOLARINGOLOGIA

Capítulo 92
Epistaxe nas Emergências

Jorge da Cunha Barbosa Leite • Júlia Reich Camasmie

INTRODUÇÃO

A emergência otorrinolaringológica mais frequente, a epistaxe, é definida como qualquer sangramento proveniente da mucosa nasal, geralmente de origem anterior, a partir do plexo de Kiesselbach. Pode ser causada por fatores locais (como trauma ou inalação de ar frio e seco) ou por fatores sistêmicos (hipertensão arterial sistêmica [HAS], coagulopatias). As formas de tratamento variam desde compressão manual até cirurgias endoscópicas.

FISIOPATOLOGIA

As fossas nasais e os seios paranasais são áreas ricamente irrigadas pelos sistemas das artérias carótidas interna e externa. Essas artérias formam múltiplas anastomoses, constituindo o tecido erétil dos cornetos inferior, médio e superior e do septo nasal. O plexo de Kiesselbach consiste em uma rede de anastomoses localizadas no septo nasal anterior, com vasos revestidos por uma membrana mucosa fina, sendo formado pela artéria palatina maior, esfenopalatina e labial superior. A epistaxe anterior é comum, principalmente, em crianças e jovens. Na região posterior encontra-se o plexo de Woodruff, responsável pela maioria dos sangramentos com origem posterior, mais comuns em hipertensos e pacientes de mais idade.

O sangramento pode ser causado por fatores locais, como trauma (manipulação, fraturas), infecções de vias aéreas superiores, inalação de ar seco, alergias, irritantes químicos, corpo estranho, tumorações, desvio de septo/perfuração septal, doença de Osler-Rendu-Weber etc. Dentre os fatores sistêmicos, podem ser citados HAS, coagulopatias ou uso de anticoagulantes/antiagregantes plaquetários e doenças hematológicas.

CONSIDERAÇÕES

Uma das principais doenças vasculares que cursam com epistaxe intermitente é a doença de Osler-Rendu-Weber (telangiectasia hemorrágica hereditária), doença autossômica dominante em que há perda da capacidade contrátil dos vasos sanguíneos, além de fístulas arteriovenosas.

A presença de epistaxe anterior, intermitente e maciça em um adulto jovem leva à suspeita de tumor (nasoangiofibroma), localizado próximo à coana, pois a massa impede a drenagem sanguínea para a orofaringe.

QUADRO CLÍNICO

Os pacientes podem ou não chegar ao PS com o sangramento ativo. Na presença de sangramento, este tem tempo e volumes variáveis. O sangramento proveniente do plexo anterior (90% dos casos) geralmente é autolimitado. Pode vir acompanhado de hipertensão arterial.

DIAGNÓSTICO

Deve ser feito um exame físico geral, com medida de pulso e pressão arterial. Nos casos de sangramento abundante e grave, indica-se a realização de exames laboratoriais (hematócrito, coagulograma, hemograma). Deve-se inquirir sobre o uso de ácido acetilsalicílico, além de outros antiagregantes e anticoagulantes (heparina), e investigar presença de doenças sistêmicas que contribuam para o quadro, como discrasias sanguíneas e HAS.

O paciente deve lavar as fossas nasais com soro fisiológico para remover o excesso de coágulos e comprimir a asa nasal contra o septo. Com isso o sangramento diminui, facilitando o exame das fossas nasais. Soluções vasoconstritoras também podem ser usadas, visando à redução do sangramento. Em seguida, deve-se visualizar as fossas com auxílio de espéculo nasal e fonte de luz, na tentativa de buscar a origem do sangramento. Aspiradores podem auxiliar a remoção de coágulos. Caso haja um endoscópio nasal no local, o profissional especializado pode examinar a região posterior da fossa nasal. Determinar o local de sangramento é importante para nortear o tratamento.

DIAGNÓSTICO DIFERENCIAL
- Hemorragia digestiva alta com regurgitação pelas fossas nasais
- Lesão vascular de base de crânio

COMPLICAÇÕES

Pacientes idosos ou portadores de discrasia sanguínea, HAS e *diabetes mellitus* (DM) descompensado podem ter sangramento maciço, necessitando reposição volêmica e internação.

TRATAMENTO

O tratamento envolve a estabilização do paciente, com a normalização dos níveis pressóricos, caso estes estejam elevados, e medidas para estancar o sangramento, as quais são descritas a seguir:

Epistaxe anterior

São várias as modalidades de tratamento. A hiperextensão cervical favorece o acúmulo de sangue e coágulos na orofaringe e não deve ser indicada. Em casos de hemorragia anterior, a medida mais simples consiste no tamponamento. Apesar de não atuar diretamente sobre o vaso, o tampão exerce pressão na mucosa nasal, parando o sangramento. Existem vários tipos de tampões, sendo os mais comuns os de Rayon ou gaze embebidos em vaselina. A gaze deve ser disposta em tiras (em sanfona) até o preenchimento completo da fossa nasal. Alternativas incluem tampões feitos com dedo de luva preenchido por gaze, esponja revestida por preservativo, dentre outros. Uma boa alternativa para fazer um tampão nasal é descrita a seguir:

1. Usar a escova usada para degermação das mãos no centro cirúrgico para obter a esponja; cortar suas extremidades.
2. Colocar a esponja dentro de um preservativo masculino, enrolar o preservativo para comprimir a esponja e dar um nó no preservativo.
3. Introdução do preservativo na fossa nasal, de modo que toda a esponja fique dentro e a ponta do preservativo, onde é dado o nó, fique fora da cavidade nasal.
4. Cortar a ponta com o nó (o nó deve ser cortado!).
5. A esponja dentro do preservativo irá inflar novamente com o ar que entra no preservativo.

O tampão nasal anterior deve ser removido após 2 a 5 dias. Um risco inerente ao tampão é a **síndrome do choque tóxico estafilocócico**, além de haver a possibilidade de novo sangramento com a retirada do tampão. Há ainda o risco de sinusite pelo acúmulo de secreções na fossa nasal e seios paranasais, o que justifica a recomendação do uso de antibiótico profilático sistêmico por alguns autores.

No caso de atendimento por serviço especializado, quando o sangramento é visto na rinoscopia anterior, o tratamento de escolha consiste na cauterização (química, elétrica ou com *laser*). É feita anestesia tópica com lidocaína a 2% associada a solução vasoconstritora (nafazolina, oximetazolina ou adrenalina). O nitrato de prata é utilizado na cauterização química, em crianças e adultos, em sangramento de pequena monta. A cauterização elétrica é realizada com auxílio de endoscópio nasal e eletrocautério bipolar. O tratamento com *laser* é ótimo para a doença de Osler-Rendu-Weber, porém é de custo elevado.

O tratamento cirúrgico (arteriografia com embolização e ligadura das artérias maxilar interna/etmoidais) está reservado para casos refratários à cauterização/tamponamento.

Epistaxe posterior

O tamponamento nasal posterior é feito com sonda vesical de Foley (12-18) lubrificada com anestésico (lidocaína a 2%). Um balão pode ser improvisado com uma ponta de dedo de luva amarrado à extremidade do cateter. Este é introduzido até a rinofaringe e é, então, insuflado com ar ou água. O procedimento pode ser realizado também com gaze com reparo: introduz-se a sonda pela fossa nasal até a boca, o reparo é amarrado e puxado para a fossa nasal e o tampão de gaze introduzido pela boca até a rinofaringe.

No entanto, o tamponamento posterior é doloroso, exige permanência de pelo menos 3 dias e pode causar hipoxia/hipoventilação por alterar a dinâmica ventilatória. Outros inconvenientes incluem o fato de o tampão não atuar diretamente sobre os vasos, a sonda se exteriorizar pela fossa nasal e o esvaziamento progressivo do balonete. Há risco de formação de cicatrizes e até necrose pela compressão exagerada exercida pelo balão.

Por todos os inconvenientes descritos, a cauterização elétrica é cada vez mais vantajosa, com auxílio de endoscópio. Esse procedimento só pode ser realizado por profissional especializado com os equipamentos necessários à disposição. A cirurgia para controlar a epistaxe posterior é semelhante à descrita para a anterior, com ligadura ou embolização da artéria maxilar interna.

PROFILAXIA

A profilaxia da epistaxe de origem local consiste em evitar a manipulação digital excessiva das fossas nasais, promover a umidificação do ar ambiente, evitar exposição a alérgenos e irritantes químicos, dentre outras medidas. Já a epistaxe de origem sistêmica envolve controle da pressão arterial (em hipertensos), evitar uso abusivo de antiagregantes plaquetários e tratamento das doenças hematológicas.

Capítulo 93
Corpos Estranhos em Otorrinolaringologia

Jorge da Cunha Barbosa Leite • Felipe O. Figueiredo • Nara Carvalho Freitas

INTRODUÇÃO

Corpo estranho (CE) pode ser definido como qualquer material que se encontre na cavidade nasal, seios paranasais, orofaringe, laringe, conduto auditivo externo e que não faça naturalmente parte dessas estruturas em condições normais. Constitui um problema comum nas unidades de emergência e pronto-atendimento, principalmente em pacientes pediátricos e portadores de distúrbios psiquiátricos.

CONSIDERAÇÕES

Os corpos estranhos podem ser classificados em animados e inanimados. A introdução habitualmente é voluntária em crianças e em pacientes com alterações cognitivas (CE inanimado), sendo sua localização mais frequente no nariz e na orelha. Pode ocorrer também de modo involuntário ou acidental em adultos ou crianças, na maioria das vezes por seres vivos (CE animado) (Quadro 93.1).

Quadro 93.1 Exemplos de corpos estranhos

Animados	Inanimados
Moscas ou larvas	Sementes (feijão, milho etc.)
Besouros	Borrachas
Mosquitos	Espumas
Formigas	Botão
Baratas	Baterias
	Iatrogênicos (instrumentos quebrados, gaze, algodão)
	Fragmentos de ossos em geral ou de espinhas de peixe

QUADRO CLÍNICO

A localização, o tamanho, o tipo e o tempo de permanência do CE determinam a sintomatologia. Assim, na orelha, o quadro clínico pode variar de quadros assintomáticos a sensações desagradáveis como otalgia, hipoacusia, prurido, plenitude auricular, otorreia e zumbido. A otorreia poderá ocorrer ou não, na dependência de traumatismo da pele do canal auditivo ou de perfuração timpânica com contaminação da orelha média.

Nas cavidades nasais, os sintomas mais comuns são obstrução nasal unilateral (principalmente em crianças, pelo fato de, uma vez obstruída uma fossa nasal, não levar adiante a possibilidade de obstrução da fossa nasal contralateral, em razão do incômodo causado) e rinorreia fétida, purulenta ou serossanguinolenta. Espirros, coriza e cacosmia também podem estar presentes.

Na orofaringe, o principal sintoma é a odinofagia, podendo haver dispneia em casos graves e em história prolongada, com lesão mucosa, sinais e sintomas compatíveis com formação de abscesso cervical, como febre, abaulamento cervical, dor local e restrição da movimentação cervical.

DIAGNÓSTICO

CE de orelha

- **Otoscopia:** pode variar desde a simples visualização do corpo estranho, obstruindo parcial ou totalmente o meato acústico externo, até a presença de edema, lacerações, otorragia e perfuração da membrana timpânica.

  Não há necessidade de exames complementares.

CE de nariz

- **Rinoscopia:** observa-se o corpo estranho em si ou apenas rinorreia abundante e fétida, na maioria das vezes unilateral. Pode ser feita endoscopia nasal.
- Exames complementares, como **radiografia simples** ou **tomografia computadorizada** de nariz e seios paranasais, podem ser úteis para a visualização de corpos estranhos metálicos ou calcificados (rinolitos).

CE de orofaringe ou laringe

- **Orofaringoscopia e laringoscopia direta ou indireta:** tornam possível a visualização de CE glóticos e supraglóticos, usualmente em valécula e seios piriformes.
- Exames complementares deverão ser realizados quando não for possível visualizar o corpo estranho. Quando este estiver impactado em alguma topografia do tubo digestivo alto, será imprescindível a **endoscopia digestiva alta**, para observação direta, retirada e confirmação ou não da presença de perfuração esofágica. Se confirmada a perfuração esofágica, ou em caso de suspeita de abscesso cervical, pode ser necessária tomografia cervical ou, às vezes, tomografia torácica, para avaliar sinais de mediastinite.

Em caso de corpo estranho no esôfago, utilizam-se as seguintes incidências radiográficas:

- Radiografia simples ou contrastada esofagocervical na incidência de perfil.
- Radiografia simples ou contrastada esofagotorácica na incidência oblíqua (para não haver sobreposição da coluna).

DIAGNÓSTICO DIFERENCIAL

Quadro 93.2 Diagnósticos diferenciais de acordo com a localização anatômica

Orelha	Situações que causam otorreia fétida unilateral: Colesteatoma Otite média supurativa
Nariz	Situações que causam obstrução nasal e rinorreia unilateral: Tumores nasossinusais benignos e malignos Bola fúngica Pólipo nasossinusal
Orofaringe ou laringe	Faringoamigdalites, faringites e laringites agudas

TRATAMENTO

O sucesso na remoção de CE depende da cooperação do paciente, do tipo de CE, da habilidade do médico em visualizá-lo, da manipulação prévia e dos equipamentos disponíveis. A retirada deve ser sempre realizada por um profissional com experiência.

Em orelha

Deve-se avaliar a integridade da membrana timpânica. Na presença de CE vivo (insetos), faz-se necessária sua imobilização. Esta pode ser realizada com solução oleosa no conduto, sendo habitualmente utilizado óleo mineral. Após 1 minuto, a remoção instrumental pode ser realizada com pinças de preensão, estiletes ou curetas adequadas. Um otorrinolaringologista poderá executar lavagem otológica para remoção do inseto, dependendo do exame prévio do conduto auditivo.

A presença de insetos vivos no conduto auditivo externo costuma ser angustiante para o paciente, mas de rápida remoção pelo especialista treinado. Eventualmente, em casos extremos, a critério do médico, pode ser considerada a remoção sob sedação ou anestesia geral.

Sementes vegetais devem ser removidas instrumentalmente quando apresentarem característica de expansibilidade em contato com umidade.

Os demais objetos inanimados podem ser removidos com lavagem se a membrana timpânica estiver íntegra. Se esta estiver perfurada, deve-se realizar a remoção instrumental, pois a água carreia micro-organismos da orelha externa para a orelha média, aumentando o risco de infecção local.

A incidência de complicação é maior quando há manipulação prévia por não especialista, a qual geralmente ocorre antes da chegada do paciente ao serviço especializado. As complicações mais frequentes são: laceração em meato acústico externo, infecção de meato e perfuração de membrana timpânica.

Em nariz

Habitualmente, a remoção do CE é realizada instrumentalmente com sonda de Itard, um instrumento usado pelo otorrinolaringologista. A sonda é passada por cima do CE e, ao ultrapassá-lo, deve ser puxada, arrastando o CE para fora. Esse é o método mais seguro, pois evita broncoaspiração. Serviços não especializados tentam a retirada com pinças de apreensão que acabam por empurrar ainda mais o CE em direção ao *cavum*, aumentando as chances de broncoaspiração. Na presença de sinais e sintomas de rinossinusite aguda, a antibioticoterapia poderá ser utilizada.

A forma e o tamanho dos CE podem determinar a dificuldade em sua remoção, podendo evoluir com epistaxe, mais raramente perfuração septal (baterias químicas, ao vazar dentro do nariz, costumam causar perfuração septal), rinossinusite e broncoaspiração; portanto, o procedimento deve ser realizado com bastante cuidado e, se não houver colaboração do paciente, pode ser necessária anestesia geral.

Caso o médico não tenha treinamento em sua remoção, é preferível não manipular esse tipo de CE e encaminhar o paciente ao especialista. Deve-se tranquilizar e orientar um acompanhante responsável a procurar o quanto antes o especialista.

Em orofaringe e laringe

Se o CE for bem visualizado, geralmente uma espinha de peixe, pode estar cravado na amígdala do paciente e poderá ser removido com o uso de um abaixador de língua, pressionando seus dois terços anteriores e removendo o CE com auxílio de uma pinça de cabo longo.

Caso não esteja facilmente visível, deve-se realizar laringoscopia para identificar a presença do CE e tentar removê-lo.

O paciente deve ser solicitado a apontar com o dedo externamente, por fora da boca, a localização e a direção em que percebe o CE.

Se o paciente afirmar que deglutiu o CE e este não for visualizado pela laringoscopia, é importante avaliar se não há cornagem, disfonia ou dispneia e afastar o CE impactado no trato digestivo.

Em caso de suspeita de abscesso cervical, confirmado pela tomografia cervical, o paciente deverá ser submetido à drenagem cirúrgica e à remoção do CE.

Na suspeita de perfuração esofágica, deve-se solicitar tomografia computadorizada (TC) do tórax e a avaliação da equipe de cirurgia torácica. O paciente deve ser internado em UTI com antibioticoterapia adequada para mediastinite.

LESÕES QUÍMICAS

As pilhas e baterias são consideradas urgências otorrinolaringológicas em virtude do risco de lesão cáustica e são mais comumente encontradas em meato auditivo externo e fossas nasais, principalmente em crianças.

A solução alcalina presente nesses materiais causa intensa reação tecidual, caracterizada por necrose de liquefação. Desse modo, quanto maior o tempo de exposição, maior a chance de vazamento da solução alcalina e lesão tecidual.

Clinicamente, o paciente pode referir dor e sensação de queimação local. No exame físico da orelha, pode haver hiperemia ou perfurações da membrana timpânica, assim como hiperemia, estenose ou queimaduras do conduto auditivo externo. Em alguns casos, a lesão tecidual pode evoluir com desarticulação da cadeia ossicular e até lesão coclear. Já nas fossas nasais, pode haver edema, lesão da mucosa nasal e perfuração septal.

O tratamento consiste na remoção, o mais rápido possível, de pilhas e baterias. É necessário desbridamento de toda a necrose tecidual até exposição de tecido vascularizado e avaliar a necessidade de utilização de *splint* nasal para evitar sinéquias.

Capítulo 94
Perda Auditiva Súbita

Jorge da Cunha Barbosa Leite • Felipe O. Figueiredo • Nara Carvalho Freitas

INTRODUÇÃO

A perda auditiva súbita ou surdez súbita (SS) é definida como instalação ou agravamento de disacusia neurossensorial preexistente ≥ 30dBNA, em três ou mais frequências consecutivas da audiometria tonal, de início abrupto ou com instalação em até 3 dias. Na maioria dos casos, a causa não pode ser identificada, sendo classificada como idiopática. Ocorre em igual proporção entre os sexos, geralmente é unilateral, a recorrência é rara e atinge mais frequentemente indivíduos entre 40 e 54 anos de idade. Estima-se que sua incidência seja de 5 a 20 casos em 100 mil habitantes por ano nos EUA. Por ser considerada uma urgência otológica, é importante que o médico generalista reconheça seus aspectos, pois seu prognóstico é melhor quanto mais precocemente for instituído o tratamento.

FISIOPATOLOGIA

A maioria dos casos de SS é considerada idiopática, sendo atribuída a possíveis causas, como distúrbio microcirculatório, processo autoimune, infecção viral, doenças desmielinizantes ou rotura de membranas labirínticas. **No Brasil, a rubéola, seguida de meningite, é a principal causa de SS.**

A infecção viral parece ocupar o primeiro lugar em incidência como causa de SS. A presença de sorologias específicas, relato de infecção das vias aéreas superiores ou de virose sistêmica evidente, como parotidite epidêmica, sarampo, mononucleose ou mesmo uma gripe comum precedendo o início da SS, corrobora com a suspeita. Possíveis explicações são a contaminação viral do órgão de Corti ou do nervo auditivo, endarterite na vascularização da orelha interna, degenerando estruturas vitais, e fixação dos vírus às hemácias, causando hemoaglutinação na microcirculação coclear. A infecção viral pode ainda funcionar como gatilho, provocando uma resposta autoimune secundária.

Diferentes distúrbios da autoimunidade podem estar relacionados com a SS, como produção de autoanticorpos contra proteínas da orelha interna, formação de imunocomplexos, produção de anticorpos anticardiolipina e defeitos da imunidade celular. As doenças autoimunes da orelha interna podem aparecer na forma de SS isolada, causada, por exemplo, por fragmentação das membranas da orelha interna devido a agentes agressores, como vírus ou ototóxicos, expondo o tecido ao sistema imune, ou associada a outras doenças sistêmicas autoimunes, como a síndrome de Cogan, a artrite reumatoide e a colite ulcerativa, sendo o diagnóstico facilmente presumido. Quando não, são necessários testes laboratoriais específicos.

Existem ainda as causas intravasculares, como embolia gordurosa ou gasosa, policitemia, hiperviscosidade e crises falciformes. A orelha interna é irrigada por artérias terminais, o que a torna mais suscetível a alterações circulatórias. O dano coclear pode ocorrer por hipofluxo (hipoxia) ou oclusão total dos vasos (anoxia) e os mecanismos evolvidos podem ser: hemorragias (por hipertensão arterial sistêmica, uso de anticoagulantes ou discrasias sanguíneas), tromboses (por dislipidemia ou hipercoagulabilidade) e espasmos (por estímulo do sistema nervoso simpático).

Quanto à rotura de membranas, sabemos que os sistemas perilinfático e endolinfático, em condições normais, vivem em perfeito equilíbrio de pressão entre si e com o líquido cefalorraquidiano (LCR). As fístulas perilinfáticas podem ser espontâneas ou secundárias a traumatismos cranianos, barotraumas ou esforços físicos intensos. A perda de perilinfa leva a hipofunção coclear, justificando a SS. O diagnóstico de certeza é cirúrgico e deve ser reservado para casos de forte suspeita clínica.

Os agentes ototóxicos, embora sejam causa de surdez progressiva, também podem causar SS, frequentemente bilateral, por degeneração da orelha interna. Entre os agentes citotóxicos estão os aminoglicosídeos, os diuréticos, o quinino, o ácido acetilsalicílico e seus derivados.

A SS pode ser causada ainda por trauma sonoro em indivíduos expostos a estímulos sonoros excessivos (> 85 a 90dB) e de maneira continuada, como, por exemplo, os operários de máquinas industriais. A patologia costuma acometer primeiro as células ciliadas externas do órgão de Corti, as quais perdem os cílios e degeneram, e em seguida as células de sustentação e as células ciliadas internas.

Além dessas, os tumores de ângulo pontocerebelar também podem se apresentar inicialmente com SS, como o neuroma do acústico. Trata-se de um schwannoma do VIII par, que costuma se originar da divisão superior do nervo vestibular. A SS é provocada, em geral, por compressão da artéria labiríntica, prejudicando o fluxo sanguíneo da cóclea. **Diante de um paciente com SS, é fundamental afastar a hipótese de tumor com exame de imagem e testes de potenciais evocados auditivos do tronco cerebral.**

CONSIDERAÇÕES
Principais causas de SS (Quadro 94.1)

Quadro 94.1 Principais causas de SS

Diagnóstico sindrômico	Diagnóstico etiológico
Circulatória, hematológica	Isquemia labiríntica em portadores de fatores protrombóticos, hemorragia labiríntica, infarto cerebelar no território da artéria cerebelar inferior anterior, anemia falciforme, tratamento de disfunção erétil, viscosidade do plasma
Infecção viral	Rubéola, citomegalovírus, caxumba, HIV, varicela-zóster, Epstein-Barr, herpes simples, mononucleose, adenovírus
Infecção bacteriana	Meningite, sífilis, micoplasma
Tumoral	Neuroma do acústico, cisto de aracnoide, mieloma múltiplo, carcinomatose meníngea, neurossarcoidose, metástase no conduto auditivo interno
Autoimune	Lúpus, doença imune da orelha interna, granulomatose de Wegener, síndrome de Cogan, poliarterite nodosa
Metabólica	Diabetes, dislipidemia, insuficiência renal, hipocalemia
Traumático	Mecânico e acústico
Tóxica	Cocaína EV, intoxicação por metadona e outras drogas, picada de cobra
Neurológica	Isquemia pontina cerebral, esclerose múltipla, hipertensão intracraniana
Hidropsia endolinfática ou perilinfática	Idiopática ou diversas outras causas

QUADRO CLÍNICO

As queixas principais são de **sensação de surdez ou plenitude auricular, geralmente unilateral, de instalação súbita,** de modo que o paciente costuma identificar o exato momento em que ocorreu a perda auditiva, a qual é frequentemente notada pela manhã, ao acordar. Pode ser acompanhada de zumbido, assim como de desequilíbrio e vertigem. A perda auditiva varia de discreta a muito intensa, e 25% a 65% dos casos podem apresentar recuperação espontânea parcial ou total.

DIAGNÓSTICO

Diante da suspeita clínica, o paciente deve ser submetido a:

- **Anamnese:** pesquisar a história prévia da doença, antecedentes pessoais, hereditários, profissão, sintomas como febre, escotomas, cefaleia, incoordenação motora, infecção de vias aéreas superiores ou sistêmicas, doenças autoimunes e uso de medicações ototóxicas.

- **Exame físico:** exame clínico vestibular, avaliação dos pares cranianos, exame otoscópico, o qual deve excluir diagnósticos diferenciais, como rolha de cerume e presença de corpos estranhos na orelha externa.
- **Exames complementares:** o primeiro exame a ser solicitado é a audiometria tonal por vias aéreas e ósseas para confirmação da perda neurossensorial em pelo menos três frequências consecutivas de pelo menos 30dBNA.

A melhor maneira de diagnosticar SS é por meio da história clínica associada ao exame audiométrico. Já para o diagnóstico etiológico é interessante realizar exames laboratoriais de acordo com a suspeita clínica, como:

- **Gerais:** glicemia de jejum, colesterol total e frações, triglicérides, cardiolipina, hemograma, eletrólitos, coagulograma, agregação plaquetária, viscosidade do sangue, ureia, creatinina e função tireoidiana.
- **Provas de atividade inflamatória:** velocidade de hemossedimentação (VHS), imunocomplexos circulantes, proteína C reativa, complemento total e frações, C3 e C4.
- **Pesquisa de autoanticorpos:** fator reumatoide, fator antinúcleo, anticardiolipina, anticoagulante lúpico, antitireoglobulina, antiperoxidase.
- **Sorologias:** para sífilis, HSV, HIV, rubéola, mononucleose, citomegalovírus, caxumba e doença de Lyme.
- **Exame de imagem:** é indicado em todos os casos, preferencialmente a ressonância magnética para investigação de alterações da orelha interna e VIII par craniano.

TRATAMENTO

O tratamento é difícil de ser avaliado, uma vez que na maioria das vezes a etiologia é desconhecida. Dessa maneira, o tratamento visa atingir o maior número de etiologias prováveis. **Quando há uma causa identificável, o tratamento deve ser específico.** Por exemplo, em sorologia positiva para doença de Lyme, utiliza-se amoxicilina em dose plena por 30 dias e repete-se a sorologia ao final do tratamento, para confirmar sua negativação. O neurinoma e a fístula perilinfática recebem tratamento cirúrgico, e o uso de agentes ototóxicos deve ser suspenso.

Muitos pacientes melhoram, até mesmo com recuperação total da audição, guardando repouso absoluto no leito, com cabeceira elevada, por um período de pelo menos 5 dias. Esta recomendação deve ser seguida sempre que possível, por aumentar as chances de recuperação. Não havendo recuperação 10 dias após a instalação do quadro, a maior probabilidade é de que os limiares auditivos atingidos se tornem definitivos. Tratamentos instituídos após o décimo dia de instalação do quadro clínico não têm se mostrado eficazes, mas devem ser tentados em benefício do paciente. Mesmo considerando remota a possibilidade de recuperação, esta existe, ainda que infrequente.

Em casos de etiologia desconhecida, encontra-se descrito na literatura o uso de **corticoesteroides, pela ação anti-inflamatória, e de antivirais**, além do uso de expansores plasmáticos, hemorreológicos e hemodiluentes para melhorar a irrigação coclear, assim como de carbogenoterapia associada a sulfato de magnésio e oxigênio hiperbárico, para aumentar a oxigenação da orelha interna, de vitamina A, para evitar degeneração auditiva.

O tratamento utilizado no Pronto-Socorro de Otorrinolaringologia do Hospital das Clínicas da Faculdade de Medicina da Universidade de São Paulo (Quadro 94.2) consiste no **uso de dexametasona, aciclovir, pentoxifilina e vitamina A. O tratamento com dexametasona pode ser mantido até o 30º dia de uso.** A audiometria deve ser realizada semanalmente, até que seja alcançado o limiar terapêutico, quando a dose plena deve ser progressivamente reduzida. A medicação pode ser reintroduzida em caso de piora da audição após sua suspensão. A pentoxifilina e a vitamina A podem ser usadas por até 60 dias e devem ser suspensas assim que haja estabilização dos limiares auditivos. Todos os pacientes devem ser acompanhados por pelo menos 6 meses após o episódio de SS.

Quadro 94.2 Medicamentos utilizados para tratamento da SS

Tempo de instalação	Medicamento	Dose	Administração	Posologia	Período
5 dias	Dexametasona	8mg	VO	1×/dia	15 dias
	Aciclovir	200mg	VO	5×/dia	10 dias
	Pentoxifilina	400mg	VO	8/8h	30 dias
	Vitamina A	50.000U	VO	1×/dia	30 dias
6 a 30 dias	Dexametasona	8mg	VO	1×/dia	15 dias
	Pentoxifilina	400mg	VO	8/8h	30 dias
	Vitamina A	50.000U	VO	1×/dia	30 dias
> 30 dias	Pentoxifilina	400mg	VO	8/8h	30 dias
	Vitamina A	50.000U	VO	1×/dia	30 dias

Fatores prognósticos

Alguns fatores relacionados com melhor prognóstico de recuperação são:

- Perda auditiva leve ou moderada (até 45dBNA)
- Curva audiométrica plana
- Audição contralateral preservada
- Ausência de vertigem
- Paciente jovem
- Início precoce do tratamento (até 10 dias)
- Início precoce da recuperação da perda (até 2 semanas)

Capítulo 95
Otite Média Aguda

Hugo Fraga Barbosa Leite • Júlia Reich Camasmie

INTRODUÇÃO

A otite média aguda (OMA) consiste em um processo inflamatório agudo do mucoperiósteo (revestimento conjuntivo epitelial) da orelha média, incluindo células da mastoide e tuba auditiva. Em sua grande maioria, é secundária a infecções de vias aéreas superiores (VAS), bacterianas ou virais. Acomete indivíduos de todas as faixas etárias, sendo mais comum em crianças (afeta mais de 80% até os 5 anos de idade). Apresenta sinais e sintomas de início rápido, como febre, otalgia e irritabilidade, e tende à resolução sem sequelas.

FISIOPATOLOGIA

A etiopatogenia da OMA envolve a disfunção da tuba auditiva e processos infecciosos. Na infância, o menor comprimento da tuba e a maior horizontalização facilitam a chegada de secreções advindas da adenoide e da região nasal. Sendo assim, infecções de VAS (sinusites, amigdalites, adenoidites) estão frequentemente associadas à OMA, provocando obstrução de VAS e refluxo de secreção para a cavidade timpânica. Em pacientes alérgicos, a inflamação crônica de VAS predispõe infecções como otite, pois o *clearance* mucociliar encontra-se alterado e há edema mucoso nasofaríngeo. Além disso, em crianças, o músculo tensor do palato (que promove abertura ativa da tuba) também tem eficiência reduzida.

QUADRO CLÍNICO

As queixas sucedem, na maioria das vezes, um quadro infeccioso de VAS. As crianças pequenas apresentam queixas inespecíficas: febre, irritabilidade/letargia, choro intenso, sintomas gastrointestinais, além da otalgia e eventual otorreia. Em adultos, queixas como otalgia, plenitude auricular, ruídos pulsáteis, hipoacusia e autofonia sugerem o diagnóstico. Otorreia ocorre após perfuração timpânica, consequente ao acúmulo de muco com aumento de pressão na orelha média. Apresenta-se inicialmente serossanguinolenta e depois mucopurulenta. A drenagem acompanha-se clinicamente por atenuação da dor e da febre, evoluindo, na maioria dos casos, para resolução da doença.

DIAGNÓSTICO

O diagnóstico baseia-se no quadro clínico de início súbito associado a uma otoscopia sugestiva de infecção. A otoscopia depende de uma boa limpeza local. **Os achados que comprovam a OMA incluem aumento da vascularização da membrana, diminuição da translucidez, espessamento e abaulamento da membrana pela presença de líquido na cavidade timpânica (é o sinal mais característico).** Nas fases iniciais, são observadas hiperemia e secreção retrotimpânica. Nas fases mais avançadas, observa-se o abaulamento. Pode ocorrer perfuração do tímpano, o que é mais comum em crianças. Nesses casos, o sinal de Sheibe (pulsação da secreção dentro da caixa timpânica) está presente devido ao aumento da vascularização local provocado pelo processo infeccioso.

Exames laboratoriais auxiliares, como leucograma, sugerem infecção. Uma TC pode ser solicitada quando se suspeita de complicações graves, como otomastoidite aguda em andamento, por exemplo.

DIAGNÓSTICO DIFERENCIAL

- Otite externa
- Otite média crônica
- Outras infecções de vias aéreas superiores, como amigdalite

COMPLICAÇÕES

As complicações ocorrem quando o processo infeccioso se espalha para áreas adjacentes. Podem ser intracranianas (mastoidite, petrosite, abscesso subperiosteal, labirintite, paralisia facial) ou extracranianas (meningite, abscessos, tromboflebite do seio do sigmoide).

TRATAMENTO

O tratamento visa aliviar os sintomas, principalmente a dor, e o uso de antibióticos tem como objetivo tornar a recuperação mais rápida e evitar o surgimento de complicações:

1. Cuidados gerais (repouso, hidratação, limpeza nasal com soluções fisiológicas e antissépticas).
2. Uso de anti-inflamatórios não esteroides (AINE) (p. ex., **nimesulida**, 100mg VO de 12/12h por 5 dias para adultos, e **ibuprofeno**, 0,5mg/kg/dose para crianças, administrado 3×/dia por 5 dias) para evitar dor e febre.
3. Na presença de sintomas intensos ou complicações pode haver necessidade de corticoesteroides (p. ex., **prednisolona**, 20mg de 12/12h por até 10 dias para adultos e 1mg/kg/dose para crianças).
4. O uso de descongestionantes nasais e sistêmicos é controverso. Quando indicados, devem ser usados por curto período de tempo (5 a 7 dias).

A aplicação de gotas otológicas contendo antibióticos ou anestésicos no canal auditivo externo é desaconselhada por prejudicar o exame posterior.

Quando a etiologia da OMA for viral, o tratamento estabelecido será o de suporte. O tratamento sintomático com observação está indicado em pacientes com idade > 2 anos e com sintomas leves.

Em caso de crianças menores ou na presença de sintomas graves/comorbidades está indicada antibioticoterapia. O antibiótico de primeira escolha para o tratamento empírico é:

1. **Amoxicilina**, por 7 a 10 dias, na dose de 500mg VO de 8/8h para adultos ou 50mg/kg de 6/6h para crianças.
2. Outras opções incluem **cefaclor** (500mg de 8/8h) **ou amoxicilina + ácido clavulânico** (500mg de 8/8h).

Se não houver melhora do quadro clínico em até 72 horas, trocar de antibiótico.

A miringocentese está indicada em caso de evolução prolongada e presença de complicações. É diagnóstica e terapêutica.

PROFILAXIA

- **Educação dos pais:** identificar, orientar e evitar os fatores de risco.
- **Vacinação:** vacina pneumocócica conjugada, vacina contra o vírus da influenza, vacina anti-*Haemophilus*.
- **Quimioprofilaxia:** é reservada para situações muito específicas (risco de seleção das cepas bacterianas resistentes).
- **Cirurgia:** colocação do tubo de ventilação para os casos de OMA recorrentes, rebelde aos demais tratamentos instituídos.

Capítulo 96
Rinossinusite Aguda

Hugo Fraga Barbosa Leite • Júlia Reich Camasmie

INTRODUÇÃO

Sinusite consiste na inflamação da mucosa que recobre os seios paranasais, podendo acometer uma ou mais cavidades e se estender para a mucosa nasal. Atualmente, utiliza-se o termo rinossinusite em razão de a inflamação da mucosa da cavidade nasal ocorrer de maneira simultânea à dos seios paranasais. A maior parte das sinusites é de etiologia viral (20 vezes mais frequente), devendo-se suspeitar da presença de bactérias como agente patogênico quando há evolução prolongada do quadro ou diante da exacerbação sintomática. S. pneumoniae, H. influenzae e M. catarrhalis são as bactérias responsáveis pela maior parte dos casos.

A rinossinusite aguda dura até 4 semanas, passando para subaguda, quando tem evolução de 4 a 12 semanas, e crônica, quando tem duração > 12 semanas. A rinossinusite aguda pode, também, sobrepor-se ao processo crônico.

FISIOPATOLOGIA

Diversos fatores estão implicados na patogênese da doença, ao causar retenção de secreções nos seios paranasais. Dentre eles podem ser citados o edema da mucosa, que reduz o óstio paranasal, a diminuição da atividade ciliar (causada pelo fumo, por exemplo) e a produção excessiva de muco (comum em alérgicos). A própria produção aumentada de muco reduz a atividade ciliar, formando assim um ciclo vicioso. O uso abusivo de descongestionantes, a hipertrofia da adenoide, o desvio de septo, os pólipos e tumores contribuem para a obstrução mecânica dos óstios sinusais. Atividades como a natação facilitam o contato da mucosa com bactérias e irritantes encontrados na água. Dentre os fatores sistêmicos encontram-se a aspergilose broncopulmonar, as bronquiectasias, as deficiências imunológicas, a fibrose cística e a síndrome da discinesia ciliar como possíveis contribuintes para a sinusopatia.

Já as crianças, por possuírem seios da face pequenos em relação ao óstio, têm a drenagem facilitada e retêm menos secreções, quando comparadas aos adultos. Nos lactentes são formados os seios etmoidais e maxilares, sendo as infecções destes as mais comuns em pré-escolares. Os seios frontal e esfenoidal só completam seu desenvolvimento aos 10 anos de idade.

Com relação à etiologia, **as bactérias mais frequentemente envolvidas na sinusite aguda são o Streptococcus pneumoniae (mais frequente),** o *Haemophilus influenzae*, a *M. catarrhalis*, o *Streptococcus viridans* e o *Staphylococcus aureus*. Entre os vírus, encontram-se o rinovírus e os vírus da influenzae A e da parainfluenzae. Nos processos crônicos participam também as bactérias anaeróbias. As enterobactérias estão envolvidas nos pacientes internados em uso de sondas ou entubados.

QUADRO CLÍNICO

O quadro clínico típico envolve um paciente com **prolongamento ou exacerbação de sintomas de um resfriado comum, com obstrução nasal, rinorreia, gotejamento pós-nasal,** halitose, alteração do olfato e **tosse persistente,** principalmente durante a noite, quando a posição horizontal da cabeça facilita a drenagem de secreções para a nasofaringe. Há dor e pressão nas regiões frontal, orbital, maxilar e na face e dentes superiores, na dependência do seio acometido. Como sintomas inespecíficos citam-se **cefaleia, febre e mal-estar geral.** Há variação dos sintomas de acordo com a idade do paciente acometido, sendo a cefaleia mais frequente em adultos e a tosse mais comum em crianças.

DIAGNÓSTICO

O diagnóstico das rinossinusites agudas baseia-se, principalmente, na história clínica associada ao exame físico. A **percussão dos seios da face** evidencia dor, comum em crianças maiores e adultos. Deve-se proceder à **orofaringoscopia** e à **rinoscopia anterior,** nas quais se encontra a secreção na parede posterior da faringe (sinal da vela) e nas fossas nasais a partir do meato médio e da área de drenagem do seio acometido. A mucosa nasal fica edemaciada e hiperemiada, havendo eventual hipertrofia dos cornetos. A rinoscopia pode mostrar um CE causando o processo inflamatório. A otoscopia pode estar alterada em metade dos casos em virtude da presença de otite serosa. A rinoscopia posterior pode evidenciar, além de secreções, presença de desvios de septo, polipose nasal e hipertrofia de adenoides. A transiluminação pode ser útil ao revelar opacificação do seio maxilar.

A **radiografia simples dos seios da face** é bastante inespecífica. Pode evidenciar velamento dos seios da face que, no entanto, também ocorre em processos crônicos alérgicos e em quadros gripais. Oferece grandes limitações em crianças e na avaliação do seio etmoidal. O estudo radiológico completo inclui a incidência de Waters (mostra melhor os seios maxilares), a de Caldwell (seios etmoidais e frontais), a incidência de Hirtz (seios etmoidais e esfenoidais) e a incidência lateral (seios esfenoidais).

A **TC** em cortes coronal e axial é o método de escolha para visualização das cavidades paranasais. Só é necessária em casos refratários, com complicações ou para avaliação pré-operatória.

A avaliação laboratorial auxilia os casos de diagnóstico mais difícil, evidenciando sinais de inflamação sistêmica. A cultura com antibiograma de secreção obtida com auxílio da nasofibroscopia pode ser útil nos casos de infecções resistentes aos tratamentos habituais.

DIAGNÓSTICO DIFERENCIAL

- Resfriado comum
- Afecções neurológicas/oftalmológicas que cursem com cefaleia
- Celulite facial/periorbitária

COMPLICAÇÕES

Dentre as complicações locais cita-se a presença de sinéquias, pólipos, hematoma/abscesso septal, mucocele e piocele. Também são registradas complicações intracranianas (meningite, abscesso cerebral, trombose do seio cavernoso) e sistêmicas (doenças do trato respiratório).

TRATAMENTO

O tratamento busca aliviar os sintomas, basicamente com tratamento de suporte, e quando há o prolongamento dos sintomas pode-se fazer uso de antibióticos para evitar complicações ou, quando já ocorreram, para tratá-las:

1. Medidas gerais, como lavagem nasal com solução fisiológica ou hipertônica.
2. **AINE** para alívio sintomático: **nimesulida**, 100mg VO de 12/12h por 5 dias para adultos, e **ibuprofeno**, 0,5mg/kg/dose para crianças, 3×/dia por 5 dias.
3. Umidificação do ambiente.
4. Uso de corticoesteroide tópico nasal para portadores de rinite alérgica: **budesonida**, 50mcg, 1 jato em cada narina pela manhã, por 15 dias, ou **fluticasona**, 50mcg, com a mesma posologia.
5. Os anti-histamínicos são eficazes no tratamento da rinorreia, do edema de mucosa e da obstrução dos seios nos pacientes alérgicos, como, por exemplo, a **loratadina**, 10mg 1×/dia. Em não alérgicos, o uso de anti-histamínicos não é recomendado por causar ressecamento da mucosa e espessamento das secreções.

6. Diante de um quadro bacteriano, o antibiótico de primeira escolha é a **amoxicilina**, 500mg VO de 8/8h para adultos ou 50mg/kg/dia de 8/8 h para crianças, durante 10 a 14 dias.
7. Se houver falha no tratamento, usar **amoxicilina com clavulanato**, 500mg de 8/8h para adultos e 50mg/kg/dia de 8/8h para crianças, ou uma cefalosporina de segunda geração, como **cefaclor**, 500mg de 8/8h para adultos e 40mg/kg/dia de 8/8h para crianças por 10 dias, ou **cefuroxima**, 250mg para adultos e 125mg para crianças de 12/12h por 10 dias.

Capítulo 97
Labirintopatias

Jorge da Cunha Barbosa Leite • Felipe O. Figueiredo • Nara Carvalho Freitas

INTRODUÇÃO

Labirintopatia consiste em qualquer doença que acomete o labirinto. À labirintite correspondem os casos de inflamação do labirinto, sendo vestibulopatia periférica ou disfunção labiríntica a expressão correta para designar uma doença do vestíbulo.

A orientação espacial do ser humano é dada pela interação de três sistemas básicos: o aparelho vestibular ou sistema estatocinético (orelha interna), constituído de sáculo, utrículo e canais semicirculares anterior, posterior e lateral, **o sistema visual,** que fornece as relações espaciais dos objetos, e **o sistema proprioceptivo,** que atua por meio dos receptores localizados nas articulações e nos fusos musculares (interoceptores) e receptores táteis das plantas dos pés e das palmas das mãos (exteroceptores). Desse modo, os distúrbios do equilíbrio decorrentes da destruição labiríntica unilateral, com o tempo, desaparecem por mecanismos compensatórios. Por outro lado, quando a destruição é bilateral, há perda do tônus dos músculos posturais, não há nistagmo, mas há um grau acentuado de desequilíbrio e ataxia.

Do sistema vestibular, os canais semicirculares exercem ação sobre o equilíbrio dinâmico do corpo em movimento, enquanto o sáculo e o utrículo agem no equilíbrio estático, que promove a noção de posição da cabeça e do corpo no espaço. Esse sistema é o mais operacional, sendo suas perturbações as que mais comprometem o equilíbrio.

O aparelho vestibular exerce influência sobre os movimentos musculares do globo ocular, de modo que quando há perturbações funcionais vestibulares verifica-se a presença de abalos musculares reflexos, involuntários e rítmicos dos globos oculares, denominados nistagmos. O nistagmo compõe-se de dois movimentos dos globos oculares, em sentidos opostos, denominados componentes – um lento, provocado pelo deslocamento da endolinfa, e outro rápido, que consiste em contração brusca e reflexa dos músculos extrínsecos dos globos oculares no sentido oposto, visando corrigir o desvio provocado pelo componente lento, decorrente de reflexo originado na formação reticular do bulbo, no tronco cerebral.

Na posição neutra, ambos os labirintos descarregam impulsos com frequências e intensidades exatamente iguais para o sistema nervoso central (SNC); desse modo, a cabeça guarda a posição neutra. Quando a cabeça é rodada para a direita, forma-se uma corrente de endolinfa (excitatória) que aumenta sua frequência de descarga; ao mesmo tempo, no canal lateral esquerdo, esse movimento (inibitório) reduz a frequência de descargas. Dessa maneira, os impulsos chegam ao SNC de modo assimétrico, resultando na percepção de que a cabeça está se movimentando para a direita. Independente do ângulo de movimento, a resposta será excitatória no lado para o qual foi feito o movimento.

Simultaneamente ao movimento da cabeça, as conexões vestíbulo-oculares comandam o movimento dos olhos em direção oposta, com idêntica velocidade angular, com o objetivo de manter a orientação em relação ao meio ambiente.

FISIOPATOLOGIA

A afecção do vestíbulo provoca assimetria dos impulsos enviados aos núcleos centrais mesmo com a cabeça em posição neutra, e essa diferença causa a sensação errônea de movimento, chamada tontura. Se a afecção atinge um ou mais canais semicirculares, causa sensação rotatória, denominada vertigem, provocada pela alteração na percepção do espaço ou do movimento do ambiente ou de si próprio. Essas informações desencontradas também são remetidas à medula espinhal e ao cerebelo, causando desequilíbrio e ataxia.

CONSIDERAÇÕES

As vestibulopatias podem ser **periféricas**, nas quais a lesão situa-se no aparelho vestibular ou na via labiríntica (VIII par craniano) até o ponto de penetração no tronco cerebral; podem ser **centrais**, acometendo núcleos vestibulares e/ou suas conexões no SNC; podem ainda ser ocasionadas por distúrbios metabólicos, como hiperlipoproteinemia, hipotireoidismo, doenças da suprarrenal, insuficiência renal crônica e causas vasculares (as células sensoriais do labirinto são supridas por uma microvascularização ligada a uma circulação terminal, sendo extremamente sensíveis a situações de hipoxia e hipoglicemia).

Quadro 97.1 Fatores que ajudam a diferenciar a vestibulopatia periférica da central

Vestibulopatia periférica	Vestibulopatia central
Nistagmo horizonto-rotatório que não muda nas diferentes posições do olhar ou da cabeça e pode ser inibido pela fixação visual; ao fechar os olhos, ocorrerá mais vertigem e o desequilíbrio será maior	Nistagmo horizonto-rotatório que muda de direção conforme a direção do olhar (alternante); dissociado (em um olho é diferente do outro); nistagmo vertical puro ou rotatório puro, sem o componente horizontal; ausência do efeito inibidor da fixação ocular (com olhos abertos o nistagmo pode até piorar), dissociação nistagmo-vertiginosa (nistagmo intenso e sem vertigem)
Reflexo vestíbulo-ocular alterado para o lado lesionado	Reflexo vestíbulo-ocular normal
Harmonia entre sinais e sintomas: no teste de equilíbrio estático (como Romberg), haverá lateropulsão no sentido do componente lento do nistagmo, assim como desvio de marcha para o lado alterado; geralmente apresenta capacidade de ficar em ortostase e caminhar	Desarmonia entre sinais e sintomas: teste de equilíbrio estático (como Romberg) com ântero ou retropulsão, marcha atáxica, espástica etc. Grande dificuldade em permanecer em ortostase ou caminhar
Desvio *skew* ausente	Desvio *skew*: desalinhamento vertical dos olhos (estrabismo)
Outros sinais de tronco encefálico ausentes	Sinais neurológicos de comprometimento de outras estruturas do tronco encefálico presentes, como via piramidal, vias cerebelares, de sensibilidade e núcleos de nervos cranianos
Apresenta compensação de origem central com diminuição dos sintomas em horas ou dias (autolimitadas)	Os quadros vestibulares costumam ser constantes ou progressivos e não tendem a compensação

Etiologias:
Vertigem e desequilíbrio sem alteração auditiva:
  Vertigem posicional paroxística benigna
  Neuronite vestibular
  Vertigem de origem cervical
  Vestibulopatia idiopática bilateral
Vertigem e desequilíbrio associados à perda auditiva:
  Doença de Ménière (aumento da endolinfa)
  Ototoxicidade
  Labirintite viral ou bacteriana
  Sífilis adquirida ou congênita
  Trauma do osso temporal
  Neoplasia
  Fístula perilinfática
	Etiologias:
	Isquemia/infarto do tronco encefálico
	Hemorragia cerebelar
	Desmielinização
	Tumores do ângulo pontocerebelar
	Lesões intrínsecas do tronco
	Epilepsia vestibular
	Doenças heredodegenerativas
	Enxaqueca vertiginosa
	Causas sistêmicas: medicamentosas (como antiepilépticos e hipnóticos) e não medicamentosas: afecções que cursem com diminuição da disponibilidade de oxigênio para o SNC (como insuficiência respiratória, anemia, insuficiência cardíaca congestiva)
	Psicogênica

Vertigem postural paroxística benigna (VPPB) e neurite vestibular (NV)

Constituem diagnósticos frequentes na otoneurologia e exigem condutas próprias. Representam uma das principais manifestações dos distúrbios vestibulares periféricos.

A VPPB é caracterizada por crises de vertigem, desencadeadas por mudanças bruscas de posição da cabeça, associadas a nistagmo posicional paroxístico característico, com duração de poucos segundos e que cessam espontaneamente. Os sintomas ocorrem pelo deslocamento de fragmentos de otólitos na endolinfa em razão de sua aderência à cúpula do canal semicircular.

Para o diagnóstico, além da anamnese, devem ser considerados o tipo, a direção e a duração do nistagmo. Para correta identificação do canal acometido devem ser observados a posição em que a vertigem é desencadeada e o tipo de nistagmo resultante.

Uma das manobras diagnósticas é a de **Dix-Hallpike**, na qual o paciente é sentado sobre a maca, com as pernas estendidas. O examinador se posiciona atrás do paciente e o ajuda a deitar-se com a cabeça pendendo cerca de 30 graus para fora da maca; em seguida, gira o segmento cefálico 45 graus com a orelha a ser testada voltada para o solo. Caso haja partículas de otólitos dentro do canal semicircular, estas sofrem ação da gravidade e são deslocadas para baixo. Após curta latência, a força de empuxo assim criada sobre a crista ampular desencadeia a vertigem e o nistagmo. O paciente permanece na posição por cerca de 30 segundos para que sejam observadas a latência e a duração do nistagmo. Ao retornar à posição sentada inicial, pode aparecer um nistagmo, geralmente menos intenso, em direção contrária à observada na situação de teste.

Como tratamento, são executadas manobras de reposicionamento dos fragmentos ao utrículo. A mais frequentemente utilizada na prática clínica é a **manobra de Epley**: a partir da posição sentada, o paciente é colocado na posição de diagnóstico de Dix-Hallpike e assim permanece até o desaparecimento do nistagmo e da tontura, por 1 a 2 minutos. A cabeça é lentamente girada 90 graus para o lado oposto e mantida assim por mais 1 a 2 minutos. O corpo é rodado para a posição de decúbito lateral, seguido pela movimentação de 90 graus da cabeça até que o nariz aponte para o chão em um ângulo de 45 graus do plano do solo. Essa posição é mantida por 30 a 60 segundos, e então o paciente é orientado a encostar seu queixo no peito e sentar-se lentamente. A cabeça permanece baixa por alguns instantes, antes de retornar à posição normal. É importante que após a manobra o paciente permaneça sentado e amparado, por cerca de 10 minutos, para evitar queda em decorrência de tontura.

Trata-se de procedimentos não invasivos e de eficácia comprovada a longo prazo. De 1 a 2 dias depois da manobra, pode permanecer a sensação de flutuação. Medicamentos supressores vestibulares, como meclizina (25mg, de 1 a 4×/dia) e dimenidrinato (adultos e adolescentes > 12 anos: meio a 1 comprimido de 50 a 100mg de 4/4h a 6/6h, não excedendo 4 comprimidos [400mg] em 24 horas), podem ser utilizados como coadjuvantes para alívio dos sintomas, apenas enquanto a tontura persistir.

A **neurite vestibular** consiste em um processo inflamatório do nervo vestibular e é caracterizada por um episódio de vertigem de intensidade moderada a severa e aparecimento súbito, associada a sintomas neurovegetativos, como náusea, sudorese fria, palidez e até vômitos, sem queixas auditivas associadas. A resolução do quadro costuma ser autolimitada. Para tratamento podem ser utilizados antieméticos e/ou sedativos labirínticos por intervalo curto de tempo, além de AINE (prednisona ou prednisolona) em curso breve de 3 dias. Exercícios para o reflexo vestíbulo-ocular também podem antecipar a melhora clínica.

QUADRO CLÍNICO

A crise vertiginosa costuma se apresentar com tonturas, vertigem (sensação rotatória) que se agrava com os movimentos da cabeça e nistagmo, associados a sinais e sintomas neurovegetativos decorrentes das múltiplas conexões vestibulares, via formação reticular, com o núcleo dorsal do vago (náuseas e vômitos), do frênico (vômitos), núcleos salivatórios (sialorreia), núcleo ambíguo (regurgitação) e com a cadeia ganglionar simpática (palidez e sudorese), além de tendência a queda e alteração do equilíbrio e da marcha.

DIAGNÓSTICO

Diante de um paciente com clínica sugestiva de tontura é necessário investigar:

- Se é de origem vestibular.
- Se vestibular, se é periférica ou central.
- Qual a etiologia?
- Qual o prognóstico?

Para isso deve ser realizada uma anamnese para investigação de possíveis fatores desencadeantes; exame físico geral, incluindo avaliação dos nervos cranianos e função cerebelar, exame otorrinolaringológico geral, incluindo exame auditivo, que pode ser feito com o diapasão em PS, e exame de imagem, sendo o de escolha a ressonância magnética, principalmente quando se suspeita de causa central, além de exames laboratoriais de acordo com a suspeita etiológica.

O exame de imagem deve ser considerado nas seguintes situações:

- Sinais e sintomas desarmônicos
- Pacientes > 50 anos e com fatores de risco para doença cerebrovascular
- Nistagmo que modifica a direção
- Reflexo vestíbulo-ocular normal
- Presença de desvio *skew*
- Trauma
- Suspeita de mastoidite

TRATAMENTO

O tratamento de pacientes com vertigem é estabelecido com dois objetivos: tratamento da crise (sintomático) e tratamento específico da doença que causou a vertigem.

A crise vestibular é considerada uma urgência médica, sendo necessário:

- Afastar ou tratar possíveis fatores de risco ou complicadores do quadro geral (hipertensão arterial, arritmias cardíacas, afecções do SNC etc.).
- Tranquilizar o paciente e os familiares.
- Minimizar ao máximo os sintomas com fármacos injetáveis (em virtude dos vômitos), e, quando cessam os vômitos, a medicação passa a ser por via oral, como:
  Antiemético e antivertiginoso:
    - **Dimenidrinato**: 1 ampola EV ou 50 a 100mg VO, de 4/4h ou 6/6h, não excedendo o máximo de 400mg em 24 horas.
    - **Metoclopramida**: EV ou IM – aplicar uma ampola/2mL lentamente. Para casa: comprimido de 10mg VO de 8/8h, 10 minutos antes das refeições.
    - **Meclizina**: 25mg, 1 comprimido VO de 8/8h ou 6/6h.
    - **Tranquilizantes benzodiazepínicos:** podem ser usados como alternativa, mas seu uso deve ser restrito devido à possível ação prejudicial nos mecanismos de compensação central e, consequentemente, na recuperação do paciente, como:
        - **Diazepam**: 5 a 10mg VO em dose única.
        - **Clonazepam**: 0,5mg VO de 12/12h.

O paciente deverá apresentar melhora gradativa e, após alta hospitalar, ser encaminhado para o diagnóstico etiológico para tratamento específico, com metilprednisolona na neurite vascular, betaistina, na dose de 8 a 24mg 2×/dia, com o intuito de prevenir crises na doença de Ménière.

A internação deve ser considerada para:
- Pacientes muito sintomáticos, com vômitos incontroláveis ou desequilíbrio importante.
- Pacientes > 50 anos com fatores de risco para doença cardiovascular devido à possibilidade de etiologia isquêmica.

Capítulo 98
Laringite Aguda/CRUPE

Hugo Fraga Barbosa Leite • Júlia Reich Camasmie

INTRODUÇÃO

Uma doença comum, caracterizada pela inflamação da mucosa laríngea, que acomete principalmente crianças, **a laringite aguda é de etiologia geralmente infecciosa, bacteriana ou viral, sendo esta última a mais comum** (o vírus parainfluenza é o agente mais frequente, sendo também descritos o rinovírus, o vírus influenza, o vírus sincicial respiratório e o adenovírus). Sua importância se deve à rápida instalação dos sintomas e à possibilidade de evoluir para insuficiência respiratória.

FISIOPATOLOGIA

A laringite viral aguda ocorre com mais frequência em crianças (6 meses a 5 anos). Elas são naturalmente mais suscetíveis a afecções de VAS, já que têm vias de menor calibre e com mucosa menos aderida, facilitando o acúmulo de células inflamatórias no tecido conjuntivo. A laringite viral pode estar associada a infecções bacterianas (p. ex., por *Streptococcus do grupo A* ou por *M. catarrhalis*).

Já o crupe consiste em um conjunto de afecções (em geral, virais) do trato respiratório superior que cursam com edema da porção subglótica da laringe, com possibilidade de obstrução respiratória. Em muitas referências, as patologias são tratadas como sinônimos.

QUADRO CLÍNICO

As manifestações clínicas variam desde **rouquidão (com redução do timbre da voz ou afonia) até a obstrução de VAS**. Em geral, por se tratar de uma infecção por vírus respiratórios, sintomas como rinorreia, congestão nasal, febre baixa e tosse podem ser observados. Em não mais que 2 dias, as crianças suscetíveis podem surgir com sintomas obstrutivos: tosse seca, choro rouco, disfonia/afonia e estridor inspiratório. Em casos mais graves aparecem os sinais de desconforto respiratório (batimento de aletas nasais, retração clavicular e intercostal, palidez, cianose e agitação).

DIAGNÓSTICO

- É clínico, baseando-se principalmente no achado de estridor, e excluindo-se a epiglotite (esta tem característica fulminante, desenvolvendo-se em horas, e é acompanhada de sialorreia intensa).
- Radiografias podem afastar outros diagnósticos. A radiografia da região cervical mostra epiglote normal e estreitamento da luz subglótica (sinal da ponta do lápis/sinal da torre).
- A broncoscopia não está indicada.

DIAGNÓSTICO DIFERENCIAL

- Epiglotite (principal diagnóstico diferencial em crianças; de origem bacteriana, cursa com toxemia, disfagia, salivação e febre mais alta; geralmente é necessária a intubação orotraqueal de urgência)
- Crupe espasmódico
- Traqueíte bacteriana
- Aspiração de corpo estranho
- Abscesso retrofaríngeo
- Trauma pós-intubação
- Laringoedema alérgico

COMPLICAÇÕES

A principal complicação é a evolução para a laringite bacteriana por S. *aureus*. A criança apresenta-se toxêmica, com febre elevada, e não é responsiva à adrenalina. Exige internação hospitalar e o uso de oxacilina + vancomicina em associação.

TRATAMENTO

O tratamento varia bastante com a gravidade da doença. Em adultos, o repouso da voz e a umidificação das vias aéreas costumam bastar. Em crianças com crupe deve-se fazer a classificação da gravidade para assim orientar o tratamento. O uso de antibióticos não é recomendado.

Para as crianças recomenda-se, também, a umidificação das vias aéreas, que devem ser mantidas patentes. Oxigenoterapia é feita em caso de queda da saturação de oxigênio. Oximetria deve ser realizada em todos os pacientes com estridor.

No crupe leve, ou seja, sem estridor em repouso, recomendam-se:

1. Antipiréticos (p. ex., **dipirona, 1g EV até de 6/6h em adultos, ou 1 gota/kg VO em crianças**).
2. Macronebulização com SF 0,9%.
3. SF 0,9% tópico.

No crupe grave, ou seja, na presença de estridor mesmo em repouso, a conduta consiste em:

1. **Nebulização com oxigênio e adrenalina** (1:1.000): 0,5mL/kg (máximo 5mL); diluir em igual volume de SF 0,9%, a cada 2 a 3 horas.
2. **Dexametasona**, 0,3 a 0,6mg/kg VO/IM (dose única).
3. Observação por no mínimo 2 horas.

As crianças com a síndrome do crupe devem ser hospitalizadas caso apresentem estridor intenso em repouso, hipoxia, cianose, palidez, depressão do sensório, toxemia ou suspeita de epiglotite.

Capítulo 99
Paralisia Facial Periférica

Hugo Fraga Barbosa Leite • Felipe O. Figueiredo • Nara Carvalho Freitas

INTRODUÇÃO

O nervo facial é um nervo misto responsável pela atividade motora dos músculos da mímica facial e pela estimulação parassimpática das glândulas lacrimais, salivares sublinguais e submandibulares, além da sensibilidade gustativa dos dois terços anteriores da língua. Há ainda evidências de que o nervo facial é responsável por pequena área de sensibilidade cutânea na concha acústica e pela inervação motora do músculo estapédio, o qual diminui as vibrações sonoras diante de sons intensos.

Sua afecção provoca prejuízo da função motora da hemiface homolateral ao nervo lesionado, prejudicando o principal meio de comunicação não verbal humano – a expressão facial.

CONSIDERAÇÕES

Várias doenças podem afetar a função do nervo facial, incluindo diabetes, infecção pelo HIV, doença de Lyme, fraturas do osso temporal, tumores da parótida e do ângulo pontocerebelar, otite média e herpes-zóster *oticus* (síndrome de Ramsay-Hunt), além da paralisia facial periférica (PFP) idiopática ou paralisia de Bell. Sarcoidose, síndrome de Guillain-Barré e infiltração leucêmica ou inflamatória das meninges de base do crânio são possíveis causas de PFP bilateral. O acometimento de outros pares cranianos pode ser um indício de polineuropatia ou de malignidade; o envolvimento concomitante do VI par revela patologia de tronco cerebral; do V, VI e VIII, patologia de ápice petroso; e do IX, X e XI, patologia de base de crânio.

As duas mais frequentes causas de paralisia facial são a **paralisia de Bell** – 20 casos por 100 mil habitantes/ano – e a **síndrome de Ramsay-Hunt**, com incidência de 5 casos por 100 mil habitantes/ano, seguidas de causas traumáticas e de tumores ou outras causas infecciosas.

A paralisia de Bell, ou PEP idiopática, acomete todas as faixas etárias, sem predileção sexual, geralmente se apresenta como quadro agudo em paciente previamente saudável e é frequente no inverno por possível isquemia vascular da *vasa-nervorum* consequente ao frio, com recuperação total na maioria dos casos. Entretanto, uma parcela não desprezível de pacientes mantém uma deficiência funcional às vezes definitiva, como sincinesias (síndrome da lágrima de crocodilo) e contraturas pós-paralíticas (espasmo facial).

A teoria patogênica mais aceita sobre essa paralisia é a de distúrbio vascular da artéria estilomastóidea, que se processaria em um círculo vicioso de acordo com o seguinte esquema: espasmo arteriolar – isquemia do nervo – lesão dos capilares – edema – compressão – estase linfática e venosa – anoxia. Seu diagnóstico é estabelecido por exclusão de outras possíveis causas.

QUADRO CLÍNICO

No exame clínico deverão ser observadas seis importantes condições:

1. A paralisia é periférica ou central?
2. Todos os ramos do nervo facial estão envolvidos?
3. A otoscopia é normal?
4. Presença de massa tumoral na parótida ipsilateral?

5. Presença de vesículas ou crostas na orelha?
6. Início súbito ou insidioso?

A **PFP caracteriza-se por paralisia da hemiface**, pois atinge o nervo facial após sua origem no tronco cerebral, e consiste em: ausência de enrugamento do músculo frontal no andar superior da face, paralisia do músculo orbicular comprometendo o fechamento das pálpebras, observando-se diminuição do piscar e lagoftalmia com sinal de Bell – na tentativa de oclusão voluntária da pálpebra, o olho fica aberto, visualizando-se o desvio do globo ocular para cima por sincinesia com o músculo reto superior. No andar inferior da face, observam-se apagamento do sulco nasogeniano homolateralmente e desvio da comissura labial para o lado são.

Comumente de início agudo, não contagiosa, isolada, ou eventualmente acompanha-se de dor retroauricular, cefaleia, alteração da sensibilidade da faringe, ageusia na hemilíngua, redução do lacrimejamento e da salivação, além de hiperacusia.

Como observação, vale ressaltar que a paralisia facial central se diferencia da periférica, principalmente, por se apresentar com paralisia do quadrante inferior da face, em geral contralateral à lesão, em decorrência do acometimento do nervo facial antes de sua emergência no tronco cerebral. Paralisias de instalação insidiosa e progressiva sugerem malignidade.

A paralisia facial de causa não Bell deve ser suspeitada em caso de:

- Sinais visíveis de tumor (parótida)
- Paralisia facial bilateral simultânea
- Envolvimento de múltiplos pares cranianos
- História e achados de trauma
- Infecção na orelha
- Sinais de lesão no SNC
- Paralisia notada ao nascimento
- Tríade da mononucleose (febre, dores na faringe e linfadenopatia)

DIAGNÓSTICO

A história clínica, o exame neurológico, o exame da parótida e o exame otorrinolaringológico devem ser minuciosos e podem ser acompanhados de exames subsidiários, como avaliação audiológica, estudo por imagem (TC ou RNM) e análises bioquímicas. Essas medidas promovem um diagnóstico etiológico preciso nos casos não idiopáticos, com indicação terapêutica específica, e a localização da lesão do nervo facial.

Para determinar o diagnóstico topográfico é interessante avaliar as funções dos diferentes ramos do nervo facial. Os exames mais usados são:

- Pesquisa do lacrimejamento (teste de Schirmer)
- Pesquisa do reflexo estapediano
- Avaliação da gustação
- Teste de Blatt (avaliação da salivação)

Atualmente, a possibilidade de realização da RNM substitui os exames citados, uma vez que visualiza o local da lesão do nervo facial.

Usualmente, as informações clínicas são direcionadas para a tentativa de estabelecer o diagnóstico etiológico, sendo o prognóstico da paralisia determinado pelos testes elétricos, **especialmente pela eletroneuronografia (ENoG)**.

A ENoG é realizada com a implantação de eletrodos na musculatura facial, possibilitando a detecção da presença de potenciais lentos ou polifásicos que podem preceder uma recuperação da função motora, sugerindo bom prognóstico, ou detectar potenciais de fibrilação, que indicam uma desnervação. Sua desvantagem é que os sinais elétricos de desnervação só aparecem tardiamente, de 2 a 3 semanas após o início da paralisia.

O reflexo estapediano também pode fornecer informações importantes quanto ao prognóstico da paralisia, pois o músculo estapediano é o primeiro a ser inervado pelo nervo facial e o primeiro músculo a demonstrar uma reinervação. Assim, um **reflexo estapediano** presente revela excelente prognóstico de recuperação da paralisia, assim como pode direcionar a atenção para a possibilidade de lesão envolvendo o nervo facial em sua porção na mastoide ou na parótida.

TRATAMENTO

A escolha do tipo de tratamento depende do grau de paralisia, do tempo de aparecimento, da evolução clínica e da causa da paralisia.

O grau de paralisia deve ser estabelecido de acordo com a **classificação de House e Brackmann**, na qual o comprometimento da função motora facial é avaliado de grau I (normal) a grau VI (ausência de atividade motora). Os demais são apresentados no Quadro 99.1.

Quadro 99.1 Classificação de House e Brackmann das paralisias faciais

	Grau II (disfunção leve)	Grau III (disfunção moderada)	Grau IV (disfunção moderadamente severa)	Grau V (disfunção severa)
Geral	Leve fraqueza notável apenas à inspeção próxima; pode haver sincinesia discreta	Diferença óbvia mas não desfigurante entre os 2 lados; sincinesia e/ou espasmo hemifacial notáveis	Fraqueza óbvia e/ou assimetria desfigurante	Apenas uma movimentação discretamente perceptível
No repouso	Simetria e tônus normais	Simetria e tônus normais	Simetria e tônus normais	Assimetria
Ao movimento:				
Testa	Função de boa a moderada	Movimento de moderado a leve	Nenhum movimento	Nenhum movimento
Olho	Fechamento completo com mínimo esforço	Fechamento completo com esforço	Fechamento incompleto	Fechamento incompleto
Boca	Leve assimetria	Levemente fraca com o máximo esforço	Assimetria com o máximo esforço	Movimento discreto

O tratamento pode ser farmacológico, cirúrgico, fisioterápico e psicológico. No tratamento cirúrgico são usadas técnicas de reabilitação dinâmica da face, que incluem descompressão do nervo facial, reparações e derivações nervosas, enxertos livres neuromiovasculares e transposições musculares, havendo ainda as técnicas de reabilitação estática, como as suspensões e plicaturas musculares, a ritidoplastia e as cirurgias palpebrais, que buscam a simetria facial.

A descompressão do nervo facial via fossa média, quando indicada, deverá ser realizada até 3 semanas do início da paralisia facial. O Quadro 99.2 mostra exemplos de abordagem diagnóstica e terapêutica de acordo com a suspeita clínica.

Quadro 99.2 Etiologia e terapêutica da paralisia facial

Diagnóstico	Terapêutica
Idiopático (paralisia de Bell)	Varia de expectante a tratamento medicamentoso, como: **Prednisona, 1mg/kg/dia (máximo de 80mg) por 1 semana, seguida de outra semana em doses decrescentes.** Deve ser empregada em até 3 dias do início da paresia facial (visa diminuir o edema do nervo) **Aciclovir, 400mg 5×/dia por 10 dias.** Pode ser associado, pois alguns estudos sugerem a participação do vírus herpes simples em sua etiologia **Cirurgia de descompressão do nervo facial** quando há mais de 90% de degeneração na ENoG dentro das 2 a 3 primeiras semanas do quadro
Mononeuropatia diabética Dosar: glicemia de jejum e hemoglobina glicada	Controle da doença de base por dieta ou hipoglicemiantes e fisioterapia
Herpes-zóster do gânglio geniculado	**Aciclovir, 400mg 5×/dia por 7 dias** + **Prednisona 1mg/kg/dia**, dose máxima de 60mg/dia VO, em dose única diária pela manhã, por **2 semanas**, com redução gradativa da dose Em caso de neuralgia pós-herpética: amitriptilina, 2 a 4 comprimidos de 25mg/dia, carbamazepina, 200 a 600mg/dia, ou radioterapia local
Otite média aguda (os micro-organismos mais comuns são gram-positivos: pneumococos e estafilococos) Otoscopia Realizar cultura do fluido da orelha	**Antibioticoterapia por 10 a 14 dias com cefalosporinas de segunda geração ou amoxicilina com clavulanato** Para as primeiras 48 a 72 horas, o antibiótico deve ser dado por via parenteral (ceftriaxona) **Miringotomia** para drenagem da secreção da orelha média **Drenagem da mastoide** nos pacientes com mastoidite coalescente ou com um abscesso subperiosteal Se não houver melhora do quadro dentro de 7 dias, realizar TC. **Tratamento cirúrgico** (mastoidectomia simples com ou sem descompressão do nervo facial) em caso de presença de mastoidite coalescente ou tumor oculto **(Consulte o Capítulo 95)**
Otite média crônica (combinação de osteíte, erosão óssea, compressão, inflamação e infecção direta do nervo)	**Mastoidectomia** com erradicação completa da doença + **descompressão do nervo envolvido** + **tratamento antimicrobiano EV**
Doença de Lyme (doença do carrapato) Sorologia: ELISA com titulação para IgG e IgM, confirmado por Western blot *Rash* cutâneo do tipo *eritema migrans* é patognomônico	**Amoxicilina, 500mg VO de 8/8h por 1 mês** (50 a 60mg/kg/dia em crianças) Em pacientes com febre ou sintomas sistêmicos, assim como em casos dúbios, deve-se considerar a coleta de líquor para análise laboratorial e o tratamento com ceftriaxona EV por pelo menos 4 semanas Deve-se repetir a sorologia após o término da medicação
Síndrome de Melkersson Rosenthal: caracterizada por paralisia facial alternante recorrente, edemas facial e labial recorrentes (queilite granulomatosa) e presença de língua fissurada (língua *plicata*)	Tratamento com **corticoides**; recentemente, tem sido proposto um tratamento com **clofazimina** Descompressão do nervo facial
Otite externa maligna (corresponde à invasão de tecidos moles, cartilagens e osso por *Pseudomonas*, produzindo uma infecção de base de crânio) A TC demonstra destruição óssea, enquanto a RNM mostra a extensão intracraniana Cintilografia com tecnécio torna possível o diagnóstico de infecção ativa (osteomielite) e com gálio, um controle evolutivo	**Ceftazidima, aminoglicosídeos ou ciprofloxacino por, no mínimo, 8 semanas e administração EV no primeiro mês** Em alguns casos, desbridamento da região acometida
Infiltração leucêmica das meninges: Hemograma Mielograma Líquor (presença de células blásticas e aumento de proteínas)	**Quimioterapia EV** em doses completas (ciclofosfamida, doxorrubina, vincristina, citosina arabinosídeo, asparagina e prednisona) associada a **quimioterapia intratecal** (metrotexato) e a **radioterapia meníngea**
Síndrome de Guillain-Barré Clínica: tetraparesia ascendente Líquor (dissociação albuminocitológica: aumento de proteínas sem aumento da celularidade)	**Plasmaférese** (dias alternados) ou **imunoglobulinas EV** (400mg/kg, por 5 dias) Observação respiratória em ambiente hospitalar e fisioterapia

> **Obs.:** pacientes com contraindicação ao uso de corticoterapia, como diabéticos, portadores de úlcera gástrica e glaucoma, podem utilizar AINE.

Medicamentos complementares ao tratamento

Agentes oculares, como colírios à base de metilcelulose durante o dia e pomadas protetores do olho, e oclusão ocular com fita adesiva durante a noite são medidas profiláticas contra o ressecamento da córnea e o consequente risco de úlcera de córnea, conjuntivites e comprometimento da acuidade visual.

Toxinas botulínicas podem ser utilizadas nos casos crônicos com assimetria evidente dos músculos orbiculares da boca. Sua aplicação na musculatura da hemiface normal causa discreta paresia desses músculos diminuindo a assimetria. Também pode ser utilizada nos casos de espasmo ou contratura da musculatura facial e nos pacientes com "lágrima de crocodilo" (lacrimejamento excessivo durante a alimentação) como sequela de uma paralisia facial.

O apoio psicológico, e fisioterapia (o uso de corrente farádica está **contraindicado** nos casos de PFP idiopática) desde o início da doença, para manter a musculatura facial com o tônus normal até que se tenha o retorno da atividade neural e evitar ou reduzir as sequelas nos casos crônicos, são fundamentais no tratamento.

BIBLIOGRAFIA

Alvarenga RMP. Neurologia clínica: um método de ensino integrado [tese]. Rio de Janeiro: Universidade do Rio de Janeiro, 1998.

Antunes ML, Soares MCM, Vicente AO, Testa JRG, Fukuda Y. Paralisia facial periférica bilateral na leucemia linfoide aguda: relato de caso. Rev Bras Otorhinolaringol, São Paulo, Mar./Apr. 2004; 70(2).

Balbani APS, Formigoni GGS, Butugan O. Tratamento da epistaxe. Rev Assoc Med Bras [online]. 1999; 45(2): 189-93. Disponível em: <http://www.scielo.br/scielo.php?script=sci_arttext&pid=S0104-42301999000200017&lng=en&nrm=iso>. Acesso em: 25/01/2012.

Bittar RSM, Zerati FE, Ramalho JO. Perda auditiva súbita. In: Martins HS, Damasco MCT, Awada SB (eds.). Pronto-Socorro: diagnóstico e tratamento em emergências. 2. ed. rev. e aum. São Paulo: Manole, 2008:1410-3.

Caldas N, Neto SC. Surdez súbita. In: Costa SS, Cruz OLM, Oliveira JAA. Otorrinolaringologia – princípios e prática. 2. ed. São Paulo: Artmed, 2009:421-9.

Campos CAH. Labirintopatias. In: Golin V, Sprovieri SRS (eds.). Condutas em urgências e emergências para o clínico. Sao Paulo: Atheneu, 2009:919-22.

Costa SD. Otite média aguda; Disponível em: <http://www.moreirajr.com.br/revistas.asp?fase=r003&id_materia=4827>.

Costa SS. Aspectos gerais da vertigem; Costa SS, Rosito LPS, Paparella MMP. Vestibulopatias periféricas. In: Costa SS, Cruz OLM, Oliveira JAA. Otorrinolaringologia – Princípios e prática. 2. ed. São Paulo: Artmed, 2009:483-95.

Dib GC, Garcia LBS, Penido NO. Otite média aguda. Disponível em: <http://www.moreirajr.com.br/revistas.asp?fase=r003&id_materia=2897>.

Faistauer M, Faistauer A, Grossi RS, Roithmann R. Desfecho clínico de pacientes tratados por epistaxe com tamponamento nasal após alta hospitalar. Braz J Otorhinolaryngol 2009; 75(6):857-65. Disponível em: http://www.scielo.br/pdf/bjorl/v75n6/v75n6a15.pdf.

Falavigna A, Teles AO, Giustina AD, Kleber FD. Paralisia de Bell: fisiopatologia e tratamento. Scientia Medica, Porto Alegre, out./dez. 2008; 18(4):177-83.

Hungria H. Otorrinolaringologia. 8. ed. Rio de Janeiro: Guanabara Koogan, 2000:319-23, 420-8.

I Consenso Brasileiro sobre Rinossinusite, Recife, PE, 1998. Rev Bras de Otorrinolaringologia 65 (3), Maio/Junho 99, Suplemento nº 9.

Iazetti AV. Infecções das vias aéreas superiores. Disponível em: <http://www.moreirajr.com.br/revistas.asp?fase=r003&id_materia=3473>.

Lazarini PR. Paralisia facial periférica. In: Golin V, Sprovieri SRS (eds.). Condutas em urgências e emergências para o clínico. São Paulo: Atheneu, 2009:927-34.

Marques APL, Ejzemberg B. Antibióticos em pediatria – sinusites. Disponível em: <http://www.moreirajr.com.br/revistas.asp?fase=r003&id_materia=75>.

Menon AD, Miyake MAM. Rinossinusites bacterianas. Disponível em: <http://www.moreirajr.com.br/revistas.asp?fase=r003&id_materia=90>.

Miranda JA. Infecções virais das vias aéreas superiores. Disponível em: <http://www.woncaeurope2014.org/files/54/documentos/20070528171014213002.pdf>.

Neto JJS, Lima JCB, Vitale RF, Geminiani RJ. Corpos estranhos em otorrinolaringologia – Levantamento do Hospital Monumento e Clínica Otorhinus. Arq Int Otorrinolaringologia, São Paulo, 2007; 11(3):305-10.

Neto SC et al. Tratado de otorrinolaringologia: otologia e otoneurologia. 2. ed. São Paulo: Roca, 2011.

Pereira CB. Tontura e vertigem. In: Martins HS, Neto RAB, Neto AS, Velasco IT. Emergências clínicas – Abordagem prática. 6. ed. São Paulo: Manole, 2011:274-87.

Pinna FR, Romano FR. Corpo estranho, lesão química em otorrinolaringologia. In: Martins HS, Damasco MCT, Awada SB (eds.). Pronto-Socorro: diagnóstico e tratamento em emergências. 2. ed. rev. e aum. São Paulo: Manole, 2008:1420-4.

Sperling N, Howard R, Angeli RD, Costa SS. Patologias da orelha externa. In: Costa SS, Cruz OLM, Oliveira JAA. Otorrinolaringologia – Princípios e prática. 2. ed. São Paulo: Artmed, 2009:242-3.

Yasudo PH, Corrêa MJ. Laringites agudas. Disponível em: <http://www.rborl.org.br/conteudo/acervo/print_acervo.asp?id=994>.

Seção XII – UROLOGIA/NEFROLOGIA

Capítulo 100
Infecções Bacterianas do Trato Urinário

André Tigre • Fernando Araújo Martins • Elisa Araújo Beteille • Flávia Esper Dahy

INTRODUÇÃO

A infecção do trato urinário (ITU) se caracteriza pela presença de bactérias, predominantemente *E. coli*, no interior das vias urinárias, podendo ser sintomática ou assintomática (bacteriúria assintomática). A ITU compreende duas entidades distintas; **a infecção urinária baixa – cistite – e a infecção urinária alta – pielonefrite.**

Outra classificação das ITU leva em conta os fatores complicadores do hospedeiro, sendo, então, consideradas ITU complicadas e ITU não complicadas. Com base nessa classificação, é possível orientar a melhor conduta terapêutica e avaliar o prognóstico do paciente. Dentre os fatores complicadores, estão: presença de hiperplasia/tumor prostático, cateteres, cálculos, mucosa vaginal atrófica pós-menopausa, refluxo vesicoureteral, gravidez e bexiga neurogênica.

A pielonefrite, normalmente causada pela ascensão de bactérias do trato urinário inferior, acomete o parênquima e a pelve renal e está associada a defeitos congênitos anatômicos das vias urinárias e à virulência do agente. As bactérias gram-negativas são os agentes mais comuns, incluindo *E. coli*, *Proteus*, *Klebsiella*, *Enterobacter* e *Pseudomonas*.

Já a cistite compreende a infecção que ficou restrita à bexiga, acometendo mais mulheres que homens. As bactérias patogênicas são originárias da flora periuretral e vaginal e alcançam a bexiga pela via ascendente, principalmente durante o intercurso sexual, o que torna as mulheres sexualmente ativas o principal grupo acometido.

FISIOPATOLOGIA

A ITU se caracteriza pela colonização do trato urinário pelas bactérias, principalmente as provenientes da flora vaginal/periuretral. A infecção se desenvolve quando ocorre a aderência da bactéria ao epitélio uretral e, consequentemente, ao epitélio transicional vesical.

A patogênese das ITU leva em consideração a **suscetibilidade do hospedeiro à infecção:**

- **Mulher:**
  - Uretra curta
  - Maior número de proteínas receptoras que conferem adesividade celular
  - Ausência de secreção de fucosiltransferase, expondo mais os receptores de adesão
  - Infecções ginecológicas recorrentes
  - Alterações anatômicas
  - Gestação
  - Uso de diafragma e espermicidas
- **Homem:**
  - Presença do prepúcio
  - Patologias prostáticas
  - Alterações anatômicas
- **Fatores da própria bactéria:**
  - Adesinas fixadoras
  - Fímbrias

- **Bacteriúria assintomática:** trata-se de diagnóstico microbiológico, em que se identificam bactérias, em número significativo, na urina, porém sem que isso esteja associado a sintomas locais ou sistêmicos.

É bastante comum em pacientes com *diabetes mellitus* (DM), idosos e em mulheres, e raramente existe indicação de tratamento. Sua importância se dá em casos selecionados, como em gestantes (10% das mulheres grávidas são acometidas), que devem ser tratadas para que o quadro não evolua para pielonefrite – que nessas pacientes pode se apresentar apenas com sintomas de infecção baixa do trato urinário. As complicações da ITU, nesse caso, são parto prematuro e abortamento.

Outras indicações de tratamento incluem pacientes que serão submetidos a cirurgias urológicas, portadores de transplante de órgãos sólidos e granulocitopênicos.

A bacteriúria assintomática é **tratada por 7 dias com base no antibiograma**.

INFECÇÃO URINÁRIA BAIXA – CISTITE

Na cistite infecciosa, a mucosa vesical está inflamada devido à infecção decorrente da penetração de bactérias na bexiga e, em geral, os sintomas iniciam-se após 24 horas de infecção.

QUADRO CLÍNICO

- Polaciúria, urgência, noctúria e sensação de esvaziamento incompleto da bexiga
- Ardência, queimação ou dor durante e após a micção
- Dor suprapúbica
- Hematúria
- Urina de coloração escura ou turva e odor forte

CONSIDERAÇÕES

- A presença de febre é incomum, sendo importante ressaltar que se deve suspeitar de infecção alta nos casos em que está presente. Isso vale também para casos de dor lombar, queda do estado geral e taquicardia.
- Mulheres que não realizaram o esvaziamento vesical pós-coito têm maior chance de desenvolver cistite, se comparadas àquelas que o realizaram.

DIAGNÓSTICO

O diagnóstico da cistite é baseado nos achados clínicos e laboratoriais, podendo eventualmente ocorrer dor suprapúbica à palpação. Na maioria das vezes, quando se trata de mulheres adultas, a anamnese e o exame físico são suficientes para chegar ao diagnóstico e iniciar o tratamento. Nos outros casos, são necessários exames laboratoriais, sendo o principal deles o **EAS**.

- **Piúria:** > 10 leucócitos/mL.
- **Bacteriúria:** > 10^5 ufc/mL.
- **Esterase +:** indica presença de leucócitos na urina.
- **Hematúria:** macro/microscópica.
- **Nitrito +:** indica infecção por bactérias gram-negativas.

A **urinocultura com antibiograma** é feita em casos selecionados: recorrência, reinfecção, gravidez, sintomas atípicos e infecção urinária em homem jovem.

TRATAMENTO

O paciente deve ser instruído a aumentar a ingesta hídrica, devendo beber mais de 2 litros de água por dia, além de realizar o esvaziamento adequado da bexiga quando for urinar.

Para alívio da dor e dos sintomas irritativos, podem ser administrados analgésicos: **dipirona, 500mg** VO, de 6/6h, em caso de dor.

Cistites não complicadas podem ser tratadas com antibioticoterapia por curto período de tempo, podendo o tratamento empírico oral por 3 dias ser feito com quaisquer dos seguintes fármacos:

1. **Sulfametoxazol-trimetroprima (SMX-TMP), 800mg/160mg,** 1 comprimido de 12/12h.
2. **Norfloxacino, 400mg** de 12/12h; **ciprofloxacino, 500mg de** 12/12h; **levofloxacino, 500mg** de 24/24h.
3. **Nitrofurantoína, 100mg** de 6/6h (usar por 5 dias).
4. **Cefalexina, 500mg** de 6/6h.

A **cistite em gestantes** deve ser tratada por 7 dias, sendo o tratamento empírico oral feito com:

1. Cefadroxil, 250mg de 12/12h.
2. Cefalexina, 250mg de 6/6h.

Obs.: quinolonas estão contraindicadas nesse caso.

A **cistite no homem** pode ser tratada com os mesmos fármacos citados para os casos de cistite não complicada, porém por mais tempo, 7 dias.

Já em **idosos**, o tratamento tende a ser conservador, sendo o fármaco de escolha o **ciprofloxacino (250mg** VO de 12/12h). A duração do tratamento é determinada da seguinte maneira:

- Mulheres idosas sem comorbidades: 3 dias.
- Mulheres idosas com comorbidades: 7 a 10 dias.
- Homens idosos: 14 a 28 dias.

Obs.: urocultura deve ser solicitada ao término da terapêutica.

Para **infecções recidivantes** (sintomáticas ou assintomáticas) deve-se, após o tratamento da infecção e com o resultado negativo da urocultura, instituir a profilaxia, que deve durar, no mínimo, 6 meses, utilizando um dos seguintes medicamentos:

1. **Nitrofurantoína, 50 a 100mg** VO em dose diária.
2. **Sulfametoxazol-trimetoprima, 400mg/80mg** VO, em dose diária.
3. **Norfloxacino, 200 a 400mg** VO, em dose diária.

■ INFECÇÃO URINÁRIA ALTA – PIELONEFRITE

A pielonefrite consiste na infecção da pelve ou parênquima renal, sendo acompanhada de sintomas locais e sistêmicos. Isso ocorre de maneira rápida, não excedendo 5 dias, e a pielonefrite pode se estabelecer sem sintomas prévios de cistite. Além disso, cerca de um terço dos pacientes desenvolve bacteriemia.

QUADRO CLÍNICO

- Febre alta com calafrios
- Dor no flanco e no ângulo costovertebral
- Sintomas irritativos no esvaziamento vesical
- Náuseas e vômitos frequentes
- Manobra de punhopercussão +: sinal de Giordano

A dor no flanco e a hiperestesia no ângulo costovertebral são explicadas pela inflamação e o edema do parênquima renal, o que pode distender sua cápsula.

DIAGNÓSTICO

O diagnóstico da pielonefrite é estabelecido a partir dos achados clínicos, laboratoriais e radiológicos (em caso de pielonefrite complicada).

Exames laboratoriais

- **EAS:**
    - Piúria: > 10 leucócitos/mL.
    - Bacteriúria: > 10^5 ufc/mL.
    - Hematúria (graus variados).
    - Cilindrúria.
- **Urinocultura com antibiograma:**
    - Estabelecer o patógeno e avaliar o perfil de sensibilidade aos antimicrobianos.
    - Avaliar crescimento bacteriano acelerado.
- **Hemograma:**
    - Leucocitose com desvio à esquerda.

Exames radiológicos

- A tomografia computadorizada (TC) é o melhor exame; avaliar uso de contraste venoso.
- Em casos de pielonefrites complicadas, a ultrassonografia (USG) pode revelar hidronefrose decorrente de um cálculo ou evidenciar outra causa obstrutiva ou coleções perirrenais.
- Em casos de pielonefrite enfisematosa (mais comum em diabéticos), a radiografia simples de abdome evidencia ar no ureter e nas vias suprajacentes ao rim afetado.
- Anormalidades anatômicas, como refluxo vesicoureteral e válvula de uretra posterior, podem ser detectadas por meio de USG e da uretrocistografia miccional. Deve-se suspeitar dessas patologias quando ocorre pielonefrite recorrente em crianças.

TRATAMENTO

No tratamento da pielonefrite, inicialmente deve-se avaliar se o paciente será submetido à antibioticoterapia parenteral ou oral e se o paciente será internado ou não. Em geral, nas pielonefrites complicadas, o tratamento é iniciado pela via parenteral, enquanto em pacientes estáveis e em pielonefrites não complicadas o tratamento com antibióticos é por via oral.

Tratamento ambulatorial

1. **Ciprofloxacino, 500mg** VO de 12/12h por 10 dias.
2. **Sulfametoxazol-trimetopima, 800mg/160mg**, 1 comprimido VO de 12/12h por 14 dias.
3. **Ampicilina/sulbactam, 375mg/700mg** VO de 12/12h por 10 dias.

Obs.: se necessário, deve-se adequar o esquema antibiótico ao antibiograma.

Critérios de internação

- Vômitos ou intolerância ao antibiótico VO.
- Diagnóstico de sepse/sepse grave, com presença de dois ou mais dos seguintes:
    - Temperatura > 38°C ou < 36°C.

- Frequência cardíaca > 90.
- Frequência respiratória > 20.
- Leucocitose (> 12.000) ou leucopenia (< 4.000) ou > 10% de bastões.
• Confusão mental.
• Oligúria.
• Pressão arterial (PA) sistólica < 90mmHg.
• Anomalias anatômicas ou obstrução do TGU.
• Idade > 60 anos.
• Imunossupressão.
• DM descompensado.

Tratamento em pacientes internados

Pacientes < 60 anos ou com função renal preservada: aminoglicosídeo IM/EV em dose única por dia – **amicacina, 15mg/kg, ou gentamicina, 5mg/kg.**

Pacientes > 60 anos, com comprometimento de função renal ou em gestantes:

1. **Ceftriaxona, 1 a 2g** IM/EV, 1×/dia
2. **Ciprofloxacino, 400mg** EV de 12/12h

O tempo recomendado de tratamento é de 7 a 14 dias.

Obs. 1: o tratamento pode ser iniciado com a via parenteral e, após 48 a 72 horas, caso o paciente esteja demonstrando sinais de melhora e esteja afebril há 24 horas, pode ser convertido para a via oral – completar por 10 a 14 dias. O antibiótico usado por via oral pode ser diferente do usado por via parenteral, a depender do antibiograma.

Obs. 2: importante realizar urocultura de controle 7 dias após o fim do tratamento para confirmar a ausência de bactérias na urina.

Obs. 3: caso não haja melhora, deve-se avaliar possibilidade de obstrução e patologia ginecológica; eventualmente, em caso de retenção urinária, pode ser necessário cateterismo vesical.

Obs. 4: em caso de pielonefrite com hidronefrose, deve ser avaliada desobstrução renal percutânea ou ureteral com duplo J.

Capítulo 101
Dor Escrotal Aguda

André Tigre • Fernando Araújo Martins • Elisa Araújo Beteille • Flávia Esper Dahy

INTRODUÇÃO

O acometimento súbito da bolsa escrotal, com dor e aumento de volume, caracteriza uma urgência urológica. O reconhecimento desses sinais e sintomas leva ao diagnóstico de patologias que se enquadram na síndrome do escroto agudo. Merecem destaque duas condições clínicas frequentes na prática médica: a **torção testicular** e a **orquiepididimite**. Ambas necessitam de diagnóstico e terapêutica precoces para a determinação de bom prognóstico para o paciente. Isso porque o retardo no tratamento pode levar à perda da função do testículo rapidamente, sendo a infertilidade uma das complicações mais temidas pelos homens.

■ TORÇÃO TESTICULAR

A torção testicular responde por um terço dos casos de escroto agudo, tornando-se, então, a principal hipótese diagnóstica diante do quadro sindrômico. Frequentemente encontrado em meninos pré-púberes e no início da puberdade, pode também acometer adultos jovens.

FISIOPATOLOGIA

Consiste no enrolamento do testículo em seu cordão espermático, na altura do pedículo, comprometendo a vascularização e a vitalidade do órgão. Anormalidades anatômicas são condições que favorecem a ocorrência de tal evento, dentre as quais podem ser citadas: túnica vaginal espaçosa, frouxidão no ligamento epidídimo-testicular, criptorquidia e conexão testículo-escroto deficiente.

QUADRO CLÍNICO
- Início súbito de dor, geralmente unilateral, não relacionada com traumas e exercícios físicos.
- O edema escrotal surge após o início da dor, podendo demorar algumas horas para aparecer.
- Ausência de febre e outros sinais inflamatórios sistêmicos, como cansaço e inapetência.
- Com a progressão do caso, o paciente pode apresentar manifestações inespecíficas, como náuseas e vômitos.
- Episódios prévios de dor súbita intermitente sugerem torções testiculares reversíveis anteriores.

DIAGNÓSTICO

O diagnóstico é feito com base nos achados e na história clínica do paciente. Merecem destaque a presença do **sinal de Brunzel**, em que se observa o testículo elevado, e do **sinal de Angell**, quando o testículo assume posição horizontal.

Em certos casos, quando o quadro não apresentar todos os comemorativos da torção testicular, o médico poderá solicitar exames complementares que vão auxiliar a confirmação diagnóstica do caso ou a exclusão de outras patologias, como orquiepididimite.

O hemograma e o exame de urina tipo 1 (ou EAS) serão úteis para descartar quadro infeccioso, porém não afastam a orquite infecciosa.

A **USG com Doppler** é considerada o padrão-ouro na avaliação de dor escrotal aguda, sendo exame rápido, indolor e que pode ser realizado na sala de emergência. Está indicada para comprovar a hipótese de torção de testículo, uma vez que indica se há fluxo sanguíneo no local. É importante enfatizar que o diagnóstico precoce é essencial para a futura viabilidade e integridade das funções testiculares (Quadro 101.1).

Quadro 101.1 Eficácia do tratamento de acordo com o tempo (em horas) do início dos sintomas

Tempo de início dos sintomas	Porcentagem de testículos torcidos que podem ser salvos após tratamento
Até 5 horas	80% a 100%
De 6 a 12 horas	70%
> 12 horas	20%

DIAGNÓSTICO DIFERENCIAL

O principal diagnóstico diferencial da torção de testículo é a **orquiepididimite**, que será abordada a seguir. Para melhor visualização, faz-se a comparação por meio do Quadro 101.2.

Quadro 101.2 Comparação entre torção testicular e orquiepididimite

	Orquiepididimite	Torção testicular
Idade	Crianças Adultos jovens Idosos	Crianças pequenas Adolescentes
Dor	Início gradual	Início súbito
Sintomas urinários	Presentes	Ausentes
Sinal de Prehn	Presente	Ausente
Reflexo cremastérico	Presente	Ausente na maioria dos casos

TRATAMENTO

O tratamento da torção testicular é **cirúrgico**. Entretanto, a distorção manual pode ser feita inicialmente com o intuito de otimizar o tempo e na tentativa de preservar ao máximo a integridade do órgão, enquanto a sala de cirurgia estiver sendo preparada.

A técnica a ser executada consiste na rotação do testículo na direção da coxa ipsilateral (para fora), preferencialmente sob anestesia do cordão espermático. Com essa manobra, o testículo pode ser reposicionado, sendo desfeita a torção, além de ocorrer o alívio imediato da dor.

■ ORQUIEPIDIDIMITE

Trata-se de uma patologia decorrente da instalação de processo inflamatório tanto no testículo como no epidídimo. Essa inflamação também pode acontecer de maneira isolada em cada uma dessas estruturas, apesar de ser comum essa associação.

As orquiepididimites podem ser classificadas de acordo com a evolução e a etiologia:

Quanto ao tempo de evolução

- Aguda: até 6 semanas.
- Crônica: > 6 semanas de duração dos sintomas.

Quanto à etiologia

- Infecciosa: bacteriana e não bacteriana (fúngica, viral ou parasitária).
- Não infecciosa: autoimune, trauma, induzida por medicamentos ou idiopática.

FISIOPATOLOGIA

A orquite pode se desenvolver por meio de três formas que acarretam o quadro inflamatório testicular. As **lesões traumáticas** promovem ativação de cascata inflamatória, sem acometimento sistêmico. Já o **processo infeccioso pós-parotidite** pelo vírus da caxumba causa lesão celular e é mais comum em crianças. Por último, as **infecções bacterianas** que alcançam o testículo pela via ascendente através da uretra também representam um importante fator fisiopatológico, principalmente em homens em idade fértil, uma vez que os ductos deferentes, que emergem do epidídimo, são estruturas que se comunicam com o sistema urinário. As infecções pelas vias hematogênica e linfática não são tão frequentes na prática clínica.

CONSIDERAÇÕES

A **população idosa** apresenta fatores de risco que favorecem o desenvolvimento desse processo infeccioso, quais sejam: hiperplasia prostática, infecção urinária e manipulação uretral. A **infecção tuberculosa**, por sua vez, deve ser sempre considerada em casos de orquiepididimite crônica com associação a fístula de bolsa escrotal. Por fim, em relação aos agentes etiológicos, nos casos de orquiepididimite infecciosa, temos:

- **Adultos jovens:** N. gonorrhoeae; C. trachomatis.
- **Adultos e idosos:** E. coli; Proteus; Klebsiella; Enterobacter.

QUADRO CLÍNICO

As apresentações clínicas variam de acordo com a evolução do quadro. Nos eventos agudos, observam-se sintomas mais exacerbados, enquanto nas infecções crônicas o paciente não apresenta edema nem alterações da consistência testicular. Dentre o conjunto de sinais e sintomas encontrados observam-se:

- Aumento do volume escrotal
- Testículo e epidídimo com consistência endurecida
- Palpação dolorosa do testículo e epidídimo

DIAGNÓSTICO

O diagnóstico relaciona-se com a história clínica associada ao exame físico. Merece destaque a presença do **sinal de Prehn positivo**, em que se observa alívio da dor com a suspensão do testículo. Exames complementares devem ser solicitados para identificação de suposta infecção, sendo possível observar leucocitose no hemograma e leucocitúria no EAS. Pode-se fazer urocultura e *swab* uretral para identificação do patógeno e USG com Doppler, em caso de suspeita de torção testicular, porém esta não deve atrasar o diagnóstico.

DIAGNÓSTICO DIFERENCIAL

O principal diagnóstico diferencial da orquiepididimite é a torção de testículo, que foi abordada anteriormente (Quadro 101.2).

TRATAMENTO

Sintomáticos

1. Repouso e uso de suspensório de bolsa escrotal por pelo menos 72 horas, o que objetiva o controle da dor e a prevenção de grande edema escrotal.
2. Analgésicos – opções: **dipirona, 500mg** VO, até 4/4h, em caso de dor, ou **paracetamol, 750mg** VO, até 6/6h.

3. Anti-inflamatórios não esteroides (AINE) – opções: **cetoprofeno, 50mg** VO de 8/8h, ou **nimesulida, 100mg** VO de 12/12h por 3 a 7 dias, caso não haja alívio da dor nas primeiras 6 horas de tratamento com analgésico.

Antibioticoterapia

- **Adultos jovens** (Quadro 101.3): a impossibilidade de realização de cultura durante o seguimento diagnóstico torna necessária a associação de antibióticos, o que objetiva cobertura terapêutica para ambos os agentes mais comuns.

Quadro 101.3 Esquema de tratamento com antibióticos em adultos jovens

Agente	Antibiótico	Dose	Via de administração
Clamídia	Azitromicina	1g – dose única	VO
	Doxiciclina	100mg – 12/12h por 21 dias	VO
Gonococo	Ciprofloxacino	500mg – dose única	VO
	Ceftriaxona	250mg – dose única	IM

- **Idosos: ciprofloxacino,** 500mg VO de 12/12h por 10 dias.

Tratamento cirúrgico – indicações

- Sem resposta ao tratamento medicamentoso.
- Presença de abscesso de bolsa escrotal.

Atenção: em caso de escroto agudo, a avaliação cirúrgica deve ser solicitada o mais precocemente possível e, em caso de impossibilidade de confirmação diagnóstica com exames complementares, a exploração cirúrgica deve ser realizada.

Capítulo 102
Priapismo

André Tigre • Fernando Araújo Martins • Elisa Araújo Beteille • Flávia Esper Dahy

INTRODUÇÃO

O **priapismo é definido por ereção prolongada do pênis (> 4 horas), geralmente involuntária e persistente após ejaculação**. Esta é uma condição dolorosa, incomum, que pode ser decorrente de processo patológico, como, por exemplo, leucemia, anemia falciforme, afecções pélvicas (tumores ou infecções) e traumatismos (peniano ou medular), ou ocorrer espontaneamente. Atualmente, o uso inadequado de medicamentos para tratamento de disfunção erétil é importante causa de priapismo farmacológico. Por ser uma **emergência urológica**, recomenda-se que a intervenção seja feita de maneira rápida e efetiva, a fim de possibilitar adequada recuperação funcional do pênis, uma vez que, **atingidas 12 horas de ereção peniana, ocorrem danos irreversíveis.**

FISIOPATOLOGIA

Pode-se classificar o priapismo em tipos de alto e baixo fluxo, divisão que se dá basicamente em razão da diferença no mecanismo desencadeador da doença:

- **Priapismo de alto fluxo ou não isquêmico:** ocorre falha no mecanismo que regula o fluxo sanguíneo no pênis por lesão nas artérias penianas, em decorrência, principalmente, de trauma na região perineal, o que faz com que ocorra comunicação com os corpos cavernosos, estabelecendo-se fístulas.
- **Priapismo de baixo fluxo ou isquêmico:** há acúmulo de sangue no interior dos corpos cavernosos por obstrução fisiológica do sistema de drenagem das veias.

CONSIDERAÇÕES

Normalmente, a função erétil está preservada nos casos de priapismo de alto fluxo, mas não no de baixo fluxo, uma vez que há possibilidade de ocorrência de fibrose dos corpos cavernosos, o que causa impotência sexual. Por isso, é importante saber diferenciá-los para que seja estabelecido o tratamento mais adequado.

Deve ser lembrado que medicamentos que interferem na drenagem venosa peniana aumentam a viscosidade do sangue, como álcool, cocaína, "crack", anti-hipertensivos e anticoagulantes, e são prováveis causas de priapismo de baixo fluxo.

QUADRO CLÍNICO

O paciente se apresentará na emergência, independentemente do mecanismo desencadeador do priapismo, **com o pênis ereto**. Outras características, no entanto, são particulares de um ou outro mecanismo fisiopatológico para essa condição, as quais serão descritas a seguir.

Priapismo de alto fluxo
- Geralmente não doloroso
- Corpos cavernosos tumescentes, mas não rígidos
- Associação a trauma na região perineal
- Ocorrência episódica
- Demora na procura de assistência médica, devido ao maior tempo de evolução da condição

Priapismo de baixo fluxo
- Doloroso
- Associação com injeção de drogas vasodilatadoras no pênis
- Rigidez completa dos corpos cavernosos
- Glande e corpos esponjosos tumescentes
- Corpos cavernosos palpáveis e sensíveis

DIAGNÓSTICO

O diagnóstico é feito, basicamente, pela **história** e o **exame físico** do paciente. Quando disponível, é interessante que seja feita gasometria arterial de aspirado sanguíneo do corpo cavernoso para diferenciação dos tipos de priapismo, como explicitado:

- **Priapismo de alto fluxo:** ↑ níveis de O_2 e níveis normais de CO_2.
- **Priapismo de baixo fluxo:** ↓ O_2 e ↑ CO_2, com pH < 7,25.

É interessante, também, que seja feito o encaminhamento do paciente para rastreio de condições que venham a desencadear o quadro de priapismo. Para identificação de leucemia, solicitam-se hemograma com contagem de plaquetas e aspirado de medula óssea e mielograma, e para anemia falciforme, o teste de afoiçamento e eletroforese de hemoglobina.

Deve-se considerar avaliação diagnóstica com USG e Doppler em caso de traumatismo peniano/perineal, para identificar o local da fístula arterial com o corpo cavernoso, o que pode ocorrer no caso de priapismo de alto fluxo.

COMPLICAÇÕES

A sequela mais temida pelos homens, decorrente dessa condição, é a **impotência sexual**, que ocorre, principalmente, nos casos de priapismo de baixo fluxo e é mais frequente quando a ereção permanece por muitos dias. Por isso é tão importante a identificação rápida para que o tratamento seja imediato.

TRATAMENTO

O tratamento deve ser direcionado para o tipo de priapismo. Desse modo pode ser dividido da seguinte maneira:

1. **Priapismo de alto fluxo:** pode ocorrer resolução espontânea do quadro, não estando indicada imediata interferência terapêutica. Em estágios precoces, o tratamento com bolsa de gelo pode contribuir e, caso seja necessário, faz-se a **embolização seletiva da artéria que está lesionada**, devendo esta ser precedida pela realização de arteriografia para identificação de aneurismas.
2. **Priapismo de baixo fluxo:**
   - **Punção e aspiração dos corpos cavernosos:** deve ser a primeira medida a ser tomada, uma vez que, além de confirmar o diagnóstico do tipo de priapismo, alivia a dor e reduz a pressão intracavernosa, o que torna possível o restabelecimento do fluxo sanguíneo e reoxigenação do músculo cavernoso. Deve-se fazer anestesia epidural ou raquimedular e utilizar agulha grossa, que será aplicada através da glande peniana.
   - **Lavagem dos corpos cavernosos com soro fisiológico.**
   - **Utilização local de agentes adrenérgicos caso o pênis permaneça mais de 10 minutos em detumescência**, sendo a injeção repetida por até três vezes até a regressão do quadro, em tempo máximo de 1 hora, depois do qual se deve considerar tratamento cirúrgico. As opções são:
     – Preferência pela fenilefrina (α-1 seletivo): 100 a 200mcg.

- Efedrina: 50 a 100mcg.
- Adrenalina ou noradrenalina: 10 a 20mcg.

> **Obs. 1:** caso a gasometria mostre acidose, não se deve injetar agonistas α-adrenérgicos.

> **Obs. 2:** o **tratamento cirúrgico,** com formação de fístulas para drenagem dos corpos cavernosos, deve ser indicado em casos de:
> - Refratariedade do tratamento conservador.
> - Tempo prolongado de priapismo (12 a 24 horas).

A **prótese peniana** é uma opção para os casos de falha de tratamento.

Para uma etiologia específica, como a **anemia falciforme**, o tratamento deve ser feito com oxigenação, hidratação, alcalinização e analgesia (para maiores detalhes, consulte o Capítulo 113, *Anemias*). Deve-se considerar também a transfusão sanguínea, o que diminui os níveis circulantes de hemoglobina S.

Capítulo 103
Nefrolitíase

André Tigre • Fernando Araújo Martins • Elisa Araújo Beteille • Flávia Esper Dahy

INTRODUÇÃO

A nefrolitíase é uma doença caracterizada pela formação de concreções no aparelho urinário, cujos **cálculos representam a terceira afecção mais comum do trato urinário**, superados apenas pela ITU e condições patológicas da próstata. Acomete de 1% a 5% da população, sendo a recorrência relativamente comum, principalmente quando se trata de cálculos de oxalato de cálcio, com 10% da população formando novo cálculo em 1 ano e 50% em 10 anos.

Sabe-se que a nefrolitíase é mais comum em homens (em uma proporção de 3:1) e o pico de incidência ocorre na faixa etária de 20 a 40 anos. Além destes, podem ser citados outros fatores de risco, como história familiar positiva, desidratação, fatores dietéticos e atividade física.

FISIOPATOLOGIA

Pode-se dizer que para a formação de cálculos na urina é preciso que uma sequência de eventos ocorra em um meio propício, sendo este, justamente, a supersaturação da urina com íons capazes de se combinar para formar compostos insolúveis. Ocorre, então, o processo de nucleação para a formação dos cristais, que passam pelos orifícios da papila e se agregam a células epiteliais tubulares para formação dos cálculos. Esta agregação e o posterior crescimento dos cálculos consistem em um processo favorecido pela estase urinária.

Desse modo, é possível dizer que distúrbios metabólicos, como hipercalciúria, hiperuricosúria, cistinúria, hiperoxalúria e hipocitratúria (citrato aumenta a reabsorção de cálcio urinário), favorecem a formação de cálculos urinários, ao mesmo tempo que existem inibidores fisiológicos desse processo, como diluição urinária, citrato, magnésio e proteínas, como a proteína de Tamm-Horsfall.

Quanto aos tipos de cálculo, tem-se:

- **Oxalato de cálcio:** 75%.
- **Estruvita:** 15%.
- **Ácido úrico:** 8%.
- **Fosfato de cálcio:** 5%.
- **Cistina, xantina:** 1%.

QUADRO CLÍNICO

A presença de sintomatologia **não é obrigatória** nos casos de nefrolitíase, isso porque a dor típica corresponde à mobilização do cálculo no trato urinário com dificuldade de passagem da urina. Nos casos de obstrução do fluxo urinário, sabe-se que se faz em três pontos principais, justamente nos locais de constrição fisiológica, que são:

- Junção ureteropiélica
- Terço médio do ureter
- Junção vesicoureteral

Já nos casos sintomáticos teremos:

- **Cólica nefrética:** dor excruciante aguda, tipo cólica, contínua, que se localiza na região lombar/no flanco e que pode irradiar-se para a região inguinal ipsilateral. Essa dor é acompanhada de náuseas, vômitos, sudorese, taquicardia e hipertensão arterial.

- **Hematúria:** presente em 90% dos casos de cálculo renal, podendo ser, inclusive, o único sinal da nefrolitíase.
- **Infecção:** pielonefrite é a complicação mais temida quando o cálculo está impactado no ureter.
- **Obstrução:** pode ser parcial ou total, o que leva à hidronefrose.
- **Nefrocalcinose:** forma de apresentação da litíase por fosfato de cálcio; visualização de calcificações no parênquima renal.

DIAGNÓSTICO

O diagnóstico dessa condição se dá, basicamente, por meio de anamnese e exame físico prévios e exames complementares, especialmente os de imagem. Além de confirmarem a suspeita diagnóstica, esses exames são úteis para determinar a estratégia terapêutica a ser utilizada, baseada, principalmente, no tamanho e na localização do cálculo. Dessa maneira, podem ser citados como exames úteis no caso de nefrolitíase:

- **TC helicoidal contrastada:** padrão-ouro; sensibilidade de 98% e especificidade de 100%; identificação de cálculos de ácido úrico e radiopacos.
- **Radiografia simples de abdome:** capaz de detectar cerca de 90% dos cálculos radiopacos (o que não inclui os de ácido úrico), porém tem baixa sensibilidade se comparada à TC.
- **USG renal:** método prático e de menor risco que tem como desvantagem ser examinador-dependente; facilidade maior para cálculos da pelve ou cálculos renais; a limitação, quando o cálculo se localiza no ureter médio, são as alças intestinais.
- **Urografia excretora:** foi por muito tempo o padrão-ouro; sensibilidade de 90%, mas perde em acurácia para a TC helicoidal; apresenta vantagens sobre a USG, sendo uma delas a melhor visualização de cálculos em determinadas localizações.

DIAGNÓSTICO DIFERENCIAL

- Aneurisma de aorta abdominal em expansão
- Lombalgias de origem osteomuscular
- Tumores renais
- Hidronefrose por outra causa
- Apendicite aguda
- Colecistite, colelitíase
- Pielonefrite, abscesso perirrenal
- Cistite bacteriana
- Oclusão aguda da artéria renal
- Doença inflamatória pélvica

COMPLICAÇÕES

A possibilidade de complicações impõe a imediata identificação do quadro de nefrolitíase, tendo como base o tipo, o tamanho e a localização do(s) cálculo(s). Assim, temos:

- Obstrução ou infecção do trato urinário
- Insuficiência renal aguda precipitada por obstrução em paciente com rim único
- Obstrução bilateral por cálculo (raro)

TRATAMENTO

Os cálculos ureterais, em sua maioria, são expelidos espontaneamente, não necessitando intervenção cirúrgica e/ou farmacológica. O tamanho, a morfologia e o tempo de impactação do cálculo são as variáveis que ajudam a determinar a melhor conduta e a abordagem a ser iniciada. **Desse** modo, a primeira medida a ser tomada é a analgesia, uma vez que a dor associada à presença do cálculo nas vias urinárias (cólica nefrética) é de forte intensidade e incapacitante para o paciente.

1. **Controle da dor**
   - Analgésicos, como **dipirona** 1g (ampola de 2mL com 500mg/mL) EV/IM.
   - AINE, como **tenoxicam**, 1 ampola de 20 ou 40mg EV/IM.
   - Opioides, em caso de dor refratária ao AINE, ou em pacientes cujo uso de AINE é contraindicado:
     - **Meperidina:** 25 a 50mg EV (ampola de 100mg/2mL), diluídos em 10mL de água destilada, em infusão contínua durante 2 a 3 minutos.
     - **Morfina:** 5 a 10mg (ampola de 1mL com 10mg/mL) EV.
     - **Tramadol:** 50 a 100mg (ampola de 50mg com 1mL ou ampola de 100mg com 2mL) EV ou SC.
2. **Controle dos vômitos: metoclopramida**, 10mg (ampola de 2mL com 5mg/mL) EV/IM.
3. **Hidratação:** deve ser feita lentamente, EV, para correção de possível desidratação, já que a hidratação vigorosa pode aumentar a dor da cólica nefrética.

O **tratamento cirúrgico** deve ser avaliado em casos de dor refratária, dilatação da via urinária, hematúria, febre, obstrução bilateral ou de rim único e em situações especiais, como gestação e pacientes imunossuprimidos. Existem algumas possibilidades de intervenção urológica que também levam em consideração a localização e o tamanho do cálculo, a saber:

1. **LECO** (litotripsia extracorpórea): para cálculo proximal (pelve e ureter) com até 2cm.
2. **Nefrolitotripsia percutânea:** cálculo proximal e > 2cm; polo renal inferior; coraliforme.
3. **Ureteroscopia:** ureter médio e distal.
4. **Ureteroscopia flexível:** cálculos altos até 2cm.
5. **Desobstrução renal** (percutânea ou ureteral com duplo J): casos de hidronefrose com infecção.

Obs. 1: é importante ressaltar que grande parte dos pacientes irá apresentar melhora espontânea ou após medidas de suporte, podendo manter seguimento ambulatorial urológico.

Obs. 2: nos casos de cálculos de 5 a 7mm em ureter distal, a chance de eliminação espontânea alcança cerca de 80%. Esta chance diminui com aumento do cálculo e posições mais elevadas.

Obs. 3: nos casos em que o cálculo tem tamanho < 5mm, e o paciente apresenta-se sintomático, a intervenção cirúrgica também poderá ser indicada.

Obs. 4: associar antibioticoterapia em casos de associação com infecção urinária.

Capítulo 104
Doenças Glomerulares

Guilherme Almeida Rosa da Silva • Elisa Araújo Beteille • Flávia Esper Dahy

INTRODUÇÃO

Os pacientes com doença glomerular se apresentam com hematúria e graus diferenciados de proteinúria. No ambiente da emergência, esses achados podem ser incidentais no EAS ou podem ser acompanhados de sintomas relevantes, como hipertensão arterial, uremia e edema, assim como sintomas menos específicos, como urina espumosa. A suspeita de doença glomerular é fortalecida pela eliminação de etiologias relacionadas com lesões do trato urinário, como traumatismo, neoplasias do trato urinário, hiperplasia prostática benigna, nefrolitíase, doença vascular renal, infecção do trato urinário e nefrite intersticial.

As doenças glomerulares se apresentam sob a forma de duas grandes síndromes clínicas: síndrome nefrítica e síndrome nefrótica. Essas condições são diferenciáveis por exames laboratoriais, como o grau de proteinúria, e sintomas, como hipertensão arterial, originada da hipervolemia. A síndrome nefrótica é caracterizada como proteinúria > 3,5g em 24 horas, hipoalbuminemia, edema oncótico, hiperlipidemia e lipidúria. A síndrome nefrítica, classicamente, apresenta-se com hematúria, hipertensão arterial sistêmica e edema por hipervolemia, oligúria e proteinúria não nefrótica.

■ SÍNDROMES NEFRÍTICAS
GLOMERULONEFRITE PÓS-ESTREPTOCÓCICA (GNPE)
DEFINIÇÃO

Doença glomerular compatível com síndrome nefrítica desencadeada pela infecção causada por estreptococo β-hemolítico do grupo A, *Streptococcus pyogenes* das cepas nefritogênicas M, adquirido por infecção de via aérea superior (amigdalite), 1 a 3 semanas após, ou infecção cutânea (impetigo), 2 a 6 semanas após. A faixa etária mais atingida vai de 2 até 5 anos, sendo mais comum no sexo masculino, com relação de 2:1, mais frequentemente em países em desenvolvimento e menos em países desenvolvidos, onde pessoas de idade mais avançada podem ser acometidas.

FISIOPATOLOGIA

Glomerulonefrite endocapilar proliferativa aguda caracterizada por hipercelularidade mesangial e endotelial, infiltrado polimorfonuclear nos glomérulos e depósitos de imunocomplexos subendoteliais e subepiteliais com ativação de complemento. Vários antígenos dos estreptococos são candidatos à iniciação da doença.

QUADRO CLÍNICO

O período de incubação varia de acordo com o local infeccioso. Para infecções da **orofaringe**, o **período de incubação é de 7 a 21 dias** (média de 10 dias), sendo maior para a **forma cutânea**, cerca de 15 a 28 dias (**média de 21 dias**). Os sinais e sintomas são os clássicos de uma síndrome nefrítica (oligúria, hipertensão arterial, edema, hematúria e proteinúria não nefrótica) e instalam-se de maneira abrupta.

Queixas inespecíficas, como indisposição, inapetência, cefaleia, crises convulsivas e edema periorbital, também estão presentes em cerca de 50% dos casos. Sintomas menos comuns incluem cólicas abdominais, dor lombar e vômitos.

Em torno de 5% das crianças e 20% dos adultos (pior prognóstico) têm proteinúria em faixa nefrótica. Na primeira semana de manifestação dos sintomas, 90% dos pacientes terão uma queda de CH50 e diminuição dos níveis de C3 com níveis normais de C4. O fator reumatoide é positivo em 30% a 40% dos casos. Crioglobulinas e imunocomplexos podem ser detectados em 60% a 70% e o ANCA antimieloperoxidase pode ser positivo em 10% dos casos. As culturas são positivas para infecção por estreptococos em 10% a 70%, títulos de ASO, cerca de 2 a 5 semanas da infecção, estão aumentados em 30%, anti-DNase em 70% e anticorpos anti-hialuronidase em 40% dos casos. O diagnóstico de GNPE raramente demanda biópsia renal, a não ser em casos de proteinúria nefrótica, queda do complemento > 8 semanas, oligúria por > 1 semana, manifestações que indicam uma doença grave, como glomerulonefrite rapidamente progressiva (GNRP), ou uma doença glomerular distinta, como glomerulonefrite membranoproliferativa (GNMP). A doença subclínica é quatro a cinco vezes mais comum, sendo caracterizada por hematúria microscópica com níveis baixos de C3.

DIAGNÓSTICO
- História recente de infecção estreptocócica e período de incubação compatível.
- Documentação da infecção estreptocócica por dosagem de anticorpos:
  - GNPE pós-faringoamigdalite: ASLO cerca de 2 a 5 semanas da infecção (> 333U Todd).
  - GNPE pós-impetigo: anti-DNAse B.
- Dosagem do complemento sérico (exame obrigatório para o diagnóstico): queda de C3 com normalização em até 8 semanas.
- Alterações urinárias:
  - Hematúria macro ou microscópica (pode persistir por até 1 ano).
  - Cilindrúria (principalmente cilindros hemáticos).
  - Proteinúria não nefrótica (pode durar até 5 anos).
- Dosagem de ureia e creatinina com normalização em um período de até 1 mês.

DIAGNÓSTICO DIFERENCIAL
- Glomerulonefrite membranoproliferativa (GNMP)
- Doença de Berger ou nefropatia por IgA
- Glomerulonefrite lúpica
- Vasculites relacionadas com o ANCA (granulomatose de Wegener, Churg-Strauss e poliarterite nodosa microscópica)
- Glomerulonefrite mesangioproliferativa
- Crioglobulinemia
- Doença da membrana basal glomerular
- Púrpura de Henoch-Schönlein (PHS)
- Outras glomerulonefrites pós-infecciosas, como pós-endocardite bacteriana aguda.

TRATAMENTO
1. **Diuréticos:**
   - **Furosemida:** crianças: 1 a 3mg/kg/dia VO; adultos: 20 a 40mg VO 1×/dia, aumentados conforme a necessidade.
2. **Anti-hipertensivos:** devem ser utilizados conforme necessidade, com predileção pelos vasodilatadores:
   - **Nifedipina retard:** 20mg VO de 12/12h.
   - **Hidralazina:** crianças: 0,75 a 1mg/kg/dia VO em 2 a 4 doses por dia; adultos: 25 a 50mg VO 3 a 4×/dia.
   - **Captopril:** 25 a 50mg VO 3×/dia.

3. **Hemodiálise:** indicada para casos de hipervolemia grave, uremia, hipercalemia e acidose metabólica refratárias.
4. **Antibioticoterapia:** realizada no intuito de eliminar as cepas nefritogênicas dos estreptococos. **Penicilina benzatina** IM em dose única, 600.000UI para crianças < 25kg e 1.200.000UI para crianças > 25kg.

■ SÍNDROMES NEFRÓTICAS

NEFROPATIA MEMBRANOSA

Causa mais comum de síndrome nefrótica em adultos, pode ocorrer de maneira primária ou secundária (neoplasias, hepatite B crônica, uso de captopril, sais de ouro e D-penicilamina, malária e associada ao lúpus eritematoso sistêmico).

QUADRO CLÍNICO

Início insidioso de proteinúria nefrótica evidenciada na urina de 24 horas ou positiva em +++ no EAS, edema por hipoalbuminemia e ganho de peso, associado ao desenvolvimento de hematúria e hipertensão arterial leve em adultos. Podem ocorrer complicações relacionadas com a proteinúria nefrótica, comum em outras síndromes, como a perda de antitrombina III, determinando eventos trombóticos, como a trombose da veia renal (varicocele à esquerda, hematúria microscópica, agravamento da proteinúria, redução do débito urinário, assimetria dos rins, redução da função renal e dor lombar), hiperparatireoidismo secundário em razão da perda da proteína fixadora do colecalciferol, anemia microcítica e hipocrômica devido à perda da transferrina, assim como complicações infecciosas, como infecções por pneumococos e *E. coli*, devido à perda de imunoglobulinas pela urina.

DIAGNÓSTICO DIFERENCIAL

O paciente deve ser submetido a rastreamento para neoplasias, como mamografia e exame ginecológico completo em mulheres; exames complementares, como USG transvaginal; avaliação prostática em homens, com toque retal, PSA total e livre; colonoscopia e TC abdominal direcionadas a neoplasias do trato digestivo; radiografia de tórax e/ou TC de tórax, para neoplasias de pulmão e linfomas; avaliação tireoidiana com TSH, T4 livre e USG de tireoide. Devem ser solicitados FAN, complemento sérico, anti-DNA, sorologias para hepatites virais, anti-HIV e, em áreas endêmicas, pesquisa para esquistossomose e malária.

TRATAMENTO

O objetivo do tratamento é minimizar os sintomas e retardar a progressão da doença:

1. **Dieta:** o tratamento geral deve instituir dieta hipossódica e normoproteica, desde que não haja insuficiência renal importante.
2. **Restrição hídrica:** o volume permitido não deve exceder a diurese atual do paciente. Os diuréticos devem ser utilizados com cautela para não provocar hipotensão e insuficiência renal aguda pré-renal. **Furosemida** – adultos: 20 a 40mg VO 1×/dia, aumentado conforme a necessidade.
3. **Dislipidemia:** deve-se tratar a dislipidemia quando a proteinúria e a hipoalbuminemia são persistentes, com preferência pelos **inibidores da enzima HMG-CoA redutase (estatinas): sinvastatina**, na dose inicial de 20mg/dia VO à noite, ajustada conforme a necessidade. As estatinas têm demonstrado efeito controlador da proteinúria.
4. **Anti-hipertensivos:** pode ser necessário controle pressórico com inibidores da enzima conversora de angiotensina (IECA) – **captopril**, 25 a 50mg VO 3×/dia. Os IECA são utilizados no sentido do controle da proteinúria.

5. **Imunossupressão:** terapia imunossupressora com **prednisona**, 1mg/kg/dia VO, sucedendo ou não uma pulsoterapia com **metilprednisona**, 1g EV diluído em 250mL de SG 5% corrido em 1 hora, com ou sem **ciclofosfamida**, 500 a 750mg/m² EV. Indicada para pacientes com rápida evolução para falência renal ou para os que desenvolverem fenômenos trombóticos.

PROGNÓSTICO

Cerca de 20% dos pacientes apresentam remissão completa em 4 anos, 30% apresentam remissão parcial sem evolução para insuficiência renal crônica e cerca de 50% apresentam evolução para insuficiência renal crônica em 15 anos.

DOENÇA POR LESÃO MÍNIMA

Constitui a causa mais comum de síndrome nefrótica em crianças. Caracteriza-se pelo desenvolvimento de proteinúria maciça, com curso clínico que pode ser grave ou complicado por eventos trombóticos e complicações infecciosas. O pico de incidência ocorre entre os 2 e os 6 anos de idade. A expressão lesão mínima faz referência à ausência de alterações expressivas no glomérulo que, fisiopatologicamente, é manifestada pela fusão dos processos podocitários e uma proteinúria seletiva (principalmente albumina).

QUADRO CLÍNICO E DIAGNÓSTICO

- Manifestada em crianças de 2 a 6 anos de idade
- Início insidioso de edema
- Proteinúria seletiva (albuminúria > 50mg/kg/dia)
- História prévia de alergias, atopia e infecções virais
- Hematúria microscópica em 20% dos casos
- Inversão do gradiente albumina/globulina
- Hiperlipidemia: principalmente aumento do VLDL/triglicerídeos

TRATAMENTO

1. **Corticoide:** a terapia com corticoesteroide mostra excelente resultado para este tipo de lesão glomerular: **prednisona, 1 a 2mg/kg/dia** (dose máxima de 60 a 80mg) por 1 mês; 1mg/kg em dias alternados por 4 meses; desmame de 0,2 a 0,5mg/kg a cada 20 dias até suspensão total do corticoide. Caso haja recidiva, realizar esquema diário até remissão; tratamento com 1mg/kg em dias alternados por 6 meses.
    Em casos com recidivas frequentes, pacientes dependentes ou resistentes ao corticoide, pode ser realizada pulsoterapia com **metilprednisolona, 30mg/kg/dia por 3 dias, seguido de prednisona, 1 a 2mg/kg/dia** (dose máxima de 60 a 80mg).
2. **Diuréticos: furosemida,** crianças: 1 a 3 mg/kg/dia VO; adultos: 20 a 40mg VO 1×/dia. Administrado apenas para alívio do edema, não agindo sobre o mecanismo oncótico envolvido (hipoalbuminemia).

Indicações de biópsia

- Idade < 1 ano e > 8 anos
- Resistentes ao corticoide
- Recidivas frequentes após 2 primeiros anos da doença
- Complemento sérico baixo
- Hematúria persistente
- Insuficiência renal aguda
- Evidências de patologia sistêmica (vasculites, doenças autoimunes, infecções crônicas etc.)

GLOMERULOESCLEROSE SEGMENTAR E FOCAL (GESF)

Lesão glomerular esclerosante que acomete < 50% do glomérulo em < 50% dos glomérulos e que se manifesta por uma síndrome nefrótica clássica. Cerca de 50% dos pacientes evoluem para insuficiência renal em torno de 8 anos. Em algumas condições, como em pacientes com HIV, podem se apresentar de modo arrebatador (forma colapsante). Acomete tipicamente pacientes negros jovens (25 a 35 anos), sendo a segunda causa de síndrome nefrótica no adulto. A doença pode ser primária ou secundária a condições de hiperfluxo renal (hipertensão arterial, nefropatia por refluxo, obesidade e disgenesia renal), HIV, hepatite, parvovirose, êmbolo de colesterol, uso de heroína, bifosfonados, analgésicos, síndrome de Alport, anemia falciforme, linfoma, nefrite radioativa e podocitopatias familiares. As formas secundárias devem ter suas causas de base tratadas e as formas primárias devem ser abordadas com os IECA. O uso de terapia imunossupressora tem evidência limitada.

GLOMERULONEFRITE MEMBRANOPROLIFERATIVA

Condição associada à proliferação mesangial com invasão das alças capilares. Na histopatologia, é representada pelo espessamento das alças capilares com aspecto de duplo contorno. Apresenta-se como uma associação de padrões nefríticos e nefróticos, com alta tendência a fenômenos trombóticos. Pode ser de origem primária ou secundária, associada ao lúpus eritematoso sistêmico, deficiência do receptor do complemento, fator C_3 nefrítico, neoplasias, endocardite bacteriana, lipodistrofia e as hepatites B e C crônicas com ou sem crioglobulinemia mista essencial. Classicamente, consiste no principal diagnóstico diferencial da GNPE, com complemento baixo por período > 8 semanas, hematúria com dismorfismo eritrocitário, proteinúria nefrótica e evolução para insuficiência renal crônica em torno de 15 anos. O tratamento da forma primária é feito mediante o uso de **IECA**, **estatinas** e **imunossupressão com prednisona, 1mg/kg/dia VO, seguido de desmame após 4 a 6 semanas**. A **pulsoterapia com metilprednisona e ciclofosfamida** (descrita no tópico referente à nefrite membranosa) é assunto controverso e pode ser utilizada em casos com progressão rápida para insuficiência renal ou em pacientes que apresentem eventos trombóticos.

GLOMERULONEFRITE MESANGIAL

Expansão mesangial com vários graus de proteinúria e presença de hematúria, pode ser vista em casos de nefropatia pós-IgA, malária e lúpus. A progressão clínica é variável e o uso de IECA e estatinas parece ser benéfico. O uso de corticoterapia e terapia imunossupressora ainda é controverso.

Capítulo 105
Insuficiência Renal Aguda e Prevenção de Lesão Mediada por Contrastes Radiológicos Iodados

Luiz Paulo José Marques • Eduardo Alvarenga Junqueira Filho • Elisa Araújo Beteille • Flávia Esper Dahy

INTRODUÇÃO

Condição clinicolaboratorial decorrente da perda aguda da função renal, sendo, na maioria das vezes, transitória e reversível. Além da diminuição da taxa de filtração glomerular (TFG) e/ou do volume urinário, observa-se desregulação no equilíbrio hidroeletrolítico e ácido-básico.

FISIOPATOLOGIA

De acordo com a fisiopatologia, a IRA é classificada clinicamente em:

- **IRA pré-renal:** 55% a 60%.
- **IRA intrínseca:** 35% a 40%.
- **IRA pós-renal:** < 5%.

Cada uma será abordada em separado, uma vez que diferem em seus aspectos fisiopatológicos.

IRA pré-renal

Quadro desencadeada por redução do fluxo plasmático renal e da TFG, sendo mantida a integridade do parênquima renal. As principais causas são:

- Desidratação
- Choque/sepse/SIRS
- Insuficiência cardíaca
- Cirrose/síndrome hepatorrenal

IRA intrínseca

Também chamada IRA renal ou estrutural, abrange situações em que há dano tissular renal. As principais causas são:

- Necrose tubular aguda (principal causa)
- Nefrite intersticial aguda "alérgica" (medicamentosa)
- Rabdomiólise
- Leptospirose (IRA + hipocalemia)
- Doenças vasculares
- Glomerulopatias

IRA pós-renal

Condição decorrente de obstruções intra ou extrarrenais. As principais causas são:

- Hiperplasia prostática
- Nefrolitíase
- Estenose de uretra
- Bexigoma
- Fibrose retroperitoneal

CONSIDERAÇÕES

Existem diversas possibilidades de classificação das IRA, porém com o objetivo de uniformizar conceitos, um grupo multidisciplinar internacional (AKIN) propõe uma classificação baseada na creatinina sérica ou na diurese do paciente (Quadro 105.1).

Quadro 105.1 Definição e classificação da IRA

Estágios	Creatinina sérica	Diurese
Estágio 1	Aumento de 0,3mg/dL ou aumento de 150% a 200% do valor basal (1,5 a 2×)	< 0,5mL/kg/h por 6 horas
Estágio 2	Aumento > 200% a 300% do valor basal (> 2 a 3×)	< 0,5mL/kg/h por > 12 horas
Estágio 3	Aumento > 300% do valor basal (> 3× ou creatinina sérica ≥ 4,0mg/dL com aumento agudo de pelo menos 0,5mg/dL)	< 0,3mL/kg/h por 24 horas ou anúria por 12 horas

Somente um dos critérios (Cr ou diurese) pode ser utilizado para inclusão no estágio. Pacientes que necessitem de diálise são considerados estágio 3, independentemente do estágio em que se encontravam no início da terapia dialítica.

Outra classificação é a que se utiliza do acrônimo **RIFLE** e que é descrita no Quadro 105.2.

Quadro 105.2 Classificação RIFLE

	Creatinina	Volume urinário
Risco (*R*isk)	Aumento de 1,5× na creatinina sérica ou redução de > 25% no *clearance* de creatinina	Volume urinário < 5mL/kg/h em 6 horas
Lesão (*I*njury)	Aumento de 2× na creatinina sérica ou redução de > 50% no *clearance* de creatinina	Volume urinário < 5mL/kg/h em 12 horas
Falência (*F*ailure)	Aumento de 3× na creatinina sérica ou redução de > 75% no *clearance* de creatinina	Volume urinário < 3mL/kg/h em 24 horas ou anúria por 12 horas
Perda (*L*oss)	Persistência da IRA	Perda completa da função renal > 4 semanas
IRC (end stage kidney disease)	IRC	> 3 meses

Classificação da IRA quanto à diurese

1. **Não oligúrica:** diurese > 500mL/dia.
2. **Oligúrica:** diurese entre 100 e 500mL/dia.
3. **Anúrica:** diurese < 100mL/dia.

QUADRO CLÍNICO

Na grande maioria dos casos, os sinais e sintomas da IRA são inespecíficos e dependem da causa e do grau de acometimento renal, estando significativamente mascarados pela doença de base.

Desse modo, a história clínica é muito importante para definição da causa subjacente, sendo importante investigar:

- História prévia de doença sistêmica crônica (hipertensão, diabetes, lúpus)
- Uso de medicamentos ou contrastes radiológicos
- História de traumatismo ou cirurgias recentes
- História de doença renal prévia ou uropatia obstrutiva, no caso de homens idosos
- Relato de redução da ingesta hídrica ou perda em grande quantidade, como diurese excessiva ou diarreia

Os sinais e sintomas da IRA podem ser investigados de acordo com os órgãos e aparelhos (Quadro 105.2).

Quadro 105.2 Manifestações clínicas da IRA

Digestivas	Inapetência, náuseas, vômitos incoercíveis, sangramento digestivo
Cardiorrespiratórias	Dispneia, edema, hipertensão arterial, insuficiência cardíaca, edema agudo de pulmão, arritmias, pericardite, pleurite
Neurológicas	Sonolência, tremores, agitação, torpor, convulsão, coma
Hematológicas	Sangramentos, anemia, distúrbios plaquetários
Imunológicas	Depressão imunológica, tendência a infecções
Nutricionais	Catabolismo aumentado, perda de massa muscular
Cutâneas	Prurido

DIAGNÓSTICO

Após a anamnese e o exame físico, realizam-se exames complementares laboratoriais e de imagem que ajudam a determinar o diagnóstico de IRA:

Sangue

- Elevação de escórias nitrogenadas (ureia, creatinina)
- Acidose metabólica na gasometria
- Distúrbios eletrolíticos (hipo/hipernatremia, hipercalemia, hipo/hipercalcemia, hiperfosfatemia)
- Anemia

Urina

- Avaliação de sódio, creatinina e proteinúria.
- Avaliação de sedimento urinário: cilindros granulares são muito sugestivos de necrose tubular profunda (NTA) e glomerulonefrites. Cilindros hemáticos associados a proteinúria maciça (3+/4+) falam a favor de gromerulonefrites.
- O EAS ajuda a diferenciar IRA renal de pré-renal.

Exames de imagem

- **Radiografia de abdome:** visibilização de cálculos.
- **Ultrassonografia (exame de escolha):** visualização de obstruções do trato urinário, alterações parenquimatosas, presença de cistos ou massas ou cálculos.
- **Tomografia computadorizada:** cálculos e obstruções não visualizados pela USG.
- **Angiorressonância:** lesões vasculares (pouco utilizada, sendo preferido o Doppler colorido, método simples e que não precisa contraste).
- **Cintilografia:** avaliação da função e fluxo renal (pouco utilizada; com a diminuição da função renal, diminui-se também a filtração do radiocontraste; a função renal é avaliada pelo *clearance* de creatinina estimado).

Biópsia renal em casos selecionados, e não como abordagem inicial.

DIAGNÓSTICO DIFERENCIAL

Na prática médica, uma das situações mais comuns no que se refere à IRA consiste na distinção entre IRA pré-renal e NTA. A prova terapêutica com cristaloide pode ser duvidosa e os dados clínicos, muitas vezes, insuficientes. Nesse caso, a dosagem de sódio e creatinina urinários, coletados à admissão do paciente com suspeita de IRA e antes do uso de diuréticos ou da reposição volêmica, auxilia a distinção entres esses diagnósticos diferenciais. As principais variáveis que ajudam essa distinção é a **fração excretória de sódio ou a dosagem do sódio urinário**. Diante de IRA pré-renal, ocorre maior liberação de angiotensina II e, por conseguinte, a aldosterona se eleva, aumentando com isso a reabsorção de sódio e água. Nesse casso, a urina torna-se hiperconcentrada. Entretanto, diante de NTA, a lesão tubular dificulta a reabsorção dessas substâncias, eliminando-as em maior quantidade na urina, a qual fica mais "diluída". **Resumindo: em uma IRA pré-renal, a fração de excreção de sódio estará baixa, e na NTA estará aumentada** (Quadro 105.3).

Quadro 105.3 Dados clínicos para diferenciação de IRA pré-renal e renal (NTA)

	IRA pré-renal	NTA
Relação ureia/creatinina plasmática	> 40	20 a 30
Sódio urinário	< 20mEq/L	> 40mEq/L
Fração excretória de sódio (%)	< 1	> 3
Osmolaridade plasmática	> 500mOsm	< 350mOsm
Densidade urinária	> 1,020	≈ 1,010
Sedimento urinário	Cilindros hialinos	Hematúria/piúria/cilindrúria

Fração excretória de sódio (%):

$$[Na] \text{ urina}/[Na] \text{ plasma} \times [Cr] \text{ plasma}/[Cr] \text{ urina} \times 100$$

Obs.: o aumento da excreção fracional de sódio na IRA pré-renal pode ser observado quando ocorre natriurese, sendo a causa principal o uso de diurético, além de insuficiência adrenal ou nefropatia perdedora de sal.

TRATAMENTO

A IRA é uma condição usualmente reversível, se tratada pronta e adequadamente. Por isso é necessária, além de identificação precoce da doença, uma abordagem terapêutica imediata e eficaz. O tratamento da IRA é multifatorial, visando facilitar a recuperação da função renal e a prevenção de novas lesões. Mesmo antes da definição da causa da IRA, inicia-se com correção da volemia, restabelecimento do equilíbrio eletrolítico/ácido-básico e controle das manifestações de uremia.

Diante de um quadro de IRA, alguns conceitos são importantes:

1. Estabelecer o nível da função renal mediante a dosagem da creatinina sérica.

Obs.: com o *clearance* de creatinina estimado, as fórmulas mais comumente utilizadas são a de **Cockroft-Gault**, que estima o *clearance* e necessita do peso, e a MDRD e o CKD-EPI, que estimam a TFG e não precisam do peso corpóreo, estando disponíveis nos *sites* das Sociedades de Nefrologia (Quadro 105.4).

> **Quadro 105.4** Fórmulas para estimar o *clearence* de creatinina
>
> **Fórmula de Cockcroft-Gault para estimativa do *clearence* de creatinina:**
>
> (140 − idade) × peso (kg)/72 × creatinina sérica (Cr)
>
> **Obs.:** se for mulher, multiplicar o resultado por 0,85.
>
> **Fórmula do MDRD (*Modification of Diet in Renal Disease*) para estimativa da taxa de filtração glomerular:**
>
> TFGe (mL/min/1,73m^2) = 186 × (Cr) $^{-1,154}$ × (idade) $^{-0,203}$ × 0,762 (mulher) × 1,212 (negro)
>
> **Fórmula do CKD-EPI (*Chronic Kidney Disease Epidemiology Collaboration*) para estimativa da taxa de filtração glomerular:**
>
> TFGe (mL/min/1.73m^2) = 141 × min (cr/κ,1)$^{\alpha}$ × max (Scr/κ,1) $^{-1,209}$ × 0,993 ^{Idade} × 1,018 (mulher) × 1,159 (negro)

2. Deve-se proceder imediatamente à coleta de sangue e urina, visando ao diagnóstico da causa da IRA, pois os procedimentos subsequentes, como o uso de diuréticos, podem comprometer essa avaliação.
3. Assegurar que o volume infundido esteja realmente no meio intravascular, assim como manter PAM > 80mmHg e hematócrito > 30%.
4. Evitar/cessar o uso de agentes nefrotóxicos, principalmente em pacientes que já tenham insuficiência renal prévia.
5. Manter aporte calórico adequado (ingestão mínima de carboidratos de 30 a 35kcal/kg), restrição proteica com 0,6g/kg/dia; nos indivíduos criticamente enfermos, principalmente em presença de sepses, a ingesta deve ser aumentada, podendo chegar a 1,5g de proteínas/kg/dia. A nutrição enteral ou parenteral deve ser instituída o mais rapidamente possível, quando necessária, uma vez que a IRA é uma condição hipercatabólica e o paciente, na maioria das vezes, encontra-se com baixa ingestão de nutrientes.

> **Obs.:** deve-se ter cuidado com a nutrição enteral, e principalmente parenteral, em pacientes oligúricos, uma vez que podem ocasionar hipervolemia e precipitar a necessidade de diálise.

Como proceder diante de um paciente com suspeita de IRA pré-renal hipovolêmica?

- Primeiramente, deve-se corroborar a hipótese diagnóstica com dosagem do sódio urinário, relação ureia/creatinina sérica e EAS.
- Suspender agentes nefrotóxicos, como AINE e anti-hipertensivos, principalmente os inibidores da ECA, BRA ou antagonista da renina.
- Realizar prova terapêutica com cristaloides. Infundir 1.000mL de SF 0,9% EV de modo rápido, observando a diurese horária antes e depois da infusão.

> **Obs.:** necessita avaliação clínica criteriosa prévia; em pacientes com miocardiopatias graves, por exemplo, não é adequada a infusão rápida de SF.

Como proceder diante de um paciente com suspeita de NTA?

- Assim como na IRA pré-renal, o objetivo principal é a otimização da volemia e do estado hemodinâmico do paciente. Deve-se permanecer atento ao uso de agentes nefrotóxicos.
- Está proscrito o uso de dopamina em dose "renal".

- **Diuréticos de alça:** seu uso ainda é controverso. **Furosemida**, dose de ataque máxima de 100 a 200mg (5 a 10 ampolas); dose de manutenção apenas naqueles indivíduos que responderam ao uso diurético: 0,3 a 0,6mg/kg/h.
- **Suporte nutricional:** restrição de proteínas (0,6g/kg/dia), aporte calórico adequado (ingestão mínima de carboidratos de 30 a 35kcal/kg); restrição de sódio, potássio e fosfato.

Como proceder diante de um paciente com suspeita de IRA pós-renal?

- A desobstrução deve ser realizada por sonda vesical, cistostomia, cateter duplo J ou retirada de cálculos do ureter.

Como proceder diante dos distúrbios hidroeletrolíticos/ácido-básicos?

- **Hipercalemia** – oções de tratamento:
  - Restrição de potássio para prevenção de hipercalemia.
  - Caso haja alteração eletrocardiográfica, deve-se realizar infusão EV de cálcio: **gluconato de cálcio** a 10%, 10mL EV, em 2 a 3 minutos; pode ser repetido se permanecerem as alterações.
  - **Glicose + insulina:** insulina regular 10UI em 100mL de glicose 50%, em 5 a 10 minutos, EV; início de ação em 30 minutos, com pico em 60 minutos.
  - β2-agonista: inalação de **salbutamol**, 10mg em 5mL de SF 0,9%.
  - **Bicarbonato de sódio:** em caso de acidose, deve-se calcular o déficit (fórmula de Ash: Peso × Excesso de bases [–SBE] × 0,3) e infundir metade do déficit; quando não existe acidose, podem ser administradas doses menores. A infusão deve ser: bicarbonato de sódio 8,4% EV em 15 a 20 minutos.
  - Diurético de alça: **furosemida**, 40 a 80mg EV em *bolus*.
  - Resina de troca iônica: a mais usada em nosso meio é o poliestirenossulfato de cálcio, que elimina o potássio nas fezes. Posologia habitual de 15 a 30 g VO de 6/6h ou 8/8h; também pode ser administrado via retal.
  - Diálise.
- **Hipocalcemia:** reposição de 10 a 20mL de **gluconato de cálcio** a 10% em 20 minutos, em casos de tetania.
- **Hiperfosfatemia:** normalmente, esta condição é revertida com a reposição de cálcio.
- **Acidose metabólica com aumento de** *anion gap*/**redução de bicarbonato sérico:** reposição de bicarbonato deve ser feita caso o nível sérico de bicarbonato seja < 15mEq/L ou o pH < 7,2, sendo a quantidade calculada da seguinte maneira: déficit de bicarbonato (mEq/L) = 0,5 × peso (kg) × –SBE/3.
- **Investigação da causa da IRA**, principalmente a presença de focos infecciosos, uma vez que a principal causa de mortalidade em pacientes com IRA é a sepse.
- Não se deve fazer reposição de potássio em pacientes francamente oligúricos.

> **Obs.:** essas correções dos distúrbios hidroeletrolíticos/ácido-básicos estão mais bem detalhadas nos capítulos específicos sobre o tema.

Em condições de grave acometimento renal, com repercussões sistêmicas, em que o paciente pode evoluir para óbito, está indicada **diálise de emergência** (hemodiálise, diálise peritoneal e hemofiltração), **sendo as principais indicações:**

- **Hipercalemia refratária**
- **Hipervolemia refratária**
- **Acidose metabólica grave**

- **Uremia:** SNC (sonolência, tremores, coma e convulsão); sistema cardiovascular (pericardite e tamponamento pericárdico); pulmões (congestão pulmonar e pleurite); aparelho digestivo (hemorragia digestiva)

Em geral, a grande maioria das alterações provocadas pela IRA, quando não responsivas ao tratamento convencional, passa a ser indicação de diálise.

PROGNÓSTICO

Apesar de na maioria das vezes a IRA ser apontada como doença transitória e reversível, a mortalidade intra-hospitalar, principalmente dos pacientes internados nos Serviços de Terapia Intensiva, permanece elevada, e eles apresentam risco elevado de desenvolver insuficiência renal crônica. Esses pacientes devem ser acompanhados nos ambulatórios para a progressão da doença renal e desenvolvimento de hipertensão arterial ou proteinúria. Portanto, a IRA não pode mais ser vista como um evento transitório e autolimitado.

■ PREVENÇÃO DE LESÃO MEDIADA POR CONTRASTES RADIOLÓGICOS IODADOS

Em relação ao uso de medicamentos e contrastes radiológicos, é de extrema importância manter-se sempre atento às condições clínicas dos pacientes, uma vez que essas são importantes condições precipitadoras de IRA, diretamente associadas à intervenção médica.

Pacientes diabéticos e/ou com doença renal crônica prévia apresentam o maior risco de desenvolver nefropatia por contraste. Alterações que causam diminuição do volume efetivo circulante, como choque cardiogênico, hipotensão, insuficiência cardíaca congestiva, fração de ejeção < 40%, altas doses de contraste e creatinina plasmática > 1,5mg/dL, também são possíveis fatores de risco.

O **contraste iodado**, por exemplo, é responsável por 10% dos casos de IRA que acontecem no hospital; por isso, deve ser evitado o uso de métodos diagnósticos que necessitem de contraste. Caso sejam de extrema importância, deve ser efetuada a proteção renal, antes do procedimento, da seguinte maneira:

- **Solução salina a 0,45% ou 0,9%,** 1mL/kg/h EV; iniciar 6 horas antes e manter até 6 horas após o exame.
- **Acetilcisteína,** 600mg VO de 12/12h; iniciar na véspera do exame e prosseguir até o segundo dia após o exame.
- **Bicarbonato de sódio,** 150mL a 8,4% em 850mL de soro glicosado a 5%; 1 hora antes do uso do contraste (3mL/kg/h) e mantido por 6 horas após o uso do contraste (1mL/kg/h). A administração venosa de bicarbonato de sódio apresenta resultados semelhantes aos obtidos com a hidratação com soro fisiológico a 0,9%.

Obs.: os doentes em terapêutica substitutiva da função renal não necessitam de medidas profiláticas. Os pacientes com *clearance* de creatinina < 30,0mL/min apresentam contraindicação formal ao uso de contraste à base de gadolíneo em razão do risco de desenvolvimento de fibrose nefrogênica sistêmica.

BIBLIOGRAFIA

Diretrizes Infecção Urinária – Sociedade Brasileira de Urologia, 2004.
Fervenza FC et al. A color handbook of renal medicine. 1. ed. New York: Thieme, 2004.
http://institutoaloisioneiva.com.br/arquivos/revista/81ef00989fa5a5f5d74924c325c8d7fb.pdf. Acesso em: 08/07/2012.
http://www.famema.br/uec/DiretrizITU.pdf. Acesso em: 08/07/2012.
http://www.sbu.org.br/pdf/guidelines_EAU/infeccoes-urologicas.pdf. Acesso em: 07/07/2012.

http://www.sbu.org.br/pdf/guidelines_EAU/tratamento-da-dor-em-urologia.pdf. Acesso em: 07/07/2012.
http://www.sbu.org.br/pdf/guidelines_EAU/urolitiase.pdf. Acesso em: 08/07/2012.
http://www.sbu-sp.org.br/site/tl_files/publicacoes/OS1658-MANU-ManualdeUrologia-03-08-10.pdf. Acesso em: 08/07/2012.
http://www.scielo.br/scielo.php?pid=S0100-69912000000400008&script=sci_arttext. Acesso em: 07/07/2012.
http://www.sumarios.org/sites/default/files/pdfs/65375_7396.PDF. Acesso em: 07/07/2012.
Katholi R. Contrast-induced nephropathy: update and practical clinical applications. US Cardiovascular Disease 2006:73-80.
Merten GJ, Burgess WP, Gray LV et al. Prevention of contrast-induced nephropathy with sodium bicarbonate: a randomized controlled trial. JAMA 2004; 291:2328-34.
Mueller C, Buerkle G, Buettner HJ *et al*. Prevention of contrast media-associated nephropathy: randomized comparison of 2 hydration regimens in 1620 patients undergoing coronary angioplasty. Arch Intern Med 2002; 162:329-36.
Nunes TF et al. Condutas em enfermarias de clínica médica de média complexidade. Revista de Medicina da Usp; Ribeirão Preto, 2010. Disponível em: http://www.fmrp.usp.br/revista/2010/vol43n3/Simp6_insufic%20renal%20aguda.pdf. Acesso em: 21/06/2012.
Reuniões de Consensos e Diretrizes – Sociedade Brasileira de Urologia (SBU) – 2005.
Schor N (ed.); Ajzen H (coeditor). Guia de medicina ambulatorial e hospitalar. 1. ed. São Paulo: Manole, 2002.
Tepel M, van der Giet M, Schwarzfeld C, Laufer U, Liermann D, Zidek W. Prevention of radiographic contrast-agent-induced reductions in renal function by acetylcysteine. N Engl J Med 2000; 343:180-4.
Zatz R (ed.); Seguro AC (coeditor), Malnic G (coeditor). Bases fisiológicas da nefrologia. 3. ed. São Paulo: Atheneu, 2011.

Seção XIII – PSIQUIATRIA

Capítulo 106
Conduta na Agitação Psicomotora

Fuad Baida Marina Neto • Talita Machado de Carvalho

COMO PROCEDER (Figura 106.1)

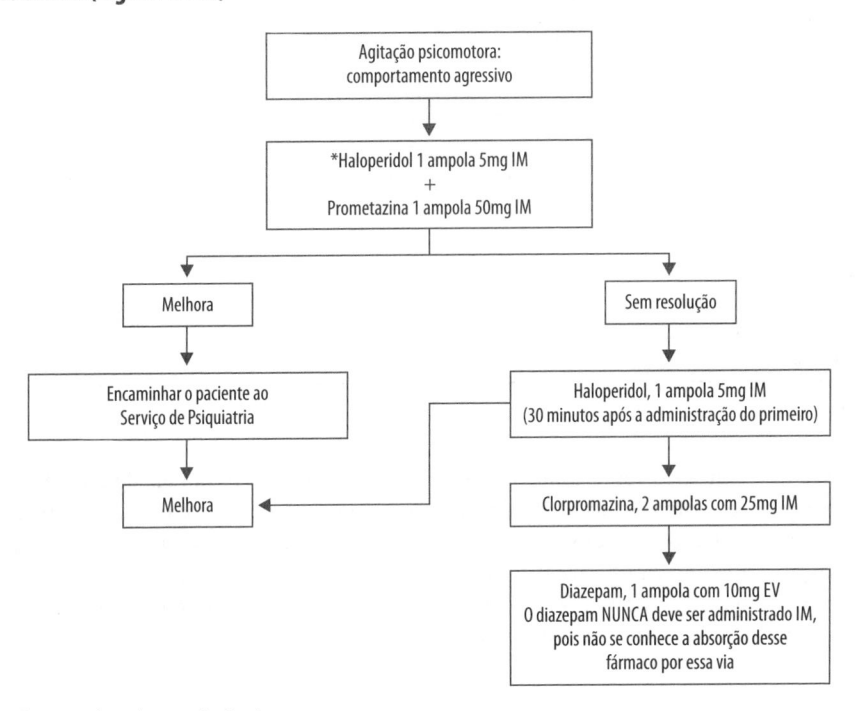

```
        Agitação psicomotora:
        comportamento agressivo
                │
                ▼
        *Haloperidol 1 ampola 5mg IM
                +
        Prometazina 1 ampola 50mg IM
           │              │
           ▼              ▼
        Melhora        Sem resolução
           │              │
           ▼              ▼
   Encaminhar o       Haloperidol, 1 ampola 5mg IM
   paciente ao        (30 minutos após a administração do primeiro)
   Serviço de              │
   Psiquiatria             ▼
           │         Clorpromazina, 2 ampolas com 25mg IM
           ▼              │
        Melhora ◄─────    ▼
                     Diazepam, 1 ampola com 10mg EV
                     O diazepam NUNCA deve ser administrado IM,
                     pois não se conhece a absorção desse
                     fármaco por essa via
```

Figura 106.1 Fluxograma de conduta na agitação psicomotora.
*Em casos de contraindicação ao haloperidol (Quadro 106.1), pode-se iniciar o protocolo de agitação psicomotora com midazolam, 2,5mg. Doses adicionais de 1mg podem ser usadas quando necessário.

Importante: sempre se deve pesquisar mais a fundo o motivo que desencadeou tal agitação.

Ao administrar midazolam, o médico deve estar atento a rebaixamento de nível de consciência e diminuição da frequência respiratória. Se um desses sinais for verificado, deve-se suspender o midazolam e pode-se administrar seu antídoto: flumazenil. A dose inicial recomendada é de 0,2mg EV em 15 segundos. Se o grau de consciência desejado não é alcançado em 60 segundos, uma segunda dose de 0,1mg pode ser aplicada. A dose máxima de flumazenil é 1mg.

Ao iniciar o protocolo de tranquilização rápida, o médico deve estar atento aos sinais de intoxicação pelo haloperidol (Quadro 106.2). O objetivo da associação da prometazina ao haloperidol é diminuir esses efeitos, porém **não há antídoto para o haloperidol**.

Nos capítulos de psiquiatria deste livro é realçada a necessidade de contenção mecânica nos casos de agitação psicomotora, principalmente quando o paciente oferece riscos a si e a outros. Vale salientar que o objetivo dessa contenção não é "se livrar" do paciente, mas garantir sua segurança.

Quadro 106.1 Contraindicações ao uso do haloperidol

Alergia ao fármaco
Depressão grave do sistema nervoso central
Doença de Parkinson
DPOC*
Síndrome de Sjögren*
Transtornos convulsivos*
Câncer de mama*
Bexiga neurogênica*
Hipertrofia de próstata*
Gravidez e amamentação*

* Contraindicações relativas.
DPOC: doença pulmonar obstrutiva crônica.

Quadro 106.2 Sinais de intoxicação por haloperidol

Piora da agitação
Delirium
Tremores
Rigidez muscular
Catatonia
Arritmias cardíacas e bloqueio AV
Depressão respiratória

AV: atrioventricular.

O ideal é que o médico conte com o auxílio de mais quatro profissionais da área da saúde. Enquanto o processo de contenção acontece, é importante que o médico permaneça conversando com o paciente, sempre esclarecendo o que está acontecendo e por quê. Deve-se enfatizar que não se trata de uma punição. Os sinais vitais devem ser verificados a cada 30 a 60 minutos.

As faixas de contenção devem ser de matéria resistente e a posição mais indicada é o decúbito lateral com a cabeça levemente elevada (reduzir o risco de aspiração).

Capítulo 107
Manejo do Paciente Psicótico

Fuad Baida Marina Neto • Talita Machado de Carvalho

INTRODUÇÃO

No grupo dos transtornos psicóticos, encontra-se como principal exemplo a esquizofrenia. Este capítulo não tem como objetivo principal o tratamento da doença, mas apenas do surto psicótico.

É possível perceber que um paciente psicótico está em crise quando há exacerbação de sintomas positivos: alucinações e delírios.

É importante lembrar que uma crise psicótica pode ser precipitada por certas substâncias, não padecendo o paciente de uma doença de base como a esquizofrenia ou transtorno esquizoafetivo.

CONSIDERAÇÕES

No pronto-socorro (PS), deve-se sempre excluir o uso de substâncias que precipitam a crise psicótica (Quadro 107.1).

Quadro 107.1 Substâncias que podem causar psicose por intoxicação

Álcool*
Anfetamina
Maconha
Cocaína
Alucinógenos
Anorexígenos
Inalantes
Opioides (meperidina)
Sedativos, hipnóticos e ansiolíticos*

*Essas substâncias causam psicose também devido à abstinência.

Deve-se estar atento também ao fato de alucinações poderem estar relacionadas com uma condição clínica. Por exemplo, as alucinações olfativas, especialmente aquelas envolvendo odores desagradáveis, sugerem o diagnóstico de epilepsia do lobo temporal.

QUADRO CLÍNICO

O paciente psicótico apresenta-se no PS apresentando alucinações, delírios, pensamento e discurso desorganizado e/ou alterações grosseiras do comportamento: agitação, hiperatividade ou retardo psicomotor e flexibilidade cérea.

Define-se como delírio uma falsa crença estabelecida que não tem base racional na realidade e é considerada inaceitável pela cultura do paciente. Os delírios podem se apresentar sob diversos temas, como de perseguição, religiosos, de grandeza etc. Dentre estes, o delírio de perseguição é o mais comum. Nele, o paciente acredita que está sendo seguido, enganado ou espionado.

As alucinações são definidas como uma percepção sem que haja o objeto, podendo ocorrer em qualquer modalidade sensorial: auditiva, visual, gustatória, tátil ou olfativa. Dentre estas, a alucinação auditiva é a mais comum, com o conteúdo das vozes costumando ter caráter pejorativo ou ameaçador.

Além dos clássicos delírio e alucinação, a fase aguda da esquizofrenia pode ser marcada por fenômenos de passividade: algum agente externo controla os pensamentos ou até os atos.

Pode-se encontrar também embotamento afetivo (incapacidade de demonstrar emoções), caracterização como um paciente cuja face é inexpressiva, imóvel, e com o qual não se consegue estabelecer contato visual.

Durante a anamnese, é possível deparar-se com incongruência entre as perguntas e respostas: há perda da associação lógica entre as frases.

DIAGNÓSTICO

Em geral, a crise psicótica é decorrente de evento estressante ou do uso de substâncias psicoativas. Assim, na anamnese, é fundamental a investigação desses fatores precipitantes. Caso seja estabelecido o diagnóstico de intoxicação, o tratamento é clínico.

Depois do manejo adequado do surto, é importante o encaminhamento do paciente para o serviço de psiquiatria para adequados diagnóstico e tratamento.

COMPLICAÇÕES

Deve-se ficar atento ao risco de violência iminente: alterações abruptas no comportamento ou na fala podem demonstrar perda de controle. Perante esse quadro, o tratamento deve ser instituído o mais rápido possível.

Além disso, uma das principais complicações de uma crise psicótica ocorre quando o paciente oferece risco para si e para terceiros. Como salientado anteriormente, as alucinações auditivas são comuns, e muitas vezes as vozes ordenam suicídio ou assassinato. Assim, o médico deve sempre perguntar qual é o conteúdo das vozes ouvidas pelo paciente e identificar se há risco iminente de morte. Em caso afirmativo, recomendam-se a internação e observação do paciente em hospital psiquiátrico.

TRATAMENTO

No PS, o médico deverá tratar a agitação psicomotora (veja o Capítulo 106). A alta só deverá ser fornecida após a resolução do quadro agudo e o devido encaminhamento ao serviço de psiquiatria.

Capítulo 108
Transtorno Conversivo

Fuad Baida Marina Neto • Talita Machado de Carvalho

INTRODUÇÃO

O transtorno conversivo está incluído no grande grupo dos transtornos somatoformes, cuja principal característica é a apresentação de sinais e sintomas físicos sem uma justificativa orgânica.

A presença de sintomas ou déficits que afetam a função motora ou sensorial voluntária e que sugerem uma condição neurológica ou outra condição clínica caracteriza o transtorno conversivo.

A maioria dos pacientes é do sexo feminino e os primeiros sintomas da doença costumam aparecer ainda durante a adolescência, consolidando-se durante a segunda década de vida.

QUADRO CLÍNICO

O quadro clínico do transtorno conversivo é marcado por alterações do sistema sensorimotor. As manifestações motoras encontradas mais frequentemente são: afasia (parcial ou global), comprometimento do equilíbrio, paralisia localizada, tremores ou espasmos. Em relação aos sintomas sensoriais, destacam-se: surdez, cegueira, visão dupla, parestesia, alucinações e/ou perda do tato.

Para o diagnóstico de transtorno conversivo é fundamental que sejam afastadas outras causas orgânicas.

CONSIDERAÇÕES

Muitas vezes, os critérios diagnósticos encontrados no CID-10 ou no DSM-IV são muito específicos e de interesse apenas do psiquiatra. No entanto, neste capítulo convém expor esses critérios para facilitar o diagnóstico diferencial entre o transtorno conversivo e um transtorno orgânico.

DIAGNÓSTICO

Uma vez afastados diagnósticos orgânicos (dependentes do conjunto de sinais e sintomas), alguns dados reforçam o diagnóstico de transtorno conversivo: surgimento do quadro após algum fator de estresse, funcionamento motor/sensorial prejudicado essencialmente voluntário e história de quadro semelhante anteriormente.

Critérios diagnósticos para (CID10)F44X-300.11 – Transtorno conversivo

1. Um ou mais sintomas ou déficits afetando a função motora ou sensorial voluntária que sugerem uma condição neurológica ou outra condição médica geral.
2. Fatores psicológicos são julgados como associados ao sintoma ou déficit, uma vez que o início ou a exacerbação do sintoma ou déficit é precedido por conflitos ou outros estressores.
3. **O sintoma ou déficit não é intencionalmente produzido ou simulado (como no transtorno factício ou na simulação).**
4. O sintoma ou déficit não pode, após investigação apropriada, ser completamente explicado por uma condição médica geral, pelos efeitos diretos de uma substância ou por um comportamento ou experiência culturalmente aceitos.
5. O sintoma ou déficit causa sofrimento clinicamente significativo ou prejuízo no funcionamento social ou ocupacional ou em outras áreas importantes da vida do indivíduo, ou indica a necessidade de avaliação médica.

6. O sintoma ou déficit não se limita a dor ou disfunção sexual, não ocorre exclusivamente durante o curso de um transtorno de somatização, nem é mais bem explicado por outro transtorno mental.

DIAGNÓSTICO DIFERENCIAL

É importante saber diferenciar esse quadro do transtorno dissociativo, que também consiste em um transtorno somatoforme, porém os sintomas imitam o acometimento de funções cerebrais superiores, havendo **obnubilação, desmaio ou amnésia**.

COMPLICAÇÕES

Na maioria das vezes, os transtornos conversivos têm bom prognóstico, consistindo apenas em eventos autolimitados.

As principais complicações acontecem quando se trata de uma causa orgânica e esta não é diagnosticada. Assim, diante de um paciente com dificuldade de movimentação dos membros, por exemplo, deve-se excluir primeiramente acidente vascular encefálico.

TRATAMENTO

O primeiro passo para o tratamento adequado dos transtornos conversivos consiste em vigiar para não subestimar o problema do paciente. Então, deve-se tranquilizar o paciente e explicar-lhe sua condição: não há doença orgânica. No entanto, as palavras "psicológico" e "psiquiátrico" devem ser usadas com cautela.

Muitas vezes, o transtorno conversivo consiste na somatização de doenças como depressão e ansiedade. Assim, o paciente deverá ser devidamente encaminhado ao psiquiatra para melhores diagnóstico e tratamento.

Capítulo 109
Depressão

Fuad Baida Marina Neto • Talita Machado de Carvalho

INTRODUÇÃO

A depressão faz parte do grupo dos transtornos do humor, os quais são caracterizados por alteração do humor ou do afeto, no sentido de uma depressão ou de uma exaltação.

A depressão caracteriza-se por rebaixamento do humor, redução da energia e diminuição da atividade. Podem ser observadas também alterações no sono e/ou no apetite. Um estudo realizado no serviço de emergência de Saúde Mental da Santa Casa de São Paulo demonstrou que o transtorno do humor foi o diagnóstico sindrômico mais comum entre os idosos (40% dos atendimentos), com 78,2% das consultas ocorrendo devido a um episódio de depressão maior.

Diante da suspeita de um caso de depressão, o médico deve ter muita atenção no momento da alta hospitalar e certificar-se de que não se trata de um caso de depressão grave, na qual o paciente oferece risco a si ou a terceiros.

QUADRO CLÍNICO

Segundo o CID-10, os sintomas do episódio depressivo maior são: humor deprimido, perda de interesse e prazer e energia reduzida, levando a fatigabilidade aumentada e atividade diminuída. Cansaço marcante após esforços leves é comum. Outros sintomas comuns são: concentração e atenção reduzidas, autoestima e autoconfiança reduzidas, ideias de culpa e inutilidade, visões desoladas e pessimistas do futuro, ideias ou atos autolesivos ou suicídio, sono perturbado e apetite diminuído.

Em geral, o paciente com quadro de depressão grave chega ao PS apresentando tentativa ou plano suicida.

CONSIDERAÇÕES

Algumas vezes, os quadros psiquiátricos são manifestações de tumores ou isquemias cerebrais. Assim, ao atender o paciente na emergência, é importante manter-se atento aos diagnósticos diferenciais orgânicos.

Os episódios de mania decorrentes de medicamentos ou de terapia eletroconvulsivante não devem ser considerados como critério diagnóstico de fase maníaca do transtorno bipolar.

DIAGNÓSTICO

O paciente chegará ao PS com o quadro clínico supracitado. Vale ressaltar que pacientes com diagnóstico de depressão podem chegar ao PS com quadro de agitação psicomotora, a qual deve ser tratada (veja o Capítulo 106).

Atenção especial deve ser dada àqueles pacientes que oferecem risco a si e a terceiros. O protocolo de tranquilização rápida deve ser implantado e o paciente deve ser encaminhado ao hospital psiquiátrico.

DIAGNÓSTICO DIFERENCIAL

Os principais diagnósticos orgânicos diferenciais para depressão são: hipotireoidismo, *diabetes mellitus*, síndrome do cansaço ou fadiga crônica e anemias.

COMPLICAÇÕES

A principal complicação do quadro depressivo é o suicídio. Além disso, estudos comprovam que a depressão aumenta a morbidade e a mortalidade de idosos.

TRATAMENTO

Pacientes que oferecem risco a si e a terceiros devem ser contidos no leito e, em caso de agitação psicomotora, o protocolo deve ser seguido (veja o Capítulo 106). O paciente deve ser prontamente encaminhado para hospital psiquiátrico. Casos muito graves de depressão podem ser tratados com eletroconvulsoterapia.

Os agentes antidepressivos serão instituídos pelo psiquiatra após diagnóstico adequado.

Capítulo 110
Transtornos de Ansiedade

Fuad Baida Marina Neto • Talita Machado de Carvalho

INTRODUÇÃO

Denomina-se ansiedade patológica aquela cuja intensidade e duração deixam de ser proporcionais aos estímulos recebidos. Trata-se de um sentimento desagradável, constituída de manifestações somáticas, comportamentais e cognitivas.

Dentro do grupo dos transtornos de ansiedade, encontram-se o transtorno de pânico, o transtorno de ansiedade generalizada, a fobia social, o transtorno obsessivo-compulsivo e o transtorno de estresse pós-traumático. O que difere um transtorno ansioso do outro é a manifestação ansiosa que predomina no quadro clínico (Quadro 110.1).

CONSIDERAÇÕES

Apesar dos poucos estudos disponíveis sobre o tema, é muito comum o atendimento de pacientes com transtorno de ansiedade nas emergências clínicas. Esses pacientes querem atenção e podem **simular** quadros clínicos orgânicos, sendo o infarto agudo do miocárdio um dos mais comuns. Por isso, o médico deve estar atento para que a hipótese seja afastada durante a anamnese. A falta desse cuidado no processo de coleta da história clínica faz com que o médico solicite exames complementares desnecessários, onerando os gastos públicos.

Para diferenciar a ansiedade normal da patológica, deve-se avaliar se a reação ansiosa é de curta duração, autolimitada e relacionada com o estímulo do momento ou não. Essa diferenciação é importante, uma vez que os casos patológicos necessitam do devido encaminhamento para um serviço de psiquiatria.

QUADRO CLÍNICO

Diante de um quadro de transtorno de ansiedade, encontra-se um **paciente apreensivo, nervoso e preocupado**.

Manifestações somáticas mais encontradas: **taquicardia, tremores, sudorese, boca seca e hiperventilação**.

DIAGNÓSTICO

Existem critérios diagnósticos bem estabelecidos que promovem o diagnóstico de cada tipo de transtorno de ansiedade. Neste capítulo, será realçada apenas a manifestação ansiosa que predomina em cada tipo, porém o diagnóstico final é estabelecido pelo psiquiatra (Quadro 110.1). Os sintomas mais comuns a todos eles já foram mencionados neste capítulo.

Quadro 110.1 Manifestação ansiosa predominante

Transtorno do pânico: extrema apreensão ou medo
Transtorno de ansiedade generalizada: ansiedade persistente. Nesse transtorno, podem-se observar sintomas de tensão motora com tremores, fadiga e cefaleia
Transtorno de estresse pós-traumático: o evento desencadeador do estresse é revivido de modo persistente
Fobia social: temor de ser avaliado por outras pessoas, que estariam avaliando o paciente negativamente
Transtorno obsessivo-compulsivo: pensamentos obsessivos e comportamentos compulsivos

TRATAMENTO

Acredita-se que a sintomatologia dos transtornos de ansiedade é decorrente tanto de mecanismos orgânicos como de mecanismos psicológicos. Por isso, nesses casos, o tratamento ideal combina psicoterapia e medicamentos.

No PS, o tratamento inicial visa **melhorar o quadro de agitação psicomotora** (veja o Capítulo 106). Antes de aplicar o protocolo de tranquilização rápida, é importante a **exclusão** de causas orgânicas psicomotoras: intoxicação/abstinência por álcool ou outras substâncias, traumatismo craniano, infecções no SNC, epilepsia, hipoglicemia e hipoxia.

Uma vez concluído o atendimento emergencial, deve-se encaminhar o paciente ao psiquiatra para diagnóstico mais preciso e tratamento adequado.

BIBLIOGRAFIA

Almeida OP. Idosos atendidos em serviço de emergência de saúde mental: características demográficas e clínicas. Revista Brasileira de Psiquiatria 1999; 21(1).

Classificação de Transtornos Mentais e de Comportamento da CID-10: Descrições Clínicas e Diretrizes Diagnósticas – Coord. Organização Mundial da Saúde. Porto Alegre: Artmed, 1993.

DSM-IV-TR. Manual diagnóstico e estatístico de transtornos mentais. 4. ed. Porto Alegre: Artmed, 2002.

Lopes AC. Tratado de clínica médica. 2. ed. Volume 2. São Paulo: Roca, 2009.

Hales RE. Tratado de psiquiatria clínica. In: Hales RE, Yudofsky SC. 4. ed. Porto Alegre: Artmed, 2006.

Seção XIV – VASCULAR

Capítulo 111
Trombose Venosa Profunda

Adolpho Baamonde Borges Sabino • Eduardo Alvarenga Junqueira Filho

INTRODUÇÃO

A trombose venosa profunda (TVP) é uma doença potencialmente grave, definida como a obstrução, parcial ou completa, ao fluxo sanguíneo pela formação de um trombo nas veias do sistema profundo. A TVP afeta com maior frequência os membros inferiores, porém também pode ocorrer em outros locais, como veia cava, jugular interna, seio cavernoso e veias dos membros superiores.

Trata-se de importante causa de morte em pacientes hospitalizados, tendo em vista sua principal complicação, que é a tromboembolia pulmonar (TEP). Entretanto, tanto a TVP como a TEP são doenças que são facilmente prevenidas quando se institui o tratamento correto de maneira rápida e eficaz: a anticoagulação.

FISIOPATOLOGIA

São três as principais influências na formação do trombo: **lesão endotelial, estase ou turbulência do fluxo sanguíneo e estado de hipercoagulabilidade sanguínea**. Esses fatores são conhecidos como **tríade de Virchow**. Sabe-se que podem atuar independentes ou combinados na formação do trombo. Dentre estes, a lesão endotelial destaca-se como fator dominante, dado que o endotélio não necessita estar desnudo ou roto para contribuir para o desenvolvimento da trombose; qualquer perturbação no equilíbrio dinâmico dos efeitos pró e antitrombóticos do endotélio pode influenciar os eventos de coagulação local.

A turbulência do fluxo sanguíneo contribui para os fenômenos trombóticos por causar lesão ou disfunção endotelial. A estase é fator preponderante nos casos de trombose venosa, devido à ausência do fluxo laminar que mantém as plaquetas separadas do endotélio por uma lâmina de plasma de baixo fluxo; da mesma maneira, os fatores de coagulação ativados no sangue não são diluídos e os inibidores da coagulação têm seu fluxo diminuído.

Os estados de hipercoagulabilidade são menos frequentes, porém não perdem importância em se tratando da capacidade de causar trombos. Podem ser primários (genéticos) ou secundários (adquiridos) (Quadro 111.1). Dentre as causas genéticas, destacam-se as mutações no gene do fator V, que acometem aproximadamente 2% a 15% dos caucasianos. Séries de estudos mostram que cerca de 60% dos pacientes com quadros de trombose venosa profunda recorrente apresentam mutação no gene do fator V.

As causas herdadas de hipercoagulabilidade devem ser suspeitadas em quadros de trombose na ausência de quaisquer fatores adquiridos em pacientes < 50 anos de idade. A importância da frequência dessas alterações genéticas na população é observada em situações em que se somam a fatores adquiridos, aumentando ainda mais a probabilidade de eventos trombóticos (p. ex., mutação no gene da protrombina em paciente portador de câncer).

QUADRO CLÍNICO

O quadro clínico da TVP varia de acordo com sua localização, podendo ocorrer, principalmente, **dor e edema no membro acometido, ou até mesmo cursar com quadros assintomáticos**. Habitualmente, a dor é referida como em queimação, câimbra ou sensação de peso, tendo caráter insidioso e intensidade variável. Em geral, podem ocorrer febre baixa e mal-estar inespecífico, além de aumento da temperatura do membro afetado.

Quadro 111.1 Estados de hipercoagulabilidade

Primário (genético)
1. **Comum**
   Mutação no gene do fator V (fator V de Leiden)
   Mutação no gene da protrombina
   Mutação no gene do metiltetraidrofolato
2. **Raro**
   Deficiência da antitrombina III
   Deficiência da proteína C
   Deficiência da proteína S
3. **Muito raro**
   Defeitos na fibrinólise

Secundário (adquirido)
1. **Alto risco de trombose**
   Repouso ou imobilização prolongados no leito
   Infarto do miocárdio
   Fibrilação atrial
   Dano tecidual (cirurgia, fratura, queimadura)
   Câncer
   Válvulas cardíacas protéticas
   Coagulação intravascular disseminada
   Trombocitopenia induzida pela heparina
   Síndrome do anticorpo antifosfolípide
2. **Baixo risco de trombose**
   Cardiomiopatia
   Síndrome nefrótica
   Estados hiperestrogênicos (gravidez)
   Uso de contraceptivos orais
   Anemia falciforme
   Tabagismo

Quadro 111.2 Trombose venosa profunda: fatores de risco

Fatores clínicos de risco	Pontos	Fatores clínicos de risco	Pontos
Idade ≥ 40 anos	1	IAM não complicado	1
Idade ≥ 60 anos	2	IAM complicado	2
Tabagismo	1	AVEI	2
Obesidade	1	Antecedente TEP/TVP	2
Uso de estrógenos ou anticoncepcionais	1	Edema, úlcera, estase dos membros inferiores	2
Neoplasia	2	*Diabetes mellitus*	1
Gestação e puerpério	1	ICC	2
Imobilização	1	História familiar TVP/TEP	2
Deficiência de proteína C e S, antitrombina III	1	Cirurgia da grande porte nos últimos 6 meses	1
Síndrome nefrótica	1	Queimaduras extensas	2
Policitemia	1	Varizes	1
Doença autoimune	1	Anticorpos antifosfolípides	1
Leucemias	1	Infecções	1
Cirurgia geral			
Tempo cirúrgico ≤ 60 minutos	1	Tempo cirúrgico > 60 minutos	2
Cirurgia ortopédica			
Cirurgias do quadril, joelhos, próteses, fraturas de ossos longos, fraturas múltiplas, politrauma			> 4

TOTAL DOS PONTOS = (aplique a soma no Quadro 111.4)

IAM: infarto agudo do miocárdio; AVEI: acidente vascular encefálico isquêmico; ICC: insuficiência cardíaca congestiva.

Quadro 111.3	Risco de evento tromboembólico sem profilaxia		
	Risco baixo (≤ 1 ponto)	Risco moderado (2 a 4 pontos)	Risco alto (> 4 pontos)
TVP distal (%)	2	10 a 40	40 a 80
TVP proximal (%)	0,4	2 a 8	10 a 20
TEP sintomática (%)	0,2	1 a 8	5 a 10
TEP fatal (%)	0,002	0,1 a 0,4	1 a 5

Quadro 111.4	Condutas para profilaxia conforme o número de pontos		
Risco baixo (≤ 1 ponto)	Risco moderado (2 a 4 pontos)	Risco alto (> 4 pontos)
Medidas gerais, sendo possível associar medidas mecânicas	Medidas gerais associadas a medidas mecânicas ou medidas farmacológicas	Medidas gerais associadas a medidas mecânicas e farmacológicas

O exame físico do membro acometido pode revelar **dor em pontos específicos à palpação**. O sinal da dorsiflexão dolorosa (sinal de Homans) tem baixas sensibilidade e especificidade, sendo sua presença ou ausência inexpressiva. Quando presente, o **edema unilateral ou assimétrico é o melhor sinal de TVP**. Edemas bilaterais estão, mais comumente, relacionados com doenças sistêmicas, exceção feita à trombose da veia cava inferior. Na maioria das vezes, o edema fica restrito ao tornozelo na trombose de veias da panturrilha. Nos casos de trombose iliofemoral, o edema pode acometer todo o membro; nessa condição pode aparecer o quadro de *phlegmasia alba dolens*, em que, ao lado do edema difuso, há também palidez cutânea acentuada da extremidade decorrente de espasmo arterial. Cianose cutânea pode ser observada em extensão variável, dependendo da localização e do comprometimento da trombose. Em casos mais graves, em que há trombose venosa extensa, atingindo inclusive as vênulas e capilares venosos, aparece o quadro de *phlegmasia cerulea dolens*, que se caracteriza por cianose, petéquias, diminuição de pulsos e síndrome compartimental.

DIAGNÓSTICO

Apesar da importância clínica, o diagnóstico de TVP só é fechado a partir de métodos complementares, nos quais se pode lançar mão dos exames de imagem e dos exames laboratoriais.

Atualmente, o melhor e mais usado na prática médica no estudo da TVP é a **ultrassonografia (USG) com Doppler** dos membros acometidos. As características estudadas por esse exame são a compressibilidade do vaso, a variação fásica do fluxo com a respiração ou com manobra de Valsalva e a presença de material ecogênico no interior da veia. A **flebografia** ainda é considerada o exame padrão-ouro, porém é cada vez menos utilizada por ser considerada um exame invasivo e usar contraste.

Outro exame que pode ser utilizado é a **dosagem do D-dímero**, um produto da degradação da fibrina que se encontra elevado nos casos de TVP. Apesar de sua alta sensibilidade para o diagnóstico da doença em questão, serve apenas como valor preditivo negativo, ou seja, para descartar TVP.

DIAGNÓSTICO DIFERENCIAL

As doenças que entram no diagnóstico diferencial das tromboses venosas são aquelas que cursam com dor, edema, turgescência muscular e alterações na coloração do membro, como:

- Infecções do subcutâneo
- Ruptura muscular

- Miosites
- Ruptura de cisto de Baker
- Distensão muscular ou trauma fechado
- Edema sistêmico
- Hematomas

TRATAMENTO

O **tratamento da TVP baseia-se na anticoagulação**, tendo como objetivo principal a prevenção das complicações agudas e das sequelas tardias. Para tanto, a precocidade e a eficácia da terapêutica são fundamentais. Portanto, a identificação dos pacientes com fatores de risco para a doença, mesmo que assintomáticos, deve remeter à lembrança da profilaxia adequada e à busca ativa inclusive com a propedêutica armada. Entre os objetivos do tratamento podem ser citados:

1. Prevenção da formação de novos trombos
2. Prevenção da evolução para quadros de TEP
3. Diminuição da recorrência de TVP

São várias as opções terapêuticas disponíveis para a anticoagulação. Na prática, no entanto, utilizam-se principalmente a **heparina não fracionada (HNF)** ou **a heparina de baixo peso molecular (HBPM)**, lembrando que, assim que possível, o paciente deve começar a receber a anticoagulação VO; neste caso, a medicação é a **varfarina. As respectivas doses e o manejo da anticoagulação encontram-se descritas no Capítulo 22.**

> **Obs. 1:** para casos selecionados (início do quadro há menos de 14 dias, TVP proximal extensa, bom estado geral, baixo risco de sangramento, expectativa de vida > 1 ano), o uso de trombolíticos (especialmente nos casos de *phlegmasia cerulea dolens*) ou trombólise por cateter local se tornam opções terapêuticas.

> **Obs. 2:** o tempo do tratamento com anticoagulante deve ser planejado individualmente, mediante a análise da situação clínica de cada paciente:
> - **Primeiro episódio de TVP secundário a fatores de risco reversíveis:** anticoagulação por 3 meses.
> - **Primeiro episódio, porém sem fator de risco definido:** anticoagulação por 3 meses ou mais (em geral, 6 meses). Após esse período, avaliar riscos e benefícios da continuidade do tratamento de maneira individual.
> - **TVP recorrente:** anticoagulação por toda a vida.

Capítulo 112
Contenção da Hemorragia no Pronto-socorro

Guilherme Almeida Rosa da Silva • Tatiane Cristina Marques

INTRODUÇÃO

Hemorragia é caracterizada pela perda de sangue, que pode ter caráter agudo ou crônico, principalmente em virtude de traumatismos, substâncias corrosivas, neoplasias ou lesões vasculares inflamatórias. Este capítulo visa à abordagem mecânica da hemorragia aguda em consequência das lesões vasculares que resultam em hemorragias ameaçadoras à vida.

CLASSIFICAÇÃO

1. **Quanto ao tipo de vaso rompido:**
   - **Hemorragia arterial:** o sangramento ocorre em jato pulsátil, de coloração vermelho-vivo. É o tipo mais grave devido à velocidade da perda sanguínea.
   - **Hemorragia venosa:** o sangramento é vermelho-escuro e sai de modo contínuo e lentamente, escorrendo pela ferida.
   - **Hemorragia capilar:** sangramento contínuo com fluxo lento. O exemplo mais comum é a escoriação.
2. **Quanto à localização:**
   - **Hemorragia interna:** o sangramento extravasa para uma cavidade do organismo (peritônio, pleura, pericárdio, meninges, cavidade craniana e câmara anterior do olho), sendo ocasionado por rupturas vasculares internas, principalmente decorrentes de traumas. Comum em acidentes automobilísticos e em quedas de grandes alturas, pode ser oculto ou exteriorizado.
   - **Hemorragia externa:** o sangramento extravasa através dos orifícios ou através da pele. Costuma ser facilmente visualizado.

QUADRO CLÍNICO

O quadro clínico varia de acordo com a quantidade perdida de sangue, a velocidade do sangramento, o estado prévio de saúde e a idade do paciente. A perda de sangue deve ser estimada mediante a avaliação dos sinais e sintomas correspondentes a um estado euvolêmico ou hipovolêmico:

- **Perdas de até 15% do volume sanguíneo (aproximadamente 750mL em adultos):** geralmente não causam alterações clínicas, já que o próprio organismo consegue compensá-las.
- **Perdas > 15% e < 30% (aproximadamente 750 a 1.500mL):** costumam causar estado de choque, ansiedade, sede, taquicardia (frequência cardíaca entre 100 e 120bpm), pulso radial fraco, pele fria, palidez, suor frio, taquipneia (frequência respiratória > 20irpm), hipotensão postural, queda na pressão diastólica e enchimento capilar lentificado (> 2 segundos).
- **Perdas > 30% (> 1.500mL):** levam a choque, alterações do estado mental, agitação, confusão ou inconsciência, sede intensa, pele fria, palidez, suor frio, taquicardia (com frequência cardíaca > 120bpm), pulsos arteriais filiformes, taquipneia importante e enchimento capilar lentificado.
- **Perdas > 50% do volume sanguíneo:** parada cardiorrespiratória e morte.

TRATAMENTO

O tratamento vai depender da gravidade da hemorragia e do prognóstico do paciente. Consiste em procedimentos básicos e que devem ser realizados inicialmente:

- Deitar a vítima.
- Colocar a cabeça em plano mais baixo que o corpo, exceto nos casos de suspeita de fratura de crânio, lesão cerebral ou quando houver dispneia, em que a cabeça deve ser mantida elevada.
- Elevar os membros inferiores e elevar o segmento que está com o ferimento em nível acima do coração, exceto se esse movimento causar dor ou houver suspeita de lesão interna, como fratura.
- Retirada das roupas.
- Dieta zero.

1. **Compressão no local:** é o método mais utilizado e eficaz. Aplicar sobre a ferida uma **compressa esterilizada** ou, em sua falta, um pano lavado (de modo a limitar o risco de infecção), **exercendo pressão firme** com uma ou as duas mãos, com um dedo ou ainda com uma ligadura limpa, conforme o local e a extensão do ferimento. Se a gaze ficar saturada de sangue, colocar outra por cima, mas sem retirar a primeira. Fazer essa compressão até a hemorragia parar (por pelo menos 10 minutos). A contenção com pressão direta, usando curativo simples, é o método mais indicado, mas se isso não for possível deve-se utilizar o curativo compressivo.
2. **Ponto de pressão:** a técnica do ponto de pressão consiste em comprimir a artéria lesionada contra o osso mais próximo, de modo a diminuir a afluência de sangue na região do ferimento. Em hemorragia da região temporal e parietal, deve-se comprimir a artéria temporal contra o osso com os dedos indicador, médio e anular. No caso de hemorragia no membro superior, o ponto de pressão está na artéria braquial, localizada na face interna do terço médio do braço. No caso de ferimento com hemorragia no membro inferior, o ponto de pressão é encontrado na região inguinal no trajeto da artéria femoral. A compressão deve ser vigorosa o suficiente para diminuir o fluxo do sangue.

    É importante procurar manter o braço esticado para evitar cansaço excessivo e estar preparado para insistir no ponto de pressão em caso de a hemorragia recomeçar.

    Torniquete: nos casos em que as hemorragias não podem ser contidas pelos métodos de compressão direta, curativo compressivo ou ponto de pressão, torna-se necessário o uso do torniquete. O torniquete é o último recurso devido aos perigos que podem surgir por sua má utilização, já que com esse método é impedida totalmente a passagem de sangue pela artéria. Para se fazer um torniquete usa-se a seguinte técnica:
    - Elevar o membro ferido acima do nível do coração.
    - Usar uma faixa de tecido largo, com aproximadamente 7cm ou mais, longa o suficiente para dar duas voltas, com pontas para amarração.
    - Aplicar o torniquete logo acima da ferida.
    - Passar a tira duas vezes ao redor do membro ferido e dar meio nó.
    - Colocar um pequeno pedaço de madeira (vareta, caneta ou qualquer objeto semelhante) no meio do nó. Dar um nó completo no pano sobre a vareta.
    - Apertar o torniquete, girando a vareta.
    - Fixar as varetas com as pontas do pano.
    - Afrouxar o torniquete, girando a vareta no sentido contrário, a cada 10 ou 15 minutos.
3. **Acesso venoso:** um acesso venoso deve ser puncionado em caso de hemorragias leves e dois acessos venosos periféricos ou um acesso profundo devem ser puncionados no caso de hemorragias moderadas ou graves. Deve ser iniciada reposição volêmica com 500 a 1.000mL de SF 0,9% rapidamente em casos com repercussão hemodinâmica, tendo os parâmetros clínicos e semiológicos da volemia avaliados constantemente. Se não houver estabilização hemodinâmica após 20 a 30 minutos, a reposição deverá ser repetida, e, em caso de manutenção do insucesso ou em hemorragias maciças, a reposição volêmica deverá ser realizada com concentrado de hemácias.
4. **Avaliação de diáteses hemorrágicas:** todos os pacientes devem ser avaliados para fatores de risco conhecidos de diáteses hemorrágicas (hepatopatia, hemofilia, plaquetopenia), sendo submetidos

a exames bioquímicos com a contagem de plaquetas e o TAP e PTT. Caso haja indicação, deve ser realizado concentrado de plaquetas (1 bolsa a cada 10kg) ou plasma fresco (10 a 20mL/kg).

OUTRAS HEMORRAGIAS
Epistaxe ou rinorragia

1. Fazer ligeira pressão com os dedos sobre a asa do orifício nasal de onde flui o sangue, para que as paredes se toquem e, por compressão direta, o sangramento seja contido.
2. A inclinação da cabeça do acidentado para trás com a manutenção da boca aberta pode predispor a broncoaspiração ou náuseas e vômitos. Sempre que possível, aplicar compressas frias sobre a testa e a nuca.
3. Caso a pressão externa não tenha contido a hemorragia, introduzir um pedaço de gaze ou pano limpo torcido na narina que sangra. Pressionar o local.
4. Em caso de contenção do sangramento, avisar o acidentado para evitar assoar o nariz durante pelo menos 2 horas, para evitar novo sangramento.

Hematêmese

1. Manter o acidentado em repouso em decúbito dorsal (ou lateral, se estiver inconsciente); não utilizar travesseiros.
2. Suspender a ingestão de líquidos e alimentos.
3. Aplicar bolsa de gelo ou compressas frias na área do estômago.

Melena e enterorragia

1. Tranquilizar o acidentado e obter sua colaboração.
2. Deitar o acidentado de costas.
3. Aplicar bolsa de gelo sobre o abdome, nas regiões gástrica e intestinal.
4. Aplicar compressas geladas na região anal (sangramento por hemorroidas).

BIBLIOGRAFIA

Brasil. Ministério da Saúde. Manual de primeiros socorros. Rio de Janeiro. Fundação Oswaldo Cruz, 2003:68-78.
Brasil. Ministério da Saúde. Protocolos da unidade de emergência/Hospital São Rafael – Monte Tabor, Ministério da Saúde. 10. ed. Brasília: Ministério da Saúde, 2002:176.
Dryjski M, Brien-Irr M S, Harris L M, Hasset J, Janicke D. Evaluation of a screening protocol to exclude the diagnosis of deep venous thrombosis among emergency department patients. J Vasc Surg 2001; 34(6):1010-15.
Golin V, Sprovieri SRS. Condutas em urgências e emergências para o clínico – edição revista e atualizada. São Paulo: Atheneu, 2009.
Maffei FHA, Rollo HA. Trombose venosa profunda dos membros inferiores: incidência, patologia, patogenia, fisiopatologia e diagnóstico. In: Mafei FHA. Doenças vasculares periféricas. 3. ed. Rio Janeiro: Medsi, 2002:1363-86.
Maffei FHA, Rollo HA. Trombose venosa profunda dos membros inferiores: tratamento clínico. In: Mafei FHA. Doenças vasculares periféricas. 3. ed. Rio Janeiro: Medsi, 2002:1407-26.
Maffei FHA. Profilaxia da trombose venosa e da embolia pulmonar. In: Mafei FHA. Doenças vasculares periféricas. 3. ed. Rio Janeiro: Medsi, 2002:1487-98.
Reibscheid SM. Tromboembolia pulmonar: incidência, etiopatogenia e fisiopatologia. In: Mafei FHA. Doenças vasculares periféricas. 3. ed. Rio Janeiro: Medsi, 2002:1441-52.

Seção XV – HEMATOLOGIA

Capítulo 113
Anemias

Bruno F. F. Tonelotto • Marina F. F. Tonelotto

INTRODUÇÃO

Anemia é uma condição causada pela diminuição da concentração de hemoglobina no sangue, ou seja, insuficiência do pigmento que dá cor aos glóbulos vermelhos. Esse pigmento é responsável por transportar o oxigênio dos pulmões para as células de todo o corpo e é imprescindível para o bom funcionamento dos tecidos humanos, pois, quando a hemoglobina está abaixo do valor de referência, a capacidade de transporte de oxigênio nos tecidos fica prejudicada. Em geral, a baixa de hemoglobina é acompanhada da diminuição nos eritrócitos e no hematócrito.

Neste capítulo serão descritas as anemias em geral, com enfoque posterior das anemias na emergência. Serão abordadas, principalmente, as **anemias aguda, ferropriva e falciforme.**

A hemoglobina é formada por quatro cadeias de globinas (tipos alfa, beta, gama ou delta) e uma porção heme. O heme é formado pela protoporfirina e um átomo de ferro no centro. Cada molécula de hemoglobina pode ligar até quatro moléculas de oxigênio.

O que determina a concentração de hemoglobina no sangue é o total de hemoglobina circulante em relação ao plasma. Alterações no volume do plasma, como em caso de desidratação ou aumento do volume plasmático, podem mascarar uma anemia ou provocar uma anemia aparente, respectivamente.

Pode-se afirmar que a anemia é o distúrbio mais comum do sangue, a qual é classificada como aguda (a anemia da perda súbita de sangue), e crônica (quando não há perda de volume, pois há compensação na produção de células sanguíneas).

Vale ressaltar a importância de não tratar a anemia como uma doença, e sim como um sinal de que existe uma doença, já que muitos médicos não se preocupam em investigar a causa principal da anemia. Ao tratarmos apenas a anemia para corrigir níveis de hemoglobina e hematócrito, como, por exemplo, hemotransfundindo, ou utilizando sulfato ferroso e polivitamínicos, estamos negligenciando a causa principal da anemia. Portanto, depois do tratamento emergencial, é importante correlacionar o quadro clínico com o laboratorial.

Valores de referência:
- **Hemoglobina:**
  12 a 15g/dL (mulheres)
  13,5 a 17g/dL (homens)
  < 9,5g/dL (crianças de 1 a 2 anos)
- **Hematócrito:**
  36% a 44% (mulheres)
  39% a 50% (homens)

QUADRO CLÍNICO

Para entender os sintomas causados pela anemia é necessário saber que há dois principais fatores de adaptação fisiológica que buscam corrigir a hipoxia tecidual. O primeiro deles é o aumento do débito cardíaco, que procura manter uma distribuição de oxigênio mesmo com menor quantidade de O_2/mL de sangue. O segundo mecanismo compensatório consiste no aumento de 2,3 difosfoglicerato (DPG) nas hemácias, reduzindo a afinidade do oxigênio nas hemácias para que seja mais prontamente liberado.

O grau de severidade dos sintomas da anemia depende da rapidez e intensidade da instalação do quadro, sendo proporcional à curva de dissociação do oxigênio da hemoglobina. Alguns pacientes anêmicos podem ser assintomáticos, enquanto outros, mesmo com anemia leve, podem apresentar sintomas graves.

Na maioria das vezes, os pacientes anêmicos procuram cuidados médicos em virtude de sinais e sintomas da doença de base, sinais e sintomas da anemia, ou pelos dois motivos. A maioria desses pacientes é oligossintomática, e mesmo nos sintomáticos o diagnóstico costuma ser feito apenas com o exame laboratorial.

Os **sintomas** são pouco específicos, podendo ser listados: **fraqueza, letargia, dispneia aos esforços, taquicardia, cefaleia e palpitações**. O que chama a atenção, e é importante na emergência, é a piora das doenças de base na vigência de um quadro anêmico.

A descompensação de doenças cardiovasculares (insuficiência cardíaca congestiva [ICC] e angina), doenças cerebrovasculares e doenças respiratórias está entre as queixas mais frequentes e mais graves dos pacientes anêmicos.

DIAGNÓSTICO

A investigação do quadro anêmico deve iniciar com anamnese e exame físico, em busca de questões importantes, citadas a seguir:

Na anamnese

- Tempo de início dos sintomas (se é insidioso: anemias carenciais, anemia aplástica, mielodisplasias, anemia de doença crônica ou mieloma múltiplo; se é agudo: anemias hemorrágicas agudas, anemia hemolítica autoimune; se tem início na infância: anemia falciforme, talassemias ou esferocitose hereditária etc.).
- Sintomas associados, como os das doenças de base.

No exame físico

Podem ser encontradas:

- Glossite e queilite angular (anemias carenciais).
- Icterícia (anemias megaloblásticas e hemolíticas).
- Esplenomegalia (anemia hemolítica, neoplasias hematológicas).
- Petéquias (anemia aplástica com plaquetopenia, leucemias agudas).
- Deformidades ósseas do crânio (talassemia).

Depois da investigação inicial, o melhor modo de diagnosticar anemia é por meio de exame de sangue, o **hemograma**. Em geral, é feita uma contagem completa do sangue. Além de mostrar a quantidade de células sanguíneas vermelhas e o nível de hemoglobina, a contagem automática também mede o tamanho das células vermelhas, o que é importante para distinguir entre as causas. O exame de fezes também pode ser exigido para verificar a perda de sangue nas fezes.

Exames complementares

A abordagem das anemias envolve exames gerais e específicos, sendo o principal o hemograma completo (hemácias, leucócitos e plaquetas), incluindo índices hematimétricos (VCM, HCM e CHCM) e RDW (índice de anisocitose) e também contagem de reticulócitos.

O esfregaço de sangue periférico é importante para avaliar a forma da hemácia e alterações nas plaquetas e leucócitos, confirmando ou sugerindo determinadas anemias. É um exame muito importante, porém não tão utilizado na emergência.

- **Bioquímica:** bilirrubina, LDH e haptoglobina também auxiliam o diagnóstico e a avaliação do quadro anêmico.

Valores de referência:
- **Hemácias:** 4 a 6 milhões/mm³
- **VCM** (volume corpuscular médio): 80 a 100fL
- **HCM** (hemoglobina corpuscular média): 28 a 32pg
- **CHCM** (concentração de hemoglobina corpuscular média): 32 a 35g/dL
- **Leucócitos:** 5 a 11 × 10³/mm³
- **Plaquetas:** 150 a 400 × 10³/mm³

Possíveis causas de anemia
- Problemas de absorção ou dieta pobre em ferro, ácido fólico, vitamina B_{12}
- Deficiências genéticas, problemas na medula óssea
- Reação a medicamentos e exposição a produtos químicos e/ou tóxicos
- Problemas no sistema imunológico mediados por anticorpos
- Hemorragias
- Infecções e doenças crônicas

REPERCUSSÕES DAS ANEMIAS NA EMERGÊNCIA

A maioria das anemias apresenta um quadro insidioso com sintomas tratáveis clinicamente, não repercutindo, portanto, na emergência. No entanto, algumas anemias, como aguda, ferropriva, hemolítica e falciforme, podem apresentar sintomas mais graves e que necessitam atendimento imediato.

■ ANEMIA AGUDA

A anemia aguda ocorre após **perda maciça de sangue** (hemorragia aguda) decorrente de trauma, doença hemorrágica ou lesão gastrointestinal ou geniturinária. É importante ressaltar que as repercussões hematológicas não são imediatas diante do volume de sangue perdido, o que geralmente só ocorre após 36 a 72 horas.

A gravidade da perda sanguínea deverá ser avaliada por: pressão arterial, hipotensão postural, taquicardia, sudorese, palidez, cianose, oligúria/anúria, lembrando que os sinais e sintomas da anemia decorrente de sangramento agudo são muito piores devido à hipovolemia. A hipovolemia deve ser corrigida rapidamente para que não haja má perfusão dos tecidos, impedindo a ocorrência de choque, acidose lática e, nos casos mais graves, a morte (choque hemorrágico).

Deve-se prestar bastante atenção, uma vez que mesmo quando o hematócrito e a hemoglobina são maiores, nem sempre a oxigenação tecidual é melhor. Um hematócrito > 45% é sempre prejudicial, pois aumenta a viscosidade sanguínea e acaba por piorar a perfusão tecidual. Uma hemoglobina > 10g/dL e um hematócrito > 30% são suficientes para otimizar a oxigenação tecidual mesmo nos pacientes com baixa reserva cardiopulmonar ou cerebral, evitando, então, hemotransfusões desnecessárias.

Na hemorragia aguda, a perda sanguínea aguda leva a hipovolemia e anemia. Assim, o tratamento desses pacientes baseia-se, primeiramente, na reposição volêmica vigorosa, utilizando soros cristaloides (soro fisiológico ou Ringer). Uma perda sanguínea de até 30% (geralmente 1.500mL) não costuma precisar de hemotransfusão. Perdas acima desse limite, na maioria das vezes, necessitam da reposição de concentrados de hemácia (papa de hemácia) como parte da ressuscitação volêmica.

Ao lado das medidas que visam cessar a hemorragia, torna-se imperiosa a reposição da volemia. Para a reposição das perdas é imprescindível avaliar a intensidade do sangramento, ao mesmo tempo que se providencia via adequada para infusão. Recomenda-se o seguinte esquema de reposição:

1. **Perda de até 15% da volemia:** nesta situação, costuma haver ausência de sinais clínicos decorrentes da hemorragia. Infundir apenas solução glicofisiológica.

2. **Perda de 15% a 25% da volemia (750 a 1.250mL para um adulto de 70kg):** observam-se taquicardia e hipotensão discretas e extremidades frias. Infundir apenas cristaloides.
3. **Perda de 25% a 40% da volemia (1.250 a 2.000mL):** são observadas hipotensão (< 100/60mmHg), taquicardia (> 100bpm), sudorese fria, palidez e redução da diurese. Iniciar a reposição com cristaloides ou coloides, seguida de concentrado de glóbulos.
4. **Perdas > 40% da volemia:** risco de morte iminente, caracterizando-se pelos seguintes sinais clínicos: pressão sistólica < 60mmHg, frequência cardíaca > 120bpm, palidez, cianose, sudorese fria, confusão mental, fluxo urinário < 25mL/h e desfalecimento. Nesses casos, a transfusão de sangue é imperiosa e imediata. Até que seja providenciada, infundir rapidamente cristaloides e/ou coloides, seguido e/ou concomitante ao concentrado de hemácias, ou sangue total.

> **Exceção:** pacientes com hemorragia persistente, anemia prévia ou baixa reserva cardiopulmonar devem ser transfundidos com perdas sanguíneas estimadas em > 15% (800mL).

Após o episódio de sangramento, o hematócrito não reflete o grau de perda sanguínea. Entre as 48 e as 72 primeiras horas, a perda de hemácias é proporcional à perda de plasma, e após esse período o sistema renina-angiotensina-aldosterona age estimulando a retenção hídrica, promovendo hemodiluição. A reposição de cristaloides é um importante fator contribuinte para a hemodiluição. Nesse caso, procura-se manter, com a hemotransfusão, uma hemoglobina > 7 a 8g/dL ou > 9 a 10g/dL em idosos ou cardiopatas ou pneumopatas.

Quando o paciente apresenta uma anemia aguda mas não há hemorragia, para transfundi-lo deve-se antes analisar com cautela os seguintes pontos, independentemente dos valores de hematócrito ou hemoglobina: intensidade dos sinais e sintomas; se o paciente apresenta insuficiência cardíaca congestiva (ICC), coronariopatia, doença pulmonar obstrutiva crônica (DPOC), doença cerebrovascular ou é idoso ou > 70 anos; e se a anemia do paciente tem tratamento específico. A indicação para hemotransfusão se dá quando há descompensação; caso contrário, procede-se ao tratamento da anemia como, por exemplo, da anemia ferropriva com sulfato ferroso.

Quando a anemia tem tratamento específico, os sinais e sintomas são toleráveis e não existe nenhum fator agravante (ICC, coronariopatia etc.), não se deve transfundir. Somente os pacientes com valores de hematócrito < 21% ou hemoglobina < 7g/dL necessitam de hemotransfusão, pois são bastante sintomáticos. Nos idosos > 70 anos, indivíduos com baixa reserva cardiopulmonar, coronariopatas ou portadores de doença cerebrovascular ou vascular periférica, a transfusão é recomendada com valores < 27% e < 9g/dL, para hematócrito e hemoglobina.

DIAGNÓSTICO

O exame clínico inicial deve ser direcionado para a avaliação do estado cardiorrespiratório do paciente (ABC) e ressuscitação volêmica. Nos casos críticos, a anamnese dirigida deve conter antecedentes do paciente com relação a alergias, uso de medicações, comorbidades, cirurgias, última refeição e eventos que precederam o incidente.

Em mulheres, é importante questionar quanto a padrão, frequência e duração da menstruação. Naquelas mulheres no climatério, deve ser pesquisada a presença de hemorragias uterinas disfuncionais. Todos os pacientes devem ser questionados quanto à presença de perda ponderal, sudorese noturna, *rashes*, alterações gastrointestinais e antecedentes familiares de neoplasias ou hematopatias.

Durante o exame físico em pacientes vítimas de trauma, deve-se presumir que todas as cavidades do corpo contêm sangue, até que se prove o contrário. O exame físico do tórax, do abdome, da pelve e das extremidades deve ser minucioso. No início do choque hemorrágico, o tempo de enchimento capilar diminui e a pele se torna pálida, fria e pegajosa ao toque.

A suspeita de anemia deve ser confirmada por exames laboratoriais para determinar sua etiologia e agudização. Os níveis de hemoglobina e hematócrito devem estar entre os primeiros exames solicitados. O hemograma é o exame fundamental para o diagnóstico da anemia, sendo feito, atualmente, em contadores eletrônicos, que contam e medem os eritrócitos e geram curvas de frequência com médias e coeficientes de variação, definindo os parâmetros numéricos da população eritroide. As melhores máquinas distinguem e contam os eritrócitos mais jovens (reticulócitos), tornando possível a avaliação da produção diária e da resposta regenerativa à anemia.

Vale lembrar que a gravidez pode reduzir o hematócrito devido à hemodiluição, e pacientes com hemorragias agudas podem apresentar um hematócrito inicial normal.

DIAGNÓSTICO DIFERENCIAL (Quadro 113.1)

Quadro 113.1 Principais diagnósticos diferenciais na anemia aguda

Traumatismo abdominal	Doença ulceropéptica
Anemia crônica	Síndrome hemolítico-urêmica
Drepanocitose	Hemofilia
Aneurisma abdominal	Gravidez ectópica
Dissecção aórtica	Choque hemorrágico
Coagulação intravascular disseminada	Púrpura trombocitopênica
Hemorragia uterina disfuncional	

▪ ANEMIA FERROPRIVA

Causada pela deficiência de ferro, por carência, déficit na absorção, perda crônica ou aumento da necessidade (gravidez e crescimento). Esses fatores levam à falta de fornecimento de ferro para formação da hemoglobina, caracterizando-se por uma anemia microcítica e hipocrômica, com dosagens baixas de ferro sérico e ferritina.

Valores de referência:
- **Ferro sérico:**
  Mulher: 37 a 145
  Homem: 59 a 158
- **Ferritina:**
  20 a 200ng/mL

SITUAÇÕES NA EMERGÊNCIA

- **Angina *pectoris*:** oxigenação insuficiente das coronárias devido à falta de hemoglobina, o que dificulta a dissociação do oxigênio.
  – **Tratamento:** vasodilatadores e correção da anemia.
- **Insuficiência cardíaca congestiva:** com taquicardia, devido ao aumento do débito cardíaco compensatório, podendo evoluir com edema e congestão pulmonar, quando a compensação é insuficiente.
  – **Tratamento:** diurético de alça (furosemida), digital e transfusão de concentrado de hemácias.

CORREÇÃO DA ANEMIA

Ferro elementar, 3 a 5mg/kg de peso/dia em dose única ou fracionada em duas vezes, preferencialmente acompanhado de vitamina C para ajudar na absorção do ferro (pode ser suco de frutas, como laranja). Não administrar com complexos vitamínicos para que não haja interação.

▪ ANEMIA FALCIFORME

Anemia hemolítica com fator genético, na qual o indivíduo possui hemoglobina S (HbS). A HbS faz com que a hemácia, quando desoxigenada ou desidratada, não volte a sua conformação original, ou seja, bicôncava, e fique em forma de foice, apresentando grande dificuldade para circular pelos capilares sanguíneos.

A dificuldade na circulação das hemácias com HbS é responsável por microinfartos que causarão crises vaso-oclusivas, levando o paciente à emergência. Essas crises podem ser desencadeadas por infecções, cirurgias, desidratação, frio, menstruação, gestação, álcool ou, até mesmo, por nenhum motivo.

SITUAÇÕES DE EMERGÊNCIA

- **Dor:** articular, com isquemia periosteal e dactilite.
- **Crise óssea:** crise álgica, nos ossos longos, sem inflamação.
- **Crise abdominal:** isquemia ou infarto mesentérico.
- **Crise torácica aguda:** febre, tosse, taquipneia, dor torácica, leucocitose e infiltrado pulmonar, podendo evoluir com SDRA em até 36 horas.
- **Acidente vascular encefálico (AVE):** isquêmico ou hemorrágico, podendo levar a hemiplegia.
- **Crise aplástica:** as crises aplásticas não são muito frequentes e geralmente ocorrem após processos infecciosos, mesmo após infecções relativamente insignificantes. Crises aplásticas severas estão geralmente relacionadas com infecção pelo parvovírus B19.
- **Priapismo:** ereção prolongada e dolorosa por mais de 3 horas, levando a disfunção erétil.
- **Sequestro esplênico:** em crianças < 5 anos, devido à congestão esplênica.
- **Infecções por germes encapsulados**, sendo o pneumococo responsável por 70% das infecções.

TRATAMENTO

No paciente falcêmico, o tratamento deve ser direcionado para a supressão dos fatores desencadeantes que pioram o quadro inicial. A principal medida consiste em tratar com analgésicos e anti-inflamatórios utilizados nas crises (Quadro 113.2):

- **Dor:** quando ocorre uma crise de dor nos pacientes falcêmicos, o tratamento inicial é domiciliar com medidas de suporte (calor local e massagens). Se não houver melhora, o paciente deverá ser internado para tratamento:
    - Com analgésicos comuns e hidratação venosa.
    - Não havendo melhora, deve-se associar codeína ou anti-inflamatórios não esteroides.
    - Não havendo melhora, o próximo passo consiste em substituir a codeína por morfina e manter os analgésicos comuns.
- **Infecção:** na internação, está indicada antibioticoterapia, iniciando com **ampicilina** EV (de 100 a 200mg/kg/dia em 4 doses). A identificação de algum foco (urinário, osteoarticular, meníngeo) demanda cobertura antimicrobiana específica.
- **Crise aplástica:** suporte hemodinâmico, oxigenação e hidratação (de acordo com peso e idade). Se necessário, transfusão de glóbulos vermelhos para manter hemoglobina entre 9 e 10g/dL.
- **Sequestro esplênico:** correção da volemia com cristaloides e transfusão imediata de concentrado de hemácias.
- **Retirada ou tratamento dos fatores desencadeantes.**

Quadro 113.2 Analgesia

Medicamento	Dose	Via	Intervalo	Observações
Dipirona	**Adulto:** 500mg/dose **Lactente:** 10mg/kg/dose ou 40mg/kg/dia **Pré-escolar:** 15 a 20mg/kg/dose ou 60mg/kg/dia (máx. 1g) **Escolar:** 25mg/kg/dose ou 100mg/kg/dia (máx. 2g)	Oral IM EV	4 a 6h	Pode ser associada a opioides
Paracetamol	**Adulto:** 500 a 1.000mg/dose **Criança:** 10 a 15mg/kg/dose	Oral	4h	Pode ser associado a opioides
Diclofenaco de sódio	**Adulto:** 50mg/dose **Criança:** 1mg/kg/dose	Oral	8 a 12h	
Ácido acetilsalicílico	**Adulto:** 500 a 1.000mg/dose **Criança:** 10 a 15mg/kg/dose	Oral	4 a 6h	Pode ser associado a opioides
Ibuprofeno	**Adulto:** 400mg/dose **Criança:** 10mg/kg/dose ou 30 a 60mg/kg/dia	Oral	4 a 6h 6 a 8h	
Naproxeno	**Adulto:** 500mg/dose (inicial) seguir 250 mg/dose **Criança:** 10 a 20mg/kg/dose	Oral	6 a 8h 12h	
Piroxicam	20mg/dia	Oral IM	24h	Não recomendado para crianças
Codeina	**Adulto:** 10 a 20mg/dose **Criança:** 1 a 1,5mg/kg/dose	Oral Retal	4 a 6h	
Morfina	**Adulto:** 10 a 30mg/dose **Criança:** 0,05 a 0,1mg/kg/dose (máx. 10mg)	Oral EV SC	3 a 4h	
Tramadol	100 a 400mg/dose	Oral	3 a 4h	Não recomendado para crianças

Adaptado do Manual de eventos agudos da doença falciforme – Ministério da Saúde.

Capítulo 114
Transfusão de Hemoderivados

Natália Regina Martins • Bruno F. F. Tonelotto • Marina F. F. Tonelotto

INTRODUÇÃO

A hemoterapia baseia-se no uso racional do sangue e consiste em transplante hematopoético de tecido líquido (sangue). Apesar da rigorosa triagem médica dos doadores de sangue e da utilização de exames sorológicos de última geração, a transfusão de hemocomponentes ainda é uma terapia que envolve riscos, às vezes mortais. Toda transfusão apresenta riscos, imediatos ou tardios.

A indicação da transfusão e a preparação do hemocomponente a ser usado, bem como sua administração, implicam a adoção de procedimentos de grande responsabilidade médica, daí a importância da existência de um **comitê transfusional, multidisciplinar**, para orientar e integrar essas atividades, visando oferecer maior segurança aos pacientes, aos membros do Corpo Clínico, ao Serviço de Hemoterapia e ao Hospital.

É preciso lembrar que, mesmo com todos os riscos provenientes da transfusão, quando indicada de maneira precisa, esta será definitiva na manutenção dos processos vitais do paciente. Pensando desse modo, na maioria das vezes estaremos agindo com o bom-senso, no sentido de pesar sempre os riscos e os benefícios da terapia transfusional. Nos últimos anos, é cada vez mais conservadora a atitude de muitos médicos com relação à hemoterapia; as evidências científicas mostram que não há benefício da tranfusão precoce, principalmente de concentrado de hemácias, quando se comparam indivíduos hígidos no período peri e pós-operatório.

Este capítulo não tem a intenção de ser definitivo, nem de tornar-se um tratado para a transfusão de hemocomponentes; no entanto, de maneira prática, tentaremos transmitir um pouco do que aprendemos com nossa experiência e com os bancos de sangue e os hemoterapeutas com quem temos contato.

CONSIDERAÇÕES

Não poderíamos deixar de discorrer sobre doação de sangue, tipos sanguíneos e armazenamento. Atualmente, no Brasil, não se pode vender sangue, e por isso todas as doações são voluntárias. Pode-se doar sangue de duas maneiras: sangue total e aférese. O processo de aférese consiste na remoção de um componente específico do sangue (p. ex., plaquetas) e no retorno ao doador dos componentes restantes, como glóbulos vermelhos e plasma. A aférese permite que diversos componentes sanguíneos sejam coletados separadamente. O intervalo preconizado entre cada doação é de 3 meses para sangue total, enquanto por aférese pode-se doar plaquetas mensalmente e concentrado de hemácias trimestralmente.

Após a coleta, o sangue vai para o processamento e, além das provas sorológicas, bacteriológicas e imunológicas, é identificado ainda o tipo sanguíneo. De maneira bem simplificada, pode-se dizer que existem quatro grupos sanguíneos: A, O, B e AB, os quais são determinados geneticamente. Uma proteína existente nos glóbulos vermelhos do sangue "informa" a que grupo o paciente pertence. O sangue do grupo A tem proteína A e proteína anti-B. O sangue do grupo B tem proteína B e proteína anti-A. O do grupo AB tem proteína A e proteína B e não tem anti-A nem anti-B. O sangue do grupo O não tem proteína A ou B e tem proteínas anti-A e anti-B.

Como se pode perceber, a proteína anti-B causará reação se sangue B for transfundido em um paciente do grupo A. Do mesmo modo, a proteína anti-A causará reação se sangue A for transfundido em um paciente do grupo B. Pacientes do grupo AB podem receber, além do sangue AB, sangue do tipo A e do tipo B (porém sangue A e B somente em situações de emergência). Ainda em situações de emergência, todos podem receber sangue do tipo O. Todos os grupos podem ser fator Rh positivo ou negativo. Os grupos sanguíneos são, portanto, A+, A–, B+, B–, AB+, AB–, O+ e O–. Além dos principais grupos sanguíneos apresentados, existem subgrupos e outras proteínas que podem tornar sangues de um mesmo grupo incompatíveis entre si (Figura 114.1).

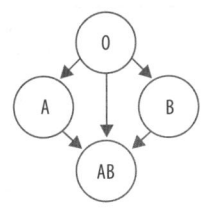

Figura 114.1 Compatibilidade sanguínea.

A porcentagem dos grupos sanguíneos na população brasileira é aproximadamente igual à da população mundial, salvo em determinados grupos étnicos (com pouca ou nenhuma miscigenação), como os índios brasileiros, cuja quase totalidade dos indivíduos é do grupo O+. Essa porcentagem é: grupo A+: 36%; grupo O+: 37%; grupo B+: 9%; grupo O–: 7%; grupo A–: 6%; grupo AB+: 3%; grupo B–: 2%; grupo AB–: 1%.

Quando finalizado o processamento, o sangue é armazenado. Cada unidade de sangue é normalmente separada em diferentes componentes:

- **Concentrado de hemácias** (células vermelhas do sangue): carregam o oxigênio para os tecidos do corpo e retiram o CO_2 desses mesmos tecidos. Em geral, são transfundidas geralmente para o tratamento de anemias e podem ser armazenadas, em condições especiais, por um período de até 35 dias.
- **Plaquetas:** são importantes no processo de coagulação do sangue e no controle de alguns tipos de hemorragias. São armazenadas sob temperatura ambiente controlada, sob agitação constante, por no máximo 5 dias.
- **Plasma fresco congelado:** utilizado para controlar certos tipos de sangramento, quando existem baixos níveis de alguns fatores de coagulação. É armazenado congelado por até 1 ano.
- **Crioprecipitado:** contém apenas alguns fatores de coagulação específicos e é extraído do plasma fresco congelado. É armazenado a temperaturas < –22°C por até 1 ano.
- Outros derivados do sangue incluem: **albumina humana, imunoglobulinas** e **concentrados de fatores de coagulação**. Esses produtos são produzidos por indústrias farmacêuticas e não pelos bancos de sangue.

Altos custos são agregados ao sangue: coleta, testes, sorologia, armazenamento e transporte, recrutamento e seleção de doadores, testes imuno-hematológicos, separação e preparo dos componentes do sangue, triagem imuno-hematológica do receptor do sangue, testes de compatibilidade doador × receptor, controle de qualidade interno e externo, instalação e acompanhamento das unidades transfundidas, supervisão médica 24 horas, entre outros. Por conseguinte, o custo final de uma transfusão inclui todos esses procedimentos. O sangue não é cobrado, pois é um bem tão precioso que não tem preço. Os bancos de sangue são remunerados apenas pela realização de todos os procedimentos mencionados anteriormente.

COMPLICAÇÕES

Apesar de todas as ressalvas que possam ser feitas aos protocolos para hemotransfusão, baseados em determinados níveis de hematócrito ou hemoglobina, a transfusão em pacientes clí-

Quadro 114.1 Classificação das reações imunes

	Imune	Não imune
Aguda < 24 horas	Reação febril não hemolítica	Contaminação bacteriana
	Reação hemolítica	Hipotensão por inibidor ECA
	Reação alérgica: leve, moderada, grave	Sobrecarga de volume
	TRALI	Hemólise não imune
		Embolia aérea
		Hipotermia
		Hipocalcemia
Crônica > 24 horas	Aloimunização eritrocitária	Hemossiderose
	Reação enxerto × hospedeiro	Doenças infecciosas
	Aloimunização plaquetária	
	Púrpura pós-transfusional	
	Imunomodulação	
	Hemólise	

Adaptado de Hebert PC et al. Multicenter randomized, controlled clinical trial of transfusion requirements in critical care. N Engl J Med 1999; 340:409-17.
ECA: enzima conversora da angiotensina; TRALI: lesão pulmonar aguda relacionada com transfusão.

nicos e anêmicos raramente está indicada em caso de hemoglobina > 10g/dL, e quase sempre está indicada quando a hemoglobina é < 6 a 7g/dL. Entre esses dois limites, a decisão de transfundir o paciente deve ser tomada com base na análise individual de cada caso. Em pacientes internados em UTI, há uma tendência de se manter o hematócrito mais elevado, tendo em vista que possíveis mecanismos compensatórios para a anemia estão geralmente comprometidos nesse grupo de indivíduos.

É importante destacar que em pacientes com DPOC os níveis de hemoglobina podem ser bastante elevados (p. ex., 16 a 18g/dL) e que diminuições desses níveis para, por exemplo, 13g/dL podem ser mal toleradas e exigir transfusão de concentrados de hemácias. De maneira geral, em pacientes com DPOC sintomáticos deve-se manter a hemoglobina > 10g/dL.

Do mesmo modo, pacientes com cardiopatias, sobretudo isquêmicas, também toleram muito mal a anemia ou as quedas relativamente brandas do hematócrito. Nesses casos, a transfusão de concentrados de hemácias deve ser feita para manter os níveis de hemoglobina > 9 a 10g/dL.

Os pacientes portadores de insuficiência renal crônica (IRC) quase sempre apresentam graus acentuados de anemia, devido à diminuição dos níveis séricos de eritropoetina; contudo, a transfusão de hemácias na IRC pode e deve ser evitada, valendo-se da reposição de eritropoetina. A transfusão é necessária nos pacientes que apresentam hemoglobina < 6 a 7g/dL, o que praticamente só acontece naqueles que não utilizam eritropoetina ou que apresentam algum tipo de problema com essa medicação.

Talvez o mais importante seja a transfusão de concentrados de hemácias nas hemorragias agudas. Nesse caso, a tomada de decisão deve ser imediata, e para isso é imprescindível reconhecer clinicamente uma anemia aguda. Recomenda-se que, a partir de uma perda volêmica > 25% a 30% da volemia total, seja realizada a infusão de, pelo menos, 1 unidade de concentrado de hemácias. O hematócrito não é um bom parâmetro para guiar a decisão de transfundir ou não, uma vez que ele só começa a diminuir entre 1 e 2 horas depois do início da hemorragia. A transfusão de hemácias está indicada nas hemorragias agudas em razão dos sinais clínicos.

A transfusão é um evento irreversível que acarreta benefícios e riscos em potencial para o receptor, um dos quais é a reação transfusional. Esta pode ser definida como qualquer evento desfavorável que o paciente sofra, em decorrência da transfusão, durante ou após sua administração.

Aproximadamente um quarto das transfusões de sangue (realizadas pelos bons serviços de hemoterapia, que fazem a triagem sorológica e a pesquisa dos anticorpos irregulares de todos os doadores) é acompanhado de alguma iatrogenia precoce ou tardia. Felizmente, a maioria é benigna, mas algumas podem comprometer seriamente e, até mesmo, irreversivelmente o paciente transfundido. **Qualquer reação transfusional deve adotar a seguinte conduta: suspensão da transfusão, manutenção da veia com cristaloide e comunicação imediata ao médico de plantão e ao serviço de hemoterapia.**

TRATAMENTO

Sempre se deve ter em mente que, ao prescrever uma transfusão de sangue ou componente, o médico deve analisar profundamente a relação custo/benefício dessa terapêutica. Uma antiga máxima em hemoterapia estabelecia que quem precisasse de uma bolsa de sangue não precisaria de nenhuma. A tendência atual segue no sentido oposto, que é o de transfundir uma quantidade de hemácias suficiente para a correção dos sinais/sintomas de hipoxia ou para que o nível de hemoglobina atinja um nível aceitável.

Considera-se que a transfusão de uma bolsa (uma unidade) de concentrado de hemácias (CH) normalmente eleva o hematócrito em 3 pontos e o nível de hemoglobina em 1g/dL, em um adulto médio (70kg). No entanto, esses números são aproximados. Para determinar com precisão o efeito de uma transfusão, em termos da elevação da hemoglobina, é preciso conhecer a volemia do paciente e a massa de hemoglobina contida em uma bolsa de concentrado de hemácias, que normalmente varia de 55 a 65g.

A fórmula para este cálculo é:

$$\text{Número de unidades de CH} = \frac{\text{Volemia (litros)} / 100 \times (\text{Hb desejada} - \text{Hb paciente})}{\text{Quantidade de hemoglobina por bolsa (valor entre 55 e 65)}}$$

Na prática usa-se mais a melhora clínica do paciente do que qualquer conta ou fórmula que possa existir; afinal, a clínica é soberana.

Existem duas formas de transfundir hemácias: por meio do concentrado de hemácias e pelo sangue total.

A transfusão de sangue total está indicada em situações em que ocorre diminuição da capacidade de transporte de O_2 e do volume circulante. Entretanto, na vigência de uma hemorragia aguda até o limite de 25% de perda, pacientes previamente hígidos podem ser tratados apenas com infusão de expansores de volume (cristaloides ou coloides, como soro fisiológico, Ringer, dextrana etc.). Pacientes com perdas > 25% do volume, ou previamente anêmicos, idosos, debilitados e/ou portadores de patologias cardiocirculatórias, poderão receber, após a infusão inicial e imediata dos expansores de volume, o concentrado de hemácias para correção da hipoxia. Nesses últimos, a reposição de volume deve ser bastante criteriosa para evitar sobrecarga circulatória.

Nas grandes hemorragias, que exigem a reposição de mais de uma volemia, a possibilidade de coagulopatia dilucional (não prevenida com a utilização de sangue total) deve ser considerada. Nesses casos, com adequada monitorização clinicolaboratorial e supervisão do hemoterapeuta, poderá estar indicada a reposição de plasma fresco, concentrado de plaquetas e/ou crioprecipitado. Sabe-se que, mantida a volemia (pressões arterial e venosa estáveis, boa perfusão e diurese normal), pacientes com perdas agudas de sangue (cirúrgicos ou não) podem suportar muito bem hematócrito próximo de 25% e/ou hemoglobina de 8mg/dL.

Chamamos ainda atenção para o fato de que tão importante quanto a infusão imediata de expansores e/ou de sangue é dispor de adequado acesso venoso, permitindo a rápida reposição desses produtos. Portanto, uma das primeiras condutas ao atender um paciente em choque hemorrágico consiste na dissecção de veia e/ou implantação percutânea de cateteres venosos.

O concentrado de hemácias é o componente de escolha para restaurar e manter a capacidade de transporte de O_2. Sabe-se que os níveis de hemoglobina e/ou hematócrito não devem ser utilizados como critério básico para indicação de reposição. Sintomas e sinais de hipoxia e de déficit cardiocirculatório são os elementos primordiais na decisão de transfundir ou não um paciente cronicamente anêmico.

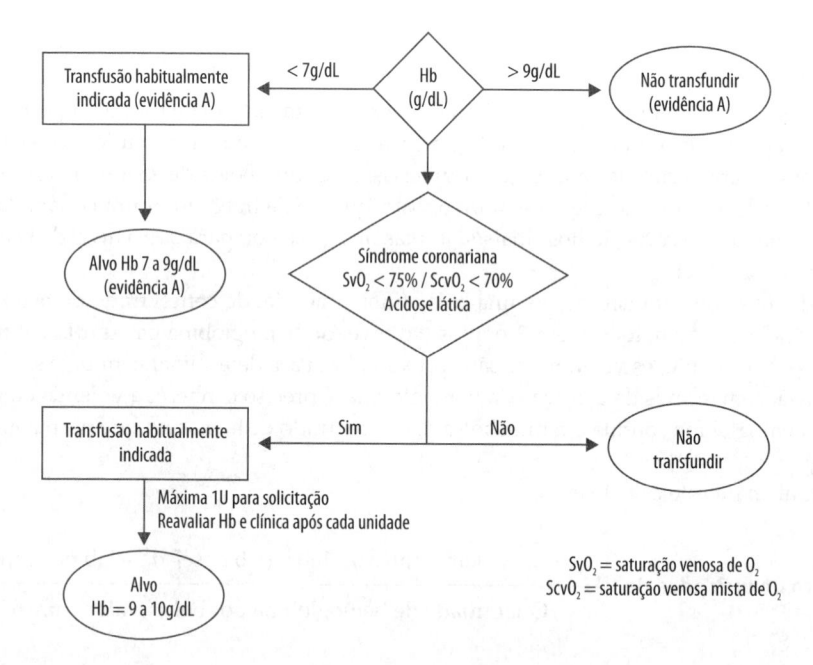

Figura 114.2 Algoritmo para transfusão de concentrado de hemácias. (Adaptada do Guia de Condutas Hemoterápicas do Hospital Sírio-Libanês. 2ª ed., 2010.)

Além do concentrado de hemácias, outros hemocomponentes muito transfundidos na emergência são as plaquetas. A transfusão de plaquetas pode ser realizada na profilaxia ou no tratamento de hemorragias, em pacientes com trombocitopenia ou trombocitopatia. O objetivo da transfusão terapêutica de plaquetas não é elevar a contagem de plaquetas acima de certo limite, mas ajudar a corrigir o distúrbio hemostático, que pode estar contribuindo para a hemorragia.

A transfusão terapêutica de plaquetas está indicada no paciente que apresenta disfunção plaquetária e hemorragia com risco de morte, independentemente da contagem de plaquetas. A transfusão terapêutica de plaquetas também está indicada no paciente com hemorragia em curso e contagem de plaquetas < 50.000/mcL.

Por outro lado, a transfusão profilática de plaquetas tem como objetivo prevenir hemorragias espontâneas ou induzidas por pequenos traumas ou por procedimentos invasivos. Está indicada nos pacientes com trombocitopenias agudas por deficiência de produção, quando a contagem de plaquetas for < 10.000/mcL ou < 50.000/mcL antes de procedimentos invasivos.

A trombocitopenia que acompanha os casos de dengue hemorrágica é causada pela presença de anticorpos que, dirigidos contra proteínas virais, apresentam reação cruzada contra antígenos plaquetários. Na prática, essa plaquetopenia se comporta como a da púrpura trombocitopênica idiopática (PTI) e, portanto, não há indicação para transfusão profilática de plaquetas, independentemente da contagem de plaquetas no sangue periférico. A transfusão profilática de plaquetas também não está indicada nas trombocitopenias que podem acompanhar a leptospirose e as riquetsioses.

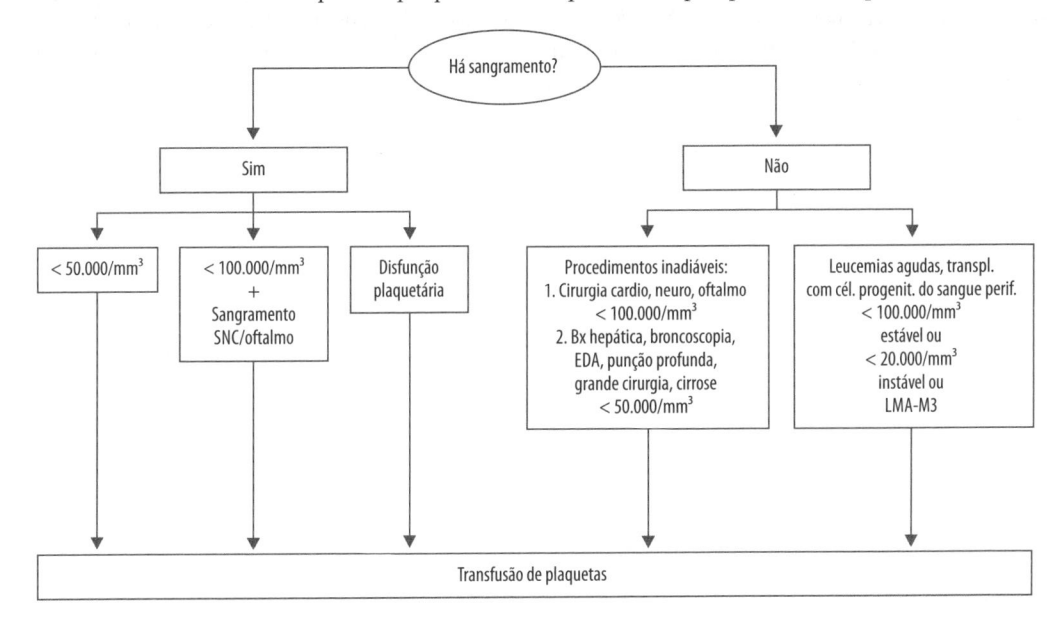

```
                          ┌─────────────────┐
                          │  Há sangramento? │
                          └─────────────────┘
                 ┌─────────────┴─────────────┐
                 ▼                           ▼
                Sim                         Não
    ┌────────────┼────────────┐       ┌─────┴──────┐
    ▼            ▼            ▼       ▼            ▼
< 50.000/mm³  < 100.000/mm³  Disfunção   Procedimentos          Leucemias agudas, transpl.
                 +           plaquetária  inadiáveis:           com cél. progenit. do sangue perif.
             Sangramento                  1. Cirurgia cardio,   < 100.000/mm³
             SNC/oftalmo                     neuro, oftalmo     estável ou
                                             < 100.000/mm³      < 20.000/mm³
                                          2. Bx hepática,       instável ou
                                             broncoscopia,      LMA-M3
                                             EDA, punção
                                             profunda, grande
                                             cirurgia, cirrose
                                             < 50.000/mm³

                          Transfusão de plaquetas
```

Figura 114.3 Algoritmo para transfusão de plaquetas. (Adaptada do Guia de Condutas Hemoterápicas do Hospital Sírio-Libanês. 2. ed., 2010.)

Quadro 114.2 Condições plaquetárias para procedimentos invasivos

Procedimentos	Contagem plaquetária
Biópsia óssea	20.000/mm³
Endoscopia digestiva alta	20.000 a 50.000/mm³
Broncoscopia	20.000 a 50.000/mm³
Trombocitopenia neonatal aloimune	30.000/mm³
Cirurgias de grande porte	50.000/mm³
Trombocitopenia por transfusão maciça	50.000/mm³
Bypass cardíaco	100.000/mm³
Neurocirurgia, cirurgia oftálmica	100.000/mm³
Biópsia hepática	50.000 a 100.000/mm³
Procedimento invasivo em cirróticos	50.000/mm³
Instalação de cateter peridural, punção liquórica em adulto	50.000/mm³
Extração dentária	50.000/mm³
Instalação de cateter venoso central	30.000 a 50.000/mm³
Punção lombar pediátrica*	10.000 a 20.000/mm³

Adaptado de Slichter SJ. Platelet transfusion therapy. Hematol Oncol Clin N Am 2007; 21:697-729.
*Considerar: equipamento disponível, dificuldade de acesso e experiência do profissional.

Por último, e menos comumente utilizado, dispomos ainda do plasma, do crioprecipitado, do fator VII e do fator VIII para tratamento dos distúrbios de coagulação. O plasma fresco congelado é empregado para reposição das perdas plasmáticas que ocorrem nos grandes queimados, como coloide, na reposição de volume nas hemorragias agudas, e algumas vezes em pediatria, como coadjuvante na hidratação de desnutridos e no tratamento da doença hemorrágica do recém-nascido. Quando disponíveis, albumina humana a 5% ou 25% e fração proteica do plasma devem ser preferidas por promoverem eficazmente a reposição volêmica, sem os riscos de transmissão de doenças. Esses componentes estão indicados no tratamento dos diferentes distúrbios da hemostasia, que geralmente exigem monitorização laboratorial e acompanhamento clínico especializado.

Capítulo 115
Reversão da Anticoagulação no Pronto-Socorro – Heparina e Anticoagulantes Orais

Guilherme Almeida Rosa da Silva • Pâmela Passos dos Santos

INTRODUÇÃO

A terapia de anticoagulação é essencial para tratamento ou profilaxia de condições tromboembólicas, mas quando seus níveis estão acima dos recomendados pode ocasionar complicações hemorrágicas. Sendo assim, devem ser conhecidos os principais anticoagulantes utilizados, suas indicações, recomendações e agentes usados na reversão da anticoagulação.

FISIOPATOLOGIA

Inicialmente é necessário compreender o mecanismo de ação dos principais anticoagulantes utilizados atualmente. Os principais são a varfarina como anticoagulante oral e a heparina de baixo peso molecular ou heparina não fracionada como anticoagulantes parenterais.

A **varfarina** exerce seu efeito bloqueando a via extrínseca da coagulação ao impedir a síntese dos fatores da coagulação vitamina K-dependentes (II, VII, IX e X). A varfarina, devido a seu efeito antagônico sobre a vitamina K, apresenta diversas interações com alimentos ricos desta vitamina (vegetais verde-escuros), além de ser um medicamento oral cuja absorção é influenciada por diversos fatores. Consequentemente, a ação desse medicamento deve ser mensurada pela variação do tempo de protrombina (TP) e sua relação paciente/controle (INR) para confirmação da faixa de anticoagulação ideal.

Duas formas de heparina são utilizadas: a **heparina não fracionada (HNF)** e a **heparina de baixo peso molecular (HBPM)**, que agem de maneira sinérgica com a ação anticoagulante da molécula de antitrombina III (ATIII). A diferença entre elas está no fato de o complexo ATIII/HBPM levar a uma inibição mais direcionada ao fator Xa, devido à maior afinidade do complexo por esse fator. Essa diferença sutil provoca variações clínicas consideráveis. A HBPM apresenta farmacocinética mais estável e sua ação independe da aferição do tempo de tromboplastina ativada (PTTa), ao contrário da HNF, cuja farmacocinética é errática e deve ter o PTTa controlado.

O fondaparinux, polissacarídeo com ação antitrombínica, os inibidores diretos da trombina, como lepirudina, argatrobana e bivalirudina, e os novos anticoagulantes orais, como dabigatran, apixaban e rivaroxaban, não têm antídotos.

CONSIDERAÇÕES

O **controle da anticoagulação pela varfarina deve ser efetuado mediante a mensuração do INR, que deve estar entre 2,0 e 3,0**, com exceção dos casos em que há necessidade de maior inibição da coagulação, quando o INR deve ficar entre 2,5 e 3,5 (p. ex., presença de válvulas cardíacas mecânicas, síndrome do anticorpo antifosfolipídio). Quando o INR está prolongado sem sangramento associado, a simples interrupção da administração da varfarina ou a redução da dose seguida de observação clínica e INR seriados são suficientes. **A reversão da anticoagulação por antídoto ou a reposição de fatores está destinada aos casos em que há sangramento evidente ou INR muito prolongado, com alto risco de sangramento.**

Em relação às heparinas, conforme salientado, **apenas a HNF precisa ser monitorizada por meio do TTPa, não devendo ultrapassar 1,5 a 2,5 vezes o valor de controle.**

Nesse sentido, é importante rever fatores de risco associados a complicações hemorrágicas em indivíduos em terapia de anticoagulação. Alguns desses fatores de risco podem ser vistos no Quadro 115.1.

Quadro 115.1 Fatores de risco associados a complicações hemorrágicas durante terapia de anticoagulação

Categoria dos fatores de risco	Fatores de risco específicos
Idade	> 65 anos
Cardiovascular	Hipertensão não controlada
Gastrointestinal	Úlcera péptica ativa, insuficiência hepática, história de sangramento gastrointestinal
Hematológico/oncológico	Trombocitopenia grave (plaquetas < 50.000), disfunção plaquetária, coagulopatia, presença de malignidade
Neurológico	História de acidente vascular encefálico, aneurismas, malformações arteriovenosas, distúrbio cognitivo ou psicológico
Renal	Insuficiência renal
Trauma	Trauma recente, história de quedas
Álcool	Ingestão excessiva de álcool
Medicações	Medicamentos que interfiram na hemostasia, como ácido acetilsalicílico e inibidores da COX-1

TRATAMENTO

A reversão do efeito da varfarina em situações de hemorragia passa por três etapas:

- **Interromper a administração da varfarina ou reduzir a dose,** dependendo do INR.
- **Iniciar vitamina K**, sendo necessárias cerca de 24 horas para corrigir o INR.
- **Uso de plasma fresco congelado e do complexo concentrado de protrombina (CCP)**.

Apesar de a reversão incluir três etapas, nem sempre todos os passos são necessários. O tratamento deve ser realizado de acordo com a presença de sangramento e o INR, aferido conforme o Quadro 115.2.

Quadro 115.2 Terapia de reversão da varfarina

Aspectos clínicos e laboratoriais	Terapia medicamentosa
INR > meta terapêutica e < 5; ausência de sangramento	a. Reduzir ou omitir a próxima dose de varfarina b. Realizar INR seriado c. Obs.: se o INR aumentar apenas 10% em relação à meta terapêutica, pode-se apenas observar sem alterar a dose
INR > 5 e < 9; ausência de sangramento	d. Interromper a dose de varfarina e. Vitamina K na dose de 1 a 2mg VO ou 0,5 a 1mg EV, apenas se houver alto risco de sangramento
INR > 9; ausência de sangramento	f. Interromper a dose de varfarina g. Vitamina K na dose de 2,5 a 3mg VO ou 1mg EV. Em caso de alto risco de sangramento, administrar EV h. PFC (150 a 300mL) e CCP (25 a 50UI/kg); apenas se houver alto risco de sangramento i. Realizar INR a cada 6 a 12 horas. Retomar o uso de varfarina quando INR < 5
Sangramento clinicamente significativo em que a varfarina seja considerada fator contribuinte	j. Interromper a dose de varfarina k. Vitamina K na dose de 5 a 10mg EV l. PFC (150 a 300mL) e CCP (25 a 50UI/kg) m. Manter o esquema terapêutico até INR < 5 ou até o sangramento parar

CCP: complexo de concentrado de protrombina; PFC: plasma fresco congelado.

A reversão do efeito das heparinas é realizada por meio da infusão do **sulfato de protamina**, originalmente produzida a partir do esperma do salmão e da truta arco-íris. A suspensão da heparina e o uso do antídoto estão indicados mediante a reversão de anticoagulação para realização de cirurgias de emergência ou em caso de sangramento. A ação da protamina na reversão do efeito da HNF é completa. Entretanto, para a HBPM a reversão pode alcançar no máximo 75%, pois a protamina age revertendo completamente o efeito sobre a ATIII, mas não reverte a inativação sobre o fator Xa.

O uso da **protamina** pode ter como efeitos colaterais hipotensão e bradicardia, minimizadas pela realização de infusão lenta, não devendo exceder a **velocidade de 5mg/h**. Além disso, seu uso está associado a reações anafiláticas em indivíduos com alergia a peixes ou vasectomizados. O Quadro 115.3 esclarece a conduta e as doses necessárias da protamina para cada heparina.

Quadro 115.3 Terapia de reversão da heparina não fracionada e da heparina de baixo peso molecular

Heparina/via de administração	Última dose heparina (Δt)	Terapia medicamentosa
HNF – *bolus*	< 30 minutos	1mg de protamina a cada 100UI de HNF
	30 a 60 minutos	0,5 a 0,75mg de protamina a cada 100UI de HNF
	> 60 minutos	0,25 a 0,375mg de protamina a cada 100UI de HNF
HNF – infusão	< 3 horas	1mg de protamina a cada 100UI de HNF
HNF – subcutâneo	< 8 horas	1mg de protamina a cada 100UI de HNF
HBPM	< 8horas	1mg de protamina a cada 100UI de HBPM. Se o sangramento persistir, uma segunda dose de 0,5mg a cada 100UI de HBPM poderá ser feita, após 30 minutos
	> 8 horas	0,5mg de protamina a cada 100UI de heparina HBPM

Capítulo 116
Distúrbios da Coagulação e Coagulação Intravascular Disseminada

Guilherme Almeida Rosa da Silva • Pâmela Passos dos Santos

INTRODUÇÃO

Os **distúrbios da coagulação podem ser divididos em adquiridos e hereditários**, ambos podendo cursar com sangramentos graves. Desse modo, este capítulo será baseado na correta identificação da discrasia desencadeadora do evento hemorrágico e no tratamento de acordo com a gravidade do caso e relacionado com o fator desencadeador específico.

Em relação aos distúrbios hereditários, as principais doenças são a hemofilia, em virtude de sua gravidade, e a doença de von Willebrand (DvWB), em razão de sua alta prevalência. São importantes causas de discrasia sanguínea, em que geralmente há história pregressa de eventos semelhantes e/ou história familiar positiva.

As coagulopatias adquiridas, por sua vez, cursam com anormalidades múltiplas da hemostasia, sendo geralmente secundárias a uma doença sistêmica (p. ex., insuficiência hepática), a um processo inflamatório sistêmico, como na coagulação intravascular disseminada (CIVD), ou ao uso de determinados medicamentos (ácido acetilsalicílico, anti-inflamatórios não esteroides e anticoagulantes orais).

FISIOPATOLOGIA

A DvWB consiste em uma desordem congênita da hemostasia na qual há alterações quantitativas ou qualitativas do fator de von Willebrand (FvWB), o que pode levar a hemorragias mucocutâneas repetidas. O FvWB é responsável pela adesão plaquetária ao subendotélio vascular lesionado e protege o fator VIII de sua degradação enzimática.

As hemofilias ocorrem devido a uma deficiência em graus variados na atividade do fator de coagulação VIII, no caso da hemofilia A, no fator IX, no caso da hemofilia B, e no fator XI, no caso da hemofilia C. Sendo assim, quando a atividade coagulante residual do fator é < 25%, as manifestações hemorrágicas podem ocorrer.

A CIVD é um distúrbio hemostático iniciado pela exposição a fatores procoagulantes (p. ex., fator tecidual após lesão inflamatória do endotélio vascular), seguida da ativação da cascata de coagulação e microtromboses. Esse processo leva a uma coagulopatia de consumo, em que há depleção dos fatores de coagulação, prejuízo da fibrinólise e formação de depósitos de fibrina na microvasculatura, ocasionando má perfusão dos tecidos, disfunção orgânica e anemia hemolítica microangiopática.

A deficiência de vitamina K, o uso de cumarínicos e a insuficiência hepática provocam a queda na síntese dos fatores vitamina K-dependentes (II, VII, IX e X), podendo ocasionar sangramentos. O uso de heparina não fracionada provoca sangramento devido à inibição, principalmente, da via intrínseca.

A trombocitopenia é causa comum de sangramentos mucosos espontâneos e petéquias. A trombocitopenia e a disfunção plaquetária apresentam inúmeras etiologias, como púrpura trombocitopênica idiopática, lúpus eritematoso sistêmico, infecções por HIV, HCV, dengue, disfunção ou ocupação medular, como leucemias, linfomas, tuberculose e micoses profundas, efeitos adversos de medicamentos e hiperesplenismo, dentre muitas outras causas possíveis.

CONSIDERAÇÕES

A CIVD pode estar particularmente associada a múltiplas etiologias de caráter inflamatório, assumindo grande importância no atendimento em emergências. O Quadro 116.1 apresenta alguns dos eventos de base relacionados com a CIVD.

Quadro 116.1 Eventos relacionados com a coagulação intravascular disseminada
Trauma
Doenças infecciosas graves (sepse)
Reação hemolítica transfusional/transfusão maciça
Reações tóxicas graves (veneno)
Doenças malignas (leucemia, tumores sólidos)
Complicações obstétricas (aborto retido, descolamento prematuro de placenta etc.)
Anormalidades vasculares (aneurisma, síndrome de Kasabach-Merritt)

QUADRO CLÍNICO

A **DvWB** pode ser classificada em três tipos principais, de acordo com a alteração quantitativa do FvWB e a quantidade disponível de fator VIII. De modo geral, há um quadro hemorrágico leve, em que ocorrem maior sangramento em procedimentos cirúrgicos/odontológicos e hemorragias mucocutâneas repetidas. São raras as petéquias, predominando episódios de epistaxe, hemorragias gastrointestinais, equimoses, hematomas e menorragia no sexo feminino. Enquanto isso, nos quadros mais graves, a quantidade de plasma do fator VIII, protegida da degradação pelo FvWB, está bastante reduzida ou até ausente, levando a hemorragias mais severas, como hemartrose e hematomas intramusculares dissecantes, simulando a hemofilia A.

As **hemofilias A e B** apresentam um grande espectro de manifestações hemorrágicas de acordo com a atividade residual do fator VIII ou IX, respectivamente. Há em ambas um predomínio das formas graves, ou seja, quando essa atividade do fator é < 1%. O quadro clínico predomina no aparelho osteoarticular na forma de hemartroses e hematomas intramusculares graves, além de sangramentos intracavitários espontâneos ou subsequentes a um evento traumático. Sequelas são frequentes, levando à perda funcional das articulações acometidas e envolvendo, principalmente, joelho, cotovelo e tornozelo.

A **CIVD** pode ser classificada em forma aguda e forma crônica. Na forma crônica há exposição contínua ou intermitente ao fator tecidual em pequena quantidade, levando a um distúrbio leve, capaz de ser equilibrado pelo organismo. Nesse caso, os pacientes costumam ser assintomáticos, mas podem apresentar pequenos sangramentos cutâneos, em mucosas, ou manifestações trombóticas.

Já na presença da CIVD aguda, a liberação de fatores procoagulantes em maior quantidade leva a uma descompensação da coagulação e fibrinólise. Nesse caso, portanto, além de sangramentos na forma de petéquias e equimoses na pele e/ou mucosa, podem estar presentes disfunção renal, hepática, respiratória e do sistema nervoso central (coma, *delirium*, déficit focal transitório), assim como tromboembolia, hipotensão e choque.

Os sangramentos derivados da deficiência de vitamina K, insuficiência hepática e uso de anticoagulantes podem variar desde equimoses até sangramentos no trato digestivo ou ameaçadores, como a hemorragia cerebral intraparenquimatosa. A trombocitopenia está mais relacionada com sangramentos mucosos espontâneos e petéquias. A deficiência no processo primário de coagulação acaba por causar dificuldade na parada do sangramento, enquanto as deficiências de fatores da coagulação fazem com que processos hemorrágicos contidos voltem a sangrar facilmente.

DIAGNÓSTICO

O diagnóstico sempre deve ser feito com base na anamnese, no exame físico e em exames complementares. Como as manifestações clínicas já foram revisadas, nesta seção serão abordados, principalmente, os exames laboratoriais e as alterações encontradas para cada doença citada neste capítulo.

O diagnóstico dos distúrbios hereditários e adquiridos deve ser iniciado com testes de triagem, seguidos por testes mais específicos capazes de determinar inclusive o subtipo da doença, conforme apresentado no Quadro 116.2.

Quadro 116.2 Testes laboratoriais de triagem e específicos para identificação dos distúrbios de coagulação

Testes de triagem (TT)	Testes específicos (TE)	Fator deficiente / Diagnóstico	Observações
TS alargado PTTa alargado TP normal Contagem de plaquetas normal	Dosagem FvW:Ag e FvWB:RCo	FvWB/DvWB	Padrão de TT característico da DvWB grave
TS normal PTTa alargado TP normal Contagem de plaquetas normal	Dosagem FvW:Ag e FvWB:RCo Dosagem do fator VIII Dosagem do fator IX	FvWB/DvWB VIII/Hemofilia A IX/Hemofilia B	Padrão de TT sugere hemofilia ou DvWB leve
TS normal PTTa normal TP normal Contagem de plaquetas normal	Dosagem FvW:Ag e FvWB:RCo Dosagem do fator VIII Dosagem do fator IX	FvWB/DvWB VIII/Hemofilia A IX/Hemofilia B	Padrão de TT sugere hemofilia leve e DvWB leve
TS normal PTTa normal TP alargado Contagem de plaquetas normal	Investigar insuficiência hepática e uso de cumarínicos	Deficiência de vitamina K, insuficiência hepática, uso de cumarínicos	Alargamento do TP sugere deficiência de fatores vitamina K-dependentes
TS normal PTTa normal TP alargado Contagem de plaquetas reduzida	Investigar causas de trombocitopenia	Trombocitopenia	Padrão de trombocitopenia

Dosagem FvW:Ag: dosagem do antígeno do fator de von Willebrand; dosagem FvWB:RCo: dosagem da atividade do cofator de ristocetina; TS: tempo de sangramento; TP: tempo de protrombina; PTTa: tempo de tromboplastina parcial ativada.

É importante lembrar que existem outros testes específicos para essas doenças, geralmente disponíveis em centros especializados de hematologia.

Os achados laboratoriais da CIVD são diferentes na forma aguda e na crônica, devido à velocidade de instalação, à dimensão da ativação da cascata de coagulação e à presença de tempo hábil para reposição dos componentes da cascata, proporcionando compensação, como pode ser visto no Quadro 116.3.

Quadro 116.3 Testes laboratoriais relacionados com a coagulação intravascular disseminada nas fases aguda e crônica

Testes laboratoriais	Resultado na CIVD aguda	Resultado na CIVD crônica
PDF e D-dímero	Elevados	Elevados
TP	Prolongado	Normal
PTTa	Normal ou prolongado	Normal
Fibrinogênio	Redução absoluta ou relativa	Normal ou levemente elevado
Plaquetas	Grande redução (< 100.000)	Moderada a leve redução
Hematoscopia	Presença de esquizócitos	Presença de esquizócitos

PDF: produtos de degradação da fibrina e do fibrinogênio; TP: tempo de protrombina; PTTa: tempo de tromboplastina parcial ativada.

A CIVD pode cursar com outras alterações indiretas decorrentes da doença sistêmica, como, por exemplo, sinais de choque nos quadros mais graves (sinais de disfunção orgânica e má perfusão) e presença de anemia hemolítica microangiopática com consequente aumento da bilirrubina indireta, redução de haptoglobina e aumento de LDH.

DIAGNÓSTICO DIFERENCIAL

O diagnóstico diferencial dos distúrbios hereditários abordados é feito, principalmente, com outras coagulopatias hereditárias mais raras. A **hemofilia C** (deficiência do fator XI), comum em judeus askenazes, apresenta desordens hemorrágicas mais raras e menos graves em comparação às hemofilias A e B, sendo o tratamento baseado em transfusão de plasma fresco congelado, além da **deficiência de outros fatores, como X, V, VII, hipoprotrombinemia (fator II) e distúrbios do fibrinogênio (fator I).** No caso da deficiência do fator VII ocorrerá alargamento apenas do TP, enquanto nos demais casos o envolvimento de fatores da via comum da coagulação (fatores I, II, V e X) leva ao alargamento do TP e do PTTa. O tratamento das disfibrinogenemias baseia-se na administração de crioprecipitado e nos outros casos (fatores II, V, VII e X) consiste no uso de plasma fresco congelado ou de fatores recombinantes específicos.

Já no caso de coagulopatias adquiridas, **o diagnóstico diferencial da CIVD é realizado, principalmente, com deficiência de vitamina K, uso de anticoagulantes e trombolíticos e com doença hepática grave.**

TRATAMENTO

É importante lembrar que em sangramentos de pequena intensidade por trauma ou espontâneos, **como na epistaxe, mesmo em pacientes com distúrbios da coagulação, a compressão local pode ser suficiente para o controle.**

A DvWB deve receber um tratamento direcionado para cada subtipo. Contudo, como o tipo 1 apresenta maior prevalência e alguns dos outros subtipos recebem o mesmo manejo desse subgrupo, o esquema abordado para todos os casos será aquele indicado no Quadro 116.4.

Quadro 116.4 Tratamento da hemorragia aguda na doença de von Willebrand

Terapia medicamentosa

1. **Desmopressina (DDAVP)** pode ser administrada na dose de 0,3mcg/kg diluída em 50 a 100mL de solução salina (SS) em infusão lenta por 30 minutos, EV. As apresentações subcutânea (SC) e intranasal (IN) estão indicadas para controle domiciliar. Deve ser usada com cuidado em crianças < 3 anos. Está contraindicada em caso de hipertensão descontrolada e história de convulsão
2. **Concentrado de fator VIII/FvWB** está indicado em paciente SEM resposta ou com contraindicação ao uso da desmopressina e, **principalmente, em caso de procedimentos cirúrgicos. A dose depende do porte da cirurgia**, variando de 25 a 50UI/kg a cada 12 horas no dia da operação e diariamente no pós-operatório. Em razão do risco de trombose, os níveis do fator VIII devem ser monitorizados e mantidos < 100UI/dL

O tratamento da hemofilia é baseado na reposição do fator deficiente, seguindo as seguintes fórmulas:

Hemofilia A
Unidades internacionais (UI) do fator VIII = peso (kg) × Δ/2

Hemofilia B
Unidades internacionais (UI) do fator IX = peso (kg) × Δ

O valor de Δ corresponde à porcentagem da atividade do fator de coagulação deficiente, estabelecida para cada situação de acordo com a gravidade da hemorragia. A reposição dos fatores da hemofilia depende de inúmeras variáveis e o cálculo da reposição deve sempre ser orientado por um especialista.

Na CIVD, é fundamental o tratamento da doença de base, assim como a adoção de medidas gerais que envolvem hidratação venosa, correção de distúrbios hidroeletrolíticos e do equilíbrio ácido-basico, além de suporte respiratório e cardiocirculatório, se houver necessidade. O tratamento específico é apresentado no Quadro 116.5.

Quadro 116.5 Tratamento de intercorrências da coagulação intravascular disseminada

Terapia medicamentosa

1. **Concentrado de plaquetas na proporção de 1 a 2 unidades para cada 10kg ao dia:** no caso de trombocitopenia < 50.000 plaquetas/mm^3 na presença de sangramento ativo, < 20.000 plaquetas/mm^3 na presença de febre e < 10.000 plaquetas/mm^3 sempre, pelo risco de sangramentos ameaçadores da vida
2. **Plasma fresco congelado, inicialmente a 10 a 20mL/kg**, como forma de corrigir os fatores depletados, especialmente em caso de TP e PTTa prolongados em pacientes com sangramento ativo
3. **Crioprecipitado, 1 a 2 unidades para cada 10kg**, em caso de hipofibrinogenemia (< 100mg/dL)
4. **Heparina não fracionada na dose de 500UI/h EV**; deve-se objetivar um PTTa por volta de 45 segundos ou 1,5 a 2,5 vezes o tempo do PTTa de controle. Quando um paciente apresenta TTPa basal prolongado, a administração de heparina deve ser cautelosa e avaliada individualmente
5. Doses mais elevadas (10mcg/kg/h) devem ser administradas em CIVD com predomínio de eventos trombóticos

TP: tempo de protrombina; PTTa: tempo de tromboplastina parcial ativada; EV: endovenoso.

Em caso de insuficiência hepática grave, deficiência de vitamina K e uso de cumarínicos, pode-se utilizar vitamina K, 10mg IM, ou, em casos graves, plasma fresco congelado, 10 a 20mL/kg. Em caso de trombocitopenia < 50.000 plaquetas/mm^3 com sangramento ativo, < 20.000 plaquetas/mm^3 com febre ou < 10.000 plaquetas/mm^3, deve-se administrar concentrado de plaquetas, 1 unidade para cada 10kg do paciente.

BIBLIOGRAFIA

American Society of Anesthesiologists Task Force on Perioperative Blood Transfusion and Adjuvant Therapies. Practice guideliness for perioperative blood transfusion and adjuvant therapies. Anestesiology 2006; 105:198-208.
Anticoagulation Subcommittee. Guideline for reversal/correction of anticoagulants. University of Michigan Health System, Anticoagulation Program, 2011.
Aubuchon JP. Guidelines for the use of blood warming devices. AABB 2002.
Baker RI, Coughlin PB, Gallus AS, Harper PL, Salem HH, Wood EM. Warfarin reversal: consensus guidelines, on behalf of the Australasian Society of Thrombosis and Haemostasis. MJA 2004; 181:492-97.
Besser EL, Ehrenhaft JL. The relationship of acute anemia to wound healing. Surgery 1943; 14:239-45.
Brasil. Agência Nacional de Vigilância Sanitária. Resolução RDC 153 de 14 de junho de 2004. Regulamento técnico para procedimentos de hemoterapia. Diário Oficial da União, Brasília, DF, 07/06/2004, item A.5, p. 2.
Brasil. Agência Nacional de Vigilância Sanitária. Resolução RDC 23, de 24 de janeiro de 2002. Diário Oficial da União, Brasília, DF, 27/03/2002, 19, seção 1, p.25.
British committee for standards in haematology, blood transfusion task force. Guidelines for the use of fresh frozen plasma. Transfusion Medicine 1992; 2:57-63.
British committee for standards in haematology, blood transfusion task force. Guidelines for the platelet transfusion threshold safe in critical ill patients with cardiovascular diseases? Critical Care Medicine 2001; 29:227-33.
British committee for standards in haematology. Blood transfusion task force: guidelines for the platelet transfusion. British Journal of Haematology 2003; 122:10-23.
Carson JL, Armas-Loughran B. Blood transfusion: less is more? Crit Care Med 2003; 31(9):2409-10.
Corwin HL, Gettinger A, Pearl RG et al. The CRIT Study: Anemia and blood transfusion in the critically ill – current clinical practice in the United States. Crit Care Med 2004; 32(1):39-52.
Dunst, J. The use of epoetin alfa to increase and maintain hemoglobin levels during radiotherapy. Seminars in Oncology 2001; 28(2, Suppl. 8):42-8.
Fergusson D, Khanna MP, Tinmouth A, Hébert PC. Transfusion of leukoreduced red blood cells may decrease postoperative infections: two meta-analyses of randomized controlled trials. Can J Anaesth 2004; 51(5):417-24.

Fragoulakis V, Kourlaba G, Goumenos D, Konstantoulakis M, Maniadakis N. Economic evaluation of intravenous iron treatments in the management of anemia patients in Greece. Clinicoecon Outcomes Res 2012; 4:127-34. Epub 2012 May 4.
Goodnoudgh LT. Erythropoient therapy versus red cell transfusion. Current in Opinion Haematology 2001; 8:405-10.
Guia de condutas hemoterápicas do Hospital Sírio-Libanês. 2. ed., 2010.
Hebert PC et al. Multicenter randomized, controlled clinical trial of transfusion requirements in critical care. N Engl J Med 1999; 340:409-17.
Hebert PC, Tinmouth A, Corwin HL. Controversis in RBC transfusion in the critical Ill. Chest 2007; 131:1583-90.
Hirsh J, Guyatt G, Ibers GW, Harrington R, Scünemann HJ. Parenteral Anticoagulants. Guidelines for Antithrombotic and Thrombolytic Therapy. Chest 2008; 133:141S-159S.
International Nutritional Anemia Consultative Group (INACG). Integrating programs to move iron deficiency and anaemia control forward. Report of the 2003 International Nutritional Anemia Consultative Group Symposium 6 February 2003, Marrakech, Morocco. Washington DC, ILSI Press, 2003. (http://inacg.ilsi.org/file/INACGfinal.pdf, accessed 27 July 2004).
Lemon Jr SJ, Crannage AJ. Pharmacologic anticoagulation reversal in the emergency department. Advanced Emergency Nursing Journal 2011; 33(3):212-23.
Leung LK. Clinical features, diagnosis, and treatment of disseminated intravascular coagulation in adults. UpToDate Online April-2012. Manual de transfusão sanguínea. Chamone DAF, Novaretti MCZ, Dorlhiac-Llacer PE. 2001.
Levi M, Toh CH, Thachil J, Watson HG. Guidelines for the diagnosis and management of disseminated intravascular coagulation. British Committee for Standards in Haematology. Br J Haematol 2009 Apr; 145(1):24-33.
Manual de tratamento de coagulopatias hereditárias. 1. ed. Brasília, DF: Ministério da Saúde, 2006.
Manual do Comitê Transfusional do Hospital Alemão Oswaldo Cruz 1. ed., 2011.
Mathew AE, Kumar A. FocusOn: Reversal of Anticoagulation. ACEP News 2010.
Murphy MF, Wallington TB. Guidelines for the clinical use of red cell transfusions. Br J Haematol 2001; 113:24-31.
Pintão MCT, Garcia AA. Management of hemostatic disorders in the emergency room. Medicina (Ribeirão Preto) 36(2/4):439-5.
Purdy FR, Tweeddale MG, Merrick PM. Association of mortality with age of blood transfused in septic ICU patients. Can J Anaesth 1997; 44(12):1256-61.
Rebulla P et al. The threshold for prophylactic platelet transfusions in adults with acute myeloid leukemia. New England Journal of Medicine 1997; 337:1870-5.
Schiffer CA, Anderson KC et al. American Society of Clinical Oncology. Platelet transfusion for patients with cancer: clinical practice guidelines of the American Society of Clinical Oncology, 2001; 19:1519-38.
Silva JM Jr, Toledo DO, Magalhães DD et al. Influence of tissue perfusion on the outcome of surgical patients who need blood transfusion. J Crit Care 2009; 24(3):426-34.
Silva JM Jr et al. Red blood cell transfusions worsen the outcomes even in critically ill patients undergoing a restrictive transfusion strategy. Sao Paulo Med J, São Paulo, 2012; 130(2). Disponível em: <http://www.scielo.br/scielo.php?script=sci_arttext&pid=S1516-31802012000200002&lng=en&nrm=iso>. Acesso em: 5/6/12.
Slichter SJ. Platelet transfusion therapy. Hematol Oncol Clin N Am 2007; 21:697-729.
Strumia MM, Dugan A, Taylor L, Strumia PV, Bassert D. Splenectomy in leukemia and myelofibrosis. Changes in the erythrocyte values. Am J Clin Pathol 1962; 37:491-8.
Vamvakas EC. Meta-analysis of randomized controlled trials investigating the risk of postoperative infection in association with white blood cell-containing allogeneic blood transfusion: the effects of the type of transfused red blood cell product and surgical setting. Transfus Med Rev 2002; 16(4):304-14.
Van den Broek NR, Letsky EA. Etiology of anaemia in pregnancy in south Malawi. American Journal of Clinical Nutrition 2000; 72:247S-256S. Disponível em: (http://www.ajcn.org/cgi/reprint/72/1/247S.pdf). Acesso em: 27/7/2004.
Walker RH. Mathematical calculations in transfusion medicine. Clin Lab Med 1996; 16(4):895-906.
Walsh TS, McArdle F, McLellan SA et al. Does the storage time of transfused red blood cells influence regional or global indexes of tissue oxygenation in anemic critically ill patients? Crit Care Med 2004; 32(2):364-71.
Weiskopf RB, Feiner J, Hopf H et al. Fresh blood and aged stored blood are equally efficacious in immediately reversing anemia-induced brain oxygenation deficits in humans. Anesthesiology 2006; 104(5):911-20.

Seção XVI – MEDICINA INTENSIVA

Capítulo 117
Ventilação Mecânica

Carlos Eduardo Sampaio Moretti • Luciana Correia Mello

DEFINIÇÃO

A ventilação mecânica consiste em um método de suporte para o tratamento de pacientes com insuficiência respiratória aguda ou crônica agudizada, que pode substituir total ou parcialmente a ventilação fisiológica.

OBJETIVOS
Clínicos

- **Assumir a ventilação:** anestesias, sedação, traumatismo cranioencefálico (TCE), alterações do estímulo respiratório, pós-operatório imediato, uso de relaxantes musculares, crises convulsivas.
- **Diminuir o trabalho muscular respiratório:** evitar e tratar a fadiga muscular respiratória, alterações mecânicas toracopulmonares.
- **Diminuir o consumo de oxigênio muscular respiratório:** para priorizar a oferta de oxigênio sistêmica e do coração (choque, insuficiência cardíaca), corrigir a acidose respiratória.
- **Estabilização do esterno e do gradil costal:** trauma, após parada cardíaca.

Fisiológicos

- **Controlar a ventilação pulmonar e manter o pH adequado.**
- **Adequar a ventilação alveolar às condições clínicas e aos objetivos desejados.**
- **Aumentar o volume pulmonar e a capacidade residual funcional:** profilaxia e tratamento de atelectasias, pressão positiva ao final da expiração (PEEP).

CLASSIFICAÇÃO

Classifica-se o suporte ventilatório em dois grupos:

1. Ventilação mecânica invasiva
2. Ventilação não invasiva

Na **ventilação mecânica invasiva**, utiliza-se uma prótese ventilatória (ventilador mecânico) acoplada a uma via aérea artificial – tubo orotraqueal, nasotraqueal ou cânula de traqueostomia; na **ventilação não invasiva**, utilizam-se máscaras como interface entre o paciente e o ventilador artificial ou gerador de fluxo contínuo. Nas duas situações, a ventilação artificial é conseguida com a aplicação de pressão positiva nas vias aéreas.

A entubação orotraqueal está indicada quando o paciente não tem condições de manter sua própria ventilação.

Indicações para a via aérea artificial:

- Estabelecer ou manter as vias aéreas potentes e acessíveis.
- Reduzir o risco de aspiração do conteúdo gástrico, regurgitação ou aspiração de sangue oriundo de trauma oral ou facial, devido à presença do tubo com balonete.

- Facilitar a remoção de secreções.
- Permitir a ventilação mecânica.

Complicações da via aérea artificial
- Infecção respiratória
- Entubação seletiva
- Edema de glote
- Lesão de cordas vocais
- Extubação acidental
- Broncoaspiração
- Obstrução por secreção
- Pressão do *cuff*, que em altas pressões pode levar a grave isquemia ou até mesmo a necrose da parede traqueal

INDICAÇÕES

A ventilação mecânica deve ser considerada precocemente como um procedimento eletivo e não deve ser adiada até que se torne um procedimento de emergência:

1. Reanimação em virtude de parada cardiorrespiratória.
2. Hipoventilação e apneia.
3. Insuficiência respiratória decorrente de doença pulmonar intrínseca e hipoxemia.
4. Prevenção de complicações respiratórias:
    - restabelecimento no pós-operatório de cirurgias de abdome superior, torácica de grande porte, deformidade torácica, obesidade mórbida;
    - parede torácica instável.
5. Falência mecânica do aparelho respiratório:
    - fraqueza muscular/doenças neuromusculares;
    - comando respiratório instável (*drive* instável, apneia > 30 segundos).
6. Aumento do trabalho muscular respiratório e fadiga muscular.
7. Instabilidade do sistema cardiovascular.
8. Hipertensão intracraniana.
9. Necessidade de analgésicos e sedativos.
10. Proteção de vias aéreas e de parênquima pulmonar.
11. Correção de obstrução de vias aéreas superiores.
12. Escala de Glasgow ≤ 8.
13. Frequência respiratória > 35irpm e saturação de oxigênio < 90%.
14. Gasometria: PaO_2 < 60mmHg, $PaCO_2$ > 50mmHg, pH < 7,25 e PaO_2/FiO_2 < 200mmHg.

■ SUPORTE VENTILATÓRIO INVASIVO

Indicado o suporte ventilatório invasivo, deverão ser escolhidos o modo e os parâmetros para iniciar a ventilação. Esses ajustes iniciais poderão ser modificados após adaptação do paciente à prótese ventilatória e a monitorização das repercussões clínicas e hemogasométricas da pressão positiva intratorácica.

O suporte ventilatório invasivo compreende:

1. Acesso às vias aéreas inferiores.
2. Escolha do ventilador.
3. Circuitos, filtro bacteriológico, sistema de aspiração fechado, aerocâmera.
4. Parâmetros de suporte ventilatório:

- modo de ventilação
- volume corrente
- frequência respiratória
- fluxo inspiratório
- relação inspiração/expiração
- fração inspirada de oxigênio
- PEEP
5. Limites, alarmes e observação dos *displays*.
6. Exame clínico do paciente e radiografia do tórax.
7. Gasometria arterial, saturímetro de pulso e capnometria etc.

Ciclo ventilatório

1. **Fase inspiratória:** o ventilador realiza a insuflação pulmonar conforme as propriedades elásticas e resistivas do sistema respiratório. Válvula inspiratória aberta.
2. **Ciclagem:** passagem da fase inspiratória para a expiratória.
3. **Fase expiratória:** equilíbrio entre a pressão do sistema respiratório com a pressão expiratória final determinada no ventilador.
4. **Disparo/*trigger*/sensibilidade:** mudança da fase expiratória para a inspiratória. Abertura da válvula inspiratória.

A **ventilação mecânica** divide-se em:
1. Controlada
2. Assistido-controlada
3. Espontânea

Ventilação mecânica controlada

Neste modo, o ventilador fornece todo o suporte ventilatório, isto é, o volume corrente e a frequência respiratória. O trabalho respiratório é totalmente realizado pelo ventilador. É utilizado em pacientes sem *drive* respiratório, sedados, com lesão raquimedular ou doenças neuromusculares, paralisados (curarização), com graves lesões da caixa torácica e em anestesias.

Ventilação mecânica assistido-controlada

No modo ventilatório assistido-controlado, o paciente controla a frequência respiratória. O volume corrente é predeterminado e coloca-se a frequência respiratória controlada abaixo da frequência do paciente. O disparo será a fluxo ou pressão. Na ausência de *drive* respiratório adequado, o modo deixa de ser assistido para ser controlado. O paciente deflagra o ciclo respiratório e executa um trabalho completado pelo ventilador. Nesse caso, o disparo é a tempo.

Ventilação mecânica espontânea

Todos os ciclos ventilatórios são espontâneos, ou seja, disparados e ciclados pelo paciente. O trabalho respiratório é realizado pelo paciente.

MODOS VENTILATÓRIOS CONVENCIONAIS

Ventilação mandatória contínua

Todos os ciclos ventilatórios são disparados e/ou ciclados pelo ventilador (ciclos mandatórios). Quando o disparo ocorre pelo tempo, o modo é apenas controlado. Quando o disparo ocorre de acordo com pressão negativa ou fluxo positivo realizados pelo paciente, o modo é chamado de assistido-controlado.

Ventilação controlada a volume (VCV)

Pode ser usada nos modos controlado ou assistido-controlado. Fixam-se a frequência respiratória, o volume corrente e o fluxo inspiratório, além da PEEP e da FiO_2.

A onda de fluxo inspiratório pode ser quadrada, quando mantém um fluxo constante, ou descendente, quando o fluxo é desacelerado durante a inspiração.

No modo controlado, o disparo ocorre a tempo, de acordo com a frequência respiratória preestabelecida, ficando o comando sensibilidade desativado. No modo assistido-controlado o disparo ocorre a pressão ou fluxo, de acordo com o esforço inspiratório do paciente, podendo variar a frequência respiratória enquanto o volume corrente e o fluxo mantém-se fixos. Caso o paciente não atinja o valor predeterminado de sensibilidade para disparar o ventilador, este manterá ciclos ventilatórios de acordo com a frequência respiratória mínima indicada pelo operador.

Esse modo de ventilação é ciclado a volume, ou seja, a transição entre a inspiração e a expiração ocorre após a liberação do volume corrente preestabelecido em velocidade determinada pelo fluxo.

Este modo é a indicação inicial de ventilação invasiva, pois é possível avaliar a mecânica ventilatória, já que é feito o ajuste de volume e as pressões são consequência. É vantajoso, pois garante o volume corrente, evita hipoventilação e atelectasia e é bem tolerado pelos pacientes com boa complacência e resistência. Entretanto, apresenta desvantagens por apresentar curva de fluxo quadrada, menos fisiológica, e por poder apresentar elevadas pressões em pacientes pouco complacentes e com maior resistência. Nesse caso, a programação do volume deve ser acompanhada de monitorização rigorosa da pressão gerada nas vias aéreas, sendo tolerados valores de segurança de pressão de pico de até $40cmH_2O$ e pressão de platô de até $32cmH_2O$.

A escolha do volume programado ocorre com base no peso corpóreo do paciente. E em razão da dificuldade de mensuração, sugere-se que o peso estimado seja determinado pela altura e pelo sexo, de acordo com a seguinte fórmula:

$$Homens = 50 + 0,91 \ (altura \ em \ cm - 152,4)$$

$$Mulheres = 45 + 0,91 \ (altura \ em \ cm - 152,4)$$

Ventilação controlada à pressão (PCV)

Pode ser usada nos modos controlado ou assistido-controlado. Fixam-se a frequência respiratória, o tempo inspiratório ou a relação I:E e o limite de pressão inspiratória, além da PEEP e da FiO_2. O ventilador inicia o ciclo com um fluxo necessário para manter uma pressão predeterminada.

O disparo ocorre da mesma maneira que na ventilação controlada a volume: a tempo, de acordo com a frequência respiratória preestabelecida no modo controlado, e a pressão ou a fluxo no modo assistido-controlado, conforme o esforço do paciente ultrapasse a sensibilidade. O volume corrente obtido também passa a depender desse esforço.

É ciclado de acordo com o tempo inspiratório ou com a relação I:E, ou de acordo com uma pressão previamente ajustada pelo profissional. O volume corrente depende da pressão inspiratória, do tempo inspiratório e da impedância do sistema respiratório. Com isso, o ajuste da pressão inspiratória vai gerar um volume corrente para cada paciente. É limitada e controlada a pressão.

É vantajoso, pois evita ventilar com pressões elevadas, prevenindo o risco de barotrauma, apresenta menor efeito hemodinâmico e é bem tolerado em pacientes com aumento da resistência e diminuição da complacência. Entretanto, tem desvantagens por poder apresentar instabilidade na garantia de volume corrente, que pode apresentar-se reduzido em casos de aumento da resistência pelo aumento de secreção e necessita de maior monitorização ventilatória.

Ventilação mandatória intermitente sincronizada (SIMV)

O ventilador oferece ciclos mandatórios a uma frequência predeterminada, porém permite que ciclos espontâneos (ciclos ventilatórios disparados e ciclados pelo paciente) ocorram entre eles. O ventilador permite que o disparo dos ciclos mandatórios ocorra em sincronia com pressão negativa ou fluxo positivo realizado pelo paciente. A variável de controle pode ser à pressão controlada ou volume controlado.

Dentro de cada ciclo, no primeiro esforço muscular, o paciente recebe a variável de controle pré-programada. Se ocorrer um novo disparo dentro do mesmo ciclo provocado pelo esforço muscular do paciente, este é espontâneo, sem nenhuma ajuda do ventilador. O próximo ciclo aguarda um novo disparo realizado pelo paciente. Caso não ocorra, um ciclo mandatório é enviado ao paciente no ciclo seguinte.

A SIMV permite melhor sincronia entre o ventilador e o paciente e diminui os efeitos hemodinâmicos deletérios da pressão positiva intratorácica. Quanto menos ciclos mandatórios e mais ciclos espontâneos, maior o trabalho muscular respiratório. Como desvantagem há alguns trabalhos publicados que mostraram que a SIMV aumentou o tempo de ventilação mecânica e o tempo de desmame.

Ventilação espontânea contínua

Todos os ciclos ventilatórios são espontâneos, ou seja, disparados e ciclados pelo paciente. Pode ser assistida pelo ventilador, na qual este busca alcançar pressões predeterminadas durante a inspiração – ventilação com pressão de suporte (PSV); ou não assistida pelo ventilador, na qual o ventilador mantém uma pressão positiva durante todo o ciclo respiratório, tanto na inspiração como na expiração – pressão positiva nas vias aéreas (CPAP).

Ventilação com pressão de suporte (PSV)

Este é um modo de ventilação mecânica espontânea, ou seja, disparado e ciclado pelo paciente, em que o ventilador assiste a ventilação pela manutenção de uma pressão positiva predeterminada durante a inspiração até que o fluxo inspiratório reduza-se a um nível crítico, normalmente 25% do pico de fluxo inspiratório máximo. Isto permite que o paciente controle a frequência respiratória e o tempo inspiratório e, dessa forma, o volume de ar inspirado. Assim, o volume corrente depende do esforço inspiratório, da pressão de suporte preestabelecida e da mecânica do sistema respiratório (resistência e elasticidade). O paciente dispara o aparelho vencendo a sensibilidade (fluxo ou pressão) pré-ajustada.

Pressão positiva contínua nas vias aéreas (CPAP)

O paciente ventila espontaneamente através do circuito pressurizado do aparelho, de modo que uma pressão positiva é mantida constante durante todo o ciclo respiratório do paciente, ou seja, tanto na inspiração quanto na expiração. O paciente controla sua frequência respiratória e o seu volume corrente, que depende do esforço inspiratório realizado e das condições da mecânica respiratóriado pulmão e da parede torácica. Quanto maior o esforço do paciente, maior o volume corrente. Esse modo também é utilizado para aumentar a capacidade residual funcional (CRF), melhorar a troca gasosa pulmonar, recrutar unidades alveolares e diminuir o trabalho respiratório.

Há ainda novas modalidades ventilatórias menos utilizadas como, por exemplo, a ventilação proporcional assistida (PAV) e a ventilação por liberação de pressão nas vias aéreas (APRV).

O modo PAV foi desenvolvido para aumentar ou reduzir a pressão nas vias aéreas em proporção ao esforço do paciente. Ele determina a quantidade de suporte em relação ao esforço, ou seja, é o esforço do paciente que determina a pressão ventilatória. Como vantagens podemos destacar que a PAV pode acompanhar as mudanças no esforço do paciente, como num caso de melhora ou piora da insuficiência respiratória, produz maior variabilidade de volume corrente e proporciona mais conforto ao paciente em relação à pressão de suporte. A desvantagem refere-se ao fato que há necessidade de que o paciente esteja respirando espontaneamente e que ainda há pouca experiência com o método por sua pequena disponibilidade.

No modo APRV, o ventilador trabalha em dois níveis de pressão. Pode produzir melhora da troca gasosa e redução do espaço morto. Entretanto, o volume corrente é dependente da mecânica respiratória, do tempo de liberação da pressão e do esforço do paciente.

DESMAME

Consiste na a fase de transição da ventilação mecânica para a ventilação em ar ambiente, sendo necessário quando o paciente está em ventilação mecânica por mais de 24 horas. Deve ser realizado de modo individualizado e não é sinônimo de extubação.

Condições para a interrupção do suporte ventilatório

1. Reversão da causa.
2. *Drive* ventilatório.
3. Estabilidade hemodinâmica:
    a. FC < 140bpm
    b. Ausência de isquemia miocárdica.
    c. Ausência de hipotensão.
4. Ausência de febre nas últimas 24 horas.
5. Equilíbrio ácido-básico (pH > 7,25).
6. Nível de consciência:
    a. Equivalente ou próximo àquele antes da intubação.
    b. Sem sedativos.
7. Estabilidade metabólica (exames laboratoriais nos valores de normalidade).
8. Troca gasosa satisfatória:
    a. PaO_2 > 60mmHg com FiO_2 < 0,4 a 0,5 e PEEP < $8cmH_2O$.
    b. PaO_2/FiO_2 > 200.
9. Capacidade de proteger as vias aéreas:
    a. Tosse eficaz: CV > 20mL/kg; Pimáx < – $40cmH_2O$; Pemáx > $60cmH_2O$.
10. Ausência de obstrução das vias aéreas.

Teste de ventilação espontânea

1. **Teste com peça "T" (*trial* peça T):** o paciente é retirado da ventilação mecânica e colocado em macronebulização com suporte de O_2, com FiO_2 semelhante àquela usada no suporte ventilatório, por um período de 30 a 120 minutos.
2. **Teste com PSV (*trial* PSV):** adaptação da PSV a um nível de 5 a $7cmH_2O$ e uma PEEP < $8cmH_2O$, por um período de 30 a 120 minutos.

Critérios indicativos de sucesso

1. PaO_2 ≥ 50 a 60mmHg.
2. SpO_2 ≥ 85% a 90%.
3. pH ≥ 7,32.
4. Aumento da PCO_2 ≤ 10mmHg.
5. Sem uso de aminas.
6. FC ≤ 120 a 140bpm.
7. Aumento da FC < 20%.
8. Aumento da pressão sistólica < 20%.

9. FR ≤ 30 a 35 irpm.
10. Aumento da FR < 50%.

Critérios indicativos de falha
1. Alteração do nível de consciência.
2. Desconforto.
3. Sudorese.
4. Aumento do trabalho ventilatório.

Índice de Tobin (Índice de respiração superficial)

Indica o grau de dependência do paciente em relação à ventilação mecânica. Valores próximos de 105 indicam insucesso no processo de desmame e valores < 50 otimizam o desmame.

$$\text{Índice de Tobin} = \frac{\text{Frequência respiratória}}{\text{Volume corrente (L)}}$$

Caso haja falha no teste de ventilação espontânea, deve-se promover repouso muscular por 24 horas e corrigir a causa da falha. Não se deve utilizar o SIMV. Deve-se usar PSV para manter VC > 5mL/kg, FR < 25 a 30irpm e ausência de atividade muscular acessória e ventilação paradoxal. Após o controle da causa, deve-se reduzir o PSV de 2 a 4cmH$_2$O a cada 2 horas e realizar um novo teste.

Caso o paciente seja aprovado no teste de respiração espontânea, deve ser feita a extubação e o paciente deve ficar em macronebulização com O$_2$ suficiente para manter SpO$_2$ > 90%. Após 20 minutos, iniciar a ventilação mecânica não invasiva (VNI) e manter por, no mínimo, 20 minutos.

AJUSTE DOS PARÂMETROS VENTILATÓRIOS

Volume corrente

O volume corrente (VC) inicial é de 8 a 10mL/kg de peso corporal, exceto em patologias específicas.

Frequência respiratória

Iniciar com frequência respiratória (FR) entre 12 e 18ipm:

$$\text{FR desejada} = \frac{\text{FR conhecida} \times \text{PaCO}_2 \text{ conhecida}}{\text{PaCO}_2 \text{ desejada}}$$

Relação tempo inspiratório/expiratório

A relação a ser usada inicialmente entre a inspiração e a expiração é de 1:2 a 3. O tempo total do ciclo respiratório (Ttot) é igual a 60/FR, sendo a relação de 1:2; na frequência respiratória de 20ipm, o Ttot será de 3 segundos. Em pacientes com obstrução de vias aéreas (doença pulmonar obstrutiva crônica – DPOC), o tempo expiratório deve ser aumentado para 1:4 a 5.

Fluxo inspiratório

O fluxo inspiratório deve ser equivalente a cinco ou seis vezes o volume minuto. Baixos fluxos produzem fome de fluxo e fadiga muscular. Altos fluxos iniciais preencheriam rapidamente o circuito do ventilador e as grandes vias aéreas e aumentariam mais rapidamente a pressão alveolar. Fluxos menores facilitariam a insuflação de unidades com constante de tempo menor.

PEEP

Consiste na manutenção de uma pressão supra-atmosférica ao final da expiração. Ao ser o paciente intubado ou traqueostomizado, há perda da PEEP fisiológica produzida pelas cordas vocais, com diminuição da capacidade residual funcional, colapso alveolar e piora da troca gasosa. Deve ser usada PEEP extrínseca de 3 a 5cmH$_2$O.

Fração inspirada de oxigênio

A fração inspirada de oxigênio inicial deve ser = 1,0 (100%). Por meio do oxímetro de pulso é possível acertar rapidamente a fração inspirada de oxigênio (FiO$_2$) adequada para manter uma saturação arterial de oxigênio que, usualmente, tem seu limite inferior em 92% a 94%. Rotineiramente, deve-se coletar sangue após 20 minutos de ventilação mecânica com oxigênio a 100%, apesar de a saturação de oxigênio não corresponder exatamente à saturimetria de pulso, variando em mais ou menos 3%. Alterações da perfusão, como extremidades frias e choque hipovolêmico, também alteram a saturimetria:

$$FiO_2 \text{ ideal} = \frac{PaO_2 \text{ desejada} \times FiO_2 \text{ conhecida}}{PaO_2 \text{ conhecida}}$$

Alarmes

Os alarmes devem ser ajustados para variações entre 20% e 25% dos valores observados.

Ventilação de BACKUP

Os ventiladores microprocessados têm um modo de ventilação de apneia. Quando programado, o paciente que apresentar apneia terá uma frequência respiratória programada garantida.

VENTILAÇÃO MECÂNICA EM PATOLOGIAS ESPECÍFICAS

Ventilação mecânica na DPOC

A redução do volume minuto por meio de baixo volume corrente e/ou baixa frequência respiratória é a melhor estratégia para redução da hiperinsuflação dinâmica. A frequência respiratória deve ser a menor possível, entre 10 e 12ipm, com volume corrente entre 6 e 8mL/kg, a fim de reduzir ao máximo o tempo inspiratório, prolongando, desse modo, o tempo expiratório e reduzindo o aprisionamento aéreo (auto-PEEP). A razão entre o tempo expiratório e o tempo inspiratório deve alcançar um valor de quatro a cinco vezes (TI:TE = 1:4 ou 1:5). A PEEP extrínseca dever ser usada para minimizar o trabalho respiratório sem que aumente a hiperinsuflação pulmonar e o fluxo expiratório. O ajuste ideal deve ser de 85% da PEEP intrínseca. A FiO$_2$ deve ser titulada evitando-se sempre a hiperoxia, com valores de PaO$_2$ obrigatoriamente no limite inferior, 60 a 80mmHg, para uma saturação arterial de oxigênio > 90%.

Ventilação mecânica na crise de asma aguda

Utilizar volumes correntes baixos limitados a pressão, de 5 a 7mL/kg, com consequente hipercapnia permissiva, e manter pressão de pico < 50cmH$_2$O e pressão de platô < 35cmH$_2$O. Frequência respiratória com valores > 12irpm está associada a hiperinsuflação e maior risco de barotrauma, em virtude da diminuição do tempo expiratório, além de fluxos inspiratórios > 50L/min ou cinco a seis vezes o volume minuto. O aumento da pressão de pico nas vias aéreas (pressão traqueal) não é um fator de risco para o barotrauma, pois não se transmite diretamente aos alvéolos; ao contrário da pressão de platô, que representa a pressão gerada nos alvéolos, objetivando uma auto-PEEP < 15cmH$_2$O. A FiO$_2$ deve ser ajustada com base na gasometria arterial; usar a menor FiO$_2$ que mantenha saturação arterial de oxigênio > 95%; baixos níveis de PEEP, entre 3 e 5cmH$_2$O, que não devem ultrapassar a PEEP intrínseca.

Ventilação mecânica na síndrome do desconforto respiratório agudo

Na síndrome do desconforto respiratório agudo (SDRA) deve-se usar baixo volume corrente limitado a pressão (≤ 6mL/kg de peso corporal), com pressão de platô ≤ 30cmH$_2$O, pressão de pico

< 40cmH$_2$O, visando à proteção contra hiperdistensão alveolar ou lesão por cisalhamento, e frequência respiratória entre 12 e 22 (altas frequências podem potencializar lesão alveolar, evitando volume minuto > 7,5L/min). A PEEP deve ser escolhida a partir da curva P-V e ajustada a cada 2cmH$_2$O acima do primeiro ponto de inflexão. Caso o ponto de inflexão não seja encontrado, deve-se usar PEEP empírica de 10cmH$_2$O para recrutamento alveolar. Em caso de mais de 1 semana de evolução, a PEEP empírica não é mais recomendada.

Cuidados na hipercapnia permissiva

- Parada cardiorrespiratória recente, em razão de edema cerebral
- Hipoxemia grave, risco de anoxia cerebral
- Coronariopatias, aumento do trabalho cardíaco
- Hipertensão intracraniana

Em caso de PaCO$_2$ > 80mmHg em pacientes com hipertensão intracraniana, está indicado o uso de um sistema auxiliar de remoção de CO$_2$ insuflação traqueal de gás (TGI). Quando há necessidade de FiO$_2$ > 50% com PEEP já ajustada, deve-se tentar a inversão da relação I:E, iniciando em 1:1 e aumentando gradativamente para 2:1 ou 3:1. Como alternativa ao uso dessa técnica, procede-se à mudança de decúbito, com posição unilateral extrema em processos unilaterais.

Ventilação mecânica no traumatismo cranioencefálico

A ventilação mecânica em caso de TCE deve ser indicada em razão da presença de lesão neurológica e empregada independentemente da presença ou do grau de insuficiência respiratória. Deve-se usar o modo ventilatório controlado, pois o TCE provoca distúrbios do ritmo respiratório, com volume corrente entre 5 e 8mL/kg, frequência respiratória entre 12 e 20irpm, mantendo uma PaCO$_2$ entre 35 e 40mmHg. A hiperventilação é um meio eficiente de reduzir a pressão intracraniana (PIC), mas também pode provocar hipofluxo cerebral por vasoconstrição. Atualmente, discute-se se essa medida pode e deve ser aplicada indistintamente a qualquer paciente. O ideal é o emprego de medida direta da PIC ou da diferença dos conteúdos arterial e venoso de oxigênio, avaliada por cateterização do bulbo jugular, que é medida indireta do fluxo cerebral. As modificações de CO$_2$ devem ser feitas gradualmente por meio de capnografia, com volume minuto de 5 a 6L/min, com PaO$_2$ > 75mmHg com FiO$_2$ de 0,21%. Para que não ocorra aumento da PIC, com consequente redução da pressão de perfusão cerebral, devem ser evitados altos níveis de PEEP. O aumento da pressão intratorácica é transmitido às veias, dificultando o retorno venoso (pressão justapulmonar) e interferindo na PIC. Em qualquer modalidade ventilatória, deve ser escolhida a opção que tenha menos possibilidade de agravar a lesão neurológica.

Ventilação mecânica no traumatismo de tórax

A indicação da assistência ventilatória mecânica se dá pelo grau de alteração funcional, visando, basicamente, a impedir que lesões pulmonares se instalem ou se agravem. Problemas mecânicos, como afundamento de tórax e respiração paradoxal, por exemplo, não obrigam necessariamente à ventilação mecânica.

Critérios como PaO$_2$/FiO$_2$ < 300 ou PaO$_2$ < 60mmHg em ar ambiente ou SpO$_2$ < 90% indicam o uso de ventilação mecânica.

O paciente deve ser posicionado (decúbito) levando-se em conta as lesões assimétricas – exclusiva ou principalmente unilaterais – que causam resistências diferentes, o que é de extrema importância para que se tenha êxito no tratamento, pois a distribuição do volume de ar fornecido às áreas de menor resistência tende a agravar a situação, piorando as microatelectasias que se formam nos locais lesionados. Considerar a possibilidade de ventilação independente, com dois ventiladores, em casos selecionados.

Em situação de enfisema subcutâneo hipertensivo e/ou fístula broncopleural de alto débito, devem ser empregados volumes correntes baixos, com altas frequências respiratórias, mantendo a menor pressão média possível nas vias aéreas.

No enfisema hipertensivo existe fuga de ar para o subcutâneo, de modo que o paciente não fica bem ventilado e cria-se dificuldade cada vez maior, pois o ar sob alta pressão no subcutâneo impede a expansibilidade torácica. Na fístula de alto débito, a mistura gasosa não se distribui no pulmão e sai pelo ponto de menor resistência, impedindo a ventilação. Nesse caso, pode ser considerada a possibilidade de ventilação independente:

- Deve-se estar atento a sinais que possam sugerir ruptura de vasos, hérnias diafragmáticas etc. É importante levar em conta os mecanismos de trauma, trajetos de ferimentos etc.
- A remoção da dor pode ser suficiente para melhorar o padrão respiratório e, até mesmo, evitar a intubação. Utilizar modos ventilatórios ciclados a volume ou limitados a pressão.
- Empregar volumes correntes de 8 a 10mL/kg, tempo inspiratório mais longo ou pausa inspiratória. Empregar PEEP quando necessária.

Todas essas medidas, em conjunto com o posicionamento adequado do paciente, buscam ventilar melhor as áreas atelectasiadas (lesionadas) e reduzir o *shunt*.

■ VENTILAÇÃO NÃO INVASIVA
DEFINIÇÃO

A ventilação não invasiva (VNI) consiste em modalidade de suporte ventilatório sem a necessidade de intubação ou traqueostomia, sendo uma boa alternativa para pacientes que mantêm estabilidade clínica, hemodinâmica e neurológica. Trata-se de um método eficiente para o tratamento de insuficiência respiratória aguda e crônica em pacientes com patologias obstrutivas e restritivas, reduzindo a necessidade de intubação orotraqueal, o tempo de internação hospitalar, os custos de internação e a mortalidade hospitalar. As desvantagens do método estão relacionadas com a necessidade de cooperação dos pacientes, aerofagia com distensão gástrica e risco de broncoaspiração, reinalação de CO_2, fuga aérea, aparecimento de úlceras faciais, irritabilidade dos olhos, agitação, desconforto, necessidade de monitorização e vigilância respiratória à beira do leito.

INDICAÇÕES
- Insuficiência respiratória aguda e crônica
- Edema agudo de pulmão cardiogênico
- DPOC
- Doenças neuromusculares (com avaliação prévia da Pimáx)
- Doenças deformantes do tórax
- Pós-operatório de cirurgias toracoabdominais
- Insuficiência respiratória pós-extubação e no desmame
- Apneia do sono obstrutiva
- Pneumonias
- Hipoventilação pulmonar
- Ventilação domiciliar (*home care*)

CONTRAINDICAÇÕES
- Instabilidade hemodinâmica ou pós-parada cardiorrespiratória
- Instabilidade clínica
- Hipoxemia e hipercapnia refratárias com pH < 7,25

- Fadiga muscular respiratória
- Agitação psicomotora e síndrome do pânico
- Diminuição do reflexo de tosse, higiene brônquica ineficaz
- Redução do nível de consciência
- Pneumotórax não drenado
- Traumatismo de face e cirurgia de laringe
- Hemoptise e epistaxe maciça
- Derrame pleural volumoso

INTERFACES

As máscaras nasais e oronasais e a máscara total facial (*full face*) são as interfaces mais utilizadas para aplicação da VNI no ambiente hospitalar. Máscaras com orifício de exalação na própria máscara podem diminuir a reinalação de CO_2 quando comparadas com o uso de orifícios de exalação no circuito único nos ventiladores.

A máscara facial total tem a vantagem de diminuir o vazamento de ar e possibilitar o uso de maiores pressões inspiratórias. Além disso, proporciona maior área de contato entre a máscara e a face do paciente, o que pode diminuir as lesões de pele relacionadas com o seu uso e tornar o seu uso mais confortável.

PRINCIPAIS MODALIDADES USADAS EM VNI

1. Ventilação por pressão de suporte (PSV)
2. Ventilação por pressão controlada (PCV)
3. Ventilação assistida proporcional (PAV)
4. Pressão positiva contínua nas vias aéreas (CPAP)
5. Pressão positiva bifásica nas vias aéreas (BiPAP)

Nas modalidades PSV e PCV, os valores pré-ajustados são fixos. Isso pode fazer com que a assistência requerida seja superior ou inferior à planejada para o paciente e também pode ocorrer assincronia paciente-ventilador, especialmente durante os esforços físicos, quando os esforços respiratórios se alteram.

Na PAV, o ventilador gera fluxo e volume em proporção ao esforço inspiratório do paciente, apresentando sincronia no final do ciclo inspiratório ventilatório com o final do esforço do paciente. O nível de pressão liberada aumenta e diminui de acordo com a demanda ventilatória do paciente.

Tanto o CPAP quanto o BiPAP reduzem a sobrecarga ventilatória e melhoram as trocas gasosas, tanto no repouso como na prática de exercícios.

O CPAP é uma aplicação de pressão positiva de forma contínua, ou seja, nas fases inspiratória e expiratória, associada a um dispositivo de PEEP. Por isso, pode garantir melhor oxigenação. Entretanto, apesar de promover auxílio inspiratório, pode criar resistência à expiração, o que pode provocar um desconforto ao paciente.

O BiPAP é a ventilação com aplicação de dois níveis pressóricos. O nível pressórico mais alto é a pressão inspiratória e o mais baixo, a PEEP. A diferença entre esses níveis pressóricos é considerada pressão de suporte. Quanto maior essa diferença, ou seja, quanto maior o delta entre a pressão inspiratória e a PEEP, maior o volume corrente, com menor frequência respiratória, o que melhora a ventilação e otimiza o padrão respiratório.

ESCOLHA DA MODALIDADE VENTILATÓRIA A SER USADA

Se o objetivo é melhorar a oxigenação do paciente, pode-se usar somente CPAP, ou qualquer outra modalidade, aumentando PEEP, FiO_2, ou ambas.

Se o objetivo é melhorar a ventilação, com maiores volumes pulmonares, podem-se aumentar a pressão de suporte (na modalidade PSV), a pressão controlada (na modalidade PCV), o volume assistido (na modalidade PAV), ou o delta entre pressão inspiratória e PEEP (na modalidade BiPAP).

Ponto principal: familiaridade do profissional com a modalidade escolhida.

VNI NA REABILITAÇÃO

1. Hipoxemia refratária à oxigenoterapia?
↓
Conduta: ofertar PEEP + FiO_2
Modalidade de escolha: CPAP
Outras: BiPAP, PSV, PCV, PAV

2. Distúrbio ventilatório/volumétrico?
↓
Conduta: otimizar o VC
Modalidades: BiPAP, PSV, PCV, PAV

MONTAGEM DO SISTEMA DE CPAP

Para a aplicação da terapêutica da ventilação não invasiva, é fundamental conhecer seus componentes e suas variações técnicas. O CPAP depende de dois mecanismos básicos: o fluxo inspiratório e o mecanismo pelo qual se produz a resistência na fase expiratória à válvula de PEEP. A fase inspiratória pode ser produzida por fluxo contínuo ou de demanda. Na fase expiratória o mecanismo que produz PEEP pode ser do tipo resistor de fluxo ou de limiar pressórico.

SISTEMA CPAP POR FLUXO CONTÍNUO

Consiste em um misturador de ar comprimido e oxigênio capaz de administrar um variado fluxo de gás com concentração conhecida, um umidificador de volume com baixa resistência, um circuito de adaptação ao paciente (interfaces), uma válvula de PEEP e um manômetro para determinar corretamente a pressão das vias aéreas e suas variações. Visa, basicamente, a proporcionar um fluxo contínuo de gás adequado às necessidades clínicas do paciente, o que deve corresponder de três a quatro vezes o volume minuto do paciente, com o objetivo de não despressurizar o sistema. O gás entra nos pulmões do paciente com um mínimo de esforço, uma vez que é necessário um pequeno gradiente de pressão para que o fluxo circule entre a tubulação e a via aérea do paciente ao ser iniciada a inspiração.

CPAP

Consiste em um método de ventilação espontânea que necessita do adequado estímulo respiratório (*drive*). Pode ser aplicado durante a ventilação mecânica, acionando-se diretamente o ventilador, ou por fluxo contínuo, com dispositivos menos complexos, como o gerador de fluxo. Pode-se também utilizar máscara facial ou dispositivo nasal. A pressão necessária varia entre 7 e 15cmH$_2$O. Com frequência, pode haver fuga aérea e perda de 2cmH$_2$O na pressão aplicada. Deve-se iniciar com pressões de PEEP mais baixas e aumentar progressivamente. O tempo de uso depende da indicação e avaliação clínica do paciente.

OBJETIVOS

Reverter a hipoxemia arterial, recrutar e manter alvéolos abertos, reduzir o trabalho respiratório e o produto tempo-pressão, diminuir a resistência e aumentar a complacência respiratória, assim como reduzir o aprisionamento de ar e a auto-PEEP, redistribuindo o líquido intersticial e diminuindo o trabalho muscular respiratório.

CONSIDERAÇÕES GERAIS

- A aplicação da técnica deve ser feita com o paciente na posição sentada em Fowler de 45 graus ou em qualquer decúbito seletivo. A máscara facial, de preferência de silicone, será ajustada à face do paciente de modo que não ocorram vazamentos, o que diminuiria a pressão do sistema.
- O paciente tem que ser orientado para que respire calmamente, procurando não lutar contra o sistema, o que pode aumentar o trabalho respiratório.
- O controle dos gases sanguíneos deve ser realizado periodicamente. A oximetria de pulso e a capnografia são excelentes métodos de monitorização não invasiva para controle clínico da aplicação da CPAP. À medida que a PaO_2 e a SaO_2 aumentam, deve-se diminuir progressivamente o nível de PEEP.
- É fundamental a permanência do fisioterapeuta ao lado do paciente durante toda a aplicação.

Capítulo 118
Análise de Gasometria Arterial

Sandro Vieira de Oliveira • Eduardo Alvarenga Junqueira Filho • Flávia Rodrigues de Almeida

INTRODUÇÃO

Na avaliação do paciente criticamente doente, o estado dos gases sanguíneos desempenha papel expressivo. Em virtude da dificuldade de interpretação da gasometria arterial, é necessária a descrição de seus principais parâmetros (medidos ou calculados). Além disso, a adoção de um fluxograma auxilia a tomada de decisão de maneira rápida, principalmente na terapia intensiva que assiste pacientes geralmente instáveis.

Embora esse algoritmo deva ser sempre utilizado com cautela, pode auxiliar o clínico na abordagem inicial, na solicitação de outros exames, bem como na intervenção terapêutica.

CONCEITO

A gasometria consiste em um exame invasivo essencial para avaliação do estado de oxigenação, ventilação, valores metabólicos e estado ácido-básico. Trata-se de um procedimento realizado por meio da punção arterial para medição direta no sangue da concentração do íon hidrogênio (pH), da pressão de oxigênio (pO_2) e da pressão de dióxido de carbono (pCO_2), entre outros fatores. Normalmente, essa amostra é coletada na artéria radial, mas também pode ser coletada na braquial e na femoral. O aparelho de gasometria mede o pH e os gases sanguíneos sob a forma de pressão parcial dos gases (pO_2 e pCO_2). Os demais parâmetros são calculados e não medidos.

A quantidade de dados a interpretar nesse exame pode ser muito grande em razão de sua diversidade, porém, associados a uma análise clínica cuidadosa, eles são fundamentais para diagnóstico e manejo do paciente crítico. Desse modo, a avaliação e a otimização do estado de oxigenação arterial desempenham papel importante no cuidado ao paciente criticamente doente.

VALORES GASOMÉTRICOS

Os parâmetros avaliados na gasometria arterial interagem entre si, de modo que a interpretação isolada de cada um pode levar a erros diagnósticos. Pode ser dito que os valores de pO_2, ctO_2 e p50 compreendem os componentes respiratório e hematológico do suprimento de oxigênio aos tecidos. No entanto, é importante perceber que alterações em um parâmetro podem estar completa ou parcialmente compensadas pelos outros dois parâmetros.

Sendo assim, a informação adequada para diagnóstico e conduta corretos pode ser obtida por meio da avaliação tanto da captação como do transporte e da liberação do oxigênio. Para assegurar o uso ótimo de todas as informações proporcionadas pelo estado dos gases do sangue arterial, é necessária uma abordagem sistemática para a avaliação dos parâmetros. Entre estes estão:

- **pO_2:** é a pressão parcial de oxigênio (ou tensão) na fase gasosa em equilíbrio com o sangue. A tensão do oxigênio arterial é um indicador da captação do oxigênio nos pulmões.
  Intervalo de referência para o adulto: 83 a 108mmHg.
- **Concentração total do oxigênio arterial (ctO_2):** trata-se da concentração total de oxigênio no sangue, também denominada "conteúdo de O_2". É definida pela soma da concentração de oxigênio ligado à hemoglobina e da concentração de oxigênio dissolvido fisicamente. Reflete os efeitos integrados das alterações da pO_2 arterial na concentração da hemoglobina efetiva e na afinidade da hemoglobina por oxigênio como expressa na p50.
  Intervalo de referência para adulto: masculino: 8 a 11mmol/L; feminino: 7,1 a 10mmol/L.

- **p50:** consiste na tensão do oxigênio à metade da saturação do sangue. É calculada a partir das medidas de tensão e saturação de oxigênio, por extrapolação na curva de dissociação do oxigênio (CDO), à saturação de 50%. A p50 reflete a afinidade da hemoglobina por oxigênio. Se for necessário, é possível influenciar a posição da CDO por meio de intervenções terapêuticas. Dependendo da situação clínica, um valor baixo, normal ou alto de p50 (que corresponde, respectivamente, a desvio para a esquerda, posição normal ou desvio para a direita de CDO) pode ser a finalidade de intervenções.

  Assim sendo, um desvio para a direita da CDO causado, por uma acidose, facilita a liberação do oxigênio aos tecidos. Por outro lado, um desvio para a esquerda da CDO causado, por exemplo, por diminuição da pCO_2, facilita a captação de O_2 pulmonar.

  Intervalo de referência para adulto: 24 a 28mmHg.

- **p_x:** é uma medida da extratividade do oxigênio do sangue arterial, refletindo os efeitos integrados das alterações da pO_2 arterial, concentração do oxigênio e alterações na afinidade hemoglobina-oxigênio sobre a habilidade do sangue arterial em liberar oxigênio aos tecidos. Trata-se de um parâmetro teórico definido como a tensão do oxigênio medida no sangue arterial após a extração de 2,3mmol de oxigênio por litro de sangue (em pH e pCO_2 constantes), correspondendo à diferença arteriovenosa normal na concentração do oxigênio total. O propósito da p_x é determinar se uma hipoxemia, anemia ou afinidade hemoglobina-oxigênio anormalmente aumentada estão ou não compensadas.

  Intervalo de referência para adulto: 32 a 43mmHg.

  A interpretação de p_x pode ser feita da seguinte maneira:
  - **p_x normal:** a disponibilidade do oxigênio no sangue arterial pode ser considerada aceitável se p_x for normal. No entanto, se o débito cardíaco for baixo ou se a demanda por oxigênio for aumentada, a avaliação dos outros parâmetros que influenciam o valor de p_x pode mostrar a maneira de melhorar o estado de oxigenação, isto é, aumentar o valor de p_x para níveis acima do normal. Uma vez que a p_x esteja monitorizada e dentro dos limites de referência, é possível reduzir a FO_2, a FiO_2 e, finalmente, os parâmetros de ventilação mecânica para evitar efeitos adversos, como toxicidade pelo oxigênio e volume/barotrauma aos pulmões.
  - **p_x alta:** se a p_x estiver acima de valores normais e a situação clínica sugerir demanda normal por oxigênio e débito cardíaco normal, o suprimento de O_2 poderá estar desnecessariamente alto, indicando risco de toxicidade por esse gás. Nessa situação, a pO_2 tipicamente está muito alta, necessitando intervenção para reduzi-la. Outras causas de p_x elevada podem ser: concentração alta de hemoglobina, acidose muito grave ou ventilação muito aumentada.
  - **p_x baixa:** indica disponibilidade inadequada de O_2 no sangue arterial. Os focos primários de avaliação subsequente deverão ser pO_2, ctO_2 e p50.

- **Lactato:** reflete o suprimento inadequado de oxigênio na maioria das células do corpo. Um grau crítico de hipoxia celular acarreta mudança do metabolismo aeróbico normal para o anaeróbico, quando então é produzido o lactato. Desse modo, o lactato atua como marcador do equilíbrio entre a demanda dos tecidos por oxigênio e seu suprimento. A monitorização dos níveis de lactato sanguíneo é uma forma de acompanhar a adequação do tratamento do paciente crítico.

  Intervalo de referência para adulto: 0,3 a 0,8mmol/L.

- **pH:** indica a acidez ou alcalinidade da amostra. O pH plasmático é determinado pela relação entre o dióxido de carbono (CO_2) e o bicarbonato (HCO_3^-) e pode ser expresso pela fórmula de Henderson-Hasselbach:

  $$pH = 6,10 + \log HCO_3^-/0,03 \times PCO_2$$

  Intervalo de referência para o adulto: 7,35 a 7,45.

- **pCO_2:** é definida como pressão parcial (ou tensão) de dióxido de carbono em uma fase gasosa em equilíbrio constante. O CO_2 se difunde facilmente através das membranas celulares e pode ser considerado como sendo zero no ar inspirado normal. Sendo assim, a pCO_2 é um reflexo direto da adequação da ventilação alveolar em relação à taxa metabólica. Dessa maneira, pode-se distinguir problemas respiratórios de origem ventilatória daqueles de origem na oxigenação. As alterações concomitantes no estado ácido-básico podem refletir a gravidade e a cronicidade da insuficiência respiratória.

Intervalo de referência para o adulto: masculino: 35 a 48mmHg; feminino: 32 a 45mmHg.

- HCO_3^- **real:** é calculado a partir do total de CO_2 (somatório do CO_2 verdadeiro com o CO_2 proveniente do HCO_3^-) pela fórmula: $HCO_3^- = TCO_2 - 0{,}03 \times PCO_2$.

  Intervalo de referência para o adulto: 22 a 26mmHg.

- HCO_3^- **padrão ou** *standard:* representa o HCO_3^- do sangue após a correção da PCO_2 para 40mmHg (valor normal da PCO_2). O HCO_3^- *standard* não sofre a influência dos distúrbios respiratórios, como acontece com o HCO_3^- real. Dessa maneira, esse parâmetro só estará alterado quando houver um distúrbio metabólico primário ou compensatório no sangue do paciente, representado por excesso ou déficit real de bicarbonato no sangue.

  Intervalo de referência para o adulto: 22 a 26mmHg.

- *Fshunt:* é a porcentagem ou fração do sangue venoso não oxigenado durante a passagem através dos capilares pulmonares; isto é, a relação entre o débito cardíaco com *shunt* e o débito cardíaco total. O *shunt* pode aumentar de duas maneiras: *shunt* verdadeiro, quando a passagem do lado direito para o lado esquerdo do coração é feita sem troca de gás (defeito no septo cardíaco), ou distúrbio da ventilação-perfusão, quando a oxigenação é incompleta (pneumopatia com inflamação).

  Na ausência de *shunt* extrapulmonar, a *Fshunt* proporciona informação a respeito do componente intrapulmonar da hipoxemia. Uma *Fshunt* alta indica desproporção pulmonar entre a ventilação e a perfusão (p. ex., perfusão de áreas não ventiladas). A *Fshunt* apresenta a informação disponível mais abrangente sobre a função pulmonar.

  Intervalo de referência para o adulto: 2% a 6% (0,02 a 0,06).

- *Anion gap:* consiste na diferença de concentração entre os cátions (representados, principalmente, pelo sódio) e os ânions medidos (cloreto e bicarbonato). Dessa maneira, é um reflexo dos ânions não medidos no plasma, como proteínas, ácidos orgânicos, sulfatos e fosfatos. Para que um equilíbrio seja mantido, o total de cátions tem que ser igual ao total de ânions.

  O *anion gap* pode auxiliar o diagnóstico diferencial de acidose metabólica: acidose com aumento de *anion gap* (com quantidades aumentadas de ácido orgânico) e acidose com *anion gap* normal (devido à perda de bicarbonato).

  Intervalo de referência para o adulto: 8 a 16mmol/L.

COMO INTERPRETAR A GASOMETRIA ARTERIAL?

Vamos aprender, de modo bem simples, a interpretar uma gasometria arterial. Ênfase maior será dada ao quesito ácido-básico, deixando de lado a PO_2 e a $SatO_2$.

O diagnóstico do distúrbio ácido-básico visto pela gasometria arterial necessita apenas de três parâmetros: pH, HCO_3 e PCO_2.

- **1º passo: ver o pH**
  - Se pH < 7,35: acidose.
  - Se pH > 7,45: alcalose.
  - Normal: se o pH estiver normal, ou não existe distúrbio ácido-básico, ou há dois distúrbios que se compensam.
- **2º passo: ver o HCO_3^-**
  - Se < 22: baixo.
  - Se > 26: alto.

O HCO_3^- é diretamente proporcional ao pH; portanto, se o pH acompanhar o HCO_3^-, o distúrbio será **METABÓLICO**.

- **3º passo: ver a $PaCO_2$**
  - Se < 35: baixa.
  - Se > 45: alta.

A $PaCO_2$ é inversamente proporcional ao pH; portanto, se pH não acompanhar a $PaCO_2$, o distúrbio é **RESPIRATÓRIO**.

Obs.: distúrbio misto – por definição, existe um distúrbio misto quando estão presentes dois ou três distúrbios primários independentes.

Introdução aos distúrbios ácido-básicos

Este tema será abordado no Capítulo 119, porém faremos aqui uma breve introdução sobre o assunto. **Os distúrbios ácido-básicos são quatro: acidose metabólica, alcalose metabólica, acidose respiratória e alcalose respiratória.** Na interpretação da gasometria deve-se determinar se o pH está normal, ácido ou alcalino, e posteriormente identificar o distúrbio ácido-básico que justifica o valor do pH.

O pH plasmático depende da relação bicarbonato/CO_2, a principal solução tampão do meio interno. Esse sistema compensa os distúrbios ácido-básicos na tentativa de evitar variações bruscas no pH, o que poderia ser fatal. A resposta compensatória se dá sempre no mesmo sentido do distúrbio primário – por exemplo, uma alcalose metabólica (aumento do HCO_3^-) deve ser acompanhada pelo aumento da PCO_2, assim como uma alcalose respiratória (redução da pCO_2) deve ser acompanhada por uma redução do HCO_3^-.

Excetuando-se alterações leves, a resposta compensatória nunca é completa. Desse modo, existem valores esperados para pCO_2 e HCO_3^- em cada distúrbio, os quais podem ser calculados da seguinte maneira:

- **Acidose metabólica:**
  pCO_2 esperada = $(1,5 \times HCO_3^-) + 8$
- **Alcalose metabólica:**
  pCO_2 esperada = $HCO_3^- + 15$
- **Acidose respiratória:**
  Aguda: HCO_3^- aumenta 1mEq/L para cada 10mmHg de aumento de $pCO_2 > 40$
  Crônica: HCO_3^- aumenta 4mEq/L para cada 10mmHg de aumento de $pCO_2 > 40$
- **Alcalose respiratória crônica:**
  Aguda: HCO_3^- reduz em 2mEq/L para cada 10mmHg de redução da $PCO_2 < 40$
  Crônica: HCO_3^- reduz em 5mEq/L para cada 10mmHg de redução da $PCO_2 < 40$

Na análise de uma gasometria, deve-se verificar se a resposta compensatória ocorreu conforme o esperado para poder se identificar a presença dos distúrbios mistos. Os distúrbios mistos ocorrem quando estão presentes duas ou três alterações ácido-básicas independentes. Quando há um pH normal ou próximo do normal e amplas variações da pCO_2 e do HCO_3^-, existe um distúrbio misto: acidose associada a uma alcalose. O motivo desse pH normal ou próximo da normalidade é a presença de um segundo (ou terceiro) distúrbio ácido-básico independente, que pode deslocar o pH na direção contrária à do primeiro distúrbio.

A análise do HCO_3^- *standard* e do *base excess* (BE) pode ser útil no diagnóstico gasométrico, pois são parâmetros importantes para diferenciar os distúrbios respiratórios agudos (geralmente mais graves e com repercussão clínica) dos crônicos. Nos agudos, os parâmetros do HCO_3^- *standard* e do *base excess* estão dentro da faixa normal, ao passo que nos crônicos eles estão sempre alterados. Não há alteração desses valores nos distúrbios agudos, pois não há tempo suficiente para a resposta compensatória renal.

Nos casos de distúrbio respiratório crônico descompensado, haverá uma alteração do BE (indicativo de cronicidade), associada a um pH muito alterado. Além disso, o BE ajuda a estimar a gravidade dos distúrbios metabólicos e participa do cálculo de reposição de bicarbonato de sódio em pacientes com acidose metabólica grave. Um BE < –10mEq/L indica acidose metabólica grave e > –10mEq/L, alcalose metabólica grave.

ACIDOSE METABÓLICA

A acidose metabólica "pura" é definida por HCO_3^- < 22mEq/L e um pH < 7,35. A acidose metabólica surge quando existe um excesso de H^+ não derivado do CO_2, ou quando há perda de HCO_3^- para o meio externo (perda urinária ou gastrointestinal).

Causas

As acidoses metabólicas podem ser divididas em dois grandes grupos, de acordo com a patogênese (Quadro 118.1):

1. Acidoses com *anion gap* alto.
2. Acidoses hiperclorêmicas.

Quadro 118.1 Causas de acidose metabólica

Anion gap alto (normoclorêmica)	*Anion gap* normal (hiperclorêmica)
Acidose lática (p. ex., sepse, PCR)	Diarreia
Cetoacidose diabética	Fístula biliar, entérica ou pancreática
Cetoacidose alcoólica e de jejum prolongado	Acetazolamida, diuréticos poupadores de potássio
Intoxicações	Ureterossigmoidoscopia
Rabdomiólise	Nutrição parenteral total
	Insuficiência renal crônica
	Insuficiência suprarrenal
	ATR tipo I, II e IV (pseudo-hipoaldosteronismo e hipoaldosteronismo hiporreninêmico)

PCR: parada cardiorrespiratória; ATR: acidose tubular renal.

ALCALOSE METABÓLICA

A alcalose metabólica "pura" é definida por um valor de HCO_3^- > 26mEq/L e um pH > 7,45.

Causas (Quadro 118.2)

Quadro 118.2 Causas de alcalose metabólica

Extrarrenal, responsiva a cloreto	Renal, responsiva a cloreto	Extrarrenal, não responsiva a cloreto	Renal, não responsiva a cloreto	Outras causas
Vômitos ou drenagem nasogástrica importante	Diuréticos de alça e tiazídicos	Reposição de $NaHCO_3^-$, citrato, acetato, lactato	Hiperaldosteronismo primário e secundário	Nitratos
Síndrome de Zollinger-Ellison	Síndrome de Bartter e Gitelman	Hemotransfusões	Síndrome de Liddle	Penicilinas sintéticas
Adenoma viloso de cólon	Acidose pós-hipercapnia	Síndrome leite-álcali	Síndrome de Cushing	
Cloretorreia congênita		Hipoproteinemia		

ACIDOSE RESPIRATÓRIA

A acidose respiratória "pura" é definida por uma $PCO_2 > 45mmHg$ e um $pH < 7,35$. O mecanismo só pode ser a hipoventilação pulmonar. O grupo da acidose respiratória crônica tem como principal representante o paciente com DPOC avançada, retentor crônico de CO_2.

Causas (Quadro 118.3)

Quadro 118.3 Causas de acidose respiratória

Aguda	Crônica
Pneumopatias graves – fadiga respiratória	DPOC
EAP grave – fadiga respiratória	Pneumopatias crônicas com hiperventilação
Obstrução das vias aéreas	Esclerose lateral amiotrófica
Doença do SNC (AVE, tumor, TCE)	Síndrome de Pickwick (obesidade mórbida + apneia do sono)
Síndrome de Guillain-Barré	Cifoescoliose grave
Síndrome miastênica	Outras neuropatias ou miopatias crônicas

EAP: edema agudo de pulmão; SNC: sistema nervoso central; AVE: acidente vascular encefálico; TCE: traumatismo cranioencefálico.

ALCALOSE RESPIRATÓRIA

A alcalose respiratória "pura" é definida por uma $PCO_2 < 35mmHg$ e um $pH > 7,45$. O mecanismo só pode ser a hiperventilação pulmonar.

Causas (Quadro 118.4)

Quadro 118.4 Causas de alcalose respiratória

Aguda	Crônica
Hiperventilação psicogênica Insuficiência hepática aguda Intoxicação por salicilato Pneumopatia aguda (crise asmática, TEP, pneumonia) Sepse por gram-negativo Doença aguda do SNC	Insuficiência hepática Hipertireoidismo Doença do SNC Sepse por gram-negativo Pneumonias crônicas com hiperventilação

TEP: tromboembolia pulmonar.

CONSIDERAÇÕES FINAIS

A gasometria é fundamental na avaliação do paciente crítico. Por meio desse exame evidencia-se o estado de oxigenação do sangue arterial, o que é importante para guiar o diagnóstico a ser feito sobre o paciente e a conduta a ser adotada.

Cabe ressaltar que a análise isolada dos parâmetros gasométricos pode acarretar erros diagnósticos. Desse modo, seus parâmetros devem ser estudados de maneira conjunta e associados à clínica e a outros exames complementares para uma melhor abordagem ao paciente.

Capítulo 119
Distúrbios do Equilíbrio Ácido-Básico

Sandro Vieira de Oliveira • Mariliam Isabel de Abreu Coelho

INTRODUÇÃO

O organismo precisa atuar em uma estreita faixa de **pH sanguíneo considerada "normal" (7,35 a 7,45)**. Variações acentuadas levarão a disfunção celular e importantes implicações clínicas.

Os quatro distúrbios básicos do pH (acidose metabólica, acidose respiratória, alcalose metabólica e alcalose respiratória) serão abordados adiante, do ponto de vista clinicolaboratorial.

Para compreensão adequada deste capítulo, recomenda-se primeiro a leitura do Capítulo 118.

■ ACIDOSE METABÓLICA

Nesse distúrbio simples, o pH encontra-se < 7,35 (acidemia), explicado por um $HCO_3^- < 22 mEq/L$. Valores de pH < 7,1 e $HCO_3^- < 10 mEq/L$ indicam acidemia importante.

Diferenciação entre distúrbios simples e misto

A fórmula de compensação esperada para a acidose metabólica é:

$$PaCO_{2\ esperada} = 1,5 \times (HCO_3^-) + 8\ (\pm 2)$$

Quando a $PaCO_2$ está acima do esperado, a acidose é mista (acidose metabólica + acidose respiratória). Quando a $PaCO_2$ está abaixo do esperado, temos uma acidose metabólica associada a uma alcalose respiratória.

Cálculo do *anion gap* (AG)

O cálculo é feito pela fórmula:

$$AG = Na^+ - (Cl^- + HCO_3^-),$$

sendo o valor normal entre 8 e 12 mEq/L.

O AG representa a diferença entre os ânions e os cátions não medidos. Seu valor é importante na investigação das causas de acidose metabólica.

> **Atenção:** nos pacientes com redução da albumina, é necessário corrigir o AG pela fórmula: $AG_{corrigido} = AG + 2,5 \times (4 - albumina)$.

Existe ainda o *anion gap* **urinário** ($AG_{urinário}$), útil na investigação das acidoses hiperclorêmicas (*veja adiante*). O valor normal situa-se entre –12 e –8 mEq/L e a fórmula é:

$$AG_{urinário} = [Na_{urina} + K_{urina}] - Cl_{urina}$$

O valor do AG torna-se positivo na acidose tubular renal (I, II e IV) ou muito negativo nas diarreias, fístulas e ureterossigmoidostomia.

Quadro 119.1 Principais causas de acidose metabólica
Com AG aumentado (> 12mEq/L) [normoclorêmicas]
Acidose lática (p. ex., choque séptico, hipovolêmico ou cardiogênico, PCR, insuficiência hepática, hipoxemia grave, isquemia mesentérica, monóxido de carbono, convulsões, rabdomiólise, biguanidas, cianeto, neoplasias malignas, acidose D-lática) Cetoacidose (diabética, por álcool ou por jejum prolongado) Uremia (da insuficiência renal grave) Intoxicação por salicilatos (p. ex., AAS), metanol, etilenoglicol **Atenção**: acidose lática, cetoacidose e uremia são as principais causas de acidose metabólica.

Com AG normal, ou hiperclorêmicas (AG < 12mEq/L)	
Diarreias	Ureterossigmoidostomia
Acetazolamida (inibidor da anidrase carbônica)	Insuficiência renal crônica
Fístulas intestinais, biliares e pancreáticas	Diuréticos poupadores de potássio (espironolactona, triantereno e amilorida)
Acidose tubular renal tipos I, II e IV	Insuficiência suprarrenal (hipoaldosteronismo)
Nutrição parenteral total (NPT)	

AAS: ácido acetilsalicílico.

QUADRO CLÍNICO

A presença e a intensidade dos sintomas dependem do grau de acidose metabólica. No paciente grave, podem ser encontrados: hiperventilação (respiração de Kussmaul), dispneia, fadiga muscular (inclusive musculatura respiratória acessória), rebaixamento da consciência (torpor, coma), diminuição da contratilidade do miocárdio (com redução da frequência cardíaca e do débito cardíaco), arritmias, vasodilatação periférica e aumento do catabolismo proteico.

Nos exames laboratoriais, pode-se encontrar leucocitose e hipercalemia (acidose metabólica favorece aumento do K^+ no plasma).

Obs.: a intoxicação por salicilatos pode produzir alcalose respiratória simultânea à acidose metabólica (distúrbio misto).

Investigação clínica e laboratorial

Acidose com AG aumentado (normoclorêmica)

- Dosagem do **lactato sérico:** valor > 2,5mmol/L fala em favor de acidose lática.
- Dosagem da **glicose sérica** (glicemia capilar) e **presença de corpos cetônicos na urina:** valores alterados falam a favor de **cetoacidose**. Na cetoacidose diabética encontra-se hiperglicemia, enquanto na cetoacidose alcoólica observa-se hipoglicemia. O relato clínico de *diabetes mellitus* (principalmente o tipo I), ingestão elevada de álcool ou jejum prolongado contribuem para a investigação.
- Dosagem de **ureia e creatinina do sangue** e cálculo da **taxa de filtração glomerular:** auxiliam a identificação de uma uremia decorrente de insuficiência renal grave (retenção azotêmica).
- História de **ingestão de salicilatos, metanol ou etilenoglicol:** lembre-se de que os salicilatos podem produzir alcalose respiratória concomitante.

Acidose com AG normal (hiperclorêmica)

- **Dosagem de sódio, potássio e cloro urinários** para o cálculo do *anion gap* urinário: $AG_{urinário}$ positivo indica acidose tubular renal; $AG_{urinário}$ muito negativo (< – 20) fala a favor de fístulas no trato gastrointestinal (TGI) ou diarreias.

TRATAMENTO

Tratamento inespecífico

Em alguns casos, a acidemia encontrada na gasometria será tão intensa que o paciente vai precisar de uma oferta exógena de bases, com o objetivo de "tirar" o paciente do pH crítico. Consideram-se como valores críticos **pH < 7,1** (ou 7,0 para alguns autores) e o **HCO_3^- < 10mEq/L** (ou 8mEq/L).

> **Atenção:** essa oferta exógena de HCO_3^- não tem o objetivo de corrigir toda a acidemia encontrada, serve apenas para "tirar" o paciente do pH crítico e torná-lo próximo de 7,2.

A base mais utilizada é a **solução de $NaHCO_3^-$ a 8,4%** (1,0mEq/mL) ou **10%** (1,2mEq/mL), administrada **EV** (geralmente, ampolas com **10 ou 20mL de $NaHCO_3^-$ a 8,4%**).

Quadro 119.2 Como repor $NaHCO_3^-$ para o paciente

Passo 1: cálculo do déficit de HCO_3^- (mEq)
Utilize uma das fórmulas abaixo para encontrar o déficit de HCO_3^-:

Fórmula de Mellengard-Astrup:

Déficit de HCO_3^- = 0,3 × BE × peso do paciente (kg)

Do valor encontrado (em mEq) administra-se, **inicialmente, apenas um terço da dose**

Déficit HCO_3^- (mEq) = Peso (kg) × 0,5 × [(0,38 × $PaCO_2$) – $HCO_3^-{}_{medido}$].

Obs.: empiricamente, pode-se infundir 1 a 3mEq de $NaHCO_3^-$/kg de peso.

Passo 2: após calcular quantos mEq de bicarbonato serão necessários, aplique regra de 3 para encontrar o volume (mL) da solução de $NaHCO_3^-$ 8,4% que será infundido:
1mL de $NaHCO_3^-$ 8,4% ——— tem 1mEq
X mL de $NaHCO_3^-$ 8,4% ——— tem (déficit calculado de HCO_3^-)

Passo 3: o volume da solução de $NaHCO_3^-$ 8,4% a ser infundido deve ser diluído em **soro glicosado 5% ou água destilada**, na proporção de 10mL de $NaHCO_3^-$ 8,4% (10mEq ou 1 ampola de 10mL) em cada 50mL de diluente. Essa combinação cria uma solução de 150mEq/L de $NaHCO_3^-$ sódio semelhante ao SF 0,9% (NaCl a 154mEq/L)
O tempo de infusão varia de 1 a 6 horas
A diluição direta em SF 0,9% cria soluções hipertônicas e com risco maior para hipernatremia e hiperosmolaridade, por isso recomenda-se diluir em água destilada ou soro glicosado 5% (não usar SG 5% na cetoacidose diabética)

Efeitos adversos e riscos decorrentes da administração de $NaHCO_3^-$ venoso: hipernatremia (pois a solução de $NaHCO_3^-$ a 8,4% tem 1.500mEq/L de sódio), alcalose de rebote, hipocalemia, aumento da afinidade da hemoglobina pelo O_2 (piora da hipoxia), diminuição do cálcio ionizado, sobrecarga de volume, edema agudo de pulmão, hipercapnia e diminuição do pH intracelular em condições que comprometem a ventilação pulmonar (p. ex., PCR) e acidose paradoxal do líquor

Tratamento específico

A etapa mais importante do tratamento consiste em identificar a causa por trás da acidose metabólica e corrigi-la (leia novamente a investigação clínica e laboratorial).

Acidose metabólica com AG aumentado

- Na **acidose lática** e na **cetoacidose**, a reposição de bases ($NaHCO_3^-$ 8,4%) somente deve ser feita em valores de pH < 7,1 (ou 7,0) e HCO_3^- < 10mEq/L (conforme Quadro 119.2). Nas demais situações, apenas a **correção da etiologia por trás da acidemia será suficiente**.
  Na cetoacidose diabética, a base do tratamento consiste na administração de **insulina**, enquanto na cetoacidose alcoólica deve-se oferecer **glicose hipertônica** ao paciente.

- Na acidemia por **insuficiência renal grave** ou **intoxicação** (metanol, etilenoglicol e salicilatos), a oferta exógena de HCO_3^- pode ser feita de rotina.

   O tratamento específico para a intoxicação por etilenoglicol ou metanol inclui a infusão EV de etanol ou fomepizol. **Administração:** fomepizol (15mg/kg EV, infundidos em 30 minutos, seguidos de 10mg/kg EV a cada 12 horas, até a normalização do pH) ou etanol venoso (dose inicial de 0,8g/kg de solução de etanol a 10%, infundida em 1 hora; dose de manutenção de 110 a 130mg/kg/h).

   Para a insuficiência renal aguda (IRA) com HCO_3^- < 17mEq/L, oferta-se diariamente de 30 a 60mEq para o paciente. Na insuficiência renal crônica (IRC), pacientes com HCO_3^- < 20mEq/L devem receber de 20 a 40mEq/dia.

   Na insuficiência renal grave desencadeando acidose metabólica importante (pH crítico), deve-se elevar o pH para próximo de 7,2 (conforme Quadro 119.2) ou recorre-se à **diálise**.

Acidose metabólica com AG normal (hiperclorêmica)

Todas as acidoses hiperclorêmicas podem receber bases exógenas de maneira rotineira, além de outras medidas específicas.

No caso de **diarreias, ureterossigmoidostomia** ou **IRC**, a reposição pode ser feita com HCO_3^-, buscando valores séricos de HCO_3^- próximos ao normal. Também será necessária a correção hidroeletrolítica e/ou diálise.

Na **ATR tipo I**, a reposição de bases é feita com **citrato de potássio, VO**, em dose diária de 5 a 10mEq/kg (infantil) e de 100mEq/kg (adulto). Para as **ATR tipo II**, a dose diária é de 10 a 15mEq/kg.

■ ALCALOSE METABÓLICA

Nesse distúrbio simples, o pH encontra-se > 7,45 (alcalemia), explicado por HCO_3^- > 26mEq/L. Valores de pH > 7,60 e HCO_3^- > 40mEq/L indicam gravidade.

DIFERENCIAÇÃO ENTRE DISTÚRBIO SIMPLES E MISTO

A fórmula de compensação esperada para a alcalose metabólica é:

$$PaCO_{2\ esperada} = 40 + 0,6 \times (HCO_3^- - 24)\ (\pm 2),\ \text{ou então}\ 0,7 \times (HCO_3^-) + 20\ (\pm 5).$$

Quando a $PaCO_2$ está abaixo do esperado, temos uma alcalose metabólica associada a uma alcalose respiratória (alcalose mista). Quando a $PaCO_2$ está acima do esperado, trata-se de alcalose metabólica associada a uma acidose respiratória (distúrbio misto). De modo geral, a $PaCO_2$ esperada não deve ultrapassar 55mmHg. Quando acima desse valor, provavelmente se trata de um distúrbio misto.

CAUSAS DE ALCALOSE METABÓLICA

As principais causas de alcalose metabólica são: vômitos de repetição, drenagem intensa por cateter nasogástrico, uso intenso de diuréticos tiazídicos ou de alça (furosemida). Outras causas podem ser encontradas no Quadro 119.3.

QUADRO CLÍNICO

Quanto maior a intensidade da alcalose metabólica, maior a gravidade dos sinais e sintomas.

O paciente pode apresentar: redução da frequência respiratória (por mecanismo compensatório), dispneia e apneia, alterações do nível de consciência, crises convulsivas, confusão, vasoconstrição cerebral e predisposição para encefalopatia hepática, arritmias cardíacas e alterações neuromusculares (tetania e fraqueza muscular).

Quadro 119.3 Investigação da alcalose metabólica

Mecanismo	Laboratório	Principais causas
Extrarrenal (cloro urinário < 20mEq/L)	Plasma: cloro baixo	**Responde à reposição de NaCl:** perda por vômitos ou cateter nasogástrico, perda crônica de cloretos na evacuação, adenoma viloso do cólon, síndrome de Zollinger-Ellison
	Plasma: cloro normal	**Não responde ao NaCl:** elevada ingesta/infusão de bases (p. ex., HCO_3^-), hemotransfusões maciças (↑ citratos), síndrome leite-álcali, proteína plasmática baixa (especialmente albumina)
Renal (cloro urinário > 20mEq/L)	Plasma: cloro baixo	**Responde à reposição de NaCl:** uso intenso de diuréticos (tiazídicos ou de alça), síndrome de Bartter, hipercapnia, fibrose cística, síndrome de Gitelman
	Plasma: cloro normal	**Não responde ao NaCl:** hiperaldosteronismo, síndrome de Cushing, síndrome de Liddle, hipertensão arterial renovascular
Excreção de ânions		Penicilinas ou nitratos, principalmente

A **hipovolemia** diversas vezes estará presente e se relaciona com a etiologia da alcalose metabólica (vômitos, diuréticos etc.).

Laboratório: é muito comum a presença de **hipocloremia** e **hipocalemia**. Esta é capaz de intensificar a alcalose metabólica e, por sua vez, gerar mais hipocalemia. A hipocloremia, principalmente quando associada à **hipovolemia**, também é capaz de intensificar a alcalemia.

Outros achados incluem **hipocalcemia** importante e aumento discreto do lactato sérico. A hipocalcemia pode predispor alterações do nível de consciência, parestesias, arritmias e tetanias.

Investigação e exames laboratoriais

Sempre solicite: íons potássio, cálcio e cloro séricos, bem como cloro urinário. Em seguida, investigue a etiologia utilizando o Quadro 119.3

Outros aspectos a serem avaliados incluem: **volemia do paciente**, **uso de fármacos**, especialmente **diuréticos** (tiazídicos ou de alça) e substâncias básicas (p. ex., bicarbonatos e citratos) de uso oral ou parenteral, história de **vômitos** (e frequência) e **drenagem por cateter nasogástrico ou orogástrico**.

TRATAMENTO

Pacientes hipovolêmicos e responsivos a NaCl

Nesse grupo são encontrados os pacientes com vômitos de repetição, drenagem excessiva por cateter nasogástrico e uso de diuréticos (tiazídicos e de alça). Os principais achados incluem hipovolemia com hipocloremia e/ou hipocalemia.

O tratamento básico para esses pacientes consiste em:

1. **Hidratação com cloreto de sódio (SF 0,9%), associada à oferta de cloro e potássio** (adiciona-se KCl 10% ou 19,1% ao SF 0,9%). Em geral, adiciona-se 1 ampola de KCl 10% para cada 500mL ou 1.000mL de SF 0,9% (10 a 20mEq/L de solução). O KCl a 10% tem 1,34mEq/mL e o KCl a 19,1% tem 2,56mEq/mL (ampolas de 10mL).

    O volume de SF 0,9% a ser infundido depende do grau de desidratação do paciente. Pode-se estimar esse volume com base no **déficit de cloretos**:

Passo 1:	Déficit de Cl^- (mEq/L) = $(100 - Cl^-_{encontrado}) \times peso (kg) \times 0,3$
Passo 2:	Volume de SF 0,9%$_{reposto}$ (litros) = déficit de Cl^- / 154

Após hidratação adequada, os rins do paciente irão eliminar o excesso de bases e corrigir o distúrbio ao longo de 2 a 5 dias. Pacientes com função renal gravemente comprometida podem precisar de diálise.
2. **Reversão do fator causal:** etapa essencial do tratamento. Avalie a necessidade de: antieméticos (interromper os vômitos), administração de bloqueadores da bomba de prótons, controle da drenagem por cateter nasogástrico, suspensão do uso de diuréticos e interrupção da oferta de bases exógenas.
3. Quando a **hipocalemia** é a causa isolada da alcalose, será necessária a correção do potássio por meio de KCl (EV: 10% ou 19,1%, xarope ou comprimidos); administração EV ou VO, sendo esta preferencial, por ser mais segura (veja o Capítulo 121).

Pacientes normovolêmicos ou hipervolêmicos, não responsivos ao NaCl

O principal objetivo do tratamento é **diagnosticar e corrigir a causa** por trás da alcalemia (p. ex., hiperaldosteronismo, síndrome de Cushing, proteína plasmática baixa etc.).

Pacientes com alcaloses intensas não responsivas a NaCl podem necessitar de intervenção medicamentosa, conforme a gravidade:
1. **Acetazolamida**, 250 a 500mg/dia VO, 12/12h.
2. Casos mais graves podem necessitar de administração de **ácidos exógenos** (p. ex., HCl 0,1N, na concentração de 100mEq/L, EV, em veia central, máximo de 25mL/h, sempre em UTI). Outros medicamentos incluem cloreto de amônio ou monoidrocloreto de arginina.

■ ACIDOSE RESPIRATÓRIA

Nesse distúrbio, o pH encontra-se < 7,35, explicado por uma $PaCO_2$ > 45mmHg. O paciente apresenta retenção aumentada de CO_2 devido a uma **hipoventilação**. A compensação para esse distúrbio ocorre por mecanismo renal, mediante a retenção de bases (HCO_3^-), processo que leva de 2 a 5 dias para ocorrer.

É importante diferenciar o distúrbio agudo do crônico. Na fase aguda, tanto o HCO_3^- como o BE não variam ou se alteram muito pouco. Na fase crônica, observamos uma resposta compensatória do bicarbonato (que se apresenta elevado) e uma variação do BE (torna-se > +3).

Quadro 119.4 Principais causas de acidose respiratória

Acidemias agudas	Acidemias crônicas
Comprometimento do SNC/centro respiratório (agentes depressores, trauma, neoplasias, AVE) **Parâmetros inadequados na ventilação mecânica invasiva** **Doenças neuromusculares** (Guillain-Barré, polimiosite, miastenia grave) **Obstrução respiratória aguda** (edema de glote, anafilaxia, corpo estranho etc.) **Doenças pulmonares:** com distúrbio alveolar associado a fadiga muscular respiratória (edema agudo de pulmão, pneumonia, SDRA, asma muito grave etc.) **Traumatismo torácico, fratura de costela, tórax instável, derrame pleural agudo, pneumotórax**	**Anormalidades do tórax** (p. ex., cifoescoliose intensa) **DPOC** (período entre crises) **Esclerose lateral amiotrófica** **Doenças pulmonares crônicas** Apneia do sono em pacientes muito obesos Doenças neuromusculares crônicas

QUADRO CLÍNICO

Pacientes com acidose respiratória crônica (p. ex., DPOC compensada) tendem a reter bases devido ao mecanismo compensatório, e assim, a variação do pH é menor. O quadro clínico é pouco sintomático.

No paciente com **acidose respiratória aguda** ou com acidose respiratória **crônica agudizada** (p. ex., DPOC descompensada por infecção respiratória), o quadro clínico é mais expressivo e será tão intenso quanto a gravidade da acidemia.

A elevação súbita do CO_2 pode conduzir o paciente a diversas condições neurológicas, como agitação, confusão, ansiedade, distúrbios psicóticos, asterixe, espasmos, crises convulsivas, redução do nível de consciência e coma (especialmente na $PaCO_2 > 60mmHg$). A hipercapnia favorece o fluxo sanguíneo para o SNC (vasodilatação cerebral provocada pelo aumento do CO_2), levando ao aumento da PIC e favorecendo edemas cerebrais e hipertensão intracraniana em pacientes já comprometidos. Podem estar presentes cefaleias e edema de papila.

O paciente pode apresentar dispneia grave, diversas vezes associada à hipoxemia. Valores muito baixos de pH podem comprometer a contratilidade miocárdica, com prejuízo para o débito cardíaco, e produzir arritmias, choque ou mesmo parada cardiorrespiratória.

No distúrbio crônico, os achados que mais se destacam são letargia, confusão e fadiga.

TRATAMENTO

> **Atenção:** toda **acidose respiratória aguda** deve ser tratada/corrigida o quanto antes. Por outro lado, a intervenção na **acidose respiratória crônica** deve ser **cuidadosa**.

Em todo paciente com acidose respiratória crônica existe retenção de bases devido ao mecanismo compensatório. Quando a hipercapnia é reduzida de maneira súbita para níveis normais, o paciente certamente vai deixar de apresentar a acidemia. No entanto, ele vai evoluir para uma alcalemia aguda devido ao excesso de bases retidas pelo mecanismo compensatório. Trata-se de uma alcalose metabólica pós-hipercapnia crônica. Por esse motivo, não recomendamos intervir subitamente na acidose respiratória **crônica**, mas sim corrigir e tratar a doença causadora do distúrbio, bem como prevenir os fatores que causam descompensação da doença. Fisioterapia respiratória e reabilitação cardiopulmonar podem ajudar.

Nos pacientes com acidose respiratória crônica também pode existir uma **hipoxemia crônica associada** (p. ex., paciente com DPOC). Uma oferta excessiva de O_2, capaz de corrigir a hipoxemia, vai resultar em depressão significativa do centro respiratório, agravando a retenção de CO_2 (piora da hipercapnia). Por isso, esse grupo de pacientes deve receber O_2 a baixos volumes (2 a 3L/min), o suficiente para manter uma saturação de 90% a 93%.

Tratamento da acidose respiratória aguda

- Diagnosticar e tratar a condição ou doença que está causando o distúrbio respiratório agudo (etapa essencial).
- **Garantir ventilação adequada:** pacientes graves e/ou com doenças que não podem ser rapidamente corrigidas vão necessitar de intubação orotraqueal e ventilação mecânica, bem como de oferta adequada de O_2, para corrigir a hipoxemia muitas vezes associada. Alguns pacientes podem se beneficiar de ventilação não invasiva com pressão positiva (CPAP ou BiPAP).
- Nos pacientes que já estavam em **ventilação mecânica invasiva** e fazem acidose respiratória aguda será necessário reajustar os parâmetros da ventilação. De maneira geral, o distúrbio agudo é reduzido ou corrigido mediante o aumento da frequência respiratória e/ou do volume corrente (aumentam a eliminação de CO_2).
- A oferta exógena de $NaHCO_3^-$ nunca deve ser feita de rotina, porém pode ser necessária em pacientes com pH < 7,1 e refratários a outras medidas terapêuticas. Nesses casos, são essenciais a intubação precoce e a ventilação invasiva adequada.

■ ALCALOSE RESPIRATÓRIA

No distúrbio simples, o pH encontra-se > **7,45**, explicado por uma $PaCO_2 < 35mmHg$. O paciente apresenta eliminação acentuada de CO_2 devido a uma **hiperventilação**. A compensação para esse distúrbio é por mecanismo renal, mediante a eliminação de bases (HCO_3^-), em um processo que leva de 3 a 5 dias (lento) para ocorrer.

É importante diferenciar o distúrbio agudo do crônico. Na fase aguda, tanto o HCO_3^- como o BE não se alteram ou o fazem em pequena quantidade. Na fase crônica, observamos resposta compensatória do bicarbonato (diminuição) e variação do BE (torna-se < – 3).

Quadro 119.5 Principais causas de alcalose respiratória

Aguda	Crônica
Hiperventilação decorrente de ansiedade ou dor (síndrome de hiperventilação)	Hipertireoidismo
Insuficiência hepática aguda	Insuficiência hepática
Doenças pulmonares agudas, provocando hiperventilação (crise asmática, edema agudo de pulmão, embolia pulmonar, pneumonia, DPOC descompensada etc.)	Doenças pulmonares crônicas com hiperventilação
Intoxicação por salicilatos (acidose metabólica + alcalose respiratória simultaneamente)	Acometimentos do SNC (TCE, neoplasia, AVE)
Acometimentos do SNC (TCE, infecção, neoplasia, AVE)	Sepse por gram-negativo
Em resposta à hipoxemia	Gravidez
Sepse	Anemia grave
Febre	Altitudes elevadas
Ventilação mecânica com parâmetros inadequados	

QUADRO CLÍNICO

A intensidade dos sinais e sintomas aumenta conforme a gravidade da alcalose respiratória. O paciente pode apresentar parestesias periorais ou em membros, tonteiras, alterações do nível de consciência, cefaleias, agitação ou torpor, confusão, asterixe, hipotensão, crises convulsivas e coma. Pode ocorrer redução do cálcio ionizado, produzindo tetania.

A redução acentuada de CO_2 no sangue pode levar à vasoconstrição cerebral intensa e reduzir muito o fluxo sanguíneo para o SNC. Pode, até mesmo, agravar a isquemia cerebral em pacientes com patologias do SNC (p. ex., AVE isquêmico).

TRATAMENTO

- Tratamento específico para o distúrbio ou doença que está desencadeando a alcalose respiratória.
- Nos pacientes em ventilação mecânica invasiva, pode-se tentar reduzir a frequência respiratória e o volume corrente.
- Nos pacientes hiperventilando por angústia, ansiedade ou dor, deve-se acalmar a pessoa, oferecer ansiolíticos, se necessário, e tentar uma respiração dentro de bolsa coletora ou "saco de papel" (ar rico em CO_2).

Capítulo 120
Distúrbios do Sódio

Sandro Vieira de Oliveira • Mariliam Isabel de Abreu Coelho

INTRODUÇÃO

A concentração sérica de sódio (natremia) é o principal determinante da osmolaridade plasmática (**Osmpl [EFETIVA] = 2 × [Na] + [Glicose]/18**) e, portanto, da água corporal do indivíduo. Sua faixa de variação fisiológica vai de **135 a 145mEq/L** e condições que alteram a natremia para valores fora da normalidade (hiponatremia ou hipernatremia) provocam oscilações na osmolaridade e, portanto, no volume celular, podendo causar implicações clínicas.

FISIOPATOLOGIA

Os mecanismos regulatórios da osmolaridade são o **centro da sede** e a **secreção do hormônio antidiurético (ADH)**. O funcionamento anômalo de qualquer um desses, ou de ambos, implicará alteração na concentração sérica normal de sódio, determinando uma série de entidades clínicas. É importante destacar que, em sua grande maioria, as alterações da natremia advêm de distúrbios no controle da água corporal que irão diluir (hiponatremia) ou concentrar (hipernatremia) o sódio existente.

QUADRO CLÍNICO

Deve-se atentar para a existência de um distúrbio do sódio em pacientes que apresentem alteração na distribuição corpórea de água, fraqueza muscular, adinamia, confusão mental, convulsões e coma. Além disto, o quadro clínico específico de cada distúrbio pode conter:

- **Hiponatremia:** quadros edematosos (ascite, edema de membros inferiores etc.), anorexia, vômitos, sonolência, torpor, coma, insuficiência cardíaca, insuficiência hepática e diarreia aguda.
- **Hipernatremia:** sinais de desidratação (mucosas ressecadas, sede intensa etc.), déficit neurológico focal, edema cerebral e coma.

■ HIPONATREMIA (Na < 135mEq/L)

Distúrbio hidroeletrolítico, definido por um **sódio sérico < 135 mEq/L**, se reveste de grande importância, uma vez que é elevada sua prevalência em pacientes hospitalizados. Subdivide-se de acordo com o estado volêmico e osmolar apresentado pelo paciente e, portanto, pode ser:

- **Quanto à volemia:** hipovolêmicas, normovolêmicas ou hipervolêmicas.
- **Quanto à osmolaridade: hipotônicas (Osmpl < 275mOsm/L)** ou **não hipotônicas (Omspl normal ou elevada, > 290mOsm/L)**. A grande maioria cursa com Osmpl baixa, hipotônicas.

Assim, os **principais tipos de hiponatremia** são:

1. **Hiponatremia hipotônica hipovolêmica:** o paciente geralmente apresenta sinais de desidratação e/ou hipovolemia. Deve-se procurar saber por qual mecanismo está ocorrendo a perda de sódio. Para isso, deve-se avaliar o sódio urinário e, assim, determinar a causa básica do distúrbio.

Quadro 120.1

Tipo	Causas
Sódio urinário baixo (Na urinário < 20mEq/L)	Diarreia, vômitos, hemorragias
Sódio urinário alto (Na urinário > 40mEq/L)	Diuréticos tiazídicos, hipoaldosteronismo

2. **Hiponatremia hipotônica normovolêmica:** é subdividida em dois grupos, levando em consideração a osmolaridade da urina:
    - **Hiponatremia hipotônica normovolêmica com diurese hipertônica:** neste caso, a hipersecreção de ADH leva à incapacidade de excreção de água livre pelos rins. A osmolaridade urinária é > 100mOsm/L e o Na urinário > 40mEq/L.
    - **Hiponatremia hipotônica normovolêmica com diurese hipotônica:** pode ser por baixa ingestão de solutos, o que diminui a excreção de água livre pelos rins, e/ou influxo de soluções hipotônicas, gerando excreção de urina excessivamente diluída.

Quadro 120.2

Tipo	Causas
Hiponatremia com diurese hipertônica (Osml urinária > 100mOsm/L e Na urinário > 40mEq/L)	SIADH, hipotireoidismo, insuficiência suprarrenal
Hiponatremia com diurese hipotônica (Osml urinária < 100mOsm/L)	Desnutrição, etilismo, polidipsia primária (pacientes psiquiátricos), ressecção transuretral da próstata

SIADH: Síndrome inapropriada de hormônio antidiurético.

3. **Hiponatremia hipotônica hipervolêmica:** os pacientes apresentam doenças de base que cursam com aumento da água corporal total, repercutindo clinicamente na forma de edema.

Quadro 120.3

Tipo	Causas
Hiponatremia hipotônica hipervolêmica	ICC, cirrose hepática, insuficiência renal

ICC: insuficiência cardíaca congestiva.

4. **Hiponatremia não hipotônica:** observada quando um aumento significativo da glicemia eleva a osmolaridade plasmática, promovendo saída de água do meio intracelular para o extracelular e consequente diluição do sódio plasmático (nesse caso, para determinar a verdadeira natremia deve-se efetuar a correção do sódio, conforme será explicado mais adiante. Também pode ocorrer devido a um erro técnico de leitura do sódio pela máquina em pacientes com hiperlipidemia e/ou hiperproteinemia **(pseudo-hiponatremia)**.

Quadro 120.4

Tipo	Causas
Hiponatremia não hipotônica	Cetoacidose diabética, estado hiperosmolar não cetótico
Pseudo-hiponatremia	Hiperlipidemia, hiperproteinemia

> **Importante:** para avaliar a verdadeira natremia de um paciente com hiperglicemia deve-se realizar a correção do sódio:
> **Sódio corrigido = Na encontrado + 1,6 para cada variação de 100 pontos de aumento da glicemia a partir de 100mg/dL**

CONSIDERAÇÕES

- **SIADH (secreção inapropriada de hormônio antidiurético):** os pacientes portadores dessa síndrome apreswentam uma hiperativação dos receptores de ADH, o que torna a urina hipertônica (osmolaridade urinária > 100mOsm/L). Mesmo assim, o quadro clínico é de **hiponatremia hipotônica normovolêmica**, pois há liberação de peptídeo natriurético atrial, mantendo a taxa de excreção de sódio urinária (Na urinário > 40mEq/L) de maneira tal que haja compensação volêmica.

Quadro 120.5 Principais causas de SIADH

Neoplasias	Carcinoma pulmonar de pequenas células *oat cell*, próstata, bexiga, pâncreas, duodeno e linfomas
Alterações do SNC	Encefalites, meningites, TCE, hematoma, hemorragia, abscessos
Pulmonares	Tuberculose, atelectasias, pneumonias, abscessos, pneumotórax, ventilação mecânica por pressão positiva
Medicamentos	Clorpropramina, carbamazepina, barbitúricos, morfina, haloperidol, ecstasy, AINE, bromocriptina, ciclofosfamida, vincristina, vimblastina, ocitocina
Outras	Idiopática, AIDS, Guillain-Barré, porfiria intermitente aguda, cirurgias de grande porte

AINE: anti-inflamatórios não esteroides; AIDS: síndrome da imunodeficiência adquirida; TCE: Traumatismo cranioencefálico.

QUADRO CLÍNICO

Além dos achados clínicos descritos anteriormente, as hiponatremias podem complicar-se e causar a **síndrome de desmielinização osmótica do SNC**. Esta condição se deve a uma reposição rápida de sódio. A principal lesão ocasionada pela síndrome é a **mielinólise pontina**, lesão anatomopatológica visualizada à ressonância nuclear magnética (RNM), que indica desmielinização dos oligodendrócitos na ponte (síndrome de desmielinização osmótica). Esse fenômeno pode ocorrer em pacientes nos quais a hiponatremia hipotônica teve instalação lenta (> 48 horas), possibilitando a ação de mecanismos protetores de neurônios, a ponto de se tornarem hiposmolares, e cuja **reposição de sódio foi realizada de maneira rápida**, promovendo disfunção na barreira hematoencefálica. Vale ressaltar que a síndrome de desmielinização osmótica pode ocorrer com potássio em reposições rápidas, quando a hipocalemia se instala insidiosamente. Clinicamente, manifesta-se por tetraparesia, disfagia, disartria e distúrbios da consciência, podendo evoluir, inclusive, para o coma.

DIAGNÓSTICO

A investigação diagnóstica se inicia com um exame clínico minucioso e a mensuração da natremia sérica (Na < 135mEq/L), acompanhada da osmolaridade plasmática. A combinação desses dois resultados orientará os próximos passos diagnósticos, conforme exemplificado a seguir:

- **Hiponatremia com osmolaridade plasmática normal:** pensar em artefato de leitura. Solicitar as dosagens de lipídios e proteínas que, se aumentadas, indicam **pseudo-hiponatremia** e, quando normais, sinalizam para o uso de **manitol isotônico**.
- **Hiponatremia com osmolaridade plasmática elevada:** pensar em **síndromes hiperglicêmicas** ou uso de **manitol hipertônico**. Solicitar dosagem da glicemia e realizar a correção do sódio para orientar a conduta corretamente.
- **Hiponatremia com osmolaridade plasmática baixa:** a grande maioria das hiponatremias pertence a esse grupo. A investigação diagnóstica deve prosseguir com a solicitação da osmolaridade urinária:

- **Osmolaridade urinária baixa (Osml urinária < 100mOsm/L):** polidipsia primária ou alcoolismo (potomania).
- **Osmolaridade urinária alta (Osml urinária > 100mOsm/L):** a avaliação da volemia do paciente orientará o diagnóstico.
- Normovolêmicos: SIAD, hipotireoidismo, insuficiência suprearrenal.
- Hipervolêmicos: ICC, cirrose, insuficiência renal.
- Hipovolêmicos: solicitar dosagem do sódio urinário para determinar se a etiologia se deve a perdas renais (Na urinário > 40mEq/L) ou perdas extrarrenais (Na urinário < 20mEq/L).

TRATAMENTO

A conduta terapêutica é direcionada pelo estado volêmico do paciente e, também, pelo tempo de instalação do distúrbio (Figura 120.1).

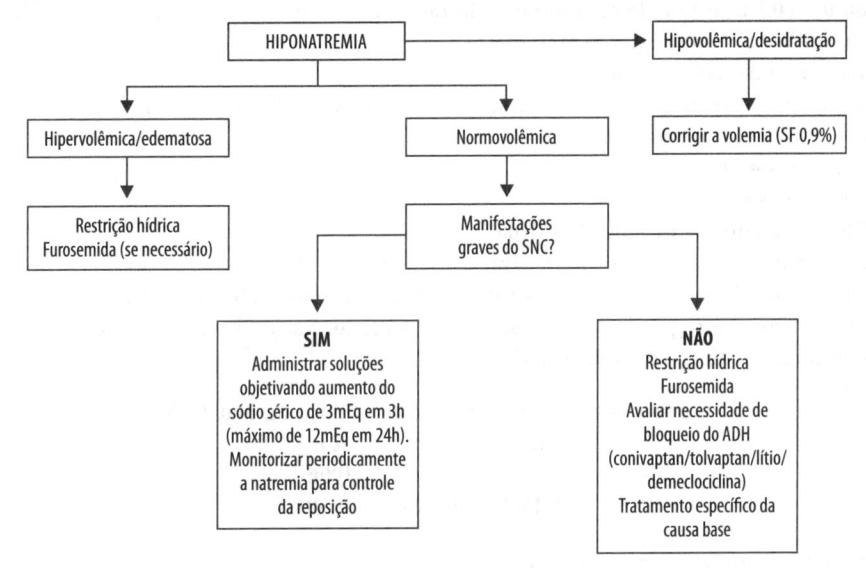

Figura 120.1 Algoritmo em caso de hiponatremia.

Mais detalhes a respeito da conduta, bem como os cálculos necessários para reposição correta, serão discutidos a seguir:

1. **Hiponatremia hipovolêmica:** a restauração da volemia reduz o estímulo à secreção hipotalâmica de ADH, o paciente recupera sua capacidade de excreção renal de água e o distúrbio é, então, corrigido. A reposição volêmica deve ser efetuada com cristaloides e a solução de escolha é o **SF 0,9%**.
2. **Hiponatremia crônica assintomática:** mesmo na ausência de sintomas, esse distúrbio exige correção. Os pilares do tratamento incluem a descoberta e imediata suspensão de possíveis fatores etiológicos, como a ingestão de tiazídicos, e também a suplementação hormonal adequada, quando se trata de etiologia endócrina. Além disso, a medida utilizada para elevar os níveis séricos de sódio é a **restrição hídrica**. A intenção é promover um balanço hídrico negativo de modo a diminuir a diluição sérica do sódio. A **furosemida VO (20 a 40g de 6/6h ou 8/8h)** pode ser usada como adjuvante à medida que reduz a osmolaridade urinária, promovendo maior excreção renal de água.

Obs. 1: em pacientes com SIADH, é importante realizar reposição salina **(dieta hipersódica)**, juntamente com a restrição hídrica, para que a volemia não seja espoliada. Em casos refratários, a adição de **30g/dia de ureia** à dieta pode aumentar a excreção renal de água.

> **Obs. 2:** bloqueadores do receptor do ADH (**conivaptan EV, em dose de ataque de 20mg, infundidos em 30 minutos, e manutenção com 20mg nas próximas 24 horas, ou tolvaptan VO, dose inicial de 15mg/dia – após 24 horas, aumentar para 30mg/dia até o máximo de 60mg/dia, conforme necessidade**) estão indicados para pacientes cuja doença de base não permita a suplementação salina. Seu custo elevado restringe sua utilização na prática diária e alternativas como **carbonato de lítio (900 a 2.400mg/dia)** e **demeclociclina (600 a 1.200mg/dia)**, apesar de produzirem um número maior de efeitos colaterais, são mais utilizadas.
>
> **Importante:** para prevenção da mielinólise pontina, a velocidade de elevação do sódio sérico deve ser de, no máximo, 12mEq/L em 24 horas ou 3mEq/L/h e o uso de soluções hipertônicas (NaCl 3%) está contraindicado.

3. **Hiponatremia aguda sintomática:** o manejo consiste em reposição de sódio com soluções hipertônicas. A solução de escolha é a **salina (NaCl a 3%)** e o objetivo é promover aumento de **1 a 2mEq/L/h na natremia nas primeiras 3 horas e depois manter a reposição na velocidade de aumento de 0,5mEq/L/h até completar 24 horas**. A determinação do volume da solução salina a ser infundida é feita da seguinte maneira:
   a. **Cálculo do déficit de sódio:**
      Déficit de sódio (mEq/L) = Percentual de água corporal total × Peso × (variação desejada de Na)
      Percentual de água corporal:
         Homens = 0,6
         Mulheres = 0,5
   b. **Cálculo do volume de solução salina:**
      Sabendo que 1g de sódio contém 17mEq, devemos dividir o déficit de sódio encontrado pela fórmula anterior por 17 para determinar quantos gramas serão necessários na reposição e, a seguir, fazer um regra de 3 simples, usando a concentração da solução a ser utilizada, para determinar o volume total de infusão.

Exemplo: volume total de infusão utilizando **NaCl a 3%**
Déficit de Na/17 ____ X mL
3g ____ 100mL
X= (Déficit de Na/17 × 100)/3

■ HIPERNATREMIA (Na > 145mEq/L)

Distúrbio hidroeletrolítico definido por **sódio sérico > 145 mEq/L** e que, na maioria dos casos, é consequente a um estado de desidratação, promovendo o aparecimento de um meio hiperosmolar – concentração do sódio plasmático. As principais causas de hipernatremia estão resumidas no Quadro 120.6.

Quadro 120.6 Principais causas de hipernatremia

Mecanismo	Causas
Perda de água livre	Aumento de perdas cutâneas (febre, exercícios, lactentes, idosos), perda respiratória, *diabetes insipidus*
Perda de fluidos	Diarreia osmótica (gastroenterites virais, laxantes, sorbitol, manitol), diurético de alça (furosemida), poliúria osmótica
Redução da ingesta hídrica	Hipodipsia hipotalâmica
Aumento da ingesta de soluções hipertônicas	Hipoaldosteronismo primário, ingestão inadvertida de solução salina hipertônica, múltiplos clisteres salinos, afogamento, ingestão salina desacompanhada de ingestão hídrica

CONSIDERAÇÕES

- *Diabetes insipidus* (**DI**): o principal mecanismo patológico dessa condição clínica é a insuficiência na produção e liberação do ADH (**DI central**) ou ineficácia da ação hormonal devido a uma resistência periférica ao ADH (**DI nefrogênico**). Em ambos os casos, o distúrbio pode ser compensado por meio da ingesta hídrica. Por isso, os casos mais graves da doença ocorrem em pacientes que não têm o centro da sede preservado ou apresentem restrição à ingestão hídrica espontânea (p. ex., idosos, pacientes comatosos etc.).

QUADRO CLÍNICO

Os principais achados clínicos encontrados na hipernatremia foram descritos no início deste capítulo. Atenção especial deve ser dada ao edema cerebral, complicação causada por reposição hídrica excessivamente rápida e cujo mecanismo está descrito a seguir:

- **Edema cerebral:** a instalação abrupta do quadro hiperosmolar determina desidratação neuronal com consequente formação de edema cerebral e o rompimento de veias cerebrais, causando hemorragias (maior frequência em pacientes pediátricos). Quando, no entanto, o distúrbio tem evolução lenta, à semelhança do que ocorre nos casos de hiponatremia crônica, há a ação de um mecanismo neuronal protetor que captura íons osmolares do meio extracelular, tornando o meio intracelular hiperosmolar. Nesses casos, a reposição rápida de água livre deve ser evitada, pois pode causar **edema cerebral agudo**.

DIAGNÓSTICO

O diagnóstico é feito, essencialmente, pela dosagem do sódio sérico (sódio > 145mEq/L). Outros exames complementares serão solicitados de acordo com a principal suspeita clínica. O algoritmo apresentado na Figura 120.2 exemplifica a conduta diagnóstica.

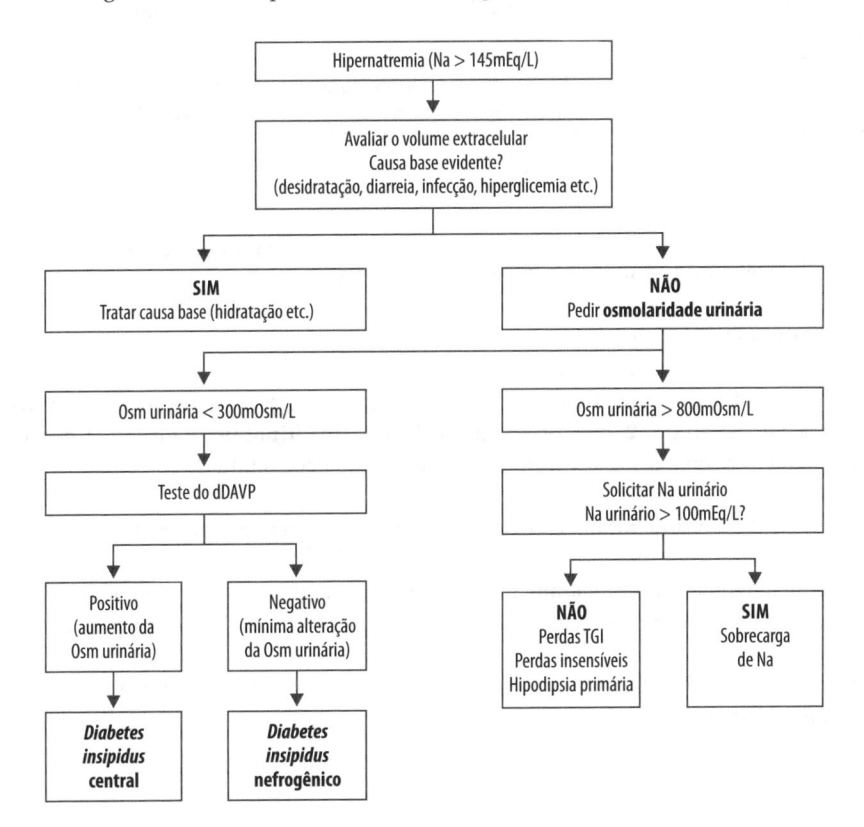

Figura 120.2 Algoritmo em caso de hipernatremia.

> **Obs.: teste do dDAVP**: A dDAVP (desmopressina) é um análogo do ADH usado para verificar se o DI tem etiologia central ou periférica. Realiza-se a dosagem do ADH plasmático e da osmolaridade urinária e, em seguida, administram-se 10mcg de desmopressina intranasal. Então, é realizada uma nova dosagem do ADH plasmático e da osmolaridade urinária para avaliar a responsividade à dDAVP. No DI central, os valores do ADH plasmático estão baixos e a osmolaridade urinária sofre aumento > 50%, enquanto no DI periférico o aumento da osmolaridade urinária é inexistente ou < 50% e o ADH plasmático encontra-se aumentado.

TRATAMENTO

O principal pilar do tratamento é a **reposição de água livre** e o objetivo final é baixar a natremia em, **no** máximo, **10mEq/L em 24 horas**, pois a administração rápida de água livre pode precipitar um edema cerebral agudo:

1. **Solução de reposição:** a escolha da solução ideal para correção do distúrbio depende da etiologia (perda de água livre ou perda de fluidos hipotônicos) e da via de administração da substância:

   Perda de água livre = água potável VO ou SG 5% EV.
   Perda de fluidos hipotônicos = água potável + solução salina hipotônica a 0,2% ou 0,45% para correção volêmica.

Quadro 120.7 Tratamento na hipernatremia

Via de administração	Indicações	Solução utilizada
VO ou acesso direto ao tubo digestivo através de cateter enteral, gastrostomia etc.	É a via preferencial	Água potável
EV	Obstrução intestinal, vômitos incoercíveis, rebaixamento da consciência etc.	SG 5% ou **solução salina hipotônica a 0,2% ou 0,45%**

2. **Cálculo do volume a ser administrado:**

$$\text{Déficit de água livre} = \text{água corporal} \times \text{Peso} \times \frac{(\text{Na do paciente} - 1)}{\text{Na desejado}}$$

   Água corporal: Homem = 0,5
                    Mulher = 0,4

   O volume obtido deverá, ainda, ser multiplicado por 1,33, quando a solução usada for a **salina hipotônica a 0,2%**; ou por **2**, quando a solução for a **salina hipotônica a 0,45%**. Caso a reposição seja com água livre ou SG 5%, o volume encontrado não necessitará de correção:

$$\text{Volume total} = \text{Déficit de água livre} + \text{Perdas insensíveis}$$

   Perdas insensíveis: aproximadamente **1.500mL**, que também devem ser corrigidos caso sejam usadas soluções salinas hipotônicas. A correção é a mesma realizada no déficit de água.

3. **Diálise:** a diálise está indicada para os pacientes portadores de **hipernatremia hipervolêmica com insuficiência renal**.

Capítulo 121
Distúrbios do Potássio

Sandro Vieira de Oliveira • Mariliam Isabel de Abreu Coelho

INTRODUÇÃO

O potássio (K) é um íon de extrema importância por participar de inúmeros processos vitais, como síntese proteica, produção de glicogênio, contração muscular e na eletrofisiologia cardíaca, agindo como principal determinante da polaridade das células dos tecidos excitáveis. A grande maioria (98%) do potássio do organismo encontra-se no meio intracelular e a fina regulação da calemia é necessária para garantir a correta manutenção desses processos fisiológicos. Assim, qualquer desvio mínimo fora da faixa fisiológica de sua concentração sérica (hipocalemia ou hipercalemia) implicará graves manifestações clínicas.

FISIOPATOLOGIA

A regulação do potássio corporal depende de inúmeros fatores, entre os quais podem ser destacados:

- **Na-K-ATPase** das células age como um sistema tampão, promovendo o influxo de potássio para o meio intracelular quando a calemia se eleva.
- **Insulina e adrenalina** promovem rápido influxo de potássio para o meio intracelular.
- **Aldosterona** atua no tubo coletor, promovendo a retenção de Na em troca da excreção de K e hidrogênio. Representa a principal substância reguladora do controle renal da calemia.
- **Aporte de Na ao néfron distal** (mesmo mecanismo de troca estimulado pela aldosterona).
- **Equilíbrio ácido-básico do organismo.**
- **Excreção fecal** (também sofre ação da aldosterona).

A faixa de variação fisiológica da calemia é de **3,5 a 5,5mEq/L** e qualquer alteração em algum desses mecanismos ou déficit no aporte diário mínimo necessário (1mEq/kg), por meio da dieta, que modifique, mesmo que discretamente, essa faixa de normalidade produzirá repercussões clínicas.

QUADRO CLÍNICO

Os achados clínicos nos distúrbios do potássio dependerão do grau de depleção/excesso do íon, da velocidade de instalação da condição clínica e da presença ou não de alguma doença de base. A suspeita diagnóstica deve estar presente quando se lida com pacientes hospitalizados que apresentam distúrbios musculares, como fraqueza, fadiga ou espasmos, ou manifestações cardíacas, entre outras. A sintomatologia específica inerente a cada distúrbio será relatada a seguir:

- **Hipocalemia:** dispneia (a hiperpolarização dos miócitos impede a deflagração das contrações musculares nos músculos esqueléticos e pode levar ao óbito por paralisia flácida da musculatura respiratória); **arritmias** (facilitadas por um período refratário aumentado): **extrassístoles, fibrilação atrial,** *flutter* **atrial, taquicardia ventricular** e *torsades de pointes*; confusão mental; hipotensão postural; fraqueza muscular; fadiga; parestesias; câimbras musculares; íleo paralítico; intolerância à glicose; vasoconstrição de diversos leitos vasculares.
- **Hipercalemia:** manifestações inespecíficas; paresias; paralisias musculares (costumam poupar a musculatura respiratória); fibrilação ventricular; bradiarritmias; bloqueios; assistolia.

Os achados eletrocardiográficos dos distúrbios do potássio serão discutidos mais adiante, neste capítulo.

■ HIPOCALEMIA (K < 3,5mEq/L)

A hipocalemia é definida como concentração de **potássio sérico < 3,5mEq/L**. Apresenta prevalência elevada em pacientes internados e quadros agudos podem levar a implicações clínicas potencialmente fatais. Por isso, são importantes o reconhecimento e a imediata correção do distúrbio.

As mais importantes causas de hipocalemia, segundo sua etiologia principal, estão listadas no Quadro 121.1.

Quadro 121.1 Principais causas de hipocalemia	
Aporte reduzido de K	Baixa ingestão; reposição incorreta
Influxo celular de K aumentado	Elevação do pH extracelular; maior disponibilidade de insulina Atividade β-adrenérgica aumentada (p. ex., pico de adrenalina, uso de β2-agonistas); proliferação celular acentuada (p. ex., após início do tratamento na anemia megaloblástica); hipotermia; hipertireoidismo; paralisia periódica hipocalêmica; intoxicação por cloroquina
Perda urinária de K	Diuréticos (tiazídicos, diuréticos de alça e inibidores da anidrase carbônica); hiperaldosteronismo primário; diminuição da secreção gástrica (p. ex., vômitos); poliúria; acidose metabólica Nefropatias perdedoras de sal (p. ex., síndrome de Bartter); hipomagnesemia Anfotericina B; aminoglicosídeos; penicilina G; hipertensão renovascular
Diálise	Pacientes hipocalêmicos subdiagnosticados que não recebem KCl na diálise
Pseudo-hipocalemia	Leucemia mieloide aguda
Plasmaférese	

QUADRO CLÍNICO

Além dos achados clínicos anteriormente citados, é essencial o reconhecimento das alterações eletrocardiográficas produzidas pela redução dos níveis de potássio, pois representam um importante sinal de gravidade e irão orientar a conduta:

- **ECG:** as alterações no ECG são progressivas e se agravam à medida que a hipocalemia se acentua. Os achados eletrocardiográficos que podem ser encontrados na hipocalemia são: aplainamento da onda T; aumento do intervalo QT; aparecimento da onda U; onda U proeminente e maior que a onda T; desaparecimento da onda T; onda P mais alta e apiculada; alargamento do intervalo QRS (Figura 121.1).

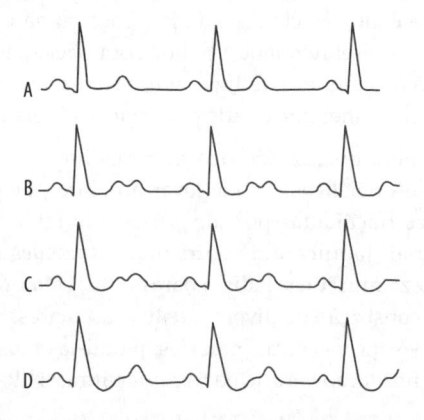

Figura 121.1 ECG normal; K = 3,5 a 5,5mEq/L (**A**). K = 3,0mEq/L – onda T aplainada e aparecimento da onda U (**B**). K = 2,0mEq/L – onda U proeminente e maior que a onda T (**C**). K = 1,0mEq/L – alargamento do intervalo QRS (**D**).

DIAGNÓSTICO

Constatada a hipocalemia, por meio da **medida do potássio sérico**, a conduta deve consistir em início imediato da reposição adequada de K e na busca da etiologia. É comum que a hipocalemia tenha origem multifatorial e o diagnóstico inicia determinando se a perda do K é renal ou extrarrenal, o que é feito mediante a sua dosagem urinária:

K urinário:
< 20mEq/L ou < 20mEq/24 horas = perda extrarrenal
> 30 mEq/L ou > 30mEq/24 horas = perda renal ou digestiva pré-pilórica

---

Quando a perda renal é confirmada como etiologia, deve-se dosar o cloreto urinário para diferenciar as causas digestivas das causas renais primárias:

Cloreto urinário:
< 15mEq/L = perdas digestivas
> 25mEq/L = perdas renais primárias (diuréticos, antibióticos, hiperaldosteronismo etc.)

Gradiente transtubular de potássio (GTTK)

GTTK = K urinário/K plasmático
Osml plasmática/Osml urinária

O GTTK pode ser usado para distinguir, entre as etiologias que cursam com cloreto urinário alto, aquelas cuja origem está relacionada ou não com os mineralocorticoides **(GTTK > 3)**.

O pH arterial também pode ser útil na diferenciação das principais etiologias, uma vez que os distúrbios do potássio estão intimamente relacionados com alterações no equilíbrio ácido-básico (Figura 121.2).

TRATAMENTO

O tratamento é feito com base nos seguintes pilares: suporte clínico, reposição de potássio e tratamento da causa básica (Quadro 121.2).

Os principais aspectos da reposição adequada de potássio serão discutidos a seguir:

1. **Hipocalemia leve/moderada:** reposição de **40 a 80mEq/dia** de K – **KCl VO**. Existem várias soluções com diferentes concentrações de KCl (KCl 6%, KCl 10% etc.) e, como regra geral, na hora de calcular a quantidade a ser administrada deve ser lembrado que cada **1g de KCl = 13mEq de K**.
2. **Hipocalemia grave (K < 3,0mEq/L):** trata-se de uma **urgência** médica. Preconiza-se a reposição de **KCl EV, 10 a 20mEq/h durante 8 a 12h**. Pode haver necessidade de se obter acesso venoso profundo para reposição mais rápida em pacientes mais graves. É importante salientar que esse tipo de reposição deve ser feito com estrita monitorização, sendo mais adequada sua realização em UTI.
3. **Hipocalemia refratária:** se a calemia não melhorar após 72 horas de correta reposição de K, deve-se suspeitar de **hipomagnesemia**, e reposição de **sulfato de magnésio (2 a 3g/dia)** está indicada.

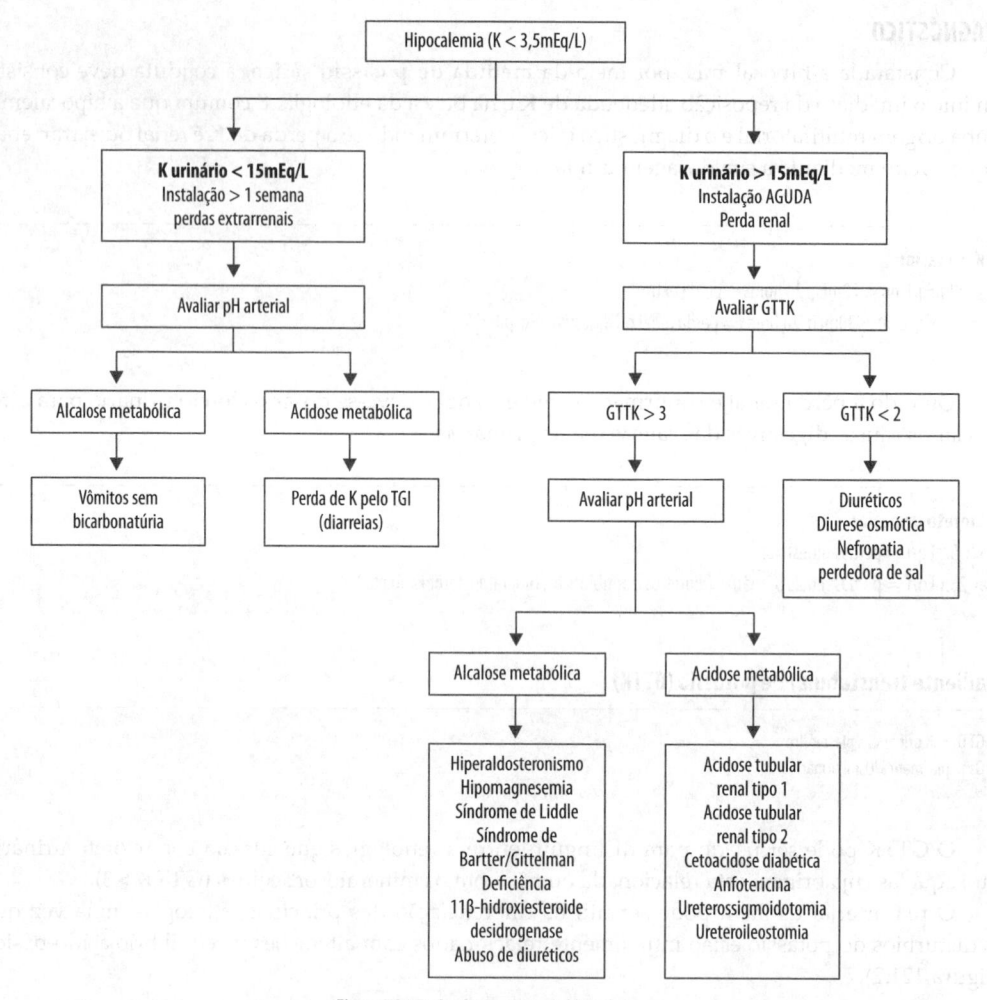

```
                        ┌─────────────────────────┐
                        │ Hipocalemia (K < 3,5mEq/L) │
                        └─────────────────────────┘
                          │                    │
              ┌───────────┘                    └───────────┐
              ▼                                            ▼
   ┌──────────────────────┐                     ┌──────────────────────┐
   │ K urinário < 15mEq/L │                     │ K urinário > 15mEq/L │
   │ Instalação > 1 semana│                     │ Instalação AGUDA     │
   │ perdas extrarrenais  │                     │ Perda renal          │
   └──────────────────────┘                     └──────────────────────┘
              │                                            │
              ▼                                            ▼
   ┌──────────────────────┐                     ┌──────────────────────┐
   │  Avaliar pH arterial │                     │    Avaliar GTTK      │
   └──────────────────────┘                     └──────────────────────┘
          │       │                                   │         │
          ▼       ▼                                   ▼         ▼
   ┌──────────┐ ┌──────────┐                    ┌────────┐ ┌────────┐
   │ Alcalose │ │ Acidose  │                    │GTTK > 3│ │GTTK < 2│
   │metabólica│ │metabólica│                    └────────┘ └────────┘
   └──────────┘ └──────────┘                         │           │
        │            │                               ▼           ▼
        ▼            ▼                       ┌──────────────┐ ┌──────────────┐
   ┌──────────┐ ┌──────────┐                 │Avaliar pH    │ │ Diuréticos   │
   │Vômitos sem│ │Perda de K│                 │  arterial    │ │Diurese osmót.│
   │bicarbona- │ │pelo TGI  │                 └──────────────┘ │ Nefropatia   │
   │   túria   │ │(diarreias)│                    │      │    │perdedora sal │
   └──────────┘ └──────────┘                     ▼      ▼    └──────────────┘
                                          ┌─────────┐ ┌─────────┐
                                          │Alcalose │ │Acidose  │
                                          │metabólica│ │metabólica│
                                          └─────────┘ └─────────┘
                                               │            │
                                               ▼            ▼
                                     ┌──────────────┐ ┌──────────────┐
                                     │Hiperaldoste- │ │Acidose tubular│
                                     │  ronismo     │ │  renal tipo 1 │
                                     │Hipomagnesemia│ │Acidose tubular│
                                     │Síndrome de   │ │  renal tipo 2 │
                                     │  Liddle      │ │Cetoacidose    │
                                     │Síndrome de   │ │  diabética    │
                                     │Bartter/Gittel│ │Anfotericina   │
                                     │man           │ │Ureterossigmoi-│
                                     │Deficiência   │ │  dotomia      │
                                     │11β-hidroxies-│ │Ureteroileos-  │
                                     │teroide dési- │ │  tomia        │
                                     │drogenase     │ │               │
                                     │Abuso de      │ │               │
                                     │ diuréticos   │ │               │
                                     └──────────────┘ └──────────────┘
```

Figura 121.2 Conduta em caso de hipocalemia.

Quadro 121.2 Bases do tratamento da hipocalemia

Substância utilizada	KCl – preferencial KH_2PO_4 – utilizado quando há hipofosfatemia associada
Vias de administração	VO – via de escolha EV – utilizada em quadros mais graves em associação à reposição VO, ou quando há intolerância à administração oral. A solução ideal para se adicionar o KCl é **salina a 0,45% (não usar SG, pois pode agravar a hipocalemia)**
Velocidade de infusão	Velocidade ideal = até 20mEq/h Velocidade máxima = 40mEq/h
Concentração da solução	Acesso periférico = máx. 40mEq/L Acesso profundo = máx. 60mEq/L
Volume infundido	Pacientes estáveis em dieta oral = reposição empírica Dieta zero, enteral ou parenteral total = **300mEq de K para cada 1mEq de queda na calemia + K basal para repor perdas rotineiras**

■ HIPERCALEMIA (K > 5,5mEq/L)

Hipercalemia é definida como uma concentração sérica de **potássio > 5,5mEq/L**. Apesar de menos frequente, esse distúrbio tem imensa importância, uma vez que sua gravidade exige tratamento em caráter emergencial. As principais causas de hipercalemia estão listadas no Quadro 121.3.

Quadro 121.3 Principais causas da hipercalemia

Mecanismo	Causas
Deficiência na eliminação renal de potássio	Insuficiência renal aguda; insuficiência renal crônica; redução do volume circulante; acidose metabólica; hipoaldosteronismo; acidose tubular renal tipo I; acidose tubular renal tipo IV; insuficiência suprarrenal primária (doença de Addison, sepse, AIDS, tuberculose etc.); diuréticos poupadores de potássio; IECA; AINE
Aumento na liberação de potássio pelas células	Deficiência de insulina; acidose metabólica; hiperosmolaridade (hiperglicemia, hipernatremia etc.); sepse; paralisia periódica hipercalêmica; exercício físico extenuante; bloqueio β-adrenérgico; intoxicação digitálica; succinilcolina
Pseudo-hipercalemia	Hemólise

IECA: inibidores da enzima conversora da angiotensina.

QUADRO CLÍNICO

As repercussões clínicas acontecem nos tecidos excitáveis, principalmente no tecido muscular cardíaco, onde a lentificação da condução cardíaca heterogênea facilita a ocorrência de arritmias por reentrada, demandando, por isso, rápido e eficaz manejo. A gravidade dos sintomas está diretamente ligada ao grau de hipercalemia e à sua velocidade de instalação. Além dos achados clínicos citados anteriormente, é fundamental o domínio das alterações eletrocardiográficas causadas para o manejo correto do paciente (Figura 121.3).

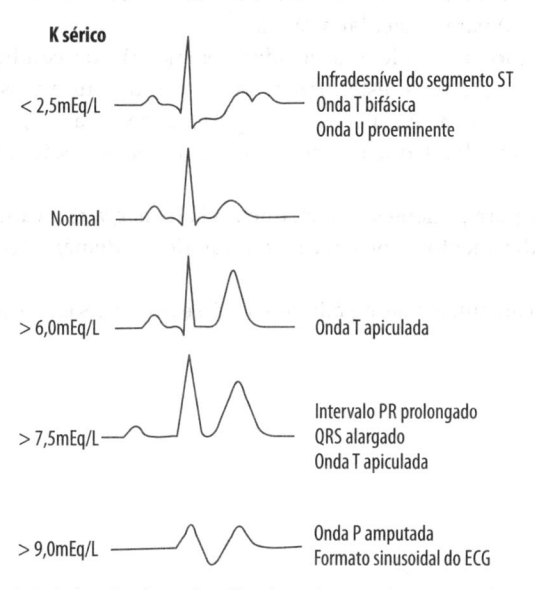

Figura 121.3 ECG. A figura ilustra as principais alterações eletrocardiográficas de acordo com a calemia encontrada, possibilitando uma comparação entre ECG normal, hipocalemia e hipercalemia. Na hipercalemia, os principais achados são: diminuição do intervalo QT; onda T mais alta e apiculada; aplainamento da onda P e diminuição do intervalo QRS.

DIAGNÓSTICO

Constatado o quadro de hipercalemia e excluídas as hipóteses de pseudo-hipercalemia e o uso de agentes capazes de deflagrar o distúrbio, uma minuciosa história clínica, acompanhada de uma rotina básica laboratorial (hemograma completo, bioquímica sanguínea etc.), é capaz de estabelecer o diagnóstico na maioria dos casos. Em situações anômalas, em que a dúvida diagnóstica permanece após a investigação habitual, deve-se pensar em etiologias menos frequentes e solicitar testes específicos (hipoaldosteronismo, insuficiência suprarrenal, glicemia, função renal, creatinafosfocinase etc.).

TRATAMENTO

A conduta terapêutica dependerá da gravidade da hipercalemia e da condição clínica do doente, como explicado a seguir. Os principais medicamentos, vias de administração e dosagens estão listados no Quadro 121.4.

1. **Conduta inicial:** será definida pela presença ou não de alterações eletrocardiográficas importantes:
   - **ECG sem alterações significativas:** medidas eficazes para baixar rapidamente a calemia devem ser implantadas isoladamente ou em associação. Dentre elas, destacam-se a **glicoinsulinoterapia** (em pacientes com hipoglicemia simultânea à hipercalemia, a administração de **glicose hipertônica** isolada é a terapia indicada), que se mostra eficiente e rápida nesse propósito, e o **bicarbonato de sódio**, agente de escolha em caso de parada cardiorrespiratória por hipercalemia e que sempre deve ser administrado quando se constata acidose metabólica concomitante. Outras medidas, como administração de **furosemida ou agonistas β-adrenérgicos**, podem ser utilizadas concomitantemente.
   - **ECG com alterações significativas (hipercalemia aguda grave):** administrar **gluconato de cálcio (1 ampola EV em 2 a 3 minutos)** ou **cloreto de cálcio** (atentar para o uso de digitálicos, pois o cálcio intensifica a toxicidade cardíaca desses medicamentos, estando, portanto, contraindicado nesses casos), acompanhado das medidas citadas anteriormente (glicoinsulinoterapia, diurético de alça etc.) para aumentar a calemia.
2. **Terapia de manutenção:** as medidas utilizadas dependerão da condição clínica do paciente. **Exemplo**: quando a função renal está preservada, o uso de **diuréticos de alça** é útil para aumentar a excreção renal de K; em pacientes oligúricos, por sua vez, a **resina de troca (p. ex., poliestirenossulfato de cálcio)**, que promove o aumento da excreção intestinal de K, é a terapia de escolha.
3. **Diálise:** está indicada para pacientes com insuficiência renal grave incapaz de ser controlada com o uso de terapias medicamentosas ou em casos refratários às demais medidas terapêuticas.

Os principais medicamentos, vias de administração e dosagens estão listados no Quadro 121.4.

Quadro 121.4 Bases do tratamento da hipercalemia

Medicamento	Dose	Mecanismo	Indicações	Duração
Gluconato de cálcio 10%	10mL EV em 2 a 3 minutos. Esperar 5 minutos e, caso não haja alteração no ECG, repetir a infusão	Antagoniza	Hipercalemia grave (alterações no ECG)	30 a 60 minutos
Glicoinsulinoterapia (1U insulina: 5g glicose)	Insulina regular 10U EV + 50g de glicose, até 4/4h	Troca	Hipercalemia moderada e grave, mas pode ser prescrita para todos os quadros de hipercalemia	4 a 6 horas
Bicarbonato de sódio	1mEq/kg EV lento, até 4/4h	Troca	Indicado quando há hipercalemia na vigência de acidose metabólica significativa	1 a 2 horas
Agonista β2-adrenérgico	Inalação de **fenoterol ou salbutamol, 10 gotas, até 4/4h**, ou **salbutamol 0,5mg EV**	Troca	Hipercalemia moderada e grave, mas pode ser prescrita para todos os quadros de hipercalemia	Variável
Furosemida	1mg/kg EV, até 4/4h	Remove	Hipercalemia leve, moderada e grave	6 horas, até o fim da diurese
Resina de troca iônica – Sorcal	30g VO, diluídos em 100mL de manitol a 10% ou 20% de 8/8h ou 4/4/h, conforme a gravidade	Remove	Hipercalemia leve, moderada e grave	4 a 6 horas
Diálise	Por instituição	Remove	Hipercalemia moderada e grave	Até a diálise completa

Capítulo 122
Distúrbios do Magnésio

Sandro Vieira de Oliveira • Mariliam Isabel de Abreu Coelho

INTRODUÇÃO

O magnésio (Mg) é um íon que desempenha papel de grande importância no organismo, atuando como cofator enzimático de importantes reações bioquímicas, metabolismo de proteínas, síntese de carboidratos, gliconeogênese, regulação de tecidos excitáveis, como o tecido nervoso e o músculo cardíaco, formação óssea e muitas outras funções, exercendo sua ação em praticamente todos os sistemas corporais.

A maior parte do magnésio corporal encontra-se nos ossos e no meio intracelular, estando apenas 5% desse íon disponível no meio extracelular. O desvio desse íon de sua faixa de concentração fisiológica (hipomagnesemia ou hipermagnesemia) terá importantes implicações clínicas.

FISIOPATOLOGIA

A regulação corporal do magnésio depende de sua absorção intestinal, suas taxas de excreção renal e fecal, absorção e reabsorção óssea e pH sanguíneo. Vários hormônios estão envolvidos nessa regulação: o paratormônio (PTH) atua tanto na reabsorção óssea como na absorção intestinal de Mg. A aldosterona atua na excreção renal desses íons etc. Qualquer condição que modifique esses fatores de regulação a ponto de reduzir (hipomagnesemia) ou elevar (hipermagnesemia) a concentração do magnésio a valores fora de sua **variação fisiológica (1,5 a 2,5mg/dL)** acarretará complicações clínicas.

QUADRO CLÍNICO

Deve-se suspeitar da ocorrência de um distúrbio do magnésio, principalmente, em pacientes internados e portadores de doenças de base (ICC, insuficiência renal etc.). Os achados clínicos vão desde manifestações inespecíficas até a parada cardiorrespiratória e os principais fatores inerentes a cada distúrbio são:

- **Hipomagnesemia:** fraqueza; anorexia; vômitos; tetania; convulsões; taquicardia sinusal; arritmias atriais e ventriculares; **precipitação de intoxicação digitálica**; hipertensão arterial; **hipocalemia e hipocalcemia.**
- **Hipermagnesemia:** hiporreflexia tendinosa; bradipneia; depressão respiratória; íleo paralítico; hipotensão (geralmente transitória); fraqueza muscular; bradicardia (retardo da condução atrioventricular); **parada cardiorrespiratória.**

Alterações eletrocardiográficas típicas também são encontradas nos quadros graves de distúrbios do magnésio e serão discutidas mais adiante, neste capítulo.

■ HIPOMAGNESEMIA (Mg < 1,5mg/dL)

Distúrbio definido por uma concentração de **Mg < 1,5mg/dL**, apresenta como principais mecanismos: déficit nutricional, redução da absorção intestinal e aumento da excreção renal. É frequentemente encontrada em pacientes de UTI, onde se associa a maior mortalidade. As principais causas de hipomagnesemia e seus mecanismos estão listados no Quadro 122.1.

Quadro 122.1 Principais causas de hipomagnesemia

Deficiência nutricional	Perdas renais	Medicamentos
Desnutrição proteico-calórica Gravidez Etilismo crônico	Glomerulonefrites Acidose tubular renal Hiperaldosteronismo Hipofosfatemia Hipercalcemia Hiperglicemia	Anfotericina B Diuréticos de alça Tiazídicos Digoxina Aminoglicosídeos Manitol Quimioterapia
Distribuição	**Perdas gastrointestinais**	
Sepse Transfusões repetidas Grandes queimaduras Pancreatite Alcalemia Agentes vasoativos Grande aporte de glicose e insulina	Síndrome de má absorção intestinal DII Pancreatite Fístulas Uso abusivo de laxantes	

DII: doença inflamatória intestinal.

QUADRO CLÍNICO

Além dos achados clínicos citados anteriormente, é importante saber reconhecer as alterações eletrocardiográficas causadas pelo distúrbio:

- **ECG:** prolongamentos dos intervalos QR, AH e QT, depressão do segmento ST, inversão da onda T, ondas T elevadas e alargamento do complexo QRS.

DIAGNÓSTICO

A hipomagnesemia apresenta prevalência de 12% em pacientes internados e valores ainda mais altos nas UTI. Por isso, é importante manter-se atento aos sinais clínicos apresentados pelo paciente, pois estes, juntamente com a magnesemia sérica < 1,5mg/dL, confirmarão o diagnóstico e orientarão a investigação específica a ser realizada em cada suspeita. É importante lembrar que, frequentemente, o distúrbio do magnésio está associado a algum outro distúrbio hidroeletrolítico concomitante (principalmente distúrbios do potássio), e a dosagem desses íons pode ajudar a elucidar a causa base.

TRATAMENTO

O tratamento consiste em suporte clínico e reposição de magnésio para os pacientes que apresentem manifestações clínicas. A reposição de magnésio pode ser **VO, EV** ou **IM**, de acordo com a gravidade do distúrbio:

1. **Hipomagnesemia leve:** neste caso, poderemos utilizar os **sais orais de magnésio,** como o pidolato de magnésio, 2 flaconetes ao dia, equivalentes a 1,5g do produto e 130mg de Mg elementar por flaconete. Em caso de intolerância à via oral, a via intramuscular também representa uma opção para esses pacientes.
2. **Hipomagnesemia grave:** a terapia inicial de escolha consiste na **reposição EV de sulfato de magnésio, 1 a 2g (uma ou duas ampolas a 10%) em 15 minutos, seguida de uma dose de manutenção de 6g/24 horas, diluídos na hidratação regular e mantidos por, no mínimo, 2 dias.**

Obs.: sempre que for realizada a reposição de magnésio, deve-se monitorizar o paciente a fim de observar a eficácia da terapêutica empregada e, principalmente, evitar a ocorrência de uma **intoxicação por magnésio.** O quadro de intoxicação assemelha-se a uma situação de hipermagnesemia. A monitorização deve ser realizada por meio de dosagens seriadas da magnesemia, checagem periódica dos reflexos tendinosos profundos (principalmente o patelar), dosagem da creatinina, controle da diurese e controle da frequência respiratória.

> A qualquer sinal de intoxicação, SUSPENSÃO DO MEDICAMENTO + GLUCONATO DE CÁLCIO 1g EV infundido lentamente, em 3 a 5 minutos.

■ HIPERMAGNESEMIA (Mg > 2,5mg/dL)

Distúrbio definido por uma concentração de **Mg > 2,5mg/dL**, na hipermagnesemia o magnésio em excesso diminui a transmissão do impulso elétrico ao longo da junção neuromuscular, causando sérias implicações clínicas, em um efeito semelhante ao do curare.

As principais causas de hipermagnesemia – e seus mecanismos – estão listadas no Quadro 122.2.

Quadro 122.2 Principais causas de hipermagnesemia

Retenção renal	Administração excessiva
Insuficiência renal aguda	Iatrogênica (ampola de Mg a 50%)
Insuficiência renal crônica	Hiperdosagem de $MgSO_4$ no tratamento de eclâmpsia
Clearance de creatinina < 30mL/min	Antiácidos e laxantes
	Excesso de Mg no banho da diálise

QUADRO CLÍNICO

Além das alterações clínicas descritas anteriormente, é importante o conhecimento das alterações eletrocardiográficas encontradas nesse distúrbio:

- **ECG:** as alterações encontradas são: prolongamento do intervalo QT, bloqueio atrioventricular de primeiro e segundo graus e bloqueio atrioventricular total (PCR).

DIAGNÓSTICO

Em geral, os sinais e sintomas clínicos, em conjunto com magnesemia > 2,5mg/dL, são suficientes para fechar o diagnóstico. É bom ter em mente que idosos, portadores de insuficiência renal e portadores de doenças intestinais são pacientes de risco para o desenvolvimento de hipermagnesemia.

TRATAMENTO

A conduta terapêutica depende da gravidade do distúrbio e da condição clínica do paciente:

1. **Hipermagnesemia leve:** se a função renal do paciente estiver preservada, a **suspensão do aporte excessivo** poderá ser suficiente para a normalização da magnesemia. Porém, pacientes com função renal prejudicada podem necessitar de **diálise**.
2. **Hipermagnesemia aguda grave (urgência médica):** a conduta imediata consiste na administração de **gluconato de cálcio, 1 a 2g EV, diluídos em 50 a 100mL de solução salina**, acompanhada de medidas como **hidratação vigorosa**, em pacientes com boa função renal, e **hemodiálise**, em pacientes intolerantes a grandes infusões de volume.

Todo paciente com **hipermagnesemia grave (Mg > 8mg/dL, rebaixamento do nível de consciência, hipotensão ou depressão respiratória)** deve receber suporte ventilatório e hemodinâmico; monitorização cardíaca; e **gluconato de cálcio, 1g EV em 3 minutos**.

Capítulo 123
Distúrbios do Cálcio

Sandro Vieira de Oliveira • Mariliam Isabel de Abreu Coelho

INTRODUÇÃO

O cálcio (Ca) é o mineral mais abundante do organismo humano. A maior parte do cálcio encontra-se no sistema ósseo e suas ações estão presentes nos mais diversos e importantes sistemas do organismo, participando de processos como coagulação sanguínea, excitação-contração de tecidos, divisão celular, secreção neuro-humoral etc.

Os distúrbios do cálcio referem-se a alterações na homeostase desse mineral com variação do Ca sérico, preferencialmente do **Ca iônico**, a valores fora de sua **faixa fisiológica – 1,10 a 1,35mmol/L ou 4,4 a 5,4mg/dL** (Hipocalcemia ou Hipercalcemia), causando implicações clínicas.

FISIOPATOLOGIA

A regulação da calcemia corporal é mantida mediante uma complexa interação entre os sistemas ósseo, renal, endócrino, pH sanguíneo, concentração de albumina (grande parte do cálcio plasmático encontra-se ligada a essa proteína) e estado volêmico, entre outros. Qualquer entidade clínica que interfira nesse complexo sistema regulatório o suficiente para causar alterações da calcemia além da faixa fisiológica causará um distúrbio do cálcio (hipocalcemia ou hipercalcemia).

> **Obs.:** A diminuição de 1g da concentração sérica de albumina diminui a calcemia total em 0,8mg/dL.

QUADRO CLÍNICO

Os achados clínicos vão de manifestações inespecíficas a graves complicações cardíacas e neurológicas. A gravidade dos sintomas relaciona-se com a velocidade de instalação do distúrbio. O quadro clínico específico inerente a cada condição consiste em:

- **Hipocalcemia:** tetania (sinal de Chvostek); sinal de Trousseau; espasmo muscular; hiper-reflexia; parestesias; broncoespasmo; fraqueza; redução na contratilidade muscular estriada; bradicardia; arritmias; insensibilidade a digital e catecolaminas; BAVT; diminuição na contratilidade cardíaca (sintomas de ICC e **alargamento do intervalo QT**); hipotensão refratária; assistolia.
- **Hipercalcemia:** náuseas e vômitos; constipação intestinal; anorexia; poliúria; polidipsia; fadiga; letargia; dor abdominal; arritmias; litíase renal; **encurtamento do intervalo QT**; predisposição à intoxicação digitálica; confusão mental; rebaixamento do nível de consciência; coma.

> **Obs.:** os sinais de Chvostek e Trousseau estão presentes nos quadros de hipocalcemia. O sinal de Chvostek consiste na presença de contrações musculares na face à percussão do nervo facial em seu trajeto zigomático. O sinal de Trousseau consiste no aparecimento de espasmos carpais após a oclusão da artéria braquial (realizada mediante insuflação do manguito de pressão em 20mmHg acima da pressão sistólica do paciente por 3 minutos).

■ HIPOCALCEMIA (Ca sérico < 1,10mmol/L)

Hipocalcemia é definida como concentração sérica de **cálcio (Ca iônico, principalmente)** < 1,10mg/L. As principais causas de hipocalcemia e seus mecanismos estão listadas no Quadro 123.1.

Quadro 123.1 Principais causas de hipocalcemia

Insuficiência de PTH		Insuficiência de calcitriol	
Redução na secreção	**Redução na ação**	**Redução da secreção**	**Redução na ação**
Hipoparatireoidismo primário	Hipotireoidismo	Dietética	Hipotireoidismo
Hipoparatireoidismo secundário (sepse, grande queimado, pancreatite etc.)	Doença óssea avançada	Má absorção	Hipomagnesemia
	Sepse	Privação solar	Doença óssea avançada
Hipomagnesemia	Hipomagnesemia	Hepatopatia grave	Gálio
Hipermagnesemia	Gálio	Nefropatia grave	Mitramicina
	Cisplatina	Sepse	Cisplatina
Quelantes ou precipitantes do cálcio			
Hipofosfatemia, albumina, citrato, EDTA, calcitonina, fluoretos, etilenoglicol			

DIAGNÓSTICO

A calcemia sérica (Ca iônico) reduzida confirma o diagnóstico do distúrbio, e os achados clínicos irão guiar a investigação diagnóstica específica.

A avaliação da calcemia deve ser realizada em pacientes ambulatoriais com antecedente de tireoidectomia total; crianças com malformações dentárias, ósseas ou alopecia; pacientes com história de câimbras frequentes, parestesias, bradicardia e hipotensão sem motivo aparente. As dosagens de albumina, potássio, sódio, magnésio, glicemia e PTH, entre outras, ajudarão na elucidação da causa base.

TRATAMENTO

O tratamento está indicado para os casos de hipocalcemia grave (queda do Ca ionizado > 20%) ou hipocalcemia leve sintomática.

1. **Tratamento inicial:** consiste na infusão do cálcio elementar, **10 a 20ml de gluconato de cálcio a 10% em 10 minutos**. Cuidado especial deve ser dado a pacientes em uso de digitálicos, pois o cálcio pode predispor a intoxicação por esses medicamentos. Deve-se evitar a infusão concomitante do cálcio com bicarbonato de sódio, pois há risco de precipitação.
2. **Terapia de manutenção:** 0,3 a 2mg/kg/h de cálcio na forma de **gluconato de cálcio a 10% (9,3mg de Ca/mL)** ou **cloreto de cálcio a 10% (27mg de Ca/mL)**. Outra forma possível consiste em diluir 1 ampola de gluconato de cálcio a 10% em cada etapa de soro do dia (total 4 ampolas por dia).

A calcemia deve ser monitorizada a cada 6 horas e deve-se permanecer atento aos possíveis efeitos colaterais do tratamento: náusea, vômito, rubor, hipertensão, bradicardia, angina e bloqueio atrioventricular.

■ HIPERCALCEMIA (Ca > 1,35mmol/L)

Hipocalcemia é definida como concentração sérica de **cálcio (Ca iônico, principalmente) > 1,43mmol/L**. As principais causas de hipercalcemia estão listadas no Quadro 123.2.

DIAGNÓSTICO

A calcemia sérica (Ca iônico) elevada confirma o diagnóstico do distúrbio, e os achados clínicos irão guiar a investigação diagnóstica específica.

Atenção especial deve ser dada à avaliação da calcemia de pacientes idosos ou sabidamente portadores de neoplasia, pois nesses casos o diagnóstico pode passar despercebido em meio a outras síndromes e distúrbios presentes. As dosagens de albumina, potássio, sódio, magnésio, glicemia e PTH, entre outras, ajudarão na elucidação da causa base.

Quadro 123.2 Principais causas de hipercalcemia
Hiperparatireoidismo
Neoplásicas
Insuficiência suprarrenal
Intoxicações por vitamina D e vitamina A
Intoxicação por lítio
Tuberculose
Sarcoidose
Imobilização prolongada
Rabdomiólise

TRATAMENTO

A terapêutica consiste no tratamento específico da causa base e na correção da calcemia. A abordagem difere conforme a gravidade do distúrbio:

1. **Hipercalcemia leve/moderada:** hidratação vigorosa com **SF 0,9% (4 a 6L em 24 horas)** e **pamidronato (90mg EV em 2 a 4 horas)** ou **ácido zoledrônico (4mg EV em 15 minutos)**. Após a hidratação, **furosemida (uma ou duas ampolas EV de 6/6h)** pode ser usada como adjuvante para aumentar a excreção renal de cálcio.
2. **Hipercalcemia grave (urgência médica):** trata-se de uma urgência médica, e as seguintes medidas podem ser tomadas: suporte clínico, restauração volêmica (preferência por soluções salinas isotônicas), **calcitonina (4 a 8U/kg IM ou SC de 12/12h)**, bifosfonatos **(pamidronato ou ácido zoledrônico)**, corticoesteroides (hidrocortisona, 100 a 200mg EV), cinacalcet, um calciomimético que reduz o hiperparatireoidismo secundário (30mg VO, titulados semanalmente até a dose máxima de 180mg/dia).

BIBLIOGRAFIA

Adrogué HJ, Madias NE. Hypernatremia. Review Articles. New Engl J Med. 2000; 342 (20).
Alfonzo AV, Isles C, Gueddes C et al. Potassium disorders – clinical spectrum and emergency management. Resuscitation 2006.
Azeredo CAC. Fisioterapia respiratória moderna. 4. ed. Manole, 2002.
Cecil. Tratado de medicina interna. 22. ed. Rio de Janeiro: Elsevier, 2005.
Dalwich RN. Condutas e rotinas em terapia intensiva. Rio de Janeiro: Revinter, 2002.
David M. Ventilação mecânica: da fisiologia à prática clínica. Rio de Janeiro: Revinter, 2011.
Fauci AS, Braunwald E, Kasper DL et al. Harrison. Tratado de medicina interna. 17. ed. Rio de Janeiro: McGraw-Hill-Interamericana Editores, 2009.
Knobel E. Condutas no paciente grave. 2. ed. São Paulo: Atheneu, 2002.
Martins HS, Damasceno MCT, Barakat S. Pronto socorro: condutas do Hospital da Clínicas da Faculdade de Medicina da Universidade de São Paulo. 2. ed. revisada e ampliada. Barueri. 2008.
Rocha PN. Uso de bicarbonato de sódio na acidose metabólica do paciente gravemente enfermo. Artigo de Revisão. Jornal Brasileiro de Nefrologia, São Paulo, 2009:31(04).

Seção XVII – DERMATOLOGIA

Capítulo 124
Infecções de Pele e Partes Moles

Ricardo Barbosa Lima • Thiago Dermínio Cavalcanti de Albuquerque

INTRODUÇÃO

O *Staphylococcus aureus* e o estreptococo beta-hemolítico do grupo A são os dois principais agentes etiológicos em infecções de pele e partes moles. **Neste capítulo serão abordadas as principais patologias causadas por esses agentes, que são o impetigo, a erisipela e a celulite.**

■ IMPETIGO

Infecção superficial da pele, muito prevalente na faixa pediátrica. A etiologia estreptocócica está relacionada com climas tropicais, má higiene e a faixa etária de 2 a 5 anos. A etiologia estafilocócica relaciona-se com o estado de portador nasal. Para fins didáticos, ainda se subdivide em **bolhoso** (estafilocócico) e **não bolhoso** (estreptocócico); atualmente, entretanto, os **estafilococos são o principal agente etiológico em ambos os casos.**

FISIOPATOLOGIA

O **impetigo bolhoso** ocorre pela infecção epidérmica com produção de toxinas estafilocócicas epidermolíticas que levam à clivagem da epiderme dentro ou abaixo da camada granulosa. O impetigo bolhoso não se associa a infecções estreptocócicas.

O **impetigo não bolhoso** ocorre pela exposição ao agente infeccioso e a colonização de pele intacta, que é resistente aos estreptococos, porém pequenas lesões, como arranhões, picadas de inseto, abrasões, lacerações e queimaduras, propiciam a infecção. A coçadura leva à propagação da infecção. O impetigo não bolhoso pode associar-se a infecções estafilocócicas.

QUADRO CLÍNICO

Ambos se iniciam como vesículas com uma fina camada córnea superficialmente, presença de prurido e dor leve. Os sintomas sistêmicos são infrequentes e associam-se a múltiplas lesões.

O **impetigo bolhoso** afeta, principalmente, a face e as lesões podem ser escassas ou esparsas (aspecto de hera venenosa). As vesículas tornam-se bolhas com conteúdo claro ou turvo. O centro da lesão pode esvaecer, mas a periferia retém fluidos por vários dias. A lesão evolui com o aparecimento de uma fina e lisa crosta central com aspecto de mel ou envernizado de coloração amarelo-ouro que, se retirada, revela uma base vermelho-brilhante, inflamada e com secreção serosa. No entanto, também pode secar sem formar crosta, deixando apenas um halo avermelhado. Em alguns casos, as bordas fluidas podem tornar-se contíguas umas às outras (aspecto *tinea-like*). As lesões apresentam pouco ou nenhum eritema circunjacente e linfadenite não é comum. Em casos não tratados, as crostas podem se espessar e levar à hiperpigmentação cutânea, especialmente em negros.

O **impetigo não bolhoso** afeta, principalmente, a pele ao redor da boca e nariz e os membros, poupando palmas e plantas. Origina-se de uma pequena bolha ou pústula que se rompe, expondo uma base vermelho-úmida, com pequeno eritema circunjacente. Há acúmulo de uma crosta melicérica conforme a lesão se estende, e a linfadenopatia é comum.

DIAGNÓSTICO

História, exame clínico e aspecto das lesões. O esfregaço de material biológico obtido das lesões pode revelar cocos gram-positivos e a cultura pode evidenciar estafilococos, estreptococos ou ambos, porém não são feitos de rotina. A anti-DNase e a anti-hialuronidase (AH) são marcadores sensíveis (90% de sensibilidade) para detecção de infecção estreptocócica prévia, sendo úteis ao diagnóstico de glomerulonefrite difusa aguda pós-estreptocócica (GNDA). A antiestreptolisina O (ASLO) não aumenta significativamente pós-impetigo estreptocócico.

DIAGNÓSTICO DIFERENCIAL

- Erisipela
- Escabiose
- Estrófulo
- Herpes
- Queimaduras
- Dermatite eczematosa
- Penfigoide bolhoso
- Pênfigo
- Tinha do corpo
- Varicela

COMPLICAÇÕES

- **Supurativas:** artrite séptica, osteomielite e pneumonia.
- **Não supurativas:** GNDA.

> **Obs.:** o impetigo não está relacionado com a febre reumática.

TRATAMENTO

Tópico

1. **Mupirocina** tópica, 20mg/g, aplicados 3×/dia até o desaparecimento das lesões (eficaz contra estreptococos e estafilococos, incluindo *Staphylococcus aureus* meticilino-resistente (MRSA).
2. Sabonetes antissépticos contendo **clorexidina 4%** ou **iodopovidina 10%**.
3. Remoção de crostas, após amolecidas com compressas úmidas, para facilitar a penetração do antibiótico.

Sistêmico

Em casos de doença extensa ou sintomas sistêmicos, pode-se utilizar antibioticoterapia sistêmica:

1. **Amoxicilina + clavulanato** VO, 25 + 3,6mg/kg/dia (< 40kg) ou 500 + 125mg (> 40kg) de 8/8h por 10 dias.
2. **Cefalexina** VO, 25 a 50mg/kg/dia (< 40kg) ou 500mg (> 40kg) de 6/6h por 10 dias.
3. **Sulfametoxazol-trimetoprima** VO, 30 + 6mg/kg/dia (< 40kg) ou 800 + 160mg (> 40kg) de 12/12h por 10 dias, em caso de suspeita de CA-MRSA (má resposta à terapia).

PROFILAXIA

Pomada antibiótica após picadas de insetos ou lesões de pele:

1. **Mupirocina**, 20mg/g.
2. **Neomicina + bacitracina**, 5mg + 250UI/g.

ERISIPELA

Trata-se de infecção da derme superficial, comumente causada por um estreptococo do grupo A e, raramente, pelo *Staphylococcus aureus*.

FISIOPATOLOGIA

A erisipela é uma afecção de acometimento agudo e inflamatório sobre a pele íntegra ou secundária a uma lesão da pele, como fissura, maceração, queimaduras, lesões eczematosas, psoriáticas e infecções fúngicas. A comunicação formada entre a superfície e a derme superficial permite a entrada do patógeno colonizador e o desenvolvimento da infecção.

CONSIDERAÇÕES

Ocorre, principalmente, quando se está nos extremos de idade, sendo as áreas de maior incidência as pernas (70% a 80%), a face e as orelhas. Em neonatos, pode acometer a pele ao redor do coto umbilical (sugestivo de infecção estafilocócica). São fatores de risco conhecidos: linfedema, estase venosa, obesidade, paraparesias, *diabetes mellitus*, uso abusivo de álcool e síndrome nefrótica.

QUADRO CLÍNICO

Trata-se de uma lesão eritematosa endurecida com bordos bem delimitados, edema e aumento de temperatura local. A pele apresenta aspecto de casca de laranja. Há um proeminente envolvimento linfático, com linfangite e linfadenite. Febre, calafrios e queda do estado geral estão presentes em casos de lesões extensas.

DIAGNÓSTICO

História, exame clínico e aspecto das lesões. Leucocitose é comum. É difícil isolar o estreptococo da superfície da lesão ou mesmo por punção.

DIAGNÓSTICO DIFERENCIAL

- Celulite
- Dermatite de contato
- Edema angioneurótico
- Escarlatina
- Hanseníase tuberculoide
- Lúpus

COMPLICAÇÕES

- Abscesso
- Celulite
- Embolia
- Escarlatina
- Gangrena
- Meningite
- Septicemia
- Trombose do seio cavernoso

TRATAMENTO

Tratamento ambulatorial

1. **Amoxicilina + clavulanato** VO, 25 + 3,6mg/kg/dia (< 40 kg) ou 500 + 125mg (> 40kg) de 8/8h por 10 dias, ou

2. **Cefalexina** VO, 25 a 50mg/kg/dia (< 40kg) ou 500mg (> 40kg) de 6/6h por 10 dias, ou
3. **Sulfametoxazol-trimetoprima** VO, 30 + 6mg/kg/dia (< 40kg) ou 800 + 160mg (> 40kg) de 12/12h por 10 dias, em caso de suspeita de CA-MRSA (má resposta à terapia).

Tratamento hospitalar
1. **Oxacilina** EV, 25mg/kg (< 40kg) ou 1 a 2g (> 40kg) de 4/4h ou 6/6h por 10 dias, ou
2. **Cefalotina** EV, 20 a 40mg/kg/dia (< 40kg) ou 500mg (> 40kg) de 6/6h por 10 dias, ou
3. **Vancomicina** EV, 10mg/kg (< 40kg) ou 500 a 1.000mg (> 40kg) de 6/6h por 10 dias.

PROFILAXIA

Infecções recorrentes:

1. **Penicilina G benzatina**, 1.200.000UI IM 1×/28 dias
2. **Eritromicina**, 250mg 2×/dia.

■ CELULITE

Consiste em uma infecção da derme e do subcutâneo, comumente causada por *Staphylococcus aureus* e/ou estreptococos do grupo A. Em crianças < 3 anos de idade, também é causada pelo *Haemophilus influenzae* tipo B (Hib).

FISIOPATOLOGIA

Predisposta por traumas, como abrasões, lacerações, feridas ou cortes, também pode ocorrer pós-furunculose, úlcera cutânea, ferida cirúrgica, ou ser secundária à disseminação hematogênica. Mais raramente, é secundária a abscessos ou fístulas de osteomielite. A perda da integridade da pele possibilita a infecção pelo patógeno de camadas mais profundas da derme, atingindo também a hipoderme.

CONSIDERAÇÕES

São fatores de risco conhecidos: linfedema, estase venosa, *diabetes mellitus*, uso de substâncias EV e safenectomia. Há recorrência em locais de anormalidades anatômicas ou que comprometam o sistema venoso ou linfático (celulite prévia, ressecção de linfonodo ou radioterapia).

QUADRO CLÍNICO

Edema de contornos maldefinidos e presença de sinais flogísticos na área afetada, como dor, calor e eritema, podendo haver secreção purulenta local. Mal-estar, febre, calafrios e queda do estado geral costumam estar presentes.

DIAGNÓSTICO

História, exame clínico e aspecto das lesões. Pode-se comprimir a lesão e utilizar esfregaço da secreção serosa obtida corada pelo Gram, evidenciando cocos gram-positivos. A cultura da lesão é feita mediante aspiração no ponto de inflamação máxima com agulha calibre 20 e seringa tuberculina. Oferece sensibilidade de 45% e torna possível o diagnóstico etiológico correto. Hemoculturas devem ser solicitadas caso haja febre e/ou queda do estado geral (bacteriemia). A ultrassonografia (USG) é utilizada em caso de coleções profundas passíveis de drenagem.

DIAGNÓSTICO DIFERENCIAL

- Fasciite
- Miosite

- Linfangite
- Osteomielite
- Tromboflebite
- Trombose venosa profunda

COMPLICAÇÕES

- Abscessos
- Gangrena
- Linfangite
- Meningite
- Septicemia
- Tromboflebite

TRATAMENTO

Compressas frias e elevação do membro afetado.

Tratamento ambulatorial

1. **Amoxicilina + clavulanato** VO, 25 + 3,6mg/kg/dia (< 40kg) ou 500 + 125mg (> 40kg) de 8/8h por 10 dias, OU
2. **Cefalexina** VO, 25 a 50mg/kg/dia (< 40kg) ou 500mg (> 40kg) de 6/6h por 10 dias, OU
3. **Sulfametoxazol-trimetoprima** VO, 30 + 6mg/kg/dia (< 40kg) ou 800 + 160mg (> 40kg) de 12/12h por 10 dias, em caso de suspeita de CA-MRSA (má resposta à terapia).

Tratamento hospitalar

1. **Oxacilina** EV, 25mg/kg (< 40kg) ou 1 a 2g (> 40kg) de 4/4h ou 6/6h por 10 dias.
2. **Cefalotina** EV, 20 a 40mg/kg/dia (< 40kg) ou 500mg (> 40kg) de 6/6h por 10 dias.
3. **Vancomicina** EV, 10mg/kg (< 40kg) ou 500 a 1.000mg (> 40kg) de 6/6h por 10 dias.

PROFILAXIA

- Diuréticos
- Hidratação da pele
- Tratamento das macerações interdigitais
- Elevação dos membros inferiores
- Vacinação Hib para crianças
- Meia elástica de média compressão

Infecções recorrentes

1. **Penicilina G benzatina**, 1.200.000UI IM 1×/28 dias
2. **Eritromicina**, 250mg 2×/dia.

Capítulo 125
Parasitoses Cutâneas

Carlos José Martins • Ana Bárbara Esteves da Silva

INTRODUÇÃO

As infestações cutâneas por parasitoses frequentemente levam o paciente à emergência devido aos incômodos físicos e, principalmente, sociais. **Este capítulo objetiva abordar a escabiose, a miíase e a tungíase, dando ênfase ao tratamento e ao manejo de cada uma dessas doenças.**

■ ESCABIOSE

Extremamente contagiosa e pruriginosa, a escabiose tem caráter universal, acometendo ambos os sexos. Não há relação com a má higiene. No entanto, nas pessoas em que esta é adequada, o quadro clínico costuma ser mais discreto. O contágio se dá pelo contato pessoal e por fômites contaminados. Em adultos, apresenta-se com quadro de pápulas eritematosas, escoriações e intenso prurido, que costuma piorar à noite. O prurido é resultado da reação de hipersensibilidade ao próprio ácaro, seus ovos e fezes. As pápulas têm uma distribuição característica, incidindo, com maior prevalência, as axilas e as regiões inframamária, inguinal e genital, poupando face e pescoço. Em crianças, podem ser encontradas vesículas, pústulas ou nódulos acometendo a região palmoplantar e interdigital, o couro cabeludo e o pescoço.

ETIOLOGIA

A escabiose é causada pelo ácaro *Sarcoptes scabiei*, variedade *homini*, o qual é exclusivamente dependente da pele humana. O ácaro pode viver até 4 dias fora do hospedeiro. Durante esse tempo, reinfestações podem ocorrer. A fêmea, após a fecundação, escava túneis para a deposição de ovos na camada córnea. Antes de morrer, põe cerca de 10 a 25 ovos, os quais eclodem em cerca de 3 dias. As larvas migram para a superfície da pele, onde sofrem maturação em 14 a 17 dias, e o ciclo recomeça.

DIAGNÓSTICO

O diagnóstico é clínico. A história de prurido, lesões clássicas e história de familiares infestados sugerem escabiose. O encontro de uma lesão linear pode ser muito indicativo de escabiose, pois representa o túnel escavado pelo parasita. Para confirmação do diagnóstico, pode-se fazer o raspado da lesão, em lâmina 15, o qual é transferido para uma lâmina de microscópio para exame direto. Pode-se prepará-la com óleo mineral ou hidróxido de potássio. O diagnóstico é confirmado quando se encontram ovos, cascas de ovos e ácaros.

DIAGNÓSTICO DIFERENCIAL

Podem ser citados: dermatite atópica, dermatite de contato, urticária, mastocitose, farmacodermias e prurido na pele asteatósica.

COMPLICAÇÕES

Infecção bacteriana, como impetigo, foliculite, ectima, furúnculo, abscesso, celulite, erisipela. Eczematização da pele em razão do prurido intenso que leva à coçadura, ou decorrente de medicação tópica. Há, ainda, o prurido pós-escabiose, resultante da sensibilização ao ácaro e seus produtos. Como manifestação extracutânea, pode ser citada ainda a glomerulonefrite difusa aguda.

TRATAMENTO

- **Permetrina (loção ou creme a 5%):** medicamento de escolha para tratar escabiose em adultos e crianças de todas as idades. Trata-se de um agente altamente efetivo, minimamente absorvível e tóxico. Podem ocorrer efeitos adversos, como prurido. Recomenda-se a aplicação após o banho, do pescoço para baixo. Após 14 horas, o paciente toma outro banho, removendo a substância. Recomenda-se que, após 1 semana, seja repetida a aplicação.
- **Lindane (loção a 1%):** deve ser evitado em crianças < 2 anos, gestantes ou em pacientes imunodeprimidos. Aproximadamente 10% do lindane é absorvido pela pele, se acumula no tecido adiposo e pode ser depositado no tecido cerebral, sendo altamente neurotóxico.
- **Enxofre (pasta d'àgua 5% a 10%):** o composto é aplicado do pescoço para baixo em todo o corpo, 1×/dia, durante 3 dias. É necessário um banho 24 horas após cada aplicação. É extremamente efetivo, porém de odor desagradável, e pode causar manchas em roupas e ressecar a pele.

Outros agentes

- Uso oral: **ivermectina** oral, 6mg, duas doses com intervalo de 2 semanas. Para diminuir a coceira podemos lançar mão de alguns medicamentos, como **loratadina**, 10mg VO 1 ×/dia, **cloridrato de fexofenadina**, 60mg 2×/dia, e **prednisolona**, 40mg.
- Uso tópico: **monossulfiram** (solução a 25%), **benzoato de benzila** (creme 10% a 25%) e **deltametrina** (loção a 0,02%).

■ MIÍASE

Miíase é uma doença caracterizada pela presença de larvas de dípteros, depositadas sobre a pele, que se alimentam de tecidos vivos ou necróticos. Acomete ambos os sexos e não tem predileção por idade ou raça, tendo sido evidenciada, principalmente, em áreas rurais e também em situações de baixo poder aquisitivo. Há três tipos de miíases: a furunculoide, a cutânea e a miíase cavitária. A miíase furunculoide apresenta-se como uma pápula eritematosa, inflamada e dolorosa, com orifício central por onde é eliminado material exsudativo. Na miíase cutânea, há a presença de larvas em lesões ulceradas. Na miíase cavitária, as larvas se localizam em orifícios naturais, que podem ser destruídos devido à infestação. Essa forma geralmente está associada à leishmaniose.

ETIOLOGIA

A miíase é causada por larvas de *Dermatobia hominis*, *Cochliomyia macellaria* e *Cochliomyia hominivorax*. Na miíase furunculoide, a *Dermatobia hominis* deposita seus ovos em outro vetor que, ao entrar em contato com o hospedeiro, deixará os ovos na pele, os quais irão, então, eclodir. A larva penetra a pele, mas deixa um orifício central, o qual é usado para sua respiração. Na miíase cutânea, os ovos são depositados diretamente sobre as feridas e, quando eclodem, as larvas se alimentam do tecido necrótico. O mesmo ocorre com a miíase cavitária.

DIAGNÓSTICO

O diagnóstico da doença é clínico. A presença de larvas em úlceras, cavidades, ou uma pápula eritematosa, com orifício central, são indícios de miíase.

DIAGNÓSTICO DIFERENCIAL

Feito, principalmente, entre miíase furunculoide e furúnculo.

TRATAMENTO

O tratamento consiste na remoção das larvas. No caso da miíase furunculoide, é preciso ter cautela durante a retirada da larva, que deve sair íntegra. Pode-se lançar mão de métodos que obstruem o orifício central, e a larva sai para respirar. Nessa hora, promove-se sua retirada mediante a espremedura da lesão. Em casos de múltiplas infestações, pode-se fazer uso de **ivermectina** oral, na dose de 6mg, administrada em duas doses, com intervalo de 2 semanas entre elas. A orientação ao paciente sobre noções de higiene pessoal e prevenção também faz parte do tratamento da miíase.

■ TUNGÍASE

A tungíase é uma infestação superficial da pele, conhecida popularmente como bicho-de-pé, que apresenta um grau de morbidade elevado em decorrência das lesões dolorosas na região plantar. Acomete trabalhadores rurais que não usam sapatos. A lesão típica da tungíase consiste em um nódulo endurecido, com um ponto enegrecido em seu centro, o qual corresponde ao abdome da fêmea da pulga. Esse nódulo pode ter de 0,5 a 1cm de diâmetro e acomete, preferencialmente, as regiões plantares, interdigitais e subungueais. O paciente queixa-se de prurido e dor, principalmente à deambulação, que pode vir a se tornar incapacitante.

ETIOLOGIA

A tungíase é causada pela pulga *Tunga penetrans*. O contágio se dá mediante o contato da pele com areia em solo contaminado pelo inseto em sua forma adulta. O ciclo de vida é breve, em torno de 5 a 6 semanas. A fêmea fecundada penetra a epiderme, onde se alimenta de sangue e completará seu ciclo de vida. Em razão da produção de milhares de ovos, seu abdome hipertrofia até atingir cerca de 1cm de diâmetro. Esses ovos serão eliminados para o meio ambiente, e a fêmea morre após a ovopostura. Em pacientes que não sofrem reinfestação, essas lesões são autolimitadas e costumam cicatrizar após a morte da fêmea.

DIAGNÓSTICO

O diagnóstico costuma ser muito simples, principalmente em áreas endêmicas, sendo feito de maneira clínica, com a presença de pápula clara com ponto negro central sugerindo tungíase. A dor e o prurido também indicam tratar-se de infestação por *Tunga penetrans*. Eventualmente, é possível observar a expulsão dos ovos através do orifício anal do inseto. Biópsias raramente são efetuadas.

DIAGNÓSTICO DIFERENCIAL

Os principais diagnósticos diferenciais são feitos com as verrugas plantares e calosidades puntadas.

COMPLICAÇÕES

As principais são por infecções secundárias, como celulite e erisipela, devido à solução de continuidade que a *Tunga penetrans* causa na pele. Outra complicação é a superinfestação pelo parasita, que causa dor e incapacidade de locomoção, além de servir como porta de entrada para outros micro-organismos.

TRATAMENTO

A retirada mecânica da pulga, em lesões não complicadas, é uma opção terapêutica. Em caso de múltiplas lesões, pode ser necessário o uso da terapia oral. O agente de escolha é a **ivermectina**, via oral, na dose de 6mg, no esquema de duas doses com intervalo de 2 semanas. A prevenção também faz parte do tratamento. Os pacientes devem ser orientados a usar calçados em áreas endêmicas, a promover o tratamento de animais domésticos infestados e a eliminar a pulga mediante o uso de inseticidas.

CONSIDERAÇÕES FINAIS

Saber identificar e tratar corretamente as infestações cutâneas, além de diminuir a morbidade dos pacientes, auxilia a redução do número de infestações entre familiares e de reinfestação.

Capítulo 126
Síndrome da Pele Escaldada Estafilocócica

Antonio Macedo D'Acri • Thiago Dermínio Cavalcanti de Albuquerque

INTRODUÇÃO

A síndrome da pele escaldada estafilocócica (SPEE) consiste em uma dermatite esfoliativa produzida pelas toxinas epidermolíticas (TE). Em neonatos, é conhecida como pênfigo neonatal ou doença de Ritter.

FISIOPATOLOGIA

A partir da colonização de um sítio pelo *Staphylococcus aureus*, comumente a nasofaringe, ocorre a liberação de TE na corrente sanguínea. As TE agem sobre a epiderme e quebram a desmogleína-1, responsável pela adesão celular, com consequente clivagem entre os queratinócitos da camada granulosa, levando ao aparecimento de bolhas.

CONSIDERAÇÕES

As TE são filtradas pelos glomérulos e sofrem catabolismo pelas células do túbulo proximal. Desse modo, a SPEE afeta, principalmente, crianças < 2 anos de idade (68%), as quais têm menos de 50% da função renal de um adulto; adultos imunossuprimidos; portadores de insuficiência renal crônica; e pacientes submetidos à hemodiálise. Aproximadamente 75% dos indivíduos > 10 anos apresentam anticorpos contra as TE. A mortalidade é de 2% a 3% em crianças e até 60% em adultos.

QUADRO CLÍNICO

Pele com eritema difuso, generalizado (mais comum) ou localizado, principalmente periorificial e em áreas de atrito (superfícies flexoras). Membranas mucosas são poupadas. Há presença de febre e hiporexia e, após 1 a 2 dias, a pele enruga e formam-se bolhas, que posteriormente descamam, revelando base úmida, eritematosa e brilhante. A pele é frágil, apresenta textura em papel de lixa e descama à menor pressão (sinal de Nikolsky presente). O acometimento de grandes áreas leva à perda de líquidos corporais, ocasionando desidratação. Por fim, há a formação de crostas amareladas e a superfície desnuda seca e racha, seguida de descamação, com cura em 7 a 10 dias. A recuperação do epitélio é rápida, pois a clivagem da epiderme é alta (granulosa).

DIAGNÓSTICO

História, exame clínico e aspecto das lesões (sinal de Nikolsky presente e bolhas de fácil ruptura). Hemoculturas são frequentemente negativas em crianças e positivas em adultos. A biópsia revela clivagem da granulosa com pouca ou nenhuma inflamação.

DIAGNÓSTICO DIFERENCIAL

1. **Impetigo bolhoso (forma localizada):** sinal de Nikolsky ausente, inflamação da pele à biópsia e cultura positiva da bolha.
2. **Necrólise epidérmica tóxica (forma generalizada):** clivagem dermoepidérmica à biópsia.
3. **Escarlatina:** a pele não forma bolhas nem descama.
4. **Doença de Kawasaki:** sinal de Nikolsky ausente.

TRATAMENTO

Corticoterapia deve ser evitada, pois interfere nos mecanismos de defesa do hospedeiro. Pacientes com doença extensa devem ser hospitalizados, preferencialmente em UTI ou Centro de Tratamento de Queimados (CTQ).

Medidas de suporte, como reposição hidroeletrolítica e calórica, são essenciais.

Doença localizada

Cefalotina EV, 20 a 40mg/kg/dia (< 40kg) ou 500mg (> 40kg) de 6/6h por 10 dias.

Doença sistêmica

Oxacilina EV, 25mg/kg (< 40kg) ou 1 a 2g (> 40kg) de 4/4h ou 6/6h por, no mínimo, 7 dias.

Superinfecção

Gentamicina EV, 6 a 7,5mg/kg/dia de 8/8h (< 40kg) ou 3mg/kg/dia de 12/12h (> 40kg) por, no mínimo, 7 dias.

A pele afetada deve ser tratada delicadamente, como em um grande queimado. Curativos similares devem ser realizados e trocados periodicamente.

PROFILAXIA

Até o momento, os resultados são inconclusivos; no entanto, presume-se que o diagnóstico dos portadores nasais de *Staphylococcus aureus* por meio de *swab* nasal e sua eliminação com mupirocina nasal sejam eficazes na prevenção da SPEE.

Capítulo 127
Síndrome de Stevens-Johnson e Necrólise Epidérmica Tóxica

Antonio Macedo D'Acri • Thiago Dermínio Cavalcanti de Albuquerque

INTRODUÇÃO

A síndrome de Stevens-Johnson (SSJ) e a necrólise epidérmica tóxica (NET) são reações mucocutâneas agudas causadas por reação de hipersensibilidade medicamentosa em 50% a 90% dos casos, respectivamente. A SSJ e a NET representam variantes de gravidade de um processo único.

CLASSIFICAÇÃO

- **Grau 1 (SSJ):** erosões mucosas e descolamento epidérmico < 10% da superfície corporal.
- **Grau 2 (sobreposição SSJ/NET):** erosões mucosas e descolamento epidérmico entre 10% e 30% da superfície corporal.
- **Grau 3 (NET):** erosões mucosas e descolamento epidérmico > 30% da superfície corporal.

FISIOPATOLOGIA

Inicialmente há dermatite de interface que evolui para necrose de toda a espessura da epiderme. Os queratinócitos sofrem extensa apoptose induzida por medicamentos, com subsequente necrose. Há formação de infiltrado linfocitário composto, predominantemente por linfócitos T citotóxicos ao redor de vasos sanguíneos superficiais da derme e que contribuem para a formação de bolhas.

Medicamentos de alto risco para SSJ/NET

- Sulfonamidas
- Alopurinol
- Lamotrigina
- Anticonvulsivantes aromáticos
- AINE do grupo oxicam

Medicamentos de baixo risco para SSJ/NET

- Diclofenaco
- Cefalosporinas
- Ciclinas
- Aminopenicilinas
- Quinolonas
- Macrolídeos
- Nevirapina

CONSIDERAÇÕES

A incidência anual é de 1,2 a 6 casos a cada 1 milhão de habitantes para a SSJ e 0,4 a 1,2 para a NET.

A faixa etária é variável, com aumento da incidência a partir da quarta década de vida. Os pacientes mais frequentemente acometidos são os geneticamente predispostos, imunodeprimidos e portadores de colagenoses e neoplasias.

QUADRO CLÍNICO

Os sintomas se iniciam dentro de 8 semanas após a exposição ao medicamento e se caracterizam por febre, cefaleia, mialgia e odinofagia. Precedem o aparecimento das lesões cutâneas em 1 a 2 semanas. Estomatite, conjuntivite e prurido também podem ocorrer.

As lesões surgem inicialmente no tronco e se disseminam para pescoço, face e extremidades proximais; no entanto, palma das mãos e planta dos pés podem ser locais precoces de aparecimento.

As lesões surgem como máculas purpúricas com tendência a coalescer, e assumem tonalidade acinzentada em horas a dias. A epiderme necrótica se destaca da derme e os espaços são ocupados por fluidos que formam bolhas e se rompem com facilidade.

A pele apresenta aspecto em papel de cigarro e há descolamento epidérmico por leve pressão do polegar (sinal de Nikolsky), o que revela grandes áreas de hemorragia na derme.

As mucosas oral, ocular e genital apresentam eritema e erosão em mais de 90% dos pacientes e encontram-se doloridas.

O trato respiratório é acometido em 25% dos casos. O quadro é composto por dispneia, hipersecreção brônquica e hipoxemia. Pode haver hemoptise e expectoração de cilindros mucosos brônquicos.

O trato gastrointestinal é menos comumente afetado. O quadro é composto por diarreia profusa, má absorção, melena e perfuração colônica, em casos mais graves.

Quadro 127.1 Prognóstico SCORTEN

Idade > 40 anos	1 ponto
Frequência cardíaca > 120bpm	1 ponto
Câncer	1 ponto
Superfície corporal envolvida > 10%	1 ponto
Ureia sérica	1 ponto
Bicarbonato sérico	1 ponto
Glicose sérica	1 ponto

SCORTEN	Taxa de mortalidade
0 a 1	3,2%
2	12,1%
3	35,8%
4	58,3%
> 5	90%

DIAGNÓSTICO

História, exame clínico e aspecto das lesões. Nos casos em que as lesões clássicas não estiverem presentes, a biópsia de pele estará indicada. A radiografia de tórax é frequentemente normal na admissão.

DIAGNÓSTICO DIFERENCIAL

- **Síndrome de Stevens-Johnson:** eritema multiforme maior e varicela.
- **Necrólise epidérmica tóxica:** pustulose exantematosa generalizada aguda e eritema pigmentar fixo bolhoso generalizado.

COMPLICAÇÕES

- **Septicemia por gram-negativos:** as principais portas de entrada são a pele desnuda e os pulmões.
- **Acometimento ocular grave:** erosões conjuntivais, aderências fibrosas, ulceração corneana e cegueira.
- **Acometimento renal:** hematúria, proteínuria e aumento da creatinina sérica em 50% dos pacientes.
- **Desequilíbrio hidroeletrolítico:** menos intenso em relação às queimaduras em razão da ausência de reagentes de fase aguda.
- **Mortalidade:** na SSJ é de cerca de 5% a 12%, enquanto na NET é de 34% a 40% e não está relacionada com o tipo de medicamento responsável.

TRATAMENTO

Nos casos extensos ou graves, são essenciais medidas de suporte, como reposição hidroeletrolítica e calórica. A pele afetada deve ser tratada delicadamente, como em um grande queimado. Curativos similares devem ser realizados e trocados periodicamente.

A retirada do medicamento ofensor, ou em suspeição, é igualmente vital para a melhora do indivíduo.

1. **Anti-histamínico: maleato de dexclorfeniramina** VO, 4mg (> 12 anos), 2mg (entre 6 e 12 anos) ou 1mg (< 6 anos) de 8/8h.
2. **Corticoesteroide** tópico: **valerato de betametasona**, 1mg/g, indicado para pápulas e placas, devendo ser evitado em áreas de erosão.
3. **Agente imunossupressor: ciclosporina A** VO, 3 a 4mg/kg/dia.
4. **Agente citotóxico e antimetabólico: ciclofosfamida** EV, 100 a 300mg/dia.
5. **Compressas úmidas:** indicadas para bolhas cutâneas.
6. **Cloridrato de lidocaína 2%:** alívio dos sintomas orais.
7. **Colírios antissépticos e vitamina A tópica:** alívio dos sintomas oculares.

Pacientes com doença extremamente grave podem se beneficiar de plasmaférese, com redução da taxa de mortalidade.

O uso de corticoesteroides é controverso, pois não previne a queratólise induzida por medicamentos e seus benefícios não foram comprovados.

O tratamento em CTQ é benéfico devido à semelhança entre as lesões de SSJ e NET e as queimaduras. A sulfadiazina de prata poderia atrasar a reepitelização.

PROFILAXIA

Não existe profilaxia para SSJ e NET; no entanto, a etiologia deve ser exaustivamente pesquisada, de modo a afastar o fator desencadeante e evitar recorrências.

Capítulo 128
Pênfigos

Nathália Araújo Costa • Ricardo Barbosa Lima

INTRODUÇÃO

O termo pênfigo é usado para designar um conjunto de doenças autoimunes com apresentação bolhosa, intradérmica, em virtude da perda de adesão celular (acantólise). Existem quatro formas de apresentação do pênfigo, no entanto, duas delas são mais frequentes e de maior interesse para serem abordadas: **pênfigo vulgar e pênfigo foliáceo**. A diferenciação entre esses dois subtipos está na profundidade do processo de acantólise que acomete a epiderme.

FISIOPATOLOGIA

O pênfigo se desenvolve a partir de uma predisposição genética, somada a fatores desencadeantes, como medicamentos, neoplasias e estresse. Decorre da ação de autoanticorpos da classe IgG, que atacam antígenos presentes nas desmogleínas (moléculas componentes dos desmossomos, responsáveis pela coesão entre as células da pele). Com isso, há perda da continuidade do tecido cutâneo e formação de bolhas:

- **Pênfigo vulgar:** ação de autoanticorpos IgG4 contra desmogleína-3 (acometimento apenas mucoso: pênfigo vulgar mucoso) e ação de IgG4 contra desmogleína-1 (acometimento mucoso e cutâneo: pênfigo vulgar mucocutâneo). A acantólise atinge a camada espinhosa na região suprabasal da epiderme.
- **Pênfigo foliáceo:** ação de autoanticorpos, principalmente IgG4, contra desmogleína-1. A acantólise atinge a camada espinhosa na região mais alta da epiderme.

CONSIDERAÇÕES

Pênfigo vulgar

- Forma mais grave de pênfigo.
- Incidência: indivíduos de 40 a 60 anos de idade.
- Predomínio étnico: judeus.

Pênfigo foliáceo

- Raramente acomete as mucosas.
- Relação mulher × homem igual a 1:1.
- Duas formas:
  - **Endêmica** (fogo selvagem): ocorrência familiar, predomina em adultos jovens e crianças que residem nas proximidades de rios e áreas rurais. Prevalente na América do Sul.
  - **Não endêmica** (de Cazenave): universal, não existem casos familiares, atinge indivíduos entre 40 e 50 anos de idade.

QUADRO CLÍNICO

Pênfigo vulgar

As lesões acometem mucosas (oral, conjuntival e nasal), tubo digestivo, região genital, vias urinárias e anal, podendo evoluir com lesões cutâneas (couro cabeludo, face, tronco e membros). Cursa, inicialmente, com bolhas flácidas em pele de aparência normal, que confluem e se rompem, deixando erosões com pontos hemorrágicos (aspecto de "bife sangrento"), mas não formam cicatriz. São dolorosas, não têm prurido e sangram com facilidade. O sinal de Nikolsky, que consiste no descolamento epidérmico à fricção da pele aparentemente normal, é positivo.

Pênfigo foliáceo

As lesões cutâneas acometem face, raiz do cabelo, pescoço e tronco superior. Inicialmente, cursa com bolhas frágeis e superficiais que, após rompimento, formam erosão, eritema, crostas e escamas, apresentando dor em queimação. A doença fica localizada por longo período e tem progressão em extensão. Fatores como radiação solar e calor podem exacerbar o quadro.

DIAGNÓSTICO

Inicia-se com anamnese e exame físico, a partir dos quais se tem a suspeita clínica da doença. A confirmação laboratorial se dá por meio da biópsia com histopatológico (visualização da acantólise) e imunofluorescência (para detecção dos autoanticorpos).

DIAGNÓSTICO DIFERENCIAL

- Impetigo bolhoso
- Herpes simples e zóster
- Lúpus eritematoso bolhoso
- Doença de Behçet
- Farmacodermias
- Penfigoide bolhoso
- Dermatite de contato alérgica
- Epidermólise bolhosa
- Necrólise epidérmica tóxica
- Síndrome de Stevens-Johnson
- Aftoses
- Síndrome da pele escaldada estafilocócica

COMPLICAÇÕES

Pênfigo vulgar

- Infecção bacteriana secundária
- Sepse
- Choque
- Em gestantes, transmissão para o feto; retardo do crescimento, prematuridade e morte intra-uterina ou pênfigo neonatal.

Pênfigo foliáceo

- Infecção
- Retardo de crescimento, quando acomete crianças
- Dermatofitoses
- Escabiose
- Disseminação do herpes-vírus, erupção variceliforme de Kaposi

Em qualquer um dos tipos de pênfigo podem ocorrer alterações cinesiológicas no aparelho locomotor por sequela de lesões em regiões de dobra. Além disso, a corticoterapia e o uso de imunossupressores podem causar inúmeras outras complicações.

TRATAMENTO

O tratamento do pênfigo é realizado especificamente para a forma que está acometendo o indivíduo. Segue uma escala de complexidade das medicações nos casos de pacientes refratários ao tratamento de escolha com corticoterapia.

Em virtude da imunossupressão provocada pelo tratamento, antes de iniciar a medicação é necessário fazer tratamento profilático para estrongiloidíase e avaliar a presença de infecções (principalmente tuberculose, hepatite e HIV), hipertensão, diabetes, úlcera péptica e outras comorbidades.

Além disso, com uso de cálcio e vitamina D, é importante realizar a prevenção da osteoporose, que pode ser causada pela corticoterapia.

Pênfigo vulgar

1. **Corticoterapia sistêmica: prednisona**, 1 a 2mg/kg/dia (dose máxima de 100 a 120mg/dia). De 7 a 10 dias ocorre o início da melhora do quadro; manter a medicação até a recuperação completa das lesões (3 a 4 semanas). **Se o paciente não teve melhora com a corticoterapia:**
2. **Imunossupressores:** são medicamentos de uso prolongado, e o início da melhora clínica se dá em torno de 8 semanas ou mais de uso. Após essa resposta, pode-se tentar reduzir a dose até se chegar ao desmame:
    - 1ª opção: **azatioprina** (2mg/kg/dia em dose única diária ou dividida em duas tomadas)
    - 2ª opção: **micofenolato de mofetil** (35 a 45mg/kg/dia de 12/12h, às refeições)
    - 3ª opção: **ciclofosfamida** (2mg/kg/dia em tomada única (matinal ou dividida). **Se o paciente não teve melhora, internação hospitalar e pulsoterapia, ou itens 3, 4 ou 5:**
3. **Pulsoterapia: metilprednisolona** 1g/dia EV por 3 dias + **ciclofosfamida** 10 a 15mg/kg EV no quarto dia.
4. **Imunoglobulina** EV, 2g/kg divididos em 5 dias.
5. **Rituximabe:** 375mg/m² de superfície corporal, quatro infusões com intervalo semanal, ou 1g, em duas infusões com intervalo quinzenal.
6. **Plasmaférese:** diminui autoanticorpo circulante mediante filtragem do plasma.
7. **Sulfona**, 100mg/dia (lesões de mucosa persistentes).

Pênfigo foliáceo

1. **Corticoterapia: prednisona**, 1mg/kg/dia (dose máxima de 100 a 120mg/dia). Se o paciente não teve melhora em 7 a 10 dias, substituir por:
2. **Triancinolona** (dose equivalente à da prednisona; 5mg de prednisona equivale a 4mg de triancinolona). Redução da dose de corticoide após completa regressão das lesões (↓10mg a cada semana até 40mg/dia; depois, redução mais lenta, 5 a 10mg/mês, até 10mg/dia, depois, ↓2,5mg a cada 2 a 3 meses = desmame da medicação). **Se o paciente não teve melhora, internação hospitalar e seguir mesmo esquema do pênfigo vulgar.**
3. **Cloroquina** (250mg/dia VO): usada para tratamento, principalmente, quando há lesões em áreas expostas ao sol.
4. **Corticoterapia tópica: acetato de dexametasona creme 0,1%**, 2 a 3×/dia na fase aguda e 1×/dia após melhora. Usada, principalmente, em lesões crônicas e em crianças.
5. Banhos de **permanganato de potássio** (na diluição 1:40.000, 2×/dia até melhora das lesões).
6. Pomadas antibióticas (**neomicina pomada ou gentamicina creme 1%**, aplicar 3×/dia sobre o local).
7. **Antibioticoterapia sistêmica para infecção bacteriana secundária: oxacilina** (100 a 150mg/kg, dia EV de 6/6h, com dose máxima de 12g/dia em adultos e 1g/dia em crianças por 7 a 14 dias). **Vancomicina** (40mg/kg/dia EV de 6/6h, na dose habitual de 500mg/dose por 7 a 10 dias).

8. **Aciclovir** (15mg/kg/dia EV, divididos em três tomadas diárias por 7 dias, seguidos dessa mesma dose VO por mais 7 dias) para tratamento da erupção variceliforme de Kaposi associada.

PROFILAXIA

No pênfigo, a profilaxia é voltada para evitar complicações e agravos que a doença pode causar. Nesse caso, a assepsia e a antissepsia das lesões devem ser diárias e cuidadosas, prevenindo infecções; pode-se instituir fisioterapia para evitar perda dos movimentos e atrofias de articulações e membros.

Capítulo 129
Eritema Nodoso

Carlos José Martins • Nathália Araújo Costa

INTRODUÇÃO

O eritema nodoso (EN) é a forma mais comum de paniculite septal (inflamação do tecido adiposo subcutâneo) com apresentação aguda de nódulos eritematosos. Associada, principalmente, a medicamentos (sulfas, halogênios e contraceptivos orais) e doenças infecciosas (estreptococos, vírus e fungos), inflamatórias e imunológicas, mas também pode ser de causa desconhecida.

FISIOPATOLOGIA

Reação de hipersensibilidade com circulação de imunocomplexos, exceto em casos idiopáticos. Cursa com intensa reação inflamatória aguda com infiltrado de polimorfonucleares, substituídos por linfócitos histiócitos e células gigantes na evolução da doença.

CONSIDERAÇÕES

- Mais frequente no sexo feminino (5:1), seu pico de incidência se dá entre os 18 e os 34 anos de idade.
- Síndrome autolimitada.

QUADRO CLÍNICO

Sinais prodrômicos, como febre, mal-estar, artralgia ou infecção respiratória alta, precedem o *rash* cutâneo em 1 a 3 semanas. Os sintomas articulares cursam com eritema, inchaço, rigidez matinal, artralgia e derrame articular, acometendo, principalmente, a articulação do joelho. Em geral, se resolvem em poucos dias, porém, em alguns casos, podem durar anos. Não destroem a articulação. O principal sintoma é o eritema cutâneo, que acomete, inicialmente ambas as pernas, estendendo-se para a face extensora das coxas, os antebraços e o tronco. Consiste em placas eritematosas, elevadas, arredondadas, nodulares, simétricas e dolorosas, que evoluem do vermelho-vivo à cor arroxeada e, desta, para a amarela ou esverdeada. As lesões têm as bordas maldefinidas e medem de 2 a 6cm. Na primeira semana tornam-se endurecidas e dolorosas e, na segunda semana, ficam flutuantes como um abscesso, mas sem supuração, desaparecendo em 2 semanas.

DIAGNÓSTICO

Inicia-se com a suspeita clínica devido às manifestações típicas. A doença cursa com aumento da velocidade de hemossedimentação (VHS) e discreta leucocitose com linfocitose. Deve-se coletar *swab* da orofaringe, dosar títulos de antiestreptolisina e realizar radiografia de tórax (presença de infiltrado pulmonar) para diagnosticar infecção respiratória por estreptococo. Para confirmação do diagnóstico, faz-se biópsia da lesão.

DIAGNÓSTICO DIFERENCIAL

- Doença de Weber-Christian (paniculite lobular idiopática)
- Erisipela
- Tuberculose indurativa
- Tromboflebite

- Vasculite nodular
- Hipodermites em geral

COMPLICAÇÕES

Dependendo da doença de base, podem ocorrer casos mais graves.

TRATAMENTO

Para o tratamento do EN não há um agente único de escolha para todos os casos. O ideal é detectar e eliminar o fator desencadeante do quadro cutâneo. Sabe-se que essa é uma doença autolimitada, com tendência a cura espontânea após 1 a 2 meses, mesmo sem nenhum tratamento. No entanto, na fase aguda, o repouso é a principal medida para redução da intensidade dos sinais e sintomas da doença.

Tratamento dos sinais e sintomas

Deve ser realizado até a melhora clínica do paciente:

1. Repouso.
2. Sintomáticos:
   - Antitérmicos:
     - **Dipirona sódica:** 10 a 25mg/kg/dose de 6/6h
   - Anti-inflamatórios:
     - **AAS:** 500mg de 6/6h
     - **Naproxeno** (250mg 2×/dia) tem ação suprior à do AAS
3. **Solução supersaturada de iodeto de potássio:** cinco gotas 3×/dia no suco de laranja. Aumentar uma gota por dose/dia até o paciente responder. Não funciona para todos os pacientes. Tem efeitos colaterais, como coriza, cefaleia, angioedema e urticária. Não pode ser usada em grávidas.
4. **Corticoides** são raramente indicados por ser essa uma doença autolimitada. Além disso, seu uso está proscrito em casos sem diagnóstico definitivo da doença. No eritema nodoso hansênico ou eritema necrosante, indica-se o uso de **prednisona** na dose de 1mg/kg/dia, até redução dos sintomas, seguida de retirada lenta.
5. Pouco usados por mostrarem resposta efetiva em apenas um pequeno número de pacientes. Em geral, são utilizados em casos de eritema nodoso por doença de Behçet ou hansênico: **colchicina** (0,6 a 1,2mg, 2×/dia) ou **hidroxicloroquina** (200mg, 2×/dia) ou **dapsona** (100 a 150mg/dia, de 6 meses a 2 anos).

Capítulo 130
Eritema Polimorfo (Multiforme)

Carlos José Martins • Nathália Araújo Costa

INTRODUÇÃO

O eritema polimorfo (EP) é uma doença comum, aguda e frequentemente recorrente, com recuperação em 2 a 3 semanas. Consiste em uma síndrome mucocutânea autolimitada e geralmente desencadeada por agentes infecciosos (principalmente herpes vírus simples [HVS]), físicos, medicamentos, radioterapia e gravidez, entre outros.

FISIOPATOLOGIA

Ainda não está muito bem definida. Estudos sugerem a formação de um imunocomplexo que se deposita na microcirculação cutânea e que tem efeito patogênico. Na maioria dos pacientes com EP foram encontrados imunocomplexos circulantes e deposição perivascular de fração do complemento C3, IgM e fibrina. Além disso, há a presença de infiltrado inflamatório mononuclear ao redor dos vasos e outros imunocomplexos mediando uma vasculite cutânea com a presença de polimorfonucleares. No EP, ocorre uma necrose da epiderme que afeta, principalmente, a camada basal.

CONSIDERAÇÕES

O EP pode acometer todas as faixas etárias, no entanto é mais comum em adolescentes e adultos jovens do sexo masculino (3:2). Com frequência recidivante, principalmente quando relacionada com a infecção por HVS, essa doença pode ser dividida em eritema polimorfo menor (EPMe) e eritema polimorfo maior (EPMa).

O EPMe é a forma benigna da doença, com acometimento, principalmente, da pele, geralmente afebril, e com manutenção do estado geral. O envolvimento (acometimento) é simétrico e tem duração de 2 a 4 semanas.

No EPMa observa-se o acometimento da pele e mucosas, sendo este mais extenso, com curso de 1 a 14 dias, e grave comprometimento do estado geral. Consiste na forma grave da doença, podendo apresentar lesões viscerais e mortalidade de 5% a 10% dos casos.

QUADRO CLÍNICO

O quadro clínico cursa com *rash* cutâneo com aspecto de lesões "em alvo" (disco central ou bolha, anel pálido e halo eritematoso) ou pápulas arredondadas e vermelho-escuras. O acometimento é simétrico e acral: dorso das mãos e pés, região extensora de antebraços e pernas, face e pescoço. Em geral, poupa coxas, nádegas e tronco. Há erosões nas mucosas, principalmente lábios, gengiva e língua. Ocorrem prurido e ardência no local das lesões, e o quadro se completa com a presença de febre e mal-estar.

DIAGNÓSTICO

- Suspeita clínica (pápulas típicas "em alvo", distribuição simétrica e acral, erosões em mucosas e episódios prévios)
- Anamnese para descoberta do agente causal
- Biópsia, com análise histopatológica das lesões (infiltrado inflamatório linfocitário perivascular, espongiose, degeneração vacuolar queratinócitos necróticos)

- Imunofluorescência direta
- Anticorpos séricos

DIAGNÓSTICO DIFERENCIAL

- Urticária
- Erupção maculopapular por medicação
- Lúpus
- Pênfigo paraneoplásico
- Penfigoide
- Síndrome de Stevens-Johnson

COMPLICAÇÕES

- Hipopigmentação ou hiperpigmentação transitória
- Erosão ocular, com cicatrização residual no olho
- Bronquite erosiva aguda, quando associado a *M. pneumoniae*
- Recidivas
- Eritema polimorfo contínuo ou persistente

TRATAMENTO

O tratamento do EP está associado a seu fator desencadeante, devendo-se, caso possível, eliminá-lo e tratá-lo de maneira específica. Na forma EPMe, o tratamento consiste na eliminação ou tratamento do agente causador e no uso de sintomáticos para melhora clínica. No caso de EPMa, o tratamento deve ser preconizado com corticoterapia sistêmica nas primeiras 48 horas.

Tratamento da forma menor

1. **Dipirona**, 500mg de 6/6h até melhora da dor e da febre.
2. **Ibuprofeno**, 400mg de 6/6h por, no máximo, 10 dias.
3. **Aciclovir**, 400mg 2×/dia VO (para casos associados ao HVS, sendo o uso de modo contínuo, para reduzir as recorrências).
4. **Tetraciclina ou eritromicina**, 1g/dia, dividido em quatro tomadas VO por 7 dias, no caso de infecção por *M. pneumoniae*.

Obs. 1: a maioria dos autores acredita ser desnecessário o uso de corticoterapia na forma menor.

Tratamento da forma maior (grave)

1. **Prednisona**, 40 a 80mg/dia VO por 1 a 3 semanas; a dose deve ser diminuída em 2 a 3 semanas.
2. **Azatioprina**, 100 a 150mg/dia (50mg 3×/dia) VO por, no máximo, 6 meses na impossibilidade de uso do corticoide ou potencializar seu efeito imunossupressor.

Obs. 2: verifique a necessidade de internação e hidratação do paciente, dependendo da gravidade do quadro.

Falha de tratamento

Quando há ocorrência contínua e ininterrupta das lesões típicas e atípicas, o quadro é conhecido como eritema polimorfo persistente. Nesses casos, faz-se uso de **dapsona**, 100 a 150mg/dia (de 6 meses a 2 anos).

Doença crônica recorrente

Em 40% dos casos de EP há recorrência da doença, com intervalos não muito extensos entre suas frequentes manifestações. Nesses casos, pode-se optar pelo uso da **talidomida**, 100 a 300mg/dia, até a remissão completa da doença. Essa medicação está proscrita para mulheres em idade fértil, em razão de seus efeitos teratogênicos.

PROFILAXIA
- Terapia continuada, via oral, com anti-HVS (**aciclovir**, 400mg, 2×/dia, em uso contínuo).
- Evitar os possíveis agentes desencadeantes.

Capítulo 131
Dermatite Esfoliativa

Antonio Macedo D'Acri • Thiago Dermínio Cavalcanti de Albuquerque

INTRODUÇÃO

A **dermatite esfoliativa** (DE) é um quadro de eritema difuso com descamação que envolve mais de 90% da superfície corporal.

FISIOPATOLOGIA

A fisiopatologia da DE está relacionada com a doença de base a ela associada, porém os mecanismos pelos quais uma doença sistêmica ou uma reação medicamentosa se manifestam como DE ainda permanecem incompreendidos.

CONSIDERAÇÕES

A incidência é de 0,9 a 71 casos por 100 mil pessoas. Homens são mais afetados, na proporção de 2:1 a 4:1, em relação às mulheres.

Quadro 131.1 Etiologia da dermatite esfoliativa

Psoríase (23%)
Dermatite espongiótica (20%)
Reações de hipersensibilidade a medicamentos (15%)
Linfoma subcutâneo de células T (5%)
Idiopático (7% a 33%)

QUADRO CLÍNICO

Inicialmente, há manchas eritematosas que progridem para eritema generalizado vermelho-brilhante. Em seguida, surge descamação fina branca ou amarelada em áreas flexoras e a progressão do quadro torna a pele eritematosa e fosca. Não há envolvimento mucoso.

A cronificação cursa com edema, liquenificação, induração da pele, formação de queratodermia palmoplantar, acometimento periorbital, epífora, ectrópio, eflúvio difuso, onicólise, hiperqueratose subungueal, hemorragias aracneiformes e paroníquia.

DIAGNÓSTICO

Anamnese, exame físico, aspecto das lesões e múltiplas biópsias de pele (três locais) – considerar nova coleta em 3 a 6 meses, caso ainda não se tenha chegado ao diagnóstico. Testes adicionais incluem hemograma completo, razão CD4/CD8, radiografia de tórax, imunofluorescência direta e biópsia de linfonodo.

DIAGNÓSTICO DIFERENCIAL

A DE está frequentemente associada a uma doença de base; assim, devem ser sempre excluídos:

- Linfoma cutâneo de células T

- Síndrome de hipersensibilidade induzida por medicamentos
- Síndromes paraneoplásicas

COMPLICAÇÕES
- Alteração termorregulatória
- Edema periférico
- Distúrbios hidroeletrolíticos
- Febre
- Hipoalbuminemia
- Insuficiência cardíaca de alto débito

TRATAMENTO

Medidas de suporte, como reposição hidroeletrolítica e calórica, são essenciais. A pele afetada deve ser tratada delicadamente, como em um grande queimado. Curativos similares devem ser realizados e trocados periodicamente. Outras medidas locais e sistêmicas vão depender das condições de base e do quadro sugerido.

Tópico
1. Banhos de aveia.
2. Compressas úmidas.
3. Emolientes suaves.
4. Corticoesteroide de baixa potência: **acetato de hidrocortisona**, 10g/g.

Sistêmico
1. Reposição hidroeletrolítica.
2. Anti-histamínico: **maleato de dexclorfeniramina** VO, 4mg (> 12 anos), 2mg (entre 6 e 12 anos) ou 1mg (< 6 anos) de 8/8h.
3. Diuréticos: **furosemida** EV, 20 a 40mg de 12/12h ou 1×/dia.
4. Corticoesteroides: **prednisolona** EV, 1 a 2mg/kg/dia (reações medicamentosas, doença imunobolhosa e dermatite atópica).
5. Imunossupressor: **ciclosporina A** VO, 4 a 5mg/kg/dia (psoríase e dermatite atópica).
6. Agentes citotóxicos e antimetabólicos: **metotrexato**, 5 a 25mg 1×/semana (psoríase, dermatite atópica e ptiríase rubra pilar).
7. Derivado da vitamina A: **acitretina**, 25 a 50mg 1×/dia (psoríase e pitiríase rubra pilar).
8. Imunomodulador: **micofenolato**, 1 a 3g 1×/dia (psoríase, dermatite atópica e doença imunobolhosa).
9. Anticorpo monoclonal: **infliximabe**, 5 a 10mg/kg (psoríase).

PROFILAXIA

A profilaxia consiste em evitar a reexposição aos medicamentos que causaram DE previamente, incluindo as medicações de reação cruzada. Evitar o uso de corticoesteroides sistêmicos em portadores de psoríase.

Capítulo 132
Dermatite de Contato

Nathália Araújo Costa • Carlos José Martins

INTRODUÇÃO

A dermatite de contato é caracterizada por reações cutâneas adversas que ocorrem, imediata ou tardiamente, após a exposição direta da pele a fatores externos. É classificada em:

- Dermatite de contato por irritação primária (DCIP)
- Dermatite de contato alérgica (DCA)
- Dermatite de contato fototóxica (DCFT)
- Dermatite de contato fotoalérgica (DCFA)

FISIOPATOLOGIA
DCIP

Contato com o agente (imediato ou de 12 a 24 horas após), geralmente álcalis, ácidos, solventes, entre outros; ruptura da barreira da pele; lesão e alteração celular (queratinócitos); liberação de mediadores inflamatórios; alterações cutâneas irritativas. Trata-se de uma reação não alérgica.

DCA

Resposta imune celular após:

- fase inicial de sensibilização das células T do sistema imunológico, por antígenos das substâncias alergênicas;
- fase de evocação, na qual pacientes já sensibilizados são novamente expostos a esses antígenos, causando reação alérgica.

O tempo da resposta dependerá do potencial antigênico do antígeno. Trata-se de uma reação imunológica de hipersensibilidade do tipo IV.

DCFT

Não existe mecanismo imunológico envolvido, assemelhando-se à DCIP.

Reação fototóxica: contato com agente fotorreagente, exposição à radiação UV, produção de radicais livres, reação eczematosa.

Localiza-se apenas em áreas expostas (p. ex., fitofotodermatose provocada por furocoumarinas do limão, levando ao escurecimento da pele e sem outros sintomas). Desaparece espontaneamente.

DCFA

Consiste em uma reação imunológica de hipersensibilidade do tipo IV, assemelhando-se ao mecanismo da DCA: contato com o agente, modificação de sua estrutura pela luz solar, formação de antígeno, resposta imune celular, reação alérgica.

Localiza-se nas áreas expostas mas, por se tratar de hipersensibilidade, pode se estender para áreas não expostas por contiguidade (p. ex., anti-histamínicos tópicos, perfumes e AINE).

CONSIDERAÇÕES

A DCIP está muito relacionada com a atividade profissional do indivíduo, devido à exposição contínua a determinado agente (60% de todas as dermatoses ocupacionais).

Quadro 132.1 Principais agentes e locais acometidos pela dermatite de contato

Couro cabeludo e entorno	Xampus, tintura de cabelo, loções e tônicos capilares, fixadores, medicamentos, toucas, presilhas e perucas
Face	Maquiagem, medicamentos, cosméticos, materiais dispersos no ar
Lábios e perioral	Batom, medicamentos, alimentos, instrumentos musicais, produtos de higiene oral
Pálpebras e periorbicular	Esmaltes, maquiagem, cílios postiços, pelos de animais, medicamentos
Orelha e retroauricular	Perfumes, armação de óculos, brincos, medicação, telefones
Pescoço	Bijuterias, perfumes, loções, tecidos, colar, agasalhos de lã
Tórax	Bronzeadores, sabões, medalhas, tecidos, cosméticos
Abdome	Tecidos, elásticos, material de cintos, fecho metálico e medicamentos
Nádegas	Tecidos e assento sanitário
Genitália	Medicação, absorventes, cremes e sabonetes íntimos, tecidos
Perianal	Papel higiênico, fezes, tecidos, medicamentos, alimentos ingeridos
Axilas	Desodorantes, creme depilatório, antissudorais, talcos, perfumes e tecidos
Braços e antebraços	Tecidos, pulseiras, relógios, perfumes, cremes, plantas
Mãos	Materiais de uso profissional, anéis, tecidos, esmaltes, sabão e todo objeto ou material que possa ser tocado
Coxas	Cremes depilatórios, tecidos de roupas, objetos de uso nos bolsos (moedas, chaves, isqueiro etc.)
Pernas	Cremes depilatórios, tecidos, plantas
Pés	Antifúngicos tópicos, hiper-hidrose, esmaltes, materiais de meias e sapatos

QUADRO CLÍNICO

Reação localizada na área de contato que cursa com:

- Eritema
- Prurido
- Espessamento
- Ressecamento
- Descamação
- Dor
- Ardência
- Pápulas, vesículas e bolhas: crostas

DIAGNÓSTICO

Anamnese

- História de contato ou uso prévio de substâncias químicas precedendo a reação
- Atividade profissional
- Episódio anterior de dermatite de contato

Exame físico
- Característica, distribuição e localização das lesões
- Quadro clínico típico associado

Testes cutâneos
- Antígeno em contato com a pele do indivíduo para verificar reação positiva ou negativa
- A resposta pode ser imediata ou demorar dias a semanas

Teste provocativo de uso
- Uso contínuo da substância por 1 semana na prega cubital para verificar reação

Fototeste cutâneo
- Aplica-se a substância na área de dorso, sendo uma parte dessa área coberta e a outra parte ficando exposta

DIAGNÓSTICO DIFERENCIAL
- Dermatite atópica
- Reações de autossensibilidade
- Eczema disidrótico
- Micose
- Psoríase
- Dermatite seborreica

COMPLICAÇÕES
- Dermatite generalizada sistêmica
- Limitações físicas pelas lesões
- Raramente, o teste cutâneo pode desencadear sensibilização por alguma substância testada

TRATAMENTO
A primeira providência a ser tomada é, se possível, afastar a causa determinante do processo alérgico

A base para o tratamento da dermatite de contato está associada ao uso de medicações sintomáticas tópicas e orais para alívio dos sintomas, nas apresentações de leve a moderada da doença, e também no uso de medicamentos de ação sistêmica, para os casos de maior complexidade.

Tratamento sintomático (casos leves a moderados):
1. Podem ser utilizadas compressas com soro fisiológico ou solução aquosa de acido bórico a 3%.
2. Corticoide tópico aplicado 4×/dia até melhora das lesões (**betametasona creme 0,1%**).
3. Anti-histamínicos para aliviar prurido (**hidroxizina**, um comprimido de 25mg de 8/8h por 3 a 5 dias).

Tratamento sistêmico (casos graves)
1. **Prednisona:** 1mg/kg/dia por 5 dias com redução da dose pela metade e manutenção por 10 a 14 dias.
2. **Imunomoduladores** (casos crônicos):
    - **Ciclosporina** (2 a 3mg/kg/dia VO de 6 a 8 semanas)
    - **Tracolimus** (uso tópico até melhora das lesões)
    - **Pimecrolimus** (uso tópico até melhora das lesões)

3. Fototerapia (casos crônicos) – a duração desse tratamento depende da resposta de cada paciente:
   - **PUVA** (0,4 a 0,6mg/kg/dose de **metoxipsoraleno**, 1 a 2 horas antes da fototerapia, e **UVA**, de 0,5 a 1,0J/cm^2).
   - **UVB** (30 a 50mJ/cm^2, 2×/semana).

PROFILAXIA

- Evitar o contato com agentes sabidamente alergênicos ou aqueles com grande potencial irritativo para a pele.
- Quando não for possível o afastamento desses materiais, como aqueles de uso profissional, utilizar equipamentos de proteção individual para prevenir o contato.

BIBLIOGRAFIA

Ampiglione S, Fioravanti ML, Gustinelli A et al. Sand flea (Tunga spp.) infections in humans and domestic animals: state of the art. Medical and Veterinary Entomology, 2009.
Azulay & Azulay. Dermatologia. 4. ed. Rio de Janeiro: Guanabara-Koogan, 2006.
Batista RS, Gomes AP, Igreja RP, Huggins DW. Medicina Tropical: abordagem atual das doenças infecciosas e parasitárias. Vol. I. Rio de Janeiro: Cultura Médica, 2001.
Bennett JE, Dolin RD, Mandell. Douglas and Bennett's principles and practice of infectious diseases. 5. ed. Philadelphia: Churchill-Livingstone (An Imprint of Elsevier), 2010.
Bravo F, Sanchez MR. New and re-emerging cutaneous infectious diseases in Latin America and other geographic areas. Dermatol Clin 2003; 21:655-68.
Duarte I, Lazzarini R. Projeto diretrizes. Associação Médica Brasileira e Conselho Federal de Medicina. Diagnóstico e Tratamento do Eczema de Contato. Sociedade Brasileira de Dermatologia. Junho, 2011.
Fitzpatrick. Tratado de dermatologia. 7. ed. Rio de Janeiro: Revinter, 2011.
Habif TP. Clinical dermatology. 5. ed. Philadelphia: Mosby (An Imprint of Elsevier), 2009.
Porto CC, Porto AL. Vademecum de clínica médica. 3. ed. Rio de Janeiro: Guanabara Koogan, 2011.
Ramos e Silva M, Castro MCR. Fundamentos de dermatologia. Edição Revisada e Atualizada. Rio de Janeiro: Atheneu, 2010.
Robbins K, Khachemoune A. Cutaneous myiasis: a review of the common types of myiasis. International Journal of Dermatology. The International Society of Dermatology, 2010.
Sáez-de-Ocariz M. del Mar, Durán McKinster C, Orozco-Covarrubias L, Tamayo-Sánchez L, Ruiz-Maldonado R. Treatment of 18 children with scabies or cutaneous larva migrans using ivermectin. Blackwell Science Ltd. Clinical and Experimental Dermatology, 2002.
Sampaio & Rivitti. Dermatologia. 1ª reimpressão corrigida da 3ª edição. Editora Artes Médicas, 2008.
Schmidt E, Goebeler M, Zillikens D. Rituximab in severe pemphigus. Ann NY Acad Sci 2009; 1173:683-91.
Stone KC, Humphries RL. Current diagnosis and treatment emergency medicine. 6. ed. New York: McGraw-Hill, 2008.
Veronesi R, Focaccia R. Tratado de infectologia. 4. ed. Rio de Janeiro: Atheneu, 2010.
Walter B, Heukelbach J, Fengler G, Worth C, Hengge U, Feldmeier H. Comparison of dermoscopy, skin scraping, and the adhesive tape test for the diagnosis of scabies in a resource-poor setting. Arch Dermatol April 2011; 147(4).
Wolff K, Goldsmith LA, Katz SI, Gilchrest BA, Paller AS, Leffel DJ. Fitzpatrick – Tratado de dermatologia. 7. ed. Rio de Janeiro: Revinter, 2011.

Seção XVIII – GINECOLOGIA E OBSTETRÍCIA

Capítulo 133
Doenças Sexualmente Transmissíveis

Carlos Fernandes Baptista • Ana Carolina Andorinho de Freitas Ferreira • Flávia Regina Peixoto Pereira

INTRODUÇÃO

Neste capítulo serão abordadas importantes doenças sexualmente transmissíveis (DST), como:

- **Clamídia e gonorreia:** patógenos de destaque na uretrite, na doença inflamatória pélvica e na conjuntivite neonatal.
- **Sífilis, cancro mole e donovanose:** agentes de lesões primariamente ulcerativas.
- **Papilomavírus humano (HPV):** vírus envolvido na formação de verrugas e no desenvolvimento de câncer de colo uterino.
- **Molusco contagioso:** doença de diagnóstico diferencial com HPV.

■ CLAMÍDIA E GONORREIA

As clamídias são bactérias intracelulares gram-negativas obrigatórias. A *Chlamydia trachomatis* é a espécie que pode ser de veiculação sexual. Está distribuída em sorotipos:

- **A, B, Ba, C:** agentes do tracoma endêmico – ceratoconjuntivite crônica de transmissão olho-olho.
- **D-K, Da, Ia, L_2a:** agentes de infecções genitais, conjuntivite de inclusão e pneumonia em neonatos.
- **L_1, L_2, L_3:** agentes do linfogranuloma venéreo.

A gonorreia é outra infecção bacteriana do trato urogenital transmitida por contato sexual ou perinatal. É causada pela *Neisseria gonorrhoeae*, um diplococo gram-negativo.

FISIOPATOLOGIA

As clamídias são capazes de interagir com células epiteliais da conjuntiva e dos tratos genital e respiratório. Como a clamídia prefere o epitélio colunar, a ectopia cervical em mulheres mais jovens ou usuárias de anticoncepcional oral traduz-se em fator de risco para a doença.

Se a resposta inflamatória inicial de polimorfonucleares for muito intensa, poderá se originar uma pseudomembrana, vista em peri-hepatites. No entanto, o ciclo de multiplicação e liberação celular da clamídia dura de 48 a 72 horas e, em geral, a inflamação é logo alterada para um padrão mononuclear, o que levará ao curso crônico e "silencioso" de várias manifestações. Além disso, a clamídia tem grande poder sensibilizador, o que justifica a gravidade das infecções crônicas ou recidivas. O estágio final é caracterizado por fibrose e retração, observadas na conjuntiva do paciente com tracoma e na tuba da mulher com salpingite.

A *Neisseria gonorrhoeae* também infecta as mucosas cervical, uretral, retal e orofaríngea mas, diferentemente da *Chlamydia*, não interage com células ciliadas, típicas do trato respiratório e não é endocitada pelas células (exceto por fagócitos); na verdade, o diplococo medeia a inativação e a morte das células. O lipo-oligossacarídeo (LOS), presente em sua superfície e produzido em grande quantidade, é uma endotoxina que estimula rapidamente uma intensa resposta inflamatória pelo hospedeiro, responsável por queixas como a volumosa secreção vaginal, vulgarmente conhecida como corrimento.

Ao serem endocitadas por leucócitos, ambas as bactérias podem conseguir certa disseminação sistêmica, mas também provocam seu "suicídio", o que termina restringindo sua área de afecção.

CONSIDERAÇÕES

A probabilidade de transmissão da clamídia e do gonococo em uma relação sexual é de cerca de 50% e, na falta de tratamento, a infectividade dura, em média, 6 meses.

A coinfecção por clamídia e gonorreia é alta. No Brasil, são doenças de **notificação compulsória**. Estão associadas a queixa de corrimento genital, mas, em maior proporção, são agentes assintomáticos nas mulheres, sendo identificados como as principais causas de doença inflamatória pélvica.

QUADRO CLÍNICO
Na mulher

As queixas são vagas e inespecíficas. Pode haver bartolinite ou uma discreta síndrome uretral aguda com disúria, urgência miccional e corrimento não exuberante. A **cervicite consiste no acometimento mais comum,** podendo ser referida como discreto prurido vaginal e dispareunia, mas é assintomática em até 50% dos casos, o que representa um risco para a ascensão da bactéria à cavidade pélvica. O exame ginecológico é capaz de identificar: hiperemia e hipertrofia de mucosa; **corrimento endocervical mucopurulento ou muco turvo; colo uterino friável e sangrante**. Se houver dor à mobilização do colo e anexos e/ou tumores, sugestivos de abscessos, suspeita-se de envolvimento pélvico.

No homem

A clínica é mais visível do que em mulheres. No caso da **uretrite** por *Chlamydia*, a incubação é de 7 a 21 dias após o contágio e há relato de **disúria, polaciúria e secreção hialina.** Na **gonorreia**, entretanto, esse período é reduzido para 1 a 3 dias e o **corrimento**, inicialmente mucoide, pode se converter em **purulento e abundante** (eventualmente associado à hematúria). A clamídia e o gonococo também são as principais causas de **epididimite** em homens com menos de 35 anos de idade. O quadro é de dor testicular unilateral, hidrocele e edema doloroso de epidídimo.

Em ambos os sexos
■ *C. TRACHOMATIS* E *N. GONORRHOEAE*

- **Acometimento por prática de sexo oral e anogenital:** a **faringite** é descrita, principalmente, na vigência de gonococo e cursa com dor, exsudato faringoamigdaliano e adenopatia cervical dolorosa. A **proctite** é identificada por dor, constipação intestinal, tenesmo, hematoquezia e secreção mucopurulenta (especialmente na infecção por gonococo).
- **Conjuntivite:** é adquirida por autoinoculação a partir de foco infeccioso urogenital. A **conjuntivite de inclusão do adulto** (*Chlamydia*), anteriormente chamada paratracoma, corresponde às formas iniciais de inflamação tracomatosa. Na maioria dos casos, representa uma **conjuntivite folicular autolimitada referida como "areia nos olhos", com fotofobia e lacrimejamento por secreção mucopurulenta**. Difere do tracoma, infecção crônica recidivante de transmissão olho-olho. A **conjuntivite por *Neisseria*** geralmente é grave, com exsudato purulento. Ulceração corneana pode ocorrer rapidamente na ausência de antibioticoterapia imediata.

■ *C. TRACHOMATIS*

- **Linfogranuloma venéreo:** 3 a 21 dias após o contato sexual, surge uma **lesão genital** (pápula, pústula ou exulceração) **indolor**, que pode passar despercebida pelo paciente. Dentro de 1 a 6 semanas, e quase sempre em homens, surge uma **adenite inguinal unilateral e dolorosa**. É chamada de **"bubão" e sofre supuração e fistulização por múltiplos orifícios**. Se a infecção é secundária à prática anogenital, pode haver proctite hemorrágica; se é consequente ao contato orogenital, observam-se glossite e linfadenopatia regional. Além das queixas focais, há **sintomas sistêmicos**, como febre, sudorese noturna, mal-estar, emagrecimento, artralgia e meningismo.

Em lactentes

A infecção costuma ocorrer na passagem pelo canal do parto. Entre possíveis manifestações resultantes estão conjuntivite, faringite, traqueíte, otite média, vulvovaginites e infecção retal.

■ C. TRACHOMATIS E N. GONORRHOEAE

- **Conjuntivite neonatal de inclusão (*Chlamydia*):** desenvolve-se já nos primeiros dias. Há secreção aquosa ou purulenta, com eritema e edema de conjuntiva e pálpebra, mas sem folículos nos tarsos conjuntivais. Inicialmente, compromete apenas um olho, mas em poucos dias se torna bilateral. Se não tratada, assume o caráter crônico do tracoma, com formação de *pannus* e fibrose, levando ao entrópio e à triquíase, a qual, por sua vez, ulcera a córnea e causa cegueira em estágio final.
- **Oftalmia *neonatorum* (*Neisseria*):** também ocorre já nos primeiros dias. O aspecto e a gravidade são semelhantes aos da conjuntivite de adultos.

■ C. TRACHOMATIS

- **Pneumonia infantil:** manifesta-se entre a segunda e a 16ª semana. É menos comum que a conjuntivite, mas se associa a esta em 50% dos casos. O quadro se arrasta por semanas, de modo gradual, e o lactente apresenta **obstrução nasal ou coriza, tosse em crises e estertores finos bilaterais sem febre**, podendo evoluir com taquipneia, toxemia, palidez e cianose.

DIAGNÓSTICO

Em **exames diretos**, como a coloração pela técnica de Giemsa, podem ser detectados diplococos gram-negativos, mas este não é um exame apropriado para diagnosticar *C. trachomatis*.

A **cultura** exige um meio especial: McCoy para *Chlamydia* e Thayer-Martin ou Martin-Lewis ou New York City para *Neisseria*.

Há métodos de **detecção de antígenos** para o diagnóstico de *Chlamydia*: o ELISA, que identifica o LPS, não é específico, além de ser menos sensível que a cultura. Mesmo assim, é atrativo por ser automatizado e de baixo custo. Outro método é a imunofluorescência direta, que vem ganhando destaque por ser espécie-específica e de disponibilidade maior que a cultura.

A **detecção de anticorpos** também é útil, principalmente para *Chlamydia*. A microimunofluorescência (MIF) é o exame mais sensível. Titulações ≥ 1/32 somadas à suspeita clínica confirmam o diagnóstico. Já a fixação de complemento é incapaz de distinguir infecções recentes de antigas.

Os **testes moleculares** identificam ambos os agentes bacterianos. São de sensibilidade e especificidade maiores que a cultura. Entre eles encontra-se a reação em cadeia da polimerase (PCR), um método complexo e de alto custo.

Em infecções mais superficiais, como **uretrite, cervicite e conjuntivite**, a sorologia é pouco eficaz. São preferidas técnicas de exame direto ou cultura. Já na **epididimite** a sorologia mostra altos títulos de IgG. No **linfogranuloma venéreo** e em infecções como **endometrite e peri-hepatite,** são válidos tanto exames sorológicos como de análise direta ou cultura. Na suspeita de **salpingite-doença inflamatória pélvica (DIP),** dispõe-se, ainda, de exames como ultrassonografia e laparoscopia.

Na **pneumonia infantil**, podem ser coletadas amostras de nasofaringe, brônquio e conjuntiva para exame direto e cultura. No hemograma há eosinofilia e a gasometria pode mostrar hipoxemia arterial. A radiografia exibe hiperinsuflação e infiltrado pulmonar intersticial bilateral.

DIAGNÓSTICO DIFERENCIAL

Na **uretrite**, pode ser difícil distinguir a clamídia dos demais agentes não gonocócicos, como *Ureaplasma urealyticum, Mycoplasma* e *Herpes simplex*. O corrimento vaginal, em especial na gonorreia, pode mimetizar tricomoníase e vaginose bacteriana.

No **linfogranuloma venéreo**, devem ser cogitadas outras DST ulcerativas.

A **conjuntivite de inclusão** deve ser diferenciada, principalmente, das conjuntivites virais, que geralmente ocorrem em surtos epidêmicos e têm as mãos como maior via de infecção. Nesses casos, há secreção apenas aquosa ou mucoide. Se o patógeno infectante for o adenovírus, pode se associar à febre faringoconjuntival. Quanto à **conjuntivite por gonococo**, é importante descartar outra causa bacteriana.

Diante da **infecção pulmonar**, devem ser cogitados outros agentes de pneumonia afebril nos 3 primeiros meses de vida, como *Ureaplasma urealyticum* e o vírus respiratório sincicial. Entre as patologias não infecciosas, pode-se pensar em asma, fibrose cística e insuficiência cardíaca.

COMPLICAÇÕES

Em mulheres, a bactéria pode ascender e levar a **endometrite** e **salpingite**, completando o quadro de **DIP**, grande responsável por infertilidade. A infecção pode se estender e causar **peritonite** e, mais raramente, **peri-hepatite (síndrome de Fitz-Hugh-Curtis)**, levando à queixa de dor em hipocôndrio direito. Ao atingir a circulação sistêmica, a bactéria pode, ainda, provocar **artrite séptica**.

Epididimite decorrente de uretrite também é importante causa de **esterilidade**.

A **artrite reativa** surge subitamente em até semanas após a uretrite e é mais comum em homens. Acomete, preferencialmente, membros inferiores de modo assimétrico e não ultrapassa 10 articulações. Quando relacionada com uretrite e conjuntivite ou irite, tem-se a **síndrome de Reiter clássica**.

A pneumonia infantil predispõe a complicações crônicas como a asma, e a conjuntivite neonatal não tratada representa risco para cegueira.

Outras complicações descritas são: aneurisma micótico, rompimento de válvula e choque cardiogênico; glomerulonefrite, pielonefrite e sepse, além de infecção gonocócica disseminada.

TRATAMENTO

A *C. trachomatis* é sensível às tetraciclinas, aos macrolídeos (azitromicina e eritromicina) e ao cloranfenicol. A azitromicina consegue atingir altos níveis intracelulares, o que explica seu uso em dose única. Quanto à *N. gonorrhoeae*, desde 2006 o Centers for Disease Control and Prevention (CDC) não recomenda mais o tratamento com quinolônicos, devido ao aumento progressivo de cepas resistentes nos EUA, mas esse fenômeno ainda é baixo no Brasil:

- A **salpingite** é uma entidade polimicrobiana e exige cobertura contra o gonococo, micoplasmas e bactérias anaeróbias.
- A eliminação correta do patógeno diminui o risco de **artrite reativa**. Caso esta se instale, está indicado o esquema com anti-inflamatórios não esteroides (AINE) + agente antirreumático + glicocorticoide intra-articular: **ibuprofeno**, 600mg VO, 3 ou 4 ×/dia, com **sulfassalazina**, 500mg, um ou dois comprimidos 2×/dia, por 3 a 6 meses ou até a remissão da doença, e **fosfato dissódico de dexametasona**, 0,1-1 ampola intra-articular, a cada 4 semanas.
- A **profilaxia ocular** com nitrato de prata a 1% após o parto não afasta a infecção por *C. trachomatis*, enquanto o uso de eritromicina a 0,5%, embora capaz de evitar a infecção ocular, não previne a colonização em nasofaringe e a infecção pulmonar. **Os recém-nascidos devem receber tratamento sistêmico, mesmo com conjuntivite isolada**.
- Os **lactentes** receberão **oxigenoterapia na vigência de sinais de pneumonia grave**, como tiragem subcostal grave, taquipneia (frequência respiratória [FR] > 60irpm para lactentes até 2 meses e FR > 50irpm para lactentes de 2 meses a 1 ano), gemência respiratória; cianose central e saturação periférica de oxigênio < 92%. A oferta de O_2 deve ser feita através de cânula ou cateter nasal com fluxo de 0,5L/min para lactentes < 2 meses (ou < 5kg) e de 1L/min para crianças maiores.

Quadro 133.1 Antibioticoterapia

INFECÇÃO UROGENITAL E CONJUNTIVITE

Chlamydia trachomatis

Doxiciclina, 100mg VO, de 12/12h por 7 dias ou 15 a 21 dias, em casos complicados, **OU tetraciclina**, 500mg VO, de 6/6h por 10 a 15 dias ou 15 a 21 dias, em casos complicados, **OU ofloxacino**, 300mg VO, de 12/12h por 7 a 10 dias, **OU azitromicina**, 1g VO, em dose única

Em gestante:
Estearato de eritromicina, 500mg/kg VO, de 6/6h por 7 dias, **OU ampicilina**, 500mg/kg VO de 8/8h por 7 a 14 dias

Neisseria gonorrhoeae

Administrados em dose única: **ciprofloxacino**, 500mg VO, **OU ofloxacino**, 400mg VO (ambos contraindicados para < 8 anos e gestantes), **OU ceftriaxona**:
250mg IM, **OU cefexime**, 400mg VO, **OU tianfenicol**, 2,5g VO
Em gestante com alergia a penicilinas e cefalosporinas: Espectinomicina, 2g IM, em dose única
Na impossibilidade de definição do agente etiológico, incluir tratamento para ambos os agentes

CONJUNTIVITE E/OU PNEUMONIA NEONATAL

Chlamydia trachomatis

Eritromicina, 30 a 40mg/kg VO, divididos em 6/6h por 14 dias

Neisseria gonorrhoeae

Ceftriaxona, 25 a 50mg/kg IM ou EV (não excedendo 125mg), por 7 a 10 dias

LINFOGRANULOMA VENÉREO (*C. TRACHOMATIS*)

Doxiciclina, 100mg VO, de 12/12h por 14 a 21 dias, **OU eritromicina**, 500mg VO, de 6/6h por 21 dias, **OU sulfametoxazol-trimetoprima**, 800/160mg VO, de 12/12h por 14 dias, **OU azitromicina**, 1g VO, a cada semana por 3 vezes
A adenite deve ser drenada

INFECÇÃO GONOCÓCICA DISSEMINADA

Ceftriaxona, 1g IM ou EV por 14 dias

DIP

Exemplo de esquema usado:
Doxiciclina,100mg VO de 12/12h por 14 dias + **ceftriaxona**, 250mg IM em dose única + **metronidazol**, 500mg VO de 12/12h por 14 dias

■ SÍFILIS

DST de evolução crônica. Quando congênita, é adquirida por via transplacentária ou durante o parto. É causa relevante de aborto, prematuridade e morte neonatal. O agente etiológico é a espiroqueta *Treponema pallidum*. Sua primeira manifestação é uma lesão ulcerosa indolor. Sem o tratamento correto a infecção persiste, sendo chamada de tardia após atingir 1 ano de duração.

FISIOPATOLOGIA

A espiroqueta não produz toxinas; os danos causados decorrem de seu intenso estímulo à resposta inflamatória. Em todos os estágios da sífilis observa-se **vasculite**, identificada por endarterite e periarterite, as quais levam à redução do lúmen e à compressão dos vasos, respectivamente. Como consequência, são observados focos de isquemia e necrose. Na última fase, há também a organização da inflamação em **granulomas, as lesões gomosas**.

Após a exposição de mucosas ou pele, principalmente com solução de continuidade, a espiroqueta origina uma lesão local, o cancro duro. Na fase secundária, o treponema avança pela circulação, podendo acometer a pele de maneira generalizada. Até o líquor é invadido, mas não são comuns manifestações neurológicas. As fases iniciais são marcadas pela alta infectividade de suas lesões. Em aproximadamente 6 meses, o quadro regride e se instala um período de latência.

Cerca de um terço dos doentes não tratados desenvolverá a sífilis terciária nos 30 anos seguintes. A inflamação crônica é vista em vasos de médio e grande calibre, acarretando infartos isquêmicos cerebrais e aneurismas de aorta. As gomas podem surgir em qualquer local, como pele, cérebro e miocárdio. São lesões caseosas com escassos treponemas. O advento da penicilina tornou essa fase pouco frequente, mas, em pacientes HIV+, é possível, inclusive, a progressão direta da fase primária para a terciária.

CONSIDERAÇÕES

A sífilis facilita o contágio por outras DST. Na última década, inclusive, ela reemergiu em várias partes do mundo associada à presença do HIV, especialmente em homens que praticam sexo com outros homens.

Em gestantes, a sífilis é cerca de 90% a 100% transmissível para o feto até a fase secundária. **No Brasil, tanto a sífilis congênita como a de gestante são doenças de notificação compulsória.**

QUADRO CLÍNICO

- **Sífilis primária** (a partir de 10 a 90 dias, em média 30): caracterizada por **cancro duro, úlcera indolor de base rasa, limpa e bordas elevadas** no local de inoculação, é vista na genitália externa, mas também em lábio, língua ou ânus e reto, onde surgem **fissuras induradas**. Pode ocorrer **linfonodomegalia indolor, inguinal e unilateral**. A regressão ocorre em 1 a 6 semanas, deixando cicatriz levemente atrófica na região da úlcera.
- **Sífilis secundária** (após cerca de 4 a 10 semanas desde a primária): marcada por **erupção macular, a "roséola sifilítica"**. As lesões evoluem **para papuloescamosas, placas e até nódulos.** Estão dispersas por todo o corpo, mas a **localização palmoplantar** é bastante sugestiva. Nas mucosas, encontram-se placas, sendo o **condiloma lata** típico da região anogenital. Outros achados são: mal-estar, febre, perda de peso, linfadenopatia, mialgia e artralgia; menos comumente, alopecia, onicólise e irritação meníngea.
- **Sífilis terciária: lesões gomosas** predominantes na superfície extensora dos braços, no dorso, na face, na mucosa do nariz e na cavidade orofaríngea. O **acometimento cardiovascular inclui aneurisma de aorta**, estenose coronariana, insuficiência da válvula aórtica e miocardite. A **neurossífilis** pode abranger o parênquima e os vasos cerebrais, as meninges e a medula. Portanto, são inúmeras as manifestações, como convulsões, paralisia facial, *tabes dorsalis*, surdez e a **sífilis ocular**, atual forma mais prevalente.
- **Sífilis congênita precoce** (até 2 anos): lesões cutâneas similares às de adulto em fase secundária. O lactente pode ter tido **baixo peso ao nascer**, apresentar **rinorreia sanguinolenta, desconforto respiratório, hepatoesplenomegalia, icterícia, anemia e pseudoparalisia de Parrot**, evidenciada pelo choro quando se tenta manusear a criança com osteocondrite ou osteíte. A neurossífilis coincide em 40% a 60% dos casos.
- **Sífilis congênita tardia:** deformações no desenvolvimento ósseo, com periostite de ossos longos (p. ex., **tíbia em lâmina de sabre), fronte olímpica, nariz em sela, maxilar curto e mandíbula protrusa**. Também são achados relevantes: **dentes de Hutchinson** (incisivos centrais superiores com entalhe), **queratite intersticial** (mais comum e mais grave, pois pode levar à cegueira, independentemente do tratamento), **surdez neurológica súbita, hidrocefalia e retardo mental**.

DIAGNÓSTICO

Diagnóstico clínico apoiado por exames laboratoriais. Para a **sífilis recente** há técnicas de **pesquisa direta:** microscopia de campo escuro, coloração pela prata ou imunofluorescência direta; porém, não são meios de fácil disponibilidade. Já a **sorologia** é muito utilizada. Dosam-se, inicialmente, anticorpos não treponêmicos. Não são específicos, mas servem para triagem inicial e monitoramento de tratamento. Entre os mais conhecidos estão o Venereal Disease Research Laboratory (VDRL) e o *rapid plasma reagin* (RPR), considerados positivos quando ≥ 1:16. Após a positividade do rastreio, recorre-se a testes treponêmicos, positivos já na terceira semana (p. ex., *fluorescent treponemal antibody-absorbed* [FTA-ABS] e *test by agglutination in the* T. pallidum *hemagglutination* [TPHA]). Esses anticorpos podem ser obtidos de amostras sanguíneas e liquóricas (do LCR). Outro teste treponêmico é o ELISA (IgG + IgM), que pode vir a substituir a associação de testes não treponêmicos e treponêmicos para o diagnóstico definitivo da sífilis.

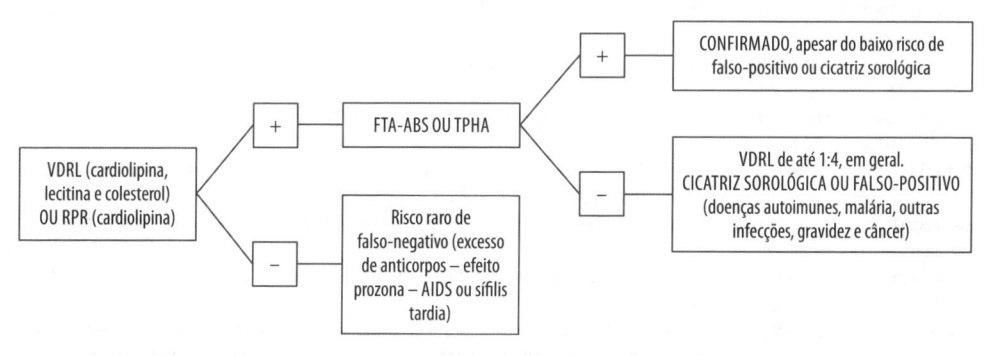

Figura 133.1 Algoritmo comumente usado para o diagnóstico da sífilis.

A neurossífilis, mesmo assintomática, é mais comum quando o valor sorológico de RPR é 1:32. Nessa afecção, exames neurorradiológicos não apresentam grande especificidade, sendo preteridos pela análise do líquido cefalorraquidiano (LCR). A radiografia é útil na avaliação do comprometimento ósseo em crianças.

DIAGNÓSTICO DIFERENCIAL

Os diagnósticos diferenciais da **sífilis primária** incluem outras DST ulcerativas, como cancro mole, leishmaniose, câncer e trauma.

O *rash* da **sífilis secundária** pode ser confundido com reação alérgica e virose exantemática ou, ainda, com hanseníase, psoríase ou líquen plano. O condiloma *lata*, por sua vez, pode simular verrugas genitais.

A **goma** é diagnóstico diferencial de tuberculose e a **neurossífilis**, de tumor intracraniano e distúrbios psiquiátricos.

Na **sífilis congênita**, devem-se investigar outras infecções congênitas, como rubéola, toxoplasmose e citomegalovirose (CMV).

TRATAMENTO

Há mais de 50 anos a penicilina vem sendo usada com sucesso. No caso das gestantes, o tratamento deve ocorrer com intervalo > 30 dias antes do parto para ser considerado adequado. Quanto aos pacientes HIV+, já se discutiram condutas alternativas para reduzir possíveis falhas terapêuticas, mas, com a HAART, as taxas de insucesso vêm diminuindo.

Quadro 133.2 Terapia medicamentosa

Em adultos:
1. **Sífilis primária:** penicilina G benzatina, 2.400.000UI IM, em dose única. Alternativas em caso de alergia à penicilina: ceftriaxona: 1g VO, de 2/2 dias, por 10 dias; estearato de eritromicina OU tetraciclina (exceto em gestantes), 500mg VO, de 6/6h, por 15 dias, OU azitromicina, 1 a 2g VO, em dose única
2. **Sífilis secundária ou com menos de 1 ano de evolução (recente):** penicilina G benzatina, 2.400.000UI IM, em duas doses, com intervalo de 1 semana. Alternativas em caso de alergia à penicilina são: estearato de eritromicina ou tetraciclina (exceto em gestantes), 500mg VO, de 6/6h, por 15 dias, OU azitromicina, 1 a 2g VO, em dose única
3. **Sífilis tardia:** penicilina G benzatina, 2.400.000UI IM, em três doses, com intervalo de 1 semana. Alternativa em caso de alergia à penicilina: estearato de eritromicina, 500mg VO, de 6/6h, por 30 dias
4. **Neurossífilis sintomática:** internação hospitalar e aplicação de penicilina G cristalina, 4.000.000UI EV, de 4/4h, por 15 dias
5. **Neurossífilis assintomática:** tratamento ambulatorial com penicilina G procaína, 6.000.000UI IM, 1×/dia, por 20 dias. Alternativas em caso de alergia à penicilina: cloranfenicol, 500mg VO, de 6/6h, por 15 dias, OU doxiciclina, 100mg VO, de 12/12h, por 15 dias

Em neonato (até 28 dias):
1. Com mãe não tratada ou tratada inadequadamente e alterações clínicas e/ou sorológicas e/ou radiológicas e/ou hematológicas/exames: penicilina G cristalina, 50.000UI/kg/dose EV, de 12/12h (nos primeiros 7 dias de vida) e de 8/8h (após 7 dias de vida), por 10 dias, OU penicilina G procaína, 50.000UI/kg IM, 1×/dia, por 10 dias
2. Com mãe não tratada ou tratada inadequadamente e alteração liquórica: penicilina G cristalina, 50.000UI/kg/dose EV, de 12/12h (nos primeiros 7 dias de vida) e de 8/8h (após 7 dias de vida), por 10 dias
3. Com mãe não tratada ou tratada inadequadamente, mas sem alterações clínicas e de exames complementares e com sorologia negativa: penicilina G benzatina, 50.000UI/kg IM, em dose única
4. Com mãe não tratada ou tratada inadequadamente, VDRL de sangue periférico do recém-nascido com titulação maior do que a materna e/ou na presença de alterações clínicas e/ou de algum dos exames complementares: repetir procedimento 1
5. Com mãe não tratada ou tratada inadequadamente, VDRL de sangue periférico do recém-nascido com titulação maior do que a materna e alteração liquórica: repetir procedimento 2
6. Com mãe não tratada ou tratada inadequadamente, VDRL de sangue periférico não reagente, recém-nascido assintomático, mas na impossibilidade de garantir seguimento clinicolaboratorial: repetir procedimento 3
7. Com mãe não tratada ou tratada inadequadamente, recém-nascido assintomático, VDRL de sangue periférico-reagente, com título igual ou menor do que o materno, mas na impossibilidade de garantir seguimento clinicolaboratorial: repetir procedimento 1. Se, além disso, houver alterações liquóricas: repetir procedimento 2

28 dias ou mais
Penicilina G cristalina, 50.000UI/kg/dose EV, de 4/4h, OU penicilina G procaína, 50.000UI/kg/dose IM, de 12/12h, por 10 dias, qualquer uma delas

A indicação para toda gestante consiste em passar pelo teste do VDRL na primeira consulta do pré-natal, no início do terceiro trimestre e na admissão para o parto. Os lactentes também merecem atenção especial: as consultas ambulatoriais devem ser mensais no primeiro ano de vida e o teste de VDRL realizado com 1, 3, 6, 12 e 18 meses de idade. O teste pode ser interrompido apenas quando dois exames são negativos.

O controle de cura deve ser trimestral, e se houver quadruplicação dos títulos de VDRL, o paciente deverá ser novamente tratado.

■ CANCRO MOLE

DST de curso agudo, caracterizada por lesões ulcerosas dolorosas que sofrem autoinoculação e são seguidas por formação de bubão. O agente etiológico é o *Haemophilus ducreyi*, um bacilo gram-negativo intracelular.

FISIOPATOLOGIA

O bacilo penetra por mucosas ou solução de continuidade da pele, onde permanece incubado por até 7 dias. Uma vez inoculado, induz grande inflamação na epiderme e na área perivascular. Surge uma pápula que logo se ulcera e exibe abundante material purulento, com aspecto mole e sujo.

Em decorrência da reação imune, desenvolve-se uma linfadenopatia satélite, que pode supurar, mas raramente contém exemplares de *H. influenzae*.

A doença se limita à pele e às mucosas, o que justifica a ausência de sintomas sistêmicos e de riscos para o concepto de gestantes infectadas.

CONSIDERAÇÕES

Trata-se de uma DST cujas manifestações são mais comuns em homens. Apesar de sua alta infectividade, é pouco patogênica. Associa-se a baixos níveis socioeconômicos e à prevalência de HIV, pois a infecção pelo *H. ducreyi* causa tanto lesão ulcerosa como migração de macrófagos e linfócitos CD4, facilitadores da transmissão do vírus da imunodeficiência.

QUADRO CLÍNICO

A pápula, circundada por halo eritematoso, evolui para lesão vesicopustulosa, que se rompe em uma úlcera de base mole, fundo sujo e irregular e bordas escavadas. Localiza-se, sobretudo, em áreas de maior atrito sexual. A lesão é **autoinoculável** e, portanto, causa agrupamentos justapostos (**"úlceras que se beijam"**) e **lesões extragenitais**, como em dedos e coxa. A resolução costuma deixar sequelas cicatriciais.

Nas mulheres, as úlceras são menos frequentes e as queixas remetem a disúria, dispareunia, sangramento e corrimento vaginal, e sangramento retal.

Cerca de 1 semana depois, em até 50% dos casos, instala-se a adenite inguinal volumosa dolorosa (**bubão**), que pode vir a supurar e **fistulizar por um único orifício**. Não há relato de febre.

DIAGNÓSTICO

Além do aspecto clínico, pode-se recorrer a exames laboratoriais. A coloração pelo Gram possibilita **observação direta** de amostra da úlcera, mas a sensibilidade é < 50%.

A **cultura** tem como obstáculos a dificuldade de cultivo da bactéria e a exigência de meios especiais, como ágar-chocolate enriquecido.

A imunofluorescência indireta é um método de **observação indireta** de alta sensibilidade, mas de acesso comercial difícil.

A **pesquisa de anticorpos** por métodos como aglutinação, por exemplo, não é uma boa opção. Há índices de falso-negativos quando as lesões duram menos de 1 semana e de falso-positivos se houve outras infecções por *Haemophilus,* inclusive episódios passados de cancro mole.

A proteína C reativa (**PCR**) é o atual padrão-ouro, mas sua disponibilidade é escassa na maior parte dos centros de atendimento.

DIAGNÓSTICO DIFERENCIAL

Devem ser cogitadas outras DST ulcerativas: sífilis primária (cancro duro), donovanose, herpes simples, linfogranuloma venéreo e cancro misto de Rollet (coinfecção de cancro mole e sífilis).

TRATAMENTO

O paciente deve ser orientado a lavar a área afetada com água e sabão várias vezes ao dia.

Quadro 133.3 Antibioticoterapia

Azitromicina, 1g VO em dose única
OU ceftriaxona, 250mg IM em dose única
OU eritromicina, 500mg VO de 6/6h por 7 dias
OU ciprofloxacino, 500mg VO de 12/12h por 3 dias
OU tianfenicol, 500mg VO de 8/8h por 5 dias
OU tianfenicol granulado, 5g em dose única

Recomenda-se que o paciente retorne dentro de 1 semana para avaliação. O acompanhamento médico deve ser feito até a total involução das lesões. Também está indicado o tratamento dos parceiros sexuais.

■ HERPES GENITAL

Infecção causada pelo vírus do herpes simples (HSV-1 e HSV-2), de contágio predominantemente sexual, mas a transmissão também ocorre mediante contato interpessoal e por meio de fômites.

A infecção evolui desde um modo assintomático (a maioria dos casos) até doença grave, principalmente em indivíduos imunocomprometidos.

FISIOPATOLOGIA

Por meio de microabrasões, o vírus infecta pele e mucosas e inicia rápida e intensa multiplicação. Em até 1 semana, já são vistas as vesículas herpéticas. No entanto, o HSV é contido pela resposta imune celular, o que reduz sua viremia, restringindo-o ao *status* de latência.

O vírus, então, se mantém armazenado em gânglios sensoriais, especialmente os trigeminais (HSV-1) e os sacrais (HSV-1 e 2). Em situações de estresse endógeno ou exógeno, o HSV – principalmente o tipo 2 – é reativado, ainda que se trate de indivíduo imunocompetente.

CONSIDERAÇÕES

O HSV-1 está mais associado às lesões de face (herpes orolabial), enquanto o HSV-2 se relaciona, na maioria dos casos, com o herpes anogenital, embora ambos os tipos possam infectar qualquer área.

Na gravidez, o herpes com lesões ativas pode levar a recomendação de cesariana.

QUADRO CLÍNICO

- **Primoinfecção:** em geral, é pouco sintomática. Quando há **pápulas, são pequenas e eritematosas** e progridem para **múltiplas vesículas dolorosas com conteúdo citrino**. Essas vesículas se rompem, originando **ulcerações** e, posteriormente, **lesões crostosas, especialmente se forem acometidas regiões secas**. Em mucosas, as lesões podem ser atípicas e até de aspecto necrótico. A total cicatrização pode levar de 2 a 4 semanas e é acompanhada por **adenopatia dolorosa bilateral**.

    No **herpes genital masculino,** observam-se lesões vesiculosas, principalmente em prepúcio e glande. No entanto, a uretrite com corrimento mucoide e disúria pode ser a única manifestação.

    No **herpes genital feminino** são acometidos pequenos e grandes lábios, clitóris, fúrcula e colo do útero, e também há queixas de disúria e de cervicite herpética, com corrimento genital aquoso.

    Outras áreas extragenitais acometidas são: reto, nádegas, coxa e região inguinal, dedos e olhos.

    Em ambos os sexos, **sintomas sistêmicos, como febre, anorexia, mialgias e cefaleia**, podem preceder a doença e se manter por até 10 dias.

- **Herpes recorrente:** sintomas sistêmicos são pouco comuns. As lesões são únicas ou em pequenos agrupamentos e duram somente de 4 a 7 dias. Pródromos de prurido, dor ou queimação local são queixas até 1 dia antes.

DIAGNÓSTICO

O diagnóstico baseia-se na **clínica**, porém lesões menos típicas demandam confirmação por exames laboratoriais. A **citologia** com coloração de Giemsa (técnica de Tzanck), Wright ou Papanicolau e a **cultura** identificam células multinucleadas, sugestivas de inclusão viral.

Testes moleculares como a PCR são dispendiosos e de difícil acesso, mas podem ser úteis em casos graves de meningite. Combinada à imunofluorescência, a cultura pode ter sensibilidade ainda maior do que a PCR.

A **sorologia, por métodos como o ELISA, é a técnica mais usada rotineiramente.** Detecta infecções agudas e prévias.

DIAGNÓSTICO DIFERENCIAL

Devem ser cogitadas outras DST ulcerativas, assim como candidíase.

COMPLICAÇÕES

Em **praticantes de sexo orogenital**, encontra-se desde **faringite** eritematosa até faringite dolorosa e ulcerativa.

As lesões podem se complicar em **grandes úlceras genitais e perianais**. Entre os acometimentos por ascendência a partir do foco inicial, estão: **prostatite, endometrite e salpingite**.

A **meningite asséptica (de Mollaret)** costuma ter curso benigno e não acarreta sequelas neurológicas.

O **herpes neonatal** cursa com hepatite e encefalite maciça. O risco de mortalidade é de 70%. Em cerca de 50% dos casos, as mulheres não exibem evidências clínicas da doença durante o parto.

Disseminação cutânea e visceral pode ocorrer em pacientes severamente imunocomprometidos ou em gestantes. Assim como o herpes neonatal, é uma forma de primoinfecção maligna.

TRATAMENTO

O medicamento de escolha é o aciclovir, que pode, inclusive, ser administrado no fim da gestação, como alternativa à cesariana.

Quadro 133.4 Terapia medicamentosa

Analgesia: nos episódios agudos com AINE
Na primoinfecção, iniciar o tratamento o mais precocemente possível e mantê-lo por 7 a 10 dias:
  Aciclovir, 200mg VO 5 ×/dia ou 400mg VO de 8/8h (por 7 dias); **OU valaciclovir,** 500mg VO de 12/12h ou 1g VO; **OU famciclovir,** 250mg VO de 8/8h
Nas recorrências, iniciar o tratamento ao aparecimento de pródromos e mantê-lo por apenas 5 dias:
  Aciclovir, 400mg VO de 8/8h; **OU valaciclovir,** 500mg VO de 12/12h ou 1g VO diário; **OU famciclovir,** 125mg VO de 12/12h
Em **casos recidivantes** (≥ 6 episódios/ano), a terapia supressiva pode ser empregada:
  Aciclovir, 400mg VO de 12/12h por até 6 anos; **OU**
  Valaciclovir, 500mg VO em dose única diária por até 1 ano; **OU**
  Famciclovir, 250mg VO de 12/12h por até 1 ano
Na primoinfecção maligna, aciclovir, 10mg EV, de 8/8h

■ DONOVANOSE

DST de evolução crônica e progressiva, ocasiona lesões granulomatosas e destrutivas.

O agente etiológico é o *Calymmatobacterium granulomatis*, um bacilo gram-negativo intracelular.

FISIOPATOLOGIA

Na maioria dos casos, a infecção produz uma pápula ou nódulo subcutâneo que deriva em lesão ulcerogranulomatosa. No entanto, há outras categorias de apresentação: hipertrófica ou verrucosa, necrótica e esclerótica, ou cicatricial.

CONSIDERAÇÕES

Trata-se de doença pouco contagiosa, cuja prevalência está mais associada ao baixo nível socioeconômico e a cuidados precários com a higiene.

Embora seja adquirida por via sexual, apresenta outras vias de transmissão e pode ser vista em crianças, sem que isso indique abuso sexual.

O tempo de incubação é bastante variável, estendendo-se até 360 dias, mas, em média, a expressão do bacilo se dá até o 50º dia.

QUADRO CLÍNICO

Observam-se **úlceras bem-definidas, indolores, de fácil sangramento, únicas ou múltiplas. Quando há sobreposição por outra infecção bacteriana,** eliminam **secreção abundante e de odor desagradável.** No fundo da lesão há rico tecido de granulação, que lhe confere o aspecto **macio com "cor de carne".** Não há adenopatia regional, mas podem se formar **pseudobubões,** granulações subcutâneas (e não linfonodais) de localização inguinal, quase sempre unilateral.

A **donovanose com lesão vegetante** é de pequena dimensão e boa delimitação e não apresenta secreções.

Lesões extragenitais, como em tórax, olhos e nariz, são muitas vezes decorrentes de autoinoculação a partir do foco inicial.

DIAGNÓSTICO

Em função do curso indolente da doença, a busca por atendimento, em geral, só ocorre quando as úlceras já são exuberantes. Ainda assim, pode ser difícil definir o agente etiológico. O esfregaço do material de lesões suspeitas ou amostras de tecidos corados com Giemsa ou Wright tornam possível a identificação dos **corpúsculos de Donovan**.

DIAGNÓSTICO DIFERENCIAL

Devem ser cogitadas lesões primárias de outras DST ulcerativas já citadas ou carcinoma espinocelular. A forma vegetante pode ser confundida com condiloma acuminado e as lesões extragenitais podem mimetizar leishmaniose ou paracoccidioidomicose.

COMPLICAÇÕES

Formas vegetantes associadas às elefantiásicas são secundárias a úlceras crônicas e intensa fibrose linfática. O processo cicatricial também é responsável por **fimose e estenose de uretra, vagina e ânus.**

Formas sistêmicas são raras (cerca de 6% entre os casos relatados mundialmente) e estão associadas a quadros de febre, prostração e anemia. São descritas manifestações hepáticas, esplênicas, ósseas e pulmonares, entre outras.

TRATAMENTO (Quadro 133.5)

Quadro 133.5 Antibioticoterapia
O tratamento deve ser realizado até a cura clínica e por pelo menos 3 semanas: **Doxiciclina**, 100mg VO de 12/12h; **OU sulfametoxazol com trimetoprima (SMX-TMP)**, 160mg/800mg VO de 12/12h; **OU ciprofloxacino**, 750mg VO de 12/12h; **OU eritromicina**, 500mg VO de 6/6h; **OU azitromicina**, 1g VO no 1º dia, seguido de 500mg VO/dia; **OU tetraciclina**, 500mg VO de 6/6h

Ao SMX-TMP foram atribuídas menores taxas de recaídas, mas seu uso é preterido na vigência de anemia.

■ HPV – PAPILOMAVÍRUS HUMANO

Consiste na DST viral mais comum na população sexualmente ativa. Além da via sexual, o contágio se dá por meio de fômites e autoinoculação.

O agente etiológico é um DNA-vírus não cultivável, com mais de 100 tipos descritos, uma parte deles oncogênica e outra predominantemente causadora de verrugas.

FISIOPATOLOGIA

O vírus tem tropismo por células basais de epitélio estratificado, epitélio glandular e células metaplásicas, encontradas na cérvice e no canal anal. Na infecção pelo tipo 16, por exemplo, indícios clínicos não costumam ser notados. No entanto, há risco de lesão intraepitelial progressiva e de malignização.

Já agentes como o HPV-6 induzem hiperplasia epitelial com papilomatose e acantose, típica das verrugas. Diferentemente da maioria das infecções geniturinárias, o HPV evolui lentamente. São necessários semanas a meses para o surgimento de verrugas e até mesmo anos para a instalação de câncer.

CONSIDERAÇÕES

Os tipos **16, 18, 31, 33, 45, 58** são considerados de **elevado risco oncogênico.** Já os HPV **6 e 11 são encontrados na maioria das verrugas** genitais e papilomas laríngeos e não apresentam grande risco de malignização.

Gestantes também podem transmitir a infecção ao feto durante a gestação ou intraparto.

QUADRO CLÍNICO

As lesões podem ser únicas ou múltiplas, localizadas ou difusas, de tamanho variável. Na pele são vistas **verrugas**, enquanto em áreas não queratinizadas encontra-se o **condiloma acuminado**.

A maior parte dos homens infectados é de **portadores assintomáticos** e carreadores da doença. Quando presentes, as lesões localizam-se principalmente no pênis, mas também no períneo.

Na mulher, as verrugas afetam períneo, vulva, vagina e colo do útero.

Uma forma clínica rara é o condiloma acuminado anogenital gigante, o **tumor de Bushke-Löwenstein**, de crescimento lento, mas comportamento maligno. Invade e destrói tecidos profundos, causando fístulas.

Manifestações orais, decorrentes de autoinoculação, sexo oral, ou passagem pelo canal do parto, incluem: papiloma, condiloma acuminado, verruga vulgar, hiperplasia epitelial focal, líquen plano e leucoplasias.

No entanto, é mais frequente a **infecção subclínica**. A maioria das lesões intraepiteliais de baixo grau de displasia se resolve espontaneamente, e só cerca de 5% sofrem malignização. Nesse caso, citam-se como fatores de risco o tabagismo, o uso de anticoncepcionais orais, a multiparidade e a imunodeficiência. Com a evolução do quadro pode haver **dispareunia e sangramento vaginal** durante ou após o ato sexual.

DIAGNÓSTICO

- **Infecção clínica:** diagnóstico pelo exame físico.
- **Infecção subclínica: inspeção visual com ácido acético a 5%.** A área afetada mostra-se branca e brilhante, com margens e superfície irregulares. A técnica é empregada na **colposcopia**.

A vulvoscopia, a peniscopia e a anuscopia são realizadas com auxílio de lentes de aumento e lâmpada potente. A anuscopia só deve ser feita após remoção de possíveis lesões genitais, para evitar contaminação.

Para **confirmação** de lesões suspeitas **e rastreio de subclínicas: citopatologia (Papanicolau).** A amostra é obtida ao longo da colposcopia.

Integrada à cauterização, para **estadiamento** e confirmação em **lesões orofaríngeas**, procede-se a **biópsia**.

Para rastreio de HPV oncogênico: sondagem do HPV-DNA por **técnicas de hibridização e PCR.** Definem o tipo de HPV e orientam a conduta.

DIAGNÓSTICO DIFERENCIAL

- Sífilis (*condiloma lata*)
- Carcinoma espinocelular de pênis e vulva
- Doença de Bowen
- Molusco contagioso
- Herpes simples
- Candidíase
- Líquen plano
- Dermatite de contato
- Eczemas
- Psoríase

COMPLICAÇÕES

No local afetado, podem se desenvolver **ulceração e infecção secundária.**

A infecção persistente pelo HPV representa um risco para a instalação de **carcinomas: em colo uterino, vulva, ânus e cavidade oral.** A **hemorragia** pode estar associada.

TRATAMENTO

A escolha do método depende do número e da topografia das lesões, assim como de sua associação com neoplasias intraepiteliais. Por outro lado, mais de uma modalidade de tratamento pode ser oferecida para uma mesma lesão (Quadro 133.6).

Quadro 133.6 Opções terapêuticas

Ácido tricloroacético (ATA) a 80% ou 90%: lesões de colo, vagina, vulva, períneo, região perineal e pênis. A aplicação deve ser realizada cuidadosamente somente no local da lesão, 1 a 2×/semana, para evitar queimaduras. Nas lesões orais, usar formulações de 50% a 90%, aplicadas 1×/semana, por 4 semanas
Podofilina de 10% a 25% (solução alcoólica ou em tintura de benjoim): lesões orais, da vulva, períneo e região perianal. Lavar em até 4 horas. Usar no máximo 0,5mL ou área de 10cm² em cada aplicação e nunca usar em grávidas. Repetir de 2 a 3×/semana, se necessário
Imiquimod, creme a 5%: conilomatose anal. Usar 3×/semana, por 12 a 16 semanas. Lesões muito numerosas ou volumosas poderão necessitar de outros métodos, como quimiorradioterapia e cirurgia
Eletrocauterização ou crioterapia: método pouco agressivo, porém com pouco controle de profundidade
Laserterapia: indicada para lesões em qualquer localização (genitália masculina, feminina, orofaringe, pele em geral etc.)
Exérese com cirurgia de alta frequência: recomendada para lesões em qualquer localização e na gravidez. Retira tecido viável para estudo anatomopatológico.

Na gestante, devem ser tratadas apenas as lesões condilomatosas, pois as subclínicas serão acompanhadas por colpocitologia durante a gestação e reavaliadas 3 meses após o parto.

PROFILAXIA

A **profilaxia primária** envolve a redução de fatores de risco, bem como a vacinação destinada, sobretudo, às meninas em fase escolar e adultas jovens. No entanto, discute-se a aplicação, inclusive, em mulheres que já apresentam o vírus HPV, a fim de garantir sua proteção contra outros tipos virais. A vacina bivalente previne os tipos 16 e 18 (oncogênicos) e a quadrivalente abrange, ainda, os tipos 6 e 11.

A **profilaxia secundária** envolve o rastreamento citológico cervical, recomendado principalmente para mulheres entre 35 e 49 anos de idade e, em especial, para aquelas que nunca se submeteram a exame preventivo.

■ MOLUSCO CONTAGIOSO

DST de evolução benigna causada por um poxvírus. A transmissão também ocorre pelo contato interpessoal, por meio de fômites e autoinoculação. O período de incubação varia de 2 semanas a 6 meses a partir do contato.

FISIOPATOLOGIA

Após contato direto com pessoas infectadas ou fômites, o vírus se instala em pele e mucosas, onde ficará restrito (raramente, acomete boca e conjuntiva). Uma vez instalado, o vírus induz hiperplasia e hipertrofia da epiderme, que cresce para dentro da derme, levando à formação de pápulas umbilicadas.

CONSIDERAÇÕES

A infecção é mais comum em crianças atópicas, a partir de contágio não sexual. Já **em adultos, principalmente na presença de lesões faciais, deve-se estar alerta para a investigação de HIV.**

QUADRO CLÍNICO

Notam-se **pápulas umbilicadas lisas** de 2 a 6mm e de cor **branco-perolada ou rosácea com base hiperemiada e pruriginosas**. Podem ser únicas, porém mais comumente são múltiplas, dispersas por genitais, púbis, nádegas, abdome e região proximal dos membros, mucosa oral e região perioral.

DIAGNÓSTICO

É essencialmente **clínico**. Em casos de dúvida, a biópsia com achados de corpúsculos de Henderson-Patterson será definitiva.

DIAGNÓSTICO DIFERENCIAL

- HPV
- Criptococose cutânea em imunodeficientes
- Verrugas planas e vulgares
- Líquen plano

COMPLICAÇÕES

São descritas a disseminação e a formação de placas em pacientes imunodeficientes.

TRATAMENTO

As lesões tendem a regredir espontaneamente em 2 a 3 meses; nas crianças, a regressão completa do quadro tende a ocorrer em até 3 anos.

Pequenas técnicas cirúrgicas são utilizadas sem os efeitos colaterais de compostos químicos, sobretudo os sistêmicos. As lesões podem ser curetadas, ter seu núcleo excisado com pinça ou podem, ainda, ser submetidas a criocirurgia (Quadro 133.7).

Quadro 133.7 Terapia medicamentosa com exemplos de agentes tópicos

Cantaridina de 0,7% a 0,9%: aplicar e manter sobre a lesão por 4 horas. Usar apenas sobre uma área até que se confirme que é bem tolerada pelo paciente. O tratamento é repetido 1×/semana, em geral, por 3 semanas

Solução iodada a 10% sobre a lesão: esperar secar e aplicar solução com **ácido salicílico a 50%** e cobrir com adesivo. O tratamento é feito 1×/dia, por cerca de 25 dias

Imiquimod a 5% em gel ou creme: aplicar sobre a lesão, à noite, por 4 semanas

RESUMO DAS DST ULCERATIVAS (Quadro 133.8)

Quadro 133.8 Diferenças clínicas entre DST ulcerativas

DST ulcerativas	Linfogranuloma venéreo	Sífilis	Cancro mole	Herpes	Donovanose
Lesão	Transitória, pustulosa e amolecida	Bem-delimitada, endurecida, de fundo limpo	Única ou múltipla, mole e pustulosa	Múltiplas, vesiculosas e agrupadas	Expansiva, de fundo vermelho brilhante e granulado
Dor	Ausente	Ausente	Presente	Presente	Ausente
Adenopatia	Fistulização por orifício único	Não supurativa	Fistulização por múltiplos orifícios	Não supurativa	Ausente. Há pseudobubão

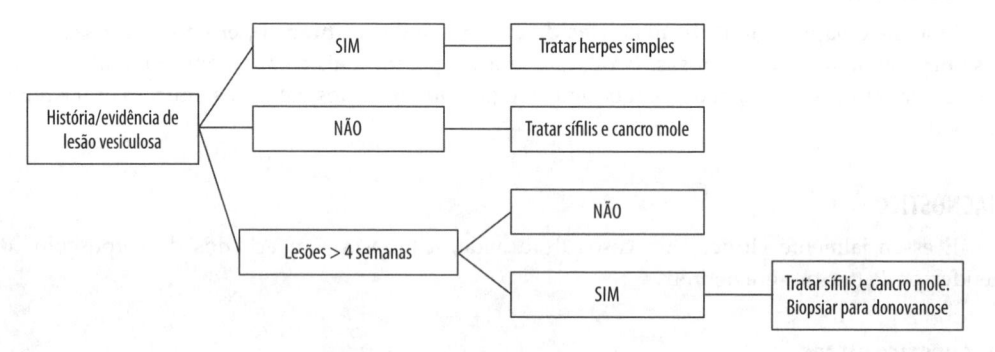

Figura 133.2 Conduta na presença de DST ulcerativa.

Fluxograma:
- História/evidência de lesão vesiculosa
  - SIM → Tratar herpes simples
  - NÃO → Tratar sífilis e cancro mole
- Lesões > 4 semanas
  - NÃO
  - SIM → Tratar sífilis e cancro mole. Biopsiar para donovanose

RECOMENDAÇÕES GERAIS NO TRATAMENTO DE DST
- Recomendar abstinência sexual após o diagnóstico e durante o período do tratamento.
- Convocar parceiros sexuais para exame e tratamento.
- Pesquisar outras possíveis DST associadas, como sífilis, HIV, HBV e HCV.

Capítulo 134
Doença Inflamatória Pélvica

Maria de Nazareth Gamboa Ritto • Diogo Moraes Nolasco

INTRODUÇÃO

A doença inflamatória pélvica (DIP) é uma síndrome clínica, secundária à ascensão e à disseminação de germes oriundos da vagina e do colo no trato genital superior feminino (útero, trompas, ovários) e na superfície peritoneal e estruturas contíguas.

FISIOPATOLOGIA

Os micro-organismos ascendem pelo óstio interno do colo uterino até o corpo do útero, onde promovem endometrite, responsável pela dor à mobilização do colo uterino e pela dor abdominal infraumbilical.

O processo infeccioso pode estender-se até as trompas, ocorrendo uma reação inflamatória, seguida de edema e infiltrado leucocitário, que causam dor à palpação dos anexos. Vale a pena ressaltar que a inflamação da superfície tubária pode causar aderências, responsáveis pela dor pélvica crônica e, em alguns casos, oclusão do lúmen tubário ou formação de traves. Esses eventos justificam a presença de infertilidade e prenhez tubária (complicações graves da DIP).

Sabe-se que, em alguns casos, as fímbrias envolvem o ovário e podem formar um abscesso tubo-ovariano. No entanto, quando o processo infeccioso migra em direção à cavidade peritoneal, pode-se formar abscesso em fundo de saco de Douglas, entre as alças intestinais ou no espaço subdiafragmático, com irritação peritoneal. É importante ressaltar que tanto a clamídia como o gonococo podem formar pequenos abscessos na superfície hepática, dando origem à síndrome de Fitz-Hugh-Curtis, que apresenta uma fase aguda (exsudato purulento) e uma fase crônica (aderências entre a parede abdominal e o fígado), manifestando-se normalmente com dor em hipocôndrio direito.

CONSIDERAÇÕES
Epidemiologia

A DIP é mais prevalente em mulheres entre 15 e 25 anos de idade. Apresenta baixa taxa de mortalidade, mas alta taxa de morbidade, como a prenhez tubária, que tem sua incidência aumentada de seis a dez vezes em relação às mulheres sem a patologia, e a dor pélvica crônica, presente em cerca de 18% das pacientes.

Agentes etiológicos

Gonococo e clamídia são os germes iniciais mais comuns (65% dos casos). No entanto, sabe-se que após o estabelecimento da DIP, encontra-se uma microbiologia polimicrobiana e que o gonococo e a clamídia exercem uma função facilitadora para a multiplicação de outros germes. Um exemplo que foge a essa regra é a DIP tuberculosa, que resulta da disseminação hematogênica do bacilo de Koch e tem evolução mais insidiosa, comparada ao quadro clássico.

Fatores de risco

- Idade < 25 anos
- Início precoce da atividade sexual
- Tabagismo, alcoolismo e uso de substâncias ilícitas
- Múltiplos parceiros sexuais
- Parceiro portador de uretrites
- História prévia de DST
- Uso de duchas e tampões vaginais

QUADRO CLÍNICO

Inicialmente, a DIP manifesta-se de maneira inespecífica, com a presença de apatia, fácies de sofrimento e ansiedade. Pode estar presente descarga vaginal purulenta (50% dos casos). A febre está presente em cerca de 30% a 40% dos casos. **O principal sintoma é a dor pélvica, com piora à palpação do abdome, toque vaginal e mobilização do colo.**

Com a progressão da doença, pode ocorrer irritação peritoneal, com piora da dor, acompanhada de náuseas e vômitos. Nesses casos, a defesa abdominal está presente em cerca de 90% e a dor, à descompressão em cerca de 70%, e presença de massa abdominal palpável nas fossas ilíacas pode ser encontrada em 50% dos casos ao toque vaginal, o que corresponde a abscessos.

DIAGNÓSTICO

O diagnóstico geralmente é realizado com base na história clínica e no exame físico. No entanto, em muitas situações em que os casos são subagudos ou pouco sintomáticos, faz-se necessário o uso de métodos diagnósticos complementares, como:

- Hemograma (normalmente encontra-se leucocitose com desvio para a esquerda).
- VHS e PCR aumentados.
- Deve-se dosar o β-HCG para afastar prenhez ectópica.
- EAS e urinocultura normalmente são solicitados para afastar a possibilidade de infecção do trato urinário.
- Cultura de corrimento cervical, para gonococo, clamídia; Gram, exame a fresco e imunofluorescência direta, para clamídia.
- Sorologia, para sífilis e hepatites B e C.
- Ultrassonografia de abdome e pelve pode evidenciar líquido livre na pelve e abscessos pélvicos e tubo-ovarianos.
- A ressonância nuclear magnética é mais sensível do que a ultrassonografia para detecção de massa e líquido em cavidade peritoneal.
- Biópsia de endométrio confirma endometrite.
- A videolaparoscopia torna possível o diagnóstico nos casos em que os outros métodos não foram elucidativos, fornecendo diagnóstico bacteriológico mais completo.

Em virtude das grandes repercussões clínicas e econômicas da doença inflamatória pélvica, é importante um diagnóstico precoce e que se estabeleça um tratamento eficaz. Contudo, como comentado anteriormente, o diagnóstico nem sempre é fácil, devido à grande variação de sintomas apresentados pelas pacientes e por não existir um teste diagnóstico definitivo para DIP. **Com isso, o diagnóstico é caracteristicamente baseado em achados clínicos, sendo fechado na presença de três critérios maiores mais um critério menor, ou na presença de apenas um critério elaborado** (Quadro 134.1).

Quadro 134.1 Critérios da DIP		
Maiores ou mínimos	**Menores ou adicionais**	**Elaborados ou definitivos**
Dor abdominal pélvica ou infraumbilical Dor à palpação dos anexos Dor à mobilização do colo uterino	Temperatura axilar > 38,3°C Conteúdo vaginal ou secreção cervical anormal Massa pélvica Leucocitose Proteína C reativa ou VHS alto Mais de 5 leucócitos por campo em secreção endocervical Comprovação laboratorial de infecção cervical por gonococo, clamídia ou micoplasma	Evidência histopatológica de endometrite Abscesso tubo-ovariano ou de fundo de saco em estudo de imagem Videolaparoscopia com evidências de DIP

COMPLICAÇÕES

São classificadas como precoces e tardias.

- **Precoces:** abscesso tubo-ovariano, fase aguda da síndrome de Fitz-Hugh-Curtis.
- **Tardias:** infertilidade, prenhez ectópica, dor pélvica crônica, dispareunia, recorrência da DIP, fase crônica da síndrome de Fitz-Hugh-Curtis.

TRATAMENTO

Em 1990, Monif estabeleceu uma classificação dos quadros de DIP com base na evolução da patologia. **A partir desse estadiamento são estabelecidas as condutas** (Quadro 134.2).

Quadro 134.2 Conduta a ser adotada na DIP com base no quadro clínico		
	Quadro clínico	**Conduta**
Estágio 1	Endometrite e salpingite aguda sem peritonite	Tratamento ambulatorial
Estágio 2	Salpingite aguda com peritonite	Tratamento hospitalar
Estágio 3	Salpingite aguda com oclusão tubária ou comprometimento tubo-ovariano (abscesso)	Tratamento hospitalar
Estágio 4	Abscesso tubo-ovariano roto com secreção purulenta na cavidade (queda acentuada do estado geral, refratariedade ao tratamento clínico, febre persistente, comprovação ultrassonográfica) e abscesso > 10 cm	Tratamento hospitalar e cirúrgico (remoção do abscesso, preservando o ovário sempre que possível)

Para que se estabeleça uma conduta é necessária a avaliação de disponibilidade, custo, aceitação do paciente e susceptibilidade antimicrobiana. Mediante os potenciais danos à saúde da mulher, mesmo em quadros de DIP leves ou subclínicos, está indicado o tratamento empírico nas pacientes jovens sexualmente ativas e com risco de DST que apresentem dor pélvica sem nenhuma outra causa possível ou que apresentem pelo menos um critério mínimo no exame pélvico.

Os esquemas antimicrobianos devem cobrir os principais agentes etiológicos: gonococo, clamídia e anaeróbios. Esses esquemas de tratamento também devem cobrir agentes causadores de vaginose (frequentemente associada à DIP), outras bactérias gram-negativas, estreptococos e bactérias aeróbicas facultativas.

Abordagem ambulatorial

Mulheres com quadro clínico leve, sem sinais de peritonite, que possam ingerir medicação por via oral.

Esquemas

- **Ceftriaxona, 250mg IM**, em dose única, + **doxiciclina, 100mg VO** de 12/12h por 14 dias, com ou sem **metronidazol, 500mg VO** de 12/12h por 14 dias; **OU:**

- **Cefoxitina, 2g IM**, em dose única, + **probenecida, 1g VO**, em dose única, + **doxiciclina, 100mg VO** de 12/12h por 14 dias, com ou sem **metronidazol, 500mg VO** de 12/12h por 14 dias.

Abordagem hospitalar
Indicações
- Quando emergências cirúrgicas não podem ser excluídas (p. ex., apendicite).
- Abscesso tubo-ovariano.
- Sinais de peritonite, vômitos ou febre > 39°C.
- Gestantes.
- Pacientes HIV-positivas imunocomprometidas.
- Ausência de resposta adequada ao tratamento ambulatorial nas primeiras 72 horas.
- Intolerância ou baixa aderência ao tratamento ambulatorial.

Esquemas
- **Cefotetano, 2g EV** de 12/12h, ou **cefoxitina, 2g EV** de 6/6h + **doxiciclina**, 100mg VO ou EV de 12/12h **OU**
- **Clindamicina, 900mg EV** de 8/8h + **gentamicina EV ou IM** (2mg/kg de peso) e manutenção de 1,5mg/kg de 8/8h.

Abordagem cirúrgica
Indicações
- Falha do tratamento clínico.
- Massa pélvica que persiste ou cresce apesar do tratamento clínico.
- Suspeita de rotura de abscesso tubo-ovariano.
- Hemoperitônio.
- Abscesso de fundo de saco.

Possibilidades cirúrgicas
- **Videolaparoscopia:** usada em casos com estabilidade hemodinâmica e em que há dúvida diagnóstica. Sabe-se que, além de estabelecer o diagnóstico, pode promover o estadiamento da doença, avaliar o prognóstico inicial e propiciar a coleta de material para análise. Também é efetiva no tratamento, sendo usada para lavar a cavidade, aspirar secreções purulentas, liberar aderências e para o tratamento de coleções purulentas associadas.
- **Laparotomia:** indicada em casos de instabilidade hemodinâmica, como, por exemplo, em rotura de abscesso tubo-ovariano.

Conduta nos casos de DIP + dispositivo intrauterino (DIU)
O manual de controle das DST do Ministério da Saúde aconselha a retirada do dispositivo da cavidade uterina nos casos de DIP aguda. Não obstante, o CDC relata que nenhuma evidência científica provou que o DIU deva ser retirado, mas enfatiza que mais precauções devam ser tomadas caso o DIU seja mantido, com o devido acompanhamento mais estrito.

Tratamento de parceiros
- Os parceiros devem ser examinados e tratados.
- Esquema: **azitromicina, 1g VO**, em dose única, + **ciprofloxacino, 500mg VO,** em dose única.

Capítulo 135
Vulvovaginites

Maria de Nazareth Gamboa Ritto • Diogo Moraes Nolasco • Flávia Rodrigues de Almeida

INTRODUÇÃO

Vulvovaginite é um processo inflamatório e/ou infeccioso localizado no trato genital inferior feminino (vulva, paredes vaginais e ectocérvice). Trata-se de uma patologia muito frequente, que corresponde a cerca de 30% das consultas ginecológicas.

CONSIDERAÇÕES

As vulvovaginites são subdivididas em **vaginose bacteriana, candidíase vulvovaginal, tricomoníase e vulvovaginites inespecíficas.** No entanto, antes de descrevermos cada subtipo, iremos abordar o conteúdo vaginal fisiológico e as defesas da região genital:

Conteúdo vaginal fisiológico

Composto por resíduo vaginal, restos celulares e micro-organismos da flora vaginal, normalmente apresenta cor branca ou transparente, pH ácido (4,0 a 4,5) e volume variável (ciclo menstrual, gravidez, hormônios e condições psíquicas). O conteúdo vaginal tem consistência flocular e geralmente está localizado no fundo vaginal.

Flora vaginal normal

O fluido vaginal contém em torno de 10^5 a 10^7 micro-organismos/mL. É colonizado por bactérias aeróbias (p. ex., lactobacilos), anaeróbios facultativos (p. ex., *Gardnerella vaginalis*), anaeróbios estritos (p. ex., *Prevotella* spp) e fungos (p. ex., *Candida albicans*). Dentre esses, predominam os lactobacilos, os quais são responsáveis pelo pH ácido vaginal, um fator inibidor do crescimento de outras bactérias.

Defesas da região genital

- **Vulva:** tegumento, pelos abundantes e coaptação dos pequenos lábios.
- **Vagina:** acidez, integridade do assoalho pélvico e justaposição das paredes vaginais, alterações cíclicas.
- **Colo:** muco endocervical, ação bactericida e integridade anatômica.

Fatores predisponentes para vulvovaginites

Diabetes, traumas, uso de antibióticos, imunossupressores, uso de lubrificantes vaginais, absorventes internos e externos, prática de coito não convencional e período de hospitalização prolongado.

Causas

O desequilíbrio do ecossistema da região leva às vulvovaginites.

■ VAGINOSE BACTERIANA

A causa mais comum dos corrimentos vaginais (46%), caracteriza-se por desequilíbrio da flora vaginal, com redução dos lactobacilos e crescimento polimicrobiano, em especial o aumento de bactérias anaeróbias (*Gardnerella* é a principal). A vaginose bacteriana não é uma DST, porém o coito frequente constitui um dos fatores desencadeadores, pois torna o meio mais alcalino e, consequentemente, provoca o desequilíbrio.

Além do coito frequente, duchas vaginais, tabagismo, não utilização de preservativos e múltiplos parceiros também são fatores de risco para essa doença.

QUADRO CLÍNICO

Aproximadamente 50% das mulheres com vaginose bacteriana são assintomáticas. **O sintoma mais típico é o odor fétido**, que se agrava durante a menstruação e o coito, pois em ambas as situações o pH é mais alcalino, o que facilita a volatização das aminas produzidas pelos patógenos.

O corrimento vaginal, em pequena quantidade, é fluido, homogêneo, branco-acinzentado, não aderente e pode formar microbolhas.

DIAGNÓSTICO

São necessários três dos quatro critérios de Amsel:

1. Corrimento branco-acinzentado homogêneo e fino.
2. pH vaginal > 4,5.
3. Teste das aminas positivo.
4. Presença de células-guia ou células-alvo (*clue cells*) no exame microscópico a fresco da secreção vaginal.

TRATAMENTO

Está indicado o tratamento das mulheres sintomáticas, incluindo as gestantes. O tratamento é baseado na gravidade. Como os casos geralmente são brandos, o tratamento tópico com metronidazol ou clindamicina é o mais utilizado. No entanto, em casos mais sintomáticos, utiliza-se o metronidazol VO, que possibilita uma resposta melhor.

Não é recomendado o tratamento dos parceiros.

Esquemas

- **Metronidazol, 500mg VO** de 12/12h, por 7 dias.
- **Metronidazol gel a 0,75%**, um aplicador cheio (5g), via vaginal, por 5 dias.
- **Creme de clindamicina a 2%**, um aplicador cheio (5g), à noite, por 7 dias.
- **Clindamicina, 300mg VO** de 12/12h, por 7 dias.

■ CANDIDÍASE VULVOVAGINAL

Consiste em uma infecção da vulva e da vagina causada por fungo comensal, normalmente *Candida albicans* (80% a 90% dos casos). Essa patologia é a segunda causa mais comum de corrimento vaginal (23%).

CONSIDERAÇÕES

- **Fatores de risco:** gravidez, diabetes, obesidade, altas doses de contraceptivos orais, uso de antibióticos, corticoides ou imunossupressores, hábitos de higiene e vestuário inadequados, contato com substâncias irritantes e alteração na resposta imunológica.

QUADRO CLÍNICO

O início dos sintomas normalmente é súbito e o principal deles é o prurido vulvovaginal, que piora à noite e é exacerbado pelo calor local. O corrimento é característico: branco, inodoro, com grumos, em volume variável e com aspecto caseoso. Notam-se, geralmente, a vagina e o colo recobertos por placas brancas aderidas à mucosa. Além desses sintomas, podem estar presentes: queimação vulvovaginal, disúria, dispareunia, hiperemia, edema vulvar e escoriações secundárias a coçadura, podendo causar fissura e maceração da vulva.

Vale ressaltar que os sintomas citados anteriormente podem surgir por reação alérgica à toxina canditina, produzida pela cândida. Sabe-se que esses sintomas tendem a se exacerbar no período pré-menstrual, em que o pH vaginal é mais ácido.

Nota-se que o parceiro sexual pode manisfestar sintomas como irritação e hiperemia no pênis.

DIAGNÓSTICO

Na maioria dos casos, o quadro clínico e o exame a fresco são suficientes para o diagnóstico. O exame microscópico a fresco com KOH a 10% e coloração pelo método de Gram revela presença de pseudo-hifas em 70% dos casos.

TRATAMENTO

O grupo dos azólicos é mais efetivo do que a nistatina, resultando no alívio dos sintomas em 80% a 90% das pacientes.

Esquemas

- **Butoconazol creme a 2%**, um aplicador (5g) via vaginal por 3 dias.
- **Clotrimazol creme a 1%**, um aplicador (5g) via vaginal por 7 a 14 dias, ou clotrimazol creme a 2%, um aplicador (5g) via vaginal por 3 dias.
- **Miconazol creme a 2%**, um aplicador (5g) via vaginal por 7 dias, ou miconazol creme a 4%, um aplicador (5g) via vaginal por 3 dias, ou supositório vaginal de 100mg, 1×/dia por 7 dias.
- **Tioconazol creme a 6,5%**, um aplicador (5g) via vaginal em dose única.
- **Nistatina 100.000UI**, um aplicador via vaginal por 14 dias.

O Ministério da Saúde, em sua última revisão, afirma que os medicamentos citados constituem a primeira opção para o tratamento da candidíase vulvovaginal. No entanto, sabe-se que, em casos recorrentes ou em casos mais sintomáticos, pode-se usar azóis VO de maneira isolada ou em associação a uma forma tópica. Vale ressaltar que, dentre os azóis, o fluconazol é o mais utilizado. Seguem outras alternativas e suas respectivas posologias:

- **Fluconazol 150mg VO** em dose única.
- **Itraconazol 200mg VO** de 12/12h por 1 dia.
- **Cetoconazol 400mg VO** por 5 dias.

Obs. 1: o tratamento do parceiro somente é recomendado em casos sintomáticos ou em caso de recorrência frequente na mulher.

Obs. 2: em hospedeiros imunocomprometidos, a terapia antimicótica pode ter duração prolongada. Um dos esquemas terapêuticos recomendados consiste no uso de fluconazol, 200mg, semanalmente.

Obs. 3: em gestantes, preconiza-se o uso de azólicos de maneira tópica por pelo menos 7 dias.

■ TRICOMONÍASE

DST causada pelo protozoário aeróbio flagelado *Trichomonas vaginalis*. Os seres humanos são os únicos hospedeiros e a tricomoníase é a terceira causa de corrimento vaginal (20%).

QUADRO CLÍNICO

Os homens, geralmente, são portadores assintomáticos e comportam-se como vetores da doença. Cerca de 50% das mulheres são assintomáticas, especialmente na pós-menopausa. **Dentre os sintomas, o corrimento é o mais comum (35%), o qual é abundante, amarelo ou amarelo-esverdeado, malcheiroso e bolhoso.**

O pH vaginal é > 5,0, e é comum a presença de ardência, hiperemia e edema vaginal. O protozoário pode acometer uretra e bexiga, sendo causa de disúria, polaciúria e dor suprapúbica.

A colpite focal ou difusa é um achado bastante específico da tricomoníase. Sua forma difusa é caracterizada por um colo em aspecto de framboesa, o que se deve à dilatação capilar e às hemorragias puntiformes, que são visualizadas na colposcopia em 90% dos casos.

No teste de Shiller evidencia-se colpite focal e difusa (colo em pele de onça).

DIAGNÓSTICO

Normalmente, o diagnóstico é estabelecido a partir da história clínica e do exame físico e pode ser confirmado pela microscopia a fresco, em que é comum a observação do protozoário móvel com seus flagelos. Se necessário, pode-se fazer a cultura em meio Diamond.

TRATAMENTO

O tratamento deve ser sistêmico, sendo o metronidazol a primeira opção. Sua posologia e outras alternativas para o tratamento da tricomoníase são descritas a seguir:

- **Metronidazol, 2g VO**, em dose única.
- **Tinidazol, 2g VO**, em dose única.

Regimes alternativos:

- **Metronidazol, 500mg VO** de 12/12h, por 7 dias.
- **Secnidazol, 2g VO**, em dose única.

Obs. 1: o tratamento do parceiro e abstinência sexual durante o tratamento são obrigatórios.

Obs. 2: está recomendado o uso de metronidazol em gestantes (categoria B).

■ VULVOVAGINITES INESPECÍFICAS

DEFINIÇÃO

Inflamação da vulva e da vagina sem identificação de um agente principal, tendo alta prevalência em crianças e gestantes (Quadro 135.1).

Quadro 135.1	Fatores predisponentes em pré-púberes
Fatores anatômicos	Proximidade uretra-vagina-ânus Menor coaptação labial Tecido adiposo e pelos pubianos pouco desenvolvidos
Fatores fisiológicos	Epitélio vaginal delgado pH alcalino (6,5 a 7,5)
Hábitos e costumes	Higiene pobre ou inadequada Uso de roupas apertadas ou de material sintético Uso de substâncias irritantes ou fraldas Traumatismos ou corpo estranho
Comorbidades/ medicações	Doenças sistêmicas (*diabetes mellitus* [DM] ou obesidade) Parasitoses intestinais Uso de antibióticos de amplo espectro

ETIOLOGIA

Ocorre aumento de germes saprófitas devido à redução da integridade da mucosa vaginal ou por ação de um agente físico-químico, geralmente por má higiene, levando ao desequilíbrio do ecossistema vaginal.

QUADRO CLÍNICO

Normalmente, o quadro clínico é variável: pode ser assintomático ou podem estar presentes prurido e ardência vulvar, que levam a escoriação, hiperemia e edema de vulva. A leucorreia tem aspecto variável; disúria, polaciúria e sinais de má higiene podem estar presentes.

DIAGNÓSTICO

- Anamnese
- Exame físico

Para afastar outras etiologias, recomenda-se a realização de bacterioscopia da secreção vaginal, exame parasitológico de fezes, EAS e urinocultura.

TRATAMENTO

- Boas medidas higiênicas
- Prevenir contato com substâncias irritantes
- Evitar roupas sintéticas
- Tratamento de infecção urinária e verminoses, se presentes
- Antibioticoterapia tópica, em caso de identificação do agente causal

Capítulo 136
Sangramento Uterino Disfuncional

Carlos Fernandes Baptista • Renata Pereira Teodoro

INTRODUÇÃO

O sangramento uterino disfuncional (SUD) consiste em um **sangramento uterino irregular decorrente de disfunções hormonais relacionadas com o controle do ciclo menstrual**. O sangramento uterino é considerado disfuncional quando foram excluídas todas as patologias orgânicas (genitais ou extragenitais) e a presença de gravidez. Constitui um distúrbio essencialmente endócrino, no qual há uma produção inadequada de hormônios esteroides e, consequentemente, sua ação no endométrio. Na maioria das vezes, está relacionado com ciclos anovulatórios.

Apresenta-se como a causa mais frequente de sangramento irregular durante o período reprodutivo feminino, atingindo, principalmente, mulheres em extremos de idade, ou seja, logo após a menarca e na perimenopausa (devido à imaturidade do eixo hipotálamo-hipófise-ovário e à falência funcional ovariana, respectivamente).

CONSIDERAÇÕES

É muito importante atentar para o emprego correto da expressão sangramento uterino disfuncional, que muitas vezes é utilizada erroneamente como sinônimo de sangramento uterino anormal. No entanto, a hemorragia disfuncional apresenta-se como uma das causas do sangramento anormal, que também pode ser causado por inúmeras patologias orgânicas. Desse modo, o SUD representa um diagnóstico de exclusão e só pode ser definido após o afastamento de outras condições.

Além disso, para que possam ser determinadas as alterações do ciclo menstrual, é fundamental o conhecimento da fisiologia de um ciclo normal. A menstruação tem duração média de 4 dias (± 2 dias), com eliminação de um volume de aproximadamente 35 a 40mL (± 20mL), em intervalos de 28 dias (± 7 dias). Portanto, as alterações podem ocorrer na duração, na frequência ou na quantidade de sangramento menstrual (Quadro 136.1).

Quadro 136.1 Tipos de sangramento uterino anormal

Oligomenorreia	Ciclo > 35 dias
Polimenorreia	Ciclo < 21 dias
Hipermenorreia	Fluxo em quantidade excessiva
Hipomenorreia	Fluxo em quantidade reduzida
Menorragia	Fluxo aumentado em duração e/ou volume
Metrorragia	Sangramento fora do período menstrual
Menometrorragia	Sangramento durante o período menstrual e fora dele

FISIOPATOLOGIA

Cerca de 80% dos casos de SUD estão relacionados com a ocorrência de ciclos anovulatórios. Na puberdade, o controle do eixo hipotálamo-hipofisário ainda não se encontra totalmente estabelecido, sendo, portanto, imaturo. Não se observa amadurecimento folicular, de maneira consistente, o que resulta em anovulação. Na menacme, a anovulação resulta de um mecanismo de *feedback* inadequado, enquanto no climatério essa condição se dá pela falência ovariana (exaustão folicular), na qual há ainda produção estrogênica, mas não ocorre ovulação nem a formação do corpo amarelo e a consequente produção de progesterona. As três situações podem levar ao desenvolvimento de ovários policísticos.

O sangramento uterino (descamação endometrial) ocorre pelo **mecanismo de privação estrogênica (hemorragia de privação)**, pois o estímulo persistente dos estrogênios sobre o endométrio sem a ação limitante da progesterona causa sua proliferação por período prolongado, situação que pode evoluir para hiperplasia. Esse crescimento se dá sem suporte estrutural adequado, resultando na fragilidade do tecido. Quando há queda dos níveis estrogênicos, ocorre o sangramento, que difere do sangramento menstrual por não causar a descamação da camada basal do endométrio uniformemente, mas sim de segmentos isolados que apresentam soluções de continuidade em sua camada superficial.

Nos ciclos ovulatórios, o sangramento pode ocorrer associado à ovulação, por encurtamento da fase folicular, pela regressão retardada do corpo lúteo, que leva à descamação irregular, ou pela produção deficiente de progesterona, ocasionando um sangramento pré-menstrual.

QUADRO CLÍNICO

Caracteriza-se pelo sangramento (leve ou intenso), acompanhado ou não por anemia, podendo haver dor tipo cólica, devido à passagem de coágulos pelo canal cervical. Na estimulação endometrial por níveis mais baixos de estrogênio, o sangramento é irregular e prolongado. Níveis constantes e elevados levam a episódios de amenorreia, seguidos por hemorragia aguda e intensa. Pode ser constante ou intermitente, geralmente sem associação com sintomas de tensão pré-menstrual, retenção hídrica ou dismenorreia.

DIAGNÓSTICO

O primeiro passo para o diagnóstico consiste em afastar possíveis doenças orgânicas, que são mais frequentes com o aumento da idade. Deve-se proceder a uma investigação detalhada da história clínica, com realização de exame clínico-ginecológico completo (Quadro 136.2).

Quadro 136.2 Dados da anamnese e do exame clínico

Idade: as causas variam com a faixa etária	Coagulograma: avaliar distúrbios da coagulação
Antecedentes gineco-obstétricos	Hemograma: se o sangramento for abundante e/ou prolongado
Cirurgias prévias	Sintomas de hipotireoidismo: solicitar TSH e T4
Uso de anticoncepcionais orais de baixa dosagem: podem causar sangramento de escape (*spotting*)	Acne, hirsutismo, galactorreia ou obesidade: solicitar prolactina, androgênios e gonadotrofinas
Uso de medicamentos que interferem com a menstruação	Inspeção perineal
Uso de dispositivo intrauterino (DIU)	Exame especular
Suspeita de gravidez em mulheres na idade fértil: solicitar β-HCG	Toque vaginal bidigital bimanual
Determinar o tipo de distúrbio menstrual	Toque retal (se o vaginal for insatisfatório)

Em pacientes com idade > 35 até 40 anos, obesas ou com história de anovulação crônica, faz-se necessária a investigação com exames complementares:

EXAMES DE IMAGEM

- **Ultrassonografia pélvica:** com uso de um transdutor vaginal, é a melhor técnica para determinar o contorno do útero, a espessura do endométrio e a estrutura do ovário; a medida da espessura do endométrio é menos útil nas mulheres na pré-menopausa, por causa das variações do ciclo menstrual.
- **Sono-histerografia:** útil para visualizar problemas intrauterinos, como pólipos ou leiomioma submucoso.

Avaliação histológica do endométrio

Útil para avaliar a presença de pólipos, hiperplasia ou carcinoma de endométrio, é realizada por meio de histeroscopia com biópsia endometrial, que atualmente vem substituindo a técnica de dilatação e curetagem.

Por fim, concluído o diagnóstico de SUD, deve-se determinar se o sangramento é ovulatório ou anovulatório, o que pode ser feito mediante a investigação da presença de ovulação por meio de temperatura basal, dosagem de progesterona, colpocitologia funcional, cristalização do muco cervical ou ultrassonografias seriadas.

DIAGNÓSTICO DIFERENCIAL

- Leiomioma
- Adenomiose
- Infecção (cervicite/endometrite)
- Hiperplasia endometrial
- Hipo/Hipertireoidismo
- *Diabetes mellitus*
- Pólipo endometrial
- Gravidez
- Câncer de endométrio e de miométrio
- Anticoncepcionais hormonais e DIU
- Coagulopatias

TRATAMENTO

É essencial entender que o sangramento uterino disfuncional é corrigido com hormônios. Se não houver resposta ao tratamento, trata-se então de uma disfunção orgânica que deve ser reavaliada.

Hemorragia leve

- O tratamento de escolha para sangramentos anovulatórios consiste no uso de **contraceptivo oral combinado de baixa dosagem,** com prescrição igual à utilizada para anticoncepção (**21 dias de pílulas com interrupção de 7 dias**, em que ocorrerá sangramento por supressão). Em adolescentes com hemoglobina normal, a conduta pode ser expectante com acompanhamento rigoroso, porém aquelas com anemia leve podem se beneficiar do tratamento, o qual deve ser utilizado por três a seis ciclos e reavaliado.
- **Acetato de medroxiprogesterona:** em adolescentes, **utilizam-se de 5 a 10mg/dia VO, por 10 a 13 dias, a cada 1 a 2 meses.** Também pode ser usado em mulheres nas quais o uso de estrogênio está contraindicado. É usado de maneira cíclica, entre o quinto e o 26º dia do ciclo. Evita a estimulação estrogênica sem oposição.
- O **DIU de levonorgestrel** pode reduzir a perda sanguínea em 80% a 90%.

Hemorragia aguda

- Nos casos de hemorragia aguda, mas com a paciente estável, pode-se utilizar os contraceptivos orais combinados monofásicos, de 6/6h, por 4 a 7 dias.
- Em pacientes com hemorragia de grande intensidade e instabilidade hemodinâmica, avaliar a necessidade de internação e reposição volêmica e instituir a terapia com **estrogênios conjugados, 2,5mg VO, de 6/6h, ou 25 a 40mg EV, de 6/6h.** Após o controle do sangramento, deve-se introduzir o tratamento com progestogênio oral para estabilizar o endométrio. Isso pode ser feito com um **contraceptivo oral combinado, com 30 a 35mg de estrogênio**, que deverá ser diminuído gra-

dualmente até a interrupção, de modo a permitir o sangramento por supressão. Posteriormente, o contraceptivo oral de baixa dosagem deve ser mantido por, no mínimo, 3 a 6 ciclos.

Para terapia de manutenção, os anti-inflamatórios não esteroides (AINE) também apresentam bons resultados, como **ácido mefenâmico, 500mg 3 a 4×/dia; piroxicam, 10mg 2×/dia; ibuprofeno, 600mg 3×/dia; e naproxeno, 250mg 4×/dia**, usados até o final do fluxo. Também deve ser feita a correção da anemia com suplementação de ferro.

Capítulo 137
Gestação Ectópica

Pedro Octavio de Britto Pereira • Diogo Moraes Nolasco

INTRODUÇÃO

A gestação ectópica é definida como a implantação do ovo fora da cavidade endometrial, podendo ser implantação tubária, cervical, ovariana ou até mesmo abdominal.

Vale a pena observar que a grande maioria das gestações ectópicas é do tipo tubária (95% a 97%), enquanto cerca de 2,5% ocorrem na região cornual (intersticial), 1,5% na região abdominal, 0,5% a 1% no ovário e 0,1% a 0,4% no cérvice.

A maioria das implantações tubárias ocorre nas regiões do istmo (12%) e ampular (80%). De modo geral, a gestação ectópica tem prevalência de aproximadamente 2% e vem aumentando, provavelmente em razão do maior uso de técnicas de fertilização assistida e do aprimoramento das técnicas diagnósticas.

FATORES DE RISCO

Consideram-se fatores predisponentes todas as situações que favorecem o implante do ovo antes de chegar ao endométrio ou alterações do endométrio que possibilitam gestações cervicais. A seguir são citados os principais fatores de risco:

- Salpingite e endosalpingite por clamídia ou *Neisseria*
- Alterações anatômicas da trompa
- Dispositivo intrauterino
- Prenhez ectópica anterior
- Endometriose
- Cirurgia tubária prévia
- Exposição intrauterina ao dietilestilbestrol
- Infertilidade tratada com indutores de ovulação
- Infecção ginecológica anterior
- Fertilização *in vitro*
- Tabagismo

QUADRO CLÍNICO

Diante de uma mulher em idade fértil, com atraso ou irregularidade menstrual e dor pélvica, deve-se pensar em gravidez ectópica. O sangramento vaginal ocorre em cerca de 50% dos casos.

Os principais sinais e sintomas são:

- Atraso menstrual
- Sangramento vaginal discreto
- Dor abdominal (mais frequente)
- Útero menor do que a idade gestacional esperada
- Massa anexial palpável
- Defesa abdominal
- Grito de Douglas (sinal de Proust)

A gestação ectópica rota corresponde a cerca de 30% dos casos de prenhez ectópica. Pode ocorrer em qualquer porção da trompa, principalmente na região do istmo. Quando presente, a rotura está associada a abundante hemorragia intraperitoneal, dor aguda e intensa na fossa ilíaca e choque.

DIAGNÓSTICO

A tríade clássica para o diagnóstico é: clínica + β-HCG positivo + ultrassonografia abdominal:

- **β-HCG:** quando o β-HCG é > 2.000mUI/mL e a gestação tópica não é visualizada pela ultrassonografia transvaginal, deve-se pensar em gestação ectópica.
- **Ultrassonografia:** quando mostra uma gravidez tópica, praticamente descarta a possibilidade de gravidez ectópica, já que uma gravidez ectópica concomitante à gestação tópica é um evento raríssimo.

A presença de SG com embrião vivo na região anexial caracteriza ectopia, porém ela só é observada em 15% dos casos. O SG vazio é a imagem mais frequente, sendo representado pelo anel tubário em região anexial. Massa complexa anexial com líquido livre na cavidade peritoneal e o sinal do halo (anecoico, ao redor do anel tubário) falam a favor da gestação ectópica.

A dopplerfluxometria pode auxiliar o diagnóstico ao evidenciar, por exemplo:

- Aumento do fluxo para a artéria tubária
- Fluxo trofoblástico periférico ao saco gestacional
- Neoformação vascular em possível tumoração anexial

Outros exames complementares

- **Dosagem de progesterona:** valores < 10mg/mL são sugestivos de gestações anormais.
- **Laparoscopia:** indicada em todos os casos em que o diagnóstico não foi realizado por outros métodos, é reservada, frequentemente, para o tratamento da gestação ectópica.

TRATAMENTO

A conduta depende de algumas variáveis, como:

- Estabilidade hemodinâmica
- Desejo de nova gestação
- Acesso a diferentes terapias

Conduta na instabilidade hemodinâmica

Normalmente, a instabilidade hemodinâmica decorre da rotura tubária, sendo indicada laparotomia + salpingectomia após equilíbrio hemodinâmico da paciente.

Conduta na estabilidade hemodinâmica

Nessa situação, quando há desejo de nova gestação e a massa anexial é < 5cm, a conduta pode ser menos agressiva. Com isso, pode-se optar por tratamento cirúrgico ou medicamentoso.

Nota-se que a cirurgia laparoscópica é mais benéfica do que a laparotômica e deverá ser a preferida quando existirem condições clínicas para sua realização. Dentre as vantagens da técnica laparoscópica destacam-se:

- Menor manipulação
- Evita formação de aderências
- Menor risco de novas gestações tubárias

No entanto, a técnica laparoscópica não deve ser indicada em casos de obesidade, instabilidade hemodinâmica, gravidez ectópica intersticial, massa > 5cm e β-HCG > 20.000mUI/mL. Vale ressaltar que, uma vez adotada a opção de cirurgia conservadora e estando a trompa íntegra, a melhor opção é a salpingostomia linear.

O tratamento medicamentoso é mais barato e pode ser utilizado nos casos em que a cirurgia seria muito arriscada. Ele pode ser feito nos seguintes casos:

- Idade gestacional < 6 semanas
- Saco gestacional < 3,5cm
- Feto sem atividade cardíaca
- β-HCG < 5.000mUI/mL

Em situações que não se enquadram nos tópicos apresentados, apesar de não contraindicados, o tratamento medicamentoso tem menor eficácia e risco maior.

O medicamento de escolha é o metotrexato (antagonista do ácido fólico que interfere na síntese de RNA e DNA, impedindo a multiplicação celular).

Esquemas de administração do metotrexato

- **Injeção direta sobre o ovo:**
    - Dose única de 50mg
    - Diminuição dos efeitos colaterais
    - Necessita de procedimento invasivo (laparoscopia ou punção guiada por ultrassonografia)
- **Injeção intramuscular:**
    - Dose única de 50mg/m^2 da área corporal
    - Menores taxas de sucesso
    - Dosa-se o β-HCG no quarto e sétimo dias após a injeção. Caso a dosagem no sétimo dia não sofra redução de pelo menos 15%, repete-se a dose de 50mg/m^2 e o esquema pode ser repetido em caso de insucesso. Caso haja queda na dosagem do β-HCG, sua medição deve ser repetida semanalmente.
- **Injeção intramuscular em dias alternados:**
    - 1mg/kg de peso no primeiro, terceiro e quinto dia e uma dose de ácido folínico de 0,1mg/kg no segundo, quarto e sexto dia.
    - Deve-se dosar β-HCG diariamente, até obter queda de pelo menos 15% em 48 horas. Caso não ocorra a queda, pode-se repetir o esquema quatro vezes, respeitando intervalo de 7 dias entre os esquemas.

Contraindicações ao tratamento medicamentoso

- Aleitamento materno
- Imunodeficiência
- Alcoolismo
- Doença renal e hepática
- Discrasias sanguíneas
- Doença pulmonar ativa
- Úlcera péptica ativa
- Hipersensibilidade ao medicamento
- Pacientes com indicação de conduta expectante

Nota: ao se optar pelo tratamento com metotrexato, deve-se acompanhá-lo com hemograma e provas de função renal e hepática.

Capítulo 138
Abortamento Natural e Induzido

Pedro Octavio de Britto Pereira • Fernando Alves Rocha • Flávia Rodrigues de Almeida

INTRODUÇÃO

Define-se por abortamento a interrupção da gestação do concepto com peso < 500g ou com idade gestacional < 22 semanas completas (OMS). A expulsão do ovo pode se dar de modo espontâneo ou induzido.

CONSIDERAÇÕES

Didaticamente, o abortamento espontâneo é dividido em inúmeras formas clínicas baseadas na dinâmica da eliminação do concepto (**inevitável, completo, incompleto, retido, habitual, infectado** etc.). Desse modo, a análise dessas formas de abortamento será individualizada neste capítulo.

ETIOPATOGENIA

São múltiplas as causas que levam ao abortamento espontâneo, cada uma com sua fisiopatologia própria. Dentre elas estão as aneuploidias, responsáveis por 50% dos abortamentos (trissomias respondem por 52% dos casos), desordens anatômicas maternas (incompetência istmocervical, miomas e sinéquias uterinas), doenças endócrinas (*diabetes mellitus*, hipo ou hipertireoidismo, insuficiência da fase luteínica) e infecções.

■ AMEAÇA DE ABORTAMENTO

Em 25% das gestações, a ameaça de abortamento ocorre no primeiro trimestre. O sangramento vaginal é pequeno por dias ou semanas, com dor lombar e desconforto pélvico suprapúbico após o início do sangramento.

TRATAMENTO

Preconiza-se repouso relativo, além de abstinência sexual. Em caso de dor suprapúbica ou desconforto abdominal, usam-se antiespasmódicos como **escopolamina, 35 gotas VO de 8/8h, ou um comprimido de 6/6h,** se necessário.

■ ABORTAMENTO INEVITÁVEL

Decorrente da presença do ovo íntegro, porém inviável, que permanece no útero. Até a oitava semana, pode ter resolução espontânea. Após esse período, a resolução é geralmente cirúrgica.

QUADRO CLÍNICO

Ocorrência de **sangramento vermelho-vivo,** com dor suprapúbica refratária ao uso de antiespasmódico. Ao toque vaginal, o útero está endurecido, o colo dilatado e a curva de β-HCG decrescendo. Por meio de ultrassonografia, observam-se descolamento ovular, presença de hematoma retrocorial e ausência de batimento cardiofetal (BCF).

TRATAMENTO

1. Internação com antibiótico profilático.
2. Avaliar perda sanguínea, ressuscitação volêmica e hemotransfusões.

3. Esvaziamento uterino, por aspiração manual intrauterina (AMIU) até a 12ª semana de gestação; senão, aspiração a vácuo ou curetagem.
4. Após a 12ª semana, ocitocina (**10UI + 500mL de soluto glicosado ou misoprostol vaginal, 400mcg de 4/4h**) para expulsão completa. Se não houver expulsão, AMIU.

ABORTAMENTO COMPLETO

Expulsão total do concepto, sendo mais frequente até a oitava semana. Evidencia-se sangramento vaginal, com cessação ou diminuição repentina, associado a cólicas intensas. A ultrassonografia evidencia útero vazio ou apenas alguns coágulos. O tratamento baseia-se em medidas de suporte, principalmente hemodinâmicas.

ABORTAMENTO INCOMPLETO

Neste subtipo, observa-se ainda a presença do ovo, não totalmente expulso, criando terreno propício a infecções. A paciente apresenta sangramento intenso e incessante, cólica progressiva, volume uterino menor do que o esperado ao toque e colo uterino aberto com presença de conteúdo ovular. À ultrassonografia, ecos endometriais amorfos e maldefinidos. Conduta semelhante à adotada em caso de **abortamento inevitável**.

ABORTAMENTO INFECTADO

Na maioria das vezes, o aborto infectado sucede às tentativas de abortamento induzido, que geralmente ocorrem clandestinamente, sob más condições de assepsia. Os principais germes envolvidos são aqueles presentes no intestino e no sistema urogenital (cocos anaeróbios, *E. coli*, bacterioides e *Clostridium perfringens*).

QUADRO CLÍNICO

As pacientes que sofrem abortamento infectado apresentam, como nos demais tipos de abortamento, sangramento vaginal e cólicas. Ao toque vaginal, o útero encontra-se amolecido e doloroso à palpação, com colo dilatado e presença de secreção purulenta e fétida ao exame especular. Sinais inespecíficos de infecção, como febre, taquicardia, leucocitose com desvio ou sinais de peritonite, também são encontrados. À ultrassonografia, observa-se imagem intrauterina de restos ovulares, podendo ser encontrada também coleção purulenta em fundo de saco de Douglas.

TRATAMENTO

O tratamento pode ser dividido didaticamente em condutas clínicas e cirúrgicas, as quais são obrigatoriamente complementares:

1. Internação e monitorização hemodinâmica, culturas e avaliação laboratorial.
2. Profilaxia antitetânica.
3. Ocitocina (40UI em 500mL de glicosado a 20 gotas/minuto).
4. Correção de volemia (cristaloides e, se necessário, hemocomponentes).
5. **Antibioticoterapia empírica é baseada na presença ou ausência de peritonite:**
   - **Sem peritonite:** cefalotina, 2g EV de 6/6h + metronidazol 1g EV de 8/8h.
   - **Com peritonite:** acrescentar gentamicina, 2mg/kg EV de 8/8h.

Após o resultado da cultura de secreção vaginal/hemocultura, a antibioticoterapia será direcionada ao patógeno isolado.

Patógeno isolado

1. **Aeróbio ou anaeróbio gram-positivo:** penicilina G, 20 a 30 milhões de UI EV de 24/24h, cefalotina, 2g EV de 6/6h, ou ampicilina, 2g EV de 6/6h.
2. **Aeróbio gram-positivo:** tobramicina, 2mg/kg EV de 8/8h, ou gentamicina, 2mg/kg EV de 8/8h.
3. **Anaeróbio gram-negativo:** clindamicina, 600mg EV de 6/6h, ou metronidazol, 1g EV de 8/8h.

Tratamento cirúrgico

Realiza-se esvaziamento uterino por AMIU ou aspiração a vácuo com curetagem e drenagem de abscessos, se presentes. Histerectomia total com anexectomia bilateral só será indicada se houver infecção grave.

■ ABORTAMENTO RETIDO

Nesse tipo de abortamento, o ovo permanece por dias a semanas dentro da cavidade uterina, mesmo após a interrupção da gestação.

QUADRO CLÍNICO

- Regressão dos sinais e sintomas de gestação, com amenorreia persistente, estabilização ou involução do volume uterino.
- Ausência de bcf.
- À ultrassonografia, saco gestacional irregular, alterações na vesícula vitelina e ausência de atividade fetal.

> **Obs.:** confirmação de diagnóstico após dois exames com intervalo de 15 dias.

TRATAMENTO

Baseia-se no tempo de retenção intrauterina do concepto. Deve ser salientado que a presença do ovo morto retido no abortamento tardio é causa importante de **coagulação intravascular disseminada (CIVD)**.

1. Internação e avaliação laboratorial **com provas de coagulação para descartar risco de CIVD**.
2. **Com idade gestacional ≤ 12 semanas:** dilatação e esvaziamento uterino por AMIU ou curetagem.
3. **Com idade gestacional > 12 semanas:** misoprostol (dose inicial de 800µg, repetida após 24 horas, **OU** dose inicial de 200mcg, repetida de 12/12h até 800mcg, **OU** dose inicial de 400mcg, repetida de 12/12h até 1.600mcg) + ocitocina (80mUI/minuto). Após eliminação do ovo, realizar ultrassonografia e, em caso de restos, proceder a AMIU.

> **Obs.:** nas gestantes Rh-negativas, realizar prevenção da aloimunização.

■ ABORTAMENTO INDUZIDO

Como no Brasil a legislação não autoriza a prática do abortamento, salvo em condições de abuso sexual ou anencefalia, esse tipo de aborto é frequentemente realizado em clínicas clandestinas, ou até mesmo de maneira caseira, sem a devida assepsia necessária ao procedimento cirúrgico. Desse modo, essas gestantes chegam à emergência em decorrência de complicações relativas à má técnica utilizada. Na emergência, deparamos com quadros infecciosos graves, lacerações vaginais e uterinas, rompimentos vasculares, entre outros. A conduta, nesses casos em particular, inclui:

1. Anamnese e exame físico para comprovar tentativa de aborto e idade gestacional.
2. Monitorização hemodinâmica e culturas.
3. Antibioticoterapia empírica – a mesma utilizada no abortamento infectado.
4. Em casos extremos, pode ser necessária abordagem cirúrgica, tanto para retirada do ovo morto (AMIU, curetagem) como para contenção de hemorragias (histerectomia).

■ INSUFICIÊNCIA CERVICAL

Determinada pela falência oclusiva da matriz. A cérvice não se mantém fechada e torna-se incapaz de reter o produto da concepção até o final da gravidez. Em geral, é decorrente de dilatações cervicais intempestivas anteriores, ou cirurgias, como biópsias ou conizações.

QUADRO CLÍNICO

A insuficiência cervical é uma das causas de abortamento tardio (> 12 semanas). A dilatação do colo é indolor, e geralmente o concepto nasce vivo e é morfologicamente normal.

TRATAMENTO

Em paciente com história de duas ou mais perdas no segundo trimestre, com as características supramencionadas, realizar circlagem eletiva, segundo a técnica de Shirodkar ou McDonald.

Em mulheres que apresentam dilatação cervical > 2 ou prolapso de membranas, realizar circlagem de emergência.

Nas mulheres cuja ultrassonografia apresente colo com canal < 20mm, procede-se à circlagem terapêutica.

Capítulo 139
Descolamento Prematuro da Placenta

Pedro Octavio de Britto Pereira • Dalbian Simões Gasparini

INTRODUÇÃO

O descolamento prematuro da placenta (DPP), como o próprio nome sugere, consiste na separação da placenta normalmente implantada, antes da expulsão fetal, com idade gestacional > 20 semanas (OMS, FIGO, 1976). Essa condição merece atenção especial em razão do risco de poder levar a grave comprometimento materno e ao óbito fetal.

FISIOPATOLOGIA

Independentemente da etiologia do DPP, ocorre um sangramento decidual que inicia o processo de descolamento, formando um hematoma retroplacentário. Essa coleção sanguínea tende a invadir a placenta e formar uma cratera em sua superfície, o que, somado a um processo reacional de hipertonia uterina, aumenta a tensão no sítio do hematoma, provocando descolamento progressivo de novas áreas. Esse círculo vicioso proporciona maior extravasamento sanguíneo e progressão irreversível do coágulo. Quando o descolamento atinge níveis > 50%, é inevitável a morte do feto.

A ação irritativa do sangue sobre a fibra muscular uterina, acrescida do aumento exagerado da frequência das metrossístoles, proporciona a hipertonia característica do DPP. Com a evolução do processo, a hipertonia vai dando lugar a uma hipotonia, proveniente da infiltração sanguínea no miométrio, desorganizando o sistema de miofibrilas. Esse quadro é denominado útero de Couvelaire ou apoplexia uteroplacentária. Macroscopicamente, este se mostra com sinais de hemorragia, edema e coloração azulada-marmórea característica. Essa hipotonia apresenta-se mais evidente no pós-parto, quando a hemostasia é dificultada.

Com o descolamento, há a liberação de tromboplastina, formando o coágulo retroplacentário. Além disso, a tromboplastina estimula a liberação da cascata de coagulação nos capilares maternos e, em cerca de 10% dos casos de DPP, associa-se à CIVD. Tem-se, então, um consumo dos fatores de coagulação e a ativação do sistema fibrinolítico que, somados à diminuição do fibrinogênio e das plaquetas, característica do DPP, leva a um estado de incoagulabilidade e ao aumento da hemorragia.

CONSIDERAÇÕES

Não se conhece ao certo a etiologia do DPP. O que é evidente é a associação dessa condição com alguns fatores predisponentes. Dentre eles o mais importante é, sem dúvida, a hipertensão arterial, seja pela pré-eclâmpsia, seja pela forma crônica. Além disso, esses fatores podem ser divididos, didaticamente, em dois grupos: mecânicos e não mecânicos.

Fatores mecânicos

- Traumatismos diretos sobre o abdome.
- Brevidade do cordão: absoluta (diminuição do comprimento do cordão) ou relativa (por circulares).
- Retração uterina intensa: após esvaziamento abrupto de polidrâmnio ou parto de primeiro gemelar.
- Torção de útero gravídico.
- Hipertensão de veia cava inferior por compressão uterina.
- Implantação placentária sobre mioma.

Fatores não mecânicos

Estão relacionados, principalmente, com má perfusão placentária:

- Síndromes hipertensivas
- Idade materna avançada
- Tabagismo
- Uso de álcool, cocaína e *crack*
- Anemia e desnutrição materna
- Trombofilias
- Corioamnionite

CLASSIFICAÇÃO

- **Grau I (leve):** assintomático. O estudo anatomopatológico da placenta revela o diagnóstico.
- **Grau II (intermediário):** sinais clássicos de DPP, com hipertonia uterina. O feto está vivo, mas em sofrimento.
- **Grau III (grave):** há óbito fetal:
  - IIIA: sem coagulopatia.
  - IIIB: com coagulopatia.

QUADRO CLÍNICO

O quadro clínico costuma ter início com dor abdominal de intensidade variável e início súbito.

Em 80% dos casos, o sangue descola as membranas e se exterioriza na forma de sangramento vaginal único e contínuo, de coloração escura (devido à ação enzimática), constituindo a hemorragia externa. Nos outros 20% dos casos há retenção sanguínea, configurando a hemorragia oculta. Em cerca de 50% dos casos, o sangue pode entrar em contato com a cavidade amniótica através de soluções de continuidade, constituindo o hemoâmnio, que se apresenta como líquido de coloração vermelho-acastanhada. É importante salientar que a gravidade do descolamento pode não ser refletida pelo volume do sangramento, uma vez que coágulos podem acabar por obstruir sua eliminação.

No início do quadro, o pulso pode se manter cheio e a frequência dentro da normalidade, contrastando com a gravidade real do quadro, o que recebe o nome de pulso paradoxal de Boero. Com a evolução do processo, este se torna débil e acelerado, caracterizando o choque hipovolêmico em curso.

A hipertensão arterial frequentemente está presente no início do quadro, podendo evoluir com hipotensão e choque, caso o processo se perpetue.

O sofrimento fetal agudo está mais relacionado com a extensão e a duração do descolamento. Encontram-se alteração da frequência cardíaca fetal (FCF) e, nos quadros mais graves, óbito fetal por hipoxia.

À palpação uterina, podem ser verificadas taquissistolia, hipertonia e, até mesmo, uma consistência lenhosa.

Ao toque vaginal, podem ser encontrados, no início, colo imaturo com dilatação mínima e bolsa das águas tensa. A evolução da dilatação e expulsão fetal pode ser surpreendentemente rápida.

DIAGNÓSTICO

O diagnóstico é clínico. Na anamnese e no exame físico, devem ser caracterizados os sinais e sintomas clássicos do DPP associados aos fatores de risco, principalmente a hipertensão arterial. É importante salientar que nem sempre o diagnóstico é fácil, em razão das várias formas de gravidade que podem se apresentar.

A ultrassonografia tem baixa sensibilidade e se faz útil, principalmente, para o diagnóstico diferencial com placenta prévia.

DIAGNÓSTICO DIFERENCIAL

- Placenta prévia (principal diagnóstico diferencial)
- Rotura de *vasa previa* (análise dos anexos mostra vaso roto nas membranas)
- Rotura do seio marginal da placenta (presença de trombo escuro, firme, organizado e aderente à luz do seio marginal, em análise dos anexos no pós-parto)
- Ruptura uterina

COMPLICAÇÕES

- Choque hipovolêmico
- Insuficiência renal aguda
- Síndrome de Sheehan (necrose hipofisária)
- CIVD
- Útero de Couvelaire

TRATAMENTO

A conduta precoce é essencial para diminuir a morbidade e a mortalidade inerentes ao DPP. Baseia-se nos dois pilares descritos a seguir:

Medidas gerais

1. Reposição volêmica adequada para evitar o choque.
2. Medida de fluxo urinário (ideal entre 30 e 60mL/h), preferencialmente com cateter vesical, a fim de orientar reposição de volume.
3. Hemograma, gasometria, ureia e creatinina, fibrinogênio, tempo de tromboplastina parcial ativada (PTTa), tempo de protrombina (TP) e plaquetas, para avaliação das complicações e do estado geral da paciente.
4. Reposição sanguínea e de fatores de coagulação, se necessário.

Conduta obstétrica (tem como referência a vitalidade fetal)

1. **Feto vivo:** em caso de parto iminente, segue-se a amniotomia, aguardando o parto por via baixa, sempre com acompanhamento e monitorização constantes da FCF. Caso contrário, preconiza-se a cesariana.
2. **Feto morto:** deve-se estabilizar a mãe e prosseguir com o parto, se este se apresentar como parto de evolução rápida; caso contrário, será elevado o risco para CIVD, o que aumenta substancialmente a mortalidade materna. Esse tipo de parto apresenta menor risco de hemorragia do que a cesariana. Nele está indicada a amniotomia, podendo ser empregada **ocitocina** (20UI diluídas em 500mL de SF 0,9% ou SG 5% – 30 gotas/min de 8/8h, por no mínimo 24 horas). Se apresentar inércia uterina, a cirurgia será necessária.

Capítulo 140
Placenta Prévia

Pedro Octavio de Britto Pereira • Dalbian Simões Gasparini

INTRODUÇÃO

A placenta prévia (PP) corresponde à implantação de qualquer parte da placenta no segmento inferior do útero, alcançando ou ultrapassando o orifício interno do colo. Associado a essa condição está o risco aumentado de hemorragia ante e intraparto, hemotransfusão e histerectomia puerperal.

FISIOPATOLOGIA

A placenta, normalmente, se insere no corpo uterino. Entretanto, por alguma deficiência de irrigação nos locais habituais, ela acaba se implantando em locais mais ricamente vascularizados. Contudo, o uso sistemático da ultrassonografia no pré-natal mostrou que a placenta pode alterar suas relações com o segmento inferior devido a um crescimento diferencial das porções uterinas, que se pode sobrepor ao da placenta. Essa "migração placentária" ocorre até a 28ª semana de gestação. Este é o motivo pelo qual o diagnóstico de PP normalmente é feito após esse período.

Os fatores mais relacionados com PP podem ser divididos segundo o mecanismo patogênico:

- **Dano endometrial:**
    - Cicatrizes uterinas prévias (p. ex., cesarianas prévias)
    - Idade
    - Multiparidade
    - Endometrites
    - Abortamentos provocados, curetagens, biópsias
- **Baixa nutrição/oxigenação placentária com necessidade de aumento compensatório do órgão:**
    - Tabagismo
    - Gestação múltipla
    - Isoimunização Rh
    - Residentes em altas altitudes

CONSIDERAÇÕES
Classificação (OMS, FIGO, 1976)

- **PP total:** o orifício interno do colo uterino é totalmente recoberto pela placenta.
- **PP parcial:** o orifício interno do colo uterino é parcialmente recoberto pela placenta.
- **PP marginal:** o bordo placentário alcança o orifício cervical interno, mas não o ultrapassa.

QUADRO CLÍNICO

O quadro clínico, normalmente, é bem característico e se apresenta com hemorragia indolor, espontânea, com sangue vermelho-rutilante de início e cessar súbito. Em geral, ocorre no último trimestre, pois o estiramento das fibras miometriais, assim como a contratilidade uterina, é maior nesse período, favorecendo o sangramento. Inicialmente, a hemorragia apresenta-se de pequena monta, ocorrendo progressivamente episódios de maior intensidade. Em geral, o útero apresenta-se com seu tônus inalterado e os batimentos cardíacos fetais são normais, caracterizando a ausência de sofrimento fetal, a não ser que haja alguma complicação associada, como choque hipovolêmico.

A estática fetal está frequentemente alterada pela interposição da placenta à apresentação fetal, que se encontra no andar superior da bacia. No exame especular, visualiza-se sangue advindo do canal cervical. O **toque vaginal deve ser evitado** por poder desencadear sangramento intenso e colocar em risco a vida da mãe e do concepto, salvo se for fundamental para o diagnóstico ou no trabalho de parto adiantado, revelando então um tecido esponjoso no orifício interno do colo.

DIAGNÓSTICO

Realizado por meio da anamnese e do exame físico, com confirmação feita pela ultrassonografia transvaginal. É importante salientar que esse método diagnóstico não piora o sangramento e é fundamental para localização da implantação, estabelecendo, inclusive, diagnóstico diferencial com DPP.

DIAGNÓSTICO DIFERENCIAL

- DPP normalmente inserida (principal diagnóstico diferencial) (Quadro 140.1)
- Rotura uterina
- Lesões do canal de parto e de vasos do cordão umbilical

Quadro 140.1 Diagnóstico diferencial entre PP e DPP

Sinais e sintomas	PP	DPP
Hemorragia	Início insidioso Evolui em episódios Vermelho rutilante Aumenta com metrossístole	Início súbito Sangramento contínuo ou oculto Vermelho-escuro Diminui ou cessa com metrossístole
Amniotomia	Hemorragia cessa	Hemorragia não se altera
Anemia	Proporcional à perda aparente de sangue	Mais grave do que a perda aparente de sangue
Dor	Ausente	Presente
Palpação uterina	Tônus normal	Hipertonia
Hipertensão arterial	Rara	Típica
Concepto	Em geral, vivo e saudável Apresentação anômala	Vitalidade comprometida Óbito algumas vezes
Ultrassonografia	Fecha o diagnóstico	Pode ser normal

COMPLICAÇÕES

- Atonia pós-parto e hemorragia
- Acretismo placentário
- Infecção puerperal
- Lacerações de trajeto
- Parto prematuro
- Apresentações anômalas
- Outras

TRATAMENTO

O tratamento depende de fatores como a quantidade de sangramento, a idade gestacional e o tipo de PP. A partir daí, podem ser traçados dois tipos de conduta:

Conduta expectante

Deve ser adotada se a paciente apresentar idade gestacional < 37 semanas e o sangramento não levar a risco materno e/ou fetal:

1. Reposição volêmica e repouso no leito até estabilização completa da hemorragia.
2. Avaliação constante da vitalidade fetal.
3. Reposição sanguínea, conforme necessidade.
4. Corticoterapia até a 34ª semana, a fim de amadurecer o pulmão fetal. Podem ser feitos dois regimes: **betametasona, 12mg IM**, duas doses com 24 horas de intervalo; ou **dexametasona, 6mg IM**, quatro doses de 12/12h.

O acompanhamento pode passar a ser ambulatorial, caso a paciente tenha ficado mais de 72 horas sem sangramento, esteja estável hemodinamicamente e tenha condições de acompanhamento clínico semanal.

Conduta ativa

Apropriada para idade gestacional de 37 semanas ou mais e/ou em caso de hemorragias volumosas:

1. A via de parto preferencial é a cesariana, principalmente se a borda da placenta estiver, à ultrassonografia, a menos de 10mm do orifício interno do colo.
2. A via vaginal só pode ser escolhida se a placenta estiver a mais de 20mm do orifício interno do colo à ultrassonografia, ou se o parto estiver próximo do fim, sem obstáculo mecânico importante, com sangramento discreto e a mãe hemodinamicamente estável. É necessário estar preparado para uma possível intervenção cirúrgica de urgência e ter facilmente disponível equipe cirúrgica completa e hemoderivados.

Capítulo 141
Rotura Uterina

Pedro Octavio de Britto Pereira • Dalbian Simões Gasparini

INTRODUÇÃO

A rotura uterina é um processo grave que consiste no rompimento total ou parcial do miométrio durante a gestação ou trabalho de parto, com consequente saída de parte ou de todo o feto da cavidade uterina.

ETIOPATOGENIA

A rotura pode ocorrer no decorrer da gestação, porém é mais frequente durante o parto. Independente da ocasião, a causa pode ser espontânea, traumática ou iatrogênica (uso inadequado de medicação uterotônica). Alguns fatores de risco estão estreitamente ligados a essa condição:

- Cirurgia prévia miometrial (cesariana, miomectomia)
- Traumatismo uterino (pós-curetagem, perfuração por arma branca ou de fogo)
- Placentação anormal
- Uso de ocitocina e prostaglandinas
- Parto obstruído
- Superdistensão uterina
- Multiparidade
- Idade materna avançada
- Uso inadequado de fórceps
- Manobras obstétricas intempestivas, entre outros fatores de risco

QUADRO CLÍNICO

A clínica pode ser dividida em iminência de rotura e rotura uterina consumada:
- **Na iminência de rotura,** a paciente demonstra estar agitada e em sofrimento causado pela dor decorrente das contrações extremamente vigorosas. À palpação, observa-se um anel que separa o corpo uterino do segmento inferior, em região infraumbilical, dando ao útero um aspecto de ampulheta (sinal de Bandl). Também podem ser palpados a hipercontração e o retesamento dos ligamentos redondos, desviando o útero anteriormente (sinal de Frommel). A FCF encontra-se alterada.
- **Na rotura consumada,** dor lancinante em região hipogástrica denuncia o evento. Ocorre imediata interrupção das metrossístoles e a apresentação fetal sobe no canal de parto. O sangramento pode ser visualizado por perda vaginal ou ficar retido internamente e não se exteriorizar; o volume é variável, podendo levar ao choque hipovolêmico. Pode-se palpar facilmente as partes fetais, quando o feto sai do útero para a cavidade abdominal, e algumas vezes enfisema subcutâneo, devido à passagem de ar pela vagina em virtude da solução de continuidade uterina (sinal de Clark). Ao toque vaginal, nota-se a ascensão da apresentação fetal (sinal de Reasens), caindo, então, na cavidade abdominal. O grave sofrimento fetal é seguido pela ausência de FCF.

DIAGNÓSTICO

A suspeita se dá pela reunião de sinais e sintomas descritos anteriormente, somados aos fatores de risco. A intervenção cirúrgica imediata revela o diagnóstico e, ao mesmo tempo, torna possível o tratamento.

DIAGNÓSTICO DIFERENCIAL
- Prenhez ectópica (quando a rotura ocorre no início da gravidez)
- Abdome agudo infeccioso
- Descolamento prematuro de placenta
- Outros

COMPLICAÇÕES
- Choque hipovolêmico
- Choque séptico
- Óbito materno
- Óbito fetal

TRATAMENTO
1. A terapêutica do choque deve ser estabelecida imediatamente, concomitante à intervenção abdominal.
2. O tratamento cirúrgico é sempre realizado, mas pode variar de uma simples rafia a uma histerectomia, dependendo das condições da rotura, do estado da parede uterina e da possibilidade de controle da hemorragia, além do estado geral da paciente e da paridade.

Capítulo 142
Hipertensão Arterial Crônica na Gravidez

Pedro Octavio de Britto Pereira • Fernando Alves Rocha

INTRODUÇÃO

O aumento da incidência de casos de hipertensão arterial crônica na gravidez reflete o atual adiamento da maternidade pelas mulheres em idade reprodutiva. Caracteriza-se pela evidência de **PAS ≥ 140mmHg e/ou PAD ≥ 90mmHg**, medidas em **duas** ocasiões diferentes com 4 horas de intervalo, **antes da 20ª semana de gestação**, assim permanecendo por 6 semanas após o parto. A hipertensão arterial crônica complica cerca de 5% das gestações e é importante fator de risco para o aparecimento da pré-eclâmpsia (15% a 25% dos casos), sendo essa associação de extrema gravidade.

CONSIDERAÇÕES

Estima-se que **90%** dos quadros de hipertensão arterial crônica na gestação sejam de **etiologia primária (hipertensão essencial)** e os demais 10%, de etiologia secundária a outros distúrbios, como os vasculares (coarctação da aorta, doença renovascular), renais (nefrite intersticial, rins policísticos), vasculares por colagenoses (lúpus, esclerodermia) ou hormonais (hipo/hipertireoidismo, Cushing, feocromocitoma), todos com elevado risco de complicações na gestação.

DIAGNÓSTICO

Caso a gestante desconheça o diagnóstico antes do início da gestação, a identificação da hipertensão arterial crônica na gravidez segue os seguintes passos:

1. Consulta pré-natal rotineira
2. Boa técnica de aferição da PA
3. **Descartar diagnóstico de eclâmpsia ou pré-eclâmpsia**
4. Proceder a investigação etiológica da hipertensão (essencial ou secundária)

Formas clínicas

- **Baixo risco:** PA < 180×110mmHg **sem lesão** de órgão-alvo (fundo de olho normal, função renal normal, baixo risco cardiovascular) e sem perdas fetais anteriores.
- **Alto risco:** PA ≥ 180×110mmHg **com lesão** de órgão-alvo (retinopatia, insuficiência coronariana, lesão renal) e perdas fetais anteriores.

COMPLICAÇÕES

- Pré-eclâmpsia superajuntada: PA ≥ 180×110mmHg + proteinúria (0,3g/24h) + aumento de transaminases + trombocitopenia, antes da 20ª semana
- Edema agudo de pulmão
- Encefalopatia hipertensiva
- Infarto agudo do miocárdio
- Retinopatia hipertensiva
- Pré-eclâmpsia
- Descolamento prematuro de placenta
- Morte perinatal súbita
- Crescimento intrauterino restrito

TRATAMENTO

Hipertensão de baixo risco

1. Suspender terapia anti-hipertensiva.
2. Acompanhar pré-natal com redução da ingesta de sódio e avaliação do ganho de peso.
3. Iniciar tratamento anti-hipertensivo na ocorrência de lesão de órgão-alvo + alteração do Doppler de artérias uterinas – usar **ácido acetilsalicílico, 100mg/dia**.

Hipertensão de alto risco

1. Internação hospitalar para compensação do quadro.
2. Tratamento da crise (PA ≥ 180×110): **hidralazina, 5 a 10mg EV** a cada 20 minutos (dose máxima: 30mg) – **primeira escolha – OU labetalol, 20 a 40mg EV** a cada 15 minutos (dose máxima: 200mg), **OU nifedipina, 10 a 20mg VO** a cada 30 minutos (dose máxima: 50mg).
3. Manutenção após crise (manter PA = 140×90mmHg): **metildopa, 250mg VO** de 12/12h (dose máxima: 3g/dia) – **primeira escolha – OU labetalol, 200mg VO** de 12/12h (dose máxima: 1.200mg/dia), **OU nifedipina, 10 a 20mg VO** de 12/12h (dose máxima: 120mg/dia).
4. Associar **furosemida, 20 a 40mg/dia VO, OU nifedipina**, se não houver controle da PA com **metildopa**.
5. Detectar lesões de órgão-alvo.
6. Ultrassonografia mensal após a 26ª semana, para detectar crescimento intrauterino restrito.
7. **Atenolol e IECA são contraindicados.**

Capítulo 143
Pré-Eclâmpsia e Eclâmpsia

Pedro Octavio de Britto Pereira • Renata Pereira Teodoro • Flávia Rodrigues de Almeida

INTRODUÇÃO

A pré-eclâmpsia é uma doença sistêmica que consiste no aparecimento de **proteinúria e hipertensão arterial após 20 semanas de gestação** com retorno aos valores basais em até 12 semanas após o parto, em pacientes previamente normotensas. Pode se manifestar antes da 20ª semana na vigência de doença trofoblástica gestacional ou de anticoagulante lúpico. Acomete, principalmente, primíparas ou multíparas com parceiros diferentes. Ocorre em 2% a 8% das gestações, chegando a 14% nas gestações gemelares.

A eclâmpsia consiste na ocorrência de **convulsões tônico-clônicas em mulheres com pré-eclâmpsia** durante a gravidez (50%), no intraparto (25%) ou puerpério (25%), nas quais outras causas podem ser excluídas, podendo ou não evoluir para o coma. No puerpério, a maioria dos casos se apresenta em até 48 horas após o parto. Ocorre em cerca de 2% dos casos de pré-eclâmpsia grave e em 0,25% dos casos de pré-eclâmpsia leve. Na eclâmpsia comatosa ou sem convulsão, uma forma rara e gravíssima, a paciente entra diretamente em coma, sem ocorrência de convulsão. Estima-se que a eclâmpsia seja responsável por 50 mil mortes maternas por ano em todo o mundo.

FISIOPATOLOGIA

As teorias mais aceitas são: invasão trofoblástica anormal dos vasos uterinos (placentação anormal), que leva à redução do diâmetro esperado para as artérias espiraladas durante a gestação e, consequentemente, à isquemia uteroplacentária. Ocorrem lesão endotelial, com aumento da permeabilidade vascular, e desequilíbrio na produção de prostaglandinas, com predomínio de tromboxano A2 sobre as prostaciclinas, refletindo-se em espasmo arteriolar placentário e sistêmico, e agregação plaquetária com formação de trombos, predisposição genética e intolerância imunológica materna com relação aos antígenos fetais.

Portanto, a doença apresenta repercussões sistêmicas renais, vasculares, hepáticas, cerebrais, sanguíneas, hidroeletrolíticas, uteroplacentárias e fetais.

CONSIDERAÇÕES

Fatores predisponentes: primigestas, gestação com parceiro diferente de gestações prévias, pouca exposição ao esperma e ao líquido seminal, história familiar de pré-eclâmpsia, história de pré-eclâmpsia prévia, diabetes, obesidade, extremos de idade, hipertensão crônica, nefropatia, doenças autoimunes, presença de anticorpos antifosfolipídios e condições associadas ao aumento da massa trofoblástica (gestação múltipla, mola hidatiforme, hidropsias fetais, polidrâmnio, triploidias fetais).

QUADRO CLÍNICO
Pré-eclâmpsia leve

- Excessivo acúmulo de líquido nos tecidos, de aparecimento súbito e generalizado, com aumento de peso > 1.000g/semana (costuma ser o primeiro sinal).
- PA sistólica ≥ 140 e < 160mmHg e diastólica ≥ 90 e < 110mmHg ou aumento ≥ 30mmHg nos níveis habituais da pressão sistólica ou ≥ 15mmHg na diastólica, quando se tem conhecimento dos níveis pré-gravídicos.
- Proteinúria ≥ 300mg em urina de 24 horas, até 2g/24 horas (sinal mais tardio).

Nos casos em que a proteinúria está ausente, a presença dos seguintes sinais ou exames laboratoriais pode sugerir o diagnóstico: alterações visuais, cefaleia, dor abdominal, plaquetopenia e elevação de enzimas hepáticas.

Pré-eclâmpsia grave

- PA sistólica ≥ 160mmHg ou PA diastólica ≥ 110mmHg.
- Proteinúria ≥ 2g em 24 horas.
- Oligúria ≤ 500mL em 24 horas ou 15mL/h.
- Alterações visuais (visão embaçada, diplopia, escotomas), cefaleia, confusão mental.
- Dor epigástrica ou em hipocôndrio direito.
- Creatinina sérica > 1,2mg/dL.
- Edema pulmonar ou cianose.
- Aumento de enzimas hepáticas (TGO, TGP, LDH) e bilirrubinas.
- Plaquetopenia (< 100.000/mm^3).
- Crescimento intrauterino restrito ou oligoâmnio.
- Esquizócitos em esfregaço de sangue periférico.
- Manifestações clínicas ou laboratoriais de coagulopatia.

A **síndrome HELLP** ocorre em 20% dos casos de pré-eclâmpsia grave e pode ser definida pela presença de anemia hemolítica microangiopática (LDH ≥ 600UI/L e esfregaço periférico com esquizócitos), elevação das enzimas hepáticas (TGO ou TGP ≥ 70UI/L ou bilirrubina ≥ 1,2mg/dL) e trombocitopenia (≤ 100.000/mm^3).

Eclâmpsia

Crises convulsivas tônico-clônicas focais ou generalizadas, em mulheres com pré-eclâmpsia, em geral de curta duração (60 a 75 segundos). Não se observa correlação direta entre os altos níveis pressóricos e a ocorrência das convulsões, e em 16% dos casos a hipertensão está ausente. Em geral, é precedida por tremores, agitação, distúrbio visual, cefaleia, congestão facial, salivação, dor epigástrica e em hipocôndrio direito e perda progressiva de consciência, evoluindo para a fase de contração e rigidez muscular, acompanhada de breve parada respiratória.

DIAGNÓSTICO

O diagnóstico é dado pela associação entre anamnese, exame físico, achados laboratoriais e detecção dos fatores de risco. É importante manter a monitorização da PA como método de rastreamento no pré-natal. O edema pode estar presente em gravidezes normais e por isso não constitui um critério diagnóstico confiável.

EXAMES COMPLEMENTARES

- Exame simples de urina
- Proteinúria de 24 horas (≥ 300mg/24h ou > 1g/L)
- Ureia > 40mg/dL
- Creatinina > 1,0mg/dL
- Ácido úrico > 4,5mg/dL
- Plaquetas, hemoglobina e hematócrito
- Esfregaço de sangue periférico, LDH e bilirrubina total sérica (avaliar presença de hemólise)
- Ecocardiograma
- Pacientes sujeitas a coagulopatia: tempo de protrombina e tromboplastina parcial ativada
- Exame de fundo de olho alterado

- Dosagem de enzimas hepáticas (TGO, TGP)
- Cardiotocografia e/ou dopplerfluxometria (detectar sinais de sofrimento fetal)
- Ultrassonografia (índice de líquido amniótico e biometria fetal)

DIAGNÓSTICO DIFERENCIAL

- **Hipertensão gestacional transitória:** manifesta-se após a segunda metade da gestação, porém na ausência de proteinúria, e desaparece após os primeiros dias de puerpério.
- **Hipertensão arterial crônica:** diagnosticada antes da gestação, corresponde a 75% a 80% dos quadros hipertensivos gestacionais.
- **Hipertensão crônica com pré-eclâmpsia sobreposta:** surgimento de edema e proteinúria após a 20ª semana em pacientes previamente hipertensas.
- **Doença renal crônica com hipertensão arterial.**

COMPLICAÇÕES

- DPP
- Insuficiência ou hemorragia hepática
- Insuficiência renal aguda
- Edema pulmonar agudo
- Descolamento da retina
- Parto prematuro/concepto de baixo peso
- CIVD/Síndrome HELLP
- Acidente vascular encefálico
- Crescimento intrauterino restrito
- Morbidade cardíaca de longo prazo
- Óbito materno e/ou fetal

TRATAMENTO

A conduta **depende da idade gestacional, da gravidade do quadro, da vitalidade fetal e da presença de trabalho de parto**, com o objetivo de prevenir as complicações materno-fetais e evitar a retirada do feto que não apresente peso ou viabilidade satisfatória, pois a cura dessa condição só ocorre com o término da gravidez.

Pré-eclâmpsia leve

O tratamento deve ser conservador até 37 semanas de gestação e anti-hipertensivos não são recomendados rotineiramente:

1. Repouso no leito em decúbito lateral esquerdo.
2. Dieta normal, sem restrição de sal.
3. Evitar aumento excessivo de peso.
4. Consulta ambulatorial uma ou duas vezes por semana.
5. Vigilância dos parâmetros clínicos e laboratoriais (aferir diariamente a PA e dosar semanalmente a proteinúria de 24 horas, creatinina plasmática, plaquetas e enzimas hepáticas).
6. Avaliação semanal da vitalidade fetal: ultrassonografia obstétrica com dopplerfluxometria, cardiotocografia e perfil biofísico fetal – se houver comprometimento: antecipação do parto; caso permaneça normal: aguardar o parto espontâneo até 38 semanas.

Pré-eclâmpsia grave

1. **Medidas gerais de suporte:** internação hospitalar, estabilização do quadro clínico e monitorização contínua.

2. **Terapia medicamentosa:**
   - **Sulfato de magnésio (MgSO$_4$):** prevenção e controle das convulsões.

Esquema de Pritchard
Dose de ataque: 4g a 20% em 20mL de água destilada EV lentamente (0,5 a 1g/min) + 10g a 50% IM (5g em cada glúteo) com agulha calibre 20 de 10cm de comprimento. Dose de manutenção: 5g (10mL a 50%), IM (5mL em cada glúteo), de 4/4h, durante 24 horas ou até de 12 a 24 horas após o parto (quando não se dispõe de bomba de infusão).

Esquema de Zuspan
4g, EV lentamente (20 minutos), seguidos de 1 a 2g/h EV (solução a 50%) até 24 horas após o parto, em bomba de infusão.

- Sinais de intoxicação por MgSO$_4$: abolição de reflexos periféricos, sonolência, depressão respiratória < 14irpm, diurese < 25mL/h. O antídoto utilizado é o **gluconato de cálcio**, 1 a 2g EV (10mL de solução a 10%, lentamente – 3 a 5 minutos).
- **Anti-hipertensivos:** objetiva-se manter a PA sistólica entre 140 e 155mmHg e a diastólica entre 90 e 105mmHg, devido ao risco de hemorragias cerebrais.

Na crise:

Hidralazina (dilatador arteriolar – é o medicamento de escolha), 5 a 10mg EV, em *bolus* a cada 20 minutos, até atingir o objetivo, com dose máxima de 30mg
Labetalol (bloqueador alfa e beta), 10 a 20mg EV a cada 10 minutos, com aumento gradual da dose até a dose máxima de 300mg/dia
Verapamil, 40mg/h EV – serve como alternativa e apresenta como vantagem o efeito anti-hipertensivo de curta duração, que desaparece de 10 a 20 minutos após a descontinuação da infusão
Nifedipina, 10mg SL a cada 30 minutos, com dose máxima de 50mg (cuidado para a interação com o MgSO$_4$, que pode potencializar os efeitos hipotensores e depressores da contratilidade miocárdica – dar preferência aos outros hipotensores durante a crise)
Diazóxido, 30mg EV em *bolus* a cada 20 minutos, se refratária aos outros medicamentos. O uso em altas doses leva a sofrimento agudo e óbito fetal

Uso contínuo:

Metildopa, 250mg VO de12/12h, máximo de 3g/dia **Hidralazina**, 25mg VO de 12/12h, máximo de 300mg/dia **Labetalol**, 100mg VO de 12/12h, máximo de 2.400mg/dia (800mg de 8/8h) **Nifedipina**, 10mg VO de 8/8h **Verapamil**, 80mg/dia VO, máximo de 240mg/dia

Os IECA e os diuréticos (estes exceto em caso de hipertensão pulmonar) estão contraindicados em decorrência de potenciais efeitos nocivos ao feto (oligoâmnio, anomalias renais, insuficiência renal, hipoplasia pulmonar, retardo mental e morte) e piora da hipovolemia com hipoperfusão placentária, respectivamente.

Avaliar a necessidade de interrupção da gestação:
- **< 23 ou > 34 semanas:** deve-se interromper a gestação, sendo importante estabilizar o quadro por 4 a 6 horas antes;
- **23 a 32 semanas:** tratamento preconizado por 24 horas (sulfato de magnésio, anti-hipertensivos e corticoides) e, se permanecer estável, manter rigorosa observação posterior até indicação do parto.
- **24 a 34 semanas:** terapia com corticoides para maturação pulmonar por 48 horas, após a qual está indicado o parto.

Eclâmpsia

Além da administração de sulfato de magnésio (mais eficaz do que diazepam e fenitoína) e de anti-hipertensivos, devem ser tomadas medidas de suporte, como:

1. Internação, preferencialmente, em UTI.
2. Assegurar vias aéreas livres e administrar O_2 (3L/min).
3. Sonda vesical e acesso venoso.
4. Correção de desequilíbrios eletrolíticos e estabilização hemodinâmica.
5. Cânula de Guedel (proteção da língua e aspiração de secreções).
6. Oxímetro de pulso, controle da PVC, eletrocardiograma e sinais vitais.
7. Avaliação laboratorial.
8. Avaliação da vitalidade fetal.

A dose inicial de $MgSO_4$ é a mesma utilizada para tratamento da pré-eclâmpsia. Caso haja recorrência das convulsões, deve-se fazer um novo *bolus* de 2g EV em 3 a 5 minutos. Pode ocorrer bradicardia fetal durante e logo após o episódio convulsivo, o que não é indicativo de cesariana imediata. **As indicações de cesariana imediata são:** hematoma subcapsular hepático, DPP com feto vivo, sofrimento fetal agudo e suspeita ou confirmação de sangramento cerebral.

Capítulo 144
Hiperglicemia na Gestação

Guilherme Almeida Rosa da Silva • Fernando Alves Rocha

INTRODUÇÃO

O diabetes gestacional é definido por intolerância à glicose, de qualquer intensidade, com início ou detecção **pela primeira vez durante a gestação**. A hiperglicemia na gestação pode ser dividida em dois grupos: **diabetes pré-gestacional**, com suas múltiplas etiologias e diagnósticos, **e diabetes gestacional**, de grande importância ao ter a gestação como fator causal.

Sabe-se que o diabetes gestacional causa grande risco, mas é de fácil prevenção, caso haja acesso ao pré-natal de maneira ampla. Ocorre em 3% a 5% das gestações.

FISIOPATOLOGIA

Durante a gestação, ocorrem importantes alterações hormonais, com destaque para a grande produção do hormônio lactogênico placentário (HPL) e também progesteronas, estrogênios, cortisol e prolactina. A atividade do HPL (mais importante na diabetogênese) disponibiliza maior produção de glicose e ácidos graxos livres para o feto em desenvolvimento a partir da resistência periférica à insulina e da intensa ação lipolítica. Além disso, promove inibição de células β-pancreáticas, desenvolvendo um quadro de hipoinsulinemia e consequente hiperglicemia. Ao longo da gravidez, essa resistência só vai aumentando e o pâncreas materno necessita produzir cada vez mais insulina para compensar. Quando o pâncreas materno se torna insuficiente para produzir toda insulina necessária, manifesta-se o diabetes gestacional.

QUADRO CLÍNICO

O quadro clínico do *diabetes mellitus* gestacional não exibe grandes particularidades, apresentando-se com as mesmas características das formas clássicas. Pode cursar com longos períodos assintomáticos, tendo como pior desfecho os quadros de descompensação metabólica grave (cetoacidose e coma hiperosmolar). Quadros recorrentes de infecção urinária, perda de peso e surgimento da "tríade clássica" **(poliúria, polifagia e polidipsia)** devem chamar a atenção para o diagnóstico dessa patologia.

RASTREAMENTO E DIAGNÓSTICO (ADA 2012)

A importância do diagnóstico precoce na gestante está em assegurar viabilidade materna e fetal, protegendo contra as complicações do pré e do pós-parto. O rastreamento encontra-se indicado na primeira consulta do pré-natal para pacientes que apresentam fatores de risco para diabetes: idade > 25 anos; sobrepeso/obesidade (IMC > 25kg/m^2); antecedentes familiares (primeiro grau), antecedentes de alteração no metabolismo de glicose; antecedentes obstétricos: perdas gestacionais de repetição, diabetes gestacional, polidrâmnio, macrossomia, óbito fetal/neonatal sem causa determinada, malformação fetal, hipoglicemia neonatal e síndrome do desconforto respiratório; etnia de risco: hispânica, asiática, africana, americano nativo e entre a 24ª e a 28ª semanas de gestação para as que desconhecem ter diabetes. De 6 a 12 meses após o parto, as mulheres devem se submeter a novo rastreamento, e a cada 3 anos devem fazê-lo aquelas com diagnóstico confirmado de diabetes gestacional (ambos com critérios diagnósticos para não gestantes). Assim:

1. **TOTG 75g:** após jejum noturno de 8 horas, o teste deve ser aplicado pela manhã com 75g de dextrosol e medições de glicemia no jejum, 1 hora e 2 horas após. O diagnóstico é estabelecido diante

de valores de jejum > 92mg/dL, 1 hora após > 180mg/dL e 2 horas após > 153mg/dL. Um valor apenas é suficiente para o estabelecimento do diagnóstico.

COMPLICAÇÕES

- **Maternas:** glicosúria, infecção urinária aguda, pielonefrite, candidíase vaginal, pré-eclâmpsia e lesões vasculares.
- **Gestacionais:** abortamento, mortes fetais tardias e oligoidrâmnio.
- **Fetais:** síndrome da regressão caudal, defeitos cardíacos e do tubo neural, anencefalia, meningocele, hidrocefalia, macrossomia e prematuridade.
- **Neonatais:** síndrome da angústia respiratória do recém-nascido, hipoglicemia neonatal, hipocalcemia, policitemia e risco futuro de *diabetes mellitus*.

TRATAMENTO

O tratamento das gestantes diabéticas tem como objetivo reduzir os riscos de complicações diretamente relacionados com os níveis glicêmicos, como malformações fetais e abortamento, além das consequências metabólicas graves para a gestante, representadas por coma hiperosmolar e cetoacidose diabética. Baseia-se, principalmente, no uso de insulina.

1. **Dieta:** a dieta deve ser hipoglicídica com a presença de três refeições e dois a três lanches, além de cálculo calórico de acordo com a estimativa de ganho de peso na gestação.
2. **Exercícios físicos:** exercícios moderados em virtude da gestação e orientados por um profissional de educação física capacitado.
3. **Hipoglicemiantes orais:** o uso de hipoglicemiantes orais não é completamente seguro. O uso da glibenclamida parece ser seguro e eficaz no tratamento do diabetes gestacional a partir do segundo trimestre de gravidez, porém faltam estudos de avaliação de riscos em longo prazo para crianças precocemente expostas às sulfonilureias. Até o momento, recomenda-se que seu uso deva ser indicado apenas em casos excepcionais e evitado durante o primeiro trimestre da gestação. O uso da metformina parece ter sua segurança relativamente estabelecida. As gestantes candidatas ao uso dessa medicação são aquelas na faixa etária de 18 a 45 anos, com idade gestacional entre 20 e 33 semanas e glicemia de jejum < 140mg/dL.
4. **Insulinoterapia:** reservada às pacientes refratárias às terapias não medicamentosas por 1 semana. **Para pacientes portadoras de *diabetes mellitus* tipo 1, a dosagem de insulina geralmente é dobrada no segundo trimestre e triplicada no terceiro, em comparação ao período pré-gravídico.**

Obs. 1: a dose e o tipo de insulina necessários para atingir níveis glicêmicos preconizados são **INDIVIDUALIZADOS** e variam de acordo com o perfil metabólico e comportamental da paciente.

Obs. 2: em geral, no SUS são utilizadas as doses iniciais e ajustáveis de insulina NPH (0,3 a 0,5UI/kg – dois terços antes do café e um terço antes do jantar – de 12/12h) + esquema de insulina regular segundo glicemias 30 minutos antes das refeições (< 60 = 0UI; 61 a 90 = 2UI; 91 a 130 = 4UI; 131 a 170 = 6UI; 171 a 210 = 8UI; 211 a 250 = 10UI; > 250 = 12UI). O esquema de insulina regular no jantar geralmente é reduzido à metade para diminuição do risco de hipoglicemia durante o sono. Esse esquema pode ser modificado pela contagem de carboidratos.

Obs. 3: os alvos glicêmicos esperados em vigência de insulinoterapia e/ou medidas comportamentais encontram-se descritos no Quadro 144.1.

Quadro 144.1 Alvos glicêmicos esperados em vigência de insulinoterapia e/ou medidas comportamentais	
Tempo após sobrecarga	**Glicemia capilar (fita colorimétrica ou glicosímetro digital)**
Jejum	60 a 90mg/dL
1 hora	100 a 120mg/dL
Entre 2 e 6 horas	60 a 120mg/dL

CONDUTA OBSTÉTRICA NO DIABETES

O **parto vaginal** pode ser feito se o feto estiver com vitalidade, sem macrossomia e outras complicações materno-fetais (p. ex., prematuridade, infecções etc.), enquanto o **parto cesáreo** é preconizado quando há comprometimento da vitalidade fetal, sofrimento fetal, macrossomia e complicações maternas ou fetais.

É necessário controle da glicemia no dia do parto e na hora do parto.

Controle da glicemia para o parto

1. **Véspera:** dieta normal com redução a três quartos da dose noturna.
2. **Dia:** manter acesso com soro glicosado a 5% 125mL/h + insulina regular 1 a 2UI/h, além de avaliação glicêmica horária.
3. **Puerpério:** pacientes previamente diabéticas retornam às doses de insulina equivalentes a um terço do utilizado antes da gestação. Pacientes com diagnóstico fechado de *diabetes mellitus* gestacional, em geral, não necessitam de insulinoterapia no puerpério.

BIBLIOGRAFIA

Abreu MCG. Infecções ginecológicas e fator tubário da infertilidade. [dissertação]. Porto: Faculdade de Medicina, Universidade do Porto, 2009.

Agência Nacional de Vigilância Sanitária. Manual de microbiologia clínica para o controle de infecção em serviços de saúde. Edição Comemorativa para o IX Congresso Brasileiro de Controle de Infecção e Epidemiologia Hospitalar – Salvador, de 30 de agosto a 3 de setembro de 2004.

Agmon-Levin N, Elbirt D, Asher I, Gradestein S, Werner B, Sthoeger Z. Syphilis and HIV co-infection in an Israeli HIV clinic: incidence and outcome. Int J STD AIDS 2010; (4):249-52.

Almaraz GG, Cárdenas MAAP. Presente y futuro de las infecciones por Chlamydia trachomatis. Análisis de las perspectivas de la Organización Mundial de la Salud y su importancia para Mexico. Rev Mex Oftalmol 2003; 77(3):110-119.

Approbato M. Eclâmpsia. In: Porto CC (ed.), Porto AL (coed.) Vademecum de Clínica Médica. Rio de Janeiro: Guanabara Koogan, 2011:357-8, 774-5.

Araújo CA. Frequência de Neisseria gonorrhoeae em indivíduos do sexo masculino atendidos em um Laboratório de Análises Clínicas de Belo Horizonte em um período de doze meses. [Monografia]. Belo Horizonte: Programa de Pós-Graduação em Microbiologia. Universidade Federal de Minas Gerais, 2009.

Ault KA. Epidemiology and natural history of human papillomavirus infections in the female genital tract. Infect Dis Obstet Gynecol 2006; 2006:40470.

Azzolini TF, Leinig CAS. Correlação entre a pesquisa laboratorial de Neisseria gonorrhoeae e Chlamydia trachomatis com sua apresentação clínica. Revista Eletrônica da Faculdade Evangélica do Paraná. Curitiba, abr./jun. 2011; 1(1):43-57.

Baffi CW, Aban I, Willig JH, Agrawal M, Mugavero MJ, Bachmann LH. New syphilis cases and concurrent STI screening in a southeastern U.S. HIV clinic: a call to action. AIDS Patient Care STDS 2010; 24(1):23-9.

Batoni A, Fernández F, Kouris E. Molusco contagioso. Libro on line. Disponível em: < http://dermatologiapediatrica.net/portal/content/view/78/73/>. Acesso em 15 de junho de 2012.

Belda Jr. W, Shiratsu R, Pinto V. Abordagem nas doenças sexualmente transmissíveis. An Bras Dermatol. 2009; 84:151-9.

Benzecry R. Tratado de obstetrícia – FEBRASGO. Reimpressão. Rio de Janeiro (RJ): Revinter, 2001.

Berek JS. Novak – Tratado de ginecologia. 14 ed. Guanabara Koogan, 2011.

Brown WJ. Pathophysiology of syphilis. In: Sexual diseases. Disponível em: http://www.healthguidance.org/entry/6784/1/Chapter-II-Pathophysiology-of-Syphilis.html.

Castro TMPG, Neto CER, Scala KA, Scala WA. Manifestações orais associadas ao papilomavírus humano (HPV) – conceitos atuais: revisão bibliográfica. Rev Bras Otorrinolaringol [online]. 2004; 70(4):546-50.

Chaves Netto H, Moreira de Sá RA. Obstetrícia básica. 2 ed. São Paulo: Atheneu, 2007:385- 403.

Chaves Netto H, Moreira RA. Obstetrícia básica. 2 ed. São Paulo: Atheneu, 2007.

Coelho FMP et al. Tumor de Buschke-Löwenstein: tratamento com imiquimod para preservação esfincteriana. Relato de caso. Rev Bras Colo-proctol [online] 2008; 28(3) [cited 2012-06-16]:342-6.

Damiani D, Furlan MC, Damiani D. Meningite asséptica. Rev Bras Clin Med. São Paulo, 2012 jan-fev; 10(1):46-50.

Diabetes mellitus gestacional. Rev Assoc Med Bras, São Paulo, Dec 2008; 54(6). Disponível em: http://www.scielo.br/scielo.php?script=sci_arttext&pid=S0104-42302008000600006&lng=en&nrm=iso.

Diretrizes brasileiras em pneumonia adquirida na comunidade em pediatria 2007. J Bras Pneumol [online] 2007; 33 (suppl. 1) [cited 2012-05-30:31-s50.

Doerr HW, Gürtler LG, Wittek MW. Biology of sexually transmitted herpes viruses. In: Gross G, Tyring SK (eds.). Sexually transmitted infections and sexually transmitted diseases. 1. ed., New York: Springer, 2012:209-15.

Eaton M. Syphilis and HIV: old and new foes aligned against us. Curr Infect Dis Rep 2009; 11(2):157-62.

Espinola A, Samaniego S, Taboada A et al. Donovanosis. Rev Inst Med Trop, dic. 2009; 4(2):25-30.

Farhi D, Dupin N. Management of syphilis in the HIV-infected patient: facts and controversies. Clin Dermatol 2010; 28(5):539-45.

Fauci AS, Braunwald E, Kasper DL et al. Harrison – Medicina Interna. 17. ed. Vol. 1, Ed: McGraw-Hill: 825-30.

Ferreira Jr CUG, Pinto Neto LFS da, Ribeiro-Rodrigues R, Miranda AE. Infecção por clamídias. In: Tavares W, Marinho LAC (eds.). Rotina de diagnóstico e tratamento das doenças infecciosas e parasitárias. 2 ed, São Paulo: Atheneu, 2010:577-83.

Filho JR, Montenegro CAB. Obstetrícia fundamental. 11 ed. Rio de Janeiro: Guanabara Koogan, 2008:363-8.

Fonseca RC, Fonseca AXC, Aguiar MFM, Bernardes JGB. Doenças sexualmente transmissíveis. In: Rodrigues Netto Jr. N. Urologia prática. 5 ed. São Paulo: Roca, 2008:44-53.

Freire CMV, Tedoldi CL. Hipertensão arterial na gestação. Arq Bras Cardiol, São Paulo, Dec. 2009; 93(6).

Freitas F, Martins-Costa SH, Ramos JGL, Magalhães JA. Rotinas em obstetrícia. 6 ed. Porto Alegre (RS): Artmed, 2011.

Fulcher RA. Effectors of Haemophilus ducreyi – pathogenesis. Carolina do Norte: Department of Microbiology and Immunology of University of North Carolina, 2007.

Gross G. Genitoanal HPV infection and associated neoplasias in the male. In: Gross G, Tyring SK (eds.). Sexually transmitted infections and sexually transmitted diseases. 1 ed., New York: Springer, 2012:489-509.

Hanson D, Diven DG. Molluscum contagiosum. Dermatol Online J 2003; 9:2.

Hillard PJA. Doenças benignas do aparelho reprodutivo feminino. In: Berek JS. Berek e Novak. Tratado de ginecologia. Rio de Janeiro: Guanabara Koogan, 2010:325-79.

Ho EL, Lukehart SA. Syphilis: using modern approaches to understand an old disease. J Clin Invest 2011; 121(12):4584-92.

Hofmeister C, Roncaglia MT. Emergências em ginecologia. In: Martins HS, Brandão Neto RA, Scalabrini Neto A, Velasco IT (eds.). Emergências clínicas: abordagem prática. 4. ed. ampl. e rev. Baurueri (São Paulo), 2009:1081-2.

Inamadar AC, Palit A. Chancroid: an update. Indian J Dermatol Venereol Leprol 2002; 68:5-9.

Jorge SRPF, Rodrigues LP, Vázquez ML. Pré-eclâmpsia e eclâmpsia. In: Golin V, Sprovieri SRS (eds.). Condutas em urgências e emergências para o clínico. Edição Revista e Atualizada. São Paulo: Atheneu, 2009:1155-8.

Kandelaki G, Kapila R, Fernandes H. Destructive osteomyelitis associated with early secondary syphilis in an HIV-positive patient diagnosed by Treponema pallidum DNA polymerase chain reaction. AIDS Patient Care STDS 2007; (4):229-33.

Linhares IA, Colombo S, Miranda SD, Fonseca AM da. Doenças causadas por clamídias. In: Focaccia R (eds.). Tratado de infectologia. Vol. 1, 4 ed., São Paulo: Atheneu, 2009:817-29.

Lopes-Paulo F. O uso do imiquimod no tratamento de lesões anais induzidas por HPV. Rev Bras Coloproct 2005; 25(3):269-71.

Lupi O. Herpes simples. An Bras Dermatol. Rio de Janeiro, maio/jun. 2000; 75(3):261-75.

Machado LV. Sangramento uterino disfuncional. Arq Bras Endocrinol Metab. São Paulo, Ago. 2001; 45(4). Disponível em: <http://www.scielo.br/scielo.php?script=sci_arttext&pid=S0004-27302001000400010&lng=en&nrm=iso>. Acessado em: 30 May 2012.

Marques CAS, Menezes MLB. Infecção genital por Chlamydia trachomatis e esterilidade. DST – J Bras Doenças Sex Transm 2005; 17(1):66-70.

Mello PAA, Júnior RB, Luna EJA, Medina NH. Tracoma. In: Focaccia R (eds.). Tratado de infectologia. Vol. 1, 4 ed., São Paulo: Atheneu, 2009: 831-9.

Mindel A. Genital herpes. In: Gross G, Tyring SK (eds.). Sexually transmitted infections and sexually transmitted diseases. 1 ed. New York: Springer, 2012:209-15.
Ministério da Saúde. Falando sobre câncer do colo do útero. Rio de Janeiro: MS/INCA, 2002.
Ministério da Saúde. Molusco contagioso. Dermatologia na Atenção Básica de Saúde. Cadernos de Atenção Básica Nº 9, 2002:68.
Ministério da Saúde. Protocolo clínico e diretrizes terapêuticas – Artrite reativa (doença de Reiter). Portaria SAS/MS 207, de 23 de abril de 2010.
Ministério da Saúde. Secretaria de Vigilância em Saúde. Programa Nacional de DST e AIDS.
Molina L, Romiti R. Molusco contagioso em tatuagem. An Bras Dermatol 2011; 86(2):352-4.
Monteagudo B, Cabanillas M, Suárez-Amor O, Vázquez-Blanco M, López-Mouriño VM. El molusco contagioso como infección de transmisión sexual. Cad Aten Primaria 2009; 16:176-9.
Montenegro CAB, Pereira MN, Filho JR. Toxemia gravídica. In: Montenegro CAB, Filho JR. Rezende obstetrícia. Rio de Janeiro: Guanabara Koogan, 2010:315-53.
Montenegro CAB, Rezende J. Obstetrícia fundamental. 12. ed. Rio de Janeiro: Guanabara Koogan, 2011.
Nascimento-Carvalho CM, Marques HHS. Recomendação da Sociedade Brasileira de Pediatria para antibioticoterapia em crianças e adolescentes com pneumonia comunitária. Rev Panam Salud Publica 2004; 15:380-7.
Nnoruka EN, Ezeoke AC. Evaluation of syphilis in patients with HIV infection in Nigeria. Trop Med Int Health 2005; 10(1):58-64.
O'Farrell N. Donovanosis. Sex Transm Infect 2002; 78:452-7.
Oliveira, IC. Urgências e emergências hipertensivas na gravidez. In: Galvão-Alves J. Emergências clínicas. Rio de Janeiro: Rubio, 2007:169-73.
Parellada CI, Martins NV. Vacinação contra o Papilomavírus humano. Rev Bras Genitoscopia, jan-jun 2009; 3(3-4):106-7.
Passos MRL, Nahn EP. Sífilis. In: Tavares W, Marinho LAC (eds.). Rotina de diagnóstico e tratamento das doenças infecciosas e parasitárias. 2 ed., São Paulo: Atheneu, 2010:511-4.
Passos MRL, Nahn Jr. EP, Bravo RS. Cancro mole. In: Focaccia R (eds.). Tratamento de infectologia. Vol 2, 4 ed. São Paulo: Atheneu, 2009:2007-12.
Penna GO, Hajjar LA, Braz TM. Gonorreia. Rev Soc Bras Med Trop 2000; 33:451-64.
Pessini SA. Sangramento genital anormal. In: Silveira GPG. Ginecologia baseada em evidências. São Paulo: Atheneu, 2008:111-28.
Petry KU. HPV-infection and squamous cell cancer of the lower female genital tract. In: Gross G, Tyring SK (eds.). Sexually transmitted infections and sexually transmitted diseases. 1 ed. New York: Springer, 2012:457-73.
Porto AMF et al. FEBRASGO. Hipertensão na gravidez: manual de orientação. [S.l.]: [s.n.], 1997. 67p.
Qazi S. Oxygen therapy for acute respiratory infections in young children. Indian Pediatr 2002; 39(10):909-13.
Rezende e Montenegro. Obstetrícia fundamental. 11 ed. Rio de Janeiro: Guanabara Koogan, 2010:218-36, 343-52.
Rezende J. Obstetrícia fundamental. 12 ed. Rio de Janeiro: Guanabara Koogan, 2011.
Rotta O. Diagnóstico sorológico da sífilis. An Bras Dermatol 2005; 80:299-302.
Sakuma TH, Coimbra DDA, Lupi O. Chancroid. In: Gross G, Tyring SK (eds.). Sexually transmitted infections and sexually transmitted diseases. 1 ed. New York: Springer, 2012:183-9.
Secretaria de Vigilância em Saúde, Departamento de Vigilância. Epidemiológica. *Guia de vigilância epidemiológica/Ministério da Saúde*. 7 ed. Brasília, 2010.
Singh AE, Romanowski B. Syphilis: review with emphasis on clinical, epidemiologic and, some biologic features. Clin Microbiol Rev April 1999; 12(2):187-209.
Spinola SM, Bauer ME, Munson RS Jr. Immunopathogenesis of *Haemophilus ducreyi* infection (chancroid). Infect Immun, April 2002; 70(4):1667-76.
Stamm WE, Batteiger BE. Chlamydia trachomatis (trachoma, perinatal infections, lymphogranuloma venereum, and other genital infections). In: Mandell GL, Bennett JE, Dolin R. Mandell, Douglas, and Bennett's Principles and practice of infectious diseases. Vol. 2, 7 ed. Philadelphia, EUA: Churchill Livingstone, 2010; 2:2443-62.
Talhari S, Cortez CCT. Sífilis. In: Focaccia R (eds.). Tratamento de infectologia. Vol. 2, 4 ed. São Paulo: Atheneu, 2009:1405-11.
Uchôa UBC, Uchôa RAC. Conjuntivites infecciosas. In: Tavares W, Marinho LAC (eds.). Rotina de diagnóstico e tratamento das doenças infecciosas e parasitárias. 2 ed. São Paulo: Atheneu, 2010:184-7.
Vasconcelos MJA. Doença hipertensiva vascular crônica. In: Chaves Neto H (org.). Obstetrícia básica. São Paulo: Atheneu, 2007:379-84.
Vaz FAC, Ceccon MEJ, Diniz EMA. Infecção por Chlamydia trachomatis no período neonatal: aspectos clínicos e laboratoriais. Experiência de uma década: 1987-1998. Ver. Assoc Med Bras (1992). 1999; 45(4):303-11.

Seção XIX – OFTALMOLOGIA

Capítulo 145
Corpo Estranho

Taly Addelsztajn • Ana Karla • Thaís Magalhães

INTRODUÇÃO

Em geral, o corpo estranho localiza-se na conjuntiva tarsal superior e causa uma abrasão na córnea. Muitas vezes, vem pelo vento e pode aderir à córnea ou à conjuntiva. Grande parte dos pacientes é vítima de acidentes ocupacionais, como é o caso de trabalhadores da construção civil, motociclistas e serralheiros, a maioria do sexo masculino. Em pesquisas sobre os tipos de traumas oculares, corpo estranho é o diagnóstico na maior parte dos casos.

QUADRO CLÍNICO

- Referência à entrada do corpo estranho nos olhos
- Abrasão corniana
- Hiperemia
- Dor
- Fotofobia
- Lacrimejamento

DIAGNÓSTICO

- Anamnese + exame físico
- Exame biomicroscópico com lâmpada de fenda

TRATAMENTO

- Colírio anestésico (p.ex., **cloridrato de proximetacaína a 0,5%**), uma ou duas gotas no momento do exame.
- Se o corpo estranho não for observado, deve-se executar a manobra de eversão da pálpebra superior e inferior e, se existir alguma partícula, proceder à sua remoção com cotonete.
- Caso esteja grudado na córnea (p. ex., fagulha de esmeril), deve ser retirado com agulha em bisel a 45 graus (empurrando e levantando o corpo estranho). Se a agulha estiver a 45 graus e o paciente inclinar-se para a frente, não haverá risco de perfuração do globo ocular.
- Após a retirada do corpo estranho, corar com fluoresceína para confirmar a abrasão corniana. Em caso de lesão ≤ 2mm, prescrever antibiótico tópico profilático. Em caso de lesão > 2mm, fazer curativo oclusivo compressivo com pomada antibiótica por 24 horas.
- O oftalmologista deve reavaliar depois de 24 horas.

Capítulo 146
Queimadura Química e Térmica dos Olhos

Taly Addelsztajn • Ana Karla • Thaís Magalhães

■ QUEIMADURA QUÍMICA

Por sua gravidade, em razão da necessidade de medidas imediatas de quem presta o primeiro atendimento, independentemente de sua especialidade ou formação, as queimaduras ocupam um capítulo à parte no trauma ocular.

As lesões podem ser causadas por uma variedade de substâncias: ácidos, álcalis, detergentes, solventes e irritantes.

Em geral, a lesão por ácido é menos grave do que por um agente alcalino, uma vez que os íons H+ do ácido precipitam as proteínas, causando necrose de coagulação imediata do tecido superficial do globo ocular. Forma-se assim, uma barreira à penetração mais profunda do ácido em um processo autolimitante.

As substâncias alcalinas penetram mais rapidamente as estruturas oculares mediante a hidrólise das proteínas estruturais e a dissolução das células. Esse fenômeno é denominado necrose de liquefação, o que causa lesões mais graves e profundas.

O prognóstico depende da extensão da lesão no limbo (região que contém as células-tronco do epitélio corniano), do grau de opacificação da córnea e da lesão de estruturas intraoculares.

QUADRO CLÍNICO
- Opacidade da córnea
- Hiperemia ciliar
- Epífora
- Blefaroespasmo
- Dor severa e dificuldade em abrir os olhos

Nas lesões por substâncias ácidas, geralmente há perda imediata da acuidade visual devido à necrose superficial e consequente perda de transparência da córnea.

Nas lesões por substâncias alcalinas, a perda da acuidade visual só se manifesta apenas vários dias depois.

TRATAMENTO
1. Colírio anestésico (p. ex., **cloridrato de proximetacaína a 0,5%**), uma ou duas gotas no momento do exame. Nunca prescrever esse colírio ao paciente.
2. Analgésico oral ou venoso.
3. Irrigação profusa e imediata do globo ocular com Ringer ou soro fisiológico (1 a 2 litros), no local do acidente ou no primeiro atendimento. As pálpebras devem ser bem abertas e evertidas para lavagem do fundo de saco, solicitando ao paciente que olhe para cada posição com o objetivo de expor reentrâncias da conjuntiva.
4. Cinco minutos depois, avaliar o pH no saco conjuntival (pode-se utilizar fitas para medida do pH urinário): se o pH for neutro, parar a irrigação; caso contrário, continuar a irrigação até atingir a neutralidade.
5. Pesquisa minuciosa de partículas nos sacos conjuntivais superior e inferior, procedendo à sua remoção cuidadosa com cotonete úmido.
6. Colírio de corticoide na primeira semana (**acetato de prednisolona a 1%** ou **dexametasona 1mg/mL**: iniciar instilação de uma gota de 3/3h e ir reduzindo a cada 3 ou 5 dias, até melhora da lesão);

colírio cicloplégico (**cloridrato de ciclopentolato a 1%**: instilar uma gota de 12/12h por 3 a 5 dias), em caso de dor; colírio de antibiótico profilático (**cloridrato de ciprofloxacino a 0,3%, cloridrato de moxifloxacino a 0,5%, gatifloxacino a 0,3%**: instilar uma gota de 6/6h por 7 dias).
7. Curativo oclusivo.
8. Encaminhar ao oftalmologista.

■ QUEIMADURA POR RADIAÇÃO FOTOELÉTRICA E CALOR

RADIAÇÃO FOTOELÉTRICA

Ocorre por exposição prolongada aos raios ultravioleta (UV), após exposição solar, ou a fontes de luz artificiais e em soldadores que trabalham sem proteção adequada. Cerca de 6 a 12 horas após exposição aos raios UV, há descompensação do epitélio corniano, levando a uma queratite actínica ou fotoqueratite, geralmente bilateral.

QUADRO CLÍNICO

- Dor intensa, lacrimejamento
- Hiperemia ocular, fotofobia, blefaroespasmo
- Acuidade visual reduzida

TRATAMENTO

1. Colírio anestésico no momento do atendimento (p. ex., **cloridrato de proximetacaína a 0,5%**): instilar uma ou duas gotas.
2. Antibiótico tópico de largo espectro (**cloridrato de ciprofloxacino a 0,3%, cloridrato de moxifloxacino a 0,5%, gatifloxacino a 0,3%**): instilar uma gota de 6/6h por 7 dias.
3. Midriático (**tropicamida 1%**) ou cicloplégico (**cloridrato de ciclopentolato a 1%**): instilar uma gota de 12/12h por 3 a 5 dias.
4. Corticoide tópico (**acetato de prednisolona a 1% ou dexametasona 1mg/mL**): iniciar instilação de uma gota de 3/3h e ir reduzindo a cada 3 ou 5 dias, até a melhora da lesão.
5. Curativo oclusivo por 24 horas com pomada oftálmica (p. ex., **acetato de retinol 10.000UI, aminoácidos a 2,5%, metionina a 0,5%, cloranfenicol a 0,5%**) em caso de queratite e dor muito intensas. Também podem ser usadas outras pomadas de antibiótico e corticoide combinados.
6. Recomenda-se avaliação por oftalmologista.

CALOR

A maior parte dos danos térmicos ocorre quando metal quente entra em contato com a córnea. Em geral, observa-se queimadura da pálpebra com perda dos cílios. Em casos de explosão, cogitar a possibilidade da presença de corpo estranho tanto na superfície como no meio intraocular.

O calor é o maior indutor de inflamação e expressão de protease estromal e pode levar à destruição do colágeno, principal componente do estroma corniano, com consequente risco de perfuração ocular. Os principais objetivos da terapia de queimaduras causadas pelo calor são (tratamento):

- Aliviar o desconforto.
- Prevenir a inflamação secundária, ulceração e perfuração da córnea ou exposição causada pelo dano palpebral.
- Minimizar a formação de escara na pálpebra com resultante má função palpebral.
- Um agente cicloplégico pode ajudar a aliviar o desconforto do espasmo ciliar secundário ou da iridociclite. Antibioticoterapia profilática (geralmente tópica e ocasionalmente sistêmica) pode ajudar a prevenir a infecção das pálpebras queimadas e/ou reduzir as chances de úlcera de córnea infectada.

Capítulo 147
Lesão Superficial da Córnea

Taly Addelsztajn • Ana Karla • Thaís Magalhães

INTRODUÇÃO

A abrasão superficial da córnea é causada por lesão do globo ocular sem que haja perfuração. Está relacionada com traumatismos por agentes externos, como corpos estranhos, lentes de contato e dedos de criança. Trata-se de causa frequente de atendimentos emergenciais em oftalmologia e não demanda muita dificuldade para identificação e tratamento.

QUADRO CLÍNICO

O paciente queixa-se de sensação de corpo estranho, fotofobia, dor e lacrimejamento. Em geral, o próprio paciente chega relatando qual foi o agente agressor.

DIAGNÓSTICO

O diagnóstico é clínico. Com a aplicação de uma gota de anestésico tópico e com uma fonte de luz pode-se evidenciar uma área de descontinuidade da superfície ou do epitélio corniano. Para facilitar a identificação pode-se usar um corante, como a fluoresceína sódica, que cora a área lesionada de verde, quando visualizada com luz azul-cobalto.

Durante o exame, deve-se verificar os fórnices conjuntivais superiores e inferiores, nos quais é possível encontrar um corpo estranho. Também faz parte do exame a eversão da pálpebra superior para exposição da conjuntiva tarsal e avaliação de possível corpo estranho aderido a essa conjuntiva, o qual arranha o epitélio corniano ao se piscar o olho.

DIAGNÓSTICO DIFERENCIAL

Como a sintomatologia dessa afecção assemelha-se à de outras doenças oculares, o examinador deve atentar para outros processos, como:

- Infecção bacteriana
- Infecção viral
- Uveítes anteriores
- Edema de córnea
- Hipertensão ocular

TRATAMENTO

Depois de identificados a área lesionada e o agente causal, o qual deve ser retirado (veja o Capítulo 145), a preocupação reside em reepitelizar o tecido.

Quando a lesão é < 2mm, usa-se antibiótico tópico profilático (em geral, prescreve-se uma fluoroquinolona: ofloxacino, gatifloxacino) quatro vezes ao dia até a epitelização.

Nas lesões maiores e muito sintomáticas, faz-se curativo oclusivo com pomada de antibióticos sem corticoides por 1 dia, devendo o paciente ser reavaliado pelo oftalmologista 24 horas depois.

Capítulo 148
Glaucoma de Ângulo Fechado Agudo por Bloqueio Pupilar

Ana Karla • Taly Addelsztajn • Thaís Magalhães

INTRODUÇÃO

Glaucoma por bloqueio pupilar ou glaucoma de angulo fechado (GAF) constitui uma situação grave que ameaça a visão, sendo obrigatórios seu rápido reconhecimento e tratamento.

FISIOPATOLOGIA

Olhos com bloqueio pupilar apresentam obstrução ao fluxo de humor aquoso da câmara posterior para a câmara anterior resultante do contato entre o diafragma iriano em média midríase e a superfície anterior do cristalino. A pressão da câmara posterior aumenta com a retenção do humor aquoso e empurra a íris periférica contra o trabeculado cornioescleral, obstruindo o ângulo de drenagem. Esse fechamento ou obstrução pode ocorrer de maneira abrupta, causando dor ocular importante, embaçamento visual e vermelhidão ocular.

QUADRO CLÍNICO

A apresentação de GAF é bastante característica. A pressão intraocular (PIO) está elevada, geralmente > 40mmHg, com o olho bastante hiperemiado, profundidade da câmara anterior diminuída, pupila fixa em média midríase ou irregular, íris atrófica e íris bombé (empurrada para a frente em toda a sua periferia). A córnea pode estar edemaciada, e pode haver algum grau de inflamação do segmento anterior. O paciente se queixa de embaçamento visual severo e dor ocular intensa, os quais podem ser acompanhados de cefaleia, náuseas, vômitos, bradicardia e sudorese.

Na ausência de lâmpada de fenda para exame detalhado, pode-se verificar com os dedos médio e indicador que a tensão do globo ocular será pétrea em relação ao normal e ao olho contralateral e a midríase será fixa, não respondendo com miose ao estímulo luminoso. Pode até ser difícil avaliar com nitidez a pupila em razão do edema de córnea.

Durante o ataque agudo, o nervo óptico pode mostrar-se com bordos pouco nítidos, em virtude do edema, e hiperemiado. Palidez de papila pode ocorrer em aproximadamente 40% dos casos após 2 semanas de crise.

DIAGNÓSTICO DIFERENCIAL

- Íris em platô: juntamente com o glaucoma de bloqueio pupilar, é considerada a principal causa de glaucoma de ângulo fechado.
- Cistos iridociliares: diagnóstico feito pela gonioscopia ou biomicroscopia ultrassônica (UBM).
- Glaucoma facomórfico: o bloqueio é originário do aumento e deslocamento do cristalino.
- Bloqueio secundário a uveítes.
- Glaucoma neovascular.
- Glaucoma maligno.

TRATAMENTO

O objetivo do tratamento é baixar a PIO e remover qualquer elemento causador do bloqueio pupilar:

- Tratamento inicial:
  - Administrar **manitol a 20%** – 1,5 a 2g/kg de peso (80 a 100 gotas/min) de 8/8h, EV, ou **glicerina a 50%**, na dosagem de 1,5g/kg VO, misturada a suco de limão ou laranja.
  - Inibidores da anidrase carbônica podem ser recomendados: **acetazolamida, 250mg** VO, de 6/6h, com dose inicial de ataque de 500mg.
  - Medicamentos analgésicos, sedativos e antieméticos devem ser administrados IM ou EV, tomando o cuidado de não prescrever derivados da atropina.
  - No momento da crise, os agentes hipotensores apresentam pouco efeito. Os agentes parassimpáticos são úteis quando a PIO está em cerca de 30mmHg: **pilocarpina a 2%**, uma gota de hora em hora, nas primeiras 3 horas, e uma gota de 6/6h a seguir. Os β-bloqueadores são usados a cada 12 horas: **maleato de timolol a 0,5%**.
  - Corticoide de uso tópico (**prednisolona a 1%** ou **dexametasona a 1%**) deve ser administrado em doses anti-inflamatórias: uma gota de 2/2h, nas primeiras 24 horas.

Além do tratamento medicamentoso, pode-se realizar a depressão central da córnea, utilizando para isso o cone do tonômetro de aplanação ou cotonete. A compressão deve ser realizada três vezes (10 segundos cada compressão, com intervalos de 10 segundos entre elas), a qual pode ser repetida duas a três vezes.

A segunda fase do tratamento tem como objetivo eliminar o bloqueio pupilar, sendo feita a iridectomia com *Nd-Yag laser* em consultório oftalmológico.

Capítulo 149
Queratites Infecciosas

Taly Addelsztajn • Ana Karla • Thaís Magalhães

INTRODUÇÃO

A queratite, uma inflamação da córnea, que pode ser infecciosa ou não. Neste capítulo serão abordadas as queratites infecciosas, as quais podem ser causadas por bactérias, fungos, vírus e protozoários.

■ QUERATITE BACTERIANA

Considerada uma emergência, pois constitui importante causa de déficit visual. O diagnóstico e o tratamento devem ser imediatos para evitar a perda de visão, a perfuração e até a perda do globo ocular.

FISIOPATOLOGIA

O epitélio corniano íntegro, o filme lacrimal com imunoglobulinas e enzimas como lisozima, β-lisina e lactoferrina, os radicais livres na camada de mucina do filme lacrimal e a ação de limpeza das pálpebras durante o piscar representam mecanismos de defesa da córnea para evitar as infecções, contudo quando há comprometimento desses sistemas as bactérias conseguem produzir a infecção.

Os agentes etiológicos mais comuns são *Staphylococcus* sp., *Streptococcus* sp., *pseudomonas* sp. (esta muito relacionada com o uso de lentes de contato) e *Proteus* sp.

QUADRO CLÍNICO

O paciente queixa-se de dor ocular, lacrimejamento, visão turva, hiperemia conjuntival e secreção purulenta.

A *Pseudomonas* sp. produz uma úlcera extensa, de crescimento acelerado, com presença de pus na câmara anterior. O edema corniano apresenta aspecto de vidro fosco, ao estender-se além do local infiltrado.

O *Staphylococcus* sp. e o *Streptococcus* sp. produzem uma úlcera redonda, branco-acinzentada, envolta por uma área de edema.

DIAGNÓSTICO

Material do infiltrado corneal deve ser coletado e encaminhado para citologia, bacterioscopia e cultura, com o objetivo de isolar o agente. Nos casos graves, pode ser necessária uma biópsia de córnea.

Se o paciente estiver fazendo uso de antibiótico tópico, pode ser necessário suspendê-lo cerca de 24 a 48 horas antes, para então coletar o material, mas isso se não houver risco de úlcera rapidamente progressiva e perfuração.

TRATAMENTO

O tratamento consiste no uso de **colírio à base de antibiótico**.

Os casos de menor gravidade, ou seja, úlceras superficiais com < 3mm e que não estão no eixo visual, podem ser tratados com monoterapia por fluoroquinolonas (**ciprofloxacino a 0,3%, ofloxacino a 0,3%**). Nesses casos, a dosagem inicial do colírio é de uma gota a cada minuto por 5 minutos (cinco gotas), seguida de uma gota de 5/5 minutos por 15 minutos (três gotas), passando para uma gota a cada hora.

Nas úlceras mais graves, o tratamento inicial deve ser feito com dois agentes fortificados: uma associação entre uma cefalosporina de primeira geração para gram-positivo (cefalotina ou cefazolina, 50mg/mL) e um aminoglicosídeo para gram-negativo (gentamicina ou tobramicina, 9 a 15mg/mL) de 1 em 1h.

Se não houver melhora do quadro, talvez seja necessário trocar a antibioticoterapia mediante os resultados da cultura e do antibiograma. Em casos muito graves, o transplante de córnea terapêutico pode ser considerado.

■ QUERATITE FÚNGICA

A queratite fúngica apresenta uma evolução lenta e, em geral, associa-se à história de traumatismo, doença corniana preexistente e uso de esteroides e antibióticos ou de lentes de contato.

FISIOPATOLOGIA

Para causarem a infecção, os fungos necessitam que haja a ruptura do epitélio corniano, pois não conseguem penetrar a córnea íntegra. Assim, para que ocorra a infecção, há fatores envolvidos, como a resposta imunológica do hospedeiro (imunocomprometidos apresentam risco aumentado), a virulência do fungo e a associação com os fatores de risco já mencionados.

A patologia pode ser causada por fungos filamentosos e fungos leveduriformes:

- **Fungos filamentosos:** *Fusarium* sp., *Apergillus* sp., *Penicillium* sp., *Acremonium* sp.
- **Fungos leveduriformes:** *Candida* sp.

QUADRO CLÍNICO

Nas infecções fúngicas, evidencia-se uma reação inflamatória, geralmente de início insidioso, com infiltrado esbranquiçado, lesões finas ou granulares, de localização intraepitelial ou estromal, e pouca reação celular da câmara anterior.

Quando há fungo filamentoso, os achados incluem presença de infiltrado denso e esbranquiçado, com lesões satélites ao redor e margens hifadas. Também pode haver pus na câmara anterior.

Quando existe fungo leveduriforme, os achados consistem em infiltrado esbranquiçado denso com característica leitosa e não há margens hifadas, nem lesões satélites. Está associado a lesões oculares existentes.

DIAGNÓSTICO

O diagnóstico será feito mediante a coleta de material por raspados da úlcera, para que seja possível isolar o agente. Nos casos em que os raspados forem negativos e a suspeita clínica for grande, poderá ser feita biópsia.

TRATAMENTO

Os corticoides estão definitivamente contraindicados, pois promovem o crescimento dos fungos.

O tratamento será feito quando a suspeita clínica for muito forte ou após a identificação laboratorial do fungo.

Em caso de fungos filamentosos, o tratamento deve ser feito com **colírio de natamicina a 5% de 1/1h**, com redução lenta da dose de acordo com a resposta obtida pela evolução do quadro, associado a **cetoconazol, 400mg VO** por cerca de 30 dias ou até a regressão.

Em caso de fungos leveduriformes, utiliza-se **colírio de anfotericina B de 0,05% a 1% de 1/1h, associado a fluconazol, 400mg VO.**

■ QUERATITE HERPÉTICA

O agente etiológico da queratite herpética é o vírus herpes simples (HSV), principalmente o HSV tipo I. A afecção corniana causada por infecção pelo HSV apresenta múltiplas manifestações, as quais necessitam de tratamentos específicos. Caso esses não sejam feitos, a doença pode cursar com perda da visão, pois evolui com opacidade severa de córnea, e em alguns casos pode ocorrer perfuração corniana.

FISIOPATOLOGIA

A queratite herpética apresenta diferentes formas de manifestação, as quais são divididas em **infecção primária** (que tem evolução benigna e autolimitada) e **infecção recorrente**. Esta última pode ser dividida ainda em **queratite epitelial infecciosa** (causada pela ação direta do vírus vivo que se replica no epitélio da córnea), **queratite pós-infecciosa** (secundária à má inervação corniana e causada por outros fatores que levam à destruição da membrana basal do epitélio), **queratite estromal necrosante** (há invasão do estroma em decorrência de infecção viral ativa com inflamação viral severa) e **queratite estromal imune** (reação imune no estroma contra o vírus retido e antígenos do hospedeiro), além de **endotelite** (há inflamação do endotélio corniano).

QUADRO CLÍNICO

- **Infecção primária:** pode apresentar vesículas em torno do olho com ou sem envolvimento simultâneo da conjuntiva e da córnea. As vesículas ulceram e evoluem para crostas. Podem também ser observados quadros clínicos de conjuntivite folicular aguda.
- **Infecção recorrente:** o paciente queixa-se de dor, turvação visual, fotofobia e hiperemia conjuntival.
- **Queratite epitelial infecciosa:** pode iniciar-se com queratite ponteada, fase inicial que apresenta vesículas e pontos na superfície corniana, evoluindo para formação de linhas e figuras clássicas de dendritos, que têm bulbos terminais nas extremidades, e úlceras em formato de mapas geográficos. Essas lesões são bem visualizadas mediante o uso de corante rosa bengala.
- **Queratite neurotrófica:** consiste em ulcerações rasas, ovoides, de fundo transparente (sem infiltração), com bordas elevadas por empilhamento de epitélio.
- **Queratite estromal necrosante:** úlceras profundas, necrose de tecido corniano e grande quantidade de vírus.
- **Queratite estromal imune:** há um infiltrado denso esbranquiçado, que pode ser focal ou difuso, além da presença de neovascularização, principalmente em casos mais graves ou naqueles com inflamação crônica.
- **Endotelite:** pode apresentar-se na forma linear, difusa ou em disco, há edema epitelial e estromal e, em alguns casos, irite.

DIAGNÓSTICO

Exames laboratoriais não são necessários, bastando uma boa anamnese e exame clínico minucioso.

TRATAMENTO

Na infecção primária pode-se usar **aciclovir a 3%**, creme dermatológico, 5×/dia, por 7 a 14 dias, sobre as vesículas.

Nas recorrências:

- **Infecção epitelial:** prescrevem-se antivirais tópicos, como **aciclovir a 3%**, pomada oftálmica, 5×/dia, por 14 a 21 dias; ou **colírio de idoxuridina a 0,1%**, 9×/dia, por 7 a 10 dias. Em casos refratários, podem ser usados antivirais sistêmicos, como **aciclovir 400mg** VO 5×/dia, por 7 a 14 dias.

- **Queratite neurotrófica:** não precisa de antivirais; o tratamento é não intervencionista, com lubrificação intensa, curativo oclusivo e lente de contato terapêutica.
- **Queratite estromal:** casos leves podem ser tratados com lubrificantes tópicos e os casos mais graves com corticoides tópicos e antivirais tópicos ou sistêmicos, em doses profiláticas.
- **Endotelite:** se comprometer o eixo visual, deve ser usado corticoide tópico potente associado a antiviral tópico ou sistêmico em doses profiláticas.

Capítulo 150
Conjuntivite Aguda

Taly Addelsztajn • Ana Karla • Thaís Magalhães

INTRODUÇÃO

Conjuntivite é uma inflamação da conjuntiva que pode ou não ser de etiologia infecciosa. Consiste em importante diagnóstico na síndrome do olho vermelho. Neste capítulo serão abordadas as conjuntivites bacterianas, virais e alérgicas.

■ CONJUNTIVITE BACTERIANA

A infecção pode ocorrer pelo contato direto do paciente com um indivíduo infectado ou por micro-organismos encontrados na conjuntiva e nas vias aéreas superiores do próprio paciente.

As conjuntivites bacterianas podem ser classificadas como hiperagudas, quando duram menos de 24 horas, subagudas ou agudas, quando duram de 3 a 4 semanas, e crônicas, quando evoluem por mais de 4 semanas. Os agentes encontrados na conjuntivite hiperaguda são *Neisseria gonorrhoeae* e *Neisseria meningitidis*; os mais comuns na conjuntivite aguda são: *Staphylococcus aureus*, *Streptococcus pneumoniae* e *Haemophilus influenzae*; e na crônica são: *Proteus* sp., *Pseudomonas* sp. e Enterobacteriaceae.

CONJUNTIVITE BACTERIANA AGUDA

Normalmente é autolimitada.

ETIOLOGIA

Os agentes etiológicos mais comuns são: *Streptococcus pneumoniae*, *Staphylococcus aureus*, *Haemophilus influenzae* (principalmente em crianças) e *Staphylococcus* coagulase-negativo.

QUADRO CLÍNICO

O paciente se apresenta com hiperemia conjuntival com secreção purulenta e reação conjuntival papilar, e pode ter adenopatia pré-auricular. As infecções por *Streptococcus pneumoniae* e *Haemophilus* sp. podem apresentar petéquias conjuntivais, enquanto aquelas por *Staphylococcus aureus* pode causar blefaroconjuntivite.

DIAGNÓSTICO

O diagnóstico é clínico, não sendo necessários exames laboratoriais, a não ser em casos de infeccções refratárias ou na suspeita de infecção por gonococo.

TRATAMENTO

O tratamento consiste na prescrição de antibióticos tópicos, como gentamicina e **fluoroquinolonas**, geralmente 4 a 8 ×/dia, por 5 a 7 dias. Em casos de infecção por *Haemophilus* sp. em crianças, está indicado o uso de **ampicilina, 50 a 100mg/kg/dia VO**.

■ CONJUNTIVITE NEONATAL

Ocorre no primeiro mês após o nascimento.

ETIOLOGIA

Pode ser causada por uma reação química, após a administração do colírio de nitrato de prata; ou pode ter como agentes etiológicos, em ordem de maior frequência: *Chlamydia trachomatis, Streptococcus viridans, Staphylococcus aureus, Haemophilus influenzae* e *Neisseria gonorrhoeae*.

QUADRO CLÍNICO

Pacientes com história de secreção esverdeada ou amarelada, unilateral, com hiperemia conjuntival. A conjuntivite de maior gravidade é aquela causada pela *Neisseria gonorrhoeae*, a qual pode evoluir com destruição do globo ocular.

DIAGNÓSTICO

O diagnóstico é clínico, só sendo necessários exames laboratoriais naqueles casos de pacientes imunodeprimidos, com suspeita de infecção por gonococo, e nas conjuntivites bacterianas refratárias.

TRATAMENTO

Nos casos decorrentes de bactérias gram-positivas, o tratamento consiste em: **eritromicina a 0,5%**, pomada, 4 ou 5 ×/dia, por 7 dias; ou **sulfacetamida a 10%**, pomada, 4 ou 5 ×/dia, por 7 dias.

No caso de bactérias gram-negativas: aminoglicosídeo – **gentamicina ou tobramicina a 0,3%**, 4 a 5 ×/dia, por 7 dias; fluoroquinolona – **ofloxacino ou ciprofloxacino**, 4 a 5 ×/dia, por 7 dias.

Em caso de conjuntivite gonocócica, o paciente deve ser isolado e o tratamento é sistêmico; cefalosporina de terceira geração – **ceftriaxona**, 25 a 50mg/kg/dia IM, em dose única; ou **cefotaxima**, 25mg/kg/dia IM ou EV, de 12/12h; ou pode-se usar **penicilina G** 100.000UI/kg/dia EV, 2 a 5 ×/dia, por 7 a 14 dias. Os comunicantes devem usar **doxiciclina**, 100mg VO, 2 ×/dia, por 7 dias.

■ CONJUNTIVITE VIRAL

Altamente contagiosa, a conjuntivite viral é causada, principalmente, por adenovírus.

CONJUNTIVITE ADENOVIRAL

Duas apresentações clínicas são evidenciadas pela infecção por adenovírus: a queratoconjuntivite epidêmica e a febre faringoconjuntival.

ETIOLOGIA

A queratoconjuntivite epidêmica é causada pelos adenovírus tipos 8, 11, 19 e 37, enquanto a febre faringoconjuntival é causada pelos adenovírus tipos 3, 4, 5 e 7.

QUADRO CLÍNICO

Na queratoconjuntivite epidêmica, o paciente refere sensação de corpo estranho, lacrimejamento e secreção mucosa. Ao exame físico, é evidenciado gânglio pré-auricular aumentado e doloroso e há hipertrofia papilar, quemose e folículos grandes na conjuntiva palpebral. Hemorragias e pseudomembranas também podem ser encontradas ao exame. O olho contralateral estará afetado em 50% dos casos.

Na febre faringoconjuntival, há febre e faringite; e o quadro de conjuntivite é semelhante ao da queratoconjuntivite epidêmica, mas o acometimento da córnea é bem menos frequente na febre faringoconjuntival.

O exame oftalmológico é muito importante em quadros que evoluem com mais de 10 a 14 dias, pois pode significar comprometimento da córnea.

DIAGNÓSTICO

O diagnóstico da conjuntivite adenoviral costuma ser clínico, só sendo feitos exames laboratoriais em caso de infecções refratárias, quando podem ser realizadas citologia conjuntival (coloração com Giemsa), cultura do vírus, imunofluorescência direta e proteína C reativa (PCR).

TRATAMENTO

O tratamento visa ao alívio dos sintomas. Assim sendo, compressas frias e vasoconstritores podem causar certo alívio. O uso de anti-inflamatórios não esteroides também pode aliviar certos sintomas. A prescrição de corticoide deve ser feita com cautela, só sendo recomendada em casos graves com acometimento da córnea e visão diminuída, e na presença de pseudomembranas, que devem ser retiradas. Para isso, o examinador pode lançar mão da **dexametasona a 1mg/mL**, 4×/dia, com regressão lenta a cada 5 a 7 dias.

■ CONJUNTIVITE ALÉRGICA

Trata-se de uma inflamação da conjuntiva causada por reação de hipersensibilidade dos tipos I e/ou IV. Pode ser classificada em: conjuntivite alérgica sazonal, conjuntivite alérgica perene, queratoconjuntivite primaveril, dermatoqueratoconjuntivite atópica e conjuntivite papilar gigante. Neste livro, abordaremos apenas a conjuntivite alérgica sazonal.

CONJUNTIVITE ALÉRGICA SAZONAL

Trata-se da forma mais comum.

ETIOLOGIA

Esse tipo de conjuntivite ocorre mediante um contato com o alérgeno, geralmente pólen, pó ou pelo de animais, que desencadeia a produção de IgE, a qual ativa mastócitos e basófilos, gerando degranulação e liberação de diversos mediadores inflamatórios, sendo por isso considerada uma reação de hipersensibilidade do tipo I.

QUADRO CLÍNICO

Em períodos sazonais, o paciente inicia um quadro de hiperemia conjuntival, hipertrofia papilar da conjuntiva palpebral superior, edema, prurido e secreção mucosa. O comprometimento corniano é raro.

DIAGNÓSTICO

Podem ser realizados exames como dosagem de IgE, testes cutâneos, para investigação da causa da alergia, e citologia da conjuntiva, para avaliação da presença de eosinófilos.

TRATAMENTO

Inicialmente, o paciente deve ser orientado a manter-se afastado do alérgeno que desencadeia o quadro.

Na fase inicial, o tratamento deve ser feito com anti-histamínicos de uso tópico (**emedastina**) e estabilizador da membrana de mastócitos (**cromoglicato de sódio de 2% a 4%**) ou colírios de dupla a tripla ação (**cetotifeno, olopatadina de 0,1% a 0,2% e epinastina**).

Corticoide deve ser usado em casos graves com risco de perda visual e acometimento da córnea.

Capítulo 151
Principais Fármacos Usados em Oftalmologia

Taly Addelsztajn

Quadro 151.1 Colírios antibióticos

Quinolonas	**Ciprofloxacino:** colírio, a 0,3%. Úlcera córnea: 1 a 2 gotas por olho, inicialmente de 15/15min nas primeiras 6 horas e de 30/30min no restante do dia. No segundo dia, instilar de 1/1h; do terceiro dia em diante, instilar de 4/4h até o 14º dia. Conjuntivite: instilar 1 ou 2 gotas de 2/2h nos primeiros 2 dias e de 4/4h pelos 5 dias seguintes. **Ofloxacino:** colírio a 0,3%, 1 ou 2 gotas de 6/6h, pelo período de até 10 dias. A dose pode ser aumentada ou diminuída de acordo com a intensidade do caso e a critério médico **Cloridrato de besifloxacino:** colírio a 0,6%, 1 gota de 8/8h, por 5 dias, podendo ser estendido por 7 dias ou conforme critério médico **Moxifloxacino:** colírio, concentração a 0,5%, 1 gota de 8/8, por 7 dias ou mais, conforme a gravidade da infecção **Gatifloxacino:** colírio, concentração a 0,3%, 1 gota em cada olho, inicialmente de 2/2h nas primeiras 24 a 48 horas; do terceiro ao sétimo dia, instilar 1 gota até de 6/6h. Quando em infecções leves, usar de 8/8h, por 7 dias
Aminoglicosídeos	**Tobramicina** colírio (e pomada), concentração a 0,3%, 1 gota em cada olho de 6/6h, por 7 dias. A pomada deve ser usada de 2 a 3×/dia, por 7 dias **Neomicina** colírio (e pomada): mesma posologia dos supracitados

Quadro 151.2 Colírios com corticoides

Acetato de prednisolona a 1% ou **fosfato dissódico de dexametasona** a 1% ou **etabonato de loprednol** a 5%, 1 gota em cada olho, inicialmente de 3/3h, com redução a cada 3 ou 5 dias, em casos graves, ou de 6/6h, em inflamações leves e moderadas, com redução lenta
Acetato de prednisolona a 0,12%, **dexametasona** a 0,1%, **acetato de fluormetalona** a 0,1% e **lotepredrol** a 0,2%, 1 gota de 6/6h, com redução gradativa a cada 3 ou 5 dias. Pode ser usado com maior frequência em caso de inflamação grave

Quadro 151.3 Colírios com anti-inflamatórios não esteroides (AINE)

Nepafenaco a 0,1%: instilar 1 gota de 6/6h por 7 dias ou mais, se necessário
Diclofenaco sódico a 0,1%: instilar 1 gota de 6/6h por 7 dias ou mais, conforme a necessidade
Flurbiprofeno sódico a 0,3mg: 1 gota de 6/6h por 7 dias
Cetrolaco de trometamina a 0,4%: 1 gota de 6/6h

Quadro 151.4 Colírio cicloplégico

Cloridrato de ciclopentolato a 1% colírio: pingar 1 gota de 12/12h por 5 dias ou conforme a necessidade
Tropicamida a 1% colírio: pingar 1 gota de 12/12h por 5 dias ou conforme a necessidade

Quadro 151.5 Colírio anestésico

Cloridrato de proximetacaína a 0,5% colírio: pingar 1 ou 2 gotas no momento do exame

Quadro 151.6 Colírios com anti-histamínicos

Cloridrato de olopatadina a 0,1% colírio: 1 gota, 1×/dia, em adultos e crianças a partir de 3 anos, por 10 a 20 dias
Cloridrato de epinastina a 0,05% colírio: 1 gota 2×/dia, por 10 a 20 dias
Alcaftadina a 0,25% colírio: 1 gota 1×/dia

Quadro 151.7 Antiviral

Aciclovir pomada oftálmica: aplicar no saco conjuntival inferior e/ou por fora do olho (se houver lesão externa), 5×/dia até a cicatrização da lesão. A dose de manutenção deve ser administrada de 2 a 3×/dia por tempo prolongado

Quadro 151.8 Pomadas e compressas

Pomada com combinação de antibiótico e corticoide: aplicar de 2 a 4×/dia no local – dentro e/ou fora do olho – até a resolução da lesão
Pomada com antibiótico: aplicar dentro do olho, 2 a 4×/dia até a cicatrização da lesão
Compressas quentes ou frias com soro fisiológico ou água filtrada: devem ser usadas em torno de 4×/dia (de 6/6h) até a resolução do processo

BIBLIOGRAFIA

Alves MR, Andrade BBA. Úlcera de córnea bacteriana. Arq Bras Oftalmol 2000; 63(6).

Araújo AAS, Almeida DV, Aráujo VM, Góes MR. Urgência oftalmológica: corpo estranho ocular ainda como principal causa. Arq Bras Oftalmol, Mar/Apr, 2002; 65(2).

Cohen R. Abrasão superficial da córnea. In: Golin V, Sprovieri SRS. Condutas em urgências e emergências para o clínico. Edição revista e atualizada. São Paulo: Atheneu, 2009:1025-6.

Cohen R. Conjuntivite aguda. In: Golin V, Sprovieri SRS. Condutas em urgências e emergências para o clínico. Edição revista e atualizada. São Paulo: Atheneu, 2009:1019-23.

Cohen R. Glaucoma agudo. In: Golin V, Sprovieri SRS. Condutas em urgências e emergências para o clínico. Edição revista e atualizada. São Paulo: Atheneu, 2009:1033-6.

Dafré JT, Leonor ACI, Moreira PB, Gaiotto Jr. OA. Corpo estranho intracristaliniano. Rev Bras Oftalmol, Mar./Apr. 2009; 68(2).

Freitas D, Alvarenga L, Lima ALH. Ceratite herpética. Arq Brás Oftalmol 2001; 64:81-6.

Gerente VM, Melo GB, Regatieri CVS et al. Trauma ocupacional por corpo estranho corneano superficial. Arq Bras Oftalmol, 2008; 71(2): 149-52.

Höfling-Lima AL et al. Conjuntiva. In: Bicas HEA, Jorge AAH. Oftalmologia: fundamentos e aplicações. São Paulo: Tecmed, 2007:153-81.

Jornal de Saúde Ocular Comunitária. Avaliação e tratamento dos ferimentos oculares. Junho de 2009; 1(1).

Hofling-Lima AL, Mocler CTA, Freitas D, Martins EM. Manual de condutas em oftalmologia – UNIFESP. Rio de Janeiro: Atheneu, 2010.

Lang G. Ophthalmology – A pocket textbook atlas. 2ª edição. Thieme, 2007.

Leal FAM, Filho APS, Learth JCS, Silveiras DB. Trauma ocular ocupacional por corpo estranho superficial. Arq Bras Oftalmol 2003; 66:57-60.

Martins HS, Brandão Neto RA, Scalabrini Neto A, Velasco IT. Emergências clínicas – abordagem prática. 7 ed. Rio de Janeiro: Manole, 2012.

Mello PAA, Mandia Jr. C, Galvão RP. I Consenso Brasileiro de Glaucoma Primário de Ângulo Fechado. São Paulo: PlanMark, 2006.

Oliveira PR, Resende SM, Oliveira FC, Oliveira AC. Ceratite fúngica. Arq Bras Oftalmol 2001; 64:75-9.

Paranhos Jr. A, Prata JA, Melo Jr. LAS, Mello PAA. Urgências em glaucoma. Editora Lemos.

Trauma ocupacional por corpo estranho corneano superficial. Arq Bras Oftalmol 2008; 71(2):149-52.

Urgência oftalmológica: corpo estranho ocular ainda como principal causa. Arq Bras Oftalmol. São Paulo, Mar/Apr. 2002; 65(2).

Seção XX – ONCOLOGIA

Capítulo 152
Emergências Oncológicas

Guilherme Almeida Rosa da Silva • Stefany Vienna Domingos

INTRODUÇÃO

A emergência oncológica é um quadro resultante dos efeitos mecânicos diretos da neoplasia (causa obstrutiva ou compressiva), da toxicidade aos tratamentos de radioterapia e quimioterapia ou de distúrbios metabólicos e hormonais (síndromes paraneoplásicas). Logo, **as emergências oncológicas podem ser classificadas em três grupos: compressão ou obstrução, síndromes paraneoplásicas e complicações associadas ao tratamento.**

■ EMERGÊNCIAS OBSTRUTIVAS
SÍNDROME DA VEIA CAVA SUPERIOR (SVCS)
ETIOLOGIA

Causada, principalmente, por tumores malignos, sendo o câncer de pulmão de pequenas células, linfomas e tumores metastáticos os mais frequentes. Além disso, a crescente utilização de dispositivos intravasculares (cateteres e marca-passos) tem contribuído para o aumento de causas benignas de SVCS, como, por exemplo, a trombose.

QUADRO CLÍNICO

Edema cervicofacial, dispneia de caráter progressivo, pletora, circulação colateral toracobraquial e tosse. Ao exame físico, notam-se turgência venosa cervical e torácica, cianose e pletora associadas a edema de face, braços e tórax.

DIAGNÓSTICO

O diagnóstico da SVCS é eminentemente clínico.

- **Radiografia de tórax:** exame inespecífico. O achado mais significativo é o de alargamento do mediastino superior.
- **Angiotomografia de tórax:** altas sensibilidade e especificidade e pequeno risco de complicações. Além disso, é capaz de demonstrar o nível em que se encontra o bloqueio venoso e apontar sua possível causa.
- **Angiorressonância magnética de tórax:** alternativa à angiotomografia de tórax em casos de alergia ao contraste iodado.

O estabelecimento do diagnóstico histopatológico das massas mediastinais, quando não houver história prévia de câncer, poderá exigir o uso da mediastinoscopia ou a mediastinotomia paraesternal.

TRATAMENTO

Inicialmente, deve-se avaliar a condição da doença de base e o malefício provocado pela SVCS.
A temível complicação das massas localizadas no mediastino superior consiste na obstrução da traqueia, exigindo tratamento de suporte à via aérea de emergência (intubação orotraqueal, traqueostomia e ventilação mecânica, se necessário). Esses procedimentos podem ser difíceis.

Consequentemente, o tratamento clássico da SVCS inclui o uso de medidas clínicas, como elevação da cabeceira do leito, oxigenoterapia e diuréticos de alça com dieta hipossódica, visando a reduzir o edema no território de drenagem da veia cava superior. O corticoesteroide dexametasona pode ser útil em neoplasias como os linfomas.

É importante implementar medidas que reduzam a massa tumoral. O uso da radioterapia é útil em neoplasias radiossensíveis, como o tumor de pequenas células de pulmão. A quimioterapia é útil nas neoplasias que apresentam potencial de resposta, como, por exemplo, os linfomas e os tumores de células germinativas.

Stent intravascular está indicado em neoplasias refratárias ao tratamento radioterápico e quimioterápico, com o objetivo de alívio rápido dos sintomas.

Em caso de SVCS relacionada com cateter (trombose), estão indicadas anticoagulação e retirada do cateter.

DERRAME PERICÁRDICO E TAMPONAMENTO CARDÍACO

É raro o tamponamento cardíaco como apresentação inicial de neoplasia maligna extratorácica. Os cânceres com maior propensão a invadir o pericárdio são: os de pulmão; de mama; e o linfoma.

ETIOLOGIA

Deve ser cogitada a disseminação neoplásica para o pericárdio, mas o derrame pode estar relacionado com irradiação, causas medicamentosas, congestão, infecções ou doenças autoimunes.

A maioria dos pacientes com metástases pericárdicas é assintomática.

QUADRO CLÍNICO

Dispneia, tosse, dor torácica, ortopneia e fraqueza. Exame físico: derrame pleural, taquicardia sinusal, turgência jugular, hipotensão, hepatomegalia, edema periférico e cianose. A presença da **tríade de Beck** (hipotensão, turgência jugular patológica e hipofonese de bulhas) deve suscitar a hipótese de tamponamento cardíaco.

DIAGNÓSTICO

Radiografia e eletrocardiograma são inespecíficos. Ecocardiografia transtorácica é o método diagnóstico mais útil. A punção do líquido pericárdico com análise citopatológica estabelece o diagnóstico de invasão neoplásica.

TRATAMENTO

Quimioterapia e radioterapia, pericardiocentese, com ou sem injeção de agentes esclerosantes, e pericardiotomia são possibilidades terapêuticas. A presença de infiltração neoplásica em pericárdio determina um prognóstico muito ruim.

COMPRESSÃO MEDULAR

O câncer de pulmão é o principal responsável pela síndrome de compressão medular de origem neoplásica. Outros tipos possíveis são: câncer de mama, próstata, mieloma múltiplo e tumores de células renais.

Deve-se suspeitar de compressão medular relacionada com malignidade diante dos seguintes achados na anamnese e no exame físico: dor de forte intensidade, irradiada para os membros inferiores, de caráter agudo e progressivo, que piora ao deitar, à manobra de Valsalva e à movimentação. A presença de síndrome de cauda equina, sinal de Lhermitte (dor em choque irradiada para os membros inferiores ao fletir ou estender o pescoço), parestesias, paresias e hiper-reflexia abaixo do nível de compressão são indicativos neurológicos de lesão medular.

DIAGNÓSTICO

A ressonância nuclear magnética (RNM) de coluna vertebral é o exame de escolha. A tomografia computadorizada (TC) da coluna pode ser utilizada em caso de impossibilidade de realizar a RNM.

TRATAMENTO

O objetivo do tratamento é aliviar a dor e recuperar a função neurológica. O manejo inicial dos pacientes com compressão medular espinhal baseia-se na analgesia, muitas vezes com uso de opioides, uso precoce de corticoide (dexametasona) e radioterapia ou quimioterapia, para neoplasias sensíveis. Deve ser cogitada a profilaxia para trombose venosa profunda (TVP) em pacientes acamados.

A intervenção cirúrgica está indicada em casos de insucesso ou resistência à radioterapia, causas desconhecidas e sintomas neurológicos rapidamente progressivos. A radioterapia adjuvante em tumores radiossensíveis parece melhorar o prognóstico dos pacientes cirúrgicos.

HIPERTENSÃO INTRACRANIANA

As metástases cranianas são eventos típicos das neoplasias de pulmão e mama e do melanoma. Podem corresponder a cerca de 25% das causas de óbito nos pacientes com câncer ou podem ser uma importante fonte de morbidade nesses pacientes.

QUADRO CLÍNICO

Cefaleia (sintoma mais comum), náuseas, vômitos, alterações comportamentais, vertigem e déficits neurológicos focais progressivos.

EXAME FÍSICO

Edema de papila (em até 50% dos casos), podendo ser unilateral ou bilateral, rigidez de nuca e tríade de Cushing em casos graves, caracterizada por hipertensão arterial, bradicardia e alterações na frequência respiratória.

DIAGNÓSTICO

TC e RNM estão indicados em caso de suspeita clínica, sendo capazes de demonstrar metástases únicas ou múltiplas, edema perilesional e efeito de massa capaz de obstruir a passagem de líquor dos ventrículos e desviar a linha média.

TRATAMENTO

Manter a cabeceira elevada a 30 graus; evitar hipertermia (usar antipiréticos) e hipotensão; realizar profilaxia de crises convulsivas; corrigir distúrbios hidroeletrolíticos (p. ex., hiponatremia), utilizando corticoide como a **dexametasona**, na dose de ataque de 10mg EV e 4 a 6mg EV de 6/6h, para redução do edema perilesional; e radioterapia local.

Em casos de risco iminente de herniação de estruturas cerebrais, devem ser efetuados cuidados intensivos: intubação orotraqueal (IOT) e hiperventilação mecânica (manter pCO_2-alvo de 25 a 30mmHg) são as formas mais rápidas de reduzir a pressão intracraniana. **Manitol**, 1g/kg da solução a 20% EV em 30 a 60 minutos, seguido de manutenção de 0,5g/kg de 6/6h ou 8h, e **dexametasona** na dose de ataque de 10mg EV, com 4 a 6mg EV em 6/6h. Manter a pressão de perfusão cerebral > 70mmHg.

OBSTRUÇÃO INTESTINAL E UROLÓGICA

Devem ser realizados procedimentos descompressivos cirúrgicos, como posicionamento de *stents*, confecções de ostomias ou *bypass*, analgesia e tratamento de náuseas e vômitos.

■ SÍNDROMES PARANEOPLÁSICAS EMERGENCIAIS

HIPERCALCEMIA

A mais comum das síndromes paraneoplásicas, a hipercalcemia maligna ocorre em até 20% dos pacientes com câncer e está associada a mecanismos variados, como lesão óssea metastática direta, aumento de citocinas inflamatórias, como no mieloma múltiplo, aumento na conversão de 25-OH vitamina D em 1,25-OH vitamina D, como nos linfomas, e produção ectópica de peptídeo relacionado com o paratormônio (PTHrp), como, por exemplo, no carcinoma epidermoide de pulmão.

QUADRO CLÍNICO

A hipercalcemia pode se apresentar por meio de emagrecimento, apatia, fadiga, depressão, constipação intestinal, rebaixamento do nível de consciência, convulsões, fraturas patológicas, parestesias e arritmias, entre outros sintomas.

DIAGNÓSTICO

Dosagem do nível sérico de cálcio, magnésio, fósforo, calciúria na urina de 24 horas, 25-OH vitamina D, 1-25-OH vitamina D e PTH, a fim de excluir causas como hiperparatireoidismo primário e hipervitaminose D. Cabe lembrar que o PTHrp não é reconhecido em exames padrões de PTH.

TRATAMENTO

Deve-se proceder à restrição de cálcio da dieta, à hidratação com solução salina e ao uso de diuréticos de alça, como **furosemida**. Pode-se utilizar a infusão de bifosfonatos, como **pamidronato**, 60 a 90mg EV, ou **zoledronato**, 4 a 8mg EV – as doses podem ser repetidas conforme a conveniência. A **calcitonina** deve ser utilizada apenas nos casos em que seja necessária a correção rápida de hipercalcemia grave, na dose de 2 a 8UI/kg SC de 12/12h. Os glicocorticoides, como **dexametasona** ou **prednisona**, 40 a 100mg/dia VO, podem ser utilizados em caso de hipercalcemia associada a linfomas, mieloma múltiplo ou leucemia. A diálise deve ser utilizada quando a hipercalcemia é refratária à hidratação salina e ao uso de bifosfonatos.

■ EMERGÊNCIAS ASSOCIADAS AO TRATAMENTO DO CÂNCER

SÍNDROME DA LISE TUMORAL (SLT)

A SLT consiste na liberação maciça de produtos intracelulares, como potássio, ácido úrico e fosfato, mediante a terapia voltada para redução de massa tumoral, principalmente em doenças linfoproliferativas, sendo o linfoma de Burkitt o mais comum nesses casos. Em geral, ocorre cerca de 12 a 72 horas após quimioterapia (QT), uso de agente biológico, corticoterapia, terapia hormonal ou radioterapia.

A SLT resulta em: **hiperuricemia, hipercalemia e hiperfosfatemia com hipocalcemia**.

FATORES DE RISCO

Grande massa tumoral, níveis de desidrogenase láctica (LDH) > 1.500UI, comprometimento extenso da medula óssea, disfunção renal prévia, hiperuricemia pré-tratamento (> 7mg/dL), desidratação e uso de medicações nefrotóxicas.

QUADRO CLÍNICO

Decorrente de hiperuricemia, hipercalemia ou hiperfosfatemia com hipocalcemia:

- **Hiperuricemia:** nefropatia que causa lesão renal aguda.
- **Hipercalemia e hiperfosfatemia**, intensificadas pela insuficiência renal, podem induzir arritmias ventriculares e morte súbita. Além disso, a **hipocalcemia**, decorrente da hiperfosfatemia, promo-

ve irritabilidade neuromuscular e tetania, associada a sintomas constitucionais, como anorexia, náuseas e vômitos.

TRATAMENTO

A conduta inicial consiste em identificar os pacientes de risco para a SLT e instituir medidas profiláticas padronizadas. Profilaxia de SLT: **alopurinol**, 100 a 300mg/dia, um comprimido VO, alcalinização da urina e hiperidratação, mantendo o débito urinário > 100mL/h. Outra opção é o uso da **rasburicase**, 0,2mg/kg/dia, diluído em 50mL de SF a 0,9% EV em 30 minutos imediatamente antes da QT, que reduz os níveis de ácido úrico, metabolizando-os em alantoína, um produto hidrossolúvel excretado facilmente pelos rins.

A hemodiálise pode ser necessária para controle de SLT graves.

NEUTROPENIA FEBRIL

A conduta adotada em caso de neutropenia febril encontra-se descrita no Capítulo 37.

CISTITE HEMORRÁGICA

Presença de hematúria macroscópica como consequência do sangramento vesical.

ETIOLOGIA

Medicamentosa, principalmente em pacientes em tratamento com ciclofosfamida ou ifosfamida.

> **Obs.:** previamente ao uso de ciclofosfamida, deve-se descartar a presença de infecção do trato urinário.

QUADRO CLÍNICO

Hematúria macroscópica, poliúria, disúria e incontinência urinária.

TRATAMENTO

Profilaxia para cistite hemorrágica em esquemas que incluem ciclofosfamida ou ifosfamida por hidratação venosa vigorosa, manutenção de contagem de plaquetas > 50.000/mm^3 e uso de **mesna** em três injeções EV ao dia, cada uma delas correspondendo a 20% da dose de ciclofosfamida empregada no tratamento. A primeira injeção é administrada ao mesmo tempo que a ciclofosfamida, a segunda é aplicada 4 horas mais tarde e a última, 8 horas depois.

Caso ocorra episódio de cistite hemorrágica, realizar analgesia e hidratação vigorosa, e considerar irrigação vesical.

ENTEROCOLITE NEUTROPÊNICA (TIFLITE)

Quadro dramático decorrente de altas doses de quimioterapia, principalmente relacionado com a presença de leucemias agudas.

ETIOLOGIA

Classicamente, a tiflite consiste em uma inflamação cecal, mas pode acometer outras regiões do intestino. Os pacientes podem apresentar infecção por *Clostridium difficile*, classicamente verificada radiologicamente por afinamento da parede, e a pneumatose intestinal. O quadro pode se complicar com pneumoperitônio, peritonite e enterorragia.

QUADRO CLÍNICO

Dor em fossa ilíaca direita, febre com calafrios, diarreia com sangue, náuseas e vômitos, além de queda do estado geral.

TRATAMENTO

Antibioticoterapia voltada para gram-negativos e anaeróbios (**ciprofloxacino** 400mg EV de 12/12h + **metronidazol** 500mg EV de 8/8h), hidratação, descompressão por sonda nasogástrica e cirurgia, em casos refratários ou com complicações.

BIBLIOGRAFIA

Cervantes A, Chirivella I. Oncological emergencies. Ann Oncol. 2004;15 Suppl 4:iv299-306.
Harrison et al. Harrison medicina interna. 17 ed. Rio de Janeiro: McGraw-Hill, 2008.
Heimdal K, Hirschberg H, Slettebo H, Watne K, Nome O. High incidence of serious side effects of high-dose dexamethasone treatment in patients with epidural spinal cord compression. J Neurooncol, 1992;12(2):141-4.
Love RR (ed.). UICC. Manual de Oncologia Clínica. 6ª ed. São Paulo: Fundação Oncocentro de São Paulo, 1999.
Murad, AM. Oncologia: Bases Clínicas do Tratamento. Rio de Janeiro: Guanabara-Koogan, 1995.
Romero P, Manterola A, Martinez E, Villafranca E, Domínguez MA, Arias F. Compresión medular. An Sist Sanit Navar. 2004;27 Suppl 3:155-62.
Schwartsmnn G et al. Oncologia Clínica: princípios e prática. Porto Alegre: Artes Médicas, 1991.
Yahalom J. Superior vena cava syndrome. In: DeVita JrVT, Hellman S, Rosenberg AS (ed.). Cancer: principles & practice of oncology. Philadelphia: Lippincott Williams & Wilkins, 2005, p. 2.273-80.

Seção XXI – PEDIATRIA

Capítulo 153
Anemias

Guilherme Almeida Rosa da Silva • Gabriela Persio Gonçalves • Luiza Ochi Delmonaco

INTRODUÇÃO

De acordo com a Organização Mundial da Saúde (OMS), a anemia pode ser definida como decréscimo na concentração de hemoglobina em comparação aos níveis encontrados em indivíduos saudáveis, conforme idade, sexo e *status* fisiológico. Trata-se do resultado de uma grande variedade de causas, que podem ser isoladas ou coexistentes.

A anemia pode ocorrer em qualquer faixa etária, porém é mais comum em gestantes e crianças. Atualmente, a deficiência de ferro é considerada o principal contribuinte para sua ocorrência.

Neste capítulo serão abordadas as anemias de modo geral, com ênfase maior nas anemias ferropriva e falciforme.

FISIOPATOLOGIA

A anemia pode ser decorrente de diversas causas:

- **Deficiência de ferro:** perda crônica de sangue, dieta deficiente, intolerância à proteína do leite de vaca, menstruação.
- **Deficiência de vitamina B_{12}:** anemia perniciosa, ressecção ileal, vegans, deficiência congênita do fator intrínseco.
- **Deficiência de folato:** desnutrição, síndrome disabsortiva, hemólise crônica, uso de sulfametoxazol-trimetoprima.
- **Hemorragia recente**.
- **Doença inflamatória crônica:** infecção, doença inflamatória intestinal.
- **Falência medular:** mielodisplasia, anemia de Fanconi, anemia aplásica, síndrome de Pearson, síndrome de Diamond-Blackfan.
- **Enzimopatia:** deficiência de glicose-6-fosfato desidrogenase, deficiência de piruvatoquinase.
- **Hemoglobinopatias:** talassemia β-*major* ou *minor*; α-*minor*.
- **Membranopatias:** esferocitose hereditária, eliptocitose, ovalocitose.
- **Fatores extrínsecos:** coagulação intravascular disseminada, púrpura trombocitopênica trombótica, queimaduras, doença de Wilson.

QUADRO CLÍNICO

Os sinais e sintomas dependem da velocidade de instalação da anemia: em caso de anemia aguda hemorrágica, há hipotensão, taquicardia, palpitação, sudorese, agitação, fraqueza generalizada e possível confusão mental. O acometimento crônico pode ser assintomático ou oligossintomático, ocasionando, principalmente, astenia, anorexia, mucosas hipocoradas e, em alguns casos, apatia e dificuldade escolar.

DIAGNÓSTICO

O critério para estabelecimento da anemia, segundo a OMS, é feito por meio da dosagem de **hemoglobina**:

- **De 6 meses a 5 anos:** 11g/dL.
- **De 5 a 11 anos:** 11,5g/dL.
- **De 12 a 15 anos:** 12g/dL.
- **Mulheres não grávidas (> 15 anos):** 12g/dL.
- **Mulheres grávidas:** 11g/dL.
- **Homens (> 15 anos):** 13g/dL.

A anemia pode ser classificada, em menores de 5 anos, de acordo com a gravidade:

- **Anemia leve:** 9,0 a 11,0g/dL.
- **Anemia moderada:** 7,0 a 9,0g/dL.
- **Anemia grave:** < 7,0g/dL.
- **Anemia muito grave:** < 4,0g/dL.

Além da hemoglobina, devem ser analisados outros dados do hemograma:

- **Reticulócitos:** reflete a resposta da medula óssea à anemia (normal: 1% ou 50.000 células/mcL). Casos aumentados sugerem funcionamento da medula em resposta à hemólise ou perda eritrocitária por sangramento. Quando diminuídos, sugerem anemia hipoproliferativa, devendo ser excluídas anormalidades comuns, como deficiência de ferro ou anemia de doença crônica. A contagem de reticulócitos deve ser corrigida realizando uma regra de 3 entre o reticulócito revelado no exame, o reticulócito real, a contagem de hemoglobina revelada no hemograma e a hemoglobina-alvo para o sexo e a idade.
- **Volume corpuscular médio (VCM):** útil para o diagnóstico das anemias hipoproliferativas (baixa contagem de reticulócitos).
  - **Anemia microcítica (VCM < 80):** deficiência de ferro, talassemia *minor*, anemia sideroblástica, intoxicação por chumbo.
  - **Anemia macrocítica (VCM > 100):** anemias megaloblásticas, macrocitoses não megaloblásticas (doença hepática, hipotireoidismo, uso de medicamentos como AZT).
  - **Anemia normocítica (VCM = 80 a 100):** deficiência precoce de ferro, anemia aplásica, doenças mieloftísicas, endocrinopatias, anemia por doença crônica, uremia, doença nutricional mista.

TRATAMENTO

O tratamento varia de acordo com a causa da anemia e sua gravidade. A abordagem inicial visa a estimar a repercussão clínica causada pela anemia aguda. Deve-se priorizar a estabilização da criança, ofertando suporte ventilatório e restauração volêmica.

A transfusão sanguínea deve ser restrita a casos específicos, quando não há resposta ao tratamento inicial. Assim, deve ser realizada quando:

- Perda sanguínea aguda > 20% da volemia.
- Hematócrito < 20%, ou hemoglobina < 7g/dL; hematócrito entre 20% e 30% e hemoglobina entre 7 e 10g/dL demandam análise específica do caso e suas repercussões clínicas (taquicardia, hipotensão etc.) e laboratoriais.
- Hematócrito < 40% ou hemoglobina < 13g/dL, se associado a doença pulmonar grave e uso de oxigenação através de membrana extracorpórea.
- Hematócrito entre 40% e 55% ou hemoglobina entre 14 e 18g/dL, se houver cardiopatia congênita cianótica.
- Hematócrito < 24% ou hemoglobina < 8,0g/dL em pacientes que fazem quimioterapia e/ou radioterapia.

A infusão é de 10mL/kg e deve ser feita em, no mínimo, 1 hora.

■ ANEMIA FERROPRIVA

Estima-se que aproximadamente 90% de todos os tipos de anemias no mundo sejam decorrentes da deficiência de ferro. No Brasil, crianças entre 6 e 24 meses constituem a faixa de maior risco em razão de ser esta uma das fases do ciclo de vida que mais exigem esse nutriente, o qual, na maioria das vezes, encontra-se insuficiente na dieta.

FISIOPATOLOGIA

Ausência de síntese do heme em virtude da deficiência do ferro incorporado ao anel porfírico que faz parte da estrutura da hemoglobina.

QUADRO CLÍNICO

Astenia, anorexia, mucosas hipocoradas (palidez) e, em alguns casos, apatia e dificuldade escolar.

DIAGNÓSTICO

A anemia ferropriva pode ser hipo ou normocítica, normalmente com contagem reticulocitária diminuída. Em geral, esses dados, associados ao quadro clínico e à avaliação nutricional do paciente, já indicam o tratamento.

A avaliação da quantidade de ferro sérico contribui para o diagnóstico: dosagem de ferro (< 60mcg/100mL), capacidade total de ligação de ferro (TIBC > 350mcg/100mL), ferritina (< 15ng/mL – também é reagente de fase aguda e pode estar aumentada em inflamações, mascarando a deficiência) e saturação da transferrina (ferro sérico/TIBC < 16%).

TRATAMENTO

Procede-se a reposição de **ferro**, geralmente por 3 meses. Vale a pena observar que o sulfato ferroso é composto por 20% do peso de ferro elementar. A dose terapêutica é de **4 a 6mg/kg/dia de ferro elementar (máximo 300mg/dia)**, dividida em duas a três tomadas.

Existem apresentações de **2,5mg de ferro elementar por gota** (< 6 anos) e **comprimido mastigável com 100mg de ferro elementar** (> 6 anos).

Simultaneamente, deve-se adequar a dieta do paciente por meio de orientação nutricional.

> **Obs.:** administrar no intervalo das refeições, se possível acompanhado de suco de frutas cítricas. A mãe deve ser avisada de que as fezes podem ficar escurecidas.

É aconselhável a reposição conjunta de ácido fólico, **1 a 5mg VO 1×/dia**, no intuito de evitar o desenvolvimento de crise megaloblástica em razão da grande síntese de eritrócitos após a reposição de ferro.

■ ANEMIA FALCIFORME

Doença hereditária caracterizada pela existência de uma mutação que gera a hemoglobina S (HbS) em vez da hemoglobina A (HbA) normal e que provoca distorção dos eritrócitos, fazendo-os tomar a forma de "foice".

FISIOPATOLOGIA

A mutação de ponto (GAG → GTG) no gene da globina beta da hemoglobina leva à substituição de um ácido glutâmico por uma valina na posição 6 da cadeia beta, com consequente modificação físico-química na molécula da hemoglobina. Em determinadas situações, essas moléculas podem sofrer polimerização, com falcização das hemácias, ocasionando encurtamento da vida média dos glóbulos vermelhos, fenômenos de vaso-oclusão e episódios de dor e lesão de órgãos.

QUADRO CLÍNICO

Os sintomas da doença falciforme só começam a surgir a partir dos 6 meses de idade, quando os níveis de hemoglobina fetal diminuem consideravelmente. Na maioria das crianças, a primeira manifestação de dor é a dactilite (ou síndrome mão-pé), podendo ocorrer outras manifestações, como infecções, dor abdominal ou manifestações musculoesqueléticas. As crises álgicas podem estar relacionadas com hipoxia, infecção, febre, acidose, desidratação e exposição ao frio extremo.

DIAGNÓSTICO

O diagnóstico laboratorial da doença falciforme é realizado pela detecção da HbS e de sua associação com outras frações por meio da eletroforese de hemoglobina em acetato de celulose ou em agarose, em pH alcalino (pH variável de 8 a 9).

Ao exame laboratorial, é notória a elevação da desidrogenase láctica e da bilirrubina indireta, em decorrência do processo de hemólise. Além disso, os valores basais de hematócrito e hemoglobina desses pacientes são menores do que os considerados normais.

Crianças falcêmicas com menos de 5 anos e febre devem receber atenção especial na triagem para infecções, com hemocultura, urinocultura, radiografia de tórax, coprocultura (em caso de diarreia), radiografia (em caso de dor óssea) e punção lombar (obrigatória em menores de 1 ano e nos pacientes com mínimos sinais sugestivos de meningite) e ultrassonografia (USG) abdominal (em caso de dor abdominal intensa).

CONSIDERAÇÕES

A denominação "anemia falciforme" é reservada para a forma da doença que ocorre nesses homozigotos SS. Além disso, o gene da HbS pode combinar-se com outras anormalidades hereditárias das hemoglobinas, como hemoglobina C (HbC), hemoglobina D (HbD), β-talassemia, entre outras, promovendo combinações que também são sintomáticas, denominadas, respectivamente, hemoglobinopatia SC, hemoglobinopatia SD, S/β-talassemia. No conjunto, todas essas formas sintomáticas do gene da HbS, em homozigose ou em combinação, são conhecidas como doenças falciformes.

TRATAMENTO

A doença falciforme é uma afecção crônica que exige acompanhamento.

Transfusão de concentrado de hemácias somente está indicada nos casos de queda > 20% do hematócrito em relação ao valor de base, manejo do acidente vascular encefálico (AVE), manejo pré-operatório e doença pulmonar hipóxica progressiva, devendo-se elevar o hematócrito a 28% ou 33% e a hemoglobina a 9 ou 11g/dL. Deve-se usar, preferencialmente, concentrado de hemácias lavadas ou filtradas para reduzir as reações transfusionais não hemolíticas.

Pode ser dosada a quantidade de HbS e ser realizada a exsanguinotransfusão, com o objetivo de manter a concentração de hemoglobina S < 30% em pacientes com AVE isquêmico, pneumonia grave, hipoxemia aguda, no pré-operatório de cirurgias com anestesia geral e priapismo agudo.

A manifestação mais comum da anemia falciforme são as crises álgicas ou crises vaso-oclusivas (CVO), causadas pela isquemia tecidual em virtude da falcização das hemácias. Além da dor, pode haver também edema, calor, hiperemia e restrição de movimento.

O alicerce do tratamento da CVO consiste em hidratação e analgesia. A primeira é feita com soluções hipotônicas até atingir a euvolemia, com necessidades hídricas diárias. A analgesia é feita de acordo com o grau de dor do paciente: para dores leves utilizam-se analgésicos comuns, como

dipirona (0,05mL/kg/dia ou de 10 a 25mg/kg/dose, dependendo da faixa etária) e **paracetamol (10 a 15mg/kg/dose)**; para dores moderadas pode ser feito o uso de anti-inflamatórios não esteroides (AINE), como **diclofenaco de sódio (1mg/kg/dose)** e **ibuprofeno (10mg/kg/dose)**; para dores de moderada a intensa são utilizados os opioides, sendo a **morfina (0,05 a 0,1mg/kg/dose)** e a **codeína (1,0 a 1,5mg/kg/dose)** os mais prescritos. A oxigenoterapia por máscara ou cateter nasal também é uma medida aconselhada.

Capítulo 154
Crise Asmática

Maria Marta Regal de Lima Tortori • Bruna Suzarte Campelo • Joyce Marques da Silva Alves

INTRODUÇÃO

Nas diretrizes da Sociedade Brasileira de Pneumologia e Tisiologia para o Manejo da Asma de 2012, a asma é definida como "uma doença inflamatória crônica das vias aéreas, na qual muitas células e elementos celulares têm participação. A inflamação crônica está associada à hiper-responsividade das vias aéreas, que leva a episódios recorrentes de sibilos, dispneia, opressão torácica e tosse, particularmente à noite ou no início da manhã. Esses episódios são uma consequência da obstrução ao fluxo aéreo intrapulmonar generalizada e variável, reversível espontaneamente ou com tratamento".

A asma é uma das principais doenças crônicas da infância, correspondendo a uma das principais causas de procura pelas emergências pediátricas.

A ocorrência de uma crise aguda representa apenas uma exacerbação do processo crônico da doença, muitas vezes resultante de tratamento inadequado. Portanto, os serviços de emergência acabam centralizando o atendimento de muitos asmáticos, muitas vezes caracterizando o único modo de tratamento de vários pacientes.

FISIOPATOLOGIA

A hiper-responsividade brônquica corresponde ao cerne das alterações patológicas que desencadeiam os episódios agudos de manifestação da asma, a qual, por meio de uma série de eventos, provoca a obstrução ao fluxo aéreo.

Alguns fatores são desencadeantes:

- Infecções, em geral virais
- Exposição a alérgenos ambientais (poeira, pólen, fungos, descamação de pele, secreções)
- Exposição a produtos químicos
- Mudanças de ambiente
- Exposição a irritantes (fumo, fumaça, poluentes do ar)
- Alterações emocionais (raiva, tristeza, estresse, ansiedade, pânico)
- Medicações: ácido acetilsalicílico, anti-inflamatórios não esteroides, β-bloqueadores
- Aditivos alimentares
- Mudanças de tempo: exposição ao frio
- Exercício
- Alterações endócrinas e metabólicas

A resposta alérgica precoce e imediata à exposição a algum alérgeno ambiental promove a liberação de IgE, que ativa mastócitos e basófilos, produzindo uma resposta imune com liberação de histamina, prostaglandinas e leucotrienos, que levam à vasoconstrição. Os mastócitos também degranulam, causando quimiotaxia de outras células imunes e levando a edema de submucosa e broncoconstrição da musculatura.

Assim, ocorrem o afunilamento das vias aéreas pelo broncoespasmo, edema de mucosa e produção de secreção que compõe as rolhas mucosas.

Inicialmente, o organismo responde com hiperinsuflação para manter as vias aéreas abertas e permitir a hematose correta. Ocorre ainda o uso de musculatura acessória para melhorar a ventilação.

No entanto, isso leva ao desequilíbrio no binômio ventilação-perfusão, de modo que o afunilamento das vias aéreas acaba por causar hipoventilação, produzindo hipercapnia e hipoxemia. As respostas incluem, além da hiperinsuflação, o aumento da resistência vascular pulmonar.

O aumento da pressão negativa pleural, associado à hiperinsuflação, explica a ocorrência do pulso paradoxal na asma, havendo a queda da pressão arterial à detecção do pulso.

CONSIDERAÇÕES

Vários escores clínicos foram desenvolvidos para tentar mensurar a gravidade da crise asmática. Esses, geralmente, avaliam não só sintomas clínicos em si, mas também variáveis, como o pico de fluxo expiratório (PFE – facilmente aferido na emergência, mas de pouca confiabilidade em crianças e adolescentes, pois é esforço-dependente, sendo dificultado na presença de dispneia), saturação de oxigênio ($SatO_2$), pressão arterial de oxigênio (PaO_2) e pressão arterial de gás carbônico ($PaCO_2$). O Quadro 154.1 mostra os principais parâmetros avaliados na crise, enquanto o Quadro 154.2 mostra um escore já consagrado, chamado Wood-Downes.

Quadro 154.1 Parâmetros avaliados para classificação da crise asmática

	Leve/moderada	Grave	Muito grave
Consciência	Normal	Normal ou excitado	Agitado, confuso, sonolento
Dispneia	Ausente ou leve	Moderada, frases incompletas, choro curto	Grave, frases curtas, monossílabos, dificuldade para comer
Frequência respiratória	Normal ou alta	Aumentada	Aumentada
Musculatura acessória	Retração intercostal leve ou ausente	Retrações acentuadas (subcostais, esternocleidomastóideas)	Retrações acentuadas ou em declínio
Ausculta	Sibilos locais ou difusos	Sibilos locais ou difusos	Murmúrio ausente ou pouca entrada de ar
PFE (%)	> 50%	30% a 50%	< 30%
$SatO_2$	> 95%	91% a 95%	< 90%
PaO_2 (ar ambiente)	Normal	Próximo a 60mmHg	< 60mmHg
$PaCO_2$	< 40mmHg	< 40mmHg	> 45mmHg

Quadro 154.2 Escore de Wood-Downes

Pontuação:	0	1	2
Murmúrio vesicular	Normal	Desigual	Diminuído
Uso de musculatura acessória	Pouco ou nenhum	Moderado	Intenso
Sibilos	Poucos/expiratórios	Moderados (inspiratórios e expiratórios)	Intensos ou ausentes
Exame neurológico	Normal	Euforia ou depressão	Coma
Cianose ou PO_2	Não 70 a 100 (ar ambiente)	Presente < 70 (ar ambiente)	Presente < 70 ($FiO_2 = 40\%$)

A partir dos valores somados no Quadro 154.2 tem-se a classificação da crise como:

- **Escore < 2:** crise leve.
- **Escore = 3 e 4:** crise moderada.
- **Escore > 5:** crise grave.
- **Escore > 7:** falência respiratória.

Há detalhes da história clínica para os quais se deve estar atento, pois indicam risco para evolução quase fatal ou fatal da exacerbação. **São eles:**

- História de internação prévia em UTI devido à exacerbação, especialmente se houve necessidade de ventilação mecânica (principal fator de risco para crises fatais ou quase fatais).
- Três ou mais visitas à emergência ou duas ou mais hospitalizações por asma no último ano.
- Uso frequente de corticoide sistêmico.
- Uso de dois ou mais frascos de β2-agonista de curta ação por mês.
- Idade < 12 meses.
- Administração de doses repetidas e não usuais de medicações de resgate nas primeiras horas após a instalação da crise.
- Recidiva abrupta do quadro clínico apesar de tratamento adequado.
- Tratamento precário em < 5 anos (em especial, uso inadequado de corticoide inalatório).
- Subestimação da gravidade da doença.
- Problemas psicossociais.
- Presença de comorbidades, especialmente de caráter cardiovascular ou psiquiátrico.
- Variações acentuadas da função pulmonar, ou seja, > 30% do PFE ou VEF1.
- Má percepção do grau de obstrução por parte do paciente e/ou de seu responsável.

QUADRO CLÍNICO

A crise asmática caracteriza-se por mais de um episódio de tosse e/ou sibilância que responderam à terapêutica broncodilatadora, acompanhados ou não de outras alterações respiratórias. Em grande parte dos casos há instalação gradual dos sintomas em 5 a 7 dias.

Observam-se sinais de hiperinsuflação em razão do uso de musculatura acessória e ombros encurvados.

Pode-se notar esforço respiratório com presença de retrações costais e subdiafragmáticas, taquipneia e batimento de aletas nasais.

Na ausculta respiratória notam-se, geralmente, sibilos difusos, podendo ainda ser auscultada redução do murmúrio vesicular, o qual pode se encontrar quase que totalmente abolido com obstrução das vias aéreas.

DIAGNÓSTICO

O diagnóstico correto é iniciado pela realização de uma anamnese bem feita, enquanto vão sendo efetuados os cuidados básicos iniciais, já que muitas vezes a criança apresenta desconforto respiratório grave. Deve-se questionar sobre o início dos sintomas da crise atual e sua intensidade, dentre eles "chiado no peito" (sibilos), tosse, dispneia, aperto no peito e fatores desencadeantes e precipitantes (contato com alérgenos ou poluentes, infecções); avaliar sintomas infecciosos, se presentes. Deve-se questionar, ainda, se o paciente faz uso de medicação de resgate domiciliar, quando foi a última dose e se usa alguma medicação cronicamente.

Quanto à história patológica pregressa, deve-se questionar sobre o último episódio agudo, a periodicidade das crises por ano, se o menor já foi internado em algum dos episódios, se já foi intubado ou se utilizou ventilação mecânica.

Passa-se, então, ao exame físico, sendo realizada a ectoscopia e verificados estado geral, estado de consciência, avaliação de sinais vitais e da ausculta torácica.

Em crianças ansiosas e agitadas, a gravidade pode ser maior. Casos em que haja cianose, queda do sensório, bradicardia e murmúrio vesicular abolido indicam quadro grave de falência e devem receber tratamento imediato.

À mensuração dos sinais vitais, detecta-se taquipneia acentuada. Vale a pena relembrar os valores normais da frequência respiratória (FR) (Quadro 154.3).

Quadro 154.3 Valores normais da frequência respiratória de acordo com a idade

Idade	FR
Até 2 meses	< 60irpm
3 a 11 meses	< 50irpm
1 a 4 anos	< 40irpm
5 a 8 anos	< 25irpm
9 a 12 anos	< 20irpm
> 12 anos	15 a 20irpm

As retrações subcostais e subdiafragmáticas observadas constituem sinais de gravidade da crise. Na ausculta pulmonar notam-se, usualmente, sibilos difusos e expiratórios, os quais podem se tornar inspiratórios e expiratórios quando aumenta a obstrução.

Deve-se sempre examinar as vias aéreas superiores, as orelhas e a garganta, pois pode haver infecção concomitante.

Os exames complementares a serem solicitados são poucos, como gasometria, nos casos graves, para quantificar se há retenção de gás carbônico. Radiografia de tórax não é feita de rotina, sendo utilizada apenas quando a resposta ao tratamento está inadequada ou para afastar diagnóstico diferencial (pneumonia) ou complicações (pneumotórax, pneumomediastino). O hemograma pode ser importante em caso de suspeita de infecção.

DIAGNÓSTICO DIFERENCIAL

Quando há relato de várias crises anteriores, o diagnóstico da crise asmática é relativamente fácil, com poucos diagnósticos diferenciais a serem descartados.

Na primeira crise de sibilância em crianças e lactentes, o diagnóstico de asma pode ser mais complexo. Devem ser afastadas bronquiolite e sibilância por infecção viral. A diferenciação é feita, principalmente, pela história clínica: quando não se trata de asma, é baixa a resposta ao uso de broncodilatadores, além de ser menor a presença de fatores de risco para asma.

Outro diagnóstico diferencial se refere à obstrução por corpo estranho; neste caso, a faixa etária mais atingida vai até os 3 anos de idade, iniciando-se com dispneia e sibilos súbitos após engasgo ou tosse. Pode haver estridor, insuficiência respiratória, sibilos localizados em uma área e hiperinsuflação em apenas um dos pulmões. Fecha-se definitivamente essa hipótese durante a broncoscopia.

Pode-se citar ainda a disfunção das cordas vocais, cujo diagnóstico será feito por obstrução extratorácica na espirometria e concluído após laringoscopia.

Alterações respiratórias de fundo cardíaco, como insuficiência cardíaca congestiva ou malformações vasculares, podem apresentar quadro semelhante ao da asma, mas respondem pouco ao tratamento para asma e mostram outros padrões nos exames complementares.

COMPLICAÇÕES

Algumas complicações podem ocorrer, independentemente da gravidade da asma. São elas:
- Pneumotórax, pneumomediastino
- Pneumonia
- Atelectasia
- Distúrbios ácido-básicos, metabólicos, hidroeletrolíticos
- Secreção inapropriada do hormônio antidiurético

TRATAMENTO

1. Deve-se avaliar a $SatO_2$ nos pacientes com sinais de gravidade, a qual deve ser mantida > 90%, com cuidados extras no caso de cardiopatia. Pode-se suplementar oxigênio através de cânula nasal ou máscara, utilizando-se oxigênio umidificado e aquecido.
2. O tratamento inicial baseia-se no uso de β2-agonistas de curta duração, sendo os principais **salbutamol, fenoterol e terbutalina**; sua administração é feita por via inalatória por meio de nebulização com máscara bem ajustada à face. Poderá então ser feito o uso de β-agonistas a cada **20 minutos**, com o **máximo de três administrações**, nas doses de: **0,07 a 0,15mg/kg/dose (máximo de 5mg/dose)** de suspensão de salbutamol, fenoterol ou terbutalina por nebulização; **100 a 200mcg/dose** de salbutamol por aerossol dosimetrado ou inalador em pó. Se houver boa resposta, a próxima dose deverá ter intervalo de 2 a 6 horas, dependendo do quadro do paciente.

    Evita-se a via oral para administração dos β-agonistas, pois são necessárias maiores doses do medicamento, sua absorção é variável e o início da ação mais demorado.
3. Deve-se avaliar a resposta a partir dos seguintes parâmetros: **FR, FC, ausculta, uso da musculatura acessória, dispneia e SpO_2**. Considera-se uma boa resposta quando PFE for > 70% do basal, quando houver diminuição da FR e da FC, forem auscultados sibilos raros ou ausentes, quando existir ausência de uso de musculatura acessória, em caso de dispneia mínima ou ausente, além de SpO_2 > 95% em ar ambiente. Nesse caso, a conduta consiste em aumentar os intervalos da nebulização para **2 horas** e observar. Se houver manutenção de bons parâmetros, recomenda-se a alta hospitalar.
4. Nos casos em que não houve boa resposta, a resposta foi parcial ou houve piora dos parâmetros com o espaçamento das nebulizações para 2 horas, pode-se repetir a nebulização a cada 20 minutos com a dosagem de **0,15mg/kg/dose** do β2-agonista ou mudar para nebulização contínua, com **0,3 a 0,5mg/kg/h**. Se ainda não estiver sendo usada pelo paciente, deve-se adicionar **prednisona** oral, **1 a 2mg/kg (máximo de 40mg)**. Concomitantemente, podem-se acrescentar outros fármacos, como brometo de ipratrópio. O brometo de ipratrópio é um agente colinérgico que causa maior broncodilatação quando associado ao β2-agonista; é feito na dose de **125mcg**, em < 10kg, ou **250mcg** por dose, em > 10kg, que equivalem a **10 ou 20 gotas**, respectivamente.
5. O uso de xantinas, aminofilina e teofilina não é recomendado atualmente como medida rotineira, mas pode vir a ser uma opção nos casos de asma aguda grave e que não respondem a outros tratamentos. Ainda não se conhece o mecanismo desses medicamentos; além disso, seu índice terapêutico é pequeno e a ocorrência de efeitos colaterais é frequente mesmo nas doses preconizadas. Esses fármacos são administrados nas seguintes doses:
    - **Aminofilina:** 20mg/kg/dia de 6/6h, com dose máxima de 200mg/dose.
    - **Teofilina:** 20mg/kg/dia de 12/12h, com dose máxima de 300mg/dose.
6. Existe a possibilidade de utilização, no quadro inicial, de salbutamol *spray*, caso o paciente já faça uso em casa, nas seguintes doses: *spray* de salbutamol com espaçador: 1 ou 2 *puffs* (no máximo 3), com intervalo de 5 minutos entre os *puffs*, de 6/6h, no máximo de 4/4h.
7. Deve-se sempre avaliar o uso de corticoesteroides nas crises asmáticas, principalmente nas de intensidade média ou grave. Nesses casos, procede-se à corticoterapia, preferencialmente por via

oral. Em geral, utiliza-se **prednisona** ou **prednisolona** na dose de **1mg/kg/dia VO (máximo de 60mg)**. Caso se opte pela **via EV**, usa-se **hidrocortisona (4 a 8mg/kg/dose – manutenção: 8mg/kg/dia)** ou **metilprednisolona (1 a 2mg/kg/dose – manutenção: 1 a 2mg/kg/dia)**.

Nos quadros de **asma grave**, a conduta deverá ser diferenciada em alguns pontos:

1. A criança deverá ser mantida em jejum e ter iniciada a hidratação venosa de manutenção.
2. Deve-se monitorizar os níveis séricos de potássio, que podem cair, tornando necessária a reposição.
3. Recomenda-se o uso de β2-agonistas EV nesses casos, pois a via inalatória pode não ser eficaz em razão da presença de rolhas de muco. Esse tipo de administração deve ser preferencialmente feito em ambiente de terapia intensiva.
4. A terbutalina e o salbutamol são os fármacos mais usados endovenosamente. A terbutalina é administrada na dose de **2 a 10mcg/kg em** *bolus*, seguida de **infusão contínua de 0,08 a 0,4mcg/kg/minuto**. A FC e a pressão arterial devem ser controladas.
5. Deve-se evitar ao máximo intubação e ventilação mecânica, as quais só devem ser cogitadas caso a criança esteja com **SatO$_2$ < 80% a 85%**, com sinais francos de insuficiência respiratória, acidose respiratória e hipercapnia na gasometria.

Fatores que indicam transferência para UTI:
- Necessidade de ventilação mecânica
- Hipercapnia, acidose (pH < 7,30) ou hipoxemia
- Níveis elevados de lactato sérico
- Hipotensão arterial ou arritmias cardíacas graves
- Persistência dos sinais e sintomas de gravidade (sonolência, confusão mental, exaustão, cianose, silêncio respiratório ou PFE < 30% do valor previsto)
- Necessidade de monitorização acurada

Na alta da emergência, deve-se iniciar ou, caso já seja sendo feita, manter medicação inalatória; orientar sobre uso correto dos dispositivos inalatórios e prescrever **prednisona** ou **prednisolona** na dose de 1mg/kg/dia (máximo de 60mg/dia), pela manhã, por 5 a 10 dias. Encaminhar para consulta médica em até 7 dias após a alta do PS. Esse momento pode ser aproveitado para a educação do paciente e dos responsáveis sobre a doença e o tratamento.

Capítulo 155
Bronquiolite

Maria Marta Regal de Lima Tortori • Ana Luíza Velten Mendes • Joyce Marques da Silva Alves

INTRODUÇÃO

A bronquiolite é uma infecção respiratória aguda caracterizada por obstrução das vias aéreas inferiores causada pelo estreitamento dessas vias. Caracteristicamente, trata-se do primeiro episódio de sibilância em uma criança com < 2 anos e com achados físicos de infecção viral respiratória na ausência de outra explicação para o chiado.

A bronquiolite é uma das causas mais comuns de sibilância em lactentes. Acomete crianças até os 2 ou 3 anos de idade, sendo mais prevalente nos menores de 12 meses, com pico de incidência entre 2 e 6 meses de vida. Tem etiologia predominantemente viral.

FISIOPATOLOGIA

Doença autolimitada que cursa com inflamação das vias aéreas, causando obstrução bronquiolar por edema, muco e restos celulares. A resistência aumentada das pequenas vias aéreas causa aprisionamento de ar e hiperinsuflação com possível atelectasia, em casos de obstrução completa. O **vírus sincicial respiratório** é o principal agente causador. Outros agentes comuns são **rinovírus, parainfluenza, adenovírus, metapneumovírus humano, vírus da gripe, coronavírus e bocavírus humano.** Pode haver infecção coviral.

A bronquiolite inicia-se com sintomas do trato respiratório superior, seguidos por sinais e sintomas do trato respiratório inferior, com pico do quinto ao sétimo dia e subsequente resolução gradual.

QUADRO CLÍNICO

Em geral, o lactente apresenta alguma história prévia de infecção de vias aéreas superiores ou exposição a um contato com síndrome respiratória. Coriza e tosse geralmente precedem o quadro. Os principais sintomas são febre, taquipneia (FR > 50 a 60irpm), esforço respiratório e sibilos. Pode apresentar recusa ao seio materno e irritação, em razão da dificuldade respiratória, dispneia e, até mesmo, eventos de apneia. Em geral, não se associam vômitos ou diarreia. Ao exame, a criança apresenta-se com batimento de asa do nariz e tiragem intercostal ou subcostal. A ausculta pode revelar sibilos difusos ou estertores e, até mesmo, roncos. A expansibilidade estará diminuída com aumento da fase expiratória. Murmúrio vesicular diminuído ou abolido sugere doença grave em virtude da obstrução completa das vias aéreas, impedindo a passagem de ar. Pelo mesmo motivo, pode haver ausência de sibilos, exigindo atenção maior para que seja feito o diagnóstico.

Oximetria de pulso está indicada para avaliação de hipoxemia ou hipercarbia.

CONSIDERAÇÕES

É importante afastar causas infecciosas crônicas de sibilância, além de alergias e asma. Em infecções recorrentes ou em casos que acometem crianças mais velhas, pode ser necessária a investigação para possível fibrose cística.

Deve-se atentar para fatores de risco, maior gravidade e/ou complicações da bronquiolite. Estes fatores são:

- Prematuridade (idade gestacional < 37 semanas)
- Baixo peso ao nascer

- Idade < 6 a 12 semanas
- Doença pulmonar crônica (displasia broncopulmonar, fibrose cística, anomalia congênita)
- Doença cardíaca congênita hemodinamicamente significativa (hipertensão pulmonar de moderada a grave, cardiopatia cianótica, entre outras)
- Imunodeficiência
- Doença neurológica
- Defeitos congênitos ou anatômicos das vias aéreas

DIAGNÓSTICO

O diagnóstico é predominantemente clínico. Radiografias de tórax de rotina não são necessárias na conduta de avaliação de bronquiolite, mas estão indicadas na ausência de melhora no tempo esperado e em lactentes e crianças jovens com moderada ou grave dificuldade respiratória, principalmente se existem alterações focais ao exame físico, lactente apresentando sopro cardíaco (maior risco de severidade da doença na presença de alterações cardíacas) ou necessidade de excluir diagnósticos alternativos. Nesses casos, as radiografias auxiliam tanto a exclusão de possível pneumonia ou outras doenças crônicas como a determinação do grau de comprometimento pulmonar da criança.

Na bronquiolite aguda, o achado mais comum na radiografia é um padrão de hiperinsuflação pulmonar com aumento da trama brônquica hilar. Infiltrados grosseiros de padrão migratório podem ser atribuídos a atelectasias focais.

Testes com broncodilatadores podem ser úteis para diferenciar uma obstrução inflamatória de uma obstrução fixa.

As contagens de leucócitos e diferenciais tendem a ser normais.

DIAGNÓSTICO DIFERENCIAL

Alergias, asma, pneumonia, doença pulmonar crônica, cardiopatias congênitas, malformações congênitas do trato respiratório, bronquiectasias, aspiração de corpo estranho, refluxo gastroesofágico, trauma e tumores, fibrose cística.

TRATAMENTO

Por se tratar de um quadro viral, o tratamento é de suporte.

As crianças podem ser tratadas ambulatorialmente, quando adequadamente hidratadas e sem sinais de insuficiência respiratória moderada ou grave (presença de um ou mais dos seguintes sinais: batimentos de asas nasais; retrações supraesternais e inter ou subcostais; FR > 70 respirações por minuto; dispneia; cianose). Esses lactentes devem ser rigidamente acompanhados durante o tratamento ambulatorial e a mãe deve ser sempre orientada quanto aos sinais de gravidade.

Em geral, a hospitalização está indicada quando há:

- Aparência tóxica, má alimentação, letargia e/ou desidratação
- Insuficiência respiratória de moderada a grave
- Apneia
- Hipoxemia com ou sem hipercapnia (pCO_2 > 45mmHg)
- SpO_2 < 95% em ar ambiente ao nível do mar
- Pais incapazes de cuidar dos lactentes no domicílio

Pode ser necessária suplementação de oxigênio com 2 a 5 litros por minuto, através de cânula nasal, máscara facial ou *oxy-hood*, sendo orientada de acordo com a oximetria de pulso. Deve-se manter a saturação > 90% a 92%. Na ausência de oxímetro, a presença de esforço respiratório já deve indicar a suplementação com oxigênio em macronebulização. Fisioterapia respiratória é benéfica, em especial para crianças com atelectasia.

O uso de broncodilatadores ainda é tema controverso, em razão da incerteza, quanto à sua eficácia, em resultados de estudos ao redor do mundo. Entretanto, sua utilização é rotineira na prática clínica e a toxicidade é relativamente baixa. Diante disso, há indicações à realização de testes para avaliação da resposta clínica. Se esta ocorrer, estará justificado o uso da medicação. Os testes são feitos com:

- 0,05mL/kg de adrenalina a 2,25% diluída em 3mL de soro fisiológico a 0,9% ou
- 0,15mg/kg de albuterol (mínimo de 2,5mg e máximo de 5mg) diluído em 2,5 a 3mL de soro fisiológico a 0,9% em 5 a 15 minutos ou 4 a 6 *puffs* com espaçador e máscara facial.

Para promover broncodilatação está indicado uso de β-agonistas de ação curta (salbutamol, fenoterol) em nebulização ou *puffs* de *spray* nasal. O uso de brometo de ipratrópio é controverso, mas parece auxiliar a terapia quando em associação com β-agonistas. Pode ser necessário o uso de β-agonistas intravasculares em caso de broncoespasmo intenso, porém estes só devem ser utilizados em unidades intensivas e com monitorização cardíaca em razão da possível taquicardia como efeito colateral. A nebulização com adrenalina parece ser a terapia mais eficaz, mas seu uso é restrito aos pacientes mais graves e só deve ser realizado em ambiente hospitalar com controle clínico e monitorização da FC.

No Quadro 155.1 encontram-se as dosagens dos principais medicamentos utilizados.

Quadro 155.1 Terapia medicamentosa

Fármaco	Nome comercial	Apresentação	Dose
Fenoterol	Berotec®, Bromifen®	Gotas: 5mg/mL (0,25mg/gota)	NBZ: 1gt/3kg/dose diluída em 5mL de SF a 0,9%. Dose máxima de 10gts/dose; a cada 20min; por até 3 doses; depois 1 dose de 4/4h ou 6/6h *Spray* (200mcg/jato): 1 a 2 jatos/dose
Salbutamol	Aerolin®	Sol. nebulização: 5mg/mL	NBZ com solução 5% (5mg/mL): < 1 ano: 0,15mg/kg/dose de 4/4h ou 6/6 = 2gts/3kg/dose De 1 a 5 anos: 1,25 a 2,5mg/kg/dose De 6 a 12 anos: 2,5mg/kg/dose >12 anos: 2,5 a 5,0mg/dose a cada 20min por até 3 doses e depois de 1/1h a 4/4h *Spray* (100mcg/jato): 1 a 2 jatos/dose
Brometo de ipratrópio	Atrovent®	Sol. nebulização: 0,25mg/mL ou cerca de 12mcg/gota	NBZ: RN: 20mcg/dose de 4/4h ou 6/6h Até 2 anos: 50 a 25mcg (5 a 12gts de 4/4h ou 6/6h) Acima de 2 anos: 125 a 250mcg (12 a 25gts de 4/4h ou 6/6h)
Adrenalina/ epinefrina	Drenalin®, Epinefrina®	Ampola 1mg = 1mL	NBZ: diluir em solução de 0,1% (ampola em 9mL de AD ou SF) e fazer 0,05mg/kg de 4/4h

NBZ: nebulização.

O uso de corticoterapia inalatória ou sistêmica é um tema igualmente controverso, não parecendo apresentar benefícios em crianças previamente hígidas.

Não devem ser administrados antibióticos de rotina. Seu uso é restrito aos casos em que há evidência de infecção bacteriana concomitante, como, por exemplo, culturas de urina e/ou sangue positivas, otite média aguda e consolidação na radiografia do tórax (não consistente com atelectasia).

Medidas gerais para evitar broncoaspiração são de fundamental importância. Cabeceira elevada a 30 graus deve ser sempre instituída e alimentação enteral por sonda é recomendada nos casos mais graves. A mãe deve ser sempre orientada sobre os cuidados durante a amamentação, posicionando o bebê com a cabeça mais elevada em relação ao tronco e observando se haverá piora do esforço respiratório.

Aspiração oral e nasal frequente produz alívio da angústia. Deve-se realizar também, várias vezes ao dia, a lavagem das narinas com soro fisiológico. Além disso, não deve ser esquecida a hidratação venosa de manutenção, pois a taquipneia aumenta as taxas de perdas insensíveis de água, além de muitas vezes ser necessária a instituição de uma dieta mais branda.

Os critérios para alta de paciente internado ou em observação são:

- Paciente estável, sem oxigênio suplementar
- Frequência respiratória < 70 respirações/minuto
- Ter responsável capacitado para limpar as vias aéreas do bebê usando bomba de aspiração
- Paciente alimentando-se adequadamente
- Recursos domiciliares adequados para apoiar o uso de todas as terapias prescritas
- Cuidadores confiantes de que podem prestar cuidados em casa e cientes dos sinais de gravidade

Capítulo 156
Cetoacidose Diabética

Guilherme Almeida Rosa da Silva • Luiza Ochi Delmonaco

INTRODUÇÃO

A cetoacidose diabética (CAD) é uma complicação aguda que ameaça a vida em decorrência da severa deficiência insulínica, levando a hiperglicemia, lipólise excessiva e produção de corpos cetônicos (acetoacetato e β-hidroxibutirato) e acarretando acidose metabólica, desidratação grave e distúrbios eletrolíticos graves. Trata-se de uma complicação mais comum no *diabetes mellitus* (DM) tipo 1 do que no tipo 2, em que ocorre apenas no estado avançado de depleção de células β-pancreáticas. Em virtude desses fatores, um importante percentual de crianças com diagnóstico de DM1 abre o quadro por meio de uma CAD. O manejo da CAD na população pediátrica é bastante semelhante ao tratamento dado aos adultos, sendo o objetivo deste capítulo abordar apenas pequenas nuanças no tratamento pediátrico (veja o Capítulo 65).

QUADRO CLÍNICO

A principal característica na população pediátrica é a abertura de quadro de DM1, podendo apresentar um estado agudo com poliúria, polidipsia, emagrecimento, náuseas, vômitos, fraqueza e rebaixamento do nível de consciência, com a possibilidade de evoluir para o coma. As crianças apresentam sinais e sintomas de desidratação, cetose e acidose graves (boca seca, hálito cetônico, extremidades frias, letargia, hipotonia muscular, taquicardia, hipotensão e, em casos mais graves, choque, sinais neurológicos focais e respiração de Kussmaul [respiração profunda e lentificada]). Pode haver dor abdominal periumbilical, acompanhada de rigidez, distensão e íleo, simulando um quadro abdominal agudo.

DIAGNÓSTICO

Os principais achados que corroboram o quadro clínico descrito são: **hiperglicemia (> 250mg/dL)** ocasionada pela gliconeogênese; **hiperosmolaridade (> 295mOsm/L)** em razão do aumento da glicemia (Osm = [(2 × Na$^+$) + (gli ÷ 18) + (ureia ÷ 6) + (etanol ÷ 4,6)]); **cetonúria**, **cetonemia** e **acidose metabólica com *anion gap* (AG) elevado** (pH < 7,3, AG = Na$^+$ − [Cl$^-$+ HCO$_3^-$] > 14mEq/L); **diurese osmótica** por glicosúria que leva à desidratação; além de **distúrbios eletrolíticos**.

TRATAMENTO

O tratamento deve ser iniciado pela avaliação básica de um paciente emergencial com aferição dos sinais vitais, avaliação da necessidade de suporte ventilatório, obtenção de acesso venoso, profilaxia para trombose venosa profunda e monitorização cardíaca. Inicialmente o paciente deve ser deixado em dieta zero. O tratamento específico fundamenta-se na correção dos distúrbios hidroeletrolíticos e ácido-básicos, medicação com insulina venosa e monitorização cuidadosa das complicações. A monitorização deve seguir as recomendações apresentadas no Quadro 156.1.

1. **Hidratação:** infundir **NaCl 0,9% (15 a 20mL/kg)** até a resolução da hipotensão. Em casos de hipotensão leve, deve-se avaliar a natremia. Na presença de hiponatremia com o sódio corrigido (< 135mEq/L), infundir NaCl 0,9% (4 a 14mL/kg/h). Em caso de sódio corrigido ≥ 135mEq/L, in-

Quadro 156.1 Periodicidade dos exames laboratoriais	
Exames	Periodicidade
Glicemia capilar	1/1h
Glicemia plasmática	4/4h
Cetonúria	4/4h
Calemia	1/1h nas primeiras 4 horas 2/2h nas horas seguintes
Na^+, Cl^-, HCO_3^-, pH	2/2h até HCO_3^- > 15mEq/L 4/4h nas horas seguintes
Ca^{++}, Mg^{++}, P	4/4h

fundir NaCl 0,45% (4 a 14mL/kg/h). O soro de NaCl 0,45% ajuda a reduzir a hipercloremia. A natremia pode estar reduzida em razão do aumento da osmolaridade causado pela hiperglicemia e uma pseudo-hiponatremia pode ser verificada na presença de hipertrigliceridemia. Uma medição de 460mg/dL de triglicerídeos pode reduzir a natremia em 1,0mEq/L.

> **Obs.:** Na^+ corrigido = Na^+ em mEq/L + 1,6 (gli-100)/100.

Quando a glicemia cair < 250mg/dL, deve-se trocar o soro para NaCl 0,45% com soro glicosado a 5% em proporção de 1:1, mantendo a infusão em 4 a 14mL/kg/h.
2. **Insulina:** a aplicação de **insulina regular** deve ser iniciada concomitantemente à reposição volêmica. Deve ser iniciada apenas se o potássio sérico estiver > 3,3mEq/L, para evitar o risco de arritmias cardíacas. Realizar um *bolus* EV de insulina regular, 0,15UI/kg, seguido por infusão em bomba de 0,05 a 0,1UI/kg/h. Deve-se verificar a glicemia a cada hora, devendo ser evidenciado a velocidade de queda da glicemia de 50 a 70mg/dL/h. Caso a velocidade de queda seja superior à preconizada, a taxa de infusão da bomba deverá ser reduzida em 50%. Nos raros casos em que a velocidade de queda estiver abaixo da velocidade preconizada, a taxa de infusão da bomba deverá ser aumentada entre 50% e 100%. Quando a glicemia chegar a 250mg/dL, a taxa de infusão da bomba da insulina deverá ser reduzida para 0,05UI/kg/h, a fim de manter a glicemia entre 150 e 200mg/dL.

Quando a glicemia mantém-se entre 150 e 200mg/dL e o bicarbonato arterial está > 15mEq/L e o pH > 7,3, recomenda-se aplicar insulina regular SC, 0,1UI/kg, e interromper a infusão de insulina venosa 1 hora depois. A insulina regular SC deve ser aplicada a cada 4 horas, perfazendo um total de 0,3 a 0,5UI/kg/dia. A cetonemia e a cetonúria podem demorar em torno de 12 a 24 horas para desaparecer após o controle da hiperglicemia. A dieta oral deverá ser iniciada quando o paciente tiver iniciado a insulinoterapia SC, estiver apto a se alimentar e a peristalse for audível. Nesse momento, deve-se passar a prescrição da insulina para o esquema basal-*bolus* (insulina basal intermediária [NPH] ou lenta [glargina ou detemir] + insulina ultrarrápida [lispro, aspart ou glulisina] ou regular, conforme esquema pré-alimentação).
3. **Potássio:** a insulinoterapia só deve ser iniciada após a aferição da calemia, e apenas se o potássio sérico estiver > 3,3mEq/L. A reposição é feita adicionando **KCl 10% (13mEq a cada ampola/10mL) ao soro EV**. A concentração máxima é de 40mEq/L em veia periférica e de 60mEq/L em veia central. A velocidade de infusão não deve ser > 40mEq/h. Soluções muito concentradas de KCl podem causar flebite. As instruções de infusão encontram-se no Quadro 156.2.

Quadro 156.2 Conduta de acordo com a calemia

K⁺ (mEq/L)	Conduta
< 3,3	Não aplicar insulina Repor 40mEq/h
3,3 a 5,0	Aplicar insulina 30mEq/L de soro
> 5,0	Aplicar insulina Não aplicar KCl 10%

4. **Bicarbonato de sódio:** em geral, a reposição de bicarbonato não é necessária. A maioria dos ensaios clínicos não é favorável ao uso do bicarbonato, e a reversão rápida da acidose pode levar a hipocalemia, redução da oxigenação tecidual e disfunção cardíaca. As medidas básicas de tratamento da CAD são eficazes em reverter a acidose metabólica.

Outras complicações

A principal complicação é o **edema cerebral**, ocasionado pela redução rápida da glicose e infusão excessiva de soros hipotônicos. Trata-se de um evento particularmente comum em crianças e pode ser fatal. Outras complicações graves, porém mais raras, são a **síndrome da angústia respiratória aguda** e a **obstrução brônquica por tampão de muco**. Eventos **tromboembólicos** são comuns na CAD, justificando o uso de profilaxia para trombose venosa profunda. Após a conversão da insulinoterapia para o esquema basal-*bolus*, os esquemas com insulinas lentas e ultrarrápidas apresentam a mesma eficácia de outros esquemas, porém com menor incidência de hipoglicemia.

Capítulo 157
Constipação Intestinal e Fecaloma

Maria Marta Regal de Lima Tortori • Ana Luíza Velten Mendes • Juliana Rosa Souza Nunes

INTRODUÇÃO

A constipação intestinal é definida por ausência ou dificuldade de evacuação por pelo menos 2 semanas. No entanto, o que marca o quadro não é apenas a ausência de evacuações nem o tempo em que isso ocorre, mas a dor e o esforço que envolvem essa patologia. A maioria dos casos é funcional, mas diversas etiologias podem cursar com constipação intestinal na criança. Neste capítulo atenção particular será dada à constipação funcional, orientando sobre seu diagnóstico e tratamento.

FISIOPATOLOGIA

A constipação funcional ocorre quando a criança passa por episódios de evacuações dolorosas com retenção voluntária das fezes para evitar o estímulo de dor. A dor pode ser provocada por fezes muito endurecidas devido a uma dieta pobre em fibras ou por fissuras anais. Habitualmente, inicia-se já no primeiro ano de vida.

A doença de Hirschsprung, ou megacólon aganglônico congênito, deve ser sempre afastada em casos de constipação intestinal crônica. Causada por inervação anormal do intestino, acomete inicialmente o reto e o intestino terminal. Em até 75% dos casos, o segmento afetado restringe-se ao retossigmoide.

QUADRO CLÍNICO

Na constipação funcional é comum que a criança adquira comportamentos para evitar o estímulo à evacuação, como contração dos músculos glúteos e enrijecimento das pernas. Episódios de encoprese diurna ocorrem com frequência e algumas crianças apresentarão sangue nas fezes, quadro causado pela passagem de grande bolo fecal pelo canal anal. É comum o relato de fezes com aspecto de cíbalos ou cilindros duros com rachaduras. Ao exame físico, encontra-se um grande volume de fezes, palpável na área suprapúbica, e o toque retal pode revelar uma cavidade preenchida por fezes. É característico da doença o ciclo vicioso de defecação adiada, causando enrijecimento das fezes, dor e desconforto ao evacuar e novamente defecação adiada.

Na doença de Hirschsprung, os sintomas começam ao nascimento, com retardo da liberação de mecônio, principalmente nos recém-nascidos a termo. Algumas crianças, apesar de eliminarem mecônio normalmente, irão desenvolver déficit de crescimento, constipação intestinal crônica severa, fecaloma palpável por via abdominal, episódios de enterocolite repetidos, distensão abdominal e, até mesmo, sintomas de obstrução intestinal. Em geral, o toque retal revela a ampola vazia.

DIAGNÓSTICO

O diagnóstico deve incluir anamnese detalhada e exame físico minucioso. Em geral, a história é característica, com relatos de crianças que, na presença de urgência para defecar, se agacham, escondem ou evitam ao máximo a evacuação, contraindo os glúteos e enrijecendo as pernas. É comum a presença de familiares com o mesmo quadro. Ao exame físico, a palpação do sigmoide pode revelar um fecaloma e evidenciar a gravidade do quadro. A pesquisa dos reflexos cremastérico, abdominal superficial e anal, além da inspeção do dorso em busca de tufos de pelos ou orifício espinhal, ajuda a diferenciar esse quadro de distúrbios envolvendo a coluna. A presença de fezes na ampola retal ajuda a afastar o diagnóstico de doença de Hirschsprung, na qual é comum a ausência de fezes no reto.

Exames laboratoriais são dispensáveis na maioria das vezes, a não ser para afastar etiologias secundárias. Crianças que apresentam perda de peso, atraso no crescimento, vômitos, infecção urinária de repetição, tufo de pelos, anemia, fissura anal, persistência de fístulas e outros sintomas devem ser investigadas para outras doenças que podem cursar com constipação intestinal. É comum história familiar positiva na constipação funcional.

DIAGNÓSTICO DIFERENCIAL

Hipotireoidismo, hipocalemia, intoxicação por chumbo, doença celíaca, doença de Hirschsprung, imperfuração anal, pseudo-obstrução e obstrução intestinal.

TRATAMENTO

Crianças com queixas e levadas à emergência por constipação intestinal devem inicialmente passar por descompactação e catarse intestinal. Para isso, pode-se lançar mão do uso de laxativos ou, nos casos mais graves, da aplicação de enemas com soluções salinas, **sorbitol** ou **glicerina**. A terapia laxativa deve ser mantida até que a criança evacue fezes pastosas uma ou duas vezes, e os enemas podem ser repetidos até o esvaziamento do intestino. Em geral, a resolução da doença se dá com terapia de descompactação inicial, aliada a medidas de reeducação dos hábitos intestinais e profilaxia com dieta rica em fibras e alimentos laxativos, não sendo necessários cursos repetidos de descompactação. **Antiespasmódicos** devem ser evitados, mesmo em casos de cólica, por alterarem a motilidade intestinal e agravarem o quadro. O **óleo mineral** não deve ser administrado a crianças pequenas em virtude do risco comprovado de aspiração e ocorrência de broncopneumonia.

Todos os pais de crianças com constipação intestinal crônica devem ser orientados quanto às medidas a serem tomadas para auxiliar seus filhos. Nos lactentes jovens, o uso de papas de frutas laxativas, como mamão e abacate, costuma ser suficiente para solucionar o quadro. Nas crianças maiores, além da dieta, pode-se instituir um horário regular para usarem o sanitário, uma ou duas vezes ao dia, preferencialmente após as refeições. A terapia deve ser continuada até que a criança adquira um hábito intestinal saudável.

Casos de doença de Hirschsprung são cirúrgicos, consistindo na retirada do segmento aganglionico e na anastomose proximal com o reto.

No Quadro 157.1 estão listados os principais laxantes utilizados em pediatria.

Alguns estudos comprovaram que o uso de **óleo mineral**, **hidróxido de magnésio** e **lactulose** apresenta resultados satisfatórios, porém, se empregado por muito tempo acarretará má aceitação.

Quadro 157.1 Principais laxantes usados em pediatria

Terapia medicamentosa			
Laxativos salinos	Hidróxido de magnésio	350 a 400mg/5mL Uso oral	0,5mL/kg/dose 2 a 5 anos: 5 a 10mL/dia 6 a 11 anos: 15 a 30mL/dia > 12 anos: 30 a 60mL/dia
	Fosfato de sódio	Enema 22%	Enema de 2 a 3mL/kg por vez. Usado no preparo do intestino para cirurgias e exames
Laxativos osmolares	Sorbitol	Sorbitol a 3% ou bisnagas de 10mL para enema	Enema: 1 a 2 bisnagas por vez
	Lactulose	Xarope 667mg/mL ou sachê de 10g em 15mL	0,3 a 0,5mL/kg/dia em 1 ou 2 doses VO
	Glicerina	Supositório infantil: 0,7 a 1,7g Solução a 6%, 12% e 25%	Até 6 anos: 1 supositório Enema a 12%: 20 a 100mL por vez
			Efeito em 15 a 30 minutos
Estimulante do peristaltismo Contraindicados em caso de impactação ou obstrução intestinal suspeita	Bisacodil	Comp. de 5mg Sup. de 10mg Gotas: 7,5mg/mL	Sup.: < 2 anos: 5mg; > 2 anos: 10mg VO: 5mg/dose 1 vez ou 0,3mg/kg/dia (apenas em > 3 anos)
	Picossulfato de sódio	Gotas: 7,5mg/mL 0,5mL/gt	< 4 anos: 0,25mg/kg/dia 4 a 10 anos: 5 a 10gts/dia > 10 anos: 10 a 20gts/dia

Capítulo 158
Convulsão e Epilepsia

Guilherme Almeida Rosa da Silva • Carolina Maria Motta Stoffel

DEFINIÇÕES
- **Epilepsia:** condição crônica primária que se caracteriza pela presença de crises convulsivas recorrentes.
- **Convulsões:** resultado de disfunção cerebral representada por descargas elétricas anormais, excessivas e sincrônicas de um grupamento neuronal. Ocorrem de modo espontâneo ou secundário, como febre, distúrbios hidroeletrolíticos ou encefalites.
- **Estado de mal epiléptico (EME):** crise epiléptica única com duração > 30 minutos de atividade contínua ou duas ou mais crises epilépticas sequenciais sem total recuperação do nível de consciência entre as crises em um tempo < 30 minutos.

FISIOPATOLOGIA
As crises convulsivas determinam uma condição de hipermetabolismo celular cerebral e hiperexcitabilidade neuronal, com consumo excessivo de ATP, levando à exaustão neuronal e a lesões celulares que podem deixar sequelas. **A crise pode ser dividida em duas fases:**
- **Fase I** (primeiros 20 a 30 minutos): o organismo tenta compensar esse hipermetabolismo celular aumentando a pressão arterial sistêmica e pulmonar, devido à própria contratura da musculatura esquelética e à liberação de catecolaminas. Podem ocorrer hipertermia, acidose metabólica, acidose respiratória e hiperglicemia. O fluxo sanguíneo cerebral poderá estar aumentado em até nove vezes nessa fase.
- **Fase II** (após 30 minutos): os mecanismos compensatórios começam a entrar em falência, portanto o paciente apresenta hipotensão arterial e hipoxia, levando à diminuição do fluxo sanguíneo cerebral efetivo. Nessa fase, observam-se as consequências de uma descarga autonômica exagerada:
    - Arritmias cardíacas
    - Edema pulmonar neurogênico
    - Alterações renais decorrentes de rabdomiólise e mioglobinúria associadas à hipoperfusão renal
    - Hipoglicemia
    - Hipertermia severa
    - Elevação de celularidade no líquor (> 20 células/mm^3) e hiperproteinorraquia

CONSIDERAÇÕES
No paciente pediátrico, aproximadamente um terço dos casos de EME corresponde a um quadro convulsivo inaugural. Cerca de um terço dos casos ocorre em pacientes com epilepsia prévia e o restante decorre de um insulto agudo ao sistema nervoso central (SNC). Diante de um paciente pediátrico com primeira crise epiléptica, torna-se difícil selar um diagnóstico de epilepsia.

QUADRO CLÍNICO
Existem dois tipos de crises convulsivas: crises focais, que têm início limitado em parte de um hemisfério cerebral; e crises generalizadas, decorrentes de atividade epiléptica iniciada simultaneamente nos dois hemisférios cerebrais.

Classificação internacional das crises convulsivas
- **Crises parciais:** limitam-se a um grupamento neuronal em uma área localizada do cérebro:
    - **Parciais simples:**
        ○ consciência preservada

- com sinais motores
- com sintomas somatossensoriais elementares
- com sintomas ou sinais autonômicos
- com sintomas psíquicos
– **Parciais complexas:**
  - consciência preservada
  - com automatismos elementares
  - com automatismos hipercinéticos ou posturas anormais
  - sem automatismos relevantes
– **Crise parcial com degeneração para crise generalizada:**
  - parciais simples, evoluindo para generalizadas
  - parciais complexas, evoluindo para generalizadas
  - parciais simples, evoluindo para parciais complexas e, então, para generalizadas
- **Crises generalizadas:** perda da consciência desde o início:
  – Crises de ausência (típica e atípica)
  – Crises mioclônicas
  – Crises clônicas
  – Crises tônico-clônicas
  – Crises tônicas
  – Crises atônicas
- **Crises não classificadas**

DIAGNÓSTICO

O médico deve coletar a história com testemunhas da crise para atestar a real presença de uma crise epiléptica. Deve-se questionar minuciosamente sobre a posição e a atividade no momento da crise (diferencial com síncope vasovagal), presença de liberação esfincteriana (diferencial com síncope), atitude na crise (determinar o tipo de crise epiléptica: parcial ou generalizada), tempo decorrido de crise e nível de consciência e memória após término da crise. São importantes dados como história prévia de epilepsia e uso de medicações. Somente com essas informações será possível começar a pensar em uma etiologia.

Principais etiologias relacionadas com a crise convulsiva e o EME

- **Neonatos:** hipoxia/isquemia, infecção, hipoglicemia, hiponatremia, hipernatremia, hipocalcemia, hiperbilirrubinemia, acidemia, erros inatos do metabolismo, abstinência de narcóticos, malformações do SNC.
- **Lactentes de 1 a 2 meses:** infecção do SNC, hematoma subdural, hipoglicemia, hiponatremia, hipernatremia, hipocalcemia, acidemia, defeitos do ciclo da ureia, fenilcetonúria, esclerose tuberosa, malformações do SNC.
- **Crianças > 2 meses:** infecção do SNC, hemorragia do SNC, hipoglicemia, hiponatremia, hipernatremia, hipocalcemia, distúrbios lisossomais, convulsão febril, intoxicação exógena, idiopática.

Exames a serem solicitados e suas indicações

- **Hemoculturas e punção lombar:** em caso de suspeita de infecção.
- **Dosagem de medicações antiepilépticas:** deve ser considerada a realização desses exames em crianças com epilepsia e terapêutica antiepiléptica.
- **Exame toxicológico:** suspeita de intoxicação exógena.
- **TC e RNM:** se existirem indicações clínicas ou se a etiologia for desconhecida, poderá ser considerada sua realização, após a criança estar estabilizada e as convulsões controladas.
- **Eletroencefalograma (EEG):** a realização de EEG pode ser considerada na criança em estado de mal epiléptico, uma vez que pode determinar se existem alterações focais ou generalizadas, com implicações nas decisões diagnósticas e terapêuticas.

TRATAMENTO

Cuidados com o paciente politraumatizado: estabilização cervical, assegurando as vias aéreas, ventilação e estabilidade hemodinâmica:

1. Desobstruir as vias aéreas, aspirar secreções, administrar O_2 100% (15L/min).
2. Usar ventilação bolsa-máscara e considerar a necessidade de intubação endotraqueal.
3. Posicionar o paciente (decúbito lateral direito; em caso de hipertensão intracraniana (HIC, decúbito dorsal).
4. Monitorizar $SatO_2$, FC, FR, T_{Ax}, ECG.
5. Monitorizar EEG (em particular no *status* refratário, em que o objetivo é atingir um traçado de surto-supressão, e no *status* não convulsivo).
6. Realizar descompressão gástrica (SNG aberta).
7. Controlar a temperatura corporal.
8. Cateterizar duas veias periféricas de grosso calibre e iniciar reanimação volêmica com soro fisiológico a 0,9%, 10 a 20mL/kg.
9. Corrigir hipoglicemia:
   - No recém-nascido ou lactente: SG 10%, 2mL/kg.
   - Na criança: SG 30%, 1 a 2mL/kg.

Obs.: não se esqueça de que a fenitoína sofre precipitação em soros glicosados, devendo ser diluída em soro fisiológico.

Medicações específicas para controle da crise convulsiva

1. **Diazepam:** 0,2 a 0,5mg/kg/dose EV ou intraóssea ou 0,5mg/kg/dose via retal (máximo de 10mg). Caso não haja resultado após 5 minutos, repetir a dose. Na ausência de melhora:
2. **Fenitoína:** 15mg/kg/dose EV ou intraósseo (IO). Velocidade máxima de infusão: 1mg/kg/min. Podem ser administradas mais duas doses de 5mg/kg. Sem melhora:
3. **Fenobarbital sódico:** 15 a 20mg/kg/dose EV ou IO. Repetir doses de 5 a 10mg/kg até total de 40mg/kg (crianças até 3 meses) ou 30mg/kg (crianças > 3 meses). Dose máxima de 300 a 400mg/dose. Sem melhora – *status* **refratário**:
4. **Midazolam:** dose de ataque: 0,05 a 0,2mg/kg/dose. Iniciar EV contínuo: 1 a 18mcg/kg/min (0,06 a 1,08mg/kg/dose). Aumentar até o controle da crise convulsiva. Atentar para depressão respiratória.
5. **Tiopental sódico:** ataque, 3 a 5mg/kg/dose EV. Iniciar EV contínuo: 10mcg/kg/min. Aumentar até o controle da convulsão. A criança deve ser intubada. Quando > 40mcg/kg/min, pode haver necessidade de agentes vasopressores.
6. **Alternativas ao EME refratário:** lidocaína. Dose de ataque, 1 a 2mg/kg/dose. EV contínuo: 1 a 6mg/kg/hora; paraldeído: 0,12 a 0,3mg/kg (solução a 4% em 1 hora, repetir de 4/4h); anestesia inalatória – fluorano de 0,5% a 1,5% ou halotano.

Após o controle das crises, não se deve esquecer de prevenir as recorrências com tratamento de manutenção:

- Fosfenitoína, 4 a 5mg/kg/dia de 12/12h.
- Fenitoína, 5 a 8mg/kg/dia de 12/12h.
- Valproato, 20mg/kg/dia de 12/12h.
- Fenobarbital, 3 a 5mg/kg/dia.
- A administração dos benzodiazepínicos deve ser reduzida lentamente (0,06mg/kg/h a cada 2h) após 24 a 48 horas de controle das crises.
- A perfusão do propofol deve ser reduzida para 50% 12 horas após o controle das crises (a suspensão rápida pode induzir convulsões).

Capítulo 159
Corpo Estranho em Vias Aéreas

Maria Marta Regal de Lima Tortori • Gabriela Persio Gonçalves • Luiza Ochi Delmonaco

INTRODUÇÃO

Episódios de aspiração de corpo estranho (ACE) são comuns na pediatria, e a maioria dos acidentes ocorre com crianças de 1 a 3 anos de idade, principalmente do sexo masculino. Isso se deve ao fato de nessa faixa etária as crianças explorarem com a boca o meio ao redor.

Dentre os principais corpos estranhos aspirados, pequenos grãos, como amendoim, milho e feijão, são os mais comuns, correspondendo a cerca de um terço das ocorrências. Contudo, é relatada também a aspiração de brincos, anéis, pedaços de brinquedos e tampas de canetas, entre outros.

FISIOPATOLOGIA

Os principais determinantes da fisiopatologia são:

- **Anatomia do local da impactação:** o diâmetro reduzido das vias aéreas e a anatomia da traqueia das crianças favorecem a obstrução do fluxo. O local mais comum é o brônquio direito.
- **Propriedades físicas do objeto:** o formato do objeto pode atrapalhar minimamente o fluxo de ar ou mesmo obstruí-lo totalmente.
- **Reações teciduais locais:** a composição do objeto pode determinar uma reação tecidual local. Alguns alimentos vegetais, como o amendoim, podem determinar pneumonias mais severas do que as provocadas por objetos de plástico do mesmo tamanho.

QUADRO CLÍNICO

Depende do tipo de objeto, do local da impactação e da idade da criança. A história clássica é de um quadro de sufocação seguida de tosse intensa, que pode ser acompanhada por cianose perilabial. Entretanto, também deve ser considerada a hipótese quando ocorre o primeiro episódio de sibilância, com diminuição segmentar do murmúrio vesicular e roncos.

Contudo, nem sempre os episódios de asfixia são relatados espontaneamente pelos responsáveis, o que retarda o diagnóstico. Além disso, alguns pacientes permanecem assintomáticos, podendo levar ao desenvolvimento de pneumonias, enfisemas obstrutivos e bronquiectasias.

DIAGNÓSTICO

Nem sempre é possível o diagnóstico por meio de exames complementares, devendo ser valorizados a história e o quadro clínico.

A radiografia de tórax posteroanterior inspiratória e expiratória deve ser o primeiro exame solicitado. Como predominantemente o corpo estranho aspirado é radiotransparente, recomenda-se atenção aos sinais indiretos: aprisionamento de ar e hiperinsuflação, atelectasia lobar ou segmentar, desvio de mediastino, consolidação pulmonar e barotrauma.

A TC e a RNM pouco contribuem com o diagnóstico de aspiração de corpo estranho.

A broncoscopia é utilizada como método diagnóstico quando, apesar da não confirmação dos outros exames complementares, há forte suspeita.

DIAGNÓSTICO DIFERENCIAL

- **Principais:** laringites agudas, crupe, asma, bronquiolite, pneumonia.

COMPLICAÇÕES

- **Principais:** parada cardiorrespiratória, pneumonia, enfisema obstrutivo, bronquiectasia.

TRATAMENTO

O tratamento inicial depende do grau de obstrução das vias aéreas. Se a obstrução é total, quando a criança é incapaz de emitir sons e tossir, devem ser tentadas as manobras de deslocamento:

- **Em crianças < 1 ano:** cinco **golpes nas costas**, seguidos de **cinco compressões torácicas**.
- **Em crianças > 1 ano: manobra de Heimlich:** o socorrista se posiciona atrás da vítima, fecha o punho e o posiciona com o polegar para dentro e entre o esterno e o umbigo. Deve segurar o próprio punho com a outra mão e puxar ambas as mãos em sua direção, empurrando para cima e para dentro, a partir dos cotovelos. Cada empurrão deve ser vigoroso o suficiente para deslocar o bloqueio. Em caso de perda da consciência, iniciar reanimação cardiorrespiratória.

No entanto, se a obstrução for parcial, as manobras não devem ser executadas, bem como não se deve explorar a boca do paciente às cegas, uma vez que pode haver deslocamento do objeto e evoluir para uma obstrução total.

Se as manobras de deslocamento não forem eficazes, o paciente deverá ser submetido à intubação orotraqueal, a fim de receber suporte ventilatório. Se o objeto for identificado durante a laringoscopia, pode ser retirado; porém, se a desobstrução não for possível, deve-se realizar cricotomia ou traqueotomia de emergência.

Posteriormente, é necessária a remoção endoscópica do corpo estranho das vias aéreas. A **broncoscopia rígida** é considerada o padrão-ouro no tratamento da ACE.

As complicações pós-extração pela broncoscopia são: edema de laringe e pulmonar, pneumotórax, hemoptise, fístula traqueoesofágica, pneumonia, atelectasia e até insuficiência respiratória.

PREVENÇÃO

A prevenção de ACE consiste essencialmente em adequar o meio em que a criança vive à sua idade, como oferecer dieta apropriada, brinquedos próprios para sua faixa etária e armazenar corretamente os objetos que a cercam.

Capítulo 160
Dermatites

Maria Marta Regal de Lima Tortori • Ana Luíza Velten Mendes • Angélica Guimarães Andrade

INTRODUÇÃO

As dermatites ou eczemas são distúrbios da pele caracterizados por exsudação, liquenificação e prurido.

As lesões eczematosas manifestam-se na fase aguda com eritema, pápulas, microvesículas, exsudação e sangramento. Posteriormente, evoluem para a forma crônica com lesões descamativas, secas, e liquenificação (aumento da espessura e pregueado natural) da pele. Neste capítulo serão abordadas as principais dermatites eczematosas que acometem a criança: dermatite de contato, dermatite atópica, dermatite seborreica, desidrose e eczema numular.

■ DERMATITE DE CONTATO
FISIOPATOLOGIA

Pode ser subdividida em duas formas clínicas, de acordo com sua fisiopatologia. A dermatite por irritante ocorre quando uma substância provoca lesão inespecífica na pele. A dermatite alérgica é causada por uma reação de hipersensibilização tardia, por agentes tópicos (como a neomicina), joias, roupas ou plantas, dentre outros.

QUADRO CLÍNICO

Dermatite por irritante decorre da exposição cutânea, repetidas vezes ou de maneira prolongada, a determinada substância. Pode ser causada pelo contato com detergentes, roupas lavadas com sabão em pó ou amaciantes específicos, sucos cítricos ou, até mesmo, a saliva do paciente. A forma mais comum dessa dermatite é a causada por fraldas (o ambiente úmido, em contato com urina e fezes, por meio da fricção e maceração, causa essa patologia). As lesões características são papulovesiculares e bolhosas, com eritema, descamação, fissuras e erosão.

A dermatite alérgica é uma reação de hipersensibilidade mediada por linfócitos T em resposta a um antígeno em contato com a pele. Apresenta-se muito pruriginosa e geralmente com bolhas e vesículas, com tendência à liquenificação na forma crônica. A distribuição das lesões é compatível com a região do contato, o que auxilia o diagnóstico.

CONSIDERAÇÕES

Infecções secundárias são complicações da dermatite por contato; sendo assim, essa possibilidade deve ser considerada antes do tratamento da doença de base. No caso da dermatite das fraldas, é comum a infecção por cândida, que deve ser tratada com antifúngico tópico (nistatina tópica).

TRATAMENTO

São essenciais a identificação e a eliminação do agente causal. Compressas frias ajudam a aliviar os sintomas; anti-histamínicos orais e o uso de corticoesteroide tópico podem ser benéficos em casos mais extensos (hidrocortisona de 0,5% a 1%).

Em caso de dermatite das fraldas, os pais devem ser orientados a realizar a troca frequente das fraldas, evitar lavagem excessiva do local e aplicar agentes de barreira, como vaselina ou óxido de zinco.

■ DERMATITE ATÓPICA

A dermatite atópica (DA) corresponde à dermatose mais comum da infância, caracterizada por inflamação crônica e recidivante da pele, com prurido intenso e xerose cutânea. Acomete, mundialmente, cerca de 10% a 20% das crianças e, em geral, está associada à história familiar ou pessoal de atopia, como asma, rinite alérgica e alergia alimentar.

FISIOPATOLOGIA

Envolve uma complexa interação entre distúrbios na barreira funcional da pele (devido à redução de lipídios, resultando em pele seca ou xerose), alteração da resposta imune inata da pele e dos linfócitos T, bem como reações de hipersensibilidade a alérgenos e micro-organismos ambientais.

QUADRO CLÍNICO

Os episódios de exacerbação, com prurido intenso, principalmente à noite, e reatividade cutânea, estão relacionados com determinados alimentos, roupas sintéticas, suor excessivo, alérgenos ambientais e infecções bacterianas, entre outros. Há cronificação com liquenificação, espessamento da pele, acentuação das pregas cutâneas e pápulas fibróticas (prurigo nodular). A pele torna-se seca e sem brilho, com lesões na face flexora dos membros. No início da infância, é comum o acometimento de face e couro cabeludo, além do aspecto úmido das lesões, às vezes semelhante à dermatite seborreica. Pode haver, simultaneamente, áreas de lesão aguda e crônica, bem como associação a infecções secundárias.

TRATAMENTO

Apresenta uma abordagem sistêmica, com os pais devendo ser orientados sobre a profilaxia ambiental. A criança atópica não deve usar roupas sintéticas e seu ambiente doméstico deve ser isento de tapetes, cortinas e brinquedos de pelúcia. Substâncias que sabidamente provocam sensibilização da criança devem ser retiradas de seu contato (eliminação de fatores desencadeantes), incluindo tanto alimentos específicos como cosméticos, pomadas e sabonetes, entre outros.

A hidratação cutânea pode ser realizada com emolientes neutros de venda livre para reter a umidade e causar alívio sintomático ou com formulações manipuladas. Os banhos, duas vezes ao dia, devem ser mornos com sabonetes neutros e de duração curta, para evitar a retirada de proteção lipídica natural da pele.

Os corticoesteroides tópicos, frequentemente a base do tratamento anti-inflamatório, são indicados duas vezes por semana, nas exacerbações agudas da dermatite. No entanto, os corticoesteroides sistêmicos raramente são administrados, pois podem estar associados a efeito de rebote grave de DA após seu uso. Anti-histamínicos orais para redução do prurido cutâneo são úteis e devem ser usados uma vez ao dia, preferencialmente à noite, no caso dos sedativos. Administrar, se necessário, antibióticos tópicos ou sistêmicos, uma vez que a DA predispõe a infecções bacterianas, principalmente por *S. aureus* (também favorece infecções fúngicas e virais secundárias).

■ DERMATITE SEBORREICA

FISIOPATOLOGIA

Doença inflamatória crônica, mais comum em lactentes e adolescentes, principalmente em pacientes HIV-positivos, apresenta etiologia desconhecida.

QUADRO CLÍNICO

Manifesta-se por lesões eritematodescamativas, papulosas, não pruriginosas, podendo ser focais ou disseminadas. Pode haver lesões pós-inflamatórias pigmentadas. Nos menores, é mais comum o acometimento do couro cabeludo, do pescoço, áreas retroauriculares, axilas e região de contato com as fraldas. Em adolescentes, pode ficar confinada às regiões intertriginosas e ao couro cabeludo, podendo ocorrer queda de cabelo.

DIAGNÓSTICO

Basicamente clínico. Pode-se realizar biópsia de pele em caso de dúvida diagnóstica com a psoríase infantil (descamação intensa).

TRATAMENTO

Xampus antisseborreicos devem ser utilizados nas formas que acometem o couro cabeludo. Em caso de suspeita de associação fúngica, sugere-se o uso de xampu de cetoconazol a 2%. Medidas gerais devem ser empregadas, como banhos frequentes e retirada das crostas com escova macia durante o banho. Corticoesteroides tópicos podem ser indicados para lesões inflamadas.

■ DESIDROSE
FISIOPATOLOGIA

A patogênese ainda não foi elucidada. Acomete indivíduos de todas as idades.

QUADRO CLÍNICO

A doença apresenta recorrência de lesões pruriginosas vesiculobolhosas, isoladas ou confluentes, limitadas aos pés e às mãos, além da região entre os dedos (tipicamente relacionadas com o calor). Inicialmente, aparecem como vesículas com conteúdo claro, que cronificam e formam placas espessas e fissuradas. A coçadura do local pruriginoso favorece o aparecimento de infecções secundárias, que devem ser tratadas de modo sistêmico com antibioticoterapia.

TRATAMENTO

Curativos úmidos e uso de corticoesteroides tópicos podem ser benéficos na fase aguda da doença. Os pacientes devem ser orientados quanto à natureza crônica e recorrente dessa afecção. Entre as crises, o uso de emolientes pode ser benéfico.

■ ECZEMA NUMULAR
FISIOPATOLOGIA

Normalmente ocorre em peles xeróticas. Sua patogênese é desconhecida.

QUADRO CLÍNICO

Como o nome sugere, caracteriza-se por placas em formato de moeda (configuração arredondada ou ovalada), que acometem preferencialmente regiões extensoras de extremidades, o glúteo e os ombros. Correspondem a placas amolecidas, vesiculares, exsudativas, pruriginosas e que muitas vezes se assemelham à tinha do corpo. É frequente o sangramento em razão do ato de coçar, bem como infecção bacteriana secundária.

TRATAMENTO

Corticoesteroides tópicos e anti-histamínicos podem ser administrados na fase aguda e amenizam o prurido. Emolientes e hidratantes devem ser indicados, restringindo banhos longos e o uso de sabonetes glicerinados.

Quadro 160.1 Terapia medicamentosa	
A. CORTICOESTEROIDES TÓPICOS	
Clobetasona Creme e pomada a 0,05%	Corticoides de baixa e média potência estão indicados para dermatites eczmatosas na fase aguda, de 2 a 3×/dia; 1×/dia ou em dias alternados após melhora clínica. Não utilizar por mais de 3 semanas em crianças. A longo prazo, podem causar atrofia cutânea, além de agravar possíveis infecções bacterianas secundárias
Betametasona Creme e pomada a 0,1% (potência moderada)	
Dexametasona Creme a 0,1% (potência alta)	
Hidrocortisona Creme e pomada a 1% (potência moderada)	
B. ANTI-HISTAMÍNICOS	
Hidroxizina Xarope: 10mg/5mL VO Dose: 2mg/kg/dia em 3 a 4×	Apresentam efeitos sedativos, sendo melhor seu uso noturno
Dexclorfeniramina Xarope: 2mg/5mL VO Dose: 0,15mg/kg/dia em 4×	

Loratadina
Xarope: 5mg/5mL VO
Dose:
  < 2 anos: 2,5mg/kg 1×
  2 a 5 anos: 5mg/dose 1×
  > 6 anos ou > 30kg: 10mg/dose 1×
	Anti-histamínico de segunda geração, que promove menos efeito sedativo que os de primeira geração

Capítulo 161
Dengue: Conduta Terapêutica na Criança

Maria Marta Regal de Lima Tortori • Angélica Guimarães Andrade

INTRODUÇÃO

Neste capítulo será apresentada como tema central a abordagem terapêutica em caso de dengue na criança, uma vez que essa doença está descrita mais detalhadamente no Capítulo 40 deste livro.

Em pediatria, a investigação diagnóstica da dengue merece atenção especial, pois na maioria dos casos pode se expressar como síndrome febril aguda inespecífica (prostração, recusa alimentar, irritabilidade, sintomas gastrointestinais, exantema), que se assemelha clinicamente a outros quadros infecciosos febris típicos dessa faixa etária (como doenças exantemáticas virais, infecção urinária, gripe e malária, entre outras).

Os sinais de alerta da doença podem ser identificados como as primeiras manifestações clínicas: dor abdominal intensa e contínua; vômito persistente; hipotensão postural ou lipotimia; sonolência; agitação ou irritabilidade; hepatomegalia; sangramento espontâneo das mucosas; diminuição da diurese; aumento do hematócrito concomitante à redução das plaquetas.

Considerando o exposto, na investigação diagnóstica de uma criança com doença febril aguda é importante:

- Definir se é caso suspeito de dengue (veja a Figura 161.1).

CASO SUSPEITO DE DENGUE

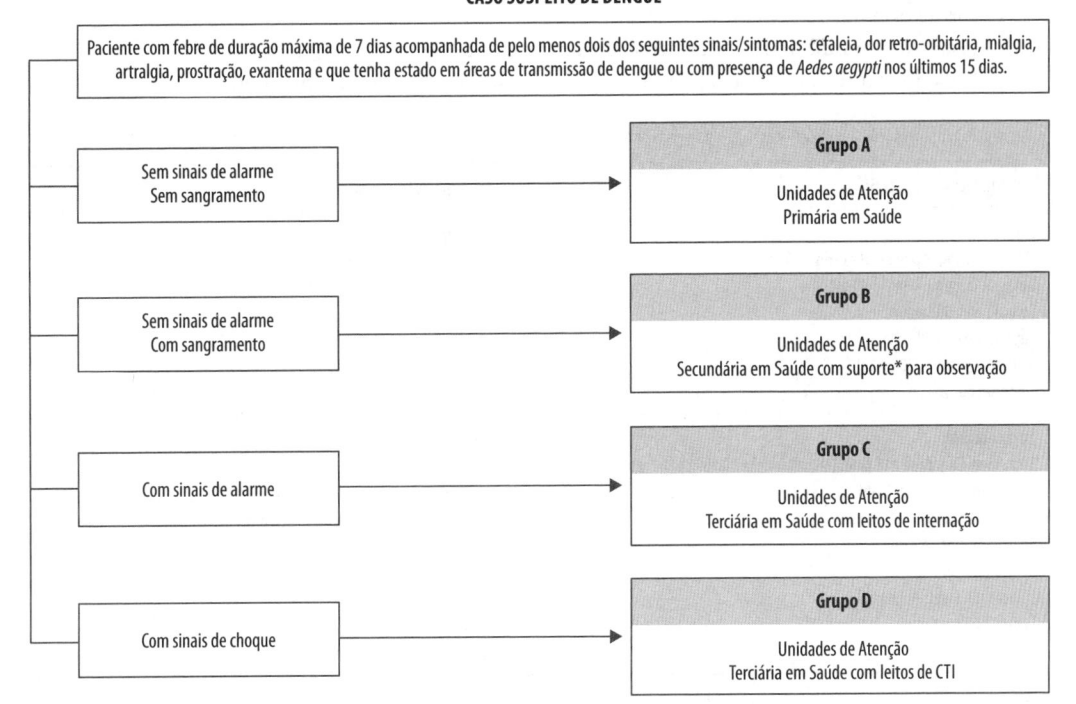

Paciente com febre de duração máxima de 7 dias acompanhada de pelo menos dois dos seguintes sinais/sintomas: cefaleia, dor retro-orbitária, mialgia, artralgia, prostração, exantema e que tenha estado em áreas de transmissão de dengue ou com presença de *Aedes aegypti* nos últimos 15 dias.

- Sem sinais de alarme / Sem sangramento → **Grupo A** — Unidades de Atenção Primária em Saúde
- Sem sinais de alarme / Com sangramento → **Grupo B** — Unidades de Atenção Secundária em Saúde com suporte* para observação
- Com sinais de alarme → **Grupo C** — Unidades de Atenção Terciária em Saúde com leitos de internação
- Com sinais de choque → **Grupo D** — Unidades de Atenção Terciária em Saúde com leitos de CTI

Figura 161.1 Fluxograma para classificação de risco de dengue. (*Suporte para observação – disponibilização de leitos [macas ou/e poltronas], possibilitando o mínimo de conforto possível ao paciente durante sua observação.) (Adaptada de Dengue: diagnóstico e manejo clínico: criança. Ministério da Saúde. 1. ed., 2011.)

- Aferir a pressão arterial em duas posições.
- Realizar prova do laço.
- Estimular a oferta livre de líquidos para reposição hidroeletrolítica dos déficits causados por sudorese, jejum, sede, vômitos e diarreia.
- Enfatizar os sinais de alarme.
- Orientar sobre os medicamentos sintomáticos permitidos: antipiréticos (estão proscritos medicamentos à base de ácido acetilsalicílico e seus derivados, em razão de sua ação anticoagulante e irritativa na mucosa gástrica, predispondo a sangramentos e acidose) e analgésicos.
- Notificar o caso clínico à Vigilância Epidemiológica.

TRATAMENTO CONFORME A CLASSIFICAÇÃO

No transcorrer deste capítulo será apresentada a conduta terapêutica específica, na faixa etária pediátrica, de cada grupo de risco:

Grupo A

O tratamento da febre da dengue não complicada é de suporte; nesses pacientes não há hemoconcentração ou queda acentuada das plaquetas (≤ 100 mil):

- **Hidratação oral:** oferecer, no domicílio, soro de reidratação oral correspondente a um terço das necessidades basais (de modo precoce, abundante e em frequência sistemática). Completa-se a hidratação com água, sucos de frutas naturais, chás, água de coco, sopas e leite materno (evitar refrigerantes). Para crianças < 2 anos, oferecer frações de 50 a 100mL (de um quarto à metade do copo); para > 2 anos, 100 a 200mL (da metade a 1 copo) de cada vez.

  Nos casos em adolescentes, deve-se hidratar o volume correspondente a 60 a 80mL/kg/dia, sendo um terço com soro de reidratação oral e os dois terços restantes com líquidos variados, conforme orientação prévia.

- **Tratamento sintomático:** analgésicos, antitérmicos e antieméticos (Quadro 161.1).

  A via intramuscular deve ser evitada, até se obter a contagem de plaquetas.

Quadro 161.1 Possibilidades terapêuticas para tratamento sintomático

Antitérmicos e analgésicos	Antieméticos
Dipirona: VO: **10 a 15mg/kg/dose até 6/6h** (máximo: 25mg/kg/dose em 4×) Gotas: 500mg/mL (1mL = 20 gotas) Solução oral: 500mg/mL Supositório infantil: 300mg Solução injetável: 500mg/mL Comprimido: 500mg	**Bromoprida** (tentar evitar) Gotas: **0,5 a 1mg/kg/dia em 3 a 4 doses diárias** Parenteral: 0,03mg/kg/dose EV (uma ampola = 10mg/2mL)
Paracetamol: **10 a 15mg/kg/dose até 6/6h** (respeitar dose máxima para peso e idade, de 4g/dia ou 5 doses/24h) Gotas: 500mg/mL Solução oral: 500mg/mL Supositório: 300mg Solução injetável: 500mg/mL Comprimido: 500mg	**Metoclopramida** VO-IM-EV: < 6 anos: **0,1 a 0,2mg/kg/dose até 8/8h** > 6 anos: **0,5 a 1mg/kg/dose até 8/8h** (não ultrapassar 15mg/dia) Gotas: 4mg/mL Solução oral: 5mg/5mL Supositório: 5mg e 10mg Comprimido: 10mg Injetável: 10mg/2mL

Os anti-inflamatórios não esteroides, como cetoprofeno, ibuprofeno, diclofenaco e nimesulida, **não** devem ser administrados.

O prurido é autolimitado (dura, em média, até 72 horas), podendo ser aliviado com banho frio. A resposta à terapêutica medicamentosa é insatisfatória e pode mascarar os sinais neurológicos.

- **Orientações aos pacientes e responsáveis:** oferecer o **Cartão de Acompanhamento de Paciente com Suspeita de Dengue**. Recomendar repouso; informar sobre os sinais de alarme, inclusive manifestações hemorrágicas, e sobre a importância de retornar imediatamente a uma unidade de saúde caso estas se apresentem.

Se o paciente continuar estável e sem sinais de alarme, o retorno deverá ser no período de 24 horas ou na defervescência da febre (redução importante da temperatura diária ou desaparecimento completo da febre). Deve-se solicitar hematócrito (Htc) e contagem de plaquetas no primeiro atendimento, a cada 48 horas e no dia da defervescência da febre.

Grupo B

Nesses pacientes, a prova do laço é positiva ou há manifestações hemorrágicas espontâneas, sem repercussão hemodinâmica e ausência de sinais de alarme:

- **Hidratação oral**, sob supervisão médica, iniciada antes do resultado do hemograma.
- Hematócrito > 38% (hemoconcentração), administrar 50mL/kg em 4 a 6 horas.
- A avaliação clínica deve ser rigorosa, após cada fase de hidratação, para detecção precoce dos sinais de alarme. Deve-se monitorizar o volume urinário (diurese normal: 1,5 a 4mL/kg/h; oligúria: diurese < 1,5mL/kg/h; poliúria: diurese > 4mL/kg/h; densidade urinária normal: 1,004 a 1,008) e manter a ingestão de líquidos por via oral.

A hidratação venosa está indicada quando há hemoconcentração e em caso de vômitos e/ou recusa à ingestão do soro oral. Na fase de expansão volêmica, SF 0,9% ou solução de Ringer, 20mL/kg em 2 horas, repetida até três vezes ou mais, a critério clínico. Em seguida, solicita-se novo hemograma e procede-se à reavaliação clínica horária, principalmente após cada etapa de hidratação. Depois da segunda ou da terceira fase de expansão sem resposta satisfatória (elevação do hematócrito), recomenda-se iniciar a conduta do grupo C.
- Fase de manutenção (regra de Holliday-Segar: necessidade hídrica basal): até 10kg: 100mL/kg/dia; entre 10 e 20kg: 1.000mL + 50mL/kg/dia para cada quilograma > 10kg; entre 20 e 30kg: 1.500mL + 20mL/kg/dia para cada quilograma > 20kg; > 30kg: 40 a 60mL/kg/dia.

Sódio: 3mEq em 100mL de solução ou 2 a 3mEq/kg/dia.
Potássio: 2mEq em 100mL de solução ou 2 a 4mEq/kg/dia.

Recomenda-se manter o paciente em observação durante 6 a 12 horas. Laboratorialmente, deve-se acompanhar o valor do hematócrito e das plaquetas desde o primeiro atendimento, de controle a cada 2 a 4 horas e antes da alta da observação; demais exames conforme critério clínico.

A internação hospitalar está indicada quando, na vigência de hidratação adequada, estão presentes sinais de alarme, comprometimento respiratório, plaquetas < 20.000m^3, elevação do hematócrito ou doença de base descompensada. No caso de transferência do paciente, manter a hidratação parenteral até a unidade hospitalar destinada.
- **Tratamento sintomático:** considerar a terapêutica do grupo A.

Grupo C

Compreende os pacientes sem sinais de choque, porém com sinais de alarme e síndrome de extravasamento plasmático, como aumento do hematócrito, diminuição da albumina e derrames cavitários.

São necessários: garantir vias aéreas com boa ventilação e oxigenação, monitorização hemodinâmica e punção de acesso venoso calibroso:

- **Fase de expansão da hidratação:** administrar (EV) SF 0,9% ou Ringer lactato, 20mL/kg/h, repetida até três vezes. Considerar reavaliação clínica horária e solicitação de novo hematócrito após 2 horas. No caso de melhora clínica e laboratorial (queda do hematócrito), iniciar a fase de manutenção e de reposição de perdas. Caso contrário, recomenda-se conduzir como grupo D.
- **Fase de manutenção da hidratação** (segundo a regra de Holliday-Segar, como no grupo B; considerar valor máximo de sódio: 70mEq/dia; potássio: 50mEq/dia).
- **Fase de reposição de perdas estimadas** em razão de fuga capilar: infundir (EV) SF 0,9% **ou** Ringer lactato, 50% das necessidades hídricas basais. Se houver melhora clínica, reduzir a infusão volêmica de reposição, de maneira gradual; caso contrário, reavaliar o estadiamento clínico e considerar pertencente ao grupo D.

Grupo D

Abrange o paciente com sinais de alarme, síndrome de extravasamento com choque associado ou não a hipotensão, com uma ou mais disfunções orgânicas; paciente refratário ao manejo clínico do grupo C.

Manifestações clínicas: pulso rápido e fino, extremidades frias, pele pálida e úmida; PA convergente (PA diferencial < 20mmHg); hipotensão postural (queda > 30mmHg), enchimento capilar lento, > 2 segundos; hipotermia; agitação ou prostração importante; hematêmese, melena; derrames cavitários e comprometimento sistêmico grave, inclusive respiratório.

Deve-se manter vias aéreas e assegurar boas ventilação e oxigenação, avaliando a necessidade de intubação orotraqueal e ventilação mecânica; monitorizar hemodinamicamente; assegurar bom acesso venoso (caso não seja possível acesso central, garantir dois acessos periféricos calibrosos); considerar a via intraóssea em casos muito graves. Avaliar o risco de sangramento.

Indica-se internação em UTI, com reavaliação clínica a cada 15 a 30 minutos. Verificar a presença de hemoconcentração (solicitar hematócrito a cada 2 a 4 horas); contagem de plaquetas de 12/12h; monitorizar hipocalemia e hiponatremia; solicitar provas de coagulação em caso de sangramento significativo. Avaliar periodicamente a PA (a cada 2 horas), pulso, enchimento capilar, cor de pele, temperatura, estado de hidratação de mucosas, nível de consciência, diurese horária (densidade urinária a cada 6 horas), ausculta pulmonar e cardíaca, presença de hepatomegalia:

- **Hidratação venosa vigorosa** (fase de expansão): iniciar imediatamente a etapa rápida, com SF 0,9% ou Ringer lactato, de 20mL/kg, em até 20 minutos em *bolus*; reavaliação clínica sistemática e solicitação de novo hematócrito após 2 horas.

De acordo com a evolução clínica e laboratorial, se houver melhora deve-se reestadiar para o grupo C. Caso contrário, iniciar monitorização hemodinâmica e conduzir conforme avaliação do grau de hemoconcentração:

1. **Após hidratação adequada, choque refratário e elevação do Htc:** administrar expansores plasmáticos (albumina, 0,5 a 1g/kg; solução de albumina a 5%: para cada 100mL desta solução, usar 25mL de albumina a 20% e 75mL de SF 0,9%). Em substituição, administram-se coloides sintéticos – 10mL/kg/h.
2. **Choque e diminuição do Htc:** em caso de hemorragias e sem resposta à reposição volêmica anterior ou perda sanguínea > 10% do total, administra-se concentrado de hemácias (10 a 15mL/kg/dia). Se houver coagulopatias de consumo, avalia-se a necessidade de uso de plasma (10mL/kg), vitamina K, bem como crioprecipitado (1UI para cada 5 a 10kg).
3. **Redução do Htc na ausência de sangramentos:** em caso de instabilidade hemodinâmica, investigar disfunção miocárdica e hiper-hidratação. Se necessário, restrição hídrica, diuréticos e inotrópicos.

Deve-se considerar a possibilidade de hiper-hidratação na fase de reabsorção de volume extravasado (pleural, pericárdico e/ou peritoneal), obtendo o controle radiológico e/ou ultrassonográfico nos derrames cavitários.

Capítulo 162
Diarreia Aguda e Desidratação

Maria Marta Regal de Lima Tortori • Bruna Suzarte Campelo • Juliana Rosa Souza Nunes

INTRODUÇÃO

A diarreia aguda tem como principal etiologia a infecciosa, sendo também denominada infecção intestinal ou gastroenterite. Por definição, esta corresponde à eliminação de fezes líquidas subitamente, em volume superior ao usual, geralmente associada também ao aumento do número de evacuações diárias, sendo autolimitada, com duração média de até 14 dias, e promovendo absorção intestinal de água e eletrólitos.

Trata-se de uma patologia de grande morbidade ainda nos dias atuais, principalmente nos países em desenvolvimento, onde as condições higiênico-sanitárias são precárias, associada também à geração ou ao agravamento de quadros de desnutrição em crianças de baixo nível socioeconômico. O aleitamento materno tem papel importante na defesa dos lactentes contra esse tipo de doença, uma vez que promove a defesa correta nos bebês de até 6 meses alimentados ao seio, conferindo-lhes imunidade contra infecções.

A desidratação é a complicação mais comum da diarreia aguda e também será aqui abordada, sendo chave fundamental no tratamento da diarreia.

FISIOPATOLOGIA

O aumento do conteúdo líquido nas fezes das crianças durante a diarreia se deve ao desequilíbrio nos processos de absorção de água e eletrólitos na luz intestinal, somados ao processo de secreção de eletrólitos, que consequentemente também carreiam água.

A absorção do íon sódio está fortemente interligada à absorção de água e ocorre por meio de diferentes mecanismos, quais sejam: juntamente com glicose e aminoácidos, por meio de transportadores específicos, mecanismo este que se mantém inalterado mesmo nos quadros de diarreia (a terapia de reidratação oral [TRO] baseia-se em sua manutenção); pelos canais de íons, bombas de sódio e potássio ATPase; e acoplado ao íon cloro. O controle desses mecanismos é feito por mediadores locais e neuroendócrinos do sistema nervoso autônomo.

Os patógenos vencem as defesas da criança, como acidez gástrica, muco, flora bacteriana saprófita, peristaltismo e o sistema imune presente nas placas de Peyer intestinais, e se instalam, produzindo a saída de líquidos para a luz intestinal e causando a diarreia.

A diarreia aguda é geralmente de fundo infeccioso e apresenta dois mecanismos básicos de ocorrência: osmótico e secretor.

O mecanismo osmótico pode ser descrito do seguinte modo: os agentes infecciosos agem nas vilosidades intestinais, modificando o funcionamento de enzimas digestivas presentes na borda em escova, dentre elas a dissacaridase e a lactase, entre outras. Ocorre acúmulo dos açúcares não absorvidos na luz intestinal, levando a secreção de água e eletrólitos no intestino delgado. Ao chegar ao intestino grosso, ocorre a metabolização pelas bactérias, produzindo ácidos orgânicos, com aumento da osmolaridade desse conteúdo, além de eliminação de gases pelas bactérias, causando distensão abdominal e fezes explosivas. A presença de substâncias ácidas nas fezes leva à ocorrência de hiperemia perineal. Esse mecanismo era aceito como aquele que ocorre nos quadros por rotavírus, mas já há evidência, também, da existência de uma toxina viral.

O mecanismo secretor é desencadeado pela secreção ativa de íons, dentre eles o cloro e o bicarbonato de sódio, pelas criptas do intestino delgado. As toxinas bacterianas funcionam como secretagogos sobre as células intestinais. Algumas bactérias, como *Vibrio cholerae*, *Shigella* e *Escherichia coli* enterotoxigênica, produzem as enterotoxinas e aumentam os mediadores de secreção iônica, como AMP cíclico, GMP cíclico (com ativação da adenilato-ciclase e da guanilato-ciclase, respectivamente, pelas toxinas) e cálcio. Esses mediadores ativam as proteinoquinases, com desestabilização da membrana celular, abrindo os canais de cloro e permitindo sua secreção para a luz intestinal, juntamente com sódio e água.

CONSIDERAÇÕES

Muitos agentes causam diarreia aguda, como etiologias virais, bacterianas e por protozoários. Cada agente etiológico apresenta características próprias na fisiopatologia e alguns diferenciais clínicos. Como estamos realizando uma abordagem do tema voltada para emergências, neste capítulo enfocaremos mais as características comuns com algumas ressalvas quanto às particularidades importantes para o tratamento. O Quadro 162.1 lista os principais agentes infecciosos envolvidos.

Quadro 162.1 Principais agentes da diarreia aguda

Bactéria	Vírus	Protozoário
Aeromonas sp.	Astrovírus	*Cryptosporidium*
Bacillus cereus	Adenovírus	*Cyclospora* spp
Shigella sp.	Sapovírus	*Entamoeba histolytica*
Salmonella sp.	Coronavírus	*Enterocytozoon bieneusi*
Campylobacter jejuni	Norovírus	*Giardia lamblia*
Clostridium perfringens	Rotavírus	*Isospora belli*
Clostridium difficile	Calicivírus	*Strongyloides stercoralis*
Escherichia coli		
Enteropatogênica clássica		
Enterotoxigênica		
Enteroagregativa		
Enteroinvasiva		
Êntero-hemorrágica		
Enteroaderente difusa		
Staphylococcus aureus		
Vibrio cholerae		
Vibrio parahemolyticus		
Yersinia enterocolitica		

QUADRO CLÍNICO

Os principais sintomas que podem surgir, além da própria diarreia, são febre, vômitos (que muitas vezes podem inaugurar o quadro, precedendo a diarreia e podendo causar confusão diagnóstica até mesmo com meningite), dor abdominal, anorexia, redução da diurese e até oligúria. Em crianças muito pequenas, pode ocorrer comprometimento nutricional.

No caso das diarreias secretoras, causadas pelos enteropatógenos no intestino delgado, há eliminação de grande volume de líquido, raramente com muco ou sangue. Já as bactérias invasoras da mucosa colônica provocam evacuações mais frequentes e com volumes menores, além de menor conteúdo hídrico. Podem ocorrer fortes cólicas intestinais, tenesmo e até prolapso retal.

A diarreia osmótica acarreta má absorção de nutrientes, como já descrito na fisiopatologia, principalmente de açúcares, o que se reflete na clínica do paciente com perda ponderal e fadiga.

A desidratação e a desnutrição são complicações muito frequentes dos quadros de diarreia aguda. A desidratação é desencadeada pela intensa perda hídrica e de eletrólitos, apesar de haver ingestão de ambos durante o período de ocorrência da doença. Já a desnutrição é causada pela perda fecal de nutrientes, somada aos vômitos, além do próprio catabolismo e do aumento do débito metabólico orgânico durante o processo infeccioso, piorado pela recusa à dieta e a anorexia.

Nas crianças mais novas, a recuperação é mais lenta, uma vez que sua imunidade ainda é imatura, assim como as enzimas também são imaturas e em menor quantidade.

DIAGNÓSTICO

O diagnóstico é definido por história clínica de diarreia por menos de 14 dias. A solicitação de exames complementares está indicada nos casos de lactentes jovens acometidos, desnutridos e imunodeprimidos, sendo esses os casos com risco de evolução e prolongamento do processo infeccioso, devendo ser tentado o isolamento do agente etiológico causal envolvido. Assim, nas circunstâncias descritas, devem ser coletados exames como parasitológico de fezes, elementos anormais nas fezes, coprocultura e pesquisa de rotavírus ou outros vírus, pH fecal e substâncias redutoras para diarreia osmótica.

DIAGNÓSTICO DIFERENCIAL

Deve-se sempre atentar para o tempo de evolução da diarreia, que, se estiver ocorrendo há mais de 14 dias, consolida um quadro de diarreia crônica. Consequentemente, outras causas deverão ser abordadas ambulatorialmente.

Nos casos de vômitos incoercíveis, sem diarreia manifesta, devem ser avaliadas possíveis causas gástricas ou refluxo gastroesofágico em lactentes e crianças menores, além de realizadas provas semiológicas que denotam irritação meníngea, para afastar o possível diagnóstico de meningite. Nesses quadros, portanto, caso não ocorram alterações gástricas ou evidências para meningite, pode-se recomendar a observação rigorosa das evacuações, que muitas vezes se convertem em diarreicas dentro das próximas 24 horas após o início dos vômitos.

COMPLICAÇÕES

Algumas das possíveis complicações são: distúrbios hidroeletrolíticos e ácido-básicos associados a desidratação; mais raramente, bacteriemia e septicemia em crianças pequenas e/ou desnutridas infectadas por bactérias enteroinvasivas; insuficiência renal aguda em razão das alterações hídricas ou da síndrome de secreção inapropriada do ADH; convulsões podem ocorrer por causa da febre, ou podem ser causadas pelas neurotoxinas de algumas bactérias; ulceração da mucosa intestinal e peritonite ocorrem mais raramente.

TRATAMENTO

O objetivo do tratamento nos quadros diarreicos é a reposição hidroeletrolítica até a remissão natural da doença, além de evitar a progressão para desidratação ou, se já instalada, revertê-la por meio de hidratação venosa. Além disso, deve-se tentar manter um aporte proteico mínimo para evitar a instalação ou o agravamento da desnutrição, dependendo do caso abordado.

O Programa de Controle de Doenças Diarreicas da OMS, utilizado como base para o tratamento da diarreia aguda, avalia o grau de hidratação e a presença ou não de desidratação, de modo a verificar qual das linhas terapêuticas será seguida. Após o exame físico da criança, seguindo os critérios apresentados no Quadro 162.2, **teremos três padrões de pacientes com três padrões diferentes de tratamento: criança com diarreia e sem sinais clínicos de desidratação, criança com sinais de desidratação e criança com desidratação grave, que receberão, respectivamente, os planos A, B e C de terapêutica.**

Quadro 162.2 Avaliação da hidratação × conduta nos casos de diarreia aguda

Condição	Bem, alerta	Intranquila, irritada	Comatosa, hipotônica
Olhos	Normais	Encovados	Encovados em maior grau e secos
Lágrimas	Presentes	Ausentes	Ausentes
Cavidade oral	Úmida	Seca	Extremamente seca
Sede	Bebe água normal	Sedenta, bebe avidamente	Não consegue beber água direito
Sinal da prega	Retorna rápido à pele	Retorna lentamente	Retorna muito lentamente
Avaliar pulso	Normal, adequado	Frequência aumentada e fraco	Fraco ou não perceptível
Enchimento dos capilares	Leva até 3 segundos para recuperar	Leva de 3 a 5 segundos para recuperar	> 5 segundos
Padrão de desidratação	Sem sinais de desidratação	2 ou mais sinais de desidratação	2 ou mais sinais de desidratação, pelo menos 1 de desidratação grave
Conduta	Plano A	Plano B	Plano C

Caso a criança não se apresente com desidratação, aplica-se o plano A: manter correta hidratação oral. No Brasil, a solução disponível fornecida pelo Ministério da Saúde contém 90mmol/L de sódio, 80mmol/L de cloro e 10mmol/L de citrato, 20mmol/L de potássio e 111mmol/L de glicose, a qual difere da preconizada atualmente pela OMS, que usa uma solução com menor osmolaridade. Não há um esquema rígido, mas deve-se orientar os pais a dar o soro de reidratação oral (SRO) e maior quantidade de outros líquidos. O plano A visa a evitar desidratação. Os pais devem ser informados de que ela não cessará a diarreia, o que evitará maior ansiedade e a não adesão ao tratamento. Após cada evacuação, em crianças de até 1 ano, fazer TRO, 50 a 100mL, de 1 a 10 anos, 100 a 200mL, e maiores de 10 anos, à vontade. Com o plano A, a alimentação deve ser mantida. Deve-se também orientar sobre sinais de desidratação; caso a criança piore, os pais devem voltar a procurar o serviço de saúde.

Se houver algum grau de desidratação, inicia-se o plano B, que corresponde à TRO. Usam-se 50 a 100mL/kg de SRO, que serão administrados em pequenos intervalos de tempo, em 4 a 6 horas. Durante esse período, a alimentação é suspensa, à exceção apenas do aleitamento materno, que poderá ser mantido. Caso a criança apresente vômitos, devem ser administrados menores volumes de SRO com maior frequência. Ao fim das 4 a 6 horas da TRO, se houver aumento do peso em relação ao início da hidratação, além de hidratação adequada, passa-se ao plano A.

Nos casos em que a TRO não é bem sucedida, mesmo a técnica já tendo sido revista, opta-se inicialmente pela hidratação por sonda nasogástrica, iniciando com 30mL/kg/h com infusão lenta e contínua, aumentando lentamente o volume até 60mL/kg/h, de acordo com a tolerância. Pode-se pensar até em administrar hidratação venosa. Se os sinais de desidratação persistem, se não houve ganho de peso, ou na presença de sinais de gravidade, como distensão abdominal, vômitos incoercíveis, crise convulsiva ou quadro de desidratação grave, passa-se ao plano C.

Quando a criança chega à unidade de saúde gravemente desidratada, é iniciado o plano C. Dentre as características clínicas da desidratação grave estão: estado toxêmico ou comatoso, hipotonia, hipovolemia, sinais de hipoperfusão tecidual, como extremidades frias, pele pegajosa, incapacidade de ingestão oral, sinais de sepse (taquicardia, taquipneia, febre etc.) ou presença de outra infecção grave. O plano C corresponde à hidratação venosa.

Inicia-se o plano C com a fase de expansão, em que se utiliza uma solução com 77mEq de cloreto de sódio, obtida mediante a mistura de volumes iguais de soro fisiológico a 0,9% (SF 0,9%) e soro glicosado a 5% (SG 5%). O volume a ser infundido é de 50 a 120mL/kg de peso, dependendo do grau de desidratação, na velocidade de 50mL/kg/h.

Se o paciente apresentar choque hipovolêmico, será feito uso de soro fisiológico a 0,9%, no volume de 20mL/kg em gotejamento aberto. É necessário acesso venoso adequado; em caso de urgência e dificuldade de conseguir tal acesso venoso, pode-se utilizar um acesso intraósseo.

Se a desidratação se mantém após a primeira expansão, volta-se a fazer a solução de soro fisiológico com soro glicosado a 5% no volume de 50mL/kg (correr em 2 horas), sendo o número de gotas por minuto igual ao volume em mL dividido por 3 vezes o número de horas da etapa.

Se a criança estiver hidratada e com duas diureses claras, passa-se para a fase de manutenção. Atentar para a criança hidratada, mas sem diurese, a qual pode estar apresentando retenção vesical ou insuficiência renal aguda.

A fase de manutenção será feita segundo a regra habitualmente usada para hidratação venosa pediátrica, apresentada no Quadro 162.3. A reposição calórica é apresentada no Quadro 162.4, lembrando que, para o fornecimento de 100kcal, são necessários 8g de glicose.

Quadro 162.3 Necessidades hidroeletrolíticas segundo o peso

Peso	Água (mL)	Sódio (mEq)	Potássio (mEq)
1 a 10kg	100mL/kg	3mEq/kg	2mEq/kg
11 a 20kg	1.000mL + 50mL/kg > 10kg	30 + 2mEq/kg > 10kg	20 + 1 mEq/kg > 10 kg
> 20kg	1.500mL + 20mL/kg > 20kg	50 + 1mEq/kg > 20kg	30 + 0,5mEq/kg > 20kg

Quadro 162.4 Necessidade calórica segundo o peso

Peso	Necessidade calórica
1 a 10kg	100kcal/kg/dia
11 a 20kg	1.000kcal + 50kcal/kg/dia >10kg
> 20kg	1.500kcal + 20kcal/kg/dia >20kg

Na fase de reposição será utilizada a solução com partes iguais de SF 0,9% e SG 5%, em volumes que variam de 30 a 70mL/kg/dia. O volume de reposição calculado é infundido juntamente com soro de manutenção. Quando for possível, testar a via oral, para retirada da venosa, e passar à hidratação oral.

A dieta recomendada durante os quadros de diarreia é a habitual, à exceção dos erros alimentares. Deve-se fornecer bom aporte calórico durante o quadro, não restringindo a ingestão de gorduras, mas mantendo seu uso habitual.

O antiemético **metoclopramida** deve ser usado com parcimônia, por via parenteral, na dose única de 0,2mg/kg, mas apenas em crianças que apresentarem vômitos que não cessem com o uso de SRO. Nos outros casos, deve-se evitar o uso da metoclopramida, pois pode causar efeitos extrapiramidais, depressão sensorial, distensão abdominal, mascarando os sintomas da desidratação e dificultando a TRO.

Antiespasmódicos e medicamentos que interferem na motilidade intestinal são contraindicados em crianças, por prejudicar a remoção dos patógenos pelo peristaltismo e causar distensão abdominal.

Os antibióticos não têm efeito promissor nas diarreias agudas, podendo causar desequilíbrio na flora bacteriana saprófita. No entanto, podem ser necessários em casos de sepse ou toxemia, desnutrição grave ou nos lactentes muito jovens.

Em caso de diarreia com sangue, pensa-se em *Shigella*, a causa mais frequente, e utiliza-se ou **ciprofloxacino** (crianças > 17 anos), 500mg VO de 12/12h por 3 dias, ou **sulfametoxazol-trimetoprima** (SMX-TMP), 30mg + 6mg/kg/dia VO de 12/12h, ou **cefixima**, 8mg/kg/dia de 12/12h por 5 dias. Essas crianças devem ser reavaliadas 2 dias depois, se inicialmente apresentavam desidratação, se < 1 ano de idade, se tiveram infecção por sarampo nas últimas 6 semanas, ou se não obtiveram melhora após o uso de antibiótico. Se não houver melhora depois dos 2 dias, a criança deverá ser hospitalizada para pesquisa do agente etiológico envolvido. Entretanto, se a criança obtiver melhora, caracterizada por remissão da febre, redução da saída de sangue pelas fezes e da diarreia, maior atividade e maior aceitação da dieta oferecida, o antimicrobiano deve ser continuado por mais 5 dias. Se o paciente apresentar sintomas sugestivos de cólera, como fezes em água de arroz, a terapêutica indicada será **tetraciclina (doxiciclina)**, 2 a 4mg/kg/dia de 12/12h ou a cada 24 horas, nos > 8 anos, e **SMX-TMP**, nos < 8 anos. Nos quadros sugestivos de giardíase com fezes com muco ou amebíase, caso haja fezes com muco, sangue e cólicas abdominais, pode-se prescrever **metronidazol** (35 a 50mg/kg/dia de 8/8h por 5 dias), **secnidazol** (para giardíase, dose única de 30mg/kg; para amebíase, 30mg/kg/dia a cada 24h, por 5 a 7 dias) ou **furazolidona** (opção pelo **metronidazol** e o **secnidazol**).

Em geral, na emergência, será administrada somente a terapia de reposição hídrica, uma vez que a diarreia consiste em uma entidade patológica quase sempre autolimitada. As situações que merecem atenção diferenciada já foram descritas: quando há sangue nas fezes (em que se realiza antibioticoterapia) ou quadros de sepse, lactentes jovens, imunodeprimidos e desnutridos (em que pode ser interessante diferenciar o agente etiológico). Todavia, nos casos em que não haja melhora do quadro, investigação etiológica mais profunda pode ser necessária e o uso de antimicrobianos também pode estar indicado.

Capítulo 163
Exantemas Febris e não Febris

Maria Marta Regal de Lima Tortori • Bruna Suzarte Campelo • Angélica Guimarães Andrade

INTRODUÇÃO

As doenças exantemáticas são, por definição, infecções nas quais a erupção cutânea é a principal característica. O quadro clínico, incluindo aspecto da lesão, sinais e sintomas, bem como epidemiologia, possibilita, na maioria dos casos, inferir o diagnóstico. No entanto, em algumas dessas patologias, o diagnóstico de certeza só se confirma quando o agente etiológico é detectado por exames laboratoriais, como na rubéola.

Seis doenças exantemáticas são consideradas clássicas: sarampo, escarlatina, rubéola, doença de Filatow-Dukes (que não é mais considerada uma entidade etiológica isolada), eritema infeccioso e exantema súbito. Neste capítulo também serão abordadas outras entidades nosológicas que apresentam *rash*.

FISIOPATOLOGIA

Há uma série de mecanismos fisiopatológicos envolvidos, dentre eles:

- Invasão e multiplicação direta dos patógenos na própria pele, como no caso do vírus varicela-zóster.
- Presença de toxinas, como na escarlatina e em infecções estafilocócicas.
- Ação imunoalérgica que se manifesta na pele, ocorrendo, principalmente, nas viroses exantemáticas.
- Dano vascular por obstrução e necrose da pele, como na meningococcemia.

CONSIDERAÇÕES

As doenças exantemáticas podem ser subdivididas de acordo com o tipo de exantema: exantema maculopapular (como sarampo, rubéola, escarlatina, doença de Kawasaki e eritema infeccioso), exantema súbito e exantema vesicular (como varicela, enteroviroses e a já erradicada varíola).

SARAMPO

Doença praticamente erradicada do Brasil, em razão das estratégias de vacinação, já foi responsável por grandes epidemias no passado.

A notificação é obrigatória e imediata:

- **Etiologia:** vírus RNA, gênero *Morbillivirus* da família Paramyxoviridae.
- **Transmissão:** contato com secreções nasofaríngeas ou aerossol.
- **Tempo de incubação:** 8 a 12 dias.
- **Contágio:** 3 dias antes da instalação do *rash* e que persiste até 4 a 6 dias; o tempo de eliminação do vírus pode ser mais prolongado nos imunodeprimidos.
- **Prevenção pré-exposição:** vacina tríplice viral (sarampo, caxumba e rubéola), composta por vírus vivos atenuados, administrada em duas doses (aos 12 meses e aos 4 anos).
- **Cuidados com contactantes pós-exposição:** vacinação de bloqueio até 72 horas após o contato; administrar **imunoglobulina humana** por até 6 dias, na dose de **0,25mL/kg (máximo 15mL) IM**, para as crianças em geral, ou **0,5mL/kg (máximo: 15mL) IM**, nos imunocomprometidos.

- **Isolamento respiratório:** até 4 dias após o início do exantema, com uso de máscara N95 e quarto privativo.
- **Quadro clínico:** a fase prodrômica dura de 3 a 4 dias, com febre, tosse, conjuntivite com fotofobia, cefaleia, mal-estar e prostração intensa (incomum nos quadros virais em geral). A febre é alta, com pico no aparecimento do exantema e lise após o terceiro ou quarto dia. A tosse é seca, persistente, associada a rinorreia intensa hialina que se torna purulenta ao decorrer dos dias. Há hiperemia conjuntival tipicamente não purulenta, com lacrimejamento e fotofobia, e os casos mais graves podem apresentar edema bipalpebral. O enantema, a primeira alteração mucocutânea, surge de 1 a 2 dias antes do exantema e desaparece após 2 a 3 dias. A hiperemia de orofaringe ocorre na região oposta aos dentes molares como manchas branco-azuladas, de 1mm de diâmetro, denominadas **manchas de Koplik** (patognomônicas).

  O exantema inicia-se na região retroauricular, na nuca e na fronte (próximo à linha de implantação capilar). A progressão é craniocaudal lenta, atingindo as extremidades dos membros em 3 dias. Seu aspecto é maculopapular, eritematoso, morbiliforme, com algumas áreas confluentes e pele sã de permeio. Associa-se à pior fase da doença, com toxemia, febre alta, hiperemia conjuntival, fotofobia, rinorreia intensa e tosse persistente. O exantema começa a desaparecer em 3 a 4 dias na mesma sequência em que surgiu e ocorre uma fina descamação da pele, com aspecto furfuráceo ("semelhante a farelo").
- **Complicações:** a otite média aguda é a complicação bacteriana mais comum, enquanto a pneumonia bacteriana e a por células gigantes representam a principal causa de morte. Pode haver também sinusite, laringite, traqueobronquite, queratoconjuntivite, reativação da tuberculose, miocardite, adenite mesentérica, diarreia e vômitos, panencefalite esclerosante subaguda, dentre outros. Apresenta maior gravidade em adolescentes e adultos.
- **Sarampo modificado ou infecção inaparente:** ocorre em indivíduos com imunidade relativa que receberam passivamente anticorpos contra o sarampo, ou seja, lactentes ou receptores de hemoderivados. O tempo de incubação é > 3 semanas; os pródromos e o exantema são mais leves, e raramente há manchas de Koplik.
- **Sarampo atípico:** representa uma forma rara, porém mais grave da doença. Acomete os indivíduos que, após receberem a antiga vacina inativada contra o sarampo, foram infectados com o vírus selvagem. Há febre alta, cefaleia, mialgia, pneumonite e derrame pleural. O exantema pode ser macular, vesicular, petequial ou purpúrico.
- **Diagnóstico:** os exames laboratoriais são raramente necessários e também pouco disponíveis nos serviços de emergência, uma vez que o sarampo não complicado apresenta características clássicas. No entanto, nos casos mais complexos está indicada internação com avaliação dos títulos de anticorpos circulantes por diferentes tipos de testes sorológicos.
- **Tratamento:** não é específico. A **vitamina K** reduz a morbimortalidade da doença e está indicada em casos selecionados, uma vez que a hipovitaminose A é um reconhecido fator de risco para o sarampo. A dose é de **100.000UI por 2 dias VO**, para crianças de 6 meses a 1 ano de idade, e de **200.000UI por 2 dias VO**, para crianças a partir de 1 ano.

RUBÉOLA

- **Etiologia:** vírus RNA da família Togaviridae. A notificação é obrigatória e imediata.
- **Transmissão:** contato direto com secreções nasofaríngeas infectadas.
- **Tempo de incubação:** 14 a 21 dias.
- **Contágio:** de 5 dias antes até 6 dias após o início do exantema.
- **Profilaxia pré-exposição:** vacina tríplice viral (sarampo, caxumba e rubéola), composta por vírus vivos atenuados, administrada em duas doses (aos 12 meses e aos 4 anos).
- **Cuidados com contactantes pós-exposição:** vacinação de bloqueio até 72 horas; atenção com gestantes suscetíveis com história de contato.

- **Isolamento respiratório e de contato:** até 7 dias após o surgimento do exantema para casos adquiridos pós-parto; nas infecções congênitas, as crianças são consideradas infectantes até 1 ano de idade, ou até que a pesquisa do vírus na urina ou nasofaringe seja negativada.
- **Quadro clínico:** nas crianças geralmente não há pródromos, mas nos adultos e adolescentes pode haver manifestações brandas de 1 a 2 dias antes do exantema. Este é de progressão craniocaudal e atinge os membros em 24 horas. O aspecto é maculopapular róseo, não muito exuberante (rubeoliforme), que dura, em geral, 3 dias e não descama ao desaparecer. Podem-se notar, no palato mole, lesões petequiais, correspondentes ao sinal de Forchheimer, não patognomônico da doença. A linfadenopatia generalizada auxilia no diagnóstico, podendo anteceder em até 7 dias o exantema, comumente nas cadeias suboccipital, retroauricular e cervical.
- **Complicações:** são raras na rubéola pós-natal. Citam-se trombocitopenia, encefalite pós-infecciosa, panencefalite progressiva e artrite em mulheres.

 A infecção da rubéola no início da gestação pode causar abortamentos, natimortos ou malformações congênitas graves (síndrome da rubéola congênita – SRC). A administração de imunoglobulina a gestante suscetível exposta não garante a prevenção da infecção fetal, bem como a vacina, por ser de agente vivo, não pode ser administrada.
- **Diagnóstico:** basicamente clínico. No entanto, apesar da benignidade da doença para a criança examinada, é fundamental o diagnóstico de certeza por meio da avaliação laboratorial para prevenção da SRC, no caso do contato do paciente com gestantes, principalmente do primeiro trimestre. Pode-se isolar o vírus da secreção da nasofaringe ou na urina (material de escolha) ou fazer a dosagem sorológica de anticorpos na fase aguda da doença.
- **Tratamento:** medidas de suporte. No entanto, deve-se considerar o uso de **imunoglobulina** e **corticoides** nos casos de trombocitopenia grave.

ERITEMA INFECCIOSO

- **Etiologia:** parvovírus humano B19, não envelopado com única fita de DNA, tem capacidade de reprodução apenas em precursores eritrocitários humanos. Doença autolimitada e cuja infecção garante imunidade duradoura.
- **Transmissão:** contato com gotículas de saliva e secreções nasofaríngeas.
- **Tempo de incubação:** 4 a 14 dias.
- **Contágio:** cerca de 7 a 11 dias após a infecção inicial.
- **Cuidados com contactantes:** observação, principalmente em pacientes com hemoglobinopatias.
- **Isolamento:** não; na fase exantemática não há mais eliminação do vírus.
- **Quadro clínico:** geralmente não há pródromos. O exantema apresenta evolução trifásica, iniciando-se como eritema malar bilateral (fácies esbofeteada ou em "asa de borboleta"). Na segunda fase, após cerca de 1 a 4 dias, dissemina-se para o tronco e as extremidades proximais, inicialmente em face extensora e mais tarde flexora, poupando a região palmoplantar. Há lesões maculares eritematosas com região central mais pálida, com aspecto tipicamente rendilhado ou reticulado, que desaparecem sem descamação. Na última fase, com duração de 1 a 4 semanas, o exantema pode recidivar quando a criança é exposta a sol, exercício, calor e estresse.

 Pode apresentar febre, acompanhada de calafrios, mialgia, cefaleia, artralgias ou artrites. Em geral, a evolução é benigna, mas em adolescentes e adultos a clínica é mais proeminente, principalmente a artropatia.
- **Complicações:** artropatia, crise aplásica transitória (em pacientes com anemia hemolítica), anemia persistente (em imunodeprimidos), imunodepressão, síndrome papular-purpúrica em "luvas e meias", miocardite e infecção fetal com hidropisia.
- **Diagnóstico:** na maioria dos casos, é definido pela evolução clínica do exantema, por ser bastante específico. Pode ser realizada dosagem de anticorpos, bem como a detecção do RNA viral.

- **Tratamento:** não é específico. A imunoglobulina pode ser administrada por infusão EV nos pacientes imunodeprimidos com anemia crônica e supressão medular.

EXANTEMA SÚBITO OU ROSÉOLA INFANTIL

- **Etiologia:** herpesvírus humano 6 (principalmente) e 7.
- **Transmissão:** provavelmente perdigotos do hospedeiro hígido.
- **Tempo de incubação:** 5 a 15 dias.
- **Contágio:** durante a viremia, sobretudo no período febril.
- **Cuidados com contactantes:** observação.
- **Isolamento:** desnecessário.
- **Quadro clínico:** acomete crianças entre 6 meses e 6 anos de idade, predominando nas < 2 anos (típica de lactentes), o que sugere certa proteção proporcionada pelos anticorpos maternos. O vírus é muito frequente na comunidade, uma vez que os pré-escolares são quase todos imunes à doença. Seu início é súbito, com febre alta e contínua (criança extremamente irritada e anoréxica). Podem ser observados linfonodomegalia cervical, hiperemia faríngea, conjuntival ou da membrana timpânica, rinorreia e sintomas gastrointestinais. Depois de 3 a 4 dias, a febre cessa em crise (subitamente) e o exantema inicia-se horas após, também de maneira súbita, caracterizado por lesões maculopapulares róseas. Apresenta progressão centrípeta (surge no tronco e dissemina-se para a cabeça e as extremidades) e sua duração é curta, de algumas horas a 2 ou 3 dias, desaparecendo totalmente sem descamação.
- **Diagnóstico:** clínico; não há necessidade da confirmação laboratorial. Esta pode ser obtida por detecção do herpesvírus no sangue periférico, mas é difícil, pois não há como descartar a possibilidade de infecção crônica.
- **Complicação:** convulsão febril pode ocorrer por estar relacionada com o mesmo grupo etário de prevalência do exantema súbito.
- **Tratamento:** medidas de suporte (importante administrar antipiréticos para evitar a incidência de convulsão febril).

ESCARLATINA

- **Etiologia:** estreptococo β-hemolítico do grupo A (*Streptococcus pyogenes*) produtor de exotoxina pirogênica.
- **Transmissão:** gotículas das secreções nasofaríngeas (via aérea) ou pelo contato direto com objetos manipulados pelo indivíduo infectado.
- **Período de incubação:** 2 a 4 dias.
- **Contágio:** a partir do tempo de incubação até 2 dias após o início da antibioticoterapia.
- **Isolamento respiratório e de contato:** até 2 dias de antibioticoterapia.
- **Quadro clínico:** acomete crianças de 1 a 10 anos de idade, sendo na maioria dos casos autolimitado. A infecção primária inicia-se na orofaringe, na qual a bactéria, após se multiplicar, produz uma potente toxina solúvel responsável pelo quadro clássico da doença: febre súbita, odinofagia, cefaleia, vômitos, mal-estar e taquicardia. O exantema é áspero (semelhante a "lixa") e inicia-se de 12 a 72 horas após o início da fase prodrômica; surge em torno do pescoço e se dissemina para o tronco e as extremidades. Seu aspecto confere a impressão de hiperemia cutânea difusa, apesar de corresponder a numerosas lesões papulares puntiformes eritematosas, que se tornam claras quando pressionadas. É mais intenso nas regiões de dobras, como prega cubital, axilas e região inguinal (sinal de Pastia). Há também palidez perioral e hiperemia na região malar (sinal de Filatov). A prova do laço pode ser positiva devido à fragilidade capilar. Após 3 a 7 dias, o exantema desaparece com descamação fina, lamelar. Petéquias no véu palatino podem ser vistas, bem como exsudato amigdaliano e adenite cervical. Nos primeiros 2 dias da doença, a língua apresenta papilas hipertrofiadas e coloração vermelha ("língua em framboesa").

- **Complicações:** adenite cervical, otite média, sinusite, cardite, nefrite transitória e glomerulonefrite difusa aguda devem ser pesquisadas nas 4 semanas que sucederem a doença.
- **Diagnóstico:** basicamente clínico. No hemograma há leucocitose com predomínio de neutrófilos, e a partir do quarto dia, eosinofilia. A confirmação pode ser obtida pela identificação da bactéria em material da orofaringe ou pelo aumento nos títulos de anticorpo.
- **Tratamento:** o objetivo é erradicar o estreptococo da orofaringe e prevenir a febre reumática. **Penicilina G benzatina**, 600.000UI (até < 27kg) ou 1.200.000UI (> 27kg) em dose única (IM); **amoxicilina**, 50mg/kg/dia de 8/8h por 10 dias (dose máxima: 1g) VO. Em casos mais graves, pode ser administrada **penicilina procaína IM** ou **penicilina cristalina EV**. Alternativas para alérgicos à penicilina incluem cefalosporinas, como cefalexina e clindamicina (sob observação quanto à alergia) ou eritromicina (dose de 30 a 50mg/kg/dia de 6/6h, por 10 dias) ou azitromicina (10mg/kg/dia por 3 a 5 dias).

ENTEROVIROSES

- **Etiologia:** os principais subgrupos são os poliovírus e os enterovírus não pólio (23 coxsáckie A e B, 31 echovírus e quatro enterovírus).
- **Transmissão:** fecal-oral ou via respiratória; por transmissão vertical (antenatal, perinatal ou pela amamentação); ou por fômites.
- **Tempo de incubação:** 3 a 6 dias.
- **Contágio:** variável, maior no início da doença.
- **Cuidados com contactantes:** observação.
- **Isolamento:** precauções entéricas durante a hospitalização.
- **Quadro clínico:** diversificado; quase sempre há somente uma doença febril inespecífica ou respiratória, mas também pode haver quadros mais graves. As erupções cutâneas são de morfologia variável, desde o clássico maculopapular até vesicular, petequial e urticariforme.
- **Doença mão-pé-boca:** causada, principalmente, pelo coxsáckie A16 e pelo enterovírus 71. A fase prodrômica caracteriza-se por febre baixa, irritabilidade e anorexia. A distribuição das lesões é bastante característica e remete ao nome da doença. Na boca, as vesículas evoluem para úlceras dolorosas. Já nas extremidades encontram-se lesões maculopapulares, vesiculares (de 3 a 7mm de diâmetro) e/ou pustulares, que acometem os dedos, o dorso e a região palmoplantar; nos lactentes, há acometimento perineal. Ao desaparecerem, não deixam cicatrizes.
- **Diagnóstico:** geralmente clínico. Para confirmação laboratorial, os vírus podem ser isolados das fezes e os anticorpos podem ser obtidos em duas titulações diferentes no soro.
- **Prevenção:** cuidados gerais de higiene.
- **Tratamento:** basicamente de suporte; evolução benigna na maioria dos casos.

DOENÇA DE KAWASAKI

- **Etiologia:** doença inflamatória aguda caracterizada por panvasculite, que acomete, principalmente, as artérias de médio e pequeno calibre, em especial as coronárias. Apresenta etiologia ainda não elucidada. No entanto, acredita-se que seja de natureza autoimune, consequência da resposta anormal do hospedeiro a um patógeno frequente na comunidade ou mesmo a uma série de infecções. Não corresponde, portanto, a uma doença infecciosa.
- **Quadro clínico:** acomete, em geral, crianças de até 5 anos de idade, principalmente menores de 2 anos. Predomina no sexo masculino e em crianças de origem asiática. Na fase aguda, de até 2 semanas, a primeira manifestação é a febre persistente, muitas vezes elevada, com duração média de 10 dias. Pode estar associada a hiperemia conjuntival bilateral e/ou difusa em orofaringe, protuberância das papilas linguais e linfadenopatia cervical unilateral não supurativa.

O exantema aparece entre o terceiro e o quinto dia de doença e apresenta aspecto polimórfico, podendo ser morbiliforme, escarlatiforme ou multiforme. Inicia-se na superfície extensora das extremidades e se dissemina para o tronco em 48 horas. Ao término da primeira semana de evolução, há eritema palmoplantar, seguido de edema indurado de mãos e pés. Nesse período, o paciente apresenta-se muito debilitado, com dificuldade para deambular ou utilizar as mãos.

Na fase subaguda, a partir da segunda semana da doença, inicia-se a descamação periungueal. São descritas também alterações cardiovasculares, como comprometimento coronariano (aneurismas, estenose e irregularidades), com risco potencial de complicações, como doença cardíaca isquêmica, infarto agudo do miocárdio e morte súbita precoce ou tardia. Manifestações relacionadas: artralgia, artrite, miosite, meningite asséptica, diarreia, dor abdominal e icterícia obstrutiva, dentre outras.

- **Alterações laboratoriais:** pode haver leucocitose com desvio à esquerda, trombocitose, anemia aguda, especialmente a partir da segunda semana, com aumento da velocidade de hemossedimentação (VHS) e proteína C reativa (PCR), dentre outras.
- **Diagnóstico:** com base em critérios clínicos; são necessários cinco do total de seis, sendo a febre alta de no mínimo 5 dias (primeiro deles) um critério obrigatório. Demais critérios: conjuntivite bilateral bulbar não exsudativa, alterações nos lábios e cavidade oral; linfadenopatia cervical, exantema polimórfico e alterações de extremidades. Pode ser observado, eventualmente, um halo exantemático ao redor da cicatriz do BCG.
- **Tratamento:** objetiva reduzir a incidência da formação de aneurismas coronarianos. Administra-se **imunoglobulina** EV na dose de **2g/kg** em infusão contínua em 10 a 12 horas, com monitorização hemodinâmica; **AAS** em dose anti-inflamatória de **80 a 100mg/kg/dia (6/6h)**, com dose máxima de 500mg por vez, até que o paciente esteja afebril, em média, de 24 a 72 horas após o uso da imunoglobulina. Após a conduta inicial, é prudente o acompanhamento em serviço de reumatologia, assim como avaliação da necessidade de acompanhamento em cardiologia.

VARICELA

Conhecida popularmente como catapora.

- **Etiologia:** vírus varicela-zóster, da família Herpesviridae.
- **Transmissão:** por aerossol, contato direto com a secreção das vesículas e transmissão vertical.
- **Tempo de incubação:** 10 a 21 dias.
- **Contágio:** de 2 dias antes do exantema até a formação de crostas em todas as lesões.
- **Isolamento:** respiratório e de contato, mais precisamente enquanto houver lesões vesiculares.
- **Prevenção:** vacina antivaricela composta por vírus vivo atenuado (duas doses, aos 12 meses e entre 4 e 6 anos); por isso, não pode ser administrada a imunodeprimidos e gestantes. Não está incluída no Calendário Básico Infantil do Ministério da Saúde (MS), porém é recomendada pela Sociedade Brasileira de Pediatria para todas as crianças.
- **Cuidados com contactantes:** vacina (em até 5 dias) ou imunoglobulina humana antivírus varicela--zóster. Esta última está indicada para crianças contactantes imunodeprimidas sem história anterior de varicela ou vacinação, ou em regime de internação também sem história prévia, gestantes suscetíveis, recém-nascido cuja mãe manifestou a doença de 5 dias antes a 48 horas após o parto e prematuros (idade gestacional < 28 semanas) com mãe suscetível ou em unidade de internação. A dose é de 125UI a cada 10kg de peso (dose mínima de 125UI, máxima de 625UI) IM, no máximo até 96 horas após a exposição. O MS só disponibiliza a vacina para bloqueio de surto, principalmente em ambiente hospitalar e creches. O segundo caso dentro de um mesmo domicílio costuma ser mais grave.
- **Quadro clínico:** nas crianças, o exantema, muito pruriginoso, geralmente é o primeiro sinal da doença, mas pode estar associado a febre baixa e mal-estar, sendo mais proeminente em adolescentes e adultos. Caracteriza-se pelo polimorfismo regional, ou seja, em um mesmo local, simultaneamente, há lesões em diferentes estágios evolutivos, o que representa diversas viremias:

máculas eritematosas, pápulas, vesículas, pústulas e crostas. O exantema apresenta distribuição centrípeta (mais evidente no centro do corpo) e disseminação centrífuga (do centro para a periferia). Pode ser acompanhado de febre e outros sinais sistêmicos e, em geral, desaparece depois de 2 a 4 dias. O couro cabeludo e as mucosas oral e genital costumam também ser acometidos. As crostas persistem por 5 a 7 dias e desaparecem deixando uma mácula branca transitória.
- **Complicações:** a principal é a infecção bacteriana cutânea secundária (piodermite, erisipela e celulite); podem ocorrer, também, pneumonite intersticial e manifestações neurológicas (encefalite e ataxia cerebelar aguda) e/ou hemorrágicas com trombocitopenia. No início da gestação pode causar malformações (varicela congênita), como lesões cicatriciais cutâneas que seguem um padrão zosteriforme, hipoplasia dos membros, dentre outras anomalias, morte fetal e abortamento; síndrome de Reye, potencialmente fatal, que está relacionada com o uso de AAS como antipirético, cursa com disfunção hepática aguda, encefalopatia e hipoglicemia. Após a remissão da doença, o vírus permanece latente no organismo e sua reativação é denominada varicela-zóster, geralmente em indivíduos mais velhos e com comorbidades.
- **Diagnóstico:** usualmente clínico, devido às características clássicas da doença. Material das vesículas pode ser coletado por meio de vários métodos ou de testes sorológicos para detecção de anticorpos.
- **Tratamento:** sintomático, com antitérmicos (AAS está proscrito), anti-histamínicos sistêmicos (em caso de prurido intenso), compressas ou banhos com **permanganato de potássio** 1:40.000, em caso de necessidade de antissepsia. Orientar os responsáveis a manter as unhas das crianças curtas e limpas. Nos imunodeprimidos e nos casos graves é recomendado o uso de **aciclovir** (20mg/kg/dose VO – máximo 800mg – em quatro doses ao dia por 5 dias; 500mg/m^2/dose EV de 8/8h por 7 a 10 dias ou até 48 horas após o surgimento da última lesão ativa).

O retorno às atividades é permitido somente quando TODAS as lesões forem crostosas.

Capítulo 164
Faringoamigdalites

Maria Marta Regal de Lima Tortori • Ana Luíza Velten Mendes • Joyce Marques da Silva Alves

INTRODUÇÃO

Faringites e amigdalites podem ter causa viral ou bacteriana. A frequência de cada patógeno varia de acordo com a idade, a estação do ano e a área geográfica; entretanto, os vírus são mais frequentes.

Os agentes virais respondem por aproximadamente 90% dos casos de faringoamigdalites em crianças até 3 anos. Entre ao agentes estão: enterovírus, vírus Epstein-Barr (EBV), citomegalovírus (CMV), adenovírus, vírus herpes simples (HSV) e influenza.

Em escolares e adolescentes ocorre aumento da frequência de faringoamigdalites bacterianas. Nestes, os principais agentes são os estreptococos β-hemolíticos do grupo A. Menos comumente podem estar envolvidos: *Mycoplasma pneumoniae* e *Neisseria gonorrhoeae*.

Em geral, causas bacterianas ocorrem com mais frequência no inverno, uma vez que as bactérias são disseminadas pelo contato íntimo. Devem ser adequadamente diagnosticadas e tratadas por predispor a doença reumática, escarlatina e complicações supurativas.

FISIOPATOLOGIA

O contágio por estreptococos β-hemolíticos do grupo A pode levar tanto à manifestação aguda como à colonização assintomática da orofaringe. Pacientes colonizados eliminam gotículas e perdigotos que irão atingir pessoas sadias.

Nas faringites virais, a transmissão se faz por via orofecal, gotículas de aerossóis ou por fômites contaminados.

QUADRO CLÍNICO

Faringites virais têm início gradual com rinorreia, tosse, odinofagia, cefaleia, anorexia, febre e por vezes, em crianças menores, diarreia. Observa-se frequente associação com coriza, obstrução nasal, conjuntivite e rouquidão, sendo estes sintomas sugestivos de causa viral. Secreção purulenta pode estar presente, mas não exclui essa etiologia. Ademais, os vírus costumam causar síndromes de fácil identificação, como herpangina, doença mão-pé-boca (ambas causadas pelo vírus coxsáckie) ou febre faringoconjuntival (adenovírus).

A forma bacteriana é, em geral, mais severa, de início mais rápido e pode cursar com queda no estado geral. Febre, tosse e odinofagia são mais proeminentes, mas podem estar presentes halitose, salivação excessiva e rouquidão. Cefaleia e sintomas gastrointestinais podem estar associados, e a irradiação da dor para a orelha pode confundir o diagnóstico. Na oroscopia é comum o achado de petéquias no palato e pilares amigdalianos, os quais são sugestivos de etiologia bacteriana. As amígdalas e a úvula apresentam-se edemaciadas e, por vezes, cobertas por exsudato branco ou amarelo tinto de sangue. Linfadenomegalias cervicais dolorosas acompanham o quadro.

DIAGNÓSTICO

O diagnóstico das faringoamigdalites é predominantemente clínico, porém a diferenciação entre formas virais e bacterianas pode ser de difícil execução apenas pelo exame físico. Nesses casos, podem ser utilizados testes rápidos que detectam antígeno do estreptococo do grupo A. Esses testes, apesar de apresentarem baixa sensibilidade, têm alta especificidade.

O melhor exame para indicar a etiologia da doença continua sendo a cultura de orofaringe, porém a demora para a obtenção dos resultados torna seu uso impraticável em atendimentos emergenciais.

Leucograma e dosagem de marcadores inflamatórios são, em geral, inconclusivos para o diagnóstico.

CONSIDERAÇÕES

Em casos de faringite pelo HSV deve-se pensar em imunodepressão, uma vez que essa forma é rara em imunocompetentes.

Faringite por gonococo também é rara mas deve ser considerada quando o paciente tem vida sexual ativa. O diagnóstico exige meio de cultura específico, e o tratamento previne a transmissão e a disseminação da doença.

Em pacientes tratados com ampicilina ou amoxicilina que desenvolvem erupção cutânea, deve-se suspeitar de mononucleose infecciosa, principalmente em adolescentes com esplenomegalia, faringite grave, linfadenopatia cervical ou difusa e sintomas sistêmicos proeminentes.

DIAGNÓSTICO DIFERENCIAL

Mononucleose infecciosa, difteria, abscessos faríngeos, angina de Plaut-Vincent, síndrome PFAPA (síndrome da febre periódica, estomatite aftosa, faringite e adenopatia), faringite por micoplasma e clamídia (adolescentes), síndrome de Lemierre e faringite irritativa.

TRATAMENTO

Faringites virais devem ser tratadas apenas de modo sintomático, com analgésicos, antipiréticos e hidratação. Já na amigdalite bacteriana, além de sintomáticos, devem ser administrados antibióticos, que podem ser escolhidos de acordo com a adesão do paciente.

O tratamento padrão é feito com **penicilina G benzatina** IM, **600.000UI em pacientes < 27kg** e **1.200.000UI naqueles > 27kg**. As aplicações devem ser feitas na face lateral da coxa em crianças até 2 anos de idade e, em maiores, no quadrante superior externo das nádegas. Aplicar a injeção lentamente e de maneira contínua, para evitar entupimento da agulha. A penicilina benzatina é a melhor opção por ser administrada em dose única e ainda em ambiente hospitalar. Desse modo, há a garantia de tratamento, principalmente nos casos em que há dúvida no seguimento.

Alternativamente, pode-se prescrever **penicilina V (fenoximetilpenicilina) 250mg/dose** em < 27kg ou **500mg/dose** em maiores, 2 ou 3×/dia, por 10 dias. Outra opção é a **amoxicilina oral, 50mg/kg/dia**, em uma a três doses diárias, por 10 dias.

Para os alérgicos a betalactâmicos recorre-se a:

- **Eritromicina, 30mg/kg/dia (máximo 1g/dia)** em duas a quatro doses diárias por 10 dias.
- **Azitromicina, 12mg/kg** em < 27kg ou **500mg** nos maiores, 1×/dia, por 5 dias.
- **Claritromicina, 7,5mg/kg/dose, máximo de 250mg**, em duas tomadas diárias, por 10 dias.
- **Clindamicina, 20mg/kg/dia (máximo 1,8g)**, divididos em três tomadas, ou em > 70kg, três doses de **450 a 600mg**, por 10 dias.

Capítulo 165
Febre Reumática

Maria Marta Regal de Lima Tortori • Bruna Suzarte Campelo • Juliana Rosa Souza Nunes

INTRODUÇÃO

A febre reumática (FR) é complicação inflamatória tardia, não supurativa, de infecção das vias aéreas superiores pelo estreptococo β-hemolítico do grupo A de Lancefield. Acomete coração, articulações, SNC, tecido subcutâneo e pele. A cardite reumática permanece como uma das principais causas de doença cardiovascular no mundo, sendo a causa mais comum de doença cardíaca adquirida e a mais importante na faixa etária pediátrica, além da principal causa de morte por alteração cardíaca nas pessoas < 40 anos de idade nos países em desenvolvimento.

A doença apresenta distribuição mundial. Mesmo sem dados precisos sobre a doença em países em desenvolvimento, acredita-se que sua incidência seja de 100 a 206 a cada 100 mil crianças e a prevalência de 2,1 para mil crianças entre famílias de nível socioeconômico mais baixo. No mundo, a variação da prevalência entre os diversos países é de 0,2 a 77,8 para mil crianças.

A doença acomete crianças e adultos jovens; é rara antes dos 5 anos e após 25 anos de idade, sendo mais comum na faixa etária entre 5 e 15 anos. Há leve predomínio no sexo feminino, associado também a maior ocorrência de coreia em meninas. Não há preferência por determinada raça, segundo as descrições da literatura mundial, apesar de existirem casuísticas brasileiras que mostram preponderância da doença em raças não caucasoides.

A alta morbimortalidade correlaciona-se com as alterações cardíacas, as quais podem ser fatais na fase aguda ou com alterações crônicas nas válvulas cardíacas, exigindo abordagem cirúrgica que, muitas vezes, também envolve risco de mortalidade.

Neste capítulo serão abordadas apenas as questões mais importantes ligadas ao atendimento emergencial dos pacientes com quadro sugestivo de FR, como o tratamento de suas manifestações específicas, sem a pretensão de abordar a doença como um todo.

FISIOPATOLOGIA

Curiosamente, mesmo já se conhecendo há muitos anos a etiologia da FR, sua exata patogenia permanece bastante obscura do ponto de vista científico. Existem, porém, alguns pontos importantes envolvidos em sua fisiopatologia: predisposição genética, demonstrada pela maior frequência da doença em algumas famílias; alguns sorotipos dos estreptococos β-hemolíticos são mais associados à FR, como M1, M3, M5, M6, M14, M18, M19 e M24; e alguns fatores ambientais, como más condições de higiene, aglomeração de pessoas, baixo acesso ao atendimento básico de saúde e regiões mais frias. A predisposição genética para FR parece envolver os genes ligados ao HLA de classe II (DR e DQ) e, segundo estudos realizados no Brasil, os antígenos HLA-DR7 e DRw53 apresentam correlação com maior prevalência de FR nas famílias que os apresentam.

A teoria da reatividade cruzada ou mimetismo molecular entre os antígenos do estreptococo β-hemolítico e os tecidos humanos é a hipótese mais conhecida e aceita para explicar a ocorrência da FR. Assim, acredita-se que, após a fase de convalescença de infecção estreptocócica não tratada, os produtos degradados do estreptococo promovam uma resposta imune com produção de anticorpos pelos linfócitos B, os quais seriam autoanticorpos, uma vez que haveria estruturas semelhantes entre os antígenos do estreptococo e os tecidos humanos, produzindo uma resposta autoimune que desencadearia a doença. As células T desempenham um papel importante na patogenia; estudos demonstraram que elas reconheceriam as proteínas semelhantes às dos estreptococos e as atacariam como não próprias em razão da ocorrência do mimetismo molecular já abordado.

Os sinais patológicos da cardite reumática observados à microscopia são os miócitos de Anitshkow e os nódulos de Aschoff, compostos de linfócitos e macrófagos; nas válvulas, é vista a valvulite crônica.

CONSIDERAÇÕES

Não existem classificações ou estadiamentos para estratificação da FR, apenas os critérios diagnósticos, os chamados critérios de Jones, que serão abordados no tópico referente ao diagnóstico.

QUADRO CLÍNICO

Os sintomas geralmente surgem de 2 a 3 semanas após uma infecção estreptocócica. Em alguns casos, podem ser pouco mais precoces. Apenas 60% dos pacientes apresentam a forma sintomática da doença.

- **Artrite:** é a manifestação mais frequente e menos específica da febre reumática, ocorrendo em 60% a 80% dos pacientes no primeiro ataque. Esta é tipicamente migratória, transitória, autolimitada, poliarticular (grandes articulações, como joelhos, tornozelos, cotovelos e punhos), com dor desproporcionalmente grande em relação aos sinais inflamatórios e boa resposta ao uso de salicilatos. O acometimento dura cerca de 2 a 3 dias em cada articulação e 2 a 3 semanas no total. Entretanto, existem formas atípicas que se apresentam de modo diferenciado, como monoartrite e oligoartrite, artrite aditiva, simétrica, com duração > 6 semanas e que não responde a salicilatos. Entesopatia (envolvimento das inserções tendíneas, musculares e osteoligamentares) também pode ser observada. O uso excessivo de anti-inflamatórios não esteroides pode promover a interrupção da evolução, mascarando o diagnóstico.
- **Cardite:** segunda manifestação mais comum da FR, ocorre em 40% a 50% dos pacientes. Mesmo com a definição clássica caracterizando uma pancardite, que atinge todos os folhetos do coração, o acometimento mais comum, isolado ou não, é o do endocárdio. A pericardite é rara mas, quando presente, demonstra hipofonese de bulhas, dor torácica e atrito pericárdico. Podem ser vistas alterações ao eletrocardiograma e à radiografia de tórax, mas a certeza diagnóstica é dada pelo ecocardiograma. A pericardite raras vezes ocorre isoladamente. A miocardite caracteriza-se por sinais de insuficiência cardíaca, como tosse, dispneia, ortopneia, taquicardia, hipofonese de bulhas, hepatomegalia e edema agudo de pulmão, e também é rara sua ocorrência isoladamente. A endocardite pode ser assintomática ou manifestar-se com a presença de sopro cardíaco, podendo surgir até 6 semanas após o início da FR. O sopro é sistólico apical e não apresenta variação com a posição ou respiração, irradiando-se para o dorso e a axila, o que indica insuficiência mitral. Pode haver sopro diastólico em foco aórtico, indicando insuficiência aórtica. As válvulas mais acometidas são, na ordem: mitral, aórtica, tricúspide e pulmonar. A presença de sopros não representa uma sequela permanente e, na maioria dos casos, há remissão. A insuficiência valvular é sinal característico de estágios agudos e convalescentes de FR aguda, enquanto a estenose valvular aparece mais tardiamente, após vários anos ou mesmo décadas. A estenose mitral é rara na faixa etária pediátrica.
- **Coreia de Sydenham:** frequente no Brasil, consiste em uma síndrome hipotônica e hipercinética, caracterizada por movimentos involuntários, geralmente bilaterais, rápidos, arrítmicos e incoordenados, que se intensificam com estímulos sonoros e visuais, hipotonia, quedas frequentes e disartria, dificuldades de concentração e voz anasalada.
  Uma característica importante é que a coreia desaparece durante o sono. Precedendo os episódios de coreia, geralmente ocorrem irritabilidade emocional, fraqueza muscular e alterações do comportamento. Transtornos psiquiátricos vêm sendo associados à coreia de Sydenham. Esta é autolimitada e não deixa sequelas, durando de 2 a 3 meses.
- **Nódulos subcutâneos e eritema *marginatum*:** ambos são manifestações raras. Os nódulos correspondem a lesões firmes, porém móveis, não dolorosos e variáveis no tamanho, presentes nas

regiões extensoras das articulações, cotovelos, joelhos, tornozelos e punhos, estando associados à cardite. Por sua vez, o eritema é um *rash* não pruriginoso com bordas serpinginosas, no tronco e nos quadris, também associado à cardite, e pode ser acentuado com o aquecimento da pele.
- **Outras manifestações:** artralgia, dor abdominal, epistaxe, pneumonite, pleurite, encefalite e glomerulonefrite.

DIAGNÓSTICO

O diagnóstico pode ser facilitado pela realização e avaliação de alguns exames complementares. Geralmente, no entanto, o diagnóstico é fechado com base nos critérios de Jones, que serão abordados a seguir.

O hemograma pode demonstrar anemia leve ou valores normais da série vermelha; leucócitos e neutrofilia podem estar presentes. A velocidade de hemossedimentação (VHS) e a PCR estão elevadas na fase aguda e diminuem na cronicidade. A VHS alta tem forte correlação com a ocorrência de cardite.

A detecção do *Streptococcus pyogenes* na emergência, feita pela cultura do *swab* de orofaringe, não será determinante para o tratamento, porém a longo prazo confirmará o diagnóstico. Não é possível afirmar, pelo *swab*, se a infecção estreptocócica é atual ou se surgiu semanas antes. Testes rápidos estão disponíveis em alguns hospitais, sendo importantes no ambiente das emergências.

Devem ser coletados também anticorpos como a antiestreptolisina O, para acompanhamento ambulatorial. No entanto, eles não modificam a conduta na emergência.

A radiografia de tórax pode demonstrar aumento da área cardíaca na miocardite ou derrame pericárdico. No eletrocardiograma, pode haver aumento dos espaços P-R (relacionado com fibrose) e Q-T (relacionado com maior gravidade). O ecocardiograma com Doppler fechará o diagnóstico de cardite, mas raramente é feito em nível emergencial.

O diagnóstico, portanto, é estabelecido por meio dos critérios de Jones (Quadro 165.1). Em caso de dois critérios maiores ou um maior e dois menores, somados à evidência de infecção estreptocócica anterior, é fechado o diagnóstico de FR. A presença de cardite indolente e coreia isolada também fecha o diagnóstico, sem a necessidade dos critérios. No entanto, em muitos casos de FR os critérios não estão inicialmente presentes, ou a doença não se apresenta da maneira clássica, o que dificulta o diagnóstico.

Quadro 165.1 Critérios de Jones modificados (1992)

Critérios maiores	Critérios menores
Cardite	Febre
Poliartrite	Artralgia
Coreia de Sydenham	Provas de fase aguda elevada: VHS e PCR
Eritema *marginatum*	Prolongamento no espaço P-R
Nódulos subcutâneos	

Evidências de infecção estreptocócica prévia
- Elevação dos níveis de anticorpos para o estreptococo
- Cultura de orofaringe positiva ou teste rápido para antígeno do estreptococo

DIAGNÓSTICO DIFERENCIAL

De acordo com cada uma das manifestações clínicas mais frequentes, haverá um leque de diagnósticos diferenciais.

Ao observar a artrite, é necessário afastar os seguintes diagnósticos: artrite séptica, como a gonocócica, artrite reativa, como a da doença de Lyme, alterações do tecido conjuntivo e leucemia linfoide aguda; outros tumores também devem ser descartados.

No caso da cardite, deve-se descartar pericardite viral e tuberculosa, miocardite viral, endocardite bacteriana, sopro inocente, lúpus eritematoso sistêmico, doenças do tecido conjuntivo e artrite reumatoide juvenil.

A coreia de Sydenham, por sua vez, é bastante específica para FR, mas, se isolada, deve-se avaliar a possibilidade de encefalite viral, lúpus eritematoso sistêmico e síndrome antifosfolipídio.

COMPLICAÇÕES

Quadros graves de pancardite podem levar à insuficiência cardíaca, como descrito anteriormente, devido à miocardite, e a endocardite pode causar insuficiência valvar de vários tipos.

A coreia de Sydenham pode se associar a transtornos psiquiátricos obsessivos compulsivos, depressão, enxaqueca e déficit de atenção.

TRATAMENTO

Em nível emergencial, o tratamento consiste na eliminação do estreptococo (prevenção primária) e no tratamento emergencial da cardite, artrite e coreia.

Inicialmente será administrada antibioticoterapia para *S. pyogenes*: **penicilina benzatina**, na dose única IM de **600.000UI** para pacientes < 25kg e **1.200.000UI** para pacientes > 25kg. Nos casos de alergia comprovada à penicilina, administra-se **eritromicina**, **30 a 40mg/kg/dose VO**, de 6/6h, por 10 dias.

Em caso de cardite, ao ser detectada no Serviço de Emergência, deverá ser iniciado **corticoesteroide**, **1 a 2mg/kg/dia**, 2×/dia, por 4 a 6 semanas, até a melhora clínica e laboratorial; a partir de então, a dose será reduzida para 1×/dia, até a retirada total, em 8 a 12 semanas. O acompanhamento das doses de corticoide e sua redução serão feitos em nível ambulatorial.

No caso da artrite, pode ser prescrito **AAS 80 a 100mg/kg/dia (máximo de 3g/dia)** em um primeiro momento; a dose deve ser reduzida posteriormente em nível ambulatorial. Em caso de cardite somada à artrite, o tratamento com corticoesteroides será o bastante para ambas as manifestações.

A coreia de Sydenham será tratada com **haloperidol**, na dose inicial de **1 a 2mg/dia até a máxima de 4 a 5mg/dia**, ácido valproico, 30 a 40mg/kg/dia, ou **pimozida**, **1 a 6mg/dia**, com redução gradual dentro de alguns meses.

Portanto, no Serviço de Emergência, inicialmente serão prescritos medicamentos para o surto agudo, com posterior encaminhamento do paciente ao Serviço de Reumatologia para acompanhamento a longo prazo. Será também prescrita profilaxia secundária para *Streptococcus pyogenes*, em nível ambulatorial.

Capítulo 166
Infecção do Trato Urinário em Pediatria

Maria Marta Regal de Lima Tortori • Ana Luíza Velten Mendes • Angélica Guimarães Andrade

INTRODUÇÃO

A infecção do trato urinário (ITU) caracteriza-se pela proliferação de patógenos na urina, normalmente estéril, em qualquer segmento anatômico. Apresenta três formas clínicas: cistite (infecção urinária baixa), pielonefrite (infecção urinária alta) e bacteriúria assintomática.

Deve-se ressaltar que em alguns casos é necessário investigar uma nefrouropatia subjacente que, se não adequadamente diagnosticada e tratada, predispõe a infecções repetidas e complicações (como disfunção renal progressiva e hipertensão arterial).

FISIOPATOLOGIA

Na maioria dos casos, a bactéria da flora intestinal coloniza o períneo e, por via ascendente, atinge a bexiga (cistite), os ureteres e o rim (pielonefrite). A ITU por via hematogênica também pode ocorrer, principalmente no período neonatal, causando, em geral, formas mais graves da doença. Entres os agentes etiológicos mais comuns estão *Escherichia coli* (cerca de 80% a 90% dos casos), *Klebsiella* spp e *Proteus* spp.

QUADRO CLÍNICO

- **Cistite:** apresenta início rápido ou insidioso, com dor suprapúbica, disúria, polaciúria, urgência miccional, tenesmo vesical, urina fétida ou turva, hematúria macro ou microscópica e ausência de febre. Deve ser tratada de modo a evitar a progressão para pielonefrite.
- **Pielonefrite:** caracterizada por febre alta e calafrios, dor no flanco ou abdome, diarreia, náuseas, vômitos e prostração; manifestações clínicas de cistite podem estar presentes. Os neonatos apresentam sintomas inespecíficos, como recusa ao seio materno e irritabilidade. É uma das doenças mais comuns em bebês com febre "sem foco aparente".
- **Bacteriúria assintomática:** ocorre quando há multiplicação bacteriana na urina, sem a presença de sinais ou sintomas de infecção. Corresponde a uma condição benigna que ocorre, principalmente, no sexo feminino e, se não tratada, pode evoluir para ITU sintomática.

CONSIDERAÇÕES

- **Fatores de risco:** sexo feminino (em neonatos e lactentes até o sexto mês de vida, a incidência é maior em meninos), fimose, cateter vesical, refluxo vesicoureteral, época de treinamento de retirada de fraldas, micção infrequente, vulvovaginite, anormalidades anatômicas do trato urinário e atividade sexual, dentre outros.

Cicatriz pielonefrítica, abscesso renal e urossepse são complicações da pielonefrite.

DIAGNÓSTICO

Inicialmente, de acordo com a suspeita clínica, deve-se solicitar hemograma com diferencial, VHS, PCR, EAS e urocultura. A hemocultura deve ser considerada, principalmente em recém-nascidos e lactentes jovens, avaliando o risco de sepse, assim como em crianças com quadro evidente de pielonefrite.

A coleta da urina deve ser realizada de maneira criteriosa, para evitar sua contaminação. O método de eleição consiste na coleta do jato médio após a assepsia adequada da área perineal e genital. Em bebês e crianças sem controle esfincteriano, um saco coletor estéril pode ser utilizado após a desinfecção da área genital (risco elevado de resultado falso-positivo – até 85% –, sendo, portanto, válido quando negativo). Nesses casos, acurácia maior pode ser obtida por meio de cateterismo vesical ou punção suprapúbica, que deve ser considerada em neonatos internados.

A presença de piúria, hematúria, nitrito positivo e contagem de bactérias > 100.000UFC/mL (jato médio ou bolsa coletora)/1.000UFC/mL (cateter uretral)/100UFC (punção suprapúbica) de um único patógeno, em criança sintomática, sugere diagnóstico de ITU, sempre considerando a coleta da amostra de maneira estéril.

A comprovação etiológica por meio da urocultura é imprescindível para confirmação de ITU, uma vez que o quadro clínico é variável e dependente da faixa etária, bem como da forma clínica, sendo o EAS inespecífico.

Na infecção renal aguda, são comuns leucocitose, neutrofilia e aumento da VHS e da PCR. No abscesso renal, a contagem de leucócitos será > 20.000 a 25.000/mm^3.

Estudos de imagem devem ser solicitados em todos os casos de ITU em que se visa à investigação de possíveis anomalias anatômicas ou funcionais, que podem predispor à infecção.

Atualmente, sugere-se a seguinte abordagem inicial:

- **Para recém-nascidos e lactentes com ITU febril (pielonefrite clínica):** USG renal e de vias urinárias, uretrocistografia miccional (UCM) e cintilografia renal de ácido 2-3 dimercaptossuccínico (DMSA)/DTPA. Se for identificado refluxo vesicoureteral, indica-se reavaliação anual por meio da cintilografia direta com DTPA para controle de cura (avaliação da presença de cicatriz renal). A USG renal e de vias urinárias pode evidenciar hidronefrose, anormalidades urinárias estruturais, pielonefrite aguda, algumas cicatrizes renais, nefronia e pionefrose. Indicações para complementar a investigação, por meio da cintilografia renal com DTPA e/ou urografia excretora, ambos os testes com furosemida: parede vesical espessada ou irregular, presença de divertículo, colo vesical persistentemente aberto, dilatação ureteral ou de pelve, displasia renal congênita ou cicatrizes renais, evidência de pielonefrite aguda ao DMSA, história de infecções urinárias febris de repetição.
- **ITU febril em crianças > 2 anos:** USG renal e de vias urinárias e DMSA. Na presença de dilatação ureteral e/ou hidronefrose, podem ser necessárias avaliação com UCM, cintilografia renal com DTPA e/ou urografia excretora, ambos os testes com furosemida. A síndrome de disfunção de eliminações deve ser investigada.

DIAGNÓSTICO DIFERENCIAL

Cistite, pielonefrite, bacteriúria assintomática, abscesso renal e outras condições infecciosas em neonatos e lactentes.

TRATAMENTO

Na maioria das crianças, pode ser instituída antibioticoterapia oral. A medicação EV está indicada para lactentes e crianças gravemente doentes, quadros de pielonefrite e pacientes desidratados com vômitos incoercíveis. Após cessada a febre e com a melhora clínica, a administração parenteral pode ser substituída, ambulatorialmente, pela terapêutica VO.

Há, atualmente, um número crescente de cepas de *E. coli* resistentes à sulfa e à ampicilina. Estudos de sensibilidade microbiana sugerem que o tratamento empírico inicial seja realizado com cefalosporinas de primeira geração (introduzido após a coleta da cultura de urina) e, posteriormente, adequado de acordo com o perfil de sensibilidade exibido no teste de sensibilidade antimicrobiana (TSA).

Em pielonefrites, a medicação de escolha é a ceftriaxona, que apresenta maior biodisponibilidade no sistema excretor. Nas ITU adquiridas em ambiente hospitalar é sempre importante levar em consideração o perfil microbiológico do local, antes de instaurar uma terapêutica empírica.

Como medidas gerais, indica-se a hiperidratação por via oral em casos de pielonefrite, além de analgesia e medidas antitérmicas, se necessárias.

A quimioprofilaxia está indicada em crianças com infecções febris recorrentes, refluxo vesicoureteral (principalmente graus IV e V), diagnóstico pré-natal de anomalia do trato urinário e, depois do tratamento convencional, até a conclusão da investigação por imagem. Administram-se, preferencialmente, nitrofurantoína, sulfametoxazol-trimetoprima (SMX + TMP) e cefalexina, os dois primeiros devendo ser usados depois dos 2 meses de idade.

O Quadro 166.1 relaciona alguns esquemas terapêuticos.

Quadro 166.1 Antibioticoterapia nas ITU

Cistite:
1. **Cefalexina:** suspensão de 250mg/5mL; drágeas de 500 e 1.000mg, na dose de **25 a 50mg/kg/dia ÷ 4, VO, por 7 dias**
2. **SMX + TMP:** suspensão de 200 + 40mg/5mL; comprimidos de 400 + 80mg; ampolas de 400 + 80mg/5mL, **40mg/kg/dia ÷ 2, VO, por 7 dias**
3. **Nitrofurantoína** (suspensão: 25mg/5mL)
    Tratamento: **5 a 7mg/kg/dia ÷ 4, VO, por 7 dias,** com as refeições (dose máxima: 400mg/dia)
    Profilaxia: **1 a 2mg/kg/dia ÷ 1, VO, por 7 dias** (dose máxima: 100mg/dia)

Pielonefrite:
1. **Ceftriaxona:** ampolas de 500 e 1.000mg, **50 a 75mg/kg/dia, EV/IM, por 10 a 14 dias** (dose máxima: 2g/dia)
2. **Ampicilina, 100mg/kg/dia ÷ 4,** associada a **um aminoglicosídeo, como gentamicina (3 a 5mg/kg/24h ÷ 1 a 3 doses), EV, por 10 a 14 dias.**
    Considerar os riscos potenciais de ototoxicidade e nefrotoxicidade dos aminoglicosídeos

Capítulo 167
Meningites

Maria Marta Regal de Lima Tortori • Flávia Rodrigues de Almeida
Carolina Maria Motta Stoffel • Felipe Rodrigues Gonçalves

INTRODUÇÃO

Meningite consiste em um processo inflamatório, de origem infecciosa ou não, que atinge as meninges (espaço subaracnóideo).

FISIOPATOLOGIA

As etiologias das meningites variam de acordo com a faixa etária: recém-nascidos apresentam germes prevalentes na flora materna, enquanto crianças a partir dos 5 anos de idade têm agentes etiológicos compatíveis com os germes dos adultos.

A meningite por *Haemophilus influenzae* tipo B era muito prevalente em crianças e adultos jovens, no entanto, após a introdução da vacina no Programa Nacional de Imunização, sua incidência vem sofrendo queda gradativa.

O período de incubação costuma variar de 2 a 10 dias, com média de 3 a 4 dias. Pode haver alguma variação em função do agente etiológico responsável. A meningite tuberculosa, em geral, ocorre nos primeiros 6 meses após a infecção.

CONSIDERAÇÕES

A etiologia viral geralmente leva a quadros mais leves, menor letalidade e menor risco de sequelas. O tratamento costuma ser de suporte. Nos casos de herpesvírus, aciclovir pode ser utilizado na seguinte posologia: 10mg/kg/dose de 8/8h, por 14 a 21 dias. Os casos de internação são excepcionais, apenas para evitar a desidratação provocada pelos vômitos, diminuir a cefaleia e melhorar as condições gerais.

QUADRO CLÍNICO

A meningite é um quadro que engloba diversas síndromes:
- **Síndrome infecciosa:** se caracteriza por febre ou hipotermia, anorexia e apatia.
- **Síndrome de hipertensão intracraniana:** cefaleia intensa, vômitos (podem ser em jato), edema de papila e abaulamento de fontanela.
- **Síndrome encefalítica:** sonolência, agitação, torpor, delírio e coma.
- **Síndrome de irritação meníngea:** os principais sinais de irritação meníngea formam uma tríade clássica, sendo os seguintes:
  - **Sinal de Kernig:** tenta-se fletir a coxa sobre o tronco do paciente e ocorre uma resposta à flexão da articulação do joelho. Há duas formas de se pesquisar esse sinal:
    ○ **Paciente em decúbito dorsal:** eleva-se o tronco, fletindo-o sobre a bacia; há flexão da perna sobre a coxa e desta sobre a bacia.
    ○ **Paciente em decúbito dorsal:** eleva-se o membro inferior em extensão, fletindo-o sobre a bacia; após pequena angulação, há flexão da perna sobre a coxa. Essa variante chama-se, também, manobra de Lasègue.
  - **Sinal de Brudzinski:** flexão involuntária da perna sobre a coxa e desta sobre a bacia, ao se tentar fletir a cabeça do paciente.
  - **Rigidez de nuca:** o paciente não consegue fletir a cabeça sobre o tórax, nem mesmo de maneira passiva.

Crianças com até 9 meses de vida poderão não apresentar os sinais clássicos de irritação meníngea, dificultando, portanto, o diagnóstico clínico. No entanto, outros sinais e sintomas podem nos alertar acerca do diagnóstico, como febre, irritabilidade ou agitação, choro persistente, grito meníngeo (a criança grita ao ser manipulada, principalmente quando suas pernas são flexionadas para a troca das fraldas) e recusa alimentar, acompanhada ou não de vômitos, convulsões e abaulamento da fontanela.

No curso da doença podem surgir delírio e coma (utilizar sempre a Escala de Coma de Glasgow). Dependendo do grau de comprometimento encefálico, o paciente poderá apresentar também paralisias, tremores, desordens pupilares, hipoacusia, ptose palpebral e nistagmo. Casos fulminantes, com sinais de choque, também podem ocorrer.

Na presença de petéquias ou sufusões hemorrágicas é fundamental suspeitar de meningococcemia e iniciar prontamente investigação diagnóstica e tratamento.

DIAGNÓSTICO

Os principais exames laboratoriais a serem solicitados nos casos de suspeita de meningite são:

- **Líquor:** exame quimiocitológico (glicose, proteína e citologia), bacterioscopia direta, cultura e antibiograma, teste de aglutinação com látex (para pneumococo, meningococos [A, B e C] e *H. influenzae* B) e contraimunoeletroforese cruzada (CIE). O exame deve ser postergado em caso de hipertensão intracraniana grave, quando houver sinais focais em paciente com insuficiência respiratória aguda e nos pacientes com discrasias sanguíneas.

> **Obs.:** atenção aos acidentes de punção: para cada 500 hemácias/mm^3, subtraia uma célula. A cada hora entre a coleta e o processamento do líquor: consumo de 3 a 4mg/dL de glicose.

- **Sangue:** hemograma, hemocultura, glicemia, proteínas séricas, VHS, PCR, CIE.
- **Radiografia de tórax e seios da face.**
- **Lesões de pele** (se presentes): coleta de material para cultura.
- **Fezes:** coprocultura.
- **Tomografia computadorizada de crânio:** realizada em caso de sinais focais, otite média crônica, meningite de repetição, aumento do perímetro cefálico, suspeita de malformação congênita ou de efusão subdural, manutenção do coma após 72 horas de terapia apropriada, persistência de crise convulsiva ou se aparecer após 72 horas de tratamento adequado.

DIAGNÓSTICO DIFERENCIAL

Encefalites, intoxicações medicamentosas (especialmente sedativos e anticonvulsivantes), abscesso cerebral (geralmente complicação de quadro respiratório, sinusopatia ou otite média aguda, ou secundário à bacteriemia), convulsão febril, alterações metabólicas (hipernatremia, cetoacidose diabética, uremia), meningismo e tétano.

TRATAMENTO

Objetiva estabilizar o quadro clínico do paciente e, posteriormente, realizar o tratamento adequado, com base no agente causador da doença.

Medidas iniciais

O paciente com suspeita de meningite deve ser hospitalizado imediatamente. Após a internação, devem ser realizadas punção lombar para coleta de líquido cefalorraquidiano e coleta de sangue para análise laboratorial. Posteriormente, medidas de suporte geral devem ser instituídas (reposição volêmica, analgesia etc.) e a terapêutica específica deve ser iniciada o mais precocemente possível.

Após punção lombar e coleta de sangue, o tratamento com antibióticos será iniciado imediatamente e de maneira empírica. Uma vez obtidos os resultados laboratoriais, o antibiótico deverá ser ajustado. A antibioticoterapia empírica segue o modelo apresentado no *Guia de Vigilância Epidemiológica*, 7ª ed., 2009:

- **Crianças < 2 meses de idade:**
    - **Primeira escolha:** ampicilina, 200 a 400mg/kg/dia até 15g/dia de 4/4h ou de 6/6h) + gentamicina, 2mg/kg/dose de 8/8h, ou amicacina, 20 a 30mg/kg/dia até 1,5g/dia de 8/8h.
    - **Segunda escolha:** ceftriaxona, 50 a 75mg/kg/dose de 12/12h, ou cefotaxima, 50 a 75mg/kg/dose de 6/6h + ampicilina.
- **Crianças de 2 meses a 5 anos:**
    - **Primeira escolha:** ceftriaxona.
    - **Segunda escolha:** ampicilina + cloranfenicol, 25mg/kg/dose de 6/6h.
- **Crianças > 5 anos:**
    - **Primeira escolha:** ceftriaxona.
    - **Segunda escolha:** penicilina G cristalina, 50.000UI/kg/dose de 4/4h + ampicilina ou cloranfenicol.

Na criança, a prednisona é administrada na dose de 1 a 2mg/kg de peso corporal, até a dose máxima de 30mg/dia. A terapia com corticoesteroides está bem estabelecida em casos de meningite por *Streptococcus pneumoniae* e *Haemophilus influenzae*.

Profilaxia de contactantes

O paciente deve ser colocado em isolamento respiratório e de contato apenas durante as primeiras 24 horas depois do início do tratamento com antibiótico adequado. Se os exames laboratoriais diagnosticarem infecção por *Neisseria meningitidis* ou *Haemophilus influenzae*, estará indicada a quimioprofilaxia do caso e dos contactantes, além da vigilância destes últimos por um período mínimo de 10 dias. Contactantes íntimos são pessoas que habitam o mesmo domicílio, que compartilham o mesmo dormitório, comunicantes de creches e pessoas diretamente expostas às secreções do paciente. Crianças imunocompetentes que tenham tomado a vacina contra *Haemophilus influenzae* tipo B não precisam receber profilaxia caso este micro-organismo tenha sido isolado em culturas. Profissionais de saúde que tiveram contato com o paciente não precisam fazer a profilaxia, a menos que tenha havido exposição às secreções respiratórias do paciente.

Esquemas de quimioprofilaxia, de acordo com o agente etiológico:

- **Meningococo:** rifampicina, 600mg VO de 12/12h, por 2 dias (adultos); 10mg/kg de 12/12h por 2 dias – máximo de 600mg/dia (crianças > 1 mês); 5mg/kg VO de 12/12h – máximo de 600mg/dia (crianças < 1 mês).
- *Haemophilus influenzae* **tipo B**: rifampicina, 600mg/dose VO, 1×/dia, por 4 dias (adultos); 20mg/kg/dose, 1×/dia, por 4 dias – máximo de 600mg/dia (crianças > 1 mês até 10 anos); 10mg/kg/dose, 1×/dia, por 4 dias – máximo de 600mg/dia (crianças < 1 mês).
- **Meningococo (alternativas):** ceftriaxona, 250mg IM em dose única (adultos) ou 125mg IM em dose única (crianças < 12 anos); ciprofloxacino, 500mg VO em dose única; azitromicina, 500mg VO em dose única.

Capítulo 168
Otites

Maria Marta Regal de Lima Tortori • Gabriela Persio Gonçalves • Joyce Marques da Silva Alves

INTRODUÇÃO

Otite designa inflamação em alguma porção do aparelho auditivo e pode ocorrer no conduto auditivo externo ou na orelha média, gerando, respectivamente, otite externa e otite média.

A otite externa tem importante relação com os meses de verão em virtude da prática de atividades aquáticas, sendo esse o período em que mais comumente ocorre. A inflamação da orelha média, por sua vez, ocorre principalmente em lactentes e crianças pequenas. A incidência diminui até a puberdade e torna-se relativamente infrequente nos adultos. Noventa por cento das crianças têm pelo menos um episódio de otite média antes de completar 5 anos de idade, sendo o pico de incidência nos primeiros 2 anos de idade.

FISIOPATOLOGIA

A **otite externa aguda (OEA)**, também conhecida como otite do nadador, acontece por umidade excessiva, ressecamento, afecções prévias de pele (inflamação do canal por herpesvírus, vírus varicela-zóster, exantemas ou eczemas) ou traumatismo local (por cotonete, corpo estranho), afetando o canal auditivo externo. Essas agressões tornam a mucosa local suscetível à infecção pela flora bacteriana normal ou por agentes exógenos.

O agente etiológico mais comumente envolvido na inflamação é a *P. aeruginosa*, mas a otite também pode ser causada por *S. aureus*, fungos como *Candida* e *Aspergillus*, *Enterobacter aerogenes*, *Proteus mirabilis*, *Klebsiella pneumoniae*, *Streptococcus*, além dos agentes presentes na flora normal do próprio canal auditivo (*Staphylococcus* coagulase-negativo, *Corynebacterium, Micrococcus*).

A **otite média aguda (OMA)**, na maioria das vezes, é precedida por infecção do trato respiratório superior, que resulta em edema inflamatório da mucosa do nariz, nasofaringe, tuba auditiva e orelha média. O edema obstrui o istmo da tuba, provocando pressão negativa e gerando, assim, acúmulo de secreções produzidas pela mucosa. Em seguida, vírus e bactérias que colonizam o trato respiratório superior atingem a orelha média por meio de refluxo, aspiração ou insuflação. A proliferação bacteriana pode, então, resultar em supuração com sinais clínicos de OMA.

Os patógenos mais comumente envolvidos na patogênese, em ordem de prevalência, são: *Streptococcus pneumoniae* (quase metade dos casos), *Haemophilus influenzae* e *Moraxella catarrhalis*. *Streptococcus* β-hemolítico do grupo A e *Staphylococcus aureus* também podem causar OMA.

Em crianças menores, a OMA é facilitada pela característica anatômica e funcional da tuba de Eustáquio (mais curta, horizontalizada e com apoio cartilaginoso menos firme) e pelas recorrentes infecções respiratórias, ambos os fatores normais nessa fase da vida.

QUADRO CLÍNICO

A otite externa apresenta um quadro clínico mais local, com prurido, hiperemia, otalgia, plenitude auricular, hipoacusia e secreção clara, normalmente sem febre.

A OMA apresenta início súbito durante ou dias após a infecção respiratória. Os sintomas apresentados são otalgia, febre (raramente > 39,5°C), anorexia, cefaleia, perda auditiva, comprometimento do estado geral (principalmente em < 2 anos). Em lactentes, a sintomatologia é inespecífica e muito semelhante a outras infecções do trato respiratório superior, com irritabilidade, dificuldade para dormir, choro fácil e perda de apetite. Vômitos e diarreia podem ocorrer. Otorreia está presente na OMA supurada ou em crianças com perfuração da membrana timpânica.

DIAGNÓSTICO

O diagnóstico é estabelecido por meio da história clínica, do exame físico e da otoscopia.

Nas fases iniciais da otite externa, a pele do conduto auditivo está edemaciada e eritematosa. Nesse momento, pode ocorrer secreção clara, não fétida, decorrente de processo esfoliativo. Com a progressão, há piora do processo inflamatório, que pode atingir a camada externa da membrana timpânica e o pavilhão auricular. A secreção torna-se mais espessa e ocorrem dor à manipulação do trágus, do pavilhão e/ou movimentação da mandíbula, prurido intenso e perda auditiva (caso haja oclusão do conduto).

Maciez à pressão do trágus ou quando a orelha é manipulada ou puxada são achados indicativos de otite externa, podendo estar ausentes em casos leves. À otoscopia, o canal auditivo geralmente aparece edematoso e eritematoso e a membrana timpânica pode ser eritematosa e apenas parcialmente visível devido ao edema do canal. Detritos ou cerume podem apresentar-se amarelos, marrons, brancos ou cinzas.

Na OMA, a dor à compressão do trágus não tem nenhum valor para o diagnóstico. A otoscopia deve ser realizada bilateralmente. Nesta, os sinais indispensáveis para o diagnóstico de OMA são: efusão ou sinais agudos de inflamação da orelha média, sendo o abaulamento da membrana timpânica o mais específico. Outros possíveis achados à otoscopia incluem membrana timpânica branca ou amarelo-pálida, abaulada e com mobilidade diminuída ou ausente. O abaulamento normalmente começa na área posterossuperior, onde essa estrutura é mais complacente.

A opacificação da membrana timpânica não é útil para diferenciar OMA de OEA, pois pode estar presente em ambas as condições.

DIAGNÓSTICO DIFERENCIAL

Otite externa maligna, miringite bolhosa, colesteatoma, dermatite de contato, furúnculo, corpo estranho, cerume impactado, tumor, ruptura de membrana timpânica, mastoidite, hemotímpano, linfadenite auricular, parotidite, disfunção temporomandibular, afecções da orofaringe e sinusite.

COMPLICAÇÕES

As complicações da otite externa incluem celulite periauricular, celulite e otite externa maligna. Esta última é mais comum em imunocomprometidos.

Complicações da OMA: perfuração da membrana timpânica, extensão do processo supurativo para estruturas adjacentes (mastoidite, petrosite, labirintite), perda de audição (secundária a fluido na orelha média ou fixação ossicular), problemas motores e do equilíbrio, timpanosclerose, atelectasia da orelha média, colesteatoma e fixação ossicular (secundária à proliferação de tecido fibroso nas membranas mucosas). Envolvimentos do oitavo nervo craniano ou do facial são incomuns, mas podem ocorrer.

Deve-se estar atento a sinais de mastoidite que são: otalgia, deslocamento do pavilhão auricular, maciez pós-auricular com eritema, edema (perda do vinco pós-auricular), flutuação ou fístula de drenagem. Para o tratamento é necessária internação para antibioticoterapia parenteral.

TRATAMENTO

Otite externa aguda

Como o acometimento pela otite externa se restringe à pele do canal auditivo, seu tratamento dispensa antibióticos orais, exceto nos casos em que há otite externa aguda grave associada a febre e linfadenite e/ou quando o paciente é imunocomprometido. Nesse caso, antibióticos orais ou parenterais empíricos podem ser indicados, e deve-se coletar cultura do canal auditivo para ajuste de antibiótico de acordo com a suscetibilidade do organismo cultivado.

Nos casos de menor gravidade, o manejo dessa doença envolve as seguintes medidas:

- Limpeza completa e cuidadosa do canal auditivo: remoção de cerume, pele descamada e material purulento do canal auditivo com visualização por meio de otoscópio e uso de um laço de arame ou cotonete. Se a membrana timpânica está visível e intacta, pode-se irrigá-la com uma diluição de 1:1 de peróxido de hidrogênio a 3% à temperatura do corpo. Essas medidas facilitam a cura e melhoram a penetração de gotas até o local da inflamação.

Cuidado: pacientes com ruptura de membrana timpânica ou nos quais a membrana timpânica não pode ser claramente visualizada devem ser encaminhados a um otorrinolaringologista para melhor manejo.

- Analgesia.
- Evitar fatores que contribuam para a fragilidade da mucosa durante o tratamento (entrada de água no conduto externo e uso de cotonetes).
- Tratamento da infecção: antibióticos tópicos são altamente eficazes para o tratamento de otites externas e o regime antibiótico ideal deve ter uma cobertura específica contra os agentes patogênicos mais comuns, *P. aeruginosa* e *S. aureus*. As opções terapêuticas são apresentadas no Quadro 168.1.
- **Posologia:** devem ser aplicadas três a quatro instilações da medicação escolhida, por 5 a 7 dias. Os pacientes devem ser orientados quanto à aplicação correta da medicação: inclinar a cabeça em direção ao ombro oposto, puxar o pavilhão auricular para cima, encher o canal auditivo com gotas, manter-se deitado sobre o lado oposto por 20 minutos ou ocluir o canal auditivo com algodão pelo mesmo tempo.

Quadro 168.1 Otite externa: soluções antibióticas tópicas

Antibiótico	Observação
Polimixina B combinada à neomicina	Na maioria das vezes combinadas ainda a um anti-inflamatório, como hidrocortisona. A neomicina é eficaz contra *S. aureus*, enquanto a polimixina B é eficaz contra *P. aeruginosa*. Neomicina em excesso é ototóxica
Tobramicina a 0,3% Gentamicina a 0,3%	Eficazes contra os dois principais agentes. Deve-se tomar cuidado com a ototoxicidade
Ofloxacino a 0,3% Ciprofloxacino a 0,3%	Proporcionam excelente cobertura contra *P. aeruginosa* e *S. aureus*. Diversos estudos vêm demonstrando a superioridade dessas preparações sobre as outras opções terapêuticas

Otite média aguda

Antes de tudo, devem ser avaliados três fatores:

- Se há a possibilidade de efetuar o seguimento do paciente: a observação deve ser uma opção apenas quando há certeza quanto ao seguimento. Assim sendo, o antibiótico deve ser iniciado em caso de persistência dos sintomas ou piora.
- Presença de sinais de gravidade, que são: otalgia de grave a moderada e febre ≥ 39°C.
- Certeza do diagnóstico, que se tem quando há: instalação súbita, sinais de efusão na orelha média e sinais e sintomas de inflamação desse local anatômico.

Com isso em mente, pode-se proceder de acordo com o Quadro 168.2.

Quadro 168.2 Conduta na OMA

Idade	Diagnóstico de certeza	Diagnóstico incerto
< 6 meses	Antibiótico	Antibiótico
6 meses a 2 anos	Antibiótico	Antibiótico se houver sinais de gravidade; do contrário, observação
> 2 anos (inclusive)	Antibiótico se houver sinais de gravidade; do contrário, observação	Observação

Modificado de Haddad J. Otitis media. In: Kliegman RM, Behrman RE, Jenson HB, Stanton BF. Nelson textbook of pediatrics. 19. ed. Philadelphia: Saunders Elsevier, 2011.

A observação deve ser considerada uma opção apenas quando há certeza quanto ao seguimento. Assim sendo, o antibiótico deve ser iniciado em caso de persistência ou piora dos sintomas. Como a possibilidade de seguimento é rara nas emergências, adota-se a antibioticoterapia como opção padrão em qualquer caso.

Amoxicilina (veja as doses no Quadro 168.3) continua a ser o medicamento de primeira escolha para a OMA não complicada. É a mais eficaz, tanto contra as cepas de S. pneumoniae sensíveis à penicilina como contra as resistentes à penicilina, sendo segura, relativamente barata e de sabor aceitável. Dobrar a dose usual aumenta a concentração de amoxicilina na orelha média e promove atividade contra a maioria das cepas de S. pneumoniae.

Amoxicilina pode ser inativada pelas β-lactamases produzidas por algumas cepas de H. influenzae não tipável e M. catarrhalis. Logo, em crianças sob alto risco de OMA causada por esses patógenos, deve-se iniciar a terapia com um agente de segunda linha. Considera-se alto o risco de infecção por produtoras de β-lactamases nos seguintes casos:

- Crianças tratadas com antibióticos nos 30 dias anteriores, particularmente β-lactâmicos.
- Crianças com conjuntivite purulenta concomitante (a síndrome otites-conjuntivite geralmente é causada por H. influenzae não tipável).
- Crianças recebendo amoxicilina para quimioprofilaxia da OMA recorrente ou infecção do trato urinário.

Para alérgicos à penicilina, recorre-se também a antibióticos de segunda linha.

Classicamente, o tratamento da OMA é feito por **10 dias**. Estudos que compararam os tratamentos mais curtos, de 3 a 5 dias, com períodos mais longos indicaram que o tratamento por < 10 dias é inadequado para crianças < 6 anos de idade e particularmente < 2 anos, ou seja, a maioria dos casos.

Em crianças muito pequenas, com episódios graves, pode ser considerado o uso de antibioticoterapia por mais de 10 dias.

Com a terapia antimicrobiana apropriada, os sinais de doença sistêmica e local geralmente desaparecem em 24 a 72 horas. Se isso não ocorrer, duas hipóteses podem ser aventadas: diagnóstico equivocado ou terapia inicial inadequada para a cepa causadora da OMA. No segundo caso, deve-se considerar, primeiramente, infecção por um micro-organismo resistente a antibióticos β-lactâmicos; todavia, infecção por micro-organismos menos comuns, como S. aureus, também deve ser considerada, particularmente crianças utilizando tubos de ventilação.

Os antibióticos de segunda linha devem ser eficazes contra H. influenzae e M. catarrhalis produtores de β-lactamases, e também contra S. pneumoniae. Apenas quatro agentes antimicrobianos atendem a esses requisitos: amoxicilina-clavulanato, cefdinir, cefuroxima e ceftriaxona IM.

Amoxicilina com clavulanato é o medicamento mais usado, devendo ser usadas doses altas (90mg/kg de amoxicilina por dia e 6,4mg/kg por dia de ácido clavulânico em duas doses).

O tratamento com ceftriaxona IM implica dor e alto custo. Se os sinais clínicos persistirem, pode ser necessário repetir a aplicação uma ou duas vezes a intervalos de 48 horas, para atingir o grau desejado de eficácia. Seu uso é mais apropriado em casos graves de OMA, quando o tratamento VO não é viável, ou em casos altamente selecionados, após falha do tratamento com a administração oral de segunda linha.

Nos casos de alergia à penicilina, as reações dos pacientes devem ser classificadas como:

- **Reação não tipo I:** para alérgicos sem reação tipo I, cefalosporinas podem ser usadas, sendo cefdinir a melhor escolha.
- **Hipersensibilidade do tipo I** (urticária ou anafilaxia): usam-se macrolídeos, embora seja comum a presença de *S. pneumoniae* resistentes aos antibióticos desse grupo, além de não serem eficazes para a erradicação de *H. influenzae*.

Os macrolídeos úteis em OMA incluem azitromicina e claritromicina. Sulfametoxazol-trimetoprima (SMX-TMP) deve ser usado com cautela por possível presença de pneumococos resistentes, sendo mais útil em regiões onde estes não constituem uma preocupação. Eritromicina com sulfisoxazole apresenta significativa ineficácia contra organismos resistentes, não sendo indicado seu emprego.

Quadro 168.3 Doses dos antibióticos usados em OMA

Amoxicilina: 40 a 50mg/kg/dia ou 80 a 90 mg/kg/dia 2 a 4×/dia
Amoxicilina-clavulanato: 90mg/kg/dia de amoxicilina (dose máxima de 3g) e 6,4mg/kg/dia de ácido clavulânico divididos em duas doses. Adolescentes ≥ 16 anos podem receber comprimidos de 1g de amoxicilina/62,5mg de clavulanato com uma dose de 1 a 2g em 12 horas
Cefuroxima: 30mg/kg (dose máxima de 1g/dia), divididos em duas doses
Ceftriaxona IM: 50mg/kg
Azitromicina: 5mg/kg/dia (dose máxima de 250mg/dia), por 5 dias
Claritromicina: 15mg/kg/dia, divididos em duas doses (dose máxima de 1g/dia)
Eritromicina: 50 a 150mg/kg/dia, divididos em quatro doses (dose máxima de 2g/dia)
Sulfametoxazol-trimetoprima: 6 a 10mg de TMP/kg/dia, divididos em duas doses

Idealmente, deve-se acompanhar a intervalos individualizados a resposta ao tratamento para avaliar se ele está sendo bem-sucedido e diferenciar a resposta inadequada ao tratamento da ocorrência de recidiva precoce. Seguimento dentro de dias é aconselhável no lactente jovem com episódio grave ou em uma criança de qualquer idade, com dor contínua. Nesses casos, é possível que a membrana timpânica não tenha voltado completamente ao normal, mas pode-se verificar o estado geral. Retorno em 2 semanas é adequado para o bebê ou criança pequena que apresenta recorrências frequentes. Na criança com apenas um episódio esporádico da OMA e melhora imediata, é suficiente nova consulta 1 mês após o exame inicial, a qual é desnecessária em crianças mais velhas. A manutenção de efusão na orelha média após melhora de outros sinais ou sintomas em um episódio de OMA não é indicação para reinício ou mudança da antibioticoterapia.

Capítulo 169
Parasitoses – Helmintos

Maria Marta Regal de Lima Tortori • Gabriela Persio Gonçalves • Juliana Rosa Souza Nunes

INTRODUÇÃO

As helmintoses intestinais apresentam-se como importantes causas de diarreias, dores abdominais e distúrbios nutricionais no Brasil. No conjunto de doenças negligenciadas, as helmintoses estão fortemente relacionadas com baixo nível socioeconômico, saneamento básico inadequado, desnutrição e baixo nível de escolaridade, além da dificuldade de acesso aos serviços de saúde.

Os helmintos são divididos em três grupos: nematódeos (*Ascaris lumbricoides*, *Necator americanus* e *Ancylostoma duodenale*), trematódeos (*Schistosoma mansoni*) e cestódeos (*Taenia* sp.).

FISIOPATOLOGIA

A transmissão, descrita no Quadro 169.1, também depende de alguns fatores, como idade do hospedeiro, suscetibilidade genética do hospedeiro, carga parasitária, tipo e localização do parasita.

Quadro 169.1 Transmissão

Ascaris lumbricoides	Ingestão de ovos: água e alimentos contaminados (frutas, verduras)
Strongyloides stercoralis	Penetração larval
Enterobius vermicularis	Ingestão de ovos: água e alimentos contaminados (frutas, verduras)
Schistosoma mansoni	Penetração na pele por meio de banho em água-doce contaminada. Hospedeiro intermediário: caramujo (*Biomphalaria glabrata*)
Taenia sp.	Intestinal: ingestão de cisticerco em carne (porco ou boi) malcozida Neurocisticercose (somente *Taenia sollium*): ingestão de ovos em água e alimentos contaminados (frutas, verduras)
Ancylostoma duodenale	Larvas infectantes presentes em solo contaminado que penetram a pele (pés), levando a uma demartite característica

Quadro 169.2 Órgão parasitado

Ascaris lumbricoides	Ciclo de Loss: intestino delgado
Strongiloides stercoralis	Ciclo de Loss: intestino delgado, principalmente porção superior do jejuno
Enterobius vermicularis	Ceco e apêndice; as fêmeas realizam a oviposição na região perianal
Schistosoma mansoni	Penetração na pele → pulmões → sistema porta intra-hepático
Taenia sp.	Fase adulta: intestino delgado Cisticerco: tecido subcutâneo, muscular, cardíaco, cerebral
Ancylostoma duodenale *Necator americanus*	Penetração na pele → ciclo de Loss → intestino delgado

CONSIDERAÇÕES

- **Ciclo de Loss:** realizado por alguns helmintos em seu hospedeiro. Ao serem ingeridos os ovos, suas cápsulas são digeridas pelo ácido clorídrico estomacal, liberando larvas imaturas que penetram a parede intestinal na altura do ceco, caem nos vasos linfáticos e veias e invadem o fígado (18 a 24 horas após infestação). Em 2 a 3 dias, as larvas chegam ao coração direito e 4 a 5 dias após são encontradas nos pulmões. Com cerca de 8 dias de infestação, sobem pela árvore brônquica e a traqueia, chegando até a faringe, podendo então ser expelidas ou deglutidas; quando maduras, se fixam ao órgão-alvo.

QUADRO CLÍNICO (Quadro 169.3)

Quadro 169.3 Quadro clínico	
Ascaris lumbricoides	Pode ser assintomático ou com dor abdominal e diarreia Pulmonar: tosse, expectoração tingida de sangue, eosinofilia e infiltrados transitórios na radiografia de tórax
Strongyloides stercoralis	Diarreia, má absorção (semelhante à doença celíaca)
Enterobius vermicularis	Prurido anal noturno e insônia
Schistosoma mansoni	3 a 12 semanas de infecção: febre, mal-estar, tosse, dor abdominal e erupção cutânea Febre de Katayama (condição aguda): febre, perda de peso, hepatoesplenomegalia e eosinofilia Crônica: diarreia mucossanguinolenta, dor abdominal, tenesmo, hipertensão porta: ascite ("barriga d'água"), hepatoesplenomegalia e varizes
Taenia sp.	Intestinal: dor abdominal, astenia, apetite excessivo Cerebral: cefaleia, convulsões
Ancylostoma duodenale *Necator americanus*	Carga parasitária baixa: geralmente assintomática, pode causar urticária e dermatite no local de penetração das larvas Carga parasitária elevada (> 50 vermes): mais comum em crianças, levando a anemia microcítica e hipocrômica, desnutrição calórico-proteica, dor abdominal e diarreia

DIAGNÓSTICO (Quadro 169.4)

Quadro 169.4 Diagnóstico	
Ascaris lumbricoides	Exame parasitológico de fezes
Strongyloides stercoralis	Exame parasitológico de fezes
Enterobius vermicularis	Clínico, exame ao microscópio de fita adesiva de celofane pressionada contra o ânus pela manhã
Schistosoma mansoni	Clínico, exame parasitológico de fezes: método Kato-Katz
Taenia sp.	Fase adulta – intestino delgado: exame parasitológico de fezes Cisticerco: tomografia computadorizada
Ancylostoma duodenale *Necator americanus*	Exame parasitológico de fezes para localização de ovos por meio dos métodos: Lutz, Willis ou Faust. Também pode ser realizada a contagem de ovos pelo método Kato-Katz

COMPLICAÇÕES

- Anemia
- Constipação intestinal por bolo de áscaris
- Os que apresentam ciclo de Loss: pneumonia
- Esquistossomose crônica: hipertensão porta
- Ancilostomose: hipoproteinemia; podem ocorrer insuficiência cardíaca e anasarca

TRATAMENTO (Quadro 169.5)

Quadro 169.5 Tratamento	
Ascaris lumbricoides	**Albendazol, 10mg/kg (máximo: 400mg)**, em dose única (> 2 anos) OU **mebendazol, 5mL (100mg)**, VO, 2×/dia, por 3 dias Constipação por bolo de áscaris: **piperazina, 100mg/kg/dia + óleo mineral, 40 a 60mL/dia** + antiespasmódicos + hidratação. Nesse caso, estão indicados sonda nasogástrica e jejum + **mebendazol, 200mg ao dia**, divididos em duas tomadas, por 3 dias
Strongyloides stercoralis	**Ivermectina, 200mcg/kg**, VO, **em dose única** OU **tiabendazol, 25mg/kg (máximo: 3g)**, VO, de 12/12h durante 2 a 3 dias
Enterobius vermicularis	**Albendazol, 400mg**, VO, **em dose única** (> 2 anos) OU **mebendazol, 5mL (100mg)**, VO, 2×/dia, por 3 dias
Schistosoma mansoni	**Praziquantel, 60mg/kg**, VO, por 3 dias OU **oxamniquina, 10mg/kg**, VO, 2×/dia, por 1 dia, após refeições
Taenia sp.	Intestinal: **praziquantel, 5mg/kg**, VO, **dose única** Cerebral: **albendazol**, < 60kg: **15mg/kg/dia (máximo: 800mg)**, VO, de 12/12h, durante 8 a 30 dias; > 60kg: **400mg**, VO, 2×/dia, durante 8 a 30 dias OU **praziquantel, 5mg/kg** VO, por 8 a 30 dias E corticoesteroides – **dexametasona, 6mg/dia,** VO – E anticonvulsivantes
Ancylostoma duodenale *Necator americanus*	**Mebendazol, 100mg**, VO, de 12/12h, por 3 dias **Albendazol, 200mg (2 cp)** VO, **em dose única**, ou **10mL** de suspensão (**5mL = 200mg**)

Contraindicações

- **Albendazol, tiabendazol e oxamniquina:** não usar em hepatopatas.
- **Oxamniquina:** evitar em cardiopatas e hipertensão porta.
- **Piperazina e oxamniquina:** não usar em insuficiência renal e epilépticos.

Capítulo 170
Pediculose

Maria Marta Regal de Lima Tortori • Juliana Rosa Souza Nunes

INTRODUÇÃO

Pediculose consiste na infestação por piolhos – quando do couro cabeludo, pelo *Pediculus capitis*; quando do corpo, pelo *Pediculus humanus corporis*. A infestação do púbis, ocasionada pelo *Phthirus pubis* (vulgarmente chatos), é chamada pitiríase, pitirose, fitiríase ou fitirose.

Enquanto o *P. humanus* é frequente na população adulta (faixas mais marginalizadas), o *P. capitis* é prevalente em crianças e jovens, principalmente entre os 6 e os 13 anos de idade.

FISIOPATOLOGIA

O *P. capitis* habita o couro cabeludo e é transmitido por contato cabeça-cabeça e por meio de fômites. A picada do inseto provoca dermatite causada pela reação do hospedeiro à saliva do parasita. O intenso prurido leva o paciente a arranhar a pele, abrindo porta de entrada para germes patogênicos e infecções secundárias.

QUADRO CLÍNICO

Prurido intenso, principalmente na região da nuca e atrás da orelha, e irritação do couro cabeludo. Os cabelos apresentam-se ressecados e sem brilho; e a criança pode ter dificuldade para dormir, com consequente queda no rendimento escolar. Em casos de infestações graves, pode haver anemia.

DIAGNÓSTICO

O diagnóstico é feito pela visualização direta do inseto ou de seus ovos (lêndeas) no couro cabeludo, ou após penteação; além disso, podem provocar adenopatia satélite e infecções secundárias.

COMPLICAÇÕES

- Infecções estafilocócicas secundárias.
- Inflamação ganglionar satélite (cadeias occipital e cervical).
- Alopecia (relacionada com pioderma secundário).
- Os insetos podem ser veículos do tifo exantemático (*Rickettsia prowazekii*), transmitido pelas fezes e por esmagamento; febre das trincheiras (*Bartonella quintana*), transmitida pela picada e por fezes; e febre recorrente (*Borrelia recurrentis*), causada pela maceração do inseto.

TRATAMENTO

Os **piolhicidas** devem ser usados com cuidado, pois podem causar reações alérgicas, além de já haver resistência a eles.

Os métodos mais eficazes para controle são a catação manual e a penteação ou escovação frequentes (de preferência com pente fino). Desse modo, os responsáveis devem ser orientados a realizar catação/penteação diariamente – óleos e cremes podem ser usados nesse momento, pois dificultam a aderência dos insetos.

A raspagem da cabeça é eficaz, porém pode causar vergonha e hostilidade com relação à criança, não devendo ser recomendada. O corte curto dos cabelos só apresenta valor se até 8mm do couro cabeludo.

Os piolhicidas mais utilizados são os **piretroides (deltametrina e permetrina)**, além daqueles pertencentes ao grupo **difenila (benzoato de benzila)**. Prefere-se a formulação líquida (xampu, loção ou creme capilar):

- Aplicar o produto nas áreas afetadas.
- Cobrir com toalha e deixar agir por até 30 minutos (avaliar a idade da criança para esse procedimento e considerar orientações do produto).
- Lavar bem, sem arranhar a pele.

Deve-se repetir o processo até três vezes, com intervalo de 5 a 7 dias (os ovos não sofrem ação), sempre associado aos métodos manuais.

Em casos de extrema infestação, não adesão dos familiares aos outros métodos ou muitas feridas por coçadura, pode ser usada a **ivermectina** com apresentação em comprimidos de 6mg e posologia de **200mcg/kg** VO, em dose única (> 5 anos ou a partir de 15kg). Atenção para o cálculo da dose em microgramas por quilogramas.

Capítulo 171
Pneumonia Adquirida na Comunidade

Maria Marta Regal de Lima Tortori • Angélica Guimarães Andrade • Joyce Marques da Silva Alves

DEFINIÇÃO

A pneumonia caracteriza-se por um processo inflamatório no parênquima pulmonar em resposta a um agente agressor, principalmente de natureza infecciosa. Dentre as causas não infecciosas estão: corpos estranhos, reações de hipersensibilidade, hidrocarbonetos e substâncias lipoides, pneumonite induzida por medicamentos ou radiação, bem como broncoaspiração de alimentos e/ou ácido gástrico.

No transcorrer deste capítulo será abordado, com enfoque central, apenas a pneumonia adquirida na comunidade (PAC) em pediatria, de *etiologia infecciosa*, em virtude de sua relevância na prática clínica.

FATORES DE RISCO

Dentre os principais, podem ser citados: idade pequena, comorbidades, desnutrição, baixo peso ao nascer, vacinação incompleta, episódios prévios de sibilos e pneumonias, ausência de aleitamento materno e permanência em creches, além de fatores ambientais e socioeconômicos.

EPIDEMIOLOGIA

Anualmente, a maioria das crianças apresenta cerca de quatro a seis infecções respiratórias agudas (IRA). Dentre essas, a pneumonia representa, aproximadamente, de 2% a 3% de todos os casos. No entanto, corresponde a 80% dos óbitos por essas afecções, sendo causa significativa de morbimortalidade em crianças < 5 anos.

Pneumonia recorrente refere-se a dois ou mais episódios em 1 ano ou três ou mais sem tempo delimitado, porém com desaparecimento da imagem radiográfica sugestiva entre as ocorrências.

ETIOLOGIA

De acordo com estudos, o perfil etiológico das PAC varia conforme a faixa etária pediátrica, o que orienta posterior conduta terapêutica.

Os países em desenvolvimento ainda carecem de estudos, sendo a maioria dos estudos publicados na literatura especializada originária de países desenvolvidos.

A etiologia infecciosa das PAC de acordo com a faixa etária está relacionada no Quadro 171.1.

Conforme apresentado no Quadro 171.1, o principal agente etiológico da pneumonia típica em todas as faixas etárias é o pneumococo, seguido da *Chlamydia pneumoniae* e do *Mycoplasma pneumoniae* (exceto no período neonatal). Deve-se ressaltar que, na pneumonia, a causa viral predomina em crianças < 5 anos de idade, em especial na faixa etária entre 2 e 3 anos.

FISIOPATOLOGIA

Três fatores tornam possível o desenvolvimento de pneumonia: deficiência das defesas do hospedeiro, invasão por micro-organismo de grande virulência e/ou invasão por grande volume de inóculo.

Os agentes que causam infecções do trato respiratório inferior são mais frequentemente transmitidos por gotículas, ou seja, de modo interpessoal, embora também possam ocorrer por fômites contaminados (principalmente no caso de vírus). A maioria das pneumonias típicas resulta de inicial colonização da nasofaringe, seguida de aspiração ou inalação de organismos.

Quadro 171.1 Etiologia conforme a faixa etária

Idade	Agente etiológico (ordem descrescente de frequência)
RN* < 3 dias (provavelmente adquirida intraútero)	*Streptococcus* do grupo B Gram-negativos (principalmente *E. coli*) *Listeria* sp. (incomum em nosso meio)
RN > 3 dias	*Staphylococcus aureus* *Staphylococcus epidermidis* Gram-negativos
1 a 3 meses ("pneumonia afebril do lactente")	Vírus sincicial respiratório *Chlamydia trachomatis* *Ureaplasma urealyticum*
1 mês a 2 anos	Vírus *Streptococcus pneumoniae* (pneumococo) *Haemophilus influenzae* (tipo b) *H. influenzae* não tipável *S. aureus*
2 a 5 anos	Vírus *S. pneumoniae* *H. influenzae* (tipo b) *H. influenzae* não tipável *Mycoplasma pneumoniae* *Chlamydia pneumoniae* *S. aureus*
6 a 18 anos	Vírus *S. pneumoniae* *M. pneumoniae* *C. pneumoniae* *H. influenzae* não tipável

Adaptado de Jadavji *et al.*
*RN: recém-nascido.

Em geral, a pneumonia ocorre logo após uma doença do trato respiratório superior, reduzindo as defesas locais e possibilitando a ocorrência de invasão do trato respiratório inferior por bactérias, vírus ou outros agentes patogênicos. Esses agentes desencadeiam a resposta imune e provocam inflamação. Nesse processo, os espaços alveolares são preenchidos por leucócitos, exsudato e debris celulares, levando à redução da complacência pulmonar, ao aumento da resistência e à obstrução de vias aéreas menores. Podem ocorrer, também, colapso dos espaços aéreos distais, aprisionamento de ar e alteração da relação ventilação/perfusão.

QUADRO CLÍNICO

Geralmente, as manifestações clínicas são muito semelhantes nas síndromes respiratórias agudas. Na anamnese, busca-se diferenciar entre infecções de via aérea superior e inferior.

Quadro 171.2 Taquipneia de acordo com a faixa etária

≥ 60irpm em < 2 meses
≥ 50irpm em crianças entre 2 meses e 11 meses
≥ 40irpm em > 12 meses e < 5 anos

A maioria das PAC sucede um quadro de infecção viral alta, com posteriores piora clínica, elevação da febre, tosse mais produtiva e prostração mais intensa.

A apresentação clínica da pneumonia infantil varia de acordo com o agente etiológico responsável, o hospedeiro particular e a gravidade. Os sinais e sintomas presentes são inespecíficos, não existindo um patognomônico de pneumonia em crianças. Entretanto, a combinação de febre, tosse e "respiração rápida" sugere clinicamente o diagnóstico. Tanto a taquipneia como o aumento do trabalho respiratório podem preceder a tosse.

Neonatos e lactentes jovens talvez apresentem recusa alimentar, agitação e/ou irritabilidade. Crianças pequenas podem apresentar-se com febre e leucocitose. As crianças maiores podem queixar-se de dor pleurítica, mas este é um achado inconsistente. Ocasionalmente, a manifestação predominante pode ser dor abdominal (por causa de dor referida dos lobos inferiores ou derrame pleural) ou meningismo (por causa de dor referida nos lobos superiores).

Quanto à intensidade da febre, quadros virais possivelmente irão apresentar temperatura elevada mas, após a diminuição da temperatura com antitérmicos ou banhos, nota-se grande melhora do estado geral. Isso é menos provável de ocorrer em afecções bacterianas, nas quais a prostração se mantém.

À ausculta pulmonar, podem ser encontrados estertores crepitantes (com maior frequência em pneumonia lobar, mas também presentes em bronquiolite), murmúrios vesiculares diminuídos (em áreas onde há consolidação), roncos (mais comuns em broncopneumonia) e sibilos (mais comuns em caso de acometimento intersticial), além de sopro tubário. O frêmito toracovocal estará aumentado nos casos de consolidação e diminuído nos derrames pleurais.

Batimento de aletas nasais, toxemia, palidez, cianose, retrações subcostais e/ou gemência são sinais de gravidade.

O Quadro 171.3 apresenta a classificação clínica de gravidade para crianças de 2 meses a 5 anos.

Quadro 171.3 Classificação clínica de gravidade da PAC

Sinal ou sintoma	Classificação
Cianose central	Pneumonia muito grave
Dificuldade respiratória grave (p. ex., movimentos involuntários da cabeça)	Pneumonia muito grave
Incapacidade de beber	Pneumonia muito grave
Tiragem subcostal	Pneumonia grave
Taquipneia	Pneumonia
Estertores crepitantes à ausculta pulmonar	Pneumonia
Nenhum dos sinais	Não é pneumonia

Adaptado da Sociedade Brasileira de Pneumologia e Tisiologia. Diretrizes brasileiras em pneumonia adquirida na comunidade em pediatria – 2007. J Bras Pneumol 2007; 33(Suppl 1):S31-S50.

A apresentação clínica da pneumonia bacteriana por micro-organismos típicos é mais aguda e grave do que as virais ou as causadas por germes atípicos.

Em crianças < 5 anos com presença de pneumonia extensa, de evolução rápida e com comprometimento importante do estado geral, deve-se pensar em infecção por *Staphylococcus aureus* ou *Haemophilus influenzae*.

AVALIAÇÃO DA GRAVIDADE

Dentre os critérios de internação hospitalar de crianças com pneumonia, consideram-se como principais:

- Qualquer pneumonia em crianças < 2 meses é considerada grave e exige internação imediata
- Sinais de gravidade respiratória
- Comprometimento do estado geral (toxemia, desidratação, vômito)

- Comorbidade grave (como estado de imunodeficiência e anemia falciforme com síndrome torácica aguda)
- Comprometimento multilobar
- Vômitos
- Desidratação
- Convulsões
- Sonolência
- Estridor em repouso
- Sinais de hipoxemia
- Complicações associadas (derrame pleural, pneumatocele, abscesso)
- Falha da terapêutica ambulatorial
- Pais não aderentes ao tratamento e ausência de resposta à terapia antibiótica apropriada

Indicações de transferência para UTI

- SpO_2 < 92% com fração inspirada de oxigênio > 60%
- Hipotensão arterial
- Evidência clínica de grave falência respiratória e exaustão
- Apneia recorrente ou respiração irregular

INVESTIGAÇÃO RADIOLÓGICA E LABORATORIAL

Após suspeita clínica de pneumonia, torna-se importante solicitar radiografia simples de tórax, por ser um método de grande auxílio diagnóstico, possibilitando avaliar a extensão do acometimento, bem como identificar as complicações. Deve-se ressaltar que a imagem radiológica do timo, em crianças pequenas, pode dificultar a avaliação de uma consolidação pulmonar em sua topografia.

A dissociação clinicorradiológica pode estar presente em lactentes e crianças pequenas. Caracteriza-se por manifestações clínicas discretas, associadas a alterações radiológicas significativas.

Pneumonias virais geralmente apresentam predominância de espessamentos brônquicos e peribrônquicos, infiltrados intersticiais, adenopatia hilar e para-hilar, hiperinsuflação e atelectasia (esta pode ser confundida com consolidação). É comum, também, a dissociação clinicorradiológica.

Pneumonias bacterianas podem ter imagem radiológica de padrão alveolar segmentar ou lobar (consolidações) e broncograma aéreo. A radiografia simples de tórax pode evidenciar complicações, como abscessos, pneumatoceles e espessamento ou derrame pleurais.

O leucograma tem pouco valor na distinção entre processos virais e bacterianos e sua realização rotineira não é recomendada, bem como a dosagem de proteína C reativa (PCR).

Na pesquisa do agente etiológico responsável (identificado em cerca de 40% dos casos de pneumonia, de acordo com estudos), podem ser realizados hemograma, hemocultura (indicada em situações específicas/baixo rendimento ou taxa de isolamento, quando há indicação de internação) e cultura do derrame pleural. No entanto, os métodos para cultura e isolamento são invasivos, o que muitas vezes induz um diagnóstico presuntivo, bem como tratamento de acordo com os agentes causais mais comuns na faixa etária da respectiva criança. Devido à dificuldade de obtenção do material, o escarro não é realizado rotineiramente em crianças.

TRATAMENTO

Na maioria das situações, a antibioticoterapia empírica da PAC baseia-se no perfil etiológico definido por estudos epidemiológicos. Nos Quadros 171.4 e 171.5 pode-se consultar os antibióticos de escolha para, respectivamente, pacientes ambulatoriais e internados, de acordo com as Diretrizes Brasileiras em Pneumonia Adquirida na Comunidade em pediatria (2007).

Quadro 171.4 Tratamento ambulatorial

Faixa etária	Antimicrobiano
2 meses a 5 anos	β-lactâmicos (sendo amoxicilina e penicilina procaína os mais usados)
> 5 anos até 18 anos	β-lactâmicos Em caso de suspeita de *Mycoplasma* ou *Chlamydia* (pneumonias afebris), considerar macrolídeos

Quadro 171.5 Tratamento hospitalar

Faixa etária	Tratamento das PAC bacterianas
> 1 mês	Penicilina cristalina ou ampicilina associada a amicacina ou gentamicina
1 a 3 meses	Suspeita de *S. pneumoniae*: β-lactâmicos Suspeita de *H. influenzae*: cloranfenicol Suspeita de *S. aureus*: oxacilina Suspeita de *C. trachomatis* ou *U. urealyticum*: macrolídeos
3 meses a 5 anos	Suspeita de *S. pneumoniae*: β-lactâmicos Suspeita de *H. influenzae*: cloranfenicol Suspeita de *S. aureus*: oxacilina
> 5 a 18 anos	Suspeita de *S. pneumoniae*: β-lactâmicos Suspeita de *C. trachomatis* ou *U. urealyticum*: macrolídeos

A antibioticoterapia, segundo Sectish e Prober (em *Nelson Tratado de Pediatria*), pode ser assim indicada:

- Crianças com manifestação leve da doença e sem indicação de hospitalização: amoxicilina. Em locais onde há reconhecidamente elevado índice de cepas de pneumococos resistentes à penicilina, devem ser prescritas altas doses de amoxicilina (80 a 90mg/kg/dia). Alternativamente, há também a possibilidade de tratamento com amoxicilina + ácido clavulânico ou cefuroxima axetil.
- Em escolares e/ou na suspeita de agentes atípicos (*M. pneumoniae* ou *C. pneumoniae*), deve-se prescrever um macrolídeo (claritromicina ou azitromicina).
- Em adolescentes com suspeita de pneumonias atípicas, considerar uma fluoroquinolona respiratória.
- Em pacientes internados, as principais opções terapêuticas são: cefuroxima parenteral ou ceftriaxona. Em caso de suspeita de envolvimento de *S. aureus*, vancomicina ou clindamicina.

Em nosso meio deve ser considerada a etiologia pneumocócica, e para tal devem ser considerados a penicilina parenteral ou seus derivados, assim como a oxacilina, em caso de suspeita de etiologia estafilocócica, deve ser ponderada diante do estado geral ou grau de toxemia.

As posologias empregadas podem ser consultadas no Quadro 171.6.

A terapia deve ser reavaliada em 48 a 72 horas, considerando sinais de melhora clínica. Em geral, o tratamento é feito por 7 a 10 dias. Nas pneumonias causadas por *S. aureus*, a duração de até 21 dias deve ser considerada mediante os sinais clínicos e laboratoriais de melhora.

No acompanhamento ambulatorial, todas as crianças devem ser avaliadas 48 horas após o início da antibioticoterapia. Caso a escolha do antibiótico e a posologia sejam adequadas e não haja complicações, a resposta clínica deverá ocorrer depois de 48 a 72 horas. Se não houver redução da febre e da dispneia, deve-se reavaliar a terapia.

Quadro 171.6 Dosagens das medicações passíveis de uso em pneumonia

Antibiótico	Dose (kg/dia)	Intervalo (h)	Via de administração
Amicacina	15mg	8/8 ou 12/12h	EV
Amoxicilina	50mg ou 80 a 90mg	8/8h	VO
Amoxicilina com clavulanato	50mg ou 80 a 90mg	8/8h	VO
Ampicilina	100 a 200mg 200mg	6/6h 6/6h	VO EV
Azitromicina	10mg no 1º dia e 5mg do 2º ao 5º dia	24/24h	VO
Cefaclor	40 a 60mg	8/8h	VO
Cefalotina	100 a 200mg	6/6h	EV
Cefalexina	50 a 100mg	6/6h	VO
Ceftazidima	150mg	8/8h	EV
Ceftriaxona	50 a 100mg	12/12h	EV
Cefuroxima	30 a 100mg 75 a 150mg	12/12h 8/8h ou 12/12h	VO IM ou EV
Cefuroxima axetil	10 a 25mg	12/12h	VO
Claritromicina	15mg	12/12h	VO
Clindamicina	10 a 30mg 25 a 40mg	6/6 ou 8/8h	VO EV
Cloranfenicol	50 a 70mg (máximo de 1g/dia)	6/6h	VO ou EV
Oxacilina	100 a 200mg	6/6h	EV
Eritromicina	30 a 50mg	6/6h	VO
Gentamicina	5 a 7,5mg	8/8h	VO
Penicilina G cristalina	100.000UI	4/4 ou 6/6h	EV
Penicilina G procaína	50.000UI	12/12 ou 24/24h	IM
SMX + TMP	40mg de SMX	12/12h	VO
Vancomicina	40mg	6/6h	EV

COMPLICAÇÕES E FALHA TERAPÊUTICA

O derrame pleural é considerado a principal complicação, devendo ser avaliado quando há história de falha terapêutica. Nesse caso, considerar a realização de toracocentese na investigação de empiema, cuja terapêutica depende de seu estágio evolutivo (exsudativo, fibrinopurulento ou de organização). Podem ser citados como agentes mais comuns do derrame parapneumônico e empiema: *S. aureus*, *S. pneumoniae* e *S. pyogenes*.

Capítulo 172
Queimadura

Maria Marta Regal de Lima Tortori • Gabriela Persio Gonçalves • Luíza Máximo • Carolina Maria Motta Stoffel

INTRODUÇÃO

Queimadura é uma afecção traumática que atinge todas as faixas etárias, especialmente a população infantil. No Brasil, segundo a Sociedade Brasileira de Pediatria, as queimaduras representam a quarta causa de morte e hospitalização por acidente em crianças e adolescentes de até 14 anos de idade. Trata-se de uma lesão resultante da transferência de energia de uma fonte de calor para o organismo humano, o que pode acontecer de maneira direta ou indireta (radiação eletromagnética). O prognóstico do paciente depende da extensão da superfície corporal queimada (SCQ), da profundidade e localização da lesão, da presença de lesões/doenças crônicas associadas e da idade do paciente.

FISIOPATOLOGIA

A fisiopatologia da queimadura tem por base a destruição das três funções-chave da pele: regulação da perda de calor, preservação dos líquidos do corpo e barreira à infecção.

A queimadura provoca uma reação local no organismo, que desenvolve uma necrose de coagulação e, consequentemente, uma progressiva trombose dos vasos adjacentes, resultando em tecido morto. A princípio, o tecido necrótico é estéril, mas logo é colonizado por bactérias endógenas e exógenas e produtores de proteases, que levam à liquefação e ao surgimento da cicatriz. Isso dá origem a um tecido de granulação responsável pela cicatrização da ferida.

Em queimaduras mais graves, extensas e profundas, a lesão térmica, além do efeito local, determina um efeito sistêmico: uma inflamação importante da pele, com aumento da permeabilidade capilar, perda acelerada de fluidos ricos em proteínas, edema local e hipovolemia. Há, então, aumento do hematócrito por hemoconcentração, levando ao aumento da viscosidade sanguínea e da resistência vascular periférica, o que dificulta a perfusão dos tecidos. Esse efeito é agravado pelo acúmulo de subprodutos liberados pelas colônias bacterianas.

A agressão ao organismo ativa rapidamente a resposta imune e o paciente fica suscetível ao desenvolvimento da síndrome da resposta inflamatória sistêmica (SIRS) e disfunção de múltiplos órgãos (DMO).

Em relação à resposta metabólica, observa-se uma rápida perda de volume plasmático, propiciando o desenvolvimento de choque hipovolêmico, diminuição dos níveis plasmáticos de insulina, diminuição do consumo de oxigênio, hipotermia e redução do gasto energético basal e do débito cardíaco. Após a reposição volêmica, esse quadro muda e observam-se hipercatabolismo e aumento expressivo na demanda energética.

PRINCIPAIS CAUSAS

- **Queimadura por escaldo (líquidos quentes):** comum em ambiente doméstico, acomete principalmente as crianças < 5 anos de idade.
- **Queimadura por fogo e/ou objetos quentes:** incêndio, fogo em vestes. Deve ser lembrado que o álcool é um agente causador importante e que as queimaduras por chamas são mais profundas e extensas, portanto, mais graves.
- **Queimadura elétrica:** identificam-se áreas de entrada e saída. As de baixa voltagem provocam lesões menores, mas a natureza de corrente alternada pode interferir na fisiologia cardíaca, enquanto as de alta-tensão (> 1.000V) causam extensa área de necrose e evoluem com intensa rab-

domiólise. Acidentes com aparelhos elétricos e fios ocorrem mais com crianças < 5 anos de idade. Adolescentes, geralmente, se acidentam quando em contato com fios de alta-tensão, ao empinar ou retirar pipas da rede elétrica.
- **Queimadura química:** os agentes de origem alcalina são mais agressivos que os ácidos, pois agem na membrana celular, aprofundando ainda mais a lesão. A maior fonte de queimadura química em crianças é a ingesta de soda cáustica.
- **Exposição excessiva à luz solar:** ocorre principalmente no verão, em crianças e adolescentes que não fazem uso correto do protetor solar.

CLASSIFICAÇÕES

O Quadro 172.1 contém a classificação das queimaduras em relação à profundidade. O Quadro 172.2 apresenta os principais métodos para avaliação da extensão das queimaduras e o Quadro 172.3, a classificação da gravidade das queimaduras.

Quadro 172.1 Classificação das queimaduras quanto à profundidade

Queimaduras de 1º grau/superficiais: limitadas à epiderme, caracterizam-se por eritema e dor moderada. Um exemplo é a queimadura solar, normalmente sem grandes repercussões fisiopatológicas; em crianças, no entanto, convém avaliar o grau de desidratação

Queimaduras de 2º grau superficiais: comprometem toda a epiderme até porções superficiais da derme (camada papilar) e se caracterizam pela presença de bolhas. A superfície abaixo da bolha é molhada, brilhante, avermelhada e com sensibilidade exagerada

Queimaduras de 2º grau profundas: comprometem toda a epiderme e a derme profunda (camada reticular). A superfície abaixo da bolha é de tom branco céreo, macia e elástica, sensível à pressão e insensível ao toque leve ou a agulhadas suaves. Apresenta risco de sequela estética e funcional (áreas de contração e também de cicatrização hipertrófica)

Queimaduras de 3º grau: todas as camadas da pele são acometidas (epiderme, derme e hipoderme). Superfície dura e seca, de cor amarelada, e depois ressecada, apergaminhada e translúcida, podendo ser visualizados os vasos dérmicos. Deve ser tratada de modo cirúrgico o mais precocemente possível

Queimaduras de 4º grau: atingem músculos e ossos, pele nacarada, cinza, seca e vasos observados por transparência. São indolores e ocorrem, normalmente, em queimaduras elétricas

Quadro 172.2 Avaliação da extensão das queimaduras

Utilize o método de Wallace ou o diagrama de Lud e Browder

Método de Wallace	
Até 1 ano:	
Cabeça, pescoço	19%
Cada membro inferior	13%
Cada membro superior	9%
Genitália e períneo	1%
Tronco (anterior + posterior)	36%
> 1 ano:	
Cabeça, pescoço	19 – idade
Cada membro inferior	13 + (idade/2)
Cada membro superior	9%
Genitália e períneo	1%
Tronco (anterior + posterior)	36%

(Continua)

Quadro 172.2 Avaliação da extensão das queimaduras (*continuação*)

Diagrama de Lud e Browder (área corporal por idade)

Área corporal	Até 1 ano	1 a 4 anos	5 a 9 anos	10 a 14 anos	> 15 anos
Cabeça	19	17	13	11	9
Pescoço	2	2	2	2	2
Tórax anterior	13	13	13	13	13
Tórax posterior	13	13	13	13	13
Glúteo direito	2,5	2,5	2,5	2,5	2,5
Glúteo esquerdo	2,5	2,5	2,5	2,5	2,5
Genitália	1	1	1	1	1
Braço direito	4	4	4	4	4
Braço esquerdo	4	4	4	4	4
Antebraço direito	3	3	3	3	3
Antebraço esquerdo	3	3	3	3	3
Mão direita	2,5	2,5	2,5	2,5	2,5
Mão esquerda	2,5	2,5	2,5	2,5	2,5
Coxa direita	5,5	6,5	8	8,5	9
Coxa esquerda	5,5	6,5	8	8,5	9
Perna direita	5	5	5,5	6	6,5
Perna esquerda	5	5	5,5	6	6,5
Pé direito	3,5	3,5	3,5	3,5	3,5
Pé esquerdo	3,5	3,5	3,5	3,5	3,5

Quadro 172.3 Classificação da gravidade das queimaduras

Pequeno queimado	1º grau em qualquer extensão 2º grau com SCQ < 5% em < 12 anos ou < 10% em > 12 anos
Médio queimado	2º grau com SCQ entre 5% e 15% em < 12 anos e de 10% a 20% em > 12 anos 3º grau até 10% SCQ em adultos e < 5% em < 12 anos Qualquer % de SCQ de 2º grau envolvendo mão, pé, face, pescoço ou axila
Grande queimado	2º grau com SCQ > 15% em < 12 anos ou > 20% em >12 anos 3º grau com SCQ > 10% no adulto ou > 5% em < 12 anos 3º grau em qualquer % envolvendo mão, pé, face, pescoço ou axila 4º grau em qualquer extensão Queimaduras de períneo Queimaduras elétricas Qualquer queimadura de qualquer extensão se associada a: lesão inalatória, politrauma, TCE, insuficiência renal, cardíaca ou hepática, diabetes, coagulopatias, TEP, IAM, síndrome compartimental, neoplasias, infecção grave

TCE: traumatismo cranioencefálico; TEP: tromboembolia pulmonar; IAM: infarto agudo do miocárdio.

COMPLICAÇÕES (Quadro 172.4)

Quadro 172.4 Principais complicações

Infecção da ferida	Insuficiência renal
Sepse	Antidiurese transitória
Desidratação levando ao choque hipovolêmico	Anemia
Hipertermia	Trauma psicológico
Edema de laringe	Infiltrados pulmonares
Envenenamento por monóxido de carbono (CO)	Edema pulmonar
Envenenamento por cianeto	Pneumonia
Disfunção gástrica	Broncoespasmo
Síndromes compartimentais	Rabdomiólise
Contraturas	Íleo adinâmico
	Úlcera de Curling
	Estado hipermetabólico

TRATAMENTO

Segundo a Sociedade Brasileira de Queimaduras, o tratamento do paciente queimado consiste na interrupção do processo da queimadura o mais rápido possível e na estabilização hemodinâmica do acidentado. Para isso, o paciente deve ser internado imediatamente.

Indicações para admissão em Unidade de Tratamento de Queimados

- Queimadura de 2º grau isolada OU 2º + 3º graus envolvendo > 10% da superfície corporal total (SCT) em pacientes com < 10 anos ou > 50 anos.
- Queimadura de 2º grau isolada OU 2º + 3º graus envolvendo > 20% da SCT em pacientes de outras faixas etárias.
- Queimadura envolvendo face, orelhas, olhos, mãos, pés, genitália, períneo ou sobre pele de grandes articulações.
- Queimadura de 3º grau envolvendo mais de 5% da SCT em qualquer faixa etária.
- Queimaduras elétricas graves, incluindo lesões por raio.
- Queimaduras químicas importantes.
- Lesão por inalação.
- Queimadura em crianças em hospitais sem pessoal qualificado para o atendimento infantil.

Atendimento inicial

De imediato, após o início do acidente, deve-se interromper o agente causal da queimadura, retirar roupas, joias, anéis e *piercings* e próteses e cobrir as lesões com tecido limpo.

Quadro 172.5 Atendimento na sala de emergência

ABCDE	Condição	Conduta/considerações
Via aérea (A)	Comprometida	Intubação orotraqueal (IOT)
Respiração (B) Observação: a IOT é indicada quando: Glasgow ≤ 8 $PaO_2 < 60$ $PaCO_2 > 55$ na gasometria Dessaturação < 90 na oximetria Edema importante de face e orofaringe	Comprometida	Restrição mecânica? Escarotomia Intoxicação por CO? Máscara umidificada com O_2 a 100%/IOT Lesão pulmonar? IOT/drenagem Inalação de fumaça? Nebulização/PEEP
Circulação (C)	Comprometida: avaliar queimaduras circulares	Infusão de cristaloides aquecidos/escarotomia
Neurológico (D)		Hipoxia/intoxicação por CO: administração de O_2 a 100% (máscara umidificada) por 3 horas
Exposição (E)		Lesões associadas, doenças prévias ou outras incapacidades; extensão da queimadura, expor a área queimada

Ressuscitação hídrica

Para ressuscitação hídrica se faz necessário acesso venoso periférico de grosso calibre ou acesso intraósseo (quando é difícil o acesso periférico). O acesso venoso central só é utilizado na ausência de um acesso periférico viável, mesmo na área atingida. A reposição hídrica é realizada, preferencialmente, com infusão de soro fisiológico a 0,9%, NaCl ou Ringer lactato. A principal fórmula utilizada é a de **Parkland**:

> Volume infundido nas primeiras 24 horas = 4mL × peso (kg) × SCQ de 2º e 3º graus em crianças e adultos jovens

Metade desse valor deve ser infundida nas primeiras 8 horas e a metade restante nas outras 16 horas. Considerar sempre a hora em que ocorreu a queimadura.

Infusões adicionais devem ser praticadas para atingir pressão arterial média (PAM) > 70mmHg e diurese de 0,5 a 1mL/kg/h. É imprescindível a monitorização dos níveis séricos de creatinina e lactato.

Na fase de hidratação (24 horas iniciais), não se usam coloide, diurético ou agentes vasoativos.

A reposição hídrica após o segundo dia é realizada com soro glicosado a 5% e a dieta é administrada por via oral. Em pacientes com mais de 20% de SCQ indica-se reposição com coloide, de preferência albumina humana na dose de 1 a 2g/kg/dia. A quantidade de volume é calculada com base nas necessidades de cada paciente:

> Necessidade hídrica (mL) = perdas insensíveis + diurese esperada em 24 horas (24mL/kg)
> Perdas insensíveis (mL) = (3.300 × SCT × SCQ)/100

Deve ser lembrado que em crianças cuja queimadura ocupe mais de 10% da SC deve-se passar uma sonda vesical de demora para controle da diurese.

Analgesia

- **Morfina:** 0,1 a 0,2mg/kg/dose EV, máximo de 15mg/dose.
- **Meperidina:** 0,5 a 2mg/kg/dose EV, máximo de 100 mg/dose.
- **Codeína:** 1mg/kg/dose VO.
- **Fentanil:** 2 a 6mcg/kg/dose EV.
- **Anti-inflamatórios não esteroides (AINE):** paracetamol, 10 a 15mg/kg/dose VO ou retal; dipirona, 10 a 20mg/kg/dose VO, IM, retal, EV.

Sedação

- **Midazolam:** 0,1 a 0,2mg/kg/dose EV ou intranasal.
- **Hidrato de cloral:** 20 a 50mg/kg/dose VO ou retal.

Medidas gerais

- Manter o paciente em isolamento.
- O posicionamento do paciente é feito de acordo com a área queimada, porém a cabeceira deve ser mantida elevada e o pescoço em hiperextensão.
- Fazer limpeza da lesão com clorexidina a 2%; na falta desta, usar água corrente ou SF e sabão neutro, gases e compressas.
- Não romper bolhas nas primeiras 24 horas.
- Manter o paciente aquecido.
- Manipular a lesão apenas com artigos estéreis.
- Iniciar dieta, o mais rápido possível, VO, via cateter nasoenteral ou nasogástrico.
- Utilizar nutrição parenteral total caso o trato digestivo esteja inviável.

- Não se deve usar antibiótico sistêmico profilático em queimaduras.
- Não usar corticoesteroides.

Tipos de curativos
- **Abertos:** em face e genitália.
- **Fechados:** fazer trocas diárias ou a cada 48 horas.
- **Agentes tópicos:** propriedades anti-infecciosas, desbridantes ou cicatrizantes:
  - Sulfadiazina de prata a 1% não deve ser usada em lesões em face.
  - Colagenase + cloranfenicol.
  - Antibióticos tópicos.
  - Nitrato de prata a 0,5%: necessita hidratação frequente.
  - Óxido de zinco.
- **Dose de reforço do toxoide tetânico** em pacientes com > 10% da SCQ.
- **Fazer profilaxia de úlcera de estresse** com bloqueador de receptor H_2 e de tromboembolia com heparina SC.

Queimaduras elétricas
- Internar sempre.
- Rigorosa monitorização cardíaca – 24 a 48 horas (CPK e CKMB).
- Prevenção à lesão renal: em caso de mioglobinúria ou hemoglobinúria, manter a diurese em 2mL/kg/h, alcalinizar a urina com bicarbonato de sódio, 50mEq/1.000mL RL, e usar manitol em dose de ataque de 0,5g/kg (máximo de 25g) e manutenção de 0,2g/kg/dose (máximo de 12,5g), até que a urina não apresente mais pigmentos macroscópicos.
- Avaliar fasciotomia e abertura do túnel do carpo em queimaduras em que possa ter ocorrido passagem da corrente elétrica pelo punho.

Queimaduras químicas
- Remover imediatamente a vestimenta do paciente.
- Irrigação copiosa com água da área queimada.
- Retirar os agentes em pó manualmente.
- Nunca neutralizar o ácido ou a base, pois a reação química gera calor, o que pode agravar a lesão.

Obs.: na lesão por ácido fluorídrico, é necessária a ação sistêmica do gluconato de cálcio.

PROGNÓSTICO
Os óbitos por queimaduras ainda constituem a terceira causa principal de mortes pediátricas relacionadas com o trauma, apesar de a maioria das crianças se recuperar sem incapacidade importante.

PREVENÇÃO
Acidentes não ocorrem por acaso. A única medida realmente eficaz é a prevenção. Esta pode ser realizada de diversas maneiras. A Sociedade Brasileira de Pediatria desenvolve campanhas de prevenção de acidentes na infância e na adolescência em que dá dicas de prevenção, ensinando aos pais como proteger seus filhos de acidentes domésticos, entre outros. Além disso, a Sociedade Brasileira de Pediatria orienta os pediatras e profissionais da área de saúde, por meio de publicações e palestras, a estarem aptos a ensinar a melhor ação profilática para cada faixa etária. Essas são apenas algumas formas de prevenção. É obrigação do médico orientar seus pacientes em medicina preventiva para que sejam evitados novos acidentes.

Capítulo 173
Reanimação Cardiopulmonar na Sala de Parto

Maria Marta Regal de Lima Tortori • Bruna Suzarte Campelo • Luiza Ochi Delmonaco • Aratti Candido Simões

INTRODUÇÃO

O Brasil é um país com mais de 2 milhões de nascimentos ao ano (IBGE, 2010); portanto, é essencial que todos que realizam atendimento ao recém-nascido (RN) na sala de parto sejam capazes de realizar, com qualidade, a reanimação do RN. A maioria dos RN apresenta boa vitalidade ao nascimento, mas 10% deles necessitam de ventilação com pressão positiva para iniciar ou manter movimentos respiratórios, 1% necessita de intubação e/ou massagem cardíaca e 0,1% necessita de intubação, massagem e medicamentos, quando se aplica ventilação corretamente. A necessidade de ressuscitação costuma ser inversamente proporcional ao peso e à idade gestacional do RN.

As condutas apropriadas ao atendimento do RN na sala de parto, no Brasil, seguem as recomendações do Programa de Reanimação Neonatal da Sociedade Brasileira de Pediatria (2011).

PREPARO PARA ASSISTÊNCIA

O profissional que irá realizar o atendimento deve primeiramente realizar a anamnese com a mãe, a fim de antever possíveis fatores de risco para asfixia perinatal (Quadro 173.1). Além disso, todo o material necessário à ressuscitação deve ser conferido e testado, devendo estar acessível antes do parto/nascimento (Quadro 173.2) – a diluição dos medicamentos já deve estar preparada para o caso de necessidade.

A fim de manter a temperatura corporal do RN, na sala de parto e no local onde será realizada a reanimação, recomenda-se temperatura ambiente de 26°C.

Quadro 173.1 Condições perinatais que necessitam de reanimação neonatal

Fatores antenatais:	
Idade < 16 anos ou > 35 anos	Idade gestacional < 39 ou > 41 semanas
Diabetes	Gestação múltipla
Hipertensão na gestação	Rotura prematura de membranas
Doenças maternas	Poli-hidrâmnio/oligoâmnio
Infecção materna	Diminuição da atividade fetal
Aloimunização ou anemia fetal	Sangramento do 2º ou 3º trimestre
Uso de medicações (Mg ou bloqueadores adrenérgicos)	Discrepância entre idade gestacional e peso ao nascer
Uso de substâncias ilícitas	Hidropsia fetal
Óbito fetal ou neonatal anterior	Malformação ou anomalia fetal
Ausência de cuidado pré-natal	
Fatores relacionados com o parto:	
Parto cesáreo	Padrão anormal de FC fetal
Uso de fórcipe ou extração a vácuo	Anestesia geral
Apresentação não cefálica	Hipertonia uterina
Trabalho de parto prematuro	Líquido amniótico meconial
Parto taquitócito	Prolapso de cordão
Coriamnionite	Uso de opioides nas 4 horas que antecedem o parto
Rotura de membranas > 18 horas	Descolamento prematuro de placenta
Trabalho de parto > 24 horas	Placenta prévia
Segundo estágio do parto > 2 horas	Sangramento intraparto significativo

Adaptado do Programa de Reanimação Neonatal (PRN) 2011 da Sociedade Brasileira de Pediatria (SBP).

Quadro 173.2	Materiais necessários na sala de parto

Mesa de reanimação com acesso por três lados
Fonte de calor radiante
Relógio com ponteiro para marcar os segundos
Aspirador a vácuo com manômetro presente no centro obstétrico
Sondas nasogástricas números 6 e 8
Fonte de oxigênio umidificado com fluxômero – colocar na altura de 5L/minuto
Estetoscópio neonatal
Oxímetro de pulso
Balão autoinflável neonatal com volume máximo de 500mL com válvula de escape com limite de 30 a 40cmH$_2$O ou manômetro
Máscara redonda para RN prematuro e anatômica para RN a termo
Blender
Ventilador mecânico manual em T
Laringoscópio e lâminas números 0 e 1
Tubos orotraqueais números 2,5, 3 e 3,5
Material para fixação do tubo orotraqueal (tesoura, fita adesiva, algodão)
Capnógrafo
Medicamentos já diluídos: adrenalina e soro fisiológico (usar seringas de 10mL e 1mL para diluir)
Duas seringas de 20mL com soro fisiológico ou Ringer lactato
Pulseiras de identificação
Clampe para cordão umbilical
Tesoura ou lâmina para cortar o cordão umbilical
Saco de polietileno de 30 × 50cm e touca para prematuro

Adaptado do PRN 2011 da SBP.

AVALIAÇÃO DA VITALIDADE AO NASCER

A necessidade de reanimação depende das respostas obtidas para quatro perguntas:

- Gestação a termo?
- Ausência de mecônio?
- Respirando ou chorando?
- Tônus muscular bom?

Se a resposta a todas as perguntas for **sim**, o RN não necessita de reanimação, pois apresenta boa vitalidade. São realizados, então, os cuidados iniciais.

A avaliação concomitante da respiração e da frequência cardíaca (FC) do RN é extremamente importante para a aplicação das manobras de reanimação, sendo a FC o principal determinante de sua indicação. Após o nascimento, o RN deve apresentar respiração regular e FC > 100bpm. A FC deve ser avaliada por meio da ausculta do precórdio com estetoscópio e, eventualmente, pode ser avaliada palpando o pulso na base do cordão umbilical.

Não se utiliza a avaliação da coloração da pele e mucosas para prosseguir com a reanimação, pois estudos demonstraram não haver correlação direta com a saturação de oxigênio e ela pode ser variável conforme o entendimento do examinador. Outro fato relevante é que a saturação de oxigênio > 90% leva cerca de 5 minutos para ser atingida naturalmente, mesmo em RN saudáveis, muitas vezes sem qualquer efeito prejudicial.

O escore de Apgar não é utilizado como critério nos procedimentos de reanimação, mas pode refletir a efetividade da resposta do paciente às manobras executadas. Em caso de escore de Apgar < 7 no quinto minuto, deve-se continuar avaliando até atingir o valor de 7 ou até completar 20 minutos de vida.

ASSISTÊNCIA AO RN A TERMO COM BOA VITALIDADE AO NASCER

Se o RN nasceu a termo e apresenta boa vitalidade, ou seja, em caso de resposta afirmativa às quatro perguntas descritas no tópico anterior, deverá receber apenas os cuidados iniciais. Assim sendo, o RN pode ser posicionado sobre o ventre materno, ou em posição que esteja no nível da placenta, e deve-se aguardar de 1 a 3 minutos para clampear o cordão umbilical, uma vez que há evidências de que tal conduta reduz a anemia presente nos lactentes no primeiro semestre de vida.

Posteriormente, o pediatra pode realizar os cuidados iniciais sobre o próprio ventre materno ou em Unidade de Calor Radiante:

- Deve-se, inicialmente, **posicionar a cabeça do RN em leve extensão**.
- **Aspirar, se necessário**, por excesso de secreção, as vias aéreas superiores: **primeiro boca e depois narinas**; o máximo de pressão que pode ser aplicada no aspirador é de 100mmHg.
- **Secar** o RN.
- **Retirar** campos úmidos.
- **Avaliar** FC; se > 100bpm, não necessita mais de procedimentos de reanimação.
- **Examinar** o RN prioritariamente para afastar malformações.
- **Iniciar o aleitamento materno** ainda na sala de parto.

ASSISTÊNCIA AO RN COM LÍQUIDO AMNIÓTICO MECONIAL

A conduta a ser adotada diante de um RN com líquido meconial varia de acordo com a vitalidade ao nascer. Se o RN apresentar respiração regular, bom tônus e FC > 100bpm, deverão ser realizados os cuidados iniciais já descritos para RN a termo com boa vitalidade.

Em contrapartida, se o RN nascer banhado em líquido meconial e apresentar-se com depressão respiratória, hipotonia e/ou FC < 100bpm, deve-se colocá-lo sob fonte de calor radiante e realizar a aspiração da hipofaringe e da traqueia sob visualização direta, com a colocação de cânula traqueal, que será acoplada a um dispositivo específico para aspiração de mecônio, e esse dispositivo será conectado ao aspirador a vácuo. A aspiração será realizada apenas uma única vez; se após esse procedimento o RN permanecer deprimido, iniciar a ventilação com pressão positiva (VPP).

ASSISTÊNCIA AO RN COM NECESSIDADE DE REANIMAÇÃO
Passos iniciais

O cordão umbilical será clampeado em 30 a 60 segundos nos prematuros nascidos com boa vitalidade. No caso de RN, independentemente da idade gestacional, que apresente hipotonia ou depressão respiratória, deverá ser clampeado imediatamente.

Todos os RN com idade gestacional < 37 semanas ou sem vitalidade, independentemente da idade gestacional, deverão ser levados à mesa de reanimação.

Após o clampeamento do cordão, o RN é recepcionado em campos aquecidos e colocado sob a fonte de calor radiante, onde receberá os cuidados iniciais: provimento de calor (pelo leito aquecido); posicionamento da cabeça em leve extensão; aspiração das vias aéreas se necessário, secagem; remoção dos campos úmidos e avaliação ao final. Todo esse processo deve durar, no máximo, 30 segundos.

Quando o peso ao nascimento for < 1.500g, recomenda-se envolver o RN em saco plástico transparente de polietileno de 30 × 50cm, excetuando-se a cabeça, antes de realizar os procedimentos necessários. Utiliza-se também uma touca sobre a cabeça para reduzir a perda de calor. Já os > 1.500g serão secados (principalmente cabeça) e os campos úmidos serão desprezados.

A cabeça do RN será posicionada com leve extensão do pescoço para manter boa permeabilidade das vias aéreas; para manter um posicionamento adequado pode ser necessário o uso de coxim sob os ombros. Em seguida, em casos de excesso de secreção nas vias aéreas, estas serão aspiradas com a sonda traqueal conectada ao aspirador a vácuo na pressão máxima de 100mmHg. Deve-se evitar a introdução brusca da sonda na faringe posterior, pois isso pode induzir uma resposta vagal ou espasmo laríngeo, causando apneia e bradicardia. Além disso, não se deve aspirar a hipofaringe, pois pode causar atelectasia, trauma e prejudicar o estabelecimento de uma respiração efetiva. É importante salientar, ainda, que a aspiração só será realizada nos casos em que a secreção impede a respiração espontânea ou quando for necessária VPP.

Após os passos iniciais, serão avaliadas a respiração e a FC; se a respiração for regular e a FC > 100bpm, serão adotados os cuidados de rotina da sala de parto; porém, se ambas as condições não ocorrerem ou apenas uma delas, será necessária a VPP.

Ventilação com pressão positiva (VPP)

A VPP consiste no procedimento mais importante e efetivo na reanimação neonatal e deve ser iniciada nos primeiros 60 segundos de vida: o *golden minute*. Apneia, respiração irregular e FC < 100bpm são as indicações para esse procedimento.

Nos RN > 34 semanas inicia-se a VPP com ar ambiente, colocando-se o sensor neonatal na região do pulso radial ou na palma da mão direita, conectando-o a seguir ao cabo do oxímetro; a leitura correta de valores pode demorar de 1 a 2 minutos. Os valores de saturação de oxigênio desejáveis variam com o tempo de vida, como mostra o Quadro 173.3.

Quadro 173.3 Minutos de vida $SatO_2$ pré-ductal

Até 5: 70% a 80%
De 5 a 10: 80% a 90%
> 10: 85% a 95%

Adaptado do PRN 2011 da SBP.

Nos casos em que o RN não melhora ou não atinge os valores de saturação desejáveis, será necessário o uso de oxigênio suplementar. Passa-se a utilizar uma mistura de oxigênio e ar por meio de um *blender* (misturador dos gases). A oferta de oxigênio (O_2) suplementar é iniciada com O_2 a 40%, ajustando-a de acordo com a saturação de O_2 e a FC. Em uma situação na qual não haja *blender* ou oxímetro, inicia-se a VPP com ar ambiente, avaliando a cada 30 segundos a respiração e a FC; caso não haja melhora após dois ciclos de 30 segundos de VPP com ar ambiente, realiza-se a VPP com O_2 a 100%. (Resumindo, em um total de 90 segundos de vida: 30 segundos para passos iniciais + 30 segundos para 1ª VPP + 30 segundos para 2ª VPP = sem melhora = inicia-se VPP com O_2 a 100%.)

Nos RN < 34 semanas, inicia-se a VPP com O_2 a 40%, aumentando ou diminuindo essa concentração por intermédio de um *blender*, de acordo com a oximetria de pulso, com base nos valores apresentados no Quadro 173.3. Assim, se o RN não responder à VPP inicial, reavaliam-se a FC e a $SatO_2$ para verificar se a oferta de O_2 deverá ser alterada no *blender*.

Quando o *blender* e o oxímetro não estiverem disponíveis, deve-se realizar dois ciclos de VPP com ar ambiente: faz-se o primeiro ciclo de 30 segundos de VPP; se não houver melhora da FC ou respiração, verifica-se a técnica está correta e faz-se o segundo ciclo de VPP; se ainda assim não houver melhora, passa-se para VPP com O_2 a 100%, totalizando 90 segundos de vida, como já descrito para os RN > 34 semanas.

Equipamentos para VPP

O balão autoinflável é de fácil manuseio, não precisa de fonte de gás para funcionar, tem baixo custo e torna possível a ventilação efetiva na sala de parto. O escape entre a face e a máscara utilizada acoplada ao balão e a complacência pulmonar são os pontos críticos para a efetividade da VPP. A pressão inspiratória máxima a ser fornecida é limitada pela válvula de escape em 30 a 40cmH_2O, para evitar barotrauma. Esse equipamento fornece O_2 a 21%, quando não está ligado ao oxigênio e ao reservatório, ou O_2 de 90% a 100%, quando conectado à fonte de oxigênio a 5L/minuto e ao reservatório. A oferta de valores intermediários de O_2 depende de seu fluxo, da pressão exercida no balão, do tempo de compressão e da frequência aplicada. Deve estar sempre disponível em toda sala de parto.

O balão anestésico é raramente usado em sala de parto, por ser de difícil manuseio e necessitar uma fonte de gás para inflar.

O emprego do ventilador mecânico manual em T tem sido crescente, especialmente em prematuros. O manejo desse equipamento é relativamente fácil, possibilitando a administração de pressão inspiratória e pressão ao final da expiração (PEEP) constantes, ajustáveis de acordo com a resposta do paciente. Pode-se titular a oferta de O_2 caso haja ar comprimido, oxigênio e *blender* à disposição.

Como interface entre o equipamento de ventilação e o paciente pode ser usada máscara facial ou cânula traqueal. A máscara deve ser de material maleável, transparente ou semitransparente, com borda acolchoada, nos tamanhos para RN a termo, prematuro e prematuro extremo, sempre de modo a cobrir a ponta do queixo, a boca e o nariz, e com bom ajuste à face, para ventilação correta.

As cânulas traqueais devem ter diâmetro uniforme, sem balão com linha radiopaca e marcador de cordas vocais. Nos neonatos < 28 semanas ou peso < 1.000g usa-se cânula de 2,5mm; entre 28 e 34 semanas ou peso entre 1.000 e 2.000g, cânula de 3mm; entre 34 e 38 semanas e peso de 2.000 a 3.000g, cânula de 3,5mm; e > 38 semanas ou > 3.000g, cânula de 4mm. Deve-se ter sempre à disposição uma cânula de diâmetro superior e uma de diâmetro inferior à que foi escolhida.

Técnica para VPP com balão e máscara

A VPP deve ser aplicada à frequência de 40 a 60 movimentos/minuto, de acordo com a regra prática: "aperta/solta/solta/aperta...". Em geral, inicia-se com pressão inspiratória de 20cmH_2O, sendo possível alcançar de 30 a 40cmH_2O nos pacientes com pulmões muito imaturos ou muito doentes. É obrigatório monitorizar a pressão do balão por meio de manômetro. Deve-se sempre observar se a máscara está bem adaptada à face do RN, além da permeabilidade das vias aéreas e da expansibilidade pulmonar. Se a VPP for efetiva, haverá aumento da FC, melhora do tônus muscular e estabelecimento de respiração espontânea. Assim, se após 30 segundos o RN apresentar FC > 100bpm e respiração regular, deve-se suspender a VPP. Se estiver recebendo VPP com O_2 suplementar, fornecer O_2 inalatório por cateter próximo à face, afastando-o lentamente de acordo com a saturação de O_2 (*veja o Quadro 173.3*).

Considera-se haver falha se após 30 segundos de VPP o RN mantém FC < 100bpm ou não retoma a respiração regular. Nesse caso, deve-se verificar a técnica e observar o ajuste da máscara à face, a permeabilidade das vias aéreas (pode ser necessária aspiração para retirada de secreção) e a pressão aplicada ao balão, corrigindo possíveis erros. Se ainda após novo ciclo a VPP não for efetiva, estão indicadas intubação e VPP pela interface da cânula traqueal.

Técnica da ventilação com balão e cânula traqueal

As principais indicações para o uso de cânula traqueal na sala de parto incluem: ventilação com máscara facial não efetiva mesmo com a correção de possíveis falhas na técnica; ventilação com máscara facial prolongada; aplicação de massagem cardíaca e/ou de adrenalina. Outra situação especial em que se usam ventilação com cânula traqueal e inserção imediata de sonda gástrica é aquela dos portadores de hérnia diafragmática. Nos casos de prematuros de extremo baixo peso, com grande probabilidade de receber surfactante exógeno, a indicação de intubação depende da rotina de cada serviço. Juntamente com o uso da cânula, deve ser feita a monitorização da SatO_2. Nos casos em que a motivação da intubação foi ventilação com a máscara não efetiva ou necessidade de massagem cardíaca, deve-se utilizar oxigênio suplementar.

A intubação consiste em um procedimento dependente da experiência e da habilidade do médico que está realizando a reanimação e pode ter consequências deletérias (apneia, bradicardia, pneumotórax, perfuração de traqueia e esôfago) quando realizada por mãos menos hábeis. Cada tentativa de intubação deve durar, no máximo, 20 segundos; caso seja frustrada, deve-se restabelecer a VPP com balão e máscara, realizando nova investida quando o paciente estiver estável. Um auxiliar deve oferecer oxigênio inalatório durante todo o procedimento.

A confirmação da posição correta do tubo orotraqueal (TOT) é obrigatória, sendo tradicionalmente feita mediante a visualização de boa expansão torácica, ausculta das regiões axilar e gástrica e visualização do ar se movendo dentro do TOT, além da verificação da FC. Como essa avaliação clínica demora e é subjetiva, recomenda-se o uso de um capnógrafo (aparelho que detecta a presença de gás carbônico sendo exalado e que é conectado à cânula traqueal), que realiza uma avaliação mais rápida e fidedigna. No entanto, quando há baixa perfusão pulmonar, o método calorimétrico usado pelo capnógrafo pode ser falso-positivo.

Após intubado, o RN será ventilado com as mesmas pressão e frequência descritas para VPP com balão e máscara. Se houver melhora com respiração regular e FC > 100bpm, será realizada a extubação. Quando oxigênio suplementar estiver sendo utilizado após a extubação, será fornecido oxigênio inalatório a 5L/min, com cateter próximo à face, o qual será afastado gradativamente, com base na $SatO_2$.

Ocorre falha na VPP com cânula e balão quando o RN continua com FC < 100bpm ou não retoma a respiração espontânea. Assim, devem ser verificadas a posição do tubo orotraqueal, a permeabilidade das vias aéreas e a pressão aplicada ao balão, e efetuadas as devidas correções. Nos casos em que o RN mantém FC < 100bpm e a respiração é irregular, o tubo e a ventilação são mantidas e o paciente é levado para UTI neonatal em incubadora de transporte. Em caso de FC < 60bpm, deve ser feita massagem cardíaca na sala de parto.

Ventilador manual em T

Se estiver sendo usado o ventilador manual em T, deve-se fixar o fluxo gasoso em 10L/min, limitar a pressão máxima do circuito em 40cmH_2O e colocar uma pressão inspiratória em torno de 20cmH_2O e a PEEP em 5cmH_2O. A pressão inspiratória deverá ser reajustada após três ventilações, de modo a manter movimento torácico leve e boa entrada de ar nos pulmões, sempre evitando uma superdistensão pulmonar. A concentração inicial de oxigênio irá depender da idade gestacional: < 34 semanas, iniciar com 40%; > 34 semanas, iniciar com ar ambiente, sendo os ajustes posteriores feitos com base na oximetria de pulso. Manter a frequência de 40 a 60 movimentos por minuto pela regra prática "ocluir peça T/soltar/soltar/ocluir...".

Pressão positiva contínua nas vias aéreas (CPAP)

O uso de CPAP na sala de parto é plausível para prematuros < 32 semanas com FC > 100bpm e respiração espontânea mas que apresentem desconforto respiratório logo após o nascimento. Assim, a escolha entre CPAP e ventilação mecânica dependerá de cada serviço. Caso se opte pela CPAP, esta poderá ser aplicada por máscara conectada ao ventilador em T com PEEP de 4 a 6cmH_2O e fluxo de 10L/min.

Massagem cardíaca

A asfixia do RN pode comprometer a atividade cardíaca, levando à redução da contratilidade miocárdica, à bradicardia e, até mesmo, à parada cardíaca. Contudo, esse quadro, na maioria dos casos, pode ser revertido com a ventilação. Portanto, só estará indicada a massagem cardíaca no paciente que realizou 30 segundos de VPP e apresenta ou mantém FC < 60bpm. Deve-se ressaltar que, uma vez que a ventilação e a expansão pulmonar estejam bem estabelecidas, as compressões poderão ser iniciadas.

As compressões cardíacas são realizadas no terço inferior do esterno e podem ser executadas por duas técnicas: (1) técnica dos dois polegares, com os polegares posicionados bem abaixo da linha intermamilar, poupando o apêndice xifoide, e a palma da mão e os outros dedos envolvendo o tórax; (2) técnica dos dois dedos, com os dedos indicador e médio no terço inferior do esterno e a outra mão no dorso do paciente, para retificar o tórax. A primeira técnica é a preferida por ser mais eficiente, promovendo maior pico de pressão sistólica e perfusão coronariana e sendo menos cansativa. Já a segunda é utilizada quando há desproporção entre as mãos do reanimador e o tórax do RN ou necessidade de cateterismo umbilical. As compressões devem ter profundidade de um terço da dimensão anteroposterior do tórax e sua reexpansão plena deve ser permitida, mas sem a retirada dos dedos do terço inferior do tórax. Possíveis complicações incluem fratura de costelas, pneumotórax, hemotórax e laceração de fígado.

A massagem e a ventilação são sincrônicas no RN, na frequência de três compressões torácicas para uma ventilação, sendo 90 compressões para 30 ventilações por minuto. A massagem será mantida enquanto a FC estiver < 60bpm. A ventilação durante a massagem será feita sempre pela cânula traqueal. Existem situações em que se realizam 15 compressões para duas ventilações intercaladas: paciente internado em UTI neonatal com bradicardia por cardiopatia congênita; por arritmia cardíaca; e ou falência do miocárdio.

A massagem será interrompida quando a FC estiver > 60bpm. A ventilação com VPP será mantida até o paciente realizar respiração regular e ter FC > 100bpm. A partir dessas condições, a VPP será suspensa e ofertado oxigênio inalatório, que será retirado gradualmente de acordo com a $SatO_2$. Em geral, é interessante encaminhar à UTI os pacientes submetidos à massagem em incubadora de transporte e posteriormente avaliar a extubação por meio de avaliação criteriosa.

Se após 30 segundos de massagem cardíaca e VPP pelo TOT com oxigênio suplementar o RN mantiver FC < 60bpm a despeito da aplicação de técnica correta, estará indicada a utilização de adrenalina, expansor de volume, ou ambos. Nesse momento, verifica-se a posição do TOT, as técnicas da VPP e da massagem cardíaca, corrigindo o que for necessário.

Medicações

O principal medicamento empregado na reanimação neonatal é a **adrenalina**, diluída e em doses específicas. Também pode ser feito uso de expansores de volume, como soro fisiológico, Ringer lactato ou sangue total. O uso de bicarbonato de sódio, naloxona e vasopressores não é recomendado para reanimação dos RN na sala de parto.

As medicações serão infundidas, preferencialmente, por via EV, sendo realizado cateterismo da veia umbilical de modo a deixar o cateter apenas 1 a 2cm após o ânulo, mantendo-o periférico, longe do nível do fígado. A administração de adrenalina pode ainda ser feita uma vez por via endotraqueal, porém sua absorção pulmonar é imprevisível e lenta.

Logo, **adrenalina** será administrada em caso de FC < 60bpm apesar da realização de massagem cardíaca e VPP. Deve ser administrada EV, na dose **0,01 a 0,03mg/kg**, podendo ser feita uma dose **endotraqueal** de **0,05 a 0,1mg/kg**. A adrenalina é sempre utilizada na diluição de 1:10.000 e seu uso pode ser repetido de 3 a 5 minutos EV, caso não haja reversão da bradicardia. Observe as diluições e doses da adrenalina no Quadro 173.4.

Os expansores são usados nos casos de hipovolemia, evidenciada por perda de sangue, sinais de choque hipovolêmico (palidez cutânea, má perfusão, pulsos débeis) e ausência de resposta da FC à reanimação. Faz-se a expansão de volume com 10mL/kg de solução cristaloide isotônica ou sangue total, a qual pode ser repetida a critério médico. Assim, haverá aumento na pressão arterial com melhora dos pulsos e da palidez. O volume deve ser administrado lentamente, principalmente nos prematuros, a fim de evitar hemorragia intracraniana. Se mesmo após o uso dos expansores não houver resposta, deve-se verificar a posição do TOT e do acesso vascular, usar oxigênio a 100% e avaliar a técnica da VPP e da massagem cardíaca.

Quadro 173.4 Medicações usadas na reanimação cardiopulmonar na sala de parto

	Adrenalina endovenosa	Adrenalina endotraqueal	Expansores de volume
Diluição	1:10.000 1mL de adrenalina 1:1.000 em 9 mL de SF 0,9%	1:10.000 1mL de adrenalina 1:1.000 em 9mL de SF 0,9%	SF 0,9% Ringer lactato Sangue total
Preparo	1mL	5mL	2 seringas de 20mL
Dose	0,1-0,3 mL/kg	0,5-1mL/kg	10mL/kg EV
Velocidade e cuidados	Infundir na veia umbilical rapidamente; após, infundir 0,5 a 1mL de SF 0,9%	Infundir dentro do TOT ventilar em seguida USO ÚNICO	Infundir na veia umbilical lento em 5 a 10min

Adaptado do PRN 2011 da SBP.

Capítulo 174
Reanimação Cardiopulmonar Pediátrica

Maria Marta Regal de Lima Tortori • Bruna Suzarte Campelo • Luiza Ochi Delmonaco • Leonardo Gerhardt Lopes

(Texto adaptado do *Pediatric Advanced Life Support (PALS): 2010 – American Heart Association Guidelines for Cardiopulmonary Resuscitation and Emergency Cardiovascular Care*.)

INTRODUÇÃO

A rápida e efetiva ressuscitação iniciada por leigos, ao observarem que a criança encontra-se em parada cardiorrespiratória (PCR), pode promover o retorno rápido da circulação e menor dano cerebral. Esse tipo de reanimação tem maior impacto na PCR extra-hospitalar, já tendo sido registrados altos índices de sobrevivência quando é aplicada. A correta instrução da população leiga acerca da reanimação cardiopulmonar (RCP) pode melhorar os índices de sobrevivência pediátrica à PCR extra-hospitalar, porém apenas cerca de um terço à metade das crianças em PCR recebem esse tipo de reanimação.

Os recém-nascidos (RN) e lactentes tendem a ter sobrevivência menor (4%) ao sofrer PCR extra-hospitalar, quando comparados às crianças (10%) e adolescentes (13%). Acredita-se que isso decorra do fato de muitas vezes RN e lactentes serem encontrados mortos muito tempo após o efeito desencadeante da PCR, na maioria dos casos por morte súbita do recém-nascido. Assim como nos adultos, o grau de sobrevivência pediátrico é maior nos casos de fibrilação ventricular (FV) e taquicardia ventricular sem pulso (TV), em relação à assistolia e à atividade elétrica sem pulso (AESP).

Segundo a observação de vários estudos científicos, a presença de equipes especializadas em emergências e de resposta rápida durante a RCP reduziu a morbimortalidade dos quadros de PCR na infância. A existência dessas equipes reduziu os riscos de complicações nos pacientes pediátricos fora do ambiente de medicina intensiva.

Os índices de sobrevivência são melhores nas PCR intra-hospitalares, tanto para FV como TV, e até mesmo para AESP, e o pior índice é o da assistolia. As crianças sobrevivem mais à PCR intra-hospitalar do que os adultos, e os RN e lactentes apresentam valores ainda maiores de sobrevivência do que as crianças maiores na PCR intra-hospitalar.

Foi observado ainda que a presença dos pais parece ser reconfortante, uma vez que estes se sentem fazendo um bem para a criança, o que favorece a aceitação de uma possível morte e, em contrapartida, não afeta o desempenho do *staff* que realiza o procedimento. No entanto, sua presença em ambiente extra-hospitalar afeta negativamente e diminui a eficácia do atendimento dos socorristas.

As principais causas de morte em RN e lactentes são malformações, complicações da prematuridade e síndrome da morte súbita do RN. Já nas crianças > 1 ano, a principal causa de morte por PCR é o trauma, sendo de suma importância a prevenção de sua ocorrência, visto que a mortalidade é altíssima. Dentre os mecanismos que causam esses traumas, o principal corresponde aos acidentes automobilísticos, os quais podem ser evitados mediante o uso adequado do cinto de segurança para adolescentes, de cadeirinhas para os menores e *busters* (estruturas que elevam a criança para o nível em que ficaria o adulto para que o cinto de segurança se adapte melhor) para as crianças maiores.

SEQUÊNCIA A-B-C OU C-A-B

A sequência C-A-B nova – que significa compressões torácicas, abrir vias aéreas e respiração/ventilação – foi criada para a ressuscitação dos adultos e apresenta uma série de vantagens para essa faixa etária. Entretanto, em pediatria, a maioria das PCR são asfíxicas e não primárias súbitas como nos adultos, tornando necessárias ventilações e compressões. O início da sequência com as compressões como no adulto tem o objetivo de tentar elevar as chances de que quem esteja presente realize a RCP na criança, uma vez que muitos socorristas não agem por se sentirem inseguros perante a situação.

Essa nova sequência retarda o início das ventilações em 18 segundos para um socorrista e talvez em ainda menos tempo para dois socorristas. Portanto, a sequência C-A-B em crianças e lactentes é usada apenas para facilitar o treinamento e aumentar as chances de a RCP ser realizada por leigos em caso de PCR extra-hospitalar.

RECONHECIMENTO DA PCR

O reconhecimento da PCR em crianças é semelhante ao do adulto: notam-se perda de consciência com irresponsividade a estímulos, ou ainda alterações respiratórias (não respira ou apresenta apenas *gasping*) e casos em que a criança não apresenta sinais de vida, devendo ser iniciada a RCP. A palpação do pulso pode ser bastante difícil em crianças e causar falsas impressões, tanto de sua ausência como de sua presença, porém pode ser tentada por até 10 segundos, e caso um profissional gabaritado note sua presença, a RCP pode não ser iniciada.

A avaliação do gás carbônico eliminado ao fim da expiração ($PETCO_2$) por meio de capnografia ou colorimetria pode ser útil para evidenciar a eficácia das compressões. Sua monitorização torna possível confirmar se o tubo orotraqueal (TOT) está bem posicionado nas vias aéreas, mostrando quando há deslocamento/má colocação do TOT. Acredita-se que $PETCO_2$ > 10 a 15mmHg está correlacionado com mau prognóstico.

SUPORTE BÁSICO DE VIDA EM PEDIATRIA PARA LEIGOS

Nas diretrizes de 2010 da American Heart Association consideram-se as seguintes faixas etárias no atendimento às crianças feito por leigos: lactentes – < 1 ano; crianças – de 1 ano à idade do início da puberdade (adolescência, definida como meninas com desenvolvimento das mamas e meninos com pelos axilares); adulto – a partir da adolescência.

Devem ser seguidos os passos subsequentes:

- **Segurança do local:** primeiramente, deve-se observar se o local onde será realizada a RCP é seguro.
- **Necessidade de RCP:** quando se observa que a criança não está responsiva ou não respira, ou respira com dificuldade (*gasping*).
- **Checar responsividade:** deve-se verificar se a criança responde ao chamado, perguntando em voz alta "Você está bem?", e chamar o nome da criança, se souber. Sempre verificar se a criança apresenta ferimentos graves e se precisa de atendimento médico. Se a criança estiver respirando, deve ser deixada só por um instante e ser solicitada ajuda. Nos casos de desconforto respiratório, mas com a criança responsiva, deve-se permitir que fique na posição que for mais confortável, a qual geralmente possibilita melhor ventilação. Se não responder e não estiver respirando, deve-se pedir ajuda ao serviço de atendimento especializado.
- **Checar respiração:** deve-se conferir a respiração; se a criança respira regularmente, não é necessária a RCP. Não havendo evidência de trauma, vire-a de lado para evitar broncoaspiração. Se a vítima não responde e não respira, ou respira irregularmente (*gasping*), inicia-se a RCP.
- **Compressões torácicas:** o paciente deve ser colocado em uma superfície firme para o início das compressões torácicas. Estas serão feitas em um ritmo rápido e forte de 100 compressões por minuto, no mínimo. Nos lactentes, um único socorrista deve realizar compressões com dois dedos imediatamente abaixo da linha intermamilar, não comprimindo sobre o processo xifoide ou as costelas. A profundidade da compressão é de um terço do diâmetro anteroposterior do tórax, ou 4cm. Nas crianças, as compressões são feitas no terço inferior do esterno com o punho de uma das mãos sobre o tórax e o outro punho sobre a própria mão, não comprimindo sobre as costelas ou o

processo xifoide. Em pediatria, pode-se realizar compressão com uma ou duas mãos, dependendo do tamanho da criança. Novamente deve-se comprimir na profundidade de um terço do diâmetro anteroposterior, mas atingindo 5cm neste caso. Em ambos os casos, sempre deixar o tórax recolher-se completamente após as compressões. O socorrista deve ser substituído a cada 2 minutos para que as compressões sejam continuamente efetivas e as interrupções nas compressões para esta troca devem ser as menores possíveis.

Melhores resultados de RCP são obtidos quando se associam compressões com ventilações, mas se o socorrista não for capaz de realizar ambas, aceita-se que sejam feitas apenas as compressões, até a chegada do atendimento médico.

- **Abrir as vias aéreas e ventilar:** para um socorrista, deve-se seguir o índice ventilação-compressão de 30 compressões torácicas para duas ventilações. Inicia-se fazendo 30 compressões torácicas, como já descrito, interrompendo-as para abrir as vias aéreas e realizar duas ventilações. Realiza-se a extensão do pescoço do paciente, para permitir a desobstrução das vias aéreas altas. Para ventilar um lactente, usa-se a técnica de respiração boca-boca-nariz, enquanto para as crianças é usada a técnica boca-boca, devendo cada respiração durar 1 segundo. Deve-se observar a elevação do tórax; caso não ocorra, poderá ser necessário elevar a cabeça do paciente pediátrico. Nos lactentes, se não for possível realizar a técnica boca-boca-nariz, deve-se tentar a boca-boca ou boca-nariz. Após as duas ventilações, inicia-se novo ciclo de compressões torácicas.

Deve-se coordenar bem a realização dos ciclos de compressão e ventilação para se ter uma RCP efetiva.

- **Chamar o serviço de emergência:** se dois socorristas estiverem disponíveis, um iniciará a RCP e o outro irá chamar o serviço de emergência e conseguir um desfibrilador externo automático (DEA). No entanto, em caso de apenas um socorrista, este realizará um ciclo de RCP de 2 minutos antes de chamar o serviço de emergência e conseguir um DEA. Ele deverá utilizar o DEA, se possível, seguindo suas instruções, e depois reiniciar a RCP até a chegada da ajuda.

SUPORTE BÁSICO DE VIDA EM PEDIATRIA PARA PROFISSIONAL DE SAÚDE

A sequência de atendimento é basicamente a mesma realizada por leigos, com a diferença de que os profissionais trabalham em equipe, executando muitas atividades simultaneamente. Esse profissional será capaz de prever melhor qual a causa da PCR e utilizar o DEA mais precocemente.

O reconhecimento da PCR é feito a partir de irresponsividade e ausência de respiração ou *gasping*.

Nessa situação, o profissional tentará palpar o pulso durante cerca de 10 segundos: nos lactentes, o pulso braquial será checado, e nas crianças maiores, o carotídeo ou o femoral. Se o pulso não for encontrado, serão iniciadas as compressões torácicas. Devem ser lembradas as dificuldades em palpar o pulso de crianças, como já abordado no tópico referente ao reconhecimento da PCR:

- **Respiração inadequada com pulso presente:** sendo a pulsação > 60bpm, deve-se realizar de 12 a 20 respirações de resgate por minuto, checando o pulso a cada 2 minutos, mas sem levar mais de 10 segundos para fazê-lo.
- **Bradicardia com perfusão deficiente:** caso a pulsação seja < 60bpm e esteja associada a sinais de perfusão deficiente, como palidez cutânea, cianose e pele moteada, mesmo que a criança esteja ventilando bem, devem ser iniciadas as compressões torácicas, uma vez que nas crianças a correta perfusão depende muito do ritmo cardíaco.
- **Compressões torácicas:** são feitas exatamente do modo descrito para os leigos, apenas com algumas exceções. Nos RN/lactentes, quando houver apenas um socorrista, será executada a técnica dos dois dedos, porém, em caso de dois socorristas, será aplicada a técnica dos dois polegares, que corresponde aos polegares posicionados bem abaixo da linha intermamilar, poupando o apêndice xifoide; a palma das mãos e outros dedos circundam o tórax do RN/lactente e as compressões se-

rão promovidas pelos polegares. Esta última técnica é preferida por aumentar a pressão da artéria coronária e, consequentemente, as pressões sistólica e diastólica.
- **Ventilação:** após abertas as vias aéreas pela manobra de extensão do pescoço, realizam-se duas ventilações após 30 compressões, em caso de um socorrista, e após 15 compressões, em caso de dois socorristas. Nos casos em que se acredite haver traumatismo cervical, deve-se realizar apenas a tração mandibular para abrir a via aérea.
- **Coordenação das compressões com as ventilações:** com dois socorristas, um realizará as compressões, enquanto o outro fará as ventilações. Deve-se minimizar as interrupções nas compressões. Caso o paciente já esteja com via aérea avançada, serão feitas 100 compressões torácicas por minuto, e o socorrista que estiver provendo as ventilações realizará de oito a dez respirações por minuto.

ÍNDICE DE COMPRESSÃO-VENTILAÇÃO POR FAIXA ETÁRIA

Nos RN, quando abordados na sala de parto, devem ser feitas três compressões para cada ventilação, com parada para esta. Nos RN fora da sala de parto sem TOT no primeiro mês de vida, podem ser realizadas 15 compressões a cada duas ventilações quando atuam dois socorristas, o que é mais efetivo para causas cardíacas. Nos casos em que o RN está intubado fora da sala de parto, devem ser feitas compressões sem interrupção.

Nas crianças maiores, quando a reanimação está sendo realizada por dois socorristas, são executadas 15 compressões para cada duas ventilações. Se o paciente estiver sem via aérea avançada, será necessária pausa para a ventilação; caso já esteja, não é feita pausa nas compressões para realizar a ventilação, e as compressões são feitas continuamente.

Caso apenas um socorrista esteja realizando a RCP, serão feitas 30 compressões para duas ventilações, com pausa para estas, uma vez que apenas um profissional está atuando. Se o paciente estiver intubado, as compressões não serão interrompidas.

As interrupções nas compressões para troca de profissionais ou para checagem da resposta à RCP devem ser as menores possíveis em termos de tempo.

SITUAÇÕES ESPECIAIS PARA BLS

- **Crianças com doenças crônicas preexistentes:** verificar se há com a criança documentação, assinada pelos pais, orientando quanto à não reanimação.
- **Crianças traqueostomizadas:** prover ventilação por meio do orifício da traqueostomia, acoplando o balão no local, por exemplo. Se não houver fluxo por ela, deve-se ocluí-la e realizar ventilação pelas vias aéreas superiores.
- **Trauma:** as seguintes condutas devem ser tomadas: adiantar-se às obstruções das vias aéreas superiores por sangue ou dentes quebrados, utilizando dispositivo de sucção para remoção, se necessário; parar todo o sangramento externo por compressão; em caso de suspeita de traumatismo medular, tentar não mobilizar a coluna cervical, e realizar tração mandibular nesses casos; em virtude do tamanho desproporcionalmente grande da cabeça em relação ao corpo dos RN/lactentes, eles devem ser presos à maca para evitar mobilizar a coluna; levar ao centro especializado de trauma.
- **Afogamento:** a gravidade depende da duração, do tempo de imersão e da temperatura da água. Deve-se remover a vítima rapidamente da água; em caso de profissional habilitado, deve-se iniciar a respiração boca-boca ainda na água, mas não iniciar as compressões torácicas. Uma vez que a vítima estiver fora da água, seguem-se as recomendações do suporte básico.

MANEJO DAS VIAS AÉREAS – BÁSICO E AVANÇADO

Durante a RCP pediátrica, é fundamental liberar as vias aéreas e fornecer ventilação efetiva, principalmente em razão de muitas vezes a causa da PCR ser uma asfixia.

Inicialmente, deve-se realizar a extensão do pescoço de modo a permitir a desobstrução das vias aéreas altas. A ventilação poderá ser feita em momento inicial com balão e máscara ou uso de máscara laríngea. Sabe-se que a pressão sobre a cartilagem cricoide não protege contra a aspiração de material e dificulta a intubação.

Em geral, o balão utilizado é o autoinflável, com 450 a 500mL para RN/lactentes e para crianças pequenas; para crianças maiores, utiliza-se o balão de 1.000mL.

Estudos apontam que menores valores de fração de oxigênio (FiO_2) oferecida durante a ventilação com pressão positiva causam menor déficit neurológico, mas não há valores exatos determinados de FiO_2 a serem utilizados.

Para intubação orotraqueal, podem ser usados TOT com ou sem *cuff*. Caso haja *cuff*, usar baixas pressões em razão do risco de causar estenose subglótica, descrito na literatura. O tamanho dos tubos varia de acordo com a idade da criança. O tubo com *cuff* pode ser usado em neonatos com > 3,5kg e < 1 ano de idade; faz-se o uso do tubo de 3mm de diâmetro nesses casos. Entre 1 e 2 anos de idade, usa-se o tubo com 3,5mm de diâmetro. Nos > 2 anos de idade, segue-se a fórmula apresentada nos Quadros 174.1 e 174.2.

Quadro 174.1 Fórmula para TOT sem *cuff*

Fórmula para tamanho do TOT de acordo com a idade (> 2 anos)
$\dfrac{\text{idade em anos}}{4} + 4$

Quadro 174.2 Fórmula para TOT com *cuff*

Fórmula para tamanho do TOT de acordo com a idade (> 2 anos)
$\dfrac{\text{idade em anos}}{4} + 3,5$

Nos > 2 anos, quando houver resistência à intubação, deve-se usar tubo na medida 0,5 menor de diâmetro e tentar novamente. Nos RN, usam-se, em geral, tubos sem *cuff*, com os diâmetros de 2,5, 3 e 3,5mm.

Deve ser feita ventilação com balão acoplado ao TOT para suporte ventilatório extra-hospitalar, a qual deve ser mantida em deslocamentos curtos. O uso do balão e da máscara é preferido na RCP inicial, mas a máscara laríngea pode ser usada por profissional qualificado quando o uso do balão não é efetivo. A ventilação excessiva deve ser evitada, usando-se volumes-minuto mais baixos.

Deve-se confirmar a posição do TOT por capnografia, ou seja, quando o TOT está corretamente dentro da via aérea inferior, há a saída de gás carbônico; para essa aferição usa-se o capnógrafo. Por meio do capnógrafo, a posição correta do TOT será monitorizada constantemente.

Quanto à pressão cricoide, não há dados suficientes para indicar ou não. Seu uso pode obstruir a ventilação e dificultar a IOT.

Na faixa etária pediátrica deve ser feita RCP com ventilação e compressão torácica, em virtude da maior eficácia comprovada. Contudo, leigos podem exercer compressões torácicas apenas até a chegada do atendimento médico qualificado, nas PCR extra-hospitalares.

ACESSO VASCULAR

Um acesso vascular deve estar disponível para a necessidade de administrar medicações de emergência. O acesso preferencialmente usado é o venoso periférico, mas pode-se utilizar o acesso intraósseo (IO), caso não se tenha conseguido o venoso, ou seja, quando este é de difícil realização.

A rota preferida para administração dos medicamentos é a EV ou a IO, mas, se houver dificuldade na obtenção dessas vias, pode-se fazer uso da via endotraqueal. Por esta pode ser administrado 0,1mg/kg de **adrenalina**, às crianças em geral, exceto RN na sala de parto, para os quais a dose é de 0,05 a 0,1mg/kg.

Desfibrilação

Segundo estudos recentes, o uso de choque bifásico seria igual ou melhor do que o de três choques monofásicos de 360J. Se um choque não gerou resposta, é baixa a chance de o segundo gerar. Em caso de uso de desfibriladores monofásicos, a repetição de choques é aceitável, caso a fibrilação ventricular permaneça após o primeiro choque ter sido realizado. As compressões devem ser reiniciadas logo após ter sido aplicado o choque, seja de qual tipo for. Portanto, deve-se aplicar um choque bifásico e voltar para RCP para FV e TV sem pulso.

Não devem receber choques os pacientes que apresentem assistolia ou atividade elétrica sem pulso (AESP).

Não há evidências científicas para não serem usadas pás de maior tamanho que caibam no tórax do RN ou da criança, sem tocar uma pá na outra; devem ser usadas pás autoadesivas. Nas crianças com peso > 10kg é possível o uso de pá de tamanho adulto, de 8 a 10cm, enquanto nas < 10kg é utilizado o tamanho para RN/lactente.

Em pediatria, é aceitável uma dose inicial de 2 a 4J/kg; se necessário, repetir; geralmente são administrados 4J/kg, até o máximo de 10J/kg, ou a dose adulta. Devem ser usados desfibriladores com atenuador pediátrico nos RN e crianças pequenas.

Os DEA são usados, principalmente, em locais públicos e detectam o tipo de arritmia que ocorre; só são úteis para FV e TV sem pulso. Esses desfibriladores podem ser utilizados em pediatria, mas com dose de 2 a 4J/kg, sendo geralmente utilizados atenuadores de carga pediátricos (entre 1 e 8 anos). A segurança dos desfibriladores automáticos nos lactentes < 1 ano é desconhecida; há relatos de uso bem-sucedidos; porém é preferível o emprego de um desfibrilador manual nesse caso. Assim sendo, nos lactentes, deve-se preferir, na seguinte ordem, o uso de desfibrilador manual, DEA com atenuador e DEA sem atenuador.

É chamada cardioversão sincronizada aquela que corresponde ao choque sincrônico com o QRS; é usada para taquicardia supraventricular reentrante, fibrilação atrial, *flutter* atrial, taquicardia atrial e taquicardia ventricular monomórfica. A dose elétrica usada em pediatria é de 0,5 a 1J/kg, podendo ser aumentada para 2J/kg, caso não apresente resposta para arritmias supraventriculares e TV monomórfica.

Nos casos refratários ao choque ou FV ou TV sem pulso recorrente, deve-se usar amiodarona; se não disponível, cogitar lidocaína.

MEDICAMENTOS E DESFIBRILAÇÃO INTEGRADOS

As doses das medicações devem ser calculadas com base no peso; em obesos, calcula-se pelo peso ideal e corrige-se pelo comprimento. Podem ser usadas tabelas padrões de peso estimado pelo comprimento, quando não é possível medir a criança.

O cálcio deve ser usado em PCR apenas nos casos de hipocalcemia, hipermagnesemia e hipercalemia. Seu uso habitual não é recomendado.

Bicarbonato de sódio não deve ser rotineiramente utilizado em PCR, mas pode ser usado em casos especiais, como na PCR por hipocalemia ou em algumas alterações toxicológicas.

O uso de glicose durante a RCP pode ser necessário, pois muitas vezes as crianças apresentam hipoglicemia durante a PCR, em razão da própria situação de estresse metabólico. Deve-se, portanto, medir a glicemia e considerar a infusão de glicose em caso de hipoglicemia.

Em geral, durante a RCP, após realizado o choque (2J/kg), reiniciam-se as compressões torácicas e as ventilações e volta-se a checar o ritmo em 2 minutos; se for observado ritmo "chocável", aumenta-se a carga elétrica (4J/kg) e faz-se o novo choque. Recomeça-se a RCP por 2 minutos até se checar o ritmo novamente. Durante este procedimento se infunde adrenalina na dose de 0,01mg/kg (0,1mL/kg com concentração de 1:10.000), com dose máxima de 1mg a cada 3 a 5 minutos. Se o ritmo permanecer chocável, deve-se administrar novo choque (4J/kg ou até o máximo de 10J/kg ou dose adulta). Após o choque, retornar com as compressões; nesse ponto, usa-se **amiodarona** ou, se não disponível, **lidocaína**. Se a PCR remitir após o choque, passa-se aos cuidados pós-parada. Se a PCR remitir, mas ainda houver FV, administra-se nova dose de amiodarona antes de reiniciar RCP e tentar novo choque.

Se em algum momento o ritmo cardíaco for não chocável (assistolia ou AESP), o esquema a ser seguido será outro. Serão mantidas as compressões com ventilação associadas a doses de adrenalina a cada 3 a 5 minutos. Caso o ritmo se torne chocável na avaliação a cada 2 minutos, será feito o choque. Não se usa mais atropina em casos de assistolia e AESP.

Deve-se sempre avaliar se há causas tratáveis de PCR, além de realizar a reanimação.

O uso de vasopressina não tem valor científico em pediatria.

Em caso de *torsades de pointes* que não se degenera em FV ou TV sem pulso, pode-se usar **sulfato de magnésio**, 25 a 50mg/kg, com dose máxima de 2g em uma única aplicação.

Se o paciente apresentar arritmias cardíacas após o choque, o tratamento dependerá do tipo apresentado:

- Taquicardia supraventricular com pulso: será usada adenosina.
- Taquicardia supraventricular: será usada procainamida ou amiodarona.

A adrenalina tem outros usos mais específicos: pode ser usada para bradicardia inicialmente, em pacientes com perfusão capilar periférica deficiente, e ainda nos casos em que não há resposta ao aumento da suplementação de oxigênio.

Em caso de bradicardia após o choque, pode-se usar atropina.

O uso de circulação extracorpórea só é feito em ambiente de medicina intensiva, em casos muito graves de doenças crônicas cardíacas preexistentes, podendo ser necessário transplante cardiopulmonar.

As doses de todos os medicamentos citados são apresentadas no Quadro 174.3.

CUIDADOS PÓS-PARADA

- Hipotermia terapêutica (32 a 34°C) pode ser favorável para adolescentes que permanecem comatosos após PCR.
- Podem ser usados agentes vasoativos para os casos de disfunção cardíaca.
- Deve-se monitorizar a glicemia: evitar hipo e hiperglicemias.
- Em caso de morte súbita e inexplicável em criança, sempre realizar necropsia completa e irrestrita.

Quadro 174.3 Medicações usadas na RCP

Fármaco	Dose	Observações
Adenosina	1ª dose: 0,1mg/kg (máximo: 6mg) 2ª dose: 0,2mg/kg (máximo: 12mg)	Monitorizar eletrocardiograma (ECG) Infusão rápida EV ou IO em *bolus*
Amiodarona	5mg/kg EV/IO, repetir 2× até 15mg/kg Dose máxima única por vez de 300mg	Monitorizar ECG e pressão arterial Infundir lentamente, em 20 a 60 minutos
Atropina	0,02mg/kg EV/IO 0,04 a 0,06mg/kg ET (1×) Repetir uma vez, se necessário Dose mínima: 0,1mg Dose máxima única: 0,5mg	
Cloreto de cálcio a 10%	20mg/kg EV/IO (0,2mL/kg) Dose máxima única: 2g	Infundir lentamente
Adrenalina	0,01mg/kg (0,1mL/kg 1:10.000) EV/IO 0,1mg/kg (0,1mL/kg 1:1.000) ET (1×) Dose máxima: 1mg EV/IO; 2,5mg ET	Repetir a cada 3 a 5 minutos
Glicose	0,5 a 1g/kg EV/IO	
Sulfato de magnésio	25 a 50mg/kg EV/IO depois de 10 a 20 minutos Infusão rápida no *torsades de pointes* Dose máxima: 2g	
Procainamida	15mg/kg EV/IO Dose adulta: 20mg/min EV Até dose máxima de 17mg/kg	Monitorizar ECG e pressão Infundir lentamente, em 30 a 60 minutos
Bicarbonato de sódio	1mEq/kg por dose EV/IO infusão lenta	Após ventilação

Capítulo 175
Traumatismo Cranioencefálico na Infância

Maria Marta Regal de Lima Tortori • Hugo Câmara Tinoco de Siqueira
Carolina Maria Motta Stoffel • Felipe Rodrigues Gonçalves

INTRODUÇÃO

O traumatismo cranioencefálico (TCE) é definido como qualquer alteração física ou funcional produzida por forças mecânicas que atuam sobre o encéfalo ou suas partes associadas, podendo, inclusive, levar à disfunção orgânica. Constitui-se em importante causa de procura ao Setor de Emergência (SE) pediátrica e deve ser avaliado segundo estratificação por grau de gravidade, o qual varia de leve a grave. O atendimento inicial inclui o estudo cinético do trauma (ou seja, a intensidade do impacto sobre o crânio), por meio de boa anamnese e atenção cuidadosa aos sintomas decorrentes. As manifestações clínicas variam conforme a idade da vítima e sua estrutura corporal, porém isso deve ficar em segundo plano para o médico atendente até a completa estabilização da vítima, com os suportes básico e avançado de vida.

A abordagem desse tipo de acidente deve ser imediata e sistematizada, devido às possíveis lesões primárias e secundárias, que variam de pouca ou nenhuma sequela a graves disfunções motoras, cognitivas e comportamentais permanentes. As principais causas de TCE observadas no Brasil são os acidentes automobilísticos, a violência urbana, os atropelamentos, as quedas, os acidentes de bicicleta, *skate* ou patins e o abuso ou a violência contra a criança.

FISIOPATOLOGIA

A fisiopatologia do TCE tem por base a capacidade de complacência cerebral e alterações do fluxo sanguíneo cerebral (FSC). O crânio é um compartimento rígido, não permitindo, portanto, a expansão das estruturas em seu interior, sendo elas o encéfalo, o líquido cefalorraquidiano e os vasos sanguíneos (arterial e venoso). O aumento de qualquer um desses componentes ou o aparecimento de um novo componente (um hematoma) levará, de maneira progressiva, ao aumento da pressão intracraniana (PIC). No entanto, à medida que isso vai se desenvolvendo, mecanismos de compensação vão sendo ativados para tentar manter a PIC dentro da normalidade, como diminuição do volume de líquor dentro do crânio, redução do volume sanguíneo venoso cerebral e, por último, redução do volume sanguíneo arterial.

Quando a capacidade dos mecanismos compensatórios é ultrapassada, ocorrem o aumento da PIC e, consequentemente, a redução do FSC. Essas variáveis se relacionam da seguinte maneira:

FSC = PPC/RVC ou FSC = (PAM − PIC)/RVC
PPC = pressão de perfusão cerebral; RVC = resistência vascular cerebral; PAM = pressão arterial média.
Valor normal de FSC: 53mL/100g de tecido cerebral/minuto.

LESÕES DO COMPARTIMENTO CEFÁLICO NO TRAUMA

O TCE pode consistir em uma lesão fechada (também denominada contusa – **este é o tipo de maior relevância para os estudos que se seguem**) ou em uma lesão penetrante. A síndrome clínica causada pelo TCE e a gravidade da situação irão depender do efeito das lesões primárias e secundárias provocadas pelo trauma. Ambas podem cursar com edema e lesão cerebral, evoluindo com um efeito expansivo por aumento do volume do conteúdo intracraniano. A consequência disso, na ausência de tratamento adequado, é a hipertensão intracraniana, cuja principal complicação é a hipoperfusão cerebral.

As **lesões primárias (ou diretas)** são aquelas decorrentes do trauma. Seguem as principais:

1. **Lesões extracranianas:** lacerações de couro cabeludo e hematomas subgaleais.
2. **Fraturas de crânio:** as regiões mais frequentemente acometidas são a temporal e a base do crânio. Mesmo nos casos em que há fratura de crânio, a prioridade continua sendo a avaliação e o tratamento da lesão neurológica. As fraturas podem ser classificadas do seguinte modo:
    - **Fraturas lineares simples:** não têm indicação de fixação cirúrgica. É importante observar se a fratura cruza territórios vasculares, sendo o principal exemplo a ser citado a região temporal, por onde passa a artéria meníngea média, principal causadora dos hematomas extradurais.
    - **Fraturas com afundamento:** a fixação cirúrgica só estará indicada se a depressão óssea superar a espessura da calota craniana (por haver maior risco de sequela).
    - **Fraturas abertas:** a cirurgia é obrigatória. Há rompimento da dura-máter e comunicação entre o meio externo e o parênquima cerebral.
    - **Fratura da base do crânio:** esse tipo de fratura contraindica a coloção de cateter nasogástrico devido ao grande risco de o cateter atravessar a fratura e entrar no crânio, lesando o encéfalo e outras estruturas. É rica em sinais semiológicos característicos, sendo os mais sugestivos os seguintes:
        - Sinal de Battle (hematoma retroauricular)
        - Sinal do guaxinim (equimose periocular)
        - Sangue no conduto auditivo
        - Hemotímpano
        - Otorragia
        - Fístula liquórica (rinorreia ou otorreia)
        - Paralisia facial e redução da audição (lesão do VII e VIII pares cranianos, respectivamente)
        - Tonteira
        - Nistagmo
        - Rinorragia
3. **Lesões cerebrais difusas:** são produzidas pela desaceleração súbita do encéfalo contra a parede craniana, com interrupção temporária da função cerebral. São mais comuns nas crianças, por motivos como a imaturidade encefálica, o que significa uma mielinização incompleta e um maior conteúdo de água, e a desproporção entre a cabeça e o tronco, facilitando um movimento de arremesso cefálico:
    - **Concussão cerebral:** perda inferior a 6 horas da função neurológica, cursando com amnésia (especificamente com a perda da memória recente), confusão mental e perda temporária da consciência. Posteriormente, há recuperação total da função neurológica; normalmente sem sequelas. Tem bom prognóstico.
    - **Lesão axonal difusa:** trata-se de um diagnóstico puramente histopatológico. Em virtude do mecanismo de aceleração e desaceleração, ocorre um cisalhamento entre as camadas corticais e subcorticais em ambos os hemisférios. Clinicamente, o paciente se apresenta em coma há mais de 6 horas, havendo alteração do nível de consciência imediatamente após o trauma. Não há indicação de cirurgia, apenas de suporte clínico. O prognóstico é mau, visto que esse tipo de lesão causa sequela neurológica permanente.
4. **Lesões focais:** são restritas a determinada área do encéfalo. Podem fazer um rápido efeito de massa e causar hipertensão intracraniana (HIC), caracterizada pela **tríade de Cushing: hipertensão arterial sistêmica, bradicardia e bradipneia.**

- **Hematoma subdural agudo:** principal causa de efeito de massa no TCE. Ocorre em razão de lesão de pequenas veias localizadas entre a dura-máter e a aracnoide, seguida de acúmulo de sangue no espaço subdural.
- **Hematoma extradural agudo:** acúmulo de sangue entre a abóbada craniana e a dura-máter. Decorrente, principalmente, de lesões dos ramos da artéria meníngea média; mais raramente, se deve à lesão do seio venoso sagital, da veia meníngea média ou das veias diploicas. Ocorre com menos frequência que o hematoma subdural agudo.
- **Contusão cerebral:** consiste em graus variados de hemorragia petequial, edema e destruição tecidual devido a uma lesão na superfície do cérebro, decorrente de um fenômeno de desaceleração brusca (mecanismo de golpe e contragolpe). O grau de gravidade varia de acordo com o tamanho da lesão. Uma complicação tardia comum é a epilepsia pós-traumática, em virtude do surgimento de uma área de fibrose no local da lesão.

As **lesões secundárias (ou indiretas)** são aquelas que ocorrem após a lesão inicial devido à resposta endocrinológica e metabólica do organismo ao trauma. As principais são:

- Hiper ou hipocapnia
- Hipoxia ou anoxia
- Acidose
- Isquemia cerebral
- Hipoperfusão
- Hipotensão arterial
- Hipertermia
- Hipovolemia e anemia
- Crises convulsivas
- Hipertensão intracraniana
- Distúrbios eletrolíticos (p. ex., síndrome cerebral perdedora de sal)
- Distúrbios da coagulação sanguínea (p. ex., coagulação intravascular disseminada)

QUADRO CLÍNICO

É muito variável. Deve ser sempre lembrado que as crianças muitas vezes apresentam exames físico e neurológico normais, apesar de terem lesões estruturais importantes no exame de imagem. Costuma-se classificar o TCE em leve, moderado ou grave, de acordo com a **escala de coma de Glasgow**.

A escala de coma de Glasgow é uma das classificações mais úteis no acompanhamento do TCE, sendo uma avaliação de prognóstico na evolução do quadro (também demonstrada no Quadro 175.1). Deve ser utilizada a partir do atendimento inicial e repetida durante a internação, em busca de quaisquer alterações de pontuação.

Além da classificação de gravidade para o TCE segundo a escala de coma de Glasgow, ele pode ser definido como **grave** na presença de qualquer um dos seguintes achados:

- Pupilas assimétricas
- Assimetria motora
- Fratura aberta de crânio
- Queda ≥ 3 pontos na escala de coma de Glasgow na reavaliação
- Fratura de crânio com afundamento

Apesar de não haver diferença significativa, a escala de coma de Glasgow contém adaptações para crianças pequenas, como mostra o Quadro 175.1.

Quadro 175.1 Escala de coma de Glasgow

Item avaliado	Lactentes	Criança > 5 anos	Pontos
Abertura ocular	Espontânea	Espontânea	4
	Estímulo verbal	Estímulo verbal	3
	Estímulo doloroso	Estímulo doloroso	2
	Sem resposta	Sem resposta	1
Resposta verbal	Balbucia	Orientada	5
	Choro irritado	Confusa	4
	À dor, chora	Palavras aleatórias	3
	Gemidos	Sons incompreensíveis	2
	Sem resposta	Sem resposta	1
Resposta motora	Espontânea	Obedece a comando	6
	Retirada ao toque	Localiza a dor	5
	Retirada à dor	Retirada à dor	4
	Flexão à dor	Flexão à dor	3
	Extensão anormal	Extensão anormal	2
	Sem resposta	Sem resposta	1

ABORDAGEM INICIAL E AVALIAÇÃO DA CRIANÇA COM TCE

Independentemente da gravidade do caso, todo paciente acidentado deve sempre ter como primeira abordagem, ao entrar na sala de emergência de um hospital com PS, o ABCDE do trauma, constituindo o Suporte Avançado de Vida no Trauma (ATLS). Garantido o suporte de vida, passa-se para o diagnóstico do grau de gravidade do trauma e, finalmente, para o tratamento específico. A avaliação neurológica inicial do ATLS nesses casos consiste na escala de coma de Glasgow, no exame pupilar (tamanho e fotorreatividade) e na avaliação da movimentação dos quatro membros. A realização de um exame neurológico mínimo possibilita a reavaliação do paciente ao longo da internação hospitalar, de modo a detectar qualquer alteração neurológica e, assim, instituir uma intervenção neurocirúrgica precoce, evitando sequelas graves e/ou permanentes.

No paciente hemodinamicamente estável é possível proceder à realização de exames de imagem para avaliação do acometimento das estruturas intracranianas. O exame de imagem de escolha é a tomografia computadorizada (TC) de crânio sem contraste. Diante de um TCE, deve ser questionado se o paciente tem indicação ou não para fazer esse exame. As indicações são:

- Perda da consciência por > 5 minutos
- Amnésia
- Cefaleia intensa
- Déficit neurológico focal
- TCE moderado ou grave

Qualquer alteração na TC de crânio sem contraste, ou casos em que há persistência dos sintomas, exige a avaliação de um neurocirurgião. A TC de crânio sem contraste **deve ser repetida** diante das seguintes situações:

1. Alterações neurológicas durante a internação (rebaixamento do nível de consciência, aparecimento de déficit neurológico focal, agitação etc.).
2. Casos de contusão ou hematoma à TC – esta deve ser repetida, do modo rotineiro, de 12 a 24 horas após o trauma.

IMAGEM NO TCE NA INFÂNCIA

Como em todas as causas de morbidade em pediatria, a divisão em faixas etárias é essencial para o diagnóstico e o estadiamento nos estudos radiológicos do TCE nessa classe de pacientes:

- Em pacientes extremamente jovens, podem ser consideradas as lesões relacionadas com o parto e as neonatais, entre as quais as mais comuns **são *caput succedaneum*, hemorragia subgaleal** e o **cefalematoma**, diferenciadas pela profundidade da lesão. O primeiro consiste em uma hemorragia autolimitada ao tecido subcutâneo; a segunda ocorre entre a gálea aponeurótica e o tecido muscular occipitofrontal; a última consiste em hemorragia subperióstea, geralmente associada a fraturas ósseas.

    Para a correta elucidação diagnóstica devem ser aventadas coagulopatias e ser acessada a história do parto para averiguação de uso ou não de fórcipe, por exemplo. Deve ser lembrado que, nesses pacientes jovens, formações hemorrágicas podem levar à hipotensão e à anemia; portanto, essas variáveis devem ser monitoradas de acordo com o grau de gravidade.

    Em crianças mais velhas, as incidências das lesões hemorrágicas ficam mais parecidas com as dos adultos e são, de fato, o que se "procura" no estadiamento radiológico do TCE.

- **Hematomas subdurais** geralmente são resultantes de lacerações em veias perfurantes, particularmente vulneráveis a lesão em pacientes pediátricos, devido à relativa consistência menos densa do encéfalo imaturo e à maior proeminência do espaço subaracnóideo. Podem ser uni ou bilaterais. A imagem na TC geralmente mostra uma coleção em crescente, enquanto hemorragias hiperagudas (quando ainda não há fenômenos de coagulação) mostram imagens hiperdensas, tornando-se isodensas apenas 7 a 10 dias após, sendo, entretanto, muito difícil distinguir hemorragias de novas lacerações de novo sangramento de uma lesão crônica, preexistente.
- **Hemorragias subaracnóideas** também são particularmente comuns, sendo frequentemente acompanhadas de trauma parenquimatoso. Sua imagem à TC aparece como uma área de alta densidade entre os sulcos cerebrais ou laminarmente, ao longo do tentório.
- **Hematomas epidurais** geralmente têm origem arterial (como a artéria meníngea média, mais comumente implicada, conforme já citado) ou venosa, com apresentações, respectivamente, agudas e subagudas. Sua imagem tomográfica é usualmente de coleção lentiforme, de alta densidade, muitas vezes confinada entre as suturas, podendo ser acompanhada de fraturas ou não. Quando há a aparência de líquidos de diferentes densidades, pode estar ocorrendo uma hemorragia ativa.
- As **lesões cerebrais focais ou difusas** podem variar de agudas a subagudas, **como contusões, lesões por cisalhamento, hemorragia intraparenquimatosa, edema e lesões por hipoxia/isquemia**, mas podem, também, ser crônicas, como **atrofia, encefalomalacia e mineralização**. As **contusões** podem ser hemorrágicas ou não, e tipicamente ocorrem na matéria cinzenta cortical ao longo de superfícies mais rígidas (osso, dura-máter), podendo aparecer perto ou diametralmente opostas ao ponto de impacto. **Lesões por cisalhamento** também podem ser ou não hemorrágicas, apesar de comumente não o serem; costumam ocorrer mais profundamente, ao longo da matéria branca periventricular e subcortical, sendo anteriormente conhecidas como "**lesão axonal difusa**", embora mais apropriadamente sejam denominadas "**lesão axonal multifocal ou traumática**". Quando há **edema**, pode ser traumático, hiperêmico, hipóxico-isquêmico ou relacionado com outras causas (convulsões, metabólicas), sendo associado ou não à herniação cerebral. As causas mecânicas de edema geralmente são focais ou multifocais, enquanto as não mecânicas são difusas e podem levar à menor diferenciação entre matéria branca e cinzenta.

- **Traumas vasculares** geralmente são frutos de dissecção ou de pseudoaneurismas, sendo as carótidas e as do complexo vertebrobasilar as artérias mais comumente envolvidas em casos de dissecção, com alta possibilidade de lesões embólicas decorrentes do próprio processo.
- As **lesões não acidentais**, assim como as acidentais, podem ocorrer em várias modalidades, como fraturas, hemorragias subdural e subaracnóidea, lesão cortical, lesões por cisalhamento e edema. Suspeita-se de lesões não acidentais quando existem variadas lesões com diferentes graus de evolução ou quando o dano causado é desproporcional à história.

TRATAMENTO

Como relatado previamente, deve-se seguir primeiramente com o algoritmo do ATLS (ABCDE do trauma). Portanto, o **primeiro passo** consiste em:

A – *Airway*: avaliação da permeabilidade das vias aéreas + imobilização da coluna cervical (apesar de ser pouco frequente, em alguns casos o TCE vem acompanhado de lesão da coluna cervical, podendo produzir resultados catastróficos e permanentes).
B – *Breathing*: proporcionar ventilação adequada ($SatO_2 \geq 95\%$).
C – *Circulation*: checar pulsos arteriais e controlar sangramentos.
D – *Disability*: exame neurológico do paciente, que nessa etapa se resume à escala de coma de Glasgow, ao exame pupilar e à motricidade dos quatro membros.
E – *Exposition*: exposição e avaliação de todo o corpo.

Garantidas a sobrevivência e a estabilidade hemodinâmica do paciente, o **segundo passo** no tratamento do TCE na sala de emergência consiste na tentativa de prevenir a ocorrência de lesões secundárias, ou seja, aquelas causadas pela resposta fisiológica ao trauma. Infelizmente, não há como prevenir a lesão primária, pois esta se dá no momento do impacto.

Nem todas as vítimas devem ser internadas, mas para isso devem ser estabelecidos alguns fatores que indicam a permanência no hospital para avaliação. Muitas vezes, as principais indicações são:

- Perda ou alteração da consciência
- Déficits de memória
- Sinais focais
- Crises convulsivas pós-traumáticas
- Vômitos persistentes
- Febre
- Cefaleia intensa
- Fratura de crânio
- Impossibilidade de se obter a história do trauma

O **terceiro passo** consiste em proceder com o tratamento direcionado para o grau de gravidade da lesão.

O **TCE leve**, representado por aquelas crianças que sofreram traumas de pequena intensidade e que se apresentam em Glasgow 14 ou 15, deve ser abordado com um exame neurológico completo. Se ficar comprovado que a criança não teve perda da consciência e apresenta-se em bom estado geral à ectoscopia, com memória preservada e sem **sintomas de alarme**, pode-se indicar sua alta hospitalar, mediante a orientação de ficar sob observação nas próximas 24 horas por um acompanhante, que deve levá-la novamente à emergência caso surja algum dos seguintes sinais de alarme:

- Sinais neurológicos focais
- Assimetria de pupila
- Glasgow inicial < 13

- Cefaleia progressiva e/ou intensa
- História do trauma desconhecida
- Suspeita de abuso ou violência infantil
- Fratura de crânio
- Politraumatismo
- Perda da consciência por > 2 minutos
- Recente ingestão de álcool ou entorpecentes
- Crianças < 2 anos de idade
- Lesões graves e dolorosas
- Sinais externos de trauma e contusão
- Vômitos repetidos ou em jato
- História de distúrbio de coagulação
- Amnésia após o trauma
- Convulsão nas primeiras horas após o trauma

Se existirem sintomas de alarme, histórias de inconsciência por mais de 1 minuto, anormalidades no exame neurológico ou Glasgow de 9 a 13 (TCE moderado), está indicada **TC de crânio sem contraste de urgência**.

Nos pacientes com **TCE grave** (Glasgow ≤ 8) devem ser instituídas algumas medidas gerais para estabilizá-los, contudo necessitam obrigatoriamente de internação em UTI. As medidas gerais a serem adotadas são:

1. Cabeceira elevada a 30 graus e cabeça em posição neutra.
2. Manter a normotermia.
3. Obter cateterização arterial e monitorização da PVC, tratando agressivamente a hipotensão (principal agravante das lesões secundárias). Se o paciente está instável, deve ser considerado o uso de **solução salina a 3%**, de 0,1 a 1,0mL/kg/h; se não houver resposta ao volume, iniciar **noradrenalina** (0,05 a 1mcg/kg/min) ou **dopamina** (5 a 15mcg/kg/min); se houver disfunção ventricular, utilizar **dobutamina** (5 a 15mcg/kg/min). Inicialmente, não se deve tentar reduzir drasticamente a pressão arterial na hipertensão arterial sistêmica (HAS), pois isso pode ser uma resposta fisiológica ao aumento da PIC para manter a PPC.
4. Fazer intubação traqueal. Manter $SatO_2$ > 95% e $PaCO_2$ entre 30 e 40mmHg.
5. Manter a hemoglobina > 10g/dL e o hematócrito > 30%.
6. Evitar hipo ou hiperglicemias (seguindo os controles glicêmicos do hospital onde está sendo realizado o atendimento).
7. Hidratação venosa (dois terços das necessidades diárias).
8. Controle da concentração de sódio sérico entre 140 e 150mEq/L.

Devem ser sempre buscados sinais de HIC ou de herniação cerebral nos casos de TCE grave. Na ausência desses, indicam-se a realização de uma TC de crânio sem contraste e a avaliação de um neurocirurgião, bem como a solicitação de vaga em UTI. Na presença desses, é necessária a monitorização da PIC, devido à maior morbidade e à pior recuperação neurológica em crianças pequenas e lactentes.

TRATAMENTO DA HIPERTENSÃO INTRACRANIANA (HIC)

O **quarto passo** do tratamento do TCE consiste no controle das alterações da PPC. Os sinais de HIC ou de herniação cerebral consistem em:

- Anisocoria (com dilatação pupilar unilateral não reativa à luz).
- Alteração da resposta motora, seja com plegia, descerebração ou decorticação unilaterais.

- Tríade de Cushing: **hipertensão arterial, bradicardia e alterações respiratórias.**
- Queda em 3 ou mais pontos na escala de coma de Glasgow na reavaliação.
- PCR súbita, sem causa aparente.

A HIC deve ser tratada quando a PIC for ≥ 20mmHg e consiste na manutenção da PPC. Dentre as opções de primeira linha para tratamento encontram-se: colocação da cabeceira do paciente a 30 graus, acompanhada de sedação e analgesia; drenagem liquórica (em caso de ventriculostomia presente); uso de soluções salinas hipertônicas a 3% ou de manitol (0,5 a 1,0g/kg). A hiperventilação controlada (mantendo a $PaCO_2$ entre 30 e 35mmHg por curtos períodos) pode ser usada na ausência de resposta aos tratamentos anteriores.

Nos casos de HIC refratária aos tratamentos de primeira linha, entram como alternativas a hiperventilação agressiva ($PaCO_2$ < 30mmHg, por curtos períodos, nunca ultrapassando o limite de 25mmHg), a indução de coma barbitúrico (apenas em pacientes estáveis) ou a craniectomia descompressiva (veja critérios no Quadro 175.2).

Quadro 175.2 Indicações de craniectomia descompressiva

TC de crânio com edema e ingurgitamento cerebral
Primeiras 48 horas de traumatismo
Ausência de episódios de PPC > 40mmHg por período prolongado
Pontuação > 3 na escala de coma de Glasgow em alguma avaliação
Piora clínica secundária
Síndrome de herniação cerebral

COMPLICAÇÕES DO TCE

As complicações mais comuns do TCE, a curto e longo prazo, são as neurológicas. Na maioria dos casos, a frequência, o grau e a duração dessas complicações estão relacionadas com a gravidade da lesão; portanto, tanto os déficits globais como os focais podem persistir cronicamente, mesmo na vigência de tratamento médico e fisioterapêutico precoces, e variam de paresias leves a coma permanente. O uso da escala de coma de Glasgow adaptada para os segmentos etários está sempre indicado para avaliação de melhora ou deterioração do estado mental dos pacientes, sendo extremamente útil em razão de sua fácil aplicação pelos médicos atendentes à beira de leito.

O dano cerebral secundário, em consequência de cascatas de reações neurometabólicas em decorrência da lesão inicial, contribui para dano e morte neuronal e pode, em nível intracraniano, ocorrer como edema cerebral, hemorragia intraparenquimatosa ou convulsões e, em nível sistêmico, como hipotensão arterial, hipoxemia, hipercapnia ou anemia, potencialmente tratáveis e, em sua maioria, antecipáveis. As convulsões, mais comuns a partir das primeiras 24 horas até 1 semana após o episódio, podem ser decorrentes tanto da lesão primária como de danos secundários (quando recebem a denominação de "convulsões pós-traumáticas") e podem evoluir para epilepsia. Ainda é controversa a utilização de anticonvulsivantes como profilaxia de crises; entretanto, alguns estudos têm demonstrado efeito protetor para a ocorrência de convulsões pós-traumáticas.

Os anticonvulsivantes mais estudados são fenitoína (dose de ataque de 10 a 20mg/kg, com dose de manutenção de 5 a 10mg/kg/dia, divididos em duas a três tomadas), fenobarbital e carbamazepina. Para o abortamento de crises, o uso de benzodiazepínicos pode ser considerado uma escolha aceitável, apesar do efeito indesejado de sedação.

O abortamento das crises é muito importante para a redução da PIC, que aumenta em sua vigência. O uso de barbitúricos, apesar de sua alta eficácia, acaba sendo deixado de lado em decorrência do grande número de interações farmacocinéticas e porque a via de acesso deve ser única, já que interage fisicamente com diversos medicamentos, podendo levar à coagulação e à trombose, no vaso de aplicação.

As vítimas de TCE podem evoluir com infecções, as quais, em vítimas de traumatismos penetrantes, são, em geral e inicialmente, locais (existindo a possibilidade de evoluir para meningoencefalites e/ou abscessos cerebrais); em pacientes com estado mental alterado, podem ocorrer na forma de pneumonia por broncoaspiração (em razão da perda da proteção natural das vias aéreas); e nos cronicamente enfermos, com ventilação mecânica prolongada, mais frequentemente infecções intra--hospitalares (que variam de acordo com o perfil bacteriológico de cada local). Pacientes com otorreia ou rinorreia de líquido cefalorraquidiano têm 10% de chances de evoluir para meningites, mas o uso de antibioticoprofilaxia não está indicado.

Outros fenômenos que podem se seguir ao TCE são a síndrome pós-concussão e a "síndrome do segundo impacto". A primeira compreende sintomas como cefaleias, mudanças visuais, depressão, irritabilidade, diminuição de concentração e déficit de memória, sendo reportada em mais de 80% de pacientes com TCE de leve a moderado, geralmente cessando em cerca de 3 meses, apesar da possibilidade de persistência. Esses sintomas são decorrentes dos mecanismos neurometabólicos de compensação que se seguem ao impacto, mais intensos em pacientes mais jovens, mais comumente vítimas de excitotoxicidade, por um SNC imaturo. No entanto, apesar da inferência de um caráter definitivo do processo, a influência psicossocial pode atenuar os sintomas e a duração dessa síndrome, tendo sido descrito que apoio funcional e psicológico se faz importante para um desfecho favorável.

Em lesões relacionadas com a prática de esportes e a chamada "síndrome do segundo impacto", a gênese do processo surge quando um paciente é vítima de traumas repetidos, não havendo tempo suficiente para recuperação após um primeiro insulto, o que pode levar à cronicidade de sintomas neurológicos – semelhantes aos descritos previamente – e, inclusive, ao óbito. Os pacientes mais comumente vítimas dessa síndrome são os mais idosos que praticam esportes de contato e as vítimas de maus-tratos.

Capítulo 176
Violência contra a Criança

Maria Marta Regal de Lima Tortori • Gabriela Persio Gonçalves • Carolina Maria Motta Stoffel

INTRODUÇÃO

Segundo *O Caderno de Violência Doméstica e Sexual Contra Crianças e Adolescentes*, da Secretaria de Saúde do Estado de São Paulo, a violência contra a criança pode ser caracterizada de seis formas:

- **Física:** uso de força física de maneira intencional, não acidental, com o objetivo de lesar, ferir ou destruir uma criança. Acomete todas as faixas etárias, mas predomina entre menores de 3 anos. Por vezes, a violência física pode deixar no corpo marcas como hematomas, arranhões, fraturas, queimaduras e cortes, entre outros.
- **Sexual:** uso de persuasão ou coesão de qualquer criança ou adolescente para participar de atividade sexual explícita (ou simulação, para reprodução visual). Existem duas formas de violência sexual: a intrafamiliar e a exploração do sexo com crianças e adolescentes (pornografia, voyeurismo, prostituição). Considera-se violência quando o indivíduo tem < 14 anos, quando não pode resistir, sob qualquer razão, à agressão, ou quando se trata de deficiente mental. Acomete ambos os sexos na mesma proporção, predominando em adolescentes do sexo feminino. Crianças menores, em geral, sofrem abuso mais de uma vez e o agressor costuma ser um familiar ou pessoa próxima à família.
- **Psicológica:** deterioração do ambiente interpessoal familiar que induza aspectos negativos na criança em relação ao senso de segurança física e emocional, autonomia e autoestima.
- **Negligência:** descuido da higiene, não prover comida, roupas e abrigo, ausência de cuidado adequado à saúde. Resumindo, é a falta de cuidados com a proteção e o desenvolvimento da criança ou adolescente. A negligência pode ser física, educacional ou emocional.
- **Síndrome de Münchausen *by proxi*:** situação na qual os responsáveis mimetizam a apresentação de uma doença ou simulam sinais e/ou sintomas, na criança ou adolescente, com o objetivo de manter/prolongar o contato com o sistema de saúde, levando à realização desnecessária de múltiplos exames, consultas, internações e uso de medicamentos ou ingestão forçada de substâncias.
- *Bullying*: compreende as formas de atitudes agressivas de submissão e humilhação, intencionais e repetidas, que ocorrem sem motivações evidentes, adotadas por um ou mais adolescentes contra outro(s), causando dor e angústia, e executadas dentro de uma relação desigual de poder. Portanto, a violência física e a psicológica podem coexistir. *Cyberbullying* decorre da utilização da tecnologia (computadores, celulares) para adoção do comportamento abusivo.

MANIFESTAÇÕES CLÍNICAS

O mecanismo do trauma pode ser por agressão direta ou por desaceleração brusca (após a vítima ser empurrada).

Os sinais mais clássicos encontrados na violência contra criança e adolescente são:

- **Hematomas:** são os sinais mais frequentemente encontrados, sendo necessária atenção especial quando ocorrem em dorso, nádegas, face, região genital, punhos e tornozelos. Lesões em diferentes estágios de evolução sugerem traumas repetitivos.

- **Queimaduras:** sugestivas de agressão quando localizadas em nádegas, dorso, plantas, palmas, interdígitos e região inguinal. Atenção especial quando forem simétricas e em extremidades ("em luva" ou "em meia": pensar em imersão em líquidos quentes). Lesões de formato anular podem sugerir queimadura por cigarro.
- **Olhos:** com frequência, há o aparecimento de edemas e hematomas.
- **Boca:** lesões na mucosa oral, alteração nos dentes (amolecimento, escurecimento).
- **Tórax:** hemo/pneumotórax, fratura de costelas.
- **Abdome:** as lesões são causadas, geralmente, por chutes ou pontapés. Perfurações de vísceras ocas (duodeno e jejuno, principalmente) ou ruptura de fígado ou baço.
- **Ossos:** fratura transmetafisária; fraturas espiraladas (torção); múltiplas, bilaterais e em diferentes estágios de consolidação; espirais em membros superiores; espirais em membros inferiores; em crianças que ainda não andam; costelas posteriores e escápulas; de apófises espinhosas; de crânio (múltiplas/complexas na região occipital ou parietal posterior).
- **Síndrome do bebê sacudido** (*shaken baby syndrome*)**:** lesões no SNC e hemorragias oculares em crianças < 3 anos de idade – hemorragia subdural, subaracnóidea, edema cerebral difuso, hemorragia retiniana e, geralmente, ausência de outros sinais de lesão. São causadas por intensa movimentação da criança quando segurada por braços ou troncos.
- **Violência sexual:** em geral, não apresenta sintomas clínicos evidentes ao exame físico. Deve ser feito exame geniturinário criterioso em caso de suspeita de abuso sexual, embora não se deva descartar a suspeita caso o exame físico esteja normal.

CONSIDERAÇÕES

Em caso de suspeita ou configuração de violência, deve-se **obrigatoriamente** notificar o Conselho Tutelar ou, na ausência deste, a Vara da Infância e da Juventude, a Defensoria ou o Ministério Público.

Se as lesões forem leves e sem risco de morte para o paciente ao retornar ao domicílio, pode ser dada alta, seguida da notificação ao Conselho Tutelar.

Se as lesões forem graves (ou seja, repercussão física e/ou psíquica), ou se houver risco de morte ou de revitimização, o paciente deve ser internado, ficando sob proteção da instituição hospitalar, e a alta fica condicionada à decisão judicial.

DIAGNÓSTICO

- **Indicadores de violência contra a criança:** incompatibilidade entre dados da história e achados clínicos; omissão total/parcial da história de traumas; pais que mudam a história cada vez que interrogados; histórias diferentes quando questionados separadamente; demora inexplicável para procurar atendimento médico na presença evidente de trauma; crianças maiores que não querem relatar o que aconteceu por medo de represálias; famílias desestruturadas; pais alcoolistas ou usuários de substâncias ilícitas; violência contra a mãe ou pessoas idosas na família; pacientes com doença mental.
- **Exames laboratoriais:** direcionar pelo quadro clínico: hemograma completo, coagulograma (descartar distúrbios da coagulação, por exemplo), bioquímica: função hepática, CPK (geralmente aumentado no trauma), amilase, aminotransferase e γ-GT (traumatismo abdominal); EAS; exames toxicológicos
- **Exames de imagem:**
    - **Radiografia:** em caso de suspeita em crianças < 2 anos ou que não conseguem se comunicar, realizar exame radiológico de corpo inteiro. Em crianças maiores, que se expressam verbalmente, radiografar áreas suspeitas, doloridas ou com limitação de movimentos.

- Direcionadas pelo quadro clínico: USG (transfontanela ou abdome), TC (crânio, tórax ou abdome) e RNM (para hematomas subdurais, lesões axonais difusas, contusões corticais etc.).

VIOLÊNCIA SEXUAL

Quadro 176.1 Achados ao exame e possibilidade de abuso sexual

Certo	Definitivo	Provável	Possível
Esperma em vagina ou ânus Gravidez	Gonorreia Sífilis	Chlamydia trachomatis Condiloma acuminado Trichomonas vaginalis Herpes II	Herpes I

Procurar sinais de violência física (hematomas, marcas de mordida). Deve ser feito exame ginecológico (se necessário, sob sedação, para evitar novo trauma). Observar: lesões dos fórnices vaginais, especialmente posterior, lesões do trato urinário, sinais de doenças sexualmente transmissíveis e gravidez, parede himenal interrompida ou com sinais de cicatrizes.

Coleta de provas forenses

- Coletar material do conteúdo vaginal, anal e oral por meio de *swab* ou similar.
- Colocar material em papel-filtro estéril.
- Secar e guardar em envelope lacrado.
- Não utilizar sacos plásticos (risco de destruição de células e DNA).
- Identificar e anexar ao prontuário.
- Congelar material quando possível.
- Arquivar em condições adequadas à disposição da Justiça.

DIAGNÓSTICO DIFERENCIAL

- **Hematomas:** traumas acidentais, distúrbios de coagulação, meningites, sepse, erros inatos do metabolismo, envenenamento por monóxido de carbono.
- **Fraturas:** traumatismo de parto, osteomielite, intoxicação por vitamina A, osteogênese *imperfecta*, sífilis congênita, hiperostose cortical infantil, escorbuto.
- **Hemorragias retinianas:** trauma de parto (após 6 semanas é sugestivo de abuso).
- **Hemorragia intercraniana:** rotura de vasos por malformações ou aneurisma (rara em < 3 anos).

COMPLICAÇÕES

Sequelas físicas e psíquicas (depressão, síndrome do pânico, tendências suicidas, dificuldade de relacionamento com o sexo oposto).

TRATAMENTO

O tratamento da violência contra a criança e o adolescente deve ser efetuado por equipe multidisciplinar, cuja função é realizar uma terapia global, sem discriminação, acolhendo, protegendo e intervindo da melhor maneira, uma vez que se trata de um problema familiar e social. O objetivo é, portanto, acolher a vítima de maneira empática e segura para que diminuam as chances de insucesso posterior. É importante lembrar que a prevenção primária deve ser concomitante aos atendimentos das vítimas de modo a tentar reduzir a incidência da violência contra crianças e adolescentes.

Para violência física: veja trauma.
Para violência sexual: veja o Quadro 176.2:

Quadro 176.2 Profilaxia para DST não virais	
Penicilina G benzatina (profilaxia contra sífilis)	50.000UI/kg (máximo: 2.400.000UI) IM, em dose única
Ceftriaxona (profilaxia contra gonorreia)	125mg IM, em dose única
Azitromicina (profilaxia contra clamidiose e cancro mole)	20mg/kg (máximo:1g) VO, em dose única
Metronidazol (profilaxia contra tricomoníase)	15mg/kg/dia (máximo: 2g) VO, 3×/dia por 7 dias, ou 2g em dose única

- A **profilaxia para HIV** deve ter início em até 72 horas e a medicação deve ser mantida por 4 semanas ininterruptas. É recomendada para: vítimas de abuso sexual com penetração anal e/ou vaginal desprotegida há menos de 72 horas; individualizar caso a caso, se houver sexo oral com ejaculação.

Quadro 176.3	
Criança	Adolescente
Zidovudina: 180mg/m²/dose, de 12/12h	Zidovudina + lamivudina: 300mg/dose, de 12/12h
Lamivudina: 4mg/kg/dose, de 12/12h	Lopinavir/ritonavir: 400mg/dose, de 12/12h
Lopinavir/ritonavir: 230 a 300mg/m²/dose, de 12/12h	

- Superfície corporal m²: (peso × 4) + 7 / peso + 90 (na criança)

- **Profilaxia da hepatite B:**
  - Pacientes previamente imunizados e com resposta vacinal sorológica (anti-HBsAg >10UI/mL) não precisam de profilaxia.
  - Gamaglobulina hiperimune: 0,06mL/kg IM, em dose única (se dose > 5mL, dividir aplicação em duas áreas diferentes). Administrar, de preferência, até 48 horas; sem eficácia após 1 semana.
  - Vacinação anti-hepatite B: primeira dose IM junto com a gamaglobulina, segunda e terceira doses em 1 e 6 meses após a primeira.

- **Anticoncepção de emergência** (até 5 dias após abuso):
  - Pílulas só de progestágeno (primeira escolha): levonorgestrel, 0,75mg, 1 cp de 12/12h (duas doses) ou 2 cp em dose única.
  - Método *Yuzpe* (segunda escolha):
    ○ Etinilestradiol 50mcg + levonorgestrel 250mcg: 2 cp de 12/12h (duas doses) ou 4 cp, em dose única.
    ○ Etinilestradiol 30mcg + levonorgestrel 150mcg: 4 cp de 12/12h (duas doses) ou 8 cp em dose única.
- **Acompanhamento laboratorial após o abuso sexual:**
  - **Conteúdo vaginal:** admissão e 6 semanas após.
  - **Sífilis (VDRL ou RPR):** admissão, 6 semanas e 3 meses após.

- **Anti-HIV:** admissão, 6 semanas, 3 meses e 6 meses após.
- **Hepatite B:** admissão, 3 meses e 6 meses após.
- **Hepatite C:** admissão, 3 meses e 6 meses após.
- **Transaminases:** admissão e 2 semanas após.
- **Hemograma:** admissão e 2 semanas após o abuso.

BIBLIOGRAFIA

Almeida MFB, Guinsburg R. Programa de reanimação neonatal da Sociedade Brasileira de Pediatria: Condutas 2011.

Baldanzi GR, Albini L, Veiga MTA, Bagatin AC, Pianovski MAD, Silva RPGVC. Orientações em transfusão sanguínea. Serviço de Hemoterapia; Comitê Transfusional; Hemovigilância – UFPR. Atualizado em 2010.

Barbosa JV, Pinto ZT. Pediculose no Brasil. Rio de Janeiro: UGF. 2003. Disponível em: web.ugf.br/editora.

Barson WJ. Clinical features and diagnosis of community-acquired pneumonia in children. UpToDate. 2013. Disponível em: http://www.uptodate.com/online.

Barson WJ. Epidemiology, pathogenesis, and etiology of pneumonia in children. UpToDate. 2013. Disponível em: http://www.uptodate.com/online.

Behrman RE, Kliegman R, Jenson HB. Nelson: tratado de pediatria. 18. ed. Rio de Janeiro: Elsevier, 2009.

Brown AFT, Cadogan MD. Emergency medicine, diagnosis and management. 6. ed., Hodder Arnold, 2011.

Brunetta DM, Clé DV, Haes TM, Roriz-Filho JS, Moriguti JC. Manejo das complicações agudas da doença falciforme. Medicina (Ribeirão Preto) 2010; 43(3):231-7.

Cad Saúde Pública, Rio de Janeiro, 20(2):456-464, mar/abr, 2004. Disponível em: http://www.scielosp.org/pdf/csp/v20n2/13.pdf. Acesso em: 28 de janeiro de 2013.

Campanha de Prevenção à Violência Sexual contra Crianças e Adolescentes – Cartilha Educativa. Disponível em: <http://portal.mj.gov.br/sedh/spdca/T/cartilha_cartilha_educativa_SEDH_1512.pdf>. Acesso em 28 de janeiro de 2013.

Campanha Nacional de Prevenção de acidentes na infância e na adolescência. Disponível em: http://www.sbp.com.br/show_item2.cfm?id_categoria=90&id_detalhe=469&tipo=S e http://www.sbp.com.br/show_item2.cfm?id_categoria=90&id_detalhe=356&tipo_detalhe=S.

Carijó JH, Gerhardt J, Magalhães FA. Infecções do sistema nervoso central. In: Guimarães HP, Falcão LFR, Orlando JMC (eds.) Guia prático de UTI. AMIB. São Paulo: Atheneu, 2008:899-910; 1273-89; 1457-67.

Carvalho WB, Johnston C, Fonseca MC. Bronquiolite aguda: uma revisão atualizada. Rev Assoc Med Bras 2007; 53(2):182-8.

Casella EB, Mângia CMF. Abordagem da crise convulsiva aguda e estado de mal epiléptico em crianças. Jornal de Pediatria 0021-7557/99/75-Supl.2/S197. 1999. Sociedade Brasileira de Pediatria.

Castiñeiras TMPP, Martins FSV. Infecções por helmintos e enteroprotozoários. Centro de Informação para Viajantes, UFRJ, 2003.

Catharino FMCL, Catharino AMS, Gonzaga MB, Orsini M. Convulsões neonatais: uma breve revisão. Cadernos Brasileiros de Medicina 2008 Vol. XXI, n°s 1, 2, 3, 4.

Cimaz R, Lehman T. Handbook of autoimmune diseases – series Editor: Ronald A. Asherson, volume 6: Pediatrics in Systemic Autoimmune Diseases, chapter 16, pages 209-217, first edition, 2008.

Collett-Solberg PF. Diabetic ketoacidosis in children: review of patophisiology and treatment with the use of "two bags system". J Pediatr (Rio de Janeiro) 2001; 77(1):9-16.

Costa DM, Abrantes MM, Lamounier JA, Lemos ATO. Estudo descritivo de queimaduras em crianças e adolescentes. Disponível em: http://www.jped.com.br/conteudo/99-75-03-181/port_print.htm. J Pediatr (Rio de Janeiro) 1999; 75(3):181-6.

Costa HMA. Helmintos. In: Neves DP et al. Parasitologia humana. 11. ed. São Paulo: Atheneu, 2005.

Crain EF, Gershel JC. Clinical manual of emergency pediatrics. 5. ed. Cambridge University Press, 2010.

Da Costa JC, Nunes ML, Fiori RM. Convulsões no período neonatal. J Pediatr (Rio de Janeiro) 2001; 77(Supl.1):S115-S122. Disponível em: http://www.jped.com.br/conteudo/01-77-S205/port.pdf. Acesso em: 14 de fevereiro de 2013.

Departamento de Vigilância Epidemiológica. Guia de Vigilância Epidemiológica. 7. ed. 2009:21-47.

Destaques das Diretrizes da American Heart Association 2010 para RCP e ACE.

Dilantin (phenytoin sodium) injection, FDA Approved Labeling Text dated 10/2011.

Do Vale ECS. Inicial management of burns: approach by dermatologists. Disponível em: http://www.scielo.br/pdf/abd/v80n1/en_v80n01a03.pdf. Publicado em: An Bras Dermatol 2005; 80(1):9-19.

Doenças infecciosas e parasitárias. 4. ed. Guia de Bolso. Ministério da Saúde. Brasília, 2004.

Dutra A. Rubéola congênita. Medicina neonatal. 1. ed., 2006:269-79.

Elder JS. Infecções do trato urinário. In: Kliegman RM, Behrman RE, Jenson HB, Stanton BF. Tratado de Pediatria Nelson. 18. ed., Rio de Janeiro: Elsevier 2009:2229-34.

Entrevista concedida pela dra. Consuelo Oliveira, do Departamento de Infectologia da SBP e presidente da Sociedade Paraense de Pediatria, em março, ao SBP Notícias, 2010. Atenção especial com a dengue nas crianças! Disponível em: http://www.sbp.com.br/show_item2.cfm?id_categoria=17&id_detalhe=2645&tipo_detalhe=s. Acesso em: 06/02/2013.

Fernandas FR, Setubal JL, Marujo WC. Manual de urgências e emergências em pediatria do Hospital Infantil Sabará. São Paulo: Sarvier, 2010:277-83.

Fernandes FR, Setubal JL, Marujo WC. Doenças exantemáticas – Doença de kawasaki. Manual de Urgências e Emergências em Pediatria do Hospital Infantil Sabará. 1. ed. São Paulo: Sarvier, 2010:236-48.

Fernandes FR. Manual de urgências e emergências em pediatria do Hospital Infantil Sabará. São Paulo: Sarvier, 2010.

Fiorino KN, Liacouras CA. Motility disorders & Hirschsprung. Function constipation. In: Kliegman RM, Behrman RE, Jenson HB, Stanton BF. Nelson textbook of pediatrics. 19. ed. Elsevier, 2011.

Fleisher GR. Evaluation of sore throat in children. UpToDate. 2012. Disponível em: http://www.uptodate.com/online. Acesso em: 8 de fevereiro de 2013.

Florence LGA. Corpo estranho em vias aéreas e trato digestivo. In: Martins HS, Damasceno MCT, Awada SB. Pronto-Socorro – diagnóstico e tratamento em emergências. 2. ed. 2008:1938-42.

Fontenelle L. Neurologia na adolescência. J Pediatr (Rio J) 2001; 77 (Supl.2): S205-S216. Disponível em: http://www.jped.com.br/conteudo/01-77--S205/port.pdf. Acesso em: 14 de fevereiro de 2013.

Gerber MA. Rheumatic fever. In: Kliegman RM, Behrman RE, Jenson HB, Stanton BF. Nelson textbook of pediarics. 19. ed. Elsevier, 2011.

Glader B. Anemias. In: Kliegman RM, Behrman RE, Jenson HB, Stanton BF. Tratado de pediatria. 18. ed. 2009:2009-24.

Goguen LA. External otitis: pathogenesis, clinical features, and diagnosis. UpToDate. 2012. Disponível em: http://www.uptodate.com/online. Acesso em: 10 de fevereiro de 2013.

Goguen LA. External otitis: treatment. UpToDate. 2012. Disponível em: http://www.uptodate.com/online. Acesso em: 10 de fevereiro de 2013.

Gomes DR, Serra MC, Macieira JR Luiz. Condutas atuais em queimaduras. Rio de Janeiro: Livraria e Editora Revinter Ltda.

Gonçalves MEP, Cardoso SR, Rodrigues AJ. Corpo estranho em via aérea. Pulmão RJ 2011; 20(2):54-8.

Gorete A, Grisi S. Manual de pronto-socorro em pediatria clínica. Crise asmática. 1. ed., 1998:227-38.

Gorete A, Grisi S. Manual de pronto-socorro em pediatria clínica. Diarréia aguda. 1. ed., 1998:277-80.

Gregory FH, Ronald BT. Faringite aguda. In: Kliegman RM, Behrman RE, Jenson HB, Stanton BF. Tratado de pediatria. 18. ed., 2009:1758-60.

Guia de Vigilância Epidemiológica. Ministério da Saúde. 7. ed., Brasília, 2009.

Guia Prático para o Manejo da Dermatite Atópica – opinião conjunta de especialistas em alergologia da Associação Brasileira de Alergia e Imunopatologia e da Sociedade Brasileira de Pediatria; 06/29-06/268 Rev. Bras Alerg Imunopatol. Copyright © 2006 by ASBAI. Disponível em: http://www.asbai.org.br/revistas/Vol296/ART_6_06_Guia_Pratico.pdf. Acesso em: 5 de fevereiro de 2013.

Haddad J. External otitis (otitis externa). In: Kliegman RM, Behrman RE, Jenson HB, Stanton BF. Nelson textbook of pediatrics. 19. ed. Philadelphia: Saunders Elsevier, 2011.

Haddad J. Otitis media. In: Kliegman RM, Behrman RE, Jenson HB, Stanton BF. Nelson textbook of pediatrics. 19. ed. Philadelphia: Saunders Elsevier, 2011.

Halstead SB. Dengue e dengue hemorrágico. In: Kliegman RM, Behrman RE, Jenson HB, Stanton BF. Tratado de pediatria Nelson. 18. ed., 2009:1417-20.

Henry WL. Eczemas, fotodermatoses, doenças papulodescamativas (incluindo as doenças fúngicas) e eritemas figurados. In: Lee G, Dennis A. Cecil medicina. 23. ed., 2008:3394-403.

Hollinger LD. Corpos estranhos nas vias aéreas. In: Kliegman RM, Behrman RE, Jenson HB, Stanton BF. Tratado de pediatria. 18. ed., 2009:1775-76.

http://portal.saude.gov.br/portal/arquivos/pdf/gve_7ed_web_atual_meningites.pdf

Indicações transfusionais nas doenças hematológicas. Hemorio.

Iron deficiency anaemia: assessment, prevention, and control. A guide for programme managers. Geneva, World Health Organization, 2001 (WHO/NHD/01.3).

Joseph GM. Distúrbios eczematosos. In: Kliegman RM, Behrman RE, Jenson HB, Stanton BF. Tratado de pediatria Nelson. 18. ed., 2009:2699-703.

Klein JO, Pelton S. Acute otitis media in children: epidemiology, microbiology, clinical manifestations, and complication. UpToDate. 2012. Disponível em: http://www.uptodate.com/online. Acesso em: 10 de fevereiro de 2013.

Klein JO, Pelton S. Acute otitis media in children: treatment. UpToDate. 2012. Disponível em: http://www.uptodate.com/online. Acesso em: 10 de fevereiro de 2013.

Kliegman RM, Behrman RE, Jenson HB, Stanton BF. Tratado de Pediatria Nelson. 18. ed., Rio de Janeiro: Elsevier, 2009.

Kobinger MEBA, Bresolin AMB, Novaes HMD. Afecções de vias aéreas superiores. In: Sucupira ACSL, Bricks LF, Kobinger MEBA, Saito MI, Zuccolotto SMC. Pediatria em consultório. 4. ed. São Paulo: Ed. Sarvier, 2000:267-93.

Legome E, Shockley LW. Trauma – A comprehensive emergency medicine approach. Cambrige University Press, 2011.

Leung DYM. Dermatite Atópica. In: Kliegman RM, Behrman RE, Jenson HB, Stanton BF. Tratado de pediatria Nelson. 18. ed. Rio de Janeiro: Elsevier, 2009:970-5.

Liesemer K, Bratton SL, Zebrack CM, Brockmeyer D, Statler KD.: Early post-traumatic seizures in moderate to severe pediatric traumatic brain injury: rates, risk factors, and clinical features. J Neurotrauma 2011 May.

Lo DS, Ragazzi SLB, Gilio AE, Martinez MB. Infecção urinária em menores de 15 anos: etiologia e perfil de sensibilidade antimicrobiana em hospital geral de pediatria. Rev Paul Pediatria 2010; 28(4):299-303.

Lopez F, Campos Júnior D. Tratado de pediatria da Sociedade Brasileira de Pediatria. 2. ed. Asma aguda – avaliação e tratamento 2010:541-8.

Lopez FA, Campos Júnior D. Diarréia aguda. Tratado de pediatria da Sociedade Brasileira de Pediatria. 2. ed. 2010:899-909.

Lopez FA, Campos Júnior D. In: Febre reumática. Tratado de pediatria da Sociedade Brasileira de Pediatria. 2. ed., 2010:2127-34.

Lopez FA, Campos Júnior D. Viroses Exantemáticas. In: Tratado de pediatria da Sociedade Brasileira de Pediatria. 2. ed. 2010:1181-9.

Marx JA et al. Rosen's emergency medicine. 7. ed., Mosby – Elsevier, 2010.

Matsuno AK. Parada cardíaca em crianças. Medicina (Ribeirão Preto) 2012; 45(2):223-33.

Mendonça ML. Queimaduras. Disponível em: http://www.sbp.com.br/show_item2.cfm?id_categoria=89&id_detalhe=2898&tipo_detalhe=S.

Ministério da Saúde. Manual de condutas básicas da doença falciforme. 2009.

Ministério da Saúde. Secretaria de Vigilância em Saúde. Departamento de Vigilância Epidemiológica. Dengue: diagnóstico e manejo clínico: criança / Ministério da Saúde. Brasília – DF, 1. ed., 2011.52 p.: il. (Série A. Normas e Manuais Técnicos). Disponível em: http://portal.saude.gov.br/portal/arquivos/pdf/web_dengue_crian_25_01.pdf. Acesso em: 3 de fevereiro de 2013.

Morais MB, Maffei HVL. Constipação intestinal. Jornal de Pediatria 2000; 76(Supl.2). Disponível em:http://www.jped.com.br/conteudo/00-76--S147/port.pdf.

Morelli JG. Arthropod bites and infestations: pediculosis. In: Kliegman RM, Behrman RE, Jenson HB, Stanton BF. Nelson textbook of pediatrics. 19. ed. Elsevier, 2011.

Morguilis R, Schulte G, Camargo LFA, Marra AR. Infecções do sistema nervoso central. In: Knobel E. Condutas no paciente grave. Vol. 1. São Paulo: Atheneu, 2006:983-94.

Mota JAC. Diarréia aguda – abordagem terapêutica. UFMG. Disponível em: http://www.medicina.ufmg.br/edump/ped/diarreia.htm.

Nascimento CM, Marques HHS. Recomendação da Sociedade Brasileira de Pediatria para antibioticoterapia em crianças e adolescentes com pneumonia comunitária. Rev Panam Salud Publica 2004; 15:380-7.

Nelson WE, Behrman RE, Kliegman RM, Arvin AM. Gastroenterite. In: Nelson tratado de pediatria. 15. ed., 1992:840-4.

Niskier R. Prevenção da violência contra crianças e adolescentes: do conceito ao atendimento – campanha permanente da Sociedade Brasileira de Pediatria. Residência Pediátrica. Jan./Abr. 2012; 2(1). Disponível em: http://www.residenciapediatrica.com.br/detalhe_artigo.asp?id=38. Acesso em: 28 de janeiro de 2013.

Oliveira RG. Blackbook pediatria. Belo Horizonte: Blackbook Editora Ltda, 2011:519-21.

Oliveira ZNP, Machado MCR. Sociedade de Pediatria de São Paulo. Dermatite atópica ou eczema infantil, 2011. Disponível em: http://www.spsp.org.br/spsp_2008/materias.asp?Id_Pagina=708&sub_secao=104. Acesso em: 5 de fevereiro de 2013.

Osório MA. Fatores determinantes da anemia em crianças. Jornal de Pediatria 2002; 78(4):269-78.

Pediatric radiology: the requisites. Mosby-Elsevier, 2009.

Pedrazzani ES et al. Helmintoses intestinais. II – Prevalência e correlação com renda, tamanho da família, anemia e estado nutricional. Rev Saúde Públ, São Paulo, 1988; 22:384-9.

Piedra PA, Stark AR. Bronchiolitis in infants and children: clinical features and diagnosis. UpToDate. 2012. Disponível em: http://www.uptodate.com/online. Acesso em: 9 de fevereiro de 2013.

Piedra PA, Stark AR. Bronchiolitis in infants and children: treatment; outcome; and prevention. UpToDate. 2012. Disponível em: http://www.uptodate.com/online. Acesso em: 9 de fevereiro de 2013.

Pitrez PMC, Pitrez JLB. Infecções agudas das vias aéreas superiores – diagnóstico e tratamento ambulatorial. Jornal de Pediatria 2003; 79(Suppl 1):S77-S86.

Piva JP, Czepielewsky M, Garcia PCR, Machado D. Current prospectives for treating children with diabetic ketoacidosis. J Pediatr (Rio de Janeiro) 2007; 83(5 Suppl):S119 -27.

Piva JP, Garcia PCR. In: Medicina intensiva em pediatria. Distúrbios hidroeletrolíticos na criança. Reimpressão da 1. ed., 2006:317-33.

Protocolos da Santa Casa. In: La Torre FPF, Passarelli MLB, Cesar RG, Pecchini R. Emergências em pediatria. São Paulo, 2011:257-67; 445-58; 593-602.

Protocolos de Urgências Pediátricas. Asociación Española de Pediatria, 2010.

Publicação Oficial da Sociedade de Pediatria do Estado do Rio de Janeiro. Infecção urinária: investigação por imagem e quimioprofilaxia. Disponível em: http://www.soperj.org.br/revista/detalhes.asp?id=838.

Riyuzo MC, Piva RC. Infecção do trato urinário. In: Fernandes FR, Setubal JL, Marujo WC. Manual de urgências e emergências em pediatria do Hospital Infantil Sabará. 1. ed. São Paulo: Sarvier, 2010:179-87.

Robert W. Distúrbios de motilidade e doença de Hirschsprung. In: Kliegman RM, Behrman RE, Jenson HB, Stanton BF. Tratado de pediatria. 18. ed., 2009:1570-4.

Rocha AP, Lima AM. Dermatites alérgicas. In: Fernandes FR, Setubal JL, Marujo WC. Manual de urgências e emergências em pediatria do Hospital Infantil Sabará. 1. ed. São Paulo: Sarvier, 2010:417-22.

Santos MS. Anemia aguda. In: Martins HS, Damasceno MCT, Awada SB. Pronto-Socorro – diagnóstico e tratamento em emergências. 2. ed. 2008:2066-73.

São Paulo (Cidade). Secretaria da Saúde. Caderno de violência doméstica e sexual contra crianças e adolescentes. Coordenação de Desenvolvimento de Programas e Políticas de Saúde – CODEPPS. Disponível em: http://www.prefeitura.sp.gov.br/cidade/secretarias/upload/saude/arquivos/crianca/Adolescente.pdf. São Paulo: SMS, 2007.

São Paulo, Brasil. Hospital Municipal Infantil Menino Jesus – PMSP. Protocolo de Assistência Médico-Hospitalar. Meningites.

SBP. Biossegurança na infância e adolescência. Disponível em: http://www.sbp.com.br/show_item2.cfm?id_categoria=90&id_detalhe=264SBP.

SBQ. Tratamento de emergência das queimaduras. Disponível em: http://portal.cfm.org.br/images/stories/pdf/queimados.pdf.

Sectish TC, Prober CG. Pneumonia. In: Behrman RE, Jenson HB, Kliegman R. Nelson tratado de pediatria. 18. ed. Rio de Janeiro: Elsevier, 2009:1801-5.

Silva LR. Diarréia e desidratação. UFBA. Disponível em: http://www.medicina.ufba.br/educacao_medica/graduacao/dep_pediatria/disc_pediatria/disc_prev_social/roteiros/diarreia/diarreia_aguda.pdf.

Simão HM. Departamento de Alergia e Imunologia da Sociedade Brasileira de Pediatria. Atualização em dermatite atópica. Disponível em: http://www.sbp.com.br/pdfs/dermatite_atopica.pdf. Acesso em: 5 de fevereiro de 2013.

Sociedade Brasileira de Pediatria. Diagnóstico diferencial com outras doenças exantemáticas, 2010. Disponível em: http://www.sbp.com.br/show_item2.cfm?id_categoria=24&id_detalhe=960&tipo_detalhe=s. Acesso em: 5 de fevereiro de 2013.

Sociedade Brasileira de Pediatria. Manual prático de atendimento em consultório e ambulatório de pediatra, 2006. Disponível em: http://www.sbp.com.br/pdfs/ManPraticaAtend.pdf. Acesso em: 6 de fevereiro de 2013.

Sociedade Brasileira de Pneumologia e Tisiologia. Diretrizes brasileiras em pneumonia adquirida na comunidade em pediatria – 2007. J Bras Pneumol 2007; 33(Suppl 1):S31-S50.

Sociedade Brasileira de Pneumologia e Tisiologia. Diretrizes da Sociedade Brasileira de Pneumologia e Tisiologia para o Manejo da Asma – 2012. J Bras Pneumol, abril 2012; 38(Supl 1):S1-S46.

Sociedade Brasileira de Queimaduras. Disponível em: http://www.sbqueimaduras.com.br/sbq.

Sociedade de Pediatria do Estado do Rio de Janeiro. Disponível em: http://www.soperj.org.br/novo.

Sociedade Portuguesa Neuropediatria. Tratamento do estado de mal epiléptico em idade pediátrica. Acta Pediátrica Portuguesa 0873-9781/07/38-4/163.

Wald ER. Acute otitis media in children: Diagnosis. UpToDate. 2012. Disponível em: http://www.uptodate.com/online. Acesso em: 10 de fevereiro de 2013.

Wald ER. Approach to diagnosis of acute infectious pharyngitis in children and adolescents. UpToDate. 2012. Disponível em: http://www.uptodate.com/online. Acesso em: 8 de fevereiro de 2013.

Watts KD, Goodman DM. Sibilância em lactentes: Bronquiolite. In: Kliegman RM, Behrman RE, Jenson HB, Stanton BF. Tratado de pediatria. 18. ed., 2009:1779-83.

Yamamoto RM, Campos Júnior D. Manual prático de atendimento em consultório e ambulatório de pediatria. Pediculose. Sociedade Brasileira de Pediatria, 2006:94-5.

Seção XXII – PROCEDIMENTOS NO PRONTO-SOCORRO

Capítulo 177
Analgesia, Sedação e Anestesia

Bruno F. F. Tonelotto • Talita Machado de Carvalho

■ ANALGESIA

A dor é uma das queixas mais frequentes nos prontos-socorros (PS). Atualmente, a dor aguda é vista como um quinto sinal vital, ou seja, é um sinal de alerta para o médico. Assim, este deve sempre **investigar a origem da dor.**

Entendemos como analgesia o alívio da dor sem que haja sedação ou alteração do nível de consciência. Como ganho secundário, a analgesia acarreta diminuição da ansiedade, melhorando o quadro clínico do paciente.

CONSIDERAÇÕES

Um dos principais analgésicos utilizados no Brasil, a dipirona, pode causar reações alérgicas. O paciente com alergia à dipirona poderá apresentar urticária, angioedema, asma e eritema fixo. Os casos mais graves cursarão com edema de glote e anafilaxia. Por isso, é sempre importante perguntar se o paciente é alérgico à dipirona.

Nos casos leves, que cursam apenas com urticária e angioedema, pode-se utilizar anti-histamínico VO: **dexclorfeniramina, 2mg inicialmente e, a seguir, em intervalos de 6 a 8 horas.**

Em casos de anafilaxia, **adrenalina (ampola de 1mL com 1mg) 1:1.000, IM, na dose de 0,3 a 0,5mL.**

> **Importante:** manter vias aéreas pérvias e acesso venoso calibroso.

Caso seja necessária a utilização de morfina, deve-se estar atento à depressão respiratória. É importante que haja no hospital equipamento de ventilação/oxigenação. **Antídoto da morfina: naloxona (ampola de 1mL com 0,4mg) – dilui-se uma ampola em 10mL de água destilada e administra-se 1mL (40mcg) a cada 1 a 3 minutos, até que aumente a frequência respiratória.** Cabe lembrar que, uma vez aplicada naloxona, é importante a vigilância do paciente, pois há risco de insuficiência respiratória por edema pulmonar.

> **Obs.:** antes da aplicação de um medicamento com intuito analgésico, deve-se mensurar a dor. A maneira mais viável de medir a dor do paciente nas emergências é utilizando a escala verbal: nenhuma dor, dor leve, dor moderada, dor forte, dor insuportável ou pior dor possível. Para corroborar o resultado, pode-se aplicar a escala numérica de 0 (nenhuma dor) a 10 (pior dor que o paciente já sentiu).

TRATAMENTO

O tratamento deve sempre ser iniciado por via oral. Caso o paciente não responda a esse tratamento, inicia-se medicação por via parenteral.

Quadro 177.1 Opções medicamentosas de acordo com a classificação da dor

Dor leve (analgésico simples/AINE)	Dor moderada (analgésico simples + opioide fraco)	Dor severa (analgésico simples + opioide forte)
Dipirona VO: 500mg de 6/6h EV/IM: ampola de 2mL com 1g **Paracetamol** VO: 500mg de 4/4h ou 6/6h **Tenoxicam (Tilatil®)** VO: 20 a 40mg 1×/dia EV/IM: ampola de 20 a 40mg **Cetoprofeno (Profenid®)** VO: 50mg de 8/8h Máximo: 300mg/dia IM: ampola de 2mL com 100mg **Diclofenaco de sódio (Voltarem®)** VO: 50mg de 8/8h ou 12/12h IM: ampola de 3mL com 75mg	**Codeína** VO: 30mg de 4/4h **Tramadol** VO: 50mg de 4/4h ou 6/6h Máximo: 400mg/dia EV/SC: ampola de 1mL com 50mg ou 2mL com 100mg.	**Morfina** VO: 10 a 30mg VO de 4/4h (12/12h para a de liberação lenta) EV: ampola de 1mL com 10mg. Aplicar 5mg lentamente a cada 4h. Importante: diluir em 10 mL de água destilada **Meperidina (Dolantina®)** IM/EV/SC: ampola de 2mL com 100mg IM/SC: 25 a 150mg EV: 25 a 100mg. Deve ser feita lentamente (2 a 3 minutos), diluída em 10mL de água destilada, em intervalos de 3 a 4 horas

AINE: anti-inflamatórios não esteroides.

■ SEDAÇÃO

Entende-se por sedação a indução de um estado de calma e tranquilidade que varia desde o estado vigil, orientado e tranqüilo, até a hipnose.

No PS, a sedação costuma ser necessária nos casos de agitação psicomotora ou quando há necessidade de intubação do paciente. Como proceder nos casos de agitação psicomotora é discutido no Capítulo 106, no módulo de Psiquiatria. Aqui, dar-se-á ênfase à sedação para o paciente que necessita de ventilação artificial ou outros pequenos procedimentos.

O sedativo que geralmente encontra-se disponível no PS é o midazolam (**Dormonid®**).

- **Midazolam (ampola de 3mL com 15mg): pode-se iniciar com 2 a 2,5mg EV.** Deve ser administrado 5 a 10 minutos antes do procedimento. Caso o efeito desejado não seja alcançado, podem ser administradas **doses adicionais de 1mg**. Sua ação tem início em 30 a 60 segundos e dura de 3 a 10 minutos. É importante que o **midazolam seja aplicado de modo lento (1mg em 30 segundos).** Em adultos saudáveis, a dose máxima é de 15mg. Em idosos e pacientes muito debilitados, recomendam-se 7,5mg como dose máxima. As contraindicações ao uso do midazolam encontram-se no Quadro 177.2.

Quadro 177.2 Contraindicações ao uso de midazolam

Hipersensibilidade aos benzodiazepínicos
Insuficiência hepática grave
Insuficiência respiratória grave
Miastenia grave
Glaucoma de ângulo fechado
Choque

Ao se administrar midazolam, deve-se ter atenção quanto à possível depressão respiratória. Em casos de intoxicação, as vias aéreas devem ser mantidas desobstruídas e deve-se monitorizar a função cardíaca.

- **Antídoto: flumazenil (ampola de 5mL com 0,5mg): dose inicial de 0,2mg EV, em 15 segundos.** Se o grau desejado na consciência não é atingido em 60 segundos, doses subsequentes (0,1mg) podem ser administradas. Dose máxima cumulativa de 1mg. Em geral, a dose usual é de 0,3 a 0,6mg.

Nos casos de contraindicação ao midazolam, ou quando se suspeita que o paciente apresente tolerância ao medicamento (paciente usuário de álcool ou substâncias ilícitas), são opções os seguintes sedativos:

- **Propofol, 2 a 5mg/kg EV** (não diluir). Se necessário, complementar com doses de 1mg/kg até o efeito desejado. Sua ação inicia em 9 a 50 segundos e dura de 3 a 10 minutos. Deve-se evitar o uso de propofol em pacientes com hipertrigliceridemia, pois sua composição é basicamente lipídica.

Cuidados para a administração do propofol:

- Injeção em bolo deve ser feita em 30 a 60 segundos.
- O propofol é um bom meio de cultura, logo não deve ser utilizado se encontrado aberto. Deve-se ter cuidado com a contaminação.
- É comum haver apneia: deve-se ter em mãos material de suporte ventilatório.
- O propofol causa dor quando injetado. Para evitar esse efeito indesejável, recomenda-se injetar o propofol em veia antecubital em vez de usar uma veia no dorso da mão.
- Contraindicado na gravidez e na lactação.

- **Etomidato (ampola de 10mL com 2mg/mL): 0,2 a 0,3mg/kg EV, lentamente.** Portanto, uma ampola é suficiente para a obtenção de hipnose de 4 a 5 minutos de duração em adultos. Dose máxima: três ampolas. Sua ação tem início em 30 segundos. O etomidato não deve ser usado em pacientes sépticos, sendo sua reação adversa mais temida a insuficiência suprarrenal.

Após a sedação e antes da intubação propriamente dita, é importante que seja feita anestesia local, quando o paciente estiver acordado. Os principais alvos da anestesia são a faringe, a base da língua e a laringe ou a traqueia. Essa anestesia é feita com **lidocaína** *spray* (xilocaína *spray* a 10%).

■ ANESTESIA LOCAL

No PS, o médico deve estar apto a realizar uma anestesia local. Os principais momentos em que essa habilidade será necessária são nas suturas e nas punções de veia profunda. Também é recomendada anestesia local para a coleta de sangue arterial, pois as artérias são ricamente inervadas.

Entende-se por anestesia local a perda da sensibilidade de uma área circunscrita do corpo devido à depressão da excitabilidade das terminações nervosas.

Os principais anestésicos locais encontrados nas emergências brasileiras são:

- **Lidocaína (Xylocaine®) com vasoconstritor (adrenalina) – Dose máxima: 7mg/kg.**
- **Bupivacaína (Marcaine®) com adrenalina – Dose máxima: 225mg.**

O vasoconstritor ajuda a cessar o sangramento local, bem como aumenta o tempo de ação do anestésico local. No entanto, deve-se ter atenção a seu uso nas extremidades (pênis e ponta dos dedos), pois o vasoconstritor pode acarretar irrigação inadequada dessas áreas, ocasionando necrose. Por isso, nesses casos, dá-se preferência aos anestésicos locais sem vasoconstritor:

- **Lidocaína sem adrenalina – Dose máxima: 4,5mg/kg.**
- **Bupivacaína sem adrenalina – Dose máxima: 175mg.**

Existem várias técnicas de anestesia local, a depender da intervenção proposta e do local. Neste capítulo será enfatizado o tipo de anestesia mais utilizado pelo médico generalista: **a anestesia por infiltração**.

A anestesia por infiltração começa no preparo da solução anestésica. Como a lidocaína pura costuma causar ardência, recomenda-se que seja **diluída em água para injeção ou soro fisiológico na proporção de 1:1**.

Deve-se ter em mente qual sítio anatômico se pretende anestesiar para a **escolha adequada da agulha**. Para suturas, em geral, o objetivo é anestesiar o tecido subcutâneo onde será realizada a sutura, bastando uma agulha de insulina. Nos casos de punção venosa profunda, recomenda-se "agulha de canhão preto".

Antes de infiltrar o tecido, deve-se **ASPIRAR**. Caso venha sangue na aspiração, a agulha deve ser retirada e reintroduzida, pois, se injetados por via endovenosa, os anestésicos locais podem causar alterações importantes no SNC e no sistema cardiovascular **(hipotensão, bradicardia e hipoxemia arterial)**. Sempre que for injetada solução anestésica, deve-se aspirar antes.

Após a infiltração de toda a solução anestésica, o local anestesiado costuma ficar elevado. Recomendamos **comprimir o local** por 1 minuto para que o anestésico local seja mais bem distribuído.

Antes do procedimento, faz-se necessário verificar se houve realmente perda da sensibilidade. O teste pode ser feito com uma agulha. É importante que haja uma solução pronta com anestésico durante o procedimento, pois, se o paciente queixar-se de dor, **nova infiltração poderá ser feita**, sempre respeitando a dose máxima permitida.

Capítulo 178
Sutura

Bruno F. F. Tonelotto • Guilherme Morgado

INTRODUÇÃO

Grande parte dos atendimentos nos serviços de urgência é decorrente de feridas traumáticas, sendo a maioria dos pacientes vítimas de agressão ou acidente. Essas lesões acometem mais homens jovens, geralmente na face, no couro cabeludo e nas mãos.

Didaticamente, este capítulo será dividido em avaliação da ferida, tratamento, cuidados pós-tratamento e novas abordagens.

AVALIAÇÃO DA FERIDA

Primeiramente, deve-se fazer uma anamnese com o objetivo de **determinar o tempo e o mecanismo de lesão**. Trata-se de uma etapa de extrema importância, uma vez que influenciará a conduta médica e também será de serventia para fins legais.

Feridas com alto risco de infecção, como as causadas em bueiros, devem ser abundantemente lavadas. Além disso, quanto maior o tempo decorrido entre o trauma e a chegada ao serviço de emergência, maior a chance de infecção. Por outro lado, naquelas em que o trauma está relacionado com vidro, deve-se fazer uma busca minuciosa por corpos estranhos. Nesses casos, também é importante complementar a avaliação com uma radiografia que apresente boa sensibilidade para detectação desses corpos estranhos.

Nos casos de mordedura animal, também é fundamental lavar a ferida e utilizar antisséptico (povidine ou clorexidina). Como regra geral, não se deve suturar esse tipo de lesão; se necessário, deve-se apenas aproximar as bordas da ferida. Entretanto, se o reparo parcial for necessário, o soro antirrábico deverá ser infiltrado 1 hora antes.

Com frequência, há implicações médico-legais envolvidas nesses casos de ferida traumática. Desse modo, a classificação não deve ser negligenciada. **Tipos de lesão: contusa, perfurante, cortante, perfurocortante, cortocontusa e perfurocontusa.**

As lesões contusas são aquelas produzidas por instrumentos rombos, como martelo e pedra. Apresentam bordas estreladas e maceradas. As feridas perfurantes são provocadas por instrumentos longos e pontiagudos, como agulha e ponta de faca. Já as feridas cortantes são aquelas causadas por objetos com gume, como faca e bisturi; e as lesões são retilíneas, com a extensão predominando sobre a profundidade. Nas feridas perfurocortantes, o instrumento age primeiro pela ponta e depois por deslizamento (p. ex., canivete e espada). Nesse tipo de lesão, há predomínio da profundidade sobre a extensão.

As feridas cortocontusas são causadas por instrumento sem gume ou com gume não tão acentuado, como uma enxada. Nesse tipo, as bordas são irregulares e encontram-se hematomas. As lesões perfurocontusas são causadas, principalmente, por projéteis de arma de fogo.

Antes do início do tratamento da lesão, devem ser pesquisadas possíveis lesões neuromusculares e tendíneas, principalmente nas mãos.

TRATAMENTO

Limpeza da ferida

O primeiro passo consiste em lavar bem a ferida traumática, principal medida para evitar infecção. Essa irrigação deve ser feita após anestesia local, porque a dor referida pelo paciente pode impossibilitar uma boa limpeza da lesão.

A irrigação deve ser feita com soro fisiológico sob pressão. O método mais eficaz consiste no uso de uma seringa de 35 a 65mL com agulhas de grosso calibre – desse modo, a pressão gerada consegue remover as bactérias. Outro método consiste na pressão manual sobre o frasco de soro, direcionando o jato para a ferida. Nesse método, a pressão gerada é inferior à proporcionada pelo método anterior, e por isso, a limpeza é menos eficiente. O volume utilizado irá depender da extensão da lesão e da história do trauma. A antissepsia ao redor da ferida é realizada com povidine, eliminando as bactérias ao redor da ferida.

A tricotomia deverá ser feita quando o cabelo interferir na sutura, devendo ser realizada com tesoura. A utilização de lâmina de barbear pode causar pequenas escoriações na pele, o que aumenta as chances de infecção. **As sobrancelhas não devem ser tricotomizadas**, pois podem crescer de maneira irregular.

Anestesia

A anestesia deve ser feita com infiltração na camada subcutânea, sendo a injeção intradérmica também eficaz, porém mais dolorosa. A distração do paciente, a utilização de pequenas agulhas, o aquecimento do anestésico e a administração lenta também são medidas para reduzir a dor do paciente. **O anestésico mais utilizado é a lidocaína, administrada como solução a 1%.** A dose deve alcançar até 0,4mL/kg sem adrenalina; com adrenalina, deve ser de 0,7mL/kg.

A infiltração do anestésico é feita avançando lentamente com a agulha e injetando a solução, sendo importante aspirar antes da administração de modo a evitar infiltração intravascular. O início da ação anestésica ocorre em 2 a 5 minutos e se prolonga de 30 minutos a 2 horas. Quando se adiciona adrenalina, o tempo de ação é prolongado e ocorre a redução do sangramento. Entretanto, a adrenalina deve ser evitada em anestesias digitais.

Se a ferida ainda estiver com sangramento ativo, deverá ser feita hemostasia. O principal método é a compressão direta por cerca de 15 minutos. Se o sangramento persistir, poderá ser feita a ligadura da artéria.

Fios de sutura

A escolha do fio de sutura também é importante para o sucesso do procedimento. Entre os diversos tipos de fio existentes para sutura da pele os mais utilizados são os **fios inabsorvíveis 3-0 a 6-0 monofilamentados.**

Sutura

Nas lesões traumáticas cutâneas, os dois principais pontos utilizados são o **ponto simples e o de Donnatti**. O simples é utilizado para a maioria das feridas não complicadas, enquanto o de Donnatti é usado para lesões de maior tensão ou com sangramento mais importante. Primeiramente, será descrita a técnica do **ponto simples**:

1. Apresentar as bordas da ferida utilizando pinça dente de rato.
2. Penetrar a pele com agulha em ângulo de 90 graus.
3. Realizar o movimento com o punho, acompanhando a curvatura da agulha. A passagem da agulha pelas bordas da lesão pode ser feita em um ou em dois tempos.
4. Após a passagem da agulha, esta deve ser retirada da pele com a utilização do porta-agulha. É importante evitar o uso das mãos para manusear a agulha, o que aumenta os riscos de acidente.
5. Inicia-se a confecção do nó e, com os dois primeiros quirodátilos, segura-se a ponta do fio com a agulha, enquanto a outra mão está segurando o porta-agulha.
6. Enrolar o fio em volta do porta-agulha.
7. Utilizando a ponta do porta-agulha, realiza-se uma preensão na outra extremidade do fio, sem a agulha.

8. Tracionar o porta-agulha em sentido oposto ao da outra ponta do fio, concluindo o primeiro seminó.
9. Para realizar o segundo seminó, a técnica é muito semelhante, mas deve-se enrolar a fio no porta-agulha no sentido oposto ao utilizado no primeiro seminó. Então, para terminar o ponto, realiza-se um terceiro seminó igual ao primeiro.

O **ponto de Donnatti** é dividido em duas partes:
1. Na primeira parte, o movimento é igual ao do ponto simples, mas deve-se passar o ponto mais profundamente. Após passar a agulha pelo outro lado da lesão, deve-se girá-la em 180 graus.
2. Na segunda parte, a passagem da agulha deve ser feita no sentido oposto e superficialmente. Para terminar, realiza-se um nó igual ao dado no ponto simples.

Após executado o ponto, corta-se o fio, não se devendo seccionar o fio muito próximo ao nó. O número de pontos necessários para fechar a ferida irá depender da extensão desta. Para finalizar o procedimento aconselha-se proteger a ferida com um curativo não oclusivo.

CUIDADOS PÓS-TRATAMENTO
Retirada dos pontos
O momento da retirada dos pontos é influenciado pelas características da lesão, pelo local acometido e pelas comorbidades apresentadas pelo paciente. Entretanto, o **tempo médio é de 7 dias**. Algumas comorbidades dificultam a cicatrização das feridas, como desnutrição, diabetes, arterioesclerose e tabagismo.

Complicação
A principal complicação nos pacientes com feridas traumáticas é a infecção com formação de abscesso e deiscência de sutura. Entretanto, não há indicação de antibioticoterapia profilática.

Profilaxia para tétano
A profilaxia para tétano é de extrema importância nos pacientes vítimas de lesão traumática. Nos pacientes que foram imunizados ativamente há pelo menos 10 anos, deve-se administrar uma dose de reforço. Se a imunização do paciente tem mais de 10 anos, também deve ser administrada uma dose de reforço, mas se a ferida for grave ou tiver mais de 24 horas, além do reforço estará indicado o uso de imunoglobulina tetânica humana, 250 a 500UI. Se o paciente nunca foi imunizado e apresenta uma ferida pequena e limpa, administra-se o reforço, porém em qualquer outro tipo de lesão está indicada a imunoglobulina tetânica, além da possível utilização de penicilina.

NOVAS ABORDAGENS
Recentemente, foram criadas novas formas de tratamento de feridas traumáticas, como adesivos de uso tópico, grampos e curativos de Micropore®.

O uso de adesivos tópico está indicado em feridas não submetidas à tensão; assim sendo, deve-se realizar a sutura da lesão em mãos, pés e próximo a articulações. As vantagens dessa abordagem induzem redução da dor, aplicação rápida, bom resultado estético, não é necessário o retorno do paciente e as substâncias utilizadas apresentam propriedades antimicrobianas. A principal complicação é o extravasamento do líquido para fora da ferida, o qual pode ser removido com acetona.

Os grampos podem ser utilizados em lesões lineares, principalmente localizadas no tronco, nos membros e no couro cabeludo. Para esse procedimento é necessária anestesia local. Além disso, está indicada a aplicação diária de antibiótico tópico na ferida. O tempo para retirada dos grampos irá depender do local acometido, sendo, necessários, em média, 10 dias. Entretanto, a dificuldade na retirada é uma possível complicação.

Os curativos de Micropore® também podem ser utilizados para o fechamento de pequenas lesões, sendo um procedimento de rápida realização e que causa menos dor ao paciente.

Capítulo 179
Intubação Orotraqueal

Bruno F. F. Tonelotto • Guilherme Morgado

INTRODUÇÃO

A oferta inadequada de oxigênio é um dos fatores que mais rapidamente causam a morte do paciente. Desse modo, **os principais protocolos de atendimento ao paciente na emergência têm como prioridade absoluta a obtenção de uma via aérea segura.** Por isso, foram desenvolvidos diversos dispositivos que visam, principalmente, a garantir boa oferta de oxigênio e a desobstruir a via aérea.

■ VIA AÉREA NÃO INVASIVA

Nos pacientes conscientes e com insuficiência respiratória leve, utiliza-se uma máscara facial, por meio da qual é ofertada uma fração inspirada de O_2 de até 100%. Naqueles pacientes com suspeita de obstrução de vias aéreas, cuja etiologia principal é a queda da língua, utilizam-se as manobras de elevação da mandíbula (*head tilt chin lift*) e tração da mandíbula (*jaw thrust*). Na primeira, o médico fica ao lado do paciente e, com a mão na fronte deste efetua a extensão da coluna cervical, enquanto eleva a mandíbula com a outra mão. Na segunda manobra, o socorrista posiciona-se atrás da cabeça do paciente e, com os dedos no ângulo da mandíbula, realiza a tração. Esta última manobra deve ser usada, principalmente, em pacientes politraumatizados, nos quais deve ser sempre considerada uma possível lesão de coluna cervical. Existe, ainda, um dispositivo que evita a queda da língua, a cânula de Guedel ou orofaríngea. A introdução da cânula de Guedel na cavidade oral deve ser feita com a ponta virada para o palato duro e, depois, girada 180 graus. É importante ressaltar que esse dispositivo deve ser utilizado em pacientes com rebaixamento do nível de consciência, uma vez que sua introdução induz o reflexo do vômito.

A ventilação com bolsa-valva-máscara é outra manobra de grande importância para garantir boa ventilação do paciente, enquanto não se obtém uma via aérea definitiva. Entretanto, para o sucesso desse dispositivo deve-se dominar a técnica de posicionamento da máscara na face do paciente. Posiciona-se a máscara, inicialmente, um pouco abaixo da base do nariz, descendo para a boca; para segurar a máscara é usada a técnica do C e do E. Nessa técnica, com o polegar e o indicador formando um C e fixando a máscara na face do paciente, e com os outros três dedos em forma de E, traciona-se a mandíbula para cima. Essa manobra garante o acoplamento correto da máscara na face e a abertura da via aérea.

■ INTUBAÇÃO OROTRAQUEAL
INDICAÇÕES

Se nenhuma das manobras citadas for capaz de conferir boas ventilação e oxigenação para o paciente, o próximo passo consistirá em garantir uma via aérea definitiva por meio de dispositivos invasivos. **Nesse contexto, o principal procedimento é a intubação orotraqueal.**

Além disso, a intubação orotraqueal tem uma série de outras indicações, as quais podem ser divididas em quatro grupos: **obstrução da via aérea, excessiva secreção pulmonar, falência respiratória e perda dos reflexos de proteção da via aérea.**

Entre as possibilidades de obstrução destacam-se traumatismo facial, inalação de gases quentes ou fumaça, corpos estranhos, edema da laringe e espasmo da laringe. Nos casos de secreção excessiva, destacam-se os pacientes debilitados que não conseguem eliminar a secreção ou aqueles que produzem uma quantidade muito grande de secreção e não é possível a aspiração dessa secreção. Já os pacientes com acidente cerebrovascular, traumatismo cranioencefálico e *overdose* perdem os reflexos de proteção das vias aéreas. O último grupo é constituído pelos pacientes com falência respiratória, ou seja, doença neuromuscular, edema pulmonar, atelectasias importantes e hipoventilação.

PREPARAÇÃO PARA O PROCEDIMENTO

Antes de iniciado o processo de intubação e administração de fármacos, é fundamental **oxigenar o paciente**, o que retarda a hipoxemia e a dessaturação arterial durante o processo. Essa oxigenação pode ser feita utilizando a **técnica bolsa-valva-máscara**, descrita anteriormente. Além disso, durante todo o processo de intubação são mandatórias a monitorização cardioscópica e a oximetria de pulso.

Antes da intubação orotraqueal, é necessário posicionar o paciente corretamente, de modo que haja o alinhamento da cavidade oral, da faringe e da laringe. Esse objetivo é alcançado mediante a colocação de coxim occipital, associada à extensão da cabeça sobre o pescoço. Nos pacientes obesos, colocam-se coxins nos ombros, escápulas, pescoço e cabeça, assumindo uma posição denominada *ramped*. Além disso, principalmente nos pacientes com estômago cheio, deve-se comprimir a cartilagem cricóidea contra a vértebra, o que se denomina manobra de Sellick. Essa manobra visa a pressionar o esôfago e a evitar regurgitações. **O material a ser utilizado deverá ser testado antes do começo do processo: com uma seringa, infla-se o balonete, verificando se o dispositivo funciona corretamente, assim como é checada a luz do laringoscópio.**

O **tamanho do tubo traqueal** também é importante, uma vez que um tubo muito fino pode causar insuficiência respiratória, enquanto um tubo muito calibroso pode causar sérios danos à laringe. **Para homens utiliza-se um tubo entre 7,5 e 9,5 e, em mulheres, entre 7,0 e 8,5.** Certamente, a escolha adequada do tamanho do tubo deve ser feita relacionando-o ao peso do paciente por meio de uma tabela preexistente.

ANALGESIA E SEDAÇÃO

Como a intubação orotraqueal é um procedimento desconfortável para o paciente, são utilizados medicamentos para diminuir o nível de consciência e analgesia. Entretanto, deve-se ter cuidado com esses fármacos, pois eles podem induzir o vômito e, principalmente, diminuir o reflexo da tosse. Primeiramente, sempre que possível, deve ser feita **anestesia local com lidocaína** *spray*. Essa medida também causa vasoconstrição local, o que reduz as chances de sangramento durante a intubação. Após a administração local, administra-se uma dose de **fentanil (50 a 150mcg)**, que tem como objetivo provocar analgesia e sedação. Se o paciente estiver com rebaixamento do nível de consciência considerado adequado para a intubação, deve-se prosseguir. No entanto, caso esse nível ainda não tenha sido atingido, pode-se utilizar **etomidato (0,3mg/kg), propofol (1 a 1,5mg/kg)** ou **midazolam (0,02 a 0,04mg/kg)**. Um bom parâmetro para determinação do nível de consciência é a falta de resposta ao reflexo da digitopercussão glabelar. Se mesmo após a utilização desses fármacos não for possível a intubação, pode-se utilizar a **succinilcolina (0,5 a 1mg/kg)**. Esse medicamento é um bloqueador neuromuscular, portanto deve ser utilizado com muita cautela, já que provoca apneia no paciente.

PROCEDIMENTO

Após essas medidas, inicia-se a intubação, segurando com a mão esquerda o laringoscópio, enquanto, com a mão direita, abre-se a boca do paciente. **A lâmina do laringoscópio deve ser inserida pelo lado direito da cavidade oral e deslocar a língua para a esquerda.** Nesse momento, é importante verificar se a lâmina do laringoscópio não está comprimindo o lábio inferior para evitar possíveis lesões. Ao se utilizar uma lâmina reta (lâmina de Miller), deve-se posicioná-la abaixo da epiglote, enquanto a lâmina curva (lâmina de Macintosh) deve estar posicionada na valécula. Em seguida, **traciona-se o laringoscópio para cima, mantendo um plano perpendicular à mandíbula para visualização das cordas vocais.** É fundamental manter esse plano perpendicular para evitar, principalmente, lesões dentárias. O tubo traqueal é manuseado com a mão direita e introduzido pelo canto direito da boca, de modo que seja possível visualizá-lo ultrapassando as cordas vocais. O tubo é inserido até o balonete não ser mais visualizado e, então, infla-se o balonete. **A pressão do balonete deve ser mantida entre 20 a 30cmH$_2$O.** Se essa pressão estiver muito elevada, pode ocasionar isquemia da traqueia, o que causa complicações sérias, como traqueomalacia e estenose traqueal.

MEDIDAS APÓS O PROCEDIMENTO

Após a inserção do tubo traqueal, o passo seguinte consiste em verificar, por etapas, se o posicionamento está correto. A primeira etapa consiste em **visualizar a passagem do tubo pelas cordas vocais** e, depois de posicionado, deve-se perceber sua condensação. Os próximos passos são no sentido de se **visualizar a expansão simétrica e bilateral do tórax e efetuar a ausculta. A ausculta deve ser feita, primeiramente, no epigástrio**, para excluir o posicionamento do tubo no esôfago; **em seguida, prossegue-se auscultando todo o tórax**, para descartar uma intubação seletiva, que ocorre quando o tubo traqueal está posicionado apenas em um brônquio, e com isso somente um pulmão é ventilado. **Para evitar a intubação seletiva, e como regra geral, posiciona-se o tubo traqueal na marca de 23cm nos homens e na marca de 21cm nas mulheres em relação aos dentes incisivos.** Existe ainda outra alternativa para verificar se o tubo orotraqueal está posicionada corretamente, que consiste na utilização de um aparelho detector de CO_2 exalado. Por último, depois da fixação do tubo, solicita-se uma radiografia de tórax para descartar alguma complicação e certificar-se da localização correta, que deve ser de 3 a 4cm da carina.

■ VIA AÉREA DIFÍCIL

Em alguns pacientes, a abordagem da via aérea torna-se difícil, geralmente em virtude de alterações anatômicas. Nesses casos, é importante que o profissional de saúde conheça as alternativas para acessar a via aérea desse paciente, e solicite sempre a ajuda de um profissional mais experiente.

Existem alguns preditores de via aérea difícil: obesidade, traumatismo facial, abertura limitada da boca, macroglossia, pescoço curto, mobilidade cervical restrita, prognatismo e retrognatismo. Além disso, existem escalas que visam a prever a dificuldade de intubação: a escala de Mallampati e a escala de Cormack e Lehane. Em situações de emergência, entretanto, essa avaliação prévia, principalmente com as escalas, é muitas vezes ignorada.

As alternativas para o manejo desse tipo de via aérea dependem de a ventilação ser feita com sucesso ou não. Essas alternativas consistem em máscara laríngea, laringoscopia óptica, fibroscopia flexível, intubação retrógrada e Comitube®. Entretanto, se mesmo diante dessas opções não for possível ofertar oxigênio para o paciente, deve-se prosseguir para os acessos laríngeos invasivos. Nesse cenário, as opções são cricotireoidostomia com cateter calibroso, cricotireoidostomia percutânea e traqueostomia, sendo a cricotireoidostomia com cateter calibroso o método mais rápido. Em situações em que a intubação orotraqueal ou nasotraqueal está contraindicada (p. ex., em fraturas faciais), recomenda-se a realização desse procedimento invasivo. A traqueostomia deve ser evitada em situações de emergência, por ser um procedimento mais demorado.

Capítulo 180
Punção Arterial

Bruno F. F. Tonelotto • Alex Bersot Barbarioli

INTRODUÇÃO

A **punção arterial** baseia-se em um procedimento no qual a via arterial do paciente é acessada por meio de uma agulha conectada a uma seringa para retirada de sangue ou na colocação de um cateter ou dispositivo de monitoramento. Deve ser destacado que punções repetitivas podem causar lesões e desconfortos; por isso, nesses casos, deve-se dar preferência à utilização de cateter em vez de persistir na retirada de sangue arterial por um sistema de agulha-seringa.

Quadro 180.1 Indicações da punção arterial

Monitorização da pressão arterial de maneira contínua (nas seguintes situações: instabilidade hemodinâmica, utilização de fármacos vasoativos, hipertensão intracraniana, pós-operatório de cirurgias de grande porte)
Coletas frequentes de amostras de sangue arterial (realização da gasometria)
Posicionamento de balão intra-aórtico de contrapulsação percutâneo

Quadro 180.2 Contraindicações à punção arterial

Grave vasculopatia periférica
Ausência de circulação colateral na mão, caso o local da punção seja a artéria radial para utilização de um cateter. Para avaliação, deve ser realizada a manobra de Allen, descrita mais adiante, neste capítulo
A coagulopatia é uma contraindicação relativa; deve ser avaliado se há vantagens na colocação de um cateter em relação a punções repetitivas
Infecções na pele ou no local a ser puncionado

PROCEDIMENTO

Deve-se realizar a higienização das mãos antes e depois da manipulação do paciente. Antes do início do procedimento, é necessário conhecer a anatomia e saber qual será a técnica utilizada.

Os locais preferidos para punção são as artérias radial, pediosa e femoral, devendo ser evitada a artéria braquial em razão da maior probabilidade de complicações trombóticas. Para maior conforto do paciente, deve-se dar sempre preferência aos lados não dominantes.

Na artéria radial, caso o procedimento consista na colocação de um cateter, deve-se realizar o teste de Allen, a fim de avaliar se a circulação colateral é viável. Esse teste é efetuado da seguinte maneira: comprime-se o punho do paciente na região das artérias radial e ulnar; solicitar-se a ele que abra e feche a mão até a palma se tornar pálida e fria (geralmente após cerca de dez flexões); com o paciente com a mão aberta, solta-se a compressão da região da artéria ulnar; caso seja observado o enchimento rápido da mão (em menos de 15 segundos), isso indica que a circulação colateral é pérvia; caso a mão continue pálida, a colocação de cateter na artéria radial está contraindicada; em caso de dúvida, deve-se proceder ao Doppler.

Este capítulo descreverá apenas as técnicas percutâneas, pois em casos mais complicados, em que estas não sejam possíveis, deverá ser requisitada a presença de um especialista.

Descrição do processo de coleta do sangue arterial (para gasometria arterial)

1. O primeiro passo deve ser sempre explicar o procedimento/objetivo para o paciente consciente. O paciente deve estar em repouso por pelo menos 10 minutos antes do procedimento (esperar um tempo maior após prova de função pulmonar).

2. Deve-se colocar o paciente em posição confortável, sentado ou em decúbito dorsal. Também é necessário deixar a posição confortável para o operador que irá proceder à coleta (deve-se ficar atento quanto à altura da maca, à posição ao lado do membro do paciente, à presença dos protetores laterais da maca etc.).
3. Separar o material a ser utilizado conforme o Quadro 180.3.

Quadro 180.3 Material a ser utilizado na coleta de sangue arterial

Bandeja previamente desinfetada	Luva de procedimentos
Seringa e agulha para tecido subcutâneo (SC), também chamadas seringa e agulha de insulina	Clorexidina alcoólica a 0,5% (caso não esteja disponível, utilizar álcool a 70%)
Seringa de 3mL	Solução de heparina
Duas agulhas 25 × 7	Anestésico: lidocaína sem adrenalina
Um pacote de gaze estéril	

4. A seringa de 3mL será utilizada para coleta sanguínea e, por isso, deve ser preparada com a heparina. O primeiro procedimento consiste na limpeza da tampa do frasco-ampola de heparina com gaze e álcool a 70%. Em seguida, deve-se introduzir no frasco-ampola o sistema seringa-agulha 25 × 7, aspirando por volta de 1mL de heparina. O objetivo é umidificar o êmbolo e a seringa e não manter a heparina na seringa. Por isso, faz-se a heparina percorrer todo o trajeto longitudinal e circunferencial da seringa com o movimento de descida e subida do êmbolo, com a seringa em posição vertical. Despreza-se a heparina para o interior do frasco-ampola, empurrando todo o êmbolo da seringa. Após esse processo, também se despreza a agulha, colocando uma agulha 25 × 7 nova. Esse processo deve reter em torno de 0,4mL de heparina na seringa, o suficiente para não alterar consideravelmente o exame e impossibilitar a coagulação sanguínea até a leitura do sangue pela máquina.
5. O local preferencial para a punção é a artéria radial, na altura do túnel do carpo.
6. Limpar a pele com clorexidina alcoólica a 0,5% ou álcool a 70%, em movimentos contrários ao sentido do pelo.
7. Verificar se o paciente possui alergia a medicamentos e se faz uso de anticoagulantes. Neste capítulo será descrito o processo com anestésico local, que diminui a ansiedade, a hiperventilação e o desconforto do paciente.
8. Utilizando a seringa de insulina com a agulha fina, injeta-se em via SC o anestésico local, lidocaína sem adrenalina (0,3mL), de modo a fazer um botão anestésico. Massageia-se a região para aumentar sua eficácia.
9. Deve-se contar com a ajuda de um auxiliar para estender o punho do paciente (ou amarrá-lo na maca, de modo que fique estendido).
10. Introduz-se a seringa previamente preparada com heparina em um ângulo de 45 graus com a pele. O bisel deve estar voltado contra a corrente sanguínea.
11. Deve-se penetrar aspirando. Ao alcançar a artéria, o sangue deve fluir com certa facilidade (por se tratar de sangue arterial, sua pressão é maior que a do venoso).
12. Após a coleta de sangue necessária, retira-se a seringa com a agulha e deve-se comprimir com força o local de punção com gaze estéril por, no mínimo, 5 minutos (alguns pacientes precisam de um tempo maior, sendo este um critério subjetivo de avaliação do operador).
13. O ideal é levar imediatamente o sangue coletado para o aparelho que fará a leitura da gasometria (não sendo possível ultrapassar 10 minutos), com a retirada da agulha apenas no momento de introdução da seringa na máquina. Outra observação importante é que a amostra não pode conter ar, o qual precisa ser retirado.
14. A utilização do aparelho que analisa o sangue depende do fabricante. Por isso, recomenda-se que, antes do exame, o operador peça ajuda a alguém experiente na manipulação da máquina e que leia as instruções fornecidas pelo fabricante.

Descrição do processo de colocação de um cateter na artéria radial

1. Para iniciar, recomenda-se que seja executada a mesma conduta dos itens 1 e 2 do processo de coleta de sangue arterial descrita neste capítulo.
2. Após a conduta inicial, deve ser escolhido o local de punção. O local mais recomendado, e descrito neste capítulo, é a artéria radial, na altura do túnel do carpo (na mão não dominante do paciente). Após a escolha, procede-se ao teste de Allen (descrito anteriormente neste capítulo).
3. Se não houver contraindicação, deve ser solicitado a algum assistente que mantenha uma dorsoflexão na mão do paciente, facilitando a visualização do vaso.
4. Palpar a artéria radial em seu trajeto até penetrar no retináculo flexor. Em geral, é possível delimitar de 2 a 3cm.
5. O operador deve estar com paramentação cirúrgica completa. A área precisa ser preparada com solução antisséptica, seguida da colocação de um campo estéril fenestrado.
6. Deve-se injetar uma solução de anestésico no subcutâneo, como a lidocaína sem adrenalina (por volta de 0,3mL). Para espalhar o anestésico em torno do vaso, a região deve ser massageada com as polpas digitais.
7. Penetrar a pele, sem perfurar a artéria, utilizando um Jelco 19G em posição de 30 graus no sentido do contrário à circulação sanguínea, de modo a facilitar a passagem do cateter.
8. Utilizando um dispositivo plástico sobre agulha (20G) acoplado a uma seringa com 2mL de solução fisiológica, punciona-se a artéria na posição de 30 graus em relação à pele do paciente.
9. Quando o dispositivo chegar à artéria, haverá retorno sanguíneo. Nesse momento, introduz-se um pouco mais o dispositivo para garantir uma margem de segurança. Reduz-se o ângulo de entrada para 10 graus, seguido da introdução do cateter em movimentos suaves rotatórios, concomitantemente à retirada da agulha metálica.
10. O cateter precisa ser mantido heparinizado, independentemente de estar conectado ou não a um dispositivo de monitoramento. É necessária a realização de um curativo oclusivo, além da colocação de tala que impeça a movimentação do punho (de maneira que não se perca o acesso arterial). Outros cuidados gerais são descritos no item 11, a seguir.
11. Cuidados gerais:
    - Checar diariamente o local de inserção do cateter, além de toda a área do membro, principalmente regiões distais, como as polpas digitais (observar coloração, perfusão capilar periférica, aspecto etc.).
    - Deve-se utilizar solução salina estéril para irrigação contínua do cateter, mantendo a infusão de 500mL da solução com 1mL de heparina (em bolsa pressurizada com 300mmHg, trocada a cada 24 horas). Não utilizar solução glicosada ou irrigação intermitente (tipo *flush*).
    - Troca ou retirada do cateter em até 72 horas. Deve ser lembrado que quanto menor o tempo, menores as possíveis complicações.
    - Restringir a movimentação do punho (utilização de tala). Manter-se atento a possíveis sinais de garroteamento.
    - A PAM deve ser zerada na altura da linha axilar média com o paciente em decúbito dorsal.
    - Sempre retirar as bolhas do sistema.
    - Caso o cateter apresente obstrução, aspirar o conteúdo com uma seringa. Nesse caso, não se deve injetar qualquer solução.
    - Para a manipulação do sistema, utilizar a técnica asséptica.
    - Condições para retirada do cateter: infecção local, isquemia local/distal, curva pressórica amortecida por tempo sustentado e dificuldade de aspiração de sangue pelo cateter.

Quadro 180.4 Possíveis complicações da punção arterial

Infecção do cateter (possível foco sistêmico)
Trombose, embolização tanto proximal como distal
Vasoespasmo
Formação de aneurismas ou fístulas
Neuropatia compressiva
Hemorragia (ficar atento se a conexão está segura) ou hematoma periarterial
Necrose/gangrena da área digital

Capítulo 181
Drenagem de Abscesso Subcutâneo

Bruno F. F. Tonelotto • Renata Pereira Teodoro

INTRODUÇÃO

O abscesso subcutâneo consiste no **acúmulo localizado de pus no tecido subcutâneo**, com a formação de uma cavidade preenchida por material purulento, constituído de exsudato inflamatório, tecido necrótico, micro-organismos e células fagocitárias destruídas. Essa cavidade é separada dos tecidos normais adjacentes por uma membrana formada por leucócitos polimorfonucleares e fibroblastos, conhecida como membrana piogênica.

O *Staphylococcus aureus* apresenta-se como o agente etiológico mais comum, principalmente nos abscessos localizados em troncos e membros, os quais também podem ser causados por estreptococos a anaeróbios. Abscessos nas regiões perianal, genital e inguinal também têm como agentes os anaeróbios, *Escherichia coli*, difteroides e *Proteus*.

QUADRO CLÍNICO

O abscesso subcutâneo caracteriza-se por uma tumoração de tamanho variável, com presença de rubor, calor e dor. **A presença de tumoração flutuante indica que a drenagem deve ser realizada**. Manifestações sistêmicas, como febre, mal-estar e calafrios, podem estar presentes, e é comum a apresentação de uma área de celulite ao redor. Em geral, ocorre como complicação de outras infecções de pele (p. ex., erisipela, celulite, hidradenite supurativa, furunculose), por contaminação de lesões epiteliais traumáticas ou em caso de bacteriemia.

CONSIDERAÇÕES

Quando o abscesso ainda se encontra na fase de maturação, está indicada antibioticoterapia sistêmica. No entanto, quando já se apresenta formado, bem delimitado e com área de flutuação, a terapia adequada consiste em incisão e drenagem, a fim de retirar o conteúdo infectado e evitar sua disseminação. Além disso, a presença da membrana piogênica impede que o antimicrobiano alcance concentrações terapêuticas adequadas no interior da lesão.

A incisão e drenagem devem ser sempre seguidas de antibioticoterapia. Podem ser usadas cefalosporinas de primeira geração **(cefalexina, 500mg VO de 6/6h, ou cefadroxil, 500mg VO de 12/12h, por 10 a 14 dias)**; β-lactâmicos associados a inibidores de β-lactamase **(amoxicilina + clavulanato, 500mg VO de 8/8h, por 5 a 10 dias)**. Em pacientes alérgicos à penicilina, pode-se optar por **clindamicina, 300mg VO de 8/8h, ou eritromicina, 250 a 500mg VO de 6/6h, por 10 a 14 dias**.

PROCEDIMENTO

O abscesso deve ser drenado em local apropriado, sendo fundamentais a assepsia da pele e a utilização de materiais estéreis no procedimento, a fim de evitar a contaminação da lesão por outros micro-organismos, embora esta já se apresente contaminada. A anestesia pode ser feita no local, com infiltração intradérmica de anestésicos comumente utilizados, como lidocaína a 2%. Entretanto, quando o abscesso apresenta tensão na parede, deve ser puncionado antes, uma vez que o pus pode extravasar com muita pressão através da pele.

Realiza-se a incisão com lâmina de bisturi no local de maior flutuação, onde geralmente a pele fica mais fina, obedecendo ao sentido das linhas de força da pele, o que torna possível a saída da secreção purulenta. Um pouco do material deve ser coletado para exame bacteriológico, como coloração por Gram, cultura e antibiograma. **Não se deve espremer a lesão, pois pode ocorrer o rompimento da membrana piogênica, com contaminação dos tecidos ao redor e disseminação sanguínea dos micro-organismos.** A utilização de pinça hemostática para afastamento das bordas pode auxiliar a drenagem do pus.

Nos abscessos mais profundos, pode ser necessária a colocação de dreno de Penrose após o esvaziamento, o qual permanecerá até a parada de eliminação da secreção e o desaparecimento da cavidade. Deve ser colocado em um orifício de passagem amplo, a pequena distância do local a ser drenado, e para que não ocorra a oclusão de sua luz por depósitos de secreção, é importante que seja observado e tracionado quando necessário. O orifício de saída deve permanecer ocluído com gaze estéril, e deve ser realizado curativo oclusivo. Nos superficiais, há a opção pela retirada de um fragmento de pele no local da drenagem ("drenagem em janela"), e não há necessidade de colocação de dreno.

A ferida não deve ser suturada. Deve ser feito apenas um curativo, o qual precisa ser trocado todos os dias, sendo a cicatrização promovida por segunda intenção.

Capítulo 182
Sonda Nasogástrica e Orogástrica

Bruno F. F. Tonelotto • Alex Bersot Barbarioli

INTRODUÇÃO

A sonda gástrica é um tubo flexível que atua tanto para aspiração como para alimentação. Desse modo, há a possibilidade de retirada do conteúdo gástrico para análise ou tratamento de obstruções do trato digestivo e administração de alimentos/medicamentos, respectivamente.

Alguns dentre os diversos tipos de sondas, conforme sua função, são apresentados no Quadro 182.1. Cada sonda apresenta características próprias, as quais deverão ser revistas antes da utilização, conforme as informações fornecidas pelos fabricantes. Quando colocada por curto período de tempo, é possível utilizá-la na forma orogástrica mas, de modo em geral, estão implicadas as colocações nasogástrica e nasoentérica.

Antes do início do procedimento é necessário explicar ao paciente a função da sonda e o que ele deve fazer para colaborar. Deve ser informado que é necessária respiração oral (para a sonda nasogástrica) e que o processo não é agradável, podendo provocar o reflexo do vômito. Devem ser investigadas lesões de coluna cervical, uma vez que nessas situações o paciente não poderá movimentar a cabeça.

Caso não seja possível a passagem da sonda por meio do processo descrito, será necessário contar com o auxílio de recursos endoscópicos.

Quadro 182.1 Tipos de sondas e funções

Função	Nome
Aspiração e irrigação (lavagem)	Sonda simples de Salem, Moss, Levin, Ewald, Harris, Cantor e Miller-Abboutt
Hemorragias originadas de varizes esofágicas	Sengstaken-Blakemore
Alimentação e medicação	Moss, Levin, Dobhoff, Keofeed, Flexiflo, Nutriflex e Entriflex

Quadro 182.2 Indicações e contraindicações ao uso de sonda nasogástrica/orogástrica

Indicações
Diagnóstico de trauma perfurante de estômago ou esôfago
Diagnóstico ou monitorização de hemorragia digestiva alta
Monitorização do abdome agudo
Profilaxia de broncoaspiração em politraumatizados e inconscientes
Adjuvante no tratamento de abdome agudo (obstrutivo, inflamatório ou perfurativo), corrosão de orofaringe, esôfago e estômago
Utilizado para nutrição naqueles que não apresentam deglutição espontânea (p. ex., estenose esofágica ou pilórica)
Pós-cirurgia abdominal, devido ao íleo paralítico
Desnutrição
Distúrbios psíquicos
Lavagem gástrica
Contraindicações
Evita-se o uso em caso de suspeita ou certeza de lesão de traumatismo cranioencefálico (presença de sinal de Battle, Guaxinim etc.)

■ SONDA NASOGÁSTRICA
PROCEDIMENTO

1. As mãos devem estar lavadas e com luvas de procedimento.

2. Definir qual narina deverá ser utilizada, analisando o diâmetro de cada uma e possíveis obstruções. Evidentemente, aquela de maior diâmetro deverá ser a escolhida. Posicionar o paciente em *Fowler* (45 graus) ou em decúbito dorsal com a cabeça lateralizada. Deixar uma toalha ao alcance do paciente para que seja usada como "babador", colocando-a na região torácica superior.
3. A narina deverá ser limpa com um cotonete. Anestesia local da narina utilizando aerossol ou geleia (cerca de 3mL de xilocaína com auxílio de uma seringa).
4. Anestesia local da orofaringe utilizando xilocaína/tetracaína em aerossol/*spray*.
5. Pedir para o paciente iniciar respiração pela cavidade oral. Deglutir água com canudo pode ser permitido, dependendo da dieta recomendada para o paciente.
6. Lubrificar a sonda com substância solúvel em água em seus 8cm iniciais (algumas sondas já contêm lubrificante, o qual deverá ser molhado para ser ativado). Em alguns casos, pode ser realizada lubrificação com geleia anestésica. Lembrar de escolher a sonda conforme sua função (Quadro 182.1). Para saber o tamanho, medir a distância do lóbulo da orelha até a ponta do nariz e desta até o apêndice xifóide, adicionando 5cm (cerca de dois dedos). Para marcar o local, uma tira de fita deverá ser colocada no entorno da sonda.
7. Com a mão dominante, colocar delicadamente a sonda perpendicularmente à narina, enquanto a mão não dominante é utilizada com intuito de sustentar a cabeça do paciente e elevar a ponta do nariz.
8. O processo deve ser lento e sem forçar em obstáculos. Caso se encontre um, retornar um pouco e tentar novamente.
9. Observar se existem complicações mais graves, como cianose, sofrimento respiratório etc. Se persistirem, suspender o processo até a recuperação do paciente. Se forem observadas complicações mais leves, como tosse ou engasgos, deve-se apenas parar o processo, recuar, aguardar o paciente se recuperar e continuar.
10. Ao atingir a parte posterior da nasofaringe, é provável que haja uma resistência natural. Para ultrapassá-la, deve-se fazer uma leve deflexão da cabeça para retificar o trajeto e continuar.
11. Uma vez ultrapassado o obstáculo, deve-se fazer um movimento de flexão da cabeça (aproximando do esterno). Deve-se continuar introduzindo a sonda e pedir para o paciente deglutir.
12. Após esse ponto, geralmente, a sonda passa sem maiores intercorrências. Introduz-se o cateter até o ponto marcado com fita.
13. Caso o paciente sinta náuseas, deve ser solicitado a acalmar-se e a fazer respirações profundas e lentas.
14. Para confirmação da chegada da sonda ao estômago, utiliza-se o seguinte artifício: faz-se a aspiração da sonda, na qual será encontrado líquido gástrico. Para confirmação, deve-se ter à mão fitas reagentes para medição do pH (pH gástrico ~ 3, pH entérico ~ 6,5 e pH pulmonar ~ ou > 7). Para maior segurança, é **estritamente necessário que seja feita uma radiografia de tórax com a região superior do abdome**. Caso a localização não esteja correta, deve-se tentar novamente com o paciente em decúbito lateral esquerdo. Também é importante pedir para o paciente falar "hummm", certificando-se de que ele esteja confortável. Infelizmente, o teste da medição do pH gástrico pode resultar em falso-negativo em pacientes que recebem medicação antiácida e, por isso, a radiografia não pode deixar de ser feita. Se houver balão, ele deverá ser inflado.
15. Após a certificação da posição correta, deve-se fixá-la no ponto demarcado anteriormente. Utilizando uma fita, prende-se horizontalmente na região dorsal do nariz/bochecha ou na fronte. Ao ser fixada a sonda, deve-se ter cuidado para não tracionar a asa nasal, o que poderá provocar necrose da ponta do nariz. Com o objetivo de aumentar a segurança, recomenda-se também prender com fita a sonda à camisola do paciente, o que pode ser reforçado com o auxílio de uma agulha. Deve-se limpar o local da fixação da fita com álcool a 70%, solução iodada ou clorexidina.
16. Cuidados pós-colocação:
    - Retirar a sonda o quanto antes.

- Aspirar o conteúdo em intervalos de tempo para evitar obstrução (caso esta ocorra, pode ser feita lavagem com a aplicação de cerca de 20mL de solução fisiológica).
- Administrar antiácidos ao paciente, o qual deve permanecer no leito em posição de 30 graus.
- Trocar a sonda em casos de alteração de voz, disfagia, odinofagia e queimação retroesternal, e a cada 7 dias (trocar de narina).
- Sempre que for aberta, a sonda deve ser dobrada para evitar a entrada de ar.
- Quando for utilizada, reexaminar sua posição.
- Higiene rotineira no local de saída da sonda, de preferência com lubrificação. A fita deve ser trocada, no máximo, em 2 dias.

CUIDADOS ESPECIAIS

A dificuldade pode ser maior em pacientes inconscientes. Caso a sonda enrole na orofaringe, devem ser usadas manobras digitais na região oral do paciente. Se o paciente encontrar-se com intubação oro ou nasotraqueal, esse processo se torna muito difícil, sendo necessário o uso do laringoscópio para visualização direta da área de passagem, auxiliado por uma pinça, ou a passagem da sonda por meio de uma cânula traqueal de calibre apropriado previamente colocada até o esôfago (a cânula é retirada após a colocação da sonda).

Quadro 182.4 Possíveis complicações da sonda nasogástrica/orogástrica

Lesões na mucosa nasal (úlceras, escaras, abscessos, necrose de ponta de nariz etc.). Sempre que for trocar a fita, reexaminar a área em busca de alguma lesão
Lesões na laringe (úlceras, abscessos, estenose etc.). O paciente pode relatar queixas como rouquidão ou dor de garganta
Lesões no esôfago (úlceras, estenose, hemorragia etc.)
Perfuração de órgãos, sendo o principal o esôfago
Desequilíbrio ácido-básico ou hidroeletrolítico (desidratação é o mais importante, principalmente nos pacientes comatosos)
Lesões pulmonares (atelectasias, pneumonias, insuficiência respiratória etc.). Deve ser feita ausculta pulmonar rotineiramente e deve-se ficar atento a sinais/sintomas de dificuldade respiratória. As sondas de calibre mais fino permitem melhor ajuste ao esfíncter, diminuindo o refluxo e, consequentemente, a ocorrência de lesões pulmonares por aspiração
Sinusite
Otite média
Epistaxe
Lesões de cavidade oral (ulcerações, ressecamento etc.). A recomendação é a mesma para casos de lesão de mucosa nasal. Reexaminar, sempre que possível
Endurecimento da sonda; o que pode levar à lesão estomacal
Diarreia, quase sempre provocada por contaminação da sonda; sendo assim, deve-se manter o máximo de higiene

■ SONDA OROGÁSTRICA

PROCEDIMENTO

O procedimento para colocação da sonda orogástrica é praticamente igual ao utilizado para colocação da sonda nasogástrica. As mudanças incluem a desnecessária preparação nasal e o movimento da sonda para a passagem da cavidade oral até a orofaringe, o que deve ser feito com o auxílio da mão, pareando-a com a parede posterior. Em caso de fixação com fita, prefere-se a bochecha, não sendo descartada a possibilidade de fixação à fronte.

REMOÇÃO DA SONDA

Nas 24 horas que antecedem a remoção da sonda, esta poderá ser fechada ou aberta intermitentemente. Com isso, reduz-se a incidência de náuseas, vômitos e desconforto. Devem ser obedecidos os seguintes passos:

1. Lavagem interna com 10mL de solução fisiológica.
2. Desinflar o balão.

3. Começar retirando lentamente e sem forçar em obstáculos, seguindo no ritmo de 15cm a cada 10 minutos.
4. Ao atingir o esôfago, deve ser rapidamente retirada.
5. A cada trecho retirado, cobre-se com uma toalha, pois a visão desse processo pode ser bastante desagradável para o paciente.
6. Após a retirada, procede-se à higiene das cavidades oral e nasal.

Capítulo 183
Sonda Vesical

Bruno F. F. Tonelotto • Alex Bersot Barbarioli

INTRODUÇÃO

A **sonda vesical**, na realidade, consiste na colocação de um cateter vesical por meio da uretra até chegar à bexiga, possibilitando a eliminação da urina. De modo geral, as principais indicações são: **processos nos quais a micção espontânea está dificultada** (como em caso de trauma, choque, lesão medular, entre outros), **monitorização da diurese** (o principal exemplo é a recuperação dos grandes queimados) e **método terapêutico** em pacientes que foram submetidos a intervenções nas vias urinárias baixas. Mais informações sobre as indicações e contraindicações encontram-se no Quadro 183.1. Deve ser ressaltado que esse procedimento deve ser realizado quando necessário e não por conveniência da equipe médica; por isso, a preferência deve ser dada a outros métodos, como o uso de condom, quando possível.

Quadro 183.1 Indicações e contraindicações ao uso de cateterismo vesical

Indicações:
Retenção urinária aguda ou crônica
Dilatação de estenose uretral
Drenagem de urina antes e após procedimentos nas vias urinárias baixas (como nas cirurgias prostáticas)
Manutenção do fluxo urinário em politraumatizados e cirurgias de grande porte
Monitorizar o débito urinário em CTI, grandes queimados, centro cirúrgico e salas de recuperação
Hematúria maciça
Instilação de quimioterápicos
Incontinência urinária
Bexiga neurogênica
Exames: coleta de urina, medição de volume residual e avaliação urodinâmica

Contraindicações:
Pacientes que podem urinar espontaneamente (mesmo com o objetivo de coleta de amostra de urina)
Traumatismos de períneo ou hematomas peritoneal/escrotal
Uretrorragia (antes é necessário descartar lesão de uretra)

PROCEDIMENTO

Cateterismo vesical

Deve-se realizar a higienização das mãos antes e depois da manipulação das vias urinárias. Antes de iniciar o procedimento, é necessária a escolha do cateter:

- **Quanto ao material: de polietileno** (intermitentes ou de alívio) ou **Folley** (por tempo prolongado, contêm balão, são feitos de borracha e podem ter duas ou três vias – o de calibre maior é o de entrada, enquanto o de calibre menor é utilizado para irrigação, sendo o intermediário para enchimento do balão).
- **Quanto ao calibre:** considerar o tamanho do meato uretral (ponto mais estreito do trajeto), lembrando que cada F da escala equivale a 1/3mm, ou seja, um cateter de 18F apresenta um calibre de 6mm.

Descrição do processo

1. No caso do procedimento eletivo, deve ser solicitada urinocultura antes da manipulação do trato urinário.
2. O material a ser utilizado deve ser separado como mostra o Quadro 183.2.

Quadro 183.2 Material a ser utilizado no cateterismo vesical	
Mesa auxiliar com campo estéril	Cuba de 500mL para coleta de urina
Seringa de 10mL, sem rosca, para encher o balão	Pinça para assepsia (Cheron)
Gazes estéreis	Seringa de 20mL, sem rosca, para injeção do anestésico (não LuerLock)
Agentes antissépticos (preferecialmente solução iodada não alcoólica)	Anestésico em gel (lidocaína)
Fitas (esparadrapo ou microporo)	Cuba para o antisséptico
Cateter previamente escolhido	Na sonda de demora, é necessário um sistema coletor fechado e com válvula
Água destilada	Material para tricotomia (opcional)

3. Colocar o paciente em posição ginecológica, de preferência com um coxim nas nádegas, de modo a manter elevação parcial do períneo, facilitando a visualização do meato uretral. Em alguns casos, recomenda-se tricotomia prévia.
4. Colocar a luva estéril (as luvas que entraram em contato com os genitais não podem tocar no cateter). Expor toda a glande nos homens. Nas mulheres, utilizando a mão não dominante, afastam-se os pequenos lábios com o polegar e o indicador por meio de uma gaze, deixando a mão dominante livre para proceder à assepsia. Recomenda-se que um auxiliar mantenha os grandes lábios abertos.
5. Para a antissepsia, utilizam-se bolas de algodão (molhadas em solução antisséptica) e uma pinça de Cheron. O processo será realizado em toda a glande nos homens, com movimentos de "dentro para fora", contornando todo o pênis, inclusive sua base. Na mulher, no sentido púbis-ânus, procede-se à assepsia de toda a vulva (seguindo a sequência: grandes lábios-pequenos lábios-vestíbulo). Recomenda-se a utilização de soluções à base de iodo (não utilizar álcool iodado) ou clorexidina. Depois, enxaguar com solução fisiológica.
6. Colocação de campos estéreis na região.
7. Lubrificação da uretra. Nos homens, são introduzidos de 15 a 20mL de geleia de lidocaína a 2% por meio de uma seringa, cuja ponta é colocada diretamente no meato uretral. O pênis deve ser segurado com a mão não dominante, tracionando-o, com os dedos postos nas laterais do órgão (evitar colocar a mão na região ventral, pois há risco de compressão da uretra) e mantendo-o em posição perpendicular ao abdome. Após a aplicação do gel, segura-se a glande levemente com uma gaze, envolvendo-a por 2 a 3 minutos, com intuito de evitar o refluxo da geleia. Nas mulheres, a lubrificação da uretra é feita com menor quantidade de geleia anestésica, cerca de 5mL, uma vez que sua uretra é curta (cerca de 2cm). Não devem ser utilizados lubrificantes oleosos, devido ao risco de embolia gordurosa.
8. Abrir a embalagem do cateter e trocar as luvas estéreis. Testar o funcionamento do balão. Seguir enrolando o cateter na mão dominante. Esperam-se cerca de 10 minutos até a geleia anestésica fazer efeito. Inicia-se a introdução da ponta do cateter no meato uretral.
9. O processo deve ser lento e delicado. Caso seja encontrada alguma resistência, não se deve insistir. Retornar um pouco e tentar outra vez, mas, após algumas tentativas, o processo não poderá ser continuado e exigirá uma análise criteriosa do trajeto da uretra.
10. Quando a sonda encontrar-se na bexiga, o fluxo de urina será espontâneo. Se isso não ocorrer, deve-se pensar em entupimento provocado pelo gel anestésico. Para corrigir esse problema, aspira-se o cateter com a seringa.
11. Após certificar-se de que o cateter se encontra no lugar ideal, entra-se com mais 4 a 5cm para que seja possível inflar o balão (de acordo com sua capacidade) com água destilada, utilizando uma seringa diferente da utilizada com o gel anestésico. Os cateteres que não contêm balão devem ser fixados com fita na glande/grandes lábios.
12. Promove-se uma tração delicada no cateter para que ele se apoie suavemente no colo vesical.
13. Verifica-se se ele se encontra na bexiga, empurrando de 2 a 3cm, suavemente. Ele deve apresentar movimentação livre.

14. Conectar o cateter a um sistema coletor. Prender o cateter (que contém balão) com fita na região inguinal (direita ou esquerda) ou hipogástrica, em ambos os sexos. No homem, o pênis deverá ficar em posição cefálica e também deve ser fixado.
15. Cuidados após a colocação do cateter:
    - Retirar o cateter o mais precocemente possível. O cateter de demora deve permanecer, no máximo, por 3 semanas, sendo necessária sua troca. O saco coletor deve ser trocado a cada 3 dias.
    - Quando necessária, a coleta deve ser realizada utilizando-se seringa e agulha estéreis, no compartimento específico para tal, após desinfecção dessa área. Em caso de infecção comprovada, utilizar antibioticoterapia específica após urocultura (caso não seja possível, o tratamento empírico deve ser realizado com norfloxacino, 400mg VO de 12/12h por 7 a 10 dias). O tratamento de bacteriúria assintomática ou a profilaxia antimicrobiana só devem ser feitos em condições de alto risco, como em anomalias estruturais do trato urinário, imunodeprimidos, valvulopatas ou intervenções no trato urinário.
    - Utilizar técnicas assépticas ao manipular a junção do cateter com o sistema coletor.
    - Verificar se a glande está coberta com o prepúcio, a fim de evitar parafimose.
    - A bolsa de coleta deve ficar sempre em nível inferior à bexiga, mas nunca poderá tocar o chão.
    - O cateter não pode ficar ou ser dobrado, e muito menos clampeado.
    - Sempre esvaziar a bolsa de coleta antes de encher completamente.
    - Cateteres obstruídos ou com funcionamento inadequado devem ser irrigados ou até mesmo substituídos. Não devem ser feitas irrigações desnecessárias e nunca diariamente.
    - Limpar rotineiramente com água e sabão a região do meato uretral e seu entorno durante o banho, sem manipulação excessiva.
    - Nos casos de retenção urinária, esvaziar a bexiga lentamente.
    - É sempre recomendável a lavagem das mãos previamente ao ser manipulada qualquer parte do sistema de cateterismo vesical.

CISTOSTOMIA

Nos casos de **retenção urinária** em que o cateterismo vesical não é/ou foi possível, deve-se realizar a **cistostomia**. **As indicações incluem:** traumatismo de uretra, traumatismo vesical, estenose uretral, obstrução do colo vesical, pós-uretroplastia/cistoplastia etc.

A cistostomia pode ser de dois tipos: a céu aberto ou por punção suprapúbica. Neste capítulo será feita uma breve descrição do procedimento por punção suprapúbica, por ser de menor complexidade e maior rapidez. Antes de ser iniciado o procedimento, deve-se ficar atento às contraindicações e pensar na relação risco/benefício. **As principais contraindicações são:** tumores vesicais malignos, pacientes com importante redução da capacidade vesical, pacientes submetidos a radioterapia e pacientes submetidos a cirurgias pélvicas.

Descrição do processo

1. Assepsia da região com solução iodada não alcoólica. A região na qual será realizado o procedimento está localizada 4cm acima da sínfise púbica, na linha mediana.
2. Colocação do campo cirúrgico fenestrado.
3. Infiltração local de xilocaína a 2% sem adrenalina, plano por plano, cobrindo desde a pele até a parede vesical.
4. Utilizando um bisturi, faz-se uma incisão de 0,5 a 1,0cm na linha demarcada anteriormente.
5. Introduzir o trocarte na incisão, até atingir o interior da bexiga.
6. Retirar a ponteira do trocarte (porção central interna), mantendo a bainha posicionada no interior da bexiga.
7. Introduzir um cateter urinário, por meio da bainha do trocarte, até chegar ao interior da bexiga. Retirar a bainha, mantendo o cateter.

8. Com o auxílio de um ponto monofilamentar, deve ser feita a fixação do cateter na pele.
9. Realizar curativo com gaze seca estéril e microporo.
10. Atenção às possíveis complicações: infecção no local do curativo, infecção urinária, extravasamento de urina (que pode ocorrer tanto para o exterior como para o subcutâneo e outros tecidos), incrustações calcáreas no entorno do cateter, perfuração do peritônio ou da alça intestinal durante o processo, obstrução do cateter, perfuração da parede posterior vesical, perfuração do reto e deslocamento do cateter.

REMOÇÃO

O procedimento, bastante simples, baseia-se em:

1. Algum tempo após a utilização do cateter, é possível a ocorrência de atonia vesical. Com isso, após a retirada do cateter, o paciente poderá apresentar retenção urinária. A fim de evitar sua ocorrência, antes da retirada deve-se abrir e fechar o cateter intermitentemente (p. ex., a cada 2 horas, o cateter será fechado por 20 minutos).
2. Lavagem das mãos e colocação de luva.
3. Retirar as fitas e averiguar a bolsa coletora (aspecto e quantidade da urina).
4. Proceder à assepsia da região assim como na colocação, utilizando solução iodada não alcoólica ou clorexidina.
5. Desinflar o balão completamente com uma seringa sem rosca na via do balão.
6. O cateter deve ser tracionado/puxado suavemente, sem qualquer resistência ou dor. Possíveis casos de resistência ou dor podem ser decorrentes da presença de conteúdo residual no balão. Este pode ser retirado após movimentações longitudinais do cateter e aspirado novamente. Se mesmo assim não for possível sua retirada, deve ser passado um fio guia de aço (mandril de cateter ureteral) para romper o balão.

Capítulo 184
Paracentese e Toracocentese

Bruno F. F. Tonelotto • Guilherme Morgado

■ PARACENTESE

A paracentese abdominal consiste em um procedimento simples e com raras complicações, que pode ser realizado à beira do leito. Esse procedimento é executado para definir a etiologia da ascite ou se há infecção do líquido ascítico e, ainda, para fins terapêuticos, em ascites de grande volume.

INDICAÇÕES

As indicações são: ascite de início recente, deterioração clínica e anormalidades laboratoriais em pacientes cirróticos e com ascite, encefalopatia hepática e pacientes com ascites de grande volume, que causam sintomas como dispneia e dor abdominal.

A ascite é um apresentação muito comum em pacientes com cirrose, nos quais também é comum a presença de coagulopatias. Entretanto, trombocitopenia e tempo de protrombina alargado não são uma contraindicação.

PROCEDIMENTO
Posicionamento

Antes de início do procedimento, o paciente deve ser posicionado em decúbito dorsal e escolhido o local da punção. O local preferido é a fossa ilíaca esquerda, especificamente no terço distal da linha que une a cicatriz umbilical à crista ilíaca anterossuperior; entretanto, a punção também pode ser feita na linha média da região suprapúbica. Neste último caso, é imprescindível o esvaziamento da bexiga. A punção não deve ser realizada em cicatrizes abdominais e veias superficiais de circulação colateral.

Técnicas

Existem três técnicas para realização desse procedimento: a técnica da agulha, do cateter e aquela guiada pelo ultrassom. Em todas as três a assepsia deve ser rigorosa, com a utilização de materiais estéreis, incluindo luva e campo, e com anestesia local. A técnica da agulha é usada quando se deseja analisar o líquido ascítico, para o que são retirados de 20 a 50mL. Já a técnica do cateter está indicada quando se deseja drenar grande quantidade de líquido. A técnica que se utiliza do ultrassom é útil naqueles pacientes com cirurgias abdominais prévias ou peritonite, nos quais há predisposição para aderências abdominais.

Técnica da agulha

1. Após a anestesia, penetra-se a pele com uma agulha (22G) em ângulo de 90 graus com a pele. Deve-se avançar com a agulha sempre aspirando.
2. **Antes de ultrapassar o peritônio, traciona-se inferiormente na pele.** Desse modo, o ponto de entrada na pele e no peritônio será diferente, o que diminuirá as chances de vazamento do líquido ascítico. Essa técnica é denominada **técnica em Z.**
3. Penetra-se a cavidade abdominal, o que é percebido quando, na aspiração, surge líquido ascítico na seringa.
4. Coletam-se de 20 a 50mL de líquido ascítico para análise.
5. Retira-se a agulha e realiza-se um curativo na área.

Técnica do cateter

Essa técnica é muito semelhante à da agulha, ou seja, a anestesia, a técnica em Z e a penetração na cavidade abdominal são iguais. Entretanto, utiliza-se uma agulha com cateter e, após entrar na cavidade abdominal, retira-se a agulha, deixando o cateter dentro da cavidade. Em seguida, conecta-se o sistema coletor ao cateter, para a retirada da quantidade de líquido ascítico desejada.

Técnica guiada pelo ultrassom

Nessa técnica são cumpridas as mesmas etapas das técnicas anteriores, porém, antes da punção, localiza-se com o ultrassom o melhor local para punção. Trata-se de uma técnica pouco utilizada.

COMPLICAÇÕES

As duas principais complicações desse procedimento são a formação de **hematoma** e a presença de **vazamento persistente do líquido ascítico**. A primeira ocorre, principalmente, nos pacientes com hepatopatias graves, enquanto a segunda pode ser minimizada pela utilização da técnica em Z. Outras complicações mais graves são as perfurações intestinais e de bexiga. A perfuração intestinal é mais comum na técnica da agulha e pode ocasionar peritonite e infecção. Já a perfuração vesical ocorre quando se realiza a punção na linha média, e por isso é mandatório esvaziar a bexiga antes do procedimento.

Outra complicação importante ocorre em pacientes com ascites volumosas, em que é retirada grande quantidade de líquido ascítico. Denomina-se disfunção circulatória induzida por paracentese, sendo caracterizada por hiponatremia, azotemia e queda da pressão arterial. Para prevenir essa complicação deve-se administrar albumina, entretanto não está definido o ponto de corte para essa reposição. Sugere-se que a administração de albumina (6 a 8g/L do fluido retirado) está indicada após a retirada de mais de 5 litros de líquido ascítico.

RESULTADOS

A primeira medida após a paracentese consiste na avaliação macroscópica do líquido, uma vez que seu aspecto pode direcionar a conduta. O aspecto mais comum é o amarelo-citrino, que está presente na ascite por cirrose sem complicações. Por outro lado, um líquido turvo pode indicar peritonite bacteriana espontânea, enquanto que o aspecto leitoso indica ascite quilosa, presente em processos neoplásicos. Um líquido sanguinolento ou róseo ocorre, principalmente, em razão de punção traumática; neste caso, o líquido torna-se progressivamente claro. Entretanto, se isso não ocorrer, estará caracterizada uma ascite sanguinolenta, cuja principal etiologia é doença maligna. Em pacientes com esplenomegalia, a punção pode atingir o baço e, nesse caso, o líquido também será sanguinolento.

Depois da análise, o líquido ascítico deve ser enviado para exames, sendo um dos principais para a determinação da concentração de proteínas no líquido ascítico e comparação com o nível de albumina sérica, denominado **GASA**. Esse gradiente, quando > 1,1g/dL, indica que há hipertensão porta. Outro exame fundamental consiste na contagem de células e na cultura desse líquido, o qual pode definir a presença de infecção. Diversos outros teste podem ser feitos, como glicose, LDH, amilase, Gram, ADA, triglicerídeos e ureia. Esses exames devem ser solicitados de acordo com a suspeita clínica.

▪ TORACOCENTESE

A toracocentese consiste em um procedimento realizado para acessar a cavidade pleural por meio de punção, com o objetivo de retirar ar ou líquido. Esse procedimento pode ser executado tanto para diagnóstico como para tratamento. Se for realizado com o objetivo diagnóstico, deve ser efetuado sempre, pois frequentemente fornece dados que contribuem para o diagnóstico do paciente. **Em caso de um derrame pleural, os principais diagnósticos são: insuficiência cardíaca congestiva, derrame parapneumônico e malignidade**. Nos casos terapêuticos, a toracocentese deverá ser realizada quando o derrame pleural causar sintomas graves.

A principal contraindicação a realização da toracocentese é a anormalidade na coagulação; entretanto, pacientes com alterações moderadas da coagulação e tempo de protrombina ou tempo de tromboplastina parcial não maiores que duas vezes o valor normal não apresentam aumento do sangramento. Outra situação que impossibilita esse procedimento é a presença de lesões no local da punção, como piodermites e queimaduras.

PROCEDIMENTO

Posicionamento

Antes de ser iniciado o procedimento, é fundamental esclarecê-lo ao paciente. Além disso, é muito importante o posicionamento do paciente. Ele deve estar **sentado e com os braços cruzados e apoiados em um anteparo**. O local a ser puncionado deve ser determinado por meio do exame semiológico, no qual se nota um som maciço na percussão. Entretanto, **um local considerado adequado, na maioria dos casos, é dois dedos abaixo da ponta da escápula.**

Técnica

1. Assepsia e antissepsia.
2. A anestesia deve ser realizada na pele com lidocaína a 2%, e também devem ser anestesiados os planos profundos generosamente, avançando com a agulha. A aspiração é fundamental para evitar a infiltração de anestésico em vasos ou dentro do espaço pleural.
3. Progride-se com a agulha, sempre aspirando, e penetra-se no espaço pleural, o que é percebido pela presença de líquido pleural na seringa.
4. A agulha é retirada e um dispositivo contendo uma agulha envolta por um cateter é inserido pelo mesmo local em que a agulha penetrou.
5. Após alcançado o espaço pleural, retira-se a agulha, deixando apenas o cateter, e nesse momento oclui-se com o dedo a saída do cateter.
6. Conecta-se uma agulha de 20mL para obtenção de uma amostra do líquido, caso o procedimento seja diagnóstico. Se for terapêutico, após a retirada da seringa conecta-se o cateter a um sistema coletor para drenar o líquido pleural.

COMPLICAÇÕES

As complicações mais graves relacionadas com esse procedimento são: pneumotórax, hemopneumotórax, hipotensão e edema de reexpansão pulmonar. Alguns fatores contribuem para essas complicações, como uso de agulhas de grosso calibre, múltiplas perfurações na tentativa de acessar o derrame pleural, doença pulmonar obstrutiva e presença de loculações. Desse modo, **nas situações em que há pequena quantidade de líquido pleural e derrame pleural encistado está indicada a realização da toracocentese guiada por ultrassom**. O edema por reexpansão pulmonar pode ser evitado mediante a retirada de, no máximo, 1.800mL de líquido pleural, assim como pela interrupção do procedimento se o paciente apresentar tosse ou desconforto respiratório. A hipotensão surge por um reflexo vasovagal e pode ocorrer durante o procedimento ou horas após. Existem ainda outras complicações, como dor, tosse, dispneia e hematoma ou seroma subcutâneo.

RESULTADOS

A primeira etapa para determinação da etiologia do derrame pleural consiste em **definir se se trata de um exsudato ou transudato, utilizando os critérios de Light**. Esses critérios consistem em relação proteína pleural e proteína sérica > 0,5, relação LDH pleural e LDH sérico > 0,6 e LDH pleural maior do que dois terços do limite superior do valor do LDH sérico, bastando um critério positivo para o líquido ser considerado um exsudato. Nesse caso, são necessárias novas investigações para a determinação da causa, tendo em vista que, se o líquido for um transudato, em geral não será necessária nova investigação.

Capítulo 185
Lavado Peritoneal Diagnóstico

Bruno F. F. Tonelotto • Alex Bersot Barbarioli

INTRODUÇÃO

O **lavado peritoneal diagnóstico (LPD)** consiste na injeção de soro fisiológico na cavidade peritoneal, seguida pela retirada e análise desse soro. Seu objetivo é identificar **hemorragias intraperitoneais em caso de traumatismo fechado**. Sendo assim, é importante ressaltar que um resultado negativo não descarta lesão em tórax, retroperitônio ou diafragma. Além disso, não diferencia pequenas hemorragias de grandes, resultando, muitas vezes, em laparotomias desnecessárias.

Suas indicações envolvem situações de suspeita de traumatismo abdominal em pacientes com certa instabilidade hemodinâmica, nos quais o exame físico não se torna um parâmetro confiável (Quadro 185.1). Nos pacientes com instabilidade hemodinâmica e sinais claros de traumatismo abdominal, está indicada a laparotomia exploradora, uma vez que a realização de LDP torna-se desnecessária por colocar a vida do paciente em risco devido ao tempo gasto com o exame. Desse modo, deve ser enfatizado que a única contraindicação absoluta é a indicação de laparotomia exploradora, o que torna desnecessário o LPD. Existem contraindicações relativas, nas quais se deve avaliar o melhor método de exame (Quadro 185.2). Vale lembrar que nos pacientes estáveis a investigação do abdome pode ser feita por TC.

Após a realização do LPD, o conteúdo será analisado tanto por visualização direta como em análise laboratorial, na busca de um resultado positivo (Quadro 185.3). Se confirmada a **positividade do exame**, estará indicada uma **laparotomia exploradora**. Nos casos negativos, retira-se o cateter e a aponeurose e a pele devem ser suturadas. Poucas complicações são registradas com esse procedimento em técnicas bem aplicadas, porém deve-se sempre ficar atento aos possíveis achados listados no Quadro 185.4.

Apesar de apresentar sensibilidade de 98%, esse exame complementar vem sendo cada vez menos empregado, devido ao aumento do uso do *FAST* (*Focused Assessment for Sonography in Trauma*), que consiste em USG do trauma realizada na sala de emergência com o objetivo de pesquisar a presença de líquido/sangue na cavidade abdominal, sendo um procedimento não invasivo e de rápida detecção.

Quadro 185.1 Indicações para LPD

Politraumatismo com hipotensão persistente e inexplicada
Politraumatismo com lesões graves de tecidos moles no abdome
Politraumatismo associado a lesão medular/TCE ou com rebaixamento do nível de consciência (devido ao próprio trauma ou ao uso de substâncias psicoativas/anestésicas)
Traumatismo fechado grave de parede abdominal ou de tórax inferior

Quadro 185.2 Contraindicações relativas ao uso de LPD

Obesidade mórbida
Cirrose hepática
Presença de coagulopatias
Cirurgias pélvicas ou abdominais prévias
Gravidez

PROCEDIMENTO

Existem dois procedimentos: por punção ou pela técnica aberta, ambos obrigatoriamente realizados por cirurgião. A técnica aberta, a mais segura e a mais utilizada, consiste em:

1. Posicionar o paciente em decúbito dorsal.
2. Passagem de sonda vesical, conectando a drenagem.
3. Passagem de sonda nasogástrica, realizando aspiração do estômago.
4. Colocação de campos estéreis no abdome, após assepsia local, utilizando solução iodada.
5. Deve ser realizada a anestesia local com lidocaína a 1%, preferencialmente associada a adrenalina.
6. Em um ponto situado 2cm abaixo do umbigo, deve-se realizar uma incisão vertical na linha mediana. Nas gestantes, a incisão é feita em região superior ao fundo do útero, e na suspeita de lesão de bacia, na região supraumbilical. A incisão deve ser de 1 a 2cm, podendo chegar a 6cm nos obesos mórbidos.
7. O tecido adiposo subcutâneo é dissecado até chegar à linha alba. Devem ser usados espaçadores e mantido controle rígido da hemostasia (evitar que uma quantidade de sangue chegue ao peritônio, acarretando falso-positivo).
8. Realizar incisão da aponeurose (na linha média longitudinalmente).
9. Utilizar pinça hemostática (Kelly) para dissecção até o peritônio, com controle da hemostasia.
10. Pinçar o peritônio; realizar sutura em bolsa do peritônio no entorno do cateter, a fim de evitar fuga de fluidos. Concomitantemente, insere-se um cateter de diálise peritoneal na cavidade abdominal em sentido inferior e à esquerda do paciente (em uma posição de 45 graus em relação ao abdome do paciente, no sentido do saco de Douglas).
11. Nesse momento, aspira-se com seringa em busca de sangue ou outros materiais "estranhos". Quando se consegue aspirar mais de 10mL de sangue, material fecal, urina, alimentos ou bile, o teste é considerado positivo.
12. Caso não tenha ocorrido a aspiração de sangue ou material "estranho" com a seringa, devem ser infundidos cerca de 1.000mL de soro fisiológico aquecido no adulto (ou 10mL/kg na criança) durante 10 a 15 minutos.
13. Após 5 a 10 minutos de espera, drenar o líquido infundido por mecanismo de sifonagem (colocar o frasco a, no mínimo, 1 metro abaixo do nível do paciente), utilizando o próprio frasco de soro. Examinar a olho nu em busca de um resultado positivo.
14. Caso os resultados sejam todos negativos até este passo, enviar o material ao laboratório para análise mais detalhada em pelo menos quatro amostras.
15. Para finalizar, sutura-se a fáscia com fio absorvível e, então, sutura-se a pele, caso o resultado seja negativo. Em caso de um resultado positivo, retira-se o cateter, faz-se um curativo oclusivo e encaminha-se o paciente ao centro cirúrgico, para laparotomia exploradora.

RESULTADOS

Quadro 185.3 Positividade do exame

Visualização direta do conteúdo	Análise laboratorial
Aspiração de sangue incoagulável Visualização de sangue (20mL no adulto ou 10mL na criança) Visualização de fezes Visualização de fibras vegetais, bile ou suco entérico	Quantidade de hemácias > 100.000 células/mm^3 (ou 5.000 células/mm^3 nos casos de ferimento por arma branca na região toracoabdominal) Quantidade de leucócitos > 500 células/mm^3 Amilase > 75UI/L Presença de fibras vegetais, material fecal e restos alimentares Presença de bactérias

Quadro 185.4 Resultados falso-positivos no LPD

Lesão de parede abdominal
Punção de vaso
Traumatismo pélvico

Quadro 185.5 Resultados falso-negativos no LPD

Má técnica com infusão na parede abdominal
Lesões de retroperitônio
Lesões de diafragma
Lesões de vísceras ocas (têm baixa acurácia)

Quadro 185.6 Possíveis complicações do LPD

Perfuração intestinal pelo cateter e peritonite secundária
Lesão de órgãos abdominais
Laceração da bexiga (falha no esvaziamento)
Infecção no local da incisão

Capítulo 186
Punção Venosa Profunda

Bruno F. F. Tonelotto • Alex Bersot Barbarioli • Nara Carvalho Freitas

INTRODUÇÃO

A **punção venosa profunda (ou acesso venoso central)** consiste na introdução de um cateter no sistema venoso central, o qual pode ser inserido em um ato cirúrgico com anestesia geral ou, mais comumente, por via percutânea, o que será descrito neste capítulo.

Constitui uma prática importante nos pacientes traumatizados, em emergências cirúrgicas e nos doentes críticos que necessitam cuidados intensivos de ressuscitação. A cateterização venosa percutânea inicia-se com Aubaniac em 1952, que puncionou a veia subclávia com agulha para raquianestesia. Em 1962, Wilson descreveu a técnica de punção de subclávia utilizando cateter e agulha, porém a popularização do método só ocorreu com o trabalho de Dudrick, em 1968, sobre a importância da nutrição parenteral total.

A disponibilidade de acesso venoso central pode ser importante para a administração de fármacos que não podem ser injetados por via periférica (agentes vasoativos), monitorização do paciente (PVC, pressão de artéria pulmonar [cateter de Swan-Ganz]), situações em que haja a necessidade de acesso venoso por longo período de tempo (p. ex., antibioticoterapia prolongada), servir de via de acesso para o marca-passo e hemodiálise.

Apesar de sua importância, esse procedimento envolve uma estrutura vital. Por isso, deve ser realizado apenas em casos estritamente necessários (Quadro 186.1). As contraindicações envolvem situações que podem ser contornadas tanto clinicamente como com a alteração do local de punção (Quadro 186.2).

Atualmente, é cada vez mais aconselhável que esse procedimento seja realizado sob visualização ultrassonográfica, o que aumenta a acurácia e diminui as intercorrências do procedimento. É preciso lembrar ainda que devem ser evitadas punções venosas profundas em pacientes com distúrbios graves da coagulação; nesses casos, está mais indicada a dissecção venosa. Além disso, sabe-se que quanto maior o número de punções do profissional, menor a possibilidade de complicações.

Quadro 186.1 Indicações para punção venosa profunda

Impossibilidade de acesso periférico
Monitorização da pressão venosa central, pressão da artéria pulmonar (Swan-Ganz) e de capilar pulmonar
Introdução de marca-passo externo
Colocação de cateter para diálise
Administração de medicamentos hipertônicos, cáusticos, irritantes ou vasoativos (ação quase que instantânea quando aplicada por esta via)
Manutenção de nutrição parenteral
Monitorização da saturação venosa central
Transplante de medula óssea

Quadro 186.2 Contraindicações ao uso de punção venosa profunda

Infecção ou lesão na pele ou próximo ao local da punção
Alterações anatômicas na região da punção
Tumor próximo ou no local da punção
Aneurisma próximo ou no local da punção
Hematoma próximo ou no local da punção (pode ser provocado por tentativas repetidas de punção)
Distúrbios de coagulação
Discrasias sanguíneas
Pressão arterial sistólica > 180mmHg
Paciente com hipovolemia severa (dar preferência a via periférica)
Paciente taquicárdico e agitado
Trauma próximo ou no local da punção

PROCEDIMENTO

Muitas podem ser as técnicas utilizadas para obtenção do acesso venoso central mas, para facilitar o aprendizado e torná-lo mais didático, a técnica aqui descrita será dividida em três partes (localização, técnica a ser utilizada e condutas pós-punção venosa).

Independentemente da técnica utilizada, o médico deverá dergermar as mãos e trajar paramentação completa (luvas estéreis, avental de manga longa estéril, máscara, óculos e gorro). Recomenda-se, ainda, deixar preparado um equipo ligado a uma bolsa de solução fisiológica.

Quadro 186.3 Material a ser utilizado na punção venosa central

Campos estéreis (preferencialmente fenestrados)	Gazes estéreis	Pinça Kelly
Antisséptico	Soro fisiológico	Seringas para punção e aplicação do anestésico
Anestésico local – lidocaína a 2%	Porta-agulhas	Mononáilon 3-0 agulhado
Tesoura	Equipo com soro fisiológico	Fitas (esparadrapo ou Micropore®)
Agulha de punção		Agulha para aplicação do anestésico

Intracath ou *kit* de cateter de duplo lúmen (contendo agulha de punção, fio-guia flexível com ponta em J, dilatador, bisturi com lâmina fina – a mais comum é a de número 11)

LOCALIZAÇÃO

A localização deve ser de acordo com a possibilidade e as intenções do procedimento. Neste capítulo será descrito o processo por via veia jugular interna, veia subclávia e veia femoral.

Veia jugular interna

Apesar de a veia jugular interna causar menos lesões pulmonares que a subclávia, ela resulta mais comumente em complicações relacionada com a punção arterial. Além disso, a técnica será dificultada em obesos devido à perda de marcos anatômicos, a qual poderá ser reduzida com o uso de ultrassom:

1. Colocar o paciente em Trendelenburg a 15 graus, com a cabeça lateralizada contralateralmente ao local do procedimento (exceto em casos de lesão cervical).
2. Fazer a antissepsia local (solução iodada ou clorexidina).
3. Localiza-se o ponto de punção. Para achá-lo devem ser procuradas, por palpação, as cabeças esterna e clavicular do músculo esternocleidomastóideo. Reparar que essas cabeças formam um triângulo. O ponto de punção é exatamente no ápice do triângulo (deve-se dar preferência ao lado direito, para diminuir o risco de complicações).
4. Colocação de campos estéreis.
5. Faz-se a anestesia local no ponto predefinido com a aplicação de lidocaína a 2%. Nesse momento, é preciso estar atento, pois a **anestesia é apenas para a pele e o subcutâneo**; desse modo, antes de injetar a solução anestésica, deve-se sempre aspirar para verificar se a agulha não está dentro do vaso. Alguns autores recomendam localizar a veia jugular ainda com a agulha utilizada na anestesia, devido ao menor calibre desta.
6. Conectar a agulha de punção (14) à seringa, contendo 2mL de solução fisiológica.
7. Palpar o pulso carotídeo com a mão não dominante e segurar a seringa com a mão dominante, seguindo penetrando com a agulha no ápice do triângulo em uma angulação de 30 graus com relação ao plano frontal e voltado para o mamilo ipsilateral (é importante entrar no ponto onde foi previamente aplicado o anestésico).

8. Enquanto a agulha penetra, deve-se prosseguir aspirando até que haja um fluxo de sangue para a seringa. A agulha deve penetrar cerca de 2 a 3cm. Se nada for encontrado, procurar mais lateralmente. Ao encontrar algo, penetrar mais alguns milímetros com a agulha, para assegurar-se de que ela esteja bem posicionada.
9. Passe para o item Técnica, adiante.

Veia subclávia

Esta técnica vem sendo cada vez menos utilizada, em virtude do risco de complicações pulmonares. No entanto, é a que apresenta o menor índice de infecção do cateter venoso central:

1. Colocar o paciente em Trendelenburg a 15 graus, com a cabeça lateralizada contralateralmente ao local do procedimento (exceto em casos de lesão cervical). Pode ser utilizado um coxim entre a escápula e a clavícula, porém uma elevação excessiva da região pode dificultar o procedimento.
2. Deve-se fazer a antissepsia local (solução iodada ou clorexidina). Evita-se o procedimento no lado esquerdo (possibilidade de lesão do ducto torácico).
3. Localiza-se o ponto de punção. Para achá-lo deve-se procurar pela junção da clavícula com a linha mamária, na margem lateral do ligamento costoclavicular, palpando a fúrcula esternal. O ponto deve ser na junção dos terços médio e proximal clavicular.
4. Colocação de campos estéreis.
5. Faz-se a anestesia local no ponto predefinido com a aplicação de lidocaína a 2%. Nesse momento é necessário estar atento: a **anestesia é apenas para o subcutâneo**, não podendo ser infundida em vaso profundo.
6. Conectar a agulha de punção à seringa (14), contendo 2mL de solução fisiológica.
7. Penetrar com a agulha no local com o bisel voltado para a posição cefálica em direção à fúrcula esternal, passando por baixo da clavícula. Em seguida, move-se o bisel da agulha para a posição caudal, permitindo que o cateter siga uma orientação em sentido à veia braquicefálica (importante entrar no ponto onde previamente foi aplicado o anestésico).
8. Enquanto a agulha penetra, deve-se prosseguir aspirando até que se observe um fluxo de sangue para a seringa. A seguir, deve-se penetrar mais alguns milímetros com a agulha, para assegurar-se de que está bem posicionada.
9. Passe para o item Técnica, adiante.

Veia femoral

A punção de veia femoral é preferencialmente utilizada nos pacientes com doença pulmonar obstrutiva crônica (DPOC) ou que se encontram em insuficiência respiratória aguda no momento da punção. Apresenta maiores complicações, como trombose venosa, infecção e punção arterial:

1. Colocar o paciente em decúbito dorsal. Em alguns casos, recomenda-se a tricotomia na região (nos procedimentos eletivos).
2. Deve-se fazer a antissepsia do local (solução iodada ou clorexidina).
3. Localiza-se o ponto de punção. Para achá-lo, deve-se palpar a artéria femoral e procurar pelo ligamento inguinal. O ponto correto encontra-se a 1cm mais medial da artéria femoral e de 1 a 3cm inferior ao ligamento inguinal.
4. Colocação de campos estéreis.
5. Fazer a anestesia local no ponto predefinido com a aplicação de lidocaína a 2%. Nesse momento, é necessário estar atento: a **anestesia é apenas para o subcutâneo**, não podendo ser infundida em vaso profundo.
6. Conectar a agulha de punção à seringa (14), contendo 2mL de solução fisiológica.

7. Com a mão não dominante, palpar a artéria femoral. Com a mão dominante, segurar a seringa e penetrar com a agulha no local, em direção cefálica e em um ângulo de 45 graus com o plano frontal (importante entrar no ponto onde foi previamente aplicado o anestésico).
8. Enquanto a agulha penetra, deve-se prosseguir aspirando até que se observe um fluxo de sangue para a seringa. Em seguida, deve-se penetrar mais alguns milímetros com a agulha, para assegurar-se de que está bem posicionada.
9. Passar para o item Técnica, adiante.

TÉCNICA

Neste item do capítulo serão descritas as punções por **Intracath e Seldinger**. Há diferenças de indicações entre elas, dependendo do que será administrado; por isso, deve-se atentar para as recomendações de cada medicamento segundo o fabricante ou a literatura. As técnicas envolvem o uso de fio-guia, na de Seldinger, ou a punção do cateter por dentro de agulha, na técnica do *Intracath*.

Punção por Intracath

1. Depois de encontrada a veia, segurar a agulha firmemente com uma das mãos e, ao mesmo tempo, pressionar levemente com uma gaze o local da inserção (deixando uma das mãos livres).
2. Com a mão livre, retirar a seringa da agulha, mantendo o êmbolo com pressão negativa (deve-se manter a agulha na veia, ocluindo o óstio com a polpa digital para evitar a entrada de ar).
3. Introduzir o cateter até o ponto demarcado previamente. Vale ressaltar que o cateter Intracath é longo para alguns pacientes; portanto, antes da punção, deve-se medir o cateter para saber até onde deve ser inserido. Nesse momento, é importante que não haja nenhuma resistência após ter ultrapassado a ponta da agulha. Caso essa complicação ocorra, o cateter e a agulha deverão ser retirados e refeita a punção. A agulha deverá ser retirada primeiro, para não cortar o cateter e deixá-lo dentro da veia.
4. Retirar a agulha da inserção.
5. Retirar o mandril da agulha.
6. Conectar a extremidade externa do cateter ao equipo com soro previamente preparado.
7. Para confirmar a posição na veia, colocar o equipo com soro abaixo do nível do paciente e observar o refluxo de sangue por meio do cateter.
8. Colocar o protetor de agulha ao redor desta.
9. Fixar o cateter com ponto de fio mononáilon 3-0, sem esprêmê-lo ou transpassá-lo.
10. Fazer um curativo local utilizando gaze seca com fita.
11. Passar para o item Procedimento pós-punção venosa central.

Punção de Seldinger

1. Depois de encontrada a veia, segurar a agulha firmemente com uma das mãos e, ao mesmo tempo, pressionar levemente com uma gaze o local da inserção (deixando uma das mãos livre).
2. Com a mão dominante livre, retirar a seringa da agulha, mantendo o êmbolo com pressão negativa (deve-se manter a agulha na veia, ocluindo o óstio com a polpa digital para evitar a entrada de ar).
3. Introduzir um fio-guia metálico com uma ponta em J por dentro da agulha. Nesse momento, é importante que não haja nenhuma resistência após ter ultrapassado a ponta da agulha. Caso essa complicação ocorra, o fio-guia deverá ser retirado e refeita a punção.
4. A extremidade externa do fio-guia deverá ficar sempre na mão, para que este não seja perdido.
5. Após a passagem do fio-guia, retirar a agulha.
6. Fazer um leve aumento do diâmetro do ponto de inserção na pele com a lâmina fina do bisturi.
7. Introduzir parte do dilatador por meio do fio-guia, aumentando o calibre da trajetória. Entrar com o dilatador apenas na profundidade estimada da pele ao tecido muscular.

8. Retirar o dilatador, mantendo o fio-guia.
9. Introduzir o cateter por meio do fio-guia.
10. Retirar o fio-guia.
11. Conectar a extremidade externa do cateter ao equipo com soro previamente preparado.
12. Para confirmar a posição na veia, colocar o equipo com soro abaixo do nível do paciente e observar o refluxo de sangue por meio do cateter.
13. Fixar o cateter com ponto de fio mononáilon 3-0, sem espremê-lo ou transpassá-lo.
14. Fazer um curativo local utilizando gaze seca com fita.
15. Passar para o item a seguir.

PROCEDIMENTO PÓS-PUNÇÃO VENOSA CENTRAL

Após o procedimento, a primeira preocupação deve ser com a retirada do ar contido no cateter. Se o ar não foi retirado anteriormente, deve-se então, nesse momento, retirá-lo para evitar embolia gasosa. A segunda preocupação é com o posicionamento do cateter: a melhor posição é na veia cava superior. Para confirmação deve-se proceder à ausculta pulmonar, seguida de radiografia de tórax (a ponta deve estar 3cm caudal ao ângulo formado pela traqueia e o brônquio-fonte direito).

O outro controle envolve o local da punção. Esse ponto deve ser sempre deixado seco, fazendo trocas do curativo diariamente, sempre com uma gaze estéril seca e Micropore®, ou com curativos oclusivos do tipo hidrofilme. Por último, não se deve esquecer de reposicionar o paciente e deixá-lo confortável.

Quadro 186.4 Possíveis complicações imediatas

Punção arterial (pode ser observado fluxo de sangue vermelho-vivo com pulsação pela seringa. Retirar a agulha e pressionar por um tempo, no mínimo 10 minutos. Além disso, procede-se à compressão simultânea da fossa supraclavicular, dependendo do local da punção)
Pneumotórax (mais comum em punção da veia subclávia)
Hemotórax (mais comum em punção da veia subclávia)
Enfisema subcutâneo (mais comum em punção da veia subclávia)
Sangramento
Lesão de estruturas anatomicamente próximas, como nervos e o ducto torácico
Infecção local
Embolia gasosa (associada ao orifício da agulha aberto no procedimento)
Edema pulmonar
Arritmias cardíacas: em geral, ocasionada pela excessiva introdução do cateter ou fio-guia (evitar introdução de mais de 15cm)
Embolia causada pelo fio-guia (Seldinger) ou pelo próprio cateter

Quadro 186.5 Possíveis complicações tardias

Sepse
Trombose venosa
Perfuração cardíaca
Tamponamento cardíaco
Hidrotórax

Capítulo 187
Traqueostomia

Bruno F. F. Tonelotto • Nara Carvalho Freitas

INTRODUÇÃO

A traqueostomia consiste em um procedimento cirúrgico eletivo das vias aéreas, de caráter temporário, fácil realização e baixo custo. Trata-se de um dos procedimentos cirúrgicos mais antigos descritos na literatura médica, algo parecido com um "buraco na garganta para permitir a passagem de ar". Esta descrição simplificada representa bem o procedimento, mas para entender melhor a traqueostomia é necessário conhecer um pouco mais da anatomia das vias aéreas.

O ar segue um caminho definido para entrar e sair dos pulmões. Imaginando uma inspiração profunda, o ar entra pelas narinas (ou pela boca), atravessa a laringe por entre as pregas vocais e segue pela traqueia até alcançar os brônquios. Assim sendo, o paciente que precisa da ajuda de aparelhos para respirar recebe o ar através de um tubo que passa pela boca, pela laringe, por entre as pregas vocais, até alcançar a traqueia. Uma vez realizado um orifício na traqueia, haverá um atalho para levar o ar aos pulmões (ou remover secreções dos brônquios).

Atualmente, com o avanço de técnicas e tratamentos de pacientes críticos, a perspectiva de suporte ventilatório prolongado aumentou. Consequentemente a realização da traqueostomia pode ter grandes benefícios: menor taxa de autoextubação, possibilidade de fonação, possibilidade de ingestão oral, melhora da higiene oral e manuseio facilitado do paciente pela enfermagem. Dessa maneira, **nos casos em que a extubação é improvável em 10 a 14 dias, a traqueostomia deve ser considerada**. Além disso, a traqueostomia permite a transferência dos pacientes de UTI para unidades de menor complexidade, sendo possível até a alta hospitalar com suporte ventilatório domiciliar. Ademais, vale ressaltar que não existe um consenso na literatura quanto ao tempo máximo desejável de intubação orotraqueal. Portanto, não se sabe ao certo o momento de realizar a traqueostomia no paciente intubado.

Esse orifício traqueal, chamado traqueostomia, pode ser realizado pela técnica cirúrgica clássica aberta ou percutânea. Independentemente da escolha da técnica, em pacientes nos quais será realizada uma traqueostomia eletiva, deve-se avaliar a hematimetria e as provas de coagulação, visto que o sangramento é uma complicação bem estabelecida tanto durante como após o procedimento. Um nível de hemoglobina de 9g/dL é aceitável em cirurgias eletivas, além de provas de coagulação normais e plaquetas > 50.000. Deve-se estar atento aos pacientes que fazem uso de agentes antiplaquetários, pois, em geral, não há tempo hábil para esperar o término do efeito desses medicamentos. Caso seja possível esperar, essas medicações devem ser suspensas 10 dias antes da cirurgia e o jejum pré-operatório deve ser de 6 horas, para sólidos, leite de origem não materna e dieta enteral, ou de 2 horas, para líquidos claros ou leite materno.

Além disso, a região laringotraqueal pode ser avaliada por meio de diversas técnicas de imagem, destacando-se desde as radiografias cervicais simples, a esofagografia para detecção de compressão extrínseca ou invasão do esôfago, até a TC e a RNM. A broncoscopia e a laringoscopia direta, além de fornecerem visão direta das estruturas acometidas, também possibilitam a realização de biópsias.

Antes da cirurgia, deve ser escolhida uma cânula traqueal adequada. As mais usadas são as metálicas (Jackson), plásticas (Portex, Shiley), silicone e náilon. As cânulas metálicas são constituídas de uma cânula externa e uma interna, a qual pode ser retirada e lavada, sendo um importante fator de higiene local; no entanto, esse tipo de cânula não permite a ventilação traqueal com pressão positiva, pois não contém balonete.

O comprimento da cânula não deve ser demasiado curto, o que pode causar lesão da parede posterior da traqueia com consequentes ulceração e obstrução, nem muito longo, devido ao risco de erosão da parede anterior da traqueia e acometimento do tronco braquicefálico. Quanto ao diâmetro, a cânula deve ter aproximadamente 75% do diâmetro da traqueia (como valores aproximados, há a cânula Portex nº 7 para mulheres e a nº 8 para homens), no entanto, é sempre bom deixar separados números intermediários para as possíveis necessidades. Existem, ainda, as cânulas de comprimento ajustável, as quais são muitos úteis em alguns pacientes, principalmente em obesos e longilíneos.

PREPARO DO PACIENTE

1. Monitorizam-se a frequência cardíaca, a pressão arterial e a oximetria de pulso. No caso da técnica percutânea, procede-se ao ajuste do respirador de modo a manter uma ventilação adequada com FiO_2 de 100%, PEEP entre 5 e $7cmmH_2O$ e frequência respiratória em torno de 15irpm.
2. Posiciona-se o paciente em decúbito dorsal com coxim sob os ombros para se obter extensão cervical.
3. Realiza-se sedação profunda do paciente, a qual é habitualmente realizada com midazolam e fentanil, ou ainda propofol, além de bloqueador neuromuscular.
4. Procede-se à antissepsia e à assepsia local e coloca-se o campo estéril.
5. Anestesia-se a área a ser incisada com lidocaína a 2% (cerca de 2cm acima da fúrcula esternal).

TÉCNICA DA TRAQUEOSTOMIA ABERTA

1. Realiza-se uma incisão cutânea transversa, seguida da secção do platisma, abertura da rafe mediana e afastamento dos músculos esterno-hióideo e esternotireóideo.
2. Procede-se à luxação ou à abertura do istmo da glândula tireoide, seguida da abertura e afastamento da fáscia pré-traqueal.
3. A traqueostomia deve ser realizada entre o segundo e o terceiro ou entre o terceiro e o quarto anéis cartilaginosos.
4. Introduz-se a cânula de traqueostomia, a qual é fixada ao pescoço.
5. Realiza-se o curativo.
6. Finaliza-se com a radiografia de tórax de controle.

TÉCNICA DA TRAQUEOSTOMIA PERCUTÂNEA

1. Faz-se uma incisão cutânea de 1,5cm abaixo da cartilagem cricóidea.
2. O tecido subcutâneo e a fáscia superficial devem ser abertos por divulsão na linha média.
3. A traqueia é então palpada e, em seguida, deve-se fazer uma dissecção romba (digital) da área a ser puncionada.
4. Pela técnica de Seldinger, faz-se a punção entre o segundo e o terceiro anéis cartilaginosos e insere-se o fio-guia direcionado distalmente.
5. Com o uso do *kit* Perctwist, um dilatador cônico com rosca deve ser introduzido com movimentos rotatórios na traqueia.
6. Em seguida, a cânula de traqueostomia, guiada por um introdutor cônico, também deve ser introduzida na traqueia.
7. Com um fibroscópio introduzido pela cânula faz-se a aspiração de secreções da traqueia e da árvore brônquica, além da avaliação da hemostasia proximal na subglote e de possíveis lesões provocadas pela intubação translaríngea.
8. Fixa-se a cânula e faz-se o curativo.
9. Finaliza-se com a radiografia de tórax de controle.

Obs.: a realização da técnica de Seldinger, após a passagem do fio-guia, varia de acordo com o *kit* de traqueostomia percutâneo utilizado. A possibilidade de utilizar a fibroscopia para orientar a realização dessa técnica agrega facilidade e segurança ao procedimento.

Quadro 187.1 Possíveis complicações da traqueostomia

Intraoperatórias	Precoces	Tardias
Sangramento	Sangramento	Estenose traqueal
Falso trajeto	Infecção da ferida	Traqueomalacia
Laceração traqueal e fístula traqueoesofágica	Enfisema subcutâneo	Fístula traqueoinominada e traqueoesofágica
Lesão do nervo laríngeo recorrente	Obstrução da cânula	Pneumonia
Pneumotórax e pneumomediastino	Descanulação	Distúrbio da deglutição
Parada cardiorrespiratória		Broncoaspiração

PÓS-OPERATÓRIO

O manejo adequado do paciente no pós-operatório imediato é fundamental e inclui:

- Radiografia torácica, para observar a posição da ponta da cânula e devido ao risco de pneumotórax e pneumomediastino.
- Aspiração frequente da traqueia, inicialmente a cada 15 minutos, é importante em razão da grande quantidade de secreção produzida na traqueia após a cirurgia, tomando-se o cuidado de evitar lesão direta da traqueia pela sonda de aspiração.
- A nebulização contínua com O_2 e o uso de agentes mucolíticos, pois ajudam a fluidificar as secreções, evitando a formação de *plugs* que podem levar a insuficiência respiratória e morte.
- O aparecimento de enfisema subcutâneo deve ser observado.

EVOLUÇÃO E PROGNÓSTICO

Como qualquer procedimento cirúrgico, a traqueostomia não é isenta de complicações. As mais comuns são o sangramento e a infecção da ferida operatória, mas ambos não são frequentes. Uma consequência (e não complicação) da traqueostomia é a dificuldade de o paciente falar. Na verdade, enquanto estiver dependendo dos aparelhos para respirar, na ponta da cânula de traqueostomia o balão ficará insuflado para impedir vazamento de ar e, nessa condição, realmente ele não vai conseguir falar. No entanto, quando o paciente apresentar melhora clínica e não precisar da ventilação mecânica, o balão poderá ser esvaziado e, assim, o ar poderá escapar em volta da cânula e passar pelas cordas vocais. Para o paciente falar, então, bastará ocluir o orifício externo da cânula de traqueostomia com o dedo ou com uma tampa.

A traqueostomia tem bom prognóstico e pode ser usada por um período indefinido de tempo, sendo sua retirada principalmente dependente da causa de base que levou a sua realização. A retirada ou a redução do número da cânulas deve ser feita tão logo o paciente tenha a função respiratória recuperada ou melhorada. Após a cânula ser removida, o estoma pode se fechar espontaneamente ou necessitar de cirurgia para seu fechamento.

Capítulo 188
Cricotireoidostomia

Nara Carvalho Freitas • Bruno F. F. Tonelotto

INTRODUÇÃO

A impossibilidade de intubação traqueal é uma indicação clara para a execução da via aérea cirúrgica. Quando as vias aéreas estão obstruídas por edema, traumatismos faciais graves com alteração importante da anatomia, ou na presença de sangramento oral intenso, deve ser realizada a cricotireoidostomia cirúrgica. A traqueostomia, realizada em situações de emergência, é frequentemente difícil e pode provocar sangramento importante, além de ser demorada em relação à cricotireoidostomia. Imagine encontrar o istmo tireoidiano em seu campo cirúrgico em um paciente com grave traumatismo facial e obstrução completa da via aérea.

A **cricotireoidostomia**, ou **coniotomia**, consiste na abertura da membrana cricotireóidea, cricotraqueal ou tireo-hióidea, na linha média, comunicando-a com o meio externo, com o objetivo de acessar diretamente a via aérea. Pode ser realizada por punção, por via percutânea ou cirúrgica. A técnica por punção é segura, simples e eficaz na situação de emergência, entretanto tem caráter provisório, até que se estabeleça uma via aérea definitiva.

Está indicada, sobretudo, em caráter de urgência e emergência, particularmente no paciente politraumatizado com lesões maxilofaciais graves, no qual a intubação não foi possível ou está contraindicada. Nessas situações, a cricotireoidostomia é muito útil, pois promove o acesso rápido e seguro às vias aéreas. Toda cricotireoidostomia deve ser convertida para uma traqueostomia dentro de 24 a 72 horas.

Em crianças < 10 anos de idade, esse procedimento deve ser evitado em virtude do risco de se lesar as cordas vocais. Nos casos de urgência/emergência, pode-se tentar a traqueostomia de urgência. Não deve ser utilizada eletivamente para acesso prolongado às vias aéreas.

A radiografia de tórax pós-operatória é considerada obrigatória para confirmar o sucesso do procedimento, no entanto, podem ser usados outros meios, como, por exemplo, a capnografia.

TÉCNICA

1. Colocar o paciente em posição supina com o pescoço em posição neutra. Colocar um coxim sob os ombros para maximizar os pontos de referência do pescoço. Palpar a cartilagem tireóidea, o espaço cricotireóideo e a chanfradura do esterno para orientação. Montar o equipamento necessário.
2. Proceder à antissepsia e à assepsia local.
3. Administrar anestesia local com lidocaína a 2%.
4. Com o polegar e o dedo médio da mão não dominante imobilizar a laringe e, com o indicador palpar a membrana cricotireóidea logo abaixo da cartilagem tireóidea.
5. Com cateter venoso 14 ou 16G ou dispositivo específico, a punção da membrana cricotireóidea deve ser realizada na linha média, em direção caudal, com angulação de 30 graus com a pele.
6. Deve ser mantida uma pressão negativa na seringa, avançando-a até sua penetração na membrana e na traqueia. Assim que a agulha atinge a traqueia, o ar é facilmente aspirado.
7. Em seguida, o cateter plástico é deslizado por sobre a agulha, que é retirada a seguir. Novamente, o ar deve ser aspirado para confirmar a posição traqueal.
8. Um sistema de ventilação a jato ou manual deve ser conectado ao cateter. Pode-se, ainda, pegar o conector de um tubo orotraqueal nº 7 e acoplá-lo a uma seringa de 3 ou 5mL sem o êmbolo; coloca-se, então, o conjunto no cateter em localização intratraqueal. Isso permite que o dispositivo

de ventilação com reservatório de ar (p. ex., ambu) se acople à cricotireoidostomia. Cuidado para não ventilar com pressões muito altas e jamais retirar fragmentos ou remover a cartilagem cricotireóidea.

POSSÍVEIS COMPLICAÇÕES

- Enfisema subcutâneo
- Barotrauma
- Reflexo de tosse em cada inspiração
- Dobra do cateter
- Obstrução por secreção ou sangue
- Punção esofágica

CRICOTIREOIDOSTOMIA PERCUTÂNEA E CIRÚRGICA

Na emergência, o diâmetro considerável das cânulas utilizadas na cricotireoidostomia percutânea e cirúrgica torna possível a ventilação satisfatória por período mais prolongado e sem retenção de CO_2. Além disso, existem *kits* apropriados que protegem a via aérea contra a aspiração de sangue e secreções, o que não é possível com a ventilação a jato.

Técnica do acesso percutâneo

1. A membrana cricotireóidea pode ser penetrada por um cateter de modo semelhante ao descrito previamente.
2. Através do cateter passa-se um fio-guia avançando no interior da traqueia e do brônquio.
3. Faz-se uma pequena incisão na pele junto ao guia e passa-se o dilatador junto com a cânula de cricotireoidostomia segundo a técnica de Seldinger.

Técnica do acesso cirúrgico

1. Após a abertura da membrana cricotireóidea, o espaço deve ser dilatado com pinças Kelly.
2. Introduz-se a cânula de traqueostomia ou tubo orotraqueal de diâmetro entre 6 e 7 e insufla-se o balonete.
3. Procede-se à ausculta pulmonar para confirmar a presença de murmúrio vesicular bilateral.

Algumas possíveis complicações relacionadas com o acesso das vias aéreas incluem a falha da técnica com consequente localização incorreta da cânula, criando um falso trajeto, asfixia, pneumotórax, sangramento seguido ou não de aspiração, lesão em laringe ou traqueia, laringoespasmo, disfunção de cordas vocais por lesão do nervo vago ou seus ramos, edema/estenose de laringe com risco de obstrução respiratória após a extubação, hematoma/hemorragia, laceração do esôfago e laceração da traqueia.

Capítulo 189
Punção Lombar

Bruno F. F. Tonelotto • Renata Pereira Teodoro

INTRODUÇÃO

A punção lombar (PL) consiste em um procedimento que objetiva a coleta de amostra do líquido cefalorraquidiano (LCR) no espaço subaracnóideo, com finalidades diagnósticas e, em certos casos, terapêuticas. Possibilita a análise de características do líquor, como sua composição, celularidade, aspecto visual, valores pressóricos e presença de patógenos. Está indicada em casos de suspeita de infecções do SNC (p. ex., meningites), hemorragias subaracnóideas, doenças desmielinizantes, afecções degenerativas do SNC e detecção de células neoplásicas.

PROCEDIMENTO

A punção lombar deve ser realizada obedecendo às seguintes etapas:

1. **Preparo da bandeja com o material a ser utilizado.**
2. **Posicionamento do paciente:** a PL pode ser realizada com o paciente na posição sentada ou em decúbito lateral, pelas via mediana ou paramediana. Na posição sentada, o paciente senta-se à beira do leito com os pés apoiados em uma cadeira e flexiona a coluna para melhor abertura dos espaços lombares, o que facilita o acesso pela via mediana. Essa posição geralmente é a preferida, pois a pressão do LCR é maior, proporcionando maior escoamento mesmo com agulhas de menor calibre. Se posicionado em decúbito lateral, os membros inferiores devem ser fletidos em direção ao abdome e o pescoço levemente flexionado para a frente. Essa posição torna possível uma medição precisa da pressão de abertura. Quando não é possível a flexão da coluna ou dos membros inferiores, pode-se considerar o acesso pela via paramediana.
3. **Localização do espaço em que será realizada a punção:** palpa-se a crista ilíaca posterossuperior com o dedo indicador e, com o polegar, palpa-se o processo espinhoso situado na linha que une as duas cristas ilíacas. Essa linha geralmente passa sobre o processo espinhoso de L4 e a punção deve ser feita nos espaços entre L3-L4 ou L4-L5, pois nesses locais há total garantia de já ter terminado a medula espinhal.
4. **Antissepsia da pele e colocação de campo estéril.**
5. **Anestesia:** utiliza-se um anestésico local (lidocaína a 2%) para realização do botão anestésico, introduzindo-o no tecido subcutâneo até o ligamento supraespinhoso, com agulha 0,45 × 13 e seringa de 3 a 5mL.
6. **Introdução da agulha de punção:** a agulha utilizada deve ser de fino calibre (22G, de preferência, ou 21G). Existe maior risco de ocorrência de cefaleia pós-punção nas faixas etárias mais baixas e em pacientes do sexo feminino, magras e jovens, entre 15 e 40 anos, principalmente quando apresentam cefaleia crônica, podendo ser considerado, nesses casos, o uso de agulhas atraumáticas (de Sprotte, em ponta de lápis ou não cortantes) em detrimento das convencionais (de Quinke ou traumáticas). A entrada na pele é feita perpendicularmente na linha média e, posteriormente, inclina-se a agulha 5 a 10 graus em sentido cefálico. Deve-se pegar a agulha em seu ponto médio, para evitar que a mesma se dobre devido à força aplicada. Ela atravessará a pele, o tecido subcutâneo, o ligamento supraespinhoso, o ligamento interespinhoso, o ligamento amarelo, o espaço peridural, a dura-máter e a membrana subaracnóidea. Em geral, a agulha é introduzida 4 a 5cm, até atingir o espaço subaracnóideo. Cada estrutura apresenta uma consistência diferente, que pode ser percebida pelo tato à medida que a agulha é introduzida.

7. **Coleta do líquor:** quando a dura-máter é perfurada, pode-se sentir um clique e o mandril deve ser retirado à espera do gotejamento do líquor. O bisel da agulha deve ficar na posição horizontal, com sua porção plana apontada para cima; nos pacientes sentados, deve permanecer em posição vertical. Caso o gotejamento não ocorra ou seja muito lento, pode-se introduzir a agulha mais 1 ou 2mm e girá-la de 90 a 180 graus. Assim que se inicia o gotejamento, o paciente pode lentamente esticar as pernas ou erguer a coluna para permitir um fluxo livre de líquor. Um manômetro é acoplado à agulha para medir a pressão de abertura. O LCR é coletado em frascos estéreis, e o volume da amostra varia de 8 a 15mL, podendo chegar com segurança a 30mL, caso necessário.
8. **O mandril deve ser recolocado antes da retirada da agulha.**

> **Obs. 1:** se a agulha encontrar resistência óssea, ou se o paciente referir dor aguda irradiada para uma das pernas, ou se não vier líquido, deve-se retirar a agulha até o tecido subcutâneo e reintroduzi-la em outro ângulo.

> **Obs. 2:** pode-se optar pela utilização de uma agulha-guia ou introdutor, que deve apresentar calibre 40/10 e ultrapassar a pele, o tecido subcutâneo e o ligamento supraespinhoso, alojando-se no ligamento interespinhoso. A agulha de punção subaracnóidea é introduzida através do guia, atingindo diretamente o ligamento interespinhoso. Caso o introdutor toque em alguma estrutura óssea, deve ser recuado próximo ao ligamento supraespinhoso e reorientado; se o mesmo ocorrer com a agulha de punção, esta deve ser recuada para dentro do introdutor e o conjunto trazido até o tecido subcutâneo, a agulha de punção deve ser retirada e o introdutor redirecionado.

> **Obs. 3:** na abordagem paramediana ou lateral, a agulha é introduzida a 1,5cm da linha média, em um ângulo de 25 graus, atravessando as seguintes estruturas: pele, tecido subcutâneo, musculatura paravertebral, ligamento amarelo, dura-máter e membrana subaracnóidea. Caso a agulha toque em estrutura óssea, deve ser redirecionada em sentido cranial ou caudal, até ser sentido o ligamento amarelo.

CONSIDERAÇÕES

A PL está contraindicada em pacientes com infecção de pele no local da punção e em portadores de distúrbios da coagulação com trombocitopenia < 20.000/mcL. Naqueles tratados com heparina de baixo peso molecular, as doses devem ser suspensas 24 horas antes do procedimento. Além disso, é necessária a realização de exames de imagem antes da PL para excluir a presença de lesão tumoral focal ou edema difuso nas seguintes situações: alterações do nível de consciência, déficit neurológico focal, convulsão de início recente, edema de papila ou imunossupressão, pois esses pacientes apresentam maior risco de desenvolver herniação cerebelar ou tentorial em decorrência da punção.

COMPLICAÇÕES

A PL costuma ser um procedimento seguro e as complicações graves, como herniação cerebral, lesão da medula espinhal ou das raízes nervosas, hemorragia e infecção, são raras. As complicações leves são mais comuns, como cefaleia pós-punção, dor lombar e sintomas neurológicos transitórios, como dor radicular ou dormência.

RESULTADOS

O LCR apresenta as seguintes características:

- **Volume do LCR (adulto):** cerca de 150mL
- **Cor:** incolor, cristalino, não se coagula
- **Pressão:** 50 a 180mmH$_2$O
- **Glicose:** 40 a 70mg/dL

- **Proteínas:** 20 a 30mg/dL
- **Peso específico (37°C):** 1,003
- **Cloro:** 720 a 750mg%
- **Leucócitos totais:** < 5 células mononucleares/mm^3
- **Hemácias:** 0
- **Lactato:** 10 a 20mg/dL
- **Ausência de sistema tampão**
- **pH:** 7,4

BIBLIOGRAFIA

Alves E. Cirurgia de urgência. 5. ed. São Paulo: Atheneu, 1980.

American Collegue of Surgeons. Advanced Trauma Life Support, course for physicians. Chicago, IL, USA, 1993.

Araújo S. Acessos venosos centrais e arteriais periféricos – Aspectos técnicos e práticos. RBTI – Revista Brasileira de Terapia Intensiva. Volume 15 – Número 2 – Abril/Junho 2003.

Arbona N, Jedrzynski M, Frankfather R et al. Is glass visible on plain radiographs? A cadaver study. J Foot Ankle Surg 1999 Jul-Aug; 38(4):264-70.

Asakura Y, Nakamichi Y, Mori K, Ibuki K, Kasuga H et al. Ultrasound-guided central venous catheterization: efficacy of simultaneous perioperative ultrasonographic scanning for the presence of carotid plaques in the prevention of the perioperative development of ischemic stroke. Journal of Anesthesia, Online First™, 24 February 2012.

ATLS. American College of Surgeons. ATLS, Advanced Trauma Life Support Course for Physicians. 5. ed. ACS Committee on Trauma. American College of Surgeons. Chicago, 1993.

Barash PG, Cullen BF, Stoelting RK et al. Manual de anestesiologia clínica. 6. ed. Porto Alegre: Artmed, 2011.

Berk WA, Osbourne DD, Taylor DD. Evaluation of the "golden period" for wound repair: 204 cases from a Third World Emergency Department. Ann Emerg Med 1988 May; 17(5):496-500.

Bevilacqua CC et al. Emergências pediátricas: IPPMG/UFRJ. São Paulo: Atheneu, 2004.

Birolini D, Oliveira MR. Cirurgia do trauma. Rio de Janeiro: Atheneu, 1985:451-62.

Bosques Nieves G, Rosas Alvarez R. Edema pulmonar agudo después de la administración de naloxona/Acute pulmonary edema following administration of naloxone. Revista Mexicana de Anestesiologia jan-mar. 1992; 15(1):37-9.

Brogan Jr GX, Giarrusso E, Hollander JE, Cassara G, Maranga MC, Thode HC. Comparison of plain, warmed, and buffered lidocaine for anesthesia of traumatic wounds. Ann Emerg Med 1995 Aug; 26(2):121.

Bruns TB, Worthington JM. Using tissue adhesive for wound repair: a practical guide to dermabond. Am Fam Physician 2000; 61(5):1383.

Cangiani LM, Lutti MN, Cangiani LH, Esteves LO. Anestesia subaracnóidea. In: Cangiani LM, Posso IP, Potério GMB, Nogueira CS (eds.) Tratado de anestesiologia SAESP. São Paulo: Atheneu, 2006:1163-92.

Chang RS, Hamilton RJ, Carter WA. Declining rate of cricothyrotomy in trauma patients with an emergency medicine residency: implications for skills training. Acad Emerg Med 1998; 5(3):247.

Ciaglia P, Firsching R, Syniec C. Elective percutaneous dilatational tracheostomy: a new simple bedside procedure; preliminary report. Chest 1985; 87(6):715-9.

Cirurgia das afecções da pele e anexos. In: Freitas J, Figueiredo AHB. Cirurgia de ambulatório: texto e atlas. Rio de Janeiro: Atheneu, 1988:17-56.

Cologna AJ. Cistostomy. Medicina, Ribeirão Preto, Febr 2011; 44(1):57-62.

Cordioli AV. Psicofármacos: consulta rápida. 4. ed. Porto Alegre: Artmed, 2011.

Cravens DD, Zweig S. Urinary catheter management. Am Fam Physician 2000; 61:369.

Cummings P, Del Beccaro MA. Antibiotics to prevent infection of simple wounds: a meta-analysis of randomized studies. Am J Emerg Med 1995; 13(4):396.

de Souza Júnior EB, Veronese P. Manuseio das vias aéreas. In: Golin V, Sprovieri SSRS. Condutas em urgências e emergências para o clínico. São Paulo: Atheneu, 2009.

Defalque RJ. Percutaneous catheterization of the internal jugular vein. Anesth Analg 1974.

Edlich RF, Rodeheaver GT, Thacker JG et al. Revolutionary advances in the management of traumatic wounds in the emergency department during the last 40 years: part II. J Emerg Med 2010; 38(2):201.

Figueiredo LFP, Melhado VB, Fortuna AO, Lutke C. Acesso à via aérea difícil. In: Campos JRM, Andrade Filho LO, Cal RGR, Cernea CR. Traqueostomia aberta e percutânea. In: Knobel E. Condutas no paciente grave. 3. ed. São Paulo: Atheneu, 2006.

Fischler L, Erhart S, Kleger GR, Frutiger A. Prevalence of thacheostomy in ICU patients. A Nation-wide survey in Switzerland. Int Care Med 2000; 26:1428-33.

Goffi FS. Técnica cirúrgica: bases anatômicas, fisiopatológicas e técnicas da cirurgia. 4. ed. São Paulo: Atheneu, 1997.

Goffi PFAB et al. Pré e pós-operatório em cirurgia geral e especializada. Porto Alegre: Artmed, 1999:317-26.

Griffiths J, Barber VS, Morgan L, Young JD. Systematic review and meta-analysis of studies of the timing of tracheostomy in adult patients undergoing artificial ventilation. BMJ 2005; 330(7502):1243.

Guimarães HP, Falcão LFR, Orlando JMC. Guia prático de UTI. 1. ed. São Paulo: Atheneu, 2008.

Hawkins ML, Shapiro MB, Cue JI, Wiggins SS. Emergency cricothyrotomy: a reassessment. Am Surg 1995; 61(1):52-5.

Heard SO. Airway management and endotracheal intubation. In: Irwin RS, Rippe JM, Lisbon A, Heard SO. Procedures, techniques, and minimally invasive monitoring in Intensive Care Medicine. 4. ed., 2008.

Hsu DC et al. Infiltration of local anesthetics. Uptodate 19.1, 2011.

Irwin RS. Thoracentesis. In: Irwin RS, Rippe JM, Lisbon A, Heard SO. Procedures, techniques, and minimally invasive monitoring in intensive care in intensive care medicine. 4 ed. 2008.

Jalota L, Kalira V, George E et al. Prevention of pain on injection of propofol: systematic review and meta-analysis. BMJ 2011 Mar 15; 342:d1110.

Johnson KS, Sexton DJ. Lumbar puncture: Technique; indications; contraindications; and complications in adults. Disponível em: http://www.uptodate.com/contents/lumbar-puncture-technique-indications-contraindications-and-complications-in-adults. Acesso em: 1º de maio de 2012.

Knobel E. Condutas no paciente grave. 3. ed. São Paulo: Atheneu, 2006.

Krishnan K, Elliot SC, Mallick A. The current practice of tracheostomy in the United Kingdom: a postal survey. Anaesthesia 2005; 60(4):360-4.

Lázaro da Silva A. Cirurgia de urgência. Volume II. Rio de Janeiro: Medsi, 1985:1825-37.

Lemos D et al. Closure of skin wounds with sutures. Uptodate 19.1, 2010.

Lemyze M. The placement of nasogastric tubes. Canadian Medical Association May 2010; 182(8).

Magalhães HP. Técnica cirúrgica e cirurgia experimental. São Paulo: Sarvier, 1993.

Marques RG. Técnica operatória e cirurgia experimental. 1. ed. Rio de Janeiro: Guanabara Koogan, 2005.

Mathias LAST, Piccinini Filho L, Amaral Neto M. Intubação difícil. In: Golin V, Sprovieri STS. Condutas em urgências e emergências para o clínico. São Paulo: Atheneu, 2009.

Maziak DE, Meade MO, Todd TR. The timing of tracheotomy: a systematic review. Chest 1998;114:605-9.

McVay PA, Toy PT. Lack of increased bleeding after paracentesis and thoracentesis in patients with mild coagulation abnormalities. Transfusion 1991; 31(2):164-71.

Napolitano ML. Paracentesis and diagnostic peritoneal lavage. In: Irwin RS, Rippe JM, Lisbon A, Heard SO. Procedures, techniques, and minimally invasive monitoring in intensive care in Intensive Care Medicine. 4. ed. 2008.

Peltekian KM, Wong F, Liu PP, Logan AG, Sherman M, Blendis LM. Cardiovascular, renal, and neurohumoral responses to single large-volume paracentesis in patients with cirrhosis and diuretic-resistant ascites. Am J Gastroenterol 1997; 92(3):394.

Pereira Júnior GA, Lovato WJ, Carvalho JB, Horta MFV. Abordagem geral trauma abdominal. Simpósio: Cirurgia de urgência e trauma – 2ª parte. Ribeirão Preto, Brasil, 2007.

Peter S, Gill F. Development of a clinical practice guideline for testing nasogastric tube placement. Journal for Specialists in Pediatric Nursing, 2009.

Phillips LD. Manual de terapia intravenosa. 2. ed. Porto Alegre: Artmed, 2001:206-10.

Pires MTB, Starling SV. Erazo – Manual de urgências em pronto-socorro. 9. ed. Rio de Janeiro: Guanabara Koogan, 2010.

Pires MTB. Erazo, manual de urgências em pronto-socorro. 8. ed. Rio de Janeiro: Guanabara Koogan, 2006.

Pizzo VRP, Martins HS, Sproesser ME. Intubação orotraqueal. In: Martins HS, Damasceno MCT, Awada SB. Pronto-socorro – diagnóstico e tratamento em emergências. 2. ed., Barueri: Manole, 2008.

Plummer AL, Gracey DR. Consensus conference on artificial airways in patients receiving mechanical ventilation. Chest 1989; 96(1):178-80.

Pronchik D, Barber C, Rittenhouse S. Low-versus high-pressure irrigation techniques in Staphylococcus aureus-inoculated wounds. Am J Emerg Med 1999; 17:121.

Puccioni-Sohler M et al. Coleta do líquido cefalorraquidiano, termo de consentimento livre e esclarecido e aspectos éticos em pesquisa: recomendações do Departamento Científico de LCR da Academia Brasileira de Neurologia. Arquivos de Neuro-Psiquiatria, São Paulo, Sept. 2002; 60(3a). Disponível em: http://www.scielo.br/scielo.php?script=sci_arttext&pid=S0004-282X2002000400033&lng=en&nrm=iso. Acesso em: 1 de maio de 2012.

Raia AA, Zerbini EJ. Clínica cirúrgica Alípio Correa Neto. Volume III. 4. ed., São Paulo: Sarvier, 1994:73-9.
Ramakrishnan K, Mold JW. Urinary catheters: a review. The Internet Journal of Family Practice. 2005 Volume 3 Number 2.
Robbins E, Hauser SL. Técnica de punção lombar. In: Fauci AS, Braunwald E, Kasper DL et al. (eds.). Harrison Medicina Interna. Rio de Janeiro: McGraw-Hill Interamericana do Brasil, 2008:e267-e269.
Root HD, Hauser CW, McKinley CR et al. Diagnostic peritoneal lavage. Surgery 1965; 57:633.
Saunders CE, Ho MT (eds.) Current emergency diagnosis and treatment. 4. ed., USA, 1992.
Savassi-Rocha PR et al. Infecções bacterianas da pele e do tecido celular subcutâneo. In: Fonseca FP, Savassi-Rocha PR. Cirurgia ambulatorial. Rio de Janeiro: Guanabara Koogan, 1999:109-21.
Şener M. Supraclavicular subclavian vein approach for central venous catheterization is a safe and preferable method also in pediatric patients. Pediatric Anesthesia 2012; 22:506-7.
Smeltzer S, Bare GB, Hinkle JL, Cheever KH, Brunner & Suddarth – Tratado de enfermagem médico-cirúrgica. 12. ed., Rio de Janeiro: Guanabara Koogan, 2011.
Srougi M, Dall'Oglio M, Cury J. Urgências urológicas. São Paulo: Atheneu, 2006.
Starling SV, Pires MTB. Manual de urgências em pronto-socorro. 9. ed., Rio de Janeiro: Guanabara Koogan.
Unamuno MRDL, Marchini JS. Gastric/enteric tube: care on the insertion, administration of diets and prevention of complications. Medicina, Ribeirão Preto, Jan/March 2002; 35:95-101.
Urinary catheterization. The Marsden manual. The Royal Marsden Hospital and Blackwell Science, 2001.
Veelo DP, Schultz MJ, Phoa KY, Dongelmans DA, Binnekade JM, Spronk PE. Management of tracheostomy: a survey of Dutch intensive care units. Respiratory Care 2008; 53(12):1709-15.
Vianna A, Cabral G, Azambuja R, Carleti G, Balbi T. Traq-RIO: A Brazilian survey of tracheostomies performed in the ICU. Int Care Med 2009; 36 (supl 1):A207.
Viegas CAA. Gasometria arterial. J Pneumol out. 2002; 28(Supl 3).
Whitehouse JS, Weigelt JA, Diagnostic peritoneal lavage: a review of indications, technique, and interpretation. Scandinavian Journal of Trauma, Resuscitation and Emergency Medicine. USA, 2009.
Zetouni A, Kost K. Tracheostomy: a retrospective review of 281 cases. J Otolayngol 1994; 23:61-6.

Seção XXIII – MEDICINA ESPECIAL

Capítulo 190
Terapia Nutricional Enteral

Gradzielle Polito Villardo

INTRODUÇÃO

Segundo a Resolução RDC 63, de 6 de julho de 2000, da Agência Nacional de Vigilância Sanitária (ANVISA) do Ministério da Saúde, terapia nutricional enteral (TNE) é definida como: "Alimento para fins especiais, com ingestão controlada de nutrientes, na forma isolada ou combinada, de composição definida ou estimada, especialmente formulada e elaborada por uso de sondas ou via oral, industrializada ou não, utilizada exclusiva ou parcialmente para substituir ou complementar a alimentação oral em pacientes desnutridos ou não, conforme suas necessidades nutricionais, em regime hospitalar, ambulatorial ou domiciliar, visando à síntese ou manutenção dos tecidos, órgãos ou sistemas."

O primeiro parâmetro relacionado com a alimentação do paciente internado no pronto-socorro (PS) a ser observado é se ele tem condições fisiológicas e consegue alimentar-se satisfatoriamente através da via oral (VO) para suprir suas necessidades nutricionais diárias. Se apresentar condições fisiológicas, mas não suprir suas necessidades, parte-se para a TNEVO, por meio de módulos de nutrientes específicos ou suplementos nutricionais. Se não apresentar condições de alimentação por VO, utilizam-se as sondas, que podem ser gástricas, entéricas ou ostomias, e estima-se o tempo de utilização, não se esquecendo de verificar as indicações e contraindicações de cada uma. Se a sonda for utilizada por longo período ou se for a via de alimentação permanente, avança-se então para as ostomias, que podem sem gástricas, duodenais ou jejunais. Após a decisão quanto à melhor via de acesso para TNE, devem ser calculadas as necessidades nutricionais e hídricas do paciente, assim como escolhida a dieta mais adequada à condição fisiológica do paciente e suas características. Devem ser sempre observadas a quantidade do resíduo gástrico eliminado pelo paciente e a existência ou não de peristalse para evolução ou suspensão da dieta, assim como possíveis complicações da TNE.

É da **responsabilidade do médico** indicar, prescrever e acompanhar os pacientes submetidos à TNE.

É da **responsabilidade do nutricionista** avaliar o estado nutricional dos pacientes, suas necessidades e requerimentos, bem como realizar todas as operações inerentes à prescrição dietética, à composição e preparação da nutrição enteral (NE), atendendo às recomendações das Boas Práticas de Preparação da Nutrição Enteral.

É da **responsabilidade do enfermeiro** administrar a NE, observando as recomendações das Boas Práticas de Administração da Nutrição Parenteral e Enteral.

CRITÉRIOS PARA INDICAÇÃO DE TERAPIA NUTRICIONAL ORAL EM ADULTOS

- Pacientes com risco nutricional ou eutrófico, apresentando hiporexia (ingestão alimentar < 60% das necessidades) ou anorexia; paciente de risco nutricional ou com desnutrição de leve a moderada, sem alteração da aceitação dos alimentos ou apresentando hiporexia; trato gastrointestinal (TGI) funcionante: permeabilidade e motilidade preservadas e absorção eficiente.
- Pacientes severamente desnutridos deverão receber terapia nutricional em 1 a 3 dias depois da admissão hospitalar.

CRITÉRIOS PARA INDICAÇÃO DE TNE EM ADULTOS

- Incapacidade ou impossibilidade de alimentar-se efetivamente VO (< 2/3 ou < 60% das necessidades nutricionais diárias).

- TNE precoce no pós-operatório e TGI funcionante.
- Indicada para todos os pacientes em unidade de terapia intensiva (UTI) sem condições de nutrição VO em até 3 dias.
- Previsão de manutenção da sonda por, pelo menos, 5 a 7 dias.
- Pacientes que não podem ou não querem se alimentar: inconsciência; anorexia nervosa; lesões orofaciais em esôfago ou estômago; acidente vascular encefálico (AVE); neoplasias; doenças desmielinizantes; politraumatismo ou lesões na coluna vertebral; doenças neurológicas; insuficiência respiratória; anomalias congênitas; intubação orotraqueal (IOT); deglutição comprometida de causa muscular ou neurológica; *miastenia gravis*; carcinoma em TGI.
- Pacientes com ingestão oral insuficiente e/ou aumento da demanda nutricional: trauma; septicemia; alcoolismo crônico; estados hipermetabólicos; depressão grave; queimaduras; vírus da imunodeficiência humana (HIV); caquexia cardíaca; câncer; doença pulmonar obstrutiva periférica (DPOC); ingestão alimentar insuficiente após cirurgia.
- Pacientes cuja alimentação comum produz dor e/ou desconforto: doença de Crohn; colite ulcerativa; carcinoma do TGI; pancreatite; enterite por quimioterapia (QT) e/ou radioterapia (RT).
- Pacientes com disfunção do TGI: síndrome de má absorção; fístulas digestivas; síndrome do intestino curto; gastroparesia ou diminuição do esvaziamento gástrico grave; erros inatos do metabolismo; íleo paralítico; lesão obstrutiva inflamatória benigna; obstrução crônica; alergia alimentar múltipla.

CRITÉRIOS PARA CONTRAINDICAÇÕES À TNE

As contraindicações à TNE são, geralmente, relativas ou temporárias; portanto, são importantes o julgamento clínico e a reavaliação criteriosa frequente das metas da TNE e de seus benefícios/malefícios. Em algumas situações é permitido o uso da terapia, desde que seja mantido acompanhamento periódico:

- Doença terminal: os benefícios são inferiores às possíveis complicações.
- Síndrome do intestino curto: fase inicial de reabilitação cirúrgica ou ressecção maciça.
- Obstrução intestinal mecânica ou pseudo-obstrução: ausência de peristalse total ou localizada.
- Sangramento gastrointestinal: intervenção rápida para resolver o sangramento (realização de exames que necessitam de jejum), podendo ocasionar vômitos, náusea, fezes com sangue (melena) ou enterorragia.
- Vômitos incoercíveis/hiperêmese gravídica: dificuldade em manter o posicionamento correto da sonda – indicação de via parenteral.
- Diarreia grave: observar sempre a causa e levar em consideração os fármacos utilizados e as perdas de eletrólitos.
- Fístulas intestinais: principalmente as de alto débito (>500mL/24h) e as jejunais.
- Isquemia gastrointestinal/mesentérica: pacientes graves com infecção generalizada (sepse), disfunção de órgãos, instabilidade cardiopulmonar, síndromes de compressão oclusivas ou crônicas.
- Íleo paralítico grave: hemorragia intraperitoneal, inflamação do peritônio (peritonite), síndromes de compressão ou oclusão crônicas, instabilidade cardiopulmonar, disfunção múltipla de órgãos, perfurações intestinais, uremia, diabetes descompensado, lesões no sistema nervoso central (SNC) e hipocalemia.
- Inflamação do TGI: enterites graves por moléstia inflamatória grave dos cólons (actínica e por QT) e pancreatite grave.
- Instabilidade hemodinâmica: os nutrientes no lúmen intestinal podem levar a isquemia e necrose.
- Obstrução nasal e/ou esofágica grave.
- Pós-operatório de cirurgias de TGI.

- Mau prognóstico (doença terminal ou morte encefálica).
- Terapia indesejada pelo paciente ou por seu responsável legal.

SITUAÇÕES INDICATIVAS DE NUTRIÇÃO PARENTERAL (NP)

- "Solução estéril de nutrientes, infundida por via intravenosa por meio de um acesso venoso periférico ou central, de forma que o TGI é completamente excluído do processo", ou seja, TGI não funcionante, permeabilidade e motilidade não preservados, ausência de absorção eficiente, incapacidade ou impossibilidade de utilização do TGI.
- Vômitos intratáveis (pancreatite aguda, hiperêmese gravídica e QT), diarreia grave (doença inflamatória intestinal, síndrome da má absorção, síndrome do intestino curto, enterite actínica, doença enxerto *versus* hospedeiro), mucosite e esofagite (QT, doença enxerto *versus* hospedeiro), íleo paralítico (grandes cirurgias abdominais, traumatismo grave e quando não se pode usar jejunostomia por, pelo menos, 7 dias), obstrução (neoplasias, aderências), repouso intestinal (fístulas enteroentéricas e/ou enterocutâneas), pré-operatório (somente em casos de desnutrição grave na qual a cirurgia não possa ser adiada).

CONTRAINDICAÇÕES DE NP

A NP está contraindicada para pacientes hemodinamicamente instáveis, incluindo aqueles com hipovolemia, choque séptico ou cardiogênico, edema agudo de pulmão, anúria sem diálise, graves distúrbios metabólicos/eletrolíticos e dificuldade de acesso venoso (grande queimado, deformidade torácica e discrasia sanguínea).

OBJETIVOS DA NE

Reduzir o estresse metabólico; aumentar o balanço nitrogenado; melhorar o controle glicêmico; aumentar a síntese de proteínas viscerais; melhorar a função da barreira mucosa; fornecer maior variedade de nutrientes; aumentar o fluxo sanguíneo visceral e a resistência anastomótica.

CRITÉRIOS PARA INÍCIO/EVOLUÇÃO DA TNE

A TNE deve ser iniciada nas primeiras 48 horas de internação hospitalar ou do evento traumático e assim que houver estabilização das funções vitais e perfusão tissular, função ácido-base dentro das variações fisiológicas e restabelecimento do balanço hidroeletrolítico, assim como a presença de peristalse e ausência de regurgitação, êmese ou distensão abdominal. Além disso, em caso de resíduo gástrico (RG) >200mL (sonda nasoentérica) ou >100mL (gastrostomia) associado a sinais de desconforto abdominal ou distensão, deve-se suspender a NE e investigar radiologicamente o paciente. Quando houver aumento do RG sem sintomas sugestivos, deve-se retardar a dieta por 1 hora e reavaliar o RG. Se persistir, utilizar procinéticos (eritromicina, metoclopramida, cisaprida, bromoprida) ou utilizar sonda que nutra em jejuno e descomprima o estômago simultaneamente. A interrupção da NE em razão do aumento do RG repetidamente é motivo suficiente para o reposicionamento do cateter via pós-pilórica.

VIAS DE ACESSO

Para a escolha correta da via de acesso devem ser considerados, inicialmente, o período provável de utilização da TNE, os riscos de broncoaspiração/aspiração pulmonar e refluxo gastroesofágico (RGE), as limitações estruturais e funcionais do TGI e o melhor acesso para o paciente. Além disso, quanto à escolha da via oral ou nasal, devem ser considerados a presença de traumatismo nasal, permeabilidade nasal preservada, desvio de septo/presença de sinusite, paciente em uso de tubo orotraqueal (TOT) ou traqueostomia (TQT) e paciente acordado e lúcido:

1. **Via oral:** através de módulos específicos de nutrientes e/ou suplementos nutricionais específicos para cada patologia.
2. **Via naso/orogástrica:** é necessário que o TGI seja funcionante. É mais fisiológica e de mais fácil posicionamento da sonda, apresentando maior tolerância a qualquer tipo de dieta e possibilitando a administração em *bolus* e a progressão mais rápida do programa nutricional. Há risco maior de saída acidental da sonda por tosse, soluços ou êmese, RGE e broncoaspiração.
3. **Via naso/oroentérica (pós-piloroduodenal ou jejunal):** seu posicionamento exige maior treinamento e progressão mais lenta do programa nutricional. O local é menos fisiológico e de mais difícil acesso, além de apresentar maior intolerância a dietas hiperosmolares e menor tolerância à administração em *bolus*. É a opção de escolha quando o estômago não pode ser utilizado e nos casos de nutrição precoce, além de possibilitar a alimentação de pacientes com alterações da motilidade gástrica, com elevado risco de aspiração, RGE, náuseas e êmese persistentes, diminuindo a chance de saída acidental da sonda. Deve-se ter atenção à possibilidade de síndrome de realimentação.
4. **Ostomia:** está indicada para pacientes com previsão de TNE prolongada (≥ 6 semanas), com dificuldades de acesso ao tubo digestivo pela via oral, nasal ou esofágica, obstrução mecânica, traumatismo e inflamação:
    - **Gastrostomia (GTT):** o estômago deve ser sadio; o esvaziamento gástrico deve ser normal, com ausência de doença do refluxo gastroesofágico (DRGE). Pode ser realizada por meio de cirurgia ou percutânea (endoscópica ou radiológica). Pacientes críticos devem ser nutridos via pós-pilórica, se houver alto risco de aspiração ou após apresentarem intolerância gástrica. Com a GTT ocorrem redução de lesões nasais e infecções das vias respiratórias altas e osmorregulação, porém deve-se ter atenção a possíveis complicações relacionadas com o procedimento.
        – **Contraindicações:** hipertensão porta grave, ascite, cirurgia gástrica recente/gastrectomia subtotal, obesidade mórbida (IMC ≥ 40kg/m^2), cirurgia abdominal prévia, coagulopatia, úlcera gástrica, obstrução pilórica, hepatomegalia grave, peritonite, paciente em diálise peritoneal contínua, RGE grave, atonia gástrica e gastroparesia.
        – **Complicações:** deiscência da pele e sangramento gastrointestinal a partir dos pontos no local de inserção da sonda, vazamento do conteúdo gástrico para a cavidade abdominal (lesões viscerais), deiscência de parede abdominal, persistência de fístula após a remoção da sonda, escoriações ao redor da pele, hipergranulação e migração da sonda, e obstrução antropilórica.
    - **Jejunostomia/ileostomia:** indicadas nos casos de RGE grave, diminuem o risco de broncoaspiração e estimulação pancreática, podendo ser indicadas em casos de pós-operatório imediato, gastroparesia, esofagectomia, gastrectomia, pancreatectoduodenostomia, ressecção maciça de intestino delgado, pancreatectomia, obstrução do TGI alto, estreitamento/neoplasia duodenal, neoplasia em orofaringe, esôfago, estômago e pâncreas, e risco de broncoaspiração. Deve-se dar atenção à síndrome de *dumping*.
        – **Complicações:** vazamento do conteúdo intestinal para a cavidade abdominal, diarreia, deslocamento/obstrução da sonda, aspiração, oclusão, isquemia, fístula jejunal e necrose intestinal no pós-operatório imediato, além de volvo.
    - **Cuidados na manutenção das ostomias:** deve-se observar diariamente o óstio à procura de sinais de vazamento e/ou infecção (eritema, drenagem com pus ou edema).

MÉTODOS DE ADMINISTRAÇÃO DA DIETA ENTERAL

1. **Bolus:** consiste na administração, com seringa, de 100 a 350mL de dieta no estômago, de 2 a 6 horas, precedida e seguida por irrigação da sonda enteral com 20 a 30mL de água potável. Em caso de desconforto abdominal, deve-se esperar de 10 a 15 minutos antes de prosseguir com a infusão. Está contraindicado em pacientes com risco de aspiração pulmonar.
2. **Intermitente:** utiliza a força da gravidade, com volume de 50 a 500mL de dieta administrada por gotejamento, de 3 a 6 horas, precedida e seguida por irrigação da sonda enteral com 20 a 30mL de

água potável. Mais lenta que o *bolus*, muitas vezes é mais bem tolerada. Está contraindicada para pacientes com risco de aspiração pulmonar.
3. **Contínua:** a forma contínua consiste em uma administração por gotejamento contínuo com bomba de infusão, de 25 a 150mL/h, no estômago, jejuno ou duodeno. A dieta pode ser administrada em períodos de 12 a 24 horas (com ou sem descanso), em função da necessidade do paciente, e deve ser irrigada logo após com 20 a 30mL de água potável. Adequada para pacientes que não toleram a infusão de grandes volumes ou com função do TGI comprometida. Fórmulas hiperosmolares devem ser cuidadosamente evoluídas.

COMPLICAÇÕES DA NE

1. **Gastrointestinais: cólicas, flatulência e desconforto abdominal** (distúrbios na motilidade intestinal, medicamentos, espasmos e isquemia intestinal, dietas com fibras, temperatura fria da dieta, progressão muito rápida, administração em *bolus)*, **distensão abdominal, náuseas e vômitos** (intolerância à lactose, excesso de gordura, irritação e atonia gástricas, infusão acelerada de dieta enteral, obstrução distal, solução hiperosmolar, medicamentos eméticos, dieta pouco palatável, ansiedade, estase gástrica e RGE), diarreia, **constipação intestinal** (alterações eletrolíticas, **fórmulas com baixo teor de fibras, ingestão de água insuficiente,** imobilização do paciente no leito, medicamentos e grande quantidade de resíduo gástrico), **retardo do esvaziamento gástrico/RGE** (considera-se o retorno >50% do volume infundido nas últimas 2 horas após a infusão da dieta).
2. **Metabólicas: hiper-hidratação** (administração excessiva de líquidos ou realimentação rápida), **desidratação** (administração de soluções hiperosmolares e hiperproteicas, perdas hídricas excessivas, ingestão hídrica insuficiente – aumentar oferta de água livre), hipoglicemia, **hiperglicemia** (estados de estresse metabólico – ajustar dose de insulina), distúrbios eletrolíticos (**hiponatremia:** sobrecarga hídrica, secreção alterada de hormônio antidiurético e perdas GI; **hipernatremia:** ingestão hídrica insuficiente; **hipocalemia:** perdas GI e realimentação agressiva; **hipercalemia:** ingestão excessiva de K; **hipofosfatemia:** realimentação agressiva e insulinoterapia; **hipomagnesemia:** realimentação agressiva), alterações da função hepática, **hipercarbia** (excesso de carboidrato e calorias), síndrome da realimentação, interação droga × nutriente.
3. **Mecânicas:** erosão nasal e necrose, sangramentos e ulcerações na cavidade oral, abscesso septonasal, sinusite aguda, rouquidão, otite média aguda, faringite, esofagite/ulceração esofágica, estenose, fístula traqueoesofágica, ruptura de varizes esofágicas, obstrução da sonda, saída ou migração acidental da sonda.
4. **Infecciosas:** gastroenterocolites por contaminação microbiana no preparo, nos utensílios e na administração da fórmula.
5. **Respiratórias:** aspiração pulmonar (a cabeceira da cama do paciente deve estar sempre posicionada de 30 a 45 graus e verificar o RG), pneumonia infecciosa e refluxo.

MONITORAÇÃO DA NE NO PACIENTE HOSPITALIZADO

Peso **(ao menos 3×/semana)**; sinais e sintomas de edema e desidratação **(diariamente)**; ingestão e alimentação de fluidos **(diariamente)**; adequação da quantidade da fórmula **(ao menos 2×/semana)**; equilíbrio do nitrogênio **(nitrogênio e ureia na urina de 24h – semanalmente)**, se apropriado; resíduos gástricos **(a cada 4h), se apropriado**; eletrólitos séricos, ureia e nitrogênio séricos e creatinina **(2 a 3×/semana)**; glicose, cálcio, magnésio e fósforo séricos **(semanalmente ou conforme prescrito)**; quantidade e consistência das fezes.

DIARREIA ASSOCIADA À TNE (A PRINCÍPIO, NÃO SE DEVE INTERROMPER A DIETA)

- **Infusão rápida da dieta:** reduzir a infusão da dieta para 40 a 50mL/h, quando sonda posicionada em estômago; 20 a 25mL/h, quando posicionada em duodeno. Progredir criteriosamente.

- **Dieta muito fria:** suspender a dieta e aquecer até a temperatura ambiente.
- **Contaminação bacteriana:** suspender a dieta e aquecer até a temperatura ambiente.
- **Sonda duodenal ou jejunal:** se possível, reposicionar a sonda no nível gástrico.
- **Solução hiperosmolar:** usar fórmulas isotônicas ou hipertônicas diluídas; diminuir a velocidade de infusão (40 a 50mL/h ou menos); aumentar a densidade calórica com polímeros de glicose.
- **Diarreia intensa e rebelde ao controle:** suspender a dieta por 12 horas e tentar reiniciá-la a 40 a 50mL/h ou menos; usar antidiarreicos (loperamida, difemoxilato); suspender por 2 dias a medicação e monitorizar as evacuações.
- **Hipoalbuminemia:** administrar albumina exógena; usar fórmulas isotônicas com infusão lenta. Concentrar gradualmente a dieta.
- **Deficiência de lactase:** trocar a fórmula para outra sem lactose.
- **Má absorção de gordura:** usar fórmulas com baixo teor de gordura. Prescrever enzimas pancreáticas para pacientes com insuficiência pancreática.
- **Intolerância à soja:** usar fórmulas isentas de soja.
- **Antiácidos e antidiarreicos:** suspender medicamentos à base de magnésio; fazer uso de lactobacilos.

CRITÉRIOS PARA SELEÇÃO DAS FÓRMULAS DAS DIETAS ENTERAIS

Para seleção de uma dieta enteral é necessário conhecer as exigências específicas do paciente e a composição exata da fórmula. A dieta escolhida deve ser nutricionalmente completa e adequada para uso em períodos curtos e longos. Precisa satisfazer as necessidades nutricionais do paciente, ser bem tolerada, e as condições individuais do paciente devem ser consideradas. As dietas devem ser escolhidas cuidadosamente, de acordo com a condição clínica, o estado funcional do TGI do paciente e a localização da sonda. As fórmulas diferenciam-se, principalmente, na composição das proteínas, que vão desde a proteína intacta até sua forma mais simples. Além disso, é fundamental a característica física da fórmula (osmolaridade, osmolalidade, teor de fibras e densidade calórica), a distribuição de macronutrientes, necessidades metabólicas específicas, contribuição da alimentação para necessidades ou restrições fluidos/eletrólitos e custo-benefício:

1. **Poliméricas:** compostas por proteínas intactas (polipeptídeos), exigem maior trabalho do TGI.
2. **Monomérica (elementar):** composta por proteínas totalmente hidrolisadas (aminoácidos livres), hiperosmolar, exige menor trabalho do TGI.
3. **Específicas da doença:** designadas para disfunções específicas ou metabólicas, podem não ser nutricionalmente completas. A maioria é hiperosmolar, e as dietas são específicas para doenças renal, pulmonar, hepática, intolerância à lactose, imunossupressão e trauma/estresse.

RECOMENDAÇÕES NUTRICIONAIS GERAIS

- **Energia:**
  - 25 a 35kcal/kg/dia: quando não existe patologia grave ou síndrome de realimentação;
  - 20 a 25kcal/kg/dia: pacientes críticos;
  - 35kcal/kg/dia: pacientes com úlcera de decúbito, infecções e diálise.
- **Proteína:**
  - 0,8 a 1,0g/kg/dia: pacientes sem estresse metabólico ou falência de órgãos.
  - 1,0 a 2,0g/kg/dia: pacientes com estresse metabólico.

Obs.: há condições clínicas em que a recomendação pode variar significativamente.

- **Carboidrato:** até 7g/kg/dia.
- **Lipídio:** até 2,5g/kg/dia (em via venosa, o máximo é de 1g/kg/dia).
- **Líquidos:** 30 a 40mL/kg/dia **ou** 1,0 a 1,5mL/kcal.
- **Fibras:**
  - 5 a 10g: manutenção da flora normal;
  - 12,5 a 20g: recuperação de bifidobactérias.

Capítulo 191
Hipotermia e Geladura

Guilherme Almeida Rosa da Silva • Felipe Robalinho

"Uma pessoa não está morta até estar aquecida e morta."

INTRODUÇÃO

Os núcleos pré-óptico e posterior do hipotálamo são responsáveis pelo *setpoint* da temperatura corporal, ajudados por receptores cutâneos e localizados em órgãos profundos. Quando há decréscimo na temperatura corporal em relação ao *setpoint*, um conjunto de respostas autonômicas (produção de noradrenalina), comportamentais e endocrinometabólicas desencadeia: tremor, ereção do pelo, vasoconstrição periférica, alterações comportamentais de fuga do frio (busca por agasalhos, inquietação), termogênese no tecido adiposo marrom e aumento no metabolismo celular.

A hipotermia primária é um processo pelo qual um indivíduo, ao ser exposto ao frio intenso, tem seus mecanismos compensatórios estabilizadores da temperatura corporal suplantados e adquire uma temperatura corporal reduzida para valores < 35ºC (95ºF). A hipotermia secundária ocorre como complicação de uma doença sistêmica grave e que se torna responsável pela desestabilização da temperatura corporal. A mortalidade geral em casos de hipotermia que necessitam hospitalização pode chegar a 40%, mas já houve um sobrevivente adulto cuja temperatura inicial era de 13,7ºC. Existe ainda a hipotermia controlada, aplicada experimentalmente em alguns centros para melhorar o prognóstico neurológico de pacientes com parada cardiorrespiratória.

ETIOLOGIAS

Os principais fatores de risco para hipotermia primária estão relacionados com sexo masculino, idade (idosos e recém-nascidos), estado nutricional (desnutrição), história social (moradores de rua ou em casas sem aquecimento em países não tropicais), ocupacional (militares), esportivas (alpinistas, esquiadores, velejadores e nadadores marítimos) e acidentais (afogados e náufragos). As principais etiologias relacionadas com a hipotermia secundária são as causas toxicológicas (antidepressivos, barbitúricos, etanol, bloqueadores neuromusculares e anestésicos), endócrinas (hipotireoidismo, *diabetes mellitus*, insuficiência adrenal e hipoglicemia), neurológicas (lesões hipotalâmicas, AVE, lesões medulares e doença de Parkinson) e sistêmicas (sepse, politraumatismo, choque, insuficiência cardíaca, renal e hepática).

QUADRO CLÍNICO

Uma história clínica do mecanismo de lesão e a aferição correta da temperatura corporal são capazes de diagnosticar e identificar as causas clínicas do quadro de hipotermia. Os termômetros comumente disponíveis nos serviços de atendimento médico não aferem temperaturas < 35ºC, devendo ser usados termômetros digitais em posição esofágica, retal ou com transdutores para membrana timpânica. As manifestações clínicas tornam-se importantes nesse contexto. É importante identificar a presença de comorbidades mediante a busca de cartões de alerta em bolsos e carteiras sobre doenças crônicas e de uma história rápida com testemunhas. **Os quadros de hipotermia podem ser classificados em graves (< 28ºC), moderados (28 a 32ºC) e leves (35 a 32ºC).** As alterações mais frequentes estão relacionadas com o sistema nervoso central (SNC), musculoesquelético, cardiovascular, respiratório, endócrino e renal. Quadros leves estão relacionados com confusão mental, taquicardia, hipertensão, palidez, taquipneia com broncorreia, tremor e aceleração do metabolismo. Quadros moderados estão associados a torpor, comportamento paradoxal de se despir, redução do débito cardíaco, hipoventilação, redução do tremor, rigidez e hiporreflexia. Os quadros graves apresentam-se como coma hipotérmico, choque, arritmias malignas, congestão pulmonar, queda significativa da taxa de filtração glomerular, imobilização e arreflexia. Lise celular e trombose também já foram descritas. Um painel de exames, incluindo hemograma completo (leucocitose), coagulograma (disfunção plaquetária e alargamento do TAP e PTT), bioquímica, ECG (Onda J de Osborne e arritmias) e radiografia de tórax, pode auxiliar o entendimento de complicações clínicas associadas.

TRATAMENTO

O atendimento de BLS/ACLS não deve ser iniciado no campo, sob risco de atrasar o processo de remoção e de pôr em perigo os socorristas em caso de: temperatura corporal < 15°C, via aérea superior e tórax congelados, vítima submersa por > 1 hora e lesão letal evidente. O tratamento específico da hipotermia deve suceder à abordagem ao paciente emergencial, com avaliação da via aérea, ventilação e *status* circulatório. A intubação orotraqueal deve ser realizada mediante a inabilidade do paciente em defender sua via aérea, como nos casos de rebaixamento de consciência sem a presença de reflexos de via aérea superior. A desfibrilação ou o uso de medicamentos vasoativos, no caso de parada cardiorrespiratória, deve suceder à terapia de reaquecimento juntamente ao suporte básico de vida, caso haja insucesso na primeira tentativa. O uso de medicações venosas e desfibrilação geralmente não é bem-sucedido, caso a temperatura corporal esteja < 30°C. A oximetria de pulso pode não ser um método confiável devido à vasoconstrição periférica. Devem ser obtidos dois acessos venosos periféricos ou um profundo, aliados a suporte com oxigênio e monitorização cardíaca. O resumo da classificação e do tratamento da hipotermia encontra-se no Quadro 191.1:

1. **Terapia de reaquecimento externo passivo:** deve ser iniciada em todos os pacientes, com colocação de agasalhos e retirada de roupas umedecidas e do paciente do ambiente frio. O aquecimento de extremidades por fontes de calor deve ser evitado devido ao resfriamento visceral paradoxal provocado pela vasodilatação da extremidade.
2. **Terapia de reaquecimento externo ativo:** deve ser utilizada na hipotermia moderada e grave com a colocação de mantas térmicas especializadas e realização de outros procedimentos aceitos.
3. **Outros procedimentos aceitos:** oxigênio umedecido de 40 a 46°C; infusão de cristaloides aquecidos de 40 a 42°C, no caso de necessidade de reposição volêmica vigorosa; lavado gástrico com soro aquecido; diálise peritoneal aquecida, nos casos em que a diálise é necessária; lavagem torácica fechada, em que há uma circulação de líquidos aquecidos através de dois tubos de toracostomia colocados bilateralmente.

Quadro 191.1 Classificação e tratamento de hipotermia

Classificação	Temperatura	Manifestações	Tratamento
Hipotermia leve	32 a 35°C	Confusão mental, taquicardia, hipertensão, palidez, taquipneia com broncorreia, tremor e aceleração do metabolismo	Reaquecimento externo passivo
Hipotermia moderada	28 a 32°C	Torpor, comportamento paradoxal de se despir, redução do débito cardíaco, hipoventilação, redução do tremor, rigidez e hiporreflexia	Reaquecimento externo passivo, reaquecimento externo ativo
Hipotermia grave	<28°C	Coma hipotérmico, choque, arritmias malignas, congestão pulmonar, queda significativa da taxa de filtração glomerular, imobilização e arreflexia	Reaquecimento externo passivo, reaquecimento externo ativo e reaquecimento extracorpóreo

4. **Técnicas de reaquecimento extracorpóreo:** são utilizadas em pacientes com hipotermia gravíssima, em que geralmente há congelamento de órgãos e membros. As opções disponíveis incluem hemofiltração, hemodiálise, reaquecimento arteriovenoso contínuo e *bypass* cardiopulmonar.

GELADURA

As lesões de geladura superficial geralmente se apresentam com eritema e redução da sensibilidade tátil e álgica em extremidades. A presença de edema, vesículas ou bolhas hemorrágicas com coloração amarelada ou branco-vinhosa sugere acometimento tecidual profundo severo. O congelamento pode resultar em trombose e acometimento ósseo e muscular, havendo elevado risco de amputação.

TRATAMENTO

1. **Medidas gerais:** retirada do indivíduo do ambiente frio, tratamento da hipotermia e impedimento de fricção no membro acometido.
2. **Tratamento específico:** imersão em sistema corrente de líquidos a 37 a 40ºC, em conjunto com analgesia potente, pois se trata de um processo altamente doloroso. Deve ser seguido do **encorajamento do paciente para movimentar levemente o membro dentro do circuito**. Apesar das dificuldades, a extremidade não deve ser retirada precocemente do sistema de aquecimento. Após o reaquecimento do membro, deve-se acompanhar o processo de ressecamento de bolhas e vesículas, realizar profilaxia antitetânica e proceder ao tratamento de infecções secundárias que porventura venham a se desenvolver.

Capítulo 192
Afogamento, SARA e Infecção Pulmonar do Paciente Afogado

Guilherme Almeida Rosa da Silva • Felipe Robalinho

"Dedicado aos meus tempos de Marinha do Brasil e à tripulação da Corveta Inhaúma"
Guilherme Almeida Rosa da Silva

■ AFOGAMENTO

O afogamento consiste em uma síndrome caracterizada pela insuficiência respiratória decorrente da entrada de líquido em grande quantidade no aparelho respiratório por um processo de submersão ou imersão. A entrada de líquido pode ser acidental ou decorrente de tentativa de suicídio ou homicídio. Apesar de a síndrome de afogamento depender mais do volume de líquido aspirado do que do tipo envolvido, didaticamente se divide em afogamento em água doce – "hiposmolar" (hipervolemia, hemodiluição, hiponatremia, hemólise e hipercalemia) – e em água salgada – "hiperosmolar" (hemoconcentração, hipovolemia, hipernatremia e acidose). A cada ano, ocorrem 500 mil óbitos por afogamento no mundo, sendo, globalmente, a segunda causa de morte acidental em crianças. No Brasil, é a principal causa acidental de crianças entre 1 e 4 anos de idade.

ETIOLOGIA

Os afogamentos podem ser divididos, quanto à etiologia, em primários, em que não há fator desencadeante, como o fato de não saber nadar, esgotamento físico ou desconhecimento da região, e secundários, em que há causalidade entre uma crise convulsiva, infarto do miocárdio, crise asmática, alcoolismo ou uso de drogas.

QUADRO CLÍNICO

Ao contato inicial entre a via aérea superior e o líquido, ocorrem um espasmo reflexo da glote e tosse, como reflexo de proteção. O indivíduo apresenta dispneia aguda, pletora facial e sensação de asfixia, mesmo sem penetração do líquido no aparelho respiratório (afogado seco). Caso esse mecanismo de defesa seja suplantado pelo volume hídrico, a penetração no aparelho respiratório (afogado molhado) desencadeia um reflexo de debatimento e pânico, até que ocorram hipoxemia grave, perda da consciência e alterações metabólicas subsequentes, que culminam em morte e posterior submersão do cadáver.

Quando ocorre o resgate, os casos podem ser classificados como de discreta gravidade (grau I), moderada gravidade (grau II), grave (grau III) e gravíssimo (grau IV). As características clínicas de cada gradação estão listadas no Quadro 192.1.

TRATAMENTO

1. **Atendimento inicial:** cabe ressaltar a importância das manobras de ressuscitação pelo socorrista ainda no mar, preferencialmente utilizando uma prancha flutuadora e a boa técnica de retirada do paciente inconsciente do mar com a cabeça lateralizada e acima do tronco. A necessidade de colocação de um colar cervical e prancha rígida não deve atrasar as manobras de ressuscitação.
2. **Tratamento específico:** o tratamento do paciente afogado deve ser iniciado pela avaliação básica do paciente emergencial quanto a seu *status* respiratório e circulatório. **Uma questão muito importante refere-se à avaliação da temperatura corporal na tentativa de excluir a hipotermia, um fator que modifica o protocolo de suporte básico e avançado de vida.** O tratamento específico de cada gradação está listado no Quadro 192.1.

Quadro 192.1 Classificação e tratamento dos casos de afogamento

Classificação	Características	Sinais e sintomas	Tratamento
Grau I	Reflexo de proteção	Ansiedade, alívio, palidez, tremor, taquicardia, náuseas, respiração suspirosa	Aquecimento, tranquilização e observação por 2h
Grau II	Ingestão de pequeno volume hídrico	Agitação ou letargia, estertoração crepitante, cianose + ou ++	Aquecimento, oxigenoterapia por máscara, posição lateral de segurança sob o lado direito e observação por 24h. Exame de imagem e gasometria arterial devem ser solicitados
Grau III	Ingestão de grande volume hídrico	Agitação ou torpor, cianose ++ ou +++, estertoração difusa, taquicardia	Posição lateral de segurança sob o lado direito, oxigenoterapia ou intubação orotraqueal, acesso venoso e suporte hemodinâmico. Correção de distúrbios eletrolíticos e do edema cerebral. Avaliação por método de imagem
Grau IV	Parada cardiorrespiratória	Perda da consciência, cianose ++++, respiração agônica ou parada cardiorrespiratória	Suporte básico e avançado de vida. Condução de grau III se houver reversão da PCR

■ SARA E INFECÇÃO PULMONAR DO PACIENTE AFOGADO

Os fatores que determinam o desenvolvimento de pneumonia são: aspiração de conteúdo gástrico, broncoaspiração durante as manobras de ressuscitação e aspiração de líquido do afogamento. O nível de contaminação da água e a temperatura também são importantes. Os sinais e sintomas de pneumonia são variados e podem ser discretos. A síndrome da angústia respiratória aguda (SARA) pode ocorrer em 72 horas. Torna-se importante a avaliação por meio de exames complementares de sangue e imagem.

TRATAMENTO

1. **Tratamento profilático:** o tratamento profilático não é recomendado de maneira rotineira, a não ser que haja contaminação evidente da água.
2. **Coleta de culturas:** é mandatória a coleta de culturas (coloração e cultura do escarro ou lavado broncoalveolar, dois *sets* de hemocultura) antes do início do tratamento empírico, tendo em vista a variabilidade de micro-organismos que podem causar a infecção pulmonar (bactérias, fungos, protozoários e vírus). Mediante um tratamento empírico, a cobertura para gram-positivos, gram-negativos, anaeróbios e *Pseudomonas aeruginosa* é mandatória em todos os casos. A cobertura para *Staphylococcus aureus* deve ser realizada em pacientes que receberam ventilação mecânica e apresentaram pneumonia 5 dias depois. Caso não haja melhora do quadro em 48 horas com o uso de antibióticos, deve-se suspeitar de agente não bacteriano. Um guia de antibioticoterapia deve ser consultado mediante os protocolos de tratamento de pneumonias.
3. **Tratamento da SARA:** estratégias de ventilação mecânica com recrutamento alveolar, evitando volutrauma e barotrauma, podem modificar o curso da SARA no paciente afogado (veja o Capítulo 15).

Capítulo 193
Intoxicações Agudas por Medicamentos e Pesticidas

Guilherme Almeida Rosa da Silva • Felipe Robalinho

INTRODUÇÃO

As síndromes de intoxicação são decorrentes do contato entre uma substância potencialmente tóxica e o homem, seja por ingestão, inalação ou contato cutâneo e ocular. O atendimento do paciente intoxicado deve ser baseado em atendimento primário do paciente emergencial, solicitação de exames complementares e terapia específica. As principais substâncias que causam intoxicação pertencem aos grupos dos medicamentos, drogas, produtos químicos industriais, pesticidas, plantas e intoxicações alimentares. O contato pode ter se dado de modo inadvertido (por acidente, mau uso ou efeito adverso) ou intencional (tentativa de suicídio ou homicídio). Neste capítulo serão abordadas as principais síndromes de intoxicações por medicamentos (Quadro 193.1) e pesticidas (Quadro 193.2). As intoxicações por metais pesados e a embriaguez são abordadas em capítulos específicos deste livro.

MÉTODOS DE TRATAMENTO

1. **Lavagem gástrica:** consiste em sondagem nasogástrica, conforme técnica, e infusão de líquido, conforme prescrição médica (**200 a 300mL para adultos e 10mL/kg em crianças**), **seguidas de aspiração do conteúdo gástrico**. A lavagem gástrica está indicada para retirada de resíduos de substâncias tóxicas que ainda possam estar no ambiente gástrico, em geral em até 1 hora (no máximo em 24 horas). No líquido do lavado podem ser usadas substâncias que, ao reagirem com o agente tóxico, apresentam coloração característica para detecção de substâncias ligadoras ou inativadoras desses compostos.
2. **Eméticos:** são fármacos usados para causar a êmese, especialmente em situações de intoxicação, objetivando impossibilitar ou diminuir a absorção do agente tóxico ingerido e que ainda se encontra presente no ambiente gástrico. **O xarope de ipeca, o mais utilizado, está indicado para pessoas que ingeriram a substância na última hora (no máximo 24 horas). Posologia: 15mL (crianças) e 30mL (adultos) do xarope e ingestão de 250mL de água, podendo repetir em 20 minutos.**
3. **Catárticos ou laxantes:** medicamentos utilizados para acelerar o trânsito gastrointestinal e reduzir o tempo de absorção das substâncias, forçando a eliminação fecal. **Posologia: 1 a 2mL de sorbitol a 70%/kg de peso em adultos e 4,3mL de sorbitol a 35%/kg de peso em crianças.**
4. **Demulcentes:** substâncias que protegem a mucosa de irritação. Em geral, em quadros de intoxicação são utilizados leite e clara de ovo.
5. **Diurese forçada:** utilização de SF0,9% em conjunto com ampolas de furosemida 20mg EV (no máximo, 10 ampolas/dia).
6. **Alcalinização da urina:** utiliza-se o **$NaHCO_3$ 8,4%, 50 a 100mL diluídos em 200 a 400mL de água destilada, infundidos em 2 horas.**
7. **Carvão ativado:** não atua nas intoxicações por álcoois, substâncias de baixo peso molecular, íons e cáusticos. Em geral, é usado após eméticos e/ou lavagem gástrica. **Posologia: 1g/kg para crianças, adolescentes e adultos, diluído na proporção 1g:4 a 8mL de água ou SF0,9%.**
8. **Hemoperfusão com carvão:** processo pelo qual o sangue atravessa um cartucho que contém carvão ativado ou carbono. A hemoperfusão é mais eficaz do que a diálise para desintoxicação do sangue em relação a substâncias ligadas a proteínas e lipossolúveis.
9. **Diálise:** utilizada em caso de substâncias hidrossolúveis e "dialisáveis", principalmente em intoxicações graves.

10. **Descontaminação cutânea:** as vestimentas devem ser retiradas e a superfície corporal lavada copiosamente por 15 minutos.
11. **Descontaminação ocular:** irrigação contínua com solução salina por 15 minutos, seguida por uso de anestésicos locais e encaminhamento ao oftalmologista.

SÍNDROMES CLÁSSICAS

1. **Metemoglobinemia:** oxidação tóxica do ferro da hemoglobina, tornando-a incapaz de transportar oxigênio. **Tratamento: vitamina C, 1 a 2g/dia, e azul de metileno, a 1 a 2mg/kg/dose, solução a 1% EV, em 5 minutos.**
2. **Síndrome neuroléptica maligna:** causada por efeito adverso de neurolépticos, antidepressivos e antipsicóticos, caracteriza-se por hipertermia, sinais extrapiramidais, alterações da consciência, pressão arterial flutuante, incontinência esfincteriana, dispneia, disfunção autonômica e elevação de enzimas musculares. **Tratamento: suspensão dos medicamentos, suporte, benzodiazepínicos orais ou parenterais (lorazepam, 1 a 2mg EV de 4/4 ou 6/6h), bromocriptina, 2,5mg VO 2 a 3 ×/dia (graves), dantrolene, 1 a 2,5mg/kg/dia, ajustando para 1mg/kg de 6/6h (graves); eletroconvulsoterapia para refratários graves.**
3. **Síndrome serotoninérgica:** resultante da estimulação excessiva de receptores serotoninérgicos centrais e periféricos, caracteriza-se pela tríade de sintomas mudança do estado mental-anormalidades neuromusculares-hiperatividade autonômica. **Tratamento: suspensão dos medicamentos, hidratação, mioclonias (clorpromazina, 25mg IM ou EV, até máximo de 1mg/kg de peso); em caso de convulsões, diazepam, 10mg EV, lentamente.**
4. **Síndrome de hipertermia maligna:** afecção hereditária e latente, caracterizada classicamente por uma síndrome hipermetabólica em resposta à exposição aos anestésicos voláteis (halotano, enflurano, isoflurano, sevoflurano e desflurano) e/ou succinilcolina. **Tratamento: suspensão do medicamento, suporte, dantrolene 1 a 2,5mg/kg/dia, ajustando para 1mg/kg de 6/6h, controle da acidose com bicarbonato, diurese forçada com furosemida, resfriamento passivo e tratamento dos distúrbios eletrolíticos.**

Quadro 193.1 Principais síndromes de intoxicações por medicamentos

Substância	Intoxicação aguda	Tratamento
Aminas simpaticomiméticas		
Adrenalina, efedrina, pseudoefedrina, fenilefrina, fenilpropanolamina	Sintomas de ansiedade, irritabilidade, taquicardia, palidez, tremores, hipertensão arterial, arritmias, parada cardiorrespiratória	Suporte com oxigênio, repouso e monitorização cardíaca. Não administrar β-bloqueadores (liberação alfa). Administração oral: lavagem gástrica
Broncodilatadores β-adrenérgicos	Sintomas de ansiedade, náuseas e vômitos, irritabilidade, taquicardia, palidez, tremores, hipertensão arterial, arritmias, parada cardiorrespiratória	Suporte com oxigênio, repouso e monitorização cardíaca. Administração oral: lavagem gástrica
Descongestionantes nasais	Sintomas de ansiedade, náuseas e vômitos, irritabilidade, taquicardia, palidez, tremores, hipertensão arterial, arritmias. Em casos graves, bradicardia, sonolência, insuficiência respiratória e parada cardiorrespiratória	Suporte com oxigênio, repouso e monitorização cardíaca. Administração oral: lavagem gástrica não é útil devido à rápida absorção do medicamento
Bebidas energéticas (cafeína, taurina, guaranina, mateína, ginseng)	Sintomas de ansiedade, náuseas e vômitos, irritabilidade, taquicardia, palidez, tremores, hipertensão arterial, arritmias, perda do sono	Suporte com oxigênio, repouso e monitorização cardíaca. Administração oral: lavagem gástrica
AINE		
Ácido acetilsalicílico	Alcalose respiratória precoce, acidose metabólica tardia, desidratação hipernatrêmica, hiperglicemia precoce, hipoglicemia tardia, hipertermia, hemorragias e rebaixamento do nível de consciência. Síndrome de Reye (esteatose com encefalopatia em crianças pós-quadro viral)	Eméticos e lavagem gástrica. Medidas físicas para contenção de hipertermia (banho, compressas), correção hidroeletrolítica, bicarbonato de sódio (correção da acidose e aumento na excreção do AAS), diálise ou hemoperfusão com carvão ativado, em casos graves
Acetaminofeno (paracetamol)	Náuseas e vômitos, hepatite, insuficiência hepática, miocardite	Eméticos e lavagem gástrica. N-acetilcisteína, 140mg/kg, diluídos em SG5%, seguidos por 70mg/kg de 4/4h VO por 3 dias ou 150mg/kg em 15min EV e 300mg/kg em infusão contínua por 24h. A diálise e a hemoperfusão com carvão ativado são métodos desapontadores
Diclofenaco, profenos e proxenos, ácidos fenâmicos e dipirona	Irritação gástrica, hemorragias, dor abdominal, cefaleias e insuficiência renal. Dipirona pode causar hipotermia	Eméticos, lavagem gástrica e carvão ativado
Ansiolíticos		
Benzodiazepínicos	Sedação, sonolência, disartria e confusão mental. Insuficiência respiratória é rara	Eméticos e lavagem gástrica. Flumazenil (amp: 0,5mg em 5mL), 0,2 a 0,3mg EV, repetindo 0,1mg em intervalos de 3min (máx: 2mg) ou 1mg EV seguido de infusão contínua de 0,5mg/h
Fenotiazínicos, butirofenonas e tioxantenos	Sedação, parkinsonismo, distonias e discinesias, acatisia, crise oculógira. Síndrome neuroléptica maligna	Eméticos e lavagem gástrica. Carvão ativado. Difenidramina 2mg/kg EV (máx: 50mg) ou biperideno 1 a 3mg EV para crianças e 5mg para adultos
Antibióticos e antiparasitários		
Isoniazida	Irritabilidade, hiper-reflexia, ataxia, rebaixamento do nível de consciência, convulsões, hipertermia e acidose láctica	Eméticos, lavagem gástrica e carvão ativado. Piridoxina, 5g EV, 5% a 10% em 1h
Nitrofuranos	Náuseas e vômitos, tremor, convulsões e anemia hemolítica	Eméticos, lavagem gástrica, seguido de demulcentes (leite e clara de ovos)
Sulfonamídicos	Cólicas abdominais, náuseas e vômitos, coma, crises convulsivas, pancitopenia, hepatite, nefrite intersticial e metemoglobinemia	Eméticos, lavagem gástrica, diurese alcalinizada
Sulfonas	Cianose, rebaixamento do nível de consciência, ataxia, discinesia, acatisia, convulsões, irritação gástrica, metemoglobinemia e anemia hemolítica (deficiência de G6PD)	Eméticos, lavagem gástrica, laxativos

(continua)

Quadro 193.1 Principais síndromes de intoxicações por medicamentos (*continuação*)

Substância	Intoxicação aguda	Tratamento
Antibióticos e antiparasitários (*continuação*)		
Cloroquina	Rebaixamento de consciência, convulsões, hipotensão, arritmias, parada cardiorrespiratória	Eméticos, lavagem gástrica, carvão ativado e diurese forçada
Metronidazol	Náuseas e vômitos, diarreia, ataxia, neuropatia periférica e convulsões	Eméticos, lavagem gástrica
Primaquina	Hemólise intravascular, metemoglobinemia	Eméticos, lavagem gástrica
Quinino	Amaurose, distúrbios visuais e auditivos, arritmias, insuficiência renal e anemia hemolítica	Eméticos, lavagem gástrica, carvão ativado. Casos graves: hemoperfusão com carvão ativado
Anticonvulsivantes		
Ácido valproico	Confusão mental, mioclonia, sonolência e coma	Eméticos, lavagem gástrica e carvão ativado
Fenobarbital, primidona, pentobarbital e secobarbital	Sonolência, coma e insuficiência respiratória, morte	Eméticos, lavagem gástrica e carvão ativado, diurese forçada e alcalinização da urina
Carbamazepina	Ataxia, tremor, disartria, mioclonia, agitação, convulsão, bradicardia, bloqueios	Eméticos, lavagem gástrica e carvão ativado e diurese forçada
Fenitoína	Nistagmo, ataxia e letargia	Eméticos, lavagem gástrica
Antidepressivos		
Tricíclicos	Anticolinérgicos (taquicardia, midríase, boca seca, vasodilatação, retenção urinária, constipação intestinal), coma, discinesia, rigidez e hipotensão	Lavagem gástrica e carvão ativado. Fisiostigmina, 1 a 2mg EV lento para adultos e 0,5mg para crianças. Alcalinização com bicarbonato de sódio. Fenitoína (convulsões e arritmias)
IMAO	Pressão lábil, manifestações anticolinérgicas	Lavagem gástrica e carvão ativado. Sintomático e suporte
ISRS	Anticolinérgicos (taquicardia, midríase, boca seca, vasodilatação, retenção urinária, constipação intestinal), coma, síndrome serotoninérgica	Lavagem gástrica e carvão ativado. Sintomático e suporte
Anti-histamínicos		
Antagonista H1	Depressão do SNC e ataxia	Eméticos, lavagem gástrica
Antagonista H2	Hipotensão, bradicardia e parada cardíaca. Confusão mental, sonolência, disfasia, midríase	Eméticos, lavagem gástrica. Em casos graves: diálise
Cardiovasculares		
Atropina, hioscina, beladona	Pele quente, seca e ruborizada, pupilas dilatadas, fotofobia, glaucoma, taquicardia, hipertensão, mucosas secas, constipação intestinal, hipertermia e retenção urinária	Lavagem gástrica e eméticos. Fisiostigmina, 1-2mg EV lento para adultos e 0,5mg para crianças
Amiodarona	Bradicardia e prolongamento QT	Eméticos, lavagem gástrica
β-bloqueadores	BAV, bradicardia, broncospasmo e hipotensão	Lavagem gástrica e eméticos. Atropina, 1mg (máx: 0,04mg/kg). Refratários: glucagon, 100mcg/kg EV, seguidos de 70mg/kg/h
Bloqueadores do canal do cálcio	Hipotensão, choque e, em alguns agentes, bradicardia	Lavagem gástrica e eméticos. Gluconato de cálcio a 10%, 10mL EV
Digitálicos	Náuseas e vômitos, bradicardia, bloqueios, arritmias ventriculares, xantopsia	Eméticos, lavagem gástrica e carvão ativado e diurese forçada. Anticorpo antidigoxina. Correção da hipocalemia
IECA	Hipotensão	Eméticos e lavagem gástrica. Vasopressores, se necessário
Nitroprussiato de sódio	Hipotensão, acidose metabólica, intoxicação por tiocianato (metabólito hepático do cianeto – náusea, fraqueza, confusão mental) e cianeto em nefropatas e hepatopatas (hiperoxemia, confusão mental e acidose metabólica)	Hidroxiocobalamina, 70mg/kg EV, e tiossulfato de sódio a 25%, 1mL/kg (máx: 50mL) EV lento

(*continua*)

Quadro 193.1 Principais síndromes de intoxicações por medicamentos (*continuação*)

Substância	Intoxicação aguda	Tratamento
Diuréticos		
Tiazídicos	Alcalose hipoclorêmica com hipocalemia, distúrbios gastrointestinais, desorientação e insuficiência renal	Eméticos e lavagem gástrica
Diuréticos de alça	Desidratação, ototoxicidade, náuseas e vômitos, hipocalemia	Eméticos e lavagem gástrica nos casos de ingestão
Opioides		
Ópio, morfina, meperidina, loperamida, fentanil, heroína	Depressão neurológica, respiratória, miose, hipotermia e constipação intestinal	Eméticos e lavagem gástrica nos casos de ingestão. Naloxona (ampola: 0,4mg em 1mL) 0,4mg EV em adultos e 0,01mg/kg em crianças, diluído em 10mL de água destilada. Repetir a dose a cada 3min se necessário. As vias SC e IM podem ser utilizadas sem diluição, em caso de impossibilidade da EV. Complementado com infusão contínua de 0,4 a 0,8mg/h em adultos e 0,03mg/kg/h em crianças, em casos de depressão respiratória prolongada

Quadro 193.2 Principais síndromes de intoxicações por pesticidas

Substância	Intoxicação aguda	Tratamento
Fumigantes		
Acrilonitrila	Vapores irritantes – ingestão é rara: irritação ocular, salivação, rinite, cefaleia, náuseas e vômitos, diarreia e dores abdominais	Sintomático (analgesia, protetores de mucosa, anitespasmódicos)
Brometo de metila	Absorção do gás por via digestiva, pulmonar e cutânea: náuseas, vômitos, tremores, mioclonias, convulsões, torpor e coma	Descontaminação cutânea e sintomáticos
Cloropicrina	Ação irritante ocular, cutânea e respiratória intensa	Descontaminação ocular, cutânea e sintomáticos
Dibrometo de etileno, dicloreto de etileno, dicloreto de metileno, óxido de etileno	Absorção por via oral, cutânea e inalatória: cefaleia, náuseas e vômitos, dor abdominal, diarreia. Irritação cutânea e ocular. Em casos graves, falência orgânica múltipla	Descontaminação ocular, cutânea e sintomáticos. Em caso de ingestão, utilizar lavagem gástrica e eméticos
Dissulfeto de carbono	Cheiro muito desagradável reduz o risco de ingestão. Em caso de ingestão, náuseas e vômitos, dor abdominal, distúrbios neurológicos brandos ou acentuados	Ingestão: eméticos, lavagem gástrica e demulcentes. Exposição ambiental: descontaminação ocular e cutânea. Sintomáticos
Fosfina	Inalação ou absorção cutânea: astenia, sonolência e tremor. Hipotensão, hepatite e miocardite	Descontaminação cutânea e sintomáticos
Naftaleno ou naftalina	Ingestão: náuseas, vômitos, cólicas, rebaixamento do nível de consciência, convulsões, mioclonias, hemólise (deficiência de G6PD) e metemoglobinemia	Eméticos e lavagem gástrica
Paradiclorobenzeno	Ingestão: náuseas, vômitos, dor abdominal e diarreia. Inalação irritação mucosa, dispneia, cianose e insuficiência respiratória. Metemoglobinemia	Eméticos, lavagem gástrica, decontaminação cutânea e ocular. Sintomáticos e suporte
Tetracloroetano	Inalação: náuseas, vômitos, cefaleia, irritabilidade, rebaixamento da consciência, coma e insuficiência respiratória	Descontaminação cutânea e ocular. Eméticos e lavagem gástrica, se houver ingestão. Sintomáticos

(*continua*)

Quadro 193.2 Principais síndromes de intoxicações por pesticidas (*continuação*)

Substância	Intoxicação aguda	Tratamento
Fungicidas		
Quintozene, tecnazene, ftalimidas	Irritante cutâneo	Descontaminação cutânea e ocular. Eméticos e lavagem gástrica, se houver ingestão. Sintomáticos
Herbicidas		
Paraquat, diquat (bipiridilos)	Ingestão: estresse oxidativo com fibrose pulmonar, lesões em via aérea superior e boca, falência múltipla de órgãos e morte	Eméticos, lavagem gástrica demorada e uso de carvão ativado ou terra de Fuller 30%. Descontaminação cutânea e suporte
2,4 D e derivados, 2,4,5 T e derivados	Ingestão: dor abdominal, fadiga, letargia, hipotonia, mioclonia, torpor e coma	Eméticos, lavagem gástrica, hidratação e diurese forçada alcalina
Dioxina	Cloracne, hepatomegalia, porfiria e distúrbios neurológicos	Sintomático
Inseticidas		
Carbamatos (chumbinho)	Náuseas, vômitos, cólicas abdominais, sialorreia, miose puntiforme, diarreia, broncorreia, bradicardia	Eméticos, lavagem gástrica e atropina, 1mg EV (ampola: 0,25mg em 1mL – máx: 0,04mg/kg), repetir conforme a necessidade
Organoclorados (DDT, ciclodienos, hexaclorociclo-hexanos)	Digestiva, inalatória e cutânea: vômitos, cólicas, diarreia, sialorreia, dor retroesternal, parestesias, mioclonias e rebaixamento da consciência	Eméticos, lavagem gástrica, descontaminação cutânea, suporte ventilatório e tratamento das convulsões
Organofosforados	Síndrome muscarínica (bradicardia, sialorreia, diarreia, sudorese, lacrimejamento, miose, broncorreia), síndrome nicotínica (tremor, flacidez, paralisia e fasciculações) e síndrome neurológica (cefaleia, tremor, ataxia, rebaixamento da consciência e convulsões)	Descontaminação, atropina 1mg (máx: 0,04mg/kg) (ampola: 0,25mg em 1mL); repetir conforme necessário. Pralidoxima (reativador colinesterásico, 1 a 2g de 4/4 ou 6/6h EV, diluídos em 150mL de soro fisiológico, de 30 a 45min (não exceder 200mg/min). Em crianças, 25 a 50mg/kg EV de 4/4 ou 6/6h, diluídos em 150mL de SF, por 30 min. Não exceder 0,4mg/kg/min. Suporte
Piretros, piretrinas e piretroides	Dermatite e alergias por contato. Raramente, distúrbios neurológicos decorrentes da absorção da substância	Descontaminação ocular e cutânea. Nos raros casos de ingestão, eméticos e lavagem gástrica. Tratamento da alergia
Raticidas e rodenticidas		
Anticoagulantes (cumarínicos)	Vômitos, cólicas abdominais, diarreia e manifestações hemorrágicas	Eméticos, lavagem gástrica e vitamina K, 10mg EV (podendo chegar a 150mg). Acompanhar o TAP (INR)
Estricnina	Ingestão: hiperexcitabilidade neuromuscular, rigidez, hiper-reflexia e convulsões	Lavagem gástrica, assistência respiratória e benzodiazepínicos. Combate às convulsões com barbitúricos de ação rápida
Alfa-naftil-tio-ureia (ANTU)	Ingestão: dispneia, cianose e insuficiência respiratória	Eméticos e lavagem gástrica
Piriminil	Ingestão: dor generalizada, tremor, midríase, anorexia e distonia vesical	Eméticos, lavagem gástrica, carvão ativado. Nicotinamida, 100mg VO 4×/dia ou 500mg EV, seguidos de 100 a 400mg de 4/4h

Capítulo 194
Intoxicação por Metais e Correlatos

Guilherme Almeida Rosa da Silva • Felipe Robalinho

Capítulo dedicado ao Professor Samuel Schvartsman

Disque Intoxicação (utilidade pública): 0800-7226001

INTRODUÇÃO

Apesar de sua grande importância, a intoxicação por metais pesados é um tema negligenciado no ensino médico. As desordens relacionadas com a exposição ambiental e ocupacional não respeitam limites sociais, econômicos e educacionais. Os metais se acumulam em um organismo mediante o contato com a pele, a inalação de vapores e poeiras tóxicas, a ingestão de comidas ou líquidos contaminados e os maus hábitos de higiene, como o de colocar a mão ou objetos contaminados na boca. A identificação e a história ocupacional, incluindo atividades de lazer, são essenciais para a suspeita diagnóstica, o que se torna cada vez mais difícil em razão da redução no tempo de atendimento por questões contemporâneas. A forma de absorção e a cinética dos metais pesados variam de acordo com sua forma química, assim como a suscetibilidade genética individual em apresentar as síndromes clínicas de intoxicação. Alguns metais, como selênio e cobre, são encontrados naturalmente no organismo e causam doença apenas quando seus níveis estão aumentados. Outros, como chumbo e mercúrio, são xenobióticos, ou seja, tóxicos quando encontrados no organismo. Os níveis sanguíneos e urinários de muitos desses compostos podem ser utilizados como métodos complementares ao diagnóstico, porém, na maioria dos casos, carecem de sensibilidade e especificidade em níveis limítrofes, sendo a clínica e a história as melhores ferramentas diagnósticas.

ETIOLOGIA, QUADRO CLÍNICO E TRATAMENTO

O Quadro 194.1 apresenta as características, toxicologia, quadro clínico agudo e crônico, os métodos diagnósticos e o tratamento em casos de intoxicação por metais e correlatos.

Quadro 194.1 Descrição das principais intoxicações por metais e correlatos

Elemento	Características	Toxicologia	Clínica (aguda)	Clínica (crônica)	Diagnóstico	Tratamento
Alumínio	Antitranspirantes, hidróxido de alumínio (quelante de fosfato e antiácido), materiais de construção, água de hemodiálise e abrasivos	Dose letal: 10 a 100mg de alumínio. Níveis sanguíneos normais: 1,7mg/L	Irritação gástrica, náuseas e vômitos	Anemia, fibrose pulmonar bolhosa, encefalopatia (Alzheimer?) e osteoporose	História clínica de risco, alumínio sérico (aguda), teste da desferroxamina e biópsia óssea (crônica)	Aguda: lavagem gástrica, leite e clara de ovos (demulcentes) Crônica: retirada da exposição, desferroxamina EV ou intraperitoneal
Antimônio	Ligas metálicas, borrachas, fósforos, cerâmicas, tintas e tecidos. Parasiticidas e expectorantes	Dose tóxica: 100 a 200mg	Irritabilidade gastrintestinal, cardiotoxicidade, arritmias, nefropatia. Irritabilidade, tremores e distúrbios do equilíbrio	Hepatite, cardiopatia, dermatite, irritabilidade gastrintestinal e pneumonite	Dosagem sérica e urinária	Aguda: lavagem gástrica com bicarbonato de sódio a 1%, demulcentes (leite, clara de ovos). Dimercaprol 2,5 a 3,5mg/kg IM de 4/4h no primeiro dia

(continua)

Quadro 194.1 Descrição das principais intoxicações por metais e correlatos (*continuação*)

Elemento	Características	Toxicologia	Clínica (aguda)	Clínica (crônica)	Diagnóstico	Tratamento
Arsênico	Poluição urbana, herbicidas, inseticidas, raticidas, indústria de vidro e papel, tintas de navio, medicamentos antiparasitários	A dose letal é variável de acordo com o tipo de arsenical. Absorvido por ingestão e inalação. Excreção urinária e fecal	Cólicas abdominais, diarreia, náuseas e vômitos, delírios, encefalopatia, metemoglobinemia, anemia hemolítica	Fadiga crônica, hiperpigmentação, hiperqueratose, ulcerações na pele, úlceras nasais, desconforto gastrointestinal, estomatite, parestesias e insuficiência renal	Presença de arsênico na urina e nos cabelos	Aguda: lavagem gástrica, correção eletrolítica, dimercaprol IM, 2 a 6mg/kg 4×/dia. Metemoglobinemia tratada com vitamina C VO e azul de metileno EV. Crônica: dimercaprol
Bário	Ligas, sabão, papel, borracha, vidros, inseticidas, raticidas e depilatórios. "Intoxicação pelo contraste baritado Celobar® em 2003"	Dose letal VO de cloreto de bário, 1g	Intensa estimulação muscular, diarreia, convulsões, hipertensão arterial, arritmias graves	"Barilose", trabalhadores de mineração, pneumoconiose benigna	História clínica	Aguda: lavagem gástrica com sulfato de sódio ou sulfato de magnésio 2 a 5%. Administração lenta de KCl 10% EV
Berílio	Lâmpadas fluorescentes, néon e ligas metálicas	Toxicidade por inalação e ingestão	Irritação ou insuficiência respiratória	"Beriliose", doença pulmonar intersticial, dermatite, conjuntivite, úlceras, desenvolvimento de sarcomas e carcinomas	História clínica. Biópsia pulmonar e cutânea com formação de granulomas	Inalatório: suporte ventilatório e corticoide
Bromo	Indústria de plásticos, pigmentos, fotografia e farmacêutica	Toxicidade por ingestão	Anemia hemolítica, metemoglobinemia, insuficiência renal e toxicidade gastrointestinal	–	História clínica	Indução de vômito e lavagem gástrica com tiossulfato de sódio 1%. Uso de demulcentes (leite, clara de ovos). Hemodiálise e tiossulfato de sódio (1 a 5g) EV em casos graves
Cádmio	Grão e cereais, tabaco, maconha, poluição atmosférica, baterias, ligas, cerâmicas e lâmpadas incandescentes	Níveis sanguíneos <1mcg/100mL e excreção urinária < 50mcg/L	Náuseas, vômitos, cólicas abdominais, hepatite e insuficiência renal	Pneumonite e fibrose (inalação), *itai-itai* (osteoporose, fraturas, hipogonadismo e insuficiência renal)	Cádmio sérico e urinário elevado	Agudo: lavagem gástrica e laxantes Crônica: não há tratamento efetivo
Chumbo	Poluição urbana, água, alimentos marinhos, cereais, baterias, tintas, combustíveis, cerâmica, projéteis alojados	30% do chumbo inalado e 10% do ingerido é retido. Deposição óssea	Náuseas e vômitos, gosto metálico, cólicas abdominais (pseudoabdome agudo), fezes escuras	"Saturnismo", cólicas abdominais, anemia, encefalopatia saturnina, neuropatia periférica, hiperuricemia, hipertensão, linhas de Burton na gengiva	Chumbo sérico e dosagem de protoporfirina eritrocitária livre elevados. A radiografia abdominal pode identificar a presença de chumbo no tubo digestivo (aguda)	Aguda: lavagem gástrica, leite e clara de ovos (demulcentes) Crônica: retirada da exposição, uso de terapia quelante dimercaprol, EDTA, DMSA

(*continua*)

Quadro 194.1 Descrição das principais intoxicações por metais e correlatos (*continuação*)

Elemento	Características	Toxicologia	Clínica (aguda)	Clínica (crônica)	Diagnóstico	Tratamento
Cobalto	Ligas, magnetos, pigmentos, medicamentos e secadores de tinta	Níveis séricos normais de 0,18mcg/L	Sem significado clínico. Pouco descrito	Uso crônico de medicamentos ou cerveja enriquecida com cobalto. Náuseas e vômitos, policitemia, dislipidemia, ICC. Dermatoses em contatos e irritação respiratória em inalados	História clínica e cobalto sérico	Sintomático
Cobre	Material de análise química, fungicida, herbicida, pesticida, *kits* de aulas de química, vapores metálicos	Dose segura: 250mg de sulfato de cobre	Vômitos verde-azulados, hematêmese, melena, hepatite, hipotensão, coma	"Febre do latão", inalação de vapores metálicos, com toxicidade respiratória, irritação cutânea, febre e astenia	Cobre sérico elevado, cobre urinário elevado	Aguda: penicilamina, 250 a 500mg, 3 a 4×/dia VO ou dimercaprol, 3 a 4mg/kg/dose IM. Quelantes venosos são usados em casos graves, DMSA e dimercaprol
Cromo	Poluição urbana, água, alimentos, fabricação de tintas, material fotográfico, aço e couro. Trabalhadores de galvanoplastia	Toxicidade por ingestão, inalação e contato com a pele e mucosas	Cólicas abdominais, náuseas e vômitos, hepatite, insuficiência renal	Dermatites, úlceras cutâneas, perfuração do septo nasal, úlceras gastrointestinais. Fator de risco para CA de pulmão	Cromo sérico e urinário pode ser utilizado para avaliação de exposição recente	Aguda: uso de leite e clara de ovos (demulcentes) em caso de ingestão. Lavagem em água corrente e sabão com compressas de acetato de alumínio 1% em caso de contato com a pele. Uso de dimercaprol tópico em úlceras crônicas
Enxofre	Inseticidas. Raramente causam intoxicações em crianças	Toxicidade por ingestão. O gás sulfídrico é letal em concentrações de 1.000ppm	Irritação gastrointestinal, encefalopatia, depressão respiratória	Pouco descrita	História clínica	Demulcentes e antiácidos. Suporte ventilatório
Ferro	Ferro elementar	Ingestão acidental, principalmente em crianças	Irritabilidade gastrointestinal, lesões mucosas, hemorragia e, em quadros graves, choque e morte	Hemossiderose (aumento da concentração de ferro nos tecidos) e hemocromatose (aumento da concentração de ferro somado à disfunção orgânica), hipogonadismo, artrite, diabetes, hipopituitarismo, hepatite	Ferro sérico	Aguda: lavagem gástrica com bicarbonato de sódio, leite. Desferroxamina, EV 15mcg/kg/h ou 80mg/kg IM nas primeiras 24h, seguidos de 50mg/kg IM nos próximos dias. Em casos extremos, realizar exsanguineotransfusão Crônica: flebotomias e desferroxamina

(*continua*)

Quadro 194.1 Descrição das principais intoxicações por metais e correlatos (*continuação*)

Elemento	Características	Toxicologia	Clínica (aguda)	Clínica (crônica)	Diagnóstico	Tratamento
Flúor	Indústrias metalúrgicas e de vidro, profilaxia de cárie dentária, fluoretação da água, inseticida e raticida	Bloqueia o metabolismo celular. Dose tóxica do fluoroacetato de sódio: 0,5 a 2mg/kg	Cólicas abdominais, náuseas e vômitos, hematêmese, hipocalcemia e insuficiência respiratória (principalmente por inalação de gases)	Ossificação de músculos e tendões. Osteomalacia e osteoporose. Fluorose dentária em crianças	Dosagem sérica e urinária de flúor para exposição recente	Aguda: ingestão de cloreto de cálcio ou leite. Gluconato de cálcio venoso em caso de hipocalcemia. Suporte ventilatório na insuficiência respiratória Crônica: tratamento de doença óssea
Fósforo	Pesticidas, fogos de artifício (fósforo branco ou amarelo) e fósforos de uso doméstico (fósforo vermelho)	O fósforo amarelo é bem absorvido por via oral. O fósforo vermelho praticamente não é absorvido. A ingestão de palitos de fósforo gera toxicidade em caso de contaminação pelo fósforo amarelo	Quase sempre por ingestão de fogos juninos. Primeiras horas: irritação gastrointestinal, com diarreia fosforescente. Tardio: hepatite, encefalopatia e insuficiência renal grave	Pouco relatada devido à forma grave da intoxicação aguda	História clínica	Indução de vômito e lavagem gástrica com permanganato de potássio 1:5.000 ou soluções de sulfato de cobre a 2%. Suporte
Manganês	Poluição ambiental, água e alimentos. Fabricação de cerâmica, vidros, corantes, ligas metálicas, bobinas e fertilizantes	Níveis séricos de 2,5mcg/L são considerados normais.	Pneumonite inalatória, irritação gastrointestinal	"Manganismo", irritabilidade, distúrbios da marcha, distúrbio da linguagem e parkinsonismo	Manganês sanguíneo e urinário	Sintomáticos
Mercúrio	Poluição atmosférica, água, alimentos vindos do mar, plásticos, tintas, pilhas, cosméticos, amálgamas dentários, antissépticos e desinfetantes, lâmpadas. Utilizado em garimpos para extração do ouro	Os limites de normalidade do mercúrio inorgânico no sangue e na urina são de 3,5mcg/dL e 150mcg/L, respectivamente. A absorção digestiva do mercúrio metálico é nula, mas pode ocorrer ou pode ser cutânea. O mercúrio inorgânico é pouco absorvido por via digestiva e o orgânico pode ser absorvido por qualquer via	Inalação de vapores (insuficiência e irritação respiratória), ingestão de formas inorgânicas ou orgânicas (irritabilidade mucosa, náuseas e vômitos), insuficiência renal poliúrica sobrevindo uma fase anúrica. Distúrbios eletrolíticos, acidose e choque	"Mal de Minamata", "hidrargirismo" pneumonite inalatória, dermatite por irritabilidade química, polineuropatia, alterações comportamentais, distúrbios visuais e insuficiência renal	Mercúrio urinário	Aguda: indução de vômito, lavagem da pele ou olhos. Cessação da exposição, suporte respiratório, dimercaprol ou penicilamina (pouco eficazes)

(*continua*)

Quadro 194.1 Descrição das principais intoxicações por metais e correlatos (*continuação*)

Elemento	Características	Toxicologia	Clínica (aguda)	Clínica (crônica)	Diagnóstico	Tratamento
Níquel	Poluição urbana, alimentos vegetais, ligas metálicas, baterias e alimentos processados	Excreção urinária < 2,3mcg/100mL	Exposição inalatória: irritabilidade respiratória, cefaleia, náuseas e vômitos	Exposição cutânea: dermatite de contato a brincos, fivelas e botões. Exposição ao pó de níquel: CA de pulmão, úlceras nasais	Teste de contato dermatológico, níquel urinário	Suporte ventilatório e corticoide respiratório: cessação de contato e corticoide tópico. Dermatite
Selênio	Poluição atmosférica, carne, vegetais e laticínios. Cerâmica, cremes, inseticidas, aços, tintas e indústria eletrônica	Sais e ácidos de selênio são bem absorvidos por vias inalatória e digestiva	Cólicas abdominais, náuseas e vômitos e tremores. Em casos graves, insuficiência respiratória e choque	Hepatite, encefalopatia, alopecia, distrofia ungueal, exantema e febre	Selênio sérico e urinário	Aguda: lavagem gástrica e indução de vômitos
Tálio	Pesticida, raticida, material depilatório	Dose letal: 1g. Absorvido por via inalatória, cutânea e gastrointestinal	Cólicas abdominais (pseudoabdome agudo), diarreia, hemorragia, náuseas e vômitos. Encefalopatia, cerebelopatia, polineuropatia	Idem a aguda. Exantemas, alopecia e distrofia ungueal	Tálio sérico	Aguda: indução de vômito e lavagem gástrica com iodeto de potássio a 1%. Carvão ativado (0,5g/kg) por vários dias, leite e clara de ovos (demulcentes). Xarope de KCl, 3 a 5g/dia por 5 a 10 dias. O azul da Prússia 250mg/kg/dia pode ser utilizado. Crônica: idem a aguda

Capítulo 195
Abstinência do Álcool e Embriaguez

Guilherme Almeida Rosa da Silva • Felipe Robalinho

INTRODUÇÃO

O álcool é o psicotrópico mais utilizado no mundo. No Brasil, pouco mais de 10% da população preenche critérios de dependência alcoólica, sendo responsável por grande parte dos crimes de violência sexual, violência doméstica, homicídios e acidentes de trânsito. O diagnóstico de dependência de substância é estabelecido segundo a DSM-IV, como mostra o Quadro 195.1.

Quadro 195.1 Critérios para dependência de substância

Um padrão maladaptativo de uso de substância, levando a prejuízo ou sofrimento clinicamente significativo, manifestado por três (ou mais) dos seguintes critérios, ocorrendo a qualquer momento no mesmo período de 12 meses:

(1) tolerância, definida por qualquer um dos seguintes aspectos: (a) necessidade de quantidades progressivamente maiores da substância para adquirir a intoxicação ou efeito desejado; (b) acentuada redução do efeito com o uso continuado da mesma quantidade de substância
(2) abstinência, manifestada por qualquer dos seguintes aspectos: (a) síndrome de abstinência característica para a substância (consulte os Critérios A e B dos conjuntos de critérios para Abstinência das substâncias específicas); (b) a mesma substância (ou uma substância estreitamente relacionada) é consumida para aliviar ou evitar sintomas de abstinência
(3) a substância é frequentemente consumida em maiores quantidades ou por um período mais longo do que o pretendido
(4) existe um desejo persistente ou esforços malsucedidos no sentido de reduzir ou controlar o uso da substância
(5) muito tempo é gasto em atividades necessárias para a obtenção da substância (p. ex., consultas a múltiplos médicos ou fazer longas viagens de automóvel), na utilização da substância (p. ex., fumar em grupo) ou na recuperação de seus efeitos
(6) importantes atividades sociais, ocupacionais ou recreativas são abandonadas ou reduzidas em virtude do uso da substância
(7) o uso da substância continua, apesar da consciência de ter um problema físico ou psicológico persistente ou recorrente que tende a ser causado ou exacerbado pela substância (p. ex., uso atual de cocaína, embora o indivíduo reconheça que sua depressão é induzida por ela, ou consumo continuado de bebidas alcoólicas, embora o indivíduo reconheça que uma úlcera piorou em razão do consumo do álcool)

■ ABSTINÊNCIA DO ÁLCOOL

QUADRO CLÍNICO

A síndrome de abstinência alcoólica consiste no conjunto de sinais e sintomas desenvolvidos por um paciente que apresenta dependência no uso do álcool e que interrompe a utilização da substância por vontade própria ou por intervenção de terceiros. Os primeiros sintomas – taquicardia, taquipneia, hipertensão, náuseas e vômitos, aumento da temperatura corporal e insônia – aparecem, geralmente, após poucas horas de interrupção (5 a 10h). Com a manutenção da abstinência, esses sintomas podem persistir por até 5 dias; entretanto, queixas residuais podem durar até 6 meses após o abandono da bebida. Cerca de 5% dos alcoolistas, os quais geralmente apresentam dependência de outras substâncias concomitantes ou outros transtornos psiquiátricos, podem apresentar crises convulsivas (6 a 48h), com 5% a 15% apresentando crises tônico-clônicas generalizadas e um quadro de *delirium tremens* (48 a 96h: alucinações, agitação psicomotora e nível de consciência flutuante) associado a tremor e alterações autonômicas (taquicardia, taquipneia e alterações pressóricas).

Os critérios para abstinência de substâncias, segundo a DSM-IV, estão listados no Quadro 195.2.

Quadro 195.2 Critérios para abstinência de substâncias

A. Desenvolvimento de uma síndrome específica à substância devido à cessação (ou redução) do uso pesado e prolongado da substância
B. A síndrome específica à substância causa sofrimento ou prejuízo clinicamente significativo no funcionamento social, ocupacional ou em outras áreas importantes da vida do indivíduo
C. Os sintomas não se devem a uma condição médica geral nem são mais bem explicados por outro transtorno mental

DIAGNÓSTICO DIFERENCIAL

Os principais diagnósticos diferenciais envolvem condições neurológicas que rebaixam o nível de consciência e são potenciais causadores de crises convulsivas, como meningite, encefalite, acidente vascular encefálico (AVE) e traumatismo cranioencefálico (TCE), e condições que provocam sintomas autonômicos, como hipoglicemia e emergências hiperglicêmicas. Abstinências de outras substâncias também devem ser questionadas.

Exames complementares

Os exames complementares devem envolver os principais diagnósticos diferenciais e alterações crônicas derivadas do alcoolismo, sendo fundamental a realização de hemograma completo (anemias carenciais, macrocitose alcoólica, leucocitose decorrente de infecções ou libação alcoólica, plaquetopenia por cirrose), TGO, TGP, FA, γ-GT, proteínas totais e frações, bilirrubinas totais e frações (aumento de transaminases, desnutrição, colestase, padrão de esteatose hepática alcoólica ou cirrose), ureia e creatinina, glicemia e eletrólitos. Exames de imagem são importantes em caso de suspeita de AVE ou TCE, ou em situações atípicas. Avaliação liquórica, sorologia para HIV e hepatites virais e culturas em outros materiais biológicos podem ser analisadas caso a caso.

TRATAMENTO

1. **Orientação geral e ambiente:** o paciente deve permanecer em ambiente calmo e iluminado, de preferência na companhia dos familiares. O paciente e seus familiares devem ser orientados sobre o tratamento.
2. **Suporte nutricional:** importante manter suporte calórico quantitativa e qualitativamente adequado, com suplementação vitamínica do complexo B, incluindo **tiamina, 100mg/dia IM, nos primeiros 3 dias, seguidos de 300mg/dia VO, por um período > 4 semanas.**
3. **Hidratação:** deve ser mantida conforme a necessidade individual, com a preferência pela via oral.
4. **Controle da agitação psicomotora:** deve ser seguida a sequência: contenção verbal, contenção física, contenção química com **benzodiazepínicos de duração curta (clonazepam, 2mg VO de 4/4h), benzodiazepínicos de duração prolongada (diazepam, 10 a 20mg VO de 1/1h ou 10 a 20mg EV de 8/8h)**, podendo ser associados com antipsicóticos **(haloperidol, 5mg IM ou EV a cada 30 min-1h até sedação, máximo 25mg/dia, ou utilização de antipsicóticos atípicos, como risperidona, 2 a 6mg/dia VO, divididos em 12/12h)** e **prometazina, 50mg IM de 12/12h**. O uso de antipsicóticos pode aumentar o risco de convulsões. O tratamento deve ser feito e desescalonado em 3 a 5 dias no máximo. Em caso de distonia com antipsicóticos, utilizar **biperideno, 5mg (1mL) IM ou EV.**
5. *Delirium tremens:* controle com benzodiazepínicos de ação prolongada (**diazepam, 10 a 20mg VO ou EV de 8/8h**) ou curta (**clonazepam, 2mg VO de 4/4h, ou lorazepam, 3mg VO de 6/6h**) com ou sem antipsicóticos (**haloperidol, 5mg/dia VO**).
6. **Alucinose alcoólica: haloperidol, 5mg dia/VO.**
7. **Crise convulsiva:** seguir protocolo de convulsão.
8. **Anticonvulsivantes:** o uso profilático de anticonvulsivantes deve ser desencorajado.

■ EMBRIAGUEZ AGUDA

A embriaguez aguda é causa frequente de atendimentos emergenciais, principalmente em períodos noturnos e em dias de festas, feriados e finais de semana. Os sinais e sintomas característicos da embriaguez aguda são: pletora facial, hiperemia conjuntival e esclerótica, fácies de embriaguez, olhar brilhante, hálito alcoólico, cheiro de álcool, hábito maltrapilho, fala arrastada, desinibição, ataxia, redução da memória de fixação, bradipsiquismo ou taquipsiquismo e labilidade emocional.

TRATAMENTO

1. **Dieta zero:** evitar broncoaspiração.
2. **Distúrbios hidroeletrolíticos:** correção da desidratação promovida pela poliúria e efeito osmótico do álcool. **Utilizar Ringer ou SF 0,45% + KCl 10% 10mL + MgSO$_4$ 10% 10mL em cada etapa do soro.** Volume total infundido acompanhado por parâmetros clínicos de desidratação (turgor, mucosas, diurese, pressão arterial, frequência cardíaca). Avaliar e corrigir distúrbios eletrolíticos.
3. **Vitamina B1 (tiamina):** aplicar **tiamina, 100mg IM**, preferencialmente, 30 minutos antes da reposição de glicose hipertônica para prevenção da **encefalopatia de Wernick-Korsakoff** (oftalmoplegia, ataxia e confusão mental).
4. **Correção da hipoglicemia: glicose, 25g (glicose a 50%: 50mL) EV.** Especificamente para evitar a hiperglicemia pós-tratamento, recomenda-se utilizar a fórmula: 100 – glicemia aferida × 0,4 = mL de glicose a 50%. Para pacientes com hipoglicemia grave (<40mg/dL), deve-se oferecer o dobro do volume calculado em glicose a 50%. O tratamento deve ser seguido de infusão constante de soro glicosado a 5% para evitar a recidiva da hipoglicemia.
5. **Antieméticos e antiácidos:** metoclopramida, 10mg EV em caso de náuseas e vômitos em até 8/8h + omeprazol 40mg EV. A ranitidina 50mg EV deve ser evitada por gerar efeito antabuse.
6. **Orientações gerais e encaminhamento a serviços especializados em alcoolismo.**

Capítulo 196
Mordedura Humana e de Animais

Guilherme Almeida Rosa da Silva • Felipe Robalinho

INTRODUÇÃO

A mordedura humana e de animais é o processo em que um humano ou animal, por caráter defensivo ou ofensivo, agride uma pessoa por mordida, originando ruptura da barreira cutânea, solução de continuidade e inoculação de saliva contendo bactérias, que podem ser resolvidas de maneira espontânea ou originar um processo infeccioso subcutâneo ou osteoarticular. O tempo decorrido sem tratamento após o evento é determinante para o aparecimento dos sinais de infecção. Em caso de mordedura por gato, o risco de infecção é de cerca de 40%, enquanto a mordedura por cachorro representa um risco de cerca de 5%. As infecções são tipicamente polimicrobianas, destacando-se em cães e gatos a *Pasteurella multocida*. O *Streptobacillus moniliformis* e o *Spirillum minus* destacam-se em mordeduras por ratos e a *Eikenella corrodens* destaca-se na mordedura humana.

QUADRO CLÍNICO

O tempo decorrido sem tratamento após o evento é determinante para o aparecimento dos sinais de infecção (hiperemia perilesional, secreção melicérica ou purulenta, calor e dor local). As infecções precoces, com menos de 8 a 24h de lesão, podem ser altamente agressivas, evoluindo com necrose. Infecções tardias por animais ou humanos, com mais de 24 horas de lesão, são causadas, principalmente, por *Staphylococcus*, *Streptococcus*, *Eikenella corrodens* e *Capnocytophaga canimorsus*. Infecções que permanecem sem avaliação médica por tempo prolongado podem evoluir com erisipela, celulite, artrite séptica, osteomielite, endocardite e sepse. Deve-se sempre examinar o *status* dos tendões, artérias e nervos do local da mordedura.

TRATAMENTO

Diante de lesões com sinais evidentes de infecção, devem ser coletados dois *sets* de hemoculturas e cultura da secreção da ferida:

1. **Cuidados com a ferida:** lavagem vigorosa com água e sabão neutro e desbridamento de material necrótico. Preferencialmente, não devem ser realizadas suturas em feridas por mordeduras, sendo possível apenas a aproximação dos bordos em locais em que a cicatrização por segunda intenção for desfigurante, como a face.
2. **Profilaxia para tétano e raiva:** realizar conforme protocolos de tétano e raiva (consulte capítulos específicos).
3. **Profilaxia para HIV, hepatite B e acompanhamento para hepatite C:** são consideradas exposições de risco quando envolvem sangue do agressor.
4. **Antibioticoprofilaxia ou antibioticoterapia:** indicada em caso de lesões em mãos, cabeça e pescoço, articulares, mordeduras profundas ou com esmagamento e em casos de sutura, assim como em todos os imunodeprimidos, doentes crônicos descompensados e esplenectomizados. Os antibióticos devem ser selecionados segundo o Quadro 196.1.

Quadro 196.1 Antibioticoprofilaxia ou antibioticoterapia para mordedura humana ou animal

Tratamento	1ª opção	2ª opção	Tempo
Ambulatorial (oral)	Amoxicilina-clavulanato 500/125mg VO de 8/8h	Clindamicina 600mg VO de 6/6h + ciprofloxacino, 500mg VO de 12/12h, ou SMX-TMP, 800/160mg VO de 12/12h Doxiciclina, 100mg VO de 12/12h	5 dias (profilaxia) 7 a 14 dias (tratamento)
Internado (EV)	Clindamicina, 600mg EV de 8/8h + ciprofloxacino, 400mg EV de 12/12h, ou ceftriaxona, 2g EV/dia	Piperacilina-tazobactan, 4,5g EV de 8/8h, ou clindamicina, 600mg EV de 8/8h + SMX-TMP, 10mg/kg/dia de TMP divididos em 6/6h	5 dias (profilaxia) 7 a 14 dias (tratamento)

Em caso de mordedura por animal marinho (*Vibrio*, *Aeromonas* e *Pseudomonas*), devemos sempre associar ciprofloxacino, e casos de mordedura por porcos (*Flavobacterium*) podem ser resistentes à amoxicilina-clavulanato.

Capítulo 197
Acidentes com Animais Peçonhentos

Guilherme Almeida Rosa da Silva • Felipe Robalinho

INTRODUÇÃO

Animais peçonhentos são aqueles capazes de produzir substâncias tóxicas através de glândulas especializadas e inoculá-las de diversas maneiras a partir de seu aparelho inoculador (aguilhão, ferrão e dente). Os animais venenosos produzem substâncias tóxicas, mas não contêm aparelho inoculador, necessitando ter contato direto com ou ser ingeridos pelo predador. Os acidentes por animais peçonhentos em humanos ocorrem quando o animal ou colônia se sente ameaçado, geralmente por invasão inadvertida de seu território. Esses acidentes não são restritos à zona rural, às matas e ao peridomicílio, sendo cada vez mais comuns em ambientes urbanos e intradomiciliares.

No Brasil, há 70 espécies de serpentes peçonhentas documentadas, as quais estão distribuídas em quatro gêneros principais: *Bothrops* (animais popularmente conhecidos como jararaca, jararacuçu, urutu e caiçaca), *Crotalus* (cascavel), *Lachesis* (surucucu, pico-de-jaca) e *Micrurus* (coral verdadeira). Outros animais peçonhentos envolvidos em acidentes são formigas, vespas, abelhas, marimbondos, lacraias, lagartas, aranhas e escorpiões.

ETIOLOGIA, QUADRO CLÍNICO E TRATAMENTO

A chegada de um paciente que sofreu acidente com animal peçonhento ao ambiente da emergência varia muito. Alguns entrarão em situação de risco de morte, havendo a necessidade de avaliação completa do paciente emergencial e suporte clínico (ventilatório e hemodinâmico). Outros podem estar ansiosos, confusos ou mesmo aptos para descrever claramente o ocorrido.

É importante avaliar minuciosamente a lesão de inoculação, questionar sobre a região e a localidade do acidente, a situação ocorrida e a descrição do agente agressor. Em algumas situações, o agente agressor não é visualizado nem capturado, sendo necessária uma avaliação probabilística com dados regionais, associada à apresentação da lesão e ao quadro clínico, para que se possa chegar ao animal peçonhento envolvido. Serviços municipais especializados na captura ou remoção de animais peçonhentos deixam claro aos acompanhantes da vítima que não devem tentar capturar ou matar os animais sob risco de um novo acidente. Todos os casos de acidentes com animais peçonhentos devem passar por avaliação médica e laboratorial criteriosa e observação por, pelo menos, 24 horas, independente da gravidade. Crianças, idosos e pacientes com inoculação de alta quantidade de peçonha apresentam quadros de maior gravidade. Todos os acidentes com animais peçonhentos devem ser notificados via SINAN.

A avaliação laboratorial deve envolver avaliação por coagulograma, dosagem de enzimas musculares, avaliação da função renal, eletrólitos, EAS, gasometria arterial e eletrocardiograma (ECG).

Os soros antiofídicos disponíveis são o soro antibotrópico (SAB), antilaquético (SAL), anticrotálico (SAC), antibotrópico/crotálico (SABC), antibotrópico/laquético (SABL) e antielapídico (SAE). Os soros antiescorpiônicos (SAEE), ao contrário dos soros antiofídicos, apresentam baixa incidência de anafilaxia. O soro antiaracnídico (SAA) é indicado para os casos de acidentes por picada de aranhas dos gêneros *Phoneutria* e *Loxosceles*. Existe um soro específico antiloxoscélico (SALox). O soro antilonômico (SALon) está indicado para acidentes hemorrágicos moderados ou graves com lagartas *Lonomia*. Os acidentes mais frequentes, em geral, não são graves, predominando as manifestações locais. O soro antiveneno contra peçonha de abelhas africanizadas está em processo de testes no Instituto Butantã.

Os soros antivenenos devem ser armazenados de 2 a 8°C, não congelados e corridos sem diluição, em dose definida pela gravidade do quadro clínico por via EV em 30 minutos a 1 hora. Todo o aparato necessário deve estar disponível para reversão de uma reação anafilática. O prazo máximo de tempo para aplicação do soro após o acidente ainda não está bem definido.

É importante frisar que não se devem realizar torniquetes em membros afetados pela agressão, nem realizar sucção da peçonha com a boca, e não se devem remover ferrões de abelhas por expressão. Em caso de múltiplas ferroadas por abelhas, os ferrões devem ser raspados com lâmina nos primeiros 10 minutos, antes do esvaziamento completo da peçonha. Em acidentes ofídicos, deve se dar atenção a complicações como síndrome compartimental, infecção secundária e necrose local.

Os principais agentes, as síndromes clínicas e o tratamento em caso de acidentes com animais peçonhentos estão contidos no Quadro 197.1.

Quadro 197.1 Principais agentes, síndromes clínicas e tratamento em casos de acidentes com animais peçonhentos

Agente	Quadro clínico	Tratamento
Ofídios		
Bothrops (proteolítica e coagulante)	Inflamação local em 30min, bolhas e equimoses em 6 a 12h, hemorragias locais e sistêmicas, sobrevindo insuficiência renal em período >12h	SAB, SABC ou SABL (ampolas: 2 a 4 – leve; 4 a 8 – moderado; 8 a 12 – grave), manter membro elevado após soro, profilaxia do tétano, cuidados locais, bloqueio anestésico ou analgesia, repouso
Lachesis (proteolítica, coagulante e neurotóxica)	Inflamação local em 30min, bolhas e equimoses em 6 a 12h, hemorragias locais e sistêmicas, sobrevindo insuficiência renal em período > 12h. Pode haver vagotonia (bradicardia, hipotensão e diarreia)	SAL ou SABL (ampolas: 10 – moderado; 20 – grave), manter membro elevado após soro, profilaxia do tétano, cuidados locais, bloqueio anestésico ou analgesia, repouso
Crotalus (neurotóxica, miotóxica e coagulante)	Sinais locais discretos, Mialgia, redução da visão, ptose, oftalmoplegia, midríase, miofasciculações. As hemorragias são infrequentes, entretanto pode haver insuficiência renal após 24 a 48h	SAC ou SABC (ampolas: 5 – leve; 10 – moderado; 20 – grave), manter membro elevado após soro, profilaxia do tétano, hidratação vigorosa, diálise se necessário, cuidados locais, bloqueio anestésico ou analgesia, repouso
Micrurus (neurotóxica)	Sintomas locais discretos. Neurotoxicidade precoce (paralisia muscular, ptose, paralisia com insuficiência respiratória)	SAE (10 ampolas), manter membro elevado após soro, suporte ventilatório, profilaxia do tétano, cuidados locais, bloqueio anestésico ou analgesia, repouso. Em casos de neuropatia grave, pode ser tentada neostigmina, 0,5mg EV a cada 30min (máx: 5 doses), precedido por atropina 0,6mg EV
Escorpiões		
Amarelo – *Tityus serrulatus* (tônus autonômico aumentado)	Inflamação local. Taquicardia, taquipneia, náuseas e vômitos, sudorese, sialorreia, agitação, convulsão e coma	SAEE (ampolas: 0 – leve; 2 a 3 – moderado; 4 a 6 – grave). Na falta de SAEE, deve-se aplicar o SAA. Manter membro elevado após soro, profilaxia do tétano, cuidados locais, bloqueio anestésico ou analgesia, repouso
Marrom – *Tityus bahiensis* (tônus autonômico aumentado)	Inflamação local. Taquicardia, taquipneia, náuseas e vômitos, sudorese, sialorreia, insuficiência cardíaca, agitação, convulsão e coma	SAEE (ampolas: 0 – leve; 2 a 3 – moderado; 4 a 6 – grave). Na falta de SAEE, deve-se aplicar o SAA. Manter membro elevado após soro, profilaxia do tétano, cuidados locais, bloqueio anestésico ou analgesia, repouso

Quadro 197.1 *(continuação)*

Agente	Quadro clínico	Tratamento
Aranhas		
Armadeira – *Phoneutria*	Dor, eritema, edema, sem evolução para necrose local	SAA (ampolas: 5 – moderado; 10 – grave), manter membro elevado após soro, profilaxia do tétano, cuidados locais, bloqueio anestésico ou analgesia, repouso
Marrom – *Loxosceles*	Picada indolor, evoluindo em 24 a 72h para queimadura, eritema, edema, placa hemorrágica, úlcera necrótica e bolhas. Hemólise, CIVD e insuficiência renal	SAA ou SALox (ampolas: 5 – moderado; 10 – grave), manter membro elevado após soro, profilaxia do tétano, cuidados locais, bloqueio anestésico ou analgesia, repouso. Pode-se utilizar prednisona, 40mg/dia, ou 1mg/kg/dia em crianças
Viúva-negra – *Latrodectus*	Dor, pápula eritematosa local, edema, linfonodomegalia regional, ansiedade, dor abdominal que pode simular abdome agudo	SAA (ampolas: 5 – moderado; 10 – grave), manter membro elevado após soro, profilaxia do tétano, cuidados locais, bloqueio anestésico ou analgesia, repouso
Abelhas		
Abelhas africanizadas	Anafilaxia e síndrome de envenenamento, >200 ferroadas (insuficiência renal, convulsões, hemólise, rabdomiólise, distúrbios eletrolíticos)	Analgesia com AINE. Remoção dos ferrões por raspagem nos primeiros 10min. Anafilaxia (adultos: hidrocortisona EV, 200mg, adrenalina EV, 1:10.000 – diluir em 10mL de AD – e aplicar 0,5mL, e prometazina, 50mg EV; crianças: hidrocortisona EV, 25 a 50mg; adrenalina EV, 1mcg/kg; prometazina, 0,5mg/kg – máx: 50mg). Síndrome de envenenamento (suporte clínico). Soro antiveneno em fase de pesquisa pelo Butantã
Vespas e marimbondos		
Vespas e marimbondos	Anafilaxia e síndrome de envenenamento, > 50 a 100 ferroadas (insuficiência renal, convulsões, hemólise, rabdomiólise, distúrbios eletrolíticos)	Analgesia com AINE. Anafilaxia (adultos: hidrocortisona EV, 200mg; adrenalina EV, 1:10.000 – diluir em 10mL de AD – e aplicar 0,5mL, ou IM, 1:1.000 – 0,01mg/kg até 0,5mL [>12 anos]; e prometazina, 50mg EV ou IM; crianças: hidrocortisona EV, 25 a 50mg; adrenalina EV, 1mcg/kg, ou IM – 1:1.000 – 0,3mL [6 a 12 anos] e 0,15mL [< 6 anos]; prometazina, 0,5mg/kg EV ou IM – máx: 50mg). Síndrome de envenenamento (suporte clínico)
Paraponera clavata (tocandira, cabo verde ou vinte quatro horas) Negra, podendo alcançar 3cm	Edema e eritema local, sudorese, taquicardia e calafrios. Anafilaxia e necrose	Analgesia com AINE e corticoide local. Anafilaxia (adultos: hidrocortisona EV, 200mg; adrenalina EV, 1:10.000 – diluir em 10mL de AD – e aplicar 0,5mL ou IM, 1:1.000 – 0,01mg/kg até 0,5mL [>12 anos] e prometazina, 50mg EV ou IM; crianças: hidrocortisona EV, 25 a 50mg; adrenalina EV, 1mcg/kg, ou IM – 1:1.000 – 0,3mL [6 a 12 anos] e 0,15mL [< 6 anos]; prometazina, 0,5mg/kg EV ou IM – máx: 50mg)

(continua)

Quadro 197.1 (continuação)

Agente	Quadro clínico	Tratamento
Vespas e marimbondos (*continuação*)		
Myrmicinae (formigas-de-fogo ou lava-pés vermelha, lava-pés preta e formiga saúva)	Múltiplas picadas extremamente dolorosas, pústulas estéreis e pápulas. Anafilaxia e necrose	Analgesia com AINE e corticoide local. Anafilaxia (adultos: hidrocortisona EV, 200mg; adrenalina EV 1:10.000 – diluir em 10mL de AD – e aplicar 0,5mL ou IM – 1:1.000 – 0,01mg/kg até 0,5mL [>12 anos]; e prometazina, 50mg EV ou IM; crianças: hidrocortisona EV, 25 a 50mg;, adrenalina EV, 1mcg/kg, ou IM – 1:1.000 – 0,3mL [6 a 12 anos] e 0,15mL [< 6 anos], prometazina, 0,5mg/kg EV ou IM – máx: 50mg)
Lacraias		
Cryptops e *Otostigmus*	Dor e edema local, febre, calafrios, sudorese e taquicardia	Adultos: analgesia ou anestesia local, prometazina, 50mg IM ou EV, e hidrocortisona, 200mg EV Crianças: analgesia ou anestesia local, prometazina, 1mg/kg (máx: 50mg) EV ou IM, e hidrocortisona, 25 a 50mg EV
Lagartas		
Megalopygidae e *Saturniidae*. Entre os saturnídeos destaca-se o gênero *Lonomia* (único causador de doença sistêmica)	Dor imediata em queimação, eritema, edema e adenomegalia. Alguns sintomas inespecíficos (cefaleia, náuseas, tonturas e dor abdominal). (*Lonomia*): gengivorragia, em feridas recentes, equimoses, hematúria; sangramentos maciços e hemorragia intracraniana, apesar de pouco frequentes, têm sido associados a complicações, como insuficiência renal aguda e óbito	Adultos: analgesia ou anestesia local, prometazina, 50mg EV ou IM, e hidrocortisona, 200mg EV Crianças: analgesia ou anestesia local, prometazina, 1mg/kg (máx: 50mg) EV ou IM, e hidrocortisona, 25 a 50mg EV. SALon (moderado: 5 ampolas; grave: 10 ampolas) ou administrar ácido aminocaproico (EACA) EV, 30mg/kg, seguidos de 15mg/kg de 4/4h, diluídos em 100 ou 150mL de solução fisiológica, durante 2 ou 3 dias

Capítulo 198
Violência Sexual e Violência Doméstica

Guilherme Almeida Rosa da Silva • Felipe Robalinho

INTRODUÇÃO

O **estupro** é o ato de constranger alguém (homem ou mulher), mediante violência ou grave ameaça, a ter conjunção carnal ou a praticar ou permitir que com ele se pratique outro ato libidinoso. A Lei 12.015/09 revogou expressamente os artigos 214 (Atentado Violento ao Pudor), 216 (Atentado ao Pudor Mediante Fraude), 223 (Formas Qualificadas), 224 (Presunção de Violência) e 232, todos do Código Penal. Cabe destacar o **estupro de vulnerável**, que pune toda relação sexual com < 14 anos de idade, portadores de doença mental e enfermos graves, e a **violação sexual mediante fraude**, em que o réu se utiliza de artifícios, fraude ou outro meio que impeça ou dificulte a livre manifestação de vontade da vítima.

A violência sexual e as agressões físicas atingem particularmente o ambiente doméstico. Sua verdadeira incidência é desconhecida, graças à repressão de denúncias das vítimas, à subnotificação e ao sub-registro pelos profissionais competentes.

QUADRO CLÍNICO E DIAGNÓSTICO

A anamnese e o exame físico são indispensáveis, tendo o duplo propósito de detectar lesões e fornecer provas judiciais. Na anamnese, devem ser indagadas circunstâncias do abuso, identidade e características do agressor, locais de penetração ou ejaculação, uso de preservativo, assim como áreas de trauma e sangramento. É importante ressaltar que muitas das vítimas que procuram atendimento na emergência não relatam a violência sexual, queixando-se apenas de violência física. Cabe ao médico questionar de modo incisivo sobre a presença de violência sexual e buscar evidências por meio do exame físico.

O exame físico deve incluir sinais vitais, estado geral e inspeção de toda a superfície corporal à procura de sinais de traumatismo. Os exames da cavidade oral, ginecológico e proctológico completo devem ser realizados minuciosamente, se preciso mediante anestesia.

Swabs anais, orais e vaginais, com o objetivo de detecção de material biológico (DNA, espermatozoides, PSA e fosfatase ácida prostática) do criminoso, devem ser obtidos e colocados em papel filtro, e todas as lesões devem ser minuciosamente descritas no prontuário. O profissional de saúde não deve fazer acusações ou tirar conclusões precipitadas diante de lesões genitais sugestivas de violência sexual, devendo dedicar-se apenas a descrever a anamnese e o exame físico.

A violência sexual e a violência doméstica são agravos de notificação compulsória.

TRATAMENTO

O tratamento do paciente que sofreu violência sexual deve passar por suporte psicológico, manejo de traumatismos, contracepção de emergência, profilaxia de DST e coleta de exames laboratoriais de acompanhamento. O tratamento de homens que sofreram violência sexual difere apenas sob os aspectos da não abordagem contraceptiva. Homens que sofreram violência sexual por mulheres e mulheres que sofreram violência sexual por outras mulheres não necessitam de contracepção, e as profilaxias para DST devem ser analisadas caso a caso:

1. **Apoio psicossocial e medidas cabíveis:** se possível o **apoio psicossocial** deverá ser fornecido por pessoal especializado, com treinamento e experiência no atendimento a vítimas de violência

sexual. Ao término de todo o atendimento, a vítima deverá ser encaminhada para a assistência social, ter seu material coletado recebido por um responsável ou ser **dirigida para o IML** para realização de exame de corpo de delito. Deve, também, ser encaminhada à delegacia para realização do **Boletim de Ocorrência Policial**. Em caso de menores, devem ser acionados o Conselho Tutelar e a Vara da Infância e da Juventude.
2. **Manejo de traumatismos:** lesões vulvoperineais superficiais e sem sangramento são tratadas apenas com assepsia local. Em lesões com sangramento utilizar sutura com fios delicados e absorvíveis, além de antibioticoterapia e profilaxia para tétano. Hematomas perineais leves devem ser tratados com bolsas de gelo. Hematomas instáveis devem sofrer drenagem cirúrgica. Observar diurese espontânea ou por meio de cateterismo vesical, de modo a identificar lesões do trato urinário.
3. **Anticoncepção de emergência:** indicada para toda mulher no menacme com contato ou suspeita de contato com sêmen e que não disponha de método contraceptivo no momento da violência. Não realizar 72 horas após a violência sexual. **Levonorgestrel (primeira escolha) e método de Yuzpe (segunda escolha)** (Quadro 198.1).

Quadro 198.1 Métodos de anticoncepção de emergência

Método	Dose	Via	Observação
Levonorgestrel	0,75 ou 1,5mg de levonorgestrel por comprimido	Oral	1 cp VO de 12/12h por 1 dia (0,75mg) ou dose única (1,5mg)
Método de Yuzpe	200mcg de etinilestradiol e 1mg de levonorgestrel, em duas doses	Oral	Evanor® ou Neovlar® 2 cp, VO, de 12/12 h, por 1 dia (total = 4 cp)
		Oral	Microvlar® ou Nordette® 4 cp, VO, de 12/12 h, por 1 dia (total = 8 cp)

4. **Profilaxia de DST:** dividida em **profilaxia de DST virais (hepatite B e HIV) e não virais (sífilis, gonorreia, clamídia e tricomoníase)**. Contraindicada em caso de violência sexual crônica (violência sexual intrafamiliar) ou se não houver exposição a fluidos do agressor. Para o HPV e o herpes simples, ainda não há profilaxias específicas em caso de violência sexual. As vaginoses podem estar presentes, mas não são consideradas DST.
    - **Imunoprofilaxia da hepatite B:** indicada para qualquer vítima de violência sexual com penetração vaginal, anal ou oral com ejaculação intrabucal, sem preservativos, com exposição ao sêmem ou fluidos do agressor e sem imunização ou com *status* vacinal incompleto ou desconhecido. O prazo máximo para a imunoprofilaxia é de 14 dias após a violência sexual, de preferência nas primeiras 48 horas. Gravidez não é contraindicação para vacina ou imunoglobulina humana anti-hepatite B (IGHAHB). **Vacina anti-hepatite B – Engerix B®: 1 ampola IM nos dias 0, 30 e 180 do atendimento na emergência. HIBG®, 0,06mL/kg IM em glúteo, dose única, até 14 dias após.**
    - **Profilaxia do HIV:** indicada para vítimas de violência sexual com penetração vaginal, anal ou ejaculação intrabucal. Contraindicações: violência sofrida há mais de 72 horas, abuso crônico pelo mesmo agressor, uso de preservativo durante toda a agressão, penetração oral sem ejaculação e vítima já portadora de HIV. A vítima deve usar preservativos até a realização do segundo teste, após 28 dias. **Biovir® (zidovudina [AZT] 300mg + lamivudina [3TC] 150mg) 1 cp VO de 12/12h por 28 dias. Kaletra® (lopinavir 200mg + ritonavir 50mg) 2 cp VO de 12/12h por 28 dias.**

Quadro 198.2 Profilaxia de DST não virais em adultos, adolescentes e gestantes

Método	Dose	Via	Posologia
Sífilis	Penicilina G benzatina 2,4 milhões de unidades	IM	1,2 milhão de unidades em cada nádega, em dose única
Gonorreia	Ceftriaxona, 500mg	IM	Dose única (opção: doxiciclina 100mg VO de 12/12h durante 7 dias). O uso de quinolonas não é recomendado devido à escassez de publicações sobre o perfil de resistência
Clamídia	Azitromicina, 1g	VO	Dose única. A segurança em gestantes e nutrizes é controversa (opção para gestantes: amoxicilina, 500mg VO de 8/8h por 7 dias, + cefixima, 400mg VO, em dose única)
Tricomoníase	Secnidazol, 2g	VO	Dose única (opção: metronidazol, 2g, em dose única). Em gestantes ou nutrizes, utilizar miconazol ou clotrimazol creme vaginal por 7 dias

Quadro 198.3 Profilaxia de DST não virais em crianças

Método	Dose	Via	Posologia
Sífilis	Penicilina G benzatina 50.000UI/kg (máx: 2,4 milhões de unidades)	IM	Dose única
Gonorreia	Ceftriaxona, 250mg	IM	125mg (1mL), em dose única
Clamídia	Azitromicina, 20mg/kg (máx: 1g)	VO	Dose única
Tricomoníase	Secnidazol, 900mg (30mg/mL)	VO	1mL/kg em dose única (máx: 2g) (opção: metronidazol, 15mg/kg/dia de 8/8h VO por 7 dias)

5. **Exames laboratoriais:** devem ser solicitados: hemograma completo, β-HCG (primeiro atendimento e 6 semanas depois), VDRL, sorologias para hepatite B e C (primeiro atendimento, 3 meses e 6 meses depois), PCR qualitativa para hepatite C (3 meses depois), transaminases (primeiro atendimento, 6 semanas, 3 meses e 6 meses depois) anti-HIV (primeiro atendimento e 4 semanas depois) e *swabs* vaginais, orais e anais para coleta de material biológico do criminoso. A pesquisa de gonorreia, clamídia, tricomoníase e vaginose pode ser oferecida caso a paciente se recuse a realizar a profilaxia. Os exames servem como parâmetro inicial de avaliação de soroconversão, gestação e para avaliação pericial.
6. **Gravidez:** essas mulheres e adolescentes têm o direito de ser informadas da possibilidade de interrupção da gravidez, conforme o Decreto-Lei 2.848, de 7 de dezembro de 1940, artigo 128, inciso II, do Código Penal brasileiro.

Capítulo 199
Tentativa de Suicídio

Guilherme Almeida Rosa da Silva • Felipe Robalinho

INTRODUÇÃO

O termo suicídio é aplicado a todos os casos de morte resultantes direta ou indiretamente de um ato positivo ou negativo da própria vítima. A tentativa de suicídio ocorre quando esse ato é frustrado pela incompetência no mecanismo de morte planejado pela vítima ou pela prestação precoce de socorro. Com frequência, os pacientes que tentam suicídio apresentam distúrbios psiquiátricos concomitantes (depressão, uso abusivo de substâncias entorpecentes, psicose, mania, entre outros), somados ao acesso a um meio letal. Outro grupo relacionado é o de portadores de doenças crônicas incuráveis que levam ou levarão a um grande sofrimento. O suicídio é visto por esses pacientes como uma forma de morte digna e indolor. Existe ainda a possibilidade de fraude de suicídio, que na verdade se trata de uma tentativa de homicídio. O suicídio é um problema social grave e corresponde à 14ª causa de morte em todo o mundo.

CONSIDERAÇÕES

O prontuário deve ser preenchido de maneira minuciosa, abordando a anamnese mais detalhada possível e um exame físico completo, que podem ajudar em investigações criminais posteriores.

Pacientes vítimas de tentativa de suicídio podem dar entrada no setor de emergência com histórico obtido por intermédio de amigos, familiares ou socorristas. Devemos buscar distúrbios psiquiátricos prévios, história familiar de suicídios, internações anteriores, relato de autoagressões, uso prévio de substâncias ilícitas e lícitas, tentativa anterior de suicídio, fatores sociodemográficos associados (homem, jovem solteiro ou viúvo e desempregado), fatores estressores, ameaça prévia e diagnóstico estabelecido de doença crônica incurável. Algumas vezes, uma mensagem de despedida (carta ou gravação) é encontrada junto à vítima, tendo em vista que se trata de um processo planejado.

Em casos sem relatores para a coleta da anamnese ou na ausência de mensagens de suicidas, o mecanismo de lesão passa a ser a principal evidência. O primeiro grupo caracteriza-se pelo mecanismo incompetente de morte (pulsos cortados transversalmente, tiros malsucedidos na boca, no tórax ou na face, queda por altura ineficaz, enforcamento sem fratura cervical ou *overdose* por medicações ineficazes em causar a morte). O segundo grupo caracteriza-se pelo socorro rápido (afogados, incendiários, reanimados pós-parada cardiorrespiratória por *overdose*).

TRATAMENTO

O primeiro item do tratamento consiste na abordagem básica ao paciente emergencial com avaliação do *status* respiratório e cardiocirculatório. As medidas específicas devem ser adotadas de acordo com o mecanismo de lesão:

1. **Cuidados gerais de acordo com o tipo de tentativa:** pacientes que sofreram traumatismos devem ser imobilizados e avaliados pela ortopedia e traumatologia. Portadores de hemorragias graves devem ser submetidos a reanimação volêmica vigorosa e avaliação de hemotransfusão. Os casos de ingestão de *overdose* de medicamentos devem passar por lavagem gástrica e aplicação de antídotos, se houver. Vítimas de queimaduras e afogamento devem passar por tratamento específico. Vítimas de tiros devem passar por avaliação cirúrgica.

2. **Coleta de amostras clínicas para exame toxicológico:** em caso de suspeita de intoxicação, sangue e urina (substâncias utilizadas nos 3 dias anteriores) e, em situações específicas, cabelo (substâncias utilizadas nos 90 dias anteriores) devem ser coletados para avaliação toxicológica posterior.
3. **Postergação de alta:** o paciente não deve ser liberado antes de uma avaliação psiquiátrica completa e na persistência de ideação suicida, pensamento de morte constante ou mediante qualquer suspeita de risco de novas tentativas. O paciente deve ser isolado e vigiado em tempo integral. A contenção verbal, física e medicamentosa deve ser aplicada individualmente, sobretudo em pacientes agitados. O paciente jamais deve receber alta desacompanhado.
4. **Tratamento psiquiátrico:** preferencialmente, o paciente deve iniciar seu tratamento psiquiátrico para a condição subjacente ainda durante a internação (eletroconvulsoterapia, antidepressivos, estabilizadores do humor, antipsicóticos, entre outros).

Capítulo 200
Raios e Lesões Elétricas

Guilherme Almeida Rosa da Silva • Felipe Robalinho

INTRODUÇÃO

Os acidentes com raios e lesões elétricas são incomuns no ambiente de emergência, sendo responsáveis por 5.000 atendimentos/ano nos EUA. Causam dano tecidual por meio de queimaduras, contusões por queda, liberação intensa de catecolaminas e mudanças no funcionamento celular, principalmente as que dependem de um processo de potencial elétrico e despolarização para exercerem sua função (sistema nervoso e miocárdio). A mortalidade global de pacientes atingidos por raios ou lesões elétricas que procuram a emergência gira em torno de 3% a 40% dos acometidos.

Tecidos com alta resistência (pele, osso e tecido adiposo) tendem a produzir calor, sofrendo queimaduras e necrose. Tecidos de baixa resistência (nervos, músculos, pele molhada ou suada) tendem a conduzir a corrente elétrica. As principais causas são acidentes com raios durante tempestades (diretamente, por meios condutores, pelo chão e por explosões) e contatos com cabos elétricos e materiais condutores, como um cabo elétrico em contato com uma poça d'água. Devem ser mencionados os acidentes ocupacionais (trabalhadores da construção civil ou rurais), com crianças (aparelhos domésticos) e os recreativos (campos de futebol e piscinas). A gravidade da lesão é definida pelo tipo (alternada ou contínua), a intensidade (alta ou baixa) da corrente, a duração da exposição e resistência no ponto de entrada (baixa resistência: pele úmida, ferida e fina). A corrente alternada (mais comum) acarreta contração muscular sustentada, prendendo a vítima à fonte de eletricidade. A corrente contínua (relâmpagos, trilhos ferroviários) promove uma única grande contração muscular, que afasta o indivíduo da fonte elétrica.

QUADRO CLÍNICO

A história deve ser obtida do próprio paciente ou, em caso de impossibilidade, de socorristas e testemunhas. Deve-se descrever de maneira minuciosa, no prontuário, o mecanismo de lesão (fonte, tipo de corrente, intensidade, tempo de exposição e local de entrada). O exame físico deve ser iniciado pelo atendimento ao paciente emergencial, com avaliação do *status* respiratório e hemodinâmico. Devem ser buscados a lesão de entrada e de saída da corrente elétrica, trajetos de queimaduras na pele (lesões externas podem subestimar lesões internas) e lesões contusas pela queda (TCE, fraturas e contusões simples). As figuras dendríticas de Lichtenberg na pele, que aparecem em poucas horas e desaparecem espontaneamente, são patognomônicas do acidente com raios.

Complicações oftalmológicas, como cataratas, uveíte, conjuntivite e descolamento de retina, são frequentes, assim como perfuração timpânica.

A avaliação complementar deve incluir: hemograma completo, coagulograma, marcadores hepáticos e renais, eletrólitos, ECG, monitorização cardíaca (são frequentes taquicardia sinusal, fibrilação atrial e bloqueios) e avaliação de lesão muscular (CK, mioglobina, aldolase e LDH). É importante a monitorização do débito urinário e da coloração da urina, em virtude de rabdomiólise e insuficiência renal. A síndrome compartimental deve ser sempre lembrada como complicação potencial. Exames de imagem podem ser solicitados em caso de traumatismos graves.

TRATAMENTO

1. **Afastamento da fonte elétrica:** desligamento do interruptor ou aparelho elétrico, antes da retirada da vítima, sob risco de acidente elétrico com o socorrista.

2. **ACLS e ATLS:** seguir os protocolos do ACLS para parada cardiorrespiratória e da ATLS para os pacientes vítimas de traumatismo. **O paciente deve ser submetido à reanimação prolongada, mesmo em vigência de achados de morte encefálica, pois a lesão elétrica pode mimetizar esta condição.**
3. **Reposição vigorosa de fluidos:** a reposição vigorosa e monitorizada de fluidos, assim como a alcalinização da urina ou o uso de diuréticos de alça, está recomendada como medida de proteção à lesão pela rabdomiólise. **Devemos buscar a diurese de 0,5 a 1,0mL/kg/h (sem mioglobinúria) e 1,0 a 1,5mL/kg/h (com mioglobinúria).**
4. **Tratamento específico para queimaduras e síndrome compartimental.**

Capítulo 201
Prescrição Médica

Guilherme Almeida Rosa da Silva

INTRODUÇÃO

A prescrição médica consiste no ato de prescrever um conjunto de recomendações a serem cumpridas pelo paciente ou aplicadas pela equipe de enfermagem, como dieta, exercício, hidratação, medidas posturais, entre outras, e principalmente em relação aos medicamentos indicados, assim como sua formulação, via de administração, dose e posologia. **Neste capítulo abordaremos a sequência e as minúcias da prescrição médica no ambiente da emergência e internação hospitalar para que se tenha uma folha organizada e se evitem esquecimentos ou confusão em relação às medidas a adotar.** Sugerimos a prescrição do nome químico das medicações iniciado por letra minúscula ou do nome fantasia iniciado com letra maiúscula, seguido da marca registrada (®) de acordo com as determinações das instituições.

DIETA

Primeiro item da prescrição, a dieta deve, sempre que possível, ser discutida com os nutricionistas. Cabe ao médico avaliar as condições clínicas do paciente para a alimentação, assim como sua dentição e capacidade mastigatória, nível de consciência e risco de broncoaspiração, estado nutricional para medidas de suporte nutricional, capacidade de se alimentar sozinho ou com auxílio e comorbidades que devam ser levadas em conta pelo nutricionista no cálculo de macronutrientes e micronutrientes da dieta, como, por exemplo, a restrição de potássio em paciente com insuficiência renal:

- O primeiro item a ser considerado é a via de administração da dieta – oral livre, zero, oral, enteral por sonda, por ostomia e parenteral:
  - **Oral livre:** dieta realizada sem nenhum tipo de restrição.
  - **Zero:** ausência de administração de alimento, inclusive água por via oral. Utilizada antes de procedimentos invasivos ou de imagem com o objetivo de evitar a regurgitação e a broncoaspiração. A dieta zero pode ser utilizada provisoriamente (em geral, em um período < 7 dias) como medida de repouso do trato gastrointestinal, como, por exemplo, na pancreatite aguda e na colite isquêmica.
  - **Oral:** via usual de alimentação, a qual varia em consistência: líquida de prova, líquida, semilíquida, pastosa, branda ou normal. Ligeiras variações na consistência podem estar presentes, como na forma líquido-pastosa. Importante observar se o paciente apresenta algum problema mecânico em relação à mastigação ou à deglutição que inviabilize as dietas mais sólidas, como, por exemplo, a ausência de dentes para mastigação ou obstrução esofágica para sólidos. Pacientes em recuperação de doenças graves vão progredindo paulatinamente quanto à consistência até a dieta oral normal.
  - **Enteral:** a dieta enteral é aquela introduzida através de sonda nasogástrica ou nasoenteral em pacientes com contraindicação à dieta oral por períodos prolongados. É interessante, também, como forma de ultrapassar limites fisiológicos do trato gastrointestinal, como, por exemplo, a forma pós-pilórica para reduzir o risco de regurgitação e broncoaspiração e a pós-duodenal em alguns casos de pancreatite aguda.
  - **Ostomias:** indicada para pacientes com contraindicação à via oral por períodos indeterminados e com previsão de suporte por sonda > 8 semanas (p. ex., quadros demenciais avançados). Podem ser por gastrostomia ou jejunostomia, dependendo da implicação anatômica da ostomia.

- **Parenteral:** a dieta parenteral é utilizada como suporte nutricional para pacientes que apresentam o trato gastrointestinal inviabilizado por período prolongado, como, por exemplo, em pacientes instáveis hemodinamicamente em uso de altas doses de aminas vasopressoras ou em casos de pancreatite grave.
- O segundo item a ser considerado diz respeito à condição energética da dieta, sobretudo em pacientes com dieta oral – hipocalórica, normocalórica e hipercalórica, com ou sem suplementação oral. O item que merece maior destaque é a dieta hipercalórica com suplementação oral, geralmente oferecida para pacientes com síndrome consumptiva e desnutridos, visando à recuperação nutricional.
- O terceiro item consiste na restrição ou elevação de macronutrientes e micronutrientes na dieta, relacionado com o diagnóstico do paciente. Por exemplo, merecem citação a dieta hipossódica para hipertensos, a hipocalêmica e hipoproteica para nefropatas, a hipoproteica para hepatopatas, a rica em fibras para constipação intestinal, a hipoglicídica para *diabetes mellitus*, entre outras. O paciente deve ser avaliado caso a caso e de acordo com as peculiaridades de sua comorbidade.

HIDRATAÇÃO E REPOSIÇÃO ELETROLÍTICA

A hidratação é o segundo item da prescrição. Dentre as opções, são possíveis:

- **Hidratação livre:** hidratação oral em regime de livre demanda, sendo possível inclusive o estímulo à ingestão hídrica na prescrição. Trata-se de um aviso à enfermagem para que estimule o paciente a beber água por via oral. A ingestão hídrica oral pode favorecer a moldagem e a consistência das fezes, reduzindo a constipação típica durante a internação.
- **Restrição hídrica:** utilizada em situações diversas, como insuficiência renal crônica, insuficiência cardíaca congestiva e cirrose hepática com edema, balanço hídrico positivo e hiponatremia hipotônica hipervolêmica.
- **Acesso venoso salinizado:** um acesso venoso é mantido, mas a hidratação pode ser feita por via oral.
- **Hidratação venosa:** a necessidade diária de um adulto varia em torno de 30mL/kg. Este volume diário pode ser acrescido ou decrescido conforme avaliação médica, levando em consideração as manifestações clínicas (desidratação ou hiperidratação) e as condições de temperatura e umidade envolvidas no ambiente. Em geral, os cristaloides são utilizados para hidratação venosa, sobretudo na forma de SF0,9%, Ringer lactato e Ringer simples. A escolha do cristaloide dependerá, principalmente, da clínica do paciente e da presença de distúrbios eletrolíticos e ácido-básicos concomitantes. Deve ser lembrado que o SF0,9% pode causar sobrecarga de sódio, o Ringer lactato está contraindicado em caso de alcalose metabólica e o uso do Ringer simples deve levar em consideração a presença de sódio, potássio e cálcio em sua formulação.

Em situações específicas, como na presença de dieta zero, a hidratação deve ser acrescida de 100g de glicose por dia, seja na forma de soro glicosado a 5% (2L/dia), seja pelo acréscimo de 50mL de glicose hipertônica (glicose a 50%) em cada etapa de soro (500mL), para formação de solução glicofisiológica.

- **Reposição eletrolítica:**
    - **Sódio:** as principais reposições eletrolíticas são realizadas em soro de NaCl a 0,45%, de modo a evitar a hiperosmolaridade da solução. A hiponatremia é tratada com soluções hiperosmolares (soro de NaCl a 3%), enquanto a hipernatremia é tratada com soluções hiposmolares (soro de NaCl a 0,45% ou SG5%).
    - **Potássio:** KCl 10% na hipocalemia, em concentração de até 40mEq/L (uma ampola de 10mL tem 13mEq), ou seja, uma ampola em cada etapa (500mL) de soro 0,45%, corrida em velocidade em veia periférica de modo a não superar 40mEq/h ou 60mEq/h em veia profunda.
    - **Cálcio:** gluconato de cálcio a 10% (ampola de 10mL); em caso de hipocalcemia sintomática, uma ampola em cada etapa de soro, distribuída durante o dia, após reposição rápida com duas ampolas.

- **Magnésio:** sulfato de magnésio (MgSO$_4$ 10%, ampola de 10mL) na hipomagnesemia, com uma ampola distribuída em cada etapa de soro.

> **Obs.:** para maiores informações, consulte os capítulos referentes aos distúrbios hidroeletrolíticos.

MEDICAÇÕES DE USO CRÔNICO

As medicações de uso crônico devem ser adicionadas à prescrição conforme a utilização doméstica, como esquemas anti-hipertensivos, hipoglicemiantes orais, inaladores para DPOC e asma, hipolipemiantes, diuréticos, ácido acetilsalicílico (AAS), hormônios tireoidianos, entre outros. Algumas medicações podem ser suspensas ou substituídas a critério médico. Em alguns centros, essas medicações costumam ser deixadas com o paciente para automedicação ou com o acompanhante. Nesse caso, na coluna disponível à esquerda da folha de prescrição deve ser adicionada a informação **com o paciente**.

PROFILAXIAS

Os pacientes devem ser avaliados de maneira criteriosa quanto à realização de profilaxia para "úlcera por estresse" ou úlcera de Cushing com inibidores de bomba (**omeprazol, 20mg VO pela manhã** ou **40mg EV pela manhã**), ou bloqueadores do receptor H2 (**ranitidina, 50mg EV de 12/12h** ou **150mg VO de 12/12h**), e para plenitude pós-prandial, com **bromoprida, 10mg VO** ou **EV de 8/8h**. Outra medida extremamente importante é a profilaxia de trombose venosa profunda (TVP), com **enoxaparina (Clexane®), 0,5mg/kg SC 1×/dia (em geral, 40mg 1×/dia; se em diálise, 20mg 1×/dia)**, ou **heparina não fracionada, 5.000UI SC de 12/12h**, em pacientes acamados e de alto risco para trombose (cirurgia ortopédica, neoplasias e estados de hipercoagulabilidade). Entre outros tipos possíveis de profilaxias, está o uso de antibióticos em pacientes imunossuprimidos, de acordo com o caso.

MEDICAÇÕES ESPECÍFICAS NA INTERNAÇÃO

As medicações específicas na internação englobam o uso de antibióticos, diuréticos, quimioterápicos e anticoagulantes em dose plena, entre outras. Cabe ressaltar que as doses devem ser corrigidas pela função renal e que devem ser levadas em conta as interações medicamentosas e a toxicidade. Algumas medicações, cujo tempo de tratamento tem grande importância, como os antibióticos, devem ter seus dias contados na prescrição, como, por exemplo, dia 1 de 7 dias (D1/D7). Esta informação deve ser fornecida na coluna à esquerda da prescrição.

MEDICAÇÕES SOS

As medicações SOS são administradas em casos específicos, como dor, febre, náuseas e vômitos, hipertensão, broncoespasmo, hipoglicemia ou hiperglicemia:

- **Antitérmicos e analgésicos:** dipirona VO e EV e o paracetamol VO (p. ex., dipirona, 1g EV SOS em caso de dor ou febre em até 6/6h).
- **Antieméticos:** metoclopramida (Plasil®) ou ondansetrona EV ou VO (p. ex., Plasil® 10mg EV SOS em caso de náuseas e vômitos em até 8/8h).
- **Anti-hipertensivos:** captopril, 25mg VO, clonidina, 0,1 mg VO (p. ex., captopril, 25mg VO em caso de PA > 180 × 100mmHg).
- **Broncoespasmo:** Berotec® e Atrovent® (p. ex., nebulização com Berotec®, 8 gotas, e Atrovent®, 20 gotas diluídas em 3mL de SF0,9% em caso de crise de dispneia).
- **Hipoglicemia:** glicose a 50%, 10mL (ampola) EV (p. ex., glicose a 50% 40 mL EV em caso de hemoglucoteste < 70mg/dL e chamar plantão; diluir em 100mL de SF para evitar flebite; fazer em *bolus* em caso de hipoglicemia extremamente sintomática).

- **Hiperglicemia:** esquema de insulina regular (Quadro 201.1).

Quadro 201.1 Exemplo de esquema de insulina regular

< 80 = 0UI	201 a 240 = 8UI
81 a 120 = 2UI	241 a 280 = 10UI
121 a 160 = 4UI	281 a 320 = 12UI
161 a 200 = 6UI	> 320 = 14UI

INSTRUÇÕES À ENFERMAGEM

As instruções à enfermagem estão relacionadas com a monitorização periódica do paciente sob os seguintes aspectos:

- **Oxigênio e monitor:** pacientes hipoxêmicos e indivíduos de alto risco de instabilização podem ser deixados em oxigenoterapia em máscara ou cateter nasal com fluxo a ser determinado pelo médico (p. ex., 3L/min) e podem ser acoplados ao monitor (oximetria de pulso, ECG, pressão arterial).
- **Cabeceira elevada a 45 graus:** pacientes com grande risco de broncoaspiração, hipertensão intracraniana ou em ortopneia devem permanecer no leito com inclinação a 45 graus.
- **Movimentar o paciente do leito de 4/4h:** pacientes restritos e passivos no leito devem ser movimentados com frequência, de modo a prevenir as úlceras de pressão.
- **Débito urinário ou balanço hídrico diário:** a injeção ou ingestão hídrica deve ser subtraída da medição do débito urinário através de cateter vesical ligado ao coletor ou urina livre em recipiente coletor, somado às perdas insensíveis para o cálculo do balanço hídrico. Este dado é importante para que os pacientes edemaciados em terapia diurética ou instáveis hemodinamicamente tenham sua função renal monitorizada.
- **Hemoglucoteste (HGT) antes das refeições e ao deitar ou periodicamente (4/4h):** a periodicidade da HGT em pacientes disglicêmicos deve obedecer ao regime de alimentação (contínua *versus* intermitente) e ao regime de insulinoterapia (intermitente *versus* em bomba infusora). Os regimes intermitentes devem seguir as refeições e os contínuos devem ter sua periodicidade estabelecida em horas.
- **Sinais vitais de 4/4 ou 6/6h:** pressão arterial, temperatura corporal, frequência respiratória e frequência cardíaca devem ser aferidas de acordo com a periodicidade estabelecida pelo médico.

Capítulo 202
Guia de Exames Laboratoriais

Mauricio Ribeiro Borges

INTRODUÇÃO

Exames laboratoriais são como "fotos" ou instantâneos de nosso organismo, e alguns funcionam até mesmo como uma "cédula de identidade", como o hemograma, considerando que este varie pouco em situações de normalidade. A tríade clássica para um exame laboratorial ideal, que consiste em menor risco, mais simplicidade e baixo custo, por vezes depende da situação clínica e das condições materiais e de logística do serviço de atendimento. Risco, complexidade e custo são características que oscilam em importância na indicação e solicitação de exames laboratoriais nos serviços de pronto-atendimento ambulatorial ou hospitalar de emergência.

Estabelecer, confirmar e diferenciar diagnósticos etiológicos, topográficos e sindrômicos em situações clínicas de emergência depende, além da clínica e dos exames por imagem, da escolha apropriada de analitos que, uma vez identificados, qualificados ou quantificados, promovem uma conduta mais assertiva em um momento crítico para o paciente.

Considerando dados da literatura internacional e especializada, mais de 40% das decisões médicas para pacientes críticos dependem da análise de valores ou intervalos de referência laboratoriais. O tempo de permanência dos pacientes nos serviços é um dos principais indicadores de eficiência em emergência hospitalar e tem como um de seus principais fatores a velocidade de liberação de laudos ou resultados de exames laboratoriais, considerando inclusive, nas últimas décadas, o grande desenvolvimento analítico em especificidade e sensibilidade conquistado pela moderna medicina laboratorial.

Em circunstâncias tanto urgentes como emergentes, desde ocorrências muito comuns, como enfartados, parada respiratória, parada cardíaca, traumas por acidentes automobilísticos, ferimentos por projéteis de armas de fogo, hemorragias, queimaduras, envenenamentos, torções, fraturas de gravidade variável, até eventos atualmente comuns em nosso meio, como dengue, o diagnóstico, que é fundamentalmente clínico, deve ser confirmado ou complementado pelos exames laboratoriais. Neste capítulo em particular serão pontuadas alterações bioquímicas, hematológicas e homeostásicas dignas de nota em situações de urgência ou emergência clínica. Vale destacar que os exames laboratoriais também são adequados para o acompanhamento da evolução do paciente crítico.

HEMOGRAMA

Um dos exames mais requisitados ao laboratório clínico, o hemograma congrega analitos importantes e subdivididos em séries vermelha (Quadro 202.1) e branca (Quadro 202.2), além da contagem de plaquetas. Sua importância não está restrita a hematopatias, podendo ser de grande valia em doenças sistêmicas, infectocontagiosas, autoimunes, neoplásicas, além de consequente evolução e tratamento. A avaliação envolve contagem global de eritrócitos e leucócitos, concentração de eritrócitos (hematócrito), hemoglobina, índices hematimétricos obtidos por fórmulas (volume corpuscular médio [VCM], hemoglobina corpuscular média [HCM], concentração de hemoglobina corpuscular média [CHCM] e índice de anisocitose [RDW]), contagem global de plaquetas, além da diferenciação dos leucócitos (neutrófilos, eosinófilos, basófilos, monócitos e linfócitos).

Quadro 202.1 Série vermelha

Analito	Valores de referência	Observações
Hemoglobina	12 a 17g/dL	**Baixa:** anemia
Hematócrito	36% a 50%	**Elevada:** policitemia (*vera*), DPOC, policitemia do fumante, espúria (hemoconcentração, síndrome de Gaisbock)
		O hematócrito pode não ser confiável após grande perda de sangue ou imediatamente após transfusão
VCM	80 a 100fL	**Macrocitose (aumento):** hipotireoidismo, anemias megaloblásticas, ingestão alcoólica, doenças hepáticas
		Microcitose: anemia ferropriva, síndromes talassêmicas, anemias de doenças crônicas
HCM	28 a 32pg	**Anemias normocrômicas:** ferropriva (inicial), inflamatória (maior parte), maioria das outras anemias
CHCM	32 a 35g/dL	**Hipocrômicas:** ferropriva (avançada), inflamatória, sideroblástica hereditária, talassemias
		O CHCM encontra-se aumentado na esferocitose hereditária
RDW porcentagem de hemácias anisocíticas (volumes diferentes) na amostra	10% a 14%	Aumento nas anemias ferroprivas e hemolíticas
Plaquetometria	150 a 400 × 10³/mm³	**Plaquetose/trombocitose:** resposta a infecção, inflamação e hemorragia, doenças mieloproliferativas, anemia ferropriva, doença de Still
		Trombocitopenia: púrpura trombocitopênica, dengue, coagulação intravascular disseminada, síndrome hemolítico-urêmica, lúpus eritematoso sistêmico, infecção pelo HIV, citomegalovirose, pós-transfusional, hiperesplenismo, anemia megaloblástica, anemia aplásica, coagulopatias, uso de próteses valvares e drogas

Quadro 202.2 Série branca

Analito	Valores de referência	Observações
Leucometria	5 a 11 × 10³/mm³ 3.600 a 12.600/mm³ 4.000 a 10.000/mm³	**Leucocitose:** infecção, sepse, anemia falciforme, doença mieloproliferativa **Leucopenia:** sepse, infecção viral, uso de quimioterápico
Basófilos	0% a 1% 0 a 100/mm³	**Basofilia:** leucemia, reações de hipersensibilidade, mixedema, doenças mieloproliferativas, pós-esplenectomia **Basopenia:** estresse agudo
Eosinófilos	1% a 5% 40 a 400/mm³	**Eosinofilia:** asma, alergia, angeíte de Churg-Straus, parasitose, insuficiência suprarrenal, leucemia, doença de Hodgkin, síndrome hipereosinofilica idiopática, eosinofilia-mialgia, doença do colágeno, doença mieloproliferativa **Eosinopenia:** estresse agudo, infecção, síndrome de Cushing, uso de glicocorticoide
Mielócitos	0%	**Neutrofilia:** infecção bacteriana, fúngica, viral, uso de corticoide ou AINE, exercício físico, trauma, síndrome paraneoplásica
Metamielócitos	0%	**Desvio para esquerda:** o aumento é mais observado em infecções bacterianas e fúngicas agudas
Bastões	1% a 5%	**Neutropenia:** infecções, desnutrição, quimioterapia, síndrome de Felty, artrite reumatoide, lúpus, anemia aplásica, anemia megaloblástica, vários medicamentos, neutropenia idiopática, síndrome de Chediak-Higashi
Segmentados	45% a 70%	
Linfócitos	20% a 45% 1.500 a 4.000	**Linfocitose:** infecção viral, tuberculose, coqueluche, tireotoxicose, insuficiência suprarrenal, doenças linfoproliferativas **Linfocitopenia:** estresse agudo, AIDS, imunodeficiências, corticoterapia, anemia aplásica, lúpus, linfomas, sepse
Monócitos	4% a 10%	**Monocitose:** tuberculose, calazar, malária, doença de Crohn, sarcoidose, colagenoses, leucemias mieloides, síndromes mielodisplásicas, linfoma, endocardite bacteriana subaguda **Monocitopenia:** corticoterapia, estresse, infecção, anemia aplásica, leucemia aguda, terapia imunossupressora

DISTÚRBIOS HIDROELETROLÍTICOS

A maior parte do peso corporal corresponde à água, meio líquido no qual se desenrolam complexas reações bioquímicas fundamentais à vida. Os líquidos corporais estão distribuídos em compartimentos intracelular (70%) e extracelular (30%), sendo este subdividido em intersticial (20%) e intravascular (10%). O compartimento intracelular está separado do intersticial pelas membranas das células, enquanto o intersticial está separado do intravascular pelas paredes capilares. O compartimento extracelular compreende o plasma sanguíneo, a linfa, o líquor (cefalorraquidiano) e os demais líquidos intersticiais dos tecidos. A composição química do líquido intersticial é semelhante à do intravascular, sendo a principal diferença a ausência quase completa de proteínas. As paredes dos capilares funcionam como membrana semipermeável, de modo que o líquido intersticial é um verdadeiro dialisado do plasma sanguíneo, destacando-se que o equilíbrio dos íons também se processa com poucas diferenças (membrana de Donnan). As membranas celulares possuem permeabilidade altamente seletiva, de modo que as concentrações iônicas são bem diferentes entre os compartimentos intracelular e intersticial. A osmolaridade do plasma depende em grande parte de seu teor em eletrólitos constantes, que adquirem importância diagnóstica devido aos desvios qualitativos e quantitativos que podem causar distúrbios incompatíveis à vida.

Elementos fundamentais aos processos metabólicos, as substâncias formadas por combinação eletrovalente e capazes de ceder íons quando dissolvidas em água são denominadas substâncias eletrolíticas e podem ser exemplificadas pelos sais, ácidos e bases. Os eletrólitos desempenham importantes papeis em nosso organismo, como manter a pressão osmótica, o pH fisiológico e a distribuição de água e regular a contração muscular e a atividade do coração, além de estar envolvidos em reações enzimáticas e químicas das mais variadas funções. Alterações nos níveis dessas constantes biológicas podem constituir a causa ou a consequência de várias desordens em pacientes críticos na emergência e necessitam avaliação criteriosa com base nos achados clínicos e pelos exames laboratoriais que, além de confirmar as hipóteses diagnósticas, podem identificar desordens específicas, como insuficiência renal.

A manutenção das constantes físico-químicas dos líquidos (volume, pressão osmótica, equivalência entre eletrólitos e pH) se faz dentro de um equilíbrio dinâmico com trocas múltiplas e permanentes entre os diversos compartimentos. Delicados mecanismos homeostáticos promovem a eliminação de água e eletrólitos pelas vias pulmonar, urinária e intestinal e mantêm-se em perfeito equilíbrio com a ingesta alimentar, mesmo que esta oscile dentro de amplos limites. A constância osmótica dos vários compartimentos é protegida por meio de deslocamentos de íons e de água e pela atividade secretora e seletiva do rim. Destaca-se, adicionalmente, que o pH do líquido extracelular é mantido por sistemas tampões existentes no sangue e a atuação do sistema centro-respiratório.

Quando o organismo humano sofre alterações que superam a capacidade dos mecanismos homeostáticos para corrigi-los, os valores de osmolaridade e do volume dos líquidos corporais desviam-se de seus limites fisiológicos, configurando os distúrbios do equilíbrio hidroeletrolítico. Os principais distúrbios do equilíbrio hídrico são desidratação, edema e intoxicação hídrica. Os principais distúrbios do equilíbrio eletrolítico são hipo/hipernatremia, hipo/hipercalemia, hipo/hipercalcemia e hipo/hipermagnesemia.

A desidratação pode ocorrer por perdas gastrointestinais (diarreia, vômitos), geniturinárias (poliúria, diabetes, doença de Addison, uso de diuréticos), cutâneas (sudorese abundante, queimaduras), ingestão insuficiente etc. O edema é consequente à doença de base, que deve ser identificada rapidamente, ocorrendo geralmente por causas cardíacas, hepáticas ou renais, destacando-se o uso assertivo e criterioso de diuréticos que, uma vez desnecessários, podem piorar o quadro ao induzir outros distúrbios eletrolíticos, como coma de fundo hepático, azotemia e arritmias. A intoxicação hídrica é causada pela excessiva ingestão de água com baixa diurese, geralmente relacionada com excessos na terapêutica parenteral de glicose/água, irrigação colônica pós-operatória, enfermidades crônicas e debilitantes, insuficiência cardíaca congestiva e doença hepática ou renal.

No Quadro 202.3 encontram-se descritas constantes biológicas de grande interesse diagnóstico.

Quadro 202.3 Constantes biológicas de grande interesse diagnóstico

Constante biológica	Valor de referência	Observações
Sódio (natremia)	Sérico: 135 a 145mEq/L Urinário: 27 a 287mmol/dia	**Hiper:** hiperaldosteronismo, *diabetes insipidus*, coma hiperosmolar, uso de diuréticos **Hipo:** condições hipovolêmicas, insuficiência cardíaca, cirrose, insuficiência renal ou suprarrenal, síndrome nefrótica ou uso de tiazídicos
Potássio (calemia)	Sérico: 3,5 a 4,5mEq/L Urinário: 26 a 123mmol/dia	**Hiper:** insuficiência renal ou suprarrenal, acidose, hiperaldosteronismo, hemólise, uso de substâncias retentoras de potássio Na insuficiência renal aguda, potássio > 6,5mEq/L representa indicação de diálise **Hipo:** alcalose metabólica, diarreia, vômitos, fístulas digestivas, hiperaldosteronismo, poliúria, hipomagnesemia, estenose da artéria renal, hipotermia e uso de β-agonistas
Cálcio (calcemia)	Sérico Lactente até 1 mês: 7 a 11,5mg/dL 1 mês a 1 ano: 8,6 a 11,2mg/dL Adultos: 8,6 a 10,5mg/dL Urinário: até 4mg/kg de peso corporal Valores críticos séricos: < 7mg/dL: tetania > 14mg/dL: coma	**Hiper:** hiperparatireoidismo, neoplasias, doenças granulomatosas, hipervitaminose D, hipertireoidismo, sarcoidose, tuberculose, insuficiência renal, desidratação, doença de Addison, medicamentos (lítio, tiazídico, estrógenos e antiestrógenos) **Hipo:** hipoparatireoidismo, hipomagnesemia, hipovitaminose D, insuficiência renal, síndrome de má absorção, acidose tubular renal, pancreatite aguda, hipomagnesemia e estados dilucionais Cálcio sérico é utilizado em pacientes comatosos, pancreatite, polidipsia e azotemia. O cálcio urinário faz parte da avaliação do metabolismo ósseo e no paciente com litíase renal
Cloro (cloremia)	102 a 109mmol/L 96 a 105mEq/L	**Hiper:** desidratação hipertônica, acidose tubular renal, diarreia, intoxicação por salicilato, hiperparatireoidismo **Hipo:** vômitos, aspiração gástrica, acidose metabólica, insuficiência suprarrenal, hiponatremia, hiperaldosteronismo, queimaduras, hiperidratação, nefropatias e uso de diuréticos
Fósforo (fosfatemia)	Sérica Crianças: 4 a 6mg/dL Adultos: 2,5 a 4,5mg/dL Urinária Adultos: 0,9 a 1,3g/24h Valor crítico sérico: <1mg/dL	**Hiper:** insuficiência renal, hipoparatireoidismo, hipercalcemia, hiper ou hipomagnesemia severa, acromegalia, acidose metabólica e respiratória, rabdomiólise, hemólise severa, excreção renal diminuída, lise tumoral, rabdomiólise **Hipo:** hiperparatireoidismo primário, hiperglicemia, alcalose, uso de catecolaminas, hiperaldosteronismo, alcoolismo, hipomagnesemia, hipovitaminose D, má absorção, uso abusivo de álcool e antiácidos
Magnésio (magnesemia)	1,5 a 2,5mg/dL	**Hiper:** iatrogenia, alcalose metabólica, insuficiência renal, hipocalcemia, hemólise, hipotireoidismo, nutrição parenteral, doença de Addison, uso de antiácidos, laxativos, catárticos e intoxicação por carbonato de lítio **Hipo:** diarreia aguda e crônica, síndrome de má absorção, desnutrição grave, hipercalcemia, alcoolismo, hidratação parenteral crônica, depleção de fosfato, pancreatite aguda, sepse, queimaduras externas, uso de digitálicos, diuréticos, aminoglicosídeos, ciclosporina, cisplatina, anfotericina B e pentamidina

FUNÇÃO HEPÁTICA

Principal órgão relacionado com o metabolismo de vários compostos orgânicos, como proteínas, carboidratos e lipídios, o fígado também é a maior glândula do corpo humano. Com a atribuição de regular a concentração sérica de substâncias químicas de fundamental importância fisiológica, o fígado desempenha papel importante em funções orgânicas como metabolismo, secreção, excreção, armazenamento, defesa imunológica, circulação, coagulação, destoxificação e equilíbrio hídrico. O trabalho hepático gera analitos identificáveis que, quando quantificados, revelam dados importantes sobre a fisiologia humana e o diagnóstico de várias doenças. As provas hepáticas (função e lesão) têm por objetivo avaliar, diagnosticar e manejar pacientes com disfunção hepática (colestase ou lesão hepatocelular, extra ou intra-hepática) ou alterações metabólicas de fundo hepático, o que também se revela de grande importância na avaliação de pacientes críticos. As provas de função e lesão hepáticas podem ser subdivididas em três grupos: (1) função de excreção e destoxificação hepática; (2) dosagem de enzimas hepáticas no soro e (3) função biossintética do fígado.

No primeiro grupo procuramos avaliar as ações de excreção e destoxificação hepáticas, considerando a bilirrubinemia (direta, indireta e total) e a dosagem de amônia sérica, e apoiados também pela bilirrubinúria e identificação de urobilinogênio/urobilina. A dosagem de amônia sérica é mais importante como orientação do que propriamente uma prova de função, pois apresenta baixa especificidade para a correlação entre o grau de encefalopatia e a função hepática (Quadro 202.4).

Quadro 202.4 Analitos relacionados com a função de excreção e detoxificação hepática

Analito	Valor de referência	Observações
Bilirrubina direta (BD)	0,1 a 0,3mg/mL	**Hiperbilirrubinemia direta:** Frequente em doença hepática ou trato biliar, pode ser inespecífica. Em hepatopatias, são frequentes dosagens de BD e BI elevadas
		Icterícia com predomínio de BD em geral indica colestase ou lesão hepatocelular
Bilirrubina indireta (BI)	0,2 a 0,8mg/mL	**Hiperbilirrubinemia indireta:** Solitária, raramente indica hepatopatias; hemólise e doenças genéticas
Bilirrubina total	0,3 a 1,2mg/mL	Na elevação, deve-se sempre pesquisar as frações
Amônia		Aumento na encefalopatia hepática. Útil para a identificação de hepatopatia oculta em pacientes com alteração do estado mental

No segundo grupo das provas hepáticas, a dosagem das enzimas pode ser subdividida em três classes: (1) enzimas celulares, configurando indicadores de lesão hepatocítica; (2) enzimas ligadas a membrana, indicadores de colestase; e (3) enzimas específicas do plasma ou capacidade de síntese hepática.

Dentre as enzimas celulares, destacam-se a glutamato-desidrogenase (GLDH), a lactato-desidrogenase (LDH), a glutamato-oxalacetato-transaminase (TGO) e a glutamato-piruvato-transaminase (TGP). As TGO e TGP também são conhecidas como aminotransferases ou aspartato transferase (AST) e alanina transferase (ALT), respectivamente (Quadro 202.5).

Quadro 202.5 Analitos relacionados com enzimas celulares hepáticas indicadoras de lesão

Analito	Valor de referência	Observações
GLDH	H até 4UI/L M até 3UI/L	Hepatite aguda Obstrução aguda por cálculo Hepatopatia tóxica (álcool, halotano, salicílicos)
LDH	80 a 240UI/L	**Aumento:** hepatite fulminante aguda **Pequeno aumento:** congestão hepática por ICC, infarto do miocárdio e infarto pulmonar
TGO e TGP	10 a 40UI/L	**Grande aumento:** necrose hepatocelular, hepatite viral, isquêmica ou por medicamento **Leve aumento:** inespecífico ou diversas doenças

H: homem; M: mulher; ICC: insuficiência cardíaca congestiva.

Com relação às aminotransferases (TGO e TGP), podemos identificar uma relação entre o nível de aumento e a avaliação diagnóstica (Quadro 202.6).

Quadro 202.6 Relação entre o nível de aumento e avaliação diagnótica das aminotransferases

TGO e TGP Valor de referência	Correlação
50 a 200UI	Hepatopatias crônicas não muito graves e lesões focais
Até 300UI	Colestase intra ou extra-hepática sem lesão hepatocelular importante
> 1.000UI	Lesão hepatocelular extensa Hepatopatias isquêmicas ou tóxicas Hepatite viral
1.000 a 2.000UI	Fase aguda de obstrução biliar
1.000 a 3.000UI	Hepatite viral grave

Com relação às enzimas ligadas à membrana, destacam-se fosfatase alcalina, 5'-nucleotidase, leucina aminopeptidase e gamaglutamil transferase (γ-GT). Este grupo está relacionado com a avaliação de colestase, síndrome clínica caracterizada por interrupção, diminuição ou ausência de fluxo biliar com localização intra ou extra-hepática. O uso da 5'-nucleotidase confere especificidade, pois não se eleva nas doenças ósseas, assim como no crescimento e na gravidez. A leucina aminopeptidase é pouco detectável em normalidade hepática e integra o grupo de testes bioquímicos especiais para função hepática (não rotina) com elevação paralela às aminotransferases, provavelmente relacionada com a resposta imune durante o dano hepático. Apesar da maior concentração no tecido renal, a γ-GT tem significado clínico em doenças hepatobiliares e alcoolismo, aumentando a sensibilidade das provas hepáticas, pois sua elevação consiste na alteração laboratorial mais frequente nas doenças hepatobiliares (>90%) (Quadro 202.7).

Quadro 202.7 Analitos relacionados à colestase

Analito	Valor de referência	Observações
Fosfatase alcalina	H: 35 a 104UI/L M: 40 a 129UI/L	**Aumento:** colestase, hepatite colestática, tumores, metástases, granulomas, abscessos, doença infiltrativa (amiloidose) Os aumentos mais expressivos estão relacionados com as osteopatias
5'-Nucleotidase	3 a 9UI/L	Elevação em doenças hepatobiliares, concomitante à elevação da fosfatase alcalina Níveis aumentados em obstrução biliar, lesão hepatocelular aguda ou cirrose
GGT	H: 6 a 28UI/L M: 4 a 18UI/L	**Aumento:** colestases, lesões inflamatórias e tóxicas

A análise das enzimas específicas do plasma está também relacionada com o terceiro grupo das provas hepáticas, quando tomamos por base a função biossintética do fígado. Nesse grupo em particular, consideramos as dosagens de albumina sérica, globulinas séricas, fatores de coagulação, tempo de protrombina e colinesterases. A albumina é um marcador de baixa sensibilidade/especificidade para hepatopatia aguda devido à sua meia-vida longa. As globulinas são mais úteis na avaliação de hepatopatias crônicas. A diminuição dos níveis das colinesterases está relacionada com alteração funcional hepatocelular e pode indicar intoxicações agudas e crônicas (ciclofosfamida, acetoaminofeno e envenenamento por inseticidas organofosforados), além de hepatites agudas virais, sendo um marcador mais associado a hepatopatia grave com necrose. À exceção do fator VIII, todos os fatores de coagulação são produzidos no fígado, e o teste de maior importância é o tempo de protrombina, relacionado com os fatores do complexo protrombínico (II, V, VII e X) mais fibrinogênio. Seu prolongamento pode indicar hepatite grave, cirrose ou obstrução biliar crônica, devendo-se proceder ao diagnóstico diferencial com estados de deficiência de vitamina K.

MARCADORES CARDÍACOS

Integrando o grupo de critérios da Organização Mundial da Saúde (OMS) para diagnóstico de IAM, além de dor torácica sugestiva e alterações ao ECG, a observação dos marcadores cardíacos ou de lesão miocárdica no sangue proporciona ao cardiologista ou clínico de plantão a percepção das consequências de alterações de permeabilidade e necrose secundária à lesão miocárdica. Vale destacar que as células do coração resistem a um processo isquêmico agudo por cerca de 1 hora, entretanto necrosam em até 80% após 3 horas, chegando à totalidade em aproximadamente 6 horas. Não raro, quando os sintomas são inespecíficos ou as alterações eletrocardiográficas pouco conclusivas, a determinação laboratorial dos marcadores cardíacos torna-se fundamental para o diagnóstico etiológico ou diferencial do paciente, colaborando também para que se evitem internações desnecessárias em casos de dor precordial de causa não cardíaca. Além do estabelecimento do diagnóstico, a observação dos níveis séricos desses marcadores também colabora para a determinação precoce do tratamento e a evolução para internação.

Não há um marcador cardíaco ideal, ou seja, aquele que congregue alta sensibilidade ou especificidade, liberação precoce na circulação ou grande meia-vida, execução rápida ou precisa, além de especificidade analítica (sem reações cruzadas). Vários marcadores são necessários, em um conjunto de opções que se complementam na avaliação do paciente crítico. Dentre os utilizados, podemos destacar como mais importantes a mioglobina, a creatinocinase e a troponina, além das enzimas AST, LDH e γ-GT. A troponina, proteína do complexo miofibrilar com papel importante na contração dos músculos, é considerada atualmente o padrão-ouro de marcador para o diagnóstico de IAM, com maiores sensibilidade e especificidade (Quadro 202.8).

Quadro 202.8 Marcadores de lesão muscular esquelética e cardíaca

Analito	Valores de referência	Observações
Mioglobina	Até 90mcg/L 50 a 150ng/mL	Detectada após o início do processo isquêmico até 2 horas, é a primeira enzima a se elevar e trata-se de um marcador muito sensível e pouco específico para lesão miocárdica, pois também está presente no músculo liso e esquelético não cardíaco. Quando os níveis não estão elevados, o diagnóstico de infarto do miocárdio é pouco provável
Creatinocinase CK total	H: 38 a 174UI/L M: 26 a 140UI/L ou H: até 190UI/L M: até 165UI/L	Uso mais adequado para diagnóstico e seguimento de miopatias, mas limitado no IAM Com níveis elevados, deve-se proceder ao diagnóstico diferencial com traumas, cirurgias, intoxicação barbitúrica e uso de anfotericina B
Creatinocinase CK-MB	Atividade: até 25UI/L Massa: Até 3,6ng/mL	Marcador de lesão celular cardíaca, também aparece no organismo humano como três isoformas encontradas em diversos tecidos, como cérebro, pulmão, intestinos, bexiga, próstata, útero, placenta e tireoide. A isoenzima 2 ou CK-MB é encontrada na musculatura estriada do coração, com percentual de atividade total da CK de 25% a 45%, e no músculo esquelético, em pouco menos de 5%. Diagnóstico diferencial deve ser estabelecido em situações clínicas com níveis elevados de creatinocinase, como casos de uremia, miosite, traumas, grande ingestão de álcool, distúrbios musculares, meningite bacteriana, encefalite, crise convulsiva, além de pós-operatório ou pós-exercícios físicos Os níveis se elevam nas primeiras 4 a 6 horas de IAM, atingindo o pico em 12 horas. A elevação é considerada importante quando supera 10% da CK total A dosagem de massa é mais específica para IAM Exame menos sensível e específico que a troponina
Troponina I	Pacientes saudáveis: 0,5ng/mL Pacientes saudáveis (angina estável): até 0,15ng/mL Infarto agudo do miocárdio (IAM): 0,6 a 1,5ng/mL	A subunidade I da troponina eleva-se a partir ou em cerca de 3 horas, detectável em 4 a 6 horas após a lesão miocárdica, atingindo o pico em 15 horas e normalizando-se em 5 a 10 dias Os níveis também podem estar elevados em: miocardite, pericardite, insuficiência cardíaca, trauma cardíaco, além de insuficiência renal, choque, sepse, tromboembolia pulmonar e toxicidade medicamentosa A dosagem pode ser repetida a cada 6 a 12 horas e na avaliação de angina instável em pacientes internados, em repouso ou refratários ao tratamento

EXAME DE URINA

A urinálise é um exame complementar não invasivo, indolor, de fácil coleta e de resultado rápido, que proporciona análise física, química e microscópica da urina. Os três tipos de análise da urina mais comuns são o EAS, acrônimo de elementos anormais do sedimento, a urina de 24 horas, um exame mais completo e mais direcionado a alterações renais, e a urinocultura, apropriada para o diagnóstico de infecções urinárias, como pielonefrites e cistites. O mais utilizado é o EAS, também conhecido como exame simples da urina ou tipo I, que permite a análise de propriedades e constituintes como densidade, pH, glicose, proteínas, hemácias (sangue), leucócitos, cetonas, urobilinogênio, bilirrubina, nitrito e cristais, considerando presença, ausência e quantificação aproximada.

O exame da urina auxilia o médico na elucidação de condições clínicas como alterações funcionais ou anatômicas das vias urinárias e rins, condição metabólica com repercussão laboratorial, além de processos infecciosos do trato urinário.

Aspecto

Normalmente é límpido, entretanto, quando turvo, pode indicar piúria, muco, fecalúria, células epiteliais, urina alcalina (fosfatos) ou ácida (ácido úrico).

Volume

Em condições de normalidade, o volume urinário é muito variável, dependendo, principalmente, da quantidade de líquidos ingerida, da temperatura ambiente, da dieta, do uso de medicamentos e de condições específicas. Condições como oligúria, anúria ou poliúria devem ser investigadas (Quadro 202.9).

Quadro 202.9 Possíveis patologias de acordo com o volume urinário

Oligúria ou anúria	Causas
Pré-renal	Choque, desidratação, edemas em formação, pós-operatório
Renal	Glomerulonefrite aguda, necrose tubular aguda, nefropatia tubular tóxica, infarto renal hemorrágico, tuberculose renal avançada, poliartrite nodosa, lúpus eritematoso, púrpura anafilactoide, precipitação intrarrenal de sulfonamida ou cálcio
Pós-renal	Obstrução ureteral por litíase, tumor, coágulo, estreitamento, válvula ou outras anomalias
Poliúria	**Causas**
Geral e renal	Ingestão maior de líquido, frio, emoções *Diabetes mellitus* e *insipidus* Polidipsia psicogênica (potomania) Insuficiência renal crônica Aldosteronismo primário Necrose tubular aguda (fase de recuperação)

Cor

A coloração da urina pode variar conforme concentração, alimentação, pigmentos, além de medicamentos ou substâncias filtráveis pela função renal. A urina normal pode variar seu tom de amarelo, por exemplo, em condições de maior ou menor hidratação, assim como em condições patológicas pode assumir cores e significados clínicos diferentes (Quadro 202.10).

Quadro 202.10 Padrões de coloração da urina

Amarelo-claro, palha, citrino	Normalidade
Incolor	Poliúria, diabetes (*insipidus*, *mellitus*)
Amarelo-escuro	Urina concentrada, da manhã
Laranja/amarronzada	Bilirrubinúria, acriflavina, vitamina A, piridina, nitrofurantoína, sulfassalazina
Rosada/avermelhada	Hematúria, hemoglobinúria, porfirinas, fenindiona, contaminação menstrual, beterraba
Marrom/preta	Hemácias, alcaptonúria, melanina (melanoma), metildopa, levodopa, metronidazol
Verde	Pseudomonas, amitriptilina, cloretos, metocarbamol, fenol, azul de metileno
Roxa	Infecção por *Providencia*, *Proteus*, *Klebsiella*
Branca	Piúria maciça, linfa, uso de propofol

pH

Valores muito diversos dos limites fisiológicos **(4,5 a 8,0)** podem indicar amostra mal conservada. Urina ácida pode indicar infecção urinária causada por germe não produtor de urease, como *E. coli*, e quando mais alcalina, ao contrário, sugere infecção por produtor de urease, como *Proteus* sp. Urina ácida pode também estar associada a dieta hiperproteica, acidose metabólica, respiratória e infecção urinária, assim como urina alcalina reflete, em alguns casos, alcalose metabólica, respiratória e acidose tubular renal.

Densidade

Normalmente, **os valores da densidade encontram-se nos limites entre 1,010 e 1,025**. Em 1,010, caracteriza-se isostenúria, quando a densidade da urina equivale à do plasma; quando menor (hipostenúria), refere-se a em situações de perda da concentração verificadas desde simples hiperidratação até doenças tubulares e insuficiência renal crônica.

Hemácias, hemoglobina e hematúria

Perda de sangue na urina. Normalmente ausente, é comum a detecção de hemoglobina em casos de hematúria. Os casos de hematúria sem hemoglobinúria podem estar associados a situações clínicas de hemólise intravascular, hemoglobinúria paroxística noturna ou envenenamento. É importante definir se a hematúria é glomerular (quando são observados cilindros hemáticos) ou extraglomerular (causas: renal, ureteral, vesical, uretral, gerais – Quadro 202.11). Deve-se também, em pacientes do sexo feminino, prevenir ou considerar a contaminação da urina pelo sangue menstrual.

Valores normais: hemoglobina (ausente) e hemácias (0 a 2 por campo em 400× ou 0,16mcL [homens] e 0,27mcL [mulheres]).

Quadro 202.11	Causas de hematúria
Renal	Glomerulonefrite, nefrite (focal ou intersticial), pielonefrite, pionefrose, neoplasia, papilite renal, hidronefrose, rim policístico, trauma, urolitíase, angioma renal, infarto renal, trombose da veia renal, poliarterite nodosa, lúpus, púrpura, tuberculose
Ureteral	Litíase, neoplasia
Vesical	Litíase vesical, cistite, tuberculose vesical, trauma, neoplasia
Uretral	Trauma, corpo estranho, litíase, infecção, prolapso
Gerais	Púrpura, hemofilia, escorbuto, leucemia, endocardite, cristalúria (sulfa), mononucleose infecciosa, anemia drepanocítica, síndrome de Alport
Na Infância	Nefrite, pielonefrite, cristalúria (sulfa), litíase
Desconhecida	Quando recidivante benigna

Corpos cetônicos

Corpos cetônicos, como acetoacetato e β-hidroxibutirato, aparecem na urina quando o organismo lança mão das reservas energéticas de ácidos graxos, na impossibilidade da usual glicose. Da cetose segue-se a cetonúria. Normalmente em baixa quantidade na urina, o aumento da presença de corpos cetônicos pode indicar cetoacidose diabética, desnutrição, hepatopatias, gravidez e estados de maior atividade da tireoide.

Nitrito

Normalmente presente na urina, o nitrato é convertido em nitrito por enterobactérias no trato urinário. **Quando detectado, sua presença sugere infecção urinária.** A associação de pesquisa de nitrito positiva, hemácias presentes e leucocitúria marcada no exame de urina sugere o diagnóstico de infecção do trato urinário (UTI), sendo o agente etiológico *E. coli* o mais frequente. Se não houver a presença de sinais ou sintomas, o clínico pode aguardar a evolução do caso sem medicar, pois o organismo por si pode combater os germes ou, no caso de evoluir com piora (sintomatologia característica), deve partir para a medicação clássica por 7 a 14 dias. Em obstetrícia, independentemente da sintomatologia (presente ou não), trata-se a paciente grávida com exame de urina sugestivo, devido ao risco de contaminação ascendente renal. Vale lembrar que a ITU é a principal causa de sepse na gestação. Se no exame constarem numerosas bactérias, pode ser repetido para afastar o risco de contaminação.

Cilindros

Células do trato urinário descamam normalmente. Quando agrupadas em forma de cilindros, podem assumir significados clínicos importantes, como hemáticos (glomerulonefrite), leucocitários (inflamação), epiteliais (lesão tubular), dentre outros. Em geral, os hialinos não indicam doença, mas podem apontar para uma desidratação (Quadro 202.12).

Quadro 202.12 Padrões de cilindros de acordo com suas possíveis patologias

Hemáticos	Hematúria (glomerular)
Hialinos	Normal: até 5 por campo Exercícios físicos rigorosos, febre, desidratação
Leucocitários	Nefrites intersticiais (alérgica, infecciosa, autoimune) Glomerulopatias (com cilindros hemáticos)
Epiteliais	Necrose tubular aguda (isquêmica, tóxica) Glomerulonefrites
Granulosos	Insuficiência renal aguda
Céreos	Doença de pior prognóstico
Graxos	Lipidúria: síndrome nefrótica
Largos	Insuficiência renal crônica

Cristais

Elementos insolúveis, a presença de cristais, considerando sua natureza, pode ter significados clínicos, locais ou sistêmicos, dignos de nota (Quadro 202.13).

Quadro 202.13 Padrões de cristais de acordo com suas possíveis patologias

Ácido úrico	Urina ácida Insuficiência renal Neoplasia
Cistina	Urina ácida Doença genética, cistinúria
Oxalato de cálcio	Nefrolitíase Intoxicação por etilenoglicol
Fosfato de cálcio	Urina alcalina
Estruvita	Urina alcalina Infecção do trato urinário (p. ex., *Proteus*, *Klebsiella*)

Glicose

Ocorre glicosúria quando é vencido o limiar renal para glicose, geralmente em situações de **hiperglicemia > 180mg/dL**, despontando o *diabetes mellitus* como principal causa. Destacam-se no diagnóstico diferencial casos como glicosúria renal, lesão tubular e síndrome de Falconi, que resultam em glicosúria não associada à hiperglicemia. **Valores normais: ausente ou 2 a 20mg/mL.**

Bilirrubina e urobilinogênio

Normalmente estão ausentes. A bilirrubinúria relaciona-se com a forma conjugada (direta) do pigmento, pois a indireta (não solúvel) não ultrapassa o glomérulo, e pressupõe icterícias colestáticas ou hepatocelulares. A urobilinogenúria está relacionada com hemólise excessiva (metabolismo hemoglobina-bilirrubina aumentado) ou dificuldade de captação e eliminação hepática de urobilinogênio sanguíneo.

Leucócitos e piúria

A observação de leucócitos degenerados ou piócitos na urina geralmente indica processo inflamatório das vias urinárias, de causa infecciosa (ITU) ou não (trauma, neoplasia, litíase, substâncias irritantes etc).

Deve-se observar a relação entre piúria, hematúria e bacteriúria (microrganismos na urina) (Quadro 202.14).

Quadro 202.14 Relação entre piúria, hematúria e bacteriúria e seu diagnóstico provável

Relação	Diagnóstico provável
Piúria + hematúria	Infecção urinária
Piúria + hematúria + nitritúria	Grande indicador de ITU
Piúria sem bacteriúria	Tuberculose, cálculo, neoplasia
Bacteriúria sem piúria	Colonização sem processo inflamatório, contaminação da amostra

À sedimentoscopia, os valores normais são: até 5 células por campo, 0 a 27/mcL ou < 10.000/mL. Destaca-se também a observação por coloração específica do tipo celular envolvido na piúria, como neutrófilos (maioria dos casos, geralmente ITU), eosinófilos (nefrite intersticial aguda tipo alérgica, medicamentosa) ou linfócitos (neoplasia, linfoma renal).

Proteinúria

Proteínas não se enquadram nos requisitos para filtração renal. Pouca quantidade delas pode ser verificada na urina, algo em torno de **até 150mg**, geralmente albumina, imunoglobulinas e aminoácidos. **Proteinúria > 150mg revela dano renal**, lesão glomerular ou, de maneira geral, deficiência na importante função do rim de conservar as proteínas na circulação sanguínea.

Proteinúrias transitórias, eventuais e sem dano renal ocorrem em episódios de febre alta, variações térmicas, após atividade física, grande emoção ou convulsões. Destaca-se também o ortostatismo, que pode causar proteinúria transitória, intermitente e de pouca quantidade, em momentos de longa permanência na posição de pé, caminhadas demoradas e lordose acentuada, destacando-se a gravidez. Urina "espumosa" ou proteinúrias > 300mg relacionam-se, principalmente, com nefropatia diabética, doenças primárias do glomérulo e, quando pronunciadas (> 3.000mg), síndrome nefrótica. Outras causas de proteinúria são: lúpus eritematoso sistêmico, hepatite, neoplasia, obesidade, eclâmpsia, hipertensão arterial, mieloma múltiplo, sífilis, AIDS e reações a anti-inflamatórios.

Outros aspectos

Fisiologicamente, o produto de excreção "urina", normal ou saudável, deve apresentar coloração amarela clara, quase transparente, odor leve característico, pequena quantidade de espuma, volume variável, sem dor ou desconforto à micção.

Excesso de espuma pode indicar proteinúria e doença renal. Urina "leitosa" pode destacar a presença de pus, assim como um odor muito desagradável pode indicar alta concentração ou presença de cálculo.

Os valores ou intervalos dispostos nos quadros deste capítulo são caracterizados como "referência", ou seja, laboratórios podem utilizar métodos diferentes e apresentar resultados diversos daqueles usados normalmente; portanto, os laudos devem conter as informações necessárias e levadas em conta pelo médico.

Capítulo 203
Medicamentos em Emergência (Diluições e *Drippings*)

Aureo do Carmo Filho • Eduardo Alvarenga Junqueira Filho

INTRODUÇÃO

Este capítulo foi elaborado com intuito de ajudar, de modo rápido e simples, nas doses/diluições/soluções padrões de alguns dos medicamentos mais usados na prática médica. A literatura apresenta diversas possibilidades de diluições; portanto, as que apresentamos aqui são apenas sugestões e estão de acordo com o que presenciamos em nosso cotidiano. As medicações foram colocadas em ordem alfabética para facilitar a consulta:

Adenosina
1. **Apresentação:** amp. 6mg (2mL)
2. **Dose:** administrar uma ampola, seguida de 20mL de SF0,9%. Se não reverter, administrar o dobro da dose (12mg), seguido de 20mL de SF0,9%

Adrenalina
1. **Apresentação:** amp. 1mg (1mL)
2. **Dose:** 0,03 a 2mcg/kg/min
3. **Soluções padrões:**
   SG 5% 248mL + Adr. 2mL (8mcg/mL)
   SG 5% 190mL + Adr. 10mL (50mcg/mL)
   SG 5% 180mL + Adr. 20mL (100mcg/mL)
   SG 5% 80mL + Adr. 20mL (200mcg/mL)

Alteplase ou r-TPA (Actilyse®)
1. **Apresentação:** frasco-amp. com 50mg + 50mL de diluente (1mg/mL)
2. **Doses:**
   No IAM: *bolus* inicial de 15mg (30mL da solução) em 1 minuto, seguido de 0,75mg/kg (máx. 50mg) em 30 minutos, seguido de 0,5mg/kg (máx.: 35mg) durante 1 hora. Dose total máxima: 100mg. Alternativamente, no entanto, é aceitável administrar a dose de 100mg dividida em dois *bolus* de 50mg com intervalo de 30 minutos entre eles **no TEP:** 100mg em 2 horas por infusão contínua e **no AVE isquêmico:** 0,9mg/kg (máx.: 90mg), sendo 10% da dose administrada em *bolus* e o restante em 1 hora

Aminofilina
1. **Apresentação:** amp. 240mg (10mL)
2. **Dose:** EV, 240 a 480mg, 1 ou 2×/dia, correr lento (mais de 10 minutos, não ultrapassando 25mg/min)
3. **Solução-padrão:**
   SG 5% ou SF 0,9% 100mL + Aminof. 10mL

Amiodarona
1. **Apresentação:** amp. 150mg (3mL)
2. **Dose:** ataque: 5 a 10mg/kg (15mg/min por 10 minutos); manutenção: 1mg/min por 6 horas; 0,5mg/min após.
3. **Solução-padrão:**
   SG 5% ou SF 0,9% 47mL + Amiod. 3mL

Atracúrio

1. **Apresentações:** amp. 25mg (2,5mL) e 50mg (5mL) – conc. 10mg/mL
2. **Dose:** ataque: 0,4 a 0,5mg/kg; manutenção: 3 a 20mcg/kg/min (usualmente 5 a 10mcg/kg/min)
3. **Soluções padrões:**
   SG 5% 225mL + Atrac. 25mL (1mg/mL)
   SG 5% 100mL + Atrac. 25mL (2mg/mL)

Cisatracúrio (Nimbium®)

1. **Apresentações:** amp. de 20mg (10mL) e 50mg (10mL) – conc. de 2 e 5mg/mL, respectivamente
2. **Dose:** ataque: 0,1 a 0,2mg/kg, usualmente 0,15mg/kg; manutenção: 1 a 3mcg/kg/min
3. **Soluções padrões:**
   SG 5% 50mL + Cisatrac. 20mg (50mL) – (1.000mcg/mL)
   SG 5% 80mL + Cisatrac. 50mg (20mL) – (1.000mcg/mL)

Dexmedetomidina (Precedex®)

1. **Apresentação:** amp. 200mcg (2mL)
2. **Dose:** ataque: 1,0mcg/kg infundido em 10 minutos; manutenção: 0,2 a 0,7mcg/kg/h
3. **Solução padrão:**
   SF 0,9% 48mL + Dexmedet. 2mL (4mcg/mL)

Diltiazem (Balcor®, Cardizem®)

1. **Apresentação:** frasco-amp. 25mg (liofilizado)
2. **Dose:** ataque: 20mg em *bolus*; manutenção: 5 a 15mg/h
3. **Solução-padrão:**
   SG 5% 100mL + Dilt, 100mg (1mg/mL)

Dobutamina (Dobutrex®)

1. **Apresentação:** amp. 250mg (20mL)
2. **Dose:** 2 a 40mcg/kg/min
3. **Soluções padrões:**
   SG 5% 210mL + Dobut. 40mL (2.000mcg/mL) – fazer 4 a 42mL/h
   SG 5% 190mL + Dobut. 60mL (3.000mcg/mL)
   SG 5% 60mL + Dobut. 40mL (5.000mcg/mL)
   Dobut. 60mL (12.500mcg/mL)

Dopamina (Revivan®)

1. **Apresentação:** amp. 50mg (10mL)
2. **Dose:** 2 a 20mcg/kg/min
3. **Soluções padrões:**
   SG 5% 200mL + Dopa 50mL (1.000mcg/mL)
   SG 5% 150mL + Dopa 100mL (2.000mcg/mL)
   Dopa 50mL (5.000mcg/mL)

Esmolol (Brevibloc®)

1. **Apresentação:** amp. de 2.500mg (10mL) ou 100mg (10mL)
2. **Doses/solução padrão:** *bolus* rápido de 80mg, em 15 a 30 segundos; infusão contínua de 150 a 300mcg/kg/min
   Esmolol 1 amp. (2.500mg) + 240mL SG5%; 8mL de ataque em 30 segundos e então 63 a 95mL/h
   Amp. de 100mg não precisam ser diluídas

Etomidato

1. **Apresentação:** amp. de 20mg (10mL)
2. **Doses:** amp. com 10mL – *bolus* 0,2 a 0,4mg/kg

Estreptoquinase (Streptase®)

1. **Apresentações:** frasco-amp. de 250.000, 750.000 e 1.500.000UI
2. **Doses:**
   No IAM: 1.500.000UI + SG5% 100mL – infundir em 1 hora
   No TEP: ataque: 250.000UI + SG5% 100mL – infundir em 1 hora; manutenção: 100.000UI/h durante 24 a 72 horas

Fenitoína (Hidantal®)

1. **Apresentação:** amp. de 250mg (5mL)
2. **Dose:** ataque: 15 a 20mg/kg, diluídos em SF0,9% – em velocidade < 50mg/min (usar, preferencialmente, doses próximas ao limite inferior deste intervalo); manutenção: 300mg/dia, divididos em três tomadas
3. **Solução padrão:**
   SF 0,9% 80mL + Fenitoína 20mL

Fentanil

1. **Apresentação:** amp. 500mcg (10mL)
2. **Dose:** ataque: 1 a 3mL (50 a 150mcg); manutenção: 0,02 a 0,05mcg/kg/min (titular até efeito desejado)
3. **Soluções padrões:**
   SG 5% 80mL + Fent. 20mL (10mcg/mL)
   SG 5% 60mL + Fent. 40mL (20mcg/mL)
   Fentanil 40mL (50mcg/mL)

Flumazenil (Lanexat®)

1. **Apresentação:** amp. 0,5mg (5mL)
2. **Dose:** inicial: 0,2mg em infusão lenta; doses subsequentes: 0,1mg (intervalo mínimo de 1 minuto)
3. **Solução padrão:** diluição usual em AD para 10mL (conc.: 0,05mg/mL)

Furosemida

1. **Apresentação:** amp. 20mg (2mL)
2. **Dose:** ataque: 0,5 a 1,5mg/kg (infusão lenta); manutenção: 0,1 a 0,7mg/kg/h
3. **Soluções padrões:**
   SG 5% 90mL + Furos. 10mL (1mg/mL)
   SG 5% 80mL + Furos. 20mL (2mg/mL)

Glicoinsulinoterapia

1. **Dose:** 1UI de insulina regular para cada 10mL de glicose a 50%
2. **Solução padrão:**
   10UI de ins. reg. + SG 50% 100mL

Heparina não fracionada (Liquemine®)

1. **Apresentação:** frasco-amp. de 25.000UI (5mL)
2. **Dose:** ataque: 80UI/kg em *bolus*; manutenção: 18UI/kg inicialmente, ajustados posteriormente conforme nomograma
3. **Solução padrão:**
   SG 5% 245mL + Heparina 5mL

Hidralazina

1. **Apresentação:** amp. 20mg (1mL)
2. **Dose:** ataque: 20mg em 3 a 5 minutos (diluir em 20mL de AD); manutenção: 2 a 15mg/h em *dripping* (10 amp. + 190mL SF 0,9% BI 2 a 15mL/h) – não diluir em SG

Insulina regular

1. **Apresentação:** 100UI/mL
2. **Dose:** 0,1UI/kg/h
3. **Solução padrão:**
   SF 0,9 % 99mL + 100UI (1mL) de insulina (1UI/mL)

Levosimendan (Simdax®)

1. **Apresentação:** 12,5mg (5mL)
2. **Dose inicial:** 3 a 12mcg/kg em 10 minutos; manutenção: 0,05 a 0,2mcg/kg/min, usualmente 0,1mcg/kg/min, infundidos durante 24 horas
3. **Soluções padrões:**
   SG 5% 495mL + Levosi. 5mL (25mcg/mL)
   SG 5% 490mL + Levosi. 10mL (50mcg/mL)

Lidocaína 2%

1. **Apresentação:** frasco-amp. de 20mL a 2% (20mg/mL)
2. **Dose:** ataque: 1,0 a 1,5mg/kg (1mL para cada 20kg); manutenção: 1 a 4mg/min
3. **Solução padrão:**
   SG 5% 200mL + Lidoc. 50mL (4mg/mL)

Midazolam (Dormonid®)

1. **Apresentações:** amp. de 5mg (5mL), 15mg (3mL) e 50mg (10mL), sendo esta última a apresentação mais usada para diluições de infusão contínua
2. **Dose:** ataque: 0,15 a 0,3mg/kg; manutenção: 2 a 20mcg/kg/min
3. **Soluções padrões:**
   SG 5% 120mL + Midaz. 30mL (1.000mcg/mL) – mais utilizada; máximo de 42mL/h
   SG 5% 60mL + Midaz. 40mL (2.000mcg/mL)
   Midazolam 40mL (5.000mcg/mL)

Milrinona (Primacor®)

1. **Apresentação:** amp. de 10mg (10mL) ou 20mg (20mL)
2. **Dose:** ataque: 50mcg/kg; manutenção: 0,375 a 0,75mcg/kg/min
3. **Solução padrão:**
   SG 5% 380mL + 20mL Milrinona; 70mL em 10 minutos e depois de 5 a 10mL/h por até 3 dias

Morfina (Dimorf®)

1. **Apresentação:** amp. 10mg (1mL)
2. **Dose:** ataque: 0,03 a 0,2mg/kg; manutenção: 0,05 a 0,3mg/kg/h (1 a 4mg/h)
3. **Soluções padrões:**
   SG 5% 200mL + 20mg (2mL) (0,1mg/mL)
   SG 5% 200mL + 40mg (4mL) (0,2mg/mL)
   SG 5% 90mL + 100mg (10mL) (1mg/mL)

Naloxona (Narcan®)

1. **Apresentação:** amp. 0,4mg (1mL)
2. **Dose:** 5 a 10mL da solução a cada 2 a 3 minutos
3. **Solução padrão:** diluição usual em AD para 10mL (conc.: 0,04mg/mL)

Neostigmina
1. **Apresentação:** amp. 0,5mg (1mL)
2. **Dose:** ataque: 0,5 a 2,0mg em 3 a 5 minutos; manutenção: 0,4 a 0,8mg/h
3. **Solução padrão:**
SF 0,9% 80mL + Neostigmina 20mL (0,1mg/mL)

Nitroglicerina (Tridil®)
1. **Apresentação:** amp. 25mg (5mL) e 50mg (10mL)
2. **Dose:** 5 a 200mg/min
3. **Soluções padrões:**
SG 5% 245mL + Nitrogl. 5mL (100mcg/mL)
SG 5% 240mL + Nitrogl.10mL (200mcg/mL) – a mais utilizada
SG 5% 230mL + Nitrogl. 20mL (400mcg/mL)
SG 5% 210mL + Nitrogl. 40mL (800mcg/mL)

Nitroprussiato de sódio (Nipride®)
1. **Apresentação:** amp. 50mg (2mL)
2. **Dose:** 0,25 a 10mcg/kg/min
3. **Soluções padrões:**
SG 5% 248mL + Nitrop. 2mL (200mcg/mL)
SG 5% 246mL + Nitrop. 4mL (400mcg/mL) – a mais utilizada
SG 5% 98mL + Nitrop. 2mL (500mcg/mL)
SG 5% 96mL + Nitrop. 4mL (1.000mcg/mL)

Noradrenalina (Levophed®, Norepine®)
1. **Apresentação:** amp. 4mg (4mL)
2. **Dose inicial usual:** 2mcg/min; dose usual: 2 a 400mcg/min (0,02 a 4mcg/kg/min – titular até efeito desejado)
3. **Soluções padrões:**
SG 5% 72mL + Nora. 8mL (100mcg/mL)
SG 5% 80mL + Nora. 20mL (200mcg/mL)
SG 5% 242mL + Nora. 8mL (32mcg/mL) – a mais utilizada
Noradrenalina 40mL (1.000mcg/mL)

Octreotida (Sandostatin®)
1. **Apresentações:** amp. 0,05, 0,1 e 0,5mg (todos em 1mL)
2. **Dose para hemorragia digestiva alta:** ataque: 25 a 50mcg; manutenção: 25 a 50mcg/h, infusão máxima de 72 horas
3. **Solução padrão:**
SF 0,9% 238mL + Octreotida 0,1mg (12mL) – infundir nas 24 horas

Pancurônio (Pavulon®)
1. **Apresentação:** amp. 4mg (2mL)
2. **Dose:** ataque: 0,05 a 0,1mg/kg; manutenção: 3 a 5mg/h (0,02 a 0,04mcg/kg/min)
3. **Soluções padrões:**
SG 5% 180mL + Panc. 20mL (0,2mg/mL)
SG 5% 60mL + Panc. 20mL (0,5mg/mL)

Procainamida
1. **Apresentação:** amp. 500mg (5mL)
2. **Dose: ataque:** 10 a 15mg/kg (velocidade de, no máximo, 50mg/min); manutenção: 2 a 4mg/min

Propofol (Diprivan®)

1. **Apresentações:** amp. 20mL e frascos 50 e 100mL, prontos para infusão – Conc. 10mg/mL
2. **Dose ataque:** 1 a 2mg/kg; dose usual de manutenção: 5 a 75mcg/kg/min (titular até o efeito desejado – em anestesia, podem ser usados até 200mcg/kg/min)

Rocurônio (Esmeron®)

1. **Apresentação:** amp. 10mg (1mL) e 50mg (5mL)
2. **Dose:** ataque: 0,6 a 1mg/kg; manutenção: 0,3 a 0,6mg/kg/h
3. **Solução padrão:**
   SF 0,9% 50mL + Rocurônio 50mL (500 mg) – (1mg/mL)

Somatostatina (Stilamin®)

1. **Apresentações:** 250mcg e 3mg
2. **Dose:** 3,5mcg/kg/h (máx.: 120 horas)
3. **Solução padrão:**
   SG 5% 500mL + Somat. 6mg (12mcg/mL)

Tiopental

1. **Apresentações:** frasco-amp. de 500mg e 1g
2. **Dose ataque:** 1 a 5mg/kg; manutenção: 4 a 8mg/kg/h
3. **Solução padrão:**
   SG 5% 225mL + Tiopental 2,25g (10mg/mL)

Tirofiban (Agrastat®)

1. **Apresentação:** frasco de 12,5 mg (50mL), na concentração de 0,25mg/mL
2. **Dose ataque:** 0,4mcg/kg/min durante 30 minutos (velocidade em mL/h = peso × 0,48); manutenção: 0,1mcg/kg/min durante 48 a 108 horas (velocidade em mL/h = peso × 0,12)
3. **Solução padrão:**
   SG 5% 200mL + Tirofiban 50mL

Vasopressina (Encrise®)

1. **Apresentação:** amp. 20UI/mL (1mL)
2. **Dose:** para **hemorragia do TGI**, infusão contínua de 0,2 a 0,4UI/min, até parar o sangramento, e manutenção de 12h. Na **parada cardíaca** (FV ou TV sem pulso), são indicadas 40UI (2 amp.), em substituição à adrenalina. **Choque refratário:** 0,01 a 0,04UI/min.
3. **Soluções padrões:**
   SF 0,9% 10mL + 40UI (2 amp.): na PCR
   SG 5% 250mL + 20UI (1 amp.): uso contínuo

Vecurônio (Norcuron®)

1. **Apresentação:** amp. 4mg e frasco-amp. de 10mg, ambos em pó liofilizado
2. **Dose: ataque:** 0,1 a 0,2mg/kg; manutenção: 0,8 a 1,2mcg/kg/min
3. **Solução padrão:**
   SF 0,9% 40mL + Vecurônio 40mg (1mg/mL)

Capítulo 204
Medicamentos na Gravidez

Adolpho Baamonde Borges Sabino

INTRODUÇÃO

As anormalidades congênitas, que podem ser estruturais, funcionais, metabólicas ou comportamentais, constituem a principal causa de mortalidade infantil (óbitos em < 1 ano). Por mais que não haja especificação de quantas anormalidades fetais são consequências do uso de medicamentos na gestação, faz-se necessário o conhecimento prévio dos principais medicamentos implicados nessas anormalidades.

É muito comum em plantões de emergência, mesmo que não sejam em maternidades, depararmos com gestantes e lactantes com queixas clínicas e cirúrgicas, mostrando-se preocupadas com seu concepto e os riscos que a terapia a ser prescrita pode vir a acarretar. A dúvida sobre quais medicamentos são indicados e/ou mais seguros em cada fase da gestação e puerpério nos vem sempre à mente, dada a vasta lista de medicamentos contraindicados e a classificação de risco pela Food and Drug Administration (FDA). **Criamos este capítulo com o intuito de que sirva como um guia no momento da prescrição desses medicamentos e para que, da mesma maneira, possa esclarecer o conhecimento fisiopatológico dessas alterações.**

CONCEITOS

Antes de citarmos os medicamentos e seus efeitos, precisamos conhecer previamente os efeitos deletérios passíveis de ocorrer na gestação e seus agentes. Diversos são os fatores implicados na teratogênese, dentre os quais podem ser destacados os constitucionais (fatores genéticos inerentes a cada população), físicos (cujo principal destaque é a radiação), químicos (envolvendo substâncias químicas e drogas, como, por exemplo, etanol e talidomida, respectivamente), genéticos e infecciosos (sendo a rubéola um exemplo clássico). Sabe-se que terapias mais curtas são menos lesivas do que terapias prolongadas, assim como baixas doses têm efeitos menos deletérios do que doses moderadas e altas.

Outras características inerentes a cada medicamento, como absorção, distribuição, metabolismo, excreção renal e hepática e metabolismo placentário, têm importante papel no desenvolvimento de lesão no concepto. A cronologia do insulto teratogênico pré-natal exerce importante impacto sobre a ocorrência e o tipo de anomalia produzida. Um exemplo seria a rubéola que, se adquirida durante a sexta semana, determina o aparecimento de alterações oculares. Por outro lado, se a infecção ocorre na oitava semana, há o condicionamento de surdez congênita. Consequentemente, direcionaremos o foco para os fatores externos como causa de lesão ao feto, mais especificamente o uso de medicamentos.

Por definição, um agente teratogênico é qualquer substância, organismo, agente físico ou estado de deficiência que, estando presente durante a vida embrionária ou fetal, é capaz de produzir alteração na estrutura ou função da descendência (teratologia, do grego *teratos* = monstro + *logos* = estudo). As alterações morfológicas podem variar de uma formação defeituosa de um ou mais órgãos, até a ausência completa destes.

Dentre os conceitos necessários para se esclarecer a origem das malformações, o de indução embrionária deve ser considerado. A indução embrionária consiste na capacidade de um tecido orientar a diferenciação e a evolução de tecidos vizinhos. Assim, um grupo primário de células determina (induz) a multiplicação e diferenciação de um segundo grupo celular, que por sua vez age em um terceiro, e assim sucessivamente. O desenvolvimento embrionário pode, então, ser definido como uma série de sucessivas induções de ordem crescente, ou seja, em que há, a cada indução, influência de um grupo cada vez maior de células.

A sequência dos processos de indução promove uma variedade morfofuncional das células embrionárias, que passam a se organizar em grupos conforme a sua semelhança. Formam-se então os tecidos, a partir dessa diferenciação e crescimento celular. São traçados os primeiros esboços dos órgãos do futuro ser nessa fase embrionária, denominada "organogênese". Na organogênese, é de crucial importância a migração celular. A atividade dinâmica dessas migrações é orientada pelos fenômenos indutores e, principalmente, pelo meio em que se encontra o embrião. Assim é que o efeito gravitacional, o gradiente de concentração do meio, oxigenação etc. são elementos determinantes na organização do ser.

Objetivamente, podemos citar as alterações induzidas por teratógenos nos diferentes passos da morfogênese normal:

- Na migração celular apropriada, para determinadas localizações que exercem influência no desenvolvimento de outras estruturas.
- Na proliferação celular, que determina o tamanho e a forma dos órgãos embrionários.
- Nas interações celulares entre os tecidos derivados de diferentes estruturas, que afetam a diferenciação de um ou de ambos os tecidos.
- Nas associações célula-matriz, que afetam o crescimento e a diferenciação.
- Na morte celular programada (apoptose), que permite a organização dos tecidos durante a embriogênese.
- Nas influências hormonais e nas forças mecânicas, que afetam a morfogênese em diferentes níveis.

Diante da complexidade dos acontecimentos que envolvem os processos de desenvolvimento embrionário, fica evidente que qualquer irregularidade nos fenômenos de transformação presentes nesse processo pode levar ao aparecimento de malformações. Uma ação perturbadora sobre a proliferação, a migração ou a diferenciação celular pode induzir uma cascata de efeitos que culminam nas anormalidades de desenvolvimento. Daí o período da organogênese ser o mais vulnerável aos efeitos teratogênicos (agentes que comprovadamente agridem as células durante a fase embrionária), uma vez que, nesta fase, essas três atividades – proliferação, migração e diferenciação – são constantemente observadas. Os tecidos já diferenciados também podem ser afetados pelos agentes teratogênicos, apesar de o risco de malformações ser reduzido depois que a morfogênese está completa.

Quadro 204.1 Classificação dos medicamentos segundo a FDA

Classe	Risco fetal	Uso na gestação
A	Estudos controlados em mulheres grávidas não demonstram risco de anomalias fetais	Prescrição liberada
B	Estudos com animais não demonstram risco fetal, mas não há estudos controlados no ser humano OU Estudos em animais demonstraram efeitos adversos, porém estudos bem controlados em mulheres grávidas não confirmaram o risco fetal	Prescrição restrita
C	Relatos em animais revelaram efeitos adversos no feto e não há estudos controlados em mulheres grávidas OU Não há estudos em animais e não há estudos bem controlados em mulheres grávidas	Avaliar riscos e benefícios. Só prescrever se não houver medicamento alternativo
D	Há evidência positiva de risco fetal em humanos, porém os benefícios podem ultrapassar os riscos potenciais	Prescrição proibida
X	Estudos em animais e seres humanos revelam efeitos deletérios sobre o concepto. O uso está contraindicado em gestantes ou mulheres que pretendem engravidar	Prescrever somente em casos excepcionais

Quadro 204.2	Medicamentos por classe
A	Ácido fólico (A) (se usado em dose maior que recomendada, C); Levotiroxina
B	Acetaminofeno; Amoxicilina com ou sem clavulanato; Ampicilina; Aspartame; Aztreonam; Anfotericina B; Azitromicina; Bromexina; Bromoprida; Cefaclor; Cefalexina; Cefalotina; Cefazolina; Cefepima; Cefixima; Cefotaxima; Cefoxitina; Ceftazidima; Ceftriaxona; Cefuroxima; Cetoprofeno (B) (se usado próximo ao parto, D); Cimetidina; Clindamicina; Clotrimazol; Dexclorfeniramina; Diclofenaco (B) (próximo ao parto, D); Difenidramina; Dimenidrato; Enoxaparina; Eritromicina; Espiramicina; Etambutol; Etionamida; Famciclovir; Heparina; Hidróxido de alumínio; Hioscina; Ibuprofeno (B) (próximo ao parto, D); Indometacina (B), (após 34 semanas, D); Insulina; Lidocaína; Loperamida; Loratadina; Meclizina; Meperidina (B) (próximo ao parto, D); Metformina; Metildopa; Metoclopramida; Metronidazol (B) (exceto no 1º trimestre, D); Morfina (B) (altas doses próximo ao parto, D); Nelfinavir; Nistatina; Nitrofurantoína; Ondansetrona; Paracetamol; Oxacilina; Penicilina; Pindolol; Piperazina; Praziquantel; Prednisona; Ranitidina; Secnidazol; Sulfadiazina (B) (próximo ao parto, D); Sulfato de magnésio; Terbutalina
C	Abacavir; Aciclovir; AAS (C) (em doses máximas no 3º trimestre, D); Ácido ascórbico; Ácido mefenâmico (C) (próximo ao parto, D); Ácido nalidíxico; Adenosina; Albendazol; Amantadina; Amicacina; Aminoglicosídeos; Aminofilina; Amlodipino; Ampicilina-sulbactam; Anfetamina; Atracúrio; Atropina; Betametasona; Buclizina; Captopril (C) (2º e 3º trimestres, D); Carbamazepina; Cetoconazol; Ciprofloxacino; Cisaprida; Claritromicina; Clonazepam; Clonidina; Cloranfenicol; Cloroquina; Clorpromazina; Codeína (C) (próximo ao parto, D); Cromoglicato de sódio; Dapsona; Dexametasona; Diazóxido; Digoxina; Diltiazem; Dimeticona; Dipirona; Dobutamina; Dopamina; Efavirenz; Enalapril (C) (2º e 3º trimestres, D); Estavudina; Fenticonazol; Fluconazol; Fluoxetina; Furosemida; Gabapentina; Ganciclovir; Gatifloxacino; Haloperidol; Hidralazina; Hidrocortisona; Hidroxicloroquina; Imipenem/cilastatina; Indinavir; Isoconazol; Isoniazida; Itraconazol; Labetalol (C) (2º e 3º trimestres, D); Lamivudina; Lamotrigina; Levamisol; Levofloxacino; Losartana (C) (2º e 3º trimestres, D); Mebendazol; Meglumina; Meloxicam (C) (3º trimestre, D); Metoprolol (C) (2º e 3º trimestres, D); Nafazolina; Neomicina; Nevirapina; Nifedipino; Nimesulida; Nitroprussiato; Norfloxacino; Ofloxacino; Omeprazol; Ondansetrona; Oxaminiquina; Palmoato de pirantel; Pirazinamida; Pirimetamina; Procainamida; Prometazina; Propanolol (C) (2º e 3º trimestres, D); Quinidina; Rifampicina; Salbutamol; SMZ/TMP (C) (a termo, D); Teofilina; Tiabendazol; Tianfenicol; Tinidazol; Tioconazol; Topiramato; Tramadol; Trimetoprima; Valaciclovir; Vancomicina; Verapamil; Zidovudina
D	Ácido valproico; Alprazolam; Amilorida; Amiodarona; Atenolol; Azatioprina; Bleomicina; Bromazepan; Ciclofosfamida; Cisplatina; Clobetasol; Diazepam; Doxiciclina; Ergotamina; Espironolactona; Estreptomicina; Fenitoína; Fenobarbital; Gentamicina; Griseofulvina; Hidroclorotiazida; Hidroxiureia; Lítio; Lorazepam; Metimazol; Midazolam; Propiltiouracil; Tamoxifeno; Tetraciclina; Vincristina; Warfarin
X	Atorvastatina; Clomifeno; Danazol; Dietilbestrol; Estrona; Estradiol; Etinilestradiol; Finasterida; Isotretinoína; Lovastatina; Metotrexato; Misoprostol; Ribavirina; Talidomida

PRINCIPAIS GRUPOS DE MEDICAMENTOS

- **Adoçantes artificiais:** apesar de seu potencial carcinogênico, a sacarina não é teratogênica; o uso de ciclamato é controverso. Aspartame e seus componentes são bem tolerados pelo concepto, devendo ter atenção quanto aos portadores de fenilcetonúria.
- **Aminoglicosídeos:** amicacina, estreptomicina, gentamicina, netilmicina e tobramicina têm potencial ototóxico no feto. Neomicina, pouco absorvida, pode ser utilizada.
- **Analgésicos:** é seguro o uso de paracetamol e dipirona em doses terapêuticas e descontínuas. AAS é seguro em baixas doses, mas seu uso contínuo em altas doses está contraindicado. Opioides como codeína, meperidina, metadona e morfina, se utilizados por tempo prolongado e próximo ao parto, podem causar depressão respiratória e síndrome de privação no recém-nascido.
- **Andrógenos:** danazol determina malformações genitais e abortamento, sendo contraindicado.
- **Anfenicois:** não há estudos controlados com tianfenicol, já o cloranfenicol deve ser evitado próximo ao parto.
- **Anorexígenos:** anfepramona, femproporex, mazindol, quitosana e sibutramina são contraindicados durante a gestação. Embora não existam estudos controlados, há relatos de restrição de crescimento fetal, parto prematuro e maior morbidade materna e perinatal.
- **Ansiolíticos e hipnóticos:** a maior parte é constituída pelos benzodiazepínicos. Este grupo era culpado pela maior incidência de lábio leporino e fenda palatina, porém estudos recentes com alprazolam e diazepam não confirmaram essas suspeitas. Flunitrazepam, por sua vez, está contraindicado. Os barbitúricos fenobarbital e tiopental podem causar hemorragia e síndrome de privação, devendo ser avaliada a relação risco/benefício. Ainda não há estudos controlados para

bromazepam, buspirona, clorazepato, clordiazepóxido, cloxazolam, etomidato, lorazepam, midazolam, nitrazepam, pimetixeno, triazolam, zaleplona, zolpidem e zopiclona.
- **Antagonistas dos receptores de angiotensina (BRA):** candesartana, irbesartana, losartana, telmisartana e valsartana, por não apresentarem estudos controlados, não são indicadas para uso durante a gestação. Losartana é considerada um medicamento categoria C no primeiro trimestre de gestação e categoria D no segundo e terceiro trimestres.
- **Antiácidos:** o uso prolongado de sais de magnésio pode provocar diarreia; os sais de cálcio e o alumínio favorecem a constipação intestinal. Altas doses, ministradas por tempo prolongado, podem provocar hipercalcemia e hipermagnesemia no recém-nascido. Quando necessário, o uso deve ser pontual.
- **Antiagregantes plaquetários:** buflomedil, dipiridamol, pentoxifilina, ticlopidina e tirofibana ainda não foram testados em estudos controlados. O AAS pode ser empregado em baixas doses. Devem ser evitadas altas doses (> 6g/dia) por períodos prolongados, pois alteram o mecanismo de homeostase materno e fetal.
- **Antiarrítmicos:** a amiodarona produz malformações em animais, porém há pouca experiência em humanos. A lidocaína pode provocar depressão no SNC no recém-nascido, enquanto a adenosina, a mexiletina e a propafenona não foram utilizadas em estudos controlados. Digoxina, disopiramida, procainamida e quinidina, em doses terapêuticas, não apresentam contraindicações.
- **Anticoagulantes:** em casos em que o uso de heparina se faz necessário, pode ser usada desde o período embrionário até próximo ao termo. Aparentemente, apesar de não haver estudos bem controlados, o uso de enoxaparina, dalteparina e nadroparina parece não ter problemas na gravidez.
- **Antidepressivos:** amitriptilina e imipramina se associam a malformações. Não há estudos controlados sobre os inibidores da monoaminoxidose (MAO). Fluoxetina, nortriptilina, paroxetina e sertralina são seguras. Carbonato de lítio pode promover malformações cardiovasculares e polidrâmnio, segundo estudos recentes.
- **Antidiabéticos:** são contraindicadas acarbose, clorpropamida, fenformina, glibenclamida, glimepirida, glipizida, repaglinida e rosiglitazona. Em razão da labilidade dos níveis glicêmicos durante o período gestacional, obtém-se melhor controle com o uso de insulina. Metformina pode ser utilizada sem riscos teratogênicos ou deletérios ao feto, segundo estudos recentes.
- **Antidiarreicos:** a loperamida não tem contraindicação; racecadotrila e atropina/difenoxilato não apresentam estudos controlados. A furazolidona pode provocar anemia em deficientes de glicose-6-fosfato-desidrogenase.
- **Antieméticos:** são seguros metoclopramida, dimenidrinato, ondansetrona e meclizina. Clorpromazina tem uso controverso e pode causar hipotensão no recém-nascido.
- **Antienxaqueca:** derivados do "ergot" não devem ser utilizados. Ainda não foram realizados estudos com naratriptano, sumatriptano, rizatriptano, zolmitriptano e pizotifeno. Isometepteno e propifenazona têm de ser evitados no primeiro trimestre e por tempo prolongado.
- **Antiepiléticos:** ácido valproico, carbamazepina, clonazepam, fenitoína e primidona promovem malformações múltiplas, principalmente da face; o fenobarbital causa malformações menores, e o clobazam está associado à hipotonia do recém-nascido. A tendência é a indicação de monoterapia com a menor dose possível.
- **Antiespasmódicos:** N-butilescopolamina, atropina e homatropina, apesar de seu uso frequente e seguro, não passaram por estudos controlados.
- **Antifúngicos:** a utilização é mais segura com os menos absorvíveis, como anfotericina B, anfotericina B lipossomal, clotrimazol, miconazol e nistatina. Ainda não há estudos controlados com econazol, fenticonazol, isoconazol, itraconazol, oxiconazol, sertaconazol, terconazol e tioconazol. Medicamentos com uso não recomendado a partir do segundo trimestre, em virtude de seu potencial teratogênico, são butoconazol, cetoconazol, fluconazol, griseofulvina, metronidazol, secnidazol e tinidazol.

- **Antiflatulento:** dimeticona é segura em qualquer fase da gestação.
- **Anti-helmínticos:** todo este grupo, em razão de seu potencial tóxico, deve ser utilizado a partir do segundo trimestre, mesmo mebendazol, albendazol, piperazina e tiabendazol não sendo tóxicos. Ainda não há estudos controlados com ivermectina, levamisol, niclosamina, oxamniquina, pirantel, pirvínio e praziquantel.
- **Anti-heparínico:** protamina não passou por estudos controlados na gestação.
- **Anti-histamínicos:** podem ser utilizados segundo estudos recentes: azatadina, loratadina e prometazina. Não passaram por estudos controlados: astemizol, carbinoxamina, clemastina, clorfeniramina, dexclorfeniramina, ebastina, fexofenadina e hidroxizina. Após estudos mais recentes, foi liberado o uso de loratadina, prometazina e azatadina.
- **Anti-inflamatórios:** os inibidores inespecíficos da ciclo-oxigenase (COX) não são teratogênicos. Podem prolongar a gestação, quando utilizados no terceiro trimestre, por inibirem o trabalho de parto. Também podem levar à disfunção renal fetal, ao oligoâmnio e à hipertensão pulmonar primária do feto, por fechamento precoce do ducto arterioso. Inibidores específicos da COX-2 podem causar os mesmos quadros, sendo também contraindicados após a 32ª semana de gestação. Os anti-inflamatórios hormonais, como beclometazona, betametasona, cortisona, dexametasona, prednisolona e prednisona, apresentam diversos benefícios, tanto para o mãe como para o feto, principalmente em se tratando de hemorragias intracranianas e da síndrome do desconforto respiratório do recém-nascido. Quando empregados por longos períodos, podem vir a determinar quadro de insuficiência suprarrenal ou hipoplasia e agravar a síndrome do desconforto respiratório.
- **Antimaláricos:** mefloquina pode determinar efeitos adversos sobre o concepto, e seu uso deve ser evitado. Da mesma maneira, quinino deve ser evitado por estar frequentemente relacionado com aborto. Cloroquina e hidroxicloroquina têm indicação controversa.
- **Antipsicóticos:** tiaprida está contraindicada, enquanto clorpromazina, haloperidol e promazina, quando em baixas doses, podem ser utilizados por não serem deletérios ao feto.
- **Antitireoidianos:** no controle da crise tireotóxica, recomenda-se o uso da menor dose possível de propiltiouracil, visto que este medicamento pode atravessar a placenta e provocar quadro leve de hipotireoidismo no feto.
- **Antiulcerosos:** cimetidina, famotidina, pantoprazol e ranitidina não estão contraindicados. Misoprostol está absolutamente contraindicado. Não existem teste que assegurem o uso de lansoprazol e omeprazol.
- **Bloqueadores de canal de cálcio:** não têm contraindicação formal. Sabe-se que nifedipina e verapamil podem reduzir o fluxo uteroplacentário. Não há relato de toxicidade ao embrião humano com o uso de diltiazem, felodipina e nimodipino.
- **Bloqueadores dos receptores α/β-adrenérgicos:** metildopa e pindolol são seguros na gestação. Atenolol e propanolol não apresentam toxicidade, porém estão relacionados com bradicardia fetal, hipoglicemia neonatal, baixo peso ao nascer, restrição do crescimento fetal e policitemia, quando em altas doses.
- **Broncodilatadores:** aminofilina e fenoterol não apresentam contraindicação. Salbutamol, teofilina e terbutalina devem ser evitados no primeiro trimestre.
- **Cefalosporinas:** as cefalosporinas de primeira, segunda e terceira geração não têm qualquer contraindicação.
- **Diuréticos:** contraindicados no primeiro trimestre, em razão do risco de malformações fetais, e também próximo ao termo, sob risco de oligoâmnio, hipoglicemia, hiponatremia e hipocalemia neonatal.
- **Estrógenos:** estão contraindicados sob o risco de promover múltiplas alterações.
- **Hipolipemiantes:** atorvastatina, cerivastatina, lovastatina e sinvastatina estão contraindicadas.
- **Hipotensores com ação inotrópica:** digoxina tem uso seguro na gestação, enquanto dobutamina e dopamina não passaram por estudos que assegurem seu emprego durante a gestação.

- **Hormônios tireoidianos:** calcitonina, levotiroxina, liotironina e liotiroxina não apresentam contraindicação.
- **Inibidores da enzima conversora de angiotensina (IECA):** o uso de captopril e enalapril não é deletério no primeiro trimestre, pois não há potencial teratogênico. A partir do segundo trimestre, determinam oligoâmnio (devido a anúria fetal), contratura de membros, deformidades faciais, hipoplasia pulmonar, prematuridade, hipotensão neonatal e persistência do ducto arterioso.
- **Macrolídeos:** clindamicina, estearato de eritromicina e espiramicina não apresentam contraindicações. Azitromicina, claritromicina e roxitromicina não apresentam estudos que assegurem seu emprego.
- **Penicilinas:** não têm contraindicação na gestação.
- **Quinolonas:** não há estudos seguros em humanos.
- **Sulfas:** por competirem com as proteínas carreadoras das bilirrubinas, podem determinar hiperbilirrubinemia neonatal, devendo o uso de sulfadiazina, sulfametoxazol e sulfassalazina ser evitado no terceiro trimestre.
- **Tetraciclinas:** estão contraindicadas na gestação sob risco de alterações dentárias, inibição do crescimento da fíbula, prematuridade e óbito fetal.
- **Tuberculostáticos:** etambutol, etionamida, isoniazida, pirazinamida e rifampicina podem ser utilizados sem prejuízo fetal. Estreptomicina deve ser evitada.
- **Vasodilatadores:** não há estudos que assegurem o uso de nitroglicerina, isossorbida e nitroprussiato. Diazóxido pode causar hipoglicemia, hiperbilirrubinemia e trombocitopenia neonatal.

Capítulo 205
Guia de Antibioticoterapia

Fabiano Maia de Azevedo • Eduardo Alvarenga Junqueira Filho • Mariana Macedo Rossi

INTRODUÇÃO

Antibióticos são agentes químicos utilizados na prevenção e no tratamento de doenças infectocontagiosas. Após o início do uso da penicilina para fins terapêuticos, descoberta por Fleming, em 1943, vários antimicrobianos foram desenvolvidos e introduzidos no arsenal terapêutico. Desde então, a emergência de micro-organismos resistentes mostrou-se crescente.

A utilização inadequada desses medicamentos na medicina humana ou veterinária, na indústria alimentícia, para estimular o ganho ponderal dos animais, na preservação de alimentos, dentre outras, implicou uma seleção substancial de micro-organismos multirresistentes. A velocidade na aquisição de mecanismos de resistência tornou-se maior que a do surgimento de novos medicamentos, causando consequências drásticas, como o surgimento de disponíveis.

É papel do profissional da saúde utilizar de maneira criteriosa os antimicrobianos, buscando preservar tanto esses medicamentos como a microbiota do indivíduo. É bom lembrar que esses fármacos atuam não só no agente causador da infecção, como também em todos os micro-organismos a eles sensíveis, alterando todo o equilíbrio ecológico da flora presente nas mucosas e na pele do paciente.

Seguem, sucintamente, alguns princípios básicos em antibioticoterapia:

- Indicação com base nos achados clínicos
- Micro-organismos mais prováveis
- Antimicrobiano de escolha (idade, função renal, alergia)
- Via de administração e dose
- Associação de antimicrobianos
- Identificação do agente infeccioso (Gram e cultura)
- Determinação da sensibilidade do micro-organismo isolado
- Modificação do esquema inicial
- Duração do tratamento

■ BETALACTÂMICOS

Estão incluídos neste grupo as **penicilinas, cefalosporinas, monobactâmicos, carbapenêmicos e os inibidores de betalactamases.** De modo geral, podem ser administrados durante a gravidez.

PENICILINAS

São divididas em:

- Penicilinas naturais ou benzilpenicilinas (penicilina G benzatina, penicilina G procaína, penicilina cristalina e penicilina V).
- Aminopenicilinas (ampicilina e amoxicilina).
- Penicilinas resistentes às penicilinases (oxacilina).
- Penicilinas de amplo espectro, associadas a inibidores de betalactamases, foram desenvolvidas na tentativa de evitar a aquisição de resistência das bactérias (amoxicilina + ácido clavulânico, ticarcilina + ácido clavulânico, ampicilina + sulbactam, piperacilina + sulbactam).

As penicilinas (exceto oxacilina e penicilinas associadas a inibidores da betalactamase) não promovem, em geral, cobertura contra *Staphylococcus* spp.

Penicilina G benzatina (Benzetacil®)

- Penicilina natural de depósito (mantém nível sérico por até 21 dias).
- Dentre as penicilinas de depósito, essa formulação é a que apresenta nível sérico por mais tempo.
- Grande importância na profilaxia da febre reumática e em erisipela, principalmente em pacientes com insuficiência vascular periférica e erisipela de repetição. Muito útil no tratamento das faringoamigdalites.
    1. **Apresentação:** frasco-ampola com 600.000, 1.200.000 ou 2.400.000UI.
    2. **Doses (IM):** as doses variam de 1.200.000 a 2.400.000UI em dose única ou a cada 2 a 4 semanas, de acordo com a patologia. Crianças: 25.000 a 50.000UI/kg/dose.
       Ajuste na insuficiência renal: Clcr 10 a 50: 75% da dose usual; Clcr <10: 20% a 50% da dose usual.
    3. **Indicação:** faringoamigdalite estreptocócica, impetigo estreptocócico, sífilis sem acometimento do SNC, profilaxia de recorrência de febre reumática e infecções leves a moderadas do trato respiratório superior.
    4. **Espectro:** estreptococos (grupos A, B, C, G, H, L e M), estafilococos não produtores de betalactamases (< 5% são sensíveis), pneumococos sensíveis, enterococos, meningococos, gonococo, *Treponema pallidum*, outras espiroquetas (*Leptospira* spp e *Borrelia* spp), espécies de clostrídios, actinomicetos, gram negativos (*E. coli, Enterobacter aerogenes, Salmonella* spp, *Shigella* spp e *Proteus mirabilis*), *Listeria monocytogenes*, outros bacilos gram-positivos.

Penicilina G procaína (Despacilina®)

- Penicilina indicada para infecções de gravidade intermediária.
- É menos utilizada atualmente.
    1. **Apresentação:** frasco-ampola com 400.000UI.
    2. **Doses IM:** adultos: 400.000UI IM, de 12/12 horas; crianças: 25 a 50.000UI/kg/dia, de 12/12h ou de 24/24h. Neonatos: tente evitar o uso (dose 50.000UI/kg/dia, em uma dose).
    3. **Indicação:** pneumonia pneumocócica (somente cepas plenamente sensíveis), sífilis, faringite e celulite estreptocócica.
    4. **Espectro:** *Streptococcus pneumoniae, Nesseria gonorrhoeae* não produtora de betalactamases e *Treponema pallidum*.

Penicilina G cristalina

- Penicilina natural, de uso principalmente endovenoso, indicada para infecções mais graves, que, no geral, indicam internação.
- Usada quando se quer efeito rápido ou alta concentração sérica do medicamento.
- Uso clínico relevante: erisipela/celulite, meningite meningocócica, endocardite, neurossífilis.
    1. **Apresentação:** frasco-ampola com 1.000.000, 5.000.000 ou 10.000.000UI.
    2. **Doses:** doses habituais EV (preferencial) ou IM: 1 a 5.000.000UI de 4/4h ou de 6/6h. As doses variam amplamente de 1 a 30.000.000UI por dia, de acordo com a doença e a gravidade. Crianças: doses variam de 100 a 300.000UI/kg/dia, com dose máxima de 400.000UI/kg/dia. Doses > 10.000.000UI devem ser administradas somente por infusão EV. Ajuste na insuficiência renal: Clcr 10 a 30: aumentar intervalo para 8 a 12 horas; Clcr <10: aumentar para 12 a 18 h.
    3. **Indicação:** infecções estreptocócicas, pneumonia, endocardite, meningite meningocócica, infecções pneumocócicas, sífilis, actinomicoses, antraz, endocardite, tétano, profilaxia de difteria, infecções graves de orofaringe e abscessos.
    4. **Espectro:** estreptococos (grupos A, B, C, G, H, L e M), estafilococos não produtores de betalactamases (< 5% são sensíveis), pneumococos sensíveis, enterococos, meningococos, gonococo, *Treponema pallidum*, outras espiroquetas (*Leptospira* spp e *Borrelia* spp), espécies de clostrídios, actinomicetos, gram-negativos (*E. coli, Enterobacter aerogenes, Salmonella* spp, *Shigella* spp e *Proteus mirabilis*), *Listeria monocytogenes*, outros bacilos gram-positivos.

Oxacilina (Staficilin-N®)

- Penicilina semissintética resistente à betalactamase.
- Não há apresentação oral disponível no Brasil.
- A oxacilina é usada apenas para tratar infecções causadas por *Staphylococcus aureus*.
- Nem todo *S. aureus* é sensível à oxacilina. As cepas resistentes são chamadas de MRSA (*Staphylococcus aureus* resistente à meticilina), ou ORSA (*Staphylococcus aureus* resistente à oxacilina, comercializada no Brasil). Uma vez resistente à oxacilina, considerar resistência a todos os outros betalactâmicos, inclusive os associados a inibidores de betalactamases, independente do resultado do antibiograma em isolados de amostras microbiológicas.
- MRSA são frequentemente cepas hospitalares, mas já são conhecidos vários casos de infecções por cepas de MRSA comunitários; nesses casos, está indicado tratamento com glicopeptídeos (vancomicina e teicoplanina) ou linezolida.
    1. **Apresentação:** frascos-ampola com 500mg.
    2. **Doses:** doses habituais IM ou EV em caso de infecções leves: 250 a 500mg, de 4/4h a 6/6h em adultos e de 50mg/kg/dia de 6/6h em crianças ou pessoas com <40kg; em infecções graves, doses de 1g ou mais, de 4/4 a 6/6h (dose máxima de 12g/dia) e 100mg/kg/dia ou mais de 4/4 ou 6/6h em crianças ou pessoas com <40kg. Em prematuros e neonatos, a dose é de 25mg/kg/dia.
       Ajuste na insuficiência renal: nenhum.
    3. **Indicação:** infecções por estafilococos produtores de betalactamase sensíveis ao medicamento.
    4. **Espectro:** ativa contra maioria dos cocos gram-positivos, incluindo estreptococos β-hemolíticos, pneumococos e estafilococos, inclusive estafilococos produtores de penicilinase.

Amoxicilina (Amoxil®; Flemoxon®; Velamox®)

- Aminopenicilina semissintética de espectro ampliado.
- É o antibiótico mais ativo contra o *S. pneumoniae* de todos os betalactâmicos.
    1. **Apresentação:** cápsulas de 500mg; comprimidos de 875mg e 500mg; suspensão oral com 125mg/5mL, 200mg/5mL, 250mg/5mL e 400mg/5mL.
    2. **Doses:** doses habituais VO de 250 a 500mg de 8/8horas ou 500 a 875mg de 12/12h. Dose máxima de 6g/dia. Crianças: de 125 a 250mg, divididas em três doses diárias. Ajuste na insuficiência renal: adultos e crianças >40kg, Clcr > 30: nenhum ajuste; Clcr 10 a 30: máximo 500mg 2×/dia; Clcr <10: máximo 500mg/dia. Crianças <40kg, Clcr 10 a 30: 15mg/kg 2×/dia; Clcr <10: 15mg/kg/dia.
    3. **Indicação:** pneumonia, amigdalite, sinusite, otite média aguda, infecção do trato urogenital e infecções de pele e mucosa.
    4. **Espectro:** gram-positivos: *Enterococcus faecalis, Streptococcus pneumoniae, Streptococcus pyogenes, Streptococcus viridans, Staphylococcus aureus* sensível à penicilina, espécies de *Corynebacterium, Bacilus anthracis, Listeria monocytogenes* e *Clostridium* spp. Gram-negativos: *Haemophilus influenzae, Escherichia coli, Proteus mirabillis,* espécies de *Salmonella* spp e de *Shigella* spp, *Bordetela pertussis,* espécies de *Brucella* spp, *Neisseria gonorrhoeae, Pasteurella séptica, Vibrio cholerae, Helicobacter pylori*.

Ampicilina

- Aminopenicilina semissintética de espectro ampliado.
- O espectro de ação é essencialmente idêntico ao da amoxicilina, à exceção da ampicilina, que é mais efetiva no tratamento da shigelose.
- A administração VO não é recomendada em razão de sua baixa absorção pelo trato gastrointestinal. Utilizar a amoxicilina como opção.
    1. **Apresentação:** suspensão oral com 250mg/5mL; cápsulas de 250 a 500mg; comprimidos de 1.000mg; frascos-ampola com 500 a 1.000mg.
    2. **Doses (VO):** 250 a 500mg de 6/6h; IM: 500 a 1.500mg de 6/6h, EV: 500 a 3.000mg de 4/4 a 6/6h. Dose máxima: 12 g/dia. Crianças: 25 a 100mg/kg/dia, podendo chegar de 100 a 200mg/kg/dia EV (se o cálculo da dose para crianças de alto peso ultrapassar a dose para adultos, administrar a dose para adultos). Ajuste na insuficiência renal: Clcr 10 a 30: aumentar intervalo para 8 a 12 horas; Clcr <10: aumentar intervalo para 12 horas.
    3. **Indicação:** infecções do trato urinário, infecções do trato respiratório (amigdalites, sinusites, pneumonia), infecções dos tratos digestivo e biliar, infecções bucais, extrações dentárias e outras intervenções cirúrgicas e infecções localizadas e sistêmicas, especialmente causadas por germes do grupo enterococos e bacilos gram-negativos, como *Haemophylus* spp, *Proteus* spp, *Salmonella* spp, *Shigella* spp e *E. coli*.
    4. *Corynebacterium xerosis* e maioria das cepas de enterococos gram-negativos: *Haemophylus influenzae, Proteus mirabilis,* muitas cepas de *Salmonella* spp, *Shigella* spp e *E. coli*.

PENICILINAS COM INIBIDORES DE BETALACTAMASES

Os inibidores das betalactamases (clavulanato, sulbactam, tazobactam) são adicionados às penicilinas de modo a melhorar a cobertura para *Staphylococcus* spp. Melhoram também a cobertura para *Haemophilus influenzae* resistentes às aminopenicilinas.

Amoxicilina + ácido clavulânico (Clavulin®)

- Aminopenicilina semissintética + inibidor de betalactamases.
- Agente de primeira linha para infecções causadas por mordidas humanas ou animais (a boca contém uma variedade de patógenos potenciais que nenhum outro antibiótico isolado cobre).
    1. **Apresentação:** suspensão oral com 125 + 31,2mg/5mL ou 250 + 62,5mg/5mL; comprimidos de 500 + 125mg ou 875 + 125mg; ampolas com 10mL EV – 500 + 100mg ou 20mL EV – 1.000 + 200mg.
    2. **Doses:** mesma dose da amoxicilina.
    3. **Indicação:** tratamento de infecções comunitárias polimicrobianas: infecções do trato respiratório superior e inferior (otite média aguda, sinusites, amigdalites, pneumonia, bronquite aguda, broncopneumonia), infecções do trato geniturinário (cistite, pielonefrite, uretrite), infecções de pele e tecidos moles (furúnculos, abscessos, celulite e ferimentos infectados), infecções de ossos e articulações.
    4. **Espectro:** gram-positivos: *Staphylococcus aureus, Staphylococcus* coagulase-negativo, *Enterococcus faecalis, Streptococcus pneumoniae, Streptococcus pyogenes, Streptococcus viridans, Corynebacterium* spp, *Bacillus anthracis, Listeria monocytogenes, Clostridium* spp, *Peptostreptococcus* spp. Gram-negativos: *Haemophilus influenzae, Moxarella catarrhalis, Escherichia coli, Klebsiella* spp, *Proteus mirabilis, Proteus vulgaris, Neisseria gonorrhoeae, Neisseria meningitidis, Salmonella* spp, *Shigella* spp, *Bordetella pertussis, Brucella* spp, *Vibrio cholerae, Pasteurella multocida, Bacteroides* spp (incluindo o *B. fragilis*).

Ampicilina + sulbactam (Unasym®)

- Tratamento empírico de infecções moderadas ou graves.
- Por via oral, suas indicações são semelhantes às da amoxicilina-clavulanato.
- Ação contra *Acinetobacter baumanii*.
  1. **Apresentação:** comprimidos de 375mg; suspensão oral com 250mg de sultamicilina (equivalente a 125mg de ampicilina e 125mg de sulbactam) 5mL de 60mL; frasco com 1.000mg de sulbactam + 500mg de ampicilina; frasco com 2.000mg de sulbactam + 1.000mg de ampicilina.
  2. **Doses (VO):** adultos: 375 a 750mg de 12/12h; crianças < 30kg: 25 a 50mg/kg/dia do componente ampicilina de 12/12h. > 30kg: usar dose de adultos. Via parenteral: 100 a 300mg/kg/dia (dose máxima: 12g/dia). Usar dose máxima em infecções por *Acinetobacter* spp. Em neonatos: 100mg/kg/dia.
  3. **Usos:** infecções do trato respiratório superior e inferior, incluindo rinossinusite, otite média e amigdalite, pneumonias, bronquite, infecções do trato urinário (como infecção urinária e pielonefrite), infecções de pele e tecidos moles e infecções gonocócicas. Pode ser usada na continuação do tratamento parenteral para completar o tempo necessário do uso do antibiótico.
  4. **Espectro:** *S. aureus, Staphylococcus* spp, *S. pneumoniae, Enterococcus* spp, *S. pyogenes, S. viridans, H. influenzae, E. coli, Proteus* spp, *Klebsiella pneumoniae, M. catarrahalis, Nesseria* spp, *Legionella* spp, *B. pertussis* e *Y. enterocolitica*. Boa atividade contra anaeróbios. O componente sulbactam é bastante ativo contra *Acinetobacter* spp.

PENICILINAS ANTIPSEUDOMONAS

- A ticarcilina e a piperacilina são as mais utilizadas.
- No Brasil, as disposições das penicilinas antipseudomonas são sempre associadas a inibidores de betalactamases.
- Espectro relevante: *Pseudomonas aeruginosa* e enterobactérias.

Piperacilina + Tazobactan (Tazocin®)

- Penicilina semissintética com atividade aumentada para *Pseudomonas aeruginosa*.
- A adição do inibidor das betalactamases a esse antibiótico estende sua cobertura contra *Staphylococcus aureus, H. influenzae, Moraxella catarrhalis* e para bactérias gram-negativas e anaeróbios. Trata-se, portanto, de antibiótico de amplo espectro e, como tal, deve ser usado criteriosamente.
  1. **Apresentação:** frascos-ampola com 2.000mg + 250mg ou 4.000mg + 500mg.
  2. **Doses** (IM ou EV): 2 a 4g de 6/6h ou 8/8h (máximo de 24g/dia), crianças: 100 a 300mg/kg/dia de 6/6h ou 8/8h. Ajuste na insuficiência renal: Clcr 20 a 40: 12g/dia; Clcr < 20: 8g/dia.
  3. **Indicação:** usado sobretudo para infecções por *Pseudomonas aeruginosa*, infecções do trato respiratório inferior (pneumonias), infecções intra-abdominais, infecções de pele, infecções ginecológicas, pacientes neutropênicos febris, infecção de ossos e articulações, infecções polimicrobianas.
  4. **Espectro:** gram-negativos: *E.coli, Citrobacter* spp, *Klebsiella* spp, *Enterobacter* spp, *Proteus mirabilis, P. vulgaris, Providencia* spp, *Plesiomonas* spp, *Salmonella* spp, *Shigella* spp, *Pseudomonas aeruginosa* e outras *Pseudomonas* spp, *Xanthomonas* spp, *N. gonorrhoeae, Moraxella* spp, *Acinetobacter* spp, *H. influenzae, H. parainfluenzae, Pasteurella multocida, Yersinia* spp e *Campylobacter* spp, *Gardnerela vaginalis*. Gram-positivos: estreptococos, enterococos, estafilococos, *Corynebacterium* spp, *Listeria monocytogenes, Nocardia* spp. Anaeróbios: *Bacteroides* spp (*B. fragillis*), *Peptostreptococcus* spp, *Fusobacterium* spp, *Eubacterium, Clostridium* spp, *Actinomyces* spp e *Veillonella* spp.

Ticarcilina + ácido clavulânico (Timetim®)

- Penicilina semissintética de amplo espectro + inibidor de betalactamases.
- A adição do inibidor da betalactamase a esse antibiótico estende sua cobertura para *Staphylococcus aureus, H. influenzae, Moraxella catarrhalis* e para bactérias gram-negativas e anaeróbios. Por se tratar de antibiótico de amplo espectro, deve ser usado criteriosamente.
  1. **Apresentação:** frasco-ampola com 3.000mg + 100mg.
  2. **Doses** (IM ou EV): 3g de 4/4h ou 6/6h (dose máxima: 24g/dia); crianças: 200 a 300mg/kg/dia de 4/4h ou 6/6h. Ajuste na insuficiência renal: Clcr 30 a 60: 2g de 4/4h; Clcr 10 a 30: 2g de 8/8h; Clcr <10: 2g de 12/12h.
  3. **Indicação:** as principais indicações são infecções causadas por *Pseudomonas* spp multirresistente. Sepse, infecções do trato respiratório inferior, infecções do trato urinário (complicadas ou não), infecções de pele e tecidos moles, infecções de ossos e articulações e infecções ginecológicas.
  4. **Espectro:** gram-negativos: *E. coli, Citrobacter* spp, *Klebsiella* spp, *Enterobacter* spp, *Proteus mirabilis, P. vulgaris, Providencia* spp, *Salmonella* spp, *Shigella* spp, *Pseudomonas aeruginosa* e outras *Pseudomonas* spp, *N. gonorrhoeae, Moraxella* spp, *Acinetobacter* spp, *Citrobacter* spp, *H. influenzae, Serratia* spp. Gram-positivos: estreptococos e estafilococos. Anaeróbios: *Bacteroides* spp (*B. fragillis*), *Peptostreptococcus* spp, *Fusobacterium* spp, *Eubacterium* spp, *Clostridium* spp e *Veillonella* spp.

CEFALOSPORINAS

Nenhuma cefalosporina cobre enterococos, MRSA ou *Staphylococcus* spp coagulase-negativo resistente à oxacilina. São classificados em grupos de primeira à quarta geração:

- **Primeira geração:** cobre principalmente gram-positivos.
- **Segunda geração:** cobertura para gram-positivos e alguns gram-negativos.
- **Terceira geração:** espectro reduzido para gram-positivos e amplo para gram-negativos.
- **Quarta geração:** cobertura para gram-positivos e gram-negativos, inclusive resistentes a betalactamases cromossômicas (grupo CESP), ou seja, *Citrobacter* spp, *Enterobacter* spp, *Serratia* spp e *Proteus* spp.

PRIMEIRA GERAÇÃO

- **Orais:** cefalexina, cefadroxila, cefradina.
- **Parenterais:** cefalotina, cefazolina, cefradina.
- **Espectro:** gram-positivos.
- **Indicação:** usados, principalmente, em infecções leves a moderadas de partes moles ou trato urinário por germes sensíveis adquiridas na comunidade.
- Não oferecem cobertura contra *Pseudomonas*.
- Não oferecem atividade contra *Pasteurella multocida*; portanto, não estão indicadas para tratamento de infecções de partes moles relacionadas com mordedura de cão ou gato.
- Os medicamentos de formulação parenteral (cefazolina e cefalotina) são alternativas para o tratamento de infecções estreptocócicas e estafilocócicas extensas. Podem ser vantajosos para uso EV em pacientes que apresentem restrição de volume (insuficiência cardíaca e renal), uma vez que podem ser administrados em *bolus* e em volume de diluição menor que as penicilinas.
- Podem ser usadas durante a gravidez.

Cefadroxila (Cefamox®)

- Cefalosporina de primeira geração bem absorvida por VO e de meia-vida longa.
- Tem vantagem sobre a cefalexina por poder ser usada a cada 12 horas.
  1. **Apresentação:** cápsulas de 500mg; comprimidos de 1.000mg; suspensão oral com 250mg/5mL ou 500mg/5mL.
  2. **Doses (VO):** 500 ou 1.000mg/dose de 12/12h (máximo de 4g/dia); crianças: 25 a 50mg/kg/dose de 12/12h (máximo de 2g/dia). Ajuste na insuficiência renal: dose de 1g: Clcr 25 a 50: intervalo de 12 horas; Clcr 10 a 25: intervalo de 24 horas; Clcr <10: intervalo de 36 horas.
  3. **Indicação:** usada no tratamento oral de infecções estafilocócicas de pele e subcutâneo, além de cistites bacterianas.
  4. **Espectro:** boa cobertura para gram-positivos: estreptococos β-hemolíticos, *S. pneumoniae*, estafilococos (inclusive produtores de penicilinases), porém efetiva apenas contra poucos gram-negativos, como algumas cepas de *E. coli*, *Klebsiella* spp e *Proteus mirabilis*.

Cefalexina (Keflex®)

- Cefalosporina de primeira geração bem absorvida por VO e de meia-vida mais curta que a cefadroxila.
- Trata-se do fármaco de escolha para tratamento oral de infecções estafilocócicas de pele e subcutâneo.
  1. **Apresentação:** drágeas/comprimidos de 500 e 1000mg; suspensão oral com 125mg/5mL e 250mg/5mL.
  2. **Doses (VO:** 1 a 4g/dia, divididos em quatro doses (250 ou 500 ou 1.000mg/dose, de 6/6h; em infecções leves, pode ser de 12/12h). Dose máxima: 4g/dia. Crianças: 25 a 50mg/kg/dia de 6/6h. Ajuste na insuficiência renal: Clcr 10 a 40: intervalo de 8 a 12 horas; Clcr <10: intervalo de 12 a -24 horas.
  3. **Indicação:** sinusites bacterianas, otites médias agudas, infecções de trato respiratório superior, infecções de pele e tecidos moles, infecções ósseas, infecções do trato geniturinário e infecções dentárias.
  4. **Espectro:** gram-positivos: estreptococos β-hemolíticos, estafilococos (*S. aureus* e coagulase-negativo produtores de penicilinase) e *Streptococcus pneumoniae*. Gram-negativos: *E. coli*, *H. influenzae*, *Klebsiella* spp, *Moraxella catarrhalis* e *Proteus mirabilis*.

Cefalotina (Keflin®)

1. **Apresentação:** frasco-ampola com 1.000mg.
2. **Doses (IM ou EV):** 500 a 1.000mg de 4/4h ou 6/6h; em infecções graves, até 2g de 4/4h a 6/6h. Dose máxima: 12g/dia. Crianças: 80 a 160mg/kg/dia de 4/4h ou 6/6h. Ajuste na insuficiência renal: doses máximas: Clcr 80 a 50: 2g de 6/6h; Clcr 25 a 50: 1,5g de 6/6h; Clcr 10 a 25: 1g de 6/6h; Clcr 2 a 10: 0,5g de 6/6h; Clcr < 2: 0,5g de 8/8h.
3. **Indicação:** infecções de pele e tecidos moles, sepse, infecções do trato geniturinário, infecções ósseas e articulares e profilaxia cirúrgica, a qual deve ser sua principal utilização, para evitar a emergência de resistência bacteriana.
4. **Espectro:** gram-positivos: estreptococos β-hemolíticos, estafilococos (coagulase-positivo e negativo e produtores de penicilinase) e *Streptococcus pneumoniae*. Gram-negativos: *E. coli, H. influenzae, Klebsiella* spp, *Moraxella catarrhalis, Proteus mirabilis, Salmonella* spp e *Shigella* spp.

Cefazolina (Kefazol®)

- Cefalosporina de primeira geração com melhor tolerância IM do que a cefalotina.
- Amplamente utilizada em nosso meio para profilaxia cirúrgica em cirurgias limpas ou de sítios estéreis, cujos agentes responsáveis por infecção de ferida operatória habitualmente pertencem à flora da pele.
1. **Apresentação:** frasco-ampola com 500 e 1.000mg.
2. **Doses (IM ou EV):** 250 a 1.000mg/dose, divididos em três a quatro doses (infecções leves: 250 a 500mg de 8/8h; infecções moderadas/graves: 500mg a 1g de 6/6h ou 8/8h). Dose limite: 6g/dia, podendo chegar a 12g/dia. Crianças: 40 a 100mg/kg/dia de 6/6 ou 8/8h. Ajuste na insuficiência renal: Clcr 10 a 30: metade da dose usual com intervalo de 12horas; Clcr <10: metade da dose usual com intervalo de 18 a 24 horas.
3. **Indicação:** infecções do trato respiratório, infecções do trato geniturinário, infecções de pele e tecidos moles, infecções do trato biliar, infecções ósseas e articulares, endocardites e profilaxia cirúrgica, que deve ser sua principal utilização.
4. **Espectro:** gram-positivos: estreptococos β-hemolíticos, estafilococos (*S. aureus* e coagulase-negativo e produtores de penicilinase) e *Streptococcus pneumoniae*. Gram-negativos: *E. coli, H. influenzae, Klebsiella* spp, *Moraxella catarrhalis* e *Proteus mirabilis*.

SEGUNDA GERAÇÃO

- **Espectro:** gram-positivos e alguns gram-negativos. Tem como principal característica sua atividade aumentada contra *Streptococcus pneumoniae, Haemophillus influenzae* e *Moraxella catarrhalis*.

Cefaclor (Ceclor®)

- Apresenta espectro ampliado para baterias gram-negativas, em relação à primeira geração.
1. **Apresentação:** cápsulas de 250 e 500mg; suspensão oral com 250 e 375mg/5mL; cápsulas/drágeas AF/AP de 375, 500 e 750mg.
2. **Doses:** dose habitual, IM ou EV, de 250mg de 8/8h; infecções graves: 500mg de 8/8h (máx.: 4g/dia). Crianças: 20mg/kg/dia de 8/8h; infecções graves: 40mg/kg/dia (máx.: 1g/dia). Ajuste na insuficiência renal: Clcr <10: 50% da dose habitual.
3. **Indicação:** otite média, sinusites, infecções do trato respiratório (pneumonia, faringite e amigdalite), infecções do trato urinário (pielonefrite e cistite), infecções da pele e anexos e uretrites.
4. **Espectro:** gram-positivos: estreptococos β-hemolíticos, estafilococos (coagulase-positivo e negativo e produtores de penicilinase) e *Streptococcus pneumoniae*. Gram-negativos: *Citrobacter diversus, Escherichia coli, Haemophilus influenzae, Klebsiella* spp, *Moraxella catarrhalis, Neisseria gonorrhoeae* e *Proteus mirabilis*. Anaeróbios: *Bacteroides* spp (excluindo *Bacteroides fragilis*), *Peptococcus niger, Peptostreptococcus* spp e *Propionibacterium acnes*.

Cefuroxima (Zinacef®)

- Apresenta espectro ampliado para baterias gram-negativas, em relação à primeira geração.
- Amplamente utilizada como profilaxia em neurocirurgia.
1. **Apresentação:** comprimidos de 125, 250 e 500mg; suspensão oral com 250mg/5mL; frasco-ampola com 750mg.
2. **Doses (EV ou IM):** 750mg de 8/8h; em infecções graves 1,5, EV de 8/8h, ou 250 a 500mg VO, de 12/12h (máx.: 6g/dia). Crianças (IM ou EV): 30 a 100mg/kg/dia, de 6/6h ou 8/8h, 20 a 30mg/kg/dia VO de 12/12h (máx.: 500mg/dia). Ajuste na insuficiência renal: Clcr 10 a 20: máximo de 750mg de 12/12h; Clcr <10: máximo de 750mg de 24/24h.
3. **Indicação:** infecções do trato respiratório (bronquites, pneumonia, infecção pós-operatória do tórax), infecções de ouvido, nariz e garganta (sinusite, tonsilite, faringite, otite), infecções do trato urinário (pielonefrites, cistite e bacteriúria assintomática), infecções de pele e tecidos moles (erisipela, celulite e infecção de ferida), osteomielite, artrite séptica, gonorreia (quando penicilina não é adequada) e outras infecções ginecológicas e obstétricas, sepse, meiningite, peritonite e profilaxia cirúrgica.
4. **Espectro:** gram-positivos: estreptococos β-hemolíticos, estafilococos (*S. aureus* e coagulase-negativo produtores de penicilinase) e *Streptococcus pneumoniae*. Gram negativos: *Citrobacter diversus, Escherichia coli, Haemophilus influenzae, Klebsiella* spp, *Moraxella catarrhalis, Neisseria gonorrhoeae, Proteus mirabilis, Neisseria meningitidis* e *Salmonellae* spp. Anaeróbios: *Bacteroides* spp (excluindo *Bacteroides fragilis*), *Peptococcus niger, Peptostreptococcus* spp e *Propionibacterium acnes*.

TERCEIRA GERAÇÃO

- **Espectro:** reduzido para gram-positivos e amplo para gram-negativos, sendo estes últimos sua principal indicação, incluindo enterobactérias.
- Atingem boa concentração no SNC.
- A ceftriaxona e a cefotaxima têm importância fundamental no tratamento de infecções por pneumococos resistentes a penicilinas, com destaque para pneumonias adquiridas na comunidade, para as quais se tornaram agentes de escolha. Sua atividade contra gram-negativos aumenta a eficácia no tratamento de pneumonias em pacientes com fatores de risco para esses agentes, como idosos, diabéticos, portadores de DPOC e etilistas.
- Em pneumonias graves, a associação com macrolídeos está recomendada para aumento da atividade contra pneumococos e cobertura ampliada contra agentes como *Chlamydia pneumoniae*, *Mycoplasma pneumoniae* e *Legionella pneumophilla*.
- Com exceção da ceftazidima, apresentam atividade moderada contra *S. aureus* sensível à oxacilina; por outro lado, somente a ceftazidima tem atividade contra *P. aeruginosa*.
- Agentes de eleição para tratamento de meningite no adulto.

Cefotaxima (Claforan®)

- Cefalosporina de terceira geração com baixa atividade antipseudomonas.
- Tem sido reservada para uso em crianças, hepatopatas e transplantados hepáticos.
1. **Apresentação:** frasco-ampola com 500 e 1.000mg.
2. **Doses (IM ou EV):** 1 a 2g de 12/12h, podendo ser utilizados, em casos mais graves, de 2 a 3g de 8/8h ou 6/6h (em caso de dose >2g/dia, é preferível a via EV). Máximo: 12g/dia. Crianças: 50 a 100mg/kg/dose de 6/6h a 12/12h, podendo atingir 200mg/kg/dose em casos graves. Ajuste na insuficiência renal: Clcr <10: usar 50% da dose.
3. **Indicação:** infecções do trato respiratório, otorrinolaringológicas, do trato urinário, da pele, de tecidos moles, ósseas e articulações, dos órgãos genitais e da região intra-abdominal (incluindo peritonite), gonorreia, endocardite, meningite e (exceto causada por *Listeria*) e outras infecções do SNC, septicemia, na profilaxia cirúrgica (cirurgias gastrointestinais, geniturinárias, obstétricas e ginecológicas), em infecções pós-cirúrgicas e infecções em pacientes com baixa resistência.
4. **Espectro:** menos ativa contra cocos gram-positivos do que as de primeira geração e pouco ativa diante de *Serratia* spp e *Enterobacter* spp. Atividade modesta para anaeróbios gram-positivos. Atividade, principalmente, contra *E. coli*, *Klebsiella* spp, *Proteus* spp, além de ação sobre: *Aeromonas hydrophila*, *Bacillus subtilis*, *Bordetella pertussis*, *Borrelia burgdorferi*, *Moraxella catarrhalis*, *Citrobacter* spp, *Clostridium perfringens*, *Corynebacterium diptheriae*, *Erysipelothix insidiosa*, *Eubacterium*, *Haemophilus* spp, *Morganella morganii*, *Neisseria gonorrhoea*, *Neisseria meningitidis*, *Providencia* spp, *Salmonella* spp, *Shigella* spp, *Veillonella* spp e *Yersinia* spp.

Ceftazidima (Fortaz®)

- Cefalosporina de terceira geração com boa atividade contra *Pseudomonas aeruginosa*.
- Deve ser indicada sempre que ouver alta probabilidade de *Pseudomonas aeruginosa* como agente, como, por exemplo, na descompensação infecciosa de pneumopatia crônica, fibrose cística e pneumonia em usuários crônicos de corticoides, internação prolongada e paciente neutropênico febril.
- Atinge elevadas concentrações no SNC e é o agente de escolha em caso de meningite por *Pseudomonas* spp sensíveis.
1. **Apresentação:** frasco-ampola com 1.000 a 2.000mg.
2. **Doses (IM ou EV):** 1 a 2g/dose de 8/8h ou 12/12h (doses >2g/dia devem ser feitas apenas por via EV). Máximo: 6 a 9g/dia. Crianças: 30 a 100mg/kg/dia de 8/8h ou 12/12h; em casos graves, até 150mg/kg/dia (máx.: 6g/dia). Ajuste na insuficiência renal: Clcr 50 a 30: dose de 1g de 12/12h; Clcr 15 a 30: 1g de 24/24h; Clcr 5 a 15: 500mg de 24/24h; Clcr <5: 500mg de 48/48h. Necessário repetir dose em pacientes em hemodiálise.
3. **Indicação:** infecções do trato respiratório inferior, incluindo pneumonia causada por *Pseudomonas aeruginosa* e outras *Pseudomonas* spp, infecções de pele e partes moles, infecções do trato urinário, complicadas ou não, sepse bacteriana, infecções ósseas e articulares, infecções ginecológicas (endometrite, celulite pélvica e outras), infecções intra-abdominais (peritonite) e infecções polimicrobianas causadas por micro-organismos aeróbicos e anaeróbicos, infecções do SNC (meningite).
4. **Espectro:** reservada para infecções causadas por *Pseudomonas* spp. Gram-negativos: *Pseudomonas aeruginosa*, *Pseudomonas* spp, *Klebsiella* spp, *Proteus mirabilis*, *Proteus vulgaris*, *Morganella morganii*, *Proteus rettgeri*, *Providencia* spp, *Escherichia coli*, *Enterobacter* spp, *Citrobacter* spp, *Serratia* spp, *Salmonella* spp, *Shigella* spp, *Yersinia enterocolitica*, *Pasteurella multocida*, *Neisseria gonorrhoeae*, *N. meningitidis*, *Haemophilus influenzae* e *H. parainfluenzae*. Gram-positivos: *Staphylococcus aureus* e *Staphylococcus epidermidis* (cepas sensíveis à oxacilina), *Micrococcus* spp, *Streptococcus pyogenes*, *Streptococcus* do grupo B *(Streptococcus agalactiae)*, *Streptococcus pneumoniae*, *Streptococcus mitis* e *Streptococcus* spp. Cepas anaeróbias: *Peptococcus niger*, *Peptostreptococcus* spp, *Streptococcus* spp, *Propionibacterium* spp, *Clostridium perfringens*, *Fusobacterium* spp e *Bacteroides* spp (exceto para *Bacteroides fragilis*).

Ceftriaxona (Rocefin®)

- É habitualmente a mais utilizada do grupo.
- Cefalosporina de terceira geração com baixa atividade antipseudomonas.
 1. **Apresentação:** frasco-ampola com 250, 500 e 1.000mg.
 2. **Doses (IM ou EV):** de 1 a 2g, 1×/dia (em casos graves até 4g/dia). Crianças: RN < 15 dias: 20 a 50mg/kg/dose, 1×/dia; RN >15 dias e crianças até 12 anos: 20 a 80mg/kg/dose, 1×/dia. Ajuste na insuficiência renal: Clcr < 10: dose máxima de 2g/dia.
 3. **Indicação:** sepse, meningite, doença de Lyme disseminada, infecções intra-abdominais (peritonites, infecções dos tratos gastrointestinal e biliar), infecções ósseas, articulares, tecidos moles, pele e feridas; infecções em pacientes imunocomprometidos, infecções renais e do trato urinário, infecções do trato respiratório, particularmente pneumonia e infecções otorrinolaringológicas, infecções genitais, inclusive gonorreia e profilaxia cirúrgica.
 4. **Espectro:** menos ativa contra cocos gram-positivos do que as de primeira geração, pouco ativas diante de *Serratia* spp e *Enterobacter* spp. Atividade modesta contra anaeróbios gram-positivos. Atividade, principalmente, contra *E. coli*, *Klebsiella* spp, *Proteus* spp, além de ação sobre: *Aeromonas hydrophila*, *Alcaligenes* spp, *Borrelia burgdorferi*, *Capnocytophaga* spp, *Citrobacter* spp, *Escherichia coli*, *Haemophilus* spp, *Moraxella* spp, *Morganella morganii*, *Neisseria gonorrhoeae*, *Neisseria meningitidis*, *Pasteurella multocida*, *Plesiomonas shigelloides*, *Providentia* spp, *Salmonella* spp, *Serratia* spp, *Shigella* spp, *Vibrio* spp e *Yersinia* spp.

QUARTA GERAÇÃO

- **Espectro:** amplo para gram-positivos (incluindo *Staplylococcus* spp) e gram-negativos.
- O único representante desse grupo é o cefepime.
- Trata-se do medicamento de mais amplo espectro entre as cefalosporinas, pois tem atividade aumentada contra gram-negativos em relação às de terceira geração (dentre eles *Pseudomonas*), associada a excelente atividade contra gram-positivos, incluindo pneumococos e estafilococos oxacilina-sensíveis.
- Como antibióticos de amplo espectro, devem ser reservados para infecções graves cujo perfil do antibiograma não revele sensibilidade a outros fármacos de gerações anteriores.
- Não são eficazes para MRSA, enterococos e anaeróbios.
- Atingem boa concentração no SNC.
- Baixa indução de resistência.

Cefepime (Maxcef®)

- Maior atividade contra cocos gram-positivos em relação à terceira geração, com maior atividade contra enterobactérias do grupo CESP (*Citrobacter*, *Enterobacter*, *Serratia* e *Proteus*).
- Altamente ativo contra *Pseudomonas aeruginosa*.
- Em nosso meio, o agente de escolha para o tratamento da neutropenia febril.
- Em caso de resistência a esse antibiótico, a alternativa mais segura é a substituição por carbapenêmicos (imipenem ou meropenem), aztreonam ou piperacilina + tazobactam.
 1. **Apresentação:** frasco-ampola com 500, 1.000 e 2.000mg.
 2. **Doses (EV):** 500 a 2.000mg de 8/8h a 12/12h (em infecções graves, 2g de 8/8h). Crianças: 50mg/kg/dose de 12/12h (em infecções graves, de 8/8h). Ajuste na insuficiência renal: Clcr 30 a 50: aumentar intervalo de 12 para 24 h e de 8 para 12 h; Clcr 10 a 30: 50% da dose de 24/24h; Clcr < 10: 25% da dose de 24/24h.
 3. **Indicação:** infecções do trato respiratório inferior (pneumonia e bronquite), infecções complicadas e não complicadas do trato urinário, infecções intra-abdominais (peritonite e infecções do trato biliar), infecções ginecológicas, sepse, tratamento específico em pacientes que apresentam neutropenia febril.
 4. **Espectro:** gram-positivos: estafilococos sensíveis à oxacilina, estreptococos dos grupo A, B, C, D, G e F e *S. pneumoniae*. Gram-negativos: *Aeromonas hydrophila*, *Capnocytophaga* spp, *Citrobacter* spp, *Campylobacter jejuni*, *Enterobacter* spp, *Escherichia coli*, *Gardnerella vaginalis*, *Haemophilus ducreyi*, *Haemophilus influenzae*, *Haemophilus parainfluenzae*, *Hafnia alvei*, *Klebsiella* spp, *Morganella morganii*, *Moraxella catarrhalis*, *Neisseria gonorrhoeae*, *Neisseria meningitidis*, *Pantoea agglomerans*, *Proteus* spp, *Providencia* spp, *Pseudomonas* spp, *Salmonella* spp, *Serratia* spp, *Shigella* spp e *Yersinia enterocolitica*. Anaeróbios: *Bacteroides* spp, *Clostridium perfringens*, *Fusobacterium* spp, *Mobiluncus* spp, *Peptostreptococcus* spp, *Prevotella melaninogenica* e *Veillonella* spp.

CARBAPENÊMICOS

- São os agentes de mais amplo espectro entre os betalactâmicos, e são estáveis à hidrólise pela maioria das betalactamases, o que os torna os agentes de escolha no tratamento de infecções graves, nosocomiais, causadas por agentes multirresistentes.
- Os carbapenêmicos têm espectro de ação semelhante entre si. O imipenem é levemente mais ativo contra gram-positivos, enquanto o meropenem e o ertapenem são ligeiramente mais ativos contra gram-negativos aeróbios.
- Em resumo, atuam sobre gram-positivos (incluindo *S. aureus* oxacilina-sensível e várias cepas de *Enterococcus faecalis*), gram-negativos (incluindo todos os produtores de betalactamases, *P. aeruginosa* e *Acinetobacter* spp) e anaeróbios (incluindo *Bacteroides fragilis*). Já o *Enterococcus faecium* é resistente a todos os carbapenêmicos.
- São medicamentos muito ativos contra enterobactérias (*E. coli, Citrobacter* spp, *Enterobacter* spp, *Serratia* spp, *Providencia* spp e *Proteus* spp).
- Outra característica desses fármacos com aplicação clínica é a atividade contra *Nocardia* spp e *Actinomyces* spp.
- Para evitar o fenômeno de resistência induzida, sempre que o imipenem ou o meropenem forem prescritos para tratar uma suposta infecção por *P. aeruginosae*, é recomendada sua associação a outro antimicrobiano, como, por exemplo, aminoglicosídeos, visando ao efeito sinérgico entre os fármacos.
- Seu uso empírico deve ser evitado, exceto em infecções graves ainda sem etiologia definida em pacientes que tenham história prévia de múltiplos antibióticos, o que aumenta a probabilidade de infecção atual por agente resistente aos demais betalactâmicos.
- Estão indicados para tratamento empírico em caso de neutropenia febril.

Ertapenem (Invanz®)

- Carbapenêmico com espectro mais restrito.
- Não atua sobre *Acinetobacter* spp ou *Pseudomonas* spp.
- Excelente indicação para as enterobactérias, restringindo o uso dos outros carbapenêmicos e evitando a emergência de resistência para *Pseudomonas* spp.
  1. **Apresentação:** frasco-ampola com 1.000mg.
  2. **Doses (EV ou IM):** 1g, 1×/dia. Crianças entre 3 meses e 12 anos: 15mg/kg, 2×/dia (com máx.: 1g/dia). Ajuste na insuficiência renal: Clcr < 30: usar 500mg/dia.
  3. **Indicação:** infecções de moderadas a graves: intra-abdominais complicadas, de pele e anexos complicadas (incluindo pé diabético), pneumonia adquirida na comunidade, do trato urinário complicadas (incluindo pielonefrite), pélvicas agudas (incluindo endomiometrite pós-parto, aborto séptico e infecções ginecológicas pós-cirúrgicas) e sepse bacteriana.
  4. **Espectro:** melhor atividade contra enterobactérias, sendo indicado, principalmente, para produtoras de betalactamases de espectro ampliado (ESBL). Gram-positivos: *Staphylococcus aureus* (inclusive cepas produtoras de penicilinase), *Streptococcus agalactiae, Streptococcus pneumoniae* e *Streptococcus pyogenes*. Gram-negativos: *Escherichia coli, Haemophilus influenzae, Klebsiella pneumoniae, Moraxella catarrhalis* e *Proteus mirabilis*. Anaeróbios: *Bacteroides fragilis* e outras espécies do grupo do *B. fragilis, Clostridium* spp (excluindo *C. difficile*), *Eubacterium* spp, *Peptostreptococcus* spp, *Porphyromonas asaccharolytica* e *Prevotella* spp.

Imipenem + cilastatina (Tienam®)

- Espectro muito amplo: bactérias gram-negativas (incluindo *Pseudomonas aeruginosa*), gram-positivas e anaeróbios.
- Não atuam em MRSA e atuam moderadamente em enterococos.
- Evitar o uso de imipenem nas meningites (em virtude do risco de convulsões em pacientes com insuficiência renal, idosos, doenças do SNC e/ou em uso de doses elevadas).
- Bactérias resistentes: *S. pneumoniae* com resistência alta à penicilina, MRSA, *Enterococcus faecium*, *Stenotrophomonas maltophilia* e *Burkholderia cepacia*.
- Os preparados de imipenem já vêm associados à cilastatina. Esta é um inibidor da enzima tubular renal diidropeptidase I. Esta enzima normalmente degrada a molécula do imipenem, reduzindo os níveis urinários desta substância e aumentando a chance de necrose tubular aguda.
- Para evitar o fenômeno de resistência induzida, sempre que o imipenem for prescrito para tratar uma suposta infecção por *P. aeruginosa*, é recomendada a associação de outro antimicrobiano, como, por exemplo, um aminoglicosídeo, visando ao efeito sinérgico entre os medicamentos.
  1. **Apresentação:** frasco-ampola com 500mg + 500mg.
  2. **Doses (EV ou IM):** 250, 500 ou 1.000mg de 6/6h ou 8/8h (1 a 2g/dia). Máximo: 4g/dia. Infecções por *Pseudomonas aeruginosa*: 1g de 6/6h EV. Crianças ≥ 3 meses e <40kg: 15mg/kg de 6/6h (máx.: 2g/dia). Ajuste na insuficiência renal: Clcr 20 a 40: 2g/dia, intervalo de 6 horas; Clcr 5 a 20: 1g/dia, intervalo de 12 horas; Clcr <5: não utilizar.
  3. **Indicação:** reservado para infecções resistentes aos demais antibióticos. Infecções intra-abdominais, infecções do trato respiratório inferior, infecções ginecológicas, sepse, infecções do trato geniturinário, infecções dos ossos e articulações, infecções da pele e tecidos moles, endocardite, infecções polimicrobianas e mistas, aeróbias e anaeróbias.
  4. **Espectro:** ativo contra *Streptococcus* spp e *Staphylococcus* spp sensíveis à oxacilina. É ativo contra a maioria das cepas de *E. coli*, *Klebsiella* spp, *Enterobacter* spp, *Proteus mirabilis*, *Proteus* spp, *Serratia* spp, *Citrobacter* spp, *Providencia* spp, *Acinetobacter* spp, *Salmonella* spp, *Shigella* spp, *Haemophilus* spp, *Neisseria* spp e *Pseudomonas aeruginosa*. É altamente ativo contra anaeróbios. São resistentes: *Clostridium difficile*, *S. aureus* resistente à oxacilina, *Enterococcus faecium*, *Corynebacterium* JK, *Stenotrophomonas maltophilia*, *Pseudomonas cepacia* e *Chryseobacterium* spp. Não age contra *Legionella* spp, *Chlamydia* spp e *Mycoplama* spp.

Meropenem (Meronem®)

- Carbapenêmico de largo espectro com boa penetração no SNC.
- Espectro muito amplo: bactérias gram-negativas (incluindo *Pseudomonas aeruginosa*, sendo a droga do grupo dos carbapenêmicos mais ativa contra essa bactéria), gram-positivas e anaeróbios.
- Não atuam em enterococos e MRSA.
- Bactérias resistentes: *S. pneumoniae* com resistência alta à penicilina, MRSA, *Enterococcus faecium*, *Stenotrophomonas maltophilia* e *Burkholderia cepacia*
- Para evitar o fenômeno de resistência induzida, sempre que o meropenem for prescrito para tratar uma suposta infecção por *P. aeruginosa*, é recomendada a associação com outro antimicrobiano, como, por exemplo, um aminoglicosídeo, visando ao efeito sinérgico entre as drogas.
  1. **Apresentação:** frasco-ampola com 500 e 1.000mg.
  2. **Doses (EV ou IM):** 500 a 1.000g de 8/8h (1,5 a 6g/dia); em infecções graves: 2g de 8/8h. Crianças > 3 meses e até 12 anos: 10 a 40mg/kg de 8/8h. Ajuste na insuficiência renal: Clcr 25 a 50: intervalo de 12 horas; Clcr 10 a 25: 50% de 12/12h; Clcr < 10: 50% da dose de 24/24h.
  3. **Indicação:** reservado para infecções resistentes aos demais antibióticos. Infecções do trato respiratório inferior, infecções complicadas do trato urinário, infecções intra-abdominais, infecções ginecológicas (incluindo infecções puerperais), infecções de pele e anexos, meningite, sepse, tratamento empírico, inclusive como monoterapia inicial para infecções presumidamente bacterianas, em pacientes neutropênicos, infecções polimicrobianas e fibrose cística.
  4. **Espectro:** semelhante ao do imipenem, sendo mais ativo contra gram-negativos em geral, com exceção de *Acinetobacter* spp, para o qual o imipenem mostra-se superior.

MONOBACTÂMICOS

Aztreonam (Azactam®)

- Não é eficaz contra nenhum gram-positivo.
- Atividade apenas contra gram-negativos aeróbios (incluindo *Pseudomonas aeruginosa*).
- Trata-se de alternativa útil aos aminoglicosídeos (ausência de ototoxicidade ou nefrotoxicidade).
  1. **Apresentação:** frasco pó solução injetável com 500mg, 1g ou 2g em 3mL; frasco-ampola com 0,5 ou 1g em 3mL.
  2. **Doses (EV):** 90 a 200mg/kg/dia de 6/6h ou 8/8h (máx.: 8g/dia). Até 7 dias de vida e até 2kg: 60mg/kg/dia de 12/12h. Até 7 dias de vida e >2kg: 90mg/kg/dia de 8/8h. Mais de 7 dias e < 1.200g: 60mg/kg/dia de 12/12h. Mais de 7 dias e entre 1.200 e 2.000g: 90mg/kg/dia de 8/8h. Mais de 7 dias e >2kg: 120 a 200mg/kg/dia de 6/6h. Adultos: 1g EV ou IM de 8/8h. Nas infecções graves: 2g de 6/6h ou 8/8h. *P. aeruginosa*: 2g EV de 8/8h; 50mg/kg EV de 6/6h ou 8/8h. Nas infecções do trato urinário por germes gram-negativos: 500mg IM de 8/8h ou 12/12h.
  3. **Indicação:** infecções do trato urinário, do trato respiratório inferior, da pele e dos anexos cutâneos, infecções intra-abdominais ou ginecológicas e septicemia causada por micro-organismos gram-negativos suscetíveis.
  4. **Espectro:** ativo contra *P. aeruginosa*, *Haemophilus* spp, *Neisseria* spp e *M. catarrhalis*. Inibe a maioria das cepas de *E. coli*, *Hafnia alvei*, *Klebsiella* spp, *Proteus* spp, *Providencia* spp, *Morganella* spp, *Salmonella* spp e *Shigella* spp. Também ativo contra *Aeromonas hydrophila* e *Plesiomonas shigelloides*. As *Pseudomonas* spp não aeruginosas são resistentes, bem como a maioria das cepas de *Achromobacter xylosoxidans*, *Alcaligenes* spp e *Stenotrophomonas maltophilia*. Os *Enterobacter* spp resistentes a cefalosporinas de terceira geração geralmente são sensíveis ao aztreonam.

GLICOPEPTÍDEOS

Representados pela teicoplanina e pela vancomicina, não têm nenhuma eficácia contra bactérias gram-negativas. São os únicos antibióticos confiáveis para o tratamento de infecções por gram-positivos que não podem ser tratadas por outros fármacos (como MRSA e infecções causadas por *Staphylococcus* spp em pacientes alérgicos a penicilina ou cefalosporinas).

A teicoplanina é uma agente similar e pode ser administrada em *bolus* (ao contrário da vancomicina, que é administrada em 30 a 60 minutos), e seu custo é mais elevado do que o da vancomicina.

Teicoplanina (Targocid®)

- Glicopeptídeos antiestafilococos resistentes à oxacilina, porém com baixa penetração no SNC.
- Pode ser administrada em *bolus*.
1. **Apresentação:** ampolas de 3mL com 200mg ou 400mg.
2. **Doses (EV):** 400mg de 12/12h nas primeiras três doses, seguidos de dose de manutenção de 400mg, 1×/dia, EV ou IM (6mg/kg/dose). Máximo: 12mg/kg/dose em infecções graves. Crianças > 2 meses até 16 anos: 10mg/kg/dose de 12/12h nas primeiras três doses, seguidos de manutenção de 6mg/kg/dose, 1×/dia; RN e <2 meses: dose única de ataque 16mg/kg, seguida de manutenção de 8mg/kg/dose, 1×/dia. Ajuste na insuficiência renal: Clcr 40 a 60: usar 50% da dose; Clcr <40: usar um terço da dose.
3. **Indicação:** infecções causadas por bactérias gram-positivas, incluindo *Staplylococcus* spp resistente à oxacilina: endocardite, sepse, infecções osteoarticulares, infecções do trato respiratório inferior, infecções de pele e tecidos moles, infecções urinárias e peritonite associada à diálise peritoneal crônica ambulatorial. Também está indicado em pacientes alérgicos às penicilinas e cefalosporinas.
4. **Espectro:** gram-positivos aeróbios e anaeróbios: estafilococos resistentes à oxacilina e a outros betalactâmicos (incluindo *Staphylococcus aureus* e *Staphylococcus epidermidis*), estreptococos (incluindo *Streptococcus pyogenes*, *Streptococcus pneumoniae*, *Streptococcus agalactiae*, grupo viridans, *Streptococcus bovis*), *Clostridium difficile*, *Corynebacterium* spp, *Enterococcus faecium*, *Enterocccus faecalis*, *Listeria monoytogenes* e *Peptococcus niger*.

Vancomicina (Vancocina®)

- Glicopeptídeo indicado para tratamento de infecções causadas por bactérias gram-positivas resistentes aos betalactâmicos, especialmente estafilococos resistentes à oxacilina e enterococos resistentes à ampicilina.
- Existem muitas cepas resistentes de *E. faecium* e algumas de *E. faecalis*. Essas são denominadas VRE (sigla em inglês para enterococos resistentes à vancomicina).
- Não apresenta atividade contra bactérias gram-negativas.
- Administrar lentamente (30 a 60 minutos) em soluções diluídas, para evitar o fenômeno denominado síndrome do pescoço vermelho, muitas vezes confundido com reação alérgica ao medicamento.
- A vancomicina conta somente com apresentação EV. Eventualmente, pode ser usada VO, quando se objetiva ação tópica sobre bactérias da luz intestinal, em situação bastante específica para colite pseudomembranosa.
- Pode ser administrada durante a gravidez.
1. **Apresentação:** frasco-ampola com 500mg/10mL e 1.000mg/20mL.
2. **Doses (EV):** 2g/dia, divididos em 500mg de 6/6h, ou 1g de 12/12h. Crianças >1 mês até 16 anos: 10mg/kg de 6/6h ou 20mg/kg de 12/12h; RN até 1º mês: 15mg/kg, seguidos de 10mg/kg de 12/12h ou 8/8h. Ajuste na insuficiência renal: dose inicial de 15mg/kg e manutenção de acordo com clearance: Clcr 50 a 80: 1g a cada 1 a 3 dias; Clcr 10 a 50: 1g a cada 3 a 7 dias, Clcr < 10: 1g a cada 7 a 14 dias.
3. **Indicação:** pacientes alérgicos a penicilinas e cefalosporinas ou que não responderam ao tratamento, infecções graves ou suspeita MRSA. É eficaz no tratamento de endocardite estafilocócica e em outras infecções estafilocócicas: sepse, infecções ósseas, infecções do trato respiratório inferior e infecções da pele e partes moles. Em combinação com aminoglicosídeo, é eficaz na endocardite por *S. viridans*, *S. bovis*, enterococos e difteroides.
4. **Espectro:** gram-positivos aeróbios e anaeróbios: estafilococos resistentes à oxacilina e a outros betalactâmicos (incluindo *Staphylococcus aureus* e *Staphylococcus epidermidis*), estreptococos (incluindo *Streptococcus pyogenes*, *Streptococcus pneumoniae*, *Streptococcus agalactiae*, *Streptococcus* spp, grupo *viridans*, *Streptococcus bovis*, *Clostridium difficile*, *Corynebacterium* spp, *Enterococcus faecium*, *Enterocccus faecalis*, *Listeria monoytogenes* e difteroides.

OXAZOLIDINONA

Linezolida (Zyvox®)
- Opção oral para *Staphylococcus* spp e enterococos resistentes a glicopeptídeos, sendo sua atividade bacteriostática.
- A linezolida é uma oxazolidinona selecionada para desenvolvimento clínico, sendo altamente ativa contra infecções provocadas por muitos patógenos gram-positivos comuns, incluindo MRSA, *Staphylococcus* spp e VRE e *Streptococcus pneumoniae* penicilina e cefalosporina-resistente.
- Seu espectro de ação contra bactérias gram-negativas e atípicas é limitado, o que contraindica seu uso para este fim de cobertura.
  1. **Apresentação:** comprimido de 600mg; solução oral com 100mg/5mL; solução venosa com 600mg/300mL.
  2. **Doses (VO ou EV):** 600mg de 12/12h. Crianças: 10mg/kg de 8/8h. Ajuste na insuficiência renal: nenhum.
  3. **Indicação:** pneumonia adquirida em ambiente hospitalar ou comunitário, infecções de pele e de partes moles complicadas (incluindo pé diabético sem osteomielite concomitante) e não complicadas, infecções enterocócicas, inclusive causadas por cepas de *Enterococcus faecium* e *Enterococcus faecalis* resistentes à vancomicina.
  4. **Espectro:** gram-positivos aeróbios: *Enterococcus faecalis, Enterococcus faecium, Staphylococcus aureus, Staphylococcus* spp coagulase-negativo, *Streptococcus agalactiae, Streptococcus pneumoniae, Streptococcus pyogenes* e *Streptococci* dos grupos C e G. Gram-positivos anaeróbios: *Clostridium perfringens* e *Peptostreptococcus* spp. Micro-organismos resistentes: *Haemophilus influenzae, Moraxella catarrhalis, Neisseria* spp, *Enterobacteriaceae* e *Pseudomonas* spp.

MACROLÍDEOS

Atuam em patógenos respiratórios, como *Haemophilus influenzae*, *Moraxella catarrhalis*, estreptococos e pneumococos, e podem ser usados em casos de sinusite, otite, bronquite e pneumonia.

Costumam ser reservados para infecções leves da pele e do trato respiratório, incluindo pneumonias atípicas (*Legionella* spp, *Mycoplasma* spp e *Chlamydia pneumoniae*), em que os macrolídeos têm uma boa cobertura.

Os macrolídeos não cobrem MRSA ou enterococos.

Os macrolídeos têm atividade baixa contra o *Staphylococcus aureus* e só devem ser usados em infecções estafilocócicas leves.

Azitromicina (Astro®)
- Macrolídeo com meia-vida longa (aproximadamente 68 horas).
- Apresenta o mesmo espectro da eritromicina, mas com eficácia maior contra certos germes gram-negativos, como *H. influenzae, M. catarrhalis* e *L. pneumophila*.
- É mais ativa do que a claritromicina contra gram-negativos, especialmente *H. influenzae* e *M. catarrhalis*.
- Por outro lado, é menos eficaz contra gram-positivos (*S. pyogenes, S. pneumoniae* e *S. aureus*) do que a claritromicina, e até do que a própria eritromicina.
- Cobre os patógenos "típicos" (pneumococos, hemófilos, estreptococos, estafilococos e *Klebsiella*) e "atípicos" (*Mycoplasma pneumoniae, Chlamydia pneumoniae* e *Legionella* spp.) da pneumonia comunitária.
  1. **Apresentação:** comprimidos de 500 e 1.000mg; cápsulas de 250mg; suspensão oral com 200mg/5mL; frasco-ampola com 500mg.
  2. **Doses (VO):** 500mg 1×/dia por 3 dias ou 1g em dose única ou 500mg no 1º dia e 250mg 1×/dia do 2º ao 5º dia. Crianças: dose total de tratamento de 30mg/kg (dose máxima de 1.500mg), divididos em 10mg/kg 1×/dia por 3 dias ou 10mg/kg no 1º dia e 5mg/kg 1×/dia do 2º ao 5º dia. Ajuste na insuficiência renal: nenhum
  3. **Indicação:** infecções do trato respiratório superior e da orelha média (como otite média, sinusite, rinossinusite, rinite, tonsilite, laringite e faringotraqueíte), infecções do trato respiratório inferior (traqueobronquite, bronquite, broncopneumonia e pneumonia), infecções da pele e tecidos moles, como abscessos (furúnculos, flegmões, úlceras infectadas), tratamento das doenças sexualmente transmissíveis e infecções genitais (uretrites e cervicites não complicadas).
  4. **Espectro:** bactérias gram-positivas: *Staphylococcus aureus*, estreptococos e *Corynebacterium diphteriae*. Bactérias gram-negativas: *Haemophilus* spp, *Moraxella catarrhalis, Yersinia* spp, *Legionella pneumophila, Bordetella* spp, *Shigella* spp, *Pasteurella* spp, *Vibrio cholerae, Chlamydia trachomatis, Treponema pallidum, Neisseria gonorrhoeae* e *Haemophillus ducreyi*. Anaeróbias: *Clostridium perfringens, Peptococcus niger, Peptostreptococcus* spp, *Fusobacterium* spp e *Propionibacterium acnes*. Outras: *Borrelia burgdorferi, Chlamydia pneumoniae, Mycoplasma pneumoniae, Mycoplasma hominis, Ureaplasma urealyticum, Campylobacter* spp, *Listeria monocytogenes*, complexo *Mycobacterium avium-intracellulare, Pneumocystis carinii* e *Toxoplasma gondii*.

Claritromicina (Klaricid®)

- Macrolídeo mais potente para estreptococo e estafilococo sensível à oxacilina do que os outros macrolídeos.
- Mesmo espectro da azitromicina e com indicações clínicas muito semelhantes. Acrescenta-se ao uso clínico da claritromicina o tratamento das micobacterioses não tuberculose e por micobactérias do complexo *avium-intracellulare* (MAC) em pacientes com AIDS. Também está mais indicada do que a azitromicina para o tratamento da erradicação do *H. pylori*.
- Nas demais situações, para a escolha entre azitromicina e claritromicina devem ser levados em conta, principalmente, dois fatores: custo (claritromicina é habitualmente mais cara) e comodidade posológica (azitromicina é em dose única diária e claritromicina em duas tomadas diárias).
- Apresenta o mesmo espectro da eritromicina, mas com eficácia maior contra certos germes gram-negativos, como *H. influenzae, M. catarrhalis* e *L. pneumophila*.
- A claritromicina não deve ser usada na gestação ou na insuficiência hepática grave.
    1. **Apresentação:** comprimidos de 250 e 500mg; suspensão oral com 125mg/5mL e 250mg/5mL; frasco-ampola com 500mg/10mL.
    2. **Doses:** 250 a 500mg VO, de 12/12h por 6 a 14 dias. 1g/dia EV, em duas doses, por 2 a 5 dias, continuando o tratamento por VO. Crianças: suspensão oral, 7,5mg/kg/dose, de 12/12h (máx.: 500mg); em infecções mais graves: de 15 a 30mg/kg/dia, em duas doses. Ajuste na insuficiência renal: Clcr <30: usar 50% da dose.
    3. **Indicação:** infecções de vias aéreas superiores e inferiores, infecções de pele e tecidos moles e infecções bucais, infecções disseminadas ou localizadas produzidas por micobactérias e para prevenção de infecção por MAC em pacientes infectados pelo HIV, com contagem de linfócitos CD4 ≤100/mm^3. Está indicada, também, em associação a lansoprazol e amoxicilina, para erradicação do *H. pylori*.
    4. **Espectro:** gram-positivos: *Staphylococcus aureus, Streptococcus pneumoniae, Streptococcus pyogenes* e *Listeria monocytogenes*. Gram-negativos: *Haemophilus influenzae, Haemophilus parainfluenzae, Moraxella catarrhalis, Neisseria gonorrhoeae* e *Legionella pneumophila*. Outros microrganismos: *Mycoplasma pneumoniae, Chlamydia pneumoniae* e *Helicobacter pylori*. Micobactérias: *Mycobacterium leprae, Mycobacterium kansasii, Mycobacterium chelonae, Mycobacterium fortuitum*, MAC, consistindo em: *Mycobacterium avium* e *Mycobacterium intracellulare*.

Eritromicina (Eritromicina® ou Eritrex®)

- A forma estearato é considerada mais segura, podendo ser administrada também em gestantes.
- Antibiótico de baixo custo, mas causa náuseas e/ou vômitos em até um terço dos pacientes.
- Constitui alternativa no tratamento das faringoamigdalites, impetigo, erisipela e escarlatina, causados por *Streptococcus pyogenes*, em pacientes alérgicos à penicilina. No entanto, tem sido substituída por macrolídeos mais novos para este fim.
- Agente de primeira linha, juntamente com os macrolídeos mais novos, para o tratamento de: cancro mole, coqueluche, difteria, gastroenterite por *Campylobacter jejunii*, legionelose e psitacose (*Chlamydia psittaci*). Também é útil no tratamento de uretrites e linfogranuloma venéreo por *Chlamydia trachomatis*. Substitui as tetraciclinas em crianças e gestantes, para as quais está contraindicado o uso destas últimas.
- Trata-se de alternativa razoável para tratamento de sífilis em pacientes alérgicos à penicilina.
- Está disponível ainda em apresentações tópicas, amplamente utilizadas no tratamento das acnes.
    1. **Apresentação:** comprimidos/cápsulas/drágeas de 250 a 500mg; suspensão oral com 125/g/5mL e 250mg/kg/dia.
    2. **Doses (VO):** 250 a 500mg de 6/6h ou 12/12h (dose habitual de 6/6h). Máx.: 4g/dia. Crianças: 30 a 50mg/kg/dia, divididos em três ou quatro doses, em infecções graves, pode-se dobrar a dose. Ajuste na insuficiência renal: nenhum.
    3. **Indicação:** em infecções estafilocócicas e estreptocócicas em pacientes alérgicos à penicilina. Infecções de vias respiratórias superiores e inferiores, infecções da pele e tecido celular subcutâneo de pequena a moderada gravidade, profilaxia a curto prazo contra endocardite bacteriana, antes de intervenções cirúrgicas ou dentárias em pacientes com história de febre reumática ou cardiopatia congênita.
    4. **Espectro:** bactérias gram-positivas: estreptococos, estafilococos, clostrídios, corinebactérias, listéria. Cocos gram-negativos: gonococo e meningococo. Espiroquetas: *Treponema* spp e *Leptospira* spp. Outros: bacilo da coqueluche, *Chlamydia* spp, *Campylobacter* spp, *Mycoplasma* spp, *Legionella pneumophila, Gardnerella vaginalis, Vibrio cholerae, Entamoeba histolytica* e *Haemophilus ducreyi*.

Espiramicina

- Espectro semelhante ao da eritromicina, porém com menor atividade.
- Macrolídeo com atividade toxoplasmicida, sendo ainda utilizado durante a gestação para o tratamento da toxoplasmose aguda com objetivo de impedir a transmissão materno-fetal.
- Também é utilizada no tratamento do recém-nascido com toxoplasmose congênita.
    1. **Apresentação:** cápsulas de 250 e 500mg.
    2. **Doses (VO):** 1g de 8/8h a 12/12h (máx.: 4g/dia). Crianças: 50mg/kg/dia, em duas a três doses. Ajuste na insuficiência renal: nenhum.
    3. **Indicação:** infecções otorrinolaringológicas, broncopulmonares ou cutâneas. Em determinados casos, usada na profilaxia de meningite meningocócica. Usada na quimioprofilaxia de recaída de reumatismo articular agudo em pacientes alérgicos à penicilina e na toxoplasmose, em mulheres grávidas.
    4. **Espectro:** estreptococos, estafilococos meticilina-sensíveis, *Rhodococcus equi, Branhamella catarrhalis, Bordetella pertussis, Helicobacter pylori, Campylobacter jejuni, Corynebacterium diphteriae, Moraxella* spp, *Mycoplasma pneumoniae, Coxiella burnetti, Chlamydia* spp, *Treponema pallidum, Borrelia burgdorferi*, leptospiras, *Propionibacterium acnes, Actinomyces* spp, *Eubacterium* spp, *Porphyromonas* spp, *Mobiluncus* spp, *Mycoplasma hominis* e *Toxoplasma gondii*. Espécies moderadamente sensíveis: *Neisseria gonorrhoeae, Vibrio* spp, *Ureaplasma urealyticum* e *Legionella pneumophila*.

AMINOGLICOSÍDEOS

Nenhum dos fármacos desse grupo apresenta boa biodisponibilidade oral, pois não demonstram absorção adequada no trato gastrointestinal. No entanto, podem ser usados por essa via somente com o objetivo de descolonização ou redução da carga bacteriana do cólon, como, por exemplo, no tratamento da encefalopatia hepática.

Os aminoglicosídeos alcançam altas concentrações séricas terapêuticas, próximas às concentrações tóxicas.

Suas principais indicações clínicas correlacionam-se com sua atividade contra gram-negativos, especialmente enterobactérias e *Pseudomonas aeruginosa*.

Raramente são utilizados em monoterapia, mas sim em associação com betalactâmicos em infecções graves por estes agentes, para obtenção de efeito sinérgico ou com agentes anaerobicidas, para infecções polimicrobianas.

São ineficazes para anaeróbios e a maioria dos germes gram-positivos. O único gram-positivo moderadamente sensível aos aminoglicosídeos é o *S. aureus* oxacilina sensível.

Têm ação sinérgica com as penicilinas (ampicilina/amoxicilina) contra enterococos.

Não podem ser usados na gravidez.

Estão entre os antibióticos com maior potencial de toxicidade (ototoxicidade e nefrotoxicidade).

Sua toxicidade pode ser bastante reduzida quando administrada a dose total diária em apenas uma tomada e com o controle da dosagem sérica do medicamento. Também apresentam excelente efeito pós-antibiótico.

Amicacina (Amicilon®, Novamin®)

- Tem o maior espectro de ação do grupo e é usada em infecções por bacilos gram-negativos resistentes à gentamicina e na terapia empírica de infecções relacionadas com a assistência à saúde.
- Está indicada apenas no tratamento de infecções graves por bactérias gram-negativas sensíveis, em associação a outros fármacos (geralmente betalactâmicos).
- Além disso, é útil no tratamento das micobacterioses (*Mycobacterium tuberculosis*, *M. fortuitum* e *M. avium*).

1. **Apresentação:** ampola com 2mL de 100, 250 e 500mg.
2. **Doses (IM ou EV):** 15mg/kg/dia, em duas ou três doses (máx.: 1.500mg/dia). Crianças: de 15 a 22,5mg/kg/dia; RN: dose de ataque de 10mg/kg, seguida de manutenção de 7,5mg/kg de 12/12h. Ajuste na insuficiência renal: de acordo com *clearance* de creatinina ou creatinina sérica, podendo ser a dose normal com prolongamento do intervalo ou dose reduzida com intervalos fixos.
3. **Indicação:** infecções do trato respiratório superior e inferior, infecções da pele e dos tecidos moles, sepse, pneumonite anaeróbia e abscessos pulmonares; infecções intra-abdominais (peritonite e abscesso intra-abdominal), infecções da pelve e do trato genital feminino (endometrite, abscessos tubovarianos não gonocócicos, celulite pélvica, infecção vaginal pós-cirúrgica e doença inflamatória pélvica em associação a antibiótico de espectro gram-negativo aeróbio).
4. **Espectro:** gram-negativos: *Pseudomonas* spp, *Escherichia coli*, *Proteus* spp, *Providencia* spp, *Klebsiella* spp, *Enterobacter* spp, *Serratia* spp, *Acinetobacter* spp e *Citrobacter freundii*. Os aminoglicosídeos têm apresentado menor atividade contra outras bactérias gram-positivas, como *Streptococcus pyogenes*, enterococos e *Streptococcus pneumoniae*. É ativa contra *Mycobacterium tuberculosis*, *M. fortuitum* e *M. avium*.

Gentamicina

- Utilizada no tratamento de infecções por bacilos gram-negativos, com ação contra *P. aeruginosa* ou *S. marcescens*.
- Sua principal indicação clínica diz respeito ao fato de ser o aminoglicosídeo com o melhor efeito sinérgico quando usado em associação a betalactâmicos ou glicopeptídeos no tratamento de infecções estreptocócicas e enterocócicas, especialmente em endocardites.

1. **Apresentação:** ampolas com 1mL de 20 e 40mg; 1,5mL de 60 e 120mg; 2mL de 80 e 160mg.
2. **Doses (IM):** 3mg/kg/dia, em doses divididas de 8/8h ou de 12/12h, ou em dose única diária. Em infecções graves, usar 5mg/kg/dia de 8/8h ou de 6/6h. Esta dose deve ser reajustada para 3mg/kg/dia tão logo a evolução clínica assim o indicar (máx.: 300mg/dia). Crianças: 6 a 7,5 mg/kg/dia (2,0 a 2,5mg/kg, administrados de 8/8h). EV: recomendada em caso de sepse e choque. Ajuste na insuficiência renal: nenhum.
3. **Indicação:** sepse, bacteriemia (incluindo sepse neonatal), infecções graves do sistema nervoso (incluindo meningite), infecção nos rins e trato geniturinário (incluindo infecções pélvicas), infecções respiratórias, infecções gastrointestinais, infecções na pele, ossos ou tecidos moles (incluindo queimaduras e feridas infectadas), infecções intra-abdominais (incluindo peritonite) e infecções oculares.
4. **Espectro:** gram-negativas e gram-positivas, incluindo: *Escherichia coli*, *Proteus* spp (incluindo *Proteus mirabilis* e *P. vulgaris*), *Morganella morganii*, *Pseudomonas aeruginosa*, *Klebsiella* spp, *Enterobacter* spp, *Serratia* spp, *Citrobacter* spp, *Providencia* spp, incluindo *Providencia* rettgeri, *Staphylococcus* spp, *Neisseria gonorrhoeae*, *Salmonella* spp e *Shigella* spp. Não tem cobertura para anaeróbios.

Tobramicina
- Disponível também em formulação tópica em colírio ou pomada oftálmica.
  1. **Apresentação:** solução oftálmica com 0,3mg/mL frasco-gotas de 5mL; pomada oftálmica com 3mg/g de 3,5g., ampolas de 75 e 150mg; solução concentrada para uso inalatório com 300mg.
  2. **Doses:** infecção oftalmológica: instilar 1 a 2 gotas de 2/2h ou 4/4h; em infecções graves, 2 gotas/h. Prematuros <1.000g: 3,5mg/kg de 24/24h; neonatos de 1 a 4 semanas < 1.200g: 2,5mg/kg de 18/18h; neonatos a termo e com até 7 dias de vida: 2,5mg/kg de 12/12h; >7 dias e peso entre 1.200 e 2.000g: 2,5mg/kg de 8/8h ou 12/12h; >7 dias e >2.000g: 2,5mg/kg de 8/8h. Crianças e lactentes: 2,5mg/kg/dose de 8/8h. Infecção pulmonar em fibrose cística: 2,5 a 3,3mg/kg/dose de 6/6h a 8/8h. Uso em nebulização (fibrose cística): 40 a 80mg de 8/8h ou de 12/12h; esquemas de doses altas (crianças a partir de 6 anos e adultos): 300mg de 12/12h, em ciclo de 28 dias com o fármaco e 28 dias sem. Adultos: 3 a 5mg/kg/dia, EV ou IM, divididos de 8/8h, com dose de ataque de 1,5 a 2mg/kg ou dose única diária de 4 a 6,6mg/kg.
  3. **Indicação:** infecções por bacilos gram-negativos sensíveis e no tratamento da colonização por *P. aeruginosa* em pacientes com fibrose cística.
  4. **Espectro:** bacilos gram-negativos, como *Serratia* spp, *Proteus* spp, *Pseudomonas* spp, *Klebsiella* spp, *Enterobacter* spp e *E. coli*. Tem maior atividade contra *Acinetobacter* spp e *P. aeruginosa* e menor contra *Serratia marcescens* do que a gentamicina.

Neomicina
- Uso limitado a formulações tópicas associadas a outros antimicrobianos e/ou corticoides.
  1. **Apresentação:** bisnaga com 10, 15 ou 50g de pomada. Há diversas associações a outros antimicrobianos e corticoides.
  2. **Doses:** aplicar 1 a 4×/dia.
  3. **Indicação:** infecções menores de pele.
  4. **Espectro:** bacilos gram-negativos aeróbicos, como *Proteus* spp, *Klebsiella* spp, *Enterobacter* spp e *E. coli*, cocos gram-positivos, como *S. aureus* e *E. faecalis*. Muitas cepas de *P. aeruginosa* são resistentes. Atividade inferior à de outros aminoglicosídeos, com toxicidade maior, o que determinou apenas o uso tópico.

QUINOLONAS

Excelente atividade contra gram-negativos aeróbios, incluindo a maioria das enterobacérias, não devem ser usadas em crianças e gestantes (receio ainda não comprovado de alterações ósseas). Não atuam sobre MRSA.

As principais quinolonas no mercado são:

- **Antigas:** ciprofloxacino e norfloxacino.
- **Novas:** levofloxacino e moxifloxacino. São conhecidas como quinolonas respiratórias, devido a sua boa atividade contra germes típicos e atípicos de pneumonia bacteriana comunitária.

Ciprofloxacino (Cipro®)
- Indicada no tratamento de infecções por enterobactérias e gram-negativos sensíveis, deve ser reservada para infecções em que a *Pseudomonas aeruginosa* pode ser o agente, evitando a emergência de resistência a este micro-organismo.
- Não tem boa penetração liquórica, o que o torna contraindicação para uso em meningites.
- Entre as quinolonas, é o agente com melhor atividade contra *Pseudomonas* spp, entretanto seu baixo poder de penetração pulmonar não permite que seja usada rotineiramente para pneumonias por este agente.
- Tem boa ação contra a maior parte dos agentes gram-negativos de doenças sexualmente transmissíveis, como *Haemophillus ducreyi* e *Nesseria gonorrheae*.
- Medicação de escolha para tratamento das infecções altas do trato urinário. Utilizada erroneamente para infecções baixas do trato urinário, pois, como alcança nível tecidual em vários órgãos (o que não ocorre com o norfloxacino), altera substancialmente a flora normal do indivíduo, selecionando micro-organismos.
- A utlilização abusiva desse fármaco levou a um alto índice de resistência às quinolonas.
  1. **Apresentação:** comprimidos de 250, 500 e 750mg; frascos de 200mg/100mL, 400mg/200mL e ampola de 100mg/10mL.
  2. **Doses:** 250 a 750mg VO de 24/24h ou 12/12h, e 100 a 400mg EV, de 12/12h ou 8/8h. Crianças: 20mg/kg/dia VO, em duas doses com máximo de 1.500mg/dia, e 10mg/kg/dia EV, em duas doses, com máximo de 1.200mg/dia. Ajuste na insuficiência renal: Clcr 30 a 50: máximo de 1g/dia se VO e de 800mg/dia se EV; Clcr < 30: máximo de 500mg/dia se VO e de 400mg/dia se EV.
  3. **Indicação:** pneumonia (não recomendável como primeira escolha, pois não cobre o pneumococo), otite média, sinusite, infecções oftalmológicas, infecções do trato geniturinário (incluindo anexite, gonorreia e prostatite), infecções bacterianas do trato gastrointestinal ou do trato biliar e peritonite, infecções de pele e tecidos moles, infecções de ossos e articulações e sepse. Na criança em tratamento da exacerbação pulmonar aguda de fibrose cística com infecção por pseudomonas. Redução de incidência ou progressão da doença após exposição ao *Bacillus anthracis* aerossolizado.
  4. **Espectro:** gram-positivos aeróbios: *Bacillus anthracis, Enterococcus faecalis, Staphylococcus aureus* (sensíveis à oxacilina) e *Staphylococcus saprophyticus*. Gram-negativos aeróbios: *Burkholderia cepacia, Klebsiella pneumoniae, Providencia* spp, *Campylobacter* spp, *Klebsiella oxytoca, Pseudomonas aeruginosa, Citrobacter freudii, Moraxella catarrhalis, Pseudomonas fluorescens, Enterobacter aerogenes, Morganella morganii, Serratia marcescens, Enterobacter cloacae, Neisseria gonorrhoeae, Shigella* spp, *Escherichia coli, Proteus mirabilis, Haemophilus influenzae* e *Proteus vulgaris*.

Norfloxacino (Floxacin®)

- Seu espectro de ação consiste, principalmente, em bactérias gram-negativas.
- Só existe na formulação oral.
- Seu principal uso é nas infecções do trato urinário baixo, pois não apresenta nível tecidual adequado.
- O norfloxacino tem sido utilizado na profilaxia de peritonite bacteriana espontânea (PBE) em pacientes hepatopatas crônicos com ascite, que apresentam episódio de hemorragia digestiva alta e/ou episódio pregresso de PBE.
  1. **Apresentação:** comprimido de 400mg.
  2. **Doses (VO):** 400mg de 12/12h. Ajuste na insuficiência renal: Clcr 10 a 30: intervalo de 24h.
  3. **Indicação:** infecções altas e baixas, complicadas e não complicadas do trato urinário (cistite, pielite, cistopielite, pielonefrite, prostatite crônica, epididimite e outras associadas a cirurgia urológica, bexiga neurogênica ou nefrolitíase), gastroenterites bacterianas agudas, uretrite, faringite, proctite ou cervicite gonocócicas, febre tifoide e profilaxia de sepse em pacientes com neutropenia intensa.
  4. **Espectro:** bactérias de infecções do trato urinário: *Enterobacteriaceae: Escherichia coli, Citrobacter* spp, *Citrobacter diversus, Citrobacter freundii, Enterobacter* spp, *Klebsiella* spp, *Klebsiella oxytoca, Klebsiella pneumoniae, Morganella morganii, Proteus* spp, *Providencia* spp e *Serratia* spp; *Pseudomonaceae: Pseudomonas aeruginosa, Pseudomonas cepacia* e *Pseudomonas fluorescens*. Gram-positivos: *Enterococcus faecalis, Staphylococcus* spp coagulase-negativo, *Staphylococcus aureus*, estreptococos do grupo G, *Streptococcus agalactiae* e estreptococos do grupo *viridans*. Bactérias da gastroenterite aguda: *Aeromonas hydrophila, Campylobacter jejuni, Escherichia coli, Salmonella* spp, *Salmonella typhi, Shigella* spp, *Vibrio cholerae, Vibrio parahaemolyticus* e *Yersinia enterocolitica*.

Levofloxacino (Levaquin®)

- Conhecido por ser a quinolona do trato respiratório.
- Essas quinolonas caracterizam-se por administração em dose única diária, potência aumentada para germes gram-positivos (incluindo pneumococos e enterococos) e mantêm ação contra gram-negativos (sendo a atividade contra *Pseudomonas aeruginosa* muito inferior à do ciprofloxacino).
- Esse fármaco está indicado para pneumonia adquirida na comunidade, cobrindo os patógenos "típicos" (pneumococos, hemófilos, estreptococos, estafilococos e *Klebsiella*) e "atípicos" (*Mycoplasma pneumoniae, Chlamydia pneumoniae* e *Legionella*).
  1. **Apresentação:** comprimidos de 250 e 500mg; frasco com 500mg/100mL e frasco-ampola com 500mg/20mL.
  2. **Doses:** 500mg VO, 1×/dia; 250 a 750mg EV, 1×/dia. Crianças: 5 a 10mg/kg/dia, 1×/dia (máx.: 500mg/dia). Ajuste na insuficiência renal: Clcr 20 a 50: metade da dose de 24/24h; Clcr 10 a 20: metade da dose de 48/48h.
  3. **Indicação:** infecções do trato respiratório superior e inferior (sinusite, exacerbações agudas de bronquite crônica e pneumonia), infecções da pele e tecido subcutâneo, complicadas e não complicadas (como impetigo, abscessos, furunculose, celulite e erisipela), infecções do trato urinário (incluindo pielonefrite) e osteomielite.
  4. **Espectro:** gram-positivos: *Enterococcus* spp, *Streptococcus* spp, *Staphylococcus aureus, Staphylococcus epidermidis, Clostridium* spp, *Peptostreptococcus* spp e *Propionibacterium acnes*. Gram-negativos: *Proteus vulgaris, Acinetobacter baumannii, Acinetobacter lwoffii, Providencia* spp, *Aeromonas hydrophila, Bordetella pertussis, Pseudomonas fluorescens, Campylobacter jejuni, Pseudomonas putida, Citrobacter* spp, *Salmonella* spp, *Enterobacter* spp, *Serratia* spp, *Legionella* spp, *Shigella* spp, *Escherichia coli, Moraxella catarrhalis, Haemophilus* spp, *Morganella morganii, Stenotrophomonas maltophilia, Neisseria gonorrhoeae, Vibrio cholerae, Yersinia enterocolitica* e *Veillonella parvula*. Outros: *Mycobacterium* spp, *Mycoplasma hominis, Ureaplasma urealyticum* e *Chlamydia pneumoniae*.

Moxifloxacino (Avalox®)

- Espectro e indicações muito similares às do levofloxacino.
- Apresenta cobertura para anaeróbios.
  1. **Apresentação:** comprimido de 400mg; bolsa EV (250mL) de 400mg.
  2. **Doses (VO ou EV):** 400mg em dose única diária. Ajuste na insuficiência renal: nenhum.
  3. **Indicação:** infecções das vias respiratórias superiores e inferiores (exacerbações agudas de bronquite crônica, pneumonia adquirida na comunidade), sinusite aguda, infecções não complicadas de pele e tecidos moles, doença inflamatória pélvica não complicada, infecções complicadas de pele e anexos (incluindo infecções do pé diabético), infecções intra-abdominais complicadas, incluindo polimicrobianas.
  4. **Espectro:** gram-positivos: *Streptococcus* spp, *Staphylococcus aureus*, estafilococo coagulase-negativo, *Enterococcus faecalis*. Gram-negativos: *Gardnerella vaginalis, Haemophilus influenzae, Haemophilus parainfluenzae, Moraxella catharralis, Bordetella pertussis, Escherichia coli, Proteus mirabilis, Proteus vulgaris, Morganella morganii* e *Neisseria gonorrhoeae*. Anaeróbios: *Bacteroides* spp, *Peptostreptococcus* spp, *Propionibacterium* spp e *Clostridium perfringens*. Atípicos: *Chlamydia pneumoniae, Chlamydia trachomatis, Mycoplasma pneumoniae* e *Legionella pneumophila*.

TETRACICLINAS

Cobrem a maioria dos gram-positivos (incluindo estafilococos). Contudo, evitar o uso de tetraciclinas para infecções por *Streptococcus pyogenes* (estreptococo do grupo A) e pneumococos, uma vez que frequentemente resulta no desenvolvimento de resistência. A cobertura gram-negativa é limitada e inclui *Escherichia coli* e *Haemophilus influenzae*. Também cobrem *Mycoplasma* spp e *Chlamydia pneumoniae*, que são patógenos respiratórios. Reserve esses medicamentos para infecções leves como bronquite, sinusite, furúnculos. Os fármacos desse grupo não podem ser usados em gestantes e crianças < 9 anos, devido à deposição em ossos e dentes em crescimento.

Doxiciclina (Vibramicina®)
- Tetraciclina sintética de longa ação.
- A doxiciclina é tratamento de primeira escolha para infecções causadas por *Chlamydia trachomatis* (uretrite não gonocócica, DIP).
- A doxiciclina tem vantagens sobre as outras tetraciclinas por sua maior absorção VO, menor toxicidade gastrointestinal, meia-vida mais longa e poder ser usada sem ajuste de dose em pacientes com insuficiência renal.
1. **Apresentação:** cápsulas de 100 e 200mg.
2. **Doses (VO):** 200mg em uma ou duas doses no primeiro dia e manutenção de 100mg/dia em uma ou duas doses. Em infecções graves, usar 200mg/dia durante todo o tratamento. Crianças: 4,4mg/kg/dia em uma ou duas doses no primeiro dia e manutenção com 2,2mg/kg/dia. Ajuste na insuficiência renal: nenhum.
3. **Indicação:** febre das Montanhas Rochosas, febre tifoide, febre Q, varíola por rickétsia e febre do carrapato causada por *Rickettsia* spp, psitacose, linfogranuloma, orquiepididimite aguda, uretrite não complicada, endocervicite, infecções retais em adultos e tracoma causados por *Chlamydia trachomatis*, conjuntivite de inclusão causada por *Chlamydia trachomatis*, donovanose, estágios iniciais da doença de Lyme, *Borrelia recurrentis* transmitida pelo piolho e causada por *Borrelia duttonii*, transmitida pelo carrapato, uretrite não gonocócica, brucelose, peste, tularemia, bartonelose e gonorreia não complicada. Tratamentos adjuvantes: amebíase intestinal aguda e acne grave. Tratamento e profilaxia: malária causada por *Plasmodium falciparum* (em áreas com malária por *P. falciparum* resistente à cloroquina), leptospirose e cólera.
4. **Espectro:** gram-negativos: *Acinetobacter* spp, *Bacteroides* spp, *Bartonella bacilliformis*, *Brucella* spp, *Calymmatobacterium granulomatis*, *Campylobacter fetus*, *Enterobacter aerogenes*, *Escherichia coli*, *Francisella tularensis*, *Haemophilus ducreyi*, *Haemophilus influenza*, *Klebsiella* spp, *Moraxella catarrhalis*, *Neisseria gonorrhoeae*, *Shigella* spp, *Vibrio cholerae* e *Yersinia pestis*. Gram-positivos: *Streptococcus* spp α-hemolítico, *Streptococcus pneumoniae* e *Streptococcus pyogenes*. Outros micro-organismos: *Actinomyces* spp, *Bacillus anthracis*, *Balantidium coli*, *Borrelia burgdorferi*, *Chlamydia psittaci*, *Chlamydia trachomatis*, *Clostridium* spp, *Entamoeba* spp, *Fusobacterium* spp, *Leptospira* spp, *Listeria monocytogenes*, *Mycoplasma pneumoniae*, *Plasmodium falciparum*, *Propionibacterium acnes*, *Rickettsia*, *Treponema pallidum* e *Ureaplasma urealyticum*.

Tetraciclina
- Encontrada nas formas de: cloridrato, fosfato e oxitetraciclina.
1. **Apresentação:** cápsulas de 250 e 500mg.
2. **Doses (VO):** 250 a 500mg de 6/6h (de 1 a 2g/dia). Crianças >8 anos: 20mg/kg/dia, em quatro doses. Ajuste na insuficiência renal: Clcr 10 a 50: aumentar intervalo para 12 horas; Clcr <10: aumentar intervalo para 24 horas.
3. **Indicação:** semelhante à doxiciclina.
4. **Espectro:** semelhante à doxiciclina.

CLORANFENICOL

Cloranfenicol

- É ativo contra várias bactérias gram-negativas, embora os padrões de sensibilidade sejam variáveis e imprevisíveis. Apresenta ótima sensibilidade para *Haemophilus* spp e *Neisseria* spp.
- O cloranfenicol tem excelente atividade contra todos os anaeróbios, incluindo *Bacteroides fragilis*.
- Tem sido usado no tratamento de infecção por enterococos resistentes à vancomicina (VRE).
- O reconhecimento de efeitos tóxicos com risco de vida ("síndrome do bebê cinzento" e anemia aplásica) e o desenvolvimento de novos fármacos mais efetivos e menos tóxicas restringiram muito seu uso. Portanto, deve ser utilizado apenas em pacientes graves e em situações específicas.
- Utilizar em recém-nascidos apenas quando absolutamente necessário.
  1. **Apresentação:** comprimidos de 250 e 500mg; frasco-ampola com 1000mg.
  2. **Doses (VO ou EV):** 50mg/kg/dia, divididos em quatro doses; em infecções graves, 100mg/kg/dia (máx.: 4g/dia). Crianças: mesma dose de adultos; prematuros e RN: 25mg/kg/dia. Ajuste na insuficiência renal: nenhum.
  3. **Indicação:** infecções por *Haemophilus influenzae*, principalmente tipo B; meningites, sepse, otites, pneumonias, epiglotites, artrites, osteomielites; febre tifoide e salmoneloses invasivas, incluindo osteomielite e sepse; abscessos cerebrais por *Bacteroides fragilis* e outros anaeróbios; meningites bacterianas causadas por *Streptococcus* spp ou *Meningococcus* spp, em pacientes alérgicos à penicilina; ricketsioses; infecções por *Pseudomonas pseudomallei*; infecções intra-abdominais (principalmente por micro-organismos anaeróbios); actinomicose; antraz; brucelose; granuloma inguinal; treponematoses; peste; sinusites; otite crônica supurativa.
  4. **Espectro:** gram-negativos: *Neisseria* spp, *Haemophilus* spp, *E. coli*, *Shigella* spp, *Salmonella* spp e *Yersinia* spp. Gram-positivos: *Streptococcus* spp e *Staphylococcus* sensíveis à oxacilina. Muito boa atividade contra anaeróbios, incluindo *Bacteroides fragilis*, rickétsias e clamídias.

NITROIMIDAZÓLICOS

Metronidazol

- Anaerobicida de primeira escolha. Utilizar em infecções onde haja provável participação de anaeróbios, especialmente de *Bacteroides fragilis*.
- O metronidazol é um bactericida potente, com excelente atividade contra bactérias anaeróbias estritas (bacilos gram-negativos, bacilos gram-positivos) e certos protozoários, como em amebíase, tricomoníase e giardíase.
- Usado para tratar grande variedade de infecções por anaeróbios, como abscesso cerebral, pulmonar, bacteriemia, infecções de partes moles, osteomielite, infecções orais e dentárias, sinusite crônica e infecções intra-abdominais.
- Consiste na terapia inicial no tratamento da colite pseudomembranosa (por via oral).
- Indicado no tratamento do tétano, sendo considerado por alguns o antimicrobiano de primeira escolha.
- Pode ser associado à claritromicina ou à amoxicilina no tratamento do *H. pylori* e é eficaz no tratamento da vaginose bacteriana (*Gardnerella vaginalis*).
- Está contraindicado no primeiro trimestre da gestação, mas pode ser usado em caso de necessidade real nos trimestres restantes e durante a amamentação.
  1. **Apresentação:** comprimidos de 250 e 400mg; frasco com 500mg/100mL, suspensão com 200mg/5mL.
  2. **Doses:** 400mg VO de 8/8h em infecções anaeróbias; 500mg EV de 8/8h. Crianças: 22,5mg/kg/dia, divididos em três doses. Ajuste na insuficiência renal: nenhum.
  3. **Indicação:** infecções causadas por bactérias anaeróbias, como *Bacteroides fragilis* e outros bacteroides, *Fusobacterium* spp, *Clostridium* spp, *Eubacterium* spp, tricomoníase, vaginites por *Gardnerella vaginalis*, giardíase e amebíase.
  4. **Espectro:** anaeróbios: *Peptostreptococcus* spp, *Clostridium perfringens*, *Clostridium difficile*, *Clostridium* spp, *Bacteroides* spp, *Bacteroides fragilis*, *Prevotella* spp, *Fusobacterium* spp e *Veillonella* spp. Sensibilidade variável: *Bifidobacterium* spp e *Eubacterium* spp. Atividade antiparasitária: *Entamoeba histolytica*, *Trichomonas vaginalis* e *Giardia intestinalis*.

LINCOSAMINAS

Clindamicina

- Lincosamina com boa concentração em abscessos e ossos.
- Faz parte, em conjunto com o metronidazol, de um grupo de antibióticos anaerobicidas clássicos.
- Utilizar em infecções onde haja provável participação de anaeróbios, como tuberculose do *Bacteroides fragilis*: infecções intra-abdominais, infecções pélvicas, infecções odontogênicas, infecções pleuropulmonares (pneumonia de aspiração, abscesso pulmonar, empiema), infecções de partes moles (pé diabético, úlceras de decúbito, fasciite necrosante, gangrena), osteomielite, endoftalmite e abscesso cerebral.
1. **Apresentação:** ampolas com 2mL de 300mg, 4mL de 600mg e 6mL de 900mg; cápsulas de 150 e 300mg.
2. **Doses:** 600 a 1.800mg/dia VO, divididos em três ou quatro doses (máx.: 1.800mg/dia). 1.200 a 1.800mg/dia IM ou EV, em três ou quatro doses; em infecções graves, usar 2.400 a 2.700mg/dia (máx.: 4.800mg/dia). Crianças: 10 a 30mg/kg/dia VO, em três ou quatro doses (máx.: 2.000mg/dia); 20 a 40mg/kg/dia IM ou EV. Ajuste na insuficiência renal: nenhum.
3. **Indicação:** infecções do trato respiratório superior (amigdalite, faringite, sinusite, otite média); infecções do trato respiratório inferior (bronquite e pneumonia); infecções da pele e partes moles (acne, furúnculos, celulite, impetigo, abscessos e feridas infeccionadas); infecções específicas da pele e partes moles; infecções ósseas e infecções das articulações (osteomielite aguda ou crônica e artrite séptica); infecções dentárias (abscessos periodontais, periodontite, gengivite e abscessos periapicais); infecções da pelve e do trato genital feminino (endometrite, abscessos tubovarianos não gonocócicos, celulite pélvica, infecção vaginal pós-cirúrgica, salpingite e doença inflamatória pélvica [DIP] em associação com antibiótico de espectro para gram-negativos aeróbicos).
4. **Espectro:** cocos gram-positivos: *Staphylococcus aureus, Staphylococcus epidermidis* (cepas produtoras ou não de penicilinase), estreptococo (exceto *Streptococcus faecalis e faecium*) e pneumococo. Anaeróbios: *Bacteroides* spp, *Fusobacterium* spp, *Propionibacterium* spp, *Eubacterium* spp, *Actinomyces* spp, *Peptococcus niger, Peptostreptococcus* spp, *Microaerophilic streptococci* e *Clostridium perfringens*.

SULFONAMIDAS

Os dois principais fármacos do grupo são a sulfadiazina e o sulfametoxazol. Devem ser usados com cuidados na gestação, estando contraindicados no terceiro trimestre de gravidez e durante a amamentação.

Sulfametoxazol + trimetropima

- Esta combinação é ativa contra uma grande variedade de organismos gram-positivos (inclusive estafilococos) e gram-negativos, incluindo aqueles que causam sinusite/bronquite/otite e infecções do trato urinário.
- Está indicada em caso de infecções não complicadas do trato urinário (cistite), bronquite, otite, sinusite, infecções entéricas (causadas por *Shigella* spp, *Salmonella* spp e *E. coli*) e profilaxia de infecção urinária recorrente.
- A maioria dos estreptococos do grupo A é resistente. Portanto, esta associação não deve ser usada para tratar amigdalite bacteriana.
1. **Apresentação:** comprimidos de 400+80 e 800+160mg; suspensão de 200+40 ou 400+80mg/5mL; ampola de 5mL com 400+80mg.
2. **Doses:** 400+80mg VO de 12/12h ou 800+160mg VO 1×/dia; 100+20mg/kg/dia EV, divididos em quatro doses, dose máxima de 1.200+240mg/dia. Crianças: 30+6mg/kg/dia VO, divididos em duas doses; em infecções graves, pode-se aumentar a dose em 50%. Ajuste na insuficiência renal: nenhum.
3. **Indicação:** infecções respiratórias superiores e inferiores (otite média aguda, pneumonia, bronquite crônica); agente de escolha na profilaxia e tratamento para pneumonia por *P. jroveci (carinii)*, infecções agudas não complicadas do trato urinário inferior, infecções genitais (cancroide e uretrites), infecções gastrointestinais por *Salmonella* spp, *Shigella* spp, *E. coli* enteropatogênica e enterotoxigênica e infecções de pele e partes moles.
4. **Espectro:** cocos gram-negativos: *Branhamella catarrhalis*. Bastonetes gram-negativos: *Haemophilus* spp, *Haemophilus parainfluenzae, E. coli, Citrobacter freundi, Citrobacter* spp, *Klebsiella oxytoca, Klebsiella* spp, *Enterobacter cloacae, Enterobacter aerogenes, Hafnia alvei, Serratia marcescens, Serratia* spp, *Proteus mirabilis, Proteus vulgaris, Morganella morganii, Shigella* spp, *Yersinia* spp e *Vibrio cholerae*. Diversos bastonetes gram-negativos: *Edwardsiella tarda, Alcaligenes faecalis, Burkholderia (Pseudomonas) cepacia* e *Burkholderia (Pseudomonas) pseudomallei*. Outros: *Brucella* spp, *Listeria monocytogenes, Nocardia asteroides, Pneumocystis jroveci (carinii)* e *Cyclospora cayetanensis*.

POLIMIXINAS

Há duas polimixinas disponíveis comercialmente: a polimixina E (colistina) e a polimixina B.

As polimixinas são ativas contra uma série de bactérias gram-negativas, mas sua toxicidade potencial (lesão renal por necrose tubular aguda) faz com que seu uso esteja indicado somente em infecções cuja resistência do agente impeça o uso de qualquer outro antimicrobiano disponível.

Mais especificamente, as polimixinas têm sido indicadas no tratamento de infecções por *Pseudomonas aeruginosa*, *Klebsiella pneumoniae* e *Acinetobacter baumanii* multirresistentes, quando resistentes aos carbapenêmicos.

Sua atuação contra micro-organismos gram-positivos, anaeróbios e fungos é desprezível.

Polimixina B

1. **Apresentação:** frasco-ampola com 500mg, ou seja, 500.000UI.
2. **Doses (EV):** a dose recomendada é de 1,5 a 2,5mg/kg/dia, dividida em duas doses (de 12/12h) ou 15.000 a 25.000UI/kg/dia, dividida em duas doses (de 12/12h), sendo a dose máxima igual a 25.000UI/kg/dia. Neonatos: neonatos com função renal normal podem receber >40.000UI/kg/dia sem efeitos adversos. Uso intramuscular: adultos e crianças: 25.000 a 30.000UI/kg/dia. Esta dose deve ser reduzida na presença de comprometimento renal. A dosagem pode ser dividida e administrada em intervalos de 4/4h ou 6/6h. Neonatos: neonatos com função renal normal podem receber >40.000UI/kg/dia sem efeitos adversos. Uso intratecal: adultos e crianças >2 anos de idade: a dose recomendada é 50.000UI 1×/dia intratecal, durante 3 a 4 dias, e então 50.000UI 1×/dia por pelo menos 2 semanas após as culturas do líquido cefalorraquidiano (LCR) se apresentarem negativas e a concentração de glicose voltar ao normal. Crianças <2 anos de idade: 20.000UI 1×/dia por 3 a 4 dias ou 25.000UI 1×/dia todos os outros dias. Continuar com dose de 25.000UI 1×/dia por pelo menos 2 semanas após as culturas do LCR se apresentarem negativas e a concentração de glicose voltar ao normal.

   Ajuste de dose na insuficiência renal: em pacientes com a função renal comprometida, os seguintes ajustes de dose são sugeridos: Clcr normal ou >80% do normal: 2,5mg/kg/dia; <80% a >30% do normal, primeiro dia: 2,5mg/kg/dia; sequência de tratamento diariamente: 1,0 a 1,5mg/kg/dia; <25% do normal, primeiro dia: 2,5mg/kg/dia a cada 2 a 3 dias após o início: 1,0 a 1,5mg/kg/dia; anúria, primeiro dia: 2,5mg/kg/dia a cada 5 a 7 dias; após o início: 1,0mg/kg/dia.
3. **Indicação:** infecções graves causadas por bactérias resistentes a alternativas menos tóxicas. Tem sido usada, principalmente, em infecções por *Pseudomonas aeruginosa* e *Acinetobacter* resistentes a todas as alternativas disponíveis. A polimixina B é o tratamento de escolha para meningite causada por *P. aeruginosa*, devendo ser administrado por via intratecal.
4. **Espectro:** *Enterobacter* spp, *Klebsiella* spp, *Escherichia* spp, *Salmonella* spp, *Shigella* spp, *Haemophilus* spp, *Pasteurella* spp, *Vibrio* spp, *Pseudomonas aeruginosa* e *Acinetobacter* spp. Não age contra *Proteus* spp, *Serratia* spp, *Neisseria* spp e *Brucella* spp.

Polimixina E: Colistina (Colomycin®/Colis-Tek®)

1. **Apresentação:** Colomycin®: cada frasco contém 1 milhão de UI de colistimetato ou 33,3mg de colistina base; Colis-Tek®: cada frasco contém 150mg de colistina base ou 4,5 milhões de UI de colistimetato (1mg = 12.500UI).
2. **Doses:** dose de colistina base: 2,5 a 5mg/kg/dia de 8/8h; dose aproximada de colistimetato para adulto de 70kg: 2 a 3 milhões de UI de 8/8h; dose máxima diária: 300 mg de colistina base (equivalente a 9 milhões de UI de colistimetato). Ajuste na insuficiência renal: dose de colistina base: Clcr 50 a 90: 2,5 a 3,8mg/kg/dia de 12/12h; Clcr 10 a 50: 1,5 a 2,5mg/kg de 24/24h; Clcr < 10: 1,5mg/kg de 48/48h. Dose aproximada de colistimetato para adulto de 70kg: Clcr 50 a 90: 3 a 4 milhões de UI de 12/12h; Clcr 10 a 50: 3 a 4 milhões de UI de 24/24h; Clcr < 10: 3 milhões de UI de 48/48h.
3. **Indicação:** infecções graves por bactérias resistentes a alternativas menos tóxicas. Tem sido usada, principalmente, em infecções por *P. aeruginosa* e *Acinetobacter* spp resistentes a todas as alternativas disponíveis. Também usada por via inalatória, para manejo de pacientes com fibrose cística colonizados por *P. aeruginosa*.
4. **Espectro:** *Enterobacter* spp, *Klebsiella* spp, *Escherichia* spp, *Salmonella* spp, *Shigella* spp, *Haemophilus* spp, *Pasteurella* spp, *Vibrio* spp, *Pseudomonas aeruginosa* e *Acinetobacter* spp. Não age contra *Proteus* spp, *Serratia* spp, *Neisseria* spp e *Brucella* spp.

GLICILCICLINAS

Tigeciclina (Tygacil®)

- Apresenta potente atividade *in vitro* contra cocos gram-positivos (incluindo estafilococos resistentes à vancomicina, enterococos resistentes à vancomicina e estreptococos resistentes às penicilinas ou cefalosporinas), bacilos gram-negativos (exceto *P. aeruginosa* e *Proteus mirabilis*) e a maioria dos anaeróbios de importância clínica.
- Apresenta excelente atividade contra a grande maioria das enterobactérias, incluindo *Klebsiella pneumoniae* produtora de betalactamases de espectro estendido (ESBL) e contra alguns bacilos gram-negativos não fermentadores, como *Acinetobacter* spp e *Stenotrophomonas maltophilia*, além da atividade contra bactérias anaeróbias, incluindo *Bacteroides fragilis* e *Clostridium difficile*.
- Novidade: está aprovada para o tratamento de infecções complicadas de partes moles e intra-abdominais.
- Contraindicada na gravidez.
    1. **Apresentação:** frasco-ampola com 50mg de pó liófilo para infusão.
    2. **Doses (EV):** dose inicial de 100mg, seguida de 50mg de 12/12h; as doses devem ser administradas por um período de aproximadamente 30 a 60 minutos a cada 12 horas. A duração recomendada do tratamento com a tigeciclina para infecções complicadas da pele e tecidos moles ou infecções intra-abdominais complicadas é de 5 a 14 dias.
    3. **Indicação:** infecções intra-abdominais complicadas, infecções complicadas da pele e dos tecidos moles e infecções por micro-organismos multirresistentes.
    4. **Espectro:** ativa contra cocos gram-positivos em geral, incluindo estafilococos resistentes à oxacilina, estafilococos com redução de sensibilidade à vancomicina, enterococos resistentes à vancomicina, estreptococos em geral, pneumococos; enterobactérias produtoras ou não de betalactamases cromossomais ou de espectro estendido (com exceção de *Proteus* spp e *Providencia* spp), *Listeria* spp, *Haemophilus* spp, *Aeromonas* spp, *Moraxella* spp, gonococos, meningococos, *Acinetobacter* spp (inclusive cepas resistentes a carbapenêmicos), *Salmonella* spp, *Shigella* spp, *Pasteurella* spp, *Burkholderia cepacia*, *Stenotrophomonas maltophilia* e anaeróbios em geral. Não tem atividade confiável contra *Pseudomonas aeruginosa*.

ESTREPTOGRAMINAS

Quinupristina + Dalfopristina (Synercid®)

- São comercializados de modo associado.
- São macromoléculas da mesma família dos macrolídeos e das lincosaminas com os quais, embora não tenham relação química, apresentam algumas propriedades semelhantes, como mecanismo de ação, espectro antimicrobiano, características farmacocinéticas e farmacodinâmicas e indicações clínicas.
- Devem ser restritas às infecções causadas por estafilococos resistentes à oxacilina (ORSA) e, mais recentemente, aos estafilococos com sensibilidade intermediária ou resistentes à vancomicina (VISA e VRSA).
- No tratamento das infecções por enterococos, a associação só está indicada naquelas causadas por VRE, já que o *E. faecalis* é intrinsecamente resistente.
- É considerado um dos antimicrobianos de escolha para tratar o *E. faecium*.
- Deve ser **obrigatoriamente** administrada por via EV central.
    1. **Apresentação:** cada frasco-ampola contém: quinupristina 150mg; Dalfopristina 350mg.
    2. **Doses (EV):** dose de 7,5mg/kg de peso, de 8/8h ou 12/12 horas. A infusão deve ser lenta, no mínimo em 1 hora, e a diluição deve ser feita obrigatoriamente em soro glicosado a 5%.
    3. **Indicação e espectro:** devem ser restritas às infecções causadas por estafilococos resistentes à oxacilina (ORSA) e, mais recentemente, aos estafilococos com sensibilidade intermediária ou resistentes à vancomicina (VISA e VRSA). Agente de escolha para tratar o *E. faecium*.

Quadro 205.1 Classificação bacteriana

	Bactérias gram-positivas		Bactérias gram-negativas	
	Cocos	**Bacilos**	**Diplococos**	**Bacilos**
Aeróbios	*Staplylococcus*	*Bacillus*	*Neisseria*	*Enterobactérias*
	Streptococcus	*Listeria*	*Moraxella*	*Pseudomonas*
	Micrococcus	*Corynebacterium*		*Acinetobacter*
	Enterococcus	*Nocardia*		*Haemophilus*
				Brucella
Anaeróbios	*Peptococcus niger*	*Clostridium*	*Veillonella*	*Bacteroides*
	Peptostreptococcus	*Lactobacillus*		*Fusobacterium*
		Propionibacterium		*Prevotella*
		Actinomyces		

Fonte: Martins MA. Manual de Infecção Hospitalar – Epidemiologia, prevenção e controle. 2. ed. 2001.

Capítulo 206
Guia de Medicamentos

Amanda Rodrigues Fernandes • Guilherme Almeida Rosa da Silva • Angélica Guimarães Andrade
Eduardo Alvarenga Junqueira Filho • Luiza Ochi Delmonaco • Carolina Stoffel
Leonardo Gerhardt Lopes • Flávia Rodrigues de Almeida • Isadora Rodrigues de Almeida

Atenção! Os medicamentos não devem ser administrados a pacientes reconhecidamente alérgicos (história prévia de hipersensibilidade/intolerância) a qualquer um dos componentes da fórmula.

■ MEDICAMENTOS EM GERAL

ANALGÉSICOS/ANTIPIRÉTICOS/AINE

Ácido acetilsalicílico (Aspirina®, AAS®)

1. **Apresentação:**
   - Comp.: 100 e 500mg.
2. **Mecanismo de ação:**
   - Ação analgésica, antipirética e anti-inflamatória pela inibição irreversível da enzima cicloxigenase (COX) envolvida na síntese das prostaglandinas.
   - Inibe a agregação plaquetária, bloqueando a síntese do tromboxano A2.
3. **Indicações:**
   - Alívio sintomático da dor e da febre.
   - Coronariopatias.
4. **Posologia para adultos:**
   - Para efeito antitérmico e analgésico: 1 ou 2 comp. de 500mg até 3 a 6×/dia (dose máxima: 4g/dia).
   - Anti-inflamatório: 5 a 8 comp. de 500mg até 3 a 6×/dia (2.500 a 4.000mg/dia; dose máxima: 8 g/dia).
   - Antiplaquetário: 75 a 300mg/dia, 1×/dia.
5. **Posologia pediátrica:**
   - Para efeito antitérmico e analgésico: 1 comp. de 500 mg até 3×/dia. Aspirina infantil (100mg): 6 meses a 1 ano: ½ ou 1 comp.; 1 a 3 anos: 1 comp.; 4 a 6 anos: 2 comp.; 7 a 9 anos: 3 comp.; > 9 anos: 4 comp. Estas doses podem ser repetidas em intervalos de 4 a 8 horas, se necessário.
6. **Contraindicações:**
   - Hipersensibilidade ao medicamento.
   - Doenças ulceropépticas.
   - Insuficiência hepática grave.
   - Suspeita de dengue.
   - Infecções por influenza ou varicela devido à síndrome de Reye.
   - No primeiro e último trimestres de gestação devido, respectivamente, a seu efeito teratogênico e ao potencial de retardar o trabalho de parto.

Ácido mefenâmico (Ponstan®)

1. **Apresentação:**
   - Comp.: 500mg.
2. **Mecanismo de ação:**
   - Ação analgésica, antipirética e anti-inflamatória pela inibição das COX-1 e 2, envolvidas na síntese das prostaglandinas.
3. **Indicações:**
   - Alívio sintomático da dor e da febre.
4. **Posologia para adultos:**
   - 1 comp. até 3×/dia.
5. **Posologia pediátrica:**
   - 20 a 25mg/kg/dia, 4×/dia.
   - É recomendado evitar seu uso pediátrico em <14 anos e não administrar por > 1 semana.
6. **Contraindicações:**
   - Hipersensibilidade ao medicamento.
   - Gestação e lactação.
   - Insuficiência renal.
   - Doença ulceropéptica ativa.

Cetoprofeno (Profenid®, Bi-Profenid®, Artrosil®, Artrinid®)

1. **Apresentação:**
   - Comp.: 50mg.
   - Amp. de 2mL com 100mg.
   - Pó liofilizado para uso parenteral: 100mg.
   - Gotas: 20mg/mL.
   - Supositório: 100mg.
2. **Mecanismo de ação:**
   - Ação analgésica, antipirética e anti-inflamatória pela inibição da COX-1 e 2, envolvida na síntese das prostaglandinas.
   - Inibe a agregação plaquetária.
3. **Indicações:**
   - Processos reumáticos: artrite reumatoide, espondilite anquilosante, gota, lúpus eritematoso sistêmico, síndrome de Reiter, entre outros.
   - Lesões traumáticas, como contusões e esmagamentos, fraturas, entorses, luxações.
   - Algias diversas, como nevralgias cervicobraquial e lombalgia.
4. **Posologia para adultos:**
   - Uso VO: 1 comp. até 3×/dia às refeições (dose máxima: 300mg/dia) ou 50 gotas de 6/6h ou 8/8h.
   - Uso EV: 1 amp. diluída em 100 a 150mL de SF ou SG, por infusão EV lenta, por cerca de 20 minutos.
   - Uso IM: 1 amp. 2 a 3×/dia.
5. **Posologia pediátrica:**
   - Comp.: < 1 ano: 1mg/kg/dose até 3 a 4×/dia; de 7 a 11 anos: 25mg até 3 a 4×/dia; > 11 anos: 50mg até 3 a 4×/dia.
   - Gotas: > 1 ano: 1 gota/kg, de 6/6h ou 8/8h; 7 a 11 anos: 25 gotas de 6/6h ou 8/8h.
6. **Contraindicações:**
   - Hipersensibilidade ao medicamento.
   - Doença ulceropéptica.
   - Insuficiências renal e hepática graves.
   - Gravidez e lactação.

Colchicina (Colchis®, Colchin®, Colcitrat®)

1. **Apresentação:**
   - Comp.: 0,5 e 1mg.
2. **Mecanismo de ação:**
   - A colchicina aparentemente diminui a motilidade leucocitária, a fagocitose e a produção de ácido láctico, reduzindo, desse modo, o depósito de cristais de urato e a resposta inflamatória resultante.
3. **Indicações:**
   - Tratamento de gota.
4. **Posologia:**
   - Ataque: 0,5 a 1,5mg, depois 0,5 a 1mg de 1/1h ou 2/2h até a melhora (dose máxima de 10mg). Parar após melhora.
   - Profilaxia: 0,5 a 1mg/dia ou em dias alternados por 2 a 8 meses.
5. **Contraindicações:**
   - Insuficiências renal, hepática ou cardíaca severas.
   - Gestação e lactação.

Diclofenaco de Potássio (Cataflam®)

1. **Apresentação:**
   - Comp.: 50mg.
   - Amp. de 3 mL com 75mg.
   - Supositório: 12,5 ou 75mg.
   - Susp. oral: 10mg/5mL.
   - Susp. gotas: 15mg/mL.
2. **Mecanismo de ação:**
   - Inibidor da COX-1 e 2.
3. **Indicações:**
   - Quadros álgicos agudos ou crônicos, inclusive reumatológicos.
4. **Posologia para adulto:**
   - Uso VO: 100 a 200mg até 3×/dia.
   - Uso IM: 75mg, 1×/dia, por no máximo 2 dias.
5. **Posologia pediátrica:**
   - Uso VO: 2 a 3mg/kg/dia até 2 a 4×/dia. Não está indicado para crianças <14 anos, com exceção de casos de artrite juvenil crônica (crianças ≥1 ano em susp. oral e gotas).
6. **Contraindicações:**
   - Hipersensibilidade ao medicamento.
   - Doença ulceropéptica.
   - Insuficiências hepática, renal ou cardíaca graves.
   - Último trimestre da gravidez.

Diclofenaco de sódio (Voltaren®)

1. **Apresentação:**
   - Comp.: 50mg.
   - Amp. 3mL com 75mg.
   - Supositório: 50mg.
2. **Mecanismo de ação:**
   - Inibidor da COX-1 e 2.
3. **Indicações:**
   - Quadros álgicos agudos ou crônicos, inclusive reumatológicos.
4. **Posologia para adulto:**
   - Uso VO: 1 comp. até 3×/dia.
   - Uso IM: 1 amp. de 75mg 1×/dia; excepcionalmente, podem-se usar duas doses com intervalo de algumas horas em nádegas diferentes.
5. **Posologia pediátrica:**
   - Uso VO: 2 a 3mg/kg/dia até 2 a 4×/dia.
6. **Contraindicações:**
   - Hipersensibilidade ao medicamento.
   - Doença ulceropéptica.
   - Insuficiências hepática, renal ou cardíaca graves.
   - Último trimestre da gravidez.

Dipirona sódica (Novalgina®, Anador®)

1. **Apresentação:**
   - Comp.: 500 e 1.000mg.
   - Amp. de 2mL com 500mg/mL.
   - Sol. oral: 50mg/mL.
   - Supositório infantil: 300mg
   - Supositório adulto: 1.000mg.
2. **Mecanismo de ação:**
   - Inibe as COX-1 e 2 e tem ação analgésica e antipirética.
3. **Indicações:**
   - Quadros álgicos e febris.
4. **Posologia para adulto:**
   - Uso VO: comp. 1.000mg: ½ ou 1 comp. até 4×/dia; comp. 500mg: 1 ou 2 comp. até 4×/dia; sol. oral: 20 a 40 gotas até 4×/dia.
   - Uso EV ou IM: dose única ou 1 ou 2 amp. até 4×/dia.
5. **Posologia pediátrica:**
   - VO, IM e EV: 10mg/kg/dose até 4×/dia.
6. **Contraindicações:**
   - Hipersensibilidade ao medicamento.
   - Crianças <3 meses ou < 5kg.
   - Primeiro e último trimestres de gravidez.

Ibuprofeno (Advil®, Alivium®)

1. **Apresentação:**
   - Comp.: 200, 300, 400 e 600mg.
2. **Mecanismo de ação:**
   - Inibe as COX-1 e 2 e tem ação analgésica e antitérmica.
3. **Indicações:**
   - Quadros álgicos e febris.
4. **Posologia para adultos:**
   - Comp. 200mg: 1 ou 2 comp. 4×/dia; comp. 400mg: 1 ou 2 comp. 3×/dia; 600mg: 1 comp. 2 a 3×/dia (dose máxima: de 2,4g até 3,2g/dia)
5. **Contraindicações:**
   - Hipersensibilidade ao medicamento.
   - Doença ulceropéptica.
   - Último trimestre de gestação.
   - Menores de 12 anos.

Nimesulida (Nisulid®, Arflex®)

1. **Apresentação:**
   - Comp.: 100mg.
2. **Mecanismo de ação:**
   - Inibidor seletivo da COX-2 tem ação analgésica, anti-inflamatória e antitérmica.
3. **Indicações:**
   - Alívio de quadros álgicos, febris e inflamatórios.
4. **Posologia para adultos:**
   - 1 comp. até 2×/dia. Máximo: 200mg até 2×/dia.
5. **Contraindicações:**
   - Hipersensibilidade ao medicamento.
   - Doenças ulceropépticas.
   - Insuficiência renal grave.
   - Gestação e lactação.
   - Menores de 12 anos.

Paracetamol ou acetaminofeno (Tylenol®, Dôrico®)

1. **Apresentação:**
   - Comp.: de 500 e 750mg.
2. **Mecanismo de ação:**
   - Inibe COX-1 e 2 e tem ação analgésica e antitérmica.
3. **Indicações:**
   - Quadros álgicos e febris.
4. **Posologia para adultos:**
   - 1 ou 2 comp. até 5-6×/dia. Dose máxima: 4g/dia.
5. **Posologia pediátrica:**
   - 10 a 15mg/kg de 4/4h ou 6/6h.
6. **Contraindicações:**
   - Hipersensibilidade ao medicamento.
   - Insuficiência hepática.
   - Menores de 12 anos.
7. **Antídoto:**
   - Acetilcisteína.

Piroxicam (Feldene®, Floxicam®)

1. **Apresentação:**
   - Caps.: 10 e 20mg.
   - Comp. e supositório: 20mg.
   - Amp. de 2mL com 40mg.
   - Susp. oral: 10mg/mL.
2. **Mecanismo de ação:**
   - Inibe COX-1 e 2 e tem ação analgésica, antitérmica e anti-inflamatória.
3. **Indicações:**
   - Alívio da dor em doenças reumatológicas, distúrbios musculoesqueléticos, estados pós-traumáticos, crise de gota, pós-operatório e dismenorreia primária.
4. **Posologia para adultos:**
   - 10 a 20mg 1×/dia. Dose máxima: 40mg/dia.
5. **Contraindicações:**
   - Hipersensibilidade ao medicamento.
   - Doença ulceropéptica.
   - Gravidez e lactação.
   - Menores de 18 anos.

Tenoxicam (Tilatil®)

1. **Apresentação:**
   - Comp.: 20mg.
   - Amp. com pó liofilizado injetável: 20 e 40mg.
2. **Mecanismo de ação:**
   - Inibe COX-1 e 2 e tem ação analgésica, antitérmica e anti-inflamatória.
3. **Indicações:**
   - Alívio da dor em doenças reumatológicas, distúrbios musculoesqueléticos, estados pós-traumáticos, crise de gota, pós-operatório e dismenorreia primária.
4. **Posologia para adultos:**
   - Uso VO: 20 ou 40mg 1×/dia.
   - Uso IM ou EV: 1 amp. por 1 ou 2 dias e continuação por VO.
5. **Contraindicações:**
   - Hipersensibilidade ao medicamento.
   - Doença ulceropéptica.
   - Menores de 18 anos.
   - Gravidez.

ANALGÉSICOS POTENTES

Cetamina (Ketamin®)

1. **Apresentação:**
   - Frasco com 10mL: 50mg/mL.
   - Amp. de 2mL com 100mg.
2. **Mecanismo de ação:**
   - O fármaco produz um estado anestésico caracterizado por profunda analgesia, reflexos laringofaríngeos normais, tônus dos músculos esqueléticos normal ou ligeiramente aumentado e discreto estímulo cardiovascular e respiratório. Ocasionalmente, acarreta depressão respiratória mínima, de caráter transitório.
3. **Indicações:**
   - Usado como agente/indutor/adjuvante anestésico, hipnótico e sedativo para procedimentos cirúrgicos e diagnósticos que não necessitem relaxamento muscular esquelético (apresenta ação broncodilatadora). Opção para intubação.
4. **Posologia para adultos:**
   - Uso EV: 1 a 4,5mg/kg.
   - IM: 6,5 a 13mg/kg.
5. **Posologia pediátrica:**
   - Uso EV: 0,5 a 2mg/kg/dose. Uso contínuo: 5 a 20mcg/kg/min.
   - Uso IM: 9 a 13mg/kg/dose.
6. **Contraindicações:**
   - Hipersensibilidade ao medicamento.
   - Doença cardiovascular.
   - Gravidez e amamentação.

Codeína

1. **Apresentação:**
   - Comp.: 30 e 60mg.
   - Amp. de 2mL com 60mg.
   - Associações: codeína + paracetamol (Tylex®): comp. 7,5mg + 500mg; comp. 30mg + 500mg.
2. **Mecanismo de ação:**
   - Liga-se aos receptores estereoespecíficos em vários sítios do SNC para alterar processos que afetam tanto a percepção da dor como a resposta emocional a esta.
   - Ação antitussígena.
3. **Indicações:**
   - Alívio de dor de intensidade moderada.
4. **Posologia para adultos:**
   - Uso VO: 1 comp. de 30 a 60mg 4 a 6×/dia.
   - Uso IM: 15 a 30mg de 2 a 4h.
   - Tosse: 10 a 20mg/dose de 4 a 6×/dia.
5. **Posologia pediátrica:**
   - 2 a 6 anos: 0,5 a 1,0mg/kg/dose ou 2,5 a 5mg/dose VO a cada 4/4h ou 6/6h (máximo: 30mg/dose).
   - > 6 anos: 5 a 10mg/dose VO de 4/4h ou 6/6h (máximo: 60mg/dose).
   - Antitussígeno: 1 a 1,5 mg/kg/dia VO (máximo: 20mg/dose de 4/4h).
6. **Contraindicações:**
   - Hipersensibilidade ao medicamento.
   - Menores de 2 anos.
   - Insuficiências hepática e renal.
7. **Antídoto:**
   - Naloxona.

Fentanil (Fentanil®, Fentanest®)

1. **Apresentação:**
    - Amp. de 2, 5 e 10mL com 50mcg/mL.
2. **Mecanismo de ação:**
    - Corresponde a um analgésico narcótico que apresenta rápida ação, curta duração e elevada potência (100 vezes maior do que a da morfina).
3. **Indicações:**
    - Indicado para procedimentos, sedação, analgesia, adjuvante anestésico e no período pré-operatório.
4. **Posologia para adulto:**
    - A dose deve ser individualizada (50mcg = 0,05mg = 1mL):
    - Sedação para procedimentos: 25 a 50mcg, EV, até 4×, a cada 5 minutos.
    - Pré-medicação/analgesia e adaptação para VM em CTI: 50 a 100mcg (0,05 a 0,1mg) (1 a 2 mL) via IM ou EV 30 a 60 minutos antes da cirurgia.
5. **Anestesia geral:** dose baixa: 2mcg/kg (0,002mg/kg) (0,04mL/kg). Não é necessária dose de manutenção nesses procedimentos com dor de baixa intensidade. Dose moderada: 2 a 20mcg/kg (0,002 a 0,02mg/kg) (0,04 a 0,4mL/kg). Manutenção: 25 a 100mcg/kg (0,025 a 0,1mg) (0,5 a 2mL) via EV. Dose elevada: 20 a 50mcg/kg (0,02 a 0,05mg/kg) (0,4 a 1mL/kg).
6. **Posologia pediátrica:**
    - Indução e manutenção em crianças de 2 a 12 anos: 20 a 30mcg (0,02 a 0,03mg) (0,4 a 0,6mL) a cada 10 a 12kg de peso corporal, via espinhal, IM ou EV.
7. **Contraindicações:**
    - Hipersensibilidade ao medicamento.
    - Doença pulmonar crônica.
8. **Antídoto:**
    - Naloxona (2mg EV a cada dose).

Meperidina ou petidina (Dolantina®, Dolosal®)

1. **Apresentação:**
    - Amp. de 2mL com 100mg.
2. **Mecanismo de ação:**
    - Liga-se a receptores opioides no SNC, inibindo a transmissão do impulso doloroso.
    - Analgésico opioide 10 vezes menos potente do que a morfina e mais tóxico.
3. **Indicações:**
    - Analgesia para dor de intensidade moderada a severa.
4. **Posologia para adulto:**
    - Uso IM: 25 a 150mg/dose
    - Uso EV: 25 a 100mg de 4/4h (dose máxima diária: 500mg).
5. **Posologia pediátrica:**
    - Uso IM, EV ou VO: 1 a 1,5mg/kg/dose de 4/4h (máximo: 100mg/dose).
6. **Contraindicações:**
    - Hipersensibilidade ao medicamento.
    - Arritmias cardíacas.
    - Asma.
    - Hipertensão intracraniana.
    - Gestação e lactação.
7. **Antídoto:**
    - Naloxona.

Morfina (Dimorf®)

1. **Apresentação:**
   - Comp.: de 10 e 30mg.
   - Amp. de 1mL com 0,1mg/mL, 0,2mg/mL, 1mg/mL, 10mg/mL, 20mg/mL; amp. de 2mL com 1mg/mL.
   - Sol. oral: 10mg/mL.
2. **Mecanismo de ação:**
   - Liga-se a receptores opioides no SNC, inibindo a transmissão do impulso doloroso.
3. **Indicações:**
   - Controle da dor aguda que não responde aos analgésicos tradicionais.
4. **Modo de uso e posologia (adulto):**
   - Uso VO: 10 a 30mg/dose até 6×/dia.
   - Uso EV: 2,5 a 5mg/dose de 4/4h (diluir em 10mL de AD e aplicar conforme posologia, em média 2 a 4mL).
   - Uso IM: 5 a 20mg de 4/4h.
4. **Posologia pediátrica:**
   - Uso SC, IM, EV ou VO: 0,1 a 0,2mg/kg/dose, de 4/4h (máximo: 15mg/dose).
5. **Contraindicações:**
   - Hipersensibilidade ao medicamento.
   - Insuficiência respiratória.
   - Cirurgias do trato biliar, de abdome, anastomose cirúrgica e íleo paralítico.
6. **Antídoto:**
   - Naloxona: 0,01mg/kg.

Tramadol (Tramal®)

1. **Apresentação:**
   - Caps.: 50mg.
   - Amp. de 1 e 2mL com 50mg/mL.
2. **Mecanismo de ação:**
   - Liga-se a receptores opioides no SNC, inibindo a transmissão do impulso doloroso. É um opioide fraco.
3. **Indicações:**
   - Alívio da dor de intensidade moderada a grave, dos tipos aguda, subaguda e crônica.
4. **Posologia para adulto:**
   - Uso VO: 1 a 2 caps. até 4×/dia.
   - Uso EV, IM, SC: se for de 1mL, 1 amp. de 3/3h; se for de 2mL, 1 amp. De 6/6h. dose máxima: 400mg/dia. Diluir a amp. em 100mL de SF para evitar efeitos adversos, como náuseas/vômitos.
5. **Contraindicações:**
   - Hipersensibilidade ao medicamento.
   - Associação com medicamentos inibidores da MAO, intoxicações agudas por álcool, medicamentos hipnóticos, analgésicos, opioides e outros psicotrópicos.
   - Gravidez.
6. **Antídoto:**
   - Naloxona.

ANALGÉSICOS PARA ENXAQUECA

Ácido acetilsalicílico + cafeína (Doril®, Melhoral®)

1. **Apresentação:**
   - Comp.: ácido acetilsalicílico 500mg + cafeína 30mg.
2. **Mecanismo de ação:**
   - Inibidor das COX-1 e 2.
3. **Indicações:**
   - Alívio de quadros álgicos e febris.
4. **Posologia para adulto:**
   - Uso VO: 1 ou 2 comp. até 4×/dia. Máximo: 6 comp./dia.
5. **Posologia pediátrica:**
   - Metade da dose de adultos.
6. **Contraindicações:**
   - Ver as mesmas do AAS.

Ergotamina – tartarato – + AAS + cafeína + homatropina (Migrane®)

1. **Apresentação:**
   - Comp.: tartarato de ergotamina 1mg + AAS 300mg + cafeína 100mg + homatropina 1,2mg.
2. **Mecanismo de ação:**
   - Ação vasoconstritora e analgésica.
3. **Indicações:**
   - Alívio de cefaleias vasculares, como a enxaqueca.
4. **Posologia para adulto:**
   - Uso VO: 1 a 2mg inicialmente; caso não haja melhora da sintomatologia, tomar 1mg de 1/1h (dose máxima: 4 comp./dia).
5. **Contraindicações:**
   - Hipersensibilidade ao medicamento.
   - Crianças.
   - Gravidez e lactação.

Ergotamina – Diidroergotamina – + Paracetamol + cafeína + metoclopramida (Cefalium®)

1. **Apresentação:**
   - Comp.: diidroergotamina 1mg + paracetamol 450mg + cafeína 75mg + metoclopramida 10mg.
2. **Mecanismo de ação:**
   - Ação vasoconstritora e analgésica.
3. **Indicações:**
   - Alívio de cefaleias vasculares, como a enxaqueca associada a náuseas e vômitos.
4. **Posologia para adulto:**
   - Uso VO: 1 ou 2 comp. ao primeiro sinal de enxaqueca; caso não haja melhora da sintomatologia, ingerir 1 comp. de 30/30min (máximo: 6 comp./dia).
5. **Contraindicações:**
   - Hipersensibilidade ao medicamento.
   - Diabetes, hipertensão e/ou função renal ou hepática comprometida.
   - Gravidez e lactação.

Isometepteno + dipirona sódica + cafeína (Neosaldina®)

1. **Apresentação:**
   - Drágeas: dipirona sódica 300mg + cloridrato de isomeptepteno 30mg + cafeína 30mg.
   - Sol. oral (gotas): isomeptepteno 50mg + dipirona 300mg + cafeína 30mg/mL.
2. **Mecanismo de ação:**
   - Ação vasoconstritora e analgésica.
3. **Indicações:**
   - Alívio de cefaleias vasculares, como a enxaqueca.
4. **Posologia para adultos:**
   - 1 ou 2 drágeas até 4×/dia (máximo: 8 drágeas/dia).
5. **Posologia pediátrica:**
   - 6 a 16mg/kg/dose, 4×/dia (aproximadamente 1 gota/kg/dose).
6. **Contraindicações:**
   - Hipersensibilidade ao medicamento.
   - Crises hipertensivas.
   - Gestação (especialmente nos 3 primeiros meses ou últimas 6 semanas) e em toda a lactação.
   - Crianças <12 anos.

Paracetamol + cafeína (Tylenol DC®)

1. **Apresentação:**
   - Comp.: paracetamol 500mg + cafeína 65mg.
2. **Mecanismo de ação:**
   - Ação analgésica e antitérmica.
3. **Indicações:**
   - Alívio de quadros álgicos e febris.
4. **Posologia para adultos:**
   - 1 ou 2 comp. até 4×/dia (máximo: 8 comp./dia).
5. **Contraindicações:**
   - Hipersensibilidade ao medicamento.
   - Insuficiência hepática.

ANTI-HISTAMÍNICOS

Desloratadina (Desalex®)

1. **Apresentação:**
   - Comp.: 5mg.
   - Xarope: 0,5mg/mL.
2. **Mecanismo de ação:**
   - Anti-histamínico H1 não sedante, de segunda geração e ação prolongada. Compete com a histamina pelos locais do receptor H1 sobre as células efetoras. Assim impede, mas não reverte, as respostas mediadas só pela histamina.
3. **Indicações:**
   - Alívio dos sintomas associados a rinite alérgica, urticária e outras alergias dermatológicas.
4. **Posologia para adulto:**
   - 1 comp. ou 10mL de xarope 1×/dia.
5. **Posologia pediátrica:**
   - 6 a 12 meses (xarope): 1mg/dose (2mL) 1×/dia.
   - 1 a 5 anos (xarope): 1,25mg/dose (2,5mL) 1×/dia.
   - 6 a 11 anos (xarope): 2,5mg/dose (5mL) 1×/dia.
6. **Contraindicações:**
   - Hipersensibilidade ao medicamento.
   - Evitar uso na gestação/lactação.
   - Uso de xarope em < 6 meses de idade.
   - Uso de comp. em < 12 anos.

Difenidramina (Benadryl®, Difenidrin®)

1. **Apresentação:**
   - Amp. com 10 e 50mg.
   - Susp. oral: 12,5mg/5mL.
2. **Mecanismo de ação:**
   - Anti-histamínico H1 de primeira geração.
3. **Indicações:**
   - Tratamento da urticária ou angioedema graves e em reações de hipersensibilidade, sedativo, antitussígeno e antiemético.
4. **Modo de uso e posologia (adulto):**
   - Uso EV e IM: 25 a 50mg até 4 a 6×/dia (dose máxima: 400mg/dia).
5. **Posologia pediátrica:**
   - Uso EV ou IM: 5mg/kg/24h, divididos em 3 ou 4 doses.
6. **Contraindicações:**
   - Hipersensibilidade ao medicamento.
   - Uso em neonatos e prematuros.
   - Lactação.
   - Uso associado a inibidores da MAO.
   - Crise aguda de asma.

Dexclorfeniramina (Polaramine®)

1. **Apresentação:**
   - Comp.: 2mg.
   - Drágea: 6mg.
   - Xarope: 2mg/5mL.
   - Susp. oral: 2,8mg/mL.
2. **Mecanismo de ação:**
   - Anti-histamínico H1 de primeira geração.
3. **Indicações:**
   - Reduzir os sintomas da alergia, prurido, rinite alérgica, urticária, picada de inseto, conjuntivite alérgica, dermatite atópica e eczemas alérgicos.
4. **Posologia para adultos:**
   - Comp.: 1 comp., até 3 ou 4×/dia. Máximo: 12mg/dia (6 comp./dia).
   - Gotas: 20 gotas, até 3 ou 4×/dia. Máximo: 12mg/dia (120 gotas/dia).
   - Xarope: 5mL, até 3 ou 4×/dia. Máximo: 12mg/dia (30mL/dia).
   - Drágea: 1 drágea 2 ou 3×/dia.
5. **Posologia pediátrica:**
   - Gotas: 6 a 12 anos: 10 gotas ou 1 gota/2kg de peso 3×/dia (máximo de 6mg/dia ou 60 gotas/dia); 2 a 6 anos: 5 gotas ou 1 gota/2kg de peso 3×/dia (máximo de 3mg/dia ou 30 gotas/dia).
   - Xarope: 6 a 12 anos: 2,5mL, 3×/dia (máximo de 6mg/dia ou 15mL/dia); 2 a 6 anos: 1,25mL, 3×/dia (máximo de 3mg/dia ou 7,5mL/dia).
   - Comp.: 6 a 12 anos: ½ comp. 3×/dia (máximo de 6mg/dia ou 3 comp./dia).
6. **Contraindicação:**
   - Hipersensibilidade ao medicamento.
   - Uso com medicamentos inibidores da MAO.
   - Menores 2 anos de idade.
   - Terceiro trimestre de gestação.

Fexofenadina (Allegra®)

1. **Apresentação:**
    - Comp.: 30, 60, 120 e 180mg.
2. **Mecanismo de ação:**
    - Anti-histamínico H1 de segunda geração.
3. **Indicações:**
    - Tratamento das manifestações alérgicas, como rinite alérgica e urticária.
4. **Posologia para adulto:**
    - 1 comp. de 60mg 2×/dia, 1 comp. 120mg 1×/dia ou 1 comp. 180mg 1×/dia.
5. **Posologia pediátrica:**
    - 1 comp. 30mg 2×/dia.
6. **Contraindicação:**
    - Menores de 12 anos.

Hidroxizina (Hixizine®, Prurizin®, Hidroxine®)

1. **Apresentação:**
    - Comp.: 10 e 25mg.
    - Caps.: 25mg.
    - Xarope: 2mg/mL.
2. **Mecanismo de ação:**
    - Agente anti-histamínico H1 potente de primeira geração com efeito sedativo/ansiolítico e antialérgico.
3. **Indicações:**
    - Alívio do prurido causado por condições alérgicas da pele, como urticária, dermatite atópica ou de contato, e do prurido decorrente de outras doenças sistêmicas.
3. **Posologia para adultos:**
    - 10 a 25mg/dose ou 1 a 4 comp./dose (dose máxima: 400 a 600mg/dia).
    - Efeito sedativo: 50 a 100mg/dose.
4. **Posologia pediátrica:**
    - Uso VO: 2mg/kg/dia 3 ou 4×/dia.
    - Uso IM: 0,5 a 1mg/kg/dose até 3 ou 4×/dia.
    - Efeito sedativo: uso VO: 0,6mg/kg ou 1,1mg/kg, até 4 a 6×/dia.
    - Xarope: 6 a 8kg: 1,5 a 2,0mL/tomada (dose anti-histamínica) ou 1,8 a 2,4mL/tomada (dose sedativa); 8 a 10kg: 2,0 a 2,5mL/tomada (dose anti-histamínica) ou 2,4 a 3,0mL/tomada (dose sedativa); 10 a 12kg: 2,5 a 3,0mL/tomada (dose anti-histamínica) ou 3,0 a 3,6 mL/tomada (dose sedativa); 12 a 24kg: 3,0 a 6,0mL/tomada (dose anti-histamínica) ou 3,6 a 7,2mL/tomada (dose sedativa); 24 a 40kg: 6,0 a 12,5mL/tomada (dose anti-histamínica) ou 7,2 a 15mL/tomada (dose sedativa).
5. **Contraindicações:**
    - Hipersensibilidade ao medicamento.
    - Gestação e amamentação.

Loratadina (Claritin®)

1. **Apresentação:**
    - Comp.: 10mg.
    - Xarope: 5mg/5mL.
2. **Mecanismo de ação:**
    - Anti-histamínico H1 de segunda geração.
3. **Indicações:**
    - Alergias, urticária e rinite.
4. **Posologia para adulto:**
    - 1 comp. 1×/dia ou 10mL (10mg) de xarope 1×/dia.
5. **Posologia pediátrica:**
    - < 2 anos: 2,5mg/dose 1×/dia.
    - 2 a 5 anos: xarope 5mL 1×/dia.
    - > 6 anos ou > 30kg: xarope 10mL 1×/dia.
6. **Contraindicações:**
    - Hipersensibilidade ao medicamento.
    - Insuficiências hepática e renal.

Prometazina (Fenergan®)

1. **Apresentação:**
   - Comp.: 25mg.
   - Amp. de 2mL com 50mg.
   - Xarope: 5mg/5mL.
2. **Mecanismo de ação:**
   - Anti-histamínico H1, de primeira geração, ação sistêmica com efeitos antialérgico, sedativo, antiemético (cinetose) e anticolinérgico.
3. **Indicações:**
   - Tratamento sintomático de todos os distúrbios incluídos no grupo das reações anafiláticas e alérgicas.
4. **Posologia para adultos:**
   - Ação anti-histamínica: VO – 12,5mg/dose 3×/dia; IM ou EV – 25mg/dose.
   - Ação antiemética: 12,5 a 25mg/dose 4×/dia.
   - Sedação: 25 a 50mg/dose.
5. **Posologia pediátrica:**
   - Ação anti-histamínica: 0,1mg/kg/dose 4×/dia.
   - Ação antiemética: VO, IM ou EV: 0,25 a 1mg/kg/dose até 4 a 6×/dia.
6. **Contraindicações:**
   - Hipersensibilidade ao medicamento.
   - Glaucoma.
   - Depressão do SNC.
   - Obstrução gastrointestinal ou urinária.
   - Crianças < 2 anos.

ANTIFÚNGICOS

Anfotericina B (Anforicin B® – convencional; AmBisome® – lipossomal; Fungizon® – desoxicolato; Abelcet® – complexo lipídico)

1. **Apresentação:**
   - Anforicin B®: Fr-amp. 50mg.
   - AmBisome®: Fr-amp. 50mg.
   - Abelcet®: Fr-amp. 100mg.
2. **Mecanismo de ação:**
   - Ação fungicida ou fungistática, dependendo da dose.
3. **Indicações:**
   - Tratamento de infecções fúngicas potencialmente graves. Espectro: aspergilose; blastomicose, candidíase disseminada; paracoccidiodomicose; criptococose; endocardite fúngica; endoftalmite candidiásica; infecções intra-abdominais; leishmaniose mucocutânea; meningite criptocócica; meningite fúngica de outras origens; mucormicose; septicemia fúngica; esporotricose disseminada; infecções fúngicas das vias urinárias; meningoencefalite amebiana primária.
4. **Posologia para adulto:**
   - Anforicin B®: a concentração recomendada para infusão é de 0,1mg/mL (1mg/10mL), iniciando com 0,25mg/kg e podendo aumentar até chegar a dose diária final de 0,5 a 1,0mg/kg EV lenta em 2 a 6 horas.
   - AmBisome®: terapia empírica: 3mg/kg/dia; infecções fúngicas sistêmicas: 3 a 5mg/kg/dia (*Aspergillus, Candida, Crypotococcus*); meningite por criptococos em pacientes infectados por HIV: 6mg/kg/dia em bomba de infusão contínua.
   - Fungizon®: 0,5 a 1mg/kg/dia ou 1 a 1,5mg/kg em dias alternados.
   - Abelcet®: 2,5 a 5mg/kg/dia em infusão única.
5. **Modo de uso e posologia (pediátrica):**
   - Anforicin B®: 0,25mg/kg EV em 2 a 6 horas, podendo ser aumentada até 0,5 a 1mg/kg (dose máxima: 1,5mg/kg/dia).
   - AmBisome®: 3 a 5mg/kg/dia em bomba de infusão contínua por 2 horas.
   - Abelcet®: 1 a 5mg/kg/dia EV em infusão única.
6. **Contraindicações:**
   - Hipersensibilidade ao medicamento.
   - Insuficiência renal.

Cetoconazol

1. **Apresentação:**
   - Comp.: 200mg.
   - Creme: 20mg/g.
   - Xampu: 20mg/g.
2. **Mecanismo de ação:**
   - Ação fungicida e fungistática.
3. **Indicações:**
   - Tratamento de infecções de pele, cabelo e membrana mucosa, como infecções causadas por *Candida* sp., dermatofitoses e pitiríase *versicolor*. É alternativa para o tratamento de blastomicose, histoplasmose e paracoccidioidomicose.
4. **Posologia para adulto:**
   - Uso VO: 1 ou 2 comp. 1×/dia.
   - Creme: aplicar nas áreas afetadas 1×/dia, mantendo por alguns dias após o desaparecimento das lesões.
   - Xampu: aplicar nas áreas infectadas e deixar agir por 3 a 5 minutos 1×/dia.
5. **Posologia pediátrica:**
   - Comp: VO, 1 comp. 1×/dia para crianças > 30kg; ½ comp. 1×/dia para crianças com peso entre 15 e 30kg (não recomendado para crianças < 15kg).
   - Creme: aplicar nas áreas afetadas 1×/dia, mantendo por alguns dias após o desaparecimento das lesões.
6. **Contraindicações:**
   - Hipersensibilidade ao medicamento.
   - Hepatopatias.
   - Amamentação.

Fluconazol

1. **Apresentação:**
   - Caps.: 50, 100 e 150mg.
   - Sol. para infusão: 2mg/mL com 200mg.
2. **Mecanismo de ação:**
   - É um inibidor potente e específico da síntese fúngica de esteroides.
3. **Indicações:**
   - Candidíase vulvovaginal aguda ou recorrente, dermatofitoses (*Tinea pedis*, *cruris* e *corporis*), onicomicoses e infecções por *Candida*.
4. **Posologia para adultos:**
   - Dermatomicoses: 150mg em dose única.
   - Infecções por *Candida*: 150mg por 2 a 4 semanas até, no máximo, 6 semanas.
   - Candidose vaginal: 150mg dose única.
   - Uso EV: 50 a 400mg/dia, dependendo da infecção.
5. **Posologia pediátrica:**
   - 3 a 12mg/kg/dia.
6. **Contraindicações:**
   - Hipersensibilidade ao medicamento.
   - Grávidez e amamentação.
   - Disfunção hepática.

Itraconazol

1. **Apresentação:**
   - Caps.: 100mg.
2. **Mecanismo de ação:**
   - Inibe a síntese do ergosterol nas células dos fungos.
3. **Indicações:**
   - Medicamento utilizado para micoses superficiais e profundas: dermatofitoses (*Tinea corporis/Tinea cruris/Tinea pedis/Tinea manus*), criptococose, aspergilose, blastomicose, paracoccidioidomicose, pitiríase *versicolor*, candidíase vaginal, candidíase oral e esofágica, onicomicoses, histoplasmose e esporotricose.
4. **Posologia para adultos:**
   - 100 a 400mg/dia 1 ou 2×/dia.
5. **Contraindicações:**
   - Hipersensibilidade ao medicamento.
   - Gravidez e lactação.
   - Insuficiência cardíaca.

Nistatina

1. **Apresentação:**
   - Creme vaginal: tubo de 60g com 14 aplicadores descartáveis.
   - Susp. oral: 100.000UI/mL.
   - Drágeas: 500.000UI/mL.
2. **Mecanismo de ação:**
   - Ação fungistática e fungicida.
3. **Indicações:**
   - Infecções por *Candida albicans, C. parapsilosis, C. tropicalis, C. guilliermondi, C. pseudotropicalis, C. krusei, Torulopsis glabrata, Tricophyton rubrum* e *T. mentagrophytes*.
4. **Posologia para adultos:**
   - Creme vaginal: 1 aplicação/dia por 14 dias.
   - Susp. oral: 1 a 6mL (100.000 a 600.000UI) 4×/dia.
   - Drágeas: 1 ou 2 drágeas (500.000 a 1.000.000UI) 3 ou 4×/dia.
5. **Posologia pediátrica:**
   - Susp. oral: 1mL (100.000UI) 4×/dia para prematuros e crianças de baixo peso; 1 a 2mL (100.000 a 200.000UI) 4×/dia para lactentes; 1 a 6mL (100.000 a 600.000UI) 4×/dia para os demais.
6. **Contraindicações:**
   - Hipersensibilidade ao medicamento.
   - Infecções oftálmicas.

ANTIVIRAIS

Aciclovir

1. **Apresentação:**
   - Comp.: 200mg ou 400mg.
   - Pó liofilizado: 250mg.
2. **Mecanismo de ação:**
   - Inibe a replicação dos herpesvírus.
3. **Indicações:**
   - Tratamento de herpes simples tipos 1 e 2 na pele e mucosas, inclusive herpes genital inicial e recorrente, e de herpes-zóster.
4. **Posologia para adulto:**
   - Herpes simples: 1 comp. de 200mg 5×/dia de 4/4h, omitindo-se a dose noturna por 5 dias. Em pacientes imunocomprometidos, a dose pode ser duplicada (400mg).
   - Supressão de herpes simples: 1 comp. de 200mg 4×/dia de 6/6h.
   - Herpes-zóster: 2 comp. de 400mg 5×/dia, de 4/4h, omitindo-se as doses noturnas, por 7 dias. Em pacientes imunocomprometidos, deve-se considerar a administração de doses EV.
   - Injetável: 5mg/kg de 8/8h para infecções por herpes simples ou por *Varicella zoster*. Pacientes imunocomprometidos com infecção pelo *Varicella zoster* ou com meningoencefalite herpética devem receber doses de 10mg/kg de 8/8h. Profilaxia da infecção pelo citomegalovírus (CMV) em pacientes transplantados de medula óssea: 500mg/m^2, 3×/dia, de 8/8h, de 5 até 30 dias após o transplante.
5. **Posologia pediátrica:**
   - Para tratamento e profilaxia de infecções por herpes simples em crianças imunocomprometidos, com > 2 anos de idade, as doses indicadas são as mesmas usadas para adultos. A metade dessas doses deve ser dada a crianças < 2 anos.
   - Injetável: 250mg/m^2 de área de superfície corporal, de 8/8h para infecções por herpes simples ou por *Varicella zoster*. Em crianças imunocomprometidas com infecções por *Varicella zoster* ou meningoencefalite herpética, 500mg/m^2 de área de superfície corporal, de 8/8h, por infusão contínua. Para profilaxia da infecção pelo vírus CMV em crianças > 2 anos de idade e transplantadas de medula óssea, pode-se administrar a dose de adultos.
   - Neonatos: 10mg/kg de 8/8h para infecção pelo vírus herpes simples.
6. **Contraindicação:**
   - Hipersensibilidade ao medicamento.

Ganciclovir

1. **Apresentação:**
   - Amp.: 500mg.
   - Comp.: 250mg
2. **Mecanismo de ação:**
   - Inibe a replicação dos herpesvírus.
3. **Indicações:**
   - Prevenção e tratamento de infecções por CMV em pacientes imunodeprimidos e para prevenção da doença por CMV em pacientes receptores de transplante.
4. **Posologia para adultos:**
   - Retinite por CMV: terapia de indução: 5mg/kg EV por 1 hora, de 12/12h, por 14 a 21 dias; tratamento de manutenção: 5mg/kg por 1 hora, 1×/dia por 7 dias.
   - Profilaxia em pacientes transplantados: terapia de indução: 5mg/kg EV por 1 hora, de 12/12h por 7 a 14 dias; tratamento de manutenção: 5mg/kg EV por 1 hora, 1×/dia por 7 dias.
5. **Contraindicações:**
   - Hipersensibilidade ao medicamento.
   - Gravidez e amamentação.

Osetalmivir (Tamiflu®)

1. **Apresentação:**
   - Caps.: de 30mg, 45mg ou 75mg.
   - Pó para susp. oral: 1 frasco com 30g de pó + 1 seringa dosadora + 1 copo-medida + 1 adaptador.
2. **Mecanismo de ação:**
   - Inibidor das enzimas neuraminidases dos vírus da gripe.
3. **Indicações:**
   - Tratamento e profilaxia de gripe.
4. **Posologia para adultos:**
   - Tratamento da gripe: 75mg 2×/dia por 5 dias em até 48 horas após o início dos sintomas.
   - Profilaxia da gripe: 75mg 1×/dia por 10 dias em até 2 dias após a exposição.
5. **Posologia pediátrica:**
   - Tratamento da gripe: < 15kg: 30mg 2×/dia; 15 a 23kg: 45mg, 2×/dia; 23 a 40kg: 60mg 2×/dia; > 40kg: 75mg 2×/dia. Duração do tratamento: 5 dias.
   - Profilaxia da gripe: > 15kg: 30mg 1×/dia; 15 a 23kg: 45mg 1×/dia; 23 a 40kg: 60mg 1×/dia; > 40kg: 75mg 1×/dia. Duração do tratamento: 10 dias.
6. **Contraindicações:**
   - Hipersensibilidade ao medicamento.
   - Menores de 1 ano de idade.

BLOQUEADORES MUSCULARES

Atracúrio

1. **Apresentação:**
   - Sol. injetável: 10mg/mL com 2 ou 5mL.
2. **Mecanismo de ação:**
   - Antagoniza-se com a acetilcolina, ligando-se competitivamente aos receptores colinérgicos da placa motora e bloqueando a transmissão neuromuscular.
3. **Indicações:**
   - Intubação endotraqueal, relaxamento da musculatura esquelética durante cirurgia, e para facilitar a ventilação mecânica em pacientes internados.
4. **Posologia para adulto:**
   - Uso EV: 0,3 a 0,6mg/kg em *bolus*, o que promoverá o relaxamento por 15 a 35 minutos. A intubação endotraqueal pode ser usualmente realizada dentro de 90 segundos. Para manter o bloqueio neuromuscular durante longos procedimentos cirúrgicos, fazer administração contínua de 0,3 a 0,6mg/kg/h.
5. **Contraindicação:**
   - Hipersensibilidade ao medicamento.

Pancurônio

1. **Apresentação:**
   - Amp. de 2mL com 4mg.
2. **Mecanismo de ação:**
   - Antagoniza-se com a acetilcolina, ligando-se competitivamente aos receptores colinérgicos da placa motora e bloqueando a transmissão neuromuscular.
3. **Indicações:**
   - Relaxamento muscular durante anestesia.
4. **Posologia para adultos:**
   - Uso EV: 0,04 a 0,1mg/kg; pode-se aumentar a dose em 0,01mg/kg a cada 20 ou 60 minutos.
   - Intubação endotraqueal: 0,06 a 0,1mg/kg EV.
5. **Contraindicações:**
   - Hipersensibilidade ao medicamento.
   - Gravidez e lactação.

Succinilcolina

1. **Apresentação:**
   - Sol. injetável: 100 e 500mg.
2. **Mecanismo de ação:**
   - Antagoniza-se com a acetilcolina, ligando-se competitivamente aos receptores colinérgicos da placa motora e bloqueando a transmissão neuromuscular.
3. **Indicações:**
   - Relaxamento muscular durante anestesia e intubação orotraqueal.
4. **Posologia para adultos:**
   - Uso EV: 1 a 1,5mg/kg (dose máxima: 150mg).
5. **Posologia pediátrica:**
   - Uso IM: 2,5mg/kg (dose máxima: 150mg).
   - Uso EV: 1 a 2mg/kg.
6. **Contraindicações:**
   - Hipersensibilidade ao medicamento.
   - Síndrome piramidal.
   - Glaucoma de ângulo fechado.
   - Gravidez e lactação.

ANTÍDOTOS

Protamina

1. **Apresentação:**
   - Amp. de 5mL, sendo 1.000UI/mL.
2. **Mecanismo de ação:**
   - Combina-se com a heparina, formando complexos inativos destituídos de ação anticoagulante.
3. **Indicações:**
   - Inativação da heparina em casos de hemorragias severas consecutivas à heparinoterapia.
4. **Posologia para adultos:**
   - A dose necessária de protamina depende da quantidade de heparina circulante no sangue. Cada 1mL de protamina neutraliza 1.000UI de heparina. Caso a concentração de heparina não seja determinada, recomenda-se não administrar mais do que 1mL de protamina. Como regra geral, para o tratamento das hemorragias originadas pela heparina, pode-se utilizar uma dose de protamina que neutralize 50% da última dose de heparina e interromper a administração de protamina quando o tempo de tromboplastina parcial (PTT) for normalizado.
5. **Contraindicação:**
   - Hipersensibilidade ao medicamento.

Flumazenil (Lanexat®)
1. **Apresentação:**
   - Amp. de 5mL com 0,5mg.
2. **Mecanismo de ação:**
   - É um antagonista benzodiazepínico.
3. **Indicações:**
   - Reversão completa ou parcial dos efeitos sedativos dos benzodiazepínicos.
4. **Posologia para adultos:**
   - Uso EV: 0,2mg. Se o grau desejado de consciência não é obtido em 60 segundos, uma segunda dose (0,1mg) pode ser administrada. Doses subsequentes de 0,1mg podem ser repetidas a intervalos de 60 segundos, se necessário, até a dose total de 1mg.
5. **Posologia pediátrica:**
   - > 1 ano: 0,01mg/kg. Se o grau de consciência desejado não for obtido após 45 segundos, nova dose de 0,01mg/kg pode ser administrada e repetida em intervalos de 60 segundos até a dose total máxima de 0,05mg/kg ou 1mg, aquela que for menor.
6. **Contraindicações:**
   - Hipersensibilidade ao medicamento.
   - Pacientes que receberam benzodiazepínicos para tratar de condições como estado epiléptico.

Naloxona
1. **Apresentação:**
   - Amp. de 1mL com 0,4mg.
2. **Mecanismo de ação:**
   - É um antagonista opioide.
3. **Indicações:**
   - Reversão de depressão respiratória induzida por opioides.
   - Toxicidade opioide.
4. **Posologia para adultos:**
   - Uso EV, IM ou SC: superdosagem de opioide: 0,4 a 2mg EV. Se não for conseguido o nível desejado de reação ou melhora nas funções respiratórias, deve-se repetir a dose a cada 2 ou 3 minutos. Se nenhuma resposta for observada após administração de 10mg, o diagnóstico de toxicidade induzida por narcóticos deve ser questionado. A aplicação IM ou SC poderá ser necessária, se a aplicação EV não puder ser feita. Para reversão da depressão respiratória: 0,1 a 0,2mg EV a cada 2 ou 3 minutos.
5. **Posologia pediátrica:**
   - Superdosagem de opioides: 0,01mg/kg EV. Se esta dosagem não alcançar o nível desejado de melhora clínica, uma dose subsequente de 0,1mg/kg/peso pode ser administrada. Se a via de aplicação EV não for possível, poderá ser administrado IM ou SC. Depressão narcótica pós-operatória: a mesma usada em adultos. Reversão da depressão respiratória: 0,005 a 0,01mg EV a cada 2 ou 3 minutos. Recém-nascidos: depressão induzida por narcótico: 0,01mg/kg EV, IM ou SC. Esta dosagem deve ser repetida de acordo com a orientação prescrita na administração em adultos para depressão narcótica pós-cirúrgica.
6. **Contraindicação:**
   - Hipersensibilidade ao medicamento.

Neostigmina
1. **Apresentação:**
   - Amp. de 1mL com 0,5mg.
2. **Mecanismo de ação:**
   - Inibe a colinesterase, impedindo a destruição da acetilcolina e facilitando a transmissão do impulso nervoso na placa neuromotora.
3. **Indicações:**
   - Retenção urinária no pós-operatório, distensão abdominal, miastenia grave e antagonista dos curarizantes.
4. **Posologia para adultos:**
   - SC, IM ou EV: constipação atônica, meteorismo: ½ a 1 amp. SC ou IM. Profilaxia de atonia intestinal pós-operatória e retenção urinária: ½ amp. SC ou IM imediatamente após a cirurgia. Se necessário, repetir esta dose de 4/4h ou 6/6h. Tratamento: 1 amp. SC, IM ou EV de 4/4h ou 5/5h. Antagonista dos curarizantes: 1 a 5mg SC ou EV, eventualmente com 0,4 a 1,2mg de sulfato de atropina para reduzir os efeitos adversos colinérgicos, como bradicardia e hipersecreção.
5. **Posologia pediátrica:**
   - Constipação atônica, meteorismo: ¼-½ amp. SC ou IM. É recomendável administrar um enema de glicerina a 10%, 50mL, ou enema salino 10%, 20mL, durante 30 minutos e após a injeção de neostigmina. Atonia intestinal pós-operatória e retenção urinária: ¼-½ amp. SC ou IM.
6. **Contraindicações:**
   - Hipersensibilidade ao medicamento.
   - Bradicardia e hipotensão.
   - Obstrução do trato urinário ou intestinal.

N-acestilcisteína (Fluimucil®)

1. **Apresentação:**
   - Xarope adulto: 20mg/mL.
   - Xarope pediátrico: 100mg/5mL.
   - Envelope granulado: 100, 200 e 600mg.
   - Comp. efervescente: 600mg.
   - Sol. nasal: 10mg/mL.
   - Amp. 100mg/mL.
2. **Mecanismo de ação:**
   - Inativa o metabólito tóxico originado do paracetamol.
3. **Indicações:**
   - Antídoto na intoxicação por paracetamol.
4. **Posologia para adultos:**
   - Uso VO: 150mg/kg. Deve ser administrado em até 24 horas após o uso do agente tóxico, seguido por doses individuais de 70mg/kg de 4/4h por 1 a 3 dias.
   - Uso IM: 1 amp. 1 ou 2×/dia.
   - Uso EV: 150mg/kg em SG5% por 4 horas, seguidos de 100mg/kg em SG 5% por 16 horas.
5. **Posologia pediátrica:**
   - Uso VO: ver posologia para adultos.
6. **Contraindicação:**
   - Hipersensibilidade ao medicamento.

PNEUMOLOGIA

ANTICOLINÉRGICOS

Brometo de ipratrópio (Atrovent®)

1. **Apresentação:**
   - Aerossol oral com 0,02mg/dose: frasco com 15mL + bocal + aerocâmera.
   - Solução para inalação a 0,025%: frasco com 20mL.
2. **Mecanismo de ação:**
   - Dupuração mucociliar e ação anticolinérgica, acarretando broncodilatação.
3. **Indicações:**
   - Tratamento de manutenção do broncoespasmo associado à DPOC. Também está indicado em combinação com medicação β-2-agonista no tratamento do broncoespasmo agudo associado à asma.
4. **Posologia para adultos:**
   - Aerossol: 2 *puffs* 4×/dia (dose máxima: 12 *puffs*/dia).
   - Tratamento da crise aguda: o médico determina o intervalo entre as doses: 2mL. Podem-se administrar doses repetidas até que o paciente esteja estável.
   - Tratamento de manutenção: 2mL, 3 ou 4×/dia.
5. **Posologia pediátrica:**
   - Tratamento da crise aguda: crianças até 6 anos: 0,4 a 1,0mL (podem-se usar doses repetidas até que o paciente esteja estável); crianças de 6 a 12 anos: 1mL (podem-se usar doses repetidas até que o paciente esteja estável.)
   - Tratamento de manutenção: crianças até 6 anos: 0,4 a 1mL, 3 ou 4×/dia; crianças de 6 a 12 anos: 1mL 3 ou 4×/dia.
6. **Contraindicação:**
   - Hipersensibilidade ao medicamento.

β2-AGONISTAS DE CURTA DURAÇÃO

Fenoterol (Berotec®)

1. **Apresentação:**
   - Xarope ped.: 1,25mg/5mL.
   - Xarope adulto: 2,5mg/5 mL.
   - Gotas: 5mg/mL.
   - *Spray* (aerossol): 100mcg/jato + espaçador pequeno.
   - *Spray* (aerossol): 200mcg/jato + espaçador pequeno.
2. **Mecanismo de ação:**
   - Agonista adrenérgico dos receptores β-2, produzindo broncodilatação.
3. **Indicações:**
   - Tratamento sintomático da crise aguda de asma e profilaxia do broncoespasmo induzido por exercícios.
4. **Posologia para adultos:**
   - Xarope: 5 a 10mL 3×/dia.
   - Gotas: 10 a 20 gotas 3×/dia.
   - *Spray*: 1 a 2 jatos/dia (dose máxima: 8 jatos/dia).
   - NBZ: 10 a 20 gotas diluídas em 3 a 5mL de SF 0,9%, até 4×/dia.
5. **Posologia pediátrica:**
   - Xarope: 10mL 3×/dia para crianças de 6 a 12 anos; 5 a 10mL 3×/dia para crianças de 1 a 6 anos; 5mL 2 ou 3×/dia para crianças < 1 ano.
   - Gotas: 10 gotas 3×/dia para crianças de 6 a 12 anos; 5 a 10 gotas 3×/dia para crianças de 1 a 6 anos; de 3 a 7 gotas 2 ou 3×/dia para crianças < 1 ano.
   - NBZ: 1 a 6 gotas em 5mL de SF 0,9% até 4×/dia em crianças de 6 a 12 anos; para crianças <6 anos (<22kg), utilizam-se 50mcg/kg/dose, diluídos em 3 a 5mL de SF 0,9%, até 3×/dia, com intervalo mínimo de 4 horas.
6. **Contraindicações:**
   - Hipersensibilidade ao medicamento.
   - Arritmia cardíaca grave.
   - Cardiomiopatia hipertrófica.

Salbutamol (Aerolin®)

1. **Apresentação:**
   - *Spray:* 100mcg/jato.
   - Xarope: 2mg/5mL.
   - Comp.: 2 e 4mg.
   - Sol. injetável: 0,5mg/mL.
   - Sol. NBZ: 5mg/mL.
2. **Mecanismo de ação:**
   - Agonista adrenérgico dos receptores β-2, produzindo broncodilatação.
3. **Indicações:**
   - Tratamento do broncoespasmo associado a asma e DPOC.
   - Profilaxia de broncoespasmo induzido por exercícios.
4. **Posologia para adultos:**
   - *Spray:* até 2 jatos, 3 ou 4×/dia.
   - Xarope: 5 a 20mL 3 ou 4×/dia.
   - Comp.: 4mg 3 ou 4×/dia, podendo aumentar para 8mg.
   - Sol. injetável: IM e SC: 8mcg/kg até 6×/dia; EV: 4mcg/kg até 6×/dia.
   - NBZ: 2,5 a 5mg/dose, diluídos em 3 a 5mL de SF de 30 a 60 minutos nas primeiras 3 a 4 horas e após com intervalos de 4 a 6 horas.
5. **Posologia pediátrica:**
   - Spray: até 2 jatos 4×/dia.
   - Xarope: 2,5 a 5mL 3 a 4×/dia para crianças de 2 a 6 anos; 5mL 3 a 4×/dia para crianças de 6 a 12 anos; 5 a 10mL 3 a 4×/dia para crianças < 12 anos.
   - Comp.: 1 a 2 mg 3 a 4×/dia para crianças de 2 a 6 anos; 2mg 3 a 4×/dia para crianças de 6 a 12 anos; 2 a 4mg 3 a 4×/dia para crianças < 12 anos.
   - NBZ: 2,5mL diluído em 2 a 5mL de SF para crianças menores de 12 anos.
6. **Contra-indicações:**
   - Hipersensibilidade ao medicamento.

Terbutalina (Bricanyl®, Terbutil®)

1. **Apresentação:**
   - Xarope: 0,3mg/mL.
   - Amp. de 1mL com 0,5mg.
2. **Mecanismo de ação:**
   - Agonista adrenérgico dos receptores β-2, produzindo broncodilatação.
3. **Indicações:**
   - Tratamento de asma e DPOC.
4. **Posologia para adultos:**
   - Uso VO: 10 a 15mL 3×/dia.
   - Uso SC: 0,5 a 1mL até 4×/dia.
5. **Posologia pediátrica:**
   - Uso VO: 0,25mL/kg 3×/dia.
   - Uso SC: ¼-½ da dose do adulto, administrada a critério médico.
6. **Contraindicações:**
   - Hipersensibilidade ao medicamento.
   - Gravidez.

β2-AGONISTA DE LONGA DURAÇÃO

Bambuterol (Bambec®)

1. **Apresentação:**
   - Sol. oral: 1mg/mL.
2. **Mecanismo de ação:**
   - Agonista adrenérgico dos receptores β-2, produzindo broncodilatação.
3. **Indicações:**
   - Tratamento de asma e DPOC.
4. **Posologia para adultos:**
   - 10mL/dia, em dose única. Caso necessário, pode-se aumentar a dose para 20mL/dia.
5. **Posologia pediátrica:**
   - De 2 a 5 anos: 10mL/dia, em dose única.
6. **Contraindicação:**
   - Hipersensibilidade ao medicamento.

Formoterol (Foradil®)

1. **Apresentação:**
   - Caps. com inalador (*aerolizer*): 12mcg.
2. **Mecanismo de ação:**
   - Agonista adrenérgico dos receptores β-2, produzindo broncodilatação.
3. **Indicações:**
   - Profilaxia e tratamento de broncoconstrição em pacientes com asma DPOC e profilaxia de broncoespasmo induzido por alérgenos inalados, ar frio ou exercício.
4. **Posologia para adultos:**
   - Inalação de 1 ou 2 caps. 2×/dia (dose máxima: 48mcg/dia).
5. **Posologia pediátrica:**
   - Inalação de 1 caps. 2×/dia (dose máxima: 24mcg/dia).
6. **Contraindicação:**
   - Hipersensibilidade ao medicamento.

Salmeterol (Serevent®)

1. **Apresentação:**
   - Aerossol/*spray*: 25mcg/*puff*.
   - Rotadisco: 60 doses de 50mcg/inalação.
2. **Mecanismo de ação:**
   - Agonista adrenérgico dos receptores β-2, produzindo broncodilatação.
3. **Indicações:**
   - Profilaxia e tratamento de broncoconstrição em pacientes com asma DPOC e profilaxia de broncoespasmo induzido por alérgenos inalados, ar frio ou exercício.
4. **Posologia para adultos:**
   - 1 jato 50mcg/dose, 2×/dia (dose máxima: 100mcg/dose, 2×/dia).
5. **Posologia pediátrica:**
   - 1 ou 2 *puffs* (25 a 50mcg/dose), 2×/dia.
6. **Contraindicação:**
   - Hipersensibilidade ao medicamento.

BLOQUEADORES DO RECEPTOR DE HISTAMINA

Cromoglicato de sódio (Rilan®, Intal®)

1. **Apresentação:**
   - Sol. nasal: 4% (40mg/mL) e 2% (20mg/mL).
   - Aerossol/*spray*: 5mg/dose.
   - Amp. de 2mL com 20mg.
   - Caps. para inalação: 20mg/caps.
2. **Mecanismo de ação:**
   - Bloqueador da liberação de histamina.
3. **Indicações:**
   - Tratamento e profilaxia da rinite alérgica.
4. **Posologia para adultos:**
   - 2 *puffs* de sol. nasal a 2% ou 1 *puff* de sol. nasal a 4% 2 a 4×/dia.
   - *Spray*: 2 a 4 *spray*/dose, 3 a 4×/dia.
   - NBZ: 20mg/dose ou 2mL/dose da sol. para NBZ, 3 ou 4×/dia.
5. **Posologia pediátrica:**
   - 2 *puffs* de sol. nasal a 2% ou 1 *puff* de sol. nasal a 4% 2 a 4×/dia.
   - *Spray*: 1 ou 2 *sprays*/dose 3 ou 4×/dia.
6. **Contraindicações:**
   - Hipersensibilidade ao medicamento.
   - Crise asmática.

Nedocromil sódico (Tilade®)

1. **Apresentação:**
   - *Spray:* 2mg/jato.
2. **Mecanismo de ação:**
   - Inibe a liberação de mediadores inflamatórios e a resposta quimiotáxica dos eosinófilos e neutrófilos.
3. **Indicações:**
   - Tratamento de broncoespasmo causado por asma brônquica, bronquite asmática, por exercício ou estímulos, como ar frio, inalação de alérgenos, poluentes atmosféricos e outros irritantes.
4. **Posologia para adultos:**
   - 2 jatos, 2 a 4×/dia (dose máxima: 8 jatos/dia).
5. **Contraindicação:**
   - Hipersensibilidade ao medicamento.

CORTICOIDES INALATÓRIOS

Beclometasona (Clenil®, Beclosol®)

1. **Apresentação:**
   - *Spray* nasal aquoso: 50mcg/jato.
   - Pó para inalação (Clenil®, Pulvinal®): 100, 200 e 400mcg.
   - Aerossol pressurizado: 50, 100, 200 e 250mcg/jato.
   - Flaconete (Clenil A®) com 2mL (0,4mcg/mL).
2. **Mecanismo de ação:**
   - Ação anti-inflamatória nas vias aéreas, reduzindo o edema, a hipersecreção e o broncoespasmo.
3. **Indicações:**
   - Prevenção e tratamento de asma brônquica e bronquite.
4. **Posologia para adultos:**
   - *Spray* nasal: 2 *puffs* em cada narina 2×/dia (dose máxima: 8 *puffs*).
   - Pó para inalação: 1 dose 400mcg 2×/dia ou 1 dose 200mcg 3 ou 4×/dia.
   - Aerossol pressurizado: 100 ou 500mcg 2 a 4×/dia.
   - Flaconete: 2mL, 1 ou 2×/dia.
4. **Posologia pediátrica:**
   - *Spray* nasal: 2 *puffs* em cada narina 2×/dia.
   - Pó para inalação: 1 dose 100mcg 2 a 4×/dia ou 1 dose 200mcg 2×/dia.
   - Aerossol pressurizado: 200 a 1.000mcg/dia.
   - Flaconete: 1mL 1 ou 2×/dia.
5. **Contraindicações:**
   - Hipersensibilidade ao medicamento.
   - Tuberculose pulmonar ativa ou inativa.
   - Herpes simples.

Budesonida (Busonid®, Pulmicort®)

1. **Apresentação:**
   - NBZ: frasco com 2mL, 0,25mg/mL ou 0,5mg/mL.
   - Susp. em *spray* nasal: 32mcg/dose, 50mcg/dose, 64mcg/dose e 100mcg/dose.
   - *Turbuhaler:* 100mcg/dose ou 200mcg/dose.
2. **Mecanismo de ação:**
   - Ação anti-inflamatória nas vias aéreas, reduzindo o edema, a hipersecreção e o broncoespasmo.
3. **Indicações:**
   - Prevenção e tratamento da asma brônquica.
4. **Posologia para adultos:**
   - NBZ: 1 a 2mg/dia (dose máxima: 4mg/dia).
   - *Spray* nasal: 2 aplicações de 64mcg em cada narina 1×/dia ou 1 aplicação de 12/12h; 4 aplicações de 32mcg em cada narina ou 2 aplicações de 12/12h; 2 aplicações de 50mg em cada narina 1×/dia ou 1 aplicação de 12/12h.
   - *Turbuhaler*: 200mcg/dose 2×/dia e aumentar se necessário.
5. **Posologia pediátrica:**
   - NBZ: 0,5 a 1mg/dia 1 ou 2×/dia (dose máxima: 2mg/dia).
   - *Spray* nasal: ver posologia adulto.
   - *Turbuhaler*: 200mcg/dose, 2×/dia (dose máxima: 800mcg/dia).
6. **Contraindicações:**
   - Hipersensibilidade ao medicamento.
   - Crise aguda de asma.

Fluticasona (Flixotide®, Fluticaps®)

1. **Apresentação:**
   - *Spray:* 50 e 250mcg/jato.
   - *Diskus:* 50 e 250mcg/dose.
   - Caps. para inalação: 50 e 250mcg.
2. **Mecanismo de ação:**
   - Potente ação anti-inflamatória nas vias aéreas, reduzindo os sintomas e as exacerbações da asma.
3. **Indicações:**
   - Tratamento e profilaxia de asma e DPOC.
4. **Posologia para adultos:**
   - Inalação oral: 100 a 250mcg 2×/dia na asma leve; 250 a 500mcg 2×/dia na asma moderada; 500 a 1.000mcg 2×/dia na asma grave.
   - *Spray* nasal: 2 *puffs* em cada narina, 1×/dia, de preferência pela manhã (dose máxima: 4 *puffs* em cada narina).
5. **Posologia pediátrica:**
   - Inalação oral: 50 a 100mcg 2×/dia.
   - *Spray* nasal: 1 *puff* em cada narina, 1×/dia, preferencialmente pela manhã (dose máxima: 2 *puffs* em cada narina).
6. **Contraindicação:**
   - Hipersensibilidade ao medicamento.

ANTAGONISTAS DOS LEUCOTRIENOS

Montelucaste (Singular® e Singular®Baby)

1. **Apresentação:**
   - Comp.: 4, 5 e 10mg (Singular®).
   - Sachê: 4mg (Singular®Baby).
2. **Mecanismo de ação:**
   - Antagonista do receptor de leucotrienos.
3. **Indicações:**
   - Profilaxia e tratamento de asma.
4. **Posologia para adultos:**
   - 1 comp. de 10mg, 1×/dia ao deitar.
5. **Posologia pediátrica:**
   - 6 meses a 1 ano: 1 comp. de 4mg, 1×/dia, ao deitar; de 2 a 5 anos: 1 comp. mastigável de 4mg ou um sachê de grânulos orais de 4mg diariamente; de 6 a 14 anos: 1 comp. de 5mg, 1×/dia, ao deitar.
6. **Contraindicações:**
   - Hipersensibilidade ao medicamento.
   - Crianças < 6 meses.

Zafirlucast (Accolate®)

1. **Apresentação:**
   - Comp.: 20mg.
2. **Mecanismo de ação:**
   - Antagonista do receptor de leucotrienos.
3. **Indicações:**
   - Profilaxia e tratamento de asma.
4. **Posologia para adultos:**
   - 1 comp. 2×/dia (dose máxima: 2 comp. 2×/dia).
5. **Posologia pediátrica:**
   - Entre 6 e 12 anos: 10mg/dose 2×/dia.
6. **Contraindicações:**
   - Hipersensibilidade ao medicamento.
   - Insuficiência hepática.
   - Crianças < 6 anos.

XANTINAS

Aminofilina (Aminofilina® Sandoz®; Minoton®)

1. **Apresentação:**
   - Comp.: 100 e 200mg.
   - Sol. oral: 240mg/mL.
   - Sol. injetável: 24mg/mL.
2. **Mecanismo de ação:**
   - Dilatação dos brônquios e dos vasos pulmonares mediante o relaxamento da musculatura lisa. Dilata também as artérias coronárias e aumenta o débito cardíaco e a diurese.
3. **Indicações:**
   - Asma brônquica, bronquites aguda e crônica, enfisema, outras causas de insuficiência respiratória com componente obstrutivo.
   - Insuficiência cardíaca congestiva, edema agudo do pulmão, *cor pulmonale* e insuficiência coronariana.
   - Potencializadora do efeito dos diuréticos em nefropatias com importante componente edematoso.
   - Vasoespasmo cerebral.
4. **Posologia para adultos:**
   - Comp.: 100 a 200mg 2 ou 3×/dia.
   - Sol. oral: 10 a 20 gotas 2 ou 3×/dia.
   - Sol. injetável: 15mg/kg/dia 4×/dia.
   - Uso IM: 1 ou 2 amp. 2×/semana até 2×/dia – infusão lenta (3 a 5 minutos).
5. **Posologia pediátrica:**
   - Sol. oral: crianças < 1 ano: 0,3 × (idade em semanas) + 8 de 6/6h; 1 a 12 anos: 6mg/kg/dose 4×/dia; 12 a 16 anos: 5mg/kg/dose, 4×/dia; > 16 anos: 4mg/kg/dose, 4×/dia.
   - NBZ: diluir 0,5 a 1mL de aminofilina em igual volume de água destilada.
   - Sol. injetável: 3 a 5mg/kg/dose, 4×/dia.
   - Cuidado: dose terapêutica é muito próxima da dose tóxica.
6. **Contraindicações:**
   - Hipersensibilidade ao medicamento.
   - Doença ulceropéptica.
   - Arritmias não controladas.
   - Gestantes.

Teofilina (Teolong®)

1. **Apresentação:**
   - Caps. de liberação prolongada: 100, 200 e 300mg.
2. **Mecanismo de ação:**
   - Ver aminofilina.
3. **Indicações:**
   - Prevenção e tratamento de broncoespasmo devido a asma e DPOC.
4. **Posologia para adultos:**
   - Dose de 11 a 13mg/kg/dia.
5. **Posologia pediátrica:**
   - 8 a 11mg/kg/dose, 2×/dia, para crianças até 30kg (dose máxima: 20mg/kg); 100mg/dose, 2×/dia, para crianças de 3 a 6 anos; 200mg/dose, 2×/dia, para crianças de 6 a 12 anos.
6. **Contraindicações:**
   - Hipersensibilidade ao medicamento.
   - Doença ulceropéptica.
   - Gestantes.

MUCOLÍTICOS/EXPECTORANTES

Acetilcisteína (Fluimucil®)

1. **Apresentação:**
   - Xarope adulto: 200mg/5mL.
   - Xarope pediátrico: 100mg/5mL.
   - Envelope granulado: 100, 200 e 600mg.
   - Comp. efervescente: 600mg.
   - Sol. nasal: 10mg/mL.
   - Sol. injetável: 100mg/mL.
2. **Mecanismo de ação:**
   - Ação mucolítica.
3. **Indicações:**
   - Traqueobronquites, bronquite crônica asmática, pneumonias e outros processos infecciosos do aparelho respiratório.
4. **Posologia para adultos:**
   - Xarope 20mg/mL: 10mL (3×/dia) ou 40mg/mL: 15mL (1×/dia).
   - Granulado de 200mg (3×/dia) ou de 600mg (1×/dia).
   - Comp.: 600mg 1×/dia.
   - Sol. nasal: 2 ou 3 puffs em cada narina, 3 ou 4×/dia.
   - Sol. injetável: uso IM, 1 amp. 1 ou 2×/dia.
5. **Posologia pediátrica:**
   - Xarope: 1mL 3×/dia em crianças até 3 meses; 2,5mL 2×/dia em crianças de 3 a 6 meses; 2,5mL 3×/dia em crianças de 6-12 meses; 5mL, 2 ou 3×/dia, em crianças de 1 a 4 anos; 5mL 3 ou 4×/dia em > 4 anos.
   - Granulado: 100mg 2 ou 3×/dia em crianças de 1 a 4 anos; 100mg 3 ou 4×/dia em > 4 anos.
   - Sol. nasal: 1 ou 2 puffs em cada narina, 3 ou 4×/dia.
   - Sol. injetável: uso IM ou EV, ½ ampola 1 ou 2×/dia.
6. **Contraindicação:**
   - Hipersensibilidade ao medicamento.

Ambroxol (Mucosolvan®, Mucolin®)

1. **Apresentação:**
   - Xarope adulto: 30mg/5mL.
   - Xarope pediátrico: 15mg/5mL.
   - Gotas: 7,5mg/mL.
   - Comp.: 30mg.
2. **Mecanismo de ação:**
   - Ação mucolítica.
3. **Indicações:**
   - Traqueobronquites, bronquite crônica asmática, pneumonias e outros processos infecciosos do aparelho respiratório.
4. **Posologia para adultos:**
   - Xarope: 5mL, 3×/dia.
   - Gotas: 120 gotas 3×/dia.
   - NBZ: 1 ou 2 inalações/dia com 60 a 90 gotas.
   - Comp.: 30mg, 3×/dia.
5. **Posologia pediátrica:**
   - Xarope: 2 a 5 anos: 2,5mL, 3×/dia; 5 a 10 anos: 5mL 3×/dia.
   - Gotas: 2 a 5 anos: 30 gotas 3×/dia; 5 a 10 anos: 60 gotas 3×/dia.
   - NBZ: 2 a 5 anos: 1 ou 2 inalações/dia com 60 gotas; > 5 anos: 60 a 90 gotas.
6. **Contraindicações:**
   - Hipersensibilidade ao medicamento.
   - Crianças < 2 anos.

GASTROLOGIA
ANTIEMÉTICOS/PRÓ-CINÉTICOS

Bromoprida (Digesan®, Plamet®)
1. **Apresentação:**
   - Comp. e caps: 10mg.
   - Amp. de 2mL com 10mg.
   - Solução oral: 5mg/5mL.
   - Gotas pediátricas: 4mg/mL.
   - Digesan retard®: 20mg/caps.
2. **Mecanismo de ação:**
   - Pró-cinético e antiemético.
3. **Indicações:**
   - Náuseas, vômitos e refluxo gastrointestinal.
4. **Posologia para adultos:**
   - Uso VO, IM ou EV: 10mg/dose 2 ou 3×/dia (dose máxima: 60mg/dia).
5. **Posologia pediátrica:**
   - Uso oral: 0,5 a 1,0mg/kg/dia dividido em 3 tomadas.
   - Gotas pediátricas: 1 ou 2 gotas/kg 3×/dia.
   - Uso IM: 0,5 a 1mg/kg/dose, dividido em 2 aplicações/dia.
6. **Contraindicações:**
   - Hipersensibilidade ao medicamento.
   - Obstrução intestinal.
   - Hemorragia gastrointestinal.
   - Feocromocitoma.

Domperidona (Motilium®)
1. **Apresentação:**
   - Comp.: 10mg.
   - Susp. oral: 1mg/mL.
2. **Mecanismo de ação:**
   - Antagonista da dopamina com propriedades antiemética e pró-cinética.
3. **Indicações:**
   - Síndromes dispépticas.
4. **Posologia para adultos:**
   - 1 ou 2 comp. até 3 ou 4×/dia, 30 minutos antes das refeições.
5. **Posologia pediátrica:**
   - 0,25mg/kg/dose até 3 ou 4×/dia (2,5mL da susp. oral para cada 10kg/dose, 3 ou 4×/dia, antes das refeições).
   - Uso IM: 0,1 ou 0,2mg/kg/dose (máximo: 1mg/kg/dia).
6. **Contraindicações:**
   - Hipersensibilidade ao medicamento.
   - Hemorragia, perfuração ou obstrução digestiva.

Dimenidrinato (Dramin®)

1. **Apresentação:**
   - Comp.: 50 ou 100mg.
   - Amp. de 1mL com 50mg.
   - Sol. gotas: 20 gotas = 25mg = 1mL.
   - Sol. oral: 12,5mg/5mL.
2. **Mecanismo de ação:**
   - Ação anti-histamínica, antiemética, depressora na função labiríntica e sedativa.
3. **Indicações:**
   - Náuseas e vômitos.
   - Profilaxia e tratamento dos distúrbios vestibulares.
4. **Posologia para adultos:**
   - Uso VO, IM ou EV: 50 a 100mg/dose até 4×/dia.
   - Sol. oral: 20 a 40mL, 4 a 6×/dia (dose máxima: 400mg/dia).
5. **Posologia pediátrica:**
   - Uso VO: 2 a 6 anos: 5 a 10mL de 4 a 6×/dia; de 6 a 12 anos: 10 a 20mL de 4 a 6×/dia. Dose máxima: 2 a 6 anos: 75mg/dia; 6 a 12 anos: 150mg/dia.
   - Uso IM ou EV: 1,25mg/kg/dose 4×/dia.
6. **Contraindicações:**
   - Hipersensibilidade ao medicamento.
   - Crianças < 2 anos.

Metoclopramida (Plasil®)

1. **Apresentação:**
   - Comp.: 10mg.
   - Amp. de 2mL com 10mg.
   - Frasco: 10mL (4mg/mL).
   - Supositório adulto: 10mg.
   - Supositório pediátrico: 5mg.
2. **Mecanismo de ação:**
   - Ação antiemética e pró-cinética.
3. **Indicações:**
   - Náuseas e vômitos.
   - Refluxo gastroesofágico.
4. **Posologia para adultos:**
   - Ação antiemética: VO: 1 comp. ou 2 colheres de chá (solução oral de 10mL), 3×/dia, 10 minutos antes das refeições; IM ou EV: 1 amp. 3×/dia.
   - Refluxo gastroesofágico: 10 a 15mg/dose, meia hora antes das refeições.
5. **Posologia pediátrica:**
   - Ação antiemética: VO, IM, EV: 0,1 a 0,2mg/kg/dose 3 ou 4×/dia ou 0,4 a 0,8mg/kg/dia em < 6 anos. Gotas: < 1 ano: 5 gotas, 2×/dia; 1 a 3 anos: 5 gotas 2 ou 3×/dia; 3 a 5 anos: 10 gotas 2 ou 3×/dia; > 6 anos: VO, IM, EV: 0,5 a 1mg/kg/dia. Gotas: 5 a 14 anos: 13 a 26 gotas 3×/dia.
6. **Contraindicação:**
   - Hipersensibilidade ao medicamento.

Ondansetrona (Zofran®)

1. **Apresentação:**
   - Comp.: 4 e 8mg.
   - Amp. de 2 e 4mL, contendo 4 e 8mg, respectivamente.
2. **Mecanismo de ação:**
   - Agente antisserotonérgico que age ligando-se aos receptores 5-HT3 e exercendo ação antiemética.
3. **Indicações:**
   - Prevenção de náuseas e vômitos induzidos por quimioterapia antineoplásica, radioterapia corporal total ou abdominal.
   - Prevenção e tratamento das náuseas e vômitos no pós-operatório.
4. **Posologia para adultos:**
   - Prevenção de náuseas e vômitos induzidos por quimioterapia: uso EV: 0,15mg/kg 3×/dia, começando 30 minutos antes da quimioterapia, ou 0,45mg/kg, 1×/dia, ou 24 a 32mg, 1×/dia. Uso VO: 24mg 30 minutos antes da quimioterapia, continuando até 2 dias após o tratamento.
   - Para náuseas e vômitos pós-operatórios: uso EV: 4mg 30 minutos antes do término da anestesia ou como tratamento, se surgirem vômitos após a cirurgia. Uso VO: 16mg 1 hora antes da indução anestésica.
5. **Posologia pediátrica:**
   - Uso EV: 5mg/m² durante 15 minutos antes da quimioterapia, seguidos de 4mg VO 12 horas após. Pode-se continuar o tratamento VO na dose de 4mg 2×/dia, por até 5 dias.
6. **Contra-indicação:**
   - Hipersensibilidade ao medicamento.

ANTIÁCIDOS

Cimetidina

1. **Apresentação:**
   - Comp.: 200 e 400mg.
   - Amp. de 2mL com 150mg.
2. **Mecanismo de ação:**
   - Antagonista de receptores H2, da classe dos anti-histamínicos, que age reduzindo a secreção de ácido no estômago.
3. **Indicação:**
   - Doença ulceropéptica.
4. **Posologia para adulto:**
   - Úlcera gástrica ou duodenal: 800mg VO ao deitar, por 4 a 8 semanas.
   - Refluxo esofágico: 400mg VO 4×/dia, com as refeições e ao deitar, por 4 a 8 semanas.
   - Profilaxia da hemorragia por úlcera de estresse: 200 a 400mg de 4/4h ou 6/6h.
   - Uso IM: 300mg de 4/4h ou 6/6h.
   - Uso EV: dose máxima: 2.400mg/dia.
5. **Posologia pediátrica:**
   - Crianças >1 ano: 25-30mg/kg VO de 6/6h.
   - Crianças < 1 ano: 20mg/kg VO, 2 ou 3 doses/dia.
   - RN: 10 a 15mg/kg/dia de 4/4h ou 6/6h.
   - De 1 a 12 anos: 20 a 25mg/kg/dia de 4/4h ou 6/6h.
6. **Contraindicações:**
   - Hipersensibilidade ao medicamento.
   - Gravidez.

Esomeprazol

1. **Apresentação:**
   - Comp.: 20mg ou 40mg.
2. **Mecanismo de ação:**
   - Inibidor específico da bomba de prótons.
3. **Indicação:**
   - Doença ulceropéptica.
4. **Posologia para adultos:**
   - Doença do refluxo gastroesofágico (DRGE): 40mg 1×/dia por 4 semanas; manutenção: 20mg 1×/dia.
   - Tratamento dos sintomas da DRGE: 20mg 1×/dia para os pacientes que não apresentam esofagite.
   - Terapia contínua com anti-inflamatórios não esteroides (AINE): 20mg 1×/dia.
   - Cicatrização de úlceras gástricas: 20mg 1×/dia por 4 a 8 semanas.
   - Condições patológicas hipersecretoras (síndrome de Zollinger-Ellison e hipersecreção idiopática): 40mg, 2×/dia.
5. **Posologia pediátrica:**
   - Esofagite por DRGE: 40mg 1×/dia por 4 semanas.
   - Tratamento dos sintomas da DRGE: 20mg 1×/dia.
6. **Contraindicações:**
   - Hipersensibilidade ao medicamento.
   - Não deve ser coadministrado com atazanavir.
   - Menores de 12 anos.

Hidróxido de alumínio

1. **Apresentação:**
   - Comp.: 230mg.
   - Susp.: 310 mg/5mL.
2. **Mecanismo de ação:**
   - Neutralização do ácido clorídrico.
3. **Indicação:**
   - Tratamento da azia ou queimação decorrente de hiperacidez gástrica.
4. **Posologia para adultos:**
   - 600 a 3.000mg/dose, 5 ou 6×/dia, por 14 dias.
5. **Posologia pediátrica:**
   - 330 a 1.000mg/dose, de 3 a 6 horas ou até de hora em hora.
6. **Contraindicações:**
   - Hipersensibilidade ao medicamento.
   - Insuficiência renal severa.
   - Obstrução intestinal.
   - Hipofosfatemia.

Hidróxido de magnésio

1. **Apresentação:**
   - Sol. padrão: 400mg/mL
2. **Mecanismo de ação:**
   - Neutralização do ácido clorídrico.
3. **Indicação:**
   - Tratamento da azia ou queimação decorrente de hiperacidez gástrica.
4. **Posologia para adultos:**
   - 5 a 15mL.
5. **Posologia pediátrica:**
   - Antiácido: 2,5-5 ml/dose 4x/dia.
6. **Contra-indicações:**
   - Hipersensibilidade ao medicamento.
   - Disfunção renal severa.
   - Apendicite, colite ulcerosa, colostomia, ileostomia, diverticulite, diarreia crônica e obstrução intestinal.

Lansoprazol

1. **Apresentação:**
   - Caps.: 15 ou 30mg.
2. **Mecanismo de ação:**
   - Inibidor da bomba de prótons.
3. **Indicação:**
   - Doença ulceropéptica.
4. **Posologia para adultos:**
   - DRGE: 30mg/dia, 4 a 8 semanas.
   - Úlcera duodenal: 30mg/dia, por 2 a 4 semanas.
   - Úlcera gástrica: 30mg/dia, por 4 a 8 semanas.
   - Manutenção da cicatrização de esofagite de refluxo, de úlcera duodenal e de úlcera gástrica: 15 mg 1×/dia.
   - Estados hipersecretórios: 60mg 1×/dia (dose máxima: 180mg).
5. **Posologia pediátrica:**
   - DRGE: ≤ 30kg: 15 mg 1×/dia; > 30kg: 30mg 1×/dia por 8 semanas.
   - Esofagite erosiva: ≤ 30kg: 15mg 1×/dia; > 30kg: 30mg 1 ou 2×/dia por 8 semanas.
6. **Contraindicações:**
   - Hipersensibilidade ao medicamento.
   - Não deve ser coadministrado com atazanavir.

Omeprazol

1. **Apresentação:**
   - Caps.: 10, 20 ou 40mg.
   - Amp. de 40mg.
2. **Mecanismo de ação:**
   - Inibidor da bomba de prótons.
3. **Indicação:**
   - Doença ulceropéptica.
4. **Posologia para adultos:**
   - Úlceras duodenais: 20mg 1×/dia, antes do café da manhã, durante 2 a 4 semanas.
   - Úlceras gástricas e esofagite de refluxo: 20mg 1×/dia, antes do café da manhã, durante 4 a 8 semanas.
   - Profilaxia de úlceras duodenais e esofagite de refluxo: 10 ou 20mg antes do café da manhã.
   - Síndrome de Zollinger-Ellison: 60mg por 3 a 6 dias.
5. **Posologia pediátrica:**
   - Esofagite de refluxo: crianças > 1 ano: 10mg, dose única, pela manhã; crianças > 20kg: 20mg.
6. **Contraindicações:**
   - Hipersensibilidade ao medicamento.
   - Não deve ser coadministrado com atazanavir.

Pantoprazol

1. **Apresentação:**
   - Comp.: 20 e 40 mg.
2. **Mecanismo de ação:**
   - Inibidor da bomba de prótons.
3. **Indicação:**
   - Doença ulceropéptica.
4. **Posologia para adultos:**
   - Úlcera péptica, DRGE com ou sem esofagite: 40mg/dia pela manhã por 4 a 8 semanas (dose máxima: 80mg/dia em 2 tomadas).
5. **Posologia pediátrica:**
   - > 6 anos: 0,5 a 1mg/kg/dose.
6. **Contraindicações:**
   - Hipersensibilidade ao medicamento.
   - Não deve ser coadministrado com atazanavir.

Ranitidina

1. **Apresentação:**
   - Comp.: 150 e 300mg.
   - Amp. de 2mL com 50mg.
   - Xarope: 15mg/mL com 120mL.
2. **Mecanismo de ação:**
   - Antagonista do receptor histamínico H2.
3. **Indicação:**
   - Doença ulceropéptica.
4. **Posologia para adultos:**
   - Úlcera péptica: 150mg, 2×/dia ou 300mg à noite por 4 semanas.
   - Úlcera péptica associada ao uso de AINE: 150mg 2×/dia ou 300mg, à noite por 8 a 12 semanas.
   - DRGE: 150mg 2×/dia ou 300mg à noite por 8 semanas.
   - Síndrome de Zollinger-Ellison: 150mg 3×/dia.
   - Dispepsia episódica crônica: 150mg 2×/dia por até 6 semanas.
   - Profilaxia da hemorragia decorrente de úlcera de estresse: 150mg 2×/dia.
5. **Posologia pediátrica:**
   - Úlcera péptica: 2 a 4mg/kg 2×/dia (dose máxima: 300mg/dia).
6. **Contraindicações:**
   - Hipersensibilidade ao medicamento.
   - Porfiria.
   - Lactação.
   - Insuficiência renal.

ANTIESPASMÓDICOS

Escopolamina (Buscopam®)

1. **Apresentação:**
   - Drágea: 10mg.
   - Sol. oral: 10mg/mL.
   - Amp. de 1mL com 20mg.
2. **Mecanismo de ação:**
   - Ação espasmolítica sobre a musculatura lisa.
3. **Indicações:**
   - Espasmos do trato gastrointestinal, vias biliares e trato geniturinário.
4. **Posologia para adultos:**
   - Uso EV, IM ou SC: 1 ou 2 amp (dose máxima: 5 amp.).
   - Drágeas: 1 ou 2 drágeas 3 a 5×/dia.
   - Sol. oral: 20 a 40 gotas 3 a 5×/dia.
5. **Posologia pediátrica:**
   - Lactentes e crianças: 0,3 a 0,6mg/kg, vias EV, IM ou SC (dose máxima: 1,5mg/kg).
   - Drágeas: > 6 anos: 1 ou 2 drágeas 3 a 5×/dia.
   - Sol. oral: até 3 meses: 1,5mg/kg/dose 3×/dia; 3 a 11 meses: 0,7mg/kg/dose, 3×/dia; 1 a 6 anos: 0,3 a 0,5mg/kg/dose, 3×/dia; > 6 anos: 20 a 40 gotas 3 a 5×/dia.
6. **Contraindicações:**
   - Hipersensibilidade ao medicamento.
   - Glaucoma de ângulo fechado não tratado.
   - Hipertrofia prostática com retenção urinária.
   - Megacólon.
   - Miastenia *gravis*.

Simeticona (Luftal®)

1. **Apresentação:**
   - Comp. mastigável: 125mg.
   - Caps. gelatinosa: 125mg.
   - Comp.: 40mg.
   - Sol. oral: 75mg/mL.
2. **Mecanismo de ação:**
   - Atua no estômago e no intestino, diminuindo a tensão superficial dos líquidos digestivos, rompendo ou dificultando a formação de bolhas que retêm os gases e que são responsáveis pela dor abdominal e flatulência.
3. **Indicação:**
   - Pacientes com excesso de gases no aparelho digestivo: meteorismo, eructação, borborigmos, aerofagia pós-cirúrgica, estufamento e flatulência.
4. **Posologia para adultos:**
   - Comp.: 1 comp. 3×/dia às refeições. Gotas: 10 a 40 gotas 3 ou 4×/dia.
5. **Posologia pediátrica:**
   - Gotas: crianças-lactentes: 4 a 6 gotas 3×/dia; até 12 anos: 6 a 12 gotas 3×/dia; > 12 anos: 16 gotas 3×/dia.
6. **Contraindicações:**
   - Hipersensibilidade ao medicamento.
   - Perfuração ou obstrução intestinal suspeitada ou conhecida.

■ CARDIOVASCULAR

DIURÉTICOS

Espironolactona (Aldactone®)

1. **Apresentação:**
   - Comp.: 25, 50 e 100mg.
2. **Mecanismo de ação:**
   - Antagonista da aldosterona, atuando no local de troca de íons sódio-potássio dependente de aldosterona no túbulo contornado distal do rim, excretando sódio (Na) e água e retendo potássio (K).
3. **Indicação:**
   - Tratamento da hipertensão arterial sistêmica (HAS), insuficiência cardíaca congestiva (ICC) e síndromes edemigênicas.
4. **Modo de uso e posologia (adulto):**
   - Tratamento da HAS: 50 a 200mg/dia.
   - Tratamanto da ICC: 100 a 200mg/dia.
   - Síndrome edemigênica: 100mg/dia.
5. **Modo de uso e posologia (pediátrica):**
   - Distúrbios edematosos: 3,3mg/kg/dia.
6. **Contraindicações:**
   - Hipersensibilidade ao medicamento.
   - Insuficiência renal aguda.
   - Hipercalemia.
   - Doença de Addison.
   - Gravidez e lactação.

Furosemida (Lasix®)

1. **Apresentação:**
   - Comp.: 20 e 40mg.
   - Amp. de 2mL com 40mg.
2. **Mecanismo de ação:**
   - Diurético de alça potente com início de ação rápida e de curta duração. Bloqueia o sistema cotransportador de $Na^+/K^+/2Cl^-$ do ramo ascendente da alça de Henle, excretando Na, K, Ca e Mg.
3. **Indicação:**
   - Tratamento de HAS e síndromes edemigênicas.
4. **Posologia para adultos:**
   - Comp.: 20 a 80mg/dia.
   - Uso EV ou IM: 20 a 40mg/dose, 1 ou 2×/dia. Se após uma dose única de 20 a 40mg o efeito diurético não for satisfatório, a dose poderá ser gradualmente aumentada em 20mg a cada 2 horas, até que seja obtida diurese satisfatória.
5. **Posologia pediátrica:**
   - Comp.: 2mg/kg/dia (dose máxima: 40mg/dia).
   - Uso EV ou IM: 1mg/kg (dose máxima: 20mg/dia).
6. **Contra-indicações:**
   - Hipersensibilidade ao medicamento.
   - Insuficiência renal anúrica.
   - Gestantes e lactantes.

Hidralazina

1. **Apresentação:**
   - Drágeas: 25 e 50mg.
   - Sol. injetável: 20mg/mL.
2. **Mecanismo de ação:**
   - Vasodilatação periférica por meio de ação relaxante sobre a musculatura lisa dos vasos, predominantemente das arteríolas. Acarreta taquicardia reflexa.
3. **Indicações:**
   - Tratamento da HAS e da ICC.
   - Urgências/emergências hipertensivas em grávidas.
4. **Posologia para adultos:**
   - HAS: 25 a 200mg/dia VO, 2×/dia.
   - ICC: Uso VO: 50 a 75mg, 4×/dia ou 100mg ou 2 ou 3×/dia. Uso EV ou IM: 10 a 40mg.
5. **Posologia pediátrica:**
   - Uso EV ou IM: 1,7 a 3,5 mg/kg 4 a 6×/dia.
6. **Contraindicações:**
   - Hipersensibilidade ao medicamento.
   - Pacientes com taquicardia grave.
   - Aneurisma dissecante da aorta.
   - Cardiopatia reumática da válvula mitral.

Hidroclorotiazida (Clorana®)

1. **Apresentação:**
   - Comp.: 25 e 50mg.
2. **Mecanismo de ação:**
   - Diurético tiazídico que atua no túbulo contornado distal, aumentando a excreção de Na, cloreto e água.
3. **Indicação:**
   - Tratamento da HAS, ICC e síndromes edemigênicas.
4. **Posologia para adultos:**
   - 25 a 100mg/dia (dose máxima: 200mg/dia).
5. **Posologia pediátrica:**
   - 2 a 3mg/kg 2×/dia.
6. **Contraindicações:**
   - Hipersensibilidade ao medicamento.
   - Insuficiência renal grave ou anúria.

BLOQUEADORES DOS CANAIS DE CÁLCIO

Anlodipino (Norvasc®)
1. **Apresentação:**
   - Comp.: 5 e 10mg.
2. **Mecanismo de ação:**
   - Inibe o influxo transmembrana do Ca para o interior da musculatura lisa cardíaca e vascular, ocasionando miorrelaxamento.
3. **Indicação:**
   - Tratamento de HAS e isquemia miocárdica.
4. **Posologia para adultos:**
   - 5 a 10mg, 1×/dia (dose máxima: 10mg).
5. **Contraindicação:**
   - Hipersensibilidade ao medicamento.

Diltiazem (Cardizem®; Cordil®; Cardizem SR®; Cardizem CD®; Balcor®)
1. **Apresentação:**
   - Comp.: 30 e 60mg.
   - Comp. de liberação lenta: 90, 120, 180, 240 e 300mg.
   - Amp. de 25 e 50mg.
2. **Mecanismo de ação:**
   - Inibe o influxo transmembrana do Ca para o interior da musculatura lisa cardíaca e vascular, ocasionando miorrelaxamento.
3. **Indicação:**
   - Tratamento de HAS, isquemia miocárdica, fibrilação atrial e *flutter* atrial.
4. **Posologia para adultos:**
   - HAS ou angina: 30mg 3 ou 4×/dia; comp. de liberação lenta: 60 a 120mg 2×/dia (dose máxima: 360mg/dia).
   - Fibrilação e *flutter* atrial: 15 a 20mg EV (se não for obtida a resposta desejada, administrar 20 a 25mg 15 minutos após a dose inicial); dose de manutenção: 5 a 15mg/h, EV (dose máxima: 15mg/h por até 24 horas).
5. **Contraindicações:**
   - Hipersensibilidade ao medicamento.
   - Síndrome do nó sinusal.
   - Bloqueio atrioventricular de segundo ou terceiro graus, exceto em pacientes com marca-passo ventricular.

Nifedipina (Adalat®)
1. **Apresentação:**
   - Caps gelatinosa: 10mg.
   - Comp.: 20, 30 e 60mg.
2. **Mecanismo de ação:**
   - Inibe o influxo transmembrana do Ca para o interior da musculatura lisa cardíaca e vascular, ocasionando miorrelaxamento.
3. **Indicação:**
   - Tratamento de HAS e isquemia miocárdica.
4. **Posologia para adultos:**
   - 30 a 120mg/dia.
5. **Contraindicações:**
   - Hipersensibilidade ao medicamento.
   - Crianças e adolescentes.
   - Gravidez e lactação.
   - Choque cardiogênico, hipotensão arterial grave, bradicardia e infarto do miocárdio recente.

Verapamil (Dilacoron®)

1. **Apresentação:**
   - Comp.: 80mg.
   - Comp. retard: 120 e 240mg.
2. **Mecanismo de ação:**
   - Inibe o influxo transmembrana do Ca para o interior da musculatura lisa cardíaca e vascular, ocasionando miorrelaxamento.
3. **Indicação:**
   - Tratamento de HAS e isquemia miocárdica.
4. **Posologia para adultos:**
   - Isquemia miocárdica: 120 a 480mg/dia.
   - HAS: 120 a 480mg/dia.
5. **Posologia pediátrica:**
   - 80 a 120mg/dia 2 ou 3×/dia, para crianças até 6 anos; 80 a 360mg/dia 2 a 4×/dia para crianças de 6 a 14 anos.
6. **Contraindicações:**
   - Hipersensibilidade ao medicamento.
   - Bloqueio atrioventricular de segundo e terceiro grau, choque cardiogênico, infarto do miocárdio, ICC, hipotensão e bradicardia.

ALFA E BETABLOQUEADORES

Atenolol (Atenol®)

1. **Apresentação:**
   - Comp.: 25, 50 e 100mg.
2. **Mecanismo de ação:**
   - Bloqueador β-1 seletivo, tendo ação inotrópica e cronotrópica negativa.
3. **Indicação:**
   - Tratamento de HAS, isquemia miocárdica e arritmia.
4. **Posologia para adultos:**
   - HAS e arritmia: 50 a 100mg/dia.
   - Isquemia miocárdica: 100 mg/dia.
5. **Contraindicações:**
   - Hipersensibilidade ao medicamento.
   - Bloqueio atrioventricular de segundo e terceiro grau, ICC descompensada, bradicardia, hipotensão e choque cardiogênico.
   - Gravidez e lactação.

Carvedilol (Coreg®)

1. **Apresentação:**
   - Comp.: 3,125, 6,25, 12,5 e 25mg.
2. **Mecanismo de ação:**
   - Reduz a resistência vascular periférica por vasodilatação mediada pelo bloqueio α1 e suprime o sistema renina-angiotensina-aldosterona devido ao bloqueio β.
3. **Indicação:**
   - Tratamento de HAS, isquemia miocárdica e ICC.
4. **Posologia para adultos:**
   - HAS: 12,5mg 1×/dia, durante os 2 primeiros dias. Após, a dose recomendada é 25mg 1×/dia (dose máxima: 50mg).
   - ICC: 3,125mg 2×/dia por 2 semanas, podendo aumentar a dose progressivamente, com intervalo mínimo de 2 semanas, para 6,25mg 2×/dia, 12,5mg 2×/dia e 25mg 2×/dia.
   - Isquemia miocárdica: 12,5mg 2×/dia, nos 2 primeiros dias. A seguir, 25mg 2×/dia (dose máxima: 50mg, 2×/dia).
5. **Contraindicações:**
   - Hipersensibilidade ao medicamento.
   - Gravidez ou lactação.
   - Bloqueio atrioventricular de segundo e terceiro grau, ICC descompensada, bradicardia, hipotensão e choque cardiogênico.
   - Asma brônquica.

Metoprolol (Seloken®)

1. **Apresentação:**
   - Comp.: 100mg.
   - Sol. injetável de 5mL com 5mg.
2. **Mecanismo de ação:**
   - Bloqueador β-1 cardiosseletivo, tendo efeitos cronotrópico e inotrópico negativos.
3. **Indicação:**
   - Tratamento de HAS, ICC, arritmias, isquemia miocárdica e profilaxia para enxaqueca.
4. **Posologia para adultos:**
   - HAS leve a moderada: 50mg 1×/dia. A dose pode ser aumentada para 100 a 200mg/dia.
   - Angina de peito: 100 a 200mg 1×/dia.
   - ICC: 25mg/dia (dose máxima: 200mg 1×/dia).
   - Arritmia: 100 a 200mg/dia.
   - Profilaxia da enxaqueca: 100 a 200mg 1×/dia.
   - Amp.: até 5mg, 1 a 2mg/minuto. A injeção pode ser repetida em intervalos de 5 minutos, até que se obtenha resposta satisfatória. Em geral, uma dose total de 10 a 15mg é suficiente.
   - Infarto do miocárdio: deve ser administrado imediatamente após a estabilização hemodinâmica do paciente: 3 amp. em *bolus*, de 2/2min.
5. **Contraindicações:**
   - Hipersensibilidade ao medicamento.
   - Bloqueio atrioventricular de segundo e terceiro grau, ICC descompensada, bradicardia, hipotensão e choque cardiogênico.
   - Asma brônquica.

Propranolol (Propranolol Ayerst®; Rebaten LA®)

1. **Apresentação:**
   - Comp.: 10, 40 e 80mg.
   - Cáps. de liberação prolongada: 80 e 160mg.
2. **Mecanismo de ação:**
   - Bloqueador de receptores β-adrenérgicos não seletivos.
3. **Indicação:**
   - Tratamento de HAS, ICC, arritmias, isquemia miocárdica e profilaxia para enxaqueca.
4. **Posologia para adultos:**
   - Arritmias: 10 a 80mg 3×/dia.
   - Hipertensão crônica: 80mg 1×/dia, aumentando gradualmente até que se atinja o controle adequado da pressão arterial.
   - Antianginoso: 80mg 1×/dia. A dose deve ser gradualmente aumentada até que uma resposta satisfatória seja obtida.
5. **Contraindicações:**
   - Hipersensibilidade ao medicamento.
   - Bloqueio atrioventricular de segundo e terceiro grau, ICC descompensada, bradicardia, hipotensão e choque cardiogênico.
   - Asma brônquica.

INIBIDORES DA ECA (IECA)

Captopril (Capoten®)

1. **Apresentação:**
   - Comp.: 12,5, 25 e 50mg.
2. **Mecanismo de ação:**
   - Inibidor competitivo da enzima conversora de angiotensina I (ECA).
3. **Indicação:**
   - Tratamento de HAS, ICC, isquemia miocárdica e nefropatia diabética.
4. **Posologia para adultos:**
   - HAS: 50mg 1×/dia ou 25mg 2×/dia ou 100mg 1×/dia ou 50mg 2×/dia.
   - ICC: 25mg 2 ou 3×/dia, até 50mg 2 ou 3×/dia.
   - Isquemia miocárdica: a dose inicial, 3 dias após o episódio, é de 6,25mg, aumentada para 37,5mg/dia, 75mg/dia e 150mg/dia, em doses divididas conforme tolerado.
   - Nefropatia diabética: 75 a 100mg/dia (dose máxima: 450mg/dia).
5. **Contraindicações:**
   - Hipersensibilidade ao medicamento.
   - Gravidez e lactação.
6. **Reações adversas:**
   - Tosse seca persistente e cefaleia.

Enalapril (Renitec®, Eupressin®)

1. **Apresentação:**
   - Comp.: 2,5, 5, 10 e 20mg.
2. **Mecanismo de ação:**
   - Inibidor competitivo da ECA.
3. **Indicação:**
   - Tratamento de HAS e ICC.
4. **Posologia para adultos:**
   - HAS: 10 a 20mg, 1×/dia.
   - ICC: 2,5mg/dia 1×/dia, sendo aumentada progressivamente de acordo com a resposta do paciente até 20mg/dia, 2×/dia.
5. **Contraindicações:**
   - Hipersensibilidade ao medicamento.
   - Gravidez e lactação.

BLOQUEADORES DOS RECEPTORES DE ANGIOTENSINA (BRA)

Losartana (Cozaar®, Corus®)

1. **Apresentação:**
   - Comp.: 12,5, 25, 50 e 100mg.
2. **Mecanismo de ação:**
   - Antagonista do receptor (tipo AT1) da angiotensina II.
3. **Indicação:**
   - Tratamento de HAS e ICC.
4. **Posologia para adultos:**
   - HAS: 25 a 100mg/dia 1 ou 2×/dia.
   - ICC: inicia-se com 12,5mg 1×/dia, mas a dose pode ser aumentada gradativamente até 100mg/dia.
5. **Contraindicações:**
   - Hipersensibilidade ao medicamento.
   - Gravidez e lactação.

Valsartan (Diovan®)

1. **Apresentação:**
   - Comp.: 40, 80, 160 e 320mg.
2. **Mecanismo de ação:**
   - Antagonista do receptor (tipo AT1) da angiotensina II.
3. **Indicações:**
   - Tratamento de HAS e ICC.
4. **Posologia para adultos:**
   - HAS: 80 a 160mg 1×/dia, podendo ser aumentada para 320mg/dia.
   - ICC: 40mg 2×/dia, podendo chegar a 160mg 2×/dia.
5. **Contraindicações:**
   - Hipersensibilidade ao medicamento.
   - Gravidez e lactação.

AGONISTA α2-ADRENÉRGICOS

Clonidina (Atensina®)

1. **Apresentação:**
   - Comp.: 0,10, 0,15 e 0,20mg.
2. **Mecanismo de ação:**
   - Atua sobre o SNC, reduzindo o fluxo adrenérgico para o sistema cardiocirculatório, diminuindo assim a resistência vascular periférica e determinando redução da pressão arterial.
3. **Indicação:**
   - Tratamento de HAS.
4. **Posologia para adultos:**
   - HAS: 0,075 a 0,2mg 1×/dia. Em caso de hipertensão grave: 0,3mg, 3×/dia.
5. **Contraindicações:**
   - Hipersensibilidade ao medicamento.
   - Bloqueio atrioventricular de segundo e terceiro graus e bradicardia.
   - Gravidez e lactação.

Metildopa (Aldomet®)

1. **Apresentação:**
   - Comp.: 250 e 500mg.
2. **Mecanismo de ação:**
   - Reduz a pressão arterial por estimulação dos receptores inibitórios α-adrenérgicos centrais e/ou redução da atividade de renina plasmática.
3. **Indicação:**
   - Tratamento de HAS, inclusive em grávidas.
4. **Posologia para adultos:**
   - 250mg 2 ou 3×/dia nas primeiras 48 horas, ajustada posteriormente, se necessário, em intervalos de 2 dias, até 3g/dia (dose máxima: 3g/dia).
5. **Posologia pediátrica:**
   - 10mg/kg/dia 2 a 4×/dia (dose máxima: 65mg/kg/dia ou 3g/dia).
6. **Contraindicações:**
   - Hipersensibilidade ao medicamento.
   - Hepatopatias ativas.
   - Lactação.

ENDOCRINOLOGIA
ANTITIREOIDIANOS

Propiltiouracil (Propilracil®, Propil®)
1. **Apresentação:**
   - Comp.: 100mg.
2. **Mecanismo de ação:**
   - Inibe a síntese dos hormônios tireoidianos e a conversão periférica de T4 em T3.
3. **Indicação:**
   - Tratamento de hipertireoidismo.
4. **Posologia para adultos:**
   - Dose de ataque (4 a 8 semanas): 300 a 600mg/dia em 3 tomadas.
   - Manutenção: 100 a 400mg/dia em 2 tomadas.
5. **Contraindicações:**
   - Hipersensibilidade ao medicamento.
   - Lactação.

Metimazol (Tapazol®)
1. **Apresentação:**
   - Comp.: 5 e 10mg.
2. **Mecanismo de ação:**
   - Inibe a síntese dos hormônios tireoidianos.
3. **Indicação:**
   - Tratamento de hipertireoidismo.
4. **Posologia para adultos:**
   - Dose de ataque (4 a 8 semanas): 40 a 60mg/dia em 1 ou 2 tomadas; manutenção: 5 a 20mg/dia em 1 tomada.
5. **Contraindicações:**
   - Hipersensibilidade ao medicamento.
   - Lactação e gestação (aplasia cútis fetal).

OUTROS ANTITIREOIDIANOS

Iodeto de potássio
1. **Apresentação:**
   - Lugol (iodo a 5% e iodeto de potássio a 10%).
2. **Mecanismo de ação:**
   - Inibe a síntese dos hormônios tireoidianos.
3. **Indicação:**
   - Tratamento de hipertireoidismo.
4. **Posologia para adultos:**
   - 8 a 10 gotas de 8/8h.
5. **Contraindicações:**
   - Hipersensibilidade ao iodo.
   - Insuficiências renal e hepática graves.

Ácido iopanoico (Telepaque®)

1. **Apresentação:**
   - Comp.: 500mg.
2. **Mecanismo de ação:**
   - Inibe a conversão periférica de T4 em T3.
3. **Indicação:**
   - Tratamento de hipertireoidismo.
4. **Posologia para adultos:**
   - 1 comp. de 6/6h a 12/12h.
5. **Contraindicações:**
   - Hipersensibilidade ao iodo.
   - Insuficiências renal e hepática graves.

Carbonato de lítio (Carbolitium®, Litiocar®)

1. **Apresentação:**
   - Comp.: 300 e 450mg.
2. **Mecanismo de ação:**
   - Inibição da captação de iodo pela tireoide, da síntese e liberação dos hormônios tireoidianos.
3. **Indicação:**
   - Tratamento de hipertireoidismo.
4. **Posologia para adultos:**
   - 1 comp. pela manhã, em jejum (aguardar 40 a 60 minutos para comer).
5. **Contraindicações:**
   - Hipersensibilidade ao medicamento.
   - Insuficiência suprarrenal descompensada.
   - IAM recente.
   - Insuficiência renal.

HORMÔNIOS TIREOIDIANOS

Levotiroxina (Levoid®, Synthroid®, Puran T4®, Euthyrox®)

1. **Apresentação:**
   - Comp.: 25, 38, 50, 75, 88, 100, 112, 125, 137, 150, 175, 200mcg.
2. **Mecanismo de ação:**
   - Hormônio tireoidiano exógeno que age aumentando o índice metabólico dos tecidos.
3. **Indicação:**
   - Tratamento de hipotireoidismo.
4. **Posologia para adultos:**
   - 1 comp. pela manhã; em jejum (aguardar 40 a 60 minutos para comer).
5. **Contraindicações:**
   - Hipersensibilidade ao medicamento.
   - Insuficiência suprarrenal descompensada.
   - IAM recente.
   - Insuficiência renal.

Triiodotironina (Cynomel®)

1. **Apresentação:**
   - Comp.: 25 e 50mcg.
2. **Mecanismo de ação:**
   - Hormônio tireoidiano exógeno que age aumentando o índice metabólico dos tecidos.
3. **Indicação:**
   - Tratamento de hipotireoidismo.
4. **Posologia para adultos:**
   - 1 comp. pela manhã, em jejum (aguardar 40 a 60 minutos para comer).
5. **Contraindicações:**
   - Hipersensibilidade ao medicamento.
   - Insuficiência suprarrenal descompensada.
   - IAM recente.
   - Insuficiência renal.

MEDICAÇÕES CONTRA HIPOGLICEMIA

Glicose 50%

1. **Apresentação:**
   - Amp. de 10mL com 5g e de 20mL com 10g.
2. **Posologia:**
   - Aplicar 25g em *bolus*.

Glucagon (Glucagen®)

1. **Apresentação:**
   - Amp. de 1mg.
2. **Mecanismo de ação:**
   - Agente hiperglicêmico que mobiliza o glicogênio hepático para liberação de glicose no sangue.
3. **Indicação:**
   - Tratamento de hipoglicemia.
4. **Posologia:**
   - Uso SC, IM ou EV: 0,5 a 1 mg.
5. **Contraindicações:**
   - Feocromocitoma, glucogonoma e insulinoma.

■ ANTIDIABÉTICOS

SULFONILUREIAS

Glibenclamida (gliburida) (Daonil®, Diaben®, Euglucon®, Lisaglucon®, Gliben®)

1. **Apresentação:**
   - Comp.: 5mg.
2. **Mecanismo de ação:**
   - Atua sobre as células β do pâncreas, estimulando a produção de insulina.
3. **Indicação:**
   - Tratamento do *diabetes melittus* não insulino-dependente.
4. **Posologia:**
   - 1 ou 2 comp. no café e no jantar.
5. **Contraindicações:**
   - Emergência diabética, gestação, insuficiências renal e hepática graves e hipersensibilidade.
6. **Efeitos adversos**
   - Hipoglicemia, hepatite, hipersensibilidade, náuseas e vômitos.

Glimepirida (Glimepil®, Azulix®, Glimesec®, Amaryl®)

1. **Apresentação:**
   - Comp.: 1, 2, 3, 4 e 6mg.
2. **Mecanismo de ação:**
   - Atua sobre as células β do pâncreas, estimulando a produção de insulina.
3. **Indicação:**
   - Tratamento do *diabetes melittus* não insulino-dependente.
4. **Posologia:**
   - 1 a 8mg no café da manhã.
5. **Contraindicações:**
   - Hipersensibilidade ao medicamento.
   - Emergência diabética.
   - Gestação.
   - Insuficiências renal e hepática graves.

Glipizida (Minidiab®)

1. **Apresentação:**
   - Comp.: 5mg.
2. **Mecanismo de ação:**
   - Atua sobre as células β do pâncreas, estimulando a produção de insulina.
3. **Indicação:**
   - Tratamento do *diabetes melittus* não insulino-dependente.
4. **Posologia:**
   - 1 comp. 1 ou 2×/dia (dose máxima: 40mg/dia).
5. **Contraindicações:**
   - Hipersensibilidade ao medicamento.
   - Emergência diabética.
   - Gestação.
   - Insuficiências renal e hepática graves.

Gliclazida (Diamicron MR®, Azukon MR®)

1. **Apresentação:**
   - Comp.: 30, 60 e 80mg.
2. **Mecanismo de ação:**
   - Atua sobre as células β do pâncreas, estimulando a produção de insulina.
3. **Indicações:**
   - Tratamento do *diabetes melittus* não insulino-dependente.
4. **Posologia:**
   - Até 120mg/dia. Doses > a 60mg devem ser divididas em duas tomadas, preferencialmente café e jantar.
5. **Contraindicações:**
   - Hipersensibilidade ao medicamento.
   - Emergência diabética.
   - Gestação.
   - Insuficiências renal e hepática graves.

BIGUANIDAS

Metformina (Glifage®, Glifage XR®, Dimefor®, Glucoformin®)

1. **Apresentação:**
   - Comp.: 500, 750, 850mg e 1g.
2. **Mecanismo de ação:**
   - Aumento da sensibilidade periférica à insulina e da utilização celular da glicose, inibição da gliconeogênese hepática e retardo na absorção intestinal da glicose.
3. **Indicação:**
   - Tratamento do *diabetes melittus* não insulino-dependente.
4. **Posologia:**
   - Dose mínima de 1g e dose máxima de 3g/dia, podendo ser dividida entre café, almoço e jantar. As formulações de liberação lenta (XR) podem ser tomadas 1 ou 2×/dia (café e jantar).
5. **Contraindicações:**
   - Hipersensibilidae ao medicamento.
   - Emergência diabética.
   - Gestação.
   - Insuficiências renal, hepática e cardíaca graves.
6. **Efeitos adversos:**
   - Intolerância gastrointestinal, perda de peso e acidose láctica.

INIBIDORES DA α-GLICOSIDASE

Acarbose (Glucobay®, Aglucose®)

1. **Apresentação:**
   - Comp.: 50 e 100mg.
2. **Mecanismo de ação:**
   - Inibição das enzimas intestinais (α-glicosidases), envolvidas na degradação dos carboidratos, lentificando a absorção da glicose.
3. **Indicação:**
   - Tratamento do *diabetes melittus* não insulino-dependente.
4. **Posologia:**
   - 1 comp. antes do café, almoço e jantar.
5. **Contraindicações:**
   - Hipersensibilidade ao medicamento.
   - Gestação.
   - Diarreia crônica.

Miglitol (Glyset®)

1. **Apresentação:**
   - Comp.: 50 e 100mg.
2. **Mecanismo de ação:**
   - Inibição das enzimas intestinais (α-glicosidases), envolvidas na degradação dos carboidratos, lentificando a absorção da glicose.
3. **Indicação:**
   - Tratamento do *diabetes melittus* não insulino-dependente.
4. **Posologia:**
   - 1 comp. antes do café, almoço e jantar.
5. **Contraindicações:**
   - Hipersensibilidade ao medicamento.
   - Gestação.
   - Diarreia crônica.

TIAZOLIDINODIONAS

Pioglitazona (Actos®)
1. **Apresentação:**
   - Comp.: 15, 30 e 45mg.
2. **Mecanismo de ação:**
   - Reduz a resistência à insulina e inibe a gliconeogênese hepática.
3. **Indicação:**
   - Tratamento do *diabetes melittus* não insulino-dependente.
4. **Posologia:**
   - 1 comp. 1×/dia.
5. **Contraindicações:**
   - Hipersensibilidade ao medicamento.
   - Gestantes.
   - Insuficiências hepática e cardíaca graves.
6. **Efeitos adversos:**
   - Ganho de peso, hepatite, edema e fraturas.

GLINIDAS

Repaglinida (Novonorm®, Prandin®, Gluconorm®)
1. **Apresentação:**
   - Comp.: 0,5, 1 e 2mg.
2. **Mecanismo de ação:**
   - Estimula a liberação de insulina pelo pâncreas.
3. **Indicação:**
   - Tratamento do *diabetes melittus* não insulino-dependente.
4. **Posologia:**
   - 1 comp. antes das refeições, até 4mg por refeição e no máximo 16mg/dia.
5. **Contraindicações:**
   - Hipersensibilidade ao medicamento.
   - Gestantes.

Nateglinida (Starlix®)
1. **Apresentação:**
   - Comp.: 120mg.
2. **Mecanismo de ação:**
   - Estimula a liberação de insulina pelo pâncreas.
3. **Indicação:**
   - Tratamento do *diabetes melittus* não insulino-dependente.
4. **Posologia:**
   - 1 comp. antes das refeições.
5. **Contraindicações:**
   - Hipersensibilidade ao medicamento.
   - Gestantes.

INIBIDORES DE DPP-IV

Sitagliptina (Januvia®)

1. **Apresentação:**
   - Comp.: 100mg.
2. **Mecanismo de ação:**
   - Bloqueia a degradação das incretinas e estimula a produção de insulina pelo pâncreas.
3. **Indicação:**
   - Tratamento do *diabetes melittus* não insulino-dependente.
4. **Posologia:**
   - 1 comp. 1×/dia.
5. **Contraindicações:**
   - Hipersensibilidade ao medicamento.
   - Gestantes.

Vildagliptina (Galvus®)

1. **Apresentação:**
   - Comp.: 50mg.
2. **Mecanismo de ação:**
   - Bloqueia a degradação das incretinas e estimula a produção de insulina pelo pâncreas.
3. **Indicação:**
   - Tratamento do *diabetes melittus* não insulino-dependente.
4. **Posologia:**
   - 1 comp. 1 ou 2×/dia.
5. **Contraindicações:**
   - Hipersensibilidade ao medicamento.
   - Gestantes.

Saxagliptina (Obglyza®)

1. **Apresentação:**
   - Comp.: 2,5 e 5mg.
2. **Mecanismo de ação:**
   - Bloqueia a degradação das incretinas e estimula a produção de insulina pelo pâncreas.
3. **Indicação:**
   - Tratamento do *diabetes melittus* não insulino-dependente.
4. **Posologia:**
   - 1 comp. 1×/dia
5. **Contraindicações:**
   - Hipersensibilidade ao medicamento.
   - Gestantes.

COMBINAÇÕES DE MEDICAÇÕES

Metformina + glibenclamida (Glucovance®)

1. **Apresentação:**
   - Comp.: 250 mg/1,5mg, 500mg/2,5mg, 500mg/5mg.
2. **Posologia:**
   - 1 comp. 2 ou 3×/dia, nas refeições.
3. **Comentários:**
   - As indicações, o mecanismo de ação e as contraindicações seguem as medicações em separado.

Metformina + glimepirida (Meritor®)
1. **Apresentação:**
   - Comp.: 1g/2mg, 1g/4mg.
2. **Posologia:**
   - 1 comp. 1 ou 2×/dia, no café e jantar.
3. **Comentários:**
   - As indicações, o mecanismo de ação e as contraindicações seguem as medicações em separado.

Metformina + nateglinida (Starform®)
1. **Apresentação:**
   - Comp.: 500mg/120mg.
2. **Posologia:**
   - 1 comp. antes das refeições, 3×/dia.
3. **Comentários:**
   - As indicações, o mecanismo de ação e as contraindicações seguem as medicações em separado.

Metformina + vildagliptina (Galvus Met®)
1. **Apresentação:**
   - Comp.: 500mg/50mg, 500mg/100mg, 850mg/50mg e 850mg/100mg
2. **Posologia:**
   - 1 comp. 1×/dia na refeição. Os comp. com 50mg de vildagliptina podem ser tomados 2×/dia (café e jantar).
3. **Comentários:**
   - As indicações, o mecanismo de ação e as contraindicações seguem as medicações em separado.

Metformina + sitagliptina (Janumet®)
1. **Apresentação:**
   - Comp.: 500mg/50mg e 850mg/50mg.
2. **Posologia:**
   - 1 comp. 1 ou 2×/dia, nas refeições.
3. **Comentários:**
   - As indicações, o mecanismo de ação e as contraindicações seguem as medicações em separado.

ANÁLOGOS DE GLP-1

Exenatide (Byetta®)
1. **Apresentação:**
   - Amp. de 250mcg/mL (1,2 ou 2,4mL).
2. **Mecanismo de ação:**
   - Estimula a secreção de insulina pelo pâncreas e reduz o hormônio glucagon.
3. **Indicação:**
   - Tratamento do *diabetes melittus* não insulino-dependente.
4. **Posologia:**
   - Uso SC: 5mcg em jejum 2×/dia, podendo ser aumentado para 10mcg/dose após 1 mês.
5. **Contraindicações:**
   - Hipersensibilidade ao medicamento.
   - Insuficiência renal.
   - Gestação e lactação.

Liraglutide (Victoza®)

1. **Apresentação:**
   - Amp. de 6mg/mL (3mL).
2. **Mecanismo de ação:**
   - Estimula a secreção de insulina pelo pâncreas e reduz o hormônio glucagon.
3. **Indicação:**
   - Tratamento do *diabetes melittus* não insulino-dependente.
4. **Posologia:**
   - Uso SC: 0,6mg/dia, devendo ser aumentada para 1,2mg/dia e 1,8mg/dia em caso de não controle da glicemia.
5. **Contraindicações:**
   - Hipersensibilidade ao medicamento.
   - Insuficiência renal.
   - Gestação e lactação.

ANÁLOGOS DE AMILINA

Pramlintide (Symlin®)

1. **Apresentação:**
   - Amp. de 600mcg/mL (5mL), 1.000mcg/mL (1,5mL) e 1.000mcg/mL (2,7mL).
2. **Mecanismo de ação:**
   - Diminui a ingestão de alimentos, a secreção de glucagon e o esvaziamento gástrico.
3. **Indicação:**
   - Tratamento do *diabetes melittus* não insulino-dependente.
4. **Posologia:**
   - DM1: 15mcg SC, por refeição, podendo ser aumentada em 15mcg a cada 3 dias (dose máxima: 60mg/refeição).
   - DM2: 60mcg SC, por refeição, podendo ser aumentada para 120mcg/refeição após 3 a 7 dias (dose máxima: 120mcg/ refeição).
5. **Contraindicações:**
   - Hipersensibilidade ao medicamento.
   - Gestação.

INSULINAS

Insulina regular (Humulin R®, Novolin R® e Insunorm R®)

1. **Apresentação:**
   - Amp. de 100UI/mL.
2. **Mecanismo de ação:**
   - Ação hipoglicemiante.
3. **Indicação:**
   - Emergências diabéticas.
4. **Posologia:**
   - Esquema de insulina pré-refeição. Uso SC ou EV.
5. **Contraindicação:**
   - Não apresenta.

Insulina rápida

1. **Apresentação:**
   - Lispro (Humalog®), aspart (NovoLog®) e glulisina (Apidra®).
2. **Mecanismo de ação:**
   - Ação hipoglicemiante.
3. **Indicações:**
   - Tratamento de *diabetes melittus*.
4. **Posologia:**
   - Esquema de insulina pré-refeição. Uso SC ou EV.
5. **Contraindicação:**
   - Não apresenta.

Insulina intermediária (Humulin N®, Novolin N® e Insunorm N®)

1. **Apresentação:**
   - NPH.
2. **Mecanismo de ação:**
   - Ação hipoglicemiante.
3. **Indicação:**
   - Tratamento de *diabetes melittus*.
4. **Posologia:**
   - *Bedtime* (0,2 UI/kg antes da ceia ou 2×/dia) com dose inicial de 0,3 a 0,5UI/kg, ⅔ antes do café e ⅓ antes do jantar, SC.
5. **Contraindicação:**
   - Não apresenta.

Insulina lenta

1. **Apresentação:**
   - Glargina (Lantus®) e detemir (Levemir®).
2. **Mecanismo de ação:**
   - Ação hipoglicemiante.
3. **Indicação:**
   - Tratamento de *diabetes melittus*.
4. **Posologia:**
   - *Bedtime* (0,2UI/kg antes da ceia ou antes do café) com dose inicial de 0,3 a 0,5UI/kg, SC. A insulina detemir pode necessitar de 2 aplicações.
5. **Contraindicação:**
   - Não apresenta.

Pré-misturas de ação intermediária

1. **Apresentação:**
   - NPH/R (Humulin 70/30).
2. **Posologia:**
   - 0,3 a 0,5UI/kg, ⅔ antes do café e ⅓ antes do jantar.
3. **Comentários:**
   - As indicações, o mecanismo de ação e as contraindicações seguem as medicações em separado.

Pré-misturas de ação lenta

1. **Apresentação:**
   - Lispro/lispro protaminada (Humalog Mix 25®, Humalog Mix 50®) e aspart/aspart protaminada (Novo Mix 30/70®).
2. **Posologia:**
   - 0,3 a 0,5UI/kg, ⅔ antes do café e ⅓ antes do jantar.
3. **Comentários:**
   - As indicações, o mecanismo de ação e as contraindicações seguem as medicações em separado.

BIBLIOGRAFIA

American Heart Association Guidelines for CPR and ECC. Part 10.4: Hypothermia. Circulation, 2005; Medicina Perioperatória 2005; 1288 112:IV-136-IV-138.

American Heart Association. Hypothermia. Circulation: Journal of the American Heart Association. 2005; Part 10.4(112):IV-136 - IV -138.

Amaral CFS. Insuficiência renal aguda secundária a acidentes ofídicos botrópicos e crotálicos: análise de 63 casos. In: Rev. Inst. Med. Trop. SãoPaulo, 1986; v. 28, n. 4, p.220-7, jul./ago.

American Heart Association Guidelines for Cardiopulmonary Resuscitation and Emergency Cardiovascular Care. Part 10.3: Drowning. Circulation, 2005; 112: IV-133-IV-135.

Arocha-Piñango CL et al. Six New Cases of a Caterpilar induced Bleeding Syndrome. In : Thrombosis and Haemostasis, 1992; v. 67, n. 402-7.

Arocha-Piñango CL, Layrisse M. Fibrinolysis Produced by Contact With a Caterpillar. In:Thelancet, 1969; p. 810-2, abr.

Avanci RC, Pedrão LJ, Costa J, Moacyr L. Perfil do adolescente que tenta suicídio em uma unidade de emergência/ Profile of adolescent suicide attempters admitted in an emergency unit. Rev Bras Enferm. 2005; 58(5): 535-9.

Bailey B, Gaudreault P, Thivierge RL. Cardiac monitoring of high-risk patients after an electrical injury: a prospective multicentre study. Emerg Med J 2007; 24(5):348-52.

Bailey B, Gaudreault P, Thivierge RL. Neurologic and neuropsychological symptoms during the first year after an electric shock: results of a prospective multicenter study. Am J Emerg Med 2008; 26(4):413-8.

Benitz WE, Tatro DS. The Pediatic Drug Handbook. 3.Ed. Missouri: Mosby, 1995. 653p.

Brasil. Ministério da Saúde. Manual de Diagnóstico e Tratamento de Acidentes por Animais Peçonhentos. Brasília: Fundação Nacional de Saúde – CENEPI, 1998. 131p.

Bulário eletrônico Anvisa. Ministério da Saúde. Acessado em junho/julho/2012: http://www4.anvisa.gov.br/Bulario Eletronico Centers for Disease Control and Prevention (CDC). Hypothermia-related deaths–United States, 2003-2004. MMWR Morb Mortal Wkly Rep. 2005; 54:173.

Cherington M. Neurologic manifestations of lightning strikes.Neurology 2003; 60(2):182-5.

Claudet I, Maréchal C, Debuisson C, et al. Risk of arrhythmia and domestic low-voltage electrical injury. Arch Pediatr 2010; 17(4):343-9.

Collins MN, Burns T, Peter AH, Berk VD, Tubman GFA. Structured Programme for Out-patient Alcohol Detoxification. Br J Psychiatr 1993; 156:871-4.

Cupo P, Azevedo Marques MM, Menezes JB, Hering SE. Reações de hipersensibilidade imediatas após uso intravenoso de soros antivenenos: valor prognóstico dos testes de sensibilidade intradérmicos. Revista de Medicina Tropical 1991; 33(2).

Cuppari L. Nutrição Clínica no Adulto. 2. ed. São Paulo: Manole, 2005.

Dale, M. M.; Ritter, J. M.; Rang, H. P.; Flower, R. J. Farmacologia. 6. ed. Elsevier. 2009.

Danzl DF, Pozos RS. Accidental hypothermia. N Engl J Med 1994; 331:1756.

Das KM. Electrocardiographic changes following electric shock. Indian J Pediatr 1974; 41(316):192-4.

Driscoll TR, Harrison JA, Steenkamp M, et al – Review of the role of alcohol in drowning associated with recreational aquatic activity. Inj Prev, 2004; 10:107-13.

Duarte AC et al. Insuficiência Renal Aguda por Acidentes comLagartas. In: J Bras Nefrol, dez. 1990; 12(4):184-7.

Ettinger AS et al: Effect of calcium supplementation on blood lead levels in pregnancy: A randomized control trial. Environ Health Perspec 2009; 117: 26.

Fineschi V, Di Donato S, Mondillo S, et al. Electric shock: Cardiac effects relative to non fatal injuries and post-mortem findings in fatal cases. Int J Cardiol 2006; 111(1):6-11.

Fonseca, AL. Manual de antimicrobianos. 2ed. Rio de Janeiro: Editora de Publicações Científicas Ltda. 2011.

Francis DA, Heron JR. Progressive muscular atrophy and posterior dislocation of the humerus following electric shock. Postgrad Med J 1984; 60(700):143-4.

Fundação Nacional de Saúde. Cartilha de ofidismo (Cobral). Brasília; 1991.

Gawryszewski VP, Silva MMA, Malta DC, Mascarenhas MDM, Costa VC, Matos SG, et al. A proposta da rede de serviços sentinelas como estratégia de vigilância de violências e acidentes. Ciência Saúde Coletiva. 2007; 11(sup):1269-78.

Giesbrecht GG. Cold stress, near drowning and accidental hypothermia: a review. Aviat Space Environ Med 2000; 71:733.

Gilbert M, Busund R, Skagseth A, Nilsen PA, Solbo JP. Resuscitation from accidental hypothermia of 13.7 degrees C with circulatory arrest. Lancet. 2000; 355(9201):375-6.

Gilbert, DN; Moelliering, RC; et all. The Sanford Guide Antimicrobial Therapy. 41 ed. Argentina: Editorial Médica A.W.W.E. SA. 2011.

Giuliano KK,Grant ME. Blood analysis at the point of care: issues in application for use in critically ill patients. AACN Clin Issues. 2002; 13(2):204-20.

Goksor E, Rosengren L, Wennergren G – Bradicardic response during submersion in infant swimming. Acta Paediatr, 2002; 91:307-12.

Goldman, Lee; Ausiello, Dennis. Cecil. Tratado de Medicina Interna. 23. ed. Elsevier. 2009.

Goldstein EJC, Citron DM, Merriam CV, Warren YA, Tyrrell KL, Fernandez HT. Comparative in vitro activity of faropenem and 11 other antimicrobial agents against 405 aerobic and anaerobic pathogens isolated from skin and soft tissue infections from animal and human bites. J Antimicrob Chemother 2002; 50:411-20.

Griego R, Rosen T, Orengo I, Wolf JE. Dog, cat, and human bites: A review. J Am Acad Dermatol 1995 Dec; 33(6):1019-29.

Guilherme AR da Silva, Karina L, Pires Diogo C S. Soares, Marcos R Ferreira, Fernando RA, Ferry Rogerio N, Motta e Marcelo CVM de Azevedo. Case report: Poisoning syndrome due to 200 stings of africanized honeybees – An unusual outcome. Revista do Instituto de Medicina Tropical de São Paulo. Aprovado para publicação em 2013.

Guyton & Hall. Tratado de Fisiologia Médica. 11. ed. Elsevier. 2006.

Hanania NA, Zimmerman JL. Accidental hypothermia. Crit Care Clin 1999; 15:235.

Hasibeder WR – Drowning. Curr Opin Anaesthesiol, 2003; 16:139-45.
Headdon WG, Wilson PM, Dalton HR. The management of accidental hypothermia. BMJ. 2009; 338:b2085.
Hester RK, Miller WR. Self control training. In: Hester RK, Miller WR, eds. Handbook of alcoholism: effective alternatives. New York: Pergamon Press; 1989:141-9.
Hooshmand H, Radfar F, Beckner E. The neurophysiological aspects of electrical injuries. Clin Electroencephalogr 1989; 20(2):111-20.
Howanitz JH,Howanitz PJ. Laboratory results. Timeliness as a quality attribute and strategy. Am J Clin Pathol. 2001; 116(3):311-5.
Howanitz PJ. Quality assurance measurements in departments of pathology and laboratory medicine. Arch Pathol Lab Med. 1990; 114(11):1131-5.
Hurford, W.E. Critical Care Handbook of the Massachusetts General Hospital, 3 rd ed, Ed.Lippincott Williams & Wilkins, 2000
Idris AH, Berg RA, Bierens J, et al – Recommended guidelines for uniform reporting of data from drowning: The "Utstein style". Resuscitation, 2003; 59:45-57.
Irwin, R.S, Cerra, F.B, Rippe J.M, Critical Care Medicine, 4. ed., Ed. Lippincott Williams & Wilkins, 1999.
Jensen PJ, Thomsen PE, Bagger JP, et al. Electrical injury causing ventricular arrhythmias. Br Heart J 1987; 57(3):279-83.
Kaplan HI, Sadock B, Grebb J. Compêndio de psiquiatria: ciências de comportamento e psiquiatria clínica. 7. ed. Porto Alegre (RS): Artes Médicas; 2002.
Katzung, BG. Farmacologia básica e clínica. 10. ed. Porto Alegre: AMGH, 2010.
Klaassen CD, ed. Casarett and Doull's toxicology: The basic science of poisons. 6th.ed. McGraw-Hill Medical Publication, New York, 2001.
Ku CS, Lin SL, Hsu TL, et al: Myocardial damage associated with electrical injury. Am Heart J 1989; 118(3):621-4.
Lichtenberg R, Dries D, Ward K, et al. Cardiovascular effects of lightning strikes. J Am Coll Cardiol 1993; 21(2):531-6.
Ling LJ & Clark RF. Toxicology secrets. Hanley-Belfus, Philadelphia, 2001.
Longabaugh R, Wiritz P, Diclement C, Litt M. Issues in the development of client-treatment matching hypotheses. J Stud Alcohol 1994; 12(Suppl):46-59.
Magarão RVQ, Guimarães HP, Lopes RD. Lesões por choque elétrico e por raios. Rev Bras Clin Med. São Paulo, 2011 jul-ago; 9(4):288-93.
Mahan, L. K.; Escott-stump, S. Alimentos, nutrição e dietoterapia. São Paulo: Roca, 2005.
Mankani MH, Abramov GS, Boddie A, et al: Detection of peripheral nerve injury in electric shock patients. Ann N Y Acad Sci 1994; 720:206-12.
Manual de Infecção Hospitalar – Epidemiologia, Prevenção e Controle. Segunda edição. Martins MA. 2001, Editora Medsi Editora Médica e Científica. Pág. 438. Azevedo FM, Paiva LFR.
Marchese VS, Scatena JHG, Ignotti E. Caracterização das vítimas de acidentes e violências atendidas em serviços de emergência. Município de Alta Floresta, MT. Brasil. Rev Bras Epidemiol. 2008; 11(4):648-59.
Marín-León L, Barros MBA. Mortes por suicídio: diferenças de gênero e nível socioeconômico. Rev Saúde Pública. 2003; 37(3):357-63.
Mattson ME, Allen JP. Research on matching alcoholic patients to treatments: Findings, issues and implications. J Addict Des 1991; 11:33-49.
Mendes, Malker Righi / Caparica Filho, Nevio Urioste / Brandão, Jaime Peralta Lima. Manual de Patologia Clínica. Edição revisada e ampliada. Imperial Novo Milênio. 2004.
Mendez Gr, Gomes TM, Somoza AI, Liras MJ, Pais PE, Vela ND. Dog bite-related injuries treated in a pediatric surgery department: analysis of 654 cases in 10 years. Anales Españoles de Pediatría, v.56, n.5, p.425-429, 2002.
Menke A et al: Cadmium levels in urine and mortality among U.S. adults. Environ Health Perspect 2009; 117:190.
Miller WR, Sanchez-Craig M. How to have a high success rate in treatment: advice for evaluators of alcoholism programs. Addict 1996; 91:779-85.
Minayo MCS. Suicídio: violência auto-infligida. In: Brasil.Ministério da Saúde. Impacto da violência na saúde dos brasileiros. Anexo VII. Brasília: Ministério da Saúde; 2005. Prieto D, Tavares M. Fatores de risco para suicídio e tentativa de suicídio: incidência, eventos estressores e transtornos mentais. J Bras Psiquiatr. 2005; 54(2):146-54.
Ministério da Saúde, Secretaria de Atenção à Saúde, Departamento de Ações Programáticas Estratégicas. Prevenção e Tratamento dos Agravos Resultantes da Violência Sexual contra Mulheres e Adolescentes. Norma Técnica, 3. ed. atualizada e ampliada, 1ª reimpressão, Série A, Normas e Manuais Técnicos, Série Direitos Sexuais e Direitos Reprodutivos – Caderno nº 6. Brasília – DF 2012.
Ministério da Saúde. Manual de diagnóstico e tratamento de acidentes ofídicos. Brasília;1989.
Miyake M, Iga K, Izumi C, et al – Rapidly progressing pneumonia due to Aeromonas hydrophilia shortly after near drowning. Intern Med, 2000; 12:1128-30.
Mulcahy AR, Watts MR. Accidental hypothermia: An evidence-based approach. Emergency Medicine Practice EBMedicine.net 2009;11:1.http://www.cmua.nl/content/SEHLiteratuur/SEH%20literatuurbestanden/Accidental%20Hypothermia%200109.pdf (Accessed on October 17, 2012).
NETO TF. Nutrição Clínica. 1. ed. Rio de Janeiro: Guanabara Koogan. 2003.

Ogborne AC, Kaprur BM, Newton, Taylor B. Characteristic of drug users admitted to school detoxification centers. Am J Drug Alcohol Abuse 1992; 18:177-86.

Organização Mundial da Saúde. Classificação Estatística Internacional de Doenças e Problemas Relacionados à Saúde. Décima Revisão (CID-10). 8. ed. São Paulo: EDUSP; 2000.

Organización Mundial de la Salud (OMS). Organización Panamericana de la Salud (OPAS). Informe Mundial sobre la violência y la salud: resumen. Washington: OPAS; 2003.

Orlowski JP, Szpilman D – Drowning. Rescue, Resuscitation and Reanimation. Pediatr Clin N Am, 2001; 48:627-46.

Otto Miller, R. Reis Gonçalves. Laboratório para o Clínico. 8. ed. Atheneu. 2005.

Pedroso ERP, Oliveira RG. Blackbook-Clínica Médica. 1. ed. Belo Horizonte: Blackbook Editora, 2007:34-62.

Pierre G.J. Ciriades. Manual de Patologia Clínica. Atheneu. 2008.

PROJETO DIRETRIZES, volume IX, São Paulo: Associação Médica Brasileira – Conselho Federal de Medicina, 2011.

Rang HP & Dale MM. Farmacologia. 4. ed. Guanabara Koogan, Rio de Janeiro, 2001.

Ranhoff AH. Accidental hypothermia in the elderly. Int J Circumpolar Health 2000; 59:255.

RDC 63, de 6/7/00, Agência Nacional de Vigilância Sanitária (ANVISA).

Resse R, Betts RF, Gumustop B. Introdction to antibiotic use. In: Reese R, Betts RF. Gumustop B. Handbook of Antibiotics. Philadelphia: Lippicott-Willians & Wilkins, 2000:277-308.

Ricardo M. Xavier, Galton de C. Albuquerque, Elvino Barros. Laboratório na Prática Clínica. Consulta rápida. 2. ed. Artmed. 2010.

Robbins & Cotran. Bases Patológicas das Doenças. 8. ed. Elsevier. 2010.

Rocco, J.R. Guia Prático do Intensivista, 1. ed. Ed. Revinter, 2000

Samuel Schvartsman. Unidade V Cap. 40 Metais e correlatos. Intoxicações Agudas. São Paulo, 1991. Ed Sarvier, 4. ed.

Services DoHaS, Health DoP, EMS SoCHa. State of Alaska Cold Injuries Guidelines. Juneau, Alaska (Guideline) 2005.

Shills, M. E. Tratado de nutrição moderna na saúde e na doença. São Paulo: Manole, 2003.

Steindel SJ, Howanitz PJ. Physician satisfaction and emergency department laboratory test turnaround time. Arch Pathol Lab Med. 2001; 125(7):863-71.

Steindel SJ, Jones BA. Routine outpatient laboratory test turnaround times and practice patterns: a College of American Pathologists Q-Probes study. Arch Pathol Lab Med. 2002; 126(1):11-8.

Talan D. A., Citron D. M., Abrahamian F. M., Moran G. J., Goldstein E. J.C., The Emergency Medicine Animal Bite Infection Study Group N Engl J Med 1999; 340:85-92.

Taylor B et al: Alcohol and hypertension: Gender differences in dose-response relationships determined through systematic review and meta-analysis. Addiction 2009; 104:1981.

Thygesen LC et al: Cancer incidence among patients with alcohol use disorders—Long-term follow-up. Alcohol Alcohol 2009; 44:387.

Valera B et al: Environmental mercury exposure and blood pressure among Nunavik Inuit adults. Hypertension 2009; 54:981.

Valter T. Motta Bioquímica Clínica para Laboratório. Princípios e Interpretações. 5. ed. Medbook. 2009.

van Beeck EF, Branche CM, Szpilman D, et al – A new definition of drowning: towards documentation and prevention of a global public health problem. Bull World Health Organ, 2005; 83:853-6.

Varghese G, Mani MM, Redford JB. Spinal cord injuries following electrical accidents. Paraplegia 1986; 24(3):159-66.

Vassal T, Benoit-Gonin B, Carrat F, et al. Severe accidental hypothermia treated in an ICU: prognosis and outcome. Chest 2001; 120:1998.

Vassal T, Benoit-Gonin B, Carrat F, Guidet B, Maury E, Offenstadt G. Severe accidental hypothermia treated in an ICU: prognosis and outcome. Chest. 2001; 120(6):1998.

Vengeliene V: Neuropharmacology of alcohol addiction. Br J Pharmacol 2008; 154:299.

Verrill C et al. Alcohol-related cirrhosis—Early abstinence is a key factor in prognosis, even in the most severe cases. Addiction 2009; 104:768.

Waitzberg DL. Nutrição oral, enteral e parenteral na prática clínica. 4. ed. São Paulo: Atheneu, 2009.

Werneck GL, Hasselmann MH, Phebo LB, Vieira DE, Gomes VLO. Tentativas de suicídio em um hospital geral no Rio de Janeiro, Brasil. Cad Saúde Pública. 2006; 22(10):2201-6.

World Health Organization (WHO). Preventing suicide – a resource for general physicians. Geneva: WHO; 2000.

Zubowicz VN, Gravier M. Management of early human bites of the hand: A prospective randomized study. Plast Reconstr Surg. 1991 Jul; 88(1):111-4.

Índice Remissivo

A
ABCDE do trauma, 111
Abelhas, acidentes, 863
Abortamento, 625
- ameaça, 625
- completo, 626
- considerações, 625
- etiopatogenia, 625
- incompleto, 626
- induzido, 627
- inevitável, 625
- infectado, 626
- insuficiência cervical, 628
- retido, 627
Abscesso
- cerebral, 208
- - diagnóstico, 208
- - quadro clínico, 208
- - tratamento, 208
- pulmonar, 93-96
- - diagnóstico, 94
- - fisiopatologia, 93
- - quadro clínico, 94
- - tratamento, 95
- subcutâneo,
  drenagem, 800
- - considerações, 800
- - procedimento, 800
- - quadro clínico, 800
Abstinência do álcool, 856
- diagnóstico
  diferencial, 857
- quadro clínico, 856
- tratamento, 857
Acarbose, 965
Accolate, 945
Acetaminofeno, 926
- intoxicação, 846
Acetilcisteína, 947
Aciclovir, 936
Acidente vascular
  encefálico
- anamnese, 24
- exame físico, 24
- hemorrágico, 270-275
- - complicações, 272
- - diagnóstico, 271
- - fisiopatologia, 270
- - quadro clínico, 270
- - tratamento, 272
- isquêmico, 265-269
- - ateroembólico, 265
- - aterotrombótico, 265
- - cardioembólico, 265
- - complicações, 269
- - criptogênico, 265
- - diagnóstico, 266
- - lacunar, 265
- - quadro clínico, 266
- - tratamento, 267

Acidentes com animais
  peçonhentos, 861
- abelhas, 863
- aranhas, 863
- escorpiões, 862
- etiologia, 861
- lacraias, 864
- lagartas, 864
- ofídios, 862
- quadro clínico, 861
- tratamento, 861
- vespas e
  marimbondos, 863
Ácido
- acetilsalicílico, 922
- - intoxicação, 846
- iopanoico, 962
- mefenâmico, 923
- valproico, intoxicação, 847
Acidose
- lática, 321
- metabólica, 533, 534, 536
- - achados clínicos, 537
- - cálculo do anion gap, 536
- - causas, 537
- - investigação
    laboratorial, 537
- - mista, 536
- - simples, 536
- - tratamento, 538
- respiratória, 533, 535, 541
- - causas, 541
- - quadro clínico, 541
- - tratamento, 542
- urêmica, 321
Acrilonitrila,
  intoxicação, 848
Actos, 966
Adalat, 956
Adenosina, 888
Adoçantes artificiais na
  gravidez, 896
Adrenalina, 888
- AESP/assistolia, 10
- FV/TV sem pulso, 9
- intoxicação, 846
Advil, 925
Aerolin, 941
Afogamento, 843
- etiologia, 843
- quadro clínico, 843
- SARA e infecção
  pulmonar, 844
- tratamento, 843
Agitação motora,
  conduta, 475
AIDS/HIV, 245
- acidente perfurocortante
  com material biológico,
  conduta, 255

- angiomatose bacilar, 254
- candidíase oral e
  esofagiana, 250
- citomegalovírus, 249
- condiloma acuminado
  (HPV), 253
- dermatite seborreica, 254
- doenças sexualmente
  transmissíveis, 253
- leucoencefalopatia
  multifocal
  progressiva, 252
- leucoplasia pilosa
  oral, 250
- linfomas, 252
- micoses profundas, 247
- molusco contagioso, 254
- neurotoxoplasmose, 251
- pneumocistose, 249
- protocolo diagnóstico, 246
- sarcoma de Kaposi, 252
- síndrome inflamatória
  de reconstituição
  (IRIS), 246
- tuberculose, 246
- varicela-zóster, 253
AINE, intoxicação, 846
Alcalose
- metabólica, 533, 534, 539
- - achados clínicos, 539
- - causas, 539
- - investigação, 540
- - mista, 539
- - simples, 539
- - tratamento, 540
- respiratória, 533, 535, 543
- - causas, 543
- - quadro clínico, 543
- - tratamento, 543
Álcool, abstinência, 856
Aldactone, 954
Aldomet, 960
Alergologia/imunologia,
  337-346
- anafilaxia, 337
- angioedema, 341
- rinite alérgica, 343
- urticária, 341
Alivium, 925
Allegra, 933
Alteplase, 888
Alumínio, intoxicação, 851
Ambroxol, 947
Ameaça de
  abortamento, 625
Amebíase, 233
- diagnóstico, 233
- quadro clínico, 233
- tratamento, 234
Amicacina, 913

Aminas
  simpaticomiméticas,
  intoxicação, 846
Aminofilina, 888, 946
Aminoglicosídeos, 913
- na gravidez, 896
Amiodarona, 9, 888
- intoxicação, 847
Amoxicilina, 902
- ácido clavulânico
  (Clavulin), 902
Ampicilina, 902
- sulbactam (Unasym), 903
Anador, 925
Anafilaxia, 337
- considerações, 337
- diagnóstico, 338
- - diferencial, 339
- fisiopatologia, 337
- quadro clínico, 338
- tratamento, 339
Analgesia, 785
Analgésicos
- enxaqueca, 930
- gravidez, 896
- potentes, 927
Ancilostomíase, 222
- complicações, 223
- diagnóstico, 222
- quadro clínico, 222
- tratamento, 223
Ancylostoma duodenale
- diagnóstico, 736
- órgão parasitado, 735
- quadro clínico, 736
- transmissão, 735
- tratamento, 737
Andrógenos na
  gravidez, 896
Anel pélvico,
  fratura-luxação, 159
- diagnóstico, 160
- fisiopatologia, 159
- quadro clínico, 160
- tratamento, 161
Anemia(s), 493
- aguda, 495
- - diagnóstico, 496
- apresentação clínica, 493
- crianças, 671
- - diagnóstico, 671
- - falciforme, 673
- - ferropriva, 673
- - fisiopatologia, 671
- - quadro clínico, 671
- - tratamento, 672
- diagnóstico, 494
- falciforme, 497
- - tratamento, 499
- ferropriva, 497

- repercussões na
  emergência, 495
Anestesia local, 787
Anfenicois na gravidez, 896
Angioedema, 341
- considerações, 341
- diagnóstico, 342
- fisiopatologia, 341
- quadro clínico, 341
- tratamento, 342
Angiomatose bacilar, 186
- AIDS, 254
Animais peçonhentos,
  acidentes, 861
Anion gap, 532
Anlodipina
- dose, 25
- duração, 25
- início de ação, 25
- mecanismo de ação, 25
Anlodipino, 956
Anorexígenos na
  gravidez, 896
Ansiedade, 483
Ansiolíticos
- gravidez, 896
- intoxicação, 846
Antebraço
- fratura
- - diáfise, 144
- - luxação, 145
Anti-helmínticos na
  gravidez, 898
Anti-heparínico na
  gravidez, 898
Anti-histamínicos, 931
- gravidez, 898
- intoxicação, 847
Anti-inflamatórios na
  gravidez, 898
Antiácidos, 950
- gravidez, 897
Antiagregantes
  plaquetários na
  gravidez, 897
Antiarrítmicos, 43
- na gravidez, 897
Antibioticoterapia,
  guia, 900
- aminoglicosídeos, 913
- carbapenêmicos, 908
- cefalosporinas, 904
- cloranfenicol, 917
- estreptograminas, 920
- glicilciclinas, 920
- glicopeptídeos, 910
- lincosaminas, 918
- macrolídeos, 911
- monobactâmicos, 909
- nitroimidazólicos, 917

Índice Remissivo

- oxazolidinona, 911
- penicilinas, 900
- polimixinas, 919
- quinolonas, 914
- sulfonamidas, 918
- tetraciclinas, 916
Anticoagulação,
  terapia, 507
- considerações, 507
- fisiopatologia, 507
- tratamento, 508
Anticoagulantes
- gravidez, 897
- intoxicação, 849
Anticolinérgicos, 940
Antidepressivos
- gravidez, 897
- intoxicação, 847
Antidiabéticos na
  gravidez, 897
Antidiarreicos na
  gravidez, 897
Antídotos, 938
Antieméticos, 948
- gravidez, 897
Antienxaqueca na
  gravidez, 897
Antiepilépticos na
  gravidez, 897
Antiespasmódicos, 953
- gravidez, 897
Antiflatulento (medicação)
  na gravidez, 898
Antifúngicos, 934
- gravidez, 897
Antimaláricos na
  gravidez, 898
Antimônio,
  intoxicação, 851
Antipsicóticos na
  gravidez, 898
Antitireoidianos, 961
- gravidez, 898
Antiulcerosos na
  gravidez, 898
Antivirais, 936
ANTU, intoxicação, 849
Aorta torácica, trauma, 121
Apendicite, 395
- complicações, 396
- diagnóstico, 396
- - diferencial, 396
- fisiopatologia, 395
- quadro clínico, 395
- tratamento, 397
Aranhas, acidentes, 863
Arenaviroses, 187
Arflex, 925
Arritmias, 42
- bradiarritmias, 55
- definição, 42
- investigação, 43
- taquiarritmias, 44
Arsênico, intoxicação, 852
Arteriografia, 358, 359

Articulação coxofemoral,
  luxação, 139
Artrinid, 923
Artrite séptica, 172
- complicações, 174
- considerações, 173
- diagnóstico, 173
- - diferencial, 174
- fisiopatologia, 172
- gonocócica, 173
- não gonocócica, 173
- quadro clínico, 172
- tratamento, 175
Artrosil, 923
Ascaridíase, 225
- complicações, 226
- diagnóstico, 225
- quadro clínico, 225
- tratamento, 226
Ascaris lumbricoides
- diagnóstico, 736
- órgão parasitado, 735
- quadro clínico, 736
- transmissão, 735
- tratamento, 737
Ascite, 374
- complicações, 375
- diagnóstico, 374
- - diferencial, 375
- etiologia, 374
- fisiopatologia, 374
- quadro clínico, 374
- tratamento, 375
Asma brônquica, 97
- considerações, 97
- crise, classificação, 98
- diagnóstico, 98
- fisiopatologia, 97
- quadro clínico, 97
- tratamento, 99
- ventilação mecânica, 524
Aspergilose, 257
Assistolia/atividade elétrica
  sem pulso (AESP), 10
- medicamentos usados, 10
Atenolol, 957
Atensina, 960
Atracúrio, 889, 937
Atropina
- assistolia, 10
- intoxicação, 847
Atrovent, 940
Azitromicina, 911
Aztreonam, 909

B

Bactérias, classificação, 921
Bambec, 942
Bambuterol, 942
Bário, intoxicação, 852
Bartonelose, 186
- tratamento, 186
Beclometasona, 944
Beclosol, 944

Beladona, intoxicação, 847
Benadryl, 932
Benzodiazepínicos,
  intoxicação, 846
Berílio, intoxicação, 852
Berotec, 941
Bi-profenid, 923
Bicarbonado de sódio,
  FV/TV sem pulso, 9
Biguanidas, 965
Bloqueadores
- canal de cálcio, 956
- - gravidez, 898
- musculares, 937
- receptores alfa e beta
  adrenérgicos na
  gravidez, 898
Bloqueio atrioventricular
  (BAV), 56
- primeiro grau, 56
- segundo grau, 56
- terceiro grau, 57
BRA (antagonistas
  dos receptores de
  angiotensina), 959
- gravidez, 897
Bradiarritmias, 55
- investigação, 55
Bradicardia
- sinusal, 55
Bricanyl, 942
Brometo
- ipratrópio, 940
- metila, intoxicação, 848
Bromo, intoxicação, 852
Bromoprida, 948
Broncodilatadores
- gravidez, 898
- intoxicação, 846
Bronquiolite em
  crianças, 682
- considerações, 682
- diagnóstico, 683
- fisiopatologia, 682
- quadro clínico, 682
- tratamento, 683
Bronquite obstrutiva
  crônica, 101
Budesonida, 944
Buscopam, 953
Busonid, 944
Butirofenonas,
  intoxicação, 846
Byetta, 968

C

Cadeia de sobrevida, 5
Cádmio, intoxicação, 852
Cafeína, intoxicação, 846
Cálcio, distúrbios, 561
- fisiopatologia, 561
- hipercalcemia, 562
- hipocalcemia, 561
- quadro clínico, 561

Calor, queimadura nos
  olhos, 651
Cancro mole, 600
- considerações, 601
- diagnóstico, 601
- fisiopatologia, 600
- quadro clínico, 601
- tratamento, 601
Candidíase
- oral na AIDS, 250
- vulvovaginal, 614
- - considerações, 614
- - diagnóstico, 615
- - quadro clínico, 614
- - tratamento, 615
Captopril, 959
- dose, 25
- duração, 25
- início da ação, 25
- mecanismo de ação, 25
Carbamatos,
  intoxicação, 849
Carbamazepina,
  intoxicação, 847
Carbapenêmicos, 908
Carbonato de lítio, 962
Cardiologia
- arritmias cardíacas, 42-54
- bradiarritmias, 55-58
- dissecção aórtica
  aguda, 63-66
- dor torácica, 12-15
- endocardite
  infecciosa, 59-62
- hipotensão e
  choque, 39-41
- insuficiência cardíaca
  descompensada, 33-38
- pericardite aguda, 27-29
- reanimação
  cardiopulmonar, 1-11
- síndromes coronarianas
  agudas, 16-22
- tamponamento
  cardíaco, 30-32
- urgências e emergências
  hipertensivas, 23-26
Carvão ativado, 845
Carvedilol, 957
Cataflam, 924
Catárticos, 845
Cateterismo vesical, 806
- contraindicações, 806
- indicações, 806
- material usado, 807
- procedimento, 806
Cefaclor, 905
Cefadroxila (Cefamox), 904
Cefaleias, 301
- aspectos clínicos, 301
- em salvas, 304
- fisiopatologia, 301
- migrânea, 302
- tensional, 304
Cefalexina (Keflex), 904

Cefalium, 930
Cefalosprinas, 904
- gravidez, 898
- primeira geração, 904
- quarta geração, 907
- segunda geração, 905
- terceira geração, 906
Cefalotina (Keflin), 905
Cefazolina (Kefazol), 905
Cefepime, 907
Cefotaxima, 906
Ceftazidima, 906
Ceftriaxona, 907
Cefuroxima, 905
Celulite, 568
- complicações, 569
- considerações, 568
- diagnóstico, 568
- fisiopatologia, 568
- profilaxia, 569
- quadro clínico, 568
- tratamento, 569
Centro da sede, 544
Cestódeos, 230
- equinococose
  (hidatidose), 231
- teníase e cisticercose, 230
Cetamina, 927
Cetoacidose diabética, 320
- alcoólica, 321
- complicações, 323
- crianças, 686
- - diagnóstico, 686
- - quadro clínico, 686
- - tratamento, 686
- diagnóstico, 320
- - diferencial, 321
- fisiopatologia, 320
- quadro clínico, 320
- tratamento, 321
Cetoconazol, 935
Cetoprofeno, 923
Cetose pelo jejum, 321
Chikungunya, 184
Choque, 39
- cardiogênico, 39
- dengue, 192
- diagnóstico, 40
- distributivo, 39
- hipovolêmico, 39
- obstrutivo, 39
- quadro clínico, 39
- tratamento, 41
Chumbo, intoxicação, 852
Cimetidina, 950
Cintilografia, 358, 359
Ciprofloxacino, 914
Circulação,
  traumatismo, 114
Cirurgia geral, 379-416
- apendicite, 395
- colangite, 385
- colecistite aguda, 382
- colelitíase, 379-382
- diverticulite aguda, 393

Índice Remissivo

- hérnias, 409
- obstrução intestinal, 406
- pancreatite aguda, 388
- peritonite, 398
- queimaduras, 401
- úlcera péptica perfurada, 412
Cisatracúrio, 889
Cisticercose, 230
Cistite, 448
- considerações, 448
- diagnóstico, 448
- gestantes, 449
- hemorrágica no câncer, 669
- quadro clínico, 448
- tratamento, 448
Cistostomia, 808
Citomegalovírus na AIDS, 249
Clamídia, 593
- complicações, 596
- considerações, 594
- diagnóstico, 595
- fisiopatologia, 593
- quadro clínico, 594
- tratamento, 596
Claritin, 933
Claritromicina, 912
Clavícula, fratura, 141
- diagnóstico, 141
- quadro clínico, 141
- tratamento, 141
Clenil, 944
Clindamicina, 918
Clonidina, 960
- dose, 25
- duração, 25
- início de ação, 25
- mecanismo de ação, 25
Clorana, 955
Cloranfenicol, 917
Cloropicrina, intoxicação, 848
Cloroquina, intoxicação, 847
Coagulação intravascular disseminada, 510
- considerações, 510
- diagnóstico, 511
- fisiopatologia, 510
- quadro clínico, 511
- tratamento, 514
Cobalto, intoxicação, 853
Cobre, intoxicação, 853
Codeína, 927
Colangite, 385
- complicações, 386
- considerações, 385
- diagnóstico, 385
- - diferencial, 386
- fisiopatologia, 385
- quadro clínico, 385
- tratamento, 386
Colar cervical rígido, 113

Colchicina, 924
Colecistectomia, 384
Colecistite aguda, 382
- complicações, 383
- considerações, 382
- diagnóstico, 382
- - diferencial, 383
- fisiopatologia, 382
- quadro clínico, 382
- tratamento, 383
Colelitíase, 379
- complicações, 380
- considerações, 379
- diagnóstico, 380
- - diferencial, 380
- fisiopatologia, 379
- quadro clínico, 379
- tratamento, 381
Colite amebiana, 233
Colonoscopia, 358, 359
Coma, 285
- abordagem ao paciente, 285
- fisiopatologia, 285
- mixedematoso, 331
- - diagnóstico, 331
- - quadro clínico, 331
- - tratamento, 331
- tratamento, 288
Compatibilidade sanguínea, 501
Compressão medular, 666
- diagnóstico, 667
- tratamento, 667
Concentração total do oxigênio arterial, 530
Concentrado de hemácias, 501
Concussão cerebral, 129, 769
Condiloma acuminado na AIDS, 253
Conjuntivite aguda, 659
- adenoviral, 660
- - diagnóstico, 661
- - etiologia, 660
- - quadro clínico, 660
- - tratamento, 661
- alérgica sazonal, 661
- - diagnóstico, 661
- - etiologia, 661
- - quadro clínico, 661
- - tratamento, 661
- bacteriana, 659
- - aguda, 659
- - - diagnóstico, 659
- - - etiologia, 659
- - - quadro clínico, 659
- - - tratamento, 659
- neonatal, 659
- - diagnóstico, 660
- - etiologia, 660
- - quadro clínico, 660
- - tratamento, 660

Constipação intestinal em crianças, 689
- diagnóstico, 689
- - diferencial, 690
- fisiopatologia, 689
- quadro clínico, 689
- tratamento, 690
Conteúdo vaginal fisiológico, 613
Contusão
- cerebral, 128, 770
- miocárdica, 121
- - diagnóstico, 121
- - quadro clínico, 121
- - tratamento, 121
- pulmonar, 118
- - conceito, 118
- - diagnóstico, 118
- - quadro clínico, 118
- - tratamento, 118
Convulsão, 292
- crianças, 692
- - considerações, 692
- - diagnóstico, 693
- - fisiopatologia, 692
- - quadro clínico, 692
- - tratamento, 694
Cor pulmonale, 101
Córnea, lesão superficial, 652
- diagnóstico, 652
- quadro clínico, 652
- tratamento, 652
Corpos estranhos
- oftalmologia, 649
- - diagnóstico, 649
- - quadro clínico, 649
- - tratamento, 649
- otorrinolaringologia, 420
- - considerações, 420
- - diagnóstico diferencial, 421
- - laringe, 421
- - lesões químicas, 422
- - nariz, 421
- - orelha, 420
- - orofaringe, 421
- - quadro clínico, 420
- - tratamento, 421
- vias aéreas nas crianças, 696
- - complicações, 697
- - diagnóstico, 696
- - fisiopatologia, 696
- - prevenção, 697
- - quadro clínico, 696
- - tratamento, 697
Corticoides inalatórios, 944
Corus, 959
Cotovelo, luxação, 139
Coxa, fratura, 147
- diagnóstico, 148
- quadro clínico, 147
- tratamento, 148
Cozaar, 959

CPAP (pressão positiva contínua nas vias aéreas), 521
- definição, 528
- montagem, 528
- objetivos, 528
- sistema por fluxo contínuo, 528
Cricotireoidostomia, 112, 825
- complicações, 826
- percutânea e cirúrgica, 826
- técnica, 825
Crioprecipitado, 501
Criptococose, 258
Crise
- asmática nas crianças, 676
- - complicações, 680
- - considerações, 677
- - diagnóstico, 678
- - fisiopatologia, 676
- - quadro clínico, 678
- - tratamento, 680
- convulsiva, 292
- - complicações, 298
- - considerações, 294
- - diagnóstico, 295
- - fisiopatologia, 292
- - quadro clínico, 295
- - tratamento, 298
- hipertensiva, 23
- psicótica, 477
- - complicações, 478
- - considerações, 477
- - diagnóstico, 478
- - quadro clínico, 477
- - tratamento, 478
- tireotóxica, 333
- - diagnóstico, 333
- - quadro clínico, 333
- - tratamento, 333
Cromo, intoxicação, 853
Cromoglicato de sódio, 943
Crupe, 438
Cynomel, 963

D

dDAVP (desmopressina), teste, 550
Demulcentes, 845
Dengue, 192
- choque, 192
- clássica, 192
- crianças, 701
- critérios de alta, 194
- diagnóstico, 192
- febre hemorrágica, 192
- sinais de alerta e de choque, 192
- tratamento, 193
Depressão, 481
- complicações, 482
- considerações, 481

- diagnóstico, 481
- quadro clínico, 481
- tratamento, 482
Dermatite
- atópica em crianças, 698
- contato, 589
- - alérgica (DCA), 589
- - complicações, 591
- - considerações, 590
- - crianças, 698
- - diagnóstico, 590
- - fotoalérgica (DCFA), 589
- - fototóxica (DCFT), 589
- - irritação primária (DCIP), 589
- - profilaxia, 592
- - quadro clínico, 590
- - tratamento, 591
- crianças, 698
- esfoliativa, 587
- - complicações, 588
- - considerações, 587
- - diagnóstico, 587
- - fisiopatologia, 587
- - profilaxia, 588
- - quadro clínico, 587
- - tratamento, 588
- seborreica
- - AIDS, 254
- - crianças, 699
Dermatologia, 565-592
- celulite, 568
- dermatite
- - contato, 589
- - esfoliativa, 587
- erisipela, 567
- eritema
- - nodoso, 582
- - polimorfo, 584
- escabiose, 570
- impetigo, 565
- miíase, 571
- pênfigos, 578
- síndrome
- - pele escaldada estafilocócica, 573
- - Stevens-Johnson e necrólise epidérmica tóxica, 575
- tungíase, 572
Derrame pericárdico e tamponamento cardíaco, 666
- diagnóstico, 666
- etiologia, 666
- quadro clínico, 666
- tratamento, 666
Desalex, 931
Descolamento prematuro da placenta, 629
- classificação, 630
- complicações, 631
- considerações, 629
- diagnóstico, 630
- - diferencial, 631

- fisiopatologia, 629
- quadro clínico, 630
- tratamento, 631
Descongestionantes nasais, intoxicação, 846
Desidratação em crianças, 705
Desidrose em crianças, 699
Desloratadina, 931
Desmame na ventilação mecânica, 522
- ajuste dos parâmetros ventilatórios, 523
- falha, 523
- sucesso, 522
- teste de ventilação espontânea, 522
Dexclorfeniramina, 932
Dexmedetomidina, 889
Diabetes insípido (DI), 548
- central, 548
- nefrogênico, 549
Diáfise do úmero, fratura, 142
Diálise, 846
Diarreia
- aguda, 365
- - complicações, 366
- - crianças, 705
- - - complicações, 707
- - - considerações, 706
- - - diagnóstico, 707
- - - fisiopatologia, 705
- - - quadro clínico, 706
- - - tratamento, 707
- - diagnóstico, 365
- - fisiopatologia, 365
- - quadro clínico, 365
- - tratamento, 366
- - AIDS, 250
- - crônica, 365
- - complicações, 366
- - diagnóstico, 365
- - fisiopatologia, 365
- - quadro clínico, 365
- - tratamento, 366
Dibrometo de etileno, intoxicação, 848
Diclofenaco
- intoxicação, 846
- potássio, 924
- sódio, 924
Dieta, prescrição médica, 872
Difenidrin, 932
Digesan, 948
Digitálicos, intoxicação, 847
Dilacoron, 957
Diltiazem, 889, 956
Dimenidrinato, 949
Dimorf, 929
Diovan, 960
Dioxina, intoxicação, 849
Dipirona sódica, 925
- intoxicação, 846

Diquat, intoxicação, 849
Dissecção aguda da aorta, 63
- anamnese, 24
- complicações, 64
- considerações, 63
- diagnóstico, 64
- dor, 13
- exame físico, 24
- fisiopatologia, 63
- quadro clínico, 64
- tratamento, 65
Dissulfeto de carbono, intoxicação, 848
Distúrbios
- cálcio, 561
- - fisiopatologia, 561
- - hipercalcemia, 562
- - hipocalcemia, 561
- - quadro clínico, 561
- coagulação, 510
- hidroeletrolíticos, 878
- magnésio, 558
- - fisiopatologia, 558
- - hipermagnesemia, 560
- - hipomagnesemia, 558
- - quadro clínico, 558
- potássio, 551
- - fisiopatologia, 551
- - hipercalemia, 555
- - hipocalemia, 552
- - quadro clínico, 551
- sódio, 544
- - fisiopatologia, 544
- - hipernatremia, 548
- - hiponatremia, 544
- - quadro clínico, 544
Diuréticos, 954
- gravidez, 898
- intoxicação, 848
Diverticulite aguda, 393
- complicações, 394
- diagnóstico, 393
- - diferencial, 394
- fisiopatologia, 393
- quadro clínico, 393
- tratamento, 394
Dixiciclina, 916
Dobutamina, 889
Doenças
- Addison, 328
- arranhadura do gato, 186
- Carrión, 186
- glomerulares, 462
- infecciosas emergentes, 184
- inflamatória pélvica, 609
- - agentes etiológicos, 609
- - complicações, 611
- - diagnóstico, 610
- - epidemiologia, 609
- - fatores de risco, 610
- - fisiopatologia, 609
- - quadro clínico, 610
- - tratamento, 611

- Kawasaki, 715
- - diagnóstico, 716
- - etiologia, 715
- - quadro clínico, 715
- - tratamento, 716
- Lyme, 184
- Osler-Rendu-Weber, 417
- pulmonar obstrutiva crônica (DPOC), 101
- - diagnóstico, 102
- - fisiopatologia, 101
- - quadro clínico, 101
- - tratamento, 102
- - ventilação mecânica, 524
- sexualmente transmissíveis, 593-608
- - cancro mole, 600
- - clamídia, 593
- - donovanose, 603
- - gonorreia, 593
- - herpes genital, 602
- - HPV - papilomavírus humano, 604
- - molusco contagioso, 606
- - sífilis, 597
- - von Willebrand (DvWB), 510
- - considerações, 511
- - diagnóstico, 511
- - diferencial, 513
- - fisiopatologia, 510
- - quadro clínico, 511
- - tratamento, 513
Dolantina, 928
Dolosal, 928
Domperidona, 948
Donovanose, 603
- complicações, 604
- considerações, 603
- diagnóstico, 604
- fisiopatologia, 603
- quadro clínico, 604
- tratamento, 604
Dopamina, 889
Dor(es)
- abdominal, investigação, 347
- anamnese, 347
- - exames
- - - físico, 347
- - - imagem, 348
- - - laboratorial, 348
- - referida, 347
- - somática, 347
- - tratamento, 349
- - visceral, 347
- escrotal aguda, 452
- - orquiepididimite, 453
- - torção testicular, 452
- torácica, 12
- - dissecção aguda da aorta, 13
- - embolia pulmonar, 13
- - estenose aórtica, 13

- - investigação, 13
- - isquemia cardíaca, 12
- - miocardiopatia hipertrófica, 13
- - osteomuscular, 13
- - pericardite, 13
- - pneumotórax, 13
- - prolapso da valva mitral, 13
- - refluxo e espasmo esofagiano, 13
- - ruptura esofagiana, 13
- - úlcera péptica, 13
Dórico, 926
Doril, 930
Dramin, 949
Drenagem de abscesso subcutâneo, 800
- considerações, 800
- procedimento, 800
- quadro clínico, 800

E
Eclâmpsia, 639
- anamnese, 24
- exame físico, 24
Eczema numular, crianças, 700
Edema
- agudo de pulmão, 77-81
- - anamnese, 24
- - comentários, 24
- - considerações, 77
- - crise, tratamento, 79
- - definições, 77
- - diagnóstico, 78
- - exame físico, 24
- - fisiopatologia, 77
- - quadro clínico, 77
- - tratamento, 80
- - cerebral, 129
- - hipernatremia, 549
Efedrina, intoxicação, 846
Eletrocardiograma (ECG), 42
- intervalos, 42
- noções importantes, 42
- ondas, 42
Embolectomia, 109
Embolia pulmonar, dor, 13
Embriaguez aguda, 857
- tratamento, 858
Emergências
- hipertensivas, 23
- - avaliação, 24
- - considerações, 23
- - diagnóstico, 24
- - - diferencial, 25
- - quadro clínico, 23
- - tratamento, 26
- oncológicas, 665
- - associadas ao tratamento do câncer, 668

- - obstrutivas, 665
- - síndromes paraneoplásicas emergenciais, 668
Eméticos, 845
Empiema subdural, 209
- diagnóstico, 209
- quadro clínico, 209
- tratamento, 209
Enalapril, 959
Encefalites, 206
Encefalopatia
- hepática, 368
- - considerações, 368
- - diagnóstico, 369
- - fisiopatologia, 368
- - quadro clínico, 368
- - tratamento, 369
- hipertensiva
- - anamnese, 24
- - exame físico, 24
Endocardite infecciosa, 59
- complicações, 60
- considerações, 59
- diagnóstico, 60
- fisiopatologia, 59
- profilaxia, 62
- quadro clínico, 60
- tratamento, 61
Endocrinologia, 315-336
- cetoacidose diabética, 320
- coma mixedematoso, 331
- crise tireotóxica, 333
- hipoglicemia, 315
- insuficiência adrenal, 328
- síndrome hiperglicêmica hiperosmolar, 325
Enfisema pulmonar, 101
Enterobíase, 226
- diagnóstico, 227
- quadro clínico, 226
- tratamento, 227
Enterobius vermicularis
- diagnóstico, 736
- órgão parasitado, 735
- quadro clínico, 736
- transmissão, 735
- tratamento, 737
Enterocolite neutropênica, 669
- etiologia, 669
- quadro clínico, 670
- tratamento, 670
Enteroscopia, 358
Enteroviroses, 715
- contágio, 715
- diagnóstico, 715
- doença mão-pé-boca, 715
- etiologia, 715
- incubação, 715
- isolamento, 715
- prevenção, 715
- quadro clínico, 715
- transmissão, 715
- tratamento, 715

Entorses, 135
- definições, 135
- diagnóstico, 135
- grave, 135
- leve, 135
- quadro clínico, 135
- tratamento, 135
Enxofre, intoxicação, 853
Epilepsia nas crianças, 692
- considerações, 692
- diagnóstico, 693
- fisiopatologia, 692
- quadro clínico, 692
- tratamento, 694
Epistaxe, 417
- anterior, 418
- complicações, 418
- considerações, 417
- diagnóstico, 417
- - diferencial, 418
- fisiopatologia, 417
- posterior, 419
- profilaxia, 419
- quadro clínico, 417
- tratamento, 418
Equinococose
 (hidatidose), 231
- diagnóstico, 231
- quadro clínico, 231
- tratamento, 231
Erisipela, 567
- complicações, 567
- considerações, 567
- diagnóstico, 567
- fisiopatologia, 567
- profilaxia, 568
- quadro clínico, 567
- tratamento, 567
Eritema
- infeccioso em
 crianças, 713
- - complicações, 713
- - contágio, 713
- - cuidados, 713
- - diagnóstico, 713
- - etiologia, 713
- - incubação, 713
- - isolamento, 713
- - quadro clínico, 713
- - transmissão, 713
- - tratamento, 714
- nodoso, 582
- - complicações, 583
- - considerações, 582
- - diagnóstico, 582
- - fisiopatologia, 582
- - quadro clínico, 582
- - tratamento, 583
- polimorfo
 (multiforme), 584
- - complicações, 585
- - considerações, 584
- - diagnóstico, 584
- - fisiopatologia, 584
- - profilaxia, 586

- - quadro clínico, 584
- - tratamento, 585
Eritromicina, 912
Ertapenem, 908
Escabiose, 570
- complicações, 570
- diagnóstico, 570
- etiologia, 570
Escala de coma de Glasgow,
 115, 129, 130, 770
Escarlatina, 714
- complicações, 715
- contágio, 714
- diagnóstico, 715
- etiologia, 714
- incubação, 714
- quadro clínico, 714
- transmissão, 714
- tratamento, 715
Escopolamina, 953
Escorpiões, acidentes, 862
Esomeprazol, 951
Espasmo esofagiano,
 dor, 13
Espiramicina, 912
Espironolactona, 954
Esporotricose, 258
Esquistossomose
 mansônica, 228
- controle de cura, 229
- diagnóstico, 229
- quadro clínico, 228
- tratamento, 229
Esquizofrenia, 477
Estado
- confusional agudo, 285
- mal epiléptico, 692
- vegetativo, 285
Estenose aórtica, dor, 13
Estreptograminas, 920
Estreptoquinase, 890
Estricnina, intoxicação, 849
Estrógenos na
 gravidez, 898
Estrongiloidíase, 227
- diagnóstico, 227
- quadro clínico, 227
- tratamento, 228
Estupor, 285
- catatônico, 285
Estupro, 865
Etomidato, 890
Eupressin, 959
Exames laboratoriais,
 guia, 876
- distúrbios
 hidroeletrolíticos, 877
- função hepática, 879
- hemograma, 876
- marcadores cardíacos, 881
- urina, 882
- - aspecto, 883
- - bilirrubina, 886
- - cilindros, 885
- - cor, 883

- - corpos cetônicos, 884
- - cristais, 885
- - densidade, 884
- - glicose, 886
- - hemácias, 884
- - hematúria, 884
- - hemoglobina, 884
- - leucócitos, 886
- - nitrito, 884
- - pH, 884
- - piúria, 886
- - proteinúria, 886
- - urobilinogênio, 886
- - volume, 883
Exantemas febris e não
 febris, 711
- considerações, 711
- doença de Kawasaki, 715
- enteroviroses, 715
- eritema infeccioso, 713
- escarlatina, 714
- fisiopatologia, 711
- rubéola, 712
- sarampo, 711
- súbito, 714
Exenatide, 968
Expectorantes, 947
Extrassístoles
 ventriculares, 52

F
Faringoamigdalites em
 crianças, 718
- considerações, 719
- diagnóstico, 718, 719
- fisiopatologia, 718
- quadro clínico, 718
- tratamento, 719
Fármacos usados em
 oftalmologia, 662
Fasciolíase, 229
- diagnóstico, 230
- quadro clínico, 229
- tratamento, 230
Fatores de coagulação, 501
Febre
- hemorrágica da
 dengue, 192
- maculosa brasileira, 185
- - tratamento, 185
- origem obscura, 181
- - associada à infecção pelo
 HIV, 181
- - clássica, 181
- - diagnóstico
 diferencial, 181
- - exames
 complementares, 182
- - hospitalar, 181
- - neutropênica, 181
- - tratamento, 182
- - reumática, 720
- - artrite, 721
- - cardite, 721

- - complicações, 723
- - considerações, 721
- - coreia de Sydenham, 721
- - diagnóstico, 722
- - fisiopatologia, 720
- - nódulos, 721
- - quadro clínico, 721
- - tratamento, 723
- tifoide, 203
- - diagnóstico, 204
- - quadro clínico, 203
- - tratamento, 204
- trincheiras, 186
Fecaloma em crianças, 689
Feldene, 926
Fêmur, fraturas
- colo (intracapsular), 146
- diáfise, 147
- intertrocantérica ou
 transtrocantérica
 (extracapsular), 147
- região distal, 148
- subtrocanteriana, 147
Fenergan, 934
Fenilefrina, intoxicação, 846
Fenilpropanolamina,
 intoxicação, 846
Fenitoína, 890
- intoxicação, 847
Fenobarbital,
 intoxicação, 847
Fenoterol, 941
Fenotiazínicos,
 intoxicação, 846
Fentail, intoxicação, 848
Fentanest, 928
Fentanil, 890, 928
Ferida/sutura, 789
- anestesia, 790
- avaliação, 789
- limpeza, 789
Ferro, intoxicação, 853
Fexofenadina, 933
Fibrilação
- atrial (FA), 47
- - classificação, 48
- - critérios, 47
- - diagnóstico, 48
- - quadro clínico, 48
- - tratamento, 48
- - tromboembolia, 48
- ventricular (FV), 8, 54
Fígado, 879
Flixotide, 945
Flora vaginal normal, 613
Floxicam, 926
Fluconazol, 935
Fluimucil, 940, 947
Flumazenil, 890, 939
Flúor, intoxicação, 854
Fluticaps, 945
Fluticasona, 945
Flutter atrial, 51
- critérios, 51
- tratamento, 52

Foradil, 942
Formoterol, 942
Fosfina, intoxicação, 848
Fósforo, intoxicação, 854
Fratura(s)
- antebraço, 144
- cabeça do rádio (região do
 cotovelo), 144
- - diagnóstico, 144
- - quadro clínico, 144
- - tratamento, 144
- clavícula, 141
- - diagnóstico, 141
- - quadro clínico, 141
- - tratamento, 141
- coxa, 147
- - diagnóstico, 148
- - quadro clínico, 147
- - tratamento, 148
- crânio, 769
- diáfise do úmero, 142
- - diagnóstico, 142
- - quadro clínico, 142
- - tratamento, 142
- distais da tíbia, 150
- - diagnóstico, 150
- - quadro clínico, 150
- - tratamento, 150
- expostas, 164
- - complicações, 165
- - considerações, 164
- - diagnóstico, 165
- - fisiopatologia, 164
- - quadro clínico, 164
- - tratamento, 165
- fêmur
- - colo (intracapsular), 146
- - diáfise, 147
- - intertrocantérica ou
 transtrocantérica
 (extracapsular), 147
- - região distal, 148
- - subtrocanteriana, 147
- - maléolos (tornozelo), 151
- - diagnóstico, 151
- - quadro clínico, 151
- - tratamento, 151
- mão, 153
- - escafoide, 153
- - falanges, 155
- - metacarpais, 154, 155
- olécrano (região do
 cotovelo), 143
- - diagnóstico, 144
- - quadro clínico, 144
- - tratamento, 144
- patela, 148
- - diagnóstico, 148
- - quadro clínico, 148
- - tratamento, 149
- pé, 155
- - calcâneo, 156
- - falanges, 158
- - fratura-luxação de
 Lisfranc, 157

- - metatarsos, 157
- - tálus, 156
- perna (diáfise da tíbia e fíbula), 149
- - diagnóstico, 150
- - quadro clínico, 150
- - tratamento, 150
- platô tibial, 149
- - diagnóstico, 149
- - quadro clínico, 149
- - tratamento, 149
- porção proximal do úmero (região do ombro), 141
- - diagnóstico, 142
- - quadro clínico, 142
- - tratamento, 142
- punho, 152
- - Barton, 153
- - Chauffeur, 153
- - Goyrand-Smith, 153
- - Pouteau-Colles, 152
- tórax, 117
- úmero, porção
- - distal, 143
- - proximal, 141
Frequência cardíaca, cálculo, 43
Fshunt, 532
Ftalimidas, intoxicação, 849
Fumigantes, intoxicação, 848
Função hepática, 879
Fungicidas, intoxicação, 849
Fungos, infecções, 257
- aspergilose, 257
- criptococose, 258
- esporotricose, 258
- histoplasmose, 259
- paracoccidioidomicose, 259
Furosemida, 890, 955
- dose, 25
- duração, 25
- início de ação, 25
- mecanismo de ação, 25
FV/TV sem pulso, 8
- medicamentos usados, 9

G
Galvus, 967, 968
Ganciclovir, 937
Gasometria arterial, 530
- acidose
- - metabólica, 534
- - respiratória, 535
- alcalose
- - metabólica, 534
- - respiratória, 535
- conceitos, 530
- considerações, 535
- distúrbios ácido-básicos, 533
- interpretação, 532
- valores gasométricos, 530
- - anion gap, 532

- - concentração total do oxigênio arterial, 530
- - *Fshunt*, 532
- - HCO_3, 532
- - lactato, 531
- - p50, 531
- - pCO_2, 531
- - pH, 531
- - pO_2, 530
- - px, 531
Gastrites, 361
- associada
- - *helicobacter pylori*, 361
- - uso de AINE, 362
- - complicações, 363
- - diagnóstico, 362
- - diferencial, 363
- etiologia, 361
- fisiopatologia, 361
- quadro clínica, 362
- tratamento, 363
Gastroenterologia, 347-378
- ascite, 374
- diarreia aguda e crônica, 365
- dor abdominal, 347
- encefalopatia hepática, 368
- gastrites, 361
- hemorragia digestiva
- - alta, 350
- - baixa, 356
- hepatites virais e alcoólica, 370
Gastrostomia, 836
Geladura, 842
- tratamento, 842
Gentamicina, 913
Germes, 82
Gestação
- ectópica, 622
- - diagnóstico, 623
- - fatores de risco, 622
- - quadro clínico, 622
- - tratamento, 623
- hiperglicemia, 644
- - complicações, 645
- - conduta obstétrica no diabetes, 646
- - fisiopatologia, 644
- - quadro clínico, 644
- - rastreamento e diagnóstico, 644
- - tratamento, 645
- hipertensão arterial, 637
- - complicações, 637
- - considerações, 637
- - diagnóstico, 637
- - tratamento, 638
- medicamentos, 894
- - adoçantes artificiais, 896
- - aminoglicosídeos, 896
- - analgésicos, 896
- - andrógenos, 896
- - anfenicois, 896

- - anorexígenos, 896
- - ansiolíticos, 896
- - anti-helmínticos, 898
- - anti-heparínico, 898
- - anti-histamínicos, 898
- - anti-inflamatórios, 898
- - antiácidos, 897
- - antiagregantes plaquetários, 897
- - antiarrítmicos, 897
- - anticoagulantes, 897
- - antidepressivos, 897
- - antidiabéticos, 897
- - antidiarreicos, 897
- - antieméticos, 897
- - antienxaqueca, 897
- - antiepilépticos, 897
- antiespasmódicos, 897
- - antiflatulento, 898
- antifúngicos, 897
- - antimaláricos, 898
- - antipsicóticos, 898
- - antitireoidianos, 898
- - antiulceroso, 898
- - bloqueadores
- - - canal de cálcio, 898
- - - receptores alfa e beta adrenérgicos, 898
- - BRA (antagonistas dos receptores de angiotensina), 897
- - broncodilatadores, 898
- - cefalosporinas, 898
- - classificação, 895
- - conceitos, 894
- - diuréticos, 898
- - estrógenos, 898
- - hipnóticos, 896
- - hipolipemiantes, 898
- - hipotensores com ação inotrópica, 898
- - hormônios tireoidianos, 899
- - IECA (inibidores da enzima conversora de angiotensina), 899
- - macrolídeos, 899
- - penicilinas, 899
- - quinolonas, 899
- - sulfas, 899
- - tetraciclinas, 899
- - tuberculostáticos, 899
- - vasodilatadores, 899
- pré-eclâmpsia e eclâmpsia, 639
Giardíase, 234
- diagnóstico, 234
- quadro clínico, 234
- tratamento, 235
Ginecologia e obstetrícia, 593-648
- abortamento natural e induzido, 625
- descolamento prematuro da placenta, 629

- doença(s)
- - inflamatória pélvica, 609-612
- - sexualmente transmissíveis, 593-609
- gestação ectópica, 622
- hiperglicemia na gestação, 644
- hipertensão arterial crônica na gravidez, 637
- placenta prévia, 632
- pré-eclâmpsia e eclâmpsia, 639
- rotura uterina, 635
- sangramento uterino disfuncional, 618
- vulvovaginites, 613-617
Ginseng, intoxicação, 846
Glaucoma de ângulo fechado agudo por bloqueio pupilar, 653
- diagnóstico diferencial, 653
- fisiopatologia, 653
- quadro clínico, 653
- tratamento, 653
Glibenclamida, 963
Glicazida, 964
Glicilciclinas, 920
Glicoinsulinoterapia, 890
Glicopeptídeos, 910
Glicose 50%, 963
Glimepirida, 964
Glinidas, 966
Glipizida, 964
Glomeruloesclerose segmentar e focal (GESF), 466
Glomerulonefrite
- membranoproliferativa, 466
- mesangial, 466
- pós-estreptocócica (GNPE), 462
- - diagnóstico, 463
- - - diferencial, 463
- - fisiopatologia, 462
- - quadro clínico, 462
- - tratamento, 463
Glucagon, 963
Gluconato de cálcio, FV/TV sem pulso, 9
Glucovance, 967
Gonorreia, 593
- complicações, 596
- considerações, 594
- diagnóstico, 595
- fisiopatologia, 593
- quadro clínico, 594
- tratamento, 596
Gota, 177
- considerações, 177
- diagnóstico, 177
- quadro clínico, 177
- tratamento, 177

Gradiente transtubular de potássio (GTTK), 553
Gravidez, ver Gestação
Guaranina, intoxicação, 846

H
Hantavirose, 186
HCO_3, 532
Helmintos
- parasitoses, 735
- complicações, 736
- considerações, 735
- contraindicações, 737
- diagnóstico, 736
- fisiopatologia, 735
- quadro clínico, 736
- tratamento, 737
Helmintos, infestações, 222
- cestódeos, 230
- nematelmintos, 222
- tremátódeos, 228
Hematologia, 493-516
- anemias, 493
- coagulação intravascular disseminada, 510
- distúrbios da coagulação, 510
- terapia de anticoagulação, 507
- transfusão de hemoderivados, 500
Hematoma
- cerebral, 770
- extradural, 128
- intraparenquimatoso, 128
- subdural, 128
Hemofilias
- A, 511
- B, 511
- C, 513
Hemoglobina, 493
Hemograma, 876
Hemoperfusão com carvão, 846
Hemopneumotórax, 119
Hemorragia, 489
- digestiva
- - alta, 350
- - - etiologia, 350
- - - exames complementares, 351
- - - quadro clínico, 350
- - - tratamento, 352
- - baixa, 356
- - - apresentação clínica e diagnóstica, 356
- - - etiologia, 356
- - - exames complementares, 358
- - - tratamento, 358
- pronto-socorro, contenção, 489
- - classificação, 489

Índice Remissivo

- - quadro clínico, 489
- - tratamento, 489
- uterina disfuncional, 618
- - considerações, 618
- - diagnóstico, 619
- - - diferencial, 620
- - exames de imagem, 619
- - fisiopatologia, 618
- - quadro clínico, 619
- - tratamento, 620
Hemoterapia, 500
Hemotórax, 118
- diagnóstico, 118
- maciço, 119
- quadro clínico, 118
Heparina
- baixo peso molecular, 507
- não fracionada, 507, 890
- terapia de reversão, 509
Hepatite, 370
- alcoólica, 370
- virais, 370
- - A, 370
- - B, 370
- - C, 370
- - complicações, 372
- - D, 370
- - diagnóstico, 371
- - E, 370
- - etiopatologia, 370
- - quadro clínico, 370
- - tratamento, 372
Herbicidas, intoxicação, 849
Hérnia, 409
- encarceradas/ estranguladas, 410
- epigástrica, 410
- femoral, 410
- incisional, 410
- inguinal, 409
- - tratamento, 409
- umbilical, 410
Heroína, intoxicação, 848
Herpes genital, 602
- complicações, 603
- considerações, 602
- diagnóstico, 602
- fisiopatologia, 602
- quadro clínico, 602
- tratamento, 603
Herpes-zóster, 236
- complicações, 237
- diagnóstico, 237
- epidemiologia, 236
- etiologia, 236
- fisiopatogenia, 236
- profilaxia, 239
- quadro clínico, 236
- tratamento, 238
Hidatidose, 231
Hidralazina, 891, 955
- dose, 25
- duração, 25
- início de ação, 25
- mecanismo de ação, 25

Hidratação, prescrição médica, 873
Hidrocefalia aguda, 310
- complicações, 311
- etiologia, 310
- exames, 311
- fisiopatologia, 310
- manifestações clínicas, 310
- tratamento, 311
Hidroclorotiazida, 955
Hidróxido
- alumínio, 951
- magnésio, 951
Hidroxine, 933
Hidroxizina, 933
Hioscina, intoxicação, 847
Hipercalcemia, 561, 562
- câncer, 668
- - diagnóstico, 668
- - quadro clínico, 668
- - tratamento, 668
- diagnóstico, 562
- tratamento, 563
Hipercalemia, 551, 555
- causas, 555
- diagnóstico, 556
- quadro clínico, 555
- tratamento, 556
Hiperglicemia na gestação, 644
- complicações, 645
- conduta obstétrica no diabetes, 646
- fisiopatologia, 644
- quadro clínico, 644
- rastreamento e diagnóstico, 644
- tratamento, 645
Hipermagnesemia, 558, 560
- causas, 560
- diagnóstico, 560
- quadro clínico, 560
- tratamento, 560
Hipernatremia, 544, 548
- causas, 548
- considerações, 548
- diagnóstico, 549
- quadro clínico, 549
- tratamento, 550
Hipertensão
- arterial
- - crônica na gravidez, 637
- - - complicações, 637
- - - considerações, 637
- - - diagnóstico, 637
- - - tratamento, 638
- - grave assintomática, 23
- - maligna
- - - anamnese, 24
- - - exame físico, 24
- - intracraniana, 306
- - câncer, 667
- - complicações, 307

- - diagnóstico, 306
- - etiologia, 306
- - exames de imagem, 307
- - medidas, 308
- - monitorização da PIC, 307
- - quadro clínico, 306
- - tratamento, 308, 774
Hipertireoidismo, 333
Hipnóticos na gravidez, 896
Hipocalcemia, 561
- causas, 562
- diagnóstico, 562
- tratamento, 562
Hipocalemia, 551, 552
- causas, 552
- diagnóstico, 553
- quadro clínico, 552
- tratamento, 553
Hipoglicemia, 315
- diagnóstico, 317
- etiologias, 315
- fisiopatologia, 315
- quadro clínico, 317
- tratamento, 318
Hipolipemiantes na gravidez, 898
Hipomagnesemia, 558
- causas, 559
- diagnóstico, 559
- quadro clínico, 559
- tratamento, 559
Hiponatremia, 544
- diagnóstico, 546
- hipotônica
- - hipervolêmica, 545
- - hipovolêmica, 544
- - normovolêmica, 545
- não hipotônica, 545
- quadro clínico, 546
- tratamento, 547
Hipotensão, 39
Hipotensores com ação inotrópica na gravidez, 898
Hipotermia, 840
- etiologias, 840
- grave, 841
- leve, 841
- moderada, 841
- quadro clínico, 840
- tratamento, 840
Hipoventilação pulmonar aguda, causas, 70
Hipoxemia, 69
Histoplasmose, 259
Hixizine, 933
Hormônio
- antidiurético (ADH), secreção, 544
- tireoidianos, 962
- - gravidez, 899
HPV (papilomavírus humano), 604
- complicações, 606

- considerações, 605
- diagnóstico, 605
- - diferencial, 606
- fisiopatologia, 605
- profilaxia, 606
- quadro clínico, 605
- tratamento, 606

I
Ibuprofeno, 925
IECA, 959
- gravidez, 899
- intoxicação, 847
Ileostomia, 836
Imipenem + cilastatina, 909
Imobilização cervical, 113
Impetigo, 565
- bolhoso, 565
- complicações, 566
- diagnóstico, 566
- fisiopatologia, 565
- não bolhoso, 565
- profilaxia, 566
- quadro clínico, 565
- tratamento, 566
Infectologia, 181-264
- abscesso cerebral, 208
- acidente perfurocortante com material biológico, conduta, 255
- amebíase, 233
- ancilostomíase, 222
- angiomatose bacilar, 254
- arenaviroses, 187
- ascaridíase, 225
- aspergilose, 257
- bartonelose, 186
- candidíase oral e esofagiana, 250
- cestódeos, 230
- *Chikungunya*, 184
- cisticercose, 230
- citomegalovírus, 249
- condiloma acuminado HPV, 253
- criptococose, 258
- dengue, 192
- dermatite seborreica, 254
- doenças infecciosas
- - emergentes, 184
- - Lyme, 184
- - sexualmente transmissíveis (DST), 253
- empiema subdural, 209
- enterobíase, 226
- equinococose (hidatidose), 231
- esporotricose, 258
- esquistossomose mansônica, 228
- estrongiloidíase, 227
- fasciolíase, 229
- febre
- - maculosa brasileira, 185

- - origem obscura, 181
- - tifoide, 203
- fungos, 257
- giardíase, 234
- hantavirose, 186
- helmintos, 222
- herpes-zóster, 236
- histoplasmose, 259
- HIV/AIDS, 245
- influenza, 189
- IRIS (síndrome inflamatória de reconstituição imune), 246
- larva *migrans* cutânea, 223
- leptospirose, 195
- leucoencefalopatia multifocal progressiva (LMP), 252
- leucoplasia pilosa oral, 250
- linfomas, 252
- malária, 198
- meningite
- - bacteriana aguda, 205
- - viral aguda e encefalite, 206
- micoses profundas, 247
- molusco contagioso, 254
- nematelmintos, 222
- neurotoxoplasmose, 251
- neutropenia febril, 182
- paracoccidiodomicose, 259
- pneumocistose, 249
- protozoários, 233
- raiva, 213
- sarcoma de Kaposi (SK), 252
- sepse, 217
- sistema nervoso central, 205
- teníase, 230
- tétano, 210
- toxocaríase, 224
- trato urinário (ITU), 447
- trematódeos, 228
- tricuríase, 224
- tuberculose, 240, 246
- varicela-zóster, 253
- vírus do Nilo Ocidental, 187
Influeza, 189
- considerações, 189
- diagnóstico, 190
- fisiopatologia, 189
- profilaxia, 191
- quadro clínico, 190
- tratamento, 190
Inseticidas, intoxicação, 849
Insuficiência
- adrenal, 328
- - diagnóstico, 328
- - quadro clínico, 328
- - tratamento, 329

- cardíaca (IC), 33
- - descompensação aguda, 34
- - - tratamento, 37
- - diastólica, 34
- - fisiopatologia, 33
- - remodelamento cardíaco, 34
- - sistólica, 34
- cervical, 628
- renal aguda (IRA), 467
- - considerações, 468
- - diagnóstico, 469
- - - diferencial, 469
- - intrínseca, 467
- - pós-renal, 467
- - pré-renal, 467
- - prevenção da lesão mediada por contrastes radiológicos iodados, 473
- - prognóstico, 473
- - quadro clínico, 468
- - tratamento, 470
- respiratório (IRpA), 69-73
- - diagnóstico, 71
- - hipercápnica, 70
- - hipoxêmica, 69
- - quadro clínico, 70
- - tratamento, 72
Insulinas, 969
- intermediária, 970
- lenta, 970
- pré-misturas, 970
- rápida, 969
- regular, 891, 969
Intal, 943
Intoxicações
- medicamentos e pesticidas, 845
- - AINE, 846
- - aminas simpaticomiméticas, 846
- - ansiolíticos, 846
- - anti-histamínicos, 847
- - antibióticos, 846
- - anticonvulsivantes, 847
- - antidepressivos, 847
- - antiparasitários, 846
- - cardiovasculares, 847
- - diuréticos, 848
- - fumigantes, 848
- - fungicidas, 849
- - herbicidas, 849
- - inseticidas, 849
- - opioides, 848
- - raticidas, 849
- - rodenticidas, 849
- - síndromes clássicas, 850
- - tratamento, 845
- metais e correlatos, 851
- - alumínio, 851
- - antimônio, 851
- - arsênico, 852
- - bário, 852

- - berílio, 852
- - bromo, 852
- - cádmio, 852
- - chumbo, 852
- - cobalto, 853
- - cobre 853
- - cromo, 853
- - enxofre 853
- - ferro, 853
- - flúor, 854
- - fósforo, 854
- - manganês, 854
- - mercúrio, 854
- - níquel, 855
- - selênio, 855
- - tálio, 855
Intubação endotraqueal, 112
- - nasotraqueal, 112
- - orotraqueal, 112, 793
- - analgesia, 794
- - indicações, 793
- - preparação para o procedimento, 794
- - procedimento, 794
- - sedação, 794
Iodeto de potássio, 961
IRIS (síndrome inflamatória de reconstituição imune), 246
Isoniazida, intoxicação, 846
Isquemia cardíaca, dor, 12
Itraconazol, 935
Itrofuranos, intoxicação, 846

J
Janumet, 968
Januvia, 967
Jejunostomia, 836
Joelho, luxação, 140

K
Kefazol, 905
Keflex, 905
Keflin, 905
Ketamin, 927

L
Labirintopatias, 433
- considerações, 434
- diagnóstico, 436
- fisiopatologia, 433
- quadro clínico, 435
- tratamento, 436
Lacraias, acidentes, 864
Lactato, 531
Lagartas, acidentes, 864
Lanexat, 939
Lansoprazol, 952
Laringite aguda, 438
- complicações, 439

- diagnóstico, 438
- - diferencial, 438
- fisiopatologia, 438
- quadro clínico, 438
- tratamento, 439
Larva migrans cutânea, 223
- tratamento, 223
Lasix, 955
Lavado peritoneal diagnóstico, 814
- contraindicações, 814
- indicações, 814
- procedimento, 815
- resultados, 815
Lavagem gástrica, 845
Laxantes, 845
Leptospirose, 195
- diagnóstico, 196
- fases
- - precoce (leptospiremia), 195
- - tardia (imune), 195
- febre icteremorrágica, 196
- fisiopatologia, 195
- quadro clínico, 195
- tratamento, 196
Lesões
- axonal difusa (LAD), 129
- elétricas, 870
- superficial da córnea, 652
- - diagnóstico, 652
- - quadro clínico, 652
- - tratamento, 652
Leucoencefalopatia multifocal progressiva na AIDS, 252
Leucoplasia pilosa oral na AIDS, 250
Levofloxacino, 915
Levosimendan, 891
Levotiroxina, 962
Lidocaína, 9, 891
Lincosaminas, 918
Linezolida, 911
Linfomas na AIDS, 252
Liraglutide, 969
Loperamida, intoxicação, 848
Loratadina, 933
Losartana, 959
Luftal, 954
Luxações, 137
- acromioclavicular (LAC), 138
- complicações, 137
- considerações, 137
- cotovelo, 139
- definições, 137
- joelho, 140
- ombro, 138
- quadril (articulação coxofemoral), 139
- quadro clínico, 137
- tratamento, 137

M
Macrolídeos, 911
- na gravidez, 899
Magnésio, distúrbios, 558
- fisiopatologia, 558
- hipermagnesemia, 560
- hipomagnesemia, 558
- quadro clínico, 558
Malária, 198
- diagnóstico, 198
- - diferencial, 199
- quadro clínico, 198
- tratamento, 199
Manganês, intoxicação, 854
Manobras
- Allis, 140
- Dix-Hallpike, 435
- Epley, 435
- Hipócrates, 138
- Kocher, 138
- Parvin, 139
- Stimson, 138, 140
Mão, fraturas, 153
- base do primeiro osso metacarpal, 155
- escafoide, 153
- - diagnóstico, 154
- - quadro clínico, 153
- - tratamento, 154
- falanges, 155
- ossos metacarpais, 154
- - diagnóstico, 154
- - quadro clínico, 154
- - tratamento, 154
Marcadores cardíacos, 881
Marimbondos, acidentes, 863
Mateína, intoxicação, 846
Medicamentos antiarrítmicos, 43
Medicina
- intensiva, 517-564
- - análise de gasometria arterial, 530-535
- - distúrbios
- - - cálcio, 561
- - - equilíbrio ácido-básico, 536-543
- - - magnésio, 558
- - - potássio, 551
- - - sódio, 544
- - ventilação mecânica, 517-529
- século XXI, 1
Melhoral, 930
Meningite
- bacteriana aguda (MBA), 205
- - diagnóstico, 206
- - quadro clínico, 205
- - tratamento, 206
- - crianças, 727
- - considerações, 727
- - diagnóstico, 728
- - fisiopatologia, 727

- - quadro clínico, 727
- - tratamento, 728
- - viral aguda e encefalites, 206
- - diagnóstico, 207
- - tratamento, 207
Meperidina, 928
- intoxicação, 848
Mercúrio, intoxicação, 854
Meritor, 968
Meropenem, 909
Metformina, 965
Metildopa, 960
Metimazol, 961
Metoclopramida, 949
Metoprolol, 958
Metronidazol, 917
- intoxicação, 847
Miazolam, 891
Micoses profundas na AIDS, 247
Miglitol, 965
Migrane, 930
Miíase, 571
- diagnóstico, 571
- etiologia, 571
- tratamento, 571
Milrinona, 891
Minidiab, 964
Miocardiopatia hipertrófica, dor, 13
Molusco contagioso, 606
- AIDS, 254
- complicações, 606
- considerações, 607
- diagnóstico, 607
- fisiopatologia, 607
- quadro clínico, 607
- tratamento, 606
Monobactâmicos, 909
Montelucaste, 945
Mordedura humana e de animais, 859
- quadro clínico, 859
- tratamento, 859
Morfina, 891, 929
- intoxicação, 848
Morte encefálica, 290
- considerações, 291
- exame neurológico, 290
- pré-requisitos, 290
- protocolo, 290
Motilium, 948
Moxifloxacino, 915
Mucolin, 947
Mucolíticos, 947
Muosolvan, 947

N
N-acestilcisteína, 940
Naftaleno, intoxicação, 848
Naftalina, intoxicação, 848

Naloxona, 891, 939
Nateglinida, 966
Necator americanus
- diagnóstico, 736
- órgão parasitado, 735
- quadro clínico, 736
- tratamento, 737
Necrólise epidérmica tóxica (NET), 575
- classificação, 575
- complicações, 577
- considerações, 575
- diagnóstico, 576
- fisiopatologia, 575
- quadro clínico, 576
- tratamento, 577
Nedocromil sódico, 943
Nefrolitíase, 459
- complicações, 460
- diagnóstico, 460
- - diferencial, 460
- fisiopatologia, 459
- quadro clínico, 459
- tratamento, 460
Nefropatia membranosa, 464
- diagnóstico diferencial, 464
- prognóstico, 465
- quadro clínico, 464
- tratamento, 464
Nematelmintos, 222
- ancilostomíase, 222
- ascaridíase, 225
- enterobíase, 226
- estrongiloidíase, 227
- larva migrans cutânea, 223
- toxocaríase, 224
- tricuríase, 224
Neomicina, 914
Neosaldina, 931
Neostigmina, 892, 939
Nervo facial, 440
Neurite vestibular, 434
Neurologia, 265-314
- acidente vascular encefálico
- - hemorrágico, 270-275
- - isquêmico, 265-269
- cefaleias, 301-305
- coma, 285-289
- crise convulsiva, 292-300
- hidrocefalia aguda, 310
- hipertensão intracraniana, 306-309
- morte encefálica, 290
- síncope, 279-284
- tontura e vertigem, 276-278
Neurotoxoplasmose na AIDS, 251
Neutropenia febril, 182
- exames complementares, 183

- fatores estimuladores de colônia, 183
- tratamento, 183
Nifedipina, 956
- dose, 25
- duração, 25
- início da ação, 25
- mecanismo de ação, 25
Nimesulida, 925
Níquel, intoxicação, 855
Nistatina, 936
Nisulid, 925
Nitroglicerina, 892
Nitroimidazólicos, 917
Nitroprussiato de sódio, 892
- intoxicação, 847
Noradrenalina, 892
Norfloxacino, 915
Norvasc, 956
Novalgina, 925
Nutrição parenteral (NP), 835

O
Obstrução intestinal, 406
- complicações, 407
- considerações, 406
- diagnóstico, 406
- fisiopatologia, 406
- quadro clínico, 406
- tratamento, 407
Octreotida, 892
Ofídios, acidentes, 862
Oftalmologia, 649-664
- conjuntivite aguda, 659
- corpo estranho, 649
- glaucoma de ângulo fechado agudo por bloqueio pupilar, 653
- lesão superficial da córnea, 652
- principais fármacos, 662
- queimadura química e térmica, 650
- queratites infecciosas, 655
Olécrano, fratura, 143
- diagnóstico, 144
- quadro clínico, 144
- tratamento, 144
Ombro, luxação, 138
Omeprazol, 952
Oncologia, 665-670
- cistite hemorrágica, 669
- compressão medular, 666
- derrame pericárdico e tamponamento cardíaco, 666
- enterocolite neutropênica, 669
- hipercalcemia, 668
- obstrução intestinal e urológica, 667

- síndrome
- - lise tumoral, 68
- - veia cava superior, 665
Ondansetrona, 950
Onglyza, 967
Ópio, intoxicação, 848
Organoclorados, intoxicação, 849
Organofosforados, intoxicação, 849
Orquiepididimite, 453
- considerações, 454
- diagnóstico, 454
- etiologia, 453
- fisiopatologia, 454
- quadro clínico, 454
- tempo de evolução, 453
- tratamento, 454
Ortopedia, 135-180
- anel pélvico, fratura-luxação, 159
- artrite séptica, 172
- entorses, 135
- fraturas
- - expostas, 164
- - membros
- - - inferiores, 146-151
- - - superiores, 141-146
- gota, 177
- luxações, 137-140
- mão, fraturas, 153
- osteomielite, 168
- pé, fraturas, 155
- punho, fratura, 152
Osetalmivir, 937
Osteomielite, 168
- complicações, 170
- considerações, 169
- diagnóstico, 169
- fisiopatologia, 168
- quadro clínico, 169
- tratamento, 170
Otites
- crianças, 730
- - complicações, 731
- - diagnóstico, 731
- - fisiopatologia, 730
- - quadro clínico, 730
- - tratamento, 731
- média aguda, 428
- - complicações, 429
- - diagnóstico, 428
- - - diferencial, 429
- - fisiopatologia, 428
- - profilaxia, 429
- - quadro clínico, 428
- - tratamento, 429
Otorrinolaringologia, 417-446
- corpos estranhos, 420
- crupe, 438
- epistaxe nas emergências, 417
- labirintopatias, 433
- laringite aguda, 438

- otite média aguda, 428
- paralisia facial periférica, 440
- perda auditiva súbita, 424
- rinossinusite aguda, 430
Oxacilina, 901
Oxazolidinona, 911
Óxido de etileno, intoxicação, 848

P
P50, 531
Pancreatite aguda, 388
- complicações, 390
- diagnóstico, 389
- - diferencial, 390
- fisiopatologia, 388
- grave, 388
- leve, 388
- quadro clínico, 388
- tratamento, 391
Pancurônio, 892, 939
Pantoprazol, 952
Paracentese, 810
- complicações, 811
- indicações, 810
- posicionamento, 810
- resultados, 811
- técnicas, 810
Paracetamol, 926
- intoxicação, 846
Paracoccidiodomicose, 259
Parada cardiorrespiratória (PCR) em crianças, 760
Paradiclorobenzeno, intoxicação, 848
Paralisia facial periférica, 440
- considerações, 440
- diagnóstico, 441
- quadro clínico, 440
- tratamento, 442
Paraquat, intoxicação, 849
Patela, fraturas, 148
- diagnóstico, 148
- quadro clínico, 148
- tratamento, 148
PCO_2, 531
Pé, fraturas, 155
- calcâneo, 156
- - diagnóstico, 156
- - quadro clínico, 156
- - tratamento, 156
- falanges, 158
- luxação de Lisfranc, 157
- metatarsos, 157
- - diagnóstico, 158
- - quadro clínico, 157
- - tratamento, 158
- tálus, 156
- - diagnóstico, 157
- - quadro clínico, 156
- - tratamento, 157

Pediatria, 671-784
- anemias, 671
- bronquiolite, 682
- cetoacidose diabética, 686
- constipação intestinal e fecaloma, 669
- convulsão e epilepsia, 692
- corpo estranho em vias aéreas, 696
- crise asmática, 676
- dengue, 701
- dermatites, 698
- diarreia aguda e desidratação, 705
- exantemas febris e não febris, 711
- faringoamigdalites, 718
- febre reumática, 720
- infecções do trato urinário, 724
- meningites, 727
- otites, 730
- parasitoses-helmintos, 735
- pediculose, 738
- pneumonia adquirida na comunidade, 740
- queimadura, 746
- reanimação cardiopulmonar, 760
- - sala de parto, 752
- traumatismo cranioencefálico, 768
- violência, 777
Pediculose, 738
- complicações, 738
- diagnóstico, 738
- fisiopatologia, 738
- quadro clínico, 738
- tratamento, 738
Pênfigos, 578
- complicações, 579
- considerações, 578
- diagnóstico, 579
- fisiopatologia, 578
- foliáceo, 578
- profilaxia, 581
- quadro clínico, 578
- tratamento, 580
- vulgar, 578
Penicilinas, 900
- antipseudomonas, 903
- G
- - benzatina, 901
- - cristalina, 901
- - procaína, 901
- gravidez, 899
- inibidores de betalactamases, 902
Pentobarbital, intoxicação, 847
Perda auditiva súbita, 424
- causas, 425
- diagnóstico, 425
- fisiopatologia, 424

- quadro clínico, 425
- tratamento, 426
Perfuração do abdome, 124
Pericardiocentese, 31
Pericardite aguda, 27
- complicações, 28
- considerações, 27
- constritiva, 28
- diagnóstico, 27
- dor, 13
- quadro clínico, 27
- recorrente, 28
- tratamento, 29
Peritonite, 398
- complicações, 400
- diagnóstico, 399
- - diferencial, 400
- fisiopatologia, 398
- primária, 398
- quadro clínico, 399
- secundária, 398
- terciária, 398
- tratamento, 400
Perna, fratura, 150
- diagnóstico, 150
- quadro clínico, 150
- tratamento, 150
Petidina, 928
pH, 531
Pielonefrite, 449
- diagnóstico, 450
- quadro clínico, 449
- tratamento, 450
Pioglitazona, 966
Piretrinas, intoxicação, 849
Piretroides, intoxicação, 849
Piretros, intoxicação, 849
Piriminil, intoxicação, 849
Piroxicam, 926
Placenta
- descolamento
   prematuro, 629
- - classificação, 630
- - considerações, 629
- - diagnóstico, 630, 631
- - fisiopatologia, 629
- - quadro clínico, 630
- - tratamento, 631
- prévia, 632
- - complicações, 633
- - considerações, 632
- - diagnóstico, 633
- - fisiopatologia, 632
- - quadro clínico, 632
- - tratamento, 633
Plamet, 948
Plaquetas, 501
- condições para
   procedimentos
   invasivos, 505
Plasil, 949
Plasma fresco
   congelado, 501
Platô tibial, fraturas, 149
- diagnóstico, 149

- quadro clínico, 149
- tratamento, 149
Pneumocistose na
   AIDS, 249
Pneumologia, 69-110
- abscesso
   pulmonar, 93-96
- asma brônquica, 97-100
- doença pulmonar
   obstrutiva crônica
   (DPOC), 101-104
- edema agudo de
   pulmão, 77-81
- insuficiência
   respiratória, 69-73
- pneumonia
- - adquirida na
   comunidade, 82-86
- - nosocomial, 87-92
- síndrome do desconforto
   respiratório agudo
   (SDRA), 74-76
- tromboembolia pulmonar
   (TEP), 105-109
Pneumonia, 82
- adquirida na
   comunidade, 82
- - complicações, 84
- - considerações, 82
- - diagnóstico, 83
- - etiologia, 82
- - quadro clínico, 82
- - tratamento, 84
- adquirida na
   comunidade em
   crianças, 740
- avaliação da
   gravidade, 742
- complicações e falhas
   terapêuticas, 745
- - definição, 740
- - epidemiologia, 740
- - etiologia, 740
- - fatores de risco, 740
- - fisiopatologia, 740
- - investigação radiológica
   e laboratorial, 743
- - quadro clínico, 741
- - tratamento, 743
- - amicacina, 745
- - amoxicilina, 745
- - ampicilina, 745
- - azitromicina, 745
- - cefaclor, 745
- - cefalexina, 745
- - cefalotina, 745
- - ceftazidima, 745
- - ceftriaxona, 745
- - cefuroxima, 745
- - claritromiina, 745
- - clindamicina, 745
- - cloranfenicol, 745
- - eritromicina, 745
- - gentamicina, 745
- - oxacilina, 745

- - penicilina G, 745
- - vancomicina, 745
- adquirida no hospital
   (PAH), 87
- - associada à ventilação
   mecânica (PAVM), 87
- nosocomial, 87-92
- - complicações, 89
- - considerações, 88
- - diagnóstico, 88
- - etiologia, 87
- - fisiopatologia, 87
- - quadro clínico, 87
- - tratamento, 90
Pneumotórax
- aberto, 119
- - quadro clínico, 120
- - tratamento, 120
- hipertensivo, 120
- - quadro clínico, 120
- - tratamento, 120
- simples, 119
- - classificação, 119
- - diagnóstico, 119
- - quadro clínico, 119
- - tratamento, 119
Pneumotórax, dor, 13
PO$_2$, 530
Polaramine, 932
Polimixinas, 919
- B, 919
- E, 919
Ponstan, 923
Potássio, distúrbios, 551
- fisiopatologia, 551
- quadro clínico, 551
Pramlintide, 969
Pré-eclâmpsia, 639
- complicações, 641
- considerações, 639
- diagnóstico, 640
- - diferencial, 641
- exames
   complementares, 640
- fisiopatologia, 639
- grave, 640
- quadro clínico, 639
- tratamento, 641
Prescrição médica, 872
- dieta, 872
- hidratação e reposição
   eletrolítica, 873
- instruções à
   enfermagem, 875
- medicações
- - específicas na
   internação, 874
- - SOS, 874
- - uso crônico, 874
Pressão intracraniana
   (PIC), 306
Priapismo, 456
- complicações, 457
- considerações, 456
- diagnóstico, 457

- fisiopatologia, 456
- quadro clínico, 456
- tratamento, 457
Primaquina,
   intoxicação, 847
Primidona, intoxicação, 847
Pró-cinéticos, 948
Procainamida, 892
Profenid, 923
Profenos, intoxicação, 846
Prolapso da valva mitral,
   dor, 13
Prometazina, 934
Pronto-socorro,
   procedimentos, 785-832
- analgesia, 785
- anestesia local, 787
- cricotireoidostomia, 825
- drenagem de abscesso
   subcutâneo, 800
- intubação
   orotraqueal, 793
- lavado peritoneal
   diagnóstico, 814
- paracentese, 810
- punção arterial, 796
- punção
- - lombar, 827
- venosa profunda, 817
- sedação, 786
- sonda
- - nasogástrica, 802
- - orogástrica, 804
- - vesical, 806
- sutura, 789
- toracocentese, 811
- traqueostomia, 822
Propiltiouracil, 961
Propofol, 893
Propranolol
- dose, 25
- duração, 25
- início de ação, 25
- mecanismo de ação, 25
Propranolol, 958
Protamina, 938
Protozoários, infecções, 233
- amebíase, 233
- giardíase, 234
Proxenos, intoxicação, 846
Prurizin 933
Pseudocrise
   hipertensiva, 23
Pseudoefedrina,
   intoxicação, 846
Psicose, 477
Psiquiatria, 475-484
- agitação psicomotora,
   conduta, 475
- ansiedade, 483
- depressão, 481
- paciente psicótico,
   manejo, 477
- transtorno
   conversivo, 479

Pulmicort, 944
Punção
- arterial, 796
- - indicações, 796
- - procedimento, 796
- lombar, 827
- - complicações, 828
- - considerações, 828
- - procedimento, 827
- - resultados, 828
- venosa profunda, 817
- - contraindicações, 817
- - indicações, 817
- - localização, 818
- - procedimento, 818
- - pós-punção, 821
- - técnica, 820
- - veias
- - - femoral, 819
- - - jugular interna, 818
- - - subclávia, 819
Punho, fraturas, 152
- Barton, 153
- Chauffeur, 153
- Goyrand-Smith, 153
- Pouteau-Colles, 152
Px, 531

Q
Quadril, luxação, 139
Queimaduras, 401
- classificação, 747
- complicações, 403, 749
- considerações, 401
- crianças, 746
- - causas, 746
- - extensão, avaliação, 747
- - gravidade,
   classificação, 748
- - prevenção, 751
- - prognóstico, 751
- fisiopatologia, 401, 746
- gravidade, 748
- olhos, 650
- - calor, 651
- - química, 650
- - radiação
   fotoelétrica, 651
- primeiro grau, 401
- profilaxia, 405
- quadro clínico, 403
- quarto grau, 401
- regra dos nove, 402
- segundo grau, 401
- tabela de
   Lund-Browder, 402
- terceiro grau, 401
- tratamento, 403, 749
Queratites infecciosas, 655
- bacteriana, 655
- - diagnóstico, 655
- - fisiopatologia, 655
- - quadro clínico, 655
- - tratamento, 655

- fúngica, 656
- - diagnóstico, 656
- - fisiopatologia, 656
- - quadro clínico, 656
- - tratamento, 656
- herpética, 657
- - diagnóstico, 657
- - fisiopatologia, 657
- - quadro clínico, 657
- - tratamento, 657
Quinino, intoxicação, 847
Quinolonas, 914
- gravidez, 899
Quintozene, intoxicação, 849

R
Radiação fotoelétrica, queimadura nos olhos, 651
Rádio, fratura
- cabeça (região do cotovelo), 144
- diáfise e ulna, 144
Raios, acidentes, 870
Raiva, 213
- diagnóstico, 213
- profilaxia, 215
- quadro clínico, 213
- tratamento, 214
Ranitidina, 953
Raticidas, intoxicação, 849
Reações imunes, 503
Reanimação cardiopulmonar, 1-11
- acesso vascular, 764
- cuidados pós-parada, 766
- desfibrilação, 765
- índice de compressão-ventilação por faixa etária, 763
- manejo das vias aéreas, 763
- medicações, 767
- parada cardiorrespiratória (PCR), 760
- pediátrica, 760
- sala de parto, 752
- - avaliação da vitalidade ao nascer, 753
- - CPAP (pressão positiva contínua nas vias aéreas), 757
- - massagem cardíaca, 757
- - medicações, 758
- - passos iniciais, 754
- - preparo para assistência, 752
- - recém-nascido a termo com boa vitalidade ao nascer, 753
- - recém-nascido com líquido amniótico meconial, 754
- - técnica da ventilação com balão e cânula traqueal, 756
- - ventilador manual em T, 757
- - VPP (ventilação com pressão positiva), 755
- sequência A-B-C ou C-A-B, 70
- situações especiais, 763
- suporte
- - avançado de vida (ACLS), 8
- - básico de vida (BLS- basic life support), 5
- suporte básico em pediatria, 761
Recém-nascidos, reanimação cardiopulmonar, 752
- a termo com a boa vitalidade ao nascer, 753
- avaliação da vitalidade ao nascer, 753
- CPAP (pressão positiva contínua nas vias aéreas), 757
- líquido amniótico meconial, 754
- massagem cardíaca, 757
- material necessário, 753
- medicações, 758
- passos iniciais, 754
- preparo, 752
- ventilador manual em T, 757
- VPP (ventilação com pressão positiva), 755
Refluxo esofagiano, dor, 13
Regra dos nove, 401
Renitec, 959
Repaglinida, 966
Reposição eletrolítica, prescrição médica, 873
Respiração, traumatismo, 113
Rilan, 943
Rinite alérgica, 343
- considerações, 343
- diagnóstico, 344
- fisiopatologia, 343
- quadro clínico, 344
- tratamento, 344
Rinossinusite aguda, 430
- complicações, 431
- diagnóstico, 431
- - diferencial, 431
- fisiopatologia, 430
- quadro clínico, 430
- tratamento, 431
Rocurônio, 893
Rodenticidas, intoxicação, 849

Roséola
– infantil, 714
- sifilítica, 598
Rotura uterina, 635
- complicações, 636
- diagnóstico, 635
- - diferencial, 636
- etiopatogenia, 635
- quadro clínico, 635
- tratamento, 636
Rubéola, 712
- complicações, 713
- contágio, 712
- cuidados, 712
- diagnóstico, 713
- etiologia, 712
- incubação, 712
- isolamento, 713
- profilaxia, 712
- quadro clínico, 713
- transmissão, 712
- tratamento, 713
Ruptura esofagiana, dor, 13

S
Sala de parto, reanimação cardiopulmonar, 752
Salbutamol, 941
Salmeterol, 943
Sangramento uterino disfuncional, 618
- considerações, 618
- diagnóstico, 619, 620
- exames de imagem, 619
- fisiopatologia, 618
- quadro clínico, 619
- tipos, 618
- tratamento, 620
Sarampo, 711
- atípico, 712
- complicações, 712
- contágio, 711
- cuidados, 711
- diagnóstico, 712
- etiologia, 711
- incubação, 711
- isolamento respiratório, 712
- modificado, 712
- prevenção, 711
- quadro clínico, 712
- transmissão, 711
- tratamento, 712
Sarcoma de Kaposi na AIDS, 252
Saxagliptina, 967
Schistosoma mansoni
- diagnóstico, 736
- órgão parasitado, 735
- quadro clínico, 736
- transmissão, 735
- tratamento, 737
Secobarbital, intoxicação, 847

Século XXI, medicina como estado da arte, 1
Sedação, 786
Selênio, intoxicação, 855
Seloken, 958
Sepse, 217
- quadro clínico, 217
- tratamento, 218
Serevent, 943
SIADH (secreção inapropriada de hormônio antidiurético), 546
Sífilis, 597
- congênita, 598
- considerações, 598
- diagnóstico, 599
- - diferencial, 599
- fisiopatologia, 597
- primária, 598
- secundária, 598
- terciária, 598
- tratamento, 599
Simeticona, 954
Sinal
- Battle, 130
- Cullen, 388
- Fox, 388
- Grey-Turner, 388
- guaxinim, 130
- Murphy, 382
Síncope, 279
- após levantar-se subitamente, 280
- cardíaca, 280
- considerações, 280
- diagnóstico, 282
- fisiopatologia, 279
- não cardíaca, 280
- neurocardiogênica, 280
- neurológica, 280
- quadro clínico, 280
- tratamento, 283
Síndrome(s)
- coronarianas agudas, 16
- anamnese, 24
- diagnóstico, 17
- - - diferencial, 19
- exame físico, 24
- fatores de risco, 16
- fisiopatologia, 16
- quadro clínico, 16
- tratamento, 19
- desconforto respiratório agudo (SDRA), 74
- diagnóstico, 75
- fisiopatologia, 74
- quadro clínico, 75
- tratamento, 76
- ventilação mecânica, 524
- hiperglicêmica hiperosmolar, 325
- - complicações, 327
- - diagnóstico, 325

- - fisiopatologia, 325
- - quadro clínico, 325
- - tratamento, 326
- lise tumoral, 668
- - fatores de risco, 668
- - quadro clínico, 668
- - tratamento, 669
- nefríticas, 462
- nefróticas, 464
- ombros congelados, 141
- pele escaldada estafilocócica, 573
- - considerações, 573
- - diagnóstico, 573
- - fisiopatologia, 573
- - profilaxia, 574
- - quadro clínico, 573
- - tratamento, 574
- Stevens-Johnson, 575
- - classificação, 575
- - complicações, 577
- - considerações, 575
- - diagnóstico, 576
- - fisiopatologia, 575
- - profilaxia, 577
- - quadro clínico, 576
- - tratamento, 577
- veia cava superior, 665
- - diagnóstico, 665
- - etiologia, 665
- - quadro clínico, 665
- - tratamento, 665
- Wolf-Parkinson-White (WPW), 46
Sinusite, 430
Sistema nervoso central, infecções, 205
- abscesso cerebral, 208
- empiema subdural, 209
- meningite
- - bacteriana aguda, 205
- - viral aguda e encefalites, 207
Sitagliptina, 967
Smolol, 889
Sódio, distúrbios, 544
- fisiopatologia, 544
- hipernatremia, 548
- hiponatremia, 544
- quadro clínico, 544
Somatostatina, 893
Sondas
- nasogástrica, 802
- - cuidados especiais, 804
- - procedimento, 802
- orogástrica, 802
- - procedimento, 804
- - remoção, 804
- vesical, 806
- - cistostomia, 808
- - contraindicações, 806
- - indicações, 806
- - procedimento, 806
- - remoção, 809

Starform, 968
Starlix, 966
Strongyloides stercoralis
- diagnóstico, 736
- órgão parasitado, 735
- quadro clínico, 736
- transmissão, 735
- tratamento, 737
Succinilcolina, 938
Suicídio, 868
Sulfonilureias, 963
Sulfas na gravidez, 899
Sulfato de magnésio, FV/TV sem pulso, 9
Sulfonamidas, 918
Sulfonamídicos, intoxicação, 846
Sulfonas, intoxicação, 846
Suporte
- avançado de vida (ACLS), 8
- básico de vida (BLS- *Basic Life Support*), 5
- ventilatório
- - invasivo, 518
Surdez súbita, 424
- causas, 424
- diagnóstico, 425
- fisiopatologia, 424
- quadro clínico, 425
- tratamento, 426
Sutura, 789
- anestesia, 790
- avaliação da ferida, 789
- complicação, 791
- fios, 790
- limpeza da ferida, 789
- novas abordagens, 791
- profilaxia para tétano, 791
- retirada dos pontos, 791
Symlin, 969

T
Tabela de Lund-Browder, 402
Taenia
- diagnóstico, 736
- órgão parasitado, 735
- quadro clínico, 736
- transmissão, 735
- tratamento, 737
Tálio, intoxicação, 855
Tamponamento cardíaco, 30, 120
- considerações, 30
- diagnóstico, 30, 120
- fisiopatologia, 30
- quadro clínico, 30, 120
- técnica, 121
- tratamento, 31, 121
Taquiarritmias, 44
- supraventriculares, 44
- ventriculares, 52

Taquicardia
- atrial, 46
- - critérios, 46
- - tratamento, 46
- - reentrada
- - atrioventricular, 45
- - nodal, 45
- - critérios, 45
- - tratamento, 45
- sinusal, 44
- - critérios, 44
- - tratamento, 45
- ventricular, 8, 52
- - tratamento, 53
Taurina, intoxicação, 846
Tecnazene, intoxicação, 849
Teicoplanina, 910
Telepaque, 962
Teníase, 230
- diagnóstico, 230
- quadro clínico, 230
- tratamento, 230
Tenoxicam, 926
Tentativa de suicídio, 868
Teofilina, 946
Teolong, 946
Terapia nutricional enteral, 833
- complicações, 837
- contraindicação, 834
- diarreia associada, 837
- indicação, 833, 835
- início, 835
- métodos de administração, 836
- monitoração no paciente hospitalizado, 837
- recomendações nutricionais, 838
- seleção das fórmulas das dietas enterais, 838
- vias de acesso, 835
Terbutalina, 942
Terbutil, 942
Tétano, 210
- diagnóstico, 210
- fisiopatologia, 210
- profilaxia, 791
- quadro clínico, 210
- tratamento, 210
Tetraciclinas, 916
- na gravidez, 899
Tetracloroetano, intoxicação, 848
Tiazídicos, intoxicação, 848
Tiazolidinodionas, 966
Tigeciclina, 920
Tilade, 943
Tilatil, 926
Tiopental, 893
Tioxantenos, intoxicação, 846

Tirofiban, 893
Tobramicina, 914
Tontura, 276
- diagnóstico, 276
- etiologia, 276
- fisiopatologia, 276
- quadro clínico, 276
- tratamento, 278
Toracocentese, 811
- complicações, 812
- posicionamento, 812
- resultados, 812
- técnica, 812
Toracotomia de reanimação, 122
Tórax instável, 117
Torção testicular, 452
- diagnóstico, 452
- fisiopatologia, 452
- quadro clínico, 452
- tratamento, 453
Torniquete, 490
Tornozelo, fraturas, 151
Torsades de pointes, 53
Toxocaríase, 224
- diagnóstico, 225
- quadro clínico, 224
- tratamento, 225
Tramadol, 929
Tramal, 929
Transfusão de hemoderivados, 500
- complicações, 501
- considerações, 500
- tratamento, 502
Transtornos
- ansiedade, 483
- - considerações, 483
- - diagnóstico, 483
- - quadro clínico, 483
- - tratamento, 484
- conversivo, 479
- - complicações, 480
- - considerações, 479
- - diagnóstico, 479
- - - diferencial, 480
- - quadro clínico, 479
- - tratamento, 480
Traqueostomia, 112, 822
- evolução, 824
- pós-operatório, 824
- preparo do paciente, 823
- prognóstico, 824
- técnica, 823
Trato urinário, infecções bacterianas, 447
- cistite, 448
- crianças, 724
- - considerações, 724
- - diagnóstico, 724
- - fisiopatologia, 724
- - quadro clínico, 724
- - tratamento, 725
- fisiopatologia, 447
- pielonefrite, 449

Traumatismo(s), 111-134
- abdominal, 123
- - contuso, 125
- - diagnóstico, 123
- - investigação, 123
- - perfuração por arma, 124
- - terapêutica, 123
- abordagem inicial, 111
- - exames, 115
- - hospital, 111
- - cranioencefálico, 128
- - complicações, 132
- - considerações, 131
- - crianças, 768
- - - abordagem inicial e avaliação, 771
- - - complicações, 775
- - - fisiopatologia, 768
- - - imagem, 772
- - - lesões do compartimento cefálico, 768
- - - quadro clínico, 770
- - - tratamento, 773
- - diagnóstico, 131
- - fraturas ósseas, 129
- - lesões
- - - difusas, 129
- - - focais, 128
- - quadro clínico, 129
- - tratamento, 132
- - ventilação mecânica, 525
- torácico, 117
- - aorta torácica, 121
- - contusão miocárdica, 121
- - contusão pulmonar, 118
- - hemotórax, 118
- - parede torácica, 117
- - pneumotórax, 119
- - tamponamento cardíaco, 120
- - ventilação mecânica, 525
Trematódeos, 228
- esquistossomose mansônica, 228
- fasciolíase, 229
Tríade
- Beck, 30
- Whipple, 315
Tricomoníase, 616
- diagnóstico, 616
- quadro clínico, 616
- tratamento, 616
Tricuríase, 224
- diagnóstico, 224
- quadro clínico, 224
- tratamento, 224
Triiodotironina, 963
Tromboembolia pulmonar (TEP), 48, 105-109
- considerações, 105

- diagnóstico, 105, 107
- fisiopatologia, 105
- quadro clínico, 105
- tratamento, 107
Trombose venosa profunda, 485
- diagnóstico, 487
- fisiopatologia, 485
- quadro clínico, 485
- tratamento, 488
Tuberculose, 240
- AIDS, 246
- diagnóstico, 241
- fisiopatologia, 240
- quadro clínico, 240
- tratamento, 241
Tuberculostáticos na gravidez, 899
Tungíase, 572
- complicações, 572
- considerações, 572
- diagnóstico, 572
- etiologia, 572
- tratamento, 572
Tylenol, 926, 931

U
Úlcera péptica
- dor, 13
- perfurada, 412
- - complicações, 413
- - considerações, 412
- - diagnóstico, 413
- - fisiopatologia, 412
- - quadro clínico, 412
- - tratamento, 413
Úmero, fratura
- diáfise, 142
- porção
- - distal, 143
- - proximal, 141
Urgências hipertensivas, 23
- avaliação, 24
- considerações, 23
- diagnóstico, 24
- - diferencial, 25
- quadro clínico, 23
- tratamento, 25
Urologia/nefrologia, 447-474
- doenças glomerulares, 462
- dor escrotal aguda, 452
- insuficiência renal aguda, 467
- nefrolitíase, 459
- priapismo, 456
- trato urinário, infecção, 447
Urticária, 341
- considerações, 341
- diagnóstico, 342
- fisiopatologia, 341
- quadro clínico, 341
- tratamento, 342

V

Vaginose bacteriana, 613
- diagnóstico, 614
- quadro clínico, 614
- tratamento, 614
Valsartan, 960
Vancomicina, 910
Varfarina, 507
Varicela, 253, 716
- complicações, 717
- contágio, 716
- cuidados, 716
- diagnóstico, 717
- etiologia, 716
- incubação, 716
- isolamento, 716
- prevenção, 716
- quadro clínico, 716
- transmissão, 716
- tratamento, 717
Vascular, 485-492
- contenção da hemorragia no pronto-socorro, 489
- trombose venosa profunda, 485
Vasodilatadores na gravidez, 899
Vasopressina, 893
Ventilação
- mecânica, 517-529
- - asma aguda, 524
- - complicações, 518
- - definição, 517
- - doença pulmonar obstrutiva crônica, 524
- - indicações, 517, 518
- - invasiva, 517, 518
- - - assistido-controlada, 519
- - - ciclo ventilatório, 519
- - - controlada à pressão (PCV), 519
- - - controlada a volume (VCV), 520
- - - controlada, 519
- - - desmame, 522
- - - espontânea, 519
- - - mandatória contínua, 519
- - - mandatória intermitente sincronizada (SIMV), 521
- - - pressão de suporte (PSV), 521
- - - pressão positiva contínua nas vias aéreas (CPAP), 521
- - não invasiva, 517, 526
- - - assistida proporcional (PAV), 527
- - - contraindicações, 526
- - - definição, 526
- - - escolha da modalidade, 527
- - - indicações, 526
- - - interfaces, 527
- - - modalidades, 527
- - - pressão controlada (PCV), 527
- - - pressão de suporte (PSV), 527
- - - pressão positiva bifásica nas vias aéreas (BIPAP), 527
- - - pressão positiva contínua nas vias aéreas (CPAP), 527, 528
- - - reabilitação, 528
- - - objetivos, 517
- - síndrome do desconforto respiratório agudo (SDRA), 524
- - traumatismo
- - - cranioencefálico, 525
- - - tórax, 525
- - traumatismo, 113
Verapamil, 957
Vertigem, 276
- diagnóstico, 276
- etiologia, 276
- fisiopatologia, 276
- postural paroxística benigna, 434
- quadro clínico, 276
- tratamento, 278
Vespas, acidentes, 863
Via aérea
- acesso cirúrgico, 112
- avaliação, 111
Victoza, 969
Vildagliptina, 967
Violência
- contra a criança, 777
- - *bullying*, 777
- - considerações, 778
- - diagnóstico, 778
- - física, 777
- - manifestações clínicas, 777
- - negligência, 777
- - psicológica, 777
- - sexual, 777, 779
- - síndrome de Münchausen, 777
- doméstica, 865
- - sexual, 865
- - diagnóstico, 865
- - quadro clínico, 865
- - tratamento, 865
Vírus Nilo Ocidental, 187
Voltaren, 924
Vulvovaginites, 613
- candidíase vulvovaginal, 613
- causas, 613
- considerações, 613
- fatores predisponentes, 613
- inespecíficas, 616
- - diagnóstico, 617
- - etiologia, 617
- - quadro clínico, 617
- - tratamento, 617
- tricomoníase, 614
- vaginose bacteriana, 613

W

Wolf-Parkinson White, síndrome, 46

X

Xantinas, 946

Z

Zafirlucast, 945
Zinacef, 905
Zofran, 950
Zóster oftálmico, 238
Zygdontomys brevicauda, 187